신명예훼손법

박용상

박영사

머리말

필자는 1997년 '언론과 개인법익', 2008년 '명예훼손법', 2019년 '영미 명예훼손법'을 집필 발간하였다. 2008년 (구판) 명예훼손법이 발간된 후 우리의 학계와 법조계는 이론적·실무적 분야에서 비약적인 발전을 이루었다. 이 책은 이러한 발전을 새로운 틀에 녹여 체계화하기 위해 저작된 것이고, 구판의 체제와 내용을 일신하여 완전히 새로 쓴 것이다. 이 책은 그 상권으로서 명예훼손의 법적 문제를 체계적으로 다루게 된다. 앞으로 계획되는 하권은 명예훼손 이외에 프라이버시의 권리 등 인격권 침해의 법 문제와 그 구제수단에 관한 여러 문제를 다루게 될 것이다.

본서에서 저자가 가장 심혈을 기울인 과제를 먼저 명백히 해두어야겠다.

첫째, 명예훼손법제에서 핵심이 되는 것은 문제된 진술의 위법성 여부를 판단하는 문제일 것이다. 이 책에서 저자는 우리 명예훼손법제의 위법성 체계에 비추어 위법성조각사유가 적용되는 실상을 비판적으로 살피고 비교법적 고찰에 의해 새로이 개선할 점을 추구하였다. 대법원은 명예훼손의 위법성 판단에서 표현행위자의 이익과 피해자의 법익을 비교형량하여 결정하여야 한다는 입장을 누차 강조하여 왔으며, 이는 당연한 것이다.

그런데 우리 명예훼손법제에서 명문으로 인정된 유일한 위법성 조각 사유(형법 제310조)는 공익성 및 진실 입증을 요건으로 하기 때문에 진실한 사실적시행위라 할지라도 사적인 관계에서 자신의 정당한 이익을 옹호·방어하기 위한 행위는 그에 의해 충분히 보호받지 못한다. 대법원은 그러한 사안에서 이따금 형법 제20조의 정당행위의 법리를 원용하여 표현행위자를 보호하려 하고 있지만, 엄격한 요건을 요구하는 그러한 논증으로는 표현행위자를 보호함에 충분한 대책이 되지 못한다.

이에 관하여 비교법적으로 보면, 사인 간의 비공적 사안의 분쟁에서 진실 적시 명예훼손행위의 위법성을 조각하는 사유를 체계적·포괄적으로 구축하고 있는 법제들이 있다. 영미 보통법상의 제한적 면책특권(conditional or qualified privilege)과 독일 형법 상 정당한 이익 옹호(Wahrnehmung der berechtigter Interessen)의 법리는 명예를 침해하는 진술이라 하더라도 표현행위자나 그 수용자 등의 정당한 이익을 보호하기 위한 것으로서 피해자의 이익보다 우월한 것이면 위법성이 조각되고 면책된다는 법리가 형성되어 있다. 이들 법리들을 도입한다면 이 분야에서 표현의 자유를 확대하는 해법을 강구할 수 있게 될 것이다.

다음 미디어의 보도에 있어서 우리 법제는 진실의 항변과 상당성항변을 허용할 뿐, 미디어의 전문보도(傳聞報道) 및 인용보도를 보호하는 충분한 방안이 마련되어 있지 않다. 언론 미디어의 보도는 기자 자신이 체험한 것을 직접 표현하는 경우보다는 타인의 주장이나 진술을 취재·전달하는 경우가 더 일반적이다. 이러한 경우 타인의 주장 자체를 정확히 보도했음에도 그 주장 내용이 진실이거나 진실하다고 믿음에 상당한 이유가 있음을 입증하지 못하면 언론도 전파자로서의 책임을 벗어나지 못하게 된다. 제3의 취재원에 의존하지 않을 수 없는 언론 미디어에 이러한 부담을 준다면, 공적 사안에 관한 언론보도는 위축될 수밖에 없고, 국민의 알 권리와 자유로운 토론을 보호함에 충분한 보장이 될 수 없다. 이러한 문제에 대처하기 위해 각국에서는 미디어의 전파자로서 책임을 완화하는 여러 가지 법리가 전개되어 왔다.

이와 관련하여 영미 판례 상 전통적으로 미디어에 인정되는 언론의 공익보도특권의 법리에 주목할 필요가 있고, 그 제도의 장점을 수용하여 우리에게 맞는 법리를 개발·적용할 필요가 있다. 그 대표적인 법리로서, ① 18세기 영국에서 판례로 인정되기 시작한 '공정보도의 특권'(fair report privilege)은 위 전파자 책임의 법리에 대한 예외로서 일정한 공적인 공식적 절차와 기록에 관한 공정하고 정확한 보도는 거기에 설사 명예훼손적 내용이 포함되어 있는 경우에도 면책된다는 법리이다. ② 중립보도의 특권(neutral reportage privilege)은 공익사항에 관한 토론이나 논쟁의 당사자가 행한 명예훼손적 주장을 중립적으로 보도한 경우 그 전파자의 명예훼손 책임을 면책시키는 법리이다. ③ 미디어의 재공표 책임을 면책하는 또 하나의 법리가 미국 판례에서 전개된 '통신뉴스의 항변'(wire service defense)이다. 우리에게는 잘 알려져 있지 않으나 공익을 위한 언론보도에 면책을 주는 이들 영미 보통법 상의 법리를 우리 제도에 맞게 도입 적용한다면 언론의 공익 사항에 관한 보도를 강화하게 될 것이다.

둘째, 의견표현에 의한 명예훼손에 관해 우리 대법원은 미국 판례의 영향을 받아 왔다. 미국 연방대법원은 1964년 뉴욕타임스 판결에서 명예훼손은 "허위의 사실적시"를 요한다고 판시한 후, 1974년 거츠 판결에서는 의견이면 면책된다는 법리를 확립하고 있다. 이것은 표현의 자유에 대한 제한을 일체 허용하지 않는 미국 연방헌법 수정 제1조를 명예훼손법에 적용함으로써 생긴 결과이다.

우리 대법원의 주류 판례는 위 미국 판례의 영향을 받아 절대로 면책되는 '순수의견'(pure opinion)과 명예훼손적 사실을 함축하여 그에 의해 책임지는 '혼합의견'(mixed opinion)을 구별하지만, 그 구별이 용이한 것도 아니고, 그 논증에서 반드시 미국 판례의 논거를 따르는 것도 아니다.

먼저 대법원은 순수의견을 "사실적시가 전혀 없는 가치평가"라고 하면서 면책시키지만, 그것은 수용자들이 옳고 그름을 판단할 수 있도록 근거사실이 모두 제시될 것을 요하는 미국 판례의 순수의견 법리에 맞지 않을 뿐 아니라 상식적으로 바람직하지도 않다. 또 대법원이 취하는 혼합의견의 법리는 의견에 의한 명예훼손을 부인하는 미국 판례를 따라 의견형태로 제시된 진술에 대해 (명백히 제시되지 않은) 명예훼손적 사실이 함축되어 있다고 생각되는 경우 그에 기해 책임을 지우려고 하는 것이다. 이는 미국 법제에서 의견의 형태로 행해진 진술에 대해 의견 자체에는 책임을 추궁할 수 없기 때문에 그 대신 부득이하게 그 진술에 전제 또는 함축된 명예훼손적 사실이 있다고 판단되고 그것이 허위로 입증되는 경우 그에 기해 책임을 추궁하는 궁여지책을 마련한 것이다. 이러한 시도는 무리와 자의를 피할 수 없다. 더욱이 입증책임 분배에서 피고 (미디어)에게 사실적시의 허위 입증책임이 부과되는 한국 법제에서 혼합의견의 법리는 표현·언론의 자유에 대한 위축효과가 크다.

실제로 대법원 판결 중 순수의견/혼합의견의 법리를 구별하여 논증한 주류 판례는 소수에 불과하고 그보다 훨씬 더 많은 판결은 그 논증에서 명시적이지는 않지만 실질적으로 공정한 논평의 법리를 적용한 것과 유사한 논증을 하여 왔다.

우리가 명예훼손사건에서 다루는 의견은 막연하고 추상적인 의견이 아니고, 공익이 관련되는 피해자의 특정한 행태·사실에 관해 비판자가 내린 가치평가의 표현이다. 다만, 피해자로서는 비판자가 무엇 때문에 무슨 이유로 자기의 명예를 손상하는 가치평가를 하는지 그 근거를 알아야 하고, 하등 비판받을 근거가 없는 경우에는 그의 훼손된 명예를 구제를 받을 수 있어야 할 것이다. 이러한 단순한 상식적 사고가 법적 분쟁 해결을 위한 법리로 형성 발전된 것이 영국 보통법 상 "공정한 논평의 법리"(fair comment rule)이다. 공정한 논평 규칙은 19세기 초부터 장기간 영국의 경험에서 보통법으로 축적·결정(結晶)된 법리이며, 최근 유럽인권재판소에 의해 세계적 수용의 계기가 제공되고 있다. 저자는 장기간에 걸쳐 의견 명예훼손을 규율해 온 이러한 전통적·경험적 법리를 도입하여 명예훼손 사건의 법적 파악과 처리에 적용하여야 한다고 주장한다.

공정한 논평의 법리를 도입하여 명예훼손 사건을 해결 논증하는 경우, 우선 문제되는 진술이 의견인지 사실인지를 구별하는 것은 필수적이다. 우리가 필요로 하는 사실인가 의견인가의 구별은 인식론적 문제라기보다는 법적 효과와 결부된 평가의 문제이며, 스몰라 교수가 말한 바와 같이 그 구별에는 개인의 명예와 표현의 자유 간에 올바른 균형을 찾는 것이 관건이다. 대법원은 1984년 미국의 올만판결의 4요소 기준('totality of circumstances' approach)을 채용하여 다수의 판결에서 양자를 성공적으로 구별하여 오고 있다. 여기서 무리와 자의가 따르는 순수의견/혼합의견의 구별 방식은 버려야 할 것이다.

이렇게 의견으로 판단되는 진술이 문제되는 사건에서는 영국 법원과 유럽인권재판소가 적용하는 현대적인 공정한 논평 규칙을 적용하게 될 것이다. 여기서 명예를 훼손하는 비판자의 가치판단은 넓은 의미에서 그 대상에 관련성만 있으면 반드시 합리적 추론임을 요하지 않으며, 따라서 그러한 가치판단은 공익 사항에 관하여 비판자의 주관적 평가를 반영하는 것이면 그 옳고 그름이 법적으로 문제가 될 수 없다(이 점에서 '공정한' 이란 용어는 그 의미가 수정되었다). 의견 또는 가치판단의 당부는 자유민주 사회에서 법관이 결정할 수 없고, 자유 개방된 공공의 토론에 맡겨져야 하는 것이기 때문이다.

다만, 어떤 사실이나 상태에 대한 비판자의 의견이나 가치평가는 그가 대상으로 하는 사실이나 상태의 존재가 전제되어야 한다. 즉 명예훼손법에서 의견은 이러한 사실을 근거로 그에 대한 가치판단을 내용으로 한다는 점을 직시하여야 한다. 그 전제사실은 비판자 자신이 주장한 것뿐 아니라, 기존 보도나 세평의 존재를 입증함으로써 완화된 입증으로 충족될 수 있다. 그리고 그러한 의견의 근거사실에 관한 입증에 있어서는 사실적시에 대한 진실 항변을 판단하는 경우와 달리 완화된 입증을 요하도록 함으로써 헌법상 자유로 추정되는 의견표현의 자유의 보호에 충실을 기할 수 있게 된다. 그러나 대법원은 혼합의견에서 함축된 근거사실을 입증함에 있어서 사실적시에 대한 진실항변과 같은 정도의 입증을 요구하고 있어 의견의 자유의 보호에 충분치 않고 위헌의 소지가 있다.

표현행위자가 제시한 위 사실적 근거가 부존재하거나 허위로 밝혀진다면 피고는 명예훼손책임을 추궁당하게 될 것이다. 이 경우 유럽인권재판소는 "터무니없는 인신공격"(gratuitous personal attack)으로, 독일 판례는 "비방적 비판"(Schmähkritik)으로 표현행위자의 책임을 인정한다.

다음에 우리는 피고가 제시한 의견의 실체와 그러한 의견을 표명함에 실제로 구사된 표현의 수단 및 태양을 구별해야 한다. 의견의 실질 내용에 대한 제한은 허용되지 않음이 원칙이지만, 그러한 의견을 표현함에 사용된 수단이나 비판의 태양은 목적과 수단의 관계에서 제한받게 된다. 모욕적이거나 인간의 존엄을 침해하는 표현은 위법성을 갖게 되는 것이다.

셋째, (구판) '명예훼손법'에서는 형사 명예훼손죄에 관한 언급이 소홀하였다. 최근 대법원은 이 분야에서, 특히 허위사실적시 명예훼손죄와 공직선거법상 허위사실공표 죄 등에 관하여 괄목할 판시를 내고 있다. 저자는 이와 관련하여 대법원의 전진적인 법리 개발과 적용의 현황을 설명하면서 동시에 판례가 간과하고 있는 몇 가지 문제에 관해 비판적 평석을 시도하였다.

그리고 명예훼손에 대한 형사적 제재에 대해서는 이를 지양하자는 학자들의 목소리가 높다. 이와 관련된 문제가 (진실) 사실적시 명예훼손죄 폐지론에 대한 논란이다. 헌법재판소는 여러 차례 결정에서 진실 적시 명예훼손죄를 폐지하자는 주장을 배척하였음에도 불구하고 폐지론은 그 주장을 굽히지 않고 있다. 이 논쟁은 우리 명예훼손법제 전반의 이해 및 운영과 연관을 갖는 거대하고 광범한 담론을 필요로 하는 것이다. 우선 진실 적시 표현행위는 누구의 명예도 해칠 수 없고, 그에 의해 보호되는 것은 허명에 불과하다는 주장은 현대 명예훼손법에서 보호되는 외적 명예가 개인의 존엄 사상을 기본으로 하는 인격 유출의 한 형태로서 영국 보통법에서 인정되는 바와 같이 개인의 명예는 선한 것으로 추정된다는 점을 간과한 주장이다. 그리고 폐지론이 받아들여지는 경우에는 힘겨운 노력에 의해 쌓아 올린 기존의 언론 자유와 인격권 간의 형량의 결과가 붕괴하게 될 것이고, 우리의 명예훼손법제는 혼란을 벗어날 수 없을 것이다. 진실을 적시하여 명예를 훼손하는 행위가 일정한 요건과 한계를 지키지 않는 경우 제한되어야 할 뿐 아니라 이를 폐지하는 경우 그로 인해 야기될 부작용이 너무 크기 때문이다.

그러므로 오히려 진실적시 명예훼손죄를 폐지하는 방안보다는 진실적시에 의해 손상되는 명예보다 그에 의해 옹호 또는 방어되는 정당한 이익이 더 큰 경우에는 표현의 자유를 우선시켜 면책될 수 있도록 위법성조각사유를 확충·정리하는 한편, 실무에서 그 해석 적용을 활성화하는 방안이 더 바람직하다고 생각한다.

넷째, 지난 2005년 언론중재 및 피해구제에 관한 법률이 제정된 이후 인터넷을 통한 뉴스서비스가 폭발적으로 성장하고, 그에 의해 새로운 양상의 인격권 침해가 야기되고 있음에도 그에 대응할 수 있는 구제제도는 강구되지 못하고 있다. 언론보도는 디지털화하여 인터넷에 의해 현저히 그 영향력을 확대하고 있음에도 불구하고 피해구제법제는 아직 아날로그 패러다임에서 벗어나지 못하고 있어 표현의 자유와 인격권 보호라는 양 법익 사이에 현저한 불균형이 야기되고 있다. 기존 언론중재법에 의하면 피해자는 언론중재위원회에 정정·반론 및 추후보도와 손해배상만 청구할 수 있을 뿐이다. 문제는 위와 같이 구제가 이루어지더라도 언론사 사이트에 올려진 문제 기사가 언제나 열람, 전파될 뿐 아니라 수시로 검색될 수 있다는 데 있다.

필자는 언론중재위원회 위원장 재직 당시 2016년 디지털미디어 시대에 걸맞은는 언론 피해구제제도를 마련하기 위해 디지털 미디어의 특성을 반영한 언론중재법 개정안을 제안한 바 있다. 대법원은 이미 2013년 인격권의 대세적 본질에 따라 방해배제청구권으로서 위법한 명예훼손적 기사를 게재한 언론사 사이트에서 온라인 상의 기사 삭제청구권을 인정한 바 있다(대법원 2013. 3. 28. 선고 2010다60950 판결). 이에 언론보도의 피해자는 가해 언론사를 상대로 정정 또는 반론을 청구하거나 손해배상을 청구함과 동시에 그 위법성 확인의 범위에 따라 가해적 기사를 해당 사이트에서 삭제 또는 열람 차단을 구할 수 있는 조치가 가능하고 필요하게 되었기 때문에 이를 구현할 언론중재위원회의 관할과 절차를 입법적으로 마련할 필요가 있었다.

그것은 인터넷 기사와 그에 달린 댓글의 권리침해행위에 대한 방해배제청구권을 실현하는 방안으로서, 그리고 언론중재위원회와 법원에서 구제가 확정된 기사와 동일한 내용이 정보통신망에 확산되는 경우 언론중재위원회에 조정·중재를 신청하여 구제받을 수 있는 절차를 명문화하는 것을 골자로 하고 있었다. 나아가 위법한 침해적 보도 기사가 온라인에 존속할 뿐 아니라 이를 퍼가 전파하는 행위가 손쉽게 이루어진다면 그 피해를 배가시킬 뿐 아니라 그러한 동일한 내용의 펌글 등이 계속 검색될 수 없도록 하지 않으면 진정한 구제가 이루어진 것으로 볼 수 없기 때문에 이들이 검색서비스에 의해 검색될 수 없도록 하는 조치가 개정안에 포함된 바 있다.

2025년 연두
저자 박용상

차례개관

제 1 장 서 론

제 2 장 명예훼손

제 1 절 서 론

제 2 절 명예훼손의 구성요건

제 3 절 명예훼손의 위법성

제 4 절 사실적시에 의한 명예훼손

제 5 절 의견표현에 의한 명예훼손

제 6 절 미디어 보도와 명예훼손

제 7 절 형사상의 명예훼손죄

차 례

제 1 장 서 론

제 2 장 명예훼손

제 1 절 서 론   31

제 2 절   명예훼손의 구성요건   39

제 3 절 명예훼손의 위법성 129

제 4 절 사실적시에 의한 명예훼손 190

제5절 의견표현에 의한 명예훼손 290

제6절 미디어 보도와 명예훼손 461

제 7 절　형사상의 명예훼손죄　661

〈부록〉 언론중재법 개정 제안
(큐알코드를 스캔하시면 볼 수 있습니다)

제 1 장
서 론

Ⅰ. 개관

1. 헌법상 언론자유와 개인의 인격권

우리 헌법은 기본권으로서 표현의 자유를 보호한다. 현행 헌법 제21조 제1항은 "모든 국민은 언론·출판의 자유를 가진다"고 규정한다. 그러나 이 표현의 자유는 무제한한 것이 아니며, 그 행사가 다른 보호받는 법익을 침해하는 때에는 제한받게 된다. 헌법 제21조 제4항은 "언론·출판은 타인의 명예나 권리 또는 공중도덕이나 사회윤리를 침해하여서는 아니 된다"고 규정한다.

> **대법원 1988. 10. 11. 선고 85다카29 판결**
>
> 민주주의 국가에서는 여론의 자유로운 형성과 전달에 의하여 다수의견을 집약시켜 민주적 정치질서를 생성 유지시켜 나가는 것이므로 표현의 자유, 특히 공익사항에 대한 표현의 자유는 중요한 헌법상의 권리로서 최대한의 보장을 받아야 할 것이다.
>
> 우리 헌법 제20조 제1항(1980.10.27. 개정 공포된 헌법)도 "모든 국민은 언론, 출판의 자유와 집회, 결사의 자유를 가진다"라고 규정하고 있는데 그 핵심은 표현의 자유의 보장에 있다고 해석된다. 그리고 헌법 제20조 제2항 전단에서는 "언론, 출판은 타인의 명예나 권리 또는 공중도덕이나 사회윤리를 침해하여서는 아니된다"라고 규정하여 표현의 자유가 민주정치에 있어 필수불가결의 자유이기는 하지만 절대적인 것이 아니고 언론, 출판이 그 내재적 한계를 벗어나 타인의 명예나 권리를 침해한 경우에는 법의 보장을 받을 수 없는 것으로 하여 그 한계를 명시하고 있으며, 헌법 제20조 제2항 후단에서는 언론, 출판의 사후책임에 관하여 명문규정을 두고 있다.
>
> 한편 헌법 제9조 후단에서는 "모든 국민은 … 행복을 추구할 권리를 가진다"라고 하여 생명권, 인격권 등을 보장하고 있어 어떤 개인이 국가권력이나 공권력 또는 타인에 의하여 부당히 인격권이 침해행위의 배제와 손해배상을 청구하여 그 권리를 구제받을 수 있도록 하고 있다.
>
> 그러므로 우리가 민주정치를 유지함에 있어서 필수불가결한 언론, 출판 등 표현의 자유는 가끔 개인의 명예나 사생활의 자유와 비밀 등 인격권의 영역을 침해할 경우가 있는데 표현의 자유 못지않게 이러한 사적 법익도 보호되어야 할 것이므로 인격권으로서의 개인의 명예의 보호(헌법 제9조 후단)와 표현의 자유의 보장(헌법 제20조 제1항)이라는 두 법익이 충돌하였을 때 그 조정을 어떻게 할 것인지는 구체적인 경우에 사회적인 여러 가지 이익을 비교하여 표현의 자유로 얻어지는 이익, 가치와 인격권의 보호에 의하여 달성되는 가치를 형량하여 그 규제의 폭과 방법을 정해야 할 것이다.

문제는 헌법상 자유로서 보호되는 표현행위가 개인의 보호받는 권리나 법익을 침

해한 경우, 즉 언론의 자유가 인격권 등 개인법익과 충돌하는 경우 어떠한 조건 하에
서 위법한 것으로 보아 이를 제한할 것인가 하는 것이다. 이와 같이 충돌하는 두 개의
헌법적 법익을 어떻게 형량·조정할 것인가가 현대 언론법에서 가장 논란되는 중요한
문제이며 명예훼손법의 중심 과제이다.

　　인간의 표현행위 자체가 광범위한 내용을 가지며, 그로 인하여 야기되는 분쟁도
다양한 원인과 모습을 갖고 그 법적 효과도 상이하므로 이를 체계적·포괄적으로 기술
한다는 것은 쉬운 일이 아니다. 성문화되고 체계화된 다수의 조문이 있는 재산법의 분
야에서는 학설과 판례가 상당한 정도로 상세하게 형성되어 있다. 그에 비하여 인간의
정신세계를 대상으로 하는 표현권법의 분야는 아직 이렇다 할 체계가 정립되어 있지
아니하며, 그 분야를 포괄하는 원리에 관한 규명도 이루어지지 않고 있다. 그러나 최
근에 이르러 독일의 판례와 학설, 미국 각급 법원의 판례는 이에 관하여 새로운 차원
의 연구를 진전시키고 있다. 이것은 인간의 존엄을 이념으로 하는 새로운 헌법 가치에
대한 인식이 일반화되어 가고 있음과 동시에 현대 정보화 사회의 경향 속에서 긴장이
고조되고 있는 언론과 인격권과의 관계에 대한 연구가 새로운 관심의 대상으로 되는
것이라고 이해할 수 있다.

　　세계적 경향을 비교법적으로 일별한다면, 표현 및 언론의 자유를 개인의 인격권
에 확실히 우선하여 취급하는 미국의 법제와 양자의 우열을 가림이 없이 양자의 이익
을 비교 형량하여 조화와 균형을 모색하는 기타 제국의 법제로 나눌 수 있을 것이다.
본론에서 상세히 검토할 것이지만, 미국에서 표현의 자유는 헌법적 등급의 가치를 가
지면서 우월적 지위를 갖지만, 개인의 명예나 프라이버시권은 그렇지 않기 때문에 전
자가 언제나 원칙적으로 우선하는 결과를 갖는다. 미국법의 원조였던 영국의 보통법
에서는 애당초 개인의 명예를 우월시하는 입장(이른바 엄격책임주의)을 취하였으나, 현대
영국의 판례는 언론의 자유와 명예권은 어느 것이나 우월적이지도 우선적 추정도 받
지 않는다는 입장을 기본으로 하고 있다.

　　그에 비해 독일을 비롯한 유럽 대륙에서는 표현 및 언론의 자유와 명예 등 인격권
이 등등한 가치를 갖는다는 데서 출발한다. 독일의 경우를 보면 표현 및 언론의 자유의
행사는 언제나 개인의 존엄, 명예 또는 인격권과 대비 형량함으로써 그 우열이 결정된
다. 독일에서 지배적인 학설과 판례에 의하면 표현 및 언론의 자유는 인격권과 관계에
서 대등한 지위를 가지며, 양자가 충돌하는 경우에는 실천적 조화(praktische Konkor-
danz)의 요청에 따라 비교 형량에 의해 긴장을 해소해야 하는 것으로 인식되고 있다.[1]

---

　1) 기본권 충돌 상황에서 실제적 조화의 원칙은 3단계 방안을 거쳐 실현되게 되는데, 첫째 각 기본권을

표현 및 언론의 자유의 중요성을 인정함에는 미국과 같으나, 그것이 개인의 인격권을 침해하는 경우에는 양자의 기본권이 조화되도록 비교형량이 시도되어야 한다는 것이다. 다만, 공적 토론에서는 언론자유의 우위를 추정하여 언론자유에 원칙적 우위를 주고 있음에는 미국과 다름이 없다.

우리의 명예훼손법제는 기본적으로 대륙법계 특히 독일법제의 영향을 받고 있으며, 우리 대법원은 이른바 '실제적 조화의 원칙'(Prinzip der praktischen Konkordanz)[2)]에 따라 비교형량의 원리를 기본으로 하고 있다.

이러한 입장은 위 양자의 권리는 모두 인간의 존엄에서 연원하는 권리이기 때문에 추상적인 권리의 위계체계(位階體系)에서는 우열(優劣)을 정할 수 없다는 것을 전제로 한다. 헌법상 표현의 자유는 개인의 인격발현과 정치적 의견형성에 불가결한 자유로서 보장되지만, 그것도 유보없이 보장되는 것이 아니라 일반적 법률이나 개인적 명예권에 의해 제한된다. 마찬가지로 인격권은 헌법상 기본가치인 인간의 존엄에 근거하여 이를 실현하는 기본권으로 생각되지만, 그렇다고 하여 무제한 보장되는 것이 아니라 타인의 권리를 포함한 헌법적 질서에 의해 제한된다.

인격권의 내용을 완전하게 정할 수 없는 것과 마찬가지로 그 한계를 확정하는 것 역시 쉽지 않다. 인간은 공동체 내에서만 실존할 수 있고, 공동체에 불가분적으로 결부되어 있기 때문에 모든 권리는 '사회적 구속성'(Sozialgebundenheit)이 허용하는 범위 안에서만 인정될 수 있다. 그와 마찬가지로 인격권도 인격의 사회구속성의 테두리 안에서 보호를 받을 수 있다. 독일 연방헌법재판소에 의하면 개인과 사회 간의 긴장관계는 전제된 것이며, 그러한 관계에서 개인은 그의 인간적인 독자성(menschliche Eigenständigkeit)을 누리지만, 사회에 대한 연관성(Gemeinschafts-bezogenheit)과 구속성(Gemeinschaftsgebundenheit)에 의해 제약됨을 명백히 하였다.[3)] 이 사회구속성은 개인의 국가에 대한 관계에 있어서 뿐 아니라 동료 시민 상호 간의 관계에 있어서도 영향을

손상치 않는 대안이 있는가를 찾고, 둘째 그것이 불가능한 때에는 각 기본권이 가능한 한 훼손됨이 없이 최소한의 희생으로 살아남을 수 있는 방안을 찾으며, 셋째 그것도 불가능한 경우에는 하나의 기본권을 우선시키고 타방을 후퇴시키는 방안을 불가피하게 선택하는 순서를 밟게 된다(강일신, 실제적 조화 원칙에 관한 연구 - 기본권충돌 해결을 중심으로 - , 헌법재판연구원(2019. 3. 22.), 55면 참조.

2) 표현의 자유와 인격권은 모두 인간의 존엄을 구현하는 권리로서 헌법의 가치체계상 동등한 위계를 가지며, 양자가 충돌하는 경우에는 어느 한쪽의 일방적 희생이 강요됨이 없이 양자가 최적으로 보존되어 상호 공존할 수 있도록 실천적 조화의 법리에 따라 해결되어야 한다(헌법재판소 1991. 9. 16. 선고 89헌마165 결정: "두 기본권이 서로 충돌하는 경우에는 헌법의 통일성을 유지하기 위하여 상충하는 기본권 모두가 최대한으로 그 기능과 효력을 나타낼 수 있도록 하는 조화로운 방법이 모색되어야 할 것"이다).

3) BVerfGE 12, 45/51.

미치게 되며, 그 결과 개인에게 귀속되는 법적 지위(인격권)의 범위에 관해서도 영향을 미친다. 독일의 연방대법원은 인간생활에는 운명으로서 감수되지 않으면 안 될 여러 가지 침해가 필연적으로 존재한다는 점을 지적하고 있다.[4] 그 때문에 헌법의 인간상은 주권적 개인을 승인하지는 않는다. 따라서 사회생활상의 일반평균인으로서 수인(受忍)할 수 있는 범위 내의 것이면 인격권에 대한 침해나 제한을 감내하지 않으면 안 된다.

따라서 이들 양자의 이익이 충돌하는 경우 어느 일방이 우선해야 한다는 주장은 성립될 수 없고,[5] 구체적인 사건에서 어떠한 법익이 우선하는가를 결정하려면 이른바 '실제적 조화의 원칙'(Prinzip der praktischen Konkordanz)에 따라 비교 형량 방법에 의해 해결을 시도하게 된다. 그 경우 법원은 한쪽에서는 표현행위에 의한 인격 침해의 크기와 다른 한편 표현의 금지에 의한 표현의 자유의 희생의 크기를 비교 형량(衡量)하여야 한다.[6] 이 경우 본질적으로 공적인 문제에 있어서는 원칙적으로 자유로운 표현이 우선하는 것으로 추정된다.[7]

2. 기본권 충돌에 관한 새로운 이해

역사적으로 보면 애초에 명예훼손은 형법상의 범죄나 민법상의 불법행위로 다루어졌다. 그러나 이러한 민·형사상의 제재가 헌법상의 기본권인 표현 및 언론의 자유를 제약하게 된다는 점에서 헌법적 관점의 검토가 요청되었고, 오늘날 어느 법제에서나 언론과 인격권의 대립 상충관계의 해결이 헌법적 차원의 문제로 조명받게 되었음은 공통된 현상이다. 이것은 표현의 자유와 개인의 인격권 간의 충돌관계를 조화롭게 해결하려는 노력으로 이어지게 되었다.

그러나 기본권 간의 이익충돌을 해결하는 방식에서 미국의 법제와 여타 국가는 상이한 어프로치를 취한다. 미국은 1964년 판결[8]에서 명예훼손법에 헌법적 관점을 도입하여 표현의 자유를 중시하는 방향으로 전개되었다. 그것은 미국 연방대법원이 연방헌법 수정 제1조에 따라 언론의 자유를 제한할 수 없는 기본권으로 해석하고 그에

---

4) NJW 65, 1374.
5) 독일 연방헌법재판소가 전개한 비교형량의 원칙에 의하면 표현의 자유가 항상 개인의 인격권보장에 우선한다고 주장할 수는 없다고 한다(독일 연방헌법재판소 1994. 3. 13. 결정 BVerfGE 90, 241 [유대인박해 조작 주장]).
6) BVerfGE 7, 198 [208].
7) BVerfGE 7, 198 [212].
8) New York Times Co. v. Sullivan, 376 US 254 (1964).

명예훼손법을 적용시키는 과정에서 우월한 언론의 자유를 보호함에 반비례하여 개인의 명예 등 인격권은 경시되는 경향을 보였다. 그에 비해 독일 등 대륙법계 국가에서는 인간의 존엄에 터잡아 새로운 인격권을 인정함으로써 이를 언론의 자유와 대등한 관계에서 비교 형량하는 방식을 취하고 있다.

여기서 주목할 점은 상이한 2개의 기본권이 충돌하는 경우 해법에 관한 논의이다. 종전 기본권의 효력에 관한 이론은 국가권력과의 관계에서 그 효력과 제한의 한계에 관한 논의(이른바 수직적 효과 "vertical effect")에 치중하였고, 그 결과 명예훼손법제의 이해에 있어서도 그것이 언론의 자유를 제한하는 측면만을 주목하고 그 제도의 토대인 개인의 인격권에 대한 영향은 간과되어 왔다. 그러나 현대에 이르러 국가권력뿐 아니라 거대 기업이나 언론 등 사적 주체 및 제도 등도 기본권을 위협하는 존재로 드러나게 되었을 뿐 아니라, 헌법이 보장하는 여러 기본권이 별개의 사적 주체에 의해 행사되고, 하나의 기본권이 타인의 다른 기본권을 침해하게 되는 경우(이른바 이익 충돌의 경우) 어느 것을 우선시킬 것인가를 해결하기 위해 기본권의 수평적 효과("horizontal effect")가 새로운 개념으로 부상하게 되었다.9) 이러한 기본권 충돌의 대표적인 예가 한편에서 미디어의 표현의 자유와 다른 한편에서 개인의 명예권 및 평등권 등이 충돌하는 경우이다. 즉 명예훼손적 표현에서는 언제나 표현행위자의 언론의 자유와 피해자의 명예권이 충돌하게 된다.

이 경우 종전의 어프로치에 따라 수직적 효과에 집착하여 위헌 주장 당사자의 입장에 따라 어느 한 기본권의 제한 요건에 관한 판단이 쟁점이 되면 그로 인해 상충관계에 있는 타방 기본권에 대한 영향, 즉 수평적 관계의 갈등을 해결한다는 관점은 고려되지 않는 문제가 드러나게 된다(이른바 '우선적 구도 설정'(preferential framing)의 문제).

미국의 경우 언론의 자유는 헌법에 의해 보장되면서 우월적 지위를 갖는 기본권으로 자리매김하였고, 그에 비해 명예나 프라이버시의 권리는 헌법에 명시되지 아니한 2차적인 이익에 불과하였다. 그리고 미국 연방대법원에 명예훼손을 이유로 하여 제기된 위헌판결의 대부분은 언론자유 침해를 쟁점으로 삼았고, 언론의 자유 제한에 엄격한 기준을 요구하는 연방대법원은 명예훼손 사건에서도 언제나 언론자유에 유리한 결론을 내리게 되었다. 즉 연방대법원은 언론의 자유의 중요성에 치중한 나머지 명예훼손으로 인한 법원의 제재에 관해서도 엄격한 언론자유의 제한 기준을 적용하여 위헌판단을 내리고 있다. 즉 연방대법원은 덜 제한적인 침해적 대안(the least restrictive al-

---

9) 헌법적 권리의 적용 범위 및 그들이 사적 영역에서 구속력을 갖거나 가져야 할 범위에 관한 쟁점은 최근 비교헌법론에서 중심적이고 중요한 쟁점이 되고 있다(Stephen Gardbaum, THE "HORIZONTAL EFFECT" OF CONSTITUTIONAL RIGHTS, 102 Mich. L. Rev. 387 (393) (December, 2003)).

ternative)이 가능한 경우 명예훼손에 대한 형사 제재, 인정선 또는 비상적 구제수단을 무효화하였다.

이와 같이 미국의 법원에서는 양자의 기본권이 충돌한다는 점을 인식하고 그에 대한 합리적 조화적 해결을 시도하지 않는다. 그것은 언론의 자유의 관점만이 주로 쟁점이 되고, 그에 대립 충돌하는 개인의 명예 보호의 관점은 등한시하게 되어 결국 양자의 적절한 비교형량에 의한 조화적 절충의 노력은 포기되는 결과로 이어지게 되었다.

> 엡스타인 교수는 명예권이 존중되지 않음으로써 해당 사회가 입는 손해를 다음과 같이 설명하고 있다. 첫째, 명예훼손 규칙의 모습은 사회적 결정에 참여하는 주체들에게 심각한 영향을 줄 수 있다.10) 즉 명예훼손을 위한 현실적 구제책이 제거되거나 약화된다면, 명예에 실질적으로 투자해온 분별있는 남성과 여성들이 공적인 무대를 떠나게 하는 한편(공적 토론에 참여하는 대가가 그 명예적 자본의 전부 또는 일부의 상실이라면 그들은 잃을 것이 가장 많다), 덜한 명예와 아마도 덜한 품성의 다른 사람들에게 마당을 열게 될 것이다. 그로 인한 결과는 공적 토론의 양과 질이 저하될 수 있다는 점이다. 둘째, 만일 명예훼손에 관한 구제가 불충분하다면 공적 쟁점에 관한 담론의 수준에서 진실한 진술보다 허위 진술이 더 많아질 것이다.11) 그러면 공공은 그가 얻는 정보의 계보가 덜 확실하다고 생각할 것이므로, 이를 할인하도록 요구될 것이다. 좋은 보도를 나쁜 보도와 구별하는 명백한 방도가 없고, 아무도 그들의 허위 진술에 법적으로 책임지도록 판단될 수 없기 때문에, 언론의 영향은 감소할 것이다. 명예훼손에 대한 아무 보호도 없는 세계는 너무 많은 명예훼손, 너무 많은 부정확한 정보의 세상이고, 한마디로 너무 많은 공적 사기로 충만한 세상이다. 신뢰있고 투명한 평판체계는 기대할 수 없고 그만큼 사회적 거래와 증가는 저해될 것이다.

그러나 최근 유럽의 유력한 학설은 기본권 충돌의 상황에서는 야기되는 이른바 '우선적 구도 설정'(preferential framing)의 문제를 지적하고,12) 그에 대처하는 방안을 강구하고 있다. 그들의 주장에 의하면 이러한 문제가 제기되는 사례에서는, 충돌하는 양자의 권리의 입장이 아니라 주장된 한 쪽의 기본권의 입장에서만 고려가 행해져 편중된 결과를 가져오게 된다고 한다. 예를 들어, 명예훼손 소송의 경우 피고가 표현의 자유를 침해받았다고 주장하면, 법원 또는 헌법재판소는 피고의 주장에 따라 표현의 자유 제한에 관해서만 종전의 비례성 원칙에 의해 그 허부를 판단하게 될 뿐, 그와 충돌하는 명예권에 미치는 영향은 간과되고 양자의 실천적 조화를 위한 비교형량은 이행

---

10) 이하 Richard A. Epstein, Was New York Times v. Sullivan Wrong? 53 University of Chicago Law Review 782, 799 (1986) 참조.

11) Epstein, Id., p. 800.

12) Eva Brems, Conflicting Human Rights: An Exploration in the Context of the Right to a Fair Trial in the European Convention for the Protection of Human Rights and Fundamental Freedoms, 27 HUM. RTS. Q. 294, 303 (2005).

될 수 없는 문제가 발생한다는 것이다. 더욱이 표현의 자유 침해를 주장하는 사건이 명예 침해를 주장하는 사건보다 많았기 때문에 이렇게 잘못된 우선적 구도설정의 경향은 더 큰 문제가 되었다.[13]

새로운 학설은 위와 같이 기본권의 수평적 효과를 인식하면서 우선적 구도설정으로 인한 폐단을 해소하기 위해 새로운 대안을 제시하고 있다. 그 대표적 학자인 Eva Brems는 인권이 충돌하는 경우 해결하기 위한 모델의 기준으로서 ① 외관상 충돌(fake conflicts)의 제거, ② 우선적 타협 및 ③ 권리의 우선순위를 위한 기준을 제시하였다.[14] 또 Stijn Smet는 이러한 문제를 지적하고 이러한 불균형을 시정하기 위해 양 인권의 충돌을 해결하는 구성적(constructive) 어프로치를 주장하면서, 첫째 대립관계의 올바른 확인, 둘째 어느 일방 당사자의 인권을 타자의 배제 하에 고려하는 것을 피하여 투명하고 일관성 있는 해결을 도모해야 한다고 주장한다.[15]

최근 유럽인권재판소 역시 이 논란과 관련하여 위헌 여부가 논란되는 쟁점이 표현의 자유가 침해되었다고 주장된 사건이나 또는 프라이버시권이 침해되었다고 주장되는 사건에서 다루어지는 경우 결론이 달라져서는 안된다는 점을 강조하고 있다.

> "사생활 존중권이 표현의 자유와 비교 형량될 본건과 같은 사건에서 인권재판소는, 협약 제8조[사생활 존중권]에 기해 동조의 보호주체에 의해 제기되었거나 또는 제10조[언론의 자유]에 기해 발행인에 의해 제기되었는가에 따라, 그 적용의 결과가 이론상 달라져서는 안된다고 생각한다. 원칙적 문제로서 이들 권리는 실로 동등한 존중을 받는다. 따라서 수용의 재량(margin of appreciation)은 이론상 양 사건에서 같아야 한다."[16]

3. 법적 규율의 기본쟁점

역사적으로 볼 때 명예를 보호하는 법제는 큰 변화를 거쳤다. 영국의 경우 명예훼손은 이를 형사적으로 처벌하는 데서 시작하여 민사상 불법행위로 취급하는 체제로 변화되어 왔다. 명예훼손이 보호하는 법적 이익의 관점에서도 상응하는 변화가 이루어졌다. 형사 명예훼손은 국가 또는 집권자의 위신이나 명예를 보호하는데 주된 목적을 가졌고, 따라서 평화를 교란할 경향이 있는 명예훼손적 진술에 대해 행위자의 행태를 제재 대상으로 하였다. 민주화 과정이 진행됨에 따라 명예훼손은 권위와 권력을 비

---

13) Stijn Smet, "Freedom of Expression and the Right to Reputation: Human Rights in Conflict." American University International Law Review 26 no. 1 (2010): 183, 185.
14) 이에 관한 상세한 논의는 박용상, 영미 명예훼손법, 292-295면 참조.
15) Smet, Stijn. op. cit. p. 185.
16) Von Hannover v. Germany (No. 2), 2012, § 106.

판으로부터 보호하는 데서부터 점차 공동체에서 개인의 명예 이익을 널리 보호하는 제도로 발전되었다.

이렇게 명예훼손법제는 처음에 형사적으로 가해자의 처벌이나 징벌을 목표로 하였으나, 오늘날 명예훼손은 민사적으로 사인간의 명예 침해에 대한 보상과 회복을 마련하는데 중점을 두게 되었다.[17] 이러한 경향은 세계적으로 공통된 현상이다.

우리가 명예훼손법을 이해함에 있어서 쟁점이 되는 중요한 사항을 알아볼 필요가 있다.

첫째, 사실과 의견을 구별하는 것이다.

어느 나라든 명예훼손법제에서 사실의 진술과 의견의 표현을 구별하여 달리 취급하는 것은 공통된 것이다. 사실과 의견의 구별이 모호하고 어려움에도 이를 구별하는 이유는 개인의 주관적 가치판단으로서 의견표현을 사실의 진술보다 더 두텁게 보호하기 위한 것이다. 사실의 진술에 의한 명예훼손은 그 진술된 사실의 진위(眞僞) 여부에 따라 달리 취급되며, 진실한 사실의 진술은 원칙적으로 허용되지만, 허위 사실의 진술은 명예훼손 책임을 면치 못한다. 한편, 사실에 대한 평가나 가치판단을 요소로 하는 의견은 사람마다 다를 수 있으며, 그 자유로운 개진에 의해 바른 정책이 추구될 수 있다는 점에서 원칙적으로 자유로워야 한다.

둘째, 중요한 쟁점은 사실적시 명예훼손에서 진위(眞僞)의 입증책임에 관한 문제이다. 역사적으로 보아도 사실 적시 명예훼손에서 가장 중요한 문제는 누가 그 주장사실의 진위 입증 책임을 부담할 것인가에 있었다.[18] 진실한 사실에 의한 명예훼손은 면책되는 것이 일반적이지만, 그 진위의 입증책임을 누구에게 부담시키는가는 명예훼손의 성립에 결정적이고 기본적인 영향을 미친다.[19] 또 허위 사실 또는 진실로 입증될

---

17) David A. Anderson, Reputation, Compensation, and Proof, 25 Wm. & Mary L. Rev. 747 (1984), http://scholarship.law.wm.edu/wmlr/vol25/iss5/3.

18) 허위 또는 틀린 정보를 공표하거나 전파하는 것은 공익에 도움이 될 수 없고, 민주사회는 바른 정보에 의하는 경우에만 제대로 운영될 수 있다. 따라서 "허위 정보를 전파할 인권은 없다. … 진실이 아닌 진술을 사실로 제공하고 사람들을 오도하는 것은 민주사회를 파괴하는 것이고, 민주 사회의 어떤 부분도 형성하여서는 안된다. 이것들은 단순한 명예 보호를 초월하는 일반적 명제이다." 그러나 "완전한 사실적 정확성은 언제나 실제로 달성될 수 없는 것이고, 진실과 허위를 분명하게 증명하는 것도 불가능할 것이다." 그러므로 "사회나 명예훼손법에서 어떤 수준의 사실적 부정확성이 왜 관용되어야 하는가가 현명하게 문의되어야 한다. 사실적 정확성에 관한 일정 정도의 관용이 받아들여져야 하고 따라서 특권의 법에도 필요하다."(Reynolds v Times Newspapers Ltd. [1999] 4 All ER 609, LORD HOBHOUSE OF WOODBOROUGH).

19) 진실이나 허위의 입증 책임을 원, 피고 중 누가 부담하는가 하는 문제는 실무상 명예훼손소송의 승패에 결정적 영향을 준다. 소송의 현실을 보면 표현 내용이 진실 또는 허위 어느 쪽으로도 입증 불능(立證不能)한 상황으로 귀결되는 사례가 허다하다. 그러한 경우 허위의 입증 책임이 원고(피해자)에게 있다면 이를 이행하지 아니한 원고가 패소하고, 반대로 피고(표현행위자)에게 진실의 입증 책임

수 없는 사실의 진술이 금지된다면 진실을 말할 자유를 위축시킬 수 있다는 점에서 공익에 반할 수 있기 때문에 허위 또는 부정확한 사실의 진술에 면책을 허용할 범위가 크게 논란된다.

미국 이외의 대부분 법제에서는 미디어 등 가해자(피고)에게 명예훼손의 진실 입증책임이 부과되지만, 미국에서는 미디어가 피고인 사건에서 원고(피해자)에게 허위 입증책임이 주어진다는 점이 현저한 특징으로 지적된다.[20]

가장 어려운 문제는 피고가 허위사실을 진실이라고 믿고 진술한 경우 법적인 취급 여하이다. 이 경우 미국 법제에 의하면, 원고는 피고의 진술이 허위이고 나아가 피고가 허위임을 알거나 무사려한 경시로 이를 알지 못했음을 증명하여야 한다(이른바 현실적 악의 규칙). 진실한 언론만이 가치를 가지며, 진실로 오인한 허위 언론은 가치가 없다 하더라도 허위 정보의 제재로 인한 자기검열을 피하기 위해 보호되어야 한다는 것이 미국 법원이 제시하는 논리이다. 그러나 영국, 독일, 일본 등 대부분의 국가와 우리나라에서는 피고가 진실이라고 믿음에 상당한 이유가 있음을 증명하여야 하게 되어있다. 또 알고 하는 허위는 무가치할 뿐 아니라 자유토론을 보전하기 위해 필요하지도 않고 헌법적 보호를 받지도 못한다.

전통적으로 영국 보통법에서는 단지 명예훼손적 진술의 존재만으로 소인(cause of action)이 인정되었으나, 입증책임이 전환된 미국법에서는 '허위의' 명예훼손적 진술이 명예훼손의 소인의 구성요소로 되고 있다.[21] 이 경우 가장 큰 문제는 애당초 진위 입증이 불가능한 사실을 적시하여 명예를 훼손하는 경우이다. 미국의 경우 피해자는 전혀 구제받을 수 없으나, 여타 국가에서는 그 사실의 근거를 제공하는 상황을 제시할 책임을 피고에게 부담시킨다.

이 있다면 피고가 패소됨을 의미한다. 원래 '엄격 책임주의'(strict liability rule)를 취하던 영국의 명예훼손법에서 진실은 피고가 입증하여 면책될 수 있는 항변(抗辯)이었다. 그러나 뒤에서 보는 바와 같이 미국 연방대법원은 원고가 공인인 경우 및 공적인 사안에 관하여는 그 입증 책임을 원고에게 전환하였고(이른바 현실적 악의 규칙(actual malice rule) 또는 New York Times rule), 그 결과 명예훼손 소송을 제기하는 원고는 자신이 피고의 진술 내용이 허위임을 입증하지 않으면 패소하게 되었다 (New York Times v. Sullivan, 376 U.S. 254, 299 (1964)). 이것은 진실한 내용의 표현행위를 보호하기 위하여 실제로 허위일지 모르나 허위임이 입증될 수 없는 표현도 보호하게 됨을 의미한다(475 U.S. 776).

20) 1964년 미국 연방대법원의 뉴욕타임스 판결이 확립한 현실적 악의 규칙(actual malice rule)에 의하면, 공인은 보도 사항이 허위라는 점과 함께 피고가 허위임을 알았거나 경솔하게 무시한 점을 입증하지 않으면 승소할 수 없고, 사인인 원고의 경우에도 보도사항이 허위라는 사실과 함께 피고가 과실로 이를 알지 못한 사유를 주장·입증하지 못하면 승소할 수 없다.

21) 영미법에서 소인(cause of action)이란 권리 구제를 위해 소를 제기함에 필요한 법적·사실적 요건들을 의미하며(https://legal-dictionary.thefreedictionary.com/cause+of+action), 우리 법제에서 이른바 구성요건(構成要件)과 대충 같은 의미를 갖는다고 할 수 있다.

셋째, 의견이면 면책되어야 하는가?

타인의 사회적 평가를 저해하는 의견표현에 어떠한 요건과 범위에서 명예훼손 책임을 부과할 수 있는가 하는 문제는 명예훼손법에서 또 하나의 중요한 쟁점이다. 영국 보통법에서는 의견표현도 이른바 '공정한 논평'에 해당하지 않으면 명예훼손 책임을 면치 못하였고, 이러한 기본적 프레임은 현대 선진 제국의 명예훼손법에 공통된 것이다. 그럼에도 미국에서는 1974년 거츠 판결의 영향으로 의견이면 면책된다는 이른바 '의견 특권'(opinion privilege)의 법리가 한 때 우세하였고, 추후 연방대법원에 의해 이를 수정하는 판결이 내려졌음에도 의견특권의 법리는 미국에서 아직도 강력한 영향을 미치고 있다. 우리 대법원은 이 부분에서 미국 판례의 강력한 영향을 받고 있으며, 그 때문에 여러 문제가 제기되고 있다(후술).

넷째, 법제상 개인의 명예훼손행위와 미디어의 명예훼손행위를 규율함에는 현격하고 분명한 차이가 있다. 특히, 우리 형법은 미디어의 명예훼손행위를 염두에 둔 규정을 다수 두고 있으나, 개인의 명예훼손행위에 관해서는 필요한 규율이 이루어지지 않고 있다. 예를 들면, 명예훼손의 위법성조각사유로서 규정된 형법 제310조는 공익을 위한 경우에만 적용될 뿐, 개인이 자신의 사익을 옹호하기 위한 경우에는 적용되지 않기 때문에 독일 형법 제193조의 정당한 이익의 옹호 조항이나 영미 보통법상 상대적 특권으로 면책되는 방대한 분야의 사례가 처벌이나 제재에 방치되고 있어 특별한 관심과 검토를 요한다. 대법원은 이러한 문제에 대처하기 위해 단편적으로 또는 임기적(臨機的)으로 형법 제20조의 정당행위의 법리를 동원하여 위법성이 조각된다고 하나, 한계가 있을 수밖에 없다. 이러한 문제에 대해서는 새로운 발상이 필요하고, 저자는 각 해당 분야에서 영미나 독일의 확립된 법리의 도입이 필요함을 강조한다.

다섯째, 표현의 자유의 행사와 관련하여 침해되는 법익은 종전의 명예권 이외에 프라이버시의 권리 내지 인격권 등이 별도로 인정되고 있다는 점이다. 언론과의 관계에서 보호되는 개인적 권리는 전통적으로 명예가 주된 이익이었다. 그러나 현대에 이르러 명예권 이외에도 프라이버시권 내지 인격권이 언론에 의해 침해되는 중요한 이익으로 등장하게 되었고, 이에 관한 논의가 중요한 부분을 차지하게 되었다.

현대 명예훼손법은 명예훼손행위로 발생한 피해의 회복 및 보상을 목적으로 하며, 명예훼손이란 사람의 사회적 평가를 저하시키는 진술이라고 이해함에 의견의 일치를 보고 있다. 여기서 명예란 사람의 진정한 가치 품격이 아니라 개인에 대한 사회적 평가(외적 명예)를 보호한다는 점에서 각별한 의미를 갖는다. 그러나 20세기 말 매스커뮤니케이션의 발달로 명예훼손제도만으로는 개인의 사생활을 충분히 보호할 수 없게 되었다. 그럼에도 오랜 전통을 가지고 명예훼손법을 발전시켜온 영국에서는 프라이버시권이 별도로 인정되지 않았고, 이를 처음 인식하고 법적 보호를 시작한 것은 미국이었다. 20세기 말 선정적인 대중 언론의 등장으로 프라이버시 침해가 사회적 문제로 제기되자, 이에 대처하려는 노력이었다. 그럼에도 영미에서 사생활의 권리 내지 프라이버시의 권리는 대륙법계 국가에 비해 충분히 보호받지 못하고 있다. 독일 등 대륙법계 국가에서 일반적 인격권 내지 프라이버시권은 영미법계에 비해 현저히 충실한 보호를 받고 있다.

　마지막으로 형사법상 사실적시 명예훼손죄에 있어서 허위사실적시 명예훼손을 처벌하는 것에는 문제가 없지만, 진실 적시행위를 명예훼손으로 처벌하는데 대해서는 격렬한 반론이 제기되고 있다. 헌법재판소는 여러 차례 결정에서 진실 적시 명예훼손죄 폐지론을 배척하는 입장을 명백히 하였음에도 폐지론은 그 주장을 굽히지 않고 있다. 이 논쟁은 우리 명예훼손법제 전반의 이해 및 운영과 연관을 갖는 거대하고 광범한 논의를 필요로 하는 것이다. 본서에서도 이 논쟁의 상세한 논거와 비판을 함께 살피고 그 결론에 관하여 분명한 입장을 밝힐 것이다. 폐지론의 주장이 받아들여지는 경우에는 힘겨운 노력에 의해 쌓아 올린 기존의 언론 자유와 인격권 간의 세심한 형량의 결과가 붕괴하게 될 것이고, 우리의 명예훼손법제는 혼란을 벗어날 수 없을 것이라고 감히 예상할 수 있다.

Ⅱ. 비교법적 관점

1. 개관

　어느 나라에서나 명예훼손법제의 기본적 과제는 언론의 자유와 개인의 인격권 보호간의 상충관계를 조화롭게 해결하는데 있다. 그 중 어느 가치에 중점을 두고 강조하는가는 각국이 갖는 역사적·문화적 가치뿐 아니라 사회의 기본적인 법적 구성과 작용을 다루는 헌법적 문화 여하에 따라 달라지게 된다.

　여기서 비교법적 고찰은 각국 법제도의 개념과 법리의 유래와 내용을 파악하고 미래의 개선을 위해 중요한 의미를 갖는다. 우리 법제는 독일 등 유럽의 대륙법을 수입하여 제정법(성문법)체제를 기본으로 하고 있다. 제정법 체제는 체계적·논리적 파악에 유리하지만, 법원의 판례를 법형성의 기본으로 삼는 영미의 판례법 체계는 법원의 판례에 의해 실생활의 경험을 축적하여 법 형성의 기초로 삼을 수 있다는 점에서 구체적 실용성의 측면에서 우월성을 가진다.

법질서의 구체적 형성은 해당 국가의 문화와 역사적 경험에 영향을 받는다. 그리고 한 사회의 헌법에 의한 기본 결정이 어떠한 가치를 지향하는가에 따라 국가와 개인의 관계, 나아가 개인 간의 관계에서 언론의 자유와 개인의 인격권의 관계는 달라지게 마련이다.[22] 우리 법제는 일반적으로 독일의 대륙법계를 바탕으로 하면서 명예훼손법에 있어서는 미국 법제의 영향을 크게 받고 있다. 더욱이 명예훼손법이 역사상 처음 태동하여 거대한 판례체계를 이루고 있는 영국의 경험은 우리의 법 운영에 큰 참고를 줄 수 있다. 본서에서는 비교형량 원리를 위법성 판단의 기본 원칙으로 하는 입장을 취하면서 영국, 미국, 독일의 명예훼손법제를 참고하는 어프로치를 취한다. 깊은 역사와 경험을 갖춘 제외국의 법리를 비교 검토하고 우리 법의 운영에 있어서 더 나은 법리와 관행을 찾는데 의미가 있기 때문이다.

2. 영국

우리가 영국 명예훼손법제에 주목해야 할 주된 이유는 명예훼손법이 역사상 처음 태동하여 거대한 판례체계를 이루고 있는 영국의 경험을 살펴봄으로써 우리의 법 운영을 비교 검토하고 더 나은 법리와 관행을 찾는데 있다.

영국에서 명예훼손법은 중세 이래 근대에 이르기까지 보통법 법원(common law court)의 판례를 기반으로 형성되어 왔다. 애초에 영국에서 전개된 명예훼손법제는 중세의 교회법과 군주주권 시대의 형사 명예훼손법제의 영향을 받은 것이었다. 그것은 교회 및 국가의 상위계층의 위엄과 존엄을 보호하는데 주력하였고, 엄격책임주의(strict liability rule)를 기본으로 하였기 때문에, 그 체제는 명예보호에 가장 강력한 체제인 반면 표현의 자유에는 가장 엄격하였다. 그러나 정체가 민주화되고 시민의 권리가 강화되면서 현대적 개념의 명예를 보호하려는 보통법 법원의 개선 노력이 이어지게 되었다. 장기간 형성되어 거대한 법체계를 이룬 이러한 영국의 역사적 경험은 미국을 포함한 커먼웰스 제국에 수용되어 영미법계의 기초와 내용을 형성하게 되었다.

법원의 판례를 법형성의 기본으로 삼는 영국 보통법의 명예훼손법이 주목되어야 할 이유는 있다. 그만큼 사례에 따른 합리적 해결을 도모하는 과정에서 일상 생활의 경험을 추출 결정한 것이 법리로 형성되고 있기 때문이다.

---

22) James Q. Whitman, THE TWO WESTERN CULTURES OF PRIVACY: DIGNITY VERSUS LIBERTY, 113 YLJ 1151 (1197) (Yale Law Journal, April, 2004); CA Paris, 1e ch., June 14, 1985, D. 1986 inf. rap. 50, note R. Lindon.

비록 영국의 명예훼손 판례법이 복잡하고 체계적이지 못하다고 비판받고 있다 할
지라도 그것은 판례법이 장점으로 갖는 구체적 타당성의 지혜를 담고 있으며, 이를 법
리로 체계화할 때 중요한 참고가 될 수 있다. 판례법은 역사적·사회적 변화에 맞추어
명예훼손제도를 구체적이고 상세하게 반영한다. 다양한 장기적 경험을 바탕으로 한
것이고, 그만큼 실생활의 사정을 법에 녹여 놓고 있기 때문이다.

3. 미국

최근 한국의 언론학계는 물론 언론법학계는 미국 법제의 영향이 강화되고 있기
때문에 미국 명예훼손법제의 추이는 중대한 의미를 가지며 이를 면밀하게 살피지 않
을 수 없다. 그러나 우리의 관심인 언론법 및 명예훼손법에 있어서 미국의 법제는 영
국 보통법을 기반으로 하면서도 별개의 독특한 지위에 있음을 간과하여서는 안된다.

먼저 개인주의·자유주의를 지향하는 미국의 법제는 연방 수정헌법 제1조에 의해 절대적
보호를 받는 언론의 자유가 기본권 중의 기본권으로 우월적 지위를 갖는다고 생각된다. 18세
기 말 제정된 미국 연방헌법 수정 제1조는 언론의 자유를 제한할 수 없는 절대적 기본권으로
규정하고 있으며, 이를 근거로 미국 연방대법원은 언론의 자유의 제한을 극도로 꺼리는 입장
을 취하여 왔다. 그에 의하면 언론의 내용에 관한 규제를 원칙적으로 금지하며, 더욱이 언론
의 견해에 따라 차별 취급하는 규제는 절대적으로 무효로 보고 있다. 따라서 예를 들어, 국가
시책에 반대하기 위해 성조기를 소훼하는 행위 또는 인종차별적 혐오언론에 대한 규제도 허
용되지 않는다.

이러한 입장 때문에 미국에서 언론의 자유는 명예 및 프라이버시권과의 관계에서도 압도
적 우위를 갖게 된다. 애당초 미국 헌법이 언론의 자유를 제한할 수 없는 기본권으로 규정한
취지는 국가권력과 개인 간의 이른바 수직적 관계에서 언론의 자유를 최대한 보호하기 위한
것이었고, 그에 따라 연방대법원은 위와 같이 그 자유의 제한을 엄격히 규제하려는 어프로치
를 취한 것이다. 그러나 민사상의 명예훼손은 사인 간의 민사적 관계(이른바 수평적 관계)에
서 생기는 분쟁에 관하여, 한쪽에서 언론의 자유와 다른 쪽에서 개인의 명예 내지 인격권 보
호의 이익이 대립 충돌하는 상황에서 양자를 비교 형량하여 원만한 해결을 과제로 삼게 된
다. 이렇게 보면 미국 판례의 어프로치는 언론 자유라는 이익의 입장에서 수직적 관계에 치
중할 뿐, 수평적 관계에서 생기는 이익 충돌의 조화로운 해결이란 관점은 도외시되고 있는
것이다.

영국의 식민지에서 독립한 미국은 영국의 보통법(Common Law) 체제를 전반적으로
계수하였고,23) 영국의 명예훼손에 관한 보통법이 미국에도 적용된 것은 물론이었다.

---

23) 영국에서 독립한 미국 제주의 입법부가 최초로 취한 조치는 당시 식민지에서 시행되던 영국의 보통
　 법 체제를 전반적으로 수용하는 법률("reception statute")을 제정한 것이었고, 그것은 새 정부가 거부

그러나 미국의 명예훼손법제는 1964년 뉴욕타임스판결을 계기로 영국 보통법의 전통을 떠나 독자적인 길을 밟게 되었다. 그것은 명예훼손법에 헌법적 관점을 도입하여 언론의 자유를 강화하면서 명예훼손 사실의 입증책임을 피해자인 원고에게 전환하였다. 나아가 의견이면 면책된다는 1974년 거츠 판결의 영향은 아직도 강고하게 미국 명예훼손법의 기초에 자리잡고 있다. 이 때문에 미국은 세계에서 언론의 자유를 가장 높게 보호하는 나라로 칭송되고 있으나, 그 반면에 명예 등 인격권을 가장 경시하는 나라로 평가되게 하였다.

4. 독일

일반적으로 제정법주의의 대륙법 체계를 대표하는 독일의 법제는 명예권, 특히 일반적 인격권의 개념을 표현 및 언론의 자유와의 관계에서 체계적·논리적 어프로치에 의해 실천적 조화를 도모하고 있다는 점에서 훌륭한 참고를 얻을 수 있다.

여기서 주목할 점은 기본권의 효력, 그리고 기본권이 충돌하는 경우 해법에 관한 논의이다. 종전의 기본권 효력에 관한 이론은 국가권력과의 관계에서 그 효력과 제한의 한계에 관한 논의에 치중하였고, 그 결과 예컨대 명예훼손제도의 이해에 있어서도 그것이 언론의 자유를 제한하는 측면만을 주목하고 그 제도의 토대인 개인의 인격권에 대한 영향은 간과되어 왔다. 현대 서구의 새로운 경향은 양자의 충돌을 조화롭게 해소하려는 합리적 방안으로서 실제적 조화의 원칙에 입각하고 있다. 이 책도 이러한 새로운 경향을 받아들여 명예훼손법제의 진정한 존재의의를 찾는데 그 목적을 두고 있다.

5. 국제인권 법규

(1) 국제연합의 인권선언

제2차대전 후 세계에서는 인권과 기본적 자유에 관한 국제법적 규율이 주목받고 있다. 유엔 헌장 제55조는 "국제연합은 모두를 위한 인종, 성별, 언어 또는 종교에 따른 차별 없이 인권과 기본적 자유의 보편적 존중과 준수를 촉진해야 한다"고 규정하였

하지 않는 한 영국 보통법을 그대로 시행하도록 규정하였다(Elizabeth Samson, THE BURDEN TO PROVE LIBEL: A COMPARATIVE ANALYSIS OF TRADITIONAL ENGLISH AND U.S. DEFAMATION LAWS AND THE DAWN OF ENGLAND'S MODERN DAY, CARDOZO J. OF INT'L & COMP. LAW [Vol. 20:771]).

고, 1948. 12. 10. 유엔 총회 결의에 의해 채택된 만국인권선언(Universal Declaration of Human Rights, "UDHR")은 인권법의 기초 문서로서 인간의 역사에서 가장 위대한 소망을 명문화하고 있다. 30개 조문으로 구성된 인권선언은 고유한, 양도할 수 없는 모든 인간에 적용되는 보편적 성격을 확인하면서 개인의 기본적 권리와 기초적 자유를 상세히 규정하고 있다. 인권선언은 글로벌 및 로컬 양 레벨에서 법적, 정치적 및 사회적 발전에 어떤 문서보다 더 큰 영향을 미쳤다.

그것은 "인권에 대한 무시와 경멸은 야만적 행위를 결과하여 인류의 양심을 유린하였다"는 선언 서문의 기술과 같이 나치독일의 폐해에 대한 직접적인 도덕적 반응으로서 보편적인 도덕 강령에 합의할 절실한 필요에 따라 "모든 인류 구성원의 고유한 존엄과 평등하고 불가양의 권리를 확인"한 것이었다.

종전의 전통적인 국제법적 사고에서는 국가만이 국제법적 권리의무의 주체로 간주되었음에 비해 2차대전 후의 세계에서 개인은 국제인권법에 의해 소속된 특정 국가와 무관하게 독자적으로 국제법상의 권리를 보호받게 되었다. 이것은 인권에 관한 새 확신과 국가 주권 포기의 저항 간 절충의 산물이었고, 이로써 국제법상 국가는 인본주의적 간섭의 법에 의해 개인에 대한 무제한적인 재량을 행사할 수 없게 되었다.

(2) 유엔의 국제인권협약

인권선언은 그 역사적 국제법적 의미에 불구하고, 법적 구속력이 없는 선언이었다. 이에 국제사회의 모든 구성원은 인권의 보편적 보호를 보장할 책임을 공유한다는 세계인권선언의 전제를 실현해야 했다. 이에 따라 그 정신과 내용은 1966년 의결로 채택되고 1976년 시행된, 법적 효력을 갖는 양 인권협약에 의해 구체화되고 실현되었다.[24] 양 규약의 채택은 인권을 도덕적 원리에서 법적으로 구속력있는 규범으로 변화시켰다. 규약은 소극적 성격의 권리와 적극적 성격의 권리로 구분하여 정해졌다.

첫째, 유엔의 시민적·정치적 권리에 관한 국제협약(International Covenant of Civil and Political Rights, ICCPR)은 생명, 신체 및 안전에 관한 권리, 적법절차의 권리, 집회 결사의 권리, 표현의 자유, 정치권, 평등권 등을 규정한다. 2019년 현재 중국과 쿠바를 제외한 173개국이 서명한 바 있고, 북한은 가입을 철회하였다.

이 협약에 부속된 선택의정서 중, 첫째는 인권위반 피해자에게 인권위원회에의 불만진술권을 인정하며, 제2선택 의정서는 사형제를 폐지하고 있다.

---

24) 유엔인권선언과 2개의 인권규약 및 B규약의 선택의정서는 함께 국제인권장전(International Bill of Rights)을 구성한다고 불리고 있다.

둘째, 유엔의 경제적, 사회적 및 문화적 권리에 관한 국제협약(International Covenant on Economic, Social, and Cultural Rights, "ICESCR")에 의하면 서명국들은 노동권, 건강권, 교육권 및 적정 수준의 생활권 등을 포함하는 경제적, 사회적 및 문화적 권리의 승인을 향한 작업을 소임으로 하고 있다. 2020년 현재 171 개체가 가입하였고, 미국을 포함한 4개국은 서명했으나 비준이 없다.

(3) 유럽인권협약 및 유럽인권재판소 판례

1950. 11. 4. 로마에서 채택되어 3년 후 1953. 9. 3. 발효한 유럽인권협약(European Convention for the Protection of Human Rights and Fundamental Freedoms, ECHR)은 광범한 인권을 법적으로 보장하는 최초의 국제조약으로서 세계적으로 가장 효과적인 시스템으로 평가받고 있다.[25] 유엔 인권선언이 보편적이고 이상의 선언임을 의도한 반면, 유럽인권협약은 지역적인 구속력 있는 협정으로서 체약국은 그에 규정된 권리에 구속된다.[26]

유럽인권협약은 10개의 기본권을 설정하고, 그 집행기구로서 유럽인권위원회(European Commission of Human Rights)와 유럽인권재판소(European Court of Human Rights)를 설립하도록 규정하였다. 1998년 개정으로 위원회는 폐지되고 재판소의 소재판부가 결정을 내리고 있다.

유럽인권재판소(European Court of Human Rights: ECHR, ECtHR)는 유럽인권협약의 주된 집행기구로서 비준국(소련 해체 후 중동부 유럽 국가 등 41개국)을 공식적·법적으로 구속하는 결정을 내리는 사법기관이다. 그 결정은 공식적인 구속력을 가지며, 협약 위반으로 판단된 국가는 문제를 해결하는 조치를 취해야 한다.

협약 상 보호되는 인권을 침해당했다고 주장하는 개인, NGO 또는 개인의 집단은 제소할 권리가 인정되며, 국내 구제수단을 모두 거친 후 6개월 이내에 인권재판소에 제소가 가능하다.

유럽인권재판소는 다수의 사건에서 일반적으로 인권을 위한 높은 기준을 설정하고 있다. 기본적 인권 중에서 표현의 자유가 상대적으로 큰 비중을 차지한다. 그 결과 때로 비판이 없지 아니하지만, 재판소는 국가에 의한 탄압을 제한하고, 인권 존중을

---

25) 이하 Toby Mendel, European Court of Human Rights: Overview, Developments and Impact, April 2000 참조.

26) 전술한 바와 같이 유엔 차원의 인권규범인 만국인권선언(Universal Declaration of Human Rights)은 1948년 유엔 총회 결의에 의해 채택되었으나 구속력이 없는 선언이었고, 이를 구속력있는 법으로 전환시킨 2개의 국제인권규약은 1976년에 이르러서야 시행되었다.

위한 바른 최소한의 기준을 확립함에 중요한 역할을 해왔다.

실제로 유럽인권재판소의 판례는 3가지 레벨에서 영향을 미쳤다. 첫째, 국가는 협약 위반으로 판단된 경우 시정 조치를 행할 공식적·법적 구속을 받는다. 이것은 청구인에게 직접적 효력을 가지며, 위반 판단된 국내법은 개정되어야 하는 결과가 된다. 둘째, 다수의 국가에서 국제법은 내국 법률 시스템의 일부이며, 국내 제정법보다 우월한 지위를 갖는다. 그 경우 동 재판소의 판단은 국내 법원이 적용할 국내법의 일부가 된다. 셋째, 동 법원은 국제 인권법에 관해 법적 해석을 내리는 권위를 갖는 소수의 기관으로서 이 분야에서 가장 발전된 판례를 제공한다. 그 때문에 그 판례는 세계적으로 여러 주체들, 법관, 변호사, 인권운동가, 정부 간의 주체, NGO 등에 의해 인권의 범위 및 의미에 관한 지침으로 원용되고 있다.

유럽인권협약(ECHR)이 유럽협의회의 성공적 성취라고 평가되고 있음에도, 유럽협의회는 많은 다수의 조약을 채용하였다. 그 중 유럽사회헌장(European Social Charter, ESC)은 1961년 채택되어 서명을 위해 공개되고 1988년 추가 의정서가 추가되었는데, 1996년 대폭 개정되었다.

유럽인권협약이 개인의 권리만을 규정하였음에 비해 ESC는 집단에 적용되는 경제적·사회적 정책으로서 노동 기본권, 건강권, 가정의 보호, 노인, 주거권 등을 다룬다.

ESC는 정기적 보고와 집단적 청원 등 2가지 감독 시스템을 설립하였다. 유럽 5개 지역에서 선출되는 15인 위원으로 구성되는 유럽사회적권리위원회(European Committee of Social Rights, ECSR))는 구성국으로부터 제출된 동 조약상의 권리 보호 상황에 관한 보고서를 실질적으로 검토한 후, 해당국의 규정 준수 여부에 관한 보고서를 발부한다. 그것이 법적 구속력을 갖는 것은 아니지만, 준사법적인 것으로 차후 취해질 조치에 대해 강력한 영향을 미친다.

1995년 서명을 위해 공개된 집단적 청원(collective complaints) 시스템은 국제적 사용자단체와 노동조합, 기타 유럽회의에 자문하는 국제적 비정부기구, 각국의 국내 사용자단체 및 노동조합에 집단청원을 제기할 수 있도록 하고 있다. 집단청원할 수 있는 4번째 주체는 각국의 대표단체다.

ECSR은 그 조사 경위와 결론을 포함한 보고서를 작성하여 청원 주체, 각료위원회 및 관계국에 송부하는데, 각료위원회는 관계국이 ESC를 만족하게 적용하였는가 여부를 투표로 결정하고, 3분지 2의 다수결로 불만족으로 투표된 경우 관계국에 개선 조치를 권고한다.

Ⅲ. 현행 법제 개관

1. 명예훼손법제의 법원(法源)

이 책에서 다루는 법적 분야는 크게 보아 표현의 자유와 개인의 법익이 충돌하는

경우 그 조화적 해결에 있다. 그 경우 표현 및 언론의 자유의 가치나 보장내용 등에
관한 논의는 헌법적 차원에서 이미 상세히 연구되고 있어 본서에서 상술할 필요는 없
을 것이다. 그에 대해 표현행위나 언론에 의해 침해되는 개인 법익의 측면에서 보면,
그 생성 연혁 상 명예권이 가장 먼저 형성되어 구체적인 법리가 형성되었고, 사회 및
커뮤니케이션 기술이 발전됨에 따라 그에 의한 침해에 대응하여 새로운 프라이버시의
권리나 보다 포괄적인 의미에서 인격권의 개념이 형성되게 되어 독자적인 분야를 이
루고 있다.

이제 법제는 표현의 자유와 인격권이라는 자유민주사회에서 2가지 본질적 가치가
조화를 이루는 모습으로 형성되고 있다.

(1) 전통적 민·형사상의 규율

종래 언론의 개인적 법익 침해에 대한 규율을 위해서는 일반 법제상 여러 가지
방안이 마련되어 있었다. 형사적으로 보아 명예훼손, 신용훼손, 모욕 등과 같이 개인적
법익을 침해하는 표현행위는 형사상 범죄를 구성하여 처벌을 받게 된다. 또 민사상으
로는 표현행위가 개인의 법익을 위법하게 침해한 경우 불법행위가 성립되고, 피해자
에게는 손해배상청구권이 인정된다. 특히 민법에 의하면 정신적 손해에 대하여는 위
자료 청구권이 인정되며, 명예훼손에 대한 손해배상의 특칙으로서 피해자는 명예 회
복을 위해 필요한 처분을 청구할 수 있다고 규정하였다(민법 제764조).

(2) 특별법 상 형사적 규율

명예권을 보호하는 전통적인 형법의 규율은 사회의 발전과 기술 혁신에 따라 새
로운 적용범위를 요하게 되었다. 그 대표적인 분야가 새로운 커뮤니케이션 수단인 정
보통신망에서 행해지는 명예 기타 인격권 침해행위를 규율하는 법제가 광범위하고 다
양한 분야에서 논의되게 되었고, 민주정체의 보급 및 확산으로 인해 각국에서 일반화
된 선거법상의 명예훼손 행위에 대한 규율이 존재한다.

가. 정보통신망법 상의 명예훼손죄

첫째, 정보통신망에서의 명예훼손행위는 빠른 전파성과 광범위한 파급효과로 인
하여 그 피해가 심각할 수 있고 사후적인 피해 회복 또한 쉽지 않으므로, 현행 정보통
신망 이용촉진 및 정보보호 등에 관한 법률(약칭: 정보통신망법)은 형법상 명예훼손죄를
인터넷 상에도 적용하는 규정을 정하고 있다. 동법은 사람을 비방할 목적으로 정보통
신망을 통하여 공연히 사실을 적시하여 타인의 명예를 훼손하는 행위를 처벌하며(동법

제70조 제1항), 허위사실을 적시한 경우에는 형이 가중된다(동법 제70조 제2항). 이들 규정은 인터넷 상의 표현행위에 대한 형사 제재와 관련한 특별 규정이며, 명예훼손의 구성요건 및 위법성이나 그 법적 효과 등 실체적 법리에 관하여는 기존의 형법상 명예훼손의 법리가 적용된다.

인터넷 상의 위법행위를 규율하고 단속하는 체제의 일반적 논의는 이미 사이버거버넌스 체재에 관한 논의에서 진행되고 있다.[27] 본서가 다루게 될 초점은 새로운 분야에서 적용될 표현의 자유와 개인의 인격권 간의 조화적 해결을 도모하는 것이다.

나. 공직선거법상 명예보호 규정

둘째, 현행 공직선거법은 선거에 관한 보도에 있어서 허위의 보도·논평을 금지하고(법 제96조), 후보자 및 그 근친자 등에 대한 비방을 금지하는 규정을 두고 있으며(법 제110조), 그에 위반한 행위를 형사 처벌하는 조항과 함께 선거 결과에 부당한 영향을 미치는 행위를 방지하기 위해 선거관리위원회에 의한 즉시적 구제제도 및 선거반론권 제도를 규정하고 있다. 현행 공직선거법 상 후보자 등의 넓은 의미의 명예를 보호하는 규정으로는 허위사실공표죄(제250조)와 후보자비방죄(제251조)가 있다. 그 중 기본적 구성요건을 규정하는 제251조는 진위 여하를 막론하고 사실을 적시하여 후보자 등을 비방하는 행위를 처벌하고, 가중적 구성요건인 제250조는 허위 사실을 적시하여 명예훼손하는 경우를 처벌하고 있다. 그리고 후자의 경우에는 당선 목적을 위한 경우와 낙선 목적을 위한 경우로 나누어 후자의 경우에는 법정형을 가중하고 있다. 공직선거법은 상술한 2개의 범죄구성요건을 정하면서 사실적시에 의한 명예훼손만을 처벌할 뿐 의견표현 또는 가치평가에 대하여는 처벌에서 배제하는 입법태도를 취하고 있다. 이들 규정은 선거에 관하여 행해진 명예훼손적 표현행위에 대한 제재와 관련한 특별 규정이며, 명예훼손의 구성요건 및 위법성이나 그 법적 효과 등 기본적인 실체적 법리에 관하여는 명예훼손에 관한 일반적 법리가 적용된다.

(3) 특별언론법 상 특수 규율

그러나 이들 종래의 규율은 언론에 의한 개인 법익 침해의 경우 피해자에게 필요하고도 충분한 수단을 제공하지 못하였다. 첫째, 이들 제도는 언론에 의한 개인법익 침해에 특수한 점을 고려하지 않은 채 일반 소송절차에 의해 처리되므로 그 구제를 위하여는 장기간이 소요될 뿐 아니라 피해자 측에게 소송비용 등 과다한 비용과 노력을 요구하게 되어 신속하고 용이한 구제수단이 될 수 없었다. 둘째, 명예훼손적 보도가

---

[27] 이에 관한 상세한 논의는 박용상, 언론의 자유(박영사, 2013), 989-1000면 참조.

나가고 장기간이 경과한 후에 피해자가 승소하거나 언론사가 유죄 판결을 받았다고 하더라도 그것은 언론사에 대한 간접적인 징벌적 효과만 가질 뿐 피해자의 즉각적인 명예 회복을 위해서는 기여하는 바가 거의 없었다(민사소송에서 명예 회복을 위한 적당한 처분을 청구할 수도 있으나, 그 판결을 얻는 데 장기간이 소요됨은 물론이다).

　이러한 이유 때문에 언론 침해에 대한 문제의 해결은 언론계의 큰 과제였으며, 신속 적절한 구제책을 강구하여야 한다는 법적인 논의가 계속되어 왔다. 이러한 필요성에 비추어 1981년 1월 1일부터 시행된 언론기본법(言論基本法)이 처음으로 서구의 언론법상 일반화된 '반론권'(反論權, Gegendarstellungsanspruch) 내지 '응답권'(應答權, droit de réponse)의 제도를 도입함과 동시에 그 실현절차를 담당할 언론중재위원회 제도를 창설하였다.

　우리 법제에서 언론 피해의 구제제도는 반론보도청구권과 언론중재절차를 입법화함으로써 상당한 진전을 보였다. 반론권 제도(처음 법문상에는 정정보도청구권이라고 칭하였음)는 그 구제 절차를 관장하기 위한 기관으로서 설치된 언론중재위원회를 중심으로 언론 피해에 대한 불만처리 또는 구제활동이 활발하게 이루어지게 되었다.

　그 후 1987년 제정된 '정기간행물의 등록 등에 관한 법률'은 반론보도청구권 제도와 언론중재제도를 그대로 이어받았고, 그에 더하여 추후보도청구권을 새로이 도입하였다. 다시 1995년 말 정기간행물의 등록 등에 관한 법률 개정(1996년 7월 1일부터 시행)으로 반론보도청구권은 더욱 정리된 모습을 갖추었으며, 그 행사 절차를 담당·처리하는 언론중재위원회는 직권 중재 결정권이 인정됨으로써 명실상부한 중재기관으로서 체제를 갖추었다.

　2005. 1. 27. 공포되어 동년 7. 28.부터 시행된 '언론중재 및 피해구제 등에 관한 법률'(법률 제7370호, 이하 '언론중재법'이라고 약칭함)은 종전 정기간행물의 등록 등에 관한 법률, 방송법 등 각 개별 법률에 분산 규정되어 있던 언론피해구제제도를 포괄하여 단일화하고, 언론보도로 침해된 국민의 권리구제를 확대하기 위한 조항과 언론중재위원회의 기능을 강화하는 개정조항을 두고 있다.

　동법은 인격권을 명문화하여 그 보호를 강화하고, 여러 법률에 산재하던 언론피해구제제도를 한데 모아 단일 법률에 수용하고 이를 강화하였다는 점에서 그 피해를 당한 국민의 입장에서 보면 긍정적 입법으로 평가될 수 있었다. 무엇보다 신법은 언론과 시민과의 관계에서 야기되는 법적 문제를 단지 구제의 절차법적 면뿐 아니라 실체법적 측면에서도 중대한 규율을 베풀고 있음에 주목할 필요가 있다. 그러나 명예 등 인격권의 보호를 입법화하는 경우에는 인격권의 개념과 본질에 관한 실체법적 이해와 함께 표현 및 언론의 자유에 관한 헌법적 이해를 필요로 함은 물론이고, 그 권리구제 절차에 관한 입법은 복잡하고 미묘한 기술법으로서 일반 소송법 체계에 어긋나지 않도록 세심한 배려를 요한다.

언론중재법에 관하여 그 위헌적 규정 전반이 다투어진 헌법소원 사건[28]에서 헌법재판소는 정정보도청구권에 관한 법원의 심리절차 부분에 한하여 일부 위헌으로 판단[29]한 이외에는 일반적으로 그 합헌성을 인정하였다.

2. 체계적 파악

앞서 살펴본 바와 같이 명예훼손법은 체계화된 명문의 단일 법전이 없고, 기존의 법률 제도를 차용하거나 원용하면서 이를 보완하거나 새로운 법리를 만들어 내는 등 임기적·단편적인 규율과 법리의 발전에 의존하여 왔다. 그럼에도 기본권 간의 충돌 및 그 조화적 해결이 이 분야의 핵심 쟁점으로 파악되고 그에 관한 체계적 해법이 모색되어 왔다.

(1) 인격권과 명예권 보호법제의 구분

언론의 자유와 관련하여 침해가 예상되는 개인적 법익에는 종전부터 이미 독자적인 법리가 확립된 명예권과 그 밖에 새로이 인정된 인격권을 이루는 법익이 포함된다. 그리고 그 침해에 대한 구제제도에 관하여는 그 보호법익의 구별에 따라 명예훼손과 그 밖의 인격권 침해에 대한 구제제도를 나누어 살필 필요가 있다. 명예는 개인에 대한 사회적 평가를 보호하는 것인 반면, 그 이외의 인격권 내지 프라이버시의 권리는 원칙적으로 사회적 평가와는 무관한 개인의 자신에 대한 인식 및 감정을 보호하는 것이다.

이렇게 우리 법제상 개인의 사회적 평가, 즉 '외적 명예'를 보호법익으로 하는 명예훼손은 그 이외의 프라이버시 등 인격권을 보호하는 제도와 구별된다. 첫째, 현행법상 명예훼손은 형법에 의해 처벌되지만, 그 외의 프라이버시나 인격권 침해를 포괄적으로 형사 처벌하는 규정은 없다. 그러므로 명예 이외의 인격권 침해는 민사적 청구에 의해서만 구제될 수 있다. 둘째, 명예훼손에서는 진실의 항변이 인정되지만, 사적 사항

---

28) 그 위헌소원 사건의 심판청구서에 기재된 구체적 위헌주장의 내용에 관하여는 https://blog.naver.com/prkys500/150003896084 및 http://blog.naver.com/prkys500/140016071528 참조.

29) 헌법재판소 2006. 6. 29. 선고 2005헌마165, 2005헌마314, 2005헌마555, 2005헌마807, 2006헌가3 (병합) 결정.

의 폭로나, 성명권·초상권 침해 등 프라이버시 침해의 경우에는 진실한 사실이라도 원칙적으로 면책되지 아니한다는 점에서 명예훼손과 큰 차이를 보인다.

그러나 외적 명예는 프라이버시의 권리 또는 인격권이 보호하는 영역과도 중복될 수 있으므로 명예훼손과 프라이버시의 침해는 경합될 수 있다. 특히, 프라이버시침해의 유형 중 허위에 의한 왜곡적 공표(publicity in false light)가 인정되는 경우에는 명예훼손도 성립될 수 있다는 점에서 양자는 겹치는 경우가 대부분이다. 그럼에도 그러한 프라이버시 침해의 유형이 인정되어야 하는 이유는 외적 명예를 침해하지 않는 경우에도 인격권의 침해가 있을 수 있기 때문이다.

이하 본서에서는 우선 전통적 법영역으로 독자적인 이론과 판례가 확립되어 있는 명예훼손을 다루고 그 밖의 나머지 인격권 침해에 관하여는 권을 나누어 다루기로 한다.

(2) 형사 명예훼손과 민사 명예훼손

역사상 명예훼손은 행위자를 처벌하는 형사 명예훼손죄로 시작되어 피해자의 피해를 구제하는 민사적 제도로 발전하였다.

우리 법제상 명예훼손은 형법상 범죄로 취급되는 동시에 민사상 불법행위를 구성하여 그로 인해 손해배상 의무가 생기는 구조를 가지고 있다. 형사상 명예훼손은 죄형법정주의의 원칙에 따라 그 구성요건이 법문에 개별적·구체적으로 명시되고 있지만, 민사상 명예훼손에 관하여는 그 구성요건 및 효과에 관해 통일적인 명문 규정이 없고, 다만 민법이 정하는 일반적 불법행위의 요건(민법 제750조)에 따라 해당 명예훼손이 불법행위의 요건을 충족하는가 여부를 판단하게 된다. 결국 민사 명예훼손의 법적 구성의 체계는 판례나 학설에 의해 구체화될 수밖에 없다.

먼저 현행 형법은 각칙 제33장에 명예에 관한 죄로서 별도의 장을 마련하고, 일반적 명예훼손(형법 제307조), 사자의 명예훼손(형법 제308조) 및 출판물에 의한 명예훼손(형법 제309조)과 함께 명예훼손에 대한 위법성 조각사유(형법 제310조)에 관하여 규정하고 있으며, 모욕죄(형법 제311조)를 별도의 구성요건으로 정하고 있다. 형법상 명예훼손죄는 어느 것이나 '사실적시'를 요건으로 하며, 모욕죄는 사실을 적시함이 없이 사람에 대한 경멸의 표시로 성립된다.

그러나 명예훼손에 관한 현행 민법의 규정을 보면 제3편 채권 제5장 불법행위의 장에 명예훼손을 위자료 청구권 발생 요건의 하나로 규정하고(민법 제751조), 그 법적 효과로서 일반적 불법행위와 다른 명예훼손의 경우의 특칙(민법 제764조)을 규정하고 있을 뿐이다. 명예훼손이 불법행위로서 성립하려면 일반적 불법행위의 성립요건에 관한 규정(민법 제750조)이 적용된다. 다만, 형사상의 명예훼손죄는 고의가 있는 경우에만 성립되나, 민사상의 명예훼손은 고의뿐 아니라 과실이 인정되는 경우에도 책임이 인정된다. 그리고 판례에 의하면 명예훼손에 대한 위법성 조각사유를 규정하는 형법 제310조가 민사상의 명예훼손에서도 적용된다고 한다. 이와 관련하여 형법이 규정하는 명예훼손죄나 모욕죄의 구성요건을 충족하는 표현행위는 바로 민사책임을 발생케 하는 불법행위의 구성요건도 충족하는 것으로서 인정될 수 있다.

형사상의 명예훼손은 사실적시를 구성요건으로 하므로 의견표현에 의한 외적 명예의 훼손은 모욕죄에 해당할 뿐 명예훼손죄로 처벌받지는 아니한다. 그에 비하여 민사상의 명예훼손은 사실적시에 의하는 것이 일반적인 경우이지만, 의견표현이라 하더라도 욕설, 모욕, 비방, 조롱 등 인격에 대한 멸시가 행해진 경우에는 명예훼손의 불법행위가 성립한다. 즉 민사상으로 보면 형법상 규정되고 있는 여러 유형의 명예훼손죄가 성립하는 경우뿐 아니라 모욕죄가 성립하는 경우에도 민사상 명예훼손의 불법행위가 성립된다(이설 있음). 또 민사상의 명예훼손은 표현행위에 고의뿐 아니라 과실이 있는 경우까지 불법행위가 성립될 수 있으므로 형사상 명예훼손의 경우보다 그 책임이 성립하는 범위가 현저히 넓어진다.

(3) 명예보호법제의 확산

과학기술의 발전으로 명예를 훼손하는 방법이나 명예훼손이 이루어지는 공간도 다양해지고 새로워지면서 명예훼손죄는 이제 형법상의 범죄에 머물지 않고 인터넷을 이용한 경우 정보통신망법의 적용을 받으며, 선거에 즈음하여 선거에 관련된 표현행위에 관하여는 공직선거법에 명예훼손처벌규정이 있다. 이렇게 명예훼손행위는 그 목적, 수단 및 방법에 따라 특별법을 통해 그에 대한 처벌 범위와 규제가 더 확대되고 있다.

3. 본서의 논술 체계 및 범위

우리 법제상 표현행위 및 언론보도로 인해 인격권 침해의 책임이 생길 수 있는 경우는 명예훼손과 사생활 침해의 범주로 나뉜다. 2008년 발간된 저자의 명예훼손법은 위 양자의 개념에 관해 한 책에서 종합적 포괄적으로 다루었지만, 본서에서는 우선 전통적 법영역으로 독자적인 이론과 판례가 확립되어 있는 명예훼손에 관해 언급한다. 하나의 책으로 다루기엔 너무 볼륨이 커서 휴대와 이용에 불편하였기 때문에 명예훼

손 부분을 먼저 출간하고, 명예 이외의 인격권 침해 부분은 추후 발간을 예정하게 된
것이다.

본서에서는 종전 명예훼손법에서 행한 바와 같이 민사 명예훼손을 중심으로 설술
하되, 형사상 명예훼손에 관한 이론과 판례도 함께 다루게 된다.

이 책에서 다루는 가장 중요한 관점은 표현의 자유의 이익과 그에 의해 피해받는
명예권 등 개인의 권리를 어떻게 조화시킬 것인가 하는 점이다. 이 문제는 모든 명예
훼손법제에 기초가 되는 문제이며, 헌법적 고찰을 요하는 문제이다.

▪ 참고문헌

강일신, 실제적 조화 원칙에 관한 연구 - 기본권충돌 해결을 중심으로 - , 헌법재판연구원(2019. 3. 22.), 1-58면

박용상, 영미 명예훼손법

David A. Anderson, Reputation, Compensation, and Proof, 25 Wm. & Mary L. Rev. 747 (1984), http://scholarship.law.wm.edu/wmlr/vol25/iss5/3

Eva Brems, Conflicting Human Rights: An Exploration in the Context of the Right to a Fair Trial in the European Convention for the Protection of Human Rights and Fundamental Freedoms, 27 HUM. RTS. Q. 294 (2005)

Richard A. Epstein, Was New York Times v. Sullivan Wrong? 53 University of Chicago Law Review 782 (1986)

Assaf Hamdani, WHO'S LIABLE FOR CYBERWRONGS? 87 CNLLR(Cornell Law Review, May, 2002) p. 956

Stephen Gardbaum, THE "HORIZONTAL EFFECT" OF CONSTITUTIONAL RIGHTS, 102 Mich. L. Rev. 387 (393) (December, 2003)

Toby Mendel, European Court of Human Rights: Overview, Developments and Impact, April 2000

Elizabeth Samson, THE BURDEN TO PROVE LIBEL: A COMPARATIVE ANALYSIS OF TRADI- TIONAL ENGLISH AND U.S. DEFAMATION LAWS AND THE DAWN OF ENGLAND'S MODERN DAY, CARDOZO J. OF INT'L & COMP. LAW [Vol. 20:771]

Stijn Smet, "Freedom of Expression and the Right to Reputation: Human Rights in Conflict." American University International Law Review 26 no. 1 (2010): 183

James Q. Whitman, THE TWO WESTERN CULTURES OF PRIVACY: DIGNITY VERSUS LIBERTY, 113 YLJ 1151 (1197) (Yale Law Journal, April, 2004); CA Paris, 1e ch., June 14, 1985, D. 1986 inf. rap. 50, note R. Lindon

제 2 장
명예훼손

서 론

1. 민법상 명예훼손의 불법행위

전술한 바와 같이 우리 법제상 명예훼손은 형법상 범죄로 취급되는 동시에 민사상 불법행위를 구성하여 그로 인해 손해배상 의무가 생기는 구조를 가지고 있다. 그러나 형사상 명예훼손은 죄형법정주의의 원칙에 따라 그 구성요건이 법문에 개별적·구체적으로 명시되고 있지만, 민사상 명예훼손에 관하여는 그 구성요건 및 효과에 관해 통일적인 명문 규정이 없다. 다만, 명예훼손에 관한 현행 민법의 규정을 보면 제3편 채권 제5장 불법행위의 장에 명예훼손을 위자료 청구권 발생 요건의 하나로 규정하고(민법 제751조), 그 법적 효과로서 일반적 불법행위와 다른 명예훼손의 경우의 특칙(민법 제764조)을 규정하고 있을 뿐이다. 이를 보면 해당 명예훼손이 불법행위의 요건을 충족하는가 여부는 민법이 정하는 일반적 불법행위의 요건(민법 제750조[1])에 따를 수밖에 없다. 결국 민사 명예훼손의 법적 구성의 체계는 판례나 학설에 의해 구체화될 수밖에 없음을 알 수 있다.

민사상 명예훼손의 구성요건과 위법성에 관한 논의는 그로 인해 발생하는 청구권에 따라 달라질 수 있다는 점에 유의해야 한다. 따라서 민사상 명예훼손에 관한 법적 논의는 그 성립요건과 그 법적 효과에 관한 논의가 함께 검토되어야 한다. 명예훼손으로 인하여 생기는 법적 효과는 우선 민법상 불법행위가 성립됨으로써 그에 의해 일반적으로 발생하는 ① 손해배상청구권 이외에 ② 민법이 명예훼손에 대한 특칙으로 규정하는 명예회복에 필요한 처분청구권이 있을 수 있고, 최근에는 인격권으로서 명예권의 대세적 효력에 기한 ③ 부작위[금지]청구권과 ④ 방해제거 및 방해의 배제를 구하

---

1) 민법 제750조는 "고의 또는 과실로 인한 위법 행위로 타인에게 손해를 가한 자는 그 손해를 배상할 책임이 있다"고 규정한다.

는 권리도 적극적으로 활용되고 있다. 그 밖에도 ⑤ 언론중재법 상 사실적시에 대해서만 인정되는 반론보도 및 정정보도 청구권이 있다.

이들 각 청구권은 그 특성에 따라 그 성립요건이 달라지기 때문에 별개로 다루어져야 한다.

2. 법학상 행위론과 법적 귀책 시스템

명예훼손은 형사상 범죄가 되는 동시에 민사상 불법행위가 되어 법적 제재를 받는다. 이러한 범죄나 불법행위가 성립되어 법적 효과를 귀속시킴에는 법적으로 이해되는 '행위론'의 설명을 필요로 한다. 이 행위론은 원래 형법에서 범죄론을 이해하기 위해 발전되었으나, 민사상 불법행위에서도 기본적으로 공통된 이론에 따르게 된다. 형사상 범죄나 민사상 불법행위의 성립은 ① 구성요건, ② 위법성, ③ 책임(귀책사유)이란 3단계 판단을 거치게 된다.

전통적인 형법이론에 의하면 범죄의 성립을 논함에 있어서 해당 행위가 형법에 구체적으로 규정된 구성요건에 해당하는가(구성요건 해당성), 그렇다면 그것이 위법한가(위법성), 그리고 그러한 행위를 한 행위자를 비난할 수 있는가(책임) 하는 3단계 평가를 거치게 된다. ① 구성요건은 법익을 해치는 객관적 사실을 충족하는 동시에 행위자가 그 객관적 사실을 인식·의욕하거나 과실로 인식하지 못한 주관적 구성요건으로 이루어진다. ② 다음 위법성은 이러한 구성요건에 해당하는 행위가 법질서 전체에 비추어 허용되는가 여부를 따지는 객관적 기준에 의해 판단되며(명예훼손에서 위법성을 정하는 기본원리는 표현행위자의 이익과 피해자의 보호받는 법익을 비교 형량하는 방안에 의한다) ③ 마지막으로 책임(또는 귀책사유)은 구성요건에 해당하고 위법한 행위를 한 자를 법적으로 비난할 수 있는가 여부(이른바 비난가능성)를 행위자의 주관적 입장에서 검토하게 된다. 여기서는 행위자의 책임능력(14세 미만자), 기대가능성(절대적 폭력에 의한 또는 무의식 상태의 행위 등) 및 위법성의 인식(행위가 위법하다고 알지 못한 경우) 등이 문제된다.

이러한 행위론의 기본구조를 이해하지 못하면 명예훼손의 구성요건, 위법성 및 위법성 조각사유 등의 이해에 어려움을 갖게 된다. 이와 관련하여 제기되는 가장 기본적인 문제는 사실적시/의견표현에 의한 명예훼손을 구별하는데 있고, 나아가 적시사실의 진위 여부에 따라 명예훼손이 되는지 여부를 판단함에 있다.

우리 형법 제307조 제1항은 기본적 구성요건으로서 사실적시 명예훼손죄를 규정하는데, 여기서 적시 사실은 허위일 것을 요하지 않는다. 이러한 형법 상 사실적시 명예훼손죄의 구성요건은 민사상 사실적시 명예훼손의 불법행위의 구성요건에도 그대로 반영되고 있다. 이 때문에 우리 법제에 의하면 진실한 사실적시도 일단 민·형사상 명예훼손의 구성요건에 해당하지만, 피고는 그가 적시한 사실이 진실임을 입증하여 패소를 면할 수 있게 된다. 이에 비해, '허위의' 사실적시를 소인(訴因, cause of action)[2]의 요건으로 보는 미국 판례[3]와는 명백히 다른 구조를 취하고 있음을 알아야 한다. 일부 학자들은 우리 법제가 진실한 사실적시도 처벌한다고 하여 이를 비판하고 미국의 법제를 받아들여 법을 개정해야 한다는 주장을 하고 있다. 이 입법론적 논의에 관하여는 이 책의 말미에서 상세히 그 논거와 비판을 다룬다.

본서에서는 민사상 불법행위로서 명예훼손의 성립과 효과에 관한 논의를 중심으로 하고 형사 명예훼손죄에 관해서는 항목을 나누어 따로 설명하기로 한다.

3. 디지털 시대의 인격권보호

(1) 개관

인터넷 시대에 명예훼손법은 새로운 도전을 받고 있다. 인터넷은 개인들이 정보를 공유하고 저장하고 액세스하는 능력을 획기적으로 증가시켰고, 만인의 상호 접속과 표현의 장으로 자리 잡았다. 이렇게 인터넷에 의한 디지털 커뮤니케이션은 다양하고 광대한 편의와 가능성을 제공하는 한편, 그에 상응하여 명예 및 인격권 침해의 양태에도 심대한 변화를 가져왔다. 정보와 의견의 교환이라는 측면에서 인터넷 매체는 접근 및 전파의 용이성, 시간적·공간적 비제약성, 쌍방향성, 익명성 등의 특성을 가지며, 그 때문에 사이버공간에서 일어나는 명예나 인격권 침해행위는 종래와 다른 법적 문제들을 제기하고 있다.

인간 생활의 필수적 도구가 된 인터넷에서 정보의 자유로운 유통을 보호하는 동시에 그에 의해 야기되는 여러 폐해를 방지하기 위한 노력은 힘겨운 과제로 되고 있다. 인터넷에서는 익명성을 바탕으로 자신의 의견을 자유롭게 표현할 수 있는 것으로 생각하는 사람이 많다. 그러나 인터넷에서 보호되는 익명의 표현의 자유는 그에 의해 위법행위를 감행할 자유를 보

---

2) 영미법에서 소인(cause of action)이란 권리 구제를 위해 소를 제기함에 필요한 법적·사실적 요건들을 의미하며(https://legal-dictionary.thefreedictionary.com/cause+of+action), 우리 법제에서 이른바 구성요건(構成要件)과 대충 같은 의미를 갖는다고 할 수 있다.

3) 미국 판례에 의하면 민사상 명예훼손의 소인에는 ① 원고(피해자)에 관한 ② 허위의 ③ 명예훼손적 진술의 공표가 ④ 현실적 악의 또는 과실에 의해 ⑤ 원고의 명예를 훼손할 것을 요건으로 한다. 그 때문에 미국 판례에서 명예훼손은 적시사실이 허위이고 동시에 그것이 허위임을 알 것을 요하나, 우리 형법 제307조 제1항의 경우에는 단지 명예를 침해할 수 있는 사실의 적시라고 하는 구성요건 사실의 충족과 그에 대한 인식 여부가 문제됨에 유의해야 한다.

호하는 것이 아니다. 그에 의해 다른 법익이 침해되는 경우 그 행위자의 신원이 공개되어 법적 제재를 받고 피해자의 구제가 이루어져야 하는 것은 기본적인 법리에 속한다. 인터넷 상의 표현행위도 오프라인 상의 표현행위와 마찬가지로 헌법상 언론의 자유를 향유하지만, 다른 보호받을 법익을 침해할 수 없다는 한계를 지켜야 한다. 여기에는 국가적 법익, 사회적 법익, 개인적 법익이 있을 수 있고, 위법하게 이들 법익을 침해하는 경우에는 법적인 제재 대상이 된다.

이러한 변화에 따른 도전은 보호받아야 할 명예 및 인격권의 실질과 내용에 관한 논의를 심화하는 한편, 무엇보다 명예훼손에 대한 구제제도의 혁신을 요하게 되었다. 이 도전에 대응함에 있어서는 온라인에서 위법한 인격권침해행위를 방지할 필요성과 자유로운 정보유통을 위한 인터넷의 발전 간에 적절한 균형을 취하는 노력이 요구된다.[4]

인터넷 상의 표현행위도 기존 법리에 따라 자유와 책임이 부여됨은 물론이다. 그러나 인터넷 언론은 용이성, 전파성에 있어서 현격한 차이를 갖는다.

먼저 인터넷 커뮤니케이션에서 야기되는 여러 문제의 해결을 위해 인터넷 내용규제는 자율 및 공동규제 체제가 기본적 패러다임이 되고 있다. 인터넷은 수많은 개인이 자유로이 커뮤니케이션할 수 있는 수단이 되었고, 그에 대한 내용 규제는 종전과 같이 국가의 일방적·간섭적 규제 방식만으로는 대처할 수 없다. 인터넷 이용자들의 네티켓 준수, 인터넷 중개자들의 자율규제에 의한 도움이 불가피하며, 그러한 자율규제만으로 이루어질 수 없는 틈을 없애기 위해 공권력에 의한 규제가 발동되어야 한다. 이렇게 유럽 제국에서 일반적인 인터넷 가버넌스 트렌드가 되고 있는 공동규제에서는 인터넷 중개자(Internet intermediaries)의 역할이 강조된다. 포털 사이트나 각 인터넷 서비스 프로바이더(ISP)는 인터넷의 각종 서비스를 제공하는 플랫폼인 동시에 그 서비스내의 비행을 단속하는 규제플랫폼으로 역할하는 것을 직시하여 이를 법제적으로 뒷받침하는 노력이 필요하다.

디지털 시대에 포털 사업자나 검색엔진사업자 등 일반적 인터넷 중개자들은 사회적·문화적 필수설비로서 중요한 통제점을 점하게 되었고, 자율 규제를 이행하면서 공적 규제를 대행하는 지위를 갖게 된 점에 주목하여, 거버넌스 프레임을 구축하여야 한다.

첫째, 인터넷에서 표현행위는 용이성, 신속성, 전파성, 영속성의 특성을 가지며, 그로 인한 권리 침해 효과도 그에 상응하기 때문에 사이버 상 권리침해에 대한 구제도 이들 특성을 고려하여야 한다. 여기서 특히 강조되어야 할 점은 인터넷 상 표현의 자유는 무제한적으로 신장되고 있음에 비해, 그에 의해 피해받는 자의 구제 방안에는 전혀 변화가 없어 상충하는 이익 간에 현저한 불균형이 야기되고 있다는 점이다. 디지털 시대에 명예훼손 피해자는 언제, 어디서, 어떤 피해를 받고 있는지조차 알 수 없고, 더

---

4) Assaf Hamdani, WHO'S LIABLE FOR CYBERWRONGS? 87 CNLLR(Cornell Law Review, May, 2002) p. 956.

욱이 어떤 구제방법이 있는지도 알 수 없다고 보는 것이 더 일반적이다.

인터넷 공간에서는 익명이나 가명에 의한 정보유통이 일반화되어 타인의 법익을 침해하는 내용의 표현물이 쉽게 게시될 수 있고, 일단 게시된 표현물이 순식간에 광범위하게 전파됨으로써 그 표현물로 인한 법익 침해의 결과가 중대해질 수 있다. 대법원은 인터넷을 이용한 다양한 서비스를 종합하여 제공하는 인터넷 종합 정보제공 사업자에 관하여 그들이 제공하는 게시공간에 그 표현물이 게시된 경우에는 무수한 이용자들에게 쉽게 노출될 수 있는 위험이 훨씬 더 크며, 또 인터넷 게시공간을 제공하여 그로 인한 경제적 이익을 얻고 있고 게시 공간에서 발생할 위험에 효과적으로 대처할 수도 있어 피해가 발생하지 않도록 적절한 관리를 해야 할 주의의무가 있다고 판시하였다.[5]

둘째, 인터넷 언론의 보도는 웹에 보존되고 언제나 검색될 수 있다는 점에서 피해 구제에 큰 문제를 제기하게 된다. 기존 오프라인 미디어의 보도는 일단 보도된 후에는 다시 발행되지 않는 한 망각될 수 있었지만, 인터넷 언론보도는 영구적으로 웹에 보존되어 열람·검색에 의해 언제든지 피해가 재생될 수 있기 때문이다. 인터넷 신문의 기사는 웹에 누적 축적되고 언제 어디서나 검색을 통하여 이를 쉽게 열람할 수 있게 됨으로써, 해당 보도의 명예훼손행위는 계속 지속되고 있는 것과 실질적으로 다름이 없다. 최근 대법원이 인격권 법리를 동원하여 기사 삭제 청구권을 새로이 인정한 것도 이러한 여러 사정을 반영하는 것이다.

셋째, 디지털 정보는 정보와 시간의 관계에 관해 새로운 관점을 제기하였고 이것은 피해 구제의 영역에서 새로운 차원을 열게 된다. 이제까지 아날로그 시대의 언론피해 구제법제는 신문, 방송 등 오프라인 미디어에 의한 1회적 전파를 대상으로 함에 그쳤고 그 영향은 짧은 시간에 망각되는 것이 보통이었다. 그러나 디지털 정보는 한번 온라인에 올려진 후에는 쉽게 전파되고 시간의 제한 없이 존재하면서 검색 서비스에 의해 검색되기 때문에 무제한 영향력을 보유하게 된다. 이러한 시간적 요소는 구제방법에 있어서도 "잊혀질 권리"라는 새로운 개념의 권리를 탄생시켰다.

　최근에는 포털사이트를 넘어 유튜브나 페이스북, 트위터 등 SNS까지 새로운 커뮤니케이션의 장을 만들면서 그에 대한 법적 취급이 과제로 대두되고 있다. 이들은 대표적인 이용자 제작 콘텐트(UGC, UCC)이고 개인과 개인 및 다수인 사이에 훌륭하고 놀라운 커뮤니케이션 수단을 마련하고 있지만, 기존 언론의 게이트키핑 과정을 거치지 않기 때문에 법익 침해적 내용이 범람하여 이를 거를 장치가 필요하고, 그 엄청난 전파성 때문에 특단의 조치가 필요하게 된다. 우리의 경우에는 인터넷 사업자의 자율 규제를 기본으로 하면서 방송통신심의위원

5) 대법원 2009. 4. 16. 선고 2008다53812 판결.

회 및 방송통신위원회의 심의 및 제재제도를 도입하고 있으며, 법익 침해적 콘텐트에 대한 조기 차단 제도가 시행되고 있다.

유튜브 채널이나 페이스북, 트위터 등 SNS는 현행 법제상 계속적·정기적으로 보도·논평 기능을 행하는 미디어라고 보기에는 어려운 점이 있고, 그 때문에 언론중재위원회의 구제관할권이 인정되기에 난점이 있다.

(2) 현행법의 대응

현행법상 인터넷 명예훼손에 관한 규율은 정보통신망법과 언론중재법에 나뉘어 규정되고 있으나, 이상 살펴본 문제 대응으로서는 충분치 못한 것임을 쉽게 알 수 있다.

정보통신망법은 개인 이용자에 의한 명예 등 권리침해 행위에 관하여 일반적인 구제절차를 규정하고 있으며, 온라인상의 명예훼손죄(동법 제70조)를 신설하여 사실적시를 요건으로 가중처벌하는 규정을 두고 있다. 그에 의하면, 예를 들어 인터넷 사이트나, 게시판, 카페 등 커뮤니티사이트의 포럼 또는 블로그 등 인터넷에 게시된 글에 의해 피해를 당한 경우 현행 정보통신망법은 명예 등 개인적 법익을 침해당한 피해자에게 다음과 같은 3갈래의 구제절차를 부여하고 있다. 즉 ① 정보통신서비스제공자에게 삭제 및 임시조치를 요청할 수 있게 한 것(제44조의2), ② 방송통신심의위원회 산하의 명예훼손분쟁조정부에 조정을 신청하는 방법(동법 제44조의10), ③ 방송통신위원회의 취급 거부·정지·제한명령을 받아내는 방법(동법 제44조의7 제1항 제2호 및 제2항)이 있다.[6]

이러한 현행법의 입법적 어프로치는 원래의 직접 분쟁 당사자는 인터넷 표현행위자와 피해자이지만, 문제된 게시글을 호스팅하는 인터넷 사업자가 분쟁의 해결에 임하게 되고(ISP의 자율규제), 나아가 국가기관(방송통신심의위원회 및 방송통신위원회)이 최종 결정을 내리게 되는 구조를 갖게 된다. 정보통신망법이 규정하는 구제는 정보의 삭제 또는 차단이라는 즉시적·행정적 구제에 불과하고, 일단 노출된 메시지로 인해 발생한 손해의 배상이나 정정 등 피해회복을 구하려면, 통상의 민사소송절차(언론 기사이면 언론 중재위원회의 조정)에 의해야 한다.

한편, 미디어에 의한 인격권 침해의 구제에 관하여는 언론중재법에 규율되고 있다. 우선 개인적 법익을 침해하는 정보가 인터넷 뉴스 미디어에 게재된 것이면, 그것은 언론중재법의 적용을 받아 언론중재위원회에 구제청구가 가능하다. 여기에는 포털

---

6) 현행 정보통신망법에 의하면 "사람을 비방할 목적으로 공공연하게 사실이나 거짓의 사실을 드러내어 타인의 명예를 훼손하는 내용의 정보"(제44조의7 제1항 제2호)에 관하여는 방송통신위원회가 방송통신심의위원회의 심의를 거쳐 정보통신서비스 제공자 또는 게시판 관리·운영자로 하여금 그 취급을 거부·정지 또는 제한하도록 명할 수 있다(동조 제2항). 다만, 이 경우에는 해당 정보로 인하여 피해를 받은 자가 구체적으로 밝힌 의사에 반하여 그 취급의 거부·정지 또는 제한을 명할 수 없다. 위 규정에 의해 피해자는 방송통신심의위원회에 심의 및 시정요구를 신청할 수 있다.

사업자의 뉴스서비스에서 제공되는 기사가 포함된다.

(3) 언론중재법 개정 논의

이상 살펴본 바와 같이 현행법 상 인터넷 명예훼손에 대한 구제 절차와 체제는 복잡하게 구성되어 있기 때문에 인터넷 상 정보에 의해 피해를 받은 개인이 권리를 구제받기 위해 어떠한 기관에서 어떠한 조치를 취할 수 있는가에 관하여 혼란이 야기되고 있다. 문제된 인터넷 커뮤니케이션의 유형에 따라 계쟁 관여 주체도 다르고 다른 복잡한 절차를 거쳐야 하며 그 절차를 관할하는 기관도 다르다.[7]

언론중재위원회는 이러한 문제를 비롯하여 디지털 시대에 언론미디어에 의한 명예 등 인격권 침해행위에 대한 구제절차를 개선하기 위한 개정안을 마련하여 공개한 바 있다. 그 상세한 내용은 별첨 부록에 수록되어 있다.

---

7) 이렇게 구제절차와 구제기관이 상이함으로 인하여, 예를 들면 인터넷 신문의 보도기사에 대해서는 언론중재위원회에, 그 기사에 달린 댓글에 대하여는 방송통신심의위원회나 명예훼손분쟁조정부에 구제청구를 하여야 하게 되어 포괄적인 분쟁 해결이 어렵고, 번잡해진다는 문제가 있다.

▪ 참고문헌

박용상, 명예훼손법(현암사, 2008)
박용상, 언론의 자유(박영사, 2013)

https://legal-dictionary.thefreedictionary.com/cause+of+action
Assaf Hamdani, WHO'S LIABLE FOR CYBERWRONGS? 87 CNLLR(Cornell Law Review, May, 2002) p. 956

제 2 절

명예훼손의 구성요건

I. 개관

우리 민법은 명예훼손의 성립요건을 별도로 규정하지 않는다. 현행 법제상 명예
훼손으로 피해를 받은 자가 그 구제를 받기 위해서는 우선 민법 제750조에 의한 불법
행위가 성립함을 주장·입증하여야 한다.[1] 일반적으로 불법행위가 성립하기 위해서는
① 고의·과실을 가지고 ② 위법한 ③ 가해행위에 의해 ④ 타인에게 손해를 야기한 사
실 및 그 가해행위와 손해 간에 인과관계가 존재하여야 한다.

그러나 명예훼손은 표현행위에 의해 행해지는 특수한 형태의 불법행위이기 때문
에 이들 요건을 명예훼손의 불법행위에 적응시키려면 수정을 요한다.

이러한 일반적 요건을 명예훼손의 불법행위에 대입하면 ① 타인의 보호받는 법익
으로서 명예를 ② 고의 또는 과실로 ③ 위법하게 침해하는 표현행위일 것을 요건으로
하며, 나아가 손해배상을 구하는 경우에는 ④ 위와 같은 명예훼손행위로 인해 명예를
해하는 손해를 가한 것을 요한다. 침해행위와 손해 발생 간에 인과관계가 있는 범위
내에서 그 손해를 배상할 의무가 성립한다고 일응 말할 수 있을 것이다.

이와 같이 우리 민법의 불법행위는 고의 또는 과실로 위법한 행위에 의해 타인에
손해를 가한 때 성립하는데, 명예훼손의 불법행위는 고의·과실이 있고, 위법한 표현행
위에 의해 타인의 사회적 평가를 실추시킬 것을 요한다. 판례에 의하면 명예훼손에 의
해 침해되는 보호법익은 외적 명예이며, 침해행위로서 명예훼손은 사실의 진술과 의
견의 표현에 의할 수 있고, 그것은 위법성을 가져야 한다는 점이 핵심이 된다. 가장 중

---

[1] 민법 제750조(불법행위의 내용)는 일반적 불법행위의 성립요건으로서 "고의 또는 과실로 인한 위법
행위로 타인에게 손해를 가한 자는 그 손해를 배상할 책임이 있다"고 규정하고 있다.

요한 점은 민법상 명예훼손의 불법행위는 '허위의' 사실 적시를 요하지 않고, 단지 타인의 명예를 훼손하는 진술만으로 구성요건이 충족된다는 사실이다.[2][3]

명예 침해의 결과는 위법한 행위와 논리적으로 표리일체를 이루며, 명예를 훼손하는 위법한 표현행위만 있으면 명예훼손의 결과가 발생한 것으로 간주되고, 이에 관하여는 별도의 입증을 요하지 않는다(이른바 추상적 위험의 법리). 다만, 손해배상을 구하는 경우 명예훼손행위의 결과로서 발생한 구체적 손해로서 상당인과관계가 있는 손해를 입증하여 배상받을 수 있는 것은 별개의 문제이다. 그 밖에 명예훼손으로 발생하는 취소, 정정, 금지[부작위] 청구권 등 여타 청구권에는 그 청구권의 특성에 따라 별개의 요건이 요구된다.[4]

이하에서는 이들 구성요건을 명예의 개념, 명예훼손행위의 개념, 가해행위와 피해자의 개별적 연관성으로 나누어 상술한다.

II. 보호법익 - 외적 명예

1. 명예의 개념

(1) 명예권의 본질

헌법 제10조는 인간의 존엄을 최고 가치로 보며 국가가 이를 보장할 의무를 진다고 규정한다.[5] 이러한 인간의 존엄사상에 의해 각 개인은 포괄적이고 기본적인 인격권이 인정되고, 명예권은 그러한 인격권의 한 내용을 이룬다고 할 수 있다.[6] 명예권은

---

2) "민사상 명예훼손이 성립하는 데는 객관적으로 보아 피해자의 외부적·사회적 평판을 저하할 만한 사실을 적시한다는 인식이 있는 것으로 족하고, 그 내용이 허위라는 점까지 적극적으로 인식할 필요는 없다"(대법원 2006. 1. 27. 선고 2003다66806 판결).

3) 이 점에서 우리의 명예훼손은 '허위의' 사실적시를 요건으로 하는 미국의 법제와 상이하다는 것에 유의해야 한다.

4) "원고가 청구원인으로 그 적시된 사실이 허위사실이거나 허위평가라고 주장하며 손해배상을 구하는 때에는 그 허위성에 대한 입증책임은 원고에게 있고, 다만 피고가 그 적시된 사실이 진실한 사실로서 오로지 공공의 이익에 관한 것이므로 위법성이 없다고 항변할 경우 그 위법성을 조각시키는 사유에 대한 증명책임은 피고에게 있다."(대법원 2008. 1. 24. 선고 2005다58823 판결). "허위 기사로 자신의 명예를 훼손당하였다고 주장하며 기사삭제를 청구하는 피해자는 그 기사가 진실하지 아니하다는 데에 대한 증명책임을 부담한다."(대법원 2013. 3. 28. 선고 2010다60950 판결 [기사삭제 등]).

5) 헌법 제10조: 모든 국민은 인간으로서의 존엄과 가치를 가지며, 행복을 추구할 권리를 가진다. 국가는 개인이 가지는 불가침의 기본적 인권을 확인하고 이를 보장할 의무를 진다.

6) "헌법 제10조로부터 도출되는 일반적 인격권에는 개인의 명예에 관한 권리도 포함된다."(헌법재판소 2005. 10. 27. 선고 2002헌마425 결정, 헌법재판소 2013. 6. 27. 선고 2012헌바37 전원재판부 결정 등).

연혁상 여타 인격권에 비해 가장 일찍 보호되기 시작하여 확립된 법제가 형성되었다.

로버트 포스트 교수는 영미 보통법의 명예훼손의 발전에 가장 영향이 큰 3가지 명예 개념을 ① 재산으로서의 명예(reputation as property), ② 영예로서의 명예(reputation as honor), 그리고 ③ 존엄으로서의 명예(reputation as dignity)로 구분하여 설명하였다.7) 각 개념은 명예훼손법의 전개에 영향을 미쳤으나 어느 하나가 결정적인 것은 되지 못하였다고 한다.

첫째, 시장 자유주의에 기초하는 재산적 명예 개념은 개인의 좋은 평판에 관한 재산적 이익을 보호한다고 하며, 손해배상을 위주로 하는 미국 판례에 상당한 영향을 미치고 있으나, 명예훼손법이 봉사하는 더 중요한 사회적 문화적 가치를 소홀히 하고 있다.

둘째, 영예로서 명예 개념은 사회가 개인에게 부여하는 사회적 역할을 보호하며, 위계제적으로 조직된 봉건사회에서 신분을 내면화한 개념에 불과하기 때문에 그에 연관된 법리들은 점차 영향력을 잃고 있다. 영예를 보호하는 대표적 법으로서 선동적 명예훼손법(law of sedi-tious libel)은 정부 및 그 공무원들이 공동체에서 그들의 지위에 기해 요구하는 존중을 경멸하는 언론을 형사 제재로 처벌하였다. 그것은 통치하는 자들에게 마땅히 주어질 특별한 경의를 보호하는 것이었다. 1964년 뉴욕타임스 판결8)은 인물과 직위를 분리하여 선동적 명예훼손법의 가능성을 부정하였다.

셋째, 포스트교수는 "명예권은 모든 인간의 본질적 존엄과 가치의 기본 개념, 즉 질서있는 자유의 고유시스템의 뿌리에 존재하는 개념을 반영한 것"으로서, 명예훼손법의 이해에 정통적인 것이라고 보았다.9) 그는 개인이 사회에서 살아가면서 사회의 규칙에 적응하여 이를 내면화함으로써 자신의 정체성을 형성하고, 그에 대해 사회가 그에 대한 명예를 인정하게 되는데, 명예훼손법은 이러한 존중 및 예의 규칙("rules of civility")의 위반을 단속하고 그에 의해 그 구성원의 존엄을 보호하는 역할을 하게 된다고 한다.10) 명예훼손법은 예의 규칙의 위반을 제재함으로써 피해자가 공동체의 구성원으로서 존엄을 회복시킴과 동시에 공동체가 결합하고 그의 가치를 유지하는 중심적 메커니즘이 된다는 것이다.

명예훼손은 인격권의 한 내용으로서 개인이 자기의 명예를 존중받을 수 있는 법적인 청구권(Rechtsanspruch auf Achtung der Ehre)을 보호객체로 한다.11) 그 경우 존중을 구할 수 있는 명예는 '외적 명예'(äußere Ehre)라고 보는 것이 판례와 다수 학설의 견해이다. 외적 명예란 개인에 대한 '사회적 평가'를 의미한다. 이것은 개인이 갖는 진정한 인격가치로서의 '내적 명예'(innere Ehre)나 개인이 자신의 명예에 관하여 갖는 인식으로서 '명예감정'(Ehrgefühl)과 구별된다.12)

---

7) Robert C. Post, The Social Foundations of Defamation Law: Reputation and the Constitution (1986) http://digitalcommons.law.yale.edu/cgi/viewcontent.cgi?article=1216& context=fss_papers.
8) New York Times Co. v. Sullivan, 376 U.S. 254 (1964).
9) Id., p. 706.
10) Id., p. 709.
11) Strafgesetzbuch Leipziger Kommentar, 10te, völlig neu bearbeitete Auflage, herausgegeben von Hans-Heinrich Jeschek, Wolfgang Ruß, Günther Willms, Walter de Gruyter Berlin New York (1989).
12) "법이 보호하려는 목적은 성품(character)이 아니라 명예이다. 성품은 개인의 실제 모습이고, 명예는

(2) 내적 명예

'내적 명예'란 사람이 생래적(生來的)으로 가지는 인격의 내적 가치 자체를 말하며, 이러한 의미의 명예는 사람이 결코 상실할 수 없는 핵심적인 인격 가치를 말한다. 이 것은 인간의 존엄 사상을 토대로 하는 것이다. 우리 헌법 제10조에 의하면 인간의 존 엄과 가치는 최고의 정신적·윤리적 가치의 보유자로서 인간에게 인정되는 내적인 사 회적 가치 및 존중을 요청한다. 내적 명예는 인간의 존재 자체에서 나오는 생래적인 것이기 때문에 유아나 심신장애자와 같이 자기 자신의 가치에 대한 감정을 전혀 갖지 못하는 자도 향유하며,13) 이러한 그의 고유가치는 인간이 자기의 자유를 남용함으로 써 자기비하(自己卑下)를 감행한 경우에도 박탈되지 아니하기 때문에 중범죄자도 이러 한 의미의 명예는 박탈되지 아니한다.14)

이러한 의미에서 내적 명예는 외적 명예의 본질적 구성부분을 이루지만, 그 자체 가 명예훼손의 보호법익은 아니다.15)

(3) 명예감정

'명예감정'이란 자신의 인격적 가치에 대한 자기의 주관적인 평가 내지 감정을 말 한다. 이러한 의미의 명예는 각인에 따라 그 기준을 달리할 뿐 아니라 본인의 인격적 가치에 대한 주관적 평가와 객관적으로 그를 바라보는 사회적 평가는 반드시 일치하 지 않는다. 이러한 명예감정의 침해만으로는 명예훼손이 되지 아니하며,16) 명예훼손 법에서 주관적인 명예감정(Ehrgefühl)은 부수적으로만 보호된다.17)

그가 보여지는 바의 것이다."(Van Vechten Veeder, Columbia Law Review, Vol. 4, No. 1 (Jan., 1904), p. 33 (35) http://www.jstor.org/stable/pdf/1110000.pdf).

13) Wenzel, Das Recht der Wort— und Bildberichterstattung, 4. Auflage, Verlag Dr. Otto Schmitt KG, 1994, S. 188f.

14) Herwigh Engau, Straftäter und Tatverdächtige als Personen der Zeitgeschichte: Ein Beitrag zur Problematik identifizierender Mendiendarstellungen 1993, S. 182.

15) BGHSt 1, 288 (289). 1951. 5. 29.: "모욕(Beleidigung)이란 제국재판소의 확정된 판례에 의하면 고의 적으로 무시나 경멸(Nichtachtung oder Missachtung)을 표하여 타인의 명예(Ehre)를 위법하게 공격하 는 것이다. 그 경우 명예는 인간이 그의 인격을 존중하라는 청구권으로 이해해야 한다. 따라서 모욕 은 한 개인의 이익에 대한 공격이며, 그의 내적 가치(inneren Wert)가 취급 판단되어야 하는 것은 아 니다."

16) "민법 제764조에서 말하는 명예훼손이란 사람의 사회적 평가를 저하시키는 행위를 말하고, 단순한 주관적 명예감정이 침해되었다고 주장하는 것만으로는 명예훼손이 되지 않는다."(대법원 1992. 10. 27. 선고 92다756 판결, 대법원 1999. 7. 13. 선고 98다43632 판결).

17) 명예훼손은 피해자 자신이 받은 굴욕, 분노 또는 슬픔 등 정신적 방해에 대한 보상을 제공하는 것이 아니라 개인이 타인으로부터 존중을 유지함에 갖는 관계적 이익('relational interest')에 대한 부당한 방해를 구제한다(W. PAGE KEETON ET AL., PROSSER AND KEETON ON THE LAW OF TORTS § 111, at 771).

(4) 외적 명예

명예훼손에서 보호되는 외적 명예는 개인과 타인들의 상호작용에 의해 구성되는 사회적 명예로서, 우리가 상호 간에 갖는 사회적 파악에 존재하며, 개인의 명예가 바르게 보호되는 사회적 평판시스템은 사회적 이익이기도 하다.

첫째, 외적 명예는 한 개인에 대한 사회적 평가이다. 명예는 "한 사람에 대해 타인들이 가지는 존중"이며,[18] "명예란 개인이 보유하는 품성이 아니라, 타인들이 그에 대해 갖는 의견이다."[19] 그리고 명예훼손행위는 원고 개인 자신에 대한 영향이 아니라 원고 소속 공동체 구성원들의 원고에 대한 평가에 영향을 주는 행위이다.[20] 이렇게 명예훼손은 정의상 수용자 중심의 개념으로서 피고의 진술에 반응하는 타인들의 견해나 의견 또는 행위에 초점이 맞추어진다. 즉 그것은 원고가 현실적으로 받은 해악 여부가 아니라 피고의 진술이 명예를 해할 경향이 있는 진술인가 여부를 문제삼는다.[21]

이러한 관점에서 보면 명예훼손법의 명예는 공동체와 그 가치에 불가분적으로 밀접히 얽혀져 있는 사회적인 복합적 구성체이다.[22] 따라서 특정 진술이 명예훼손적인가 여부를 결정함에는 원고가 속하는 공동체와 그 규범을 확인해야 한다. 명예훼손과 그렇지 않은 언론 간의 구분을 정의하는 것은 공동체의 규범이기 때문에 이 심사는 모든 명예훼손 사건에서 본질적이다. 관련 공동체(relevant community)의 확인은 규범적 판단에 의존한다,

둘째, 외적 명예는 상술한 내적 명예에 추가되거나 감소된 내용을 갖는다. 즉 인간은 태어날 때부터 내적 명예를 갖지만, 제2차적으로 각 인간의 성격과 이행가치에 따라 얻어지는 평가가 추가되어 외적 명예를 형성하게 된다. 따라서 그 명예의 범위는 증대될 수도 있고 부정적인 행위를 감행한 경우에는 축소될 수도 있다.[23] 법 준수자는 범법자보다 높은 지위를 향유하며, 윤리적인 인격자는 타락자보다 더 큰 명예를 갖는다. 따라서 예컨대, 전과자가 다시 범죄를 범한 경우에는 그의 실명을 명시하여 보도하는 경우에도 이를 수인해야 한다.

셋째, 한 사람에 대한 사회적 평가, 즉 외적 명예는 개인의 진정한 품성과는 다를

---

18) BLACK'S LAW DICTIONARY (8th ed. 2004), p. 1331.
19) Frederick George Bailey, Gifts and Poison, in GIFTS AND POISON: THE POLITICS OF REPUTATION 1, 4 (F.G. Bailey ed., 1971)).
20) Lidsky, Lyrissa Barnett, Defamation, Reputation, and the Myth of Community, 71 Wash. L. Rev. 1, 6 (1996).
21) Lidsky, Id., p. 11.
22) Randall P. Bezanson, The Libel Tort Today, 45 Wash. & Lee L. Rev. 535, 541-42 (1988).
23) 대법원 2007. 6. 15. 선고 2004도4573 판결 참조.

수 있다. 한 개인의 실재상(實在像)은 그가 보여지는 바와 다를 수 있기 때문이다.[24] 외적 명예가 보호된다 하더라도 그것이 부당하게 또는 위법하게 얻어지거나 유지되는 평판(이른바 허명)을 보호하는 것은 아니다. 진실한 사실에 의한 비판에 위법성이 조각되는 것을 보면 이러한 사정을 이해할 수 있다.[25]

〈진실 사실 적시 명예훼손죄는 허명을 보호하는가?〉[26]

명예훼손법에서 보호하는 명예란 사람의 진가(眞價)가 아닌 '외적 명예', 즉 사회적 평가를 보호하는 것이며, 이러한 외적 명예를 명예훼손죄의 보호법익으로 보호하는 것은 어느 나라에서나 공통된 것이다.

일부 학자들은 진실한 사실적시 명예훼손행위를 처벌하는 형법 제307조 제1항은 허명을 보호하는 것이어서 폐지되어야 한다고 주장한다. 진실한 사실의 적시로서 손상을 입는 것은 위신과 체면 또는 허명뿐이며 이를 보호하기 위해 진실한 사실 적시를 불법화하는 것은 정당한 입법목적이 될 수 없다는 것이다.[27]

그러나 개인의 외적 명예는 그가 외부세계와 맺고 있는 상호관계에 따라 부단히 형성되고 재생산되는 동태적, 가변적 평가개념이어서[28] 반드시 그의 진정한 성품을 반영하는 것도 아니고, 때로는 허명을 포함할 수도 있을 것이다. 그럼에도 법이 외적 명예를 보호함에는 그럴 만한 이유가 있다.

첫째, 명예훼손은 개인이 사회관계에서 향유하는 외적 명예에 대한 법적인 존중청구권을 해치는 행위이며, 개인간 명예훼손을 처벌하는 법제는 결투행위나 피의 보복 등 자력구제로 인한 법적 평화의 파괴를 방지하기 위해 생겨난 것이다.

둘째, 영국 보통법에 의하면 애초에 명예훼손 소송에서 원고는 공동체에서 선량한 이름, 신용 및 명예를 가졌거나 가져왔고, 이 좋은 명성은 존중받을 가치가 있는 것으로 생각되었다.[29] 따라서 "명예훼손 소송에서 원고의 일반적 성품이나 명예는 선한 것으로 추정된다"고 하며,[30] 그 결과 명예훼손적 발언의 허위는 추정된다는 일반적 규칙이 성립하였다고 한다.[31]

---

24) 품성(Character)은 한 사람이 실재로 존재하는 바이며 명예는 그가 외관으로 보이는 바이다(David S. Ardia, Reputation in a Networked World: Revisiting the Social Foundations of Defamation Law, Harvard Civil Rights—Civil Liberties Law Review, Vol. 45, p. 267, [2010] http://ssrn.com/ab-stract=1689865).

25) Wenzel, aaO., S. 188f.

26) 진실 사실적시 명예훼손죄 폐지론 및 그에 대한 비판에 관하여는 후술 제2장 제7절 VI 참조.

27) 신평, 명예훼손법(청림출판, 2004) 313면, 박경신, 표현·통신의 자유(논형 2013) 52면 참조. 또 김성돈에 의하면 "명예는 진실한 사실에 노출되기 전의 과장된 명예일 수가 있고 이와 같은 잘못된 평판과 과장된 명예는 진실한 사실의 등장으로 손상을 입는 것이 아니라 바뀌어야 할 허명에 불과하다."고 주장한다(김성돈, '진실적시명예훼손죄 폐지론'(https://www.seoulbar.or.kr/cop/bbs/selectBoardList.do#LINK 11면).

28) 김성돈의 전게 논문, 8면 참조.

29) 명예훼손 소송에서 원고의 명예는 적어도 개인인 경우 선량한 것으로 추정된다(Hahnemannian Life Ins. Co. v. Beebe, 48 Ill. 87 (1868)). Joseph E. Wyse, The Complaint in Libel and Slander: A Dilemma for Plaintiff, 33 Chi.—Kent L. Rev. 313, (316) (1955). https://scholarship.kentlaw.iit.edu/cklawreview/vol33/iss4/3.

캐나다 연방대법원은 명예권은 좋은 평판에 기초해야 함을 강조하며,[32] 호주의 판례도 명예훼손법의 출발점은 원고가 "흠없는 명예를 가지며 향유한다고 추정된다"고 한다(Presump-tion of good reputation).[33]

셋째, 현대 사회에서 외적 명예는 개인의 존엄 사상을 기본으로 하는 인격 유출의 한 형태이다. 영국 보통법에서 인정되는 바와 같이 보호법익으로서 외적 명예는 선한 것으로 추정되며, 이것은 인간의 존엄 사상을 바탕으로 하는 현대 자유 민주 헌법에서도 당연한 것이다. 그럼에도 불구하고 폐지론자들은 진실한 사실적시 명예훼손죄를 폐지하려는데 열중한 나머지 제307조 제1항의 보호법익을 허명으로 치부하여 그 구성요건을 폐지하자고 주장하는 논리적 우를 범하고 있다.

넷째, 이미 현행법상 공익사항에 관해 진실한 사실을 적시하는 명예훼손 행위는 형법 제310조에 의해 위법성이 조각되게 되어 있다. 이와 같이 법은 오히려 진실 증명에 의해 가식을 벗기는 행위의 위법성을 부인함으로써 진정한 명예가 드러나도록 촉진한다.

그렇다면 진실적시 명예훼손죄가 허명을 보호하기 때문에 폐지하여야 한다는 주장은 명예훼손죄의 보호법익인 사회적 평가에 대한 확립된 판례와 학설의 의미를 올바로 이해하지 못한 것이라고 할 수 있다.[34]

넷째, 명예 개념은 명예훼손법의 법제적 의의와 관련하여 파악된다. 즉 명예훼손은 민사상 불법행위를 구성하는 것으로 불법행위법의 이념과 제도적 존재의의에 비추어 판단된다.[35]

다섯째, 명예권은 인간의 존엄에서 연원하는 인격권의 하나이지만, 프라이버시권 기타 일반적 인격권과는 구별된다.[36] 명예는 개인에 대한 타인의 평가를 보호한다는

---

30) 53 C.J.S. Libel and Slander § 210, at 317 (1948), Corabi v. Curtis Publishing Co., 441 Pa. 432, 448-49, 273 A.2d 899, 907-08 (1971).

31) 53 C.J.S. Libel and Slander § 217 (1948). Corabi v. Curtis Publishing Co., 441 Pa. 432, 448-49, 273 A.2d 899, 907-08 (1971).

32) 캐나다 최고재판소는 "비록 (캐나다 기본권)헌장에 구체적으로 언급되지는 않았지만, 개인의 좋은 명예는 개인의 본래의 존엄(innate dignity), 즉 모든 헌장상의 권리의 기초가 되는 개념을 표현하고 반영하는 것이다. 따라서 개인의 좋은 명예의 보호는 우리 민주사회에서 기본적으로 중요한 것이라고 결론된다."고 판시한다(Hill v. Church of Scientology of Toronto, [1995] 2 S.C.R. 1130).

33) "법의 출발점은 원고가 흠없는 명예를 보유하고 향유한다고 추정된다는 것이고, 명예훼손의 진실을 입증하거나 또는 손해의 감경을 위해 원고가 일반적으로 나쁜 명예를 갖는다는 것을 입증하여 반박하는 것은 피고의 일이다."(Milmo P and Rogers WVH (2004) Gatley on Libel and Slander, 10th Edn, Sweet & Maxwell, London, at 7).

34) 그 밖에 진실사실적시 명예훼손죄 폐지론에 대한 비판에 관하여는 후술 제2장 제7절 Ⅵ 형사 명예훼손죄 폐지논쟁 참조.

35) 로버트 포스트교수에 의하면 보통법상 원래의 불법행위는 피해자에 관한 본래의 존경을 부활시키는 개인적 기능을 넘어 사회의 기능을 수행하며, 우리에게 공동체 내의 생활의 의미를 정의해 주면서, 일반적으로 승인된 품위와 도덕성의 기준을 시행한다고 보고 있다(Robert Post, The Constitutional Concept of Public Discourse: Outrageous Opinion, Democratic Deliberation, and Hustler Magazine v. Falwell, 103 Harv. L. Rev. 601, 616 (1990)).

36) "[독일] 형법 제185조(Beleidigung)는 명예의 공격에 대해 보호한다. 명예는 인간 존엄의 한 국면만을

점에서 관계적 이익을 보호한다. 그에 비해 프라이버시 침해의 불법행위는 타인의 간섭 없이 생을 이끌 권리에 기초하고 있다. 이 불법행위는 명예 피해가 아니라 주관적인 정신적 피해를 보상하는 것이다. 양자는 유사하기 때문에 원고는 자주 양자를 경합적으로 주장한다.

(5) 혐오표현과 명예훼손

최근 혐오표현(Hate Speech)을 명예훼손, 특히 모욕죄로 처벌함에 제기되는 문제가 널리 논란되고 있다.[37] 아직 혐오표현을 규제·처벌하는 법률이 제정되어 있지 않고 그에 관한 논의도 일천한 우리의 경우 이를 공론화하기 위해서는, 첫째 혐오표현 규제의 요건 및 효과에 관해 비교법적 및 법리적 고찰이 필요하고, 둘째 명예훼손법제와의 관계로서 양자간의 보호법익의 상위와 혐오표현을 명예훼손 내지 모욕으로 처리하는 경우의 요건과 문제를 함께 살펴보아야 할 것이다.

일반적으로 혐오표현은 인종, 피부색, 출신 국가, 성별, 장애, 종교 또는 성적 취향 등과 같은 개인이나 집단의 특성을 이유로 당해 개인이나 집단에 대한 악의나 의도적인 폄하, 경멸을 불러일으킬 수 있는 일련의 표현행위라고 설명되고 있다.[38] 혐오표현에 관해서는 이를 금지하면서 체약국에 입법의무를 부과하는 국제법상 명문의 조약들이 맺어져 있고, 이를 입법화한 나라도 있다. 예를 들어, 독일 형법 제130조의 '대중선동죄'(Volksverhetzung)는 과거 나치의 홀로코스트의 폐해를 규제하기 위해 혐오언론을 금지·처벌하고 있으며, 영국의 공공질서법(Public Order Act 1986) 제17조(Racial Hatred)는 인간 집단에 대한 증오언론을 처벌하고 있다. 캐나다는 1970년 '모든 형태의 인종차별철폐에 관한 국제협약'을 유보 없이 비준한 후, 그 후속조치로 연방형법전을 개정하여 혐오표현을 금지하는 규정(Hate Propaganda §§ 318~319)들을 신설하였다. 그러나 표현의 자유를 최고의 자유로 보는 미국에서는 혐오표현도 자유로 보호하고 있다. 미국 연방대법원은 1992년 판결[39]에서 혐오범죄행위(hate crime)를 처벌하는 법률에 대해서는 합헌성을 인정했음에도 혐오표현행위(hate speech)를 금지하는 것은 위헌이라고 선언하여 이러한 입장이 확립되어 있으며, 이에 따라 미국 정부는 상술한 국제조약을 비준하면서 혐오표현을 금지하는 조문은 유보하고 있다.

우리나라는 위 조약 중 '모든 형태의 인종차별철폐에 관한 국제규약'(International Convention on the Elimination of All Forms of Racial Discrimination)과 '시민적 및 정치적 권리에 관한 국제규약'(자유권 규약 이른바 B규약)에 가입하였으나, 성적 소수자에 대해 주류사회를 대변하는 다수파 세력의 반대로 이를 직접 금지하거나 규제하는 법령의 제정은 국회의 문턱을 넘지 못하고 있다.

그런데 형사사건으로서 여성 혐오표현, 장애인 혐오표현, 특정 지역 혐오표현, 성소수자 혐오 표현, 특정 종교나 국적의 외국인을 혐오하는 듯한 발언 등에 대하여 모욕죄로 처벌이 가능한가 여

포괄할 뿐, 그와 동일한 것이 아니고 그 범위도 일반적 인격권과 같은 것이 아니다. … 어쨌든 명예의 보호법익은 인간의 존엄 또는 (이념적인) 인격영역과 같지 않다."(BGH, Urteil vom 15. März 1989 - 2 StR 662/88, BGHSt 36, 145 ff.).

[37] 이광진, 혐오표현과 표현의 자유, 법과 정책연구(한국법정책학회, 2017) 제17권 제1호, 321-346면

[38] John T. Nockleby, "Hate Speech," in Encyclopedia of the American Constitution. Ed. <http://southernlibrarianship.icaap.org/content/v09n02/ brown-sica_m01.html#_edn2재인용.

[39] R.A.V. v. City of St. Paul, 505 U.S. 377.

부가 논란되었다. 최근에는 인터넷, 특히 SNS 상 여러 혐오표현에 대한 형사적 대응으로서 모욕죄의 적용이 논의되고 있다.

어쨌든 우리의 경우에도 이들 소수집단에 대한 증오나 혐오를 표현하는 행위는 일응 그들의 외적 명예를 침해·위해하는 행위로서 사실적시가 포함된 경우에는 명예훼손으로, 단순한 가치판단에 의한 비하의 경우에는 모욕죄로 처벌될 수 있다. 실무상 혐오 표현에 대하여는 명예훼손죄보다 모욕죄로 처벌되는 경향이 있고, 대법원은 양형 상 혐오표현의 요소가 가미된 경우 명예훼손·모욕의 가중적 처벌 요소로서 다루고 있다.[40)]

여기서 유의할 점[41)]은, 첫째 그러한 혐오 표현으로 인하여 피해자의 사회적 평가가 저하된다고 논증함에는, 즉 소수자에 대한 혐오 표현에 모욕죄를 적용하기 위해서는 사회에서 해당 소수자의 특성에 대해 우열 내지 차별의 평가가 만연해 있다고 할지라도 이에 대한 법원의 승인이 전제되어야 한다는 점이다. 이에 대한 법원의 승인이 없다면 소수자 특성의 사회적 평가에 어떠한 침해가 있다고 할 수 없으므로 외적 명예를 보호법익으로 하는 모욕죄로는 규제할 수 없기 때문이다.[42)]

둘째, 외적 명예를 보호법익으로 하는 명예에 관한 죄는 인간존엄 및 인격권의 보호, 차별금지 등을 보호목적으로 하는 혐오표현 규제의 목적을 모두 실현함에 부족함이 있다. 강도 높은 욕설이나 경멸적인 언사의 형태를 띤 혐오표현 또는 일반적으로 욕설로 통용되는 말을 동반한 혐오표현인 경우 모욕죄로 처벌함에는 문제가 없다. 그러나 이러한 대부분의 혐오표현 이외에, 내용 자체는 특정 개인에게 직접적으로 심각한 모욕감을 주지는 않지만 왜곡된 역사적 기원, 사회·경제적 이유를 바탕으로 특정 소수자 개인 또는 집단에 대한 불쾌감이나 편견을 드러내어 그들에 대한 사회적 배제와 차별을 구조적으로 고착화시키는 표현의 형태를 띠는 경우에는 모욕죄로 처벌이 어렵다.[43)] 혐오언론을 규제하는 입법이 필요한 이유이다.

셋째, 발언이 '도덕적' 맥락이나 공적 정책 논의(within a public policy debate)'에 해당한다는 점이 그 해악을 정당화하는 것은 아니다. 혐오표현 관련 사건에서 공익을 위한 또는 공공의 이해에 관한 사항임을 판단함에 있어서는 공적 담론의 탈을 쓴 혐오표현인지 여부를 파악해내도록 주의를 기울일 것이 요구된다. 역사에 의하면, 가장 해로운 혐오의 레토릭이 '도덕적', '정치적' 혹은 '공적 정책' 논쟁으로 다루어질 수 있다는 것을 보여주기 때문이다.

2. 우리 판례

우리 판례에 의하면 "민법 제764조에서 말하는 명예란 사람의 품성, 덕행, 명성, 신용 등 세상으로부터 받는 객관적인 평가를 말하는 것이고, 특히 법인의 경우 그 사

---

40) 프랑스 언론법 제32조는 사인에 대한 출신, 인종, 국적, 민족 또는 종교를 이유로 한 명예훼손에 대해 가중처벌하면서 징역형을 선고할 수 있고, 성적 기질 또는 신체 장애를 이유로 한 경우도 같다고 규정한다. 제33조는 같은 사유에 의한 모욕죄에 대해서도 징역형을 포함하여 가중 처벌한다.

41) 이하 송현정, 혐오 표현의 판단 기준에 관한 비교법적 연구, 사법정책연구원(2020), 189면(204면 이하) 참조.

42) 최 란, 현행법상 혐오표현의 규제, 특히 명예에 관한 죄 적용 가능성을 중심으로, 미디어와 인격권 제4권 제2호(2018. 12), 66면 참조.

43) 송현정, 전게 보고서, 205면.

회적 명성, 신용을 가리키는 데 다름없는 것이며, 명예를 훼손한다는 것은 그 사회적 평가를 침해하는 것을 말하는 것이다."[44] 따라서 "민법 제764조에서 말하는 명예훼손이란 사람의 사회적 평가를 저하시키는 행위를 말하고 단순히 주관적으로 명예감정이 침해되었다고 주장하는 것만으로는 명예훼손이 되지 않는다."[45]

첫째, 민사 상 보호받는 명예는 정신적·윤리적 가치의 주체로서 인간에게 속하는 내적 명예를 포함하며, 직업적, 경제적 및 상업적 활동 범위에 속하는 사업상 명예(Geschäftsehre)도 포괄한다.[46]

둘째, 외적 명예에는 이러한 제1차적인 내적 명예에 더하여 개인의 성격과 이행 가치에 따라 얻어지는 명예가 추가된다. 이러한 부가적 명예는 개인의 이력에 따라 커질 수도 있고, 부정적 행위를 감행한 경우에는 작아질 수도 있다.[47] 윤리적 인격자는 더 큰 명예를 가짐에 반하여 범법자의 명예는 덜 존중되는 것이다.[48] 그 때문에 외적 명예는, 예컨대 좋거나 나쁜 평판(評判), 성가(聲價) 또는 명망(名望) 등 '사회적 명예'(Verkehrsehre)를 이르게 된다. 외적인 명예의 정도, 즉 명성과 성가(Ansehen und guter Ruf)는 긍정적 업적에 의해 증대하고 부정적 행적에 의해 감소된다. 외적 명예가 자신의 책임으로 심하게 감소되었다면 위자료의 액수는 줄어들거나 소멸될 수 있다.

셋째, 그것은 넓은 의미에서 개인의 직업상 또는 경제생활상의 명예도 포괄하게 된다. 우리 민법상 불법행위제도에 의해 보호되는 명예는 사람이 사회에서 가지는 품위, 명성, 신용 등을 의미하므로 형법상 명예훼손죄에서 의미하는 명예와 신용훼손죄의 신용을 포괄하는 넓은 개념으로 이해되고 있다.[49] 따라서 법인도 민사상 명예의 주체가 될 수 있다.

---

44) 대법원 1988. 6. 14. 선고 87다카1450 판결.
45) 대법원 1992. 10. 27. 선고 92다756 판결.
46) 형법상 신용훼손죄(형법 제313조)에 해당하는 행위도 민사상으로는 명예훼손의 불법행위로 취급된다.
47) "예를 들면, 생활형성 과정에서 공동사회생활의 규범을 일탈한 범법자는 사법절차에 의해 단죄되고 그만큼 그가 스스로 저하시킨 명예를 감수할 수밖에 없다. 따라서 그들이 중대한 범죄자인 경우에는 그의 실명이나 초상의 보도가 허용될 수 있다."(대법원 1998. 7. 14. 선고 96다17257 판결 [이혼소송 주부 청부폭력]).
48) Wenzel, aaO., S. 188f.
49) 후술 제2장 제7절 Ⅳ 1 (2) 참조.

Ⅲ. 명예훼손행위

1. 개관 – 표현행위의 해석 일반론

특정한 표현행위가 타인의 명예를 훼손하는가 여부를 판단하기 위하여는 그 표현행위가 갖는 의미를 정확히 파악하여야 한다. 이 경우 주장자가 말하지 않은 바에 대해서 책임을 지도록 하여서는 안 된다.[50] 표현의 의미내용 여하에 따라 그 법적인 허용 여부가 미리 결정될 수 있고, 표현행위자가 의도했던 올바른 의미내용을 확정함이 없이 그에 대하여 법적 제재가 가해진다면 헌법이 표현의 자유를 보호하는 취지에 어긋나게 된다.[51] 따라서 다투어지고 있는 표현행위의 의미를 오해하고 그러한 해석에 터잡아 처벌한다면 그러한 조치는 표현의 자유를 침해하게 된다.

2. 명예훼손행위 – 개념 및 범주

(1) 정의 – 외적 명예를 저하시키는 표현행위

우리의 경우 명예훼손행위를 정의하는 명문의 법률규정은 없다. 판례와 학설은 그 보호법익과 관련하여 사람의 사회적 평가(외적 명예)를 저하시키는 표현행위를 명예훼손이라고 보고, 사례마다 명예훼손행위에 해당하는지 여부를 판단하고 있다.

가. 사회적 평가의 저하

명예훼손은 사람의 사회적 평가(외적 명예)를 저하(低下)시키는 표현행위이다. 문제된 진술이 명예를 훼손하는가 여부는 공동체에서 타인들이 피해자에 관해 가질 또는 가질 경향이 있는 태도나 생각에 의존하는 것이며,[52] 그것은 필연적으로 사회적 의미를 갖는다.[53][54]

---

50) BGH GRUR 82, 318, Wenzel, aaO., Rn. 4.9.

51) BVerfGE 93, 266 ['군인은 살인자'].

52) 명예는 원고 개인에 대한 영향보다는 원고의 공동체를 구성하는 타인들에 대한 영향에 의해 정의된다(Lyrissa Barnett Lidsky, Defamation, Reputation, and the Myth of Community, 71 WASH. L. REV. 1, 6 (1996)).

53) "여타 불법행위와 달리 명예훼손은 피고의 진술이 원고에게 미치는 영향이 아니라, 원고의 공동체를 구성하는 사람들에 대한 영향을 주로 문제시한다."(David S. Ardia, Reputation in a Networked World: Revisiting the Social Foundations of Defamation Law, Harvard Civil Rights-Civil Liberties Law Review, Vol. 45, p. 283).

54) 명예훼손은 정신적 고통에 대한 보상을 제공하는 것이 아니라 타인의 눈에 개인이 존중을 유지함에 갖는 관계적 이익에 대한 부당한 방해를 구제한다(Rodney A. Smolla, Let the Author Beware: The

명예훼손적 의미를 갖는다는 것은 타인들에게 원고에 관해 일정한 부정적 반응을 유발할 경향을 갖는 것이다. 객관적인 사회적 평가를 저하시키는 사실은 악사추행(惡事醜行)에 국한되는 것이 아니고, 상대방의 사회적 평가를 저하시킬만한 것이면 족하다. 오스트리아 형법은 "불명예스런 행동 또는 공서양속에 저촉되는 행동"을 하였다고 비난하는 것을 든다.55) 그 대표적인 예가 범죄를 범하였다거나 위법한 행위를 하였다고 하는 진술이고, 그의 부정직함이나 부도덕성을 주장하거나 불명예스러운 행동56)을 하였다고 주장하는 행위가 명예훼손에 해당함에는 이의가 없다. 도덕적 결함이나 결점을 지적하는 것은 아니지만, 상인이나 사업가의 경우 그들에게 그 사업이나 거래를 수행하는 데 필요한 어떤 자격, 지식, 기술, 판단력 등이 결여되어 있다고 주장하는 것은 그 사람의 명예를 훼손하는 것이 될 수 있다.

영미법에서 명예훼손은 ① 타인에 관한 공동체의 평가를 저하시키거나 ② 피해자의 제3자와의 교섭이나 거래를 저해하여 명예를 해할 경향이 있는 진술이라고 한다.57)58) 여기서 ① 개인에 대한 공동체의 평가를 저하시킨다 함은 타인들이 그를 증오, 조롱 또는 경멸하도록 할 경향이 있는 말이라고 설명되고 있다.59) ② 제3자가 피해자와 접촉하거나 거래하지 못하도록 한다는 행태적 기준은 그것이 그의 잠재적 신용 상실에 대한 뚜렷하고 측정 가능한 표시이기 때문이며, 피해자가 그의 재산으로서의 명예가 손상되는 경우를 명예훼손으로 포섭하게 된다.60) 이렇게 그 진술이 공동체 내에서 개인의 재정 상태를 불신할 경향이 있다면 그 때문에 명예훼손적인 것이고, 이것은 그가 영업이나 생산에 종사하는지 여부를 불문한다.

Rejuvenation of the American Law of Libel, 132 U. PA. L. REV. 1, 18 (1983)).

55) 오스트리아 형법 제111조(Üble Nachrede): "제3자가 인지할 수 있는 방법으로 제3자를 경멸적인 속성이나 성향으로 꾸짖거나, 불명예스런 행동 또는 공서양속에 저촉되는 행동으로서 여론에서 그를 경멸하게 하거나 지위를 떨어뜨리기에 적합한 행동을 하였다고 주장한 자는 6월 이하의 자유형 또는 벌금에 처한다."

56) "원고가 이중적이고 비굴하며 목적을 위해서는 수단과 방법을 가리지 않는 인물이라는 인상을 주"는 표현은 명예를 훼손하는 행위이다(대법원 1998. 5. 8. 선고 97다34563 판결 [논픽션 드라마]).

57) Restatement (Second) of Torts § 559. 이러한 정의를 명문화한 대표적인 입법은 뉴욕주법인데, 동법은 명예훼손적 진술에 관해 "원고를 공개적으로 모욕, 조롱, 혐오, 수치스럽게 하거나 바르게 사고하는 사람들의 마음에 그에 관해 나쁜 의견을 가져오게 하여 사회에서 우호적인 교섭을 박탈할 경향이 있는 것"이라고 규정한다.

58) RESTATEMENT OF TORTS는 미국 법조협회(American Law Institute)가 불법행위법에 관한 판례를 요약하여 체계적으로 해설한 서적으로서 이에 관한 미국 판례를 이해함에 중요한 문헌이다.

59) Restatement (Second) of Torts § 559 comment b (1977).

60) 그러나 악성 감기가 들었다고 하는 말은 그와의 접촉을 저지할지 모르나, 그것을 명예훼손적이라고 말하지는 않는다(Post, Id., p. 717). 마찬가지로 특정인을 공화당원이라고 잘못 부르는 경우 그로 인해 민주당원이 그와 거래를 끊고 그 결과 신용을 잃거나 영업 기회를 잃는다 하더라도 이를 명예훼손적이라고 할 수 없다(Frinzi v. Hanson, 30 Wis. 2d 271, 278, 140 N.W.2d 259, 262 (1966)).

　　대법원은 다음 사례에서 피고인의 표현행위가 피해자의 사회적 평가를 저하시키지 않아 구성요건에 해당하지 않는다고 판단하고 있다.

대법원 2007. 6. 15. 선고 2004도4573 판결 [노무현 인사파일]

　　월간중앙 기자인 피고인은 2003. 1.경 '노무현 인사파일'이란 제목의 해설기사에서 당시 문재인 민정수석비서관이 부처별 고려대상자 명단을 작성하여 노무현 대통령 당선자에게 보고함으로써 그가 장관급 고위직 인사에 인수위보다 더 큰 영향력을 행사한 것처럼 보이게 하는 취지로 기재 보도하여 동인의 명예를 훼손하였다는 혐의로 기소되었다.

　　대법원은 "인사대상자에 대한 검증작업은 대통령비서실의 당연한 직무이므로, 대통령비서실 소속인 민정수석비서관이 예상 가능한 인사들을 미리 검증하여 리스트를 작성하였고, 그 리스트의 대상자가 인수위에서 공식 추천된 인물들과 겹치지 않는 부분이 있으며, 최종적으로 민정수석비서관이 작성한 리스트에서 더 많은 인선이 이루어졌다고 하여서 민정수석비서관이 인사에 부적절하게 깊이 관여한 것으로 평가할 수는 없을 것"이며, 또한 "피해자 문재인이 위와 같은 문건을 작성하거나 대통령 당선자에게 보고한 사실이 없어 위 보도의 내용이 허위라고 하더라도 그 허위의 사실이 피해자의 사회적 가치 내지 평가를 저하시키는 내용이 아닌 이상 명예훼손죄는 성립하지 않는 것"이라고 판시하였다.

대법원 2008. 11. 27. 선고 2008도6728 판결

　　우리나라 유명 소주회사가 일본의 주류회사에 지분이 50% 넘어가 일본 기업이 되었다고 하는 사실적시는 가치중립적 표현으로서 명예훼손적 표현이 아니라고 한 사례.

대법원 2011. 10. 27. 선고 2011도9033 판결 ['대머리']

　　온라인게임 채팅창에 피해자를 지칭하며 '뻐꺼, 대머리'라고 표현한 것은 피해자에 대한 경멸적 감정을 표현하여 모욕을 주기 위하여 사용한 것일 수는 있을지언정 객관적으로 그 표현 자체가 상대방의 사회적 가치나 평가를 저하시키는 것이라거나 그에 충분한 구체적 사실을 드러낸 것으로 보기는 어렵다고 판시한 사례.

대법원 2019. 6. 9. 선고 2019도1547판결 ["갑질"]

　　임차인이 입주 5개월만에 건물을 매입한 새 건물주와 해약, 이주비 등 문제로 갈등을 빚게 되자 '갑질'한다고 비난한 사례에서 건물주의 인격적 가치에 대한 사회적 평가를 저하시킬 만한 모욕적 언사에 해당한다고 보기는 어렵다고 한 사례.

대법원 2016. 3. 24. 선고 2015도10112 판결 [타인 사칭]

　　피고인이 "피해자의 사진, 이름, 생년월일 등을 이용하여 'D'라는 소개팅 어플리케이션에 가입한 후, 피해자의 사진, 이름 등을 프로필난에 올려놓고, 다른 가입 남성들과 대화하고 전화번호를 준 행위"가 명예훼손으로 기소된 사안에 관하여 판단하면서 이는 피고인이 사실을 적시하여 피해자의 명예를 훼손한 것으로 볼 수 없다고 판시하였다.

대법원 2018. 5. 30. 선고 2017도607 판결 [타인 사칭]

"명예훼손죄란 어느 사람에 대한 구체적인 사실관계를 보고하거나 진술할 때 성립하는 죄인데, 타인을 사칭하여 마치 피해자가 직접 작성한 것처럼 가장하여 게시글을 올리더라도 이는 피해자에 대한 사실을 드러내는 행위가 아니므로 명예훼손행위에 해당하지 않는다."

대법원 2023. 11. 30. 선고 2020도10180 판결

피고인은 2015년부터 총 47회에 걸쳐 기계항공 공학박사인 피해자가 작성한 글을 마치 자신이 쓴 것처럼 자신의 페이스북에 게시한 행위 때문에 저작권법상 '복제권 및 공중송신권 침해', '저작자 허위표시공표', '저작인격권 침해' 등 저작권법 위반혐의로 기소되었는데, 대법원은 "남이 올린 글을 자신이 작성한 것처럼 SNS에 게시한 경우 원저작자의 사회적 평판 등을 침해할 위험이 있다면" 저작권법 위반으로 처벌할 수 있다고 하면서 피고인에게 벌금 1000만원을 선고한 원심을 확정하였다.[61]

대법원 2022. 5.13. 선고 2020도15642 판결

동장인 피고인이 동 주민자치위원에게 전화를 걸어 '어제 열린 당산제(마을제사) 행사에 남편과 이혼한 갑(피해자)도 참석을 하여, 이에 대해 행사에 참여한 사람들 사이에 안 좋게 평가하는 말이 많았다'는 취지로 말하고, 동 주민들과 함께한 저녁식사 모임에서 '갑은 이혼했다는 사람이 왜 당산제에 왔는지 모르겠다.'는 취지로 말하여 갑의 명예를 훼손하였다는 내용으로 기소되었다.

대법원은 이혼하였다는 사실 자체만을 언급한 것은 피해자의 사회적 가치나 평가를 떨어뜨린다고 볼 수 없다고 본 후, 문제가 된 발언은 피해자에 관한 과거의 구체적인 사실을 진술하기 위한 것이 아니라 피해자의 마을제사 참석에 대한 부정적인 가치판단이나 평가를 표현하고 있을 뿐이라고 보아 무죄를 선고하였다.

나. 추상적 위험

명예훼손적 진술은 명예를 훼손할 일반적 경향("general tendency" to cause reputational harm)이 있으면 족하고,[62] 그 진술이 현실적으로 원고의 명예에 해를 야기할 필요가 없다. 즉 "명예훼손 여부의 심사는 원고가 실제로 해를 입었는가 여부가 아니라 그것이 명예를 저하할 경향이 있는 부류에 속하는가 여부이다."[63][64] 이것은 현실적으로

---

61) 법률신문 2023. 12. 27. 보도. 이 판결에서 대법원은 "저작인격권 침해로 인한 저작권법 위반죄는 해당행위로 저작자의 사회적 가치나 평가를 침해할 위험이 있으면 성립한다"고 판시한 점이 주목된다.

62) RESTATEMENT (SECOND) OF TORTS § 559 comment d (1976).

63) "법원은 해당 진술이 법이 보호하는 유형의 명예 피해를 야기할 경향을 갖는가 여부만을 묻는다"(Ardia, Id., p. 284). "명예훼손은 그 정의에 따라 수용자 중심의 개념으로서 피고의 진술에 반응하는 타인들의 견해나 의견 또는 행위에 초점이 맞추어진다. 즉 원고가 현실적으로 받은 해악 여부가 아니라 피고의 진술이 명예를 해할 경향이 있는 진술인가 여부를 문제삼는 것이다(Lyrissa Barnett Lidsky, DEFAMATION, REPUTATION, AND THE MYTH OF COMMUNITY, Washington Law Review Vol. 71:1[11], 1996). [영국]보통법에 의하면 현실적 손해가 아니라 잠재적 손해가 비행의 핵심이라고("Potential for harm, rather than actual harm, is the crux of the wrong.") 하는 법리가 적용

발생한 해악의 입증은 어렵기 때문에 명예훼손법이 진술의 성격이나 경향으로부터 바로 이를 간주한다는 것을 의미한다.[65]

　　그러므로 "명예훼손이 되려면 진술이 현실적으로 타인의 명예를 해하거나 또는 제3자가 그와 교섭하거나 거래하는 것을 저지함을 요하지 않는다. 그 성질은 그러한 효과를 가질 일반적 경향에 의존한다."[66] 법원은 증언, 여론조사 등 증거를 추구함이 없이, 사회 일반 또는 그 안의 특정 집단의 신념과 태도에 관한 직관적 판단에 의해, 즉 법관 자신의 통상적 지식 및 상식에 터잡은 판단에 의하게 된다.[67]

　　대법원은 형법 상 모욕죄에 관한 판시에서 "행위의 결과 피해자의 외부적 명예가 현실적으로 침해되거나 구체적·현실적으로 침해될 위험이 발생하여야 하는 것은 아니다"라고 판시하였다.[68][69] 형법상 명예훼손죄가 이른바 추상적 위험범[70]으로 파악되는 것도 같은 사고를 반영하는 것이다(후술).

대법원 2020. 11. 19. 선고 2020도5813 전원합의체 판결

　　명예훼손죄 규정이 '명예를 훼손한'이라고 규정되어 있음에도 이를 침해범이 아니라 추상적 위험범으로 보는 것은 명예훼손이 갖는 행위반가치와 결과반가치의 특수성에 있다. 즉 명예훼손죄의 보호법익인 명예에 대한 침해가 객관적으로 확인될 수 없고 이를 증명할 수도 없기 때문이다. 따라서 불특정 또는 다수인이 적시된 사실을 실제 인식하지 못하였다고 하더라도 그러한 상태에 놓인 것만으로도 명예가 훼손된 것으로 보아야 하고 이를 불능범이나 미수

　　된다(Herrmann v. Newark Morning Ledger Co., 48 N.J. Super. 420, 441, 138 A.2d 61, 72 (1958)).

64) 일부 학설은 모욕죄에 이른바 명백하고 현존한 위험의 법리를 적용하자고 하나(박경신, 표현·통신의 자유, 이론과 실제 (논형, 2013) 136면 이하), 동 법리는 국가안보 등 추상적이고 일반적인 법익에 위해가 야기되는가 여부를 판정함에 사용되는 법리일 뿐, 모욕이나 명예훼손에 동 법리의 적용을 언급하는 미국 학자는 없다.

65) Lidsky, Id., p. 11. "이것은 보통법에서 직관적으로 알려진 경험적 사실의 상식적 귀결인데, 통상 명예훼손에서는 현실적으로 손해는 생기지 않으며, 만일 그렇다면 그것은 입증이 불가능하다고 하는 경험적 사실의 소산이었다."(Randall P. Bezanson, THE LIBEL TORT TODAY, Id., p. 544).

66) Restatement (Second) of Torts § 559 cmt. d (1977).

67) Ardia, Id., p. 297.

68) 대법원 2016. 10. 13. 선고 2016도9674 판결.

69) 이 점에서 대법원이 최근 판결(2018. 10. 30. 선고 2014다61654 전원합의체 판결[주사파])에서 "누군가를 단순히 '종북'이나 '주사파'라고 하는 등 부정적인 표현으로 지칭했다고 해서 명예훼손이라고 단정할 수 없고, 그러한 표현행위로 말미암아 객관적으로 평판이나 명성이 손상되었다는 점까지 증명되어야 명예훼손책임이 인정된다"고 판시한 것은 의문이다(밑줄은 저자표시). 판결의 결론과 무관한 방론에 불과하다고 보아야 할 것이다.

70) 형법의 법익 이론에 의하면 각개의 범죄는 구체적으로 보호법익의 침해가 요구되는 '침해범'(侵害犯)과 법익 침해의 위험만으로 처벌되는 '위험범'(危險犯)으로 구별되며, 위험범은 다시 실제 위험이 발생하지 않아도 추상적으로 위험이 있는 것으로 간주하여 처벌하는 '추상적 위험범'과 구체적 위험이 발생하는 경우에만 처벌하는 '구체적 위험범'이 구별된다(이에 관한 상세한 논의는 박용상, 언론의 자유(박영사, 2013), 594-597면 참조). 형법이론 상 명예훼손죄는 전형적인 추상적 위험범으로 분류하는 입장이 다수설이다.

로 평가할 수 없다. 공연성에 관한 위와 같은 해석은 불특정 또는 다수인이 인식할 수 있는 가능성의 측면을 말하는 것이고, 죄형법정주의에서 허용되는 해석이며, 그와 같은 행위에 대한 형사처벌의 필요성이 있다.

추상적 위험범으로서 명예훼손죄는 개인의 명예에 대한 사회적 평가를 진위에 관계없이 보호함을 목적으로 하고, 적시된 사실이 특정인의 사회적 평가를 침해할 가능성이 있을 정도로 구체성을 띠어야 하나(대법원 1994. 10. 25. 선고 94도1770 판결, 대법원 2000. 2. 25. 선고 98도2188 판결 등 참조), 위와 같이 침해할 위험이 발생한 것으로 족하고 침해의 결과를 요구하지 않으므로, 다수의 사람에게 사실을 적시한 경우뿐만 아니라 소수의 사람에게 발언하였다고 하더라도 그로 인해 불특정 또는 다수인이 인식할 수 있는 상태를 초래한 경우에도 공연히 발언한 것으로 해석할 수 있다.

이상 논의는 명예훼손의 구성요건에 관한 것이며, 그렇게 구성요건에 해당하는 명예훼손행위도 위법성 판단 단계에서 진실의 항변 기타 위법성 조각사유의 항변에 의해 명예훼손의 성부가 판단되게 된다. 그리고 손해배상청구권을 행사하는 경우에는 정신적 손해 외에 재산적 손해에 관하여 구체적으로 발생한 손해액을 입증하여야 하는 것은 별개의 문제이다.

다. 명예훼손의 문턱 요건

명예훼손은 외적 명예를 침해하는 것이므로 단순히 피해자의 감정을 상하게 하는 표현만으로는 명예훼손이 되지 않는다. 예를 들면, 호의적이지 않은, 성가시게 하거나, 당혹케 하는 등 표현행위는 명예훼손이 되지 않는다.[71] 대법원은 "민법 제764조에서 말하는 명예훼손이란 사람의 사회적 평가를 저하시키는 행위를 말하고 단순히 주관적으로 명예감정이 침해되었다고 주장하는 것만으로는 명예훼손이 되지 않는 것"이라고 판시한다.[72] 주관적으로 명예감정이 침해된 것만으로는 명예훼손뿐만 아니라 모욕도 성립할 수 없다(후술).

그 논거로서 제시되는 이유를 보면, 첫째 하나의 진술을 대하는 피해자의 감정은 주관적이어서 편차가 심하고, 그러한 사정에 따라 소권(訴權)의 존재 여부를 판단하는 것은 불합리하며,[73] 둘째 사소한 피해를 이유로 한 소권의 남발은 법원의 업무를 과도하게 가중시켜 진정한 사건에 소홀하여 질 수 있다는 점,[74] 셋째, 최근 유럽인권재판

---

71) Sack & Baron, Libel, Slander, and Related Problems § 2.4.1.
72) 대법원 1992. 10. 27. 선고 92다756 판결, 대법원 1997. 7. 9. 자 97마634 결정 [족보등록발간금지가처분], 대법원 1999. 7. 13. 선고 98다43632 판결, 2010. 6. 10. 선고 2010다8341, 8358 판결 [역사드라마] 등.
73) "타인의 감정을 상하게 하고 그의 건강과 업무능력에 불리하게 작용하는 모든 언어를 제소할 수 있게 한다면 매우 불합리할 것이다. 왜냐하면, 그것은 사람이 감수성에 따라 쉽게 흥분되는지 여부, 자신에 대한 남용적이거나 모욕적인 언급을 무시할 마음의 건강, 그리고 그것을 견디는 신체적 건강과 능력에 제소할 권리를 의존하게 할 것이기 때문이다."(Terwilliger v. Wands, 17 N.Y. 54, 60 (1858), quoted in Sack, Id., p. 71).

소는 표현의 자유를 보호하기 위한 것[75]이라는 논거를 제시하고 있다.

사소한 명예 침해를 제소할 수 없도록 하는 것은 국제적으로 공통된 경향이다. 영국의 2013년 개정 명예훼손법은 명예에 대한 중한 손해("serious harm")의 야기를 요하며(동법 제1조), 이 문턱요건("threshold of seriousness")을 결한 경우에는 소가 각하된다. 이것은 사소한 손해의 제소로 인한 절차의 남용을 막고, 표현의 자유와 명예 간의 적절한 균형을 도모하는 의미를 갖는다고 한다.[76]

독일의 경우 검사는 가족 간의 반목, 가정 내의 험담, 접객업소의 다툼에서 빈번하게 행해지는 발언 등 심각한 명예훼손이 없는 경우에는 공소를 제기하지 않는다.[77] 미국의 판례는 공화당원을 민주당원이라고 지칭하는 진술, 통상적인 질병에 감염되었다거나 범죄의 피해자로 잘못 지칭하는 진술, 실수로 사망하였다고 하는 보도는 피해자에게 불쾌감을 주었다 하더라도 명예훼손적 진술이 될 수 없다고 판시한다.[78]

라. 형법상 모욕죄에 해당하는 표현행위

형법상 모욕죄에 해당하는 표현행위가 민사상 명예훼손의 불법행위가 되는지 여부에 관하여는 논란이 있다. 형사상 모욕죄 역시 외적 명예를 보호법익으로 하며(판례 및 다수설), 다만 사실적시 이외의 방법으로, 즉 경멸적 가치판단에 의해 행해진다는 점에서 민사상 의견표현에 의한 명예훼손의 불법행위가 성립된다고 보아야 한다. 다만, 대법원은 이를 부인하면서 프라이버시권 또는 인격상 침해의 불법행위가 성립된다고

---

74) 2013년 개정 영국 명예훼손법 제1조는 명예훼손의 성립요건으로서 명예에 대한 중요한 손해가 발생할 것을 요건(serious harm test)으로 한다. 이것은 판례가 이미 설시한 심각한 손해의 문턱 요건(threshold of seriousness)을 규정한 것으로서 경미한 손해를 구제받기 위한 소송절차의 남용을 방지하기 위한 것이라고 한다(Vincent R. Johnson, Comparative Defamation Law: England and the United States, 24 U. Miami Int'l & Comp. L. Rev. 1 (83) (8-28-2017), http://repository.law.miami.edu/umiclr/vol24/iss1/3).

75) "[유럽인권협약] 제10조 제2항[표현의 자유]은 호의적인 것으로 받아들여지는 정보나 사상 또는 무해한, 무관심한 것으로 간주되는 것뿐 아니라 공격적이거나 충격이나 혼란을 주는 것에도 적용된다. 그것은 다원주의, 관용 및 도량의 요구이며 그것들 없이 민주사회는 존재하지 않는다."(ECHR 2001. 2. 27. Jerusalem v. Austria).

76) 영국 법원은 유럽인권협약 제8조의 개인의 완전성에 대한 위협이 일정한 수준의 중요성이나 무게를 달성한 것이어야 한다고 판시해 왔다(Wood v Commissioner for Police, [2009] EWCA Civ 414 at [22]; see also A v Norway (Application no. 28070/06)). "명예훼손이 성립하려면 원고의 명예에 대한 실재적 및 실질적 불법행위(real and substantial tort)가 존재해야 한다."(Jameel v Dow Jones & Co, [2005] EWCA Civ 75).

77) Richtlichen für das Strafverfahren und das Bußgeldverfahren (RiStBV) vom 1. Januar 1977 zuletzt geändert mit Wirkung vom 1. September 2016, Nr. 23.

78) Sack & Baron, Libel, Slander, and Related Problems § 2.4.1. "보통법 상의 명예훼손은, 독립적인 소인에 부가된 기생적 손해의 요소로 되는 경우를 제외하고, 원고의 굴욕, 분노 또는 슬픔에 연관되어 있지 않다. 명예훼손은 정신적 고통에 대한 보상을 제공하는 것이 아니라 타인의 눈에 개인이 존중을 유지함에 갖는 관계적 이익에 대한 부당한 방해를 구제한다."(Smolla, id.).

하나, 이에 관하여는 비판이 있다.(후술)

(2) 직접 표현행위와 전파행위

타인의 명예를 훼손하는 행위는 행위자 자신이 직접 명예훼손적 표현을 하는 경우와 타인의 명예훼손행위를 전파하거나 반복하는 행위에 의해 이루어질 수 있다. 후자의 경우에는 특수한 법적 문제가 있고 별도로 취급될 필요가 있다(후술).

(3) 사실의 진술과 의견의 표현

현행 형법은 명예훼손죄에 사실적시를 요건으로 하기 때문에 사실적시가 없이 의견표현이나 가치판단에 의한 명예 침해행위는 형법상 명예훼손죄가 아니라 모욕죄로 처벌되게 된다. 그러나 민사상 타인의 사회적 평가를 저하시키는 표현이면 구체적 사실을 적시하지 않았다 하더라도 의견의 표현이나 가치판단만으로도 일정한 경우 명예훼손의 불법행위가 성립되는 경우가 있다.[79]

질문형식에 의한 진술이 진정한 질문인 경우에는 사실적시도 의견표명도 아닌 독자적인 범주의 표현행위로 이해되나, 수사적(修辭的) 질문인 경우에는 사실 또는 의견 중 어느 일방으로 해석될 수 있다.[80]

(4) 인터넷 시대 명예훼손의 특수성

최근 정보통신 기술의 발달로 인하여 타인에 대한 명예훼손 행위가 쉽게 전파될 수 있다. 그리고 명예훼손적 표현행위가 인터넷 등 정보통신매체를 이용하여 이루어지는 경우에는 그러한 행위가 초래할 수 있는 피해가 과거에 비하여 극심하며, 그 피해 회복 또한 쉽지 않다. 디지털 커뮤니케이션 시대의 이러한 특성은 그로 인한 명예 등 인격권 침해 행위에 대한 구제방안을 마련함에 있어서도 특별한 배려를 요한다. 그에 따라 명예훼손법의 전반적 수정 여부가 논란되기도 하지만, 인터넷에서 명예훼손법의 과제는 공적 토론 매체로서 인터넷의 가능성을 제한함이 없이 거기서 피해받는 개인의 명예를 어떻게 보호하는가 하는 데 있다.

첫째, 인터넷에서는 매체가 갖는 쌍방향성, 접근 및 전파의 용이성, 시간적·공간적 비제약성 등의 특성, 그리고 익명이나 가명에 의한 표현이 손쉽게 이루어질 수 있

---

79) 예를 들면, 타인에 대한 명예저하적 악평(예컨대 무능력, 부정직 등)은 그에 근거되는 사실관계가 제시되지 않은 경우 영미법상 이른바 공정한 논평으로 면책되지 못한다. 그러나 이에 관해 대법원 2018. 10. 30. 선고 2014다61654 전원합의체 판결['종북']은 다른 입장을 취한다(후술 참조).

80) 후술 제2장 제2절 Ⅲ 3 (7) 나 참조.

기 때문에 인터넷상 의견표현이나 토론 과정에서는 허위 사실 또는 확인되지 않은 사실이나 소문, 도발적 표현, 공격적 발언, 부적절한 비유, 과장된 표현 등 일반 대중의 조급하고 사려깊지 못한 표현이 난무하며, 그러한 표현은 무한 복제되기도 한다. 이와 관련하여 가짜뉴스의 폐해와 그에 대한 사회적 법적 대책 여하가 세계적 관심의 대상이 되고 있다.

둘째, 표현행위가 웹사이트나 인터넷 게시판 또는 사회관계망 서비스(SNS)에 게시된다면 삽시간에 전 세계를 무대로 무한 복제되어 광대한 영향을 가지며, 그것은 도처에 파일의 형태로 남겨지기 때문에 그 완전한 시정이란 불가능하고, 언제나 다시 복제될 가능성이 있으므로 그 피해를 회복하기도 어렵다. 잊힐 권리가 새로운 정보 기본권으로서 등장할 기회를 만들게 된다.

> **독일 연방헌법재판소 2019년 11월 6일 판결**
> "오늘날의 정보기술적 요건과 인터넷을 통한 정보의 유포는 새로운 법적 차원에 대한 고려를 제공한다. 이전의 인쇄물이나 방송물에 비해 오늘날 웹상에 게재된 정보는 오랜 기간 동안 직접적이고 지속적인 접근이 가능해졌다. 정보는 언제든 미지의 제3자에 의해 취득되고 웹상에서 논의될 수 있으며 문맥을 벗어나 새로운 의미를 가진다. 특히 검색엔진에서의 이름 검색을 통해서 다른 정보와 함께 인격의 프로필로 결합되고 유포될 수도 있다. 이러한 사실은 일반적 인격권의 해석과 적용에 있어서 고려되어야 한다. 과거의 착오와 잘못에서 벗어나 개인의 확신과 행동을 전개할 기회를 갖는 것 또한 일반적 인격권이 보장하는 자유에 포함된다. 따라서 법규는 이러한 자유가 시간적으로 가능하도록 보호를 제공해야 한다(잊힐 권리)."

3. 명예훼손행위의 해석

(1) 명예훼손적 의미 - 문언의 객관적 의미와 맥락

명예훼손의 구성요건이 충족되려면 우선 그 진술의 의미가 타인의 명예, 즉 사회적 평가를 저하시키는 것이어야 한다. 명예훼손적 진술은 그 사용된 어휘나 맥락에 따라 모호하거나 불명확한 경우가 많다. 명예훼손 소송의 당사자들은 보도가 어떤 의미를 갖는가에 관하여 다투는 경우가 많고,[81] 다투어진 진술이 전달하는 의미를 확정하는 것은 명예훼손 소송에서 가장 기본적이고 선결적 쟁점을 이룬다. 그것은 원고에 대

---

81) 명예훼손 소송 실무를 보면, 원고는 가장 가해적 의미를, 피고는 가장 완화된 의미를 주장하는 것이 통상적이다. "원고는 자연히 대상 문구에 귀속될 가장 해로운 의미를 주장할 것이다. 피고는 같은 문구에, 입증이 가능하거나 공정한 논평으로 간주될, 더 무해한 의미를 주려고 추구할 것이다." (ANTHONY J.H. MORRIS Q.C., THE "POLLY PECK DEFENCE": ITS FUTURE IN AUSTRALIA. http://www.lexscripta.com/pdf/PollyPeck.pdf).

한 명예 침해의 정도를 평가함에 중요할 뿐 아니라, 피고가 진실의 항변이나 공정한 논평의 항변을 제기하는 경우 그 인정 여부를 심리 평가함에 결정적인 영향을 준다.[82]

표현행위를 올바로 해석하기 위하여는 우선 그것이 갖는 객관적 의미를 파악해야 한다. 명예훼손은 그 의미에 관한 수용자의 해석에 의존하는데, 그것은 문언 자체와 그 진술이 행해진 맥락뿐 아니라 수용자의 지식이나 가치 등에 영향받는다.

여기서 명예훼손적 의미의 유무를 판단하는 것은 사심없는 일반 평균적 독자나 시청자가 받아들이는 이해를 기준으로 하게 된다. 따라서 관심 없이 스쳐 지나가는 독자의 이해는 고려되지 않으며,[83] 진술이 예컨대 농민 또는 외국인 거주자 집단과 같이 특정한 범위의 독자들을 대상으로 한 경우에는 그 특정 범위의 사람들의 이해에 따라야 한다.[84]

① 사용된 문언 자체의 의미: 사용된 문언의 의미는 일반적인 대화에서 사용되는 그 자연적, 통상적인 의미에 따라 판단된다. 어떤 독자가 특이하게 상상하는 내용이나, 전문가나 법률가가 사용하는 정확한 의미가 기준으로 되는 것이 아니다.[85]

영미 보통법 상 명예훼손적 표현은 문구 자체로 명예훼손적 의미를 갖는 경우(defamatory per se)와 여타의 정황 사실이 결합되는 경우에 비로소 명예훼손적 의미를 갖는 경우(defa‐matory per quod)가 구별되어 논해지고 있다. 문면 자체가 사회적 평가를 저하하는 표현으로서 그러한 진술만으로 바로 '문면상의 명예훼손'(libel per se)이 되는 경우는 발언이 ① 기소될 범행의 비난, ② 매독, 나병 및 전염병 등 일정한 전염성 질병을 가진다는 비난, ③ 업무, 직무, 거래, 직업 또는 전문직의 능력에 해로운 영향을 주는 비난,[86] 그리고 ④ 여성이 부정(不貞)하다는 비난인 경우가 있고, 이들 경우에는 특별 손해의 입증 없이 당연히 소인이 인정된다(words actionable per se).[87]

② 사용된 맥락: 무해한 문언은 맥락에 따라 가해적인 것으로 또는 가해적인 말이

---

82) Gillick v Brook Advisory Centres & Jones: [2001] EWCA Civ 1263.
83) 표현행위의 의미는 그 내용을 피상적으로만 파악하는 스쳐가는("flüchtigen") 독자가 받는 인상이나, 표현 문안 자체에 근거를 찾을 수 없는 어떤 주관적인 선입견에 의존하여서는 안된다(BGH 1982. 2. 9. VI ZR 123/80 — „Schwarzer Filz").
84) Wenzel, aaO., Rn. 4.6.
85) Sack & Baron, Libel, Slander, and Related Problems § 2.4.2.
86) 영국의 1952년 명예훼손법 제2조는 "원고를 그의 직무, 직업, 거래 또는 영업에 관해 폄훼하려고 계획된 말에 의한 구두훼손 소송에서 특별 손해의 주장 또는 입증은, 그 말들이 원고가 그의 직무, 직업, 거래 또는 영업 중에 말해진 것인지 여부를 막론하고, 필요하지 않다"고 규정한다.
87) 영국 보통법 상 'actionable per se'란 명예훼손적 의미가 외적 사실의 고려 없이 나타나는 말을 지칭하며, 그러한 진술에 대해서는 명예훼손의 일반적 손해가 추정된다(Ray Yasser, Defamation As a Constitutional Tort: With Actual Malice for All, Tulsa Law Review Volume 12 | Issue 4 Article 1, 601, 605 (1977) https://digitalcommons.law.utulsa.edu/cgi/ viewcontent.cgi? article=1388&context=tlr).

무해한 것으로 해석될 수도 있다.[88] 대법원은 피해자가 동성애자라는 내용의 글을 인터넷사이트에 게시한 행위가 명예훼손에 해당한다고 하면서, 가치중립적인 표현을 사용하였다 하더라도 사회 통념상 그로 인하여 특정인의 사회적 평가가 저하되었다고 판단된다면 명예훼손죄가 성립할 수 있다고 한다.[89] 그러므로 맥락을 도외시하고 사용된 하나의 가해적인 말만을 떼어내 명예훼손적 의미를 추론하여서는 안된다.

　③ 수용자의 지식: 문언과 맥락 이외에 다른 사정에 의해 명예훼손적 의미를 함축하는 경우도 있다. 예컨대, 한 사람의 약혼사실을 공개하는 것은 문제될 수 없는 것으로 보이지만, 그가 기혼자임을 아는 사람은 그가 약혼자를 속이고 있다거나, 아니면 그의 부인이 법적으로 결혼한 바 없다고 인식하게 될 것이므로 이러한 사정이 합쳐져 명예훼손적 의미를 갖게 될 수 있는 것이다(이른바 libel per quod).

(2) 전체적 고찰 방식

　하나의 진술이 문제되는 경우에는 그 표현의 전체적인 맥락에 비추어 진정한 의미를 해석하여야 한다.[90] 표현된 말의 문언을 기초로 그 의미를 판단하여야 하는 것이 원칙이지만, 필요한 경우에는 그 표현행위가 이루어진 언어적 문맥과 그 표현행위가 행해진 주변상황이 고려되어야 한다. 이러한 상황은 표현행위의 상대방이 알 수 있어야 한다. 이 경우 표현 및 전달매체의 특성도 고려하여야 한다.[91]

> **대법원 1997. 10. 28. 선고 96다38032 판결**
> "기사가 특정인의 명예를 훼손하는 내용인지의 여부는 기사의 객관적인 내용과 아울러 일반 독자가 기사를 접하는 통상의 방법을 전제로 기사의 전체적인 흐름, 사용된 어휘의 통상적인 의미, 문구의 연결 방법 등을 종합적으로 고려하여 그 기사가 독자에게 주는 전체적인 인상도 그 판단 기준으로 삼아야 한다."[92]

---

88) "명예는 공동체 내에서 개인들 간의 상호작용에 의해 창출될 뿐 아니라 그것은 맥락적이다. … 우리 동료가 강력히 비난하는 살인도 보편적인 비난을 받는 것이 아니라 전쟁에서 행하는 경우 칭송되기도 한다."(Ardia, Id., p. 269).

89) 대법원 2007. 10. 25. 선고 2007도5077 판결.

90) BGH 2016. 9. 27. - Ⅵ ZR 250/13: "표현행위를 해석함에 있어서는 사용된 말의 어의와 일반적 용어법이 완결적으로 확정될 수 없음에 비추어 계쟁 표현행위가 존재하는 언어적 맥락과 그것이 행해진 부수 상황으로서 청중이 인식할 수 있었던 내용을 고려해야 한다. 즉 진술 내용의 완전한 파악을 위해서는 언제나 계쟁 표현행위가 존재하는 전체적 연관 속에서 판단되어야 하며, 그에 연관되는 맥락에서 따로 뽑아내 순수하게 고립된 관찰을 하여서는 안된다."(독일의 확립된 판례).

91) "명예 침해의 강도는 그 표현의 방법과 수단에 따라 달라진다. 텔레비전에 의한 보도는 객관성과 공정성을 배려한 것이라고 할지라도 일반적으로 라디오나 신문에 의한 문자나 말에 의한 보도보다도 훨씬 더 사적 영역에 대한 침해가 크다. 언론 미디어의 전파의 정도 역시 의미를 갖는다."(독일 연방헌법재판소 1993. 2. 25. - 1BvR 172/93 [말소된 전과의 보도]).

92) 동지 대법원 1999. 2. 9. 선고 98다31356 판결.

대법원 2013. 11. 28. 선고 2012다79262 판결

기사가 특정인의 명예를 훼손하는 내용인지 여부는 일반 독자가 기사를 접하는 통상의 방법을 전제로 그 기사의 전체적인 취지와의 연관하에서 기사의 객관적인 내용, 사용된 어휘의 통상적인 의미, 문구의 연결방법 등을 종합적으로 고려하여 그 기사가 독자에게 주는 전체적인 인상을 기준으로 판단하여야 하고, 여기에다가 당해 기사의 배경이 된 사회적 흐름 속에서 당해 표현이 가지는 의미를 함께 고려하여야 한다(대법원 2003. 1. 24. 선고 2000다37647 판결, 대법원 2009. 7. 23. 선고 2008다18925 판결 등 참조)

따라서 다투어지고 있는 문구만을 따로 떼어내서 명예훼손적 의미를 추단하는 것은 적절한 해석방법이 되지 못한다.

대법원 2009.4.9. 선고 2005다65494 판결[현대자동차 노조]

"보도내용 중에서 논란이 되는 표현의 객관적 의미는 그 언어적 문맥 및 그 표현이 이루어진 주변 상황에 의하여 결정되는 것이므로, 설령 보도내용 중 일부의 취지가 분명하지 아니하여 오해의 소지가 있거나 거기에 상대방에 대한 비판이 부가되어 있다고 하더라도, 그 보도내용 중의 다른 기재 부분과 함께 전체적·객관적으로 파악하지 아니하고 취지가 불분명한 일부 내용만을 따로 떼어내어 명예훼손적인 사실의 적시라고 단정하여서는 안되며(대법원 2008. 5. 8. 선고 2006다45275 판결 등 참조), 표현행위자의 내심의 의도나 상대방의 개인적 이해득실 등 주관적인 사정에 따라 그 표현의 객관적 의미가 좌우된다고 볼 수도 없다."

〈영국 보통법상 단일의미 규칙과 독과 해독의 법리〉

영국 판례에 의하면 여러 독자들이 그 어휘를 여러 의미로 읽을 가능성이 있을지라도 보통법은 통상적인 이성적 독자가 그 어휘에 부여할 의미를 기준으로 하나의 의미를 부여한다고 한다(단일 의미 규칙: "single meaning" rule).[93] 이 의미 결정 기준에 의하면, 현실적으로 수용자가 그 보도를 여러 방법으로 해석할 가능성이 있을지라도, 보도는 통상적인 수용자에게 상반되거나 모순적인 의미를 동시에 전달할 수 없다고 보게된다.[94]

하나의 기사 속에는 피해자를 비난하는 요소와 이를 상쇄하는 진술들이 혼합하여 언급될 수 있다. 이 경우 법원은 단일의미 규칙에 따라 양자를 함께 고려하여야 한다. 호의적 언급이 폄훼적 언급을 상쇄하여 결국 명예훼손적 의미를 없애게 되면 청구는 배척될 수 있는 것이다(이른바 '독과 해독'의 법리[95]: bane and antedote doctrine). 다만, 피해자가 혐의사실을 부인하였다는 단순한 언급만으로는 명예훼손적 통점을 제거할 수 없다.[96]

---

93) Charleston v. News Group Newspapers Ltd. [1995] 2 A.C. 65.

94) Andrew Kenyon, "Perfecting Polly Peck: Defences of Truth and Opinion in Australian Defamation Law and Practice" (2007) 29(4) Sydney Law Review 651. http://classic.austlii.edu.au/cgi-bin/sinodisp/au/journals/SydLawRw/2007/25.html?stem=0&synonyms=0&query=Lucas-Box,%20Polly%20Peck.

95) "한 기사의 명예훼손적 통점이 주위의 말들에 의해 전체적으로 제거된다면 … 독과 해독제는 함께 고려되어야 한다… 독과 해독의 이론은 보도의 한 부분이 아니라 전체로 고려되어야 한다는 사실을 생생하게 말하는데 불과하다."(Mark v Associated Newspapers Limited, para 7 [2002] EMLR 839). 그러나 "단순한 부인의 기재가 그것만으로 독을 중화하기에 충분한 해독이 된다고 말해질 수 있는 상황은 상상하기 어렵다."(Id., at para 42).

96) Mark v Associated Newspapers Limited [2002] EMLR 839.

(3) 표현행위의 형태 및 구성

명예훼손적 표현행위는 의혹의 제기, 질문형식에 의해 또는 소문의 전달이나 인용 형식 등 다양한 형식이나 구성으로 행해질 수 있다. 이들 각 문제는 각각 별개의 항목에서 상세히 다루어질 것이다.

가. 다수의 서술이 포함된 서적

한 권의 책과 같이 광범위한 서술이 문제되는 경우에는 명예훼손의 관점에서뿐 아니라, 저자가 어떠한 척도와 극적인 의도로 해석되길 바라는가 하는 점에 관하여는 그 문안 전부가 함께 평가되고 조사되지 않으면 안된다.[97)98)]

나. 연재 기사

보도한 수개의 기사가 타인의 명예를 훼손하였는지 여부를 판단함에 있어서 그 기사들이 연재기사로 기획되어 게재되었다는 등의 특별한 사정이 없는 한 각 기사별로 불법행위의 성립 여부를 판단하여야 한다.

대법원 2009. 4. 9. 선고 2005다65494 판결 [현대차 노조]

조선일보가 2003. 7. 28.부터 2003. 8. 9. 사이에 현대자동차 노조에 대하여 부정적인 시각의 기사를 7차례 걸쳐 게재한 사안에서, 대법원은 위 7건의 기사가 포괄하여 1개의 불법행위에 해당한다고 볼 만한 특별한 사정이 있다고 할 수 없어, 각 기사별로 불법행위의 성립 여부를 판단하여야 한다고 판시하면서 제1 내지 제5기사는 명예훼손이 성립되지 않으나, 제6, 7기사는 의도적 사실 왜곡에 의한 인격권 침해의 불법행위가 성립된다고 결론지었다.

다. 기사 제목에 의한 명예훼손

판례에 의하면, "신문기사의 제목은 본문의 내용을 간략하게 단적으로 표시하여 독자의 주의를 환기하고자 하는 의도 하에 붙여지는 것으로서, 신문기사의 명예훼손 여부를 판단함에 있어서는 제목과 본문을 포함한 기사 전체의 취지를 전체적으로 파악하여 명예훼손 여부를 판단하여야 하고, 제목만을 따로 떼어 개별로 명예훼손 여부를 판단하여서는 아니"된다고 한다.[99)]

그러나 수많은 독자들은 표제만을 읽는 경우가 많으므로 그 표제에 완전한 주장이 포함되어 있고 그것이 피해자를 지칭하는 것으로 나타난다면 명예훼손이 성립한다고 보아야 한다. 판례는 "기사 본문의 내용과 다른 인상을 주는 특정한 제목의 기사가

---

97) BGH GRUR 80, 1099/1102.
98) 예를 들어, 한 신문집단을 지배하는 "기본적으로 잔인한 분위기"라는 표현은 총체 연관에서 보아 작업환경을 의미한 것이 아니라 더욱 많은 신문들을 병합하려는 의도를 나타내는 것이다(BGH NJW 81, 2117/2120).
99) 대법원 1998. 10. 27. 선고 98다24624 판결, 대법원 2009. 1. 30. 선고 2006다60908 판결 참조.

여러 차례에 걸쳐 지속적으로 반복하여 게재되어 일반 독자가 그에 대하여 일정한 고
정관념을 가지게 될 우려가 있는 경우에는 그 제목의 게재행위 자체가 본문과는 별도
로 명예훼손이 될 수도 있다"고 한다.[100]

> **대법원 1999. 1. 26. 선고 97다10215, 10222 판결 [기사 제목]**
>
> 신문이 타인의 명예를 훼손하는 내용의 보도를 한 경우, 그 보도 내용이 진실인가의 여부
> 는 기사 본문의 내용뿐만 아니라 제목과 본문의 크기 및 배치, 본문의 길이 등도 종합적으로
> 참작하여 일반 독자들이 보통의 주의와 관심을 가지고 통상 기사를 읽는 방법에 의하여 기사
> 로부터 받을 인상을 기준으로 판단하여야 한다.
>
> 신문 기사의 제목이 본문에 비하여 활자의 크기나 지면 면적이 훨씬 크고 피의자의 범행
> 을 단정하는 듯한 문구를 사용하고 있으며 본문의 내용 또한 피의자의 범행동기와 그가 누설
> 한 회사기밀의 내용을 구체적으로 적시하고 있고 피의자의 범행이 진실임을 전제로 수사당
> 국이 수사의 범위를 확대할 예정인 것처럼 검찰관계자의 말을 그대로 인용하고 있는 경우,
> 그 보도가 "…혐의를 받고 있다."는 형식으로 되어 있고 또 피의자가 그러한 혐의를 받고 있
> 는 것이 사실이라 하더라도 피의자가 회사기밀을 누설한 것이 사실이라는 증명이 없는 이상
> 그 신문보도가 진실이라는 입증은 없다.

(4) 준거 공동체

진술의 명예훼손적 의미는 원고나 피고가 어떻게 주장하든 상관 없이 그 객관적
전체적 의미에 따라 법원에 의해 결정된다.[101] 명예훼손은 개인의 사회적 평가를 보호
하는 것이며, 명예는 공동체의 가치에 불가분적으로 밀접하게 얽혀진 사회적으로 구
성된 개념이다.[102] 그러므로 법원이 명예훼손 여부를 판단함에 어떤 공동체의 이해를
기준으로 삼아야 하는가 하는 문제가 생긴다.[103] 첫째, 원고가 전체 사회와 가치를 달
리하는 하위공동체에 속하는 경우 또는 사회 내에 계급, 인종, 교육, 연령, 출신지역

---

100) 대법원 1998. 10. 27. 선고 98다24624 판결, 대법원 2009. 1. 30. 선고 2006다60908 판결("제목이 본문
　　의 내용으로부터 현저히 일탈하고 있어 그 자체만으로 별개의 독립된 기사로 보지 않을 수 없는 경
　　우") 참조.

101) 명예훼손 소송 실무를 보면, 당사자들은 문제된 진술이 갖는 의미에 관하여 다투는 경우가 많은데,
　　원고는 가장 가해적 의미를, 피고는 가장 완화된 의미를 주장하는 것이 통상적이다.

102) 명예훼손법에서 명예는 공동체와 그 가치에 불가분적으로 밀접히 얽혀져 있는 사회적인 복합적 구
　　성체이며(Randall P. Bezanson, The Libel Tort Today, 45 Wash. & Lee L. Rev. 535, 541-42 (1988)),
　　명예훼손행위는 원고 개인 자신에 대한 영향이 아니라 원고 소속 공동체 구성원들의 원고에 대한
　　평가에 영향을 주는 행위이다(Lidsky, Lyrissa Barnett, Defamation, Reputation, and the Myth of
　　Community, 71 Wash. L. Rev. 1, 6 (1996)). 이렇게 명예훼손은 정의상 수용자 중심의 개념으로서
　　피고의 진술에 반응하는 타인들의 견해나 의견 또는 행위에 초점이 맞추어진다. 즉 원고가 현실적
　　으로 받은 해악 여부가 아니라 피고의 진술이 명예를 해할 경향이 있는 진술인가 여부를 문제삼는
　　것이다(Lidsky, Id., p. 11).

103) Lidsky, Id., p. 8.

등에 따라 서로 다른 가치를 공유하는 여러 공동체가 존재하는 경우 어떤 공동체의 가
치를 기준으로 할 것인가, 둘째 이들 공동체의 가치는 항상 변화하고 있으므로 신구
가치 중 어떤 가치를 기준으로 삼아야 할 것인가가 문제된다.

가. 이상적 공동체 기준

진술의 명예훼손적 의미는 원고나 피고가 주장하는 바와 무관하게 법관이 자신의
통상적 지식 및 상식에 터잡은 판단에 의해 결정한다. 이 때 법원은 사회 일반 또는
그 안의 특정 집단의 신념과 태도에 기한 직관적 판단에 의존하게 되는데, 영국의 판
례는 통상적인 이성적 독자(right-thinking members of society generally)가 이해하는 바에
따라, 독일에서는 편견 없고 이성적인 평균적 수용자(unbefangene Durchschnittsempfänger)
의 판단104)을 기준으로 삼고 있으며, 우리 판례도 이와 유사한 입장을 취한다.105)

> **대법원 2007. 10. 25. 선고 2007도5077 판결**
>
> 명예훼손죄가 성립하기 위하여는 특정인의 사회적 가치 내지 평가가 침해될 가능성이 있
> 는 구체적인 사실을 적시하여야 하는바(대법원 2000. 2. 25. 선고 98도2188 판결 등 참조),
> 어떤 표현이 명예훼손적인지 여부는 그 표현에 대한 사회통념에 따른 객관적 평가에 의하여
> 판단하여야 한다.

그러나 이러한 입장은 다원적으로 구성된 이질적인 현대 사회의 현실에 비추어
어려운 문제가 생긴다.106) 첫째, 원고가 속하는 하위 공동체가 일반적인 주류 사회와
다른 가치를 갖는 경우, 둘째 공동체의 가치는 항상 변하고 있음에 비추어 신구 가치
중 어느 것을 기준으로 삼을 것인가 하는 문제가 있다.

나. 문제 사례의 검토

이것은 불법행위제도의 기본 이념에 관계되는 문제이며,107) 불법행위의 일종인

---

104) Wenzel, Das Recht der Wort- und Bildberichterstattung, 4. Auflage, Verlag Dr. Otto Schmitt KG, 1994, Rn. 4.4.

105) Lidsky 교수는 이들 이상화된 공동체 기준을 비판하면서, 그것은 공유하는 가치와 규범을 가지며 높은 수준의 합의와 준수가 실현되는 동질적인 공동체가 존재한다는 신화("myth of community")에 의존하는 것이며(Lidsky, Id., p. 38), 이 기준에 의하면 원고가 소속된 현실적 공동체의 견해가 아니라 사회에서 지배적인 집단의 견해, 즉 법관이 지배적 집단이라고 믿는 바를 반영하게 되고, 그렇게 규범적 구속이 가해진다는 것이다.

106) 이에 관해 미국 판례는 실질적이고 존경받은 소수의 기준(substantial and respectable minority standard)을 취한다(Restatement (Second) of Torts § 559 cmt. e (1977)). 이것은 다원적 사회에서 주류 사회와 다른 가치 및 규범을 갖는 다양한 하위 공동체의 존재를 인정하면서, 그 가치와 규범에 대해 자유주의적 관용과 가치의 다양성을 존중하려 한 것이지만, 계급, 인종, 교육, 연령, 출신지역 등이 다른 경우 어떤 공동체의 가치를 기준으로 할 것인가를 정할 수 없다는 문제가 있다.

107) 일반적으로 불법행위는 사회적 모레스(mores)의 체현 실행을 추구하며, 이를 위해 사회적으로 부당한 행위를 정의하고 금지하는 다양한 가변적이고 개방적인 법리를 구사한다(Lidsky, Id., p. 13). 명예훼손법은 그 규범적 성격을 가지고 상징적 기능에 의해 사회공동체의 단합과 질서를 유지한다고

명예훼손은 반사회적 행위를 정의하고 금지한다는 점을 염두에 두어야 한다.[108] 그러므로 법관은 진술이 사회 내에서 의견이 갈리는 사항에 관계되는 경우 어떤 것이 그 문화규범의 유지를 위해 지지받고 어떤 가치가 일탈적인 것으로 배척될 것인가를 결정해야 한다.[109] 이렇게 보면 명예훼손법은 법관으로 하여금 사회의 지배적 가치를 실현하는 제도임을 보여준다.

1) 소속 공동체 및 가치의 상위

첫째, 구체적으로 제기된 문제는 원고가 속하는 하위공동체의 가치가 주류사회의 가치와 배치되는 경우이다. 실제로 미국 판례는 일련의 제보자 사건에서 원고가 속하는 하위공동체에서 명예를 손상당하였다는 주장을 배척한 바 있다. 예를 들면, 교도소 수감자였던 원고를 FBI정보원이라고 보도한 사안에서 그 보도가 수감자 집단 내에서 원고의 평판을 해하였다 할지라도 그 집단은 부적절한 반사회적 견해를 가진 것이므로 이를 기준으로 삼을 수 없다는 판결이 있다.[110] 또 고속도로에서 트럭운전자들을 상대로 음식 숙박업을 경영하는 원고가 운전자들의 운전시간 제한 위반 사실을 제보하였다고 하는 주장은 그들 범법자 집단에서 원고의 평판을 해하였다 할지라도 명예훼손이 될 수 없다고 판시한 사례도 있다.[111] 그러한 반사회적 견해에 근거하여 명예훼손을 인정하는 것은 공익에 반하게 될 것이다.[112] 그것은 법을 준수하는 시민들을 처벌하고 범법자를 지원할 뿐 아니라 반사회성을 위해 법집행을 방해할 것이기 때문이다.

2) 사회적 변화와 가치선택의 문제

둘째, 공동체의 가치는 항상 변하고 있음에 비추어 신구 가치 중 어느 것을 기준으로 삼을 것인가 하는 문제가 있다. 특히 어려운 도덕적 이슈에 관해 사회에서 의견이 분열되어 있는 경우, 그리고 사회 내 모든 집단에 불공평한 편견이 만연한 경우에는 어려운 문제가 제기된다. 이 경우 법원은 신구 가치 중에서 지속되어야 할 가치와 현재 공동체의 현실적인 사고에 의해 피해자가 받는 고통을 비교 형량하는 정책적 선택이 필요하게 된다.[113]

생각해야 한다(Lidsky, Id., p. 40).

108) Robert Post 교수에 의하면 명예훼손법의 주요 기능은 사회의 예의 규칙("rules of civility") 위반을 단속하는 것이라고 한다(Robert C. Post, The Social Foundations of Defamation Law: Reputation and the Constitution, 74 Cal. L. Rev. 691, 710－11 (1986), http://digitalcommons.law.yale.edu/cgi/view－content.cgi?article=1216&context=fss_papers). 그에 의하면 명예훼손법은 개인과 공동체 간의 상호작용적 관계를 함축적으로 인식한다. 즉 개인의 정체성은 공동체와의 동일시 및 그 규칙·가치의 내면화에 의해 구성되는 한편, 공동체는 개인들이 공유하는 가치에 의해 구성되는 동시에, 그 지속적 존재를 위해 그것이 규정한 예의 규칙의 상호적 준수에 의존한다(Post, Id., p. 716). 이와 같이 공동체 생활을 정의하는 것은 공유 가치와 공유 신념의 존재이기 때문에, 명예를 해하는 반사회적 진술을 금지하는 명예훼손법은 공동체의 동일성을 보전하는데 돕는다고 한다(id.).

109) Lidsky, Id., p. 26.

110) Saunders v. Board of Directors, WHYY－TV, 382 A.2d 257 (Del. Super. Ct. 1978). 법원은 교도소에 복역 중인 원고를 제보자라고 공개한 피고 방송사의 보도가 문제된 사안에서 그 보도 결과 수감자들이 원고를 경멸하게 되었을지라도, 이러한 일반적 주류자들에서 실질적으로 벗어난 한정된 공동체에서의 태도와 가치는 명예훼손제도가 보호하는 명예가 아니라고 보았다.

111) Connelly v. McKay, 28 N.Y.S.2d 327 (Sup. Ct. 1941).

112) 법집행공무원에게 정당하게 협조한 사람을 나쁘다고 생각할 사람들은 올바로 사고하는 사람들이 아니라고 한 판례도 있다(Agnat v. Shakur, 30 F. Supp. 2d 420, 424 (S.D.N.Y. 1998)).

Moore v. P. W. Publishing Co., 209 N.E.2d 412 (Ohio 1965), cert. denied, 382 U.S. 978 (1966) - "Uncle Tomism"

이 판례는 건전한 성품을 의미하던 문구가 시간이 흐름에 따라 흑인 공동체에서 다른 의미로 사용되고 있는 경우 법원의 정책적 선택을 보여준다. 즉 "Uncle Tom"이란 말은 통상적으로 충직하고 근면하며 참을성 있다는 찬탄받을 성품을 의미하는 것이었는데, 1960년대 전투적인 시민운동권의 용어에 의하면 자신의 이기적 목적을 위해 인종을 배신하는 사람을 지칭하는데 사용되었다. 60세의 민주당 적극 당원인 원고(녀)는 클리블랜드 신문이 그녀를 "Uncle Tom"이라고 칭한 주지사의 진술을 보도하자 명예훼손으로 제소하였다. 주최고법원은 그 문구는 오로지 전투적 운동권 내부에서만, 즉 오직 흑인 공동체에서만 명예훼손적이라고 하면서 통상적인 의미에 의존하여 원고의 명예를 훼손한 것이 아니라고 판시하였다.

미국에서 '공산주의자'라는 비난은 시대의 변천에 따라 달리 취급되어왔다. 1920년대 공산주의 공포(Red Scare) 시대에 공산주의자라는 비난은 문면상 명예훼손(libel per se)이라는 판결들이 있었다. 그러나 2차대전 이전 시기에 법원들은 공산당이 합법적 정당인 한 그 당원이라는 비난은 문면상 명예훼손(defamatory per se)이 아니라고 판시하게 되었다. 그러나 러시아가 폴란드 분할에 가담하자 공산주의자라는 라벨은 다시 본래적으로 명예훼손적인 것으로 되었다.

또 미국에서 1950년대 이전 다수 판례는 특정인을 흑인으로 잘못 지칭한 것을 명예훼손이라고 판단하였다.

Bowen v. Independent Publishing Co., 96 S.E.2d 564 (S.C. 1957)

이 판결에서 법원은 네그로 뉴스라는 제목하에 백인인 원고의 이름을 거시한 경우 명예훼손임을 긍정하였다, 그 사건 담당 법원은 흑인에 대한 사회적 편견의 존재를 전제로, 그러한 사회적 관습에 비추어 그러한 진술은 원고의 사회적 지위에 영향을 주고 그녀의 친구나 친지의 그녀에 대한 평가를 손상하였다고 판시하였다.

그러나 이를 비판하는 견해에 의하면 이 사건에서 법원은 무의식적으로 그들 자신이 속하는 지배적(백인의 인종차별적) 문화의 가치는 흑인들이 열등한 사회적 지위를 가지며 원고, 그 친구 및 친지는 이 열등한 문화의 가치를 갖는다고 치부하였다고 한다.[114]

그 이후 현대 판례들은 이를 부인하는 명백한 경향을 보인다.[115]

Thomason v. Times-Journal, Inc., 379 S.E.2d 551 (Ga. Ct. App. 1989)

원고는 허위 부고(訃告)의 공고에 대해 제소하면서 그 부고기사에 적힌 장례식장은 주로 흑인고객의 구미에 맞는 것이라고 주장하였다. 그러나 법원은 괴상한 집단에서 발견되는 특이한 취미는 명예훼손을 추론할 근거가 될 수 없고, 장례식장의 선택 행위는 합법적인 것이며, 따라서 명예훼손적이라고 간주될 수 없다고 판시하였다. 동시에 법원은 타인들의 사회적 편견에 의해 고통을 받았다는 주장을 배척하였다.

---

113) Lidsky, Id., p. 9.
114) Lidsky, Id., p. 30에서 전재함.
115) Lidsky, Id., p. 30.

Ledsinger v. Burmeister, 318 N.W.2d 558 (Mich. Ct. App. 1982)

이 사건에서는 흑인을 '깜둥이'("nigger")라고 부르는 것은 그 말이 불쾌하지만, 그 자연적 통상적 의미는 흑인을 부르는 속어에 불과하고 명예훼손적인 것이 아니라고 판시하였다.

다음 (양성애자로 추정되는) 원고를 동성애자로 비난하는 경우에는 보다 복잡한 문제가 있다. 동성애 쟁점에 관한 사회적 모레스는 변화하고 있으며, 그러한 진술은 오직 동성애혐오자들의 눈에서만 명예가 손상될 수 있고 동성애자 사회나 동성애를 혐오하지 않는 진보적 인사들에서는 피해가 생길 수 없다는 주장이 나올 수 있다.[116] 그러나 동성애자에 대한 차별은 현실적으로 존재하는 것이기 때문에 이를 무시할 수 없다는 생각에서 미국 법원의 다수 판례는 이를 명예훼손으로 인정하고 있다.[117]

〈'아줌마'라는 호칭〉

'아줌마'라는 호칭 때문에 칼부림을 당한 사건으로 그 호칭 사용에 관한 문제가 논란된 적이 있다.[118] 표준국어대사전에 따르면, 아줌마(아주머니)는 '남남끼리에서 나이 든 여자를 예사롭게 이르거나 부르는 말'이지만, 나이 들고, 부끄러움 없는, 그래서 수준 미달이라는 인격 비하의 의미로까지 받아들이는 경우가 많다는 것이다. 국립국어원은 개방형 사전 '우리말샘'에서 아줌마(아주머니)의 정의를 수정했다. '남남끼리에서 결혼한 여자를 예사롭게 이르거나 부르는 말'에서 '남남끼리에서 나이 든 여자를 예사롭게 이르거나 부르는 말'로 "달라진 사회 분위기를 반영했다"고 한다. 일각에서는 그 단어가 우리 사회의 멸칭(蔑稱)으로 자리 잡았다고 주장하지만, 그 말이 행해진 정황을 함께 보지 않고 그 호칭의 사용만으로 명예훼손이나 모욕이 성립된다고 단정할 수는 없을 것이다.

다. 한국 판례

대법원은 "명예훼손적인지 여부는 그 표현에 대한 사회 통념에 따른 객관적 평가에 의하여 판단하여야 한다"는 입장을 취한다.[119] 이 기준에 의하면 사용된 언어가 수용자 집단에 따라 다의적 의미로 달리 해석될 수 있는 경우에도 법은 사회의 평균적인 이성적 수용자 집단의 해석을 기준으로 삼게 된다.

대법원은 이혼한 사실을 단순히 언급한 것은 명예훼손이 될 수 없다고 하면서 다음과 같이 판시한다. "우리 사회의 발전과 가족생활의 변화에 따라 혼인 제도에 대한

---

116) Lidsky, Id., p. 34.

117) Lidsky, Id., p. 34에 의하면 이들 사례는 법원이 고도의 합의에 의해 뒷받침이 없는 한 명예훼손성 결정에서 상징적 목표를 추구하지 않음을 보여준다고 한다.

118) "화를 부르는 호칭 '아줌마'… 조심하라, 60대도 발끈한다" 조선일보 2023.04.29. 정상혁 기자.

119) 대법원 2007. 10. 25. 선고 2007도5077 판결 ['동성애자'], 대법원 2008. 11. 27. 선고 2008도6728 판결 ['진로' 지분], 대법원 2018. 11. 29. 선고 2016도14678 판결 [세월호 구조관계자 비난] 등. "명예훼손죄가 성립하기 위해서는 피해자의 사회적 가치나 평가가 침해될 가능성이 있어야 하므로, 어떤 표현이 명예훼손적인지는 그 표현에 대한 사회통념에 따른 객관적 평가에 따라 판단하여야 한다."(대법원 2018. 11. 29. 선고 2016도14678 판결).

사회일반의 인식도 변화하여 이혼에 대한 부정적인 인식과 평가가 점차 사라지고 있다. 이러한 인식과 평가의 변화를 감안하면 피고인이 피해자의 이혼 경위나 사유, 혼인관계 파탄의 책임 유무를 언급하지 않고 이혼 사실 자체만을 언급한 것은 피해자의 사회적 가치나 평가를 떨어뜨린다고 볼 수 없다."[120]

또 대법원은 피해자가 동성애자라고 공개한 사례에서 이를 가치중립적인 표현으로 평가하고, 사회통념상 그로 인하여 피해자의 사회적 평가가 저하되었다고 판단하여 명예훼손죄가 성립할 수 있다고 판시하고 있다.[121] 결론에서는 미국 판례와 같지만, 그에 관한 논증에는 아쉬움이 있다.[122]

또 사회의 변화와 관련하여 대법원은 '종북', '주사파'라는 용어에 관해 2002년에는 명예훼손적 의미를 인정하였으나,[123] 2018년 판결[124]에서는 이를 부인하고 있다 (후술 참조).

(5) 다의적 표현행위의 법적 취급

상술한 바와 같이 명예훼손적 표현행위를 해석함에는 표현행위자의 주관적 의도도 피해자의 주관적 이해도 아니고, 편견없는 이성적인 평균 청중의 이해에 따른 의미를 기준으로 해야 한다. 그러나 많은 단어나 개념은 의사소통의 맥락에 따라 다양한

---

120) 대법원 2022. 5. 13. 선고 2020도15642 판결 [이혼 사실].
121) 대법원 2007. 10. 25. 선고 2007도5077 판결 [동성애자]. "현재 우리사회에서 자신이 스스로 동성애자라고 공개적으로 밝히는 경우 사회적으로 상당한 주목을 받는 점, 피고인이 피해자를 괴롭히기 위하여 이 사건 글을 게재한 점 등 그 판시의 사정에 비추어 볼 때, 피고인이 위와 같은 글을 게시한 행위는 피해자의 명예를 훼손한 행위에 해당한다".
122) 이 판결에 대하여는 "이성애자와 동성애자가 같지 않다는 차별성 내지는 성적 지향을 이유로 사회적 평가에서 평등할 수 없음을 도리어 사법부가 확인한 것"이고, "양자 간의 차별의 통념을 법원이 승인했다"는 비판이 있으나(최란, 현행법상 혐오표현의 규제, 특히 명예에 관한 죄 적용 가능성을 중심으로, 미디어와 인격권 제4권 제2호(2018) 47, 67), 동성애자에 대한 현실적 차별의 실상을 고려하는 미국 판례에 비추어 음미할 필요가 있다.
123) 대법원은 2002년 판결에서 KBS PD인 원고를 '주사파'로 지목한 부분을 기사 전체 취지 등에 비추어 사실의 적시로 보면서, "남북이 대치하고 있고 국가보안법이 시행되고 있는 우리나라의 현실에서 특정인이 주사파로 지목될 경우 그는 반사회세력으로 몰리고 그에 대한 사회적 명성과 평판이 크게 손상될 것이므로 이로 인하여 명예가 훼손된다고 보아야 한다"고 판시한 바 있다(대법원 2002. 12. 24. 선고 2000다14613 판결 ['주사파'PD]).
124) "이 말은 대한민국과 북한이 대치하고 있는 상황에서 비롯된 것이므로 시대적, 정치적 상황에 따라 그 용어 자체가 갖는 개념과 포함하는 범위도 변하고, 평균적 일반인뿐 아니라 그 표현의 대상이 된 사람이 이 말에 대하여 느끼는 감정 또는 감수성도 가변적일 수밖에 없으므로 그 의미를 객관적으로 확정하기 어려우므로, 단순히 '종북'이라는 용어를 사용하였다는 이유만으로 사실적시라고 볼 수는 없고, 경우에 따라서는 그 표현의 대상이 된 사람이 취한 정치적 행보나 태도를 비판하기 위한 수사학적 과장으로서 단순한 의견표명으로 볼 여지가 있다."(대법원 2018. 10. 30. 선고 2014다61654 전원합의체 판결 ['주사파']).

의미를 가질 수 있고, 이상과 같은 기준에 의하더라도 사람마다 달리 이해할 수도 있
다. 이 경우 영미의 판례는 한 때 표현행위자에게 가장 유리한 해석에 의해야 한다는
무해한 해석 규칙(innocent construction rule)125)을 채용한 바 있으나, 이러한 법리는 극복
되었다. 미국에서도 소수주를 제외한 대부분의 주에서는 무해한 해석의 법리를 적용
하지 않고 있다.126)

한편 독일의 최근 판례는 다의적 표현행위에 관한 법원의 취급에 관해 주목할 법리
를 전개하고 있다. 그에 의하면 편견없고 이성적인 청중이 그 표현행위를 다의적으로 인
지하거나 청중의 상당 부분이 그 내용을 달리 이해하는 경우에는 다의적인 내용에 대해
다시 심사하여야 한다. 즉 다의적인 표현행위가 피해자의 인격권을 침해하는 것으로127)
또는 그렇지 않은 것으로도 해석될 수 있는 경우 인격권 침해적 해석이 가능하다는 이
유만으로 이를 처벌하거나128) 손해배상 또는 취소·정정을 명할 수는 없다.

BVerfGE 114, 339 - "Stolpe" 2005. 10. 25. - 1 BvR 1696/98
"표현행위의 문안이나 정황에서 보아 인격권을 침해하지 않는 해석이 가능함에도, 그에 대
해 [제재를 가하는] 형사판결(vgl. BVerfGE 43, 130 [136]; 93, 266 [296]) 또는 손해배상이
나, 취소, 정정을 명하는 민사 판결(BVerfGE 85, 1 [18]; 86, 1 [11 f.])은 기본법 제5조 제1항
제1문에 반하게 된다. 만일 표현행위자가 의도한 의미를 벗어난 해석 때문에 국가적 제재를
당할 것을 우려한다면, 개인적 의견의 자유에 대한 침해를 넘어 의견의 자유의 기본권 행
사 일반에 부정적인 효과가 발생할 것이다. 그러한 경우 국가의 제재는 그 위축효과 때문에
자유로운 언론, 자유로운 정보 및 자유로운 의견형성을 민감하게 다칠 것이고, 그에 의해 의
견의 자유는 그 실질을 타격받게 될 것이다(vgl. BVerfGE 43, 130 [136]; 54, 129 [136]; 94,
1 [9])."

---

125) 이것은 명예훼손적 진술이 모호한 경우 더 가볍거나 완화된 의미("milder or more lenient sense")로
해석하여야 한다는 법리이다.
126) 미국 대부분의 주에서는 다양한 의미들을 지니고 있는 단어의 경우 그 중 하나가 명예훼손적 의미
를 지니고 있다면, 비록 나머지 의미들이 명예훼손적 의미를 지니고 있지 않아서 결백하다고 할지
라도 명예훼손이 성립될 수 있다.
127) BGH 2008. 11. 3. - VI ZR 7/07 "Gen-Milch": 다의적 표현행위가 허위 의미로도 이해될 수 있는
있는 경우에는 금지될 수 있으나, 일정한 사실관계의 독자적 주장으로 파악되지 않는 슬로건이나
표어적 표현행위에서는 그렇지 않다. 환경단체 그린피스가 유전자조작 사료를 먹인 암소의 우유에
대해 유전자조작 우유("Gen-Milch")라고 표시하자 그 제조사가 그 표현의 금지를 청구한 사안에서
독일연방대법원은 개별 수용자가 그 말에서 그 객관적 의미내용에 부합하지 않는 주관적 연상에
이르는 해석을 할 수 있다는 단순한 가능성만으로는 그 금지청구권을 뒷받침하지 못한다고 판시하
였다.
128) 정치적 공방에서 형법의 명예훼손 조항에 의해 유죄판결에 기초가 되는 표현행위를 확정함에는 표
현행위의 내용이 조사될 관점과 기준이 기본법 제5조 제1항[표현의 자유]에 부합해야 한다. 이 경
우 표현행위자가 실제로 의도하지 않은 의미를 법원이 숨겨진 사실적시로 확인하여 처벌한다면 표
현의 자유는 침해된다(BVerfGE 43, 130 [136] - Flugblatt).

법원이 인격권 침해적 해석에 의해 표현행위자를 제재하려면 인격권을 침해하지 않을 수 있는 해석을 취하지 않는 이유를 미리 설명하여야 한다.[129)130)]

그러나 장래에 그러한 다의적 표현행위를 하지 말 것을 명하는 부작위[금지]청구는 허용될 수 있다.[131)] 그 경우 위와 같이 금지된 표현행위자는 인격권 침해적 해석이 배제되는 일의적 표현행위를 다시 할 수 있기 때문이다.

독일연방헌법재판소 2005. 10. 25. BVerfGE 114, 339, "Stolpe" [다의적 표현행위]

피고 정치인은 1996년 한 TV방송에 출연하여 당시 논란되던 정치문제에 반대입장을 가졌던 이 사건 피해자(Manfred Stolpe)에 관해 그는 구동독 치하에서 동독 안보부("Stasi")의 비공식협조자(IM-Sekretär)로서 그를 위해 일하였다는 취지로 비난하였다. 피해자는 20년간 구 동독의 한 교구 책임자였다가 통일 후에는 브란덴부르크주의 수상을 지낸 인물이었다.

피해자(헌법소원 심판청구인)는 그가 동독 안보부와 접촉한 것은 교회의 인도주의적 역할을 확대하기 위한 것이었지 교회 사정을 염탐하여 정보를 제공하는 등 동독 공산당 지배를 교회에 이끌어 들이려 한 것은 아니라고 주장하면서, 피고의 표현행위를 금지하여 달라고 제소하였다.

피고의 표현행위는 사실주장으로서 피고 또는 피해자 어느 일방에도 유리한 해석이 가능한 다의적 표현행위였기 때문에 어떠한 해석이 기준으로 되어야 하는가가 쟁점이 되었다.

먼저, 연방헌법재판소는 편견없고 이성적인 청중이 그 표현행위를 다의적으로 인지하거나 청중의 상당 부분이 그 내용을 달리 이해하는 경우에는 다의적인 내용에 대해 다시 심사하여야 한다고 전제하고, 확정된 판례에 의하면, 과거에 행해진 다의적 표현행위에 있어서 그 문안이나 정황에서 인격권을 침해하지 않는 해석이 가능한 경우라면 바로 그에 대해 민형사상 제재(형사 판결, 민사상 손해배상, 취소·정정 판결)를 가할 수 없고, 그러려면 인격권을 침해하지 않는 해석을 취하지 않고 침해적 해석에 근거하는 이유를 미리 설시하여야 한다고 판시하였다.

"연방헌법재판소는 과거의 다의적 표현행위를 대상으로 한 형사적 또는 민법적 제재를 심사함에 있어서는 법원이 다의적인 표현행위에 있어서, 제재를 정당화할 수 없는 해석을 적절한 이유에 의해 미리 배제하지 않은 채, 유책적 판결로 이어지는 의미에 근거하는 경우에는 표현의 자유를 침해한다는 원칙에서 출발한다(vgl. BVerfGE 82, 43 [52]; 93, 266 [295 ff.];

---

129) "법원이 한 표현행위의 여러 가능한 해석 중 하나를 이유로 형사 처벌하려면 그에 관한 특별한 이유를 설시해야 한다. 그 경우 표현행위자에게 귀속시킬 사정만을 고려해야 한다."(BVerfGE 82, 43 [52] - 'Strauß deckt Faschisten').

130) "논란되는 표현행위의 의미를 잘못 인식하고 그에 기해 법적 평가를 내린 판결은 표현의 자유의 기본권에 저촉된다. 다의적 표현행위의 경우 법원이 유죄판결로 귀결되는 의미에 터잡으면서 다른 가능한 해석을 배제하는 이유를 적절하게 미리 설시하지 않는 경우에도 마찬가지다. 그 경우 물론 법원은 표현행위의 문안에 의해서나 정황에 의해서도 뒷받침되지 못하는 동떨어진 방안을 다룰 필요나 구체적인 정황 속에서 전혀 연관을 찾을 수 없는 추상적인 해석 방안을 전개할 필요가 없다. 그럼에도 문안이나 정황이 명예를 침해하지 않는 해석을 허용하는 경우 이를 간과한 형사판결은 기본법 제5조 제1항 제1문을 위반하게 된다."(BVerfGE 93, 266 [296] - 'Soldaten sind Mörder').

131) BVerfGE 114, 339 - "Stolpe".

94, 1 [9]). 위 판례에 의하면 표현행위의 문안이나 정황이 인격권을 침해하지 않는 해석을 허용하는 경우라면, 그에 대한 형사판결(vgl. BVerfGE 43, 130 [136]; 93, 266 [296]) 또는 손해배상이나, 취소, 정정을 명하는 민사 판결(BVerfGE 85, 1 [18]; 86, 1 [11 f.])은 기본법 제5조 제1항 제1문에 반하게 된다. 만일 표현행위자가 의도한 의미를 벗어난 해석 때문에 국가적 제재를 당할 것을 우려한다면, 개인적인 의견의 자유에 대한 침해를 넘어 의견의 자유의 기본권 행사 일반에 부정적인 효과가 발생할 것이다. 그러한 경우 국가의 제재는 그 위축효과 때문에 자유로운 언론, 자유로운 정보 및 자유로운 의견형성을 민감하게 다칠 것이고, 그에 의해 의견의 자유는 그 실질을 타격받게 될 것이다(vgl. BVerfGE 43, 130 [136]; 54, 129 [136]; 94, 1 [9])."

그러나 이 사건에서 피해자는 과거에 행해진 다의적 표현행위가 아니라 피고가 장래에 그러한 동일한 표현행위를 하지 못하도록 금지하여 달라고 청구하고 있기 때문에 그에 관해 다시 판단해야 했다. BGH는 문제된 표현행위가 다의적인 것임을 인정하고 그것이 피해자의 인격권을 침해하는 것이라 하더라도, 피고는 공적 사항에 관해 공공의 알 권리를 충족시키기 위해 언급한 것이므로 형법 제193조의 정당한 이익의 옹호 조항에 의해 면책된다고 보고, 피고의 표현행위는 허용된다고 판시하였다.

연방헌법재판소는 그러한 결론이 틀린다고 하면서 다음과 같이 판시하였다.

"표현행위자는 그의 진실 및 조사의무에서 나오는 확장된 설명의무 이외에 명예 침해적 주장을 위해서는 반박 없는 언론보도를 참조함으로써 충분하다"는 판례(BVerfGE 85, 1 [21 ff.])를 인용하면서, "그러나 그것은 언론보도가 제기된 주장을 뒷받침하기에 적합한 경우에만 적용된다. 전파된 주장에 의문이 제기되고 있다는 점을 표현행위자가 알았다면 그는 이 언론보도를 내세울 수 없다(BVerfG, Beschluss vom 23. Februar 2000 − 1 BvR 456/95). 그러므로 진실의무는 표현행위자에게 열려진 탐사 가능성을 완전히 이행할 의무를 넘어서는 것이다. 표현행위자는 그에 의해 전파된 주장이 그의 조사결과에 의해 커버되지 않는 경우 이를 알려야 한다. 그는 그의 인식 상태에 따라 다투어지거나 의심스런 사실을 확정적인 것으로 제기할 수 없다"(BVerfGE 12, 113 [130 f.]; BVerfG, Beschluss vom 23. Februar 2000 − 1 BvR 456/95)고 설시하였다.

그런데 이 사건에서는 피해자에게 불리하거나 유리한 어떠한 해석 방안에 관해서도 진위증명이 불가능하였다. 쉬타지 기록은 폐기되었고 피고가 판례에 의해 요구되는 설명의무에 따라 제출한 여러 증빙사실도 그 주장을 뒷받침하기에는 미흡하였기 때문이다.

연헌재가 내린 결론에 의하면, 표현행위자가 공공에 알려진 사실(피해자가 동독 안보부 협력자였다는 사실)에 기해 피해자의 인격권을 침해하는 특정한 시각(피해자가 동독 안보부에 서약을 하고 동독의 공산 지배체제를 교회에 확대하였다는 시각)을 − 그 점에 관해서는 진실임이 입증되지 않았고 충분한 주의로써도 조사될 수 없었다 − 자신의 생각으로 표현하는 경우에는 피해자의 인격권보호의 이익을 위해 이 시각이 논란되고 있고, 사실관계가 실제로 해명되지 않았다는 점을 밝혀야 한다는 것이었다. 이 경우 피해자가 공인이었고, 표현행위자가 위 시각의 바름을 위해 설명의무와 증빙제출의무를 다한 경우라도 상관이 없다.

그렇다면 위와 같은 해명이 없음에도 피해자의 인격권을 침해하는 피고의 사실 주장을 허용한 BGH판결은 취소되어야 한다는 것이 연헌재의 결론이었다.

(6) 숨겨진 진술내용

명시적으로 진술되지 않았으나 행간에 숨겨진 주장에 의해 명예가 침해되는 경우가 있다. 숨겨진 주장은 사소한 과정의 강조, 과장, 의도의 전가, 추정적인 비교 등에 의해 또는 생략에 의해 현실과 부합하지 않는 상이 제시되는 경우에 존재하게 된다. 숨겨진 진술을 인정함에는 특별히 신중을 기하여야 하며, 그것은 저자가 명시적인 개개 진술의 종합에 의해 독자에게 전달하려는 사정이 충분히 명료하게 나타나는 불가피한 것이어야 한다.

독자들이 계쟁 문안에서 명료하게 표현되지 않은 숨겨진 주장을 생각해 낼 수 있다는 단순한 가능성만으로 그러한 추가적 진술이 있다고 그 의미를 넓게 해석하여 법적 책임을 추궁하여서는 안된다.

BGH 1980. 7. 8. - Ⅵ ZR 159/78 „Das Medizinsyndikat Ⅲ" [숨겨진 사실 주장]

명예훼손적 진술은 명시적으로 행해질 수 있을 뿐 아니라 명시적인 개개 진술의 종합 속에 숨겨져("versteckt") 행간에("zwischen den Zeilen") 존재하는 비난에 의할 수도 있다. 피해자 자신이 찾아내야 하는 이러한 숨겨진 진술은 그에게 방어할 확실한 근거를 주지 않거나 종종 피해자로 하여금 그의 인격영역에 관한 표명을 강요하게 되며, 독자들의 추측 여지를 확대하여 오해의 범위를 넓힐 수 있기 때문에 피해자 보호를 위해 특별히 고찰할 필요가 있다.

그러나 숨겨진 진술을 인정함에는 각별히 신중을 기해야 한다. 공공이 특별한 관심을 갖는 사안에서 독자들이 계쟁 문안에서 명료하게 표현되지 않은 숨겨진 주장을 생각해 낼 수 있다는 단순한 가능성만으로 그러한 추가적 진술이 있다고 그 의미를 넓게 해석하여 책임을 추궁한다면 표현의 자유와 양립하지 않게 될 것이다.

그러므로 독자들이 부인할 여지없이 그러한 숨겨진 주장을 추론해 낼 수 있는 경우에 한하여, 즉 저자가 그러한 숨겨진 추론결과를 자신의 것으로 독자에게 전하는 경우에만 그 존재가 인정될 수 있다. 그에 반해 저자가 독자로 하여금 명시된 개별 진술의 전체 연관에서 어떠한 사실관계를 추리해 내든 그들 자신의 판단에 맡기는 경우에는 저자 자신에 의한 숨겨진 진술이 있다고 간주될 수 없다. 저자가 명시적으로 제시한 여러 사실에 근거하여 독자들이 어떠한 억측을 내리든 저자는 막을 수 없고, 실제로 저자가 명시적이든 숨겨진 형태로든 주장하지 않았음에도 독자들이 이해하는 바에 따라 그러한 추가 진술이 있다고 보아 저자에게 책임을 추궁할 수는 없기 때문이다.

BGH 1986. 5. 2. - Ⅵ ZR 242/85 - [숨겨진 사실 주장의 부인]

피고는 2,3차 대전의 군사재판을 비판하는 서적을 내면서 원고의 2차대전 후 활동에 관해 그가 1946년 이래 150여 형사소송에서 고위 관료와 나치친위대의 변호인으로 나섰는데, "전후 원고의 주된 업적은 '나치시대 독일 군사사법'의 발간뿐이었다"고 언급하였다.

주고등법원은 위 문제된 진술 부분이 원고가 전후에 아무런 특기할 자신의 저작을 낸 일이 없다는 틀린 사실주장을 포함한다고 보아 이를 금지하는 판결을 내렸다. 그러나 연방대법원은 위 진술은 사실주장이 아니라 가치판단으로 보아야 한다고 하면서 다음과 같이 판시하였다.

대법원은 먼저 피고의 진술이 어떠한 성질을 갖는가는 그 내용 및 추구된 목적 등 전체적 사정에 비추어 판단해야 한다고 전제하였다.

피고는 군사형사법원의 존재에 반대할 목적에서 공적인 정치적 토론을 위해 서적을 발간하였고, 이를 위해 2차전 이후 다수의 군사재판에서 대변자였던 원고를 비판하는 과정에서 그가 발간한 서적을 평가한 것이므로 원고에 대한 개인적 폄훼보다는 군사법원의 반대라는 공적 사안에 대한 토론이 위주로 된 것이다.

문면, 실체 내용 및 목적 설정에 비추어 보면, 피고의 설명에는, 오직 군사재판의 방어를 위해 행한 원고의 업적을 총체적으로 부정적으로 비판하고, 그가 주업적으로 낸 간행서적을 반어적이고 절하적인 표현으로 비판하고 있는 점이 간취될 뿐이다. 독자들이 이 진술을 2차대전 후 원고의 학술적 업적 전체에 연관시킬 수 있다 하더라도 달라지는 것은 없다. 이 경우에도 그 서적 간행을 원고의 주업적으로 분류하는 것은 입증 가능한 사실주장이 아니고 오직 피고의 주관적 가치평가일 뿐이다.

또 다수의 불리한 개별 진술에서 생기는 일반적인 부정적 인상만으로 거기에서 독자적인 숨겨진 사실내용을 가진 추가적 표현을 찾아낼 수는 없다. 숨겨진 진술을 찾아내려면 표현행위의 문면 및 그에 의해 확정된 사고과정에 한정되어야 한다.

BVerfG 2004. 2. 19. - 1 BvR 417/98 숨겨진 폄훼적 사실주장의 금지 방법

허위의 숨겨진 사실주장을 금지하여 달라고 하는 부작위[금지]청구의 경우 법원은 숨겨진 사실 주장 그 자체가 아니라 그러한 해석을 나오게 하는 원래의 표현행위를 금지할지 여부를 판단해야 한다. 이 경우 법원은 숨겨진 계쟁 사실주장을 추론케 하는 원래 보도의 개개 부분을 전파하지 말거나, 원래 기사를 공표하되 그에 보완적 해명을 덧붙이도록 명하는 것이 가능하다.

BVerfG 2007. 12. 19. - 1 BvR 967/05

피해자가 언론 보도에 숨겨진 진술이 있다고 주장하면서 그에 대해 반론보도를 구하는 경우, 이를 허용하려면 그 보도의 명시된 개개 진술내용을 종합하여 그러한 숨겨진 진술의 존재가 의심의 여지없이 드러나는 경우이어야 한다.

BGH 1980. 7. 8. - Ⅵ ZR 159/78

독자들이 계쟁 문안에서 명료하게 표현되지 않은 숨겨진 주장을 생각해 낼 수 있다는 단순한 가능성만으로 그러한 추가적 진술이 있다고 보아 그에 대한 반론을 인용할 수 없다.

단순한 오해가능성이 있다는 이유만으로는 그 존재를 인정할 수 없다(BGH, 17. 12. 1991 - Ⅵ ZR 169/91).

(7) 질문 형식의 표현행위

독일 판례는 질문형식의 표현행위를 진정한 질문(echte Fragen)과 수사적(修辭的) 질문(rhetorische Frage)의 범주로 구별하여 그 법적 효과를 따로 판단하고 있다.

가. 진정한 질문

독일 판례에 의하면 진정한 질문(echte Fragen)은 질문자가 상대방의 답변을 구할 뿐, 스스로 아무 진술도 하지 않는다는 점에서 그 자체가 진위 또는 당부의 기준으로 측정될 수 없는 것이어서 사실적시나 의견표현 어느 것에도 해당하지 않는 독자적인 의미론적 범주(semantische Kategorie)를 형성한다고 한다.[132] 즉 질문은 대답을 겨냥한 것이고, 그 대답은 하나의 가치판단, 아니면 사실적시로 나올 수 있다. 따라서 질문은 사실적시 및 의견표현과 나란히 독립한 표현행위의 범주로 보호되는데, 그 보호 정도는 진위가 논해질 수 있는 사실적시가 아니란 점에서 가치판단과 같은 것으로 취급되며,[133] 이러한 질문에도 자유언론을 위한 추정이 적용된다. 요컨대, 피고인의 질문이 피해자에 관한 명예훼손적 사실의 유무에 관한 순수한 질문으로서 그에 대한 대답(그 대답은 사실적시나 의견표현일 수 있다)을 원한 것이었다면, 그 질문은 사실적시나 의견표현에 해당하지 않는 제3의 독립된 범주에 속하는 표현행위로서 의견에 준하는 보호를 받는다고 하는 것이 독일 판례의 입장이다.

다만, 질문자가 그의 질문의 대상을 밝힐 필요가 있다고 표시하는 경우에는 의혹을 제기하는 표현이 있다고 볼 수 있다.[134]

나. 수사적 질문에 의한 명예훼손

그러나 대부분의 질문은 특정한 대상에 관해 질문자가 확인 또는 해명하려는 사실적 또는 평가적 종류의 가정을 명시적·묵시적으로 포함한다. 특히, 질문 문구가 제3자에 의한 대답을 겨냥한 것이 아니거나, 여러 대답에 개방된 것이 아니면, 그것은 진정한 질문이 아니고 수사적 질문(rhetorische Frage)이다. 이 경우 질문자는 그 질문 자체에서 가정 또는 전제된 사실적시나 가치판단을 표현하는 것으로 취급된다.

따라서 하나의 질문에 전제되거나 개진된 사실적 가정이 타인의 명예를 손상하는 경우에는 질문도 제3자의 명예를 훼손할 수 있다. 그 경우 그것은, 가치판단과 사실적시가 불가분적으로 혼합된 의견표현의 경우와 마찬가지로, 질문자가 자기 질문의 사실적 및 폄훼적 내용에 관해 근거를 제시할 수 있어야 한다.

다음 판례는 독일 연방헌법재판소가 질문 형식의 표현행위에 관해 처음으로 법적

---

132) Wenzel, aaO., Rn. 4.29.

133) 진정한 질문(echte Frage)은 그 자체에 어떤 진술도 포함하지 않는 것이기 때문에 그 내용의 진위를 가릴 수 없다. "질문자는 바로 무엇이 옳고 그른가, 진실인가 허위인가를 알려고 하며, 그 경우 여러 대답에 열려져 있기 때문에 질문 자체는 진실이나 허위의 기준에 따라 측정될 수 없"고 그것은 가치판단과 유사하다.

134) Wenzel, aaO., Rn. 4.29, 10.135.

평가를 행한 것이다.

BVerfGE 85, 23 (1991) [질문 형식의 표현행위]

사실관계: 비스바덴시 한 구의회의 한 교섭단체 소속 의원인 심판청구인(피고인)은 시가 출자한 유한회사가 운영하는 양로원에 관해 시장에게 14개항에 달하는 질의서를 제출하고, 이를 그 지역 잡지의 특별호에 게재하였다.

보도자료라는 돌출 제목이 붙은 질문목록은 다년간 명성을 지켜온 그 요양원이 최근 수년간 경영에 의해 위협받고 있다면서 위 요양원의 심각한 폐해에 관하여 14개 항목의 질문을 게재하였다. 그 질문에는 상세한 세목을 들어 여러 폐해가 지적되거나 존재하는 것으로 언급되고 있었다.

요양원장, 시설 책임자 및 운영책임자의 고소에 의해 구법원은 심판청구인을 독일 형법 제186조의 사실적시 명예훼손죄로 벌금형에 처하고, 해당 도시에서 발행되는 신문에 패소 판결의 취지를 공시하라고 명령하였다. 구법원에 의하면 그 공표된 기사는 질문형식을 취했으나, 그것은 증거조사가 가능한 사실 적시에 해당하며, 그 질문에 포함된 사실적시는 정상적 독자로 하여금 그 책임자가 요양원운영에 개인적 능력이 없고 비난받을 중요한 폐단을 가져오게 하였다는 인상을 주었다는 것이다. 구법원이 행한 증거조사에서 심판청구인의 질문에 근거가 될 수 있는 사실관계는 밝혀진 바 없었다.

연방헌법재판소 판시: 연방헌법재판소는 질문이 표현행위로서 기본권 보호를 받는가, 그리고 그것이 경우에 따라 어떻게 분류되는가 하는 쟁점에 관해 처음 법적 판단을 내리면서, 심판청구인의 표현행위가 허위의 사실주장이라고 평가하고 그를 처벌한 주법원 판결은 그의 기본권을 침해한 것이어서 위헌이라고 하면서 다음과 같이 판시하였다.

첫째, 질문의 의의에 관해, 질문은 가치판단 또는 사실적시 양자의 어느 개념에도 해당하지 않는 독자적인 의미 범주를 형성한다. "질문은 어떠한 진술도 하지 않고 하나의 진술을 이끌어 내려고 한다는 점에서 가치판단이나 사실적시와 구별된다. 질문은 대답을 겨냥한 것이고, 그 대답은 하나의 가치판단, 아니면 사실적시로 나올 수 있다." 그리고 "질문은 의견형성 과정에서 중요한 역할을 한다. 그것은 문제를 주목하게 하고 대답을 불러내면서 의견형성에 기여하고, 그 의견은 다시금 표현될 수 있다. 그것은, 공공에 중요하게 관계되는 많은 분야에서 개인이 자신의 의견형성에 필요한 정보를 사용할 수 없어 그에게 오로지 비판적 또는 추급적으로 질문할 가능성만이 남을 때 더욱 중요하다. 질문에 기본권보호가 없으면 기본법 제5조 제1항이 전체로서 보장하려는 커뮤니케이션 프로세스의 보호는 불충분할 것이다."

둘째, 표현의 자유는 커뮤니케이션 과정을 전체로 보호하기 때문에 질문도 표현의 자유로 보호받는다. 질문은 가치판단 및 사실적시와 나란히 헌법에 의해 보호된다. 진정한 질문은 그 자체에 어떤 진술도 포함하지 않는 것이기 때문에 그 내용의 진위를 가릴 수 없다. "질문자는 무엇이 옳고 그른가, 진실인가 허위인가를 바로 알려고 하며, 그 경우 여러 대답에 열려져 있기 때문에 질문 자체는 진실이나 허위의 기준에 따라 측정될 수 없"고 그것은 가치판단과 유사하다. 따라서 질문은 사실 적시와 달리 가치판단과 같은 정도로 표현 자유의 기본권 보호를 받는다.

셋째, 언어의 관용에서 진정한 질문과 수사적 질문을 구별할 필요가 있다. 질문형식으로 치장된 모든 문장을 다 질문으로 볼 수는 없고, 그 한에서 질문과 질문문장(Fragen und Fra－gesätzen)은 구별되어야 한다. 질문이 진술문장(Aussagesätze)으로 치장되기도 하고, 진술이 질문문장(Fragesätzen)으로 치장될 수도 있다. 질문 문구가 제3자의 대답을 겨냥한 것이 아니거나, 여러 대답에 개방된 것이 아니면, 그것은 이른바 수사적 질문("rhetorische Frage")이고, 사실상 질문이 아니다. 즉 어떤 질문은 한 특정한 대상에 관해 질문자가 확인(Verifizierung) 또는 해명(Klärung)을 하려는 사실적 또는 평가적 종류의 가정(Annahmen)을 명시적·묵시적으로 포함한다. 그런 경우는 아무 진술 내용이 없는 순수한 질문이 아니다.

하나의 질문에 전제되거나 개진된 사실적 가정이 명예를 훼손하는 것이면 질문도 제3자의 명예를 훼손할 수 있다. 그 경우 그것은, 가치판단과 사실 적시가 불가분적으로 혼합된 의견 표현의 경우와 마찬가지로, 질문자가 자기 질문의 사실적 및 훼손적 내용에 관해 근거를 제시할 수 있는가 여부 또는 그것이 꾸며 날조된 여부가 문제된다.

그 경우에도 기본권 행사에 위축효과를 주는 요건이 설정되어서는 안된다. 공공에 중요하게 관련되는 문제에 관해 있을 수 있는 폐해의 해명과 조사를 시도하는 시민이 스스로 조사를 실행하거나, 아예 물음을 포기하는 양자택일의 입장에 처하게 된다면 기본법 제5조 제1항의 보호 취지와 맞지 않을 것이다. 그러므로 질문에도 자유언론을 위한 추정이 적용된다.

넷째, 언어적 형식만이 믿을만한 열쇠가 되는 것이 아니기 때문에 진정한 질문과 수사적 질문(echten und rhetorischen Fragen)을 구별하기란 쉽지 않다. 주어진 사정에 따라 표현행위의 맥락과 사정의 도움을 받아 분류해야 한다. 그 분류의 결과에 따라 기본권 보호의 정도가 달라지므로 질문문장을 수사적 질문으로 분류함에는 이유가 제시되어야 한다. 한 질문문장이, 그로부터 진정한 질문 또는 수사적 질문으로 보이는, 여러 의미를 가지는 것이면, 법원은 양 의미를 형량하여 그 선택의 이유를 제시해야 한다.

연헌재는 이 사건 심판청구인의 14개 항목에 걸친 질문목록 중 상당수가 진정/수사적 질문인지 구별이 어려운 경우임을 인정하면서, 그런 경우에는 원칙적으로 표현의 자유에 유리하게 추정하여 이를 진정한 질문으로 보아야 한다는 이유에서 그럼에도 그것을 허위 사실적 시로 본 구법원의 판결을 취소하였다.

다음 독일 판례는 질문이 후속보도와 관련하여 허위 사실적시로 판단된 경우를 설시하고 있다.

BGH 2003. 12. 9. - Ⅵ ZR 38/03 - 질문에 의한 허위 사실적시

피고 빌트차이퉁지는 2000. 9. 22.자 표지 및 제4면에 유명 연예인 Udo Jürgens의 "Playboy" 잡지 인터뷰를 보도하였다. 그 잡지에는 원고(Caroline: 모나코 공주)와의 관계에 관해 "Udo Jürgens는 Caroline과 동침?"이라는 표제 아래 부제목으로 "Playboy 인터뷰에서 그는 명백히 2가지 의미로 답한다"라고 게재되었다.

원고의 제소에 따라 지방법원은 위자료 1만유로의 지급과 정정을 명하였다. 항소심은 문제된 질문 문장의 진술 내용은 허위 사실을 적시한 것이고, 사실적 인상을 전달하였다고 하면서 위자료를 2만유로로 증액하였다.

BGH는 피고의 상고를 기각하면서 그 기사는 독자들에게 여러 가능한 답변의 선택을 맡기는 이른바 진정한 질문이 아니라고 판시하였다. 질문 형식으로 치장된 표현행위의 판단에 관한 연방헌법재판소의 판례에 따라 그 질문 문장을 부제목과 함께 해석하면 첫 부분에서 큰 제목에 외관상 선택적으로 던져진 질문이 부제목에서 긍정적으로 대답되고 독자들에게 긍정적 선택이 우선적으로 고려된다는 암시를 준다는 것이다. 계쟁 공표는 독자들에게 원고의 사적 영역의 사실관계에 관해 틀린 인상을 전달하게 되므로 원고의 정정청구권은 이유가 있다. 그리고 보도 후 제소 시까지 6개월이 경과하여 현실성이 없어졌다는 피고의 항변을 배척하면서 그러한 기간 경과는 허위 주장이 원고를 해치는 효과를 없애기에 충분치 않다고 판시하였다.

그러나 그 질문형식의 비판이 다툼 없는 사실을 근거로 한 필자의 추론으로 보아야 하는 경우에는 가치판단으로 취급되어야 하고, 비방적 비판이 되지 않는 한 면책된다고 보게 된다.[135] 다음 독일 판례는 질문형식의 비판에 관하여 이를 의혹제기(사실주장의 일종)로 볼 것이 아니라 다툼 없는 사실을 근거로 한 필자의 추론으로 보아야 하며, 그러한 추론은 가치판단으로 보아야 하기 때문에 원고는 이를 수인해야 한다는 입장을 취한다.

BGH, Urteil vom 27. 9. 2016 - Ⅵ ZR 250/13 [기자의 업무에 대한 비판]

이 사건에서는 기자의 기사에 대한 질문 형식의 비판을 의혹제기(사실주장)로 볼 것인가, 아니면 의견표현(가치판단)으로 볼 것인가가 문제되었는데, 연방대법원(BGH)은 양자의 구별 한계와 기자의 업무에 대해 허용되는 비판의 범위에 관해 다음과 같이 판시하였다.

원고는 한 때 PR대행사(G)를 경영하다가 현재 ZDF 방송사의 방송기자로 근무하고 있다. 그는 한 고발 프로그램('DieFrontal 21')을 제작·방송하였는데, 그 프로에는 Z제약사가 기자들을 고용하여 자신에게 불리한 증인을 없애려 한다고 비난하는 내용이 포함되어 있었다.

한 의학잡지 기자인 피고는 위 프로에 대해 "때로는 PR대리인 때로는 기자"라는 제목으로 원고를 비판하는 기사를 잡지에 게재 보도하였다. 그 기사에 의하면 원고는 과거 Z제약사를 위해 다른 기자(M)와 함께 위와 같은 비난받는 작업을 벌린 적이 있었고, Z사는 M의 위임에 따라 정보를 제보한 원고에게 그 대가로 40만 유로를 지급한 바 있으나, 추가 비용을 M에게 건네지 않았기 때문에 Z사를 비판하는 르포를 작성한 것이 아닌가 하는 의문을 제기하면서 "먼저 M이 Z사와 돈 때문에 다투고, 그 다음 M의 지인[원고를 지칭함]이 Z사에 대해 비판적으로 보도하는가? 'DieFrontal 21'[문제된 프로] 제작자도 역시 그것을 순수한 우연으로 생각한다"고 언급하였다.

원고는 피고의 기사가 원고의 일반적 인격권을 침해한다는 이유로 그 배포금지를 청구하였고, 1심과 항소심은 이를 인용하였다. 항소심은 피고의 기사를 보면, 원고가 Z사를 비난하는 프로를 제작한 동기가 Z사의 비용 미지급에 있다는 의혹을 제기하고 있는데, 심리 결과 그러한 의혹 제기에 필요한 최소한의 증거가 없기 때문에 피고의 기사는 삭제되어야 한다는 것이었다.

상고를 접수한 BGH는 피고의 기사 내용은 의혹의 보도가 아니라 다툼 없는 사실을 근거

---

135) 후술 BGH, Urteil vom 27. 9. 2016 - Ⅵ ZR 250/13 [기자의 업무에 대한 비판].

로 한 필자의 추론이며, 그러한 추론은 가치판단으로 보아야 하기 때문에 원고는 이를 수인 해야 한다는 입장을 취하면서 다음과 같이 판시하였다.

BGH는 연방헌법재판소의 기존 판례(BVerfGE 85, 23, 31)를 인용하면서 그러한 법리에 비추 어 보면, 이 사건에서 피고의 기사는 M의 돈 다툼과 원고의 비판적 르포 간에 시간적 동시성 이상으로 모종의 이유가 존재하는지 여부에 관한 가치판단과 같은 개방된 질문을 제기하는 것으로 보아야 한다고 전제하였다. 전체 맥락을 고려하면 기사의 필자는 이 질문에 대한 대답 을 미결로 하고 독자들에게 넘겨주려는 것이 명백하기 때문이다. (그 기사에는 비용 미지급과 비판적 르포가 행해진 시간적 동시성, 그리고 원고와 M간의 지인관계 내지 공동 작업 관계 이 상의 사실이 언급되어 있지 않다. 그렇다면 독자들은 이들 제시된 사실에만 집착하여 질문을 부인하든가, 아니면 부정적 평가 용어를 사용하여 원고에 대한 거부적 정서 태도를 야기하려 는 필자의 노력과 상관없이 그 질문을 긍정하든가 하는 것이 그들의 재량에 남겨져 있다.)

또 미결의 질문에 의하는 것이 아니라 진술 내용이, M과 Z와의 돈다툼과 원고의 비판적 르포 간에 시간적 연관 이상으로 무엇이 존재한다는 점에 관해, 필자가 독자들에게 대답을 이해시키려는데 있는 경우에도 가치판단의 형태로 의견 표현이 행해지는 것이다.

이어 BGH는 기자로서 원고의 직업활동에 대해 위와 같이 질문형식으로 비판한 피고의 표 현행위가 허용될 수 있는가 여부에 관해 다음과 같이 판시하였다.

이 사건에서 계쟁 표현행위는 가치판단으로 취급될 질문으로서 원고의 사회적 영역을 대 상으로 한 것이다. 그것은 그의 직업활동에 관한 것으로 애초부터 주위와 접촉 하에서 실현 되는 개인적 발현의 영역이다. 기자는 공적 미디어를 통해 여론형성에 직접 영향을 미치는 업무를 행하기 때문에 기자의 뉴스 및 공공에 대한 태도를 공공에 알리고 토론에 의해 이를 통제할 수 있도록 하는 것도 헌법 상 보장된다. 언론의 감시 및 폭로 기능은 기자가 독립하여 공정하게 보도하는 경우에만 올바르게 이행될 수 있다. 이 감시기능을 위해서는 감시자에게 있을 수 있는 비리가 보도 및 공적 토론의 대상이 될 수 있어야 한다. 그러므로 기자는 그가 행한 보도와 관련하여 그의 동기에 관한 배경 질문, 그리고 타인에 의한 비판적 조명을 수인 해야 한다. 피해자의 직업적 업적에 대한 비판은 허위 사실적시에 터잡은 것이 아닌 한 허용 됨이 통상적이고, 비방의 한계에 이르기까지는 원칙적으로 수인되어야 한다.

또 독일의 판례와 학설에 의하면 혐의, 추측, 개연성의 표현에 의해 또는 단순한 의문제기의 형식으로 주장된 사실관계가 허위인 경우에는 명예훼손죄로 처벌될 수 있 다고 한다.

BGH 1974. 5. 30. - VI ZR 174/72 - „Brüning-Memoiren"

원고는 1930년대 초 독일 제국 수상을 역임한 Heinrich Brüning과 출판계약을 맺고, 그의 회고록을 발간하였는데, 동인의 유언집행자인 피고가 회고록 발간에 이의를 제기하면서 발언 한 진술이 문제되었다. 피고는 원고가 발간한 회고록이 진짜가 아니라고(nicht authentisch) 주장하지는 않았으나, "진짜임이 담보되지 않는다"고("nicht sichergestellt") 주장하면서 그 진 정성을 의심하게 하는 인상을 주는 사실과 이를 뒷받침하는 여러 증거를 제시하였다. 그러나 원고 제출 증거에 의하면 저자가 구술하고 이를 타자로 녹취하는 과정에서 생략, 변경, 추가

된 것이 있었으나 그것은 모두 저자의 생각에 따른 것이었고, 저자의 사후에는 그의 메모를 참조한 것이었으며, 이를 보면 회고록의 진정성에는 의문을 제기할 수 없었다. 독일 연방대법원은 의문, 추측이나 가능성의 표현 또는 하나의 질문의 제기로도 주변 사정에 따라서는 사실적시로 인정될 수 있다고 하면서 해당 피고의 발언을 금지하는 원고의 청구를 인용하는 취지로 판시하였다

다. 양자의 구별

문제는 진정한 질문과 수사적 질문을 구별하는 일이다. 첫째, 명예훼손 여부가 문제되는 질문은 거의 언제나 사실적시의 일종으로 분류되는 의혹의 제기와 함께 행해지는 것이 보통이고, 이러한 경우에는 의혹 제기의 요건에 관한 법리가 적용되어야 할 것이다. 따라서 그러한 질문 또는 의혹 제기 자체에 모종의 근거가 있어야 할 것이며, 단지 허무맹랑한 소문이라든가 전혀 날조된 것을 근거로 할 수는 없을 것이다.

둘째, 현재 한국의 정치적 상황에서 질문 형태로 근거 없는 험담을 날조하여 인신공격성 중상비방을 하는 관행에 대처할 필요가 있다. 이와 관련하여 논란되는 것이 질문의 상세함 내지 구체성이 그 구별에서 갖는 의미이다. 전술한 독일 판례는 질문 내용이 상세하다는 것만으로는 그것을 수사적 질문으로 보기에 미흡하고, 오로지 표현행위자가 긍정/부정이 확정되지 않은 대답을 기대하고 질문하였는지 여부만이 결정적 의미를 갖는다고 판시하고 있다. 그러나 개념상 진정한 질문은 아무 진술내용도 갖지 아니할 것이 전제되고 있는데, 그렇다면 질문 내용에 원고의 명예를 훼손하는 비위나 폐단의 상세한 내용이 거론되었다면 아무 진술 내용도 없는 질문(이른바 진정한 질문)이라고 단정할 수는 없을 것이다. 이 경우 질문자가 (명예훼손적 내용이 포함된) 그 질문만으로써 어느 대답이 나오든 상관하지 않고 폭로 내지 비방 등 그의 발언 목적이 충족되었다는 사정이 인정된다면, 그것은 수사적 질문으로 보아야 하고, 따라서 문제된 질문 내용에 전제 또는 가정된 내용에 따라 사실적시 또는 의견표현으로 보아 각기 그에 따른 요건이 충족되는 여부에 따라 책임 유무가 결정되어야 할 것이다.

셋째, 위 독일 판례는 양자의 구별이 어려운 경우에는 표현의 자유를 위한 추정이 적용되어야 함을 이유로 (진정한) 질문의 개념을 넓게 해석해야 한다는 입장을 취하고 있다.[136)]

라. 대법원 판례의 사례 - 범의 또는 사실적시의 부정?

질문이 문제된 사례에서 우리 대법원은 명예훼손죄의 범의(犯意)를 부정하거나 사

---

136) BVerfGE 85, 23 (1991) [질문 형식의 표현행위]에서 주법원은 계쟁 질문목록에 표현된 내용이 사실적시이며, 진실임이 입증되지 않았다고 보았으나, 연헌재는 위 14개 항목 중 상당수(질문 4 내지 10과 12)가 구별이 애매한 경우임을 인정하면서 진정한 질문으로 취급하라는 취지로 판시하고 있다.

실적시가 없다는 이유를 들어 피고인을 무죄로 판단하고 있으며, 이들 판례의 취지는 민사 명예훼손의 불법행위에도 그대로 적용될 수 있다. 이들 사례를 사안의 사실관계에 따라 일응 분류하면, 첫째 피고인의 피해자에 관한 명예훼손적 질문 자체가 기소된 경우, 둘째 피해자에 관한 명예훼손적 사실의 질문에 대답하면서 이를 확인한 피고인의 답변행위가 기소된 경우로 나누어 볼 수 있다.

1) 질문이 기소된 경우

피고인의 질문이 명예훼손으로 기소된 경우[137)]에는 우선 상술한 독일 판례의 취지에 따라 피고인의 질문이 진정한 질문인가, 아니면 수사적 질문인가를 구별해야 할 것이다. 그런데 전술한 독일 판례가 지적한 바와 같이, 그 정의에 따라 실제로 양자를 구별하기란 쉽지 않고, 또 후술하는 예시된 대법원 판결들이 위와 같은 구별을 염두에 두고 논증하지 않았기 때문에 이를 분석하기도 쉽지 않다.

어쨌든 상술한 독일 판례에 의하면 진정한 질문인 경우에는 원칙적으로 적법성 추정을 받게되고 상술한 바와 같이 질문 대상에 관해 의혹을 제기하는 것으로 해석되는 등 특별한 사정이 없는 경우에는 쉽게 면책될 것이다. 의혹제기로 보아야 하는 경우에는 이를 위한 최소한의 근거가 있는지 여부에 따라 책임 여부가 결정될 것이다.

그렇지 않고 그것이 수사적 질문으로 해석된다면 그 질문 내용에 따라 명예훼손 책임의 귀속 여부가 결정될 것이다. 즉 그 질문이 명예훼손적 사실을 전제로 하거나 사실상 추정하는 것이면 제3자의 명예를 훼손할 수 있다. 그 경우 그것은, 가치판단과 사실 적시가 불가분적으로 혼합된 의견표현의 경우와 마찬가지로, 질문자가 자기 질문의 사실적 및 훼손적 내용에 관해 근거를 제시할 수 있는가 또는 그것이 꾸며 날조된 것인가에 따라 책임 여부가 결정된다.[138)]

그러나 그러한 질문이라 하더라도 피고인이나 타인의 정당한 이익을 옹호하기 위해 발언된 것이고 합리적 범위 내의 진술로 인정될 수 있는 것이면 영미의 제한적 면책 특권이나 독일의 정당한 이익 옹호의 법리에 의해 면책되는 것으로 보아야 할 것이다.

> **대법원 1977. 4. 26.선고 77도836 판결 [확인질문]**
> 피고인이 자기 아들이 저지른 폭행에 대하여 책임 소재와 범위를 명백히 하기 위하여 피해자의 어머니에게 피해자의 과거 건강상태와 질병 여부를 확인하기 위하여 질문한 경우, 대

---

137) 대법원 1977. 4. 26.선고 77도836 판결 [확인질문], 대법원 1985. 5. 28. 선고 85도588 판결 [목사 추문 확인 질문], 대법원 2018. 6. 15. 선고 2018도4200 판결 [마트 입점비 질문] 등.

138) BVerfGE 85, 23 (1991) [질문 형식의 표현행위]: "그 경우에도 기본권 행사에 위축효과를 주는 요건이 설정되어서는 안된다. 공공에 중요하게 관련되는 문제에 관해 있을 수 있는 폐해의 해명과 조사를 시도하는 시민이 스스로 조사를 실행하거나, 아니면 물음을 그만두는 양자택일의 입장에 처하게 된다면 기본법 제5조 제1항의 보호 취지와 맞지 않을 것이다."

법원은 "이는 우리의 경험칙상 충분히 있을 수 있는 일로서 명예훼손죄의 고의없이 한 단순한 사실의 확인에 불과할 뿐 달리 명예훼손의 고의를 가지고 위와 같은 말을 하였다고 인정할 수 없다."고 판시하였다.

사실관계가 명확하지 않지만, 이 판결의 판시를 분석하여 보면 다음과 같은 논증이 가능하다. 우선 피고인의 고의를 따지기 이전에 피해자의 과거 건상상태 여하가 그의 외적 명예를 훼손하는가에 의문이 있기 때문에 그 점에서 피고인의 발언은 애당초 명예훼손의 객관적 구성요건에 해당하지 않는다고 볼 수 있다. 그러나 판시를 보면 대법원은 이러한 이유 때문에 범의를 부인하고 있는 것이 아니다. 검사가 기소한 취지가 피해자가 그의 건강상태를 숨긴채 치료비 배상책임을 추궁하여 오는 것이 도덕적으로 비난받아야 한다는 취지에서 피고인이 그와 같은 질문을 한 것으로 해석되면 일응 명예훼손의 구성요건에 해당한다고 볼 수 있을 것이다. 그런데 그러한 질문은 상술한 독일 판례에 따르면 순수한 질문으로서 의견표현과 유사한 법적 보호를 받는 것으로 보아야 할 것이고, 수사받는 아들의 정당한 이익을 위해 어머니로서 피고인이 행한 위와 같은 질문은 위법성이 조각된다고 보아야 할 것이다.

대법원 1985. 5. 28. 선고 85도588 판결 [전임 목사 추문 확인 질문]

대법원은 이 사건에서 "명예훼손죄의 주관적 구성요건으로서의 범의는 행위자가 피해자의 명예가 훼손되는 결과를 발생케 하는 사실을 인식하므로 족하다 할 것이나 새로 목사로서 부임한 피고인이 전임 목사에 관한 교회 내의 불미스러운 소문의 진위를 확인하기 위하여 이를 교회 집사들에게 물어보았다면 이는 경험칙상 충분히 있을 수 있는 일로서 명예훼손의 고의없는 단순한 확인에 지나지 아니하여 사실의 적시라고 할 수 없다 할 것이므로 이 점에서 피고인에게 명예훼손의 고의 또는 미필적 고의가 있을 수 없다고 할 수 밖에 없다."고 판시하였다.

그러나 위와 같은 사안에서 명예훼손의 고의가 없고 사실의 적시도 없다고 하는 대법원의 판시에는 선뜻 이해할 수 없는 점이 있다. 이 경우에는 행위자가 전임 목사의 추문의 진부에 관하여 알고자 그 대답을 기대하고 질문한 것이 명백하므로 진정한 질문으로 판단해야 할 것이다. 다만, 그러한 상황에서 전임 목사의 비리 여부를 교회 집사들에게 물어 밝혀내고 대책을 강구하는 것은 당해 교회 공동체의 공동의 이익을 위한 행위였다고 볼 수 있으므로 거기에 타인의 명예를 훼손하는 진술이 포함되었다 할지라도 후술하는 영미법상 제한적 면책특권의 법리를 적용하여 면책시키는 것이 더 바람직한 논증이 되었을 것이라고 생각된다.

대법원 2018. 6. 15. 선고 2018도4200 판결 [마트 입점비 질문]

피고인(마트운영자)은 그가 고용한 점장 을(피해자)이 납품업체들로부터 입점비를 받아 착복하였다는 소문을 듣고 납품업체 직원 갑을 불러 소문의 진위를 확인하면서 갑도 입점비를 을에게 주었는지 질문하면서 "점장 을이 여러 군데 업체에서 입점비를 돈으로 받아 해먹었고, 지금 뒷조사 중이다."라고 말한 사실로 명예훼손죄로 기소되었다. 대법원은 "불미스러운 소문의 진위를 확인하고자 질문을 하는 과정에서 타인의 명예를 훼손하는 발언을 하였다면 이러한 경우에는 그 동기에 비추어 명예훼손의 고의를 인정하기 어렵다"고 판시하였다.

그러나 피고인(상점주)의 질문은 상점 점장의 의무 위반 여부를 알기 위한 것으로서 상점주 자신의 정당한 이익을 위한 것이어서 위법성이 조각되는 사례로 봄이 타당하다고 생각된다.

2) 질문에 대한 확인 대답은 사실적시가 아닌가?

문제는 질문에 대한 확인 대답이 피해자의 명예를 훼손한 것으로서 처벌될 수 있는가 하는 점이다. 뒤에서 보는 바와 같이 대법원은 단지 질문에 확인 대답하는 것은 사실적시로 볼 수 없다거나, 명예훼손의 고의가 있다고 볼 수 없다는 입장을 취하고 있지만,[139] 그러한 논증에는 문제가 있다.

즉 위 사례들에서 피고인에게 명예훼손의 범의가 없다고 보는 것은 명예훼손죄의 고의에 관한 통설의 입장과 배치되는 것이고, 사실적시로 볼 수 없다는 입장은 표현행위 해석에 관한 일반원칙에 비추어 이를 수용하기 어렵다.

먼저, 일반적으로 명예훼손죄의 고의는 객관적 구성요건 요소의 인식 또는 인용 (미필적 고의의 경우)을 내용으로 할 뿐, 가해의 의도 등 악의를 요하는 것은 아니다. 따라서 피고인은 객관적으로 타인의 명예를 저하함에 적합하다고 인정되는 사실이라는 점을 인식 또는 인용함으로써 족하며, 그것이 실제로 피해자의 명예를 해하였다거나 피해자를 가해하려는 목적을 가진 여부는 문제되지 않는다.[140]

다음, 표현행위가 명예훼손적 의미를 갖는가 여부는 전체적·맥락적 고찰에 의해 편견없는 평균적 수용자가 표현행위로부터 받는 영향에 따라 해석해야 한다. 대법원도 종전 판결에서 일관되게 "명예훼손죄에 있어서 사실의 적시는 사실을 직접적으로 표현한 경우에 한정될 것은 아니고, 간접적이고 우회적인 표현에 의하더라도 그 표현의 전취지에 비추어 그와 같은 사실의 존재를 암시하고, 또 이로써 특정인의 사회적 가치 내지 평가가 침해될 가능성이 있을 정도의 구체성이 있으면 족한 것"이라고 판시하여 왔다.[141] 그렇다면 질문의 표현 내용이 명예훼손적 의미와 구체성이 갖추어진 것이라면 그것을 긍정하는 답변 역시 그와 같은 내용을 전달하는 의미를 가질 수밖에 없으며, 그 답변자에게 그러한 명예훼손적 표현을 정당화하는 사유가 있는지 여부를 검토하여 책임 여부를 정해야 할 것이다.[142]

이러한 입장에서 대법원 판례의 사례를 살피면, 먼저 피고인이 전에 피해자로부터 들은 바 있는 피해자의 진술로서 피해자의 명예를 손상할 사실의 유무에 관한 질문을 받고, 이를 확인 답변한 것이라면[143] 피해자가 이전에 실제로 그러한 진술을 하였

---

139) 대법원 1983. 8. 23. 선고 83도1017 판결, 대법원 2008. 10. 23. 선고 2008도6515 판결, 대법원 2010. 10. 28. 선고 2010도2877 판결.
140) Wenzel, aaO., Rn. 6.98.
141) 대법원 1991. 5. 14. 선고 91도420 판결, 대법원 2000. 7. 28. 선고 99다6203 판결 [경향만평], 대법원 2003. 1. 24. 선고 2000다37647 판결 등.
142) 전술 영미법상 제한적 면책특권의 이론과 독일 형법 제193조의 정당한 이익 옹호 법리 참조.
143) 전술 대법원 1983. 8. 23. 선고 83도1017 판결의 사안.

는지 여부, 그리고 피고인이 피해자의 그러한 진술을 전달함에 어떠한 정당한 이익이 있었는가 여부를 따져 책임 여부를 정해야 할 것이다.

대법원 1983. 8. 23. 선고 83도1017 판결 [확인 대답]

피고인은 평소 감정이 좋지 않던 피해자가 전에 동리 주민에게 "김일성이 밑에 김정일이 있고 피해자의 망부 밑에 피해자가 있다"는 등의 말을 하고 다닌 적이 있다고 진술하여 피해자의 명예를 훼손하였다는 혐의로 기소되었다. 대법원은 "피고인이 위와 같이 발설하게 된 경위가 피해자가 과거에 그와 같은 말을 하고 다닌 적이 있었느냐는 동리 주민들의 확인 요구에 대답하는 과정에서 나오게 된 것이라면 그 발설 내용과 동기에 비추어 그 범의를 인정할 수 없고 또 질문에 대한 단순한 확인 대답이 명예훼손의 사실적시라고 할 수 없다"고 판시하였다.

이 판결은 대법원이 명예훼손적 내용의 질문에 확인 대답한 행위에 대해 사실적시도 아니고 범의도 인정할 수 없다고 판시한 첫 사례이지만, 상술한 바와 같은 비판을 면할 수 없다.

나아가, 피고인 자신이 전에 진술한 바 있는 피해자의 명예를 훼손하는 사실에 관해 이해관계인의 질문을 받고 확인 답변한 경우[144]에는 그 답변 내용이 피고인이나 상대방 또는 제3자의 정당한 이익을 옹호하기 위한 것이었는가 여부(피고인의 입증을 요함)를 살핀 후, 긍정되면 피고인이 전에 진술한 명예훼손적 사실 내용이 허위이거나 악의로 진술되었다는 점을 원고(검사측)이 주장 입증하게 하여 명예훼손의 성부를 따져봐야 할 것이다.

대법원 2008. 10. 23. 선고 2008도6515 판결 [관리인 전과 확인]

이 판결에서 대법원은 "명예훼손사실을 발설한 것이 사실이냐는 질문에 대답하는 과정에서 타인의 명예를 훼손하는 사실을 발설하게 된 것이라면, 그 발설내용과 동기에 비추어 명예훼손의 범의를 인정할 수 없고, 질문에 대한 단순한 확인대답이 명예훼손에서 말하는 사실적시라고도 할 수 없다."고 판시하였다.

사실관계를 보면, 상가관리단 관리인 자격에 관해 가처분 사건 소송에서 다투던 피고인(이전 관리인)이 피해자(새로 선임된 관리인)에 관해 "뇌물공여죄, 횡령죄 등 전과 13범으로 관리인 자격이 없다"는 내용의 준비서면을 제출하고 이를 공소외 감사에게 팩스로 전송하였다. 이러한 사안에서 대법원은 피고인이 이 사건 관리단 임원들에 대하여 "피해자가 전과 13범인 것이 확실하다", "경찰서에 가서 확인해 보자"라고 말을 했다 하더라도, 이는 그 발언의 경위에 비추어 피해자의 전과에 대한 진위가 확인되었다거나 또는 그 진위를 확인해보자는 소극적인 확인답변에 불과하므로 명예훼손죄에서 말하는 사실의 적시라고 할 수 없고, 명예훼손의 범의도 인정할 수 없다고 판단하여 무죄를 선고한 제1심판결을 유지한 원심을 지지하였다.

그러나 대법원이 "피해자가 전과 13범이 확실하다"고 주장하는 피고인의 진술에 관해 사실의 적시도 아니고, 명예훼손의 범의도 인정할 수 없다고 한 원심 논증을 그대로 원용한 데

---

144) 전술 대법원 2008. 10. 23. 선고 2008도6515 판결, 대법원 2010. 10. 28. 선고 2010도2877 판결의 사안.

는 의문이 있다. 오히려 상가 관리인 자격을 다투는 소송에서 이전 관리인(피고인)이 자신의 이익과 상가관리단의 공동의 이익을 위해 피해자(새로 선임된 관리인)의 결격사유를 지적하면서 위와 같은 명예훼손적 진술을 하였고, 그 진술이 진실로 인정된다면, 영미법상 제한적 특권의 법리에 의해 면책되는 것으로 다루는 것이 보다 합리적이었을 것이다.

대법원 2010. 10. 28. 선고 2010도2877 판결 [명예훼손적 발언의 확인]

대법원은 이 사건에서 명예훼손 사실을 발설한 것이 정말이냐는 질문에 대답하는 과정에서 타인의 명예를 훼손하는 사실을 발설하게 된 것이라면, 그 발설내용과 동기에 비추어 명예훼손의 범의를 인정할 수 없다는 취지로 판시하였다.

입주자대표 등이 모인 아파트 자치회의에서 피고인이 피해자에게 허위의 사실을 말하였는데, 피해자가 피고인에게 그와 같은 말을 한 적이 있는지, 그리고 그에 관한 증거가 있는지 해명을 요구하였고, 피고인은 이에 대한 답을 하는 차원에서 피해자의 명예를 훼손하는 사실을 발설하게 된 것으로 보이고, 그렇다면 그 발설내용과 동기에 비추어 명예훼손의 범의를 인정할 수 없다고 판시하였다.

대법원 판결만으로는 사실관계가 명확하지 않지만, 이 사건에서 피고인은 이전에 피해자의 명예를 훼손하는 진술을 한 바 있고, 이후 피해자의 확인 요청에 따라 이를 시인하는 답변(본건의 공소사실)을 한 것으로 보인다. 이러한 경우 법원은 그 피해자의 명예를 훼손하는 사실의 진부 또는 정당한 이익의 옹호 여부에 따라 위법성 조각 여부를 판단하여야 할 것인데, 그에 이르지 않고 단지 범의를 인정할 수 없다는 이유만으로 피고인을 무죄로 판시한 데는 의문이 있다.

마. 검토

이상에서 본 바에 의하면 질문에 의한 명예훼손의 성부가 문제된 사안에서 대법원이 명예훼손의 범의나 사실적시가 없다고 하여 무죄로 판시한 다수 판례는 논증이 어색하고 설득력이 없다. 전술한 판례 중 대부분의 사례는 정당한 이익의 옹호에 의해 위법성이 조각되는 것으로 다루었어야 할 경우로 생각된다. 위 판례들의 사안에서 영미법상 제한적 특권의 법리나 독일 형법상 정당한 이익 옹호의 위법성 조각사유의 법리를 적용하였다면, 훨씬 더 적합한 논증이 되었을 것이다. 이를 검토하여 도입하는 방안이 필요함을 알 수 있다.[145]

---

145) 후술 제2장 제3절 Ⅱ 1 (2) 나 및 제2장 제3절 Ⅱ 2 (2) 참조.

4. 명예훼손의 공표

(1) 민사상 공표의 요건

가. 제3자에 대한 고지

민사상 명예훼손행위는 피해자 이외의 제3자에게 전파되어야 한다. 제3자에게 전파되지 아니한 행위는 사회적 평가라는 외적 명예에 피해를 야기할 수 없기 때문이다. 따라서 명예훼손이 성립하려면 그 진술이 원고와 피고 이외의 제3자에게 알려져야 하고, 피해자에게만 표현된 명예훼손행위는 민사상 명예훼손의 구성요건을 충족하지 못한다. 그리고 그 제3자는 공표된 진술이 명예훼손적 의미를 가짐을 이해하였을 것을 요한다.

오로지 사적인 사용을 위해 작성된 원고나 일기장에 기재한 것만으로는 그것이 예상에 반해 부당하게 타인의 손에 넘어간 경우라 할지라도 이와 같은 공표의 요건을 충족하지 못한다.[146] 친밀한 가족간의 표현은 일반 공공에 의한 피해자 평가와는 상관이 없기 때문에 이 요건을 충족하지 못하나, 한 가족에 의해 다시 전파될 가능성이 근거를 갖는 경우에는 위 요건을 충족하게 된다.

그에 비해 프라이버시 침해의 불법행위, 예를 들어 왜곡적 공표("false light") 및 공개적 폭로("public disclosure")의 경우에는 일반 공중이나 불특정 다수인에게 고지될 것을 요하며, 형사상 명예훼손죄의 성립에는 법문상 "공연성"을 요하므로 불특정 다수인에 대한 공표를 요한다(후술).

1) 공표자의 고의·과실

위와 같이 명예훼손의 불법행위가 성립하려면 공표행위를 요건으로 하기 때문에 가해자에게는 그에 관한 고의 또는 과실이 있어야 한다. 피고가 의도하지 않은 뜻밖의 제3자가 지득하게 되었다 하더라도 피고의 책임은 없다. 예컨대, 피고와 피해자 간 통화 중에 피해자 측의 인물이 연결선으로 명예훼손적 대화 내용을 공청한 경우, 제3자가 듣고 있음을 인식하지 못하였던 피고는 명예훼손 책임을 지지않는다.[147] 피고가 원고에게 보낸 봉함된 서신이 원고 이외의 자에 의해 개피 열독된 경우 합리적인 기대의 범위를 벗어난 것이라 하여 공표 요건이 부인된 사례가 있다.[148]

그러나 원고의 제3자에 대한 재진술 또는 제3자에 의한 개입이 원래행위자의 행

---

146) Wenzel, aaO., Rn. 5.170.
147) Smith v. Jones, 335 So 2d 896 (Miss. 1976).
148) Youngling v. Dane, 122 Iowa 539 98 N.W. 371 (1904).

동의 자연적이고 개연적인 결과이면 책임을 지게 된다.[149] 예컨대, 봉함되지 않은 우
편엽서에 명예훼손적 사실을 기재하여 보낸 경우, 또는 피해자가 맹인이거나 문맹자
이기 때문에 누군가로 하여금 이를 먼저 읽게 할 사정이 있는 경우, 기타 평상시 원고
가 배우자, 비서나 조수에 의해 개봉하게 하는 습관을 가짐을 알면서 보낸 경우가 그
렇다.

2) 공표와 재공표

명예훼손적 진술이 공표된 후 이를 반복하거나 전파하는 경우 책임이 논란될 수
있다. 하나의 명예훼손 행위가 타인에 의해 반복되는 경우 양자는 각자 독립한 불법행
위을 구성하고 별개의 책임이 발생한다. 따라서 명예훼손적 진술의 원진술자(피고)는
그의 진술을 반복 또는 전파한 타인의 행위에 관해 책임질 이유가 없다. 그러나 그 타
인이 원진술자의 수권이나 동의를 받고 그의 진술을 반복한 경우 또는 원진술자가 합
리적으로 예상할 수 있었거나[150] 원진술자의 진술에서 연유한 자연적이고 개연적인
결과인 경우(general proximate causation rule)[151]에는 원래 행위자가 후행 행위의 명예훼
손 책임도 지게 된다.[152]

한편, 영미 보통법상 타인의 명예훼손적 진술을 인용하거나 전파하는 이른바 재
공표자(republisher)는 원래 표현행위자와 마찬가지로 그 전파 내용에 대한 책임을 지는
것이 원칙이다('재공표책임규칙'(republication rule) 또는 '반복규칙'(repetition rule)).[153][154] 이것
은 재공표자 자신이 타인의 명예훼손적 진술을 채용한 것으로 평가하기 때문이다.[155]
명예훼손적 내용의 전파자는 그 진술 내용의 진부에 대해 아무 입장 표명을 하지 않았
다 하더라도 명예훼손의 책임을 면하지 못한다.[156] 소문이라거나 전재(轉載)라고 명시
하거나 원진술자의 신원을 밝혔다 하더라도 책임을 면할 수 없으며, 전파자가 그러한
진술을 믿지 않는다고 표시한 때에도 마찬가지다.

---

149) Rodney A. Smolla, Law of Defamation, CLARK−BOARDMAN−CALLAGHAN (1995), 4−60.
150) Brown v. First National Bank, 193 N.W.2d 547 (Iowa 1972).
151) 후술 McKinney v. County of Santa Clara (1980, 1st Dist.) 110 Cal App 3d 787, 168 Cal rptr 89, 94
    참조.
152) Rodney A. Smolla, Law of Defamation, CLARK−BOARDMAN−CALLAGHAN (1995), 4−64.
153) Restatement (Second) of Torts 578 (1977).
154) 영미 보통법에서는 "소문 전달자는 소문 날조자와 마찬가지로 나쁘다(Tale bearers are as bad as
    tale makers.)"고 하는 법언(法諺)이 적용되는 것이다.
155) Robert D. Sack and Sandra S. Baron, Libel, Slander, and Related Problems, 2nd Ed. Practising Law
    Institute (1994), p. 361−365.
156) Robert D. Sack, "Common Law Libel And The Press − A Primer"; in James C. Goodale,
    Communications Law (1985), Practising Law Institute, p. 20.

나. 공표의 방법

명예훼손행위의 공표 방법에는 서면, 구술, 제스처나 심볼 기타 어떤 수단을 취하
든 제한이 없다. 현수막을 걸거나 피켓을 들고 서 있는 행위도 포함된다.[157] 판례는
이메일[158] 또는 카카오톡 메시지를 보낸 경우,[159] 상당수의 팔로워가 있는 자에게 페
이스북 메신저로 알린 경우,[160] 그리고 인터넷 포털사이트의 기사란에 단순히 댓글을
게재한 행위도 공표로 보고 있다.[161]

정황에 의해 공표가 행해졌다고 인정되는 경우도 있다. 피고의 대리인이 다른 피
용자 및 고객이 있는 장소에서 원고가 부도 수표를 발행하였다고 큰 소리로 비난한 경
우에는 공표가 있었던 것으로 추론될 수 있다.[162]

미국의 판례는 일정한 경우 부작위에 의한 공표도 인정한다. 익명의 제3자가 주
점의 화장실 벽에 원고가 색욕적이고 부정하여 언제나 부를 수 있다는 취지의 낙서를
쓴 경우 법원은 주점 주인(피고)은 그러한 명예훼손적 표현물을 제거할 의무가 있으며,
그 말소청구에 응하지 않고 방치한 것은 명예훼손을 재공표한 것이라고 판시한 바 있
다.[163] 위 판례는 부작위에 의한 공표에 관한 리딩케이스였고, 이 법리는 뒤에 인터넷
중개자의 전파자 책임을 인정하는 논거를 제공하게 되었다.

다. 법인 내의 커뮤니케이션

제3자에 대한 고지를 요하는 공표 요건을 판단함에 있어서 대외적 공표 이외에
회사 내의 동료간 진술이 제3자에 해당하는가 논란된다. 완전히 회사 내부의 커뮤니케
이션, 즉 피용자의 해고 사유에 관해 회사 내에서 동료 직원 간의 진술, 내부적 근무
성적 평가에서 이루어진 진술, 법인의 직무상 회의 도중 진술, 내부적인 통신 및 메모,
내부적 보안 보고 등이 명예훼손 소송의 근거로 제시되는 경우가 있다.

과거의 미국 판례는 순수하게 법인 내부적 커뮤니케이션은 제3자에 대한 공표의

---

157) 대법원 정문 앞 등에서 17차례에 걸쳐 "사법부패를 막아내자. 현·전직 판·검사들은 자폭하라"는
　　　등의 구호와 함께 판·검사의 실명 및 사진이 실린 현수막을 걸고 불법집회를 개최한 혐의로 기소
　　　된 사건에서 1·2심은 "아무런 근거없이 전·현직 판사와 검사, 법원공무원 등을 비방하며 시위를
　　　한 행위는 피해자들의 명예를 훼손한 것에 그치지 않고 사법부와 수사기관의 신뢰를 심각하게 해
　　　하는 행위"라며 어씨에게 징역 1년6월의 실형을 선고했다. 나머지 2명에 대해서는 1심은 징역 8~10
　　　월에 집행유예 2년을, 2심은 벌금 300만~500만원을 선고했다. 대법원은 상고를 기각하였다(법률신
　　　문 2010-03-11 류인하 기자 acha@lawtimes.co.kr).
158) 대법원 2009. 11. 12. 선고 2009도9396 판결.
159) 대법원 2019. 7. 5.자 2019도6916 결정.
160) 대법원 2019. 2. 22.자 2019도790 결정.
161) 대법원 2008. 7. 10. 선고 2008도2422 판결.
162) David A. Elder, Defamation: A Lawyer's Guide, Clark Boardman Callaghan, Deerfield, Il. (1993) §1:6.
　　　p. 63.
163) Hellar v. Blanco (1952) 111 Cal App 2d 424, 244 P2d 757, 758, 28 ALR2d 1451.

요건을 충족하지 못하며, 속기사, 비서, 타이피스트 등 단순히 기밀적으로 도구적 기능만을 수행하는 자에 대한 고지는 제3자에 대한 고지에 해당하지 않는다고 판시하여 왔다.164) 그러나 그에 대한 비판으로서 기관 구조 내의 커뮤니케이션이지만, 별개의 인격을 갖는 사람이 개입되는 사실, 법인 내의 명예 손상은 외부로 전파되는 명예훼손보다 더 파멸적일 수 있으며, 이에 대한 절대 면책 규칙은 심각한 남용의 폐단이 야기될 수 있다는 점이 제시되었다.165)

현시의 다수 판례는 속기사나 비서 역시 인격이 인정되는 개인이고, 그들에게 고지되는 순간 피해자의 명예는 손상된다는 일반적 논거를 들어, 피용자에 대한 해고 통보, 회사내 청원, 내부 보안 보고, 동료 취업자 간의 진술, 경고장, 관리자 또는 피용자 모임에서의 진술, 근무 수행 평가 등 모든 종류의 내부적 통보나 메모에 관해 제3자 공표 요건을 충족하는 것으로 취급하고 있다.166) 다만, 이들 전달 형태가 공표의 요건을 충족한다 하더라도, 그 위법성 여부는 다시 제한적 면책특권의 법리에 의해 가해법익과 피해법익 간의 비교 형량에 따라 결정되게 됨은 후술하는 바와 같다.

라. 강요된 자기공표의 법리
1) 문제의 제기
전통적 법리에 의하면 명예훼손 행위자 A(피고)의 피해자 B(원고)에 대한 고지만으로는 제3자에 대한 명예훼손의 공표 요건을 충족시킬 수 없고, 그 고지받은 피해자(B)가 그 명예훼손적 사실을 다시 타인에게 고지한다고 하더라도 A는 B의 재공표에 책임을 지지 않음이 원칙이다. 이러한 법리에 의하면, 예를 들어 A가 맹인이거나 문맹자인 B에게 그의 명예를 훼손하는 내용의 서신을 보낸 경우 B가 제3자에게 보이고 도움을 얻어 편지내용을 알게 되는 것이 필수적인 과정임에도 A의 B에 대한 명예훼손책임이 부과될 수 없다.

미국 판례는 이러한 문제를 해결하기 위한 중요한 예외로서 "강제된 자기공표"의 법리(doctrine of compelled self–publication)를 제시한다.167) 이에 의하면, 원래의 행위자 A가 B의 제3자에 대한 재공표를 예상하였거나 알았어야 하는 경우 A는 B의 그 제3자에 대한 공표의 책임을 지게 된다.

2) 적용 사례
이 법리는 해고 사유의 고지를 위요한 노동소송에서 중요한 역할을 하게 된다. 통상의 경우 회사는 피용자에게만 해고를 통보하고 그 사유를 제시하므로 이 단계에서 통보 내용에 피용자의 명예에 불리한 사실이 있더라도 제3자에 대한 공표가 없으므로 명예훼손이 성립될 수 없다. 그러나

---

164) 회사의 총괄 매니저가 그 소속 속기사에게 원고가 절취의 혐의가 있다는 내용의 서신을 받아쓰게 한 사례(Owen v. Ogilbie Publishing Co., 32 A.D. 465, 53 N.Y.S. 1033 (1898))에서 그 받아쓰기는 법인이 자신에게 한 커뮤니케이션에 불과하여 제3자에게 공표된 바가 없다는 이유로 불법행위 책임이 부인되었다.

165) Elder, § 1:6. p. 66.

166) Smolla, Id., p. 15–7.

167) Restatement (Second) of Torts § 577 comment b (1977).

피해고자는 추후 재취업에 나서야 하고, 새 고용주가 전 직장에서 해고된 이유를 묻게되면, 전 고용주가 피용자에게 한 말을 반복하지 않을 수 없게 되고, 그로 인해 피용자는 불리한 입장에 서게 되므로 이를 구제할 필요가 제기되었다. "강제된 자기공표"의 법리는 이러한 사정의 피용자를 보호하기 위해 형성된 법리이며, 그에 의하면 이러한 경우 해고한 사용자는 제3자에 대한 공표 요건이 긍정되어 명예훼손책임을 지게 된다.[168]

Lewis v. Equitable Life Assurance Society (1986, Minn) 389 NW2d 876, 890[169]

피고 회사에 근무 중 출장 명령을 수행한 4인의 원고들은 출장보고서를 작성 제출하면서 회사 지침에 맞게 출장비를 지출했음에도 피고 회사가 부당하게 수정을 요구하자 이를 거부하였다. 피고 회사는 원고들을 해고하면서 "중대한 불복종"을 사유로 들고 해고 수당도 주지 않는다고 설명하였다. 원고들은 모두 재취업에 나섰으나, 종전 근무처에서 해고된 사유에 관해 "중대한 불복종"이라고 고지할 수밖에 없었고, 그 상황을 설명하려 했지만 재취업하는데 심한 어려움을 겪었다. 원고들은 피고 보험사를 상대로 이 사건 정신적·재산적 손해의 배상을 구하는 소송을 제기하였다. 법원은 원진술자인 피고가 원고에게 그 진술이나 손해를 피할 다른 대안이 없다는 사정을 알거나 알았어야 한 경우, 즉 피해자가 그 진술을 스스로 공표하도록 강제되는 경우 그 진술로 인한 손해를 배상할 의무가 있다고 하면서 강제된 자기공표의 법리에 기해, 원고들이 어쩔 수 없는 상황에서 새 고용주에게 중대한 불복종이란 해고사유를 고한 때에 피고(보험사)에 의한 공표가 이루어진 것으로 보아 원고들의 청구를 인용하였다.

위 강제된 자기공표의 법리에 의하면 해고자와 피해고자 간의 사적인 1 대 1 접촉에 의한 커뮤니케이션도 피해고자가 새로운 고용주에게 그 진술을 반복하면 공표가 이루어지는 것으로 다루어지게 된다. 판례는 새로운 구직 신청 및 새 고용주와의 인터뷰가 따르면 강제적인 사유를 충족하는 것으로 다루고 있다.[170]

3) 해고 사유와 제한적 특권

위 법리에 의해 공표의 요건이 충족된다 하더라도 공표된 사실이 명예훼손으로서 위법성을 충족시키는가 여부는 따로 판단됨에 유의해야 한다. 고용주에 의한 해고사유의 언급, 또는 특정 피용자의 근무 상황에 관한 전후 고용주 간의 진술에 관해 리스테이트먼트는 원칙적으로 공표 요건을 인정하면서[171] 제한적 면책특권의 법리에 의한 조정을 시도하고 있다.[172]

미국 판례에 의하면 피용자의 근무 성과와 능력에 관한 자유롭고 공개적인 평가는 사회적으로

---

168) McKinney v. County of Santa Clara (1980, 1st Dist.) 110 Cal App 3d 787, 168 Cal rptr 89, 94 "명예 훼손적 진술의 원래행위자를 그 예상가능한 재공표에 책임을 지우는 논거는 그 원래행위자의 행위와 재공표에 의해 야기된 손해 간의 강력한 인과적 관계(casual link)이다. 이 인과적 연계는, 예상되는 재공표가 명예훼손적 진술을 재공표할 강력한 강제 하에 행동하는 피해자에 의해 행해졌고, 명예훼손적 진술의 원진술자가 발언 당시 그러한 강력한 강박을 창출한 상황을 알았던 경우에는 더 강하다."

169) Smolla, Law of Defamation, § 15−10.

170) Smolla, Id., p. 15−11.

171) Restatement (Second) of Torts § 577 comment i (1977): 한 피용자의 타 동료 피용자에 대한 커뮤니케이션은 피용자의 공표이면서 고용주의 공표이기도 하다.

172) Restatement (Second) of Torts § 577 comment h (1977); Elder, Id., p. 67.

정당한 이익을 가지며, 이를 위한 공개는 피해자가 입는 피해이익과 비교 형량하여 제한적으로 면 책된다는 입장을 취한다.[173] 이 특권은 과거 피용자의 근무성적 평가에 적용될 수 있다. 그것은 현 재 또는 과거 고용주의 장래 고용주에 대한 진술뿐 아니라 명령계통 내에서 동료 피용자를 평가하 여 상관에게 보고할 의무가 있는 피용자의 진술에도 적용된다.[174] 이러한 제한적 특권은 공개 범 위, 정당한 목적 등 필요한 정도를 넘어서는 안되고, 해고를 위한 구실을 만들려 하는 등 보통법상 의 악의가 인정되는 경우 등에는 인정되지 않는다.

(2) 형사 상 공연성 요건

그에 비해 형법상 명예훼손죄 및 모욕죄는 법문상 '공연히' 행해질 것을 요건으로 한다(형법 제307조 및 제311조 참조). 여기서 공연성(公然性)이란 불특정 또는 다수인이 인 식할 수 있는 상태를 의미하며, 판례와 다수설은 전파가능성 유무를 기준으로 공연성 여부를 판단한다. 따라서 형사 명예훼손죄의 공연성은 민사상 고지요건보다 더 엄격 한 것이다.[175]

> **대법원 2020. 11. 19.선고 2020도5813 전원합의체 판결 [전파가능성]**
>
> 공연성을 행위 태양으로 요구하는 것은 사회에 유포되어 사회적으로 유해한 명예훼손 행 위만을 처벌함으로써 개인의 표현의 자유가 지나치게 제한되지 않도록 하기 위함이다. 대법 원 판례는 명예훼손죄의 구성요건으로서 공연성에 관하여 '불특정 또는 다수인이 인식할 수 있는 상태'를 의미한다고 밝혀 왔고, 나아가 "개별적으로 소수의 사람에게 사실을 적시하였더 라도 그 상대방이 불특정 또는 다수인에게 적시된 사실을 전파할 가능성이 있는 때에는 공연 성이 인정된다"고 일관되게 판시하여, 이른바 전파가능성 이론은 공연성에 관한 확립된 법리 로 정착되었다.
>
> 즉 대법원 1968. 12. 24. 선고 68도1569 판결에서 '비밀이 잘 보장되어 외부에 전파될 염려 가 없는 경우가 아니면 비록 개별적으로 한 사람에 대하여 사실을 유포하였더라도 연속하여 수인에게 사실을 유포하여 그 유포한 사실이 외부에 전파될 가능성이 있는 이상 공연성이 있 다.'고 최초로 판시한 후, 대법원 1981. 10. 27. 선고 81도1023 판결에서 '비록 개별적으로 한 사람에 대하여 사실을 유포하였다고 하여도 이로부터 불특정 또는 다수인에게 전파될 가능 성이 있다면 공연성의 요건을 충족하는 것이나, 이와 반대의 경우라면 특정한 한 사람에 대 한 사실의 유포는 공연성을 결여한 것이다.'고 판시하였고, 최근의 대법원 2018. 6. 15. 선고 2018도4200 판결에서도 위 법리가 유지되었다. 대법원은 2020. 11. 19. 선고 2020도5813 전 원합의체 판결에서 위 전파가능성 법리를 유지하기로 다시 확인하고 있다.
>
> 위 판결의 다수의견은 "공연성에 관한 전파가능성 법리는 대법원이 오랜 시간에 걸쳐 발

---

173) Bander v. Metropolitan Life Ins. CO. (1943) 313 Mass 337 NE2d 595 602.
174) Smolla, Id., p. 15-24: Lewis v. Equitable Life Assur. Soc. (1986, Minn) 389 NW2d 876, 890: 그러한 제한적 특권은, 고용주가 피용자를 해고한 이유를 말하는 경우 언제나 명예훼손 책임이 귀속될 우 려에 대처하는 유일한 효과적인 수단이다.
175) 이에 관한 상세한 논의는 후술 제2장 제7절 Ⅱ 2 (3) 나 참조.

전시켜 온 것으로서 현재에도 여전히 법리적으로나 현실적인 측면에 비추어 타당하므로 유지되어야 한다"고 보았으나, 3인의 소수의견은 "전파가능성 유무를 판단할 객관적 기준이 존재하지 아니하여 구체적 적용에 자의가 개입될 수 있고, 행위자에게 결과만으로 과중한 책임을 인정하여 책임주의에 반한다고 지적한다."

(3) 인터넷 게시

개인간의 이메일 또는 비공개 SNS 글 등 사인간의 커뮤니케이션은 통신의 비밀이 보호되는 것이어서 임의적 타인의 열람이 허용되지 않는 것이지만, 그 밖에 인터넷 게시판 또는 최근 성행하는 SNS에 공개 게시하는 것은 이용자에 의한 것이든, 그 댓글에 의한 것이든 공표의 요건을 충족하는 것으로 간주됨이 원칙이다. 판례는 "개인 블로그의 비공개 대화방에서 상대방으로부터 비밀을 지키겠다는 말을 듣고 일대일로 대화하였다고 하더라도, 그 사정만으로 대화 상대방이 대화내용을 불특정 또는 다수에게 전파할 가능성이 없다고 할 수 없으므로, 명예훼손죄의 요건인 공연성을 인정할 여지가 있다"고 한다.176)

5. 명예훼손과 손해의 발생

(1) 추상적 손해

전술한 바와 같이 명예훼손법은 명예에 대한 해악을 야기할 일반적 경향("general tendency" to cause reputational harm)을 갖는 특수한 부류의 진술을 규제하는 것이며,177) 그러한 진술만으로 명예훼손의 구성요건은 실현되고 현실로 명예를 훼손하는 결과가 발생할 필요가 없다.178) 따라서 원고는 진술의 결과 타인들이 원고를 경멸하게 되었음을 입증할 필요가 없으며,179)180) 법원은 증언, 여론조사 등 증거를 추구함이 없이, 사

---

176) 대법원 2008. 2. 14. 선고 2007도8155 판결.
177) Restatement (Second) of Torts § 559 comment d (1976).
178) 영국 보통법에서 명예훼손의 비행의 핵심은 현실적 손해가 아니라 잠재적 손해(potential harm)에 있다(Herrmann v. Newark Morning Ledger Co., 48 N.J. Super. 420, 441, 138 A.2d 61, 72 (1958)). 이것은 대부분의 사건에서 명예훼손적 표현은 예상치 못한 미지의 방법으로 다양하게 피해자의 생활에 해를 끼침에도 그에 관한 현실적 손해의 입증은 불가능하다는 역사적 경험과 판단에 기인하는 것이다(PROSSER AND KEETON ON TORTS, Fifth Edition, § 116A at 843).
179) "명예훼손 소송은 명예훼손적 진술이 그 청자에 의해서 믿어지지 않았음을 피고가 입증한 경우라 하더라도 인정된다. 만일 내 친구에게 파렴치한 행동을 비난하는 말들이 사용된다면, 내가 그 비난을 믿지 않고 더구나 그것이 허위일지라도, 그는 나를 명예훼손한 것이다."(GATLEY ON LIBEL AND SLANDER, 8th ed., 1981, p. 4).
180) "명예훼손이 되려면 진술이 현실적으로 타인의 명예를 해하거나 또는 제3자가 그와 교섭하거나 거래하는 것을 저지함을 요하지 않는다. 그 성질은 그러한 효과를 가질 일반적 경향에 의존한다."(Restatement (Second) of Torts § 559 cmt. d (1977)).

회 일반 또는 그 안의 특정 집단의 신념과 태도에 관한 직관적 판단에 의해, 즉 법관
자신의 통상적 지식 및 상식에 터잡은 판단에 의하게 된다.[181]

이렇게 명예훼손이 타인의 명예를 저하시킬 경향이 있는 진술의 공표로 성립된다
는 법리는 제국에 공통된 것으로서 민사나 형사 명예훼손 양자에 적용된다. 대법원 역
시 최근 판결에서 이러한 입장을 취하고 있다.[182][183]

다만, 손해배상청구권을 행사하는 경우에는 정신적 손해 외에 재산적 손해에 관
하여 구체적으로 발생한 손해액을 입증하여 배상받을 수 있는 것은 별개의 문제이다.

(2) 미국 판례법 상의 법리

명예훼손의 결과 발생 여부와 관련하여 미국에서 논의되는 것이 명예훼손될 수 없는 원고의 법
리(libel—proof plaintiff doctrine)와 추가적 가해의 법리(incremental harm doctrine)이다.[184]

가. 명예훼손될 수 없는 원고의 법리

미국에서는 원고의 공동체 내의 지위, 즉 원고가 보유하는 명예가 너무 빈약하기 때문에 더 이
상 명예가 손상될 수 없는 경우를 상정하여 명예훼손될 수 없는 피해자("libel—proof" victim)라는
개념이 사용되고 있다. 이 법리는 실무상 과거 범죄행위로 유죄 판결 받은 원고에 대해 부정확하
게 보도한 경우 적용되는데, 그는 그 범죄행위로 인해 이미 그의 명예를 상실하였기 때문에 그에
대한 재차 언급은 더 이상 그의 명예를 손상할 수 없다는 이유로 그의 주장을 배척하게 된다. 원고
는 더 이상 명예 손상이 있음을 입증할 수 없다는 것이다.

그러나 전과가 있다는 사실은 바로 원고를 명예의 법적 보호가 박탈된 자("defamation out—
laws")로 만들지 않으며, 공적 추방자라 하더라도 나머지 명성은 보호의 자격이 있다는 점에서 비
판된다. 이 법리가 피해자의 과거 전과에 관한 진술에 국한된다 하더라도 원고 소속 공동체가 그
의 전과를 모르는 경우가 있을 수 있고, 완전히 복귀하여 새 삶을 시작하려는 원고에 대하여는 가
혹한 처우가 될 수 있기 때문이다. 아무리 나쁜 사람도 더 나빠질 수 있고, 반역자에 대해 허위로
좀도둑이라고 비난한 경우가 그러한 사례에 해당한다.

나. 추가적 가해의 법리

미국의 일부 하급심 판례[185]는 이른바 추가적 가해의 법리("incremental harm" doctrine)를 채

---

181) David S. Ardia, Reputation in a Networked World: Revisiting the Social Foundations of Defamation
Law, Harvard Civil Rights—Civil Liberties Law Review, Vol. 45, p. 297.

182) 대법원 2020. 11. 19. 선고 2020도5813 전원합의체 판결.

183) 대법원 2016. 10. 13. 선고 2016도9674 판결, 대법원 2017. 4. 13. 선고 2016도15264 판결: "모욕죄는
피해자의 외부적 명예를 저하시킬 만한 추상적 판단이나 경멸적 감정을 공연히 표시함으로써 성립
하므로, 피해자의 외부적 명예가 현실적으로 침해되거나 구체적·현실적으로 침해될 위험이 발생하
여야 하는 것도 아니다."

184) Kevin L. Kite, INCREMENTAL IDENTITIES: LIBEL—PROOF PLAINTIFFS, SUBSTANTIAL TRUTH, AND
THE FUTURE OF THE INCREMENTAL HARM DOCTRINE, 75 NEW YORK UNIVERSITY LAW
REVIEW(1998) 529, http://www.nyulawreview.org/sites/default/files/pdf/NYULawReview—73—2—Kite.
pdf.

185) Simmons Ford, Inc. v. Consumers Union of the United States, Inc., 516 F. Supp. 742 (S.D.N.Y.
1981).

용한 바 있다. 그 법리에 의하면, 원고의 제소가능한 청구가 여타의 제소불가능한 보도 부분의 효과와 대비하여 원고의 명예에 추가적인 손해를 야기하지 않는 경우, 즉 만일 여타의 제소 가능한 진술이, 제소불가능한 진술에 의해 야기된 손해에 비추어, 원고의 명예에 추가적인 손해를 가하지 않는다면, 원고의 청구는 배척된다.[186] 제소불가능하여 보호받는 진술은 헌법적 특권, 진실 항변, 기타 제정법상 특권 등 여러 이유에 근거할 수 있다. 그 정당화 논거로서 법원은 수정헌법 제1조의 이익을 내세우기도 하고, 원고의 명예 이익은 제소불가능한 손해에 비추어 현저히 감소되었음을 들기도 한다. 그러나 이 법리는 미국 연방대법원에 의해 배척된 바 있다.[187]

6. 수차의 명예훼손행위와 동일성의 문제

(1) 의의

한 사람의 명예훼손적 공표행위가 한 번의 발언에 그친 경우라면 문제가 없으나, 같은 내용이라 하더라도 그것이 장소와 시간을 달리하여 복수로 행해지거나 인쇄물 기타 매체에 의해 복제 유포되는 경우 이를 하나의 명예훼손으로 파악할 것인가, 아니면 여러 개로 파악할 것인가는 표현행위자의 책임을 추궁함에 있어서 큰 차이를 보인다.

하나의 명예훼손행위를 행한 자와 이를 복제하거나 전파한 자가 주체를 달리하는 경우에는 각자의 행위를 별도로 고찰함에 문제가 없다. 그러나 한 주체가 명예훼손행위를 수차례 반복하는 경우 이를 포괄적으로 하나로 파악하는가, 아니면 별개의 명예훼손으로 파악하는가는 소송물의 판단이나 소멸시효나 제소기간의 산정에서 문제될 수 있다.

별개의 명예훼손행위로 보면 그 성립 여부나 그 손해액수의 산정에서 별개의 소송물로 처리하게 되며, 소멸시효나 제소기간도 별도로 계산하여야 한다.

영미법상의 요점과 통점 규칙(gist and sting rule)에 의하면 연속된 기사라도 하나의 쟁점 사안을 다룬 경우에는 포괄하여 하나의 명예훼손이 성립된다고 본다.

(2) 영미법상 명예훼손의 소인과 제소기간

이에 관하여 영미의 판례는 명예훼손행위가 제소될 수 있는 소인(訴因, cause of action)의 발생과 그에 연계되어 제소기간(limitation period)이 언제부터 개시되는가 하는 문제에 관해 주목할 법리를 전개하여 왔다. 우리의 경우에는 주목받지 못하고 있는 문제이지만, 소멸시효를 판단함에 참고될 수 있는 법리라고 생각된다.

여기서는 동일한 내용의 명예훼손행위가 수차 행해진 경우가 문제되는데, 첫째 동일인에 의해

---

186) Kevin L. Kite, id.
187) Masson v. The New Yorker Magazine, Inc., 501 U.S. at 523 (1991).

수차 반복되는 경우, 둘째 행위자를 달리하여 동일한 명예훼손 행위가 반복되는 경우를 구별하여 생각해야 한다. 이들 논의는 처음 전통적 미디어의 공표와 관련하여 다루어졌으나 디지털 미디어 시대로 전환하면서 인터넷 공표와 관련하여 더욱 복잡한 양상을 띠게 되었다.

먼저 동일인에 의해 동일한 복수의 명예훼손행위가 행해진 경우를 개관하여 보면,[188] 영국 보통법은 전통적으로 복수공표의 법리를 취하였으나, 미국에서는 1948년 판결을 계기로 단일 공표의 법리로 전환하였고, 영국도 2013년 명예훼손법에서 단일 공표의 법리를 취하게 되었다. 이 경과는 언론의 상황 변화에 대응하여 이루어진 것이다.

가. 영미 보통법상 단일공표 규칙

원래 영국 보통법에 의하면 명예훼손적 내용이 동일 공표자에 의해 수차 행해진 경우 각각의 명예훼손행위는 독자적이고 분리된 별개의 공표행위로 취급되어 책임이 부과된다고 하는 이른바 '복수 공표 규칙'(multiple publication rule)이 적용되었다. 그에 의하면 명예훼손적 진술의 발표는 각자 새로운 명예훼손을 구성하여, 그때마다 새로운 소인(訴因)이 발생하며,[189] 그들 공표 각각이 그 자체의 제소기간(limitation period)[190]을 갖는 것으로 취급되었다.[191]

복수공표의 법리는 한정된 사회에서 인쇄 부수가 제한된 시대에 채택된 것으로서 명예훼손으로 제소되는 발행인의 책임을 제한하는데 의미가 있었다. 그러나 20세기에 들어 대량 출판이 일반화하게 되고, 발행인에 대한 제소건수가 폭증하게되었을 뿐 아니라, 새로운 독자가 이를 읽을 때마다 그 제소기간이 갱신되어 발행인의 책임이 시효로 소멸될 수 없다는 문제를 야기하였다.

이러한 문제 때문에 미국 법원은 1948년 뉴욕 항소법원의 판결 이래 단일 공표규칙("single-publication rule")을 채용하였고, 리스테이트먼트는 단일한 커뮤니케이션이 동시에 다수인에 의해 청취된 경우와 매스 커뮤니케이션의 경우에는 하나의 소인만을 구성한다고 규정하였다.[192] 따라서 다량의 발행부수를 가진 잡지에서 명예훼손적 기사의 공표는 하나의 표현행위로 간주되고, 명예훼손 피해자는 그 발행인에 대하여 단 하나의 소인만을 갖게 된다.[193]

---

188) 박용상, 명예훼손법(현암사, 2008), 937-937면 참조.

189) 영국 법원은 1849년의 판결에서 1830년에 한 신문에 게재된 명예훼손적 기사에 대해 17년 후 제기된 소송에서 피고는 최초 공표 시점에 제소기간이 진행된다고 주장하였으나, 법원은 문제된 신문의 카피가 제공되는 시점마다 별개의 공표를 구성하며, 그 시점부터 제소기간 내에 제기된 소송은 적법하다고 판시하였다(Duke of Brunswick v. Harmer [1849] 14 QB 154). 이 사건명에 따라 단일공표 규칙은 "Duke of Brunswick rule"이라고도 불린다.

190) 영국에서 명예훼손의 제소기간은 Limitation Act 1980에 의해 1년으로 단축되었다(동법 제4A조).

191) 그에 따라 쓰여지거나 인쇄된 명예훼손의 카피를 판매하거나 제공하는 것은 각각 새로운 명예훼손이며, 따라서 그 복제물을 팔거나 제공하는 자는 모두 그로 인해 제소될 수 있었다(Staub v Van Benthuysen, 36 La Ann 467, 469 (1884)).

192) "한 번의 서적 또는 신문의 발행이나, 한 번의 라디오나 텔레비전의 방송 또는 한 번의 영화 상영 기타 유사한 집합적 커뮤니케이션은 하나의 공표행위이다."(Restatement (Second) of Torts. Section § 577A(3)).

193) 미국에서 7개 주는 이 법리를 입법으로 채용하고 있다. 이들 주의 '통일 단일공표법'(Uniform Single Publication Act (USPA))은 "한 번의 신문, 서적 또는 잡지의 발행, 수용자에 대한 한 번의 라디오나 텔레비전에 의한 제시나 방영 또는 한 번의 영화의 상영 등과 같이 단일의 공표, 전시 또는 발언에 기해서는 … 누구도 하나 이상의 명예훼손의 소인을 갖지 못한다"고 규정한다(Sapna Kumar, WEBSITE LIBEL AND THE SINGLE PUBLICATION RULE, 70 U. Chi. L. Rev. 639, (643) (Spring 2003)).

단일 공표의 법리는 사람들이 명예훼손적 진술을 읽거나 보거나 들을 때마다 새로운 소인의 근거가 됨으로써 결과될 대량의 소송으로부터 피고와 법원을 보호하는 의미를 갖는다. 미국의 판례는 동일한 제작물로 인한 명예훼손의 소송은 오로지 그 최초의 배포행위 하나만이 제소 또는 유지될 수 있고, 모든 지역에서 발생한 피해는 그 한 소송에서 병합 해결되어야 하며, 동일한 당사자 간에 하나의 판결이 있으면 그것은 다른 모든 소송을 부적법하게 한다는 법리를 취하고 있다.[194] 다만, 집합적 커뮤니케이션이나 매스 커뮤니케이션의 일부가 아닌 명예훼손에 있어서는 여전히 복수 공표의 법리가 적용된다.

나. 재공표의 경우

단일 공표의 법리가 적용되는 범위는 단일한 행위로 인정되는 커뮤니케이션에 한한다. 그러므로 단일로 취급되는 매스커뮤니케이션의 일부가 아닌 진술은 단일 공표의 법리에 포섭되지 않고, 피해자에게 새로운 소인을 제공하는 재공표(republication)가 된다.

따라서 명예훼손적 기사가 새로운 형식으로 제시되거나 다른 방식으로 편집되는 경우[195] 또는 종전 공표된 자료를 새로운 청중에게 다시 배포하는 경우,[196] 즉 애초의 명예훼손적 진술이 수용된 특정한 수용자의 범위를 넘어 새로운 수용자들에게 도달하는 경우에는 재공표가 이루어지게 되는 것이다.[197]

이와 같이 재공표를 인정하는 것은 명예훼손 피해자와 공표행위자의 이익을 조화하는 중요한 의미를 갖는다.

다. 인터넷 명예훼손과 단일 공표 규칙

인터넷이 널리 보급되면서, 오프라인에서 적용된 위와 같은 법리가 인터넷 명예훼손에 어떻게 적용될 것인가가 문제되었다. 여기서 문제되는 것은 인터넷에서 한 이용자의 표현행위가 어떠한 범위에서 하나의 소인을 구성하여 책임이 귀속되고, 어떠한 지점을 경계로 재공표가 이루어져 별도의 책임이 발생하는가 하는 점이다.

원래 복수공표 규칙을 원칙으로 삼던 영국 법원은 2001년 이를 인터넷에도 적용하였다.[198] 다수의 명예훼손적 진술의 공표는 각각 별도의 소인을 구성한다는 보통법상의 법리(the rule in the Duke of Brunswick)를 인터넷 환경에서 적용하면 인터넷에서 해당 명예훼손적 자료가 액세스될 때마다 새로운 소인을 구성하게 된다는 것("the Internet publication rule")을 의미한다. 그러나 2013년 개정 영국 명예훼손법은 종전의 복수 공표 규칙을 폐기하고 단일 공표규칙으로 전환하는 동시에 인터넷 명예훼손에 관해서도 이를 적용하는 조치를 취하게 되었다.[199]

---

194) Restatement (Second) of Torts § 577A (1977); Keeton v. Hustler Magazine, Inc., 465 U.S. 770, 773 n.2, 10 Med. L. Rep. (BNA) 1405 (1984).

195) Firth v. New York, 706 NYS2d 835, 841–2 (Ct Cl 2000). 동일한 명예훼손적 진술이 판을 달리하여 게재되는 경우(조간과 석간에 게재된 경우)(Kumar, Id., p. 645), 하드백으로 출간된 원판을 페이퍼백으로 복간한 경우(Rinaldi v. Viking Penguin, Inc, 438 NYS2d 496, 420 NE2d 377, 381 (1981)) 양자는 별개의 소인을 구성하며 후자는 재공표가 된다.

196) 예컨대, 한 후보의 선거운동을 돕기 위한 정치적 뉴스레터를 작성하여 거리에서 배포한 행위와 그 3일 후 1,500여 선거인들에게 이를 우송한 행위는 별개의 명예훼손행위로 간주된다(Stella v. Farley Association, Inc, 122 NYS2d 322 (Super Ct 1953), affd 135 NYS2d 234 (App Div 1954)).

197) Kumar, Id., P. 646.

198) Godfrey v. Demon Internet Ltd [2001] QB 201; Times Newspapers Ltd (Nos. 1 and 2) v. The United Kingdom, ECHR 2009. 3. 10.

한편, 1948년 단일 공표 규칙(single-publication rule)을 채용한 미국의 경우[200] 웹이 대량공표의 한 형태이기 때문에 웹 상의 명예훼손에 웹에 업로드된 시점을 기점으로 단일 훼손의 법리가 적용되는데 대하여는 이견이 없었다.[201] 그러나 미국 법원들은 전통적인 명예훼손법에서 확립된 재공표의 법리를 고려함에 충실하지 못하다는 비판을 받고 있다. 예컨대, 쿠마교수에 의하면 인터넷에서도 표현행위자와 피해자의 이익을 균형있게 조화하기 위해 원래의 공표행위(initial publication)와 재공표(republication)의 구별기준을 명확히 하여 피해자의 구제에 소홀함이 없어야 한다고 주장한다. 웹에서 명예훼손적 진술은, 웹사이트 발행자가 해당 진술을 알면서 새로운 수용자에게 전파하는 경우, 재공표가 이루어진다고 인정해야 하며, 그 진술이 변경되지 않은 경우에도 재공표는 가능하다고 해야 한다는 것이다.[202]

라. 원래의 명예훼손자와 후속 재공표자 간의 관계

다음 문제는 원진술자의 진술을 제3자가 반복한 경우의 법적 취급 여하이다. 하나의 동일한 명예훼손행위라 하더라도 행위자가 달라지면 별개의 불법행위가 되어 원진술자와 제2차적 재공표자가 별도로 책임을 지게됨에는 의문이 없다. 이 경우 원진술자는 제3자인 재공표자의 행위를 승인하거나 관여하지 않은 한[203] 그의 후속 명예훼손행위에 대해 책임을 지지 않음이 원칙이지만, "명예훼손자는 합리적으로 예측되는 반복에 의해 야기된 손해 또는 그의 원 진술의 자연적이고 개연적인 영향에 대해서는 책임을 진다."[204]

(3) 현행법제

우리 민법상 불법행위로 인한 손해배상청구권은 소멸시효는 그 손해 및 가해자를 안 날로부터 3년, 또는 불법행위시부터 10년이 경과하면 소멸시효가 완성되며(민법 제766조), 언론중재 및 피해구제 등에 관한 법률이 규정하는 정정보도청구권과 반론보도청구권의 제소기간은 해당 언론보도 등이 있음을 안 날부터 3개월 또는 해당 언론보도등이 있은 후 6개월로 되어 있다(동법 제14조, 제16조).

대법원은 이에 관해 언론보도로 인한 명예훼손은 특별한 사정이 없는 한 기사 별로 불법행위의 성부를 판단해야 하나,[205] 다만, 기사들이 연재기사로 기획되어 게재되었다는 등의 특별한 사정이 있으면 하나의 불법행위로 보아야 한다[206]고 판시한다. 그

---

199) "후속 공표와 관련하여 명예훼손자에 대한 소인은 최초 공표일에 발생한 것으로 취급된다"(Defamation Act 2013, c. 26 § 8(3)).

200) Gregoire v. GP Putnam's Sons (1948) 81 N.E.2d 45.

201) Firth v. State of New York (2002) NY int 88.

202) Sapna Kumar, WEBSITE LIBEL AND THE SINGLE PUBLICATION RULE, 70 U. Chi. L. Rev. 639, (640) (Spring 2003).

203) Geraci v. Probst, 938 N.E.2d 917, 921 (N.Y. 2010).

204) Tunca v. Painter, 965 N.E.2d 1237, 1262 (Ill. App. Ct. 2012).

205) 대법원 2003. 9. 2. 선고 2002다63558 판결 등.

206) 대법원 2009. 4. 9. 선고 2005다65494 판결 [현대자동차 노조]. 대법원은 2013. 3. 28. 선고 2010다60950 판결에서 위와 같은 판지에 따라 보도 일자, 게재 경위 등에 비추어 볼 때 처음부터 일련의 동일한 의도 아래 계획적으로 연재된 기사로 볼 수 없는 8건의 기사를 별개의 명예훼손으로 처리한

밖에 문제에 관해서는 상술한 영미 판례법 상의 법리를 참고할 수 있을 것이다.

한편 대법원은 2013년 판결[207]에서 명예를 위법하게 침해당한 자는 인격권으로서 명예권에 기초하여 가해자에게 현재 이루어지고 있는 침해행위의 배제 또는 장래 침해행위의 금지를 구할 수 있다고 판시한 이래 각급 법원은 허위 기사로 인해 명예를 침해받은 자에게 그 표현내용이 진실이 아니거나 공공의 이해에 관한 사항이 아님을 입증한 경우 기사삭제를 명하는 판결을 내고 있다. 이 경우 인격권에 기한 기사삭제청구권은 해당 허위 기사가 온라인에 존재하는 한 소멸시효가 진행하지 않는다고 보아야 할 것이다.

Ⅳ. 피해자의 특정 – 개별적 연관성

1. 의의

보도 등 표현행위가 특정인의 명예를 훼손한 것으로 인정되기 위하여는 우선 그 내용이 피해자에 관한 것("of and concerning")임이 인정되어야 한다.[208] 미국 판례에 의하면 이 판단은 "표현행위자의 의도보다는 실제로 지칭받게 되는 자"("not who is meant but who is hit")를 문제삼게 되므로 객관적으로 그 보도를 대하는 일반인의 생각에 따르게 된다.[209] 독일에서는 명예훼손이 성립하려면 표현행위와 피해자 간에 개별적 연관성(individuelle Betroffenheit)이 인정되어야 한다. 이 개별적 연관성은 언급된 자의 인식가능성을 전제로 한다. 따라서 표시 자체만 가지고는 누구를 가리키는 것인지 알 수 없으나, 그 사실을 아는 사람이 상당수 있고, 그들에게 그 사실과 관련되어 언급되고 있는 자가 누구인지를 인식시킬 수 있는 경우라면 피해자가 특정된 것으로 보아야 한다

원심의 판단을 지지하고 있다.

207) 대법원 2013. 3. 28. 선고 2010다60950 판결 [기사삭제등]: "명예는 생명, 신체와 함께 매우 중대한 보호법익이고 인격권으로서의 명예권은 물권의 경우와 마찬가지로 배타성을 가지는 권리라고 할 것이므로, 사람의 품성, 덕행, 명성, 신용 등의 인격적 가치에 관하여 사회로부터 받는 객관적인 평가인 명예를 위법하게 침해당한 자는 손해배상(민법 제751조) 또는 명예회복을 위한 처분(민법 제764조)을 구할 수 있는 이외에 인격권으로서 명예권에 기초하여 가해자에 대하여 현재 이루어지고 있는 침해행위를 배제하거나 장래에 생길 침해를 예방하기 위하여 침해행위의 금지를 구할 수도 있다."

208) Restatement (Second) of Torts § 564 comment b (1977).

209) 예를 들면, 가공(架空)의 이름을 써서 명예훼손적 사실을 공표하였으나, 그러한 이름을 가진 실제 인물이 있었다면 그는 그에 대해 명예훼손으로 제소할 수 있다(영국 귀족원 Hulton v. Jones, [1910] AC 20, 가공인물 표시 명예훼손 사건).

고 한다. 우리 대법원 역시 같은 취지의 입장을 취한다.

대법원 2012. 5. 10. 선고 2010다15660 판결

대법원은 시청자 2500여명이 "광우병 왜곡 보도로 인해 받은 정신적 피해에 대한 위자료 100만원씩을 지급하라"며 문화방송(MBC)과 PD수첩 PD들을 상대로 제기한 손해배상청구소송 상고심에서 원고패소 판결을 내린 원심을 확정했다.

대법원은 "방송보도의 내용에서 직·간접적으로 특정되지 않거나 방송보도의 내용과 개별적인 연관성이 없는 일반 시청자가 방송보도로 인해 정신적 고통을 받았다고 하더라도, 일반 시청자는 특별한 사정이 없는 한 인격권 내지 인격적 이익 등의 법익이 침해됐다고 할 수 없다"고 판단했다. "방송은 그 속성상 불특정 다수의 시청자를 대상으로 하고 방송보도로 인해 일반 시청자에게 정신적 고통이 발생하는지와 그 고통의 정도는 시청자의 가치관 내지 세계관 등에 따라 지극히 주관적이고 임의적일 수밖에 없다"며 "일반 시청자의 정신적 고통을 이유로 방송보도를 한 이에게 불법행위책임을 인정한다면 방송의 자유를 훼손하고 자유로운 의견형성이나 여론형성에 필수적인 방송의 기능을 저해할 우려가 있다"고 밝혔다.

2. 특정의 해석 및 기준

명예훼손에서 피해자 특정의 문제는 해당 표현행위를 대하는 일반 수용자의 입장에서 표현행위가 행해진 여러 사정을 종합적으로 판단하여 결정하게 된다.

"명예훼손에 의한 불법행위가 성립하려면 피해자가 특정되어 있어야 하지만 그 특정을 위하여 반드시 사람의 성명을 명시하여야만 하는 것은 아니고, 성명을 명시하지 않은 경우라도 그 표현의 내용을 주위사정과 종합하여 볼 때, 그 표시가 누구를 지목하는가를 알아차릴 수 있을 정도라면 피해자가 특정되었다고 볼 수 있다."[210]

정황적 유사성, 암시, 간접적인 연상 또는 부수적 사실의 추리에 의해 독자들이 기사에 나타난 당사자가 어떤 특정인이라고 결론을 내릴 수 있다면 피해자의 특정이 있다고 볼 수 있다.

이 경우에는 독자들의 상상과 표현방법의 다양성이 고려되기도 한다. 예를 들면, 한 기업의 불법행위에 대한 명예훼손적 폭로는, 그 기사가 어떻게 작성되었느냐에 따라서 필연적으로 그 경영자의 행위에 대한 비난이 될 수 있다. 그러나 기사에 나타난 당사자와 관계를 갖는 다른 사람에 관하여 그 관계가 명시된 바 없다면 기사에 이름이 밝혀지지 않은 사람은 명예훼손을 주장할 수 없을 것이다. 예를 들면, 아들에 대한 비난은 아버지에 대한 명예훼손이 아니다.

---

210) 대법원 1994. 5. 10. 선고 93다36622 판결, 대법원 2002. 5. 10. 선고 2000다68306 판결.

개별적 연관성에 관한 판례를 예시하면 다음과 같다.

10대 가출 소녀에 대한 기사 중 원고의 성명을 표시하지 않고, 조00의 장인 또는 조모양의 친정아버지라고 표현하였으나, 그 기사에 원고의 딸과 사위의 성명을 명시하고 원고의 생활환경을 상당히 구체적으로 표현한 경우 피해자가 특정되었다고 본 사례(대법원 1994. 5. 10. 선고 93다36622 판결 [가출소녀]).

"광주 북구 건축과 공무원 임모씨"를 비롯한 6명의 공무원들이 여관방에서 도박을 일삼고 부하 여직원들과 탈선 애정행각까지 벌였다는 기사가 원고를 특정한 것으로 판단된 사례(서울민사지방법원 1982. 9. 3. 선고 82카18633 판결 [부패공무원]).

'방송제도연구위원회에 참가한 K교수와 MBC방송인 C씨'가 정부의 방송장악기도에 관련된 것처럼 보도한 기사협회보의 기사에 대하여 동 보도 후 다른 언론보도를 종합하면 위 이니셜로 표기된 사람이 원고들을 지칭한다고 인식할 수 있다고 판단된 사례(서울민사지방법원 1990. 7. 19. 선고 90카41568 판결 [방제연 연루]).

월간 대중지 월간중앙이 "일등 압박 스스로 죽음 택한 중3생 어머니의 수기"라는 제하에 그 수기의 집필자를 익명으로 게재하였으나 그 기사에 나오는 주소, 연령, 가족관계 만으로 원고임을 충분히 알 수 있었던 경우(서울민사지방법원 1986. 12. 24. 선고 86가합3104 판결 [자살학생 어머니수기]).

3. 실무상의 문제

(1) 익명 보도의 원칙과 특정의 문제

우리 판례는 범죄보도에서 익명보도를 원칙으로 하는 입장을 취한다.[211] 익명보도는 개별적 연관성을 없애 명예가 훼손되는 피해자를 불명하게 함으로써 언론을 명예훼손 책임에서 해방시키는 효과도 갖는다. 다른 한편 익명보도는 공공의 정당한 알 권리를 저해할 수 있고, 일정한 요건이 있는 경우에는 그 원칙에 대한 예외가 인정된다. 범죄사실이나 위법적 행위에 대한 상당한 증거가 있고, 관계자의 신원이 밝혀지지 않으면 뉴스의 정보가치가 소실되거나 그 중대한 공익 관련성 때문에 관련자를 밝힐 이익이 있는 경우에는 실명보도가 허용된다(후술).

이와 같이 익명으로 보도한 언론이 명예훼손 책임을 면할 수 있으나, 때로는 그로 인해 중대한 공익이 침해되는 딜레마가 연출되기도 한다.

〈언론의 '익명 딜레마'〉

예를 들면, 2004년 불량만두 사건 수사결과 발표 당시 경찰은 선의의 피해업체 발생 가능성과 명예훼손 우려 때문에 불량 단무지 만두소 공급업체명을 'H·M·P·Y·W식품으로, 이를 납품받아 만두를 제조한 25개 업체는 아예 일괄적으로 A사~Y사로 표시했다. 하지만 소비자

---

211) 대법원 1998. 7. 14. 선고 96다17257 판결 [이혼소송주부 청부폭력].

들의 거센 공개 요구에 직면한 식품의약품안전청이 업체 명단을 발표하자, 언론은 업체명과 함께 제품명까지 보도했다. '선의의 피해업체 보호'를 명분으로 한 명단 비공개의 이익은 '국민 건강권 보호'를 내세운 공개의 요구에 밀려날 수밖에 없었다. 그 과정에서 만두 기피 경향이 확산되어 불량 만두와 관련이 없는 업체들마저 도산 위기의 피해를 입게 되었고, 심지어 한 업체 대표는 한강에 투신하는 사건도 발생하였다. 처음부터 불량만두 업체를 공개했다면 우리 사회의 만두 기피 현상이 최소화하고 전체 만두업체로까지 피해가 확산되는 일은 없었을 것이다(황상진 기자(april@hk.co.kr), 언론의 '익명 딜레마', 한국일보 2004. 6. 15.).

(2) 불완전한 특정의 문제

의도된 자에 대한 익명의 언급이 오히려 다른 여러 사람을 대상자로 의심받게 하는 우려를 야기할 수 있다. 예컨대, 동명이인(同名異人)이 있을 가능성이 있는 경우에는 혼동되지 않도록 직업 등을 명시하여야 한다. 다음 사례는 섣부른 익명처리가 엉뚱한 피해를 야기하는 경우를 보여준다.

〈연예인 섹스스캔들 폭로사건(2003)〉

2003. 9. 연예계 비리 수사결과 연예인 섹스스캔들이 흘러나오기 시작했고, 몇몇 연예인이 불려가 참고인 조사를 받은 뒤 검찰 주변에서 K, K, K라는 영문 이니셜이 흘러나왔다.

며칠 후 국정감사에서 홍모 국회의원이 "여당 국회의원 3명이 여자 탤런트 C, K, L양으로부터 성 상납을 받았다"고 주장함으로써 위 스캔들은 확산되었고, 그 와중에 해당 이니셜을 가진 수많은 스타들이 억울한 피해자로 의심받게 되었다. 방송에서 활동하는 1,500여명의 탤런트가 소속된 한국방송연기자협회는 홍의원에게 질의서를 보내, "루머성 의혹 때문에 전체 연기자들의 명예가 크게 손상되고 있으니 C, K, L양의 실명을 공개적으로 밝히고 관련 자료를 협회로 보내달라"고 요구하는 지경에 이르렀다. 영문 이니셜과 함께 대충 누구라고 짐작할 수 있을만큼 '친절한' 신상 설명을 곁들였던 한 신문사는 해당 여자 연예인으로부터 명예훼손으로 고소를 당했다.

이 사건은 명예훼손으로 인한 책임을 피하기 위하여 사용하는 이니셜이 오히려 독자의 상상력과 호기심을 자극하게 되어 다른 피해자를 양산한 전형적인 사례라고 할 수 있다. 그러나 더 큰 문제는 연예인이라고 하더라도 성적 사항은 그의 내밀영역에 속하는 것이어서 단순한 소문에 기해 이를 언급하는 것은 허용될 수 없으므로 검찰은 그러한 섹스 스캔들 때문에 연예인들을 조사할 수 없고, 국회의원이라 하더라도 타 국회의원과 여자 탤런트간의 섹스스캔들을 언급하는 것은 위법하다 할 것임에도 이러한 위법이 버젓이 행해졌다는 데 있다. 국회의원이 국정감사장에서 그러한 발언을 하였다면 면책특권에 의해 책임을 면할 수 있을지라도 그러한 발언을 보도하는 매체는 면책될 수 없음도 유의해야 할 것이다. 위와 같은 스캔들이 확실한 증거에 의해 입증되고, 그러한 섹스 거래가 국회의원의 직무와 연관되어 행해진 것이라면 문제는 달라질 수 있다.

(3) 범죄인의 소속 단체

범죄사건 보도에서 범인이나 혐의자가 소속한 정당, 단체, 기관, 법인, 직업단체 등에 관한 언급이 허용되지 여부가 문제될 수 있다.[212] 어느 단체에나 일탈자가 존재한다는 사실은 다툴 여지가 없으나, 한 직무 또는 업무보유자에 대한 혐의의 공개만으로도 직위 자체에 대하여 권위의 상실과 기관이나 단체에 대한 일반적인 신뢰 상실의 위험을 초래한다. 그럼에도 문제된 범죄가 그 단체의 공적인 임무 수행과 연관성을 갖는 경우이거나 그 단체의 소속성을 언급하지 않으면 그 범죄의 설명에 지장이 있는 경우에는 그러한 소속성의 언급이 불가피하다.

(4) 예술적 표현과 개별적 연관성

역사적 사실을 기초로 하여 예술적 허구가 혼합되는 역사 드라마에 등장하는 주인공 또는 과장, 왜곡 등 예술적 기법이 동원되는 만평 및 풍자적 비판에서 언급된 인물이 특정 개인으로 인식되는가 여부에 관하여는 후술한다.

4. 집단에 대한 명예훼손

(1) 판단 기준

집단과 관련된 명예훼손은 집단 자체에 대한 명예훼손(Kollektivbeleidigung)과 집단 구성원에 대한 명예훼손(Sammelbeleidigung)의 두 가지 유형으로 구분할 수 있다. 전자는 조직 구조상 공통의 의사를 형성할 수 있고 구성원의 변화와 상관없이 존재하면서 사회적 기능을 수행하는 특정한 인적 조직을 표적으로 하는 것을 의미하며, 명예훼손의 객체(피해자 적격)로서 후술하게 된다.

여기서는 집단표시에 의해 그에 해당하는 다수인에 대한 명예훼손(Sammel-beleidigung)이 행해지는 경우를 다룬다. 외적인 표지에 의해 한정된 다수에 관계되고 침해된 사람들이 인식될 수 있으면 그들 전원 각자에 대한 명예훼손이 성립한다. 그 경우에는 해당 표현행위에 의해 특정한 사람이 언급되었다는 것이 이성적인 제3자에 의해서 이해될 수 있어야 한다. 이성적인 독자가 그 피해자의 범위를 의심 없이 한정할 수 없다면 그 다수인의 개별적 연관성은 부인된다. 그 경우에는 단체 또는 집단의 규모나 지명도, 그 구성원의 지명도 등을 종합 판단하여 특정인을 지칭한다고 볼 수 있는가의

---

212) Herwigh Engau, Straftäter und Tatverdächtige als Personen der Zeitgeschichte: Ein Beitrag zur Problematik identifizierender Mendiendarstellungen, 1993, S. 348.

여부에 따라 개별적 관련성의 유무가 판단된다.

대법원은 "이른바 집단표시에 의한 명예훼손은 보통 개별구성원에 대하여는 비난의 정도가 희석되어 사회적 평가에 영향을 미칠 정도에 이르지 않으므로 구성원 개개인에 대한 명예훼손은 성립되지 않는다고 봄이 원칙이지만, 다만 예외적으로 구성원 개개인에 대하여 언급하는 것으로 여겨질 정도로 구성원 수가 적거나 표현행위 등 당시의 주위 정황 등으로 보아 집단 내 개별구성원을 지칭하는 것으로 여겨질 수 있는 때에는 집단 내 개별구성원이 피해자로서 특정된다고 보아야 하고, 그 구체적 기준으로는 집단의 크기, 집단의 성격과 집단 내에서의 피해자의 지위 등을 들 수 있다."고 한다.[213]

(2) 부정된 사례

대법원 1960. 11. 26. 선고 4293형상244 판결

"무릇 명예훼손죄는 어떤 특정한 사람 또는 인격을 보유하는 단체에 대하여 그 명예를 훼손함으로써 성립하는 것이고, 따라서 그 피해자는 특정한 것임을 요하고, 다만 서울시민, 경기도민이라고 함과 같은 막연한 표시에 의하여서는 본죄는 성립하지 아니한다 할 것이다. 즉 그 예로서 "한국인에게는 상업도덕이 없다", "서울시민은 정치에 맹목적이다", "경기도민은 신용이 어떠한 것인가도 모른다"고 함과 같은 행위는 어떤 이의 명예를 훼손한 것인가를 명백히 인지할 수 없으므로 결국 명예훼손죄는 성립되지 않는다."

대법원 2014. 3. 27. 선고 2011도15631 판결 [여성아나운서]

현직 국회의원이었던 피고인이 여대생들과의 저녁 회식 자리에서, 아나운서 지위를 유지하거나 승진하기 위하여 "다 줄 생각을 해야 하는데, 그래도 아나운서 할 수 있겠느냐"라는 등의 발언을 한 사건에서, 그 발언 내용이 매우 부적절하고 저속한 것이기는 하지만, '여성 아나운서'라는 집단의 규모와 조직 체계, 집단 자체의 경계가 불분명한 점 등에 비추어 집단 내 개별구성원이 피해자로서 특정되었다고 볼 수 없고, 피고인의 이 사건 발언은 여성 아나운서 일반을 대상으로 한 것으로서 그 개별 구성원인 피해자들에 이르러서는 비난의 정도가 희석되어 피해자 개개인의 사회적 평가에 영향을 미칠 정도에까지는 이르지 아니하였다는 이유로 형법상 모욕죄의 성립이 부정되었다.

대법원 2004. 11. 12. 선고 2002다46423 판결 ["공자가 죽어야…"]

대법원은 ""공자가 죽어야 나라가 산다"는 제목의 서적이 공자, 유학자, 유교 및 유교문화에 대하여 비판적인 문구를 사용하였다고 할지라도 … 재단법인 성균관에 대한 사회적 평가와 직접 관련된 것이라고 할 수 없고, 나아가 그 내용에 다소 과장되고 부적절한 표현, 신랄하고 가혹한 비유가 있다고 하더라도 이는 표현의 자유로서 보호되어야 할 범위 내에 있으므로 명예훼손으로 인한 불법행위가 되지 않는다"고 판시하였다.

---

213) 대법원 2003. 9. 2. 선고 2002다63558 판결 [대전 법조비리].

대법원 2014. 4. 24. 선고 2013다74837 판결

'군검찰', '육군 법무실', '육군 검찰'이라는 표시가 육군본부 검찰부 집단 내 개별구성원을 지칭하는지가 문제되었다. 대법원은 "이 사건 기사에 나타난 명예훼손의 내용은 '육군 검찰'에 속한 특정인에 대한 것이라고 보기 어렵고, '육군 검찰'이라는 집단표시에 의한 비난이 그 소속 구성원에 이르러서는 비난의 정도가 희석되어 구성원 개개인의 사회적 평가에 영향을 미칠 정도에 이르지 못함으로써 그 구성원에 대한 명예훼손이 성립되지 아니하였다고 볼 여지가 많다"고 판시하였다.

(3) 긍정된 사례

독일 판례로서 집단적 명예훼손이 긍정된 사례를 본다면 독일의 의사, 변리사 전체, 일정한 시기에 일정한 장소에서 복무한 형사들, 현재 독일에 사는 유대인으로서 나치에 의해 박해받은 자들에 대한 표현행위214)에 관해 집단적 명예훼손이 인정된 바 있다. "군인은 살인자"라고 하는 비난은 집단에 대한 명예훼손이 되지 않지만 제반 정황에 비추어 특정 군인을 대상으로 한 것으로 보이면 그에 대한 명예훼손이 된다.215) 이렇게 집단표시에 의해 행해진 명예훼손이 그 구성원 전원에 대한 명예훼손으로 인정되려면 집단의 구성원이 일반인과 명백히 구별될 수 있도록 집단의 명칭이 특정되어야 하고, 명예를 훼손하는 표현도 집단의 구성원을 모두 지적하는 내용이어야 하고 예외를 인정하는 일반적인 평균판단(Durchschnittsurteil)으로는 부족하다.

서울지방법원(25부) 2000. 10. 18. 선고 99가합95970 판결 [기무사 병역 비리]

1998. 3. 병무청 모병관이 금품을 수수하고 병무 비리를 알선해 왔음이 밝혀진 것을 계기로 병무 비리에 대한 수사가 확대되는 과정에서 기무사 소속 부대원들과 헌병 병과원들이 병무 비리에 연루되어 있음이 확인되기 시작하였다.

피고 방송사는 4차례에 걸쳐 "기무사 소속 현역 장성들이 대거 병무비리에 연루된 것이 밝혀졌다" "뇌물로 1천만원에서 6천만원을 받았다"고 보도한데 이어 A, B, C라는 이니셜을 사용하여 기무사 현역 장성 가운데 3∼4명이 병무 비리에 연루된 것으로 밝혀졌다고 보도하였다. 당시 기무사 현역 장성은 모두 8명에 불과하였다.

기무사의 현역 장성들인 원고들이 피고 방송사를 상대로 제소한 사건에서 법원은 원고들의 손해배상청구와 정정보도청구를 일부 받아들이고, 금지청구는 그 필요성이 인정되지 않는다고 하여 기각하면서 피해자의 특정에 관하여 다음과 같이 판결하였다.

이 사건에서 원고들이 소속된 '기무사 현역 장성'이라는 집단의 소규모성, 직업과 직위를 특정하여 보도한 점 등을 종합하여 보면, 원고들이 생활하는 범위 내의 사람들 사이에서는 위 보도에서 지적한 병무 비리에 관련된 사람들이 원고들일 수 있다고 추지하기에 충분하다고 보여지므로, 위 보도로 원고들 개개인의 명예가 모두 훼손되었다.

---

214) BGHSt 11, 207.
215) BVerfGE 93, 266 (295).

대법원 2000. 10. 10. 선고 99도5407 판결 [여상 교사]

K여자상업고등학교에서는 재단의 비리를 지적하며 학생들이 수업을 거부하는 사태가 발생하였다. 이에 재단측 인사인 피고인은 학교 내 '3.19 동지회' 소속 교사들이 학생들을 선동하여 수업거부를 하게 하였다는 내용의 보도자료를 만들어 기자들에게 배포하였다.

대법원은 위 보도자료에는 피해자의 이름을 직접적으로 적시하고 있지는 않으나, 3.19 동지회 소속 교사들이 학생들을 선동하여 무단하교를 하게 하였다고 적시하고 있고, K여자상업고등학교의 교사는 총 66명으로서 그 중 약 37명이 3.19 동지회 소속 교사들이며, 위 학교의 학생이나 학부모, 교육청 관계자들은 3.19 동지회 소속 교사들이 누구인지 알고 있는바, 3.19 동지회는 그 집단의 규모가 비교적 작고 그 구성원이 특정되어 있으므로 피고인이 3.19 동지회 소속 교사들에 대한 허위의 사실을 적시함으로써 3.19 동지회 소속 교사들 모두에 대한 명예가 훼손되었다고 할 것이라고 판시하였다.

대법원 2003. 9. 2. 선고 2002다63558 판결 [대전 법조비리]

피고 문화방송은 1999. 1. 7.부터 2. 7.경까지 '뉴스데스크' 프로그램에서 18차례에 걸쳐 세칭 '대전 이모 변호사 수임비리 사건'을 지속적이고 반복적으로 보도하면서 검사들이 변호사의 불법로비의 대가로 금품을 수수하고 사건을 부당하게 처리한 의혹이 있다는 취지를 방송하였다. 전·현직 대전지검 소속 검사들은 위 보도에 대하여 피고 문화방송과 취재기자들을 상대로 명예훼손소송을 제기하고 총 11억원의 손해배상을 청구하였다.

대법원은 '대전 지역 검사들'이라는 표시에 의한 명예훼손은 그 구성원 개개인에 대하여 방송하는 것으로 여겨질 정도로 구성원의 수가 적고, 한 달여에 걸친 집중적인 관련 방송 보도 등 당시의 주위 정황 등으로 보아 집단 내 개별구성원을 지칭하는 것으로 여겨질 수 있다고 판시하였다.

대법원 2014. 9. 4. 선고 2012도13718 판결 [종교 비판]

"우리 헌법이 종교의 자유를 보장함으로써 보호하고자 하는 것은 종교 자체나 종교가 신봉하는 신앙의 대상이 아니라, 종교를 신봉하는 국민, 즉 신앙인이고, 종교에 대한 비판은 성질상 어느 정도의 편견과 자극적인 표현을 수반하게 되는 경우가 많으므로, 타 종교의 신앙의 대상에 대한 모욕이 곧바로 그 신앙의 대상을 신봉하는 종교단체나 신도들에 대한 명예훼손이 되는 것은 아니고, 종교적 목적을 위한 언론·출판의 자유를 행사하는 과정에서 타 종교의 신앙의 대상을 우스꽝스럽게 묘사하거나 다소 모욕적이고 불쾌하게 느껴지는 표현을 사용하였더라도 그것이 그 종교를 신봉하는 신도들에 대한 증오의 감정을 드러내는 것이거나 그 자체로 폭행·협박 등을 유발할 우려가 있는 정도가 아닌 이상 허용된다고 보아야 한다."

V. 명예훼손의 주체

1. 개인, 미디어, 국가기관

명예훼손을 할 수 있는 주체는 크게 개인, 미디어, 국가기관으로 분류할 수 있다. 이들은 명예훼손 소송에서 피고가 되는 자이며 소송법상으로 당사자적격을 가져야 한다는 점 이외에는 특별한 제한이 없다.

명예훼손의 주체가 미디어 법인인 경우 취재 및 편집에 관여한 기자나 종사원과 발행인 등의 책임 여하가 문제된다. 언론 보도에 의한 명예훼손 책임은 직접 취재한 기자와 함께 이를 고용한 미디어 기업에 공동으로 귀속된다.216) 또 미디어의 보도에 관한 분쟁은 언론중재위원회에서 다룬다.

국가기관도 명예훼손의 주체가 될 수 있음은 물론이다. 국가가 주체인 경우에는 국가배상법에 의해 직접 행위를 수행한 공무원의 행위가 문제된다.

이들 각 경우 명예훼손의 성부는 위법성 판단부분에서 상술하게 된다.217)

민사상의 명예훼손에서는 직접 명예훼손 행위자뿐 아니라 일정한 경우에는 사용자 책임(민법 제756조)에 의해 행위자 이외에 사용자 또는 기관의 행위에 대해 법인이 손해배상책임 등을 지는 경우가 있다(민법 제35조, 상법 제210조).

법제상 개인의 명예훼손행위와 미디어의 명예훼손행위를 규율함에는 현격하고 분명한 차이가 있다. 특히 형법은 미디어의 명예훼손행위를 염두에 둔 규정을 다수 두고 있으나, 개인의 명예훼손행위에 관해서는 필요한 배려를 베풀지 않고 있다.

예를 들면, 명예훼손의 위법성조각사유로서 명문으로 규정된 형법 제310조는 공익을 위한 경우에만 적용될뿐, 개인이 자신의 사익을 옹호하기 위한 경우에는 적용이 없기 때문에 독일 형법 제193조의 정당한 이익의 옹호 조항이나 영미 보통법상 상대적 특권으로 면책되는 거대한 분야가 처벌이나 제재에 방치되고 있어 특별한 배려를 요한다. 대법원은 이러한 간극을 메꾸기 위해 단편적으로 정당행위의 법리를 동원하고 있으나, 한계가 있을 수밖에 없다. 저자는 이러한 문제에 대해 각 해당 분야에서 새

---

216) 민법 제756조(사용자의 배상책임) 제1항은 "타인을 사용하여 어느 사무에 종사하게 한 자는 피용자가 그 사무집행에 관하여 제삼자에게 가한 손해를 배상할 책임이 있다"고 규정한다. 따라서 민사상의 명예훼손에 있어서는 직접 명예훼손 행위자뿐 아니라 일정한 경우에는 사용자 책임(민법 제756조)에 의해 행위자 이외에 사용자 또는 기관의 행위에 대해 법인이 손해배상책임 등을 지는 경우가 있다(민법 제35조, 상법 제210조).

217) 후술 제2장 제3절 Ⅲ 2 (3) 참조.

로운 법리의 도입을 주창하고 있다.[218]

2. 표현행위자와 전파자

(1) 서론

표현행위는 진술자 자신의 인식을 표현하는 경우와 타인이 행한 진술을 반복하거나 인용함으로써 행해질 수 있다. 이렇게 구별되는 주장행위와 전파행위는 모두 헌법상 보호되는 표현의 자유에 포함된다.[219] 그와 마찬가지로 표현행위가 자신의 인식을 주장하는 것이든 타인의 말을 전파하는 것이든, 그것이 타인의 법적으로 보호받는 이익 영역을 침해하는 것이면 위법성이 인정됨에 다름이 없고, 주장과 전파는 민사와 형사상의 책임 발생요건에서 원칙상 동일한 법적 의미를 갖는다.

명예훼손행위 역시 그 행위 주체와 관련하여 주장(Behaupten)과 전파(Verbreiten)로 구별될 수 있다. 영미법에서는 이를 원진술(original statement)과 재공표(republication)로 구별한다. 이를 구별하는 실익은 전파자의 법적 책임을 주장자에 비해 완화하는 데 있다. 자신의 생각을 자신의 책임 하에 표현하는 주장에 비하여 타인의 표현행위가 있음을 전제로 그 내용을 있는 그대로 전달하는 행위는 정보의 자유로운 유통에 기여하는 측면이 있으므로 각국의 판례는 특히 미디어에 의한 뉴스 전달의 이익을 위해 주장보다 전파를 더욱 넓은 범위에서 보호한다.[220] 전파에서는 전파 내용이 타인의 법익을 침해하는 것이라 하더라도 정보의 이익, 즉 공공의 알 권리를 위하여 전파자의 책임이 감경 또는 면제되어야 할 필요가 있기 때문이다. 전파에 관한 법적 규율은 미국과 독일에서 서로 다른 관점에서 전개되고 있다.

전파자가 진실의 항변을 제기함에 있어서 부담하는 입증책임에 관하여는 후에 상술하며,[221] 언론 미디어는 공익을 위한 전파자로서 공공의 알 권리를 충족시키기 위해 여러 특권이 부여됨은 후술하는 바와 같다.[222] 이 구별은 인터넷이 보급된 현대의 커뮤니케이션 상황에서 더욱 큰 문제가 된다.

---

218) 후술 제2장 제3절 Ⅰ 3 참조.
219) 헌법에 의해 보호되는 커뮤니케이션 과정에는 타인의 의견이나 사실주장을 그대로 전달하는 것이 포함된다(vgl. BVerfGE 85, 1, 22; BGH 2009. 11. 17. - Ⅵ ZR 226/08).
220) Wenzel, aaO., S. 91ff.
221) 후술 제2장 제4절 Ⅱ 2 (2) 참조.
222) 후술 제2장 제6절 Ⅱ 참조.

(2) 표현행위자

명예훼손의 주체로서 명예훼손의 책임을 지는 자는 원칙적으로 당해 진술을 행한 자이다. 서면에 의하든 구술에 의하든 상관이 없다.

영국 보통법 상 명예훼손의 책임을 지는 자는 원칙적으로 저자(author), 편집자(editor) 또는 발행인(publisher) 등 원래의 공표자(primary publisher)에 한한다. 영국의 1996년 개정 명예훼손법 제1조에 의하면 인쇄물, 영화나 음반 또는 전자매체를 제작, 배포, 판매 등에만 관여한 자, 그리고 라이브 방송 프로그램의 방송사업자 및 인터넷 서비스 프로바이더는 원래 공표자에서 제외된다. 다만, 이들 제2차공표자(secondary publishers)는 ① 명예훼손적 진술의 공표에 관해 합리적인 주의를 다했고, ② 그러한 공표를 야기했거나 기여했음을 알지 못했거나 ③ 그렇게 믿을 하등의 이유가 없음을 입증하면 이른바 부지 전파의 항변(defense of innocent dissemination)을 할 수 있다(동법 제1조 제1항). 미국 판례 역시 명예훼손 책임을 지는 공표자(publishers)와 단순한 전파자(mere "distributors")를 구별하고, 후자에 해당하는 서점, 공공도서관, 인쇄인 및 신문 배포자들은 그들이 전파하는 자료의 명예훼손적 내용을 몰랐거나 알 이유가 없던 경우 책임을 부인한다.223)

그리고 원진술자는 그의 진술을 전파한 타인의 행위에 대해 책임을 지지 않는 것이 원칙이다. 다만, 전파자가 원진술자의 명시적 또는 묵시적 수권이나 동의 하에 그 내용을 전파한 경우, 그리고 합리적으로 보아 그러한 전파가 예상될 수 있거나 원진술의 자연적이고 개연적인 결과인 경우에는 원진술자도 타인의 동일한 전파행위에 대해 책임을 지게 된다.224)

(3) 전파자

제3자의 진술을 인용하는 것은 대표적인 전파행위에 속한다.

타인의 명예훼손적 진술을 인용 전파하는 행위는 원래의 명예훼손과 같은 피해를 야기하지만, 공공의 알 권리에 기여하는 바가 있고, 특히 전문(傳聞) 보도를 주된 업무로 하는 미디어의 경우 원래 명예훼손자보다 더 보호할 필요가 크다. 원래의 명예훼손자 이외에 이를 다시 전파하는 자의 책임에 관해서는 외국의 법제를 살펴볼 필요가 있다.

가. 영미 판례법 – 반복규칙(재공표 책임 규칙)

영미 보통법에서는 표현물의 내용을 알고 전파하는 경우 그 전파자는 원래 표현행위자와 마찬가지로 그 전파 내용에 대한 책임을 지는 것이 원칙이다(이른바 '반복규칙'(repetition rule) 또는 '재공표책임규칙'(republication rule)).225) 그에 따르면 명예훼손적인 진술을 재공표하는 것은 원진

---

223) Cubby, Inc. v. CompuServe, Inc., 776 F. Supp., 135, 139 (S.D.N.Y. 1991).
224) Robert D. Sack, "Common Law Libel And The Press – A Primer"; in James C. Goodale, Communications Law (1985), Practising Law Institute, p. 21.

술과 독립한 별개의 불법행위를 구성한다. 이렇게 영미 보통법에서는 "소문 전달자는 소문 날조자와 마찬가지로 나쁘다(Tale bearers are as bad as tale makers.)"고 하는 법언(法諺)이 적용된다. 이것은 재공표자 자신이 타인의 명예훼손적 진술을 채용한 것으로 평가하기 때문이다.[226) 명예훼손적 내용의 전파자는 그 진술 내용의 진부에 대해 아무 입장 표명을 하지 않았다 하더라도 명예훼손의 책임을 면하지 못한다.[227) 소문이라거나 전재(轉載)라고 명시하거나 원진술자의 신원을 밝혔다 하더라도 책임을 면할 수 없으며, 전파자가 그러한 진술을 믿지 않는다고 표시한 때에도 마찬가지다. 그리고 타인의 명예훼손적 진술을 인용하여 전파한 경우 진실의 항변을 위해서는 인용된 제3자의 진술 내용에 관해 실질적 진실임을 입증하여야 함은 후술하는 바와 같다.

한편, 영미판례법 상 미디어 보도에 있어서는 언론의 자유와 공공의 알 권리를 위해 반복규칙의 구속을 벗어나는 일련의 특권이 인정된다. 엄격한 전파자 책임을 추궁하는 보통법 상의 법리는 언론 미디어의 뉴스 보도에 큰 제약이 되었고, 이러한 사정이 영미의 판례법상 미디어의 보도와 관련한 특권 이론을 낳게 한 것이다. 영미 보통법에서 공무상의 행위나 공적인 절차에 관한 공정하고 정확한 보도에 대하여는 명예훼손적 내용이 포함되어 있더라도 이를 면책하는 '공정보도의 특권'(fair report privilege)이 일반적으로 인정된다.[228) 또 일반적으로 ① 보도된 진술이 공공의 논쟁에 관련된 것이고, ② 공직자나 공적 인물이 ③ 다른 공직자나 공적 인물에 관하여 진술한 내용을 ④ 정확하고 사심이 없이 보도한 경우에는 명예훼손 책임을 면책시키는 이른바 '중립보도의 면책특권'(privilege of neutral reportage)이 인정되고 있다.[229)

나. 독일 법제 - 전파자 책임

독일의 학설과 판례는 주장(Behaupten)과 전파(Verbreiten)를 구별하되, 양자에 대하여는 원칙상 동일한 법적 책임이 추궁된다고 한다. 다만, 독일의 학설은 전파의 단계나 전파에 기여하는 태양에 따라 '지적인 전파'(intellektuelles Verbreiten)와 단순한 '기술적 전파'(technisches Verbreiten)로 구분하고,[230) 그 책임을 차별화하고 있다.

1) 지적인 전파

지적(知的)인 전파란 타인의 표현내용을 지적으로 인식하고 그 정신적 의미를 전달하는 것을 말하는데, 그 대표적인 예는 타인의 주장을 인용(引用)하여 표현하는 경우이다. 지적인 전파는 주장과 다를 바 없는 영향력을 갖는다는 점에서 원칙상 주장과 같은 법적 효과가 주어진다. 즉 전파자가 전파 내용을 자신의 의견 또는 인식으로 채용한 경우에는 그에 관해 주장자와 같은 책임을 지게 된다. 인쇄매체의 경우 타 신문에 보도된 주장 내용을 출처 표시 없이 그대로 전재 보도하는 경우에는 자신의 주장으로 간주되며, 자신의 생각을 확인하기 위해 인용을 하는 경우에도 그 인용 내용의 주장이 있는 것으로 해석될 수 있다.

225) Restatement (Second) of Torts § 578 (1977).
226) Robert D. Sack and Sandra S. Baron, Libel, Slander, and Related Problems, 2nd Ed. Practising Law Institute (1994), p. 361-365.
227) Sack, supra., p. 20.
228) 후술 제2장 제6절 Ⅱ 2 참조.
229) 후술 제2장 제6절 Ⅱ 3 참조.
230) Wenzel, aaO., S. 92f., 389.

BGH 1996. 1. 30. - Ⅵ ZR 386/94 - "Der Lohnkiller"

피고가 대상 표현행위를 제3자인 증인의 진술로 명시하여 인용하였다는 것만으로는 그 인용내용에 대한 책임을 면하지 못한다. 그 경우 제3자의 타인에 관한 폄훼적 사실주장을 인용형식으로 전파하는 자는 그 인용 내용에 대해 진지하게 절연하지 않았거나, 그 내용이 여러 의견을 종합한 자료의 하나에 불과하다는 점을 알게 하지 않은 경우에는(BGH vom 20. Juni 1969 - Ⅵ ZR 234/67) 타인의 인격권을 침해할 수 있다. 또 그 진술 내용의 진실입증이 불가능한 경우 피고가 책임을 면하려면 그 전파 이전에 충분하게 진실내용에 관해 조사를 하여 진실이라고 믿음에 상당한 이유가 있어야 한다.

한 도시의 조직범죄 실태를 고발하기 위해 경찰 책임자와 성매매업자 간의 유착 관계를 폭로하는 증인의 증언을 보도하는 경우 그 진술이 경찰책임자인 원고의 인격의 핵심을 타격하는 주장이었음에도 사전에 원고의 의견을 듣지 않고 그의 실명을 거명하여 전파하는 것은 정당화될 수 없다.

인용자가 원주장자의 주장내용에 의한 책임을 회피하려면 전파된 주장이 자기의 생각과 다르다고 유보하거나 절연하는 것(Distanzierung)이 바람직하다. 이 절연의무에 관하여 유럽인권재판소는 전파자가 방송미디어인 경우 특히 라이브방송의 경우 이를 현저히 완화하는 판례를 내고 있다.[231] 그러나 항의 보도, 풍문 보도, 가십 보도의 경우에는 유보 여하에 불구하고 책임을 부담할 가능성이 커진다. 특히, 공개가 허용되지 않는 인격 영역(내밀영역, 비밀영역 또는 사사적 영역)에 관한 사항을 대상으로 한 경우에는 그것이 주장이든 전파이든 불문하고 위법성을 띤다.

신문이 제3자의 진술을 자신의 것으로 보도한 경우에는 그 제3자와 같은 책임을 부담하지만,[232][233] 타인의 진술이 있음을 전제로 이를 전파하는 행위는 공공의 알 권리에 기여하는 바가 있으므로, 그 책임이 완화된다. 따라서 타인의 명예훼손적 진술을 단순히 그대로 전달할 뿐, 자신의 평가나 입장을 덧붙이지 않는 경우 또는 전파자(미디어)가 의견의 시장에 등장하는 여러 의견 중 하나로서 타인의 진술을 인용하는 경우에는 그 진실 증명 의무가 완화된다.

2) 기술적 전파

기술적(技術的) 전파란 전파 내용의 정신적 의미와는 무관하게 전파 과정에 단지 기술적·도구적으로만 관여함을 의미한다. 인쇄인은 물론이고 인쇄물의 배포에만 관여하는 수송인과 배달원, 서적상, 가판점 등이 여기에 포함된다. 방송의 경우 송출에만 관여하는 기술자는 물론 제시된 문언을 단지 읽기만 하는 아나운서도 여기에 해당한다. 이러한 경우 전파자는 문서의 내용에 대해

---

231) ECHR 1994. 9. 23, Jersild v. Denmark: "특히, 방송의 경우 제3자를 모욕하거나 도발하고 그들의 명예를 훼손하는 인용의 내용에 대해 기자로 하여금 정규적으로, 그리고 형식적으로 절연할 것을 요구하는 것은 시사적 사건을 보도하고 의견과 사상을 전달할 언론의 과업과 양립하지 않는다."

232) "전파자가 제3자의 표현행위를 전달하면서 이를 승인 찬성하는 등 그것이 자신의 표현행위로 보이게 하는 경우에는 전파자 역시 원진술자와 같은 책임을 지게 된다."(BGH 1976. 4. 6. - Ⅵ ZR 246/74 - "Der Fall Bittenbinder").

233) BGH 1996. 1. 30. - Ⅵ ZR 386/94 - "Der Lohnkiller": "타인의 명예를 훼손하는 제3자의 진술을 인용하여 전파하는 경우 그 전파자가 그 인용 내용에 대해 진지하게 절연하지 않았거나, 그 전파 내용이 - 의견의 시장에서와 같이 여러 측면의 표현행위와 입장이 종합되고 대조되는 - 의견분포의 종합자료(Dokumentation des Meinungsstandes)의 단순한 일부가 아니면(BGH 20. Juni 1969 - Ⅵ ZR 234/67), 피해자의 인격을 침해한다."

서 책임을 지게 할 수 없다.

이와 같이 특별한 사유가 없는 한 이들 인쇄인이나 판매기업에 대한 손해배상청구권은 인정될 수 없고, 정정청구권의 상대방이 될 수 없다. 그러나 표현물이 위법한 것으로 판명된 이상 그것을 배포하는 것이 금지되는 것은 당연하므로 위법한 표현물의 인쇄인과 도매업자, 서적상, 가판업자 등 배포자는 피해자의 배포금지 등 부작위청구권에 대한 책임을 피할 수 없다. 법익에 대한 장애를 야기하였거나 침해의 우려가 있는 행위를 하는 모든 자는 귀책사유의 유무와는 무관하게 방해자로 간주되게 되기 때문이다.[234]

도서관도 전파의 책임을 면하지 못하므로 불법적인 내용의 서적은 원칙적으로 열람되거나 대출되어서는 아니 된다.[235] 도서관이 위법하다고 선언된 소장 서적을 수십년 후에도 대출하게 되면, 망각된 허위가 되살아나게 되고, 특히 언론이 보도의 목적으로 허위 내용의 서적 또는 기타 불법적인 내용의 서적을 차용하는 경우에는 심각한 침해를 결과할 수 있다.

물론 사서(司書)에게 재고도서와 구입도서 전부에 대하여 전반적이고 독자적인 심사의무를 기대할 수는 없다. 그러나 부작위를 명하는 판결 또는 저자나 발행인으로부터 부작위 약속을 받은 자는 이들 문서 등을 도서관에 송부하여 사서에게 대출의 중지를 청구할 수 있다. 그 법적 의무의 이행을 위해 사서가 불법적인 내용의 서적을 감추도록 요청할 수도 있는데, 독일에서는 이를 위하여 도서관에 이른바 유독서가(有毒書架, Giftschrank)를 설치한다고 한다.[236] 그 법적 의무는 대부분의 경우 형사적인 의무이지만 민사적인 의무일 수도 있다. 서적의 일부만이 위법한 경우에는 그 부분을 분리하거나 말소하는 방법이 고려된다. 연구 기타 학문적인 목적이 증명되어 해당 작품의 열람 청구를 허용하는 경우에도 도서관에 전달되어 온 부작위[금지] 판결 또는 부작위 선언을 함께 보여줘야 한다.[237]

3) 인터뷰 내용의 전파

헌법상 타인의 의견이나 사실주장을 전달하는 것도 표현 및 언론의 자유에 의해 보호되지만, 인터뷰 기사에서 피회견자의 제3자에 대한 명예훼손적 진술을 보도한 언론의 책임을 판단함에는 유의할 점이 있다. 첫째, 유럽인권재판소 판례에 의하면 인터뷰에 근거한 언론보도에 있어서는 기자의 의견과 인용된 피회견자의 말을 구별해서 판단해야 하고, 특별한 사유가 없는 한 제3자의 명예를 훼손하는 인터뷰내용에 관한 책임을 기자에게 지워서는 안된다고 한다.

BGH 2009. 11. 17. - Ⅵ ZR 226/08 인터뷰 내용의 책임

헌법에 의해 보호되는 커뮤니케이션 과정에는 타인의 의견이나 사실주장을 그대로 전달하는 것이 포함된다(vgl. BVerfGE 85, 1, 22). 인터뷰의 게재 역시 미디어 이용자의 특별한 정보이익을 충족한다. 물론 그 경우 언론은 원칙적으로 넓은 범위에서 뉴스와 주장을 그 재현 전에 그 진실내용에 관해 심사해야 한다. 그러한 주의의무는 언론에 무한정 요구될 수 없고 자유로운 커뮤니케이션 과정에 위축을 줄 정도로 과도한 진실의무가 설정될 수 없다. 특히 타인의 주장을 단순히 타인의 주장으로 전파하는 자에게 자신의 주장을 표현하는 경우와 같

---

234) Wenzel, aaO., S. 524.
235) Wenzel, aaO., S. 395.
236) Wenzel, aaO., S. 395.
237) Wenzel, aaO., S. 396.

은 정도의 의무를 부담시켜서는 안된다.

제3자의 명예훼손적 인터뷰 내용을 보도한 신문은 그 제3자의 진술을 자신의 표현으로 삼지 않은 경우 피해자의 금지청구권의 피청구인이 될 수 없다. 즉 타인의 진술을 단순히 그대로 전달할 뿐, 자신의 평가나 입장을 덧붙이지 않는 경우가 그에 해당한다. 또 보도의 외적 형태로부터 오직 타인의 표현행위가 자신의 평가나 입장 없이 전달되는 것이 드러날 수 있다. 언론보도의 경향을 모아 매체별로 추려 보도하는 경우가 그렇다.

그러나 신문이 제3자의 진술을 자신의 것으로 보도한 경우에는 그 제3자와 같은 책임을 부담한다. 여기서 타인의 표현행위를 자신의 생각으로 재현한다 함은 편견 없는 평균 독자에게 전파자가 타인의 표현내용에 찬동하여 이를 재현한다고 인식되는 경우를 말하며, 그러한 취지는 명시적으로뿐 아니라 행간에 숨겨져 행해질 수도 있다.

타인의 표현행위를 자신의 사고과정에 편입하여 전체 표현행위가 자신의 것으로 보이는 경우 또는 인터뷰의 경우에도 질문자 자신의 사실주장과 나란히 상대방의 대답이 넣어져 그것이 옳다는 증빙으로만 작용하게 되는 경우에는 전파자가 제3자의 진술을 자신의 것으로 표현하는 것으로 인정될 수 있다.

둘째, 피회견자의 진술 내용에 제3자의 명예를 훼손하는 내용이 있는 경우 미디어는 원칙적으로 그 진실 여부에 관해 심사할 의무가 있지만, 편집에 시간이 주어지는 인쇄매체의 경우와 달리 방송매체의 특히 라이브방송 포맷의 프로그램에서는 그 조사 확인의무가 현저히 감경된다.

BGH 1976. 4. 6. - Ⅵ ZR 246/74 - "Der Fall Bittenbinder"

이 판결은 방송 프로에 포함된 제3자의 명예훼손적 진술에 관한 방송사의 책임에 관해 상세하게 판시하고 있다.

방송사와 기자들은 방송프로에서 보도된 제3자의 명예훼손적 표현행위에 관해 언제나 방해자 또는 가해자로서 청구권의 상대방이 되는 것이 아니다. 특히, 생방송으로 진행된 방송토론의 경우 방송사는 여러 견해와 사조(思潮)의 시장으로서 그 여러 표현행위의 단순한 전파자에 머물게 된다. 이 경우 방송사가 그 각 표현행위의 원래 저자와 함께 또는 그를 대신하여 청구권의 상대방이 될 수 있다면 그것은 미디어의 본질과 기능에 반하게 될 것이다. 방송과 TV의 가장 중요한 임무는 다양한 의견에 표현의 기회를 부여하고 소수파도 발언할 수 있게 돕는데 있고; 이러한 가능성을 보장하기 위해 헌법상 표현자유 조항에 의해 방송의 자유가 헌법적으로 보장되는 것이다. [이 경우 피해자는 그 제3자의 명예훼손적 진술에 관해 방송사에 취소, 정정이나 손해배상을 구할 수 없고, 다만 그 제3자를 상대로 이들 청구권을 행사하여 그 결과에 따라 방송사에 적절한 피해회복 조치를 요구할 수 있을 뿐이다.]

이렇게 명예를 침해하는 해당 표현행위를 자신이 하지 않고, 단지 전파하거나 허용하면서 자신의 것으로 하지 않은 자는 타인이 행한 표현행위로부터 물러날 것을 요구받을 수 있을 뿐, 취소가 요구될 수는 없다. 자신이 하지 아니한 것을 취소할 수 없을 뿐 아니라, 더욱이 취소는 최후의 구제수단으로서 피해자의 이익이 다른 방도로 충분히 충족될 수 없는 경우에만 투입될 수 있는 것이기 때문이다.

그러나 전파자가 제3자의 표현행위를 전달하면서 이를 승인 찬성하는 등 그것이 자신의 표현행위로 보이게 하는 경우에는 전파자 역시 원진술자와 같은 책임을 지게 된다. 이렇게 방송에 의해 송출된 제3자의 표현행위를 방송사의 표현행위로 인정함에는 신중해야 한다. TV가 명시적으로 절연함이 없이 제3자의 표현행위를 송출한다는 것만으로 방송이 자신을 그와 합치시키는 것이 아니다. 또 그러한 표현행위가 방송프로에서 중요한 비중을 가지며, 대상이나 내용 때문에 그 비판이 특별한 관심을 불러일으킨다는 이유만으로도 방송사의 표현행위로 간주되지는 않는다. 송출기술상의 배려로 생방송이 아니라 주로 편집되어 송출된다는 사정 역시 언제나 결정적인 것은 아니다. 방송에서 발언하는 인물이 영상이나 음악이 곁들여져 부각되는 경우에도 고지되는 의견은 그 인물의 의견일 뿐 방송 편집부의 의견으로 보지 않는 것이 보통이다.

비판적 포맷의 TV매거진 프로에 편입된 제3자의 명예훼손적 진술에도 같은 법리가 적용된다. 예를 들어, 자체가 비판적으로 이해되는 TV매거진 프로에 제3자의 비판적 표현행위가 삽입되는 경우 그 취지가 그 비판 대상을 역시 비판적으로 다루기 위한 것이었다면, 설사 그 프로의 경향이 제3자의 표현행위와 유사한 방향을 지향하는 것이라 할지라도, 그것이 바로 방송사 자신의 표현행위로 간주되지 않는다. 방송은 통제 및 정보임무를 이행한다는 점에 비추어 이러한 포맷의 방송은 그 프로에 참여하거나 인터뷰에 대답하는 제3자의 진술 그 자체가 공공에게 알려지도록 방송을 수단으로 표현하는데 도울 뿐이다.

그러나 그러한 비판적 표현행위가 방송사 자신의 비판적 입장표명 속에 편입되어 그 프로 전체가 방송 자신의 비판으로 나타나는 경우, 토론 참가자와 인터뷰 상대방의 표현행위는 동시에 피고의 표현행위라고 간주될 수 있고, 방송사는 피해자의 취소청구 및 부작위 청구의 상대방이 될 수 있다.

유럽인권재판소는 라이브방송 프로에서 그에 참가한 제3자의 명예훼손적 발언 내용에 방송사나 방송 기자의 책임을 지우는데 신중한 입장을 취한다.

ECHR 2007. 7. 5. Lionarakis v. Greece, 라이브 방송에서 피회견자의 발언

그리스의 대외정책에 관해 논의하는 방송프로에 초청된 한 기자는 방송 대담에서 과거에 선거 입후보 경력이 있는 변호사(피해자)에 관해, 그는 '소란스런 언론 범죄자'이며 … 신경증적인 가짜 애국자라는 취지로 진술하였다. 그 변호사는 방송사, 방송인, 대담 기자 3인을 상대로 손해배상 소송을 제기하였고, 그리스법원은 방송인에게 161,408유로의 배상을 명하였다 (후에 41,067유로로 감액하기로 화해됨).

내국법원에서 패소한 방송인의 청원에 의해 유럽인권재판소는 그 제3자 기자의 모욕적·폄훼적 진술은 사실적 근거가 있는 가치판단이었다고 보았다. 또 재판소는 이 가치판단이 정치적 타입의 프로그램에서 라이브로 방송되는 동안 구두로 표현되었고, 그 프로는 참여자를 초청하여 자유 토론 방식의 포맷을 취한 것이기 때문에 통상적인 명예훼손적 발언의 경우와 달리 취급되어야 함을 강조하였다. 재판소는 제3자를 가해하거나 폄훼할지 모를 진술의 내용으로부터 기자가 체계적으로 형식적으로 거리를 두어야 한다고 요구하는 것은 현안 사건, 의견 및 사상에 관해 정보를 제공하는 언론의 역할과 양립할 수 없다는 점을 반복 언급하였다.

(4) 한국 판례

우리 판례에는 사례가 없으나, 영국 명예훼손법에서 명시된 원래 표현행위자/제2차적 표현행위자의 구별 및 독일법제상 지적인 전파/기술적 전파의 법리가 우리에게도 적용될 수 있음에는 큰 문제가 없다.

대법원은 타인의 명예훼손적 진술을 인용(引用) 또는 전문(傳聞) 보도한 경우 "명예훼손에 있어서의 사실의 적시는 그 사실의 적시자가 스스로 체험한 것으로 적시하던, 타인으로부터 전문한 것으로 적시하던 불문한다"[238]고 판시하여 영미의 반복규칙 내지 재공표 책임 규칙과 같은 입장을 취한다.[239] 나아가 대법원은 인용보도 또는 전문보도의 경우 진실의 항변으로서 입증할 사실은 인용된 내용에 적시된 사실이라고 판시하며,[240] 상당성 항변의 경우에도 같은 입장을 취하고 있다.

그러나 이러한 법적 처리만으로는 전문보도를 특징으로 하는 언론보도를 위해 충분한 보장이 될 수 없다. 영미법상 판례로 정립된 공정보도의 특권이나 중립보도의 특권을 제한적으로 도입할 필요가 있음은 후술하는 바와 같다.[241] 즉 영미의 보통법은 공식적·공개적 절차에 관한 공정하고 정확한 보도에 명예훼손적 진술이 포함된 경우 반복규칙의 예외로서 공정보도의 특권을 인정하고, 그 진술의 진실 입증의무를 면제한다. 또 제3자가 그러한 말을 했다는 점 자체에 공공의 알 이익이 존재하는 경우[242]

---

238) 대법원 1985. 4. 23. 선고 85도431 판결.

239) 판례는 사실을 직접적으로 표현하는 경우뿐 아니라 타인의 말을 인용하는 방법으로도 사실적시가 행해질 수 있다는 입장을 내고 있다. "사실의 적시는 사실을 직접적으로 표현한 경우는 물론 소문이나 의혹 등을 인용하는 방법으로 단정적인 표현이 아닌 전문(傳聞) 또는 추측을 통해 표현 전체의 취지로 보아 그러한 사실의 존재를 암시함으로써 독자들로 하여금 그 사실의 존재를 인식할 수 있게 하는 경우에도 인정된다."(대법원 2003. 8. 19. 선고 2001다3214 판결). 또 서울고등법원 2001. 5. 31. 선고 2000나11081 판결은 소문이나 의혹에 관한 보도가 인용보도 형태로 이루어지는 경우, "전파도 주장과 마찬가지로 전파내용에 따라 책임을 지는 것이 원칙이고, 특히 언론매체에 의한 전파는 오히려 원진술에 신빙성을 더하여 주고 더욱 큰 피해를 야기하는 것"이며, "사소한 효과밖에 없는 개인의 진술을 수많은 독자에게 확대 배포하는 전파자에 대하여는 원진술자와는 별도의 명예훼손 책임이 성립될 수 있고, 소문이라고 명시하고 원진술자의 신원을 밝혔다는 것만으로는 책임을 면할 수 없다."고 판시하였다.

240) 대법원 2008. 11. 27. 선고 2007도5312 판결 [성욕설 전문보도].

241) 공정보도의 특권에 관하여는 후술 제2장 제6절 II 2 (5), 중립보도의 면책특권에 관하여는 후술 제2장 제6절 II 3 (4) 참조.

242) 미국 판례법 상 중립보도의 면책특권(neutral reporting privilege)에 의하면 일반적으로 ① 보도된 진술이 공공의 논쟁에 관련된 것이고, ② 공직자나 공적 인물이 ③ 다른 공직자나 공적 인물에 관하여 진술한 내용을 ④ 정확하고 사심이 없이 보도한 경우에는 명예훼손 책임이 면제된다(Edwards v. National Audubon Society, Inc., 556 F.2d 113, cert. denied, 434 U.S. 1002 (1977)). 대법원 1998. 10. 27. 선고 98다9892 [한통노조 대 박홍 사건]: 이 사건에서 피고 박홍은 한국통신 노조원들의 북한조종설을 언급해 원고들의 명예를 훼손했으나 이를 논평없이 인용보도한 중앙일보의 기사는 진실한 보도로서 위법성이 없다고 판단되었는데, 판결이유에 명시적으로 설시되지는 않았으나 중립보도의 면책특권을 적용한 것으로 볼 수 있는 전형적 사례에 해당한다.

인용자의 생각도 그렇다는 점을 인식하게 하지 않은 경우에는 면책될 수 있다.

Ⅵ. 명예훼손의 객체 - 피해자적격

1. 개관

민법상 법인격을 갖는 주체이면 명예훼손의 객체가 될 수 있고, 피해자로서 그 제도의 보호를 받게 됨은 당연하다. 자연인으로서 살아있는 인간이라면 예외 없이 명예훼손의 대상이 된다. 나이나 정신상태 또는 육체적인 상태와는 무관하다. 어린이 및 책임무능력자도 명예훼손의 대상이 된다. 사자에 대한 명예훼손은 별도의 고찰을 요한다.

법인도 원칙상 명예훼손의 객체가 될 수 있고, 명예훼손제도의 보호를 받을 수 있다. 법인격 없는 단체에 관해서는 특별한 논의가 필요하다.

피해자적격의 문제와 위법성 판단을 위해 법익형량을 하는 경우 피해자의 지위 문제는 구별되어야 한다(후술).

2. 사자(死者)

인격권은 일신전속적(一身專屬的)이기 때문에 죽은 사람은 명예를 가질 수 없고, 따라서 고인(故人)은 명예훼손될 수 없다. 다만, 우리 형법 제308조는 "공연히 허위의 사실을 적시하여 사자의 명예를 훼손한 자"를 처벌하고 있으므로 민사에 있어서도 이러한 경우에 불법행위가 인정되어야 함은 물론이다.243)

그 경우에는 누가 그 손해배상청구권의 주체가 되는가에 관하여 문제가 있다. 형사에 있어서는 사자의 친족 또는 자손이 고소권자로서 명시되고 있지만(형사소송법 제227조), 그러한 규정이 없는 민사의 경우에는 유족이 사자에 대하여 가지는 경모감정(敬慕感情) 또는 유족의 명예가 침해되는 경우에 한하여 불법행위가 성립되며, 그 피해자 자신이 손해배상청구권을 행사하게 된다. 다만, 생시에 이미 불법행위가 이루어진

---

243) 일본 판례도 사자에 대한 인격권침해에 관하여 ① 사자에 대한 명예훼손이 친족 또는 그 자손의 사자에 대한 경애추모(敬愛追慕)의 정 등 인격적 이익을 침해하는 경우와 ② 사자의 명예를 훼손함으로써 그에 의해 근친자의 명예를 훼손하게 되는 경우를 나누어 그 구제를 인정하고 있다(村上孝止, "名譽プライバシ - 判例の動向", ジュリスト No. 959(1990. 7. 1.), 50면 이하 참조).

경우에는 그에 대한 위자료청구권도 상속될 수 있을 것이다.

2005년 개정된 언론중재법 제5조 제3항은 과거에 의문시되던 사자(死者)의 인격권
도 보호됨을 명시하고, 그 행사주체와 행사기간을 새로이 규정하여 이러한 문제를 입
법적으로 해결하고 있다. 동조에 의하면 사자의 인격권 행사가 허용되는 기간은 사망
후 30년간이다(동법 제5조 제3항 단서).

사자의 인격권을 행사할 주체에 관하여 동법은 "사망한 자에 대한 인격권의 침해
가 있거나 침해할 우려가 있는 경우에 이에 따른 구제절차는 유족이 대행"하며(동법 제
5조 제3항 본문), "유족의 범위는 다른 법률에서 특별히 정함이 없으면 사망한 자의 배우
자와 직계비속(直系卑屬)에 한하되, 배우자와 직계비속이 모두 없는 때에는 직계존속이,
직계존속도 없는 때에는 형제자매로 하며, 동순위의 유족이 2인 이상 있는 경우에는
각자가 단독으로 청구권을 행사한다"(동법 제5조 제4항)고 규정한다. "사망한 자에 대한
제2항의 인격권침해에 대한 동의는 제4항의 규정에 의한 동순위 유족의 전원의 동의
가 있어야 한다"(동법 제5조 제5항).

3. 법인

법인이 명예훼손의 객체가 될 수 있음에는 이론이 없다.[244] 우리 판례는 법인의
목적사업 수행에 영향을 미칠 정도로 법인의 사회적 명성, 신용을 훼손하여 법인의 사
회적 평가가 침해된 경우에는 그 법인에 대하여 불법행위를 구성한다고 한다.[245] 법인
이면 그 법적인 형태 여하를 불문한다. 따라서 물적 회사, 인적 회사, 공법상의 법인,
사단법인, 재단법인 등은 명예훼손의 보호를 받는다.

> **대법원 1997. 10. 24. 선고 96다17851 판결**
>
> "민법 제764조에서 말하는 명예라 함은 사람의 품성, 덕행, 명예, 신용 등 세상으로부터 받
> 는 객관적인 평가를 말하는 것이고 특히 법인의 경우에는 그 사회적 명예, 신용을 가리키는
> 데 다름없는 것으로 명예를 훼손한다는 것은 그 사회적 평가를 침해하는 것을 말하고 이와
> 같은 법인의 명예가 훼손된 경우에 그 법인은 상대방에 대하여 불법행위로 인한 손해배상과

---

244) 독일의 판례는 법적 대표자나 직원에 의해 행동하는 법인도 스스로 권리주체로서 그의 법적 지위가
    침해받는 때에는 부작위[금지]청구권을 행사할 수 있다고 하며(BGH 2005. 11. 22. – Ⅵ ZR 204/
    04), 공법상 법인(가톨릭 대주교구)도 자신에 대한 공격에 대해 민법상 명예권이 인정된다고 한다.
    공법상 법인은 인격적 명예나 자연인으로서 일반적 인격권을 향유하지는 않지만, 교회의 영혼 구제
    업무와 신앙의 전파 및 대변 등 그의 공적 임무와 관련된 것이면 명예보호를 위한 부작위청구권이
    인정될 수 있다고 한다(BGH 1982. 6. 22. – Ⅵ ZR 251/80; BGH 2005. 11. 22. – Ⅵ ZR 204/04).
245) 대법원 1996. 6. 28. 선고 96다12696 판결, 대법원 1999. 10. 22. 선고 98다6381 판결, 대법원 1997.
    10. 24. 선고 96다17851 판결 등 참조.

함께 명예회복에 적당한 처분을 청구할 수 있고, 종중과 같이 소송상 당사자능력이 있는 비법인사단 역시 마찬가지이다."

그러나 주식회사의 이사회 또는 사립학교와 같이 법인의 기관에 불과하거나 법인이 운영하는 시설은 독자적인 법인격을 갖지 못하므로 명예의 주체가 될 수 없다. 따라서 사립학교를 비방한 경우에는 사립학교를 운영하는 학교법인이 소를 제기할 수밖에 없고, 주식회사의 이사회를 비방한 경우에는 회사 자신이 그 명의로 소를 제기하여야 한다. 다만, 단체의 임원들에 대한 명예훼손이라 할지라도 그 내용이 임원들의 업무에 관련된 것으로서 그 단체에 대한 사회적 평가를 저하시키기에 족한 경우에는 그 단체의 명예나 신용 또한 손상되었다고 볼 수 있는 경우가 있다.

> 대법원 2004. 11. 12. 선고 2003다69942 판결
> "피고가 적시한 허위의 사실이 원고 [어촌계]의 임원들에 관한 것이라고 하더라도 이는 원고의 임원들이 업무와 관련하여 활어납품업체의 업주들로부터 금품을 수수하거나 술대접을 받았다는 것으로서 원고의 업무처리에 관한 불신을 불러일으켜 원고에 대한 사회적 평가를 저하시키기에 족한 것이므로 원고의 명예나 신용 또한 손상되었다고 봄이 상당하다고 할 것이다."

4. 기타 단체

법령상 법인격을 갖지 못하는 여타의 단체에 대하여 명예훼손의 피해자적격을 인정할 것인가에 관하여는 별도의 고찰을 요한다. 민사소송법에 의하면 법인격이 갖추어지지 않은 비법인사단이나 비법인재단도 대표자 또는 관리인이 있는 경우에는 그 사단이나 재단의 이름으로 당사자가 될 수 있기 때문에(민사소송법 제52조) 명예훼손의 피해자 적격이 인정됨에 이론이 없다.

(1) 피해자적격이 인정되는 경우

그 밖에 인적 사단(社團)은 법적으로 승인받은 사회적 임무나 기능을 이행하는 것으로서 통일적인 의사를 형성할 수 있으면 명예훼손의 객체가 될 수 있다.[246) 따라서 민법상의 법인으로서의 요건을 갖추지 못하여 법인격이 인정되지 않더라도 정당, 노동조합,[247) 종중(宗中),[248) 성균관[249) 또는 동창회 등과 같이 규약과 대표자가 있고 대

---

246) Wenzel, aaO., S. 190.
247) 서울고등법원 1998. 1. 21. 선고 97나23466 판결[한통노조 대 박홍].
248) 대법원 1990. 2. 27. 선고 89다카12775 판결("대동보(大同譜)에 분파(分派)된 일파 종중을 누락시킨 경우에는 종중에 대한 명예훼손이 성립한다"). 대법원 1997. 7. 9.자 97마634 결정("특정 종중의 시

외적으로 통일된 의사 아래 행동하는 이른바 비법인사단(非法人社團)은 명예의 주체가
될 수 있다.250) 사단법인의 하부조직의 하나라 하더라도 스스로 위와 같은 단체로서의
실체를 갖추고 독자적인 활동을 하고 있다면 사단법인과는 별개의 독립된 비법인사단
으로 보게 된다.251)

(2) 피해자적격이 인정되지 않는 경우

법적으로 승인받은 기능이 없는 단순한 사교클럽이나 식사모임과 같은 사교상의
모임은 그 자체로서 명예훼손의 대상이 되지 않는다. 그러나 그에 대한 부당한 비판은
'집단표시에 의한 명예훼손'(Kollektivbeleidigung)이 될 수 있으며, 따라서 그 구성원 각자
의 이름으로 명예훼손의 제소가 가능하다.

법관 전체, 변호사 전체와 같이 한 직업계 자체가 명예훼손의 대상이 될 수 있는
가 여부는 다투어지고 있다. 그 결정기준은 통일적인 의사형성이 가능한가의 여부에
있다. '경찰' 전체는 명예훼손될 수 있는 인적 종합체가 아니다. 한정된 인적 범위를 인
식하기 어렵기 때문에 집단적 명예훼손도 문제되지 아니한다. 그러나 명예훼손의 기
초가 되는 비난이 장소적 또는 인적으로 한정될 수 있는 경찰관의 그룹에 관계되는 경
우에는 사정이 다르다.

가족 자체가 독자적인 인격권을 갖는가, 그리고 명예훼손의 대상이 될 수 있는가
도 문제이다. 특별한 사정이 있는 경우에는 한 가족구성원에 대한 명예훼손은 다른 가
족의 명예에 대한 침해를 가져올 수도 있다. 예컨대, 한 청년의 범죄사건보도가 동시
에 그 친권자의 교육의무해태라고 하는 비난을 포함하고 있는 경우라든가, 한 남자에
대해서 매춘부와 결혼했다고 비난하는 경우와 같이 기혼자에 대한 명예훼손이 그 배
우자의 인격상에 대하여 좋지 못한 상상을 갖게 하는 경우가 그러한 경우이다. 배우자
가 그 주장에 의해 피해를 입었다고 느꼈는지의 여부는 결정적인 것이 아니다.

조가 계자(系子, 대를 잇기 위하여 들인 양자)인데 족보(대동보)에 그 시조의 부(父)에게 다른 친자
가 있는 것으로 등록하는 것은 그 종중에 대한 명예훼손이 되지 않는다"), 대법원 2000. 2. 25. 선고
99다12840 판결 [조선왕조 실록] (텔레비전 프로그램에 대한 종중의 반론보도청구가 기각된 사례).
249) 판례는 '성균관'의 피해자 적격성에 관하여 그 설립 연혁과 경위, 대표기관 등의 조직, 존립목적과
활동 등 여러 사정에 비추어 볼 때, 이미 독자적인 존립목적과 대표기관을 갖고 활동을 하는 등 법
인 아닌 사단으로서의 실체를 가지고 존립하여 왔으므로 명예훼손의 피해자가 될 수 있다고 한다
(대법원 2004. 11. 12. 선고 2002다46423 판결).
250) 대법원 1990. 2. 27. 선고 89다카12775 판결, 대법원 1997. 10. 24. 선고 96다17851 판결.
251) 대법원 2003. 4. 11. 선고 2002다59337 판결(사단법인 대한약사회의 산하단체로서 사단법인 대한약
사회 서울시지부 ○○·△△구 분회를 독립된 비법인사단으로 취급함), 대법원 2009. 1. 30. 선고
2006다60908 판결(원고 2004총선시민연대의 산하단체인 원고 대전충남△△△△△△시민연합, 원고
전북△△△△△△시민연합을 별도의 독립적인 비법인사단으로 취급함) 등 참조.

5. 국가 및 지방자치단체

국가 및 지방자치단체가 명예훼손의 피해자로서 자신의 이름으로 제소할 수 있는 가 하는 문제는 논란된다. 영국 보통법(common law)에 의하면 정부에 대한 비판의 자유를 확보하기 위하여 중앙정부는 물론 지방자치단체도 명예훼손의 소를 제기할 수 없다.252)

우리 판례는 형사 명예훼손죄의 경우와 민사상 명예훼손의 불법행위를 구별하여 피해자적격을 논한다. 첫째, 대법원은 정부 또는 국가기관은 형법상 명예훼손죄의 피해자가 될 수 없다고 한다.

대법원 2011. 9. 2. 선고 2010도17237 판결 ['PD수첩' 광우병 보도]

"정부 또는 국가기관은 형법상 명예훼손죄의 피해자가 될 수 없고," "정책 결정 또는 업무 수행과 관련된 사항을 주된 내용으로 하는 언론보도로 인해 공직자에 대한 사회적 평가가 다소 저하될 수 있더라도 보도 내용이 개인에 대한 악의적이거나 심히 경솔한 공격으로서 현저히 상당성을 잃은 것으로 평가되지 않는 한 공직자 개인에 대한 명예훼손이 된다고 할 수 없다."

대법원 2016. 12. 27. 선고 2014도15290 판결

형법이 명예훼손죄 또는 모욕죄를 처벌함으로써 보호하고자 하는 사람의 가치에 대한 평가인 외부적 명예는 개인적 법익으로서, 국민의 기본권을 보호 내지 실현해야 할 책임과 의무를 지고 있는 공권력의 행사자인 국가나 지방자치단체는 기본권의 수범자일 뿐 기본권의 주체가 아니고, 정책결정이나 업무수행과 관련된 사항은 항상 국민의 광범위한 감시와 비판의 대상이 되어야 하며 이러한 감시와 비판은 그에 대한 표현의 자유가 충분히 보장될 때에 비로소 정상적으로 수행될 수 있으므로, 국가나 지방자치단체는 국민에 대한 관계에서 형벌의 수단을 통해 보호되는 외부적 명예의 주체가 될 수는 없고, 따라서 명예훼손죄나 모욕죄의 피해자가 될 수 없다.

둘째, 민법상으로는 국가나 지방자치단체도 명예훼손 피해자가 될 수 있다.253)

서울고등법원 2011. 12. 2. 선고 2010나94009 판결, 대법원 2012다2781호로 심리불속행 기각 ['박원순 사건'], 서울고등법원 2016. 5. 27. 선고 2015나2054248(확정) [성남시 환풍구 붕괴]

기본권 보장의무를 지는 자라고 하여 기본권에서부터 우러나오는 모든 권리나 제도의 향

---

252) 영국 귀족원 Derbyshire CC v. Times Newspapers Ltd, [1993] 1 All ER 1011 [지방자치단체 명예훼손 사건].

253) 영국 판례에 의하면 중앙정부 및 지방정부는 보통법상 명예훼손으로 인한 손해배상의 제소를 유지할 수 없다고 한다(Derbyshire County Council v Times Newspapers Ltd [1993] AC 534).

수 주체가 될 수 없는 것은 아니라고 할 것이고, 지방자치단체로서도 그들에게 주어진 헌법 및 법령상의 과제나 기능을 수행함에 있어서 이에 대한 최소한의 사회적 승인 내지 신뢰를 필요로 하므로, 명백한 허위사실의 유포나 악의적인 비방과 같은 언론, 표현의 자유 범위를 현저히 일탈하는 남용행위로부터 법적 보호를 받음으로써 이러한 사회적 신뢰를 유지하여야 할 공익이 있으며, 자연인 이외의 법인 기타 단체 등도 명예의 주체가 될 수 있는 이상, 지방자치단체인 원고가 모든 기본권의 주체가 될 수 없다고 볼 것은 아니다.

현행 언론중재법에 의하면 "국가·지방자치단체, 기관 또는 단체의 장은 해당 업무에 대하여 그 기관 또는 단체를 대표하여 정정보도를 청구할 수 있다"(동법 제14조 제3항). 이는 반론보도청구의 경우에도 준용된다(동법 제16조 제3항).

BGH Urt. v. 22. 04. 2008, Az.: Ⅵ ZR 83/07 - Sarkawi-Akte

이 사건에서 독일 연방대법원(BGH: Bundesgerichtshof)은 공법인도 그의 명예가 허용될 수 없는 방법으로 공연히 폄하되는 침해에 대해서는 원칙적으로 민사상 명예보호를 청구할 수 있다는 원칙을 확인하고 있다. BGH는 이미 공법상의 법인에 취소청구권을 인정한 사례가 있고,254) 이 사건에서는 공법인에 정정청구도 허용한다. 다만, 민사적 명예보호가 공행정에 관해 그의 직무활동에 대한 실질적 비판을 봉쇄하거나 공개적 비판을 차단하려는데 이용될 수는 없을 것이다. 그러나 개인적 명예가 아니라 관청의 명성이 침해되는 경우 필요한 이익 및 법익 형량에서 헌법적 의미가 충분히 배려된다면 그러한 우려는 배제될 것이다.255)

6. 국가기관

국가기관은 인격권의 주체라고 할 수도 없고, '개인적' 명예를 가지는 것도 아니기 때문에 국가기관에 대한 명예훼손은 인정되지 아니하는 것이 원칙이다.256) 그러나 독일 형법 제194조 제3항은 관청의 장은 관청을 대표하여 형사상 고소할 수 있다고 규정하여 관청도 명예훼손의 객체가 될 수 있음을 전제로 하고 있으며, 판례도 일정한 예외적인 경우에 국가기관에 대한 명예훼손의 성립을 인정한다.257)

위와 같은 특별한 조항이 없는 우리의 경우 관청의 장은 개인 자격으로 제소할 수 있을 뿐, 그 관청을 대표하여 고소할 수는 없다고 보아야 한다. 다만, 언론중재법은 이들도 동법상 신설된 정정보도청구권 및 반론보도청구권의 행사를 가능하게 하는 특별조항을 두고 있다(언론중재법 제14조 제3항 및 제16조 제3항).

---

254) vgl. Urteil vom 22. Juni 1982 - Ⅵ ZR 251/80.
255) vgl. BVerfGE 93, 266, 291; Senat, Urteil vom 16. November 1982 - Ⅵ ZR 122/80.
256) 대법원 2011. 9. 2. 선고 2010도17237 판결 ['PD수첩' 광우병 보도].
257) 독일 연방헌법재판소 1995. 10. 10. 결정, BVerfGE 93, 266 ['군인은 살인자']: 이 사건에서 독일 연방 헌법재판소는 국가기관에 대한 명예훼손은 가능하나, 군인 일반에 대한 비판을 처벌하는 것은 위헌 이라고 판시하였다.

보도에 의해 명예가 침해되었다고 생각하는 국가기관 구성원은 개인의 자격으로 제소할 수 있고, 이 경우 판례는 엄격한 요건을 요구한다.

> **대법원 2018. 11. 29. 선고 2016도14678 판결**
>
> "정부 또는 국가기관의 업무수행과 관련된 사항은 항상 국민의 감시와 비판의 대상이 되어야 하는 것이고 정부 또는 국가기관은 형법상 명예훼손죄의 피해자가 될 수 없으므로(형법과 정보통신망법은 명예훼손죄의 피해자를 '사람'으로 명시하고 있다), 정부 또는 국가기관의 업무수행과 관련된 사항에 관한 표현으로 그 업무수행에 관여한 공직자에 대한 사회적 평가가 다소 저하될 수 있다고 하더라도, 그 내용이 공직자 개인에 대한 악의적이거나 심히 경솔한 공격으로서 현저히 상당성을 잃은 것으로 평가되지 않는 한, 그로 인하여 곧바로 공직자 개인에 대한 명예훼손이 된다고 할 수 없다(대법원 2003. 7. 22. 선고 2002다62494 판결, 대법원 2011. 9. 2. 선고 2010도17237 판결 등 참조)."

7. 언론중재법의 특별 규정

2005년 개정 언론중재법은 "국가·지방자치단체, 기관 또는 단체의 장은 당해 업무에 대하여 그 기관 또는 단체를 대표하여 정정보도를 청구할 수 있"고(동법 제14조 제3항), "민사소송법상 당사자능력이 없는 기관 또는 단체라도 하나의 생활단위를 구성하고 보도내용과 직접적인 이해관계가 있는 때에는 그 대표자가 정정보도를 청구할 수 있다"고 규정한다(동법 제14조 제4항). 이 특별 조항은 반론보도청구의 경우에도 준용된다(동법 제16조 제3항).

이러한 특별 취급은 언론중재법이 신설한 정정보도청구권과 반론보도청구권에 한하여 적용되는 것이어서, 기타의 청구권, 예를 들면 부작위[금지]청구, 손해배상청구, 민법상의 원상회복청구 등에는 적용되지 않는다.

Ⅶ. 고의·과실

명예훼손의 불법행위가 성립하려면 일반적 구성요건으로서 고의·과실이 요구된다.

고의·과실은 행위론의 체계상 주관적 구성요건에 속하는 것이지만, 동시에 책임조건으로서 2중적 지위를 갖는다(이른바 목적적 행위론). 후술 형사 명예훼손죄에 관한 논의 참조.258)

---

258) 후술 제2장 제7절 Ⅱ 2 (3) 참조.

1. 구성요건으로서의 고의 · 과실

민사상 명예훼손의 불법행위는 고의뿐 아니라 과실에 의해서도 성립한다. 그러나 형법상의 명예훼손죄는 모두 고의범으로 규정되고 있으므로 명예훼손죄가 성립하려면 각 법정 구성요건마다 객관적 구성요건사실에 대한 인식이나 인용(認容)이 필요하다(후술). 여기서는 민사상의 명예훼손에 있어서 고의와 과실에 관하여만 언급한다.

2. 고의

명예훼손에서의 고의는 표현행위자가 그 표현행위에 의해 특정인의 명예를 침해하게 된다는 점에 대한 인식 또는 인용을 내용으로 한다. 대법원은 "명예훼손죄가 성립하기 위해서는 주관적 구성요소로서 타인의 명예를 훼손한다는 고의를 가지고 사람의 사회적 평가를 저하시키는 데 충분한 구체적 사실을 적시하는 행위를 할 것이 요구된다."고 한다.[259] 행위자가 다소 흥분하였다고 하여 고의가 부정되는 것은 아니다.[260]

명예훼손에서 고의의 내용[261]은 ① 특정한 명예훼손적 사실의 주장 또는 전파의 의욕과 ② 그 표현이 명예 등 인격권의 침해의 결과를 가져오리라고 하는 인식(직접적인 고의) 또는 그러한 결과의 발생을 예견하면서도 인용 내지 승인함(이른바 미필적 고의, dolus eventualis)을 내용으로 한다. 그러나 반드시 명예침해로 인한 손해발생을 의욕할 것은 고의의 요건이 아니다. ③ 마지막으로 행위자는 법질서가 금지한 행위의 구성요건 요소를 인식해야 한다.

명예훼손인지 여부는 객관적으로 수용자들에 의해 명예훼손적인 것으로 이해되었는지 여부에 달려 있고, 피고가 그 행위를 함에 있어 주관적으로 원고의 명예를 손상시키리라고 예측하였는지 여부는 상관없다. 따라서 피고 입장에서 그 행위가 명예를 훼손하는 것임을 몰랐다거나 명예훼손이라고 믿을만한 이유가 없었다는 등의 주장은 항변으로 성립하지 못한다.[262]

---

259) 대법원 2010. 10. 28. 선고 2010도2877 판결, 대법원 2018. 6. 15. 선고 2018도4200 판결.
260) "10여명이 집합한 면전에서 피해자를 지적하여 '저놈은 공산당이며 6·25사변 중에 인민공화국 중앙 간부로서 사람을 많이 죽였다' 운운의 욕설로서 공연히 사실을 적시하여 동인의 명예를 훼손하였다면, 범죄 당시 다소 흥분하고 있었다고 하여도 범죄의 인식을 부정할 수 없다."(대법원 1955. 4. 22. 선고 54형상36 판결).
261) Wenzel, aaO., Rn. 6.98.
262) 홍임석, 영국에서의 언론에 의한 명예훼손의 법적 문제, 재판자료 93집(법원도서관, 2001. 12.); 외

유의할 것은 표현내용이 허위라는 인식은 고의의 내용이 아니라는 점이다.[263) 이것은 우리 민법상 명예훼손의 불법행위가 허위의 사실적시를 요건으로 하지 않기 때문에 당연한 것이다.[264)

판례 중 명예훼손죄의 범의(犯意)를 부정한 사례를 살펴보면 다음과 같다.

대법원 1977. 4. 26. 선고 77도836 판결

피고인이 자기 아들이 저지른 폭행에 대하여 책임소재와 범위를 명백히 하기 위하여 피해자의 어머니에게 피해자의 과거 건강상태와 질병 여부를 확인하기 위하여 질문한 경우, "이는 우리의 경험칙상 충분히 있을 수 있는 일로서 명예훼손죄의 고의없이 한 단순한 사실의 확인에 불과할 뿐 달리 명예훼손의 고의를 가지고 위와 같은 말을 하였다고 인정할 수 없다."

대법원 1983. 8. 23. 선고 83도1017 판결

명예를 훼손하는 내용의 사실을 발설케 된 경위가 그 사실에 대한 확인요구에 대답하는 과정에서 나오게 된 경우, "피고인이 위와 같이 발설하게 된 경위는 피해자가 과거에 그와 같은 말을 하고 다닌 적이 있었느냐는 공소외인들의 확인요구에 대답하는 과정에서 나오게 된 것이라면 그 발설내용과 동기에 비추어 그 범의를 인정키 어렵다."

대법원 1985. 5. 28. 선고 85도588 판결

"명예훼손죄의 주관적 구성요건으로서의 범의는 행위자가 피해자의 명예가 훼손되는 결과를 발생케 하는 사실을 인식하므로 족하다 할 것이나 새로 목사로서 부임한 피고인이 전임목사에 관한 교회내의 불미스러운 소문의 진위를 확인하기 위하여 이를 교회집사들에게 물어보았다면 이는 경험칙상 충분히 있을 수 있는 일로서 명예훼손의 고의없는 단순한 확인에 지나지 아니하여 사실의 적시라고 할 수 없다 할 것이므로 이 점에서 피고인에게 명예훼손의 고의 또는 미필적 고의가 있을 수 없다고 할 수밖에 없다."

대법원 1990. 4. 27. 선고 86도1467 판결

"조합의 긴급이사회에서 불신임을 받아 조합장직을 사임한 피해자가 그 후 개최된 대의원총회에서 피고인 등의 음모로 조합장직을 박탈당한 것이라고 대의원들을 선동하여 회의진행이 어렵게 되자, 새 조합장이 되어 사회를 보던 피고인이 그 회의진행의 질서유지를 위한 필요조처로서 이사회의 불신임결과정에 대한 진상보고를 하면서 피해자는 긴급이사회에서 불신임을 받고 쫓겨나간 사람이라고 발언한 것이라면, 피고인에게 명예훼손의 범의가 있다고

국사법연수론집(21), 196면.

263) "민사상 명예훼손이 성립하는 데는 객관적으로 보아 피해자의 외부적·사회적 평판을 저하할 만한 사실을 적시한다는 인식이 있는 것으로 족하고, 그 내용이 허위라는 점까지 적극적으로 인식할 필요는 없"다(대법원 2006. 1. 27. 선고 2003다66806 판결).

264) 누차 지적한 바와 같이 미국 판례는 명예훼손의 소인으로서 '허위의' 사실적시를 요건으로 하기 때문에 우리 법제와 다르다는 점을 간과하여서는 안될 것이다. 또 미국에서는 원고(피해자)가 피고의 적시사실이 허위임을 입증하여야 하지만(이른바 현실적 악의 규칙), 우리의 경우에는 위법성 판단 단계에서 피고(표현행위자)가 적시사실의 진실임을 입증하여야 한다.

볼 수 없을 뿐만 아니라 그러한 발언은 업무로 인한 행위이고 사회상규에 위배되지 아니한 행위이다"

대법원 2018. 6. 15. 선고 2018도4200 판결

"명예훼손죄가 성립하기 위해서는 주관적 구성요소로서 타인의 명예를 훼손한다는 고의를 가지고 사람의 사회적 평가를 저하시키는 데 충분한 구체적 사실을 적시하는 행위를 할 것이 요구된다." 따라서 불미스러운 소문의 진위를 확인하고자 질문을 하는 과정에서 타인의 명예를 훼손하는 발언을 하였다면 이러한 경우에는 그 동기에 비추어 명예훼손의 고의를 인정하기 어렵다.

그러나 위 사례들에 있어서는 명예훼손의 범의가 없다고 하기보다는 진술한 바와 같이 피고인의 진술이 정당한 이익을 위한 것으로서 위법성이 조각된다고 보는 것이 보다 바람직한 것이라고 볼 수 있다.[265]

3. 과실

(1) 내용

과실에 의한 명예훼손의 불법행위는 기자 기타 표현행위자가 주의의무를 다하지 아니함으로써 해당 표현행위로 타인의 명예를 훼손하는 경우에 성립한다.[266]

주의할 점은 허위사실을 진실로 오인한 것은 여기서 논하는 과실과 다른 것이라는 점이다. 우리 민법상 명예훼손의 불법행위는 적시사실의 진실 여부를 막론하고 구성요건을 충족하기 때문에 타인의 명예를 손상한다는 인식이 고의의 내용인 것과 같이 과실도 타인의 명예를 손상함에도 불구하고 부주의로 이를 감행한 경우에 국한된다. 허위임에도 과실로 진실이라고 오해한 사유는 위법성 판단 단계에서 상당성 항변으로 논의된다는 점은 상술한 바와 같다. 이하 이 점에 유의하면서 과실의 사례를 설명한다. 과실에는 인식 있는 과실과 인식 없는 과실이 있을 수 있다.

가. 인식있는 과실

인식 있는 과실은 자기행위가 명예훼손의 결과를 야기할 수 있음을 인식하였으나 그 불발생을 희망하면서 기자로서의 주의를 게을리한 경우를 말한다. 예컨대, 자기의 동료가 읽지 않고, 따라서 기사화하지 않으리라고 생각하면서 특종이 될 수 있는 허위

---

265) 이에 관한 상세한 논의는 전술 제2장 제2절 Ⅲ 3. (2) 라 및 마 참조.
266) 표현행위의 위법성 여부는 사회공동체의 건전한 상식과 관행에 비추어 볼 때 용인될 수 있는 정도의 것인지 여부에 따라 결정되고(대법원 1998. 2. 10. 선고 95다39533 판결), 불법행위의 성립요건으로서의 과실은 그때 그때의 구체적인 사례에 있어서의 보통인을 기준으로 판단된다(대법원 2001. 1. 19. 선고 2000다12532 판결).

의 기사를 작성하여 책상 위에 방치하고 퇴근한 경우를 들 수 있다.[267]

나. 인식 없는 과실

인식 없는 과실은 명예훼손 등의 결과가 발생하리라는 점을 인식하지 못하고 기사화하였으나, 기자로서의 주의를 다했다면 그러한 결과(피해자의 손해)의 발생을 인식하였을 것이고 결과의 발생은 방지될 수 있었을 경우를 말한다. 즉 기자가 요구되는 주의를 다하였다면 기사 내용에 의해 특정인의 명예를 손상하리라고 알았을 것임에도 이를 다하지 아니한 경우이다.

(2) 언론에 적합한 주의

언론 보도에 있어서 과실 여부에 관하여는 특별한 언급을 필요로 한다. 과실 여부의 판단은 기자가 취재 및 보도에 있어서 요구되는 주의의무를 다했는가 여부에 의해 결정된다.[268][269] 그 기준은 언론에 적합한 주의(pressemäßige Sorgfalt)로써 작업하는 것으로서 족하며, 따라서 법원이 진실발견을 위해 증거조사를 행하듯 조사하여야 하는 것은 아니다.

그 의무는 개별적인 사례의 구체적인 상황에서 요구되는 바에 따라 결정해야 하지만, 비난의 강도가 무거울수록 또는 매체의 영향력이 클수록 보다 높은 심사의무가 요구된다. 그것은 시사성 여하에도 의존하게 되므로 주간지나 월간지는 일간신문보다 더욱 세심한 심사를 하도록 요구된다.

피해자에 대한 취재가 필요한가 여부는 상황에 따라 다르다. 명예를 손상하는 사실을 실명으로 보도하는 경우 기자는 공표 전에 피해자에 대해서 그에 대한 입장표명의 기회를 줄 의무가 있다는 것이 일반적인 입장이다. 피해자가 전화통화를 거절하는 경우에도 개인적인 대담을 할 용의가 있었던 경우에는 원칙적으로 면책되지 않는다. 그리고 피해자가 입장표명을 거절한다 하여 그 때문에 바로 불리하게 간주되어서는 안 된다. 불리하게 취급되는 경우에는 기자의 취재에 대해 개인은 정보를 제공하도록 간접적으로 강제받게 되어 개인의 자기정보에 관한 자주결정권을 침해할 수 있기 때문이다.

대법원 2011. 7. 14. 선고 2011도639 판결 [취재 불응 보도 위협]

이 사건에서는 피해자에 관하여 제보된 혐의 사실을 제시하면서 확인을 강요하고 불응 시

---

267) Wenzel, aaO., Rn. 6.1000.
268) 독일 각주의 언론법은 기자는 보도의 내용, 진실성 및 출처에 관하여 조사하여야 한다고 한다.
269) 우리의 경우 1980. 12. 31. 제정 언론기본법 제9조(언론의 주의의무)는 "언론은 공표전에 모든 공표사항의 진실성, 내용 및 출처에 관하여 상당한 주의를 기울여야 한다"고 규정한 바 있다.

에 이를 폭로하는 기사를 쓰겠다고 위협한 기자의 행위가 협박죄로 기소되었는데, 대법원은 언론의 자유의 하나로서 인정되는 취재의 자유를 근거로 사회통념상 용인되는 행위로 보아야 하기 때문에 협박죄가 성립하지 아니한다고 판시하였다. 그러나 헌법상 보장되는 취재의 자유는 언론이 국가에 대해 주장할 수 있는 권리이고, 사인 간의 관계에서는 일방이 타방에 대하여 정보를 제공하라고 하는 권리가 인정될 수 없듯이 미디어도 일반 사인에 대하여 정보 청구권을 갖는 것이 아니기 때문에[270] 개인은 언론 미디어에 대하여 취재에 응하거나 자신의 행위를 정당화할 법적 의무가 없는 것이다.[271]

(3) 과실에 의한 명예훼손 사례

과실에 의한 명예훼손이 성립하는 사례의 유형을 보면 다음과 같다.

첫째, 보도 대상자와 관련하여 기자의 의도와 달리 무고한 피해자가 생기는 경우, 예컨대, 익명보도를 위해 두문자를 사용하였음에도 보도대상자가 특정되어 피해를 입게 된 경우 또는 특정인에 관한 보도가 동명이인인 제3자에게 피해를 주는 경우가 있다.

둘째, 진술의 문안만으로는 명예훼손적이지 않지만, 독자들이 갖는 특정한 사실의 지식과 결합하여 명예훼손적 의미가 전달되는 경우(이른바 이뉴엔도(innuendo)에 의한 명예훼손)[272] 원고가 그 특수한 사실의 존재를 입증하면 피고는 이를 알지 못하였다고 하여 항변할 수 없고, 결국 과실에 의한 명예훼손 책임을 지게 된다.

Cassidy v. Daily Mirror Newspapers, Ltd. (1929)[273]

피고 '데일리 미러'지는 '오늘의 화제'란에 캐시디씨가 약혼을 발표했다는 기사와 함께 그가 익명의 X양과 함께 찍은 사진을 게재·보도하였다. 실제 캐시디씨와 정식 결혼관계에 있는 원고(캐시디부인)는 피고에 대해 명예훼손으로 손해배상을 구하는 소송을 제기하면서 위 기사는 원고가 캐시디씨의 부인이 아니라 그와 부도덕한 동거관계를 가지고 있다는 것을 의미하는 것이고, 원고를 알고 있는 사람들은 원고가 캐시디의 정부(情婦)이면서 법적인 아내인 척하였다는 인식을 가지게 함으로써 원고의 명예가 훼손되었다고 주장하였다.

법원은 ① 피해자의 특정 문제에 관하여 이 사건 기사는 직접 원고를 언급하지는 않았지만 남편에 관한 보도가 간접적으로 그 부인(원고)의 명예를 훼손하는 경우에 해당하며, ② 언론 보도는 보통사람이 합리적으로 이끌어낼 수 있는 추론이나 의미에 관해서도 명예훼손의 책임을 지는데, 그 보도에 의하면 캐시디씨는 미혼이라는 (허위)사실을 함축하는 것이고 원

---

270) Marian Paschke, Medienrecht, 2. Auflage, Springer 2000, S. 123.
271) 이 점에 관한 상세한 논의는 박용상, 언론의 자유(박영사, 2013), 253－254면 참조.
272) 예를 들면, "갑은 훌륭한 광고자"라는 말 자체는 무해하지만, 그가 변호사라는 외부사실을 아는 사람들에게 공표된 경우에는 그가 변호사로서 금지된 광고행위를 행한다는 명예훼손적 이뉴엔도를 갖는다.
273) [1929] 2 K.B. 331, 세계언론판례총람, 321면 이하.

고를 알던 사람들로 하여금 부도덕한 동거관계에 있던 원고가 법적인 처로 행세하였다는 인상을 갖게 한 것이어서 원고의 명예를 훼손한 것이며, ③ 설사 피고가 원고를 알지 못하였고, 그를 해할 의도가 없었다고 하더라도 충분한 사실조사를 하지 않은 이상 과실에 의한 명예훼손이 성립한다고 판시하였다.

셋째, 중립적 표현을 사용하였으나 결과적으로는 보도대상이 된 자의 명예에 손상을 주게 된 결과가 야기된 경우를 들 수 있다. 기자가 어설픈 단어를 사용하거나 단어를 부정확하게 사용하는 등 부주의하게 기사를 작성하게 되면, 그로 인해 의도하지 않은 암시적 내용이 담기게 되어 명예훼손의 문제가 일어날 수 있다. 잠재적으로 위험하다고 생각되는 기사에 있어서는 문제가 될 수 있는 단어의 뜻을 정확하게 파악해서 조심스럽게 작성하고, 독소가 될 수 있는 위험한 단어를 제거하여 의도하는 바를 정확하게 작성하여야 한다.

인기 개그우먼이 쇼프로에 출연하여 농담으로 한 말이 화장품회사에 손해를 입게 한 사례가 있다. 인기 개그우먼 P씨는 2001. 11. 13. 방송 토크프로그램에서 함께 출연한 영화배우와 농담을 주고 받던 중 두 사람의 공통점에 관하여 모두 화장품 CF의 모델로 활동했던 점을 언급하며 "하지만 내가 출연했던 회사는 망했다"고 농담하였다. 그의 방송 한마디는 농담으로 넘길 수 없는 파장을 불러일으켰다. 당해 화장품회사에는 "정말 망했냐"는 문의가 넘쳐나고, 대리점주들로부터 계약 해지 요청이 빗발쳤다. 그 화장품회사는 "터무니없는 내용을 방송으로 유포해 상품 이미지가 실추돼 막대한 손해를 봤다"며 농담을 한 개그우먼 P모씨와 방송담당 프로듀서, 방송사 제작책임자 등을 상대로 30억원의 손해배상 소송을 제기하였다. 이 사례는 행위자의 농담에는 고의성은 없어 보이지만 과실로 인한 책임이 추궁될 수 있고, 과실로 인한 손해발생의 인과관계의 입증 여하에 따라 배상책임이 인정될 수 있는 사안이었다.

개그우먼의 우스갯소리 때문에 심각한 손해를 입었다며 방송사와 개그우면을 상대로 민형사 소송을 제기한 화장품회사는 2009. 9. 28. 언론중재위원회의 중재를 받아들여 방송사의 한 차례 정정 및 사과문 방영을 조건으로 소송을 취하하기로 합의했다.[274]

---

274) [연예] 잉스社, 박경림 '농담' 소송 취하, 동아일보 업데이트 2009-09-18.

■ 참고문헌

세계언론판례총람(한국언론연구원, 1998)

김성돈, 진실적시명예훼손죄 폐지론(https://www.seoulbar.or.kr/cop/bbs/selectBoardList.do#LINK)

박경신, 표현·통신의 자유, 이론과 실제(논형 2013)

박용상, 명예훼손법(현암사, 2008)

박용상, 언론의 자유(박영사, 2013)

송현정, 혐오 표현의 판단 기준에 관한 비교법적 연구, 사법정책연구원(2020), 189면

신평, 명예훼손법(청림출판, 2004)

이광진, 혐오표현과 표현의 자유, 법과 정책연구 제17권 제1호, 한국법정책학회(2017), 321 – 346면

최 란, 현행법상 혐오표현의 규제, 특히 명예에 관한 죄 적용 가능성을 중심으로, 미디어와 인격 권 제4권 제2호(2018. 12.), 66면

홍임석, 영국에서의 언론에 의한 명예훼손의 법적 문제, 재판자료 93집(법원도서관, 2001. 12.); 외국사법연수론집(21), 196면

村上孝止, "名譽プライバシー – 判例の動向", ジュリスト No. 959 (1990. 7. 1.), 50면 이하

BLACK'S LAW DICTIONARY (8th ed. 2004)

53 C.J.S. Libel and Slander (1948)

Restatement (Second) of Torts (1977)

GATLEY ON LIBEL AND SLANDER, (8th ed. 1981)

Milmo P and Rogers WVH (2004) Gatley on Libel and Slander, 10th Edn, Sweet & Maxwell, London

David S. Ardia, Reputation in a Networked World: Revisiting the Social Foundations of Defamation Law, Harvard Civil Rights – Civil Liberties Law Review, Vol. 45, p. 267, [2010] http://ssrn.com/abstract=1689865

Frederick George Bailey, Gifts and Poison, in GIFTS AND POISON: THE POLITICS OF REPUTATION 1, 4 (F.G. Bailey ed., 1971))

Randall P. Bezanson, The Libel Tort Today, 45 Wash. & Lee L. Rev. 535 (1988)

David A. Elder, Defamation: A Lawyer's Guide, Clark Boardman Callaghan, Deerfield, Il. (1993)

Vincent R. Johnson, Comparative Defamation Law: England and the United States, 24 U. Miami Int'l & Comp. L. Rev. 1 (83) (8 – 28 – 2017), http://repository.law.miami.edu/umiclr/vol 24/iss1/3

W. PAGE KEETON ET AL., PROSSER AND KEETON ON THE LAW OF TORTS, Fifth Edition

Andrew Kenyon, "Perfecting Polly Peck: Defences of Truth and Opinion in Australian Defamation Law and Practice" (2007) 29(4) Sydney Law Review 651. http://classi –

c.austlii.edu.au/cgi−bin/sinodisp/au/journals/SydLawRw/2007/25.html?stem＝0&syno−
    nyms＝0&query＝Lucas−Box,%20Polly%20Peck

Kevin L. Kite, INCREMENTAL IDENTITIES: LIBEL−PROOF PLAINTIFFS, SUBSTANTIAL
    TRUTH, AND THE FUTURE OF THE INCREMENTAL HARM DOCTRINE, 75 NEW
    YORK UNIVERSITY LAW REVIEW(1998) 529, http://www.nyulawreview.org/sites/
    default/files/pdf/NYULawReview−73−2−Kite.pdf

Sapna Kumar, WEBSITE LIBEL AND THE SINGLE PUBLICATION RULE, 70 U. Chi. L. Rev. 639,
    (Spring 2003)

Lyrissa Barnett Lidsky, Defamation, Reputation, and the Myth of Community, 71 Wash. L. Rev.
    1, 6 (1996)

ANTHONY J.H. MORRIS Q.C., THE "POLLY PECK DEFENCE": ITS FUTURE IN AUSTRALIA.
    http://www.lexscripta.com/pdf/PollyPeck.pdf

John T. Nockleby, "Hate Speech," in Encyclopedia of the American Constitution. Ed. ＜http://
    southernlibrarianship.icaap.org/content/v09n02/ brown−sica_m01. html#_edn2

Robert C. Post, The Social Foundations of Defamation Law: Reputation and the Constitution
    (1986) http://digitalcommons.law.yale.edu/cgi/viewcontent.cgi?article＝1216&context＝
    fss_ papers

Robert Post, The Constitutional Concept of Public Discourse: Outrageous Opinion, Democratic
    Deliberation, and Hustler Magazine v. Falwell, 103 Harv. L. Rev. 601, 616 (1990)

Robert D. Sack and Sandra S. Baron, Libel, Slander, and Related Problems, 2nd Ed. Practising
    Law Institute (1994)

Robert D. Sack, "Common Law Libel And The Press − A Primer"; in James C. Goodale,
    Communications Law (1985), Practising Law Institute, p. 20.

Rodney A. Smolla, Law of Defamation, CLARK−BOARDMAN−CALLAGHAN (1995)

Rodney A. Smolla, Let the Author Beware: The Rejuvenation of the American Law of Libel,
    132 U. PA. L. REV. 1 (1983)

Van Vechten Veeder, Columbia Law Review, Vol. 4, No. 1 (Jan., 1904), p. 33 http://www.
    jstor.org/stable/pdf/1110000.pdf

Joseph E. Wyse, The Complaint in Libel and Slander: A Dilemma for Plaintiff, 33 Chi.−Kent
    L. Rev. 313, (316) (1955). https://scholarship.kentlaw.iit.edu/cklawreview/vol33/iss4/3

Ray Yasser, Defamation As a Constitutional Tort: With Actual Malice for All, Tulsa Law Review
    Volume 12 | Issue 4 Article 1, 601, 605 (1977) https://digitalcommons.law.utulsa.edu/
    cgi/viewcontent.cgi?article＝1388&context＝tlr)

Strafgesetzbuch Leipziger Kommentar, 10te, völlig neu bearbeitete Auflage, herausgegeben von
    Hans−Heinrich Jeschek, Wolfgang Ruß, Günther Willms, Walter de Gruyter Berlin
    New York (1989).

Herwigh Engau, Straftäter und Tatverdächtige als Personen der Zeitgeschichte: Ein Beitrag zur
    Problematik identifizierender Mendiendarstellungen 1993

Marian Paschke, Medienrecht, 2. Auflage, Springer 2000

Karl Egbert Wenzel, Das Recht der Wort— und Bildberichterstattung, 4. Auflage, Verlag Dr. Otto Schmitt KG, 1994

I. 개관 - 이익 충돌과 조화적 균형

1. 이익형량의 원칙

명예훼손이 성립하기 위해서는 타인의 명예를 훼손하는 피고의 표현행위가 위법하여야 한다. 여기서 위법하다는 것은 해당 명예훼손행위가 법질서 전체에 비추어 허용되지 않는 것을 의미한다.[1]

그러나 명예훼손이 문제되는 사안에서는 언제나 표현행위자의 표현의 자유와 피해자의 명예 등 인격권이 충돌하게 되며, 헌법상 중요한 기본권으로 보장되는 표현의 자유가 인격권에 의해 제한받는 상황이 야기된다. 따라서 명예훼손의 성부를 논하는 경우 언제나 제기되는 핵심적 문제는 양자의 이익을 비교형량하는 일이다. 명예훼손법은 인격권과 표현의 자유라고 하는 두 개의 헌법적 법익이 충돌하는 경우 이를 조화적으로 해결하는 방안을 최고의 목표로 추구하게 된다.

이에 관한 해법은 나라마다 사회적·문화적 배경의 차이에 따라 상이하게 전개되었다. 우선 대부분의 국가에서 헌법상 표현의 자유와 개인의 인격권의 관계는 양자 중 어느 하나가 일방적으로 우선하는 관계에 있는 것이 아니라, 조화적 균형을 찾아야 한다는 데 합의가 이루어지고 있다.[2] 우리 대법원 역시 표현행위의 위법성 판단을 위해

---

1) 표현행위의 위법성 여부는 사회공동체의 건전한 상식과 관행에 비추어 볼 때 용인될 수 있는 정도의 것인지 여부에 따라 결정된다(대법원 1998. 2. 10. 선고 95다39533 판결).

2) 이에 관해 다른 입장을 취하는 유일한 나라는 미국이다. 18세기 말 제정된 미국 연방수정헌법 제1조는 언론의 자유를 제한할 수 없는 절대적 기본권으로 규정하고 있으며, 이를 근거로 미국 연방대법원은 언론의 내용 규제(content discrimination)를 원칙적으로 금지하고, 더욱이 견해에 따라 차별 취급하는 규제(viewpoint discrimination)는 절대적으로 무효로 보고 있다(박용상, 언론의 자유(박영사,

개별 사례의 모든 사정을 고려하여 양자의 이익을 비교 형량(衡量)하는 방안을 채택하고 있으며, 한쪽에서는 표현에 의한 인격 침해의 크기와 다른 한편 표현의 금지에 의한 표현의 자유의 희생의 크기를 비교 형량하여 위법성 여부를 결정하는 방식을 취하고 있다.3)

대법원 1988. 10. 11. 선고 85다카29 판결 ['악덕 변호사']

"민주주의 국가에서는 여론의 자유로운 형성과 전달에 의하여 다수의견을 집약시켜 민주적 정치질서를 생성 유지시켜 나가는 것이므로 표현의 자유, 특히 공익사항에 대한 표현의 자유는 중요한 헌법상의 권리로서 최대한의 보장을 받아야 할 것이다.

우리 헌법 제20조 제1항(1980.10.27. 개정 공포된 헌법)도 "모든 국민은 언론, 출판의 자유와 집회, 결사의 자유를 가진다"라고 규정하고 있는데 그 핵심은 표현의 자유의 보장에 있다고 해석된다. 그리고 헌법 제20조 제2항 전단에서는 "언론, 출판은 타인의 명예나 권리 또는 공중도덕이나 사회윤리를 침해하여서는 아니된다"라고 규정하여 표현의 자유가 민주정치에 있어 필수불가결의 자유이기는 하지만 절대적인 것이 아니고 언론, 출판이 그 내재적 한계를 벗어나 타인의 명예나 권리를 침해한 경우에는 법의 보장을 받을 수 없는 것으로 하여 그 한계를 명시하고 있으며, 헌법 제20조 제2항 후단에서는 언론, 출판의 사후책임에 관하여 명문 규정을 두고 있다.

한편 헌법 제9조 후단에서는 "모든 국민은 … 행복을 추구할 권리를 가진다"라고 하여 생명권, 인격권 등을 보장하고 있어 어떤 개인이 국가권력이나 공권력 또는 타인에 의하여 부당히 인격권이 침해행위의 배제와 손해배상을 청구하여 그 권리를 구제받을 수 있도록 하고 있다.

그러므로 우리가 민주정치를 유지함에 있어서 필수불가결한 언론, 출판 등 표현의 자유는 가끔 개인의 명예나 사생활의 자유와 비밀 등 인격권의 영역을 침해할 경우가 있는데 표현의 자유 못지않게 이러한 사적 법익도 보호되어야 할 것이므로 인격권으로서의 개인의 명예의 보호(헌법 제9조 후단)와 표현의 자유의 보장(헌법 제20조 제1항)이라는 두 법익이 충돌하였을 때 그 조정을 어떻게 할 것인지는 구체적인 경우에 사회적인 여러 가지 이익을 비교하여 표현의 자유로 얻어지는 이익, 가치와 인격권의 보호에 의하여 달성되는 가치를 형량하여 그 규제의 폭과 방법을 정해야 할 것이다."

2013), 353면 이하 참조). 그에 비해 미국에서 명예나 프라이버시는 헌법에 명시되지 아니한 제2차적인 이익에 불과하였기 때문에 양자의 추상적 비교 형량에서 애초부터 언론의 자유가 명예 등 개인적 법익에 비해 명백히 우월한 기본권으로 취급되고, 양자가 동등한 가치임을 전제로 하는 실천적 조화에 따른 균형적 해결은 도외시되고 있다.

3) BVerfGE 7, 198 [208].

2. 위법성과 위법성 조각사유

(1) 일반적 위법성 조각 사유

형법의 범죄구성요건이나 민법상 불법행위의 구성요건에 해당하는 행위, 바꾸어 말하면 타인의 법익을 침해하는 행위는 일응 위법성이 있다고 생각된다. 그러나 이렇게 구성요건에 해당하는 행위를 정당화하는 사유로서 법이 규정한 예외적인 경우에는 그 위법성이 조각된다. 위법성을 전체 법질서에 비춘 부정적 가치판단으로 이해하는 일반적인 법리에 의하면 한 행위가 위법하다고 판단하려면 당해 행위가 위법성을 가짐과 동시에 위법성조각사유가 없어야 한다고 말할 수 있다.

위법성이 법질서 전체의 정신에 의해 결정되어야 하듯이 위법성 조각 사유도 법질서의 통일성에 근거한 법질서 전체의 정신에 따라 결정되어야 한다. 사법에서든 공법에서든 타인의 법익을 침해하는 권한이 명시적으로 규정되어 있거나 이를 추리해 낼 수 있으면 그러한 법익 침해행위는 위법하지 않게 된다. 법질서가 이렇게 일정한 행위에 대해 정당화하는 효력을 부여하는 사유에는 여러 종류의 것이 있다. 민법은 불법행위의 위법성조각사유로서 정당방위와 긴급피난(민법 제761조)을 규정하고 있으며, 형법이 규정하는 일반적 위법성조각사유로서는 정당방위(제21조), 긴급피난(제22조), 자구행위(제23조), 피해자의 승낙(제24조) 및 정당행위(제20조) 등이 있다. 이러한 위법성조각사유들이 침해적 표현행위에 관하여도 적용됨은 물론이지만, 뒤에서 보는 바와 같이 표현행위의 위법성 판단에 있어서는 일반적인 경우와는 다른 특수한 법리들이 형성되어 있으므로 그 의미는 제한적이다.

(2) 정당행위 - 사회상규에 위반되지 않는 행위

위와 같은 위법성조각사유가 실제상의 위법성조각사유를 완전히 망라한 것이라고 볼 수는 없다. 위법성조각사유를 완전히 열거하기란 불가능하며, 그것은 법질서 전체로부터 간취해 내어야 하는 것이다. 대부분의 위법성조각사유는 형법이론상 이른바 초법규적 긴급피난(übergesetzliche Notstand)의 이론을 바탕으로 전개된 법리라고 할 수 있다. 독일 형법은 이를 '정당화적 긴급피난'(rechtfertigender Notstand)으로 명문화하고 있으며, 우리 형법도 이를 정당행위 중 '사회상규(社會常規)에 위배되지 않는 행위'로 명문화하고 있다.

형법 제20조는 "법령에 의한 행위 또는 업무로 인한 행위 기타 사회상규에 위반되지 않는 행위는 벌하지 아니한다"고 규정한다. 이것은 형법이 위법성조각사유의 근본 원리를 제시한 것이며, 사회상규에 위배되지 아니하는 행위를 가장 기본적이고 일반적인 위법성 조각사유로서 언명한 것이다. 사회상규에 위배되지 아니하는 행위란 국가 질서의 존엄성을 기초로 한 국민 일반의 건전한 도의감을 말한다.4) 이것은 시대적·상황적으로 당해 사회의 최고의 가치관, 즉 자연법에 의존한다.5)

이 법리는 요컨대 일정한 요건 하에서는 다른 가능한 선택이 없다면 실질적으로 우월한 법익이나 이익의 보호는 보다 경미한 법익이나 이익의 침해를 정당화한다는 생각을 바탕으로 한다. 대법원 판례는 이러한 위법성조각사유의 기본원리로서 초법규적 이익 교량의 원칙, 목적과 수단의 정당성에 관한 원칙, 사회적 상당성에 관한 원칙을 제시하고 있다.6)

> **대법원 2004. 5. 28. 선고 2004도1497 판결 [사회상규]**
>
> "형법 제20조 소정의 '사회상규에 위배되지 아니하는 행위'라 함은 법질서 전체의 정신이나 그 배후에 놓여 있는 사회윤리 내지 사회통념에 비추어 용인될 수 있는 행위를 말하고, 어떠한 행위가 사회상규에 위배되지 아니하는 정당한 행위로서 위법성이 조각되는 것인지는 구체적인 사정 아래서 합목적적·합리적으로 고찰하여 개별적으로 판단되어야 하므로, 이와 같은 정당행위를 인정하려면 첫째 그 행위의 동기나 목적의 정당성, 둘째 행위의 수단이나 방법의 상당성, 셋째 보호이익과 침해이익과의 법익균형성, 넷째 긴급성, 다섯째 그 행위 외에 다른 수단이나 방법이 없다는 보충성 등의 요건을 갖추어야 한다(대법원 1986. 10. 28. 선고 86도1764 판결, 대법원 2003. 9. 26. 선고 2003도3000 판결 등 참조)."

판례가 정당행위의 요건으로 제시한 5가지 요건은 대법원이 정당행위로 판단함에 요구되는 일반적 요건을 제시한 것이며, 판례도 정당행위로 판단되기 위해 이들 요건 모두를 갖춰야 하는 것으로 취급하지는 않는다.7) "이때 어떠한 행위가 위 요건들을 충족하는 정당한 행위로서 위법성이 조각되는 것인지는 구체적인 사정 아래서 합목적적, 합리적으로 고찰하여 개별적으로 판단되어야 하므로, 구체적인 사안에서 정당행위로 인정되기 위한 긴급성이나 보충성의 정도는 개별 사안에 따라 다를 수 있다"고 한다.8)

대법원은 뒤에서 보는 바와 같이 침해적 표현행위를 정당화하기 위해 다른 정당화사유나 항변사유(예컨대, 진실의 항변 또는 상당성항변 등)를 적용할 수 없는 경우 예외적

---

4) 대법원 1956. 4. 6. 선고 4289형상42 판결.
5) 이재상, 전정판 형법총론(박영사, 1990) 281면 참조.
6) 대법원 1983. 3. 8. 선고 82도3248판결 - 정당행위의 요건.
7) 이형근, 형법 제20조 사회상규 조항 운용의 적정화 방향, 형사법연구 제34권 제4호(2022 겨울), 125면 (139면) 참조.
8) 대법원 2021. 3. 11. 선고 2020도16527 판결 [재물손괴].

으로 위 조항에 의해 표현행위의 위법성을 부인하고 있다.

그러나 위와 같이 정당행위로서 위법성이 조각됨에 엄격한 요건을 요하는 판례이론은 너무 경직된 것이어서 표현행위에 적용함에는 어려움이 있다. 이에 관하여 외국의 법제는 표현행위, 특히 명예훼손에만 적용되는 여러 위법성조각사유를 전개하고 있어 이를 참조할 필요가 있다. 이익형량에 의해 위법성이 조각되는 경우에 관하여 독일 형법이 채용하는 '정당한 이익의 옹호'의 법리,[9] 그리고 영미 판례법이 전개하여 온 '절대적·상대적 면책특권의 법리', 공정한 논평의 법리, 그리고 '공정보도의 특권 및 중립 보도의 면책 특권'의 법리는 우리에게 중요한 참고를 제공한다.

대법원 2023. 5. 18. 선고 2017도2760 판결 [상지대학 분규]

이 사건 판결에서 대법원은 형법 제20조(정당행위)에 관해 확립된 종전 판례를 확인하면서 그 위법성 조각사유로서 의미와 위상을 강조하고 그 적용 요건 각자의 의미와 총제적 파악 관계에 관해 괄목할 법리를 상술하였다.

학교법인 상지학원은 전 이사장 을이 20년전 부정입학과 관련된 금품수수 등 혐의로 구속된 후 교육부 장관이 임명한 임시이사 체제와 구 재단 측의 갈등이 계속되어 오던 중 2014. 9. 을이 총장으로 선임되자 교수협의회 및 총학생회는 총장 퇴진 운동을 벌이면서 을 등 구재단 측과 갈등을 빚게 되고 학교운영이 파행을 겪게 되었다. 이에 총학생회 간부인 피고인들은 대학 운영을 정상화하여 학습권을 보장받기 위해 총장 을과의 면담을 요구하면서 총장실 입구에서 진입을 시도하거나, 교무위원회 회의실에 들어가 총장의 사퇴를 요구하면서 이를 막는 학교 교직원들과 실랑이를 벌임으로써 위력으로 업무를 방해하였다는 내용으로 기소되었다.

원심은 피고인들의 위 행위가 형법 제20조에서 정한 정당행위에 해당된다고 보아 피고인들을 유죄로 판단한 제1심 판결을 파기하고 무죄를 선고하였다. 대법원은 원심을 지지하고 검사의 상고를 기각하면서 다음과 같은 요지로 판결하였다.

① 형법 제20조의 '사회상규에 위배되지 아니하는 행위'는 구성요건에 해당하는 행위가 형식적으로 위법하더라도 사회가 내리는 공적 평가에 의하여 사회상규성이 인정된다면 그 행위를 실질적으로 위법한 것으로는 평가할 수 없다는 취지에서 제정 형법 시 도입된 우리 형법의 독특한 규정이다.

---

9) 전술 제2장 제3절 II 2 (2) 참조. 독일 형법 제193조(정당한 이익의 옹호, Wahrnehmung berechtigter Interessen)는 "학문적 예술적 또는 영업적 성과에 관한 비난적 판단, 권리의 실현이나 방어 또는 정당한 이익의 옹호를 위해 행해진 표현 행위, 그리고 상사가 부하에 대하여 하는 훈계 및 징계, 공무원에 의한 직무상의 고지 또는 판단과 그에 유사한 경우에는 그 표현 행위의 형태 또는 그것이 행해진 사정으로부터 명예 훼손의 존재가 두드러지는 경우에 한하여 처벌된다"고 규정한다. 이것은 초법규적 긴급피난의 법리에 근거하여 표현행위의 일반적인 정당화 사유를 규정한 것이며, 독일에서는 이 조항의 정신에 따라 개별 사례의 특수 상황에 비춘 법익 및 의무의 형량 원칙을 위법성 판단의 기본 원리로 하고 있다. 그것은 요컨대 일정한 요건 하에서는 다른 가능한 선택이 없다면 본질적으로 우월한 법익이나 이익의 보호는 보다 경미한 법익이나 이익의 침해를 정당화한다는 생각을 바탕으로 한다.

② '사회상규에 위배되지 아니하는 행위'는 형법 제21조부터 제24조까지의 개별적 위법성 조각사유가 인정되지 않고, 법령이나 업무로 인한 행위로 포섭되기 어려운 경우 적용되는 일반적 위법성조각사유이다.

③ 이를 인정함에 요구되는 종전 판례로 확립된 5가지 요건, 즉 '목적·동기', '수단', '법익균형', '긴급성', '보충성'(대법원 1983. 3. 8. 선고 82도3248 판결, 대법원 1992. 9. 25. 선고 92도1520 판결 등 다수의 판결들 참조) 등은 불가분적으로 연관되어 하나의 행위를 이루는 요소들로 종합적으로 평가되어야 한다.

④ "'목적의 정당성'과 '수단의 상당성' 요건은 행위의 측면에서 사회상규의 판단기준이 된다. 사회상규에 위배되지 아니하는 행위로 평가되려면 행위의 동기와 목적을 고려하여 그것이 법질서의 정신이나 사회윤리에 비추어 용인될 수 있어야 한다. 수단의 상당성·적합성도 고려되어야 한다. 또한 보호이익과 침해이익 사이의 법익균형은 결과의 측면에서 사회상규에 위배되는지를 판단하기 위한 기준이다. 이에 비하여 행위의 긴급성과 보충성은 수단의 상당성을 판단할 때 고려요소의 하나로 참작하여야 하고 이를 넘어 독립적인 요건으로 요구할 것은 아니다. 또한 그 내용 역시 다른 실효성 있는 적법한 수단이 없는 경우를 의미하고 '일체의 법률적인 적법한 수단이 존재하지 않을 것'을 의미하는 것은 아니라고 보아야 한다."

특기할 것은 대법원이 형법 제20조의 사회상규에 해당하는 행위를 여타 위법성 조각사유를 적용할 수 없는 경우 최종적으로 인정되는 일반적 위법성 조각사유라고 명시한 점이다. 종전 판례는 이를 적용하기 위해 5가지의 엄격한 요건이 충족될 것을 요구하고, 동시에 타 요건들과 동일한 차원에서 긴급성과 보충성 요건도 요구하였지만, 이 사건 판결은 이를 완화하여 독립적 요건이 아니라 보충적 요건으로 하고 있다는 점이다. 그만큼 표현행위를 하는 자에게 유리하게 형량할 소지를 허용하는 것이기 때문에 바람직한 법리의 진전이라고 생각되지만, 이것이 종전 저자가 주장해온 바와 같이 영미법상 제한적 특권의 법리나 독일 형법상 정당한 이익의 옹호에 의한 위법성 조각 이론을 도입함에 지장을 줄 수는 없다고 생각된다.

3. 대법원 판례

전술한 바와 같이 우리 법제상 유일한 명문의 위법성 조각사유(형법 제310조)는 공익 사항에 관한 진술일 것을 요하는 점에서 한계가 있고, 그 때문에 대법원은 형법 제20조(정당행위)를 원용하여 명예훼손의 위법성을 부인하고 피고인을 면책시키는 입장을 취하고 있다. 여기서는 이들 구체적 사례를 살펴보고 그 적부를 검토하여 보기로 한다.

(1) 정당행위에 의한 위법성 조각 사례

다음 판례는 피고인의 표현행위가 진실인 경우이거나 또는 피고인에게 진실의 항변이 정당하게 적용될 수 없는 경우이지만, 대법원은 피고인 개인이 자신 또는 타인이나 공동의 이익을 옹호하기 위해 피해자의 명예를 훼손한 행위의 위법성을 부인하면서 사회상규에 위반되지 않아 정당행위에 해당한다는 취지로 논증하고 있다.

대법원 1956. 7. 13. 선고 4289형상149 판결 [조합장 횡령사실 보고]

"조합원 회합석상에서 조합장에 대한 업무상 횡령고소사건의 전말을 보고함에 있어 '조합장은 구속당할 것이다' '조합공금을 횡령하고 도피·구속당하였다'는 등의 언사를 행한 것이 사회통념상 위법하다고 단정하기 어렵다." 이 사건에서는 사회통념을 근거로 명예훼손죄의 위법성이 조각된다고 판단하였으나 여기서의 사회통념은 형법 제20조의 사회상규와 같은 것으로 이해될 수 있다.

대법원 1976. 9. 14. 선고 76다738 판결 [이해충돌 대리인]

이 사건 원고(변호사)는 피고 조합을 대리하여 약속어음금 청구사건을 이미 수임처리했음에도 불구하고 다른 조합원이 피고 조합을 상대로 제기한 유사한 사건에서 위 타 조합원을 위해 사건을 수임처리하였다. 피고 조합은 변호사인 원고의 위 행위가 법률상 허용될 수 있는 것인지의 여부에 대하여 의아심을 가지고 당국에 그 진상을 밝혀 법에 저촉되는 사항이 있다면 처벌하여 달라는 내용의 진정을 제기하였고, 원고는 수사를 받은 끝에 무혐의 불기소결정을 받았다.

원고는 피고 조합의 위 진정행위가 불법행위에 해당함을 이유로 이 사건 손해배상청구 소송을 제기하였는데, 대법원은 피고 조합의 위 행위는 그 조합의 권익보호방법으로 취한 정당한 이유가 있는 경우에 해당하므로 그러한 진정서의 제출로 인하여 원고 변호사가 수사를 받은 끝에 무혐의 불기소결정이 되었다 하더라도 특단의 사정없이 바로 불법행위가 성립하는 것은 아니라고 판시하였다. 이 사건 대법원 판시를 보면, 영미법상의 제한적 면책특권의 법리와 유사한 논증을 하고 있음을 알 수 있다.

대법원 1990. 4. 27. 선고 86도1467 판결 [불신임조합장 비난]

"조합의 긴급이사회에서 불신임을 받아 조합장직을 사임한 피해자가 그 후 개최된 대의원총회에서 피고인 등의 음모로 조합장직을 박탈당한 것이라고 하면서 대의원들을 선동하여 회의 진행이 어렵게 되자, 새 조합장이 되어 사회를 보던 피고인이 그 회의진행의 질서유지를 위한 필요 조처로서 이사회의 불신임결과정에 대한 진상보고를 하면서 피해자는 긴급이사회에서 불신임을 받고 쫓겨나간 사람이라고 발언한 것이라면, 피고인에게 명예훼손의 범의가 있다고 볼 수 없을 뿐만 아니라 그러한 발언은 업무로 인한 행위이고 사회상규에 위배되지 아니한 행위이다."

이 사건의 경우에도 피고인의 피해자에 관한 명예훼손적 발언에 고의가 없다고 논단하는 것은 무리가 있고, 피고인 자신 또는 조합 및 조합원 전체의 정당한 이익에 속하는 회의의 원만한 진행을 위해 발언한 것이어서 위법성이 조각된다고 보는 것이 더 설득적일 것이다

대법원 1995. 3. 17. 선고 93도923 판결 [이단심사보고]

피고인 소속 교회의 이단성 여부를 심사하는 교단협의회의 심사결과보고서에 피고인이 이전에 자신을 이단으로 비난한 피해자(국제종교문제연구소장)에 대해 제기한 고소장 사본을 첨부하여 기자들에게 배포한 행위가 명예훼손으로 기소된 사안에서 대법원은 피고인이 위

조사보고서의 관련 자료에 위 고소장 등을 첨부한 위 행위는 자신의 주장의 정당성을 입증하기 위한 자료의 제출행위로서 정당한 행위로 볼 것이고, 고소장의 내용에 다소 피해자의 명예를 훼손하는 내용이 들어 있다 하더라도 이를 이유로 고소장을 첨부한 행위가 위법하다고 할 수 없다고 판시하였다.

서울중앙지법 형사항소1부 2006. 10. 23. 판결 ['불륜의 덫']

이 사건에서 법원은 자신의 누명(陋名)을 벗기 위해 피해자들의 불륜 사실을 공개한 피고인의 행위는 정당행위에 속한다는 이유로 무죄를 선고하였다.

사립대학 시간강사였던 피고인(여)은 동 대학 교수 2인(피해자들)의 요청으로 피고인의 친구(이혼녀)를 불러 함께 음주하게 되었는데, 피해자들은 음주 후 인근 여관에서 동 이혼녀와 번갈아가며 성관계를 가진 일이 있었다. 5개월 후 피고인은 자신이 피해자들을 계획적으로 함정에 빠뜨린 뒤 교수 자리를 요구했다는 소문이 유포되고 있다는 말을 전해듣고, 허위 소문을 바로잡고 억울함을 호소하기 위해 학과 다른 교수들에게 이메일로 사건의 전말을 적은 글을 보냈다. 피고인은 위 행위로 1심에서 유죄로 인정되어 징역 8월에 집행유예 2년의 형을 받았다. 그러나 항소심은 1심 결론을 뒤집고 공소사실을 모두 무죄로 판단하면서, 피고인이 피해자들의 성관계 사실이 담긴 이메일을 다른 교수들에게 보낸 명예훼손 행위는 피고인이 자신에 대한 누명을 벗기 위한 것으로서 그 경위와 목적, 수단 등에 있어 위법성이 없는 정당행위에 해당한다고 하여 무죄를 선고하였다.

대법원 2020. 3. 26. 선고 2018도15868 판결

대학교 총학생회장 선거에 출마한 입후보자가 법학과 학생들만 가입한 네이버 밴드에 조언을 구하는 글을 게시하자, 피고인은 댓글로 직전년도 학생회장에 출마한 피해자 D씨가 학생회비도 내지 않고 개인적인 감정으로 상대방 후보를 비방하는 등 학과를 분열시킨 사례가 있다고 언급하면서 '그러한 부분은 지양했으면 한다'는 내용을 게재했다. D의 고소에 따라 피고인은 1, 2심에서 정보통신망법 상 명예훼손 혐의로 100만원의 벌금을 선고받았다.

그러나 대법원은 피고인의 댓글은 출마 입후보자에게 조언하려는 취지에서 작성된 일련의 댓글 중 하나이고, 그 댓글 내용은 객관적 사실에 부합하는 것으로 보인다며, 총학생회장에 입후보한 바 있는 피해자는 사후에도 입후보자로서 한 행동에 대해 다른 학생들의 비판을 수인해야 하며, 총학생회장의 출마자격에 관한 법학과 학생들의 관심 증진과 올바른 여론형성을 위해 행해진 것이어서 그 동기와 목적이 공공의 이익을 위한 것이므로 피해자 D씨를 비방할 목적이 있다고 볼 수도 없다는 이유로 원심을 파기 환송하였다. 이것은 기본적으로 대학 재학생들의 관심을 환기하기 위해 피해자에 관한 문제점을 제시하였다는 점에서 공익사항을 확대해석하여 그에 해당한다고 판시한 것이었으나, 공익사항에 해당하지 않는다 하더라도 선거에 임하는 재학생들 공통의 이익을 위한 것으로서 제한적 특권 법리에 의해 면책될 사안이었다.

(2) 검토 비판

위 판례들의 결론에는 찬성할 수 있지만, 그러한 결론에 이른 논증이 바람직한 것인가에 관해서는 검토할 필요가 있다. 대법원이 이들 사건에서 위법성을 부인하는 논거로 제시한 형법 제20조(정당행위)의 법리는 엄격한 요건을 요할 뿐 아니라 너무나 경직된 것이어서 표현행위에 적용함에는 부적절한 점이 있다. 즉 형법 제20조(정당행위)는 명예훼손에 국한되지 않고 형법상 모든 범죄에 적용되는 범용적 판단기준이고, 여타의 위법성 판단 기준에 의해 위법성을 정할 수 없는 경우 최후에 사용되는 기준으로서 그 적용에는 엄격한 요건10)이 필요하다. 특히, 자신 또는 타인의 정당한 이익을 옹호 또는 방어하기 위해 진실한 사실을 표현하는 행위에 긴급성 요건이나 보충성 요건11)까지 요구하는 것은 표현의 자유의 행사에 과도한 절제를 요구하는 것이어서 적합한 형량이라고 볼 수 없다.12)

이렇게 형법 제20조(정당행위)의 법리를 원용하여 명예훼손의 위법성을 조각시키려는 대법원 판례의 어프로치에는 한계가 있기 때문에, 이 문제에 대한 대책으로서는 영미나 독일의 확립된 법리를 도입하는 방안이 필요하다고 생각된다. 후술하는 바와 같이 명예훼손의 위법성 판단에는 영미와 독일에서 보는 바와 같이 헌법상 중요한 의미를 갖는 기본권으로서 표현의 자유를 고려하는 독특한 이익형량 기준이 방대한 판례로써 완비되어 있고, 이러한 법리를 도입하여 해결할 수 있다면, 구태여 경직되고 엄격한 요건을 요구하는 정당행위의 개념을 동원할 필요가 없다. 이들 사건에서 제한적 특권 법리를 원용했다면 논증과정에서 보다 합리적이고 명쾌한 논증이 될 수 있었다고 생각된다.13)

---

10) 전술 대법원 2003. 9. 26. 선고 2003도3000 판결 참조.

11) 예컨대, 형법상 정당행위로 인정되기 위해서는 보충성이 요구되지만, 명예훼손의 위법성을 조각하기 위해서는 목적을 달성함에 적정한 수단이면 족할 뿐, 이용 가능한 수단 중 가장 절제적 수단("scho-nendste" Mittel)을 요구하는 것은 아니다(Martin Löffler, Presserecht, C.H.Becksche Verlagsbuchhandlung, München (1969), 1. Bd., S. 322).

12) 대법원은 2023. 5. 18. 선고 2017도2760 판결 [상지대학 분규]에서 형법 제20조의 '사회상규에 위배되지 아니하는 행위'를 인정함에 요구되는 종전 판례로 확립된 5가지 요건, 즉 ① '목적·동기', ② '수단', ③ '법익균형', ④ '긴급성', ⑤ '보충성' 등은 불가분적으로 연관되어 하나의 행위를 이루는 요소들로 종합적으로 평가되어야 한다는 점을 강조하고, 그 중에서 긴급성과 보충성은 수단의 상당성을 판단할 때 고려요소의 하나로 참작하여야 하고 이를 넘어 독립적인 요건으로 요구할 것은 아니며, 그 내용 역시 다른 실효성 있는 적법한 수단이 없는 경우를 의미하고 '일체의 법률적인 적법한 수단이 존재하지 않을 것'을 의미하는 것은 아니라고 보아야 한다고 판시하였다.

13) 어쨌든 위와 같은 사례에서 폭로·공개행위는 진실이 입증되는 경우 피해자의 명예권과 대비하여 이익형량에 의해 보호받을 수 있다. 즉 공익성 요건이 충족되지 않아 형법 제310조가 적용될 수 없다고 하더라도 당해 진술의 위법성 여부에 관하여는 상술한 제한적 면책특권의 법리나 독일 형법의 정당한 이익 옹호 법리가 취하는 기준을 원용하여 위법성 조각 여부를 판단할 수 있을 것이다. 그리고 이 경우 명예훼손적 표현행위가 행해진 범위 및 그 효과에 비추어 과도한 명예 침해가 야기된 경우에는 위법성이 조각되지 않는다는 점에 주목해야 할 것이다.

대법원 2024. 1. 4. 선고 2022도14571 판결

이 사건에서 대법원은 모욕죄로 기소된 피고인에게 전파가능성이 없다는 이유로 무죄로 판단하고 있으나, 상술한 바와 같이 정당한 이익의 옹호라는 위법성 조각 사유를 논거로 하였다면 더 타당하였을 사안이라고 생각된다.

이 사건에서 피고인(구의회 의원)은 상대방(자율방범대 대장)에게 카카오톡으로 자율방범대 대원인 피해자에 관한 부정적, 비판적 의견을 전송하였다 하여 모욕죄로 기소되었다. 대법원이 판시에서 지적하는 바에 의하면 자율방법대장에게 그 구성원(대원)인 피해자의 처신, 자질 등과 관련한 사실을 제보하는 행위는 해당 단체의 평판 및 건전한 존속, 운영 등과 직결된 사항인 점, 피고인은 피해자에 관한 비판적 발언을 자율방범대장에게만 하였다는 점에서 위 단체의 이익을 옹호하기 위한 목적에 적합한 범위를 준수하였다는 점 등에 비추어보면 피고인의 이러한 고지행위는 상대방의 이익을 위한 행위인 동시에 구의회의원으로서 피고인의 이익을 위한 것이기도 하기 때문에 영미법상 제한적 특권에 해당하여 면책될 수 있다고 보는 것이 합리적이고 타당할 것이다. 그럼에도 대법원이 이를 전파가능성이나 그에 대한 인식이 없다는 점을 이유로 무죄라고 논증한 것은 어색한 점이 있다.

Ⅱ. 비교법적 고찰

위와 같이 표현행위의 위법성 판단에는 언론의 이익과 개인의 인격권이 충돌하는 경우 양자를 비교형량하여 실제적 조화를 이루게 하는 것이 기본적 요구이다. 이러한 일반적이고 추상적인 원칙을 다양하고 복잡한 개별 사례에서 전개함에는 보다 세부적인 법리가 필요하고, 각국의 판례와 학설은 이러한 불안정성을 줄이기 위해 중요한 법리를 전개하여 왔다. 그 대표적인 법리가 영미 보통법의 명예훼손법에서 형성된 면책특권의 법리와 독일법제에서 적용되는 정당한 이익 옹호의 법리가 있다. 이 경우 기본적인 것은 사실적시와 의견표현을 구별하고 양자에 관해 별도의 위법성 판단 기준을 적용한다는 점이다.

본항에서는 명예훼손에 적용되는 영미 보통법 상 면책특권의 이론과 독일의 정당한 이익 옹호의 법리를 살펴보고, 우리 법제의 운영에 참고할 바를 검토한다.

1. 영국 보통법

(1) 개관

영국 보통법은 명예훼손의 위법성을 판단함에 있어서 이른바 면책특권(privilege)이라는 법리에 의해 위법성을 배제하는 체제를 취한다. 이것은 언론의 이익과 명예권을 비교 형량하여 면책 여부를 정하는 기본 입장에 입각하고 있다. 이 법리를 구체적 사안에 적용한 보통법의 거대한 판례체계는 실제의 경험을 축적하여 체계화한 것이기 때문에 실용적인 의미를 갖는다.

첫째, 영미 보통법은 명예훼손적 사실적시에 대하여 절대적 특권 및 상대적 특권 등 일련의 특권을 인정하여 위법성을 부인하고 표현의 자유를 보호하고 있다. 이들 법리는 언론 미디어가 등장하기 이전 사인 간의 명예훼손에서 적용되는 것이었다. 둘째, 사실적시 명예훼손에서 전통적으로 적용되는 진실의 항변은 개인 및 미디어 보도에 공통적으로 적용되는 항변이다. 셋째, 의견표현에 의한 명예훼손에서는 공정한 논평의 법리가 전통적인 항변으로 인정되어 왔다. 넷째, 나아가 언론의 공익보도에 관해 영미의 판례는 공정보도의 특권과 중립보도의 특권을 인정하고 있다. 이를 다음에 상술한다.

(2) 사실적시에서 면책특권의 법리

가. 절대적 면책특권

1) 의의 및 요건

영미 보통법에서 절대적 면책특권(absolute privilege)이란 정부의 일정한 직무를 행하는 자의 진술로서 일정한 절차 내에서 행해진 것으로 확인되기만 하면, 표현내용의 공정성, 정확성, 동기 여하를 막론하고 그 표현내용에 대한 명예훼손 책임이 면책되는 경우를 말한다. 이것은 국민이 정부의 활동과 관련하여 그에 관여하는 공무원으로부터 거리낌 없이 정보를 제공받을 수 있다는 것이 가장 중요한 공적 이익이라고 하는 사고를 바탕으로 한다.[14)

절대적 면책이 되는 직무상의 특권은 다음과 같다.

① 사법절차 또는 준사법절차(행정심판 절차)에서 법관, 변호사, 법원 직원, 당사자 등이 절차 진행 중 그 절차와 관련하여 행한 진술: 이 특권은 소송에 현실적으로 관여한 자들 사이에서 행해진 진술에만 적용되며, 소송 제기 전이나 소송 종결 후 또는 소송 계속 중이라 하더라도 법정 외에서 행해진 경우에는 면책되지 아니한다. 다만, 소송 제기 전이라도 예상되는 소송과 관련하여 행해진 변호사와 의뢰인 또는 증인 간의 대화는 절대적으로 면책된다. 소송절차 종료 후 또는 법정 외에서 기자에게 행한 진술은 면책되지 못한다. 기자에 대한 진술은 사법절차의 목적과는 관련이 없으므로 그 특권이 인정될 수 있는 근거를 결하기 때문이다.[15)

② 행정부 최고위급의 공무원 또는 정책 결정의 직위에 있는 각료나 각급 기관의 장이 그 직무 범위 내에서 직무와 관련하여 행한 발언,[16)

③ 국회나 그 위원회에서 행한 국회의원의 발언.[17)

이들 절대적 특권에 해당하는 진술을 전파 보도한 미디어에게는 이른바 공정보도의 특권이 인정된다.[18)

2) 우리 법제와 절대적 면책특권의 법리

위와 같이 영미법상의 절대적 면책특권은 입법, 사법, 행정의 절차에서 직무상 행해진 관련자의 발언 및 직무행사 중의 발언에 적용되고 있으나, 우리의 경우에는 헌법상 명문으로 국회의원에게

---

14) 절대적 특권의 취지는 그러한 공무상의 발언이 시비 대상으로 허용되어 그를 문제 삼는 소송이 가능하게 된다면 중요한 공무를 수행하는 자의 활동이 위축되게 되므로 이를 보호하려는 데 있다 (Rodney A. Smolla, Law of Defamation, Chapter 8, p. 8-4).

15) 박용상, 명예훼손법, 현암사(2008), 348면.

16) 그 상세한 내용에 관하여는 후술 제2장 제3절 Ⅲ 2 (3) 가 1) 참조.

17) 그 상세한 내용은 박용상, 언론과 개인법익, 조선일보사(1997), 385-395면 참조.

18) "소스가 절대적 특권을 가진 경우 보도의 수단을 제공한 자는 허위이거나 명예훼손적임을 알더라도 마찬가지로 절대적 특권을 갖는다."(Restatement (Second) of Torts § 612(1) & cmt. e (1977)).

만 면책특권을 인정하고 있을 뿐이다(헌법 제45조).[19]

① 사법절차 관여자의 면책특권: 우리의 경우 사법절차 내에서 관계자의 발언에 관하여는 형법상 업무로 인한 정당행위(형법 제20조)로 보아 그 위법성을 조각하는 법리가 일반적으로 적용되며,[20] 그 적용 결과는 절대적 면책을 부여하는 영미에서의 실무와 크게 다르지 않을 것으로 생각된다. 예를 들면, 형사재판에서 검사의 기소 요지의 진술은 물론 증인의 증언, 변호인의 반대신문 등의 행위는 그것이 비록 공연히 사실을 적시하여 사람의 명예를 훼손하였다고 하더라도 형사소송법 및 형사소송규칙에 근거를 둔 정당한 행위로서 위법성이 조각된다.[21]

② 국회의원의 면책특권: 먼저 판례에 의하면, 우리 헌법 제45조에서 규정하는 국회의원의 면책특권은 국회의원이 국민의 대표자로서 국회 내에서 자유롭게 발언하고 표결할 수 있도록 보장함으로써 국회가 입법 및 국정통제 등 헌법에 의하여 부여된 권한을 적정하게 행사하고 그 기능을 원활하게 수행할 수 있도록 보장하는 데 그 취지가 있다.[22]

미국 판례는 국회의원의 활동 중 '입법적 행위'와 '정치적 행위'를 구분하고 입법적 행위에 국한하여 면책특권을 적용하고 있다. 미국 판례에 의하면, 면책특권은 의원 개인의 이익을 위한 것이 아니라 의원 개인의 독립성을 보장함으로써 입법과정을 보호함에 그 목적이 있는 것이므로 적정한 입법과정의 일부로 행해지는 입법적 행위(legislative act)는 그 보호 대상이 되지만, 입법과정 그 자체의 일부가 아닌 정치적 행위(non-legislative or political activities)에 대해서는 입법행위와 간접적으로 관련되어 있다 하더라도 보호받지 못한다.[23]

독일 헌법은 '허위사실적시 명예훼손'(verleumderische Beleidigungen)을 명문으로 면책특권에서 제외하고 있다(독일 기본법 제46조 제1항 제2문). 다만, 독일에서 의원의 발언을 형사 소추하는 경우에는 의회의 승인을 얻어야 하는데(기본법 제46조 제2항), 실제로 의회는 의원의 발언이 정치적 성격의 명예훼손인 때에는 승인을 하지 않는 입장을 취하고 있다고 한다. 그러나 민사소송의 제기에는 의회의 승인을 요하지 아니하므로 이 경우에는 의원의 발언이 법원의 심리대상이 된다.[24] 독일의 경우 면책특권은 소위 불체포특권과 함께 법 앞의 평등에 위반된다는 우려가 있고, 면책특권은 의원 개인을 보호하기 위한 제도가 아니라 의회의 권위 또는 의사의 공정한 수행을 확

---

19) 현행법상 국회의원의 면책특권에 관한 상세한 논의는 박용상, 명예훼손법(현암사, 2008), 337-347면 참조.

20) 박용상, 명예훼손법(현암사, 2008), 347면 참조.

21) 대법원 1956. 10. 26. 선고 4289형상227 판결 참조.

22) 대법원 2007. 1. 12. 선고 2005다57752 판결. 원래 면책특권은 국회의원에 대한 행정부의 부당한 탄압을 방지하는데 의미가 있었고, 다수당이 행정부를 장악하는 정당국가적 경향이 심화되는 현대의 정치상황 아래서는 반대당인 야당의 활동을 보호하는 강력한 수단을 제공한다는 점에서 헌법 기능적 의의가 컸다. 그러나 최근 야당이 과반수를 넘는 의석을 갖게 된 상황에서 면책특권의 정략적 남용 문제가 논란되고 있다.

23) United States v. Brewster, 408 U.S. 501 (1972): 연방대법원은 헌법상의 자유토론 조항(Speech or Debate Clause)은 의원들이 위원회나 전체회의의 절차에 참여하게 되는 수단으로서 '숙고적이고 의견교환적인 절차의 통합적인 일부'(integral part of the deliberative and communicative process)를 이루는 입법활동만을 보호한다고 판시하면서, "회의장 밖에서 행해진 명예훼손적 진술에 대한 책임이나 소송으로부터 절대적 면책을 창출하는 의도를 뒷받침하는 어떠한 역사적 유래나 헌법조문의 명시적인 문구도 없다"고 설시하였다.

24) A. Hamann, Das Grundgesetz, Ein Kommentar fur Wissenschaft und Praxis, 1956, s. 245; 島川豊, "西獨における議員の免責特權及び不訴追特典", 「レファレンス」 128號, 10頁.

보하는 것을 목적으로 한다는 점에서 면책의 범위에 있어서도 그러한 목적에 따라 제한적으로 해석되는 경향을 보이고 있다.25)

우리 판례에 의하면 "국회의원의 면책특권의 대상이 되는 행위는 직무상의 발언과 표결이라는 의사표현행위 자체에 국한되지 아니하고 이에 통상적으로 부수하여 행하여지는 행위까지 포함"한다고 한다.

대법원 1992. 9. 22. 선고 91도3317 판결 [국회의원 면책특권]

대법원은 본회의에서 발언하기 30분 전에 "우리나라 국시는 반공이 아니라 통일"이라는 연설문을 기자들에게 배포하여 국가보안법 위반으로 기소된 의원에 대하여 면책특권을 인정하면서 원고의 내용이 공개회의에서 행할 발언내용이고(회의의 공개성), 원고의 배포시기가 당초 발언하기로 예정된 회의시작 30분 전으로 근접되어 있으며(시간적 근접성), 원고배포의 장소 및 대상이 국회의사당 내에 위치한 기자실에서 국회출입기자들만을 상대로 한정적으로 이루어졌고(장소 및 대상의 한정성), 원고배포의 목적이 보도의 편의를 위한 것이라는(목적의 정당성) 등의 사실을 인정한 후 이와 같은 사실을 종합하여 피고인이 국회 본회의에서 질문한 원고를 위와 같이 사전에 배포한 행위는 국회의원의 면책특권의 대상이 되는 직무부수행위에 해당한다고 판시"한 원심의 판단을 지지하였다.

직무상 질문이나 질의를 준비하기 위해 국회의원이 정부·행정기관에 자료제출을 요구하는 행위도 면책특권의 대상이 된다.26) 면책특권의 범위 내인 한, 원내에서 행한 의원의 직권 행사 전반에 미친다. 따라서 연설, 토론, 질의, 보고, 설명, 표결까지 포함되는 것으로 보아야 한다. 발언에는 사실의 통지, 의사, 의견, 견해나 가치판단의 표명, 경고, 권유, 요구, 선동, 교사 등이 포함된다. 발언은 구두발언이든 서면발언이든 불문하며, 행동에 의해 묵시적으로 의사나 의견을 표명하여도 발언에 해당한다. 그러나 물리적 폭력행위(Tätlichkeit)는 면책특권에 포함되지 않는다.27)

대법원에 의하면 "면책특권의 목적 및 취지 등에 비추어 볼 때, 발언 내용 자체에 의하더라도 직무와는 아무런 관련이 없음이 분명하거나, 명백히 허위임을 알면서도 허위의 사실을 적시하여 타인의 명예를 훼손하는 경우 등까지 면책특권의 대상이 될 수는 없지만,28) 발언 내용이 허위라는 점을 인식하지 못하였다면 비록 발언 내용에 다소 근거가 부족하거나 진위 여부를 확인하기 위한 조사를 제대로 하지 않았다고 하더라도, 그것이 직무 수행의 일환으로 이루어진 것인 이상 이는 면책특권의 대상이 된다"고 한다.29)

위 조항에 의해 국회의원은 면책특권에 속하는 행위로 인해 민사상·형사상 대외적 책임을지지 않는다. 면책특권이 인정되는 행위이면 재임 중뿐 아니라 임기만료 후에도 면책된다. 독일의 통설에 따르면, 면책특권이 인정되는 행위의 위법성이나 책임이 배제되는 것은 아니고, 실체법적으로는 인적 처벌조각사유에 해당하여 절차법적으로 소추되지 않는 것이라고 한다.30) 우리 판례는 국

---

25) 정만희, 국회의원의 면책특권, 동아대 동아법학 10호(1990. 5), 11면.
26) 대법원 1996. 11. 8. 선고 96도1742 판결.
27) Maunz/Dürig/Herzog/Scholz, Grundgesetz Kommentar (1994), Art. 46, Rdnr. 13.
28) 우리의 학설 역시 다른 사람을 모욕하거나 사생활에 관한 발언은 면책대상이 아니라는 데 견해가 대체로 일치하고 있다(구병삭, 국회의원의 발언·표결의 면책특권, 고시연구(1987. 8), 101면; 허영, 한국헌법론(박영사, 1998), 904면; 법률신문 2000. 11. 9. 보도 등 참조).
29) 대법원 2007. 1. 12. 선고 2005다57752 판결.

회의원의 면책특권에 속하는 행위에 대하여는 공소를 제기할 수 없으며 이에 반하여 공소가 제기
된 때에는 "공소제기의 절차가 법률의 규정에 위반하여 무효인 때"(형사소송법 제327조 제2호)에
해당되므로 공소를 기각하여야 한다.31) 면책특권은 책임을 면제시킬 뿐 위법성을 조각(阻却)하는
것은 아니므로 의원의 발언을 교사 또는 방조한 사람은 법적 책임을 부담한다. 따라서 명예훼손의
소지가 있는 문건을 공개될 것을 알면서 의원에게 전달하여 공표하게 한 사람은 간접정범으로 처
벌받을 수 있다. 다수 학설은 국회 내에서 한 발언이나 표결일지라도 그것을 다시 원외(院外)에서
발표 또는 출판한 경우에는 면책되지 않는다고 한다.32) 면책특권으로 인해 국회의원으로서 정치
적 책임 또는 국회 내부의 징계책임을 면할 수는 없다.

③ 행정부 고위 공무원: 미국 판례는 정책 결정의 직위에 있는 각료·공무원이나 각급 기관의
장이 그 직무 범위 내에서 직무와 관련하여 행한 발언을 절대적으로 면책시킨다.

Barr v. Matteo, 360 U.S. 564 (1959)

이 판결은 미국에서 고위 공무원의 직무상 발언에 절대적 면책을 부여한 리딩 케이스이다.
연방대법원은 다음과 같이 그 필요성을 강조하고 있다.

"절대적 특권의 부인은 현대 정부에서 이미 심각하게 된 문제, 즉 일을 행함으로써 개인이
나 집단을 규제하여 반발을 사기보다는 오히려 안일(安逸)하게 자리를 지키려는 관료의 경향
을 더욱 악화시킬 뿐이다. 국가의 복리는 법의 위반과 공익에 배치되는 여러 행동들을 솔직
하게 말하고 폭로하려는 공무원의 용기에 의존한다. 관련자들이 갖은 적극적인 술책으로 대
처할 수 있는 수단과 의도를 갖고 있음을 공무원들이 인식하고 이를 두려워하게 된다면 그들
은 그 목소리를 죽일 것이다. 수백만이 규제적인 결정에 영향받게 되는 경우에는 그에 대해
반격을 가하려는 강력한 유인이 있게 된다." "이 특권은 고위직의 상징이나 보상이 아니라
정부의 능률적인 기능수행을 돕기 위해 안출된 정책의 표현이다. … 그것은 공직의 권리가
아니라 손해에 관해 대응하도록 요청된 특정직에 부여된 의무이다."

행정부 고위 공무원의 직무상 발언에 관하여 우리 판례는 위와 같은 면책을 허용하지 않고 있
다. 우리 판례를 보면 영미법에서 절대적 면책을 허용하는 정책 및 취지에 관한 고려 없이 공무원
의 발언이 행정상 공표의 엄격한 요건을 충족한 경우에 한하여 면책시키고 있다. 신중하게 재검토
를 요하는 부분이다. 어쨌든 한국에서는 공무원의 직무상 공표에 관해서도 특권이 없고 일반적 법
리가 적용된다. 즉 직무상 공표가 타인의 권리나 명예를 해하는 경우 그것이 진실이거나 진실이라
고 믿음에 상당한 이유가 있는 경우에 한하여 위법성이 조각된다. 나아가 대법원은 공권력을 행사
하는 공표 주체의 광범한 사실조사능력, 그리고 공표된 사실이 진실하리라는 점에 대한 국민의 강
한 기대와 신뢰 등에 비추어 볼 때 사인의 행위에 의한 경우보다는 훨씬 더 엄격한 기준이 요구된
다고 할 것이므로 그 공표사실이 의심이 여지가 없이 확실히 진실이라고 믿을 만한 객관적이고도
타당한 확증과 근거가 있는 경우가 아니라면 진실하다고 믿은 데 상당한 이유가 있다고 할 수 없
다고 한다.33)

---

30) Maunz/Durig/Herzog/Scholz, aaO., Art. 46, Rdnr. 22.
31) 대법원 1992. 9. 22. 선고 91도3317 판결.
32) 김철수, 헌법학개론(박영사, 1998), 926면; 권영성, 헌법학원론(법문사, 1999), 831면.
33) 대법원 1998. 5. 22. 선고 97다57689 판결.

나. 제한적 면책특권

1) 유래 - 영국 보통법

영국에서 19세기 초부터 판례에 의해 형성된 일반적인 제한적 면책특권(conditional or qualified privilege)은 일정한 요건을 충족한 경우 명예훼손적 진술에 면책을 부여하며, 일반 사인간의 관계에서 명예훼손의 책임을 배제하는 중요한 항변이다.[34]

> ### Toogood v Spyring 1 CM & R 181,149 ER1045 [1834]
>
> 이 사건은 명예훼손 소송의 항변으로서 제한적 면책특권(qualified Privilege)을 최초로 인정한 판결이다. 농장주의 위탁을 받은 농장 인부가 맡겨진 일을 제대로 하지 않고 일을 망쳤다는 사실을 농장주에게 알린 농장 임차인의 행위가 명예훼손으로 제소된 사건에서 영국 법원은 업무의 수행과정에서 이익이 걸린 사항에 관해 공정하고 정직한 진술은 공동의 편의와 사회의 복리를 위해 보호된다고 판시하였다.

영국 보통법상 이른바 엄격책임주의(strict liability rule)에 의하면 피해자인 원고가 피고에 의한 명예훼손적 진술을 증명하면 피고의 악의는 추정되는 것으로 다루어져 왔다. 영국에서 제한적 특권의 이론은 이러한 악의의 추정을 배제하여 명예훼손의 책임을 벗어나는 법리로 시작되게 되었다. 즉 피고(표현행위자)가 명예훼손적인 내용을 진술함에 정당한 이익을 갖거나 또는 그렇게 하여야 할 의무가 있음을 주장·입증하면 이러한 법적 악의의 추정을 배제시키는 형태로 특권 이론이 형성되게 되었던 것이다.[35] 그에 의하면 개인의 명예훼손 행위가 ① 표현행위자 및 상대방 양측에 해당 정보를 주고받을 이익이나 의무가 있는 경우 ② 그 이익이나 의무의 이행을 위해 필요하고 적정한 범위내의 사실을 ③ 직접 정당한 이익을 갖는 인적 범위 내의 사람에게 진술한 것이면, 그러한 조건을 충족한 경우 제한적으로 면책된다. 제한적 특권은 공표된 사실이 진실임을 요하는 것이 원칙이지만, 허위이거나 진실입증이 불가능한 경우에도 적용될 수 있다.

2) 미국 - 리스테이트먼트

미국에서도 영국 보통법 상 제한적 특권의 법리는 그대로 수용되었다. 미국에서 미디어를 피고로 하거나 공적 사안에 관한 명예훼손 소송에서는 현실적 악의 규칙이 적용되나, 사인간의 비공적 사안에 관한 명예훼손에서는 아직도 이 제한적 특권의 법리가 적용된다. 다만, 영국에서 제한적 특권은 명예훼손적 표현행위를 할 화자의 이익이나 의무와 이를 알 수용자의 이익이나 의무가 상호적인 연관을 요구하는 형태로 전개되었으나, 미국에서는 이러한 상호성을 엄격히 요구하지 않고 표현행위자의 입장에서 이를 전달할 의무나 이익이 있었는가 여부만을 주로 문제삼는다는 점이 다르다.

리스테이트먼트에 의하면 상대적 면책특권은 ① 화자 자신의 이익, ② 수령인 또는 제3자의 이익, ③ 화자와 타인이 공동으로 갖는 이익, ④ 화자, 수령인 또는 제3자의 근친(近親) 가족이 갖는 이익, ⑤ 공동의 이익 등을 위한 표현행위에 인정되며, ⑥ 중하급 공무원의 직무상 진술도 이 특권을 갖는다.[36] 이를 상술하면 다음과 같다.

---

34) 그 상세한 내용은 박용상, 명예훼손법(현암사, 2008), 270~292면 참조.

35) Robert D. Sack and Sandra S. Baron, Libel, Slander, and Related Problems, Second Edition, Practising Law Institute, p. 442ff.

36) Restatement (Second) of Torts 598A (1977).

① 화자 자신의 이익

표현행위자가 자신의 이익을 지키기 위하여 한 명예훼손행위는 조건적으로 면책된다(이른바 자기 이익 방어의 특권, self-interest privilege). 보통법의 일반적 법리에 의하면 표현행위자의 실질적 이익에 관한 정보로서 표현행위자의 합법적인 이익의 보호를 위하여 타인에 관한 명예훼손적 내용을 상대방에게 알리는 것이 필요하다고 생각하는 것이 합리적이고 올바르다면 그 명예훼손적 정보의 표현행위자는 특권을 갖는다.[37] 이에 해당하는 대표적 사례는 ① 권익 구제를 위한 신고행위, ② 변호인 등과의 상담, ③ 부당 경쟁행위에 대한 방어적 진술, ④ 기업 내 피용자의 비위 조사 및 보고, ⑤ 징계사유의 고지 등이 있다. 또 개인이 타인에 의해 공격받았을 경우 자신의 명예를 방어하기 위하여 한 행위는 제한적 특권(이른바 명예 방위권, defense-of-reputation rule)으로서 면책된다.[38]

② 수령인 또는 제3자의 이익

리스테이트먼트 제595항에 의하면 그 수령인이나 제3자의 중요한 이익에 영향을 미치는 정보를 가지고 있는 자가 수령인에게 그 정보를 법적으로 알려 줄 의무가 있는 경우 또는 '일반적으로 승인되는 품위 있는 행위의 기준'(generally accepted standard of decent conduct)에 따라 정당화될 수 있는 경우에는 명예훼손적 사항의 표현행위자는 특권을 갖는다고 한다.

가) 근로자의 고용정보 및 근무기록: 이러한 취지에 따라 미국에서 근로자의 고용정보에 관하여는 제한적 특권을 인정하는 것이 보통이다. 그것은 현재나 과거의 사용자로부터 장래의 사용자에게 제공되거나, 지휘명령 체계 내에서 동료 피용자의 근무를 평정하거나 상급자에게 보고할 의무를 갖는 직원의 고과(考課)에 확대되고 있다. 취업 지원자가 그 사용자에게 제공한 정보는 취업 및 승진에서 절차적 민주화과정의 발전과 함께 그 신상정보가 미래의 고용주 및 그 이외의 자에게도 유통되도록 확대된다. 문서, 질문서에 대한 대답 또는 인터뷰에 의해 정보를 제공하는 자는 그에 대하여 직접적 이해를 갖는 자에 대한 유통을 허용할 의도였다고 할 수 있다.

또 이러한 종류의 정보가 준비된 것으로서 쓰일 수 있다는 것은 확실히 공공의 이익에 속한다. 근로자의 능력과 자질에 관한 정보(reports on employees)에 대하여 그를 채용하려는 기업주는 중대한 이해를 갖는다. 종전의 고용주가 새로운 고용주 또는 근로자 신용조사회사에게 피용자의 근무기록과 능력을 알릴 권한이 있다는데 미국의 판례는 일치하고 있다.

미국 판례는 피용자의 근무기록에 관하여 종전 고용주와 새 고용주 간의 자유롭고 공개된 정보교환은 명백한 사회적 유용성(有用性)을 가지며, 피용자의 능력을 정확히 평가하는 것을 고무함으로써 공공의 이익이 최선으로 봉사될 수 있다는 입장을 취하며,[39] 종전의 고용주가 새로운 고용주 또는 근로자신용조사회사에게 그 요청이 있든 없든 피용자의 근무기록과 능력을 알릴 권한이 있다고 한다.[40]

---

37) Restatement (Second) of Torts 594 (1977).
38) Restatement (Second) of Torts 594 comment k (1977).
39) Hunt v. University of Minnesota (1991, Minn App) 465 NW2d 88, 92, 6 BNA Ier Cas 150.
40) 미국의 법원들은 근로자의 근무평정 기록은 그것이 과거 또는 현재 고용주에서 장래의 고용주에게 제공된 것이든, 권한있는 피용자가 타 피용자에 관해 작성한 것이거나 상사에게 보고하려고 작성된 것이면 그 전파에 제한적 특권을 인정하는 것이 제주의 공통된 경향이다(Smolla, Law of Defamation, § 8.08[2][d]). 다만, 판례는 그 특권의 잠재적 남용을 경계하기 위해 심각한 비난을 포함하는 불리한 평가가 이를 볼 필요가 없는 사람들에게 전파된 경우 등에는 이를 상실하는 것으로 보고 있다.

그러한 판례의 취지는 종전 고용주와 새 고용주 간의 자유롭고 공개된 정보교환은 명백한 사회적 유용성을 가지며, 피용자의 능력을 정확히 평가하는 것을 고무함으로써 공공의 이익이 최선으로 봉사될 수 있다는 입장을 취한 것이다. 그러한 제한적 특권이 인정되지 않는다면 종전의 고용주는 채용 예정된 피용자의 적격성 평가를 위한 요청에 대하여 성실하고 비판적인 대답을 꺼리게 될 것이고, 원래 개인적인 성질을 갖는 능력과 성격에 관한 정보유통을 저해하거나 과거에 대한 기만을 야기하게 될 것이기 때문이다.

그러나 근무기록에 업무능력의 결함 내지 중대한 과오가 기재되면 해당자에게는 치명적인 피해를 줄 수 있다. 따라서 그것을 알 필요가 없는 자에게 누설하는 것은 특권의 남용으로서 보호받지 못한다. 법원은, 피용자의 업무능력에 관한 솔직하고 정직한 평가라고 하는 실질적인 사회적 이익의 보호와 부당한 피해로부터 피해자를 보호할 실질적인 이익 간의 충돌을 신중하게 해소하는 방안을 취해야 한다. 이에 관한 제한적 특권은 확립되어 있지만, 진지하게 불리한 평가가 이를 볼 필요가 없는 자들에게 배포되는 경우와 같이 그 잠재적 남용에 관해 신중할 필요가 있다. 이 제한적 특권은 의사나 사설탐정 기관과 같이 피용자 평가를 행하는 타인들에게 확대되었다.

나) 신용정보: 신용조사 회사가 구독자에게 신용보고서(credit reports)를 발행한 경우 이에 대한 특권은 현대 경제상 요구되는 신용정보(信用情報)의 신속한 흐름을 보장하는 것으로서 제한적 특권이 인정된다. 신용 보고에 강력한 제한적 특권을 인정하는 논거는 신용정보를 구하는 자는 정상적으로 보아 그 획득에 절실한 이익을 가지며, 그러한 정보의 자유로운 유통은 사회에 필수적이라는데 있다. 미국의 공정신용보고법(Fair Credit Reporting Act[41])에 의하면 소비자정보를 보도하는 기능을 행하는 신용조사기관에 대한 고용주의 정보 제공은 그 소비자를 해하기 위해 악의나 고의로 제공된 허위정보가 아닌 한 특권으로 보호된다. 대다수의 주는 신용보고서에 제한적 특권을 인정한다.[42]

③ 화자와 타인이 공동으로 갖는 이익

리스테이트먼트 제596항은 공동의 이익에 관하여 정보를 공유할 공동의 이익을 갖는 자들에게 인정되는 제한적 특권을 다음과 같이 설명하고 있다. "특정한 문제에 관하여 공동의 이익을 갖는 수인 중의 1인이 공동이익을 공유하는 타인도 알 권리가 있다고 믿게 하는 합당하고 올바른 사정이 있는 경우에 그 표현은 조건적 특권이 될 수 있다".[43] 이 "공동이익의 특권"(common interest previlige)은 공동의 이해관계를 갖는 자들 상호간에 언론의 자유를 최대한 보장함으로써 정보를 얻게 하려는 데 그 의의가 있다. 이 특권이 인정되는 경우는 동일한 사업을 영위하는 단체의 구성원 또는 공동의 사업이나 재산적, 사회적 이익을 공유하는 집단 또는 단체의 구성원이 그 단체의 사무를 의논하는 경우가 전형적이며, 판례는 이러한 공동의 이익의 특권을 우애단체, 노동조합, 종교단체, 전문가협회 기타 비재산적 이해(利害)를 공유하는 단체 구성원간의 토론에까지 확대하였다.

④ 화자, 수령인 또는 제3자의 근친(近親) 가족이 갖는 이익

가족 간의 커뮤니케이션으로서 부부 간의 대화는 절대적 면책을 향유하지만, 그 이외의 가족 간의 커뮤니케이션은 표현행위자가 가까운 가족 구성원의 복지에 관한 정보를 갖는다고 올바르고 합리적으로 믿는 경우에는 그것이 명예훼손적인 사항이라 하더라도 제한적 특권을 갖는다.[44]

---

41) 15 USCS 1681h(e).
42) Smolla, Law of Defamaion § 8.08[2] [c].
43) Restatement (Second) of Torts 596 comment c (1977).

⑤ 공공의 이익

공익을 위한 조치를 취할 권한을 가진 수령인에게 공익을 위한 조치를 취할 수 있도록 타인의 비행 등을 알리는 행위는 명예훼손에 해당하더라도 조건적으로 면책된다. 즉 범죄 예방의 이익 또는 공무원의 정당한 직무수행의 이익과 같은 공공의 현저한 이익이 위협받는 경우 공익을 위하여 행위하도록 수권된 자에 대한 진술에는 제한적인 면책특권이 적용된다. 리스테이트먼트에 의하면 "충분히 중요한 공익을 해친다고 하는 정보가 있고 그 명예훼손적 사항을, 그것이 진실이라면 조치할 권한을 부여받은 공무원 또는 사인에게 진술하는 것이 공익상 요구된다고 하는 올바르고 합리적으로 생각할 정황이 있는 경우에 그 공표는 제한적 특권을 갖는다"고 한다.[45] 이 공익의 특권이 인정되는 이유는 민주사회는 여러 경우에 공익을 옹호하고 증진하려는 시민의 개인적 행위에 의존한다는 점에 있다. 특히, 미국 연방헌법 수정 제1조에 규정된 "정부에 고정(苦情)의 구제를 청원하는 권리"를 행사하는 것으로 생각되는 청원에 포함된 명예훼손적 진술에 대하여는 조건부 면책특권이 적용된다.

⑥ 중하급 공무원의 직무상 진술

절대적 면책 대상이 되지 않는 국회나 행정부 소속 하급공무원의 직무수행중의 발언은 제한적으로 면책된다.[46] 판례는 이러한 제한적 특권의 의의에 관하여 "특정한 경우에는 부정의한 것으로 나타나는 경우가 있을지라도 선의에 의해 행해진 종류의 커뮤니케이션을 특권적인 것으로 취급하는 이유는 공공의 실체를 청렴하고 능률적으로 경영하기 위한 필요성, 그 공무원의 직무태만을 처벌해야 할 중요성 및 조사를 침묵시킬 위험 등 여러 가지 이유 때문이다"라고 판시한다.[47]

⑦ 분석

영미 보통법에서 형성된 이 제한적 특권의 법리는 공적인 사안에 관한 것이 아닌 경우에도 적용되는 면책 특권이라는 점에서 특기할 점이 있고, 사적인 당사자 간의 사익적 분쟁에서도 적용될 수 있기 때문에 우리의 관심을 끌게 한다. 그에 의하면 표현행위자나 수용자 또는 제3자 등의 사적 이익을 위해 진실한 사실이더라도 피해자의 명예를 손상하게 될 사실을 함부로 아무에게나 진술하여 피해자의 명예를 훼손하는 것은 허용되지 않으며,[48] 다만, 일정한 범위 내의 인물에게 자기 또는 타인의 이익을 옹호하기 위해 필요한 한도 내의 진술만이 허용되고 있음을 알 수 있다.

미국 판례[49]에 의하면 특권을 주장하는 피고(표현행위자)는 자신의 진술이 특권면책되는 진술로서 적절한 기회에 적합한 동기를 가지고 적합한 방법으로, 그리고 합리적 또는 개연적인 이유에 근거하여 행해졌음을 주장·입증해야 한다. 이에 대해 원고(피해자)는 다시 그 특권이 남용되었다는 근거로서 명예훼손적 사항의 진실성의 인식이 없거나 진실로 믿을 합리적인 이유가 없는 경우, 특권이 인정되는 목적 외의 목적을 위해 행사된 경우, 특권의 목적 달성에 필요한 사람의 범위를 넘어 공표된 경우, 그리고 그 특권의 목적 달성을 위해 필요한 범위를 넘는 명예훼손적 사실의 공표가 행해진 점을 주장·입증해야 한다.

---

44) Restatement (Second) of Torts 597(1) (1977).
45) Restatement (Second) of Torts 598 (1977).
46) Restatement (Second) of Torts 598A (1977).
47) Greenwood v. Cobbey (1989) 26 Neb 449, 42 NW 413, 415.
48) 이에 비추어 보면 이들 진실한 사실 적시에 행위반가치성이 없다고 보는 주장은 이유가 없음을 알 수 있다.
49) Montgomery v. Dennison, 363 Pa. 255, n. 2, at 263, 69 A.2d 520 (1949).

미국에서 미디어를 피고로 하거나 공적 사안에 관한 명예훼손 소송에서는 현실적 악의 규칙이 적용되나, 사인간의 비공적 사안에 관한 명예훼손에서는 아직도 이 제한적 특권의 법리가 적용된다는 점에 유의해야 할 것이다.

3) 제한적 특권 법리의 수용 필요성

영국에서 장구한 세월 동안 구체적인 사례를 통하여 축적된 판례법이 체계화한 면책특권에 관한 이론은 실천적이고 실용적인 중요한 의미를 갖는다. 우리의 경우에는 위법성 판단에 추상적으로 이익형량만을 강조할 뿐 그 이익형량의 구체적 방안에 관해서는 이렇다 할 법리가 형성되지 않았다. 보통법 상 제한적 특권의 법리와 그것을 적용한 판례는 구체적 비교형량의 사례를 보여주기 때문에 우리에게도 중요한 참고가 될 수 있다. 더욱이 현행법에 의하면 위법성조각사유로서 진실의 항변에는 공익요건이 요구되기 때문에50) 표현행위자가 그의 개인적 이익을 옹호하는 명예훼손적 진술은 진실임을 입증하더라도 면책될 수 없다. 이러한 사정을 고려한다면, 상대적 면책특권의 법리를 도입할 필요가 큼을 알 수 있다. 후술하는 바와 같이, 대법원이 단순히 정당행위라고 보아 위법성을 부인한 판례51) 또는 범의(고의)가 인정될 수 없다고 하여 명예훼손의 성립을 부인한 다수의 사례52)에서 이 제한적 특권의 법리를 적용하였다면 더 합리적이고 적합한 논증이 될 수 있었을 것이다.

다. 진실의 항변

이상 제한적 특권의 법리와 함께 영국 보통법이 사실적시 명예훼손에서 인정하는 중요한 항변사유는 전통적인 진실의 항변이다. 이 항변은 개인은 물론 미디어의 명예훼손에서도 적용된다. 다만, '허위의' 사실적시를 명예훼손의 성립요건으로 보는 미국에서는 '현실적 악의 규칙'에 의해 원고가 허위의 입증책임을 부담하기 때문에 진실의 항변은 논의될 여지가 없다.

(3) 의견표현의 면책특권 - 공정한 논평의 법리

영국 보통법에서는 의견표현에 의해서도 타인의 명예를 침해하는 경우 명예훼손이 성립될 수 있으며, 다만 공정한 논평에 해당하는 경우 이를 면책시키는 체제를 취한다(fair comment rule). 미국에서도 초기에는 이러한 법리가 도입 적용되었으나, 1974년 거츠 판결이 의견이면 면책된다고 선언한 이래 공정한 논평의 법리는 그 근거를 잃게 되었고, 결국 미국 법제는 영국과는 다른 법적 환경이 조성되게 되었다(후술).

(3) 언론미디어의 보도 특권
가. 영국 - 미디어 보도의 제한적 특권 - 레이놀즈의 항변

이상 살펴본 영국 보통법상의 제한적 특권은 미디어가 아닌 일반 사인 간의 관계에서 인정되는 것이었다. 대중 미디어가 일반화되기 전에 전개된 상술한 제한적 특권은 일반 개인의 명예훼손행위를 주로 상정한 것이어서 전달할 이익 내지 의무의 범위를 넘는 전파, 특히 그 전파 범위에 제한이 없는 미디어의 보도를 정당화할 수 없었다. 신문이 공공 일반에게 공적인 사항에 관해 중요한 보도기능을 수행하는 맥락에서 제한적 특권을 적용하기 위해서는 별도의 논거가 필요하였다.53)

---

50) 형법 제310조는 진실증명에 의한 위법성 조각사유의 요건으로서 "진실한 사실로서 오로지 공공의 이익에 관한" 것임을 요구한다.
51) 전술 제2장 제3절 Ⅰ 3 참조.
52) 전술 제2장 제2절 Ⅶ 2 참조.
53) "보통법 상 기존의 제한적 특권은 명예훼손적 표현이 상대적으로 한정된 수의 사람들에게 행해진 경

이에 관해 1999년 영국 귀족원54)은 레이놀즈 판결55)에서 기존 보통법의 제한적 특권을 언론 미디어에 확대 적용하는 획기적 조치를 취하였다. 동 판결에 의해 창설된 이른바 '레이놀즈의 항변'에 의하면, 공익사항에 관해 책임있는 저널리즘 기준에 따라 명예훼손적 사항을 보도한 경우에는 해당 정보가 허위로 판명되게 된 경우에도 미디어는 명예훼손 책임을 면하게 된다.56) 레이놀즈의 항변은 2013년 개정 명예훼손법에 '공익사항에 관한 책임있는 보도의 항변'(defence of "responsible publication on matters of public interest")으로 명문화하게 되었다(동법 제4조).57)

나. 미국 법제상 미디어의 보도와 '현실적 악의 규칙'

미국 법제에서 현실적 악의 규칙이 적용되는 것은 미디어의 보도 또는 공적 사안에 관한 보도이고, 사인의 사적 사항에 관한 명예훼손에 있어서는 전술한 상대적 특권의 법리가 적용됨에 유의해야 한다.

다. 미디어의 공익보도의 특권 - 공정보도의 특권 및 중립보도의 특권

미디어가 공적 사안에 관해 보도 비판함에 자유로워야 하는 것은 민주주의의 기능에 필수적이다. 그러나 기자는 직접 체험한 것보다 제3의 취재원에 의존하지 않을 수 없는데, 제3자의 진술을 취재 보도함에 있어서 그 진실을 요구한다면 공적 사안에 관한 보도가 위축될 수밖에 없다. 영미 보통법은 18세기 이래 이른바 '공정보도의 특권'(fair report privilege)을 인정하여 일정한 공적인 절차와 기록에 관한 공정하고 정확한 보도는 거기에 설사 명예훼손적 내용이 포함되어 있는 경우에도 면책된다는 법리를 확립하였다. 또 1977년 미국 법원에서 창안된 '중립보도의 특권'(doctrine of neutral reportage)은 공익사항에 관한 토론이나 논쟁의 당사자가 행한 명예훼손적 주장을 중립적으로 보도한 경우 그 전파자의 명예훼손 책임을 면책시키는 법리이다. 뒤에서 상세히 살필테지만, 이들 법리의 취지는 우리 법의 운영에도 참고될 수 있다.58)

2. 독일

(1) 헌법 상 표현의 자유와 명예·인격권의 관계

독일의 법원은 표현의 자유와 개인의 인격권은 추상적으로 우열을 가릴 수 없기 때문에 양자의 법익이 충돌하는 경우에는 추상적인 해결 원칙이 존재할 수 없고, 이른바 실제적 조화의 원칙(Prinzip der praktischen Konkoranz)에 따라 최선의 해결을 시도해야 한다고 한다.59) 그렇기 때문

우 의무/이익의 상호성 요건을 요구하였으나, 공적 중요성을 가진 사안에 관해 알리는 언론 보도에 이를 적용하는 것은 언론의 역할에 부응하지는 못하는 것이었다."(Jameel v. Wall Street Journal Europe [2006]에서 LORD SCOTT OF FOSCOTE의 설시).

54) 영국의 현재 최고재판소의 전신.

55) Reynolds v. Times Newspapers Ltd. [1999] UKHL 45, [2001] 2 A.C. 127.

56) 종래 보통법상 비미디어 상황에서 제한적 특권은 상호적 이익/의무에 기한 기준이 적용되었으나, 레이놀즈 판결은 그 기준을 떠나 미디어가 책임있는 저널리즘 기준을 준수하였는가 여부에 초점을 두고 이를 충실히 지킨 경우 명예훼손 책임을 면책시키고 있다. 이로써 영국 명예훼손법은 언론의 자유를 위해 획기적인 전기를 맞이하게 되었다고 평가되었다(Elizabeth Samson, THE BURDEN TO PROVE LIBEL: A COMPARATIVE ANALYSIS OF TRADITIONAL ENGLISH AND U.S. DEFAMATION LAWS AND THE DAWN OF ENGLAND'S MODERN DAY, CARDOZO J. OF INT'L & COMP. LAW [Vol. 20:771, 782]).

57) 그 상세한 내용에 관해서는 박용상, 영미 명예훼손법(한국학술정보, 2019), 124-140면 참조.

58) 후술 제2장 제6절 Ⅱ 참조.

59) BVerGE 42, 143/152.

에 위 양자가 충돌하는 경우에는 구체적인 사례의 여러 상황에 비추어 그 우열을 가리는 '이익 형량(situationsbezogene Güter – und Interessenabwägung)이 필요하게 된다. 따라서 이익형량에 있어서는 표현행위로 인하여 침해되는 이익과 그로 인하여 만족되는 법익, 특히 공공의 '알 권리'의 크기와 정도의 대비 교량이 필요할 뿐 아니라 표현행위의 동기와 목적, 표현행위의 내용이나 표현기법 등 개별 사례에 관계되는 모든 정황을 고려하는 총체적인 형량이 요구된다.

이렇게 독일 판례는 명예훼손행위의 위법성에 관해 표현의 자유와 명예 등 인격권을 비교 형량하는 기본적 입장60)을 취하면서,61) 공적인 이해 사항에 관한 표현행위에 있어서는 피해자의 인격권보다 표현의 자유가 우선한다는 일반적 원칙을 확립하고 있다. 나아가 독일의 판례는 비교형량 과정에서 사실과 의견을 구분하고, 의견표현인 경우에는 원칙적으로 표현의 자유에 우위를 부여하는 한편, 사실 적시인 경우에는 그 진위 여하에 따라 그 이익형량을 달리하여 명예훼손의 성부가 결정되는 논증을 거치게 된다.

(2) 독일 형법 제193조의 위법성 조각 사유 – 정당한 이익 옹호의 법리

위와 같은 일반적 형량원칙을 명예훼손 분야에 실정화한 것이 독일 형법 제193조('정당한 이익의 옹호')이다.

> **독일 형법 제193조(정당한 이익의 옹호, Wahrnehmung berechtigter Interessen)**
>
> "학문적·예술적 또는 영업적 성과에 관한 비난적 판단, 권리의 실현이나 방어 또는 정당한 이익의 옹호를 위해 행해진 표현행위, 그리고 상사가 부하에 대하여 하는 훈계 및 징계, 공무원에 의한 직무상의 고지 또는 판단과 그에 유사한 경우에는 그 표현행위의 형태 또는 그것이 행해진 사정으로부터 명예훼손의 존재가 두드러지는 경우에 한하여 처벌된다."

이것은 명예권과 표현의 자유가 충돌하여 표현의 자유가 개인의 명예권에 의해 제한되는 경우에 표현행위가 정당한 이익을 옹호하기 위한 것이었다면 위법하지 않다고 하는 위법성 조각사유로 이해되고 있다.62) 그 조문은 명예훼손으로 처벌하여서는 안 될 사유로서 광범한 개념을 사용하고 있기 때문에 표현의 자유에 넓은 활동범위를 준다.63)64) 그 중 "정당한 이익의 옹호를 위해 행해진 표현행위"는 실무상 가장 중요한 위법성 조각사유로서 다양한 이익형량의 사례를 제공한다.

첫째, 독일 형법 제193조는 '정당한' 이익의 옹호만을 보호한다. 따라서 "법이 승인하는 이익으로서 인간의 존중에 대한 권리"에 국한되며, 법질서에 반하거나 공서양속에 반하는 모든 이익은 애당초부터 배제된다.65) 기준적인 것은 사회의 법주체간의 사회적인 교섭에서 행해지는 품위 있

---

60) BGHZ 27, 284, 289; BVerfGE 35, 202, 221, NJW 1973, 1226, 1228; BGHSt 27, 355, NJW 1978, 1930 m. w. Nachw).

61) "언론 보도에 의해 개인의 명예가 침해된다면, 그 정당화 문제는 오직 법익 및 이익 형량에 의해서만 결정될 수 있다. 그 경우 특히 공표에 의해 추구된 목적과 개인의 명예 침해 간에 납득할 만한 관계가 있는지 여부를 심사해야 한다."(BGH 1959. 12. 22. Az.: VI ZR 175/58 „Alte Herren").

62) Martin Löffler, Presserecht Band I Allgemeines Presserecht, 2. Aufl. C.H.Beck München 1969, S. 318.

63) BVerfGE 12, 113 (125).

64) 법관은 제193조를 적용함에 있어서 충돌하는 법익을 확인하여 추상적인 비교뿐 아니라 개별 사건의 모든 정황을 참작하여 직권으로 형량을 시도하여 무엇이 양보될 것인가를 심사해야 한다(Löffler, aaO., S. 327).

65) Karl Egbert Wenzel, Das Recht der Wort – und Bildberichterstattung, 4. Auflage, Verlag Dr. Otto

는 사람들의 인식(die Anschauungen der 'anständigen Leute)이다[66] 사생활의 폭로에 의해 상대방을 무방비 상태로 만들려는 이익, 또는 선정성을 야기할 이익은 정당한 이익이 될 수 없다. 개인의 경우 옹호할 수 있는 이익은 자기의 이익, 그리고 긴밀한 관계에 있거나 수권받은 타인의 이익이 포함되나,[67] 언론의 경우에는 널리 공공의 이익도 포함된다.

미디어 보도에서 이익형량에 고려해야 할 이익은 공중의 정보의 이익(Informations − interesse), 즉 알 권리이다. 언론에 의한 공개적인 보도에 있어서는 상이한 종류의 가치와 이익이 관계된다고 하더라도 그것은 알 권리에 봉사하며 여론형성에 기여한다고 간주된다.[68] 독일 연방대법원(BGH: Bundesgerichtshof)은 언론이 알 이익이 있는 중대한 사항을 알리고 그에 관하여 태도를 표명하는 때에는 정당한 이익을 옹호하는 것으로 간주된다고 판시한다.[69] 그러나 모든 보도에서 정당한 것으로서 승인될 수 있는 정보의 이익이 존재하는 것은 아니다. 언론은 공공의 진지한 관심(ernsthaftes Interesse der Öffentlichkeit)이 있는 사항에 관해 보도하는 경우 정당한 이익을 옹호하는 것으로서 승인받게 된다.[70] 사적인 영역 또는 내밀영역의 과정은 여론형성에 기여할 수 없고, 그것은 단순한 선정적 이익의 필요성에 불과한 것이다.[71]

둘째, 이익의 옹호에 필요하지 않은 명예훼손은 보호받지 못한다. 즉 공개로 추구된 목적과 피해받은 이익 간에 적합한 관계가 있어야 하며,[72] 타인의 명예에 대한 공격은 정당한 목적을 위해 적정한 수단을 사용할 것을 요한다.[73] 따라서 추구된 목적과 명예훼손을 서로 비교형량하여, 행위자가 자신의 이익을 옹호함에 필요한 한도 내에서 명예를 훼손한 경우에만 이 위법성 조각사유를 원용할 수 있다.[74] 이를 주장함에는 표현행위자가 주관적으로 해당 이익을 옹호한다는 목적이 있어야 한다.

셋째, 이것은 일반적 법질서의 원칙을 표명한 것이어서 형사뿐 아니라 민사 명예훼손에서도 적용되고, 사실적시와 의견표현에도 적용된다.[75] 또 이 조항은 개인의 표현행위나 미디어의 보도에 모두 적용된다.

Schmitt KG, 1994 S. 287.
[66] BVerGE 7, 198, 215; BGH, MDR 1958, 303.
[67] Wenzel, aaO., S. 287f.
[68] 오늘날 언론 미디어는 자신의 이익뿐 아니라 타인의 이익을 옹호하는 경우에도 독일 형법 제193조를 적용될 수 있게 되었다(이설 없음, Damm/Kuner, Widerruf, Unterlassung und Schadenersatz in Presse und Rundfunk, Verlag C.H. Beck S. 109; BGH, Alte Herren; BVerfG, Schmid).
[69] BGHZ 31, 308.
[70] BVerfG NJW 69, 227; BGH GRUR 66, 633; 69, 555 − Cellulitis.
[71] Wenzel, aaO., S. 295.
[72] 목적 달성을 위해 적정한 수단이면 족할 뿐, 이용 가능한 수단 중 가장 절제적 수단("schonendste" Mittel)을 요구하는 것이 아니다(Löffler, aaO., S. 322).
[73] SCHÖNKE SCHRÖDER, STRAFGESETZBUCH KOMMENTAR, 18., neubearbeitete Auflage, VERLAG C. H. BECK, S. 1214.
[74] BGH 1951. 10. 26. − I ZR 8/51 − Constanze I: "이익충돌의 모든 사례에 적용되는 이익 및 의무형량의 원칙에 따르면 권리침해적 표현행위는, 내용, 형태 및 부수상황에 따라 법적으로 승인된 목적의 달성에 객관적으로 필요한 경우에만 정당한 이익의 옹호에 의해 정당화된다."
[75] Löffler, aaO., S. 319.

(3) 진실 입증 책임과 정당한 이익의 옹호

독일 판례는 형법상 명예훼손이 성립되는 경우에는 민사 상 명예훼손의 불법행위도 성립하는 것으로 다루고 있으며, 이와 관련하여 진실 여부의 입증책임이 문제되는 것은 주로 독일 형법 제186조(사실적시 명예훼손, üble Nachrede)의 경우이다.[76] 동조는 진실로 증명되지 않은 명예훼손적 표현을 처벌한다고 규정하고 있다.

여기서 진술 내용의 진실 입증책임은 피고가 부담한다는 것이 확립된 판례이다.[77] 피고가 진실임을 입증한 경우 그는 형법 제193조의 정당화사유를 주장할 수 있고, 그러한 진실한 사실적시에 의한 명예훼손적 표현이 정당한 이익을 옹호하기 위해 필요한 것으로 인정되면 위법성이 조각되게 된다. 즉 표현행위자에 의해 진실이 입증되고 정당한 이익을 옹호하기 위한 것으로서 그것이 피해자가 입은 명예권 침해보다 큰 경우에는 형법 제193조에 의해 위법성이 조각되는 것이다. 이 점에서는 우리 법제의 진실의 항변과 같은 법리가 통용된다고 할 수 있다.

한편 피고가 진실임을 입증할 수 없는 경우에는 독일 형법 제193조를 적용함에 있어서 독특한 논증 과정을 거치게 된다. 즉 ① 피고가 진술의 진실성을 조사함에 요구되는 필요한 주의의무를 충실히 이행한 사정을 입증하면, ② 피고는 제193조의 정당화사유를 항변으로 제기할 수 있고, 이 경우 피고가 정당한 이익을 옹호하기 위해 당해 표현행위를 행하였는가 여부를 판단함에는 (진술의 진실성 입증이 없다 하더라도) 그 진술이 진실하다고 가정하여 정당한 이익이 있었는가를 판단하게 된다.[78] 이 경우 정당한 이익의 옹호를 위해 했다는 점이 긍정되면, 피고의 명예훼손 책임은 성립되지 않는데, 독일 판례는 표현행위자가 진실이라고 담보할 조사의무를 다한 경우라면 설사 결과적으로 허위 진술로 판명되었다 하더라도 그것은 보도 활동에 필연적으로 수반하는 위험이라고 보아야 할 것이므로, 이른바 '허용된 위험'(erlaubtes Risiko)의 법리에 의해 명예훼손적 진술의 책임조건이 없어진다는 사고를 바탕으로 하고 있다.[79]

이상 독일 판례를 정리하면, 사실적시에 의한 명예훼손(독일 형법 제186조)은 피고의 진실 입증이 성공한 경우 형법 제193조의 정당한 이익 옹호 요건을 충족하면 위법성이 조각되고, 진실 입증이 실패한 경우에도 진실성 조사에 관해 요구되는 주의의무를 충실히 이행한 경우에는 그것이 정당한 이익을 옹호한 것으로 인정되는 경우 명예훼손이 성립되지 않는 것으로 다루고 있다.[80]

---

76) 독일 형법 제185조(Beleidigung, 모욕죄)는 사실적시를 요건으로 하지 아니하며, 제187조(Verleum — dung, 허위사실 명예훼손죄)는 허위의 사실주장을 요건으로 하기 때문에 진실의 항변이 논의될 여지가 없다.

77) BGH Urt. v. 16.05.1961, Az.: I ZR 175/58 — „Torsana".

78) Wenzel, aaO., Rn. 6.70, BGH 1985. 2. 12. — Ⅵ ZR 225/83 — "Türkol". 사실적시 명예훼손으로 손해배상이 청구된 자가 정당한 이익 옹호를 주장하는 경우 여기서 시도될 이익형량을 위해서는 주장된 사실의 진실이 확정되지 않은 경우에도 그에 관해 진실함이 가정되어야 한다.

79) 이에 의하면 우리 판례가 피고가 진실이라고 믿음에 상당한 이유, 즉 객관적 사정을 피고가 입증한 경우 상당성 항변을 허용하는 경우와 유사한 결론이 된다. 다만, 우리 판례는 이를 위법성이 조각되는 것으로 다루지만, 독일에서는 명예훼손의 구성요건 해당성이 조각되는 것으로 다루는 점이 다를 뿐이다.

80) 이렇게 독일 법제상 표현행위자는 진술의 진실성을 입증할 책임을 부담하지만, 그 진실성을 입증할 수 없다 하더라도 기자가 진실성을 확보하기 위해 필요한 조사의무를 충실히 이행한 사정을 입증하면(우리 판례가 말하는 상당한 이유가 있는 경우), 결과적으로 허위보도가 되었다 하더라도 그것은 이른바 '허용된 위험'의 법리에 의해 면책되며, 이 경우 승소를 바라는 원고는 다시 허위의 입증책임을 부담하게 되는 구조를 취하게 된다.

이러한 법리에 따라 위와 같이 독일 형법 제193조가 적용되면 민사상의 불법행위에 기한 손해배상청구는 물론, 위법성과 허위 입증을 요하는 민사상의 금지[부작위]청구, 취소청구 및 정정청구는 배척된다.[81]

한편 진실의 입증이 있는 경우 이들 청구가 부인되는 것은 당연하지만, 진실 입증이 없음에도 피고가 주의의무를 완수하였다 하여 이들 청구를 모두 배척하는 것이 부당한 경우가 있다. 이 경우 피해자의 입장에서 보면 진실이 아닌 진술에 의해 명예가 침해되는 것을 수인할 의무는 없기 때문이다. 바꾸어 말하면, 허위에 의해 방해상태를 작출한 자는 그 행위가 주의규정의 준수에 의해 정당화되는가의 여부와는 상관함이 없이 취소 기타 적절한 방법으로 그것을 배제할 의무가 있는 것이다.[82] 특히, 인터넷 명예훼손과 관련하여 허위인 진술이 계속 웹상에 존재하여 그 해악이 제거되지 않는 현상에 비추어 보면 문제는 심각한 것이다. 여기서 독일 판례는 독일 민법 제1004조의 절대적 권리를 유추하여 허위 표현행위의 방해배제 및 방해예방청구권을 인정하는 방안을 개발하였다. 여기에는 대세적 권리로서 인격권의 절대성의 본질 구명과 피해자의 수인의무 여하 및 사이버명예훼손의 특성에 관한 논거가 등장한다.

3. 현행법제 상 위법성조각사유의 반성적 비판

우리 명예훼손법제는 형법상의 명예훼손죄에 관한 규정에 기초를 두고 있다. 형법 제307조 제1항에 의하면 "공연히 사실을 적시하여 사람의 명예를 훼손하는" 행위를 처벌한다고 규정하여 사실의 진위 여하를 막론하고 명예훼손죄가 성립하는 것으로 규정하고, 이러한 법리는 민사 명예훼손의 불법행위에도 적용되고 있다. 한편 형법상 유일한 위법성조각사유(형법 제310조)는 위 "제307조 제1항의 행위가 진실한 사실로서 오로지 공공의 이익에 관한 때에는 처벌하지 아니한다"고 규정하고 있어 형법 제310조를 적용하려면 ① 공익 사항에 관해 ② 진실한 사실임을 입증하여야 한다.

공익 요건을 요하는 동조는 미디어의 언론 보도에는 쉽게 적용될 수 있으나, 비공적 사안에서 개인 표현행위자가 그 자신 또는 타인의 개인적 이익을 옹호하는 명예훼손적 진술은 진실임을 입증하더라도 적용될 수 없다. 대법원은 이러한 경우 형법 제20조의 정당행위의 개념을 원용하여 위법성을 부인하거나, 때로는 질문이나 그에 대한 확인 대답이 문제된 경우 명예훼손의 고의나 사실적시가 없다는 이유를 들어 표현행위자를 보호하는 입장을 취하여 왔다.

---

81) 사실적시 명예훼손에서 피고가 기자로서 주의의무를 충실히 이행한 것을 입증하면, 제193조에 따라 정당한 이익의 옹호를 위해 한 것이라고 항변할 수 있고, 이 때 법원은 적시된 사실이 진실이라고 가정하여 정당한 이익 옹호 여부를 판단하여야 하며, 그 항변이 인용되면, 승소를 바라는 원고는 다시 주장사실의 허위 입증책임을 부담하게 된다(BGH, Urteil vom 12.02.1985 - Ⅵ ZR 225/83 - "Türkol" (OLG Stuttgart).

82) Wenzel, aaO., Rn. 6.36.

그러나 후술하는 바와 같이 이러한 어프로치에는 문제가 많고 만족할 해결을 줄 수 없다. 이에 우리는 위에서 살펴본 영국 보통법상 제한적 특권의 법리와 독일 형법 상 정당한 이익의 옹호(독일 형법 제193조)의 법리를 우리 법제에 도입하는 방안을 추진 하여야 할 것이다.

나아가, 공적 사안에 관한 언론 보도의 경우에도 형법 제310조에 의한 진실 입증 은 쉬운 일이 아니고, 그 입증 불능으로 인한 리스크를 부담하게 될 언론에게 위축효 과를 야기하게 된다는 비판을 면할 수 없다. 형법 제310조에서 유추 파생된 이른바 상 당성 항변도 진실이라고 믿음에 상당한 이유의 입증이 쉽지 않음은 물론이다. 이에 관 한 대책으로서 우리는 앞서 살핀 바와 같이 전파자로서 미디어의 책임을 완화하는 영 미법상의 제도를 도입하여 실용화하는 방안을 고려해야 할 것이다. 그 대표적 법리가 먼저 영미에서 인정되는 공정보도의 특권(fair report privilege)이다, 이것은 미디어가 일 정한 공적인 공식적 절차와 기록에 관해 공정하고 정확하게 보도한 내용은 거기에 설 사 명예훼손적 내용이 포함되어 있는 경우에도 진위 여하에 불구하고 면책된다는 법 리이다. 다음 중립보도의 특권(neutral reportage privilege)은 공익사항에 관한 토론이나 논 쟁의 당사자가 행한 명예훼손적 주장을 중립적으로 보도한 경우 그 전파자의 명예훼 손 책임을 면책시키는 법리이다. 마지막으로, 통신뉴스의 항변(wire service defense)은 언 론미디어의 보도가 뉴스통신 서비스에 의해 전달된 정보를 재공표한(republish) 것이고, 그 자료가 명예훼손적임을 알지 못했거나 알 근거가 없는 경우에는 명예훼손의 책임 을 지지 아니한다.

Ⅲ. 이익형량 기준의 구체적 적용

1. 대법원 판례 – 기본입장

대법원은 명예훼손의 위법성 판단 기준으로서 이익형량의 원칙을 취하고 있다. 대법원은 1988년 판결에서 개인의 명예 보호와 표현의 자유의 보장이란 두 법익이 충 돌할 경우 그 조정방법에 관하여 비교형량 기준을 채용함을 명백히 하였다.

대법원 1988. 10. 11. 선고 85다카29 판결 ['악덕 변호사']83)

"민주주의 국가에서는 여론의 자유로운 형성과 전달에 의하여 다수의견을 집약시켜 민주적 정치질서를 생성·유지시켜 나가는 것이므로 표현의 자유, 특히 공익사항에 대한 표현의 자유는 중요한 헌법상의 권리로서 최대한 보장을 받아야 하지만, 그에 못지않게 개인의 명예나 사생활의 자유와 비밀 등 사적 법익도 보호되어야 할 것이므로, 인격권으로서의 개인의 명예의 보호와 표현의 자유의 보장이라는 두 법익이 충돌하였을 때 그 조정을 어떻게 할 것인지는 구체적인 경우에 사회적인 여러 가지 이익을 비교하여 표현의 자유로 얻어지는 이익, 가치와 인격권의 보호에 의하여 달성되는 가치를 형량하여 그 규제의 폭과 방법을 정하여야" 한다(대법원 1988. 10. 11. 선고 85다카29 판결, 대법원 1998. 7. 14. 선고 96다17257 판결 등).

이와 같이 대법원은 위법성 판단의 기본적 관점으로서 표현행위자가 그 표현행위에 의해 달성하려는 이익과 피해자가 받는 피해 이익을 비교 형량하는 방안을 취하고 있다. 그리고 이익교량은 일반적으로 우월한 가치가 다른 쪽보다 중하기만 하면 되는 것이지 현저히 중하여야만 하는 것은 아니고, 적어도 공공의 이익이 사적 이익보다 우월한 경우에만 이에 해당한다고 한다.84)

언론보도에 있어서는 국민의 알 권리라고 하는 공적 이익과 피해자의 침해되는 권리를 염두에 두되, 그 형량에서 고려할 요소에 관해 다음과 같이 판시하고 있다.

대법원 1999. 1. 26. 선고 97다10215 판결 [산업스파이]

신문보도에 의한 표현의 자유가 헌법에 의하여 보장되는 권리라고 할지라도 그로 인하여 개인의 명예나 사생활의 자유와 비밀이라는 또 다른 법익이 침해되는 결과를 초래하게 될 경우에는 표현의 자유로 얻어지는 이익과 인격권의 보호에 의하여 달성되는 가치를 비교형량하여 그 위법성의 조각 여부를 판단하지 아니하면 아니되고, 이러한 이익을 비교형량함에 있어서는 보도 목적의 공익성과 보도 내용의 공공성, 보도 매체의 성격과 보도 내용이 신속한 보도를 요하는 것인가의 여부, 보도의 근거가 된 정보원(情報員)의 신빙성, 보도 내용의 진실성과 공정성 및 그 표현 방법, 보도로 인하여 피해자 등이 입게 될 피해의 정도 등 여러 사정을 종합하여 판단하여야 한다.

그러나 이러한 형량 기준을 구체적 사건에서 실제로 적용하려면, 개별적 사례의 여러 사정을 참작하여야 하고, 그 결과를 쉽게 예측할 수 없다. 구체적 사례에서 적용할 보다 상세하고 명확한 척도가 없다면 표현의 자유는 불안한 상태를 벗어날 수 없다. 이러한 폐단을 방지하고 법적 안정성을 확보하려면 표현행위의 내용에 비추어 서

---

83) 동 판결은 사건을 담당 처리한 변호사(원고)를 비난하는 한 개인의 수기를 기고받아 한 잡지(피고)가 게재 보도한 사건에서 피고가 제기한 진실의 항변 및 상당성 항변의 취지를 밝히면서 그 전제로서 이익형량의 법리를 설시한 것이다. 이후 대법원은 주로 피고의 진실항변이나 상당성 항변을 판단하면서 이 이익형량 기준을 언급하고 있다.

84) 대법원 1996. 6. 28. 선고 96도977 판결 [입후보자 전과사실].

로 형량될 양자의 이익의 종류와 정도를 차별화하고, 표현행위의 주체와 피해자의 지위를 유형화하여 상호 조합에 의해 교차 비교함으로써 예측 가능성을 높이는 시도가 필요하다. 이를 위해 각국의 판례와 학설은 표현행위의 주체나 객체, 표현내용 등 사례의 각 유형에 따라 적용되는 일정한 우열규칙을 정립하려는 노력을 경주하여 왔다. 그 중요한 관점을 다음에 알아 보기로 한다.

첫째, 표현행위의 주체가 일반 개인인가, 아니면 언론 미디어인가에 따라 적용될 형량 기준이 달라지는데, 개인의 명예훼손 행위의 형량기준은 전술한 영미 보통법 상의 제한적 특권이론이 상세하고 합리적인 형량 기준을 정하고 있음은 전술한 바와 같다. 또 미디어의 보도에 있어서 영미에서는 공정보도의 특권, 중립보도의 면책특권, 통신뉴스의 면책특권 등 언론의 보도를 확충하는 특권이 적용되고 있다.

둘째, 표현행위의 객체(피해자)가 누구인가에 따라, 공인인 경우에는 사인의 경우보다 폭넓은 비판이 허용된다.

셋째, 표현행위가 공익사항에 관한 것인가, 아니면 사적 사안인가에 따라 형량 기준이 달라짐은 당연하다.

넷째, 표현행위의 내용이 사실적시인가 또는 의견표현인가 여하에 따라 위법성 판단의 구조와 형량 기준이 달라진다는 점이 중요한 의미를 갖는다.[85] 사실적시 명예훼손의 경우 그 적시 사실이 진실한 것인가, 아니면 허위인가에 따라 제재의 성부와 강도가 달라지게 된다.

2. 표현행위의 주체에 따른 구별

(1) 개인의 명예훼손 - 표현행위자의 정당한 이익

명예훼손의 주체가 개인인 경우와 미디어인 경우에는 법적 취급에 차이가 있다. 그 전파범위가 한정되어 있는 일반 개인의 표현행위[86]와 대중을 상대로 공적 이해사항에 관해 정보를 전파하는 언론미디어의 보도는 같을 수 없기 때문이다.

전술한 바와 같이 개인의 명예훼손행위에 관한 형량 기준을 구체화한 전형적 법리는 영미 보통법상 제한적 특권의 법리와 독일의 정당한 이익의 옹호 법리이다. 그에

---

85) 독일 연방헌법재판소 1998. 11. 10. BVerfGE 99, 185 - Scientology.
86) 개인의 명예훼손적 표현행위가 일정한 범위의 수령인을 대상으로 행해지는 경우에는 위법성이 조각될 수 있다 하더라도 필요 이상으로 그 범위를 넘어선 대중에게까지 이를 공개하는 경우에는 그 정도를 넘은 것으로서 위법성이 인정될 수 있다(대법원 2004. 10. 15. 선고 2004도3912 판결[단체협약 강요 시위사건] 참조).

의하면 한편에서 표현행위자가 해당 명예훼손적 사실을 공개하고 수용자가 이를 알
정당한 이익, 그리고 다른 한편에서 피해자가 입는 피해이익을 비교 형량하는 방식으
로 그것이 면책되는 요건과 범위를 정하고 있다. 이 경우 명예훼손적 사실의 공개가
정당화되는 범위와 정도는 그러한 정당한 이익을 보호함에 적합한 한도에 제한되게
된다. 우리의 경우에도 이들 법리가 참고로 될 수 있음은 전술한 바와 같다.[87] 특히,
진실한 사실 적시도 명예훼손이 될 수 있는 우리 법제에서 그 위법성 판단에 이익형량
이 결정적 의미를 갖는다는 점은 뒤에서 다시 언급한다.

(2) 미디어 보도의 명예훼손 - 공익 및 공공의 알 권리

개인의 명예훼손적 표현행위가 일정한 조건과 범위에서 허용되는 경우에도 같은
사실에 관한 언론보도가 언제나 정당화되는 것은 아니다. 타인의 명예를 훼손할 수 있
는 개인의 표현행위는 이를 알 정당한 이익이 있는 범위의 사람들에게 행해진 경우 사
회적 상당성을 가져 위법성이 없지만, 언론미디어의 보도는 널리 일반 공중을 대상으
로 알 권리를 충족시키는 것이어야 하므로 공익에 관계되는 공적인 사항이어야 한다
는 점이 전제되기 때문이다. 따라서 타인의 명예를 훼손하는 미디어 보도의 위법성 판
단에는 반대이익으로서 공공의 '알 권리'가 중요한 개념으로 등장하게 된다.

미디어 보도에 있어서 대법원은 개인의 명예(인격권) 보호와 표현의 자유 및 공공
의 이익 간의 이익교량의 원리를 기본으로 하고 있으며,[88] 이익교량은 일반적으로 우
월한 가치가 다른 쪽보다 중하기만 하면 되는 것이지 현저히 중하여야만 하는 것은
아니고, 적어도 공공의 이익이 사적 이익보다 우월한 경우에만 이에 해당한다고 한
다.[89][90]

즉 개인의 명예훼손에 비해 미디어 보도는 공익사항에 관한 것을 우선적 요건으
로 하며, 그 영향의 광대성에 비추어 주의의무가 가중되는 한편, 보도의 내용 형성에
관한 편집적 재량이 널리 허용되고, 의혹의 제기나 비판에 있어서 일정한 정도의 과장
이나 도발적 표현도 보호된다.

또 언론의 공익보도에 있어서는 영미 판례상 공정보도의 특권이나 중립보도의 특
권의 법리를 수용할 필요가 있다는 점은 전술한 바 있다.[91] 그 밖에 미디어 보도의 명

---

87) 전술 제2장 제3절 Ⅰ 3 참조.
88) 대법원 1993. 6. 22. 선고 92도3160 판결 등 참조.
89) 대법원 1996. 6. 28. 선고 96도977 판결 [입후보자 전과사실].
90) 위법성을 판단함에 형량기준을 언급하는 대법원 판례는 대부분이 미디어 보도에 관련된 것이고, 그
　　만큼 이에 관한 형량 사례는 풍부하고 그 기준은 상세하다.
91) 전술 제2장 제3절 Ⅱ 1 (4) 다 참조.

예훼손에 관한 상세한 논의는 절을 나누어 후술한다.[92]

(3) 국가기관에 의한 명예훼손

국가기관도 명예훼손의 주체가 될 수 있음은 물론이다. 그러나 국가기관이 그 직무상 공표를 함에 있어서 관계인의 명예훼손적 사항이 포함된 경우 법적 처리에 관하여는 나라마다 상이한 취급이 행해지고 있다. 미국에서는 공직수행의 효율성을 위해 널리 허용하나 독일에서는 국가의 정보행위가 허용되는 요건과 한계에 관하여 엄격한 입장을 취한다.

가. 비교법적 고찰
1) 영미 보통법 – '절대적 면책특권'의 법리

영미법에서 정부의 일정한 고위직에 있는 공무원에게는 그 직무상 발언에 관하여 이른바 '절대적 면책특권'(absolute privilege)이 인정된다. 이것은 정부의 일정한 직무를 행하는 자의 진술로서 일정한 절차 내에서 행해진 것으로 확인되기만 하면 표현내용의 공정성, 정확성, 동기 여하를 막론하고 표현내용에 대한 책임을 면책시킨다. 이렇게 절대적인 면책을 인정하는 보통법의 취지는 국민이 정부의 활동과 관련하여 그에 관여하는 공무원으로부터 거리낌 없이 정보를 제공받을 수 있다는 것이 가장 중요한 공적 이익이라고 하는 사고를 바탕으로 한다. 그러한 특권이 인정되지 않는다면 공무원들은 명예훼손으로 제소될 수 있다는 끊임없는 보복의 위구심(危懼心) 때문에 그들의 직무수행 의욕이 현저히 위축될 것이기 때문이다. 그 특권이 혹시 남용되어 개인에게 피해를 주는 한이 있다 하더라도 이를 감수하는 편이 원활한 국정수행이라고 하는 국익에 보다 적합하다는 것이다.[93]

나아가, 미국에서는 위와 같이 절대적 면책 대상이 되지 않는 국회나 행정부 소속 하급 공무원의 직무수행 중의 발언은 제한적으로 면책된다. 판례는 이러한 제한적 특권의 의의에 관하여 "특정한 경우에는 부정의한 것으로 나타나는 경우가 있을지라도 선의에 의해 행해진 종류의 커뮤니케이션을 특권적인 것으로 취급하는 이유는 공공의 실체를 청렴하고 능률적으로 경영하기 위한 필요성, 그 공무원의 직무태만을 처벌해야 할 중요성 및 조사를 침묵시킬 위험 등 여러 가지 이유 때문이다"라고 판시한다.[94]

이러한 입장에서 다수의 판례는 공공에 대한 성명(聲明)이나 기자회견 또는 인터뷰에서 행해진 진술에 대해 법령상 명문의 규정이 없는 경우에도 공무원의 권한에 속하는 것이라고 보고 있다.[95] 판례들은 그러한 공개적인 전파는 공적인 직무의 일환이고, 공공은 직권의 남용, 비리 또는 무능에 대한 수사의 결말과 공공의 안전에 대한 범죄수사와 그 결과에 대하여 일반적인 관심을 갖는다는 점을 지적한다.

---

92) 후술 제2장 제6절 참조.
93) 미국 연방대법원 Barr v. Matteo, 360 U.S. 564 판결 (1959).
94) Greenwood v. Cobbey, 26 Neb. 449, 42 N.W. 413, 415 (1989).
95) David A. Elder, Defamation: A Lawyer's Guide, Clark Boardman Callaghan, Deerfield, Il. (1993), 2:3 p. 121.

2) 독일 - 국가의 정보행위의 요건과 한계

독일의 경우에는 영미법의 경우와 달리 고위공무원의 절대적 면책특권은 인정되지 아니하고, 오히려 현대 국가에서 국가기관이 정보행위를 행할 필요성과 함께 그에 관한 법적 근거 및 합헌성의 요건에 관한 문제가 논의되고 있다.[96]

독일에서는 1980년대 건강과 환경에 관한 관심이 고조되면서[97] 그 리스크에 대처하는 방안으로서 국가의 정보활동(Informationsakt)의 필요성이 널리 인식되게 되었는데, 다수 국민의 관심과 인식을 요하는 구체적 위험의 방지, 사전적 환경배려, 소비자보호 등의 목적을 위하여 국민들의 행위를 유도하는 경고, 추천 또는 계몽과 같은 형태의 정보행위를 간접적인 수단으로 채용하게 되었다.[98] 이들 공행정 주체의 정보활동은 '비공식적 행정작용'으로서 사실행위에 속하지만, 그것이 개인적 권리, 즉 기본권에 대한 제약을 가져오는 경우 법치국가적 요청에 비추어 그에 관한 법률적 근거를 요하게 된다.

독일의 학설과 판례에 의하면 일정한 정보대상과 관련하여 작용, 효과, 원인의 상관관계에 관하여 일반적으로 지식을 제공함에 불과한 계몽은 구체적 권고의 한계를 넘지 않는 한 기본권 개입이 아니며, 정부정책에 관한 사실과 정치적 평가를 알려주는 대민홍보는 기본권 제약에 해당하지 않는다.[99]

그러나 일정한 제품, 사람, 행동방식이 위험하다고 경고하는 것은 기본권 개입이고, 그것이 단순한 정보제공을 넘어 행동을 유도하는 것으로서 구체적으로 특정될 수 있는 대상과 관련이 있을 때는 기본권 침해가 된다. 이 때 기본권 개입 여부의 기준은 ① 국가권위를 동원하여, ② 중대한 결과를 야기하였고, ③ 그러한 결과가 의도되었거나 적어도 승인된 것이면 기본권을 제한하는 것으로 보게 된다.[100] 이들 기본권을 제약하게 되는 국가의 정보행위가 법적 근거를 요함은 물론이다. 독일의 경우에는 고액체납자나 청소년 성매매범의 경우 명문으로 법적 근거를 마련하고 있다.

나. 한국 판례 - 행정상 공표의 요건

우리 판례는 행정부 고위관계자의 직무상 진술에 관하여 미국과 같은 절대적 면책특권을 인정하지 아니하며, 독일의 법리를 따르는 경향을 보인다.

대법원은 일정한 행정목적 달성을 위하여 언론에 보도자료를 제공하는 등 이른바 행정상의 공표의 방법으로 실명을 공개함으로써 타인의 명예를 훼손한 경우, 그 진실성이 입증된 경우에는 위법성이 조각되나, 다만 진실입증이 없어 상당성항변을 판단함에 있어서는 일반 사인보다 주의의무가 가중된다는 입장을 취한다.

---

96) 이하 설명은 김중권, 국가적 정보행위의 법률유보적 문제점에 관한 소고, 법률신문 제3276호 2004. 7. 2. 게재 논문을 참고한 것이다.

97) 1980년대에 독일에서는 발암물질을 함유한 포도주, 방사능에 쪼인 야생버섯, 유해물을 함유한 연성 치즈 등이 매스컴과 대중에 소란스런 반향을 일으켰다.

98) 김중권, 전게 논문.

99) 김중권, 전게 논문.

100) 독일 연방행정법원 1989. 5. 23. 신흥종교결정: 예를 들어, 독일 법원은 연방관보에 유해 의약품 리스트를 공표하거나, 보건성장관이 발암물질이 함유된 와인 리스트를 그 양조자를 거명하면서 공표한 것은 그 제조자의 영업자유에 대한 침해가 된다고 판시하였다.

"공권력을 행사하는 공표 주체의 광범한 사실조사능력, 그리고 공표된 사실이 진실하리라는 점에 대한 국민의 강한 기대와 신뢰 등에 비추어 볼 때 사인의 행위에 의한 경우보다는 훨씬 더 엄격한 기준이 요구된다고 할 것이므로 그 공표사실이 의심의 여지가 없이 확실히 진실이라고 믿을 만한 객관적이고도 타당한 확증과 근거가 있는 경우가 아니라면 진실하다고 믿은 데 상당한 이유가 있다고 할 수 없다"는 것이다.[101]

다만, 대법원은 국가기관의 보도자료에 의거하여 그 내용을 보도한 신문에 대하여는 공식발표를 믿은 데 정당한 사유가 있다고 보고 있다.[102]

위 대법원 판례에 의할 때 진실한 사실이면 개인의 명예나 영업의 자유를 침해하는 행정상 공표가 언제나 적법하다고 볼 것인가?

첫째, 독일에서 논의되는 바와 같이 행정상 공표가 개인의 권리를 제약하는 경우에는 법치국가의 원칙에 따라 형식적 법률의 근거를 요한다고 보아야 할 것이다. 행정법상의 의무위반 또는 불이행에 대한 제재로서 위반자의 실명을 공개하는 것은 그 목적이 정당하다고 할 수 있지만, 그것은 행정청이 그 사실을 일반에게 공표함으로써 그에 따르는 사회적 비난이라는 심리적 강제에 의하여 간접적으로 그 의무이행을 확보하려는 것이란 점[103]에서 기본권 개입에 해당하며, 그에 관한 법적 근거를 요한다고 보아야 하기 때문이다.

우리의 경우 국세기본법은 고액상습체납자 등의 성명(상호), 주소, 체납액 등을 공개할 수 있는 규정이 있고,[104] 일정한 특수강력범죄, 성폭력범죄 등의 경우 수사단계에서도 충분한 증거가 있을 것을 전제로 그 범죄자의 신원과 초상을 공개할 수 있는 규정이 있다.[105]

---

101) 대법원 1993. 11. 26. 선고 93다18389 판결 [투기거래자](원고가 위장증여자로서 국토이용관리법을 위반하였다는 국세청장의 보도자료가 허위인 경우), 대법원 1998. 5. 22. 선고 97다57689 판결 ['이동쌀막걸리'](제품의 유통경로에 대한 조사 없이 제조자의 직접 공급지역 외에서 단지 외관만을 보고 구입한 시료를 바탕으로 '이동쌀막걸리'에서 유해물질이 검출되었다는 검사 결과를 공표한 소비자보호원의 발표).

102) 대법원 1993. 11. 26. 선고 93다18389 판결 [투기거래자].

103) 오용식, 행정상 공표와 관련한 몇 가지 검토, 월간 법제(2002. 9).

104) 국세기본법 제85조의5와 동 시행령 제66조에 의하면 국세청장은 국세청 국세정보위원회의 심의를 거쳐 ① 체납발생일부터 1년이 지난 국세가 2억원 이상인 고액상습체납자의 성명(상호), 주소, 체납액 등 ② 대통령령으로 정하는 불성실기부금수령단체의 인적사항, 국세추징명세 등 ③ 포탈세액 등이 연간 2억원 이상인 조세포탈범의 인적사항, 포탈세액 등 ④ 해외금융계좌정보의 신고의무자로서 신고기한 내에 신고하지 아니한 금액이나 과소 신고한 금액이 50억원을 초과하는 자의 인적사항, 신고의무 위반금액 등을 공개할 수 있다. 공개는 관보에 게재하거나 국세정보통신망 또는 관할 세무서 게시판에 게시하는 방법으로 한다.

105) 특정강력범죄의 처벌에 관한 특례법 제8조의2(피의자의 얼굴 등 공개), 성폭력범죄의 처벌 등에 관한 특례법 제25조(피의자의 얼굴 등 공개) 등. 위 양 법률의 해당 조항은 2023. 10. 24. 공포된 특정중대범죄 피의자 등 신상정보 공개에 관한 법률(중대범죄신상공개법, 2024. 1. 25. 시행)에 흡수되

둘째, 이렇게 입법조치가 마련되지 아니한 경우 위반자의 신원이나 상호의 공개가 언제나 금지되는가? 국가기관의 정보행위에 관하여 법률에 근거를 만드는 것이 가장 바람직하지만, 이러한 법률유보에 관한 인식이 일천한 우리의 경우 법적 근거가 없다고 하여 유용하고 또 필요할 수 있는 정보행위가 허용되지 않는다고 일률적으로 말하기는 곤란하지 않을까 생각한다.

우리의 경우에도 개별법이 아니라 일반적인 행정절차법에 행정관청이 그 분장업무에 관하여 일반적으로 정보행위를 행할 권한을 규정하도록 입법을 추진하는 것이 바람직하다. 법률상 일정 사안에 관해 물적 권한(관할)을 갖는 행정주체에게 그 분장업무에 관한 정보행위의 권한을 갖는 것으로 보는 것이 합리적 대안으로 볼 여지가 있는 것이다. 다만, 국가의 정보행위가 개인의 기본권을 중대하게 침해하는 것으로서 문제되는 경우에는 그 위법성 판단에서 고려하면 될 것이다.

셋째, 이익형량의 원칙상 공표로 인한 공익이 피해자의 불이익과 대비하여 우월한 것이어야 함은 물론이다. 특히, 사회적으로 논란된 바 있는 병역비리자, 고액 과외자, 부동산투기자 등의 경우에는 세심한 이익 형량이 요구된다고 보아야 한다.

다. 유해식품 등의 공개

유해식품 등을 공개하는 정부의 공보활동은 종종 관련 산업에 충격을 주고, 특히 개별 기업이 특정되어 공개되는 경우에는 막대한 손해를 입힐 수 있다. 우리의 경우 과거 '공업용 우지(牛脂) 사건', 2000년 '포르말린 통조림 사건',[106] 2004년 '불량만두소 사건'에서 보는 바와 같이 격렬한 논란이 법적 분쟁으로 전개된 바 있었다. 문제는 관련 업체의 명단을 공개하지 않는 경우 국가는 손해배상 책임을 면할 수 있지만,[107] 소비자인 국민의 알 권리는 무시되고 건강권이 위협받게 되는 딜레마가 연출된다는 점이다. 예를 들면 2004년 언론과 경찰은 수사결과 발표 당시 선의의 피해업체 발생 가능성과 명예훼손 우려 때문에 불량 만두소를 납품받은 업체들의 명단을 공개하지 않았지만, 국민의 건강권을 해치게 되었다는 격렬한 비판을 받은 바 있다.[108] 섣부른 익

없다(후술).

106) 대법원 2003. 10. 9. 선고 2003다24390 판결(서울고법 민사8부 2003. 4. 3. 선고 2001나72526 판결) [포르말린 통조림]: 원고인 통조림제조사 등은 1998. 7. 통조림에 포르말린을 넣어 방부처리했다는 혐의 등으로 구속 기소되었으나, 대법원에서 무죄로 확정되자(2000도2552), 국가와 경향신문 등 5개 언론사를 상대로 손해배상청구소송을 제기하였다. 대법원은 잘못된 검찰 수사결과 발표로 인해 피의자의 명예가 훼손된 경우 국가는 손해배상책임을 져야 하지만, 이를 근거로 수사결과를 보도한 언론사는 면책된다고 판시하였다.

107) 2004년 불량만두 사건에서 식품의약안전청은 건강을 염려하는 국민 여론에 따라 만두의 유통, 제조와 관련된 업체 18곳의 명단을 전격 공개했는데, 그 명단에 포함된 식품업체들은 회복할 수 없는 피해를 입었고, 그 중 한 업체의 사장은 한강에 투신하는 일이 발생하기도 했다.

108) 전술 황상진 기자(april@hk.co.kr), 언론의 '익명 딜레마', 한국일보 2004. 6. 15. 참조.

명처리가 엉뚱한 피해를 야기하는 경우도 있다.

이에 관한 현행법의 규정을 보면, 식품위생법은 식품의약품안전처장은 동법 상의 위해식품이라고 의심되는 경우 그 식품 등의 위해요소를 신속히 평가하여 그것이 위해식품인지를 결정하여야 하며(동법 제15조 제1항),[109] 그 위해평가 결과에 관한 사항을 공표할 수 있다(동법 제15조의2 제1항)고 규정한다.[110] 위 법 규정만으로는 관련 업체의 명단을 공개할 수 있는지 여부가 분명하지 않다.

한편, 소비자기본법은 국가는 소비자의 합리적 선택을 위해 사업자의 정보를 제공하는 시책을 강구하여야 하며(제13조 제2항), 공정거래위원회는 소비자종합지원시스템을 통하여 소비자에게 물품 등의 유통이력, 결함, 피해사례, 품질인증 등 소비자의 선택, 피해의 예방 또는 구제와 관련된 정보를 제공하여야 한다(제16조의2 제1항 및 제2항 제1호)고 규정한다. 이 규정에 따라 문제 물품 등의 결함, 피해사례를 공개할 수 있는 것을 보면 특정 관련 업체의 상호 등을 공개할 수 있다고 해석될 수 있을 것이다.

위험이 일상화된 현대사회에서 '의심스러우면 안전에 유리하게'라는 국가행정의 기본원칙이 충실하게 준수되어야 할 필요가 있는 동시에, 무고한 기업의 피해를 최소화하는 방안을 마련해야 할 것이고, 그에 관한 언론의 보도활동도 그에 맞추어 신중을 기해야 할 것이다.

라. 피의사실공표죄와 그 위법성 조각

이 문맥에서 언급되어야 할 것은 범죄수사에 임하는 검찰, 경찰 등 법집행 기관이 공공의 알 권리를 위해 수사의 경과와 결과를 발표하는 경우 어떠한 요건 하에서 위법성이 조각될 수 있는가 하는 문제이다.[111]

3. 진술 내용에 따른 비교형량

(1) 공익 및 공적 관심사

먼저, 표현 및 언론의 자유는 공적 관심사항을 다루는데 그 중심적 의미가 있다.[112] 따라서 공적 관심사 내지 공익 사항에 관해서는 피해자의 인격권보다 언론의

---

109) 식품의약품안전처장은 국민건강에 급박한 위해가 발생하였거나 발생할 우려가 있다고 인정하는 경우에는 그 금지조치를 하여야 하며(식품위생법 제15조 제2항 후단), 위해평가가 끝나기 전에도 국민건강을 위하여 예방조치가 필요한 때에는 식품위생심의위원회의 의결을 거쳐 그 판매 기타 처리를 일시적으로 금지할 수 있다(동조 제2항 전단, 제3항).

110) 식품위생법 시행령 제5조의2(위해평가 결과의 공표)에 의하면 식품의약품안전처장은 위 위해평가의 결과를 인터넷 홈페이지, 신문, 방송 등을 통하여 공표할 수 있다.<개정 2013. 3. 23.>

111) 후술 제2장 제6절 Ⅲ 3 (2) 라 참조.

자유 내지 공공의 알 권리113)가 우선함이 원칙이다.114) 독일 판례에 의하면 표현행위
가 여론형성에 대한 기여를 목표로 할수록 표현의 자유는 높게 평가해야 하며, 이에서
벗어나 단지 개별 개인에 대한 감정적 입장의 전파인 경우일수록 가볍게 평가되어야
한다는 입장을 견지하여 왔다. 따라서 본질적으로 공적인 문제에 있어서 여론형성에
기여하는 표현이면 자유언론의 추정을 받으며, 그에 따라 의심이 있는 경우에는 표현
의 자유를 우선시키는 규칙이 적용되어 왔다.115) 그러나 최근 독일 연방헌법재판소는
표현의 자유와 인격권 간의 형량에서 위와 같은 사법적 우선규칙을 폐기하고 양 기본
권을 동등하게 취급하여 불균형을 없애는 방향으로 나아가고 있다.116)117)

유럽인권재판소도 사생활 존중과 표현의 자유 간의 형량에 있어서는 보도가 일반
적 이익의 토론에 기여하는가 여부가 중요하다고 지적한다.118)

ECHR, Couderc and Hachette Filipacchi Associés v. France [GC], no. 40454/07,
2015

이 사건에서 유럽 인권재판소는 잘 알려진 인사에 관한 보도라 할지라도 기사의 유일한
목적이 특정인의 사생활에 관한 특정 독자군의 호기심 충족이었다면 사회의 일반적 이익
의 토론에 기여하는 바가 없으며, 공적 이익은 "타인의 사생활 정보에 관한 공공의 갈망 또는
독자들의 선정주의(sensationalism)나 관음증(voyeurism)을 위한 원망으로 환원될 수 없다"고
판시하였다. 다만, 이 사건에서 군주의 숨겨진 아이의 존재를 폭로하는 기사와 사진을 보도
한 언론에 손해배상책임을 인정한 판결은 인권협약 위반이라고 판시하였다.

대심판부는 언론은 공익에 관한 현존하는 토론을 보도하는 역할뿐 아니라, 나아가 그와 구
별되는 더 적극적 역할로서 공공에게 그러한 이익을 해명하고 사회 내에서 그러한 토론을 유
도할 수 있는 정보를 폭로하고 주의를 환기하는 역할의 중요성을 강조하였다.

---

112) 미국 연방대법원은 연방 수정헌법 제1조는 공적 관심사('matters of public concern')의 보호에 초점
이 있다고 한다(Dun & Bradstreet, Inc. v. Greenmoss Builders, Inc., 472 U.S. 749, 755-63 (1985)).

113) 알 권리는 공공이 알 정당한 이익이 있는 사항에 관해 인정되며, 그 이익은 법질서 및 공서양속에
반하는 것이 아니어야 한다(Wenzel, aaO., Rz 43, 6).

114) 헌법재판소 1999. 6. 24. 선고 97헌마265 결정. "공익 사항에 관한 공개토론은 민주주의의 기능을 위
해, 그리고 공공의 알 권리를 충족시키기 위해 중요하며, 공적 감시자로서 언론은 이러한 역할을 담
당한다. 공익이 존재하지 않는 경우 특정한 독자층의 단순한 호기심을 충족시키기 위한 공개에 대
하여는 표현의 자유에 대한 제한이 정당화될 수 있다."(ECHR 2001. 2. 6. Tammer v. Estonia,
2001-I 267, 281: 이 사건에서 문제된 보도는 전직 공무원의 사생활 국면에 관해 언급한 것이고 어
떠한 공적 관심 이슈에도 관련되지 않았다고 하여 청원인에게 유리한 판단이 내려졌다).

115) BVerfGE 7, 198 [212].

116) 후술 제2장 제7절 Ⅳ 1 (1) 다 참조.

117) Lorenz Leitmeier, Künast, "taz" und die (neuen) Grenzen der Meinungsfreiheit, https://www.hrr-
strafrecht.de/hrr/archiv/20-10/index.php?sz=6, Aufsätze und Entscheidungsanmerkungen, S. 397
(Heft 10/2020).

118) 공적 이익 쟁점에 관한 정치적 언론은 그것 없이는 일반적 표현의 자유가 위태롭게 될 것이므로 이를
제한함에는 강력한 정당화사유를 요한다(ECHR 2007. 2. 22. Krasulya v. Russia, App. No. 12365/03).

우리 판례 역시 같은 입장을 취한다. 헌법재판소는 1999년 "신문보도의 명예훼손적 표현의 피해자가 공적 인물인지 아니면 사인인지, 그 표현이 공적인 관심 사안에 관한 것인지 순수한 사적인 영역에 속하는 사안인지의 여부에 따라 헌법적 심사기준에는 차이가 있어야 한다"고 강조한 바 있고,119) 대법원 역시 2002년 판결 이래 같은 입장을 취하고 있다.120)

대법원 2002. 1. 22. 선고 2000다37524, 37531 판결[시민단체 대 한국논단]

"언론·출판의 자유와 명예보호 사이의 한계를 설정함에 있어서 표현된 내용이 사적(私的) 관계에 관한 것인가 공적(公的) 관계인 것인가에 따라 차이가 있는 바, 즉 당해 표현으로 인한 피해자가 공적인 존재인지 사적인 존재인지, 그 표현이 공적 관심사안에 관한 것인지 순수한 사적인 영역에 속한 사안에 관한 것인지, 그 표현이 객관적으로 국민이 알아야 할 공공성, 사회성을 갖춘 사안에 관한 것으로 여론형성이나 공개토론에 기여하는 것인지 아닌지 등을 따져보아 공적 존재에 대한 공적 관심사안과 사적인 영역에 속하는 사안 간에는 심사기준에 차이를 두어야 하며, 당해 표현이 사적인 영역에 속하는 사안에 관한 것인 경우에는 언론의 자유보다도 명예의 보호라는 인격권이 우선할 수 있으나, 공공적·사회적인 의미를 가진 사안에 관한 것인 경우에는 평가를 달리하여야 하고 언론의 자유에 대한 제한이 완화되어야 하며, 피해자가 당해 명예훼손적 표현의 위험을 자초한 것인지의 여부도 또한 고려되어야 한다."

여기서 공적 관심사 내지 공익 사항이란 일반적 이익의 토론에 기여하는 사항을 말한다. 공익에 관한 사항에는 정치적 문제는 물론 공공이 정당하게 알 권리를 갖는 사항이 널리 포함된다. 대법원에 의하면, 공익 사항으로서 선거운동을 비롯하여 정치 주체간의 정치적 공방, 노사분쟁에 즈음한 비난 비판, 종교적 논쟁 등을 들고 있으며, 이 과정에서 행해진 표현행위에는 폭넓은 자유를 허용하고 있다. 그리고 최근 대법원121)은 사적인 사안에 관한 진실한 사실적시가 명예훼손으로 처벌되지 않도록 형법 제310조의 공익 관련성을 보다 넓게 해석할 것을 요구하면서 ① 사실적시의 내용이 사회 일반의 일부 이익에만 관련된 사항이라도 다른 일반인과의 공동생활에 관계된 사항, 그리고 ② 개인에 관한 사항이더라도 그것이 공공의 이익과 관련되어 있고 사회적인 관심을 획득한 경우에는 이를 공익 연관성이 있는 것으로 보아 형법 제310조를 적용하도록 요구하였다.

---

119) 헌법재판소 1999. 6. 24. 선고 97헌마265 결정.
120) 대법원 2002. 1. 22. 선고 2000다37524, 37531(병합) 판결 [시민단체 대 한국논단], 대법원 2004. 2. 27. 선고 2001다53387 판결, 대법원 2006. 3. 23. 선고 2003다52142 판결, 대법원 2008. 2. 1. 선고 2005다8262 판결 등 참조.
121) 대법원 2020. 11. 19. 선고 2020도5813 전원합의체 판결.

(2) 의견표현·가치판단

인격권을 침해할 수 있는 표현행위는 크게 의견표현과 사실적시로 구분될 수 있고, 그에 따라 위법성 판단을 위한 이익형량 기준은 달라진다.

보도의 내용이 가치판단 내지 의견표현이라고 인정되면, 언론의 자유가 개인의 인격권에 우선함이 원칙이다. 표현의 자유를 보호하는 근본 취지는 자유로운 의견의 표현에 의해 올바른 의견형성을 보호하는데 있기 때문이다. 그 경우 비판이 타당한가 또는 가치판단이 옳은가 여부는 원칙상 문제되지 않는다. 문제되는 것은 사적인 공방에서 개인적 이익을 추구한 것인가, 아니면 공적 관심 사항에 관해 여론형성에 기여하기 위한 것인가 여부이다.

공적 관심 사항에 관하여 비판하는 경우에는 언론의 자유가 원칙적으로 우선하며, 강력하거나 과장된 언어로 표현된 의견도 보호된다. 특히 저널리즘의 자유는 일정한 정도의 과장이나 도발적 표현도 보호한다.[122]

그러나 공적 사안에 관한 표현행위라 하더라도 피해자에 대한 부정적 가치판단(의견)은 사실적 근거를 가져야 한다. 따라서 합당한 사실적 근거 없이 폄훼에 치중하는 '터무니없는 인신공격' 또는 사안에 관한 토론보다는 개인의 명예손상에 중점이 놓이는 '비방적 비판'은 금지된다.[123] 독일 판례에 의하면 비판이 사실에 근거하는 것이라 하더라도 낙인찍기(Stigmatisierung)나 사회적 배척(soziale Ausgrenzung) 및 망신주기(Pranger-wikung)에 이르는 경우에는 비방적 비판에 해당한다고 한다.

사실주장과 결합되어 있는 의견표현의 경우, 이를 보호할 가치가 있는가 여부는 그 표현의 근거가 된 사실적시의 진실성 여부에 의하여 좌우된다. 또 가치판단이 사실주장을 암시하거나 일정한 사실의 존재를 전제로 하는 경우에는 해당 사실의 진위 여부가 문제된다. 표현행위가 전체적으로 의견표현으로 보아야 할 경우에도 그 속에 포함된 사실적 요소가 허위라면 명예훼손이 성립할 수 있다.

(3) 사실적시

한편, 사실적시의 경우에는 그 진실 여부에 따라 그 위법성 판단이 달라진다.

가. 진실한 사실

진실한 사실의 진술은 피해자에게 불리하더라도 통상 수인되어야 하고 원칙적으로 위법성이 부인된다.[124] 다만, 진실한 사실의 진술도 이익형량에 의해 예외적으로

---

122) ECHR 2001. 2. 6. Tammer v. Estonia [정치인의 연인].
123) BVerfGE 66, 116 [151]; 82, 272 [281, 283].
124) 통상 진실한 사실주장은 수인되어야 하지만, 허위 사실은 반대이다(vgl. BVerfGE 99, 185 <196>).

인격보호가 표현의 자유에 우선하는 경우가 있다. 독일의 확립된 판례에 의하면 명예를 훼손하는 진실한 사실의 적시는 그에 의해 추구된 이익이 그로 인해 침해되는 명예와 대비하여 큰 경우에 한하여 면책된다.125) 우리의 경우에도 다를 수 없다.

그러나 진실한 사실이라 하더라도 개인의 내밀영역, 사사적 영역 또는 신뢰영역에 관한 것이고, 공공의 정당한 정보의 이익(알 권리)에 의해 정당화되지 않는 경우 또는 그것이 진실 전파의 이익에 비해 과도한 인격적 피해를 야기할 우려가 있는 경우에는 표현의 자유로 보호받지 못한다. 보호받는 사생활 영역의 사실 공개는 그 진실 여부를 불문하고 금지된다. 따라서 사생활 침해 사실이 진실하다는 항변은 허용되지 않는다. 보도된 사생활 사실이 허위인 경우에는 더 가중된 책임이 추궁될 수 있다(후술 허위에 의한 인격상 침해의 불법행위 책임).

나. 허위사실

반대로 허위사실의 전파에는 통상 정당화 사유가 존재하지 않는다. 틀린 정보는 의견 형성의 자료가 될 수 없고 보호할 가치가 없기 때문이다.126) 따라서 허위 사실적시의 경우 표현의 자유는 인격권 뒤로 물러남이 원칙이다. 이렇게 허위 사실은 그 주장 및 전파에 정당한 이익이 없고, 취소 및 부작위[금지]청구에 대해서는 정당화사유가 될 수 없다.

그러나 허위사실의 적시가 애당초 표현의 자유의 보호영역 밖에 있는 것은 아니다. 표현행위 시점에서 진실 여부는 종종 불확실하고, 토론 과정 또는 법원의 심리 결과 그 진부가 밝혀질 수 있기 때문이다. 사후에 허위라고 판명된 표현을 항상 금지하거나 제재하는 경우에는 번복(飜覆)될 수 없는 진실만을 허용하는 결과가 될 것이다. 이러한 조치는 리스크를 우려하는 표현행위자에게 기본권 행사를 위축시키는 효과를 가져올 것이고, 그 때문에 표현의 자유를 위해서 회피되어야 한다.

허위 사실로서 금지될 수 있는 경우는 처음부터 허위임을 알고 하는 사실주장과 표현행위의 시점에서 이미 허위임이 확정된 경우이다.127)

이 경우 적시사실의 진위를 누가 주장·입증해야 하는가 하는 절차법상의 문제는

---

125) 독일 연방헌법재판소 1994. 3. 13. 결정 BVerfGE 90, 241 [유대인박해 부정], Marian Paschke, Medienrecht, 2. Aufl., Springer—Verlag, S. 281.

126) "허위사실의 진술에는 헌법적 가치가 존재하지 않는다. 고의적인 거짓말이나 부주의에 의한 과오 역시 공적 쟁점에 관한 구속없는, 건강한, 널리 개방된 토론에서 사회의 이익을 실질적으로 촉진하지 않는다. 그것들은 사상의 개진에 본질적 부분이 아니고, 진리를 향한 걸음에서 하찮은 사회적 가치를 가지기 때문에 그로부터 나올 어떤 이익도 사회의 질서와 도덕의 이익에 압도당하는 범주의 발언에 속한다."(Gertz v. United States, 418 U.S. at 340).

127) BVerfGE 90, 241 [유대인박해 부정].

법제마다 달라진다. 뒤에서 보는 바와 같이 미국을 제외한 대부분의 국가에서 진실한 사실적시도 외적 명예를 훼손하는 것이면 명예훼손의 불법행위가 성립하는데, 피고가 공익사항에 관한 진실한 사실적시임을 항변하면서 이를 입증하면 면책될 수 있다(진실의 항변). 문제는 민사상 진실의 항변이 성공하지 못하는 경우 또는 후에 허위로 판명된 경우 항상 표현행위를 금지·제재한다면 입증 불능을 우려하는 표현행위자에 대한 위축효과 때문에 위헌의 문제가 생긴다. 이를 피하기 위해 제국의 입법과 판례는 그러한 경우에도 일정한 주의의무를 다하여 조사하였으나 진실임을 알지 못한 경우 이를 면책시키는 방안(이른바 상당성 항변)이 공통적으로 채용되고 있다. 따라서 기자직의 주의의무를 다해 보도된 사항이 사후에 허위로 판명된 경우에는 손해배상의무가 없다.

　　우리 판례는 형법 310조(진실의 항변)의 규정으로부터 위법성 조각사유의 전제사실, 즉 자신의 표현행위가 진실인 사실적시로 오인한 행위로서 진실이라고 오인함에 상당한 이유가 있는 경우 역시 위법성이 조각되는 것으로 처리해 오고 있다(이른바 상당성 항변).

　　형사적으로 보면 형법 제307조 제1항으로 기소하는 경우 진위 여부는 문제되지 않을 것이고, 피고인은 진실이고 공익사항임을 증명하여 면책될 수 있음은 민사의 경우와 같을 것이다. 다만, 피고인이 진실 입증을 못하는 경우 언제나 처벌할 수 있는 것은 아니며, 민사 명예훼손의 불법행위의 경우와 같이 형사에서도 이른바 상당성의 항변이 허용된다. 형법 제307조 제2항으로 기소되었으나, 검사가 허위임을 입증하지 못하는 경우 법원은 동조 제1항으로 처단하는 것이 실무상 원칙적 관행이었고 판례도 그렇게 다루어왔다.

다. 진실 조사의무

　　그러므로 명예를 훼손하는 사실적시는 그것이 사후에 허위로 밝혀지더라도 일정한 경우 보호할 필요가 있다. 이에 관하여 제국의 판례와 학설은 타인에 관하여 불리한 사실주장을 행하는 자에게 주의의무(Sorgfaltspflicht)를 부과함으로써 표현자유의 요청과 인격권 보호 간의 조정을 시도하고 있다. 구체적인 경우 그 요건은 표현행위자가 행위 당시 진실이라고 믿음에 상당한 이유가 있음을 주장 입증하여야 한다. 상당한 이유가 있으려면 표현행위자가 사전에 필요한 주의의무, 즉 진실성을 위해 필요한 조사의무를 다해야 한다.

　　그 경우 인격권과 표현의 자유의 비교 형량(衡量)은 이 주의의무의 준수 여부 및 정도에 따르게 된다. 전혀 근거없거나 날조된 주장에 있어서는 표현의 자유가 인격권에 우선할 수 없다. 그 밖의 경우에는 주의의무의 범위가 헌법적 요청에 조화되도록 전개되어야 한다. 그 주의의무는 조사능력에 따라서 그 정도를 달리하는데, 예컨대 언론매체(미디어)는 사인(私人)에 비해 보다 높은 주의의무를 부담한다(후술).

다음의 독일 판례는 명예권에 의한 표현의 자유 제한에 있어서 헌법상 기본권 제한 원리와 이익형량의 방법론에 관하여 위와 같은 법리를 상세하게 설시한다. 여기에는 의견과 사실의 법적 취급에 관한 법리가 체계적으로 언급되고 있다.

독일 연방헌법재판소 1998. 11. 10. BVerfGE 99, 185 - Scientology

이 사건에서 독일 연방헌법재판소는 일반적 인격권과 표현의 자유라고 하는 두 개의 헌법적 법익을 어떻게 형량·조정하는가에 관하여 상세하게 언급하고 있다.

일반적 인격권은 무제한 보장되는 것이 아니라 타인의 권리를 포함한 헌법적 질서에 의해 제한된다. 마찬가지로 표현의 자유도 유보없이 보장되는 것이 아니라 일반적 법률이나 개인적 명예권에 의해 제한된다. "이들 규정의 해석·적용은 그 권한을 갖는 법원의 권한이지만, 법원은 기본권의 가치 내용이 법적용의 차원에서 유지되도록 그 해석에 있어서도 당해 기본권을 고려하지 않으면 안 된다. 이것은 통상 한쪽에서는 표현에 의한 인격 침해의 크기와 다른 한편 표현의 금지에 의한 표현의 자유의 희생의 크기와의 비교 형량(衡量)을 필요로 한다."

위와 같은 원칙을 전제로 연방헌법재판소는 (a) 실체법상의 요청 (b) 절차법상의 요청이라고 하는 2개의 관점에서 형량 기준을 다음과 같이 설명하고 있다.

(a) 실체법상의 요청

실체법적인 관점에서 이 형량은 개별 사례의 여러 사정에 의존하고 있기 때문에 그 결과를 일반적·추상적으로 미리 정할 수는 없다. 연방헌법재판소는 표현의 자유와 명예보호가 문제된 일련의 판례 중에서 여러 형량 규칙을 확립하여 왔다.

첫째, 의견표현에 의한 명예훼손은 원칙적으로 인정되지 아니하지만, 다만, 가치판단이 인간의 존엄에 대한 공격이나 비방적 비판, 형태적 모욕에 해당하는 경우에는 인격권 보호가 항상 표현의 자유에 우선한다고 한다.

둘째, "사실 주장의 경우 형량(衡量)은 내용의 진위(眞僞) 여하에 좌우된다. 진실한 표현은 통상 그것이 피해자에게 불이익한 것이라고 하더라도 감수되지 않으면 아니 된다. 이와 달리 허위의 표현은 감수될 필요가 없다." 그러나 진실한 표현이라 하더라도 그것이 내밀영역, 사적 영역, 신뢰영역에 관하여 언급하는 경우에는 예외적으로 인격적 이익이 우선하고 표현의 자유가 물러선다. "다른 한편, 허위인 사실주장의 유포에 관하여는 통상 어떠한 정당화이유도 존재하지 않는다. 그렇지만 이것은 허위의 사실주장이 애당초부터 표현의 자유의 보호영역에서 제외된다고 하는 의미는 아니다. 표현의 자유라는 관점에서 바르지 않은 정보는 하등 보호받을 이익이 아니다. 그러나 기본법 제5조 제1항 제1문[표현의 자유]의 보호영역 밖에 놓여지는 것은 의도적인 허위의 사실주장과 그 허위성이 이미 표현행위의 시점에서 명백히 확정되고 있는 사실주장뿐이다. 그 밖에 의견과 연관이 있는 모든 사실주장은, 가령 그것이 후발적으로 허위인 것이 판명된다 하더라도 기본권보호를 향유한다."

"허위인 사실주장의 경우 표현의 자유는 원칙적으로 인격권보다 열위(劣位)에 선다. 그런데 때로는 표현행위의 시점에서는 진실 여부가 불확실하지만, 토론과정이나 법원에 의한 해명의 결과 비로소 판명된다는 사정이 고려되어야 한다. 이러한 사정에 비추어 보면 사후에 허위라고 인식된 표현에 대하여 항상 제재를 가하여도 좋다고 한다면, 번복(飜覆)될 수 없는 진실만이 리스크없이 표현될 수 있는 것으로 되기 때문에 커뮤니케이션 프로세스의 손상이 우려될 수밖에 없다. 여기에는 기본권 행사를 위축시키는 효과가 결부될 것이다. 그것은 표현의 자유라고 하는 이유에서 회피되어야 한다."

민사법원은 타인에게 불리한 사실주장을 행하는 자에게 주의의무(Sorgfaltspflicht)를 부과함에 의해서 표현자유의 요청과 인격권 보호와의 조정을 시도하고 있다. 그 주의의무는 조사능력에 따라서 그 정도를 달리하는데, 예컨대 언론매체(미디어)는 사인(私人)에 비해 보다 높은 의무를 부담한다. 그러나 이 진실성 심사의무는 과도하여서는 안되고 자유로운 커뮤니케이션 프로세스가 위축되게 하여서는 안 된다.

그 경우 형량(衡量)은 이 주의의무의 존중 여하에 따르게 된다. 전혀 근거없거나 날조된 주장에 있어서는 표현의 자유가 인격권에 우선할 수 없다. 그 밖의 경우에는 헌법적 요청에 조화되도록 전개된 주의의무의 범위가 문제된다. 그러한 주의의무가 이행되었음에도 사후에 허위임이 드러난 경우 표현행위는 그 행위시점에서 적법한 것으로 간주되고, 그에 대하여는 형사처벌이나 취소청구는 물론 손해배상의 대상이 될 수 없다. 그에 반해 허위가 확인된 후에는 그 주장을 유지할 하등 이익이 존재하지 않는다. 그럼에도 그러한 주장이 행해질 우려가 있으면 그 표현행위자가 이를 행하여서는 안 되는 것으로 금지[부작위]의무가 부과될 수 있고, 그 표현행위의 피해자에 대한 피해가 존속한다면 그 시정(是正)을 구하는 소송이 허용될 수 있다.

(b) 절차법상의 요청

나아가 이 결정에서는 절차법상의 요청으로서 문제된 사실주장의 진위(眞僞)를 판단함에 있어서 설명 및 입증책임에 관하여 괄목할 법리를 전개하고 있다.[128]

그것은 우선 표현행위자에게 설명책임을 부과하고 있다. 설명책임이라 함은 표현행위자에게 그 주장의 근거가 되는 사실을 제시할 책임을 말하는 것이고, 이미 바이엘사 주주사건(BVerfGE 85, 1)에서 제시된 요청이다. 바이엘사 주주사건의 판결에 의하면 자신이 견문할 수 없는 영역 또는 독자적으로 검증할 수 없는 영역에 관하여 발언한 경우 표현행위자는 반박되고 있지 않은 언론보도를 증거로 제출하면 족한 것으로 되었다. 이것은 사실주장의 진실성 여부를 조사하는 것이 극히 곤란함을 고려하여 법원이 제3자에 관하여 불리한 표현을 한 자에게 그 주장을 뒷받침하는 사실을 진술하도록 하는, 확장된 설명책임(Darlegungslast)을 부과한 것이다(BGH, NJW 1974, 1710 [1711]). "이 설명책임은 근거 없는 주장에 있어서는 표현의 자유의 보호가 인격권 보호보다 후퇴한다고 하는 실체법상의 원칙에 대한 소송상의 대응물이다. 표현행위자가 증거되는 사실을 제시하여 자기의 표현내용을 뒷받침할 수 없는 경우 그 주장은 허위로 취급된다." 설명책임의 요청이 표현의 자유에 과잉적인 요청을 과하는 것이 아니라면 이 점에 관해서도 위헌의 의심은 없다(BVerfGE 85, 1). 또, 사인이 그의 개인적 경험영역에 유래하지 않는 사실에 관하여 주장하는 경우에는 보통 그 설명책임의 이행을 위해 이의 없는 언론보도로서 자기의 주장에 적합한 언론보도를 제시하면 족하다. 왜냐하면 그렇지 않은 경우 개인에 관하여 불리한 진술을 포함하는 언론보도는 그 의견형성적 성격

---

128) 이러한 방법은 우리나라에서 진실 항변의 운용을 검토함에도 유익한 시사를 주는 것이다.

에도 불구하고 개인적인 의견교환에서 거의 이용될 수 없기 때문이다.

이 사건 결정은 위 법리를 유지하면서, 설명의 단계와 입증의 단계는 구별되어야 한다는 점을 전제로 설명책임이 이행되었다 하더라도 진실성의 조사가 불필요한 것은 아니고, 피해자측에서도 주장의 허위성을 설명할 기회가 보장되지 않으면 안 된다고 하였다. 왜냐하면 증거로 제출된 사실도 오류의 가능성이 있고 또 피해자측의 반증도 고려하여 진실성의 심사를 행한 결과 피해자측에게 유리한 판단이 내려질 가능성도 있기 때문이다.

그 결과 "피해자측이 증거로 되는 사실에 대하여 아무 이의도 하지 않는 경우에만 표현이 진실하다고 상정되는 것이다. 그렇지 않으면 소송에서 필요한 한 내용의 진실성은 해명되지 않으면 안 된다." 즉 반증이 행하여지지 않는 경우에만 표현의 진실성이 상정되게 된다. "이것은 주장된 사실이 언론보도로부터 차용된 것인 경우에도 마찬가지로 적용된다."

4. 피해자의 지위에 따른 비교형량

(1) 공적 인물

전술한 바와 같이 '공적 사안이나 공익에 관련되는 보도'에서는 언론의 자유가 인격권에 우선하는 것이 원칙이다. 그와 마찬가지로 공익에 관련된 인물의 보도에서는 일반적으로 개인의 인격권보다 언론의 자유가 우선하는 것으로 취급된다.[129] 공적 사안을 주관적 측면에서 고찰한 것이 공적 인물의 개념이다. 그러나 양자는 반드시 일치하지 않고 별도의 고찰을 요한다.

우리 헌법재판소와 대법원도 이러한 원칙적 입장을 취하고 있다.

헌법재판소 1999. 6. 24. 97헌마265 결정

"명예훼손적 표현의 피해자가 공적 인물인지 아니면 사인인지, 그 표현이 공적인 관심 사안에 관한 것인지 순수한 사적인 영역에 속하는 사안인지의 여부에 따라 헌법적 심사기준에는 차이가 있어야 한다."

대법원 2002. 1. 22. 선고 2000다37524, 37531 판결 [시민단체 대 한국논단]

"공적 존재에 대한 공적 관심사안과 사적인 영역에 속하는 사안 간에는 심사기준에 차이를 두어야 하며, 당해 표현이 사적인 영역에 속하는 사안에 관한 것인 경우에는 언론의 자유보다도 명예의 보호라는 인격권이 우선할 수 있으나, 공공적·사회적인 의미를 가진 사안에 관한 것인 경우에는 평가를 달리하여야 하고 언론의 자유에 대한 제한이 완화되어야 한다."

공적 사안에 관련된 인물을 공적 인물로 취급할 것인가 여부는 사안이 공공에 관계되는 중요성의 정도 및 그러한 사안에 대한 당해 인물의 관련성 여하에 따라 결정된다. 즉 사안의 공공에 대한 중요성이 크고, 인물의 그에 관한 관련성이 긴밀할수록 그

---

129) 대법원 2002. 1. 22. 선고 2000다37524, 37531 판결 [시민단체 대 한국논단] 등.

에 대한 공공의 알 권리는 그 만큼 더 커진다. 그 사안에 대한 실질적인 관련성은 예 컨대, 관계인이 그 사안을 함께 이루어냈다거나, 개인적으로 그 사건에 관여하였다거 나, 또는 거기에서 중요한 역할을 한 경우 등 참여의 태양 및 정도에 의존한다.

공적 인물의 징표는 긍정적인 것뿐 아니라 부정적인 행태에 의해서도 생길 수 있 다. 형사사건에 단순히 연루되었다는 사실만으로는 그 관계자를 바로 공적 인물로 취 급할 수 없고, 혐의자가 공적 인물인가 아니면 사인인가, 또는 범죄의 중요성 여부 등 에 따라 달라질 것이지만, 어느 경우든 범죄의 확인이 가능한 경우에 한하여 공개가 허용된다.

공적 인물의 공적 사항에 관한 보도는 실명 보도의 가부, 그 보도 태양,[130] 비판 의 범위와 강도[131] 등에 있어서 언론에 유리하게 취급된다. 즉 그 보도에서는 과격한 비난 등 강도가 높은 비판이 허용되며, 의혹의 제기도 넓게 허용되고, 허위 보도라 할 지라도 진실이라고 믿음에 상당한 이유를 인정함에 있어서 완화된 기준이 적용된다.

> **대법원 2002. 12. 24. 선고 2000다14613 판결**
> "기사 중 어떤 표현이 공적인 존재인 특정인의 정치적 이념에 관한 사실적시에 해당하는 경우에는 그의 정치적 이념이 국가사회에 미치는 영향이 지대하여 이에 대한 의혹이 있으면 널리 문제제기가 허용되고 공개토론을 받아야 할 필요가 있는 반면, 특정인의 정치적 이념은 위장가능성이 있는데다가 그 성질상 이를 정확히 증명해 낸다는 것은 극히 어려우므로, 이에 대한 의혹의 제기나 주장이 진실에 부합하는지 혹은 진실하다고 믿을 만한 상당한 이유가 있 는지를 따짐에 있어서는 일반의 경우에 있어서와 같이 엄격하게 입증해 낼 것을 요구해서는 안 되고 그러한 의혹의 제기나 주장을 할 수도 있는 구체적 정황의 제시로 족하다고 해야 할 것이다."

피해자가 공적 인물인가 여부는 특히 사생활권 침해가 불법행위로 되는가 여부를 판단함에 있어서도 중요한 의미를 갖는다(후술).

(2) 비교법적 고찰
가. 미국 판례 상 공인 이론
1) '현실적 악의 규칙'

미국 판례는 공적 인물(public figure)의 개념과 그에 대한 법적 취급에 있어서 유럽 대륙이나 우리의 법제와는 다른 특이한 입장을 취하고 있다. 미국 연방대법원은 1964년 뉴욕타임스 판결[132]

---

130) 공인은 평균적 사인에 비해 더 큰 비판에 노출될 수 있으며, 언론의 공인에 대한 비판에서는 일정 정도의 과장이나 도발적 표현도 허용된다.

131) 명예의 주체가 공무를 수행하거나 공적 중요성을 갖는 일에 관계되는 경우 이들의 활동과 발언은 일반인에 비해 더 엄격한 통제를 받고, 허용되는 비판의 한도가 보다 넓으므로 명예권의 한계가 축 소 내지 약화된다.

이래 이른바 현실적 악의 규칙(actual malice rule)을 전개하면서[133] 그 규칙의 적용을 받는 사람을 공적 인물이란 개념으로 정의하게 되었다. 즉 피해자(원고)가 공적 인물인 경우 그는 명예훼손 소송에서 피고(표현행위자)의 진술이 허위인 사실 및 그 허위임에 현실적 악의를 가지고 공표했음을 증명하여야 한다는 것이다.[134][135] 즉 미국의 판례는 명예훼손 소송에서 원고가 공적 인물인 경우 진실의 입증책임을 전도한 것이어서 유럽 대륙이나 우리 법제와 본질적으로 다른 법적 구조를 가진다는 점에 유의해야 한다.[136]

이렇게 미국 판례의 공인 이론은 그 법적 성격과 체계상의 위상에서 보아 우리 법제와 다른 것이다. 그러나 다양한 사례에서 공인인가 여부 및 그 분류에 관해 상세하고 체계적인 법리를 전개하고 있는 미국 판례는 예증적으로 실증된 공인 기준을 마련하고 있어 일반화 가능한 논거를 제공한다. 그 때문에 이에 관한 미국 판례는 우리 법제에서 공인 여부를 판단함에도 중요한 참고가 될 수 있다.

2) 미국 판례 상 공인의 범주

미국 판례에서 현실적 악의 규칙이 적용되는 공적 인물로 취급되는 부류에는 ① 공무원(public official), ② 전면적 공적 인물("all-purpose" public figure), ③ 제한적인 공적 인물(limited-purpose or 'vortex' public figure) 등 3가지 범주가 포함된다. 이들 공적 인물에 관한 보도에 현실적 악의 규칙을 적용하여 특별 취급하는 논거로서는 ① 정부의 직을 보유하여 공적인 정책에 영향을 미칠 수 있기 때문이라는 입장(government affiliation test) ② 공인은 자의(自意)에 의해 자신을 공적인 비판의 대상으로 만들었기 때문에 명예훼손의 위험을 감수하여야 한다는 위험인수론(assumption-of-the-risk rationale) ③ 통상적으로 공인은 사인보다 미디어에 대한 접근 및 대응의 기회가 용이하고 많다는 점(access to channels of self-help) 등이 지적되고 있다.[137]

---

132) New York Times v. Sullivan, 376 U.S. 254, 299 (1964).
133) 미국 연방대법원의 뉴욕타임스 판결에서 형성된 현실적 악의 규칙의 의미와 그 영향 및 비판에 관한 상세한 언급에 관하여는 박용상, 영미 명예훼손법, 한국학술정보(2019), 143-163면 참조.
134) '현실적 악의'(actual malice, "constitutional malice"라고도 함)란 피고가 공표 당시 명예훼손적 사실이 허위임을 알거나 경솔하게 무시하는 것을 의미한다. 이 현실적 악의는 보도된 사항의 진위 여부에 관한 피고의 태도를 의미하는 것이어서, 원고에 대한 피고의 태도를 문제시하는 나쁜 의사(ill will)란 의미의 보통법상 악의(common law malice)와는 다른 것이며(Letter Carriers v. Austin, 418 U.S. 264 (1974)), 피고에게 보통법 상의 악의가 있다는 입증만으로는 원고가 승소할 수 없게 된다. 더구나 현실적 악의의 입증에는 명료하고 설득력 있는 증거(clear and convincing evidence)를 요한다.
135) St. Amant v. Thompson, 390 U.S. 727 (1968)에서 연방대법원은 헌법적 악의의 요건에 관한 중대한 지침을 마련하였다. 그에 의하면 피고가 진실이라고 정직하게 믿었다는 것만으로는 승소가 보장되지 않고, 그 명예훼손이 선의로 행해지지 않은 경우에는 책임을 면할 수 없다고 하면서, 피고의 기사나 이야기가 날조된 경우, 그의 상상의 산물인 경우, 확인되지 않은 익명의 전화 통화에만 전적으로 의존한 경우, 본질적으로 있음직하지 않아서 오직 경솔한 사람만이 (그 허위 진술을) 유통시키게 될 경우 또는 제보자의 진정성이나 그 보도의 정확성을 의심할 명백한 이유가 있는 경우 등에는 선의라는 주장이 실패하게 된다고 판시하였다(390 U.S. 727, 732 (1968)).
136) 유럽 대륙이나 우리 법제에서는 공인에 관한 보도라 하더라도 피고인 미디어가 보도사항의 진실성이나 진실이라고 믿음에 상당한 이유를 입증해야 하는 것으로 되어 있고, 우리 대법원은 현실적 악의 규칙의 도입을 명시적으로 거부하고 있다(대법원 1998. 5. 8. 선고 97다34563 판결). 그럼에도 일부 학자들은 본문에서 언급한 이러한 기본적 차이를 인식하지 못한 채, 미국의 공인 이론과 현실적 악의규칙의 도입을 주장하고 있어 혼란이 야기되고 있다.
137) Bruce W. Sanford, Libel and Privacy, Second Edition, Prentice Hall Law & Business (1993), p. 253.

미국 법원들이 공적 인물로 판시한 사례를 개관하면 다음과 같다.

① 공무원: 공적 인물로 취급되는 공무원은 실질적으로 책임을 지고 정책 결정에 참여하는 자이어야 한다. 판례는 연방이나 주의 선거직 공무원(지위 고하를 막론함), 공직 입후보자, 법관, 경찰 및 군의 고위 간부, 대통령과 지방의 정책결정 위원, 교육계 고위행정관, 연방 및 주의 중요 정책 결정기관의 집행관리를 이러한 공무원으로 본다.138) 이러한 기준에 따라 판례는 단지 정부와 연관이 있고 뉴스가치가 있다는 두 요건의 결합만으로는 위 공무원으로서의 요건을 충족하지 못한다고 한다.

② 전면적 공적 인물("all-purpose" public figure): 여기에는 뉴스밸류 있는 저명성(celebrity) 또는 공적인 관심사에 대한 영향력에 의해 언론의 큰 주목을 받는 자, 예컨대 저명인사, 전국적 인기를 갖는 연예인, 운동선수, 백만장자, 전국적 인기프로의 앵커맨, 대기자 등을 들 수 있다. 판례에 나타난 전면적 공적 인사로서는 Johnny Carson, Ann Margaret, Ralph Nadar, Burnett 등이 있으나, 인기도가 높지 않은 연예인, 운동선수 등은 이에 해당되지 않는다. 그리고 상습적인 파렴치범 전과자 또는 민권운동가인 Martin Luther King 목사의 살해범 등 악명 높은 전력 때문에 전면적 공적 인사로 취급되는 경우도 있다(이른바 libel-proof doctrine).139) 이들 전면적 공적 인사에 관하여는 공적 이해와 전혀 무관한 일부의 프라이버시 사항을 제외하고는 모든 목적에서 또는 모든 맥락에서 공적 인물로 취급된다. 모든 측면의 공적 인물("all-purpose" public figure)이란 말은 개념적으로 수수께끼 같은 범주이다. 마이클 조단이나 마돈나 같이 생의 모든 국면에서 공인으로 간주되는 메가 저명인의 경우 연계 요건은 무시되고 이들 유형의 저명인에게는 사생활 영역이 거의 존재하지 않게 된다.

③ 제한적 공적 인물(limited-purpose or 'vortex' public figure): 이 개념은 공적 인물로서 가장 빈번히 문제되지만 가장 논란되는 모호한 개념이다. 이 부류의 공적 인물로 인정되기 위해서는 ① 이미 존재하는 공적 논쟁(public controversy)에 관해 ② 그 논쟁에 자발적으로 참여하여 ③ 그 논쟁의 결과에 영향을 미치려고 노력했을 것의 3가지 기준이 요구된다. 공적 주목을 추구함으로써 경력을 쌓으려고 하는 사람은 그들의 공적 업무 수행(performance)에 관한 보도에서 공적 인물이 된다. 연예인이나 운동선수 기타 가시적 경력 때문에 주목을 받는 인물이 이에 해당한다.

그러나 단지 뉴스 가치가 있다는 점만으로는 무거운 현실적 악의 규칙의 부담을 정당화하기에 충분하지 않다. 따라서 지역적으로 잘 알려진 인권 변호사는 의문사 사건을 수임하여 소송을 수행하였다 하여 공인이 될 수 없고,140) 저명한 사교계 명사가 여러 차례 기자회견을 가졌다 하더라도 그 이혼과 관련하여 공인으로 취급되지 아니하며,141) 연방보조금을 수령한 과학자,142) 대배심 소환에 불응하여 법정모욕 혐의를 받은 사람은 그가 그리함으로써 보도를 격발하게 될 것으로 알았더라도 공인으로 취급되지 않았다.143)

---

138) David A. Elder, Defamation: A Lawyer's Guide, Clark Boardman Callaghan, Deerfield, Il. (1993), Chapter 5: Public Status, p. 3.

139) Sanford, Id., p. 348.

140) Gertz v. Robert Welch, Inc., 418 U.S. 323, 351-52 (1974).

141) Time, Inc. v. Firestone, 424 U.S. 448, 453-55 (1976).

142) Hutchinson v. Proxmire, 443 U.S. 111 (1979), 이 사건에서 미국 연방대법원은 명예훼손으로 피소된 자는 그 자신의 행위에 의해 원고가 공인으로 된다고 항변할 수 없다고 판시하였다.

143) Wolston v. Reader's Digest Ass'n, Inc., 443 U.S. 157, 166-69 (1979).

상술한 바와 같이 미국 연방대법원은 공적 인물의 요건을 엄격하게 정하고 있으나, 하급심 법원들은 이러한 기준을 충실히 따르지 않아 비판받고 있다. 주목할 것은 이들 공적 인물로 인정된 자는 시간이 경과하여도 그가 공적 인물로 인정된 사안과 관련하여 공적 인물의 속성을 잃지 않는다는 점이다.

나. 독일 판례 - 절대적·상대적 시사적 인물

독일의 판례와 학설은 공적 인물과 유사한 '시사적 인물'(Personen der Zeitgeschichte)의 개념을 사용하되,[144) 이를 상대적 시사적 인물과 절대적 시사적 인물로 구분하여 왔다. 상대적 시사적 인물이란 한 시사적 사건을 통해 스스로 관심을 야기한 인물이며, 그는 해당 사건과 관련해서 그의 동의 없이 보도될 수 있다. 그에 반해 절대적 시사적 인물이란 그의 지위와 그의 중요성에 근거하여 일반적 관심을 갖게 하는 자로서 그들 자신이 시사성의 대상이며, 그들에 관한 보도는 널리 허용된다.

유럽인권재판소는 2004. 6. 24. 판결[145)에서 독일 판례에서 양 개념의 구별은 모호하고, 절대적 시사적 인물 개념은 그들의 사사적(私事的) 영역 보호에 미흡함을 지적하였고, 이후 독일 판례는 절대적 또는 상대적 시사적 인물의 구별에 상관없이 공공에 알려진 인물이 특별히 공공의 관심을 끄는가 여부만을 기준으로 삼고 있다.[146)

(3) 공인의 범주 및 사례

가. 개관

이상 본 바와 같이 공적 인물에 관한 비판 보도는 원칙적으로 넓게 허용된다. 이들 공인은 비판의 허용 정도에 따라 다시 다수의 범주로 구분될 수 있다.[147)

첫째, 통상적 의미에서 이른바 공적 인물로 생각되는 부류는 원래 유명한 인물(저명인)이나 보도시점에서 보아 이미 공공에 널리 알려진 사람을 들 수 있다. 이들이 유명성(öffentliche Bekanntheit)을 얻게된 근거와 경위는 다르기 때문에 그에 상응하는 차별적 취급을 받게 된다. 즉 ① 자신의 노력과 경력에 의해 또는 사회의 중요한 역할을 담당하게 된 정치인 등 이른바 저명인은 그에 대한 비판이 가장 넓게 허용된다. ② 운명이나 단순한 출생에 의해서 저명성을 얻는 왕족 등의 경우에는 그에 비해 보호의 정도가 달라질 수 있다. ③ 연예인과 운동선수 등 자신의 능력과 노력에 의해 대중의 주시를 받게 되지만, 그들은 대중 사회에서 미디어에 의해 창출된 이른바 이미지에 의해 인기를 누리는 만큼 미디어 보도에 노출이 널리 허용된다.

학설 중에는 공직자나 공적 업무를 수행하는 사람과 단순히 대중에게 인기가 많

---

144) 독일에서 초상권 보호에 관한 예술저작권법 제23조에 규정된 시사적 인물의 개념은 초상 보호뿐 아니라 미디어와 개인 간의 여타 갈등에도 적용되고 있다.

145) Von Hannover v. Germany judgment of 24 June 2004 (no. 59320/00, ECHR 2004 — Ⅵ).

146) BGH 2007. 3. 6. — Ⅵ ZR 13/06 [카롤린 공주 남편 사진].

147) 김재형, 공인보도와 인격권, 언론중재 제34권 제4호(2014. 12), 63, 72-74면.

거나 인지도가 높아서 유명한 사람 사이에는 관련 보도의 공익성의 본질과 무게에 차이가 있다는 점을 강조하고. 후자의 경우 피의자 단계에서 그 신상정보의 공개는 더 신중해야 한다고 하는 입장이 개진된 바 있다.[148]

현행 형사사건의 공보에 관한 규정[시행 2022. 7. 25.] [법무부훈령 제1437호, 2022. 7. 22., 일부개정]은 형사사건에 관해 정보를 공개하는 경우 예외적으로 실명 공개가 허용되는 요건으로서 ① 언론에 실명이 이미 공개되어 대중에게 널리 알려진 경우 ② 공적(公的) 인물인 경우를 들고 있다(동 훈령 제12조 제1항).[149] 나아가 동 훈령은 공적 인물에 해당하는 자를 구체적으로 정하여 차관급 이상 고위 공직자,[150] 정치인, 주요 공공기관 및 금융회사의 장, 자산총액 1조원 이상의 기업(집단)의 대표이사, 최대주주, 대주주 등을 열거하고 있다(동 훈령 제12조 제2항). 이 규정은 수사실무에 임하는 검사에게 공인으로 취급함에 일응의 기준을 제공하는 것이지만, 법무부의 내부적 행정규칙에 속하는 것이기 때문에 대외적 효력은 없고, 법원도 공적 인물을 판단함에 있어서 이에 구속받지 않는다.

둘째 부류에는 공적인 무대(public arena)에 등장하게 된 인물을 들 수 있다. 이들은 애초에 공적 지명도가 없지만 공적 관심의 장에 등장하거나 공적 토론에 참여함으로써 주목을 받게 된 자들이다. 이들은 다시 ① 자의에 의해 적극적으로 공적 무대에 등장하는 경우와 ② 적극적 참여 의사 없이 수동적으로 공공의 관심을 받게 된 자로 분류될 수 있다. 특히, 공적 인물의 가족이나 친지, 범죄의 피해자 등은 더 큰 보호가 요구된다. 여기서는 해당 인물의 지위 및 논쟁의 본질과 함께 그가 공적 논란에 적극적으로 참여하여 공공의 주시를 받으려 했는가 여부가 중요한 요소로 고려된다.

셋째, 공적 인물에 대한 보도가 널리 허용된다 하더라도 그들 역시 인간으로서 인격의 핵심영역에 속하는 사항이나, 내적 명예에 대한 침해에 대해 보호받아야 함은 물론이다. 유럽인권재판소는 공인도 그들의 사생활의 내밀한 국면에 관한 근거없는 소문의 전파에 대해 보호받아야 한다고 판시한다.[151]

나. 정치인

정치인은 가장 대표적인 공적 인물이다.[152] 대통령은 물론 국회의원은 전형적 공

---

148) 정인경, 유명인 수사보도와 '공익' 미분화의 문제점, 헌법재판연구 제11권 제1호(2024. 6), 147-188면.

149) 예외적 신원 공개에는 또 오보의 방지 또는 수사의 공정성을 위하여 필요하고 형사사건공개심의위원회의 의결을 거쳐야 한다(동 훈령 제12조 제1항).

150) 동 훈령은 공적 인물에 해당하는 고위 공직자로 국회의원, 지방자치단체의 장 지방의회의 장, 교육감 이외에도 차관급 이상의 모든 공무원을 열거한다(동 훈령 제12조 제2항).

151) ECHR 2009. 6. 4. Standard Verlags GmbH v. Austria (n° 2).

152) 유럽인권재판소에 의하면, 일반적으로 정치적 토론의 자유는 민주사회 개념의 핵심이며, 신문의 자유는 정치지도자의 사상과 태도에 대한 의견을 찾고 형성하는 최선의 수단 중 하나를 공공에게 제공한다. 그러므로 정치인에 관하여 허용되는 비판의 한계는 사인의 경우보다 넓다(ECHR, 1986. 7.

적 인물로서 그가 비판을 수인할 범위는 가장 넓게 취급된다.

"공직자나 정치인과 같은 공적인 존재의 도덕성, 청렴성의 문제나 그 직무활동이 정당하게 이루어지고 있는지 여부는 항상 국민의 감시와 비판의 대상이 되어야 한다는 점을 감안할 때, 그에 대한 감시와 비판 기능은 그것이 악의적이거나 현저히 상당성을 잃었다고 볼 정도에 이르지 아니하는 한 쉽게 제한되어서는 아니 된다. 더욱이 국민의 대표자인 국회의원은 입법과 국정통제 등에 관한 광범위한 권한을 부여받고 나아가 그 직무를 적절히 수행할 수 있도록 면책특권을 보장받는 등으로 통상의 공직자 등과 현격히 다른 발언의 자유를 누리는 만큼 그 직무활동에 대한 비판도 보다 신축성 있게 수인되어야 하고, 그에 대한 감시·비판·견제라는 언론 본연의 기능이 함부로 위축되어서는 아니 된다."153)

정치인은 그가 행하는 공식적 기능에 관해서뿐 아니라 그의 사상과 언행에 대한 비판도 널리 허용된다.154)

ECHR 1992. 4. 23. Castells v. Spain

"법의 지배에 의해 통치되는 국가에서 언론의 탁월한 역할이 망각되어서는 안된다. 언론의 자유는 공공에게 그들의 정치 지도자들의 사상과 태도에 관한 의견을 발견하고 형성하는 최선의 수단 중의 하나를 제공한다. 특히 그것은 정치인들에게 여론의 편견에 대해 반성하고 논평할 기회를 부여하며; 이렇게 민주 사회의 핵심 개념에 있는 자유로운 정치적 토론에 모든 사람의 참여를 가능하게 한다."

대법원에 의하면 정치인 등의 정치적 이념은 그 존재가 가진 국가·사회적 영향력에 따라 국가의 운명에까지 영향을 미칠 수 있으므로 그에 관한 비판적인 표현은 그것이 악의적이거나 현저히 상당성을 잃었다고 볼 정도에 이르지 아니하는 한 쉽게 봉쇄되어서는 아니 된다고 한다.155) 정치인의 사생활에 관한 사항도 공적 관심 대상이 되는 한 그에 관한 보도를 수인해야 한다.156) 정치인에 대한 비판은 의견의 표현으로 인

---

8. Lingens v. Austria).

153) 대법원 2003. 1. 24. 선고 2000다37647 판결, 대법원 2013. 2. 14. 선고 2010다108579 판결, 대법원 2014. 8. 20. 선고 2012다19734 판결 등 참조.

154) 정치인이 18년 전 음주운전에 의해 과실치사로 처벌받은 사실은 그 정치인의 그 정치적 기능 행사 적합성을 평가함에 관련되는 요인이 될 수 있기 때문에 그 사실을 밝혀 비난한 행위는 명예훼손으로 처벌할 수 없다(ECHR 1992. 8. 28. Schwabe v. Austria [정치인의 전과]).

155) 대법원 2002. 1. 22. 선고 2000다37524, 37531 판결, 대법원 2014. 8. 20. 선고 2012다19734 판결 참조. 국회의원의 정치적 이념에 대한 비판적인 표현이 그와 정파를 달리하는 다른 국회의원의 공식적인 성명 발표 과정에서 이루어진 경우에는 대법원 2003. 7. 22. 선고 2002다62494 판결 참조.

156) ECHR 2004. 11. 16. KARHUVAARA AND ILTALEHTI v. FINLAND (남편의 범죄 보도에서 국회의원인 처의 신원을 공개한 사례): 주취하여 경찰관 폭행으로 처벌받은 한 남자의 범죄 사건을 보도하면서 그 처인 국회의원의 실명을 밝힌 사안에서 인권재판소는 계쟁 보도는 정치적 이슈를 다룬 것도 아니고 정치인인 처의 인물과 직접적 연관이 없어 국회의원에 관련되는 한 공익 사항을 다룬 것이 아니었지만, 정치인은 사인보다 넓은 범위에서 비판을 수인해야 하고, 일정한 경우 정치인의 배우자의 범죄는 사람들의 투표 의도에 영향을 줄 수 있으므로 그 한에서 해당 보도는 최소한의 공익 사

정되는 것이 일반적이고, 신랄한 도발적 표현에 의한 비판도 수인해야 한다.157)158)

독일 판례는 최고위 공직이나 정치직의 적절한 수행을 위한 능력은 기본적인 사회적 존중 청구권(grundlegende soziale Achtungsanspruch)의 부분이 아니며, 그에 관해 부적합하거나 능력이 부족하다고 언급된다 하더라도 그것은 기초적인 사회적 통용청구권의 경우와 같이 동일한 방법으로 명성이 저하되는 것이 아니라고 한다. 따라서 공직자에 대해 그의 공적 및 정치적 직무 수행에 적합한 능력이 없다고 지적하거나 거칠게 비판하는 것은 허용된다. 그러 나 만일 표현행위가 피해 법관의 직업적 염결성(廉潔性)에 관해 기본적으로 의문을 제기하는 경우 그것은 피해자인 법관의 기본적인 존중청구권을 침해한 것이라고 본다. 또 한 직무담당 자에게 중범죄를 범할 병적 기질이 있다고 되풀이하여 말하면서 판단력 있게 책임있는 방법 으로 타 인간들과 교섭하고 그들에 대해 사회적 및 합법적 방법으로 행동할 능력과 청구권이 없다고 부인하는 자는 피해자의 기본적인 사회적 통용청구권을 명백하게 침해하는 철저한 표현행위라고 본 판결이 있다.159)

우리 대법원은 문재인 대통령에 대해 "부림사건의 변호인으로서 공산주의자"라고 발언하여 명예훼손 혐의로 기소된 피고인에 대하여 무죄를 선고한 바 있다.160)

대전지법 천안지원 형사3단독 2020. 6. 23. 선고 2020고정92 판결161)

피고인은 2019. 11. 24. 단국대 천안캠퍼스 건물 내부 등 4곳에 문재인 대통령을 비판하는 내용의 대자보를 붙인 혐의로 기소되었다. 대자보에는 시진핑 중국 국가주석 얼굴과 함께 "나(시진핑)의 충견 문재앙이 한·미·일 통맹 파기, 공수처, 연동형비례제를 통과시키고 총선 에서 승리한 후 미군을 철수시켜 완벽한 중국의 식민지가 될 수 있도록 준비를 마칠 것"이라 며 문재인 대통령을 비판하는 내용이 있었다. 검찰은 건조물 침입 혐의를 적용해 피고인을 벌금 100만원에 약식 기소했으나, 김씨가 이에 불복해 정식재판을 청구했다. 법원은 건조물 침입죄로 피고인을 벌금 50만원을 선고하였다.

컴퓨터로 그림을 그리는 팝아티스트(피고인)는 전두환 전 대통령이 자신의 전 재산이 29 만원이라고 말하자 2012년 5월 17일 서울 연희동 일대 주택가 담벽 등에 푸른 수의와 수갑을

항을 포함하는 것으로 보아야 한다고 판시하였다.

157) 유럽인권재판소는 민족적 혐오를 선동하였다고 고소된 정당 대표자에 대해 나치금지법 위반 범죄 자로 비난한 기자를 무죄로 판시한 사례(ECHR 1991. 5. 23. Oberschlick v. Austria(No. 1) 나치 옹호 정치인 비판), 2차 대전시 독일군을 찬양한 정당 대표자에게 "나치 아니면 멍청이"라고 칭한 기자 에게 무죄를 선고한 사례(ECHR 1997. 7. 1. Oberschlick (No. 2))가 있다.

158) 대법원 2014. 8. 20. 선고 2012다19734 판결 [국회의원 비난 사실].

159) BVerfG, Beschluss vom 19.5.2020 - 1 BvR 2459/19 = HRRS 2020 Nr. 655.

160) 대법원은 그 이유로 "어느 한 개인이 공산주의자인지 여부는 그 개념의 속성상 그가 가지고 있는 생각에 대한 평가일 수밖에 없고, 공산주의자라는 객관적·구체적 징표가 존재하는 것도 아닌 이상, 그에 대한 평가는 필연적으로 판단하는 사람의 가치관에 따라 상대적이어서 일반적으로 증거에 의 해 증명이 가능하다거나 시간적·공간적으로 특정되는 과거 또는 현재의 구체적 사실이라고 보기 어렵다."고 판시하였다(법률신문 2023. 12. 18. 보도).

161) 법률신문 2020-06-24 보도.

착용한 채 29만원짜리 수표를 든 모습의 전 전 대통령의 풍자 포스터 55장을 붙인 혐의(경범죄처벌법 위반)로 기소됐다. 제1심 법원은 "예술 표현의 자유는 헌법에 따라 국가안전보장이나 질서유지 또는 공공복리를 위해 필요한 경우 제한할 수 있다"며 벌금 10만원의 선고 유예를 내렸고, 항소심과 대법원은 각각 피고인의 상소를 기각하였다.[162]

ECHR 2013. 3. 17. Eon v. France, 프랑스 대통령 모욕 사건

프랑스 사회주의 운동가인 피고인은 2008년 사르코지 대통령이 라발시를 방문했을 때 공로에서 "Casse toi pov'con" ("Get lost, you sad prick" 꺼져라 형편없는 놈)이라는 문구가 적힌 플래카드를 흔들었다. 그 문구는 대통령 자신이 몇 달 전 국제 농업쇼에서 악수를 거절한 농부에게 한 말이었는데, 미디어와 인터넷에 널리 유포되었고 시위의 슬로간이 되어 있었다. 피고인은 체포되어 1881년 언론법 제26조에 의해 대통령 모욕죄로 기소되었고, 30유로의 벌금(집행유예)이 부과되었다. 항소법원과 파기원도 상소를 기각하였다.

유럽인권재판소는 모욕적인 문구가 쓰인 싸인을 휘두르는 행위는 공화국 대통령에 대한 언어적 공격이라고 인정하였다. 그러나 그것은 정치인으로서 강력한 비판이 허용되는 대통령에 대해 그의 사생활이나 명예를 대상으로 한 것이 아니고, 그에 대한 터무니없는 인신공격도 아니다. 그 진술의 배경을 보면 이주민 구호운동을 하던 그의 노력이 실패하게 되자 실의에 빠져 있던 피고인이 국가원수의 성품에 대한 공개적 비판을 의도한 것이고, 이를 위해 대통령 자신이 한 말을 반복함으로써 불손한 풍자(irreverent satire)의 수법을 채택한 것이다. 또 정치인은 수인의 범위가 넓다.

인권재판소는 풍자는 예술적 표현 및 사회적 비평의 한 형태로서 – 때로는 무례함을 포함하여 – 현실의 과장과 왜곡이라는 본래의 특징에 의해 당연히 도발과 흥분을 야기할 의도를 갖는다. 따라서 이러한 표현 수단을 사용할 권리에 대한 제한은 신중해야 한다.

이러한 범행의 처벌은 주제적 쟁점에 관한 풍자적 형태의 표현에 위축 효과를 가질 우려가 있고, 그것은 다시 일반적 이익 문제의 자유 토론에 엄중한 효과를 가질 수 있다. 따라서 피고인을 처벌하는 것은 추구된 목적에 비례적인 것이 아니고 유럽인권협약 위반이다.

그러나 정치인도 침해될 수 없는 사생활 국면이 있고 이 한계를 넘은 보도나 비판은 허용되지 않는다.

ECHR 2009. 6. 4. Standard Verlags GmbH v. Austria (n° 2)

2004년 오스트리아의 한 일간지가 이혼하려는 당시 오스트리아 연방대통령의 부인이 타인과 불륜관계를 가졌다는 소문에 논평하는 기사를 보도한 사안에서 다음과 같이 판시하였다. "정치인의 사생활 및 가족생활에 관한 소문은 그것이 그의 공적 직무수행에 직접적인 관계가 있는 경우 이외에는 그 진실 여부를 불문하고 보도할 수 없다. 실제 그러한 소문이 퍼지고 있다는 점을 입증하려는 피고의 시도도 허용될 수 없다. 예컨대, 연방대통령의 건강상태에 관한 보도는 그의 직능을 수행함에 지장을 줄 수 있으므로 직접적인 관계가 있지만, 그의 혼인 상태는 공적 생활과 아무 연계도 없고 그에 관한 소문을 보도한 것은 위법하다. 그것은 언론

---

162) 한국일보 입력 2015. 12. 11. 20:00 손현성기자 hshs@hankookilbo.com.

이 사회적 감시자의 역할을 이행함에 있어서 공적 토론에 기여한 바 없고 오직 일정한 독자층의 호기심을 만족시킴에 봉사하였을 뿐이다."

서울중앙지법 형사30부 2015. 12. 17. 선고 2014고합1172 명예훼손 [가토 칼럼]

2005. 8. 3. 산케이신문 한국 지국장 가토는 동지 인터넷판에 "박근혜 대통령 여객선 침몰 당일 행방불명…누구와 만났을까"라는 제목의 칼럼 기사에서 증권가의 소문을 근거로 세월호 참사 당일 박 대통령이 정윤회씨와 함께 있었다는 의혹을 제기하면서 두 사람이 긴밀한 남녀관계인 것처럼 표현했다가 정보통신망법상 명예훼손 혐의로 불구속 기소되었다.

제1심 법원은 대통령과 정윤회씨가 함께 있지 않았고 두 사람이 특별한 사이라는 점도 인정되지 않으며, 피고인은 기사의 내용이 허위이며, 허위라는 점을 미필적으로나마 인식했다고 하면서 의혹 제기에 그치지 않고 소문내용으로 사회적 평가를 저해했으므로 사인 박근혜에 대한 명예훼손에 해당한다고 보았다. 그러나 재판부는 정보통신망법 상 요구되는 비방의 목적이 있다고 볼 수 없다는 이유로 무죄를 선고하였다. 즉 공적 존재에 대한 비판에 있어서는 정부 또는 국가기관과 공직자 개인에 대한 비방의 목적을 구별하여 판단하여야 하는데, 전자의 경우 가해의 의사 내지 목적은 특별한 사정이 없는 한 인정되기 어렵다는 전제하에서 피고인이 쓴 기사의 내용, 목적, 당시의 정치상황 등에 비추어 볼 때 그 기사는 대통령에 대한 비판의 의사로 작성된 것이고, 이와 달리 공적 관심사항을 빙자하여 사인 박근혜를 해하려는 의사가 있었다고 인정하기는 어렵다는 이유가 제시되었다. 동 판결은 항소되지 않고 확정되었다.

그러나 허위임을 미필적으로 인식한 사실, 특히 존재하지 않는 긴밀한 관계의 이성과 함께 있었다는 사실을 주장한 점에 비추어 비방의 목적이 없었다는 재판부의 단정에는 비판의 여지가 없지 않다. 비방의 목적은 내적인 심리상태이기 때문에 입증하기 어렵고 사안의 맥락에 따라 종합적으로 추인될 수 있을 뿐이고, 피고인은 여객선 침몰 사고 당시 피해자가 소극적으로 대응하여 대통령으로서의 직무에 태만하였다는 점을 지적함으로써 족할 뿐 이를 위해 미혼녀인 피해자에 대한 영향이 폭발적인, 그의 내밀영역에 대한 추측이나 억측을 제기하는 것은 과도한 것이고 피해자로서 수인할 한도를 넘는 것으로 보아야 하기 때문이다.

독일 연방헌법재판소는 최근 판결에서 다음과 같이 정치인에 대한 비판의 한계와 관련하여 정치인 보호를 강화하고 있다.

BVerfG, 19.12.2021, 1 BvR 1073/20 - Künast-Entscheidung

이 사건에서 독일 연방헌법재판소는 정치인을 위시한 공적 생활의 인물과 공무원에 관한 비난의 한계에 관하여 정치인의 직무 수행에 관한 비판이 넓게 허용된다 하더라도 정치인이 모든 모욕적이고 경멸적인 발언을 수인해야 하는 것은 아님을 확인하면서 공개적 멸시나 배척 등 개인적인 중상이 실질적인 관심보다 더 우세한 경우에는 명예가 우위를 갖는다고 판시하고 있다.[163] 그 보호가 민주주의이론적으로도 중요한 이유는 충분한 인격권 보호 없이는

---

163) 그 상세한 내용에 관하여는 이현정, 독일연방헌법재판소 판례 분석을 통해 본 정치인에 대한 모욕 표현 및 표현의 자유 한계에 관한 논의, 미디어와 인격권 제9권 제3호(2023), 1-40면.

국가 및 사회 속에서 협력의 기대가 어려울 수 있기 때문이다. 즉 사람들은 자신이 경멸받지 않을 것이라는 확신이 있을 때만 정치적 책임을 지며, 지속적이고 무례한 모욕 발언은 정치인이 공적인 의무를 수행하는 것을 심각하게 방해할 수도 있다.[164] 동 판결에 의하면 정치인은 국가와 사회에 관여하는 지위에 있고, 정치인을 모욕으로부터 보호하는 것은 공공의 이익에 부합한다고 판단한 것이다. 이 견해에 따르면 국가는 정치인의 인격권을 효과적으로 보호해야 하고, 정치인은 대중의 폄하와 증오 발언으로부터 보호받아야 한다는 것이다.[165]

엡스타인 교수는 명예권이 존중되지 않음으로써 해당 사회가 입는 손해를 다음과 같이 설명하고 있다.

첫째 명예훼손 규칙의 모습은 사회적 결정에 참여하는 주체들에게 심각한 영향을 줄 수 있다.[166] 즉 명예훼손을 위한 현실적 구제책이 제거되거나 약화된다면, 명예에 실질적으로 투자해온 분별있는 남성과 여성들이 공적인 무대를 떠나게 하는 한편(공적 토론에 참여하는 대가가 그 명예적 자본의 전부 또는 일부의 상실이라면 그들은 잃을 것이 가장 많다), 덜한 명예와 아마도 덜한 품성의 다른 사람들에게 마당을 열게 될 것이다. 그로 인한 결과는 공적 토론의 양과 질이 저하될 수 있다는 점이다. 둘째, 만일 명예훼손에 관한 구제가 불충분하다면 공적 쟁점에 관한 담론의 수준에서 진실한 진술보다 허위 진술이 더 많아질 것이다.[167] 그러면 공공은 그가 얻는 정보의 계보가 덜 확실하다고 생각할 것이므로, 이를 할인하도록 요구될 것이다. 좋은 보도를 나쁜 보도와 구별하는 명백한 방도가 없고, 아무도 그들의 허위 진술에 법적으로 책임지도록 판단될 수 없기 때문에, 언론의 영향은 감소할 것이다. 명예훼손에 대한 아무 보호도 없는 세계는 너무 많은 명예훼손, 너무 많은 부정확한 정보의 세상이고, 한마디로 너무 많은 공적 사기로 충만한 세상이다. 신뢰있고 투명한 평판체계는 기대할 수 없고 그만큼 사회적 거래와 증가는 저해될 것이다.

다. 공무원

모든 공무원을 그 직위에 따라 공적 인물인가 아닌가로 구분하는 것은 의미가 없다. 물론 고위직일수록 그의 전력과 활동에 대한 보도가 널리 허용될 수 있지만, 그보다는 그의 활동에 관한 공적 토론이 필요한가 여부가 더 큰 의미를 갖는다. 일반적으로 말하자면 공적 기능을 수행하는 공무원은 그 행위에 대한 비판을 수인할 범위가 사인보다 넓지만, 정치인의 경우보다는 덜하다.

유럽인권재판소는 여러 사건에서 고의적으로 공무원의 직무수행에 영향을 미치

---

164) 이현정, 전게 논문, 23면 참조.

165) Lorenz Leitmeier, Künast, "taz" und die (neuen) Grenzen der Meinungsfreiheit, https://www. hrr－strafrecht.de/hrr/archiv/20－10/index.php?sz=6, Aufsätze und Entscheidungsanmerkungen, S. 397 (Heft 10/2020).

166) 이하 Richard A. Epstein, Was New York Times v. Sullivan Wrong? 53 University of Chicago Law Review 782, 799 (1986) 참조.

167) Epstein, Id., p. 800.

고, 그들 및 그들의 직무에 대한 공공의 신뢰를 손상케 하는 공격적, 남용적 및 폄훼적 공격으로부터 공무원을 보호할 필요가 있다고 판시해왔다. 유럽인권재판소 판례에 의하면, 공무원에 대한 비판의 허용 수위는 정치인보다 낮다.[168] 왜냐하면, 공무원들이 그들의 과업을 성공적으로 수행하기 위해서는 부당한 흔들기에서 벗어나 공적 신뢰를 향유해야 하기 때문이다.[169] 다만, 정부에 대한 비판은 정치인의 경우보다 더 큰 보호를 받는다.[170]

대법원 2016. 5. 27. 선고 2015다33489 판결

언론·출판을 통해 사실을 적시함으로써 타인의 명예를 훼손하는 경우에도 그것이 진실한 사실로서 오로지 공공의 이익에 관한 때에는 행위에 위법성이 없다. 여기서 적시된 사실이 공공의 이익에 관한 것인지는 적시된 사실의 구체적 내용, 사실의 공표가 이루어진 상대방의 범위, 표현의 방법 등 표현 자체에 관한 제반 사정을 고려함과 동시에 표현에 의하여 훼손되거나 훼손될 수 있는 명예의 침해 정도 등을 비교·고려하여 결정하여야 하고, 나아가 명예훼손을 당한 피해자가 공적 인물인지 일반 사인인지, 공적 인물 중에서도 공직자나 정치인 등과 같이 광범위하게 국민의 관심과 감시의 대상이 되는 인물인지, 단지 특정 시기에 한정된 범위에서 관심을 끌게 된 데 지나지 않는 인물인지, 적시된 사실이 피해자의 공적 활동 분야와 관련된 것이거나 공공성·사회성이 있어 공적 관심사에 해당하고 그와 관련한 공론의 필요성이 있는지, 그리고 공적 관심을 불러일으키게 된 데에 피해자 스스로 어떤 관여가 된 바 있는지 등을 종합적으로 살펴서 결정하여야 한다.

대법원 2011. 9. 2. 선고 2010도17237 판결 ['PD수첩' 광우병 보도]

2008. 4. 29. MBC 'PD수첩'은 미국산 소고기의 광우병 위험성에 관해 왜곡·과장 보도로 농림수산식품부 장관 및 협상단 대표인 농업통상정책관의 명예를 훼손한 혐의 등으로 기소되었다. 대법원은 보도내용 가운데 일부가 객관적 사실과 다른 허위 사실 적시에 해당함을 인정하면서도 "국민 먹거리와 관련된 정부 정책에 대한 여론 형성에 이바지할 수 있는 공공성 있는 사안이 보도 대상"임을 지적하고, "정책 결정 또는 업무 수행과 관련된 사항을 주된 내용으로 하는 언론 보도로 인해 공직자에 대한 사회적 평가가 다소 저하될 수 있더라도 보도 내용이 개인에 대한 악의적이거나 심히 경솔한 공격으로서 현저히 상당성을 잃은 것으로 평가되지 않는 한 공직자 개인에 대한 명예훼손이 된다고 할 수 없다"고 판시했다.

유럽인권재판소는 공무원 중에서 사법직무 수행 공무원은 정의의 보증인으로서 역할을 수행함에 있어서 공적 신뢰를 향유해야 하기 때문에 여타 임명직 공무원이나 정치인보다 더 큰 명예의 보호를 받는다고 한다.[171]

---

168) ECHR 2003. 3. 11. Lesnik v. Slovakia.
169) ECHR, 2001. 3. 29. Thoma v. Luxembourg.
170) ECHR 1992. 4. 23. Castells v. Spain.
171) 법집행 공무원을 포함하여 사법 구성원은, 성공적으로 공공에 봉사하기 위해서 공적 신뢰에 의존하기 때문에, 정치인들보다 공적 심사로부터 더 높은 정도의 보호가 부여된다(ECHR 1995. Prager v.

ECHR 1997. 2. 24. De Haes and Gijsels v. Belgium

유럽인권재판소는 판사, 검사 등 법집행에 종사하는 공무원과 여타 임명직 공무원을 구분하고, 사법 공무원에 대해서는 정의의 보증인으로서의 그들의 역할을 근거로 명예훼손에 대해 더 큰 보호를 베푼다. 사법에 대한 공공의 신뢰를 촉진하기 위해서는 근거없는 파괴적 공격에 대해 그들을 보호할 필요가 있음에 비해, 여타 공무원의 경우에는 필요한 심사를 더 관용하여야 한다는 것이다. 더욱이 사법 요원은 절제(discretion)의 의무를 부담하므로 정치인과 달리 여러 공격에 대해 공개적으로 대응할 수 없다.

그러나 법관의 독립성이나 공정성에 의문을 제기하는 등 사법 시스템의 적정한 운영을 위한 토론의 일부로서 행해지는 언론의 비판은 허용되지만, 사실적 근거가 없는 파괴적 공격이나 오로지 비방할 목적이 드러나는 경우에는 보호받지 못한다.[172] 검사의 경우에도 유사한 보호를 받는다.

ECHR(대심판부) 2003. 5. 6. Perna v. Italy

유럽인권재판소(대심판부)는 이탈리아 전 수상 안드레오티의 마피아 관련 혐의를 수사한 검사에 대하여 공산당에 추종하여 검사의 권한을 남용하였다고 비난한 기자에 대해 그가 주장 사실의 진실성을 입증하여야 함에도 이를 입증하려고 하지는 않고 그의 주장은 입증의 필요가 없는 비판적 판단이라고 고집하였음을 이유로 그에 대한 처벌이 정당하다고 판시하였다.

ECHR 2014. 1. 4. Lavric v. Romania

검사가 위법하게 수사하였다는 진정에 따라 그에 대한 징계 절차가 진행되었으나 무혐의로 결론났음에도 불구하고, '사법 부패'라는 제하의 기사에서 위 검사를 '날조자 협잡꾼'이라고 비난하면서 그 검사가 기소를 날조하여 무고한 사람을 처벌받게 하였다고 주장한 경우 해당 기자를 처벌한 것은 옳다고 판결되었다.

BVerfG, 2020. 5. 19. (4건 병합) 결정

독일 연방헌법재판소는 2020. 5. 19. 원심에서 모욕죄(독일 형법 제185조)로 판단된 4개 사례에서 사례별 법익형량 기준을 적용하되 권력 비판의 특별한 보호에 관한 확립된 판례를 더 강화하여 다음과 같이 판시하였다.

① 블로그에서 '사법방해자' 및 '권리굴절자'라는 표현은 형태적 모욕도 비방적 비판도 아니지만, 피해자의 실명을 쓰고 삽화를 곁들인 그 사례에서는 사례적 형량에 따라 모욕죄가 성립되는 것으로 판단되었다.[173]

② 소장에서 한 법무담당관(녀)에 대해 "정신적·영적인 진기함"이라고 표현한 데 대해 법원은 비방의 존부와 무관하게 형량에 의해 인격권이 우월하다고 보아 모욕죄가 성립하는 것

Austria).

172) 유럽인권재판소는 판사가 그의 지위를 이용하여 주택을 특혜 분양받았다고 비난한 변호사에 대해 그의 진술은 근거가 없는 사실 주장으로서 사법에 대한 논평이 아니라 인신공격에 해당한다고 판시하였다(ECHR 2005. 11. 17. Lomakin v. Russia (decision)).

173) BVerfG, Beschluss vom 19. Mai 2020 — 1 BvR 2397/19, Rn. 39 ff. 2.

으로 분류하였다.[174]

③ 변호사가 직무감독의 징계 절차에서 관청의 한 부서장에 대해 "개인적으로 악의적이고, 음험하고 직권남용적이며, 총체적으로 우리에 대해 반사회적"이라고 표현한 사례에서 그것은 비방이나 형태적 모욕이 아니지만, 개별적 형량 절차를 거치지 않았다는 이유로 유죄로 판결한 원심을 파기하였다.[175]

④ 한 주 재무장관에 대해 "얼치기하는 재무장관 연기자 동무", "붉은 무용지물"("Rote Null")이라고 비난한 행위를 모욕죄로 처벌한 사례에서 권력비판에는 특별한 보호가 주어짐에도 충분한 이익형량이 결여되어 있다는 이유로 원심을 파기하였다.[176] 재판부에 의하면 표현의 자유의 보호는 바로 권력비판의 특별한 보호필요성에서 성장하였고 그 중요성을 거기서 변함없이 발견한다는 것이다. 그러면서 직무보유자나 정치인에게 개인적인 모든 욕설이 허용되는 것은 아님을 강조하고, 권력 비판도 몰아대는 형태로 직무보유자를 과도하게 욕설하고 공개적으로 경멸하는 권리를 주지 않으며, 직무보유자와 정치인을 그러한 공격으로부터 보호하는 것도 필수적인 공적 이익이라고 판시하였다.[177]

라. 인기 연예인, 스포츠맨 등

현대 대중 사회에서 인기 연예인과 스포츠맨은 미디어에 의해 만들어진 '스타'의 이미지와 명성을 얻게 되며, 그것은 인간의 존엄과 이행가치에 의해 획득되는 인격권으로서의 명예와는 다른 성격과 의미를 갖는다.[178] 그것은 그들의 적극적인 미디어 출현 및 등장에 의해, 때로는 대중들의 관심에 부응하여 그들의 사적 영역을 스스로 공개하는 대가로 얻어지는 것이다. 그러므로 그들은 미디어의 가장 큰 수혜자들이며, 그만큼 대중의 관심을 받아들여 미디어의 노출을 감수할 범위가 넓어진다고 보아야 한다.

다만, 이들 유명인들은 널리 공인의 범주에 속하는 것으로 분류되지만, 그렇다고 하여 그들에 관한 범죄 또는 부정적인 보도가 실명으로 또는 초상에 의해 보도되는 경우 그에 대한 보도는 강력한 영향을 가지며 그들의 이미지는 큰 타격을 입게 되고, 때로는 자살로 이어지기도 한다. 그 때문에 피의자의 신원정보를 포함하는 실명 보도나 초상보도를 허용함에 있어서는 공공의 알 권리의 그에 관한 실체적 필요가 규명되고 그에 대비한 이익형량이 행해져야 한다.[179]

---

174) BVerfG, Beschluss vom 19. Mai 2020 — 1 BvR 2459/19, Rn. 21 ff.

175) BVerfG, Beschluss vom 19. Mai 2020 — 1 BvR 362/18, Rn. 34 f.

176) BVerfG, Beschluss vom 19. Mai 2020 — 1 BvR 1094/19, Rn. 29 ff.

177) BVerfG, Beschluss vom 19. Mai 2020 — 1 BvR 1094/19, Rn. 38.

178) Karl—Heinz Ladeur, Persönlichkeitsschutz und "Comedy". Das Beispiel der Fälle SAT 1/Stahnke und RTL 2/Schröder, NJW 2000, Heft 28, S. 1977f.

179) 정인경, 유명인 수사보도와 '공익' 미분화의 문제점, 헌법재판연구 제11권 제1호(2024. 6), 147—188면 참조. 위 논문에 의하면, 범죄 보도에서 대중문화예술인이나 유명 스포츠 선수 등 널리 알려진 '유명인'에 대하여는 공직자나 공적 업무 수행자 등 전형적인 공적 인물과 달리 그 신상 정보의 공개에 신중을 기해야 한다는 입장을 취한다. 그에 의하면 전형적인 공적 인물은 공직자 및 공적 지

마. 사회 각계의 지도적 인물

저명한 학자, 발명가, 각종 종교·종파의 대표 등 학술적, 종교적 분야에서 대표적이거나 현저한 업적을 이룩한 인물, 저명한 시인, 화가, 저술가, 성악가, 연주자, 지휘자 등 문화 및 예술계의 대표적 인물, 그리고 경제계의 지도적 인물로서 대기업, 상공회의소, 대은행, 노조연맹 등의 장 등 역시 공적 인물에 분류되는 중요한 범주이다.

이들에게 공통적인 것은 그들의 업적이나 경력에 의해 공공에 관련되는 사항에 직접적인 관련을 갖게 됨으로써 공공의 정당한 관심을 받게 되는 시사적 인물의 속성을 보유하게 된다는 점이다.[180)]

바. 전문직업인

순수히 사적인 영역에서 활동하는 교수, 의사, 기자 등 전문직업인은 그 직업에 의해 바로 공적 인물이 된다고 할 수는 없지만, 그들이 직업윤리를 위반한다거나 전문성 또는 능력이 없다고 하는 비판은 공적 이익에 관련되는 것으로 일반 사인의 경우보다 더 큰 보호를 받게 된다. 특히, 언론사 및 기자는 그들의 직업활동과 관련한 보도 비판에 있어서 공인과 같이 취급받는 경우가 있다.

> **대법원 2012. 11. 15. 선고 2011다86782 판결 [KBS 대 미디어오늘]**
>
> "당해 표현이 언론사에 대한 것인 경우에는 언론사가 타인에 대한 비판자로서 언론의 자유를 누리는 범위가 넓은 만큼 그에 대한 비판의 수인 범위 역시 넓어야 하고, 언론사는 스스로 반박할 수 있는 매체를 가지고 있어서 이를 통하여 잘못된 정보로 인한 왜곡된 여론의 형성을 막을 수 있으며, 일방 언론사의 인격권 보장은 다른 한편 타방 언론사의 언론 자유를 제약하는 결과가 된다는 점을 감안하면, 언론사에 대한 감시와 비판 기능은 그것이 악의적이거나 현저히 상당성을 잃은 공격이 아닌 한 쉽게 제한되어서는 아니 된다(대법원 2006. 3. 23. 선고 2003다52142 판결 등)."

> **BGH 2016. 9. 27. - Ⅵ ZR 250/13 [기자 비판]**
>
> 언론의 감시 및 폭로 기능은 기자가 독립하여 공정하게 보도하는 경우에만 올바르게 이행될 수 있다. 이 감시기능을 위해서는 감시자에게 있을 수 있는 비리가 보도 및 공적 토론의 대상이 될 수 있어야 한다. 따라서 기자는 문제된 보도와 관련하여 그의 동기에 관한 배경 질문, 그리고 타인에 의한 비판적 조명을 수인해야 한다. 기자는 공적 미디어를 통해 여론형성에 직접 영향을 미치는 업무를 행하기 때문에 기자의 뉴스 및 공공에 대한 태도를 공공에 알

위에 있거나 공적 업무를 수행하는 사람으로 한정하고, 그들의 행위가 널리 공개 비판되어야 하는 이유는 민주주의 사회에서 토론을 통해 논해질 만한 공적 문제로서 공적 논쟁을 필요로 하기 때문이라고 한다. 이에 해당하지 않고 일반에 널리 알려진 사람이라는 의미에서 유명인은 신상정보의 공개에 있어서 공적 인물로 취급하지 않아야 한다는 것이다.

180) Herwigh Engau, Straftäter und Tatverdächtige als Personen der Zeitgeschichte: Ein Beitrag zur Problematik identifizierender Mendiendarstellungen, 1993, S. 178f.

리고 토론에 의해 이를 통제할 수 있도록 하는 것도 헌법 상 보장된다.

변호사는 공공과 법원 사이의 중개자로서 사법 운영에 중심적 지위를 가진다는 점에서 2개의 지위를 갖는다. 첫째, 그의 법원 및 검사에 대한 비판에 있어서는 심리절차에서 변호인의 언론의 자유를 제한하면 헌법적으로 보호받는 피고인의 권리에 영향을 미친다는 점을 고려해야 하며,[181] 둘째 변호사에 대한 비판에 있어서는 공적 신뢰를 유지하기 위해 적절한 보호를 받게 된다.

대법원 2003. 3. 25. 선고 2001다84480 판결 [실수 변호사 과잉비판]

이 사건에서 원심은 피고의 보도내용이 허위임을 전제로(진실 입증이 실패하였다고 하여) 원고에게 명예훼손으로 인한 1억원의 손해배상청구를 인용하였으나, 대법원은 이 사건 보도의 기본적 사실은 진실로 판단된다고 보아, 이를 허위로 보고 명예훼손을 인정한 원심은 잘못된 것이라고 하여 파기 환송하면서, 다음과 같이 판시하였다.

변호사인 원고의 소송수행 잘못으로 의뢰인에게 불리한 판결이 선고되도록 하였다는 기본적 사실의 보도는 진실이라고 하더라도 위와 같은 기본적 사실에 기초하여 원고를 소위 '순백의 법조인'과 대비하여 '사람답게 살지 못한 사람'이라거나 '한심하다 못해 분통이 터진다'는 등의 표현을 사용하여 의견을 표명한 것은, 그 적시된 사실에 비추어 보거나 원심 판시 인정 사실에 나타난 위 사건 재판의 전과정이나 원고의 소송수행 내용 전반에 비추어 살펴볼 때 원고의 잘못의 정도와 판결에 대한 영향을 지나치게 확대, 과장하여 평가한 결과에 따른 표현으로서 그러한 의견표명은 모멸적인 표현에 의한 인신공격에 해당하여 의견표명으로서의 한계를 일탈한 불법행위가 될 수 있다.

대법원 2018. 10. 30. 선고 2014다61654 전원합의체 판결 [주사파]

"이 사건 표현행위 당시 원고 이정희는 국회의원이자 공당의 대표로서 공인이었다. 그의 남편인 원고 심모 변호사도, 기록을 통해 알 수 있는 그간의 사회활동 경력 등을 보면, 공인이나 이에 준하는 지위에 있었다고 보기에 충분하다."

사. 비자발적 공적 인물 - 범죄 피해자, 저명인의 가족 등

저명인의 가족 또는 유명인과 밀접한 관계를 갖는 자, 그리고 범죄의 피해자 등(이른바 비자발적 공적 인물)은 위와 같은 적극적 참여 요소가 긍정되지 않는 한 보도의 대상으로 삼을 수 없다.

ECHR 2001. 2. 6. Tammer v. Estonia [정치인의 연인]

한 기혼 정치인의 조수로 일하다가 그와의 사이에 사생아를 출산한 피해자(녀)에 관해 "타인의 결혼생활을 파탄시키고, 자신의 아이를 버린 부정한 부주의한 어머니"를 영웅시할 수 없다는 취지로 그녀를 비난하는 내용을 공표하여 모욕죄로 처벌받게 된 사안에서 유럽인권재판

---

181) ECHR 2002. 3. 21. Nikula v. Finland.

소는 계쟁 진술은 일반적 관심사에 관한 것도 아니었고, 어떤 공익에도 도움이 되지 않았으며, 기자는 그의 부정적 의견을 공격적 언어를 사용하지 않고도 표현할 수 있었다는 이유로 그 처벌을 정당하다고 보았다. 유럽인권재판소는 언론이 모든 공익 사항에 관해 정보나 사상을 전파할 수 있고, 저널리즘의 자유는 어느 정도의 과장 또는 도발의 수단도 포함하지만, 사인에 대해서 허용되는 비판의 한계는 정치인이나 정부에 대한 경우보다 좁다고 부언하였다.

ECHR 2010. 4. 6. Flinkkilä & others v. Finland [공인의 여성파트너]

고위직 공무원과 연인관계를 맺게 된 사인(여)은 그와 함께 한 사건에 연루되어 처벌된 경우 공적 영역에 들어선 것이므로 그녀의 신원에 관한 보도는 프라이버시 침해를 구성하지 않는다.

1996년 핀란드의 국가 조정심판관 A와 그의 여성 파트너 B는 심야에 A의 처가 거주하던 A의 집에 들어가 싸움을 벌려 A와 B가 함께 처벌받은 사건이 있었고, 그에 대한 보도가 있었다. 수주 후 미디어들은 그 사건과 법원 처리 사건을 재차 다루면서 배경 정보, 인터뷰, 코멘트를 게재하였다. 모든 기사에는 B의 실명 및 사진과 함께 그녀의 나이, 직장 명, 그녀의 가족 관계 및 그녀와 A와의 관계 등 상세한 내용이 언급되었다. 그 보도에는 잘못된 사실 주장이나 청원인 측에서 악의가 있었다는 증거와 그들이 B에 관한 정보를 불법적 방법으로 취득하였다는 증거는 없었다.

인권재판소는 그녀가 공적 인물은 아니지만, 그녀와 밀접한 관계를 가진 유명한 공적 인물과 함께 한 사건에 연루되었다는 사실은 명백하므로 그녀는 공적 영역에 들어섰다고 간주될 합리적 이유가 있다. 나아가 그녀의 신원 공개는 A의 행동과 그가 고위직 공무원으로서 직위를 계속할 능력의 관점에서 명백히 공적 이익을 갖는 것이었다. 그 사건은 이미 널리 보도되었고, 따라서 그 문제된 기사는 처음 그녀의 신원을 밝힌 것도 아니었다.

(4) 범죄자

공적 관심사는 긍정적 징표에 의해서뿐 아니라 범죄 등 부정적 징표에 의해서도 생길 수 있다. 따라서 범죄와 범죄자에 관한 보도는 사회적 관심사로서 언론의 중요한 기능에 속한다. 다만, 헌법상 요구되는 무죄추정의 원칙에 따라 그에 관련된 범인의 실명이나 초상의 공개보도는 일정한 요건을 필요로 한다(이른바 익명보도의 원칙, 후술).

독일의 학설과 판례는 중대한 범죄의 경우, 그 사회적 중요성의 정도에 따라, 또는 특별한 사정의 존재를 전제로 그 범죄자의 신원에 정당한 공개의 이익을 인정한다.[182] 유럽인권재판소는 광범한 공공의 관심을 야기한 중대한 범죄 혐의를 갖게 된 추정적인 범인도 공적인 주목의 무대에 등장한 것이며, 이들 범죄인에 관해 원칙적으로 보도를 허용하면서, 무죄추정의 원칙에 따라 비판의 방법과 규모에 관해 넓은 제한을 허용한다.

---

182) Engau, aaO., S. 193.

ECHR 2012. 1. 10. Standard Verlags GmbH v. Austria

유럽인권재판소는 공공의 주목을 끈 정치적 성격의 범죄 혐의를 받은 인물은 실명으로 보도할 수 있다고 하면서 다음과 같이 판시하였다. 은행 고위 간부는 공적 인물이 아니고, 그가 이전에 공적 무대에 등장한 바가 없다 하더라도 그 은행의 거액 투기 손실에 관해 횡령사건으로 수사받게 된 경우 그 사실을 보도하면서 그의 실명을 거론한 기자를 처벌하는 것은 유럽인권협약에 위배된다. 이 사건에서는 은행 고위간부의 투기가 정경유착이 아닌가 하는 공공의 의혹을 사고 있었다.

(5) 사인·사적 단체

공적 인물이 아닌 사인(私人)은 정상적인 인격권 보호를 받는다.[183] 그는 모든 생활영역에서 그의 생활이나 행위 등에 관한 보도에 이의할 수 있고, 그의 초상 및 실명 역시 엄중한 보호를 받는다. 그러므로 그들에 관한 보도는 원칙적으로 동의·승낙을 요한다.

그러나 사인도 특정한 사회적 논란 사안에 적극적으로 관여하거나 연루된 경우에는 그 사안에 관해 그의 실명을 써서 보도하더라도 이의할 수 없다.[184] 그러나 그가 관여한 공적 논쟁 사항과 무관한 맥락에서 그들은 일반 사인과 같이 취급된다.

ECHR 2012. 2. 2. Růžový panter, o.s. v. the Czech Republic

체코공화국의 공무원 부패를 다루는 시민단체는 그 웹사이트에 당시 미디어의 광범한 관심을 받고 있는 집단적 경유 탈세 사건에 관해 보도자료를 공표하였다. 그 보도자료는 의회 의원으로서 후에 내무장관이 된 자를 소환하자는 형태를 취하면서, 특정 사인(실명을 거명함)과의 커넥션을 밝히라고 요구하였다. 피해자들이 제기한 민사소송에서 내국법원은 부정확하고 왜곡된, 따라서 오인유발적인 정보를 공표하였을 뿐 아니라 공인이 아닌 사인의 실명을 써서 그의 명예를 훼손하였음을 이유로 그 단체에게 웹사이트에서 그 보도자료를 삭제하고, 사죄를 표명할 의무와 함께 실명이 거명된 사인에게 3,300유로의 배상을 명하였다.

유럽인권재판소는 내국법원의 판결이 비례의 원칙에 어긋나지 않는다고 하면서 청원인 단체는 그들이 의심하는 의원 이외에 그와 연루되었다고 하는 사인의 신원을 밝히지 않고도 그들의 공익 목적을 달성할 수 있었다고 판시하였다. 청원인 단체의 의도는 공익을 위해 그들이 의심하는 의원 I.L.의 개인적 연계에 관해 심사하기 위해 공격적인 정보를 공표하였는데, 그 목적을 위해서는 사인인 T.P.의 실명을 써서 그에 관해 오해를 유발하는 말을 하지 않고도 가능하였다는 것이다.

---

183) "자신을 특별히 공적 심사에 개방한 바 없는 사인은 명예훼손에 대해 가장 큰 보호를 받는다. 이들에 관해 수인될 비판의 레벨은 제한되고, 이들의 명예는 추가적 보호를 받는다."(ECHR 2001−Ⅰ Tammer v. Estonia, 267, 280).

184) 고위직 공무원과 연인관계를 맺게 된 사인(여)은 그와 함께 한 사건에 연루되어 처벌된 경우 공적 영역에 들어선 것이므로 그녀의 신원과 사적 사항에 관한 보도는 프라이버시 침해를 구성하지 못한다(ECHR 2010. 4. 6. Flinkkilä & others v. Finland).

다만, 사인이나 사적 단체도 공적 토론의 무대에 등장하는 때에는 자신을 심사에 개방하게 된다.[185] 공적인 토론에 참여한 개인[186] 또는 공적 영역에서 활동하는 단체로서 공적인 토론에 등장한 경우[187]에는 공인과 같은 비판을 수인해야 한다.

다만, 저명인 또는 유명인이 아닌 주체가 위와 같이 스스로 공적 토론의 계기를 만들어 공적 인물로 취급할 수 있는 것은 그 공적 논란 사항에 관해 보도하는 경우에 한한다.[188]

BGH 2013. 6. 11. Ⅵ ZR 209/12 ['독일 사파리']

참여적인 평화운동자인 원고는 2010년 10월 이스라엘의 군사개입에 반대하는 베를린 광장의 침묵시위에 참가하여 보도 기자와 열띤 논쟁을 벌인 바 있었는데, 한 방송사가 그 모습을 방송하자 그 방송을 금지하는 소송을 제기하였다. 독일 연방대법원은 그 보도는 공적 공간에서 정치적 공방을 벌리는 원고를 보여준 것이어서 시사적 사건을 다룬 것이고, 정치적 의견 투쟁에 관여하거나 공적 토론에 개입한 자는 그의 입장에 대한 비판적 대결뿐 아니라 그에 결부된 풍자적 논평을, 그에 의해 그의 명성이 저감되더라도, 수인해야 한다고 판시하였다.

---

185) 사인은 공적 영역에 입장하는 경우 자신을 공적 심사에 개방하게 되며, 따라서 비판에 보다 높은 관용을 보여야 한다. 즉 공익 사항에 관해 서적을 집필하고 텔레비전에 출연한 후에는 원고가 공적 인물이 되었고, 따라서 더 높은 정도의 관용을 보일 의무가 있다(ECHR 2009. 6. 23. Bodro.i. v. Serbia, App. No. 32550/05).

186) ECHR, 1999. 11. 25. Nilsen and Johnsen v. Norway; ECHR 2006. 12. 14. Karman v. Russia, App. No. 29372/02(공개집회를 조직하고 거기서 연설하였기 때문에 원고는 비판의 리스크를 알아채야 한다).

187) 약물 정책이라는 공적 관심 부문에서 활동하면서 정부보조금을 받은 사적 단체는 그 단체가 파시스트적 경향을 보인다는 시의회 의원의 비판을 수인해야 한다(ECHR, 2001. 2. 27. Jerusalem v. Austria).

188) 경찰 폭력의 실상을 조사한 보고서에서 경찰을 극도로 가혹하게 비판한 교수는 그에 대해 심한 어조로 비판한 경찰 노조 대표자의 비난을 수인해야 한다. 경찰 폭력 여하에 관한 논의는 장기간 지속된 일반적 관심사였고, 그 극도로 가혹한 보고서를 작성한 교수에 대한 경찰대표의 강렬한 대응은 가열된 공적 토론의 과정에서 행해졌기 때문이다(ECHR 1999. 11. 25. Nilsen and Johnsen v. Norway).

▪ 참고문헌

구병삭, 국회의원의 발언·표결의 면책특권, 고시연구(1987. 8), 101면

권영성, 헌법학원론(법문사, 1999)

김재형, 공인보도와 인격권, 언론중재 제34권 제4호(2014. 12), 62-101면

김중권, 국가적 정보행위의 법률유보적 문제점에 관한 소고, 법률신문 제3276호 2004. 7. 2. 게재 논문

김철수, 헌법학개론(박영사, 1998)

박용상, 언론과 개인법익(조선일보사, 1997)

박용상, 명예훼손법(현암사, 2008)

박용상, 언론의 자유(박영사, 2013)

박용상, 영미 명예훼손법(한국학술정보, 2019)

오용식, 행정상 공표와 관련한 몇 가지 검토, 월간 법제(2002. 9)

이재상, 전정판 형법총론(박영사, 1990)

이현정, 독일연방헌법재판소 판례 분석을 통해 본 정치인에 대한 모욕표현 및 표현의 자유 한계에 관한 논의, 미디어와 인격권 제9권 제3호(2023), 1-40면

정만희, 국회의원의 면책특권, 동아대 동아법학 10호(1990. 5)

정인경, 유명인 수사보도와 '공익' 미분화의 문제점, 헌법재판연구 제11권 제1호(2024. 6), 147-188면

허영, 한국헌법론(박영사, 1998)

島川豊, "西獨における議員の免責特權及び不訴追特典", 「レファレンス」128號

Restatement (Second) of Torts

David A. Elder, Defamation: A Lawyer's Guide, Clark Boardman Callaghan, Deerfield, Il. (1993)

Richard A. Epstein, Was New York Times v. Sullivan Wrong? 53 University of Chicago Law Review 782 (1986)

Karl-Heinz Ladeur, Persönlichkeitsschutz und "Comedy". Das Beispiel der Fälle SAT 1/Stahnke und RTL 2/Schröder, NJW 2000, Heft 28, S. 1977f.

Robert D. Sack and Sandra S. Baron, Libel, Slander, and Related Problems, Second Edition, Practising Law Institute

Elizabeth Samson, THE BURDEN TO PROVE LIBEL: A COMPARATIVE ANALYSIS OF TRA-DITIONAL ENGLISH AND U.S. DEFAMATION LAWS AND THE DAWN OF ENGLAND'S MODERN DAY, CARDOZO J. OF INT'L & COMP. LAW [Vol. 20:771]

Bruce W. Sanford, Libel and Privacy, Second Edition, Prentice Hall Law & Business (1993)

Rodney A. Smolla, Law of Defamation, CLARK-BOARDMAN-CALLAGHAN (1995)

Maunz/Dürig/Herzog/Scholz, Grundgesetz Kommentar (1994)
SCHÖNKE SCHRÖDER, STRAFGESETZBUCH KOMMENTAR, 18., neubearbeitete Auflage,
    VERLAG C.H. BECK

Renate Damm und Wolfdieter Kuner, Widerruf, Unterlassung und Schadenersatz in Presse und
    Rundfunk, Verlag C.H. Beck, 1991
Herwigh Engau, Straftäter und Tatverdächtige als Personen der Zeitgeschichte: Ein Beitrag zur
    Problematik identifizierender Mendiendarstellungen 1993
A. Hamann, Das Grundgesetz, Ein Kommentar für Wissenschaft und Praxis, 1956
Martin Löffler, Presserecht Band I Allgemeines Presserecht, 2. Aufl. C.H. Beck München, 1969
Lorenz Leitmeier, Künast, "taz" und die (neuen) Grenzen der Meinungsfreiheit, https://www.
    hrr−strafrecht.de/hrr/archiv/20−10/index.php?sz=6, Aufsätze und Entscheidungs an
    merkungen, S. 397 (Heft 10/2020)
Karl Egbert Wenzel, Das Recht der Wort− und Bildberichterstattung, 4. Auflage, Verlag Dr.
    Otto Schmitt KG, 1994

제 4 절

사실적시에 의한 명예훼손

Ⅰ. 개관

1. 서론

(1) 명예훼손의 기본적 구성요건 - 사실적시 및 의견표현

가. 현행법 - 쟁점과 의견의 대립

민법상 불법행위가 되는 명예훼손은 사실을 적시하는 표현행위뿐만 아니라 의견 또는 가치판단을 표명하는 행위에 의하여도 성립할 수 있다(확립된 판례). 이 명제는 미국 이외에 대부분의 국가에서 이의 없이 통용되는 사항이고,[1] 우리 대법원도 여러 판결에서 같은 취지의 판시를 거듭하여 왔다.

> "민법상 불법행위가 되는 명예훼손이란 사람의 품성, 덕행, 명성, 신용 등 인격적 가치에 대하여 사회로부터 받는 객관적인 평가를 침해하는 행위를 말하고, 그와 같은 객관적인 평가를 침해하는 것인 이상, 의견 또는 논평을 표명하는 표현행위에 의하여도 성립할 수 있다."[2]

그럼에도 적지 않은 학자들은 사실적시가 없는 의견표현의 경우에는 민사상 명예훼손의 불법행위가 성립하지 않는다는 입장을 표명하고 있으며,[3] 대법원은 때때로 미

---

[1] 유럽인권재판소는 1986년 명예훼손 사건에서 사실의 진술(statements of fact)과 가치판단(value judg-ments)이나 의견의 진술(statements of opinion)을 구별하여야 하며, "사실의 존재는 입증될 수 있는 반면, 가치판단의 진실은 증거에 의할 수 없다"고 판시한 이래(ECHR, 1986. 7. 8. Lingens v. Austria), 이러한 입장을 일관되게 적용하고 있다.

[2] 대법원 1988. 6. 14. 선고 87다카1450 판결, 1997. 10. 28. 선고 96다38032 판결, 1999. 2. 9. 선고 98다31356 판결, 대법원 2000. 7. 28. 선고 99다6203 판결 등.

[3] 예를 들면, 박종현, 표현의 자유와 명예훼손 논의에서 '사실'과 '의견'의 구별론에 대한 검토 ― 미국과 한국의 판례에 대한 검토를 중심으로 ―, 언론과법 제21권 제3호(한국언론법학회, 2022), 1면 이하 참조.

국 판례의 영향을 받아 절대로 면책되는 '순수의견'과 명예훼손적 사실을 함축하여 그에 의해 책임지는 '혼합의견'을 구별하는 입장을 취하고 있어 혼란이 야기되고 있다.[4] 나아가 최근 대법원 판례[5]는 의견표현에 의한 명예침해행위(형법 상 모욕죄에 해당하는 행위)는 민사상 명예훼손이 아닌 별개의 인격권 침해의 불법행위가 성립한다고 판시하여 논란을 증폭시키고 있다.

이러한 혼란은, 첫째 현행 형법이 명예훼손죄의 성립에 사실적시를 요건으로 하고 있는 점과 깊은 연관이 있는 것으로 보인다. 애초에 대법원이 의견표현과 구별하여 사실적시의 개념을 정의하기 시작한 것도 형사 명예훼손죄(공직선거법 상 명예훼손죄) 사건의 논증에서였다. 그 때문에 민사 명예훼손의 불법행위에도 사실적시를 요건으로 하는 것이 아닌가 하는 오해가 작용하였을 수 있다.

이러한 사정은 명예훼손법제의 발전과 연혁에 비추어 고찰할 필요가 있다. 명예훼손법제가 가장 일찍 발전된 영국 보통법을 보면, 애초에 표현행위가 명예를 훼손하는 내용이면 사실적시와 의견표현을 구별함이 없이 명예훼손 책임이 부과되었다. 그러다가 명예훼손법제의 합리화의 요구에 따라 진실의 항변을 도입하면서 사실과 의견을 구별하게 되었고, 나아가 진위를 가릴 수 없는 의견에 대하여는 진실의 항변을 적용할 수 없게 되자, 그 발언된 의견에 사실적 근거가 있는지 여부에 따라 책임 유무를 결정하는 공정한 논평 규칙이 형성 발전되게 된 것이다. 이러한 과정을 거치지 아니한 우리는 대한민국 건국 후 새로 제정된 형법이 명예훼손죄의 구성요건으로 명기한 사실적시 요건 이외에 의견 표현은 처벌될 수 없었고, 따라서 민사 명예훼손의 불법행위에도 사실적시가 필요한 것으로 인식된 것이 아닌가 하는 추측이 가능하다.

둘째, 한국의 (일부) 판례가 의견표현에 의해 민사 명예훼손의 불법행위가 성립할 수 없다고 논단하게 된 연유는 위와 같은 연혁적 사정 이외에 미국 법제의 영향이 결정적이었다고 볼 수 있다. 한국은 건국 후 경제성장을 추구하는 과정에서 줄곧 권위주의적 정치체제 하에서 표현의 자유가 부자유한 상태를 살아왔다. 그 때문에 한국의 언론과 법학은 자유주의적·개인주의적 경향을 추구하는 미국 헌법과 판례의 경향에 열

---

4) 후술 제2장 제5절 Ⅲ 2 (1) 및 (2) 참조.
5) 대법원은 2018. 10. 30. 선고 2014다61654 전원합의체 판결 ['주사파']에서 "민법상 명예훼손 등을 형법상 명예훼손이나 모욕과 동일하게 보는 것이 법률용어의 일관성과 법체계의 통일성 관점에서 바람직하"기 때문에 "사실을 적시하지 않은 경우에는 민법상으로도 명예훼손이 되지 않는다고 보아야 하고, 다만 형법상 모욕죄가 성립할 수 있는 것에 대응하여 모욕적이고 인신공격적인 의견표명에 대해서는 불법행위책임을 별도로 인정하는 것이 바람직하다."고 판시하고 있다. 이 문제에 관한 학설의 대립 및 비판에 관하여는 후술 제5절 Ⅲ 6. 위법한 의견표현은 명예훼손이 아닌 별개의 불법행위를 구성하는가? 참조.

광하지 않을 수 없었고, 결국 의견표현에 절대적 보호를 베푸는 미국 법제의 영향을 받은 결과가 아닌가 생각하게 된다.

　　뒤에서 보는 바와 같이 미국 연방대법원은 명예훼손법에 헌법적 간섭을 시도하였다고 하는 1964년 New York Times Co. v. Sullivan 판결[6]에서 이른바 현실적 악의규칙을 선명하면서 명예훼손은 "허위의 사실적시"를 요건으로 한다고 판시하였고, 이어 1974년 거츠 판결[7]은 연방헌법 수정 제1조를 근거로 "틀린 의견이란 있을 수 없다"고 하여 모든 의견이 명예훼손의 제소로부터 절대적으로 면책된다(이른바 'opinion privilege')고 선언한 이래 미국은 세계적으로 언론의 자유가 가장 잘 보장되면서 개인의 명예권이 가장 등한시되는 나라로 치부되고 있다. 즉 미국 연방대법원은 연방수정헌법 제1조를 근거로 명예훼손법에 헌법적 법리를 도입하여 ① 명예훼손의 성립에는 "허위의 사실적시"를 요하고(1964년 뉴욕타임스판결), ② 의견은 성질상 진위 판정이 불가능하기 때문에 ③ 사실적시가 아닌 의견은 명예훼손으로 제소될 수 없다(1974년 거츠 판결)고 하는 삼단논법적 추론을 전제로 하고 있어, 글로벌한 공통되는 명예훼손법제와 근본적으로 다른 체제를 취한다

나. 사실적시와 의견표현의 구별

　　어쨌든 문제된 진술이 민사상 명예훼손의 불법행위가 되는가 여부를 판단함에는 우선 그 내용이 사실의 진술인가, 아니면 가치판단이나 의견의 진술인가를 구별하여야 한다.[8] 헌법상 의견표현은 사실적시보다 더 큰 보호를 받으며, 그 구별에 따라 민형사상 명예훼손의 위법성 판단 기준이 달라지기 때문이다.

　　첫째, 가치판단이나 의견의 표현은 원칙적으로 허용되는 것으로 추정된다. 독일 판례에 의하면 공적 사안에 관한 공개적인 토론에서 진술된 의견은 통상적인 형량의 경우 언론의 자유를 갖는 것으로 추정되지만, 사실적시의 경우에는 그러한 추정을 받지 못한다.[9]

　　BVerfGE 61, 1 - 'CSU: NPD Europas' ['유럽의 나치당']
　　독일 연방헌법재판소에 의하면 헌법이 보호하는 표현의 자유는 입장, 견해 등 의견의 표현

---

6)　376 U.S. 254.

7)　Gertz v. Robert Welch, Inc. 418 U.S. 323.

8)　"어떠한 표현행위가 명예훼손과 관련하여 문제가 되는 경우 그 표현이 사실을 적시하는 것인가, 아니면 의견 또는 논평을 표명하는 것인가, 또 의견 또는 논평을 표명하는 것이라면 그와 동시에 묵시적으로라도 그 전제가 되는 사실을 적시하고 있는 것인가 그렇지 아니한가를 구별할 필요가 있"다 (대법원 1999. 2. 9. 선고 98다31356 판결 [연극 비평])).

9)　"공개적인 의견 경쟁에서 통상적인 형량에 따라 언론의 자유로 추정을 받는 의견의 경우와 달리 사실적시는 그러한 추정을 받지 못한다. 따라서 하나의 표현행위가 부당하게 사실적시로 … 분류된 결과 … 가치판단으로 간주되는 표현행위와 같은 정도의 기본권 보호를 받지 못하게 되는 경우에도 표현의 자유의 의미와 범위는 오인되는 것이다."(BVerfGE, 2016. 7. 29. BvR 2732/15).

을 보호하며, 그 표현행위가 가치의 유무, 옳거나 그름, 감정적이든 합리적인 근거를 가지든 중요하지 않다. 그리고 하나의 진술이 중요한 공적 사안의 정신적인 경쟁에 기여하는 것이면, 언론이 자유롭다는 추정이 미치고(BVerfGE 7, 198 [212]), 공적인 의견의 경쟁에서 날카롭고 과장된 표현도 원칙적으로 헌법의 언론조항의 보호범위에 속한다(vgl. BVerfGE 54, 129 [139]). 그러나 입장, 견해의 요소를 갖지 않는 사실적시는 동등한 보호를 받지 못하고, 위와 같은 의견형성에 도움이 되지 못하는 경우, 즉 특히 허위임이 입증되거나 허위임을 인식한 사실적시는 보호받지 못한다는 점에서 양자는 헌법적 보호의 정도가 다르다.

둘째, 그에 비해 사실의 진술은 그 내용의 진위(眞僞)에 따라 다른 법적 취급을 받는다. 진실한 사실의 진술의 경우에는 원칙적으로 표현의 자유가 인격권 보호에 우선하지만, 허위사실의 주장은 법의 보호를 받지 못함이 원칙이다. 이에 관해 베라 폰 펜츠 독일 연방대법원(BGH) 법관은 다음과 같이 설명한다. "사실 주장은 표현과 사실 간의 객관적 관계에 의해 특징지어지며, 그 진위가 증거에 의해 입증 가능한 것을 말한다. 상충하는 이익 간의 형량은 표현내용이 진실한가 여부에 의존하게 된다. 일반적으로 진실한 사실은 피해자에게 불리한 것이더라도 수인되어야 하지만, 허위인 폄훼적 사실주장은 수인될 필요가 없다. 허위는 표현의 자유의 측면에서 보더라도 이를 유지하거나 전파할 하등의 보호가치가 존재하지 않는다. 사실적 요소와 평가적 요소가 혼합된 표현행위에서, 그 사실적 내용의 오류에 다툼이 없거나 오류가 입증된 경우에도 같은 이치가 적용된다."[10]

BVerfGE 90, 241 1994. 3. 13. 결정 [유대인박해 부인]

"일반적으로 의견은 사실인정에 근거하거나 사실관계에 관한 입장을 표현한 것이기 때문에, 사실주장은 그것이 의견형성의 전제가 되는 범위 내에서 기본권으로 보장된다(BVerfGE 61, 1 [8]). 따라서 사실주장에 대한 보호는 헌법적으로 전제되는 의견형성에 더 이상 기여할 수 없는 곳에서 끝나게 된다. 이러한 관점에서 볼 때, 허위의 정보는 보호할 가치가 있는 이익이 아니다. 그러므로 연방헌법재판소는 확립된 판례에서 허위인 것이 명백하거나 허위로 입증된 사실주장은 표현의 자유의 보호를 받지 아니한다고 설시하였다(BVerfGE 54, 208 [219]; 61, 1 [8])."

셋째, 현행 언론중재 및 피해구제에 관한 법률에 의하면 동법의 반론보도청구나 정정보도청구는 사실보도만을 대상으로 할 수 있고, 의견표현에 대하여는 할 수 없다.

넷째, 형법상 명예훼손죄는 사실적시를 요건으로 하나, 모욕죄는 사실적시 없이 의견이나 가치판단에 의해 성립된다. 기타 특별법에서도 사실적시를 요건으로 하는 경우가 있다.

---

10) Vera von Pentz, Ausgewählte Fragen des Medien- und Persönlichkeitsrechts im Lichte der aktuellen Rechtsprechung des Ⅵ. Zivilsenats, AfP 01-2014, S. 8-18.

이와 같이 하나의 표현행위가 사실적시인가, 아니면 가치판단인가에 따라 그에 대한 법적 취급을 달리하기 때문에 이를 구별하는 것은 법적 문제이다.[11) 따라서 이에 관한 사실심의 판단에 오류가 있으면 상고이유가 될 수 있다.[12)13)

대법원에 의하면 "판단할 진술이 사실인가 또는 의견인가를 구별함에 있어서는 언어의 통상적 의미와 용법, 입증가능성, 문제된 말이 사용된 문맥, 그 표현이 행하여진 사회적 상황 등 전체적 정황을 고려하여 판단하여야 한다."[14)15)

대법원 2009.4.9. 선고 2005다65494 판결 [현대자동차 노조]

"보도내용 중에서 논란이 되는 표현의 객관적 의미는 그 언어적 문맥 및 그 표현이 이루어진 주변 상황에 의하여 결정되는 것이므로, 설령 보도내용 중 일부의 취지가 분명하지 아니하여 오해의 소지가 있거나 거기에 상대방에 대한 비판이 부가되어 있다고 하더라도, 그 보도내용 중의 다른 기재 부분과 함께 전체적·객관적으로 파악하지 아니하고 취지가 불분명한 일부 내용만을 따로 떼어내어 명예훼손적인 사실의 적시라고 단정하여서는 안되며(대법원 2008. 5. 8. 선고 2006다45275 판결 등 참조), 표현행위자의 내심의 의도나 상대방의 개인적 이해득실 등 주관적인 사정에 따라 그 표현의 객관적 의미가 좌우된다고 볼 수도 없다. 나아가 보도의 객관적인 표현형식이나 내용 등에 비추어 볼 때 이를 명예훼손적인 사실의 적시가 아닌 단순한 의견표명으로 파악할 수 있음에도 불구하고, 그 보도가 비판적인 관점에서 작성되었다는 등의 주관적인 사정을 고려하여 이러한 표현행위를 명예훼손에 해당하는 것으로 단정한 다음 그 표현행위자로 하여금 사실의 적시에 관한 명예훼손에 의한 불법행위책임을 부담하도록 하는 것은 허용될 수 없다(대법원 2007. 6. 15. 선고 2004도4573 판결, 대법원 2007. 10. 26. 선고 2006도5924 판결 등 참조)."

대법원 1999.02.09. 선고 98다31356 판결 [연극비평]

"사실 적시와 의견 또는 논평 표명의 구별…에 있어서는 당해 기사가 게재된 보다 넓은 문맥이나 배경이 되는 사회적 흐름 등도 함께 고려하여야 할 것이므로, … 신문기사 가운데 … [문제되는] 당해 부분 전후의 문맥과 기사가 게재될 당시에 일반의 독자가 가지고 있는 지식 내지 경험 등을 고려하여 볼 때에 그 부분이 간접적으로 증거에 의하여 그 진위를 결정하는

---

11) "하나의 표현행위가 사실 적시인가, 아니면 가치판단인가를 판별하는 것은 법적 문제이다. 사실적시는 표현행위와 현실 간의 객관적 관련성으로 특징지어진다. 그에 반해 가치판단과 의견표현은 자신의 진술 내용에 대한 표현행위자의 주관적 관련성으로 각인된다."(BGH 2016. 9. 27. − Ⅵ ZR 250/13).

12) 민사소송법 제423조(상고이유) "상고는 판결에 영향을 미친 헌법·법률·명령 또는 규칙의 위반이 있다는 것을 이유로 드는 때에만 할 수 있다."

13) 대법원 2009.4.9. 선고 2005다65494 판결 [현대자동차 노조].

14) 대법원 1996. 11. 22. 선고 96도1741 판결, 대법원 1997. 4. 25. 선고 96도2910 판결, 대법원 1998. 3. 24. 선고 97도2956 판결, 대법원 1999. 2. 9. 선고 98다31356 판결 [연극 비평] (위 판결들은 사실/의견의 구별에 4요소(Ollmann test)를 제시한 미국 연방항소법원의 Ollman v. Evans, 750 F.2d 970, 980 (D.C. Cir. 1984) 판결을 본받은 것이다).

15) 사실과 의견의 구별에 관한 상세한 논의는 후술 제2장 제5절 Ⅳ 2 참조.

것이 가능한 타인에 관한 특정의 사항을 주장하는 것이라고 이해된다면 그 부분은 사실을 적시하는 것으로 보아야 할 것이"다.

다만, 대법원의 일부 판결은 의견표현에 의해 명예훼손이 성립하는가 여부를 판단함에 있어서는 순수의견/혼합의견을 구별하는 입장을 취하는데, 그에 관해서는 비판이 있다.[16)]

다. 사실적시의 정의

대법원이 '사실적시'의 의미를 정의하기 시작한 것은 공직선거법 상 후보자비방죄 관련 사건에서였다. 즉 대법원은 1993년 처음 사실적시의 개념을 정의한 이래,[17)] 1996년 사실적시와 의견표현의 구별기준을 제시하였고,[18)] 이후 이러한 취지는 확립된 법리로 적용되어 왔다.

이들 판결에서 대법원은 "명예훼손죄의 구성요건으로서의 '사실의 적시'는 가치판단이나 평가를 내용으로 하는 의견표현에 대치되는 개념으로서 시간과 공간적으로 구체적인 과거 또는 현재의 사실관계에 관한 보고 내지 진술을 의미하는 것이며, 그 표현내용이 증거에 의한 입증이 가능한 것을 말하고, 판단할 진술이 사실인가 또는 의견인가를 구별함에 있어서는 언어의 통상적 의미와 용법, 입증가능성, 문제된 말이 사용된 문맥, 그 표현이 행하여진 사회적 상황 등 전체적 정황을 고려하여 판단하여야 한다"고 판시하였다.[19)]

이들 판례에 의하면 사실의 진술이란 "시간과 공간적으로 구체적인 과거 또는 현재의 사실관계에 관한 보고 내지 진술을 의미하는 것이며, 그 표현내용이 증거에 의한 입증이 가능한 것"을 말한다.[20)] 그에 비해 의견 또는 가치판단이란 한 사건이나 상황에 관한 개인적 견해나 평가이며 진위의 증명이 불가능한 것이다.

다만, 의견표현과 사실주장을 구분하는 것은 쉽지 않고, 양자가 상호 결합되어 있는 경우가 대부분이다. 그 경우 판단은 어떤 것이 전면에 서고 우세한 것인가에 따르게 되고, 그럼에도 구별이 어려운 경우에는 의견표현으로 취급된다(이에 관한 상세한 내용은 후술).

---

16) 후술 제2장 제5절 Ⅲ 2 (2) 참조.
17) 대법원 1993. 1. 26. 선고 93도1693 판결 [지방의회의원 선거법 위반].
18) 대법원이 사실적시와 의견표현을 구별하여 양자를 정의하면서 그 구별기준을 명백히 한 것은 1996년 이후 공직선거법 제251조의 후보자비방죄에 관한 판결들이었다. 그리고 이러한 법리를 형법상 명예훼손죄에 처음 적용한 것은 대법원 1998. 3. 24. 선고 97도2956 판결이었다.
19) 대법원 1996. 11. 22. 선고 96도1741 판결, 1997. 4. 25. 선고 96도2910 판결, 대법원 1998. 3. 24. 선고 97도2956 판결 등.
20) 대법원 1999. 2. 9. 선고 98다31356 판결 [연극 비평].

(2) 사실적시 명예훼손의 위법성 여부

사실적시 명예훼손에서 논의되는 가장 기본적 쟁점은 진실한 사실적시도 명예훼손이 되는가, 그렇다면 그 논거는 무엇인가 하는 문제이다. 이 진실한 사실적시 명예훼손에 관하여는 입법론적·비교법적 고찰과 현행법의 해석론을 구별하여 논해야 한다.

가. 진실한 사실적시도 명예훼손이 되는가?

우리 형법은 그 제307조 제1항에서 명예훼손행위는 진위를 막론하고 일단 구성요건에 해당한다고 규정하고, 이러한 기본적 구성요건은 민사상 명예훼손의 불법행위에서도 그대로 적용된다. 그렇다면 진실한 사실의 적시도 명예훼손이 될 수 있음은 명백하다. 예를 들면, 먼 과거의 잊혀진 사실, 일부 제한된 범위에서 알려진 사실[21]도 그것이 진실하다는 것 때문에 아무 합당한 이유없이 공개되는 경우 면책시킬 수는 없을 것이기 때문이다.[22]

이에 관해 일부 학자들은 진실을 적시하는 행위는 명예훼손이 될 수 없고 형법상의 명예훼손죄는 폐지되어야 한다고 주장하여 논란되고 있다.[23] 명예훼손법의 기본에 관련되는 논의이지만, 혼란을 벗어나지 못하고 있는 상황이다.

이에 관하여는, 첫째 현행법의 해석론과 입법론을 구별하여 논해야 하고, 둘째 구성요건과 위법성을 구별하는 법학상 행위론에 관한 이해를 요하며, 셋째 명예훼손적 진술의 진위 여하에 따라 표현의 자유와 명예권 간의 우열을 정하는 실체법상의 비교형량 기준과 함께, 넷째 이러한 실체법상의 이해가 절차법적 규율을 통해 구현되는 과정을 통합적으로 이해하여야 하며, 다섯째 이 과정에서 진위의 입증책임 분배가 결정적 의미를 갖는다는 점을 고려할 필요가 있다.

이하에서는 먼저 입법론적·비교법적 고찰을 행하고, 현행법의 해석론을 살펴본다.

나. 입법론 및 비교법적 고찰

전술한 바와 같이 추상적인 비교형량에서 허위 사실적시의 경우 표현행위자의 이익은 명예권에 우선하지 못하여 명예훼손이 성립하지만, 반면 진실한 사실적시에서는 표현행위자의 이익이 피해자의 명예이익에 원칙적으로 우선한다. 이러한 추상적 법익형량 기준은 법제 여하를 막론하고 실체법 상 공통된 합의 사항이지만, 이를 절차법으로 구현함에는 나라마다 차이가 있다.

예를 들어, 미국에서는 공익 사안이나 피고가 미디어인 경우 '허위의' 사실적시를

---

21) 대법원 1994. 4. 12. 선고 93도3535 판결.
22) 예를 들면, 타인의 전과사실을 공개하는 것은 그것이 진실하다는 이유만으로 면책될 수 없고 그 사실을 언급할 더 큰 공익이 있어야 한다.
23) 그 상세한 논의에 관하여는 후술 제2장 제7절 V 3 참조.

명예훼손의 성립요건으로 보기 때문에 그러한 사건에서 진실한 사실적시는 애당초 명예훼손이 될 수 없다. 그러나 영국 보통법과 독일 및 우리 법제에서는 진위를 막론하고 명예훼손적 사실적시가 일단 구성요건에 해당하는 것으로 보되, 위법성 판단 단계에서 진실의 입증이 있는 경우 위법성이 조각된다는 체제를 취한다.

어느 체제를 취하든 진실한 사실을 적시하는 자를 명예훼손 책임에서 해방하려 한다는 점에는 다름이 없지만, 진위의 입증책임을 누구에게 부담시키는가에 관해 상이한 규율을 취할 뿐이다. 즉 미국에서는 원고에게 '허위의' 입증책임을 부담하게 하지만,[24] 그 외 국가에서는 피고가 '진실의' 입증책임을 부담하는 체제를 취한다. 결국 차이는 원고에게 허위를 입증하게 할 것인가, 아니면 피고에게 진실임을 입증케 하여야 할 것인가 하는 문제에 귀착된다. 그리고 이렇게 입증책임의 분배 여하에 따라 소송의 승패에는 결정적 영향이 미친다. 그 중 어느 것이 보다 합리적이고 형평에 맞는가는 일괄적으로 말할 수 없고, 각각 다른 문화적 배경을 가진 법체제에 따라 결론이 다를 수 있다.

주지하는 바와 같이 언론의 자유를 여타 기본권보다 우월한 기본권으로 보는 미국에서는 공적 사안에 관한 미디어보도의 중요성을 강조하여 표현행위자인 피고를 위해 명예훼손적 사실의 허위 입증책임을 원고(피해자)에게 전환하는 입장을 취하며,[25] 이러한 법적 취급은 대부분의 법제와 달리 미국에만 고유한 것이다. 그리고 그에 관한 문제는 여러 각도에서 지적되고 있다.[26]

다. 현행법의 해석론 – 진실한 사실적시가 명예훼손이 되는 경우

우리 법제에 의하면 형사상의 명예훼손(형법 제307조 제1항)은 물론 민사상 명예훼손의 불법행위는 단지 타인의 명예를 저하시키는 표현행위만 있으면 진위 여부를 묻지 않고 구성요건이 충족된다. 이렇게 진실한 사실적시도 명예훼손의 구성요건을 충족한다고 하면, 그 위법성 여부의 판단 기준은 무엇인가 하는 의문이 제기된다. 전술한 바와 같이 헌법상 기본권 충돌의 경우에는 비교형량 원칙에 의하는 것을 기본으로 하며, 그에 따라 명예훼손의 위법성 여부는 표현행위자의 이익과 피해자의 이익을 비

---

24) New York Times Co. v. Sullivan, 376 U.S. 254 (1964).

25) 미국의 경우 원고가 공인인 사건, 피고가 미디어인 사건 및 공적 사안에 관한 소송에서는 이른바 '현실적 악의 규칙'(actual malice rule)이 적용되어(New York Times Co. v. Sullivan, 376 U.S. 254 (1964)) 원고가 허위 입증책임을 부담하나, 사인인 원고의 비미디어 피고에 대한 명예훼손 사건에서는 기존의 보통법상 엄격책임규칙(strict liability rule)이 적용되어 피고가 진실의 입증책임을 부담하며, 진실한 사실의 진술도 제한적 특권에 해당하지 않으면 명예훼손 책임을 면치 못한다(박용상, 영미 명예훼손법, 151면 참조).

26) 이에 관한 상세한 논의는 박용상, 영미 명예훼손법, 142－162면 참조.

교형량하여 정한다는 것이 우리 판례의 입장이다.[27]

그에 의하면 일응 추상적 비교형량 단계에서 명예훼손적 허위사실 적시는 명예 이익에 우선할 수 없어 명예훼손이 됨에 의문이 없다. 그에 반해 진실한 명예훼손적 사실의 적시는 원칙적으로 피해자의 명예권에 우선하는 것이다. 그러나 진실한 사실적시라 하더라도 그로 인해 피해자가 수인할 수 없는 경우가 있으니, 그 경우에는 그에 의한 공개의 이익과 피해법익을 비교하는 기준이 적용된다고 보아야 한다. 예를 들면, ① 공익과 관련이 없는 개인적인 사실,[28] ② 과거의 잊혀진 사실[29] 또는 ③ 법적으로 공개가 금지되는 사실[30] 등은 진실하다 하여 명예훼손의 성립을 부인할 수 없다.[31]

이러한 법리는 상술한 영미법상 제한적(상대적) 면책특권의 법리와 독일 법제상 정당한 이익 옹호의 법리에도 표현되고 있다. 영미 보통법상 제한적 특권의 법리에 의하면 진실한 사실도 표현행위자가 추구하는 이익과 피해자의 이익을 비교형량하여 전자가 보다 큰 경우에 한하여 명예훼손적 진술의 책임을 면책시키는데, 결국 진실한 사실도 그러한 면책 요건에 해당하지 않으면 명예훼손의 책임이 부과됨을 전제로 하고 있는 것이다.[32]

---

27) 미디어 보도에 있어서 대법원은 개인의 명예(인격권)의 보호와 표현의 자유 및 공공의 이익 간에 이익교량의 원리를 기본으로 하고 있으며(대법원 1993. 6. 22. 선고 92도3160 판결 등 참조), 이익교량은 일반적으로 우월한 가치가 다른 쪽보다 중하기만 하면 되는 것이지 현저히 중하여야만 하는 것은 아니고, 적어도 공공의 이익이 사적 이익보다 우월한 경우에만 이에 해당한다고 한다(대법원 1996. 6. 28. 선고 96도977 판결 [입후보자 전과사실]).

28) 이들 중 대부분은 프라이버시의 권리를 침해하지만, 그것이 동시에 개인의 사회적 평가를 저하시키는 경우에는 명예훼손이 성립된다. 예를 들어, 타인의 성폭력범죄 피해사실, 결혼 중 부정행위로 이혼당한 사실, 혼전에 낙태한 사실, HIV나 AIDS 감염사실, 동성애자라는 사실, 가정폭력을 행사하여 여러 번 입건된 경력 등을 공개하는 행위 등이 이에 속한다.

29) 예를 들면, 개인의 형사처벌 전과를 공표하는 행위가 대표적이다. 영국법에 의하면, 집행종료된 전과의 공개는 특별한 사유가 없는 한 명예훼손이다(Rehabilitation of Offenders Act 1974 (UK) s8). 또 오스트리아 형법 제113조는 "타인에게 제3자가 인지할 수 있는 방법으로 형의 집행이 완료되었거나, 조건부로 형이 유예 또는 면제되거나 형의 선고가 잠시 연기된 가벌적 행위로 비난한 자는 3월 이하의 자유형 또는 벌금에 처한다."고 규정한다.

30) 예를 들면, 도청된 통신비밀, 신뢰관계를 위반하여 제공된 사실, 적법하게 공무상 비밀로 분류된 사실 등을 공개하는 행위가 그에 해당한다.

31) 1881년 프랑스 언론법(현행법) 제35조는 사실 주장이 a) 개인의 사생활인 경우 b) 10년이 경과한 사실인 경우 c) 사면, 공소시효 만료 또는 재생법에 의해 말소된 사실인 경우에는 진실 입증을 허용하지 않는다. 따라서 이들 사실은 진실이라 할지라도 명예훼손으로 처벌된다. 다만, 2018년 개정으로 위 a) 및 b)항은 성범죄 행위 또는 청소년 대상 범죄의 경우에는 적용되지 않게 되었다.

32) 예를 들면, 근로자의 근무기록이나, 신용조사보고는 해당자의 명예에 해로운 사실을 포함할 수 있는데, 이를 공개하는 경우 진실이라고 하여 바로 위법성이 없는 것은 아니며, 이를 알 정당한 이익이 있는 범위 내에서만 전파가 허용될 수 있다. 미국의 판례는 종전 고용주와 새 고용주 간의 자유롭고 공개된 정보 교환은 명백한 사회적 유용성(有用性)을 가지며, 피용자의 능력을 정확히 평가하는 것을 고무함으로써 공공의 이익이 최선으로 봉사될 수 있다는 입장을 취한다(Hunt v. University of Minnesota(1991, Minn App) 465 NW2d 88, 92, 6 BNA Ier Cas 150). 또 공정 신용 보고법(Fair Credit

또 독일의 확립된 판례에 의하면 명예를 훼손하는 진실한 사실의 적시는 그에 의해 추구된 이익이 그로 인해 침해되는 명예와 대비하여 큰 경우에 한하여 면책된다.[33] 즉 명예훼손의 일반적 위법성 조각사유로 간주되는 독일 형법 제193조를 적용함에는 문제되는 표현행위가 보다 우월한 정당한 이익을 옹호하기 위한 것임을 요하며, 독일 형법 제192조(Formalbeleidigung)는 진실한 사실적시라 하더라도 그 형식이나 상황에 의해 명예훼손이 성립될 수 있다고 규정하고 있다.

이러한 사고는 명예훼손적 사실에 대해 진실하거나 진실이라고 믿음에 상당한 이유가 있어 항변이 인용되는 경우에도 적용된다(후술).

우리 학설은 이 점에 관해 명백히 언급하고 있지 않지만, 대법원 판례는 다음에서 보는 바와 같이 이러한 법리를 전제로 하고 있다.

라. 대법원 판례

다음 대법원 판례는 진실한 사실의 진술도 명예훼손이 될 수 있음을 명백히 하고 있다.

대법원 1967. 7. 25. 선고 67다1000 판결 [정교관계 유포]

피고가 과부인 원고와 정교하였다는 말을 부락민들에게 유포한 데 대하여 원고가 명예훼손으로 인한 위자료 청구소송을 제기하였는데, 원고가 피고와 정교관계를 한 일이 있었고, 그로 인하여 임신이 되어 낙태한 사실이 인정되었다. 그 때문에 원심은 원고의 청구를 기각하였다.

그러나 대법원은 "원고는 장성한 자식들과 동거하고 있는 과부이므로, 원판결이 확정한 바와 같이 피고와 정교관계가 있었다 하더라도, 피고가 그러한 사실을 부락사람들에게 유포시켰다면, 특단의 사정이 없는 한 피고는 원고의 명예를 훼손시켰다 할 것이므로, 손해배상의 책임이 있다고 하지 않을 수 없다"고 판시하였다.

대법원 2004. 5. 28 선고, 2004도1497 [제약회사 갑질 고발]

제약도매상(피고인)이 특정 제약회사의 불공정한 거래 행위(소위 "갑질")를 비난하는 취지의 글을 작성하여 국회의원이나 언론사, 다른 제약회사 등의 홈페이지에 게재한 행위가 형법 제310조 및 제20조에 해당하지 아니한다고 한 사례이다.

대법원은 "피고인의 위와 같은 행위가 그 수단과 방법에 있어서 상당성이 인정된다고 보기 어려우며, 이와 같은 인터넷 게재가 긴급하고 불가피한 수단이었다고도 볼 수 없어 사회상규에 위배되지 아니하는 정당행위로 볼 수 없다"고 판단한 원심을 지지하였다.

Reporting Act, 15 USCS 1681h(e))에 의하면 소비자정보를 보도하는 기능을 행하는 신용조사기관에 대한 고용주의 정보제공은 그 소비자를 해하기 위해 악의나 고의로 제공된 허위정보가 아닌 한 특권으로 보호된다.

33) 독일 연방헌법재판소 1994. 3. 13. 결정 BVerfGE 90, 241 [유대인박해 부정], Marian Paschke, Medienrecht, 2. Aufl., Springer–Verlag, S. 281.

인천지법 형사8단독 2023. 6. 21. 선고 2022고정1901 판결 [양육비 강요 시위][34]

이 사건에서 법원은 양육비를 제때 주지 않는다며 옛 연인의 얼굴 사진을 들고 1인 시위를 한 미혼모(피고인)에게 벌금형을 선고하였다. 피고인은 B씨(피해자)와 3년 넘게 사귀면서 딸을 낳았으나 양육비를 받지 못하자, B씨 집 인근 길거리에서 B씨의 얼굴 사진과 함께 '양육비 지급하라. 미지급 양육비 1천820만 원'이라고 쓴 손팻말을 들고 3차례 1인 시위를 하고, 인터넷 사이트에도 같은 내용의 글을 올리고 B씨의 아내를 모욕한 댓글을 단 혐의로 기소되었다. 피고인은 양육비를 받기 위한 행위여서 명예훼손의 고의나 비방 목적이 없었고, B씨 아내와 관련한 댓글도 사회상규에 위배되지 않는다고 주장했다. 그러나 법원은 "피고인은 B씨 집 인근에서 그의 얼굴 사진까지 공개했다"며 "B씨는 공적 인물도 아니어서 그의 양육비 미지급이 공적 관심사에 해당한다고 보기도 어렵다"고 하면서 피고인에게 벌금 300만 원을 선고하였다.

그리고 대법원은 다수 판결에서 진실한 사실적시가 언제나 면책되는 것은 아님을 전제로 그것이 사회상규에 위배되지 않아 형법 제20조의 정당행위에 해당하여[35] 위법성이 조각된다거나, 때로는 행위자의 고의를 부인하여[36] 명예훼손의 성립을 부인하고 있음은 앞서 본 바와 같다.[37] 그 판시를 보면 진실한 사실적시도 정당화사유가 없으면 명예훼손이 성립될 수 있다고 논증하는 과정에서 영미의 제한적 특권의 법리나 독일법의 정당한 이익옹호의 법리를 적용한 것과 같은 결론에 이른 것으로 볼 수 있다(전술 참조).

(3) 사실적시 명예훼손에서 입증책임 분배 - 비교법적 관점
가. 입증책임 분배 체계

진위 입증 책임의 분배는 진술된 명예훼손적 사실의 진위 입증책임을 가해자 또는 피해자 중 누구에게 부담시키는 것이 합리적이고 공정한가 하는 문제이며, 명예훼손법제에서 가장 중요하고 결정적인 쟁점을 이룬다. 이에 관하여는 헌법상 대립 충돌하는 표현의 자유와 인격권 간의 가치 및 이익의 실체적 형량에서 해당 사회의 역사적·문화적 배경을 고려하여 결정된다고 보아야 한다. 양자의 장단을 검토하여 볼 필요가 있다.

여기에는 증거법상의 절차에 관한 법적 논의로서, 특히 입증책임을 부담하지 않는 쪽에 유리하게 진위 여부가 추정된다는 점과 원고의 허위 입증은 구성요건 단계에서 이루어지게 되는 한편, 피고의 진실입증은 위법성 판단단계에서 위법성을 조각하는 사유로 이루어지게 된다는 점에 유의할 필요가 있다.

---

34) 안재명기자, 법률신문 2023. 6. 27. 보도.
35) 대법원 1977. 4. 26. 선고 77도836 판결, 대법원 1990. 4. 27. 선고 86도1467 판결, 서울중앙지법 형사항소1부 2006. 10. 23. 판결 ['불륜의 덫'] 등.
36) 대법원 1977. 4. 26. 선고 77도836 판결, 대법원 1983. 8. 23. 선고 83도1017 판결, 대법원 1985. 5. 28. 선고 85도588 판결, 대법원 1990. 4. 27. 선고 86도1467 판결, 대법원 2018. 6. 15. 선고 2018도4200 판결 등.
37) 전술 제2장 제3절 I 3 참조.

나. 영국 보통법 및 대륙법 – 피고의 진실 입증책임

이에 관해 영국 보통법 상 장기간에 걸쳐 확립된 법리와 독일 등 대륙법의 전통적 법적 규율은 명예훼손적 사실을 주장하는 자(피고)에게 진실 입증책임을 지우며, 이러한 기준은 글로벌 스탠다드가 되어 있다. 이에 의하면 피고의 진술이 그의 입증에 의해 진실로 밝혀지기까지는 허위로 추정되는데, 이것은 원고의 명예가 선(善)한 것으로 보는 사고에 기반하는 것이다.[38]

전술한 바와 같이 피고에게 진실 입증책임을 지우는 영국 보통법 상 명예훼손 소송에서 원고의 명예는 선량한 것으로 추정되었고, 따라서 이를 비판하는 적시사실의 진실성은 피고가 입증할 항변사항으로 취급되어 피고의 진실입증이 있기 전까지는 그 사실주장을 허위로 추정하였다.

이러한 피고의 입증책임을 정당화하는 논거로 제시되는 이유를 보면, 첫째 형식적으로 적극적 주장을 하는 당사자 또는 쟁점이 된 특정한 사실을 알 수단을 보유하는 당사자에게 입증책임을 부담시키는 것이 합리적이라는 점이 제시된다. 이에 관해 미국의 한 판례[39]는 "입증의 부담을 형식적으로 적극적인 주장을 하는 당사자, 그리고/또는 쟁점이 된 특정한 사실을 알 고유한 수단을 보유한다고 추정되는 당사자에게 부담시키는 것이 바람직하다(See Wigmore, Evidence § 2486, supra). 예를 들면, 명예훼손의 맥락에서 작성된 진술이 원고를 살인자, 강도 또는 매춘부라고 비난한 것이라면 피고는 그가 언급하는 특정한 사례와 그 정보의 소스를 정확히 아는 반면, 이들 사실을 알지 못하는 원고는 그것이 허위임을 보임으로써 이들 일반적 비난을 논박함에 큰 어려움을 겪게 될 것이다."라고 설명한다.

둘째, 증거법상의 이유로서 허위의 입증과 같이 소극적 사실의 입증은 실무상 어렵기 때문에 가해자가 진실임을 입증하게 하는 것이 더 타당하다는 논거도 거론된다.[40] 대륙법은 이와 같이 소극적 사실 입증의 어려움을 인식하고 적극적 사실을 입증할 수 있는 당사자에게 입증책임을 부과하고 있다.[41]

다. 미국 판례 – 입증책임의 전환과 원고의 허위 입증책임

미국만이 유일하게 공익 사안에 관한 사건 또는 피고가 미디어인 경우 피해자(원고)로 하여금 허위의 입증책임을 지게 하고 있다. 미국 판례에 의하면 명예훼손 소송에서 원고가 허위임을 입증하지 않거나 할 수 없으면 피고의 진술은 사실상 진실로 추정되는 효과를 갖게 된다

미국 판례와 같이 원고(피해자)에게 허위 입증책임을 지우는 주된 근거는 언론의 자유에 우월적 지위(preferred position)를 부여하는 미국 헌법에 있다. 공적 사안에 관해 자유 개방적인 토론의 필요성 때문에, 그리고 언론자유의 위축효과를 방지하기 위해 피해자의 명예권보다 표현의 자유를 더 보호하는 입장을 취하게 된 것이다. 이후 명예훼손 소송에서 미국의 법제는 특이한 입지를 점

---

38) 후술 제2장 제7절 Ⅵ 3 (2) 라 참조.
39) Montgomery v. Dennison, 363 Pa. 255, n. 2, at 263, 69 A.2d 520 (1949).
40) 리스테이트먼트는 입증도 반증도 어려운 일반적인 비난의 문제를 다음과 같이 설명하고 있다. "없음을 주장하는 당사자에게 입증책임을 부담하게 하는 것은 필연적으로 어려움을 생기게 하며, 그러한 문제는 명예훼손적 비난이 그 용어상 구체적이 아니라 성질상 일반적인 경우 더 강조된다. 예를 들어, 신문이 한 점원에 관해 기회만 있으면 고객에게 거스름돈을 주지 않는다고 비난한 경우를 상정해 보자. 피고가 구체적 기회를 지적하지 않은 경우 원고는 그가 고객에게 거스름돈을 주었다는 점을 어떻게 증명하도록 기대될 수 있는가?"(RESTATEMENT (SECOND) OF TORTS § 613 cmt. j (1977)).
41) 독일 증거법 상 입증책임 분배의 일반 법리에 의하면 특정 사실의 부존재, 즉 소극적 사실의 입증은 매우 어렵기 때문에 그 사실의 존재를 주장하는 측에서 적극적 사실을 입증해야 하는 것이 통상적이다.

하게 되고, 그 결과 미국은 세계에서 언론의 자유가 가장 잘 보장되면서 동시에 명예권이 가장 경시되는 나라로 일컬어지게 되었음은 주지하는 바와 같다.

1964년 뉴욕타임스 판결은 미국 연방수정헌법 제1조를 근거로 명예훼손법을 헌법화하여 개인의 명예권에 대해 언론의 자유를 확실하게 우선시켰으며, 이에 의해 명예훼손의 보통법은 극적으로 변화하였다고 한다.[42] 동 판결은 명예훼손의 성립요건으로 "허위 사실적시"를 요구하면서 입증책임을 원고에게 전도하였다. '허위의' 명예훼손적 진술이 명예훼손의 구성요건(소인)이 됨으로써 그 (허위) 입증책임이 원고에게 전환된 것이다.

그 결과 공적 사안에 관한 보도에서 공인인 원고는 피고의 명예훼손적 진술이 허위이며 동시에 피고가 현실적 악의였다는 점을 원고가 입증하여야 한다고 하여 원고의 승소가능성을 현저하게 축소시킨 반면,[43] 미디어 피고는 거의 모든 소송에서 승소하게 되었다. 이렇게 동 판결 이후 가장 큰 변화는 명예권의 경시가 현저한 경향으로 나타났고, 일부 학자들은 보통법에서 장기간 형성되어 온 양자 간의 세심한 균형을 무너뜨리고 명예 보호를 포기하게 되었다고 격렬하게 비판하였다.[44]

라. 우리 법제 및 결론

우리의 법제는 명예를 훼손하는 진술이면 (진위를 막론하고) 일응 구성요건에 해당하는 것으로 보고 피고에 의해 진실의 입증이 있는 경우 위법성이 조각되는 것으로 보는 영국 보통법의 전통을 따르고 있다.

영국 보통법을 계수한 영연방국가와 기타 대륙법계 국가도 영국과 같은 입증책임 분배 원칙을 채택하고 있으며, 미국 이외의 국가에서 명예훼손 소송의 진실 입증 책임을 원고(피해자)에게 전도한 사례는 희소하다. 결국 명예훼손에서 진위의 입증책임은 피고의 항변사항으로서 그가 진실 입증책임을 지게 하는 것이 글로벌 기준이면서 헌법상 및 증거법상의 이유에서 합리적이고 타당한 것이라고 생각된다.

관점을 바꾸어 보면, 특정 개인의 생활이나 행위를 대상으로 비판하거나 부정적으로 진술하는 명예훼손적 표현행위는 우선 간섭을 받음이 없이 자유롭게 살아갈 피해자 개인의 행복추구권에 간섭하는 것이라고 볼 수 있고, 그렇다면 어떠한 사실의 존재를 전제로 이를 적시하면서 부정적으로 표현하거나 비난하는 가해자에게 그 사실의 존재를 입증하게 함이 상식적으로 보거나 헌법상의 논리에서 보아 더 타당하고 공정하다고 생각된다. 모든 명예훼손 사건은 피고인의 진술로 시작되어 진행되고 그로 인해 피해자의 명예 실추 위험의 발생으로 완성된다는 점에서 보면 완전히 표현행위자의 적극적 주도에 의해 이루어지는 불법(또는 범죄)행위이다. 그렇다면 논란을 일으킨 표현행위자(피고인)로 하여금 그 근거로서 적시한 사실이 진실임을 입증하게 하는 것이 공평과 상식에 부합하는 것이고, 그가 진실임을 입증할 수 없거나 실패하는 경우에는 다시 진실로 믿음에 상당한 이유를 주장 입증하는 경우 면책을 시키는 방안(이른바 상당성 항변)이 제공되고 있음을 함

---

42) Randall P. Bezanson, THE LIBEL TORT TODAY, Washington and Lee Law Review, Volume 45 Issue 2, p. 539 http://scholarlycommons.law.wlu.edu/cgi/viewcontent.cgi?article=2343&context=wlulr.

43) Bezanson, Id., p. 540. 일반적 관측에 의하면 미디어 피고를 상대로 한 소송에서 원고의 승소율은 10%에 불과하다고 한다.

44) 그 밖에 동 판결 후 미국 명예훼손법제에 나타난 여러 문제에 관한 상세한 언급은 후술 제2장 제7절 Ⅵ 3 (5) 참조.

계 생각한다면 그러한 입장이 합리적이고 공평한 헌법합치적 해석이 될 수 있을 것이다.

(4) 현행법 상 민사 명예훼손의 입증책임 분배

가. 표현행위의 내용 및 전파 사실

표현행위 및 언론 소송에서 주장 및 입증책임도 여타의 경우와 같다. 즉 민사소송법 이론상 입증책임 분배의 원칙에 의하면 청구권을 주장하는 자(원고)는 청구권의 발생사실에 관하여, 피고는 그 소멸 사실에 관한 입증책임을 부담한다.

우선 계쟁 표현행위가 행해지거나 전파된 사실 및 그 내용에 관한 주장 및 입증책임을 원고가 부담함에는 예외가 없다. 이와 관련하여 언론중재 및 피해구제 등에 관한 법률 제15조 제7항은 "방송사업자, 신문사업자, 잡지 등 정기간행물사업자 및 뉴스통신사업자는 공표된 방송보도(재송신은 제외한다) 및 방송프로그램, 신문, 잡지 등 정기간행물, 뉴스통신 보도의 원본 또는 사본을 공표 후 6개월간 보관하여야 한다"고 규정한다. 따라서 이들 언론 사업자들은 피해자의 요청에 따라 언제나 자신이 보도한 내용에 관한 정보제공의무를 부담한다고 보아야 한다. 언론에 의해 명예를 침해당한 경우 피해자는 위 실정법상 보관의무가 있는 공표물의 복제본을 청구할 수 있을 것이다.[45]

나. 청구권에 따른 구성요건 사실의 입증

민사 명예훼손 소송의 경우 원고가 청구하는 청구권의 종류 여하에 따라 그 입증책임의 분배도 달라지게 된다. 가장 기본적 형태로서 원고가 명예훼손의 불법행위로 인한 청구권(예, 손해배상청구권)을 행사하는 경우를 보면, 원고는 상술한 바와 같이 피고가 행한 진술과 그것이 명예훼손적 의미를 갖는 것으로 주장 입증하면 족할 뿐 그것이 허위라고 주장 입증할 필요가 없다. 그리고 패소를 면하려는 피고는 그 진술이 진실임을 입증하거나 진실이라고 믿음에 상당한 이유를 입증하여 위법성이 조각된다는 항변을 제기하게 되는 구조를 취하게 된다.

그러나 이러한 원칙에는 예외가 있다. 원고가 적시사실이 허위임을 이유로 손해배상을 구하는 경우[46] 또는 허위보도임을 주장하면서 부작위[금지]나 정정 또는 취소를 구하는 소송에서는 허위의 입증책임이 원고에 있고,[47] 또 형법상 또는 특별법상

---

45) 만일 피고(표현행위자)가 그 보도내용을 원고에게 제공하지 않는 때에는 그 사유가 보관의무의 위반이든 임의적 거부임을 불문하고, 보도 내용은 신의성실의 원칙에 따라 원고 주장과 같은 것으로 추정하여야 하게 될 것이다.

46) 대법원 2008. 5. 8. 선고 2006다45275 판결.

47) "언론·출판을 통해 사실을 적시함으로써 타인의 명예를 훼손한 경우, 원고가 청구원인으로 그 적시된 사실이 허위사실이거나 허위평가라고 주장하며 손해배상을 구하는 때에는 그 허위성에 대한 입증책임은 원고에게 있고, 다만 피고가 그 적시된 사실이 진실한 사실로서 오로지 공공의 이익에 관한 것이므로 위법성이 없다고 항변할 경우 그 위법성을 조각시키는 사유에 대한 증명책임은 피고에

'허위' 사실적시를 요건으로 하는 범죄에서는 허위의 입증책임이 검사에 귀속된다는 점에 유의하여야 한다.[48]

다. 소극적 사실(허위)의 입증책임

허위의 입증은 부존재의 입증으로서 어렵기 때문에 우리 판례는 특별한 입증책임 분배의 규칙을 정하고 있다.[49]

> **대법원 2005. 7. 22. 선고 2005도2627 판결**
>
> "의혹을 받을 일을 한 사실이 없다고 주장하는 사람에 대하여 의혹을 받을 사실이 존재한 다고 적극적으로 주장하는 자는 그러한 사실의 존재를 수긍할 만한 소명자료를 제시할 부담 을 진다고 할 것이며, 검사는 제시된 그 자료의 신빙성을 탄핵하는 방법으로 허위성의 입증 을 할 수 있다고 할 것인데, 이 때 제시하여야 할 소명자료는 위의 법리에 비추어 단순히 소 문을 제시하는 것만으로는 부족하고 적어도 허위성에 관한 검사의 입증활동이 현실적으로 가능할 정도의 구체성은 갖추어야 할 것이며, 이러한 소명자료의 제시가 없거나 제시된 소명 자료의 신빙성이 탄핵된 때에는 허위사실 공표로서의 책임을 져야 한다."

라. 진위 입증이 불가능한 경우

문제는 원고도 피고도 기사 내용의 진위에 관해 입증할 수 없는 경우(이른바 "non liquet"의 경우)이다. 소송 실무상 진술이 진실 또는 허위 어느 쪽으로도 입증이 불가능 한 상황("unknowably true or false")이 적지 않게 나타나는데, 예를 들어 아무 증거도 없는 사안에 관한 보도 또는 제출된 모든 증거에 의해서도 진위가 판명될 수 없는 경우가 있을 수 있고, 더욱이 피고가 취재원의 신원 공개를 거부하는 경우 이러한 상황은 쉽 게 야기되기도 한다. 이 경우 입증책임의 분배가 결정적인 의미를 갖는데, 피고가 진 실입증 책임을 부담하는 영국의 전통적인 보통법에서는 그것이 허위로 추정되고 따라 서 원고가 승소함에 반해, 원고가 허위 입증책임을 부담하게 하는 미국 판례에서는 그 것이 진실로 추정되어 원고가 패소하는 효과를 갖게 된다. 이렇게 진위 판명이 불가능 한 경우 피고가 작심하고 악의적으로 이야기를 날조한다면 심각한 피해를 받은 원고 에게는 아무 구제수단이 주어질 수 없다는데 심각한 문제가 생긴다.

게 있다(대법원 2008. 1. 24. 선고 2005다58823 판결). "허위 기사로 자신의 명예를 훼손당하였다고 주장하며 기사삭제를 청구하는 피해자는 그 기사가 진실하지 아니하다는 데에 대한 증명책임을 부 담한다."(대법원 2013. 3. 28. 선고 2010다60950 판결 [기사삭제]).

48) "정보통신망 이용촉진 및 정보보호 등에 관한 법률('정보통신망법') 제70조 제2항이 정한 '허위사실 적시에 의한 명예훼손죄' 또는 형법 제309조 제2항, 제1항이 정한 '허위사실 적시 출판물에 의한 명 예훼손죄'가 성립하려면 피고인이 적시하는 사실이 허위이고 그 사실이 허위임을 인식하여야 하며, 이러한 허위의 인식에 대한 증명책임은 검사에게 있다."(대법원 2018. 11. 29. 선고 2016도14678 판결 (세월호 구조관계자 비난)).

49) 후술 제2장 제7절 II 3 (2) 가 허위사실적시 명예훼손죄의 해당 항목 참조.

Philadelphia Newspapers v. Hepps, 475 U.S. 767 (1986)

미국 연방대법원은 1986년 이 판결에서 진위 입증이 불가능한 경우 언론에 유리하게 형량할 것을 요구하면서 원고에게 입증책임을 부과할 것을 선언하였으나, 그 판결에는 Stevens대법관의 강력한 반대의견이 개진되었다.[50]

그의 반대의견은 진정 원고가 보통법 상의 악의 및 헌법적 악의를 입증할 수 있었으나 허위를 입증할 수 없는 경우 피고가 반대입증할 수 없는 수단 방법으로 원고를 명예훼손한다면 원고에게는 구제수단이 없다고 비판한다. 환언하면 그가 고심하여 입증될 수 없는 비난을 하는 경우 인격 살해자는 명예훼손의 헌법적 허가를 갖게 된다("character assassin has a con-stitutional license to defame")는 것이다 (Id. at 785 (Stevens, J., dissenting)). 그러한 입증불능이 단지 억측적이 아닌 이유로 반대의견이 제시하는 바에 의하면 "제3자에 관한 앎의 결여, 결정적인 기록의 상실, 아마도 특별한 스트레스 기간 동안 발생한 오래 전 사건에 관한 불확실한 기억, 증인의 부재 등 다수의 요인들은 존경받을 인사가 그의 과거의 행위, 그의 친족, 친구, 사업 동료에 관한 악의적 가십에 대한 반증을 불가능하게 할 것이다."(Id. at 785-86 (Stevens, J., dissenting)).

이렇게 진위 입증이 불가능한 사실이 전파될 수 있다는 사실은 공적 담론에서 허위일 가능성이 큰 사실이 제약 없이 전파될 수 있으며, 그만큼 그로 인한 사회적 코스트가 발생할 수 있음을 의미하는 것이다.[51]

Dun & Bradstreet, Inc. v. Greenmoss Builders, 472 U.S. 749 (1985)

1985년 화이트 대법관은 이 사건 판결의 동의의견에서 "뉴욕타임스 사건에서 대법원은 공무원 및 공적 사안에 관해 완전히 알 공적 이익과 그에 경합되는 피해자의 명예를 회복할 이익 간에 선견지명 없는 형량을 내렸다고 하면서 다음과 같은 비판적 의견을 피력하였다.

"뉴욕타임스 사건에서 공무원의 제소는 가해자의 고의 또는 무사려한 허위였음을 주장하여 배심의 판단을 받지 않으면 배척될 것이다. 그러한 입증이 없으면, 설사 도전받은 공표가 허위라고 자백되었다 하더라도 그에게 유리한 배심의 평결이나 어떤 종류의 판결도 없을 것이다. 거짓은 지속될 것이고, 공공은 계속 공적 사항에 관해 잘못된 정보를 받을 것이다. … 더구나 원고가 실패하면 배심은 일반적 평결을 회수하게 될 것이고, 그 공표가 허위였다는 판결은, 실제로 그것이 근거가 없을지라도, 나오지 않을 것이다. 공공은 도전받은 진술이 결국 진실이었다는 결론을 갖게 된다. 그들이 정확하게 통보받을 유일한 기회는, 법원의 도움이 없이, 거짓에 대항할 공무원 자신들의 능력에 의해서만 측정된다. 그것은 수정헌법 제1조의 옹호를 위해 의존할 결정적으로 허약한 갈대이다." "또 뉴욕타임스 규칙은 거짓을 바로잡지 않음으로써 공무원에게 분명히 그의 명예에 대한 손해를 구제받지 못하도록 방치하였다." "이렇게 뉴욕타임스 규칙은 2가지 해악을 묵인하는데, 첫째 공무원과 공적 사항에 관한 정보

---

50) 그 상세한 논의는 박용상, 영미명예훼손법, 160면 이하 참조.
51) See L. C. Bollinger, The End of New York Times v Sullivan: Reflections on Masson v New Yorker Magazine, [1991] Sup. Ct. Rev. 1, at p. 6; J. A. Barron, "Access to the Press — A New First Amend-ment Right" (1966-67), 80 Harv. L. Rev. 1641, at pp. 1657-58.

의 흐름이 오염되고 종종 허위 정보로 오염된채 남아 있는 것, 둘째 패소한 원고의 명예와 직업적 생활이 합리적인 사실 수사 노력으로 회피될 수 있었을 허위에 의해 파괴되는 것이다. 이들은 문제되는 수정헌법 제1조의 이익과 명예의 이익의 의미에서 엄청나게 도착된 결과로 보인다."

이상 미국의 경험을 살펴보면, 표현의 자유와 명예보호, 양자의 이익을 모두 존중하면서 타협을 꾀하는 실제적 조화의 원칙에 부합할 수 있도록 다루어야 한다는 관점이 소홀히 되고 있음을 알 수 있다. 그 때문에 뉴욕타임스 판결은 미국 기타 지역에서 법관과 학자들에 의해 비판받았을 뿐 아니라 영국과 호주나 캐나다 법원에서도 채택되지 않았다.

우리 대법원 역시 민사 명예훼손에 있어서는 위와 같은 미국 판례의 현실적 악의 규칙을 배척하고,[52] 진실의 입증책임(立證責任)은 피해자가 공적 인물인 경우에도 가해자(표현행위자)가 부담한다는 입장을 확립하고 있다.[53]

이렇게 우리 판례 역시 진실의 입증책임을 피고에게 지우므로 이 경우에는 진실을 입증할 수 없는 피고가 패소하게 된다. 영국과 다른 점은 피고가 진실임을 입증하지 못했다고 하여 해당 진술이 허위로 추정되지는 않는다는 점이다.[54][55] 따라서 이 경우 원고의 부작위[금지] 청구는 인용될 수 없다. 그리고 표현행위자가 이를 확정된 사실로 진술할 수 없음은 물론이고, 오로지 피해자에게 불이익한 논거만을 선택하여 그 근거로 삼고, 진실성에 반하는 사유를 묵비하는 경우에는 피해자의 인격권을 침해하게 된다.

다만, 독일 판례에 의하면 사실 주장이 진실이나 허위 어느 쪽으로도 입증될 수 없는 경우에도 그것이 공익에 중요하게 관련되는 것이면, 사전에 주의깊게 그 진실 내용에 관해 충분히 조사된 한, 허위일 수 있는 주장도 금지될 수 없다고 한다. 우리 판례도 진실임이 입증되지 못하였어도 진실이라고 믿음에 상당한 이유가 있는 경우 피

---

52) 대법원 1998. 5. 8. 선고 97다34563 판결.

53) 대법원 1996. 10. 11. 선고 95다36329 판결, 대법원 1997. 9. 30. 선고 97다24207 판결, 대법원 1998. 5. 8. 선고 97다34563 판결 [논픽션 드라마], 대법원 2003. 9. 2. 선고 2002다63558 판결, 대법원 2004. 2. 27. 선고 2001다53387 판결 등.

54) 공직선거법 상 허위사실공표죄가 성립하기 위하여는 검사가 공표된 사실이 허위라는 점을 적극적으로 증명하여야 하고, 공표한 사실이 진실이라는 증명이 없다는 것만으로는 허위사실공표죄가 성립할 수 없다(대법원 2003. 11. 28. 선고 2003도5279 판결, 대법원 2005. 7. 22. 선고 2005도2627 판결 [의혹 제기 허위사실공표] 등).

55) 독일 판례도 같은 입장이다. "입증되지 않은 주장은 바로 허위라고 취급할 수 있는 법리는 존재하지 않는다. 그러한 법리는 본질상 완전히 입증된 사실주장만 행해지거나 전파될 수 있다는 결과로 될 것이며 그것은 널리 비판을 배제하게 될 것이기 때문이다."(Helle NJW 64, 841; NJW 80, 2070/2071 – Eppler).

고가 그 상당한 이유를 입증하면 해당 표현행위의 위법성이 조각되는 것으로 처리하고 있다.

BGH 1996. 1. 30. VI ZR 386/94

"공익 사항에 관계되는 경우 진실이 증명되지 않는 주장도, 기본법 제5조 및 형법 제193조에 따른 이익형량에서 표현행위자가 정당한 이익을 옹호하기 위해 필요한 것이라고 볼 수 있는 한, 금지될 수 없다. 부작위[금지]청구의 피고가 이를 주장하려면 보도 전에 충분히 진실 내용에 관해 주의깊은 취재(언론직의 주의의무)를 하였을 것을 요한다. 특히, 공공이 현저한 이익을 갖는 사항이 보도되어야 할 경우, 그 취재의무는 의견의 자유가 위태롭게 될 정도로 과도하여서는 안된다. 그에 따라서 표현행위자 및 피해자의 사정이 총제적으로 비교형량되어야 한다."

BVerfG, 28. 6. 2016 - 1 BvR 3388/14 [입증할 수 없는 사실 주장]

이 사건의 원고(녀, 피해자)는 1985년 당시 동독에서 올림픽 메달을 수상한 유명한 육상선수였다. 교수로서 도핑전문가인 피고(후에 헌법소원심판청구인)는 일간지 "Die Welt"의 기자에게 통독 전 동독에서 미성년 여성 운동선수들의 도핑약물 복용 실태에 관한 진술과 자료를 제공하였다. 위 일간지는 위 피고 제공 진술 및 자료를 근거로 2007. 2. 20. 발행 기사에서 원고가 13세였던 1985년 당시 트레이너로부터 금지약물을 투여받았다는 기사를 게재하였다.

원고(피해자, 녀)는 함부르크 지방법원에 피고를 상대로 "원고가 13세였던 1985년 당시 코치로부터 도핑 약물을 투여받았다"고 주장하지 말라는 금지청구 소송을 제기하였다. 법원은 심리 후 피고가 그 진술이 진실이라는 입증을 하지 못하자 이를 허위로 취급하여 피고는 원고의 도핑 혐의에 관해 전파하여서는 안된다고 판결하였고, 고등법원 역시 제1심을 유지하였다.

그러나 연방헌법재판소는 고법의 판결이 잘못되었다고 하여 이를 취소하면서 다음과 같이 판결하였다. 재판부는 기존 확정된 판례에 의하면 통상 진실한 사실주장은 수인되어야 하지만, 허위 사실은 반대이다(vgl. BVerfGE 99, 185 <196>). 즉 허위사실의 전파에는 통상 정당화사유가 없고(vgl. BVerfGE 61, 1 <8>; 99, 185 <197>), 그 때문에 허위임을 알거나 또는 허위로 입증된 사실주장에서는 원칙적으로 표현의 자유가 인격권에 후퇴한다.

그런데 이 사건에서는 피고가 허위사실을 전파한 것이 아니라, 단지 그가 자신의 주장이 진실임을 입증할 수 없었을 뿐(sog. non liquet)이었다. 이렇게 사실주장 내용의 진실성이 확정될 수 없는 경우에 표현의 자유의 기본권은 인격권을 침해할 수 있다.

이에 관해 판례는 표현행위가 정당한 이익의 옹호(§ 193 StGB)에 의해 정당화되는지 여부의 심사를 통해 표현의 자유의 요청과 인격권 보호 관심 간의 균형을 도모하였다. 그에 따르면 일정한 사정 아래서는 그가 주장·전파하는 허위일 수 있는 주장도, 그 진실내용에 관하여 그가 미리 충분하게 세심한 취재를 행한 경우 금지될 수 없다(vgl. BGHZ 132, 13 <23 f.> Lohnkiller; BGH, GRUR 2016, S. 532 <533 f.>; je m.w.N.). 그 경우 법원은 표현의 자유의 이익을 위해 기본권 행사의 용의를 저하시키는 진실의무를 요구할 수 없는 한편(vgl. BVerfGE 54, 208 <219 f.>; 85, 1 <17>), 진실의무는 일반적 인격권에서 귀결되는 보호의무의 표현임을 배려해야 한다(vgl. BVerfGE 99, 185 <198>; zu alldem BVerfGE 114, 339 <352 ff. >).

제기된 주장이 피해자의 인격권을 무겁게 침해할수록 신중한 취재의무의 이행에 관한 요구는 더욱 높아진다. 주의의무의 범위는 각 개별 사안 및 표현행위자의 조사능력에 맞추어지고, 언론의 보도에서는 사인의 표현행위보다 더 엄중하다(vgl. BVerfGE 99, 185 <198>; 114, 339 <353>; BVerfG, Beschluss der 1. Kammer des Ersten Senats vom 25. Juni 2009 — 1 BvR 134/03 —, www.bverfg.de, Rn. 64; Beschluss der 1. Kammer des Ersten Senats vom 23. Februar 2000 — 1 BvR 456/95 —, www.bverfg.de, Rn. 30 ff.; BGH, ZUM 2010, S. 339 <340 f.>).

표현행위의 금지[부작위]청구의 경우 진실의무는 모든 탐사가능성을 완수할 의무를 넘어설 수 있다. 인격권을 침해하는 주장이 진실로 증명될 수 없는 것으로 밝혀지면, 포괄적인 취재의 종결 후라도 전파된 주장이 자신의 조사 결과에 의해 뒷받침되지 않거나 반대로 판단될 수 있음을 알리도록 요구된다.

심판대상 판결은 이러한 기준을 충족하지 못한다. 지법은 청원인의 사실주장이 입증 불가능함을 확인한 후에 더 이상 충돌하는 기본권적 지위 간의 형량을 시행하지 않았다. 고법의 형법 제193조에 관한 판시도, 실체적 형량이 인식되지 않고, 이른바 평인의 특권이 청원인에게 유리하게 개입하지 않음을 확인하는데 그쳤다.

2. 사실 적시의 개념

(1) 범주적 고찰

전술한 바와 같이 민사상 명예훼손의 불법행위는 타인의 명예를 저하하는 내용의 사실적시만으로 그 구성요건은 충족된다. 명예훼손이 되는 전형적인 경우는 허위사실을 적시한 경우이다. 또 적시된 사실이 진실이거나 널리 알려진 사실인 경우, 그리고 장래의 사실이나 내심의 사실도 명예훼손적 표현행위에 포섭될 수 있다.

가. 진실한 사실

민사상 사실적시에 의한 명예훼손은 적시된 사실의 진위 여부를 불문하고 불법행위가 성립된다(형법 제307조 제1항의 준용). 따라서 진실한 사실적시도 타인의 명예를 훼손하는 것이면 일응 명예훼손의 구성요건에 해당하며, 이 점은 형사나 민사 명예훼손에서 다름이 없다. 진실한 사실적시가 명예훼손으로서 위법성을 갖는 여부는 그에 의해 추구하는 이익과 피해 이익을 비교형량한 결과에 따르게 된다(전술).[56] 이러한 논리는 진실의 항변을 한 피고가 해당 진술이 진실임을 입증한 경우에도 적용된다. 즉 적시사실이 진실임을 입증하면 바로 위법성이 조각되는 것이 아니고 다시 이익형량이

---

56) 진실한 사실적시가 위법하여 책임이 인정된 사례로는 대법원 1967. 7. 25. 선고 67다1000 판결 [정교관계 유포]이 있고, 면책된 사례로는 대법원 1976. 9. 14. 선고 76다738 판결, 대법원 1990. 4. 27. 선고 89도1467 판결, 서울중앙지법 형사항소1부 2006. 10. 23. 판결 ['불륜의 덫'] 등이 있다.

필요한 것이다(후술).

또 반드시 숨겨진 사실뿐 아니라 이미 사회의 일부에 잘 알려진 진실한 사실이라고 하더라도 이를 적시하여 사람의 사회적 평가를 저하시키는 것이면 명예훼손이 성립한다.

대법원 1994. 4. 12. 선고 93도3535 판결

"이 사건 기사내용은 이미 민사소송을 통하여 주장되어 이에 대한 판결까지 선고된 상태에 있었고, 다른 일간 신문에도 소개되어 세인의 관심의 대상이 된 것이므로, 뒤늦게 그와 같은 기사를 정리하여 다시 일간 신문에 소개하였다고 하여 이로써 새삼스럽게 피해자의 명예가 훼손되었다고 볼 수는 없다는 것이나, 명예훼손죄가 성립하기 위하여는 반드시 숨겨진 사실을 적발하는 행위만에 한하지 아니하고, 이미 사회의 일부에 잘 알려진 사실이라고 하더라도 이를 적시하여 사람의 사회적 평가를 저하시킬 만한 행위를 한 때에는 명예훼손죄를 구성하는 것으로 봄이 상당하다."

전에 처벌받은 사실이 진실이라 하더라도 이를 아무 이유없이 공개하는 것은 명예훼손이 된다. 그 공개가 허용되는 경우는, 예를 들면 공직선거에 후보자로 등록한 경우57) 또는 새로운 범죄를 범한 경우 등 공개할 정당한 이익이 있을 것을 요한다.58)

나. 사적인 사실

일반적으로 사생활(프라이버시)에 속하는 사적인 사실에 관한 언급은 개인의 감정을 상하게 할 수 있을 뿐 개인의 사회적 평가에 영향을 미치지 않음이 보통이므로 민·형사 상 명예훼손이 될 수 없다.59) 이 경우에는 별도로 민사상 사생활 침해의 불법행위가 성립될 수 있고, 그에 의한 법적 구제가 가능하다. 이 경우에는 진실의 항변이 적용될 수 없다.

그러나 사적인 사실의 공개가 개인의 사회적 평가를 해치는 경우도 있을 수 있

---

57) "공직선거에 입후보한 후보자의 유죄 확정판결의 전과사실은 비록 그것이 종전의 공직 수행과정에서의 범죄나 비리와 직접적으로 관련된 것이 아니라고 하더라도 그의 사회적 활동에 대한 비판 내지 평가의 한 자료가 되어 그의 공직 후보자로서의 자질과 적격성을 판단하는 데 중요한 자료가 될 뿐만 아니라 또한 그것은 법원의 최종적 사법적 판단까지 받은 것이므로 공적 이익에 관한 사실이라고 보아야 할 것이다."(대법원 1996. 6. 28. 선고 96도977 판결 [입후보자 전과 공개]).

58) 현행 공직선거법에 의하면 공직후보자의 전과기록은 공개하게 되어 있으며(공직선거법 제49조 제4항 제5호 및 제12항), 언론이 이를 보도하는 것은 명예훼손이 되지 않는다. 또 영국의 1974년 범죄자 재생법(Rehabilitation of Offender Act of 1974) 제8조에 의하면 피고가 집행종료된 유죄판결('spent conviction')에 관해 악의로 진술한 경우에는 공정보도로서 정당화되지 않는다. 동법에 의하면 비행자가 2년 6월 이하의 기간 복역을 완료하였고, 범죄 종류에 따라 3년 내지 10년이 경과하면 그는 법적으로 범죄가 없었던 것으로 취급되며 비행자는 재생되었다고 본다.

59) "민법 제764조에서 말하는 명예훼손이란 사람의 사회적 평가를 저하시키는 행위를 말하고 단순히 주관적으로 명예감정이 침해되었다고 주장하는 것만으로는 명예훼손이 되지 않는 것"이다(대법원 1992. 10. 27. 선고 92다756 판결, 2010. 6. 10. 선고 2010다8341, 8358 판결 등).

다.[60] 이 경우에는 민사상 명예훼손의 불법행위와 사생활침해의 불법행위 양자가 경합할 수 있고, 특별법 관계에 있는 명예훼손이 우선 적용되게 된다.[61]

(2) 사실적시의 사례

가. 총설

사실/의견의 구별은 판례가 열거하는 여러 징표기준에 따라 진술의 전체 취지를 일반 평균적인 수용자가 이해하는 바에 의하게 된다. 사실주장에 속하는 3가지 중요한 범주는 경과(Vorgänge), 상태(Zustände), 속성(Eigenschaften)이라고 할 수 있다. 그것들에 관한 진술이 외적으로 발생한 것으로서 인식가능하거나 가능하였던 것을 언급하는 것이면 입증이 가능하고, 따라서 사실적시로 보게 될 것이다.[62]

이러한 진술은 수학적, 물리학적, 화학적으로 정확하게 표시되는 것이 사실적시의 가장 정확한 표현임은 물론이다. 그러나 일상생활에서는 그러한 자연과학적 단위의 표시에 의하지 않고, 예컨대 색깔의 표시로서 붉다, 검다, 희다거나, 밝기의 표시로서 어둡다, 밝다, 희미하다는 등 표현행위자의 주관이 다소 개입된 이른바 기술적(記述的) 표현에 의하는 경우가 보통이다. 이것은 객관적으로 정확하게 특정된 표현이 아니라 기본적으로 사태 간의 비교에 의한 표현이고, 엄밀히 말하면 사실적시와 의견표현의 중간에 존재하는 것이라고 볼 수 있다.

어쨌든 기술적(記述的) 표현행위(deskriptive Äußerung)는 객관적 설명이 가능하고 이론적으로 증거에 의한 입증이 가능한 것이기 때문에, 통상 사실주장으로 취급된다.[63] 이 경우 상이한 파악의 원인은 주관적 영역에 존재하는 것이 아니고, 그 말의 수용자는 그것을 객관적으로 존재하는 것으로 파악한다.

다만, 기술적 표현행위의 경우에도 해석에 의해 의견표현으로 취급해야 할 경우가 있다. 예를 들면, 한 토지에 200m 인접하여 지어지는 건축의 이격(離隔)거리에 관해 다툼이 있는 경우 "가깝거나" "멀다"고 하는 어느 한쪽의 주장을 평가함에 있어서는 사회적 합의가 달성될 수 없을 수 있다. 그 상위(相違)는. 평가될 과정에 대한 표현행위

---

60) "개인의 사적인 신상에 관한 사실이라고 하더라도 그가 관계하는 사회적 활동의 성질이나 이를 통하여 사회에 미치는 영향력의 정도 등의 여하에 따라서는 그 사회적 활동에 대한 비판 내지 평가의 한 자료가 될 수 있는 것"다(대법원 1996. 4. 12. 선고 94도3309 판결).
61) '진실한 것으로서 사생활의 비밀에 해당하지 아니한' 사실 적시는 처벌하여서는 안된다는 의견과 그에 대한 비판에 관하여는 전술 제2장 제7절 Ⅵ 3 (3) 바 참조
62) Seitz/Schmidt/Schöner, Der Gegendarstellungsanspruch in Presse, Film, Funk und Fernsehen, München 1998, S. 103.
63) Seitz, aaO., S. 91f.

자의 적극적 또는 소극적 생각에 의존하는 것이기 때문에 어느 일방의 주장을 진위로 판정하는 것은 불합리하고, 의견의 표현으로 보는 것이 합당한 경우라고 보아야 할 것이다.[64]

또 한 인물의 표현행위를 인용보도함에 있어서는 그 인물 자신이 발언한 표현행위와 그가 표현행위를 행했다고 하는 미디어의 주장을 구별해야 한다. 타인의 표현행위에 관한 보도에서 그 발언 내용 여하에 관한 다툼은 사실적시의 문제이며, 그 발언 내용에 대한 미디어의 평가는 의견표현으로 보게 된다.[65]

주관적인 고려에 의해 영향받지 않는 기본적인 개념이나 재래적 개념은 사실로 인정되지만, 논리학이나 과학의 고급 개념, 예컨대 암 발생에 관한 명제 또는 "X는 Y에서 논리적으로 도출된다"는 주장은 사실주장이 아니라 의견표현이다.[66]

의혹의 제기는 사실적시의 범주에 해당하며 그 근거에 관한 입증을 요하나, 공적 사안에 관한 의혹제기에서는 그 입증이 다소 완화될 수 있다.

사실판단과 법적 판단은 복잡하고 어려운 문제가 있고, 그에 관하여는 후술한다.

범죄를 범하였다는 주장(accusation of a crime)은 잘 정의된 의미를 갖는 명예훼손적 진술의 고전적 전형이다. 그러한 비난은 감각적 인식의 기록이 아니고 그 의미를 사회적 규범체계에 의존하게 되지만, 그러한 가치체계와 법규범들은 일반적인 것으로 이해되기 때문에 합리적인 독자나 청중에게 그러한 진술은 농도가 짙은 명예훼손적 사실을 의미하는 것으로 인식되게 된다.[67][68]

나. 내적 심리상태

내적 사실을 사실 또는 의견으로 분류하기는 매우 어렵다. 그러한 내적 사실에는 의도, 동기, 희망, 동인, 목적, 감정, 태도 등이 있을 수 있고,[69] 정황에 따라서는 한 행위가 '고의로', '과실로', '의도적으로', '알면서', '악의로', '저급한 동기에서' 행해졌다는 등 법적인 개념일 수도 있다. 과거나 현재에 이러한 내적 사실의 존재를 주장하는 것은 사실주장이다. 이들 내적 사실은 외적으로 드러나 객관적으로 인식될 수 있는 한

---

64) Seitz, aaO., S. 92.
65) Seitz, aaO., S. 90.
66) Seitz, aaO., S. 93; Hänzschel, ReichspreßG 1927 § 11, 7 A b.
67) Ollman v. Evans, 750 F.2d 970, 980 (D.C. Cir. 1984). 따라서 범죄의 비난이나 암시는 사실의 적시로서 명예훼손 책임을 지게되며, 범죄행위를 비교적 명확한 용어로 기술한 경우에는 의견으로 인정받기가 어렵다(Cianci v. New Times Publishing Co., 639 F.2d 54, 63 (2d Cir. 1980)).
68) 또 고살(故殺)행위자(Täter eines Tötungsdeliktes)에 대하여 판결이 나기 전에 모살자(謀殺者, Mörder)라는 법적인 전문용어를 사용하는 것은 허용되지 않는다. 최초에 살인이라고 판단되었던 행위가 과실치사, 폭행치사, 상해치사 등으로 밝혀지는 경우가 적지 않기 때문이다.
69) 다만, 이들은 주관적인 몽상의 산물이 아니어야 한다(Seitz aaO., S. 94).

입증가능하고 사실적시로 볼 수 있는 것이다.[70][71] 이렇게 내심의 사실도 간접증거나 정황증거에 의한 입증이 가능한 경우에는 사실주장이라고 봄에 지장이 없다.[72] 행위의 동기를 나쁘다고 비난하는 것은 개인의 정직성이나 명성에 대한 공격이므로 명예훼손이 될 수 있다.[73]

대법원 2006. 2. 10. 선고 2002다49040 판결 [국정홍보처 대 동아일보]

"사실적 주장과 의견의 표명을 구별하는 척도로서는, 그것이 객관적으로 입증 가능하고 명확하며 역사성이 있는 것으로서 외부적으로 인식 가능한 과정이나 상태를 포함하여 원보도의 보도 대상이 된 행위자의 동기, 목적, 심리상태 등이 외부로 표출된 것이라면 이를 사실적 주장이라고 판단할 수 있을 것이다."[74]

그러나 전체적 연관을 보아 평균적 수용자의 입장에서 해석하는 경우 표현행위자가 피해자의 내심을 추리해 내고 그에 관해 그의 개인적인 주관적 판단을 결론으로 제시하는 경우에는 의견표현으로 보아야 한다. 특히, 정치적 영역에서 내심의 생각을 비판적으로 표현하는 경우에는 종종 비난, 진단 또는 가정과 왜곡이 파악될 수 있는, 이념적으로 채색된 묘사로 보아야 하기 때문에 사실주장이 아니라 의견표현으로 보게 된다.[75]

BGH 2008. 4. 22. Az.: Ⅵ ZR 83/07 [내적 사실]

표현행위자가 단지 징표(정황증거, Indizien)의 도움으로 내적 사실을 추론하고 그로부터 자신의 주관적 판단 내지 자기의 개인적 의견을 도출하는 경우에는 내적 사실에 있어서도 하나의 의견표현이 존재할 수 있다. 제3자의 동기나 의도에 관한 표현행위는, 표현행위의 대상이 제3자의 과거에 속하는 행위이고 그의 동기상태의 해명이 외적인 간접사실(Indiztatsachen)의 도움으로 가능해 보이는 경우라면, 사실주장이 된다(vgl. BVerfG, NJW 2007, 2686, 2688; Damm/Rehbock, Widerruf, Unterlassung und Schadensersatz in Presse und Rundfunk, 3.

---

70) "하나의 특정한 성격적 특성이나 내적 태도가, 특히 외적 과정에 결부되어, 직접 파악할 수 있게 드러나게 되면, 그 주장에는 증거에 의해 접근이 가능한 사실이 존재하게 될 수 있다."(BGH U. 27. 4. 51. MDR 51, 404).

71) 내적 사실이 특정한 외적 사건과 관련을 가지게 되어, 그에 의해 인지가능한 외적 세계의 영역에 들어오는 경우에만 그것은 사실주장이다(BGH 31. 3. 76. JR 77, 28ff).

72) 외부적으로 인식가능한 과정이나 상태뿐 아니라 동기, 목적 등 내적 심리상태도 외부적으로 표출된 것이면 사실주장으로 판단될 수 있다고 한 사례가 있다(대법원 2006. 2. 10. 선고 2002다49040 판결).

73) David A. Elder, Defamation: A Lawyer's Guide, Clark Boardman Callaghan, Deerfield, Il. (1993), 8:8 p 80. 미국 판례에 의하면, 한 행위의 의도나 동기는 사실의 범주에 속함이 원칙이지만, 그 사용 맥락에 따라 전체적 고찰방법에 의해 "보복 기소"라는 진술을 의견으로 본 사례가 있다(Janklow v. Newsweek, Inc., 788 F.2d 1300 (1986)).

74) 대법원 2011. 9. 2. 선고 2009다52649 판결.

75) 따라서 이런 관점에서 "연방 수상 쉬밋트는 심정 깊숙이 CSU-이상주의의 추종자다"라는 표현은 반론이 허용되지 않는 의견으로 간주된다고 한다(Seitz, aaO., S. 95).

Aufl., Rn. 592). 혹자가 심사에서 과정이 발견되지 않을 수 있기 위해 알면서 허위 숫자를 말했다는 주장은 그러한 사안에 해당한다.

다. 미래의 사실 등

미래의 사실에 관한 주장은 사실적시로 보지 않는 것이 독일에서 다수설이다. 사실이란 이미 발생하였거나 현존하는 과정이나 상태를 말하며, 미래의 사건과 관련해서는 증거를 댈 수 없고, 그 발생은 객관적으로 설명되지 않기 때문이다.[76] 선사적(先史的) 사건이나 성서적(聖書的) 상황도 객관적으로 해명하거나 증거에 의한 접근이 불가능하며, 그에 관해서는 단지 추측(Vermutungen)만이 존재할 뿐이다. 따라서 그러한 상황의 제시는 의견표현으로 보게 된다.

그러나 장래의 일을 적시하더라도 그것이 과거 또는 현재의 사실을 기초로 하거나 이에 대한 주장을 포함하는 경우에는 명예훼손죄가 성립한다.

BGH U. 30. 6. 77 VersR 77, 1053ff

시 당국의 질의에 대해 1971년 3월 건축이 완공된다고 발표된 경우 거기에는 상응하는 현존하는 의도(Absicht)와 행해진 준비작업(getroffene Vorbereitunge)에 관한 심사가능한 사실주장이 포함되어 있는 것이다.

BGH U. 17. 10. 72 MDR (Dallinger) 73, 18

주식을 팔면서 행한 설명에, 그 모(母)회사의 배후에는 재력과 영향력이 큰 사업가가 있고, 그 주식은 좋은 밑천이어서 곧 발행되고, 시세가 크게 올라 그 취득자는 높은 수익으로 되팔게 될 것이라는 설명에는, 미래의 전개에 관해 틀린 예언(Voraussagen)을 포함하고 있을 뿐 아니라 그것은 자본력이 있고 수익이 나는 기업으로 그 주식은 은행 및 증권시장 위기에 유리하게 판단되며, 그 가격은 현재의 시점에서 마땅한 것이라고 하는 허위의 사실주장이 들어 있다고 판단되었다.

대법원 2003. 5. 13. 선고 2002도7420 판결

우리 판례 중에는 피고인이 경찰관을 상대로 진정한 사건에 혐의가 인정되지 않아 내사종결 처리되었음에도 불구하고 "사건을 조사한 경찰관이 내일부로 검찰청에서 구속영장이 떨어진다."고 말한 것은 현재의 사실을 기초로 하거나 이에 대한 주장을 포함하여 장래의 일을 적시한 것으로 볼 수 있어 명예훼손죄에 있어서의 사실의 적시에 해당한다고 한 사례가 있다.

---

76) 따라서 미래 사태의 예측, 예를 들면 건축이 불가능한 부지가 당시의 특정한 계획상태나 진척 상황에 따라 장래에도 건축될 수 없는지 여부는 사람마다 다른 생각을 가질 수 있고 당시에는 입증할 수 없는 것이므로, 의견의 표현으로 보게 된다(Seitz, aaO., S. 121).

라. 역사적 사실

1) 역사 드라마에 의한 명예훼손

과거의 역사적 사실을 다루는 역사드라마에서는 그 등장인물로 묘사된 인물(때로는 死者)의 명예가 훼손되었는가 여부가 논란될 수 있다. 이 경우 대법원은 "시간이 경과함에 따라 점차 망인이나 그 유족의 명예보다는 역사적 사실에 대한 탐구 또는 표현의 자유가 보호되어야" 한다고 하여,[77) 피해자의 인격권보다는 예술의 자유 및 표현의 자유를 중시하는 원칙적 입장을 취한다.

명예훼손 여부를 판단함에는 먼저 등장인물에 관한 서술이 창조적 허구인가 사실의 적시인가를 구별하고, 사실적시인 경우 진실인지 여부가 쟁점이 되기 마련이다. 대법원은 역사적 인물을 모델로 한 드라마에서는 실존 인물에 의한 역사적 사실과 가상(假想) 인물에 의한 허구적 이야기가 혼합되고, "연출자 등이 역사적 사실에 대한 작가적 해석 및 평가와 예술적 창의력을 발휘하여 허구적 묘사를 통해서 객관적 사실들 사이의 간극을 메우기 마련이"기 때문에 예술적 표현의 자유로 얻어지는 가치와 인격권의 보호에 의해 달성되는 가치의 이익형량을 함에 있어서 이를 고려하여야 한다는 입장을 취한다.[78)

나아가, 언급된 역사적 사실이 진실인지 여부에 관하여 대법원은 언론 보도의 경우와 마찬가지로 일반적인 위법성조각사유에 관한 법리가 적용된다는 기본적 입장에서 기초가 되는 그 자료 내용의 진위 확인을 위한 충분한 조사활동을 사전에 거쳐야 하고,[79) 단순히 풍문이나 억측에 의한 경우에는 보호받지 못한다고 한다.

> **대법원 1998. 5. 8. 선고 97다34563 판결[실명 논픽션 드라마]**
>
> "특히, 실명에 의한 논픽션 드라마에 있어서는 일반의 청취자 등이 그 내용을 사실이라고 받아들이기가 쉬운 반면에 신속성의 요청은 일반 보도에 비하여 그다지 크다고 할 수가 없으므로, 방송의 기초가 되는 그 자료 내용의 진위를 당사자 본인이나 그 주변인물을 통하여 확인하는 등의 충분한 조사활동을 사전에 거쳐야 하고, 단순히 풍문이나 억측이 아닌 신빙성 있는 자료에 의거하여야 할 필요성이 보다 크다고 할 것이다. 이러한 확인 내지 조사활동을 거치지 아니한 채 명예훼손의 내용이 담긴 논픽션 라디오 드라마를 그대로 방송하였다면 방송사 측에서 그 내용이 진실이라고 믿었다 하더라도 그에 상당한 이유가 있다고 할 수는 없다."

---

77) 대법원 1998. 2. 27. 선고 97다19038 판결 [백범 암살 논픽션드라마].
78) 대법원 2010. 4. 29. 선고 2007도8411 판결 ['서울 1945']: "합리적인 시청자라면 역사적 사실의 서술을 주로 하는 기록물이 아닌 허구적 성격의 역사드라마의 경우 이를 당연한 전제로 시청할 것으로 예상되는 이상, 위 허구적 묘사가 역사적 개연성을 잃지 않고 있는 한 그 부분만 따로 떼어 역사적 진실성에 대한 증명이 없다는 이유로 허위라거나 연출자에게 그 허위의 점에 대한 인식이 있었다고 단정하여서는 아니될 것이다."
79) 대법원 1998. 5. 8. 선고 97다34563 판결.

다만, 적시된 사실이 역사적 사실인 경우 시간이 경과함에 따라 진실 여부를 확인할 수 있는 객관적 자료에도 한계가 있어 진실 여부를 확인하는 것이 용이하지 아니하고,[80] 명백하여 다툼이 없거나 객관적 자료로 뒷받침되는 단편적 사실만을 묶어 현실감 있는 이야기를 전개해 가기에는 근본적 한계가 있다.[81] 그 때문에 대법원은 실제 인물이나 사건을 모델로 한 상업영화의 경우 역사적 사실을 다소간 각색하는 것은 의도적인 악의의 표출에 이르지 않는 한 상업영화의 본질적 영역으로 용인될 수 있다고 하여 위법성이 조각되는 범위를 넓게 인정하고 있다.[82]

> **대법원 2010. 6. 10. 선고 2010다8341, 8358 판결 ['서울 1945']**
>
> 역사드라마에서 그 소재로 된 역사적 인물에 대한 묘사가 명예훼손에 해당하려면 이미 망인이 된 인물의 사회적·역사적 평가를 저하시킬 만한 구체적인 허위사실의 적시가 있어야 하고, 그와 같은 허위사실의 적시가 있었는지 여부는 그 드라마를 시청하는 통상의 건전한 상식을 가진 합리적인 시청자를 기준으로 판단하여야 한다."
>
> "역사드라마가 그 소재로 된 역사적 인물의 명예를 훼손할 수 있는 허위사실을 적시하였는지 여부를 판단함에 있어서는, 예술적 표현의 자유로 얻어지는 가치와 인격권의 보호에 의해 달성되는 가치의 이익형량은 물론 위에서 본 역사드라마의 창작물로서의 특성에 따르는 여러 사정과 드라마의 주된 제작목적, 드라마에 등장하는 역사적 인물과 사건이 이야기의 중심인지 아니면 배경인지 여부, 실존인물에 의한 역사적 사실과 가상인물에 의한 허구적 이야기가 드라마 내에서 차지하는 비중, 드라마상에서 실존인물과 가상인물이 결합된 구조와 방식, 묘사된 사실이 이야기 전개상 상당한 정도 허구로 승화되어 시청자의 입장에서 그것이 실제로 일어난 역사적 사실로 오해되지 않을 정도에 이른 것으로 볼 수 있는지 여부 등이 종합적으로 고려되어야 한다."

또 대법원에 의하면 진실을 확실히 단정할 수 없어 논란되어 온 역사적 사실에 관해 민사판결에서 어떠한 사실인정이 있었다는 이유만으로 그에 반대되는 사실의 주장이나 견해의 개진을 허위라고 단정할 수 없다고 한다.

---

80) 대법원 1998. 2. 27. 선고 97다19038 판결 [백범 암살 논픽션드라마]: 백범 암살사건의 진상이 밝혀지지도 아니한 채 46년 경과 후 살인범 안두희의 사건 당시 언론에 보도된 진술과 번복 진술 기타 증인의 진술을 종합하여 배후를 추정하는 취지의 진술은 진실이라고 믿을 상당한 이유가 있다고 봄.
81) 대법원 2010. 4. 29. 선고 2007도8411 판결 ['서울 1945'].
82) 대법원 2010. 7. 15. 선고 2007다3483 판결 ['실미도']: 실제 인물이나 사건을 모델로 한 영화의 경우 역사적 사실을 다룸에 상술한 판지가 고려되어야 할 뿐 아니라, 상업영화의 경우에는 역사적 사실을 토대로 하더라도 영화제작진이 상업적 흥행이나 관객의 감동 고양을 위하여 역사적 사실을 다소간 각색하는 것은 의도적인 악의의 표출에 이르지 않는 한 상업영화의 본질적 영역으로 용인될 수 있으며, 또한 상업영화를 접하는 일반 관객으로서도 영화의 모든 내용이 실제 사실과 일치하지는 않는다는 전제에서 이러한 역사적 사실과 극적 허구 사이의 긴장관계를 인식·유지하면서 영화를 관람할 것인 점도 그 판단에 참작할 필요가 있다. 대법원 2019. 3. 6.자 2018마6721 결정에서는 영화에 일부 허구적인 장면이 있다고 인정하였으나, 위와 같은 이유로 위법성을 부인하였다.

대법원 2017. 12. 5. 선고 2017도15628 판결 [종중 적통 분쟁]

민사재판에서 법원은 당사자 사이에 다툼이 있는 사실관계에 대하여 처분권주의와 변론주의, 그리고 자유심증주의의 원칙에 따라 신빙성이 있다고 보이는 당사자의 주장과 증거를 받아들여 사실을 인정하는 것이어서, 민사판결의 사실인정이 항상 진실한 사실에 해당한다고 단정할 수는 없다. 따라서 다른 특별한 사정이 없는 한, 그 진실이 무엇인지 확인할 수 없는 과거의 역사적 사실관계 등에 대하여 민사판결을 통하여 어떠한 사실인정이 있었다는 이유만으로, 이후 그와 반대되는 사실의 주장이나 견해의 개진 등을 형법상 명예훼손죄 등에 있어서 '허위의 사실 적시'라는 구성요건에 해당한다고 쉽게 단정하여서는 아니 된다. 판결에 대한 자유로운 견해 개진과 비판, 토론 등 헌법이 보장한 표현의 자유를 침해하는 위헌적인 법률해석이 되어 허용될 수 없기 때문이다.

2) 명백히 확증된 역사적 사실의 부인

역사적 사실의 부정과 표현의 자유의 문제에는 역사적·법적 맥락과 정치적 맥락이 혼합되어 있다. 역사적 사실의 부인행위를 범죄로 처벌할 것인가 여부에 관하여는 나라마다 큰 차이를 보인다. 유럽 제국 중 ① 역사적 사건을 부인하는 행위를 일체 범죄로 처벌하지 않는 나라들(덴마크, 스페인, 핀란드, 영국, 스웨덴), ② 홀로코스트와 나치범죄의 부정에 대해서만 범죄화하는 나라들(독일, 오스트리아, 벨기에, 프랑스, 네덜란드, 루마니아) ③ 나치 범죄와 공산주의범죄의 부인을 범죄로 규정하는 국가들(폴란드, 체코공화국) ④ 모든 학살 사건을 부인하는 행위를 처벌하는 국가들(안도라, 키프로스, 헝가리, 라트비아, 마케도니아공화국, 리히텐슈타인, 리투아니아, 룩셈부르크, 몰타, 슬로바키아, 슬로베니아, 스위스)로 분류된다.

〈나치범죄의 승인 및 부정·경시죄(홀로코스트 부정죄) 사건〉

독일은 홀로코스트를 겪은 역사적 경험을 배경으로 혐오표현에 대하여 광범위하게 형사처벌을 가하고 있다. 독일 형법 제130조('대중선동죄') 제1항은 특정 인구집단에 대해 혐오선동, 폭력적·자의적 조치의 요구, 모욕적 멸시, 악의적 경멸, 중상을 통한 인권침해를 금지한다. 그런데 독일 법원은 나치지배하에서 유대인 집단학살(홀로코스트)을 부정하는 행위(이른바 아우슈비츠 거짓말 "Auschwitz−Lüge")를 모욕죄에 해당할 뿐 동 조항에 의해 대중선동죄로 처벌할 수 없다고 판결하였다. 그러자, 독일 의회는 1994년 개정으로 형법 제130조에 제3항을 신설 삽입하고 "나치 지배하에서 범해진 행위(국제 형법 제6조 제1항에 해당하는 행위[83])를 공공의 평온을 교란하기에 적합한 방법으로 공연히 또는 집회에서 승인·부정·경시하는 행위를 처벌한다"고 규정하였다.

독일 연방헌법재판소는 나치범죄의 승인·부정·경시죄를 규정하는 동조가 표현내용에 관

---

83) 예컨대, 집단학살, 인간생체실험, 강제불임시술, 강제수용시설 수용명령, 유대인의 게토 강제수용 등. 국가가 조직적으로 행한 제노사이드뿐 아니라 피해자에 대한 개별행위도 해당한다(송현정, 김성화, 서용성, 혐오표현의 판단기준에 관한 비교법적 연구, 사법정책연구원(2019), 122면).

한 제재이지만, 다른 보호법익에 비해 우월한 인간의 존엄을 보호하기 위한 표현의 자유의 제한이며, 홀로코스트를 부인하는 것은 현재 독일에 살고 있는 유대인 각자에 대하여 그들이 가지고 있는 인격적 가치를 부정하는 것이라고 판결하였다.[84] 나아가 동죄가 독일 헌법의 학문과 예술의 자유를 침해한다는 비판에 대해 나치의 집단학살은 수많은 직접 증인들, 신뢰할 수 있는 문서들, 법원이 확인하고 학문적으로 검증된 사실들을 통해 역사적으로 명백하게 증명된 사실이며, 이에 반하는 주장은 명백히 허위로 증명된 사실주장으로서 표현의 자유의 보호범위에서도 제외될 뿐 아니라[85] 연구와 학문의 자유로도 보호받지 못한다고 판시하였다.[86]

유럽인권재판소 역시 "홀로코스트와 같이 명백하게 확립된 역사적 사건의 존재를 논쟁하는 것은 과학적이거나 역사적인 연구에 해당하지 않"는다고 보고, 이러한 반인도적 범죄를 부인하는 것은 유대인에 대한 인종적 명예훼손이자 혐오 선동의 가장 심각한 형태 중 하나라고 지적한 바 있다.[87]

CEDH, AFFAIRE PERİNÇEK c. SUISSE, ECHR 2015. 10. 15. Requête no 27510/08
[아르메니아 집단학살 부인]

이 사건에서는 역사적 사실을 부정하는 것을 형사처벌하는 것이 표현의 자유를 침해하는지가 문제되었다.

터키 국민인 청구인은 3차례에 걸쳐 공개행사 자리에서 1915년 오스만제국이 아르메니아인들을 집단학살하고 강제수용하여 민족말살(génocide) 행위가 행해졌다는 것은 국제적인 거짓말이라고 발언하여 스위스형법 제261조의2 제4항(인종적 차별)[88]에 따라 기소되었다. 스위스 연방대법원은 위 조항을 적용하여 피고인에게 유죄판결을 내렸고, 이에 대해 피고인은 유럽인권재판소에 제소하게 되었다.

유럽인권재판소는 심판청구인의 발언은 공익문제에 관련이 있고, 아르메니아인들을 상대로 한 것이 아니라 제국주의자들에 대항하여 이러한 잔학행위에 대한 책임을 가리키는 것이었기 때문에 증오 혹은 불관용을 선동하는 것으로 동일시될 수 없으며, 청구인 연설의 맥락상 아르메니아 커뮤니티 구성원의 존엄성을 훼손한 것으로 간주할 수 없다고 설시하였다. 따라서 청구인을 처벌한 스위스법원의 판결은 유럽인권협약 제10조에서 보호하는 청구인의 표현의 자유를 침해한 것이라고 결론지었다.

프랑스와 스위스 등은 나치의 홀로코스트와 함께 터키의 아르메니아 제노사이드에 관한 역사적 사실을 부정하는 발언한 자를 형사범죄로 처벌하고 있다.[89]

---

84) BVerfG 1994. 11. 16. - 1 BvR 23/94, BVerfGE 90, 241-254.
85) BVerfG 1991. 10. 9. - 1 BvR 1555/88, BVerfGE 85, 1(17), BVerfGE90, 241 (247f.).
86) BVerfG 1992. 9. 6. - 1 BvR 824, 90.
87) Garaudy v. France, ECHR 2003. 6. 24. App. No 65831/01.
88) 스위스형법 제261조의2 제4항(인종적 차별) 공개적인 발언, 문서, 이미지 행동 폭력 또는 깎아내리거나 차별하는 여타 모든 방법으로 인종, 민족 혹은 종교를 이유로 인간 혹은 휴매니티의 존엄성을 훼손하는 자 또는 같은 이유로 이를 부인하고 과소평가하거나 집단학살 혹은 인류에 반하는 범죄를 정당화하려고 하는 자는 3년의 자유형 혹은 벌금형에 처한다.
89) 유럽인권재판소의 '역사적 사실 부정과 표현의 자유', 헌법재판연구원 〈세계헌법재판동향〉 2016년 제2호, 4면 참조.

그러나 우리 대법원은 이미 법적 역사적 평가가 확립된 사실과 다른 사실주장으로는 명예가 손상될 수 없다는 취지로 판시하고 있다.

대법원 2012. 12. 27. 선고 2012도10670 판결

서울고등법원 2012. 8. 23. 선고 2011노308 판결

공소사실에 의하면, 피고인은 2008. 1. 24.경 자신의 인터넷 홈페이지 게시판에 '5·18의 진실'이라는 제목으로 5·18은 북한의 특수군이 파견되어 조직적인 작전지휘를 했을 것이라는 심증을 갖게 되었고, 좌익들이 이를 군인들에게 뒤집어씌우는 소위 모략전을 반복적으로 구사함으로써 민주화 운동으로 굳혀가는 '아직도 끝나지 않은 내전'이 바로 5·18이라고 생각한다고 게시함으로써 정보통신망을 통하여 공연히 거짓의 사실을 드러내어 광주민주화운동유공자들인 피해자 I, J의 명예를 훼손함과 동시에 광주민주화운동으로 사망한 피해자 K의 명예를 훼손하였다고 되어 있다.

제1심(수원지방법원 안양지원 2011. 1. 19. 선고 2010고합51 판결)은 피고인을 무죄로 판결하였고, 서울고등법원은 검사의 항소를 기각하면서 다음과 같은 요지로 판시하였다.

이 사건 게시물에는 5·18민주화운동 당시 북한의 특수군이나 불순분자가 파견되어 광주시민 등을 잔인하게 살해하고 나아가 그 무렵 그들이나 북한의 대남사업부 전문가 또는 그 후 좌익(성향의 사람들)이 그 살해범의 누명을 5·18민주화운동 당시 광주시내 등에 출동하였던 대한민국 군인들에게 뒤집어씌우고 자극인인 유언비어를 만들어 퍼뜨렸다는 내용이 포함되어 있다. 그러나 5·18민주유공자는 4,000명 이상에 이르고 5·18민주유공자예우에 관한 법률에 따른 등록대상자에 해당하지 않는 대다수의 일반참가자들까지 포함하면 위와 같은 비난이 5·18민주화운동 참가자들 개개인에 대한 것으로 여겨질 정도로 구성원의 수가 적다고 할 수 없고, 5·18민주화운동은 이미 그 법적 및 역사적 평가가 확립된 상태이어서 이 사건 게시물을 통하여 5·18민주유공자나 5·18민주화운동 참가자들에 대한 기존의 사회적 평가가 근본적으로 바뀔 수 있다고 보기도 어려운 점 등에 비추어 보면, 이 사건 게시물의 내용이 5·18민주유공자 등의 개개인의 명예를 훼손하는 정도에 이르렀다고 볼 수 없다고 판단하였다.

위 항소심 판결에 대해 검사가 상고하였으나, 대법원은 원심 판결을 지지하면서 특별한 이유 설시 없이 검사의 상고를 기각하였다(대법원 2012. 12. 27. 선고 2012도10670 판결).

(3) 사실 적시의 태양

우선 형사상 명예훼손죄가 성립하기 위하여는 사실의 적시가 있어야 하고 적시된 사실은 이로써 특정인의 사회적 가치 내지 평가가 침해될 가능성이 있을 정도로 구체성을 띠어야 한다.[90]

사실의 주장은 단순한 의혹, 시사(示唆) 또는 의문의 진술에 의해서 또는 가능성이

---

90) 대법원 1994. 10. 25. 선고 94도1770 판결, 대법원 2000. 2. 25. 선고 98도2188 판결, 대법원 2020. 11. 19. 선고 2020도5813 전원합의체 판결 등 참조.

나 개연성의 언급에 의해서도, 사정에 따라서는 불가능성의 언급에 의해서도 이루어
질 수 있다.[91] 독일의 판례와 학설에 의하면 혐의, 추측, 개연성의 표현에 의해 또는
단순한 의문제기의 형식으로 주장된 사실관계가 허위인 경우에는 명예훼손죄로 처벌
될 수 있다고 한다.

> BGH 1974. 5. 30. Ⅵ ZR 174/72 -„Brüning-Memoiren"
>
> 원고는 1930년대 초 독일 제국 수상을 역임한 Heinrich Brüning과 출판계약을 맺고, 그의
> 회고록을 발간하였는데, 동인의 유언집행자인 피고가 회고록 발간에 이의를 제기하면서 발언
> 한 진술이 문제되었다. 피고는 원고가 발간한 회고록이 진짜가 아니라고(nicht authentisch)
> 주장하지는 않았으나, "진짜임이 담보되지 않는다"고("nicht sichergestellt") 주장하면서 그 진
> 정성을 의심하게 하는 인상을 주는 사실과 이를 뒷받침하는 여러 증거를 제시하였다. 그러나
> 원고 제출 증거에 의하면 저자가 구술하고 이를 타자로 녹취하는 과정에서 생략, 변경, 추가
> 된 것이 있었으나 그것은 모두 저자의 생각에 따른 것이었고, 저자의 사후에는 그의 메모를
> 참조한 것이었으며, 이를 보면 회고록의 진정성에는 의문을 제기할 수 없었다. 독일 연방대
> 법원(BGH)은 의문, 추측이나 가능성의 표현 또는 하나의 질문의 제기로도 주변 사정에 따라
> 서는 사실적시로 인정될 수 있다고 하면서 해당 피고의 발언을 금지하는 원고의 청구를 인용
> 하는 취지로 판시하였다.

> Hatfill v. N.Y. Times Co., No. 04-CV-807, 2004 WL 3023003 (E.D. Va. Nov. 24,
> 2004)
>
> 명예훼손적 비난은 추론, 함축 또는 암시에 의해서도 행해질 수 있고; 사실상 명예훼손적
> 인 것이라면 의미가 감춰진 모드가 얼마나 기교적이거나 위장된 것이든 문제되지 않는다.

가. 간접적·우회적 표현

대법원에 의하면 "명예훼손죄에 있어서 사실의 적시는 사실을 직접적으로 표현한
경우에 한정될 것은 아니고, 간접적이고 우회적인 표현에 의하더라도 그 표현의 전취
지에 비추어 그와 같은 사실의 존재를 암시하고, 또 이로써 특정인의 사회적 가치 내
지 평가가 침해될 가능성이 있을 정도의 구체성이 있으면 족한 것"이라고 한다.[92]

> 대법원 2000. 7. 28. 선고 99다6203 판결 [경향만평]
>
> "민법상 불법행위가 되는 명예훼손이란 사람의 품성, 덕성, 명성, 신용 등 인격적 가치에
> 대하여 사회로부터 받는 객관적인 평가를 침해하는 행위를 말하고, 그와 같은 객관적인 평가
> 를 침해하는 이상, 의견 또는 논평을 표명하는 표현행위에 의하여도 성립할 수 있다(대법원
> 1988. 6. 14. 선고 87다카1450 판결, 1997. 10. 28. 선고 96다38032 판결, 1999. 2. 9. 선고 98

---

91) Wenzel, aaO., Rn. 2.11.
92) 대법원 1991. 5. 14. 선고 91도420 판결, 대법원 1994. 10. 25. 선고 94도1770 판결, 대법원 2000. 7. 28.
   선고 99다6203 판결 [경향만평], 대법원 2003. 1. 24. 선고 2000다37647 판결 등.

다31356 판결[연극비평] 등 참조). 다만 단순한 의견 개진만으로는 상대방의 사회적 평가가 저해된다고 할 수 없으므로, 의견 또는 논평의 표명이 사실의 적시를 전제로 하지 않는 순수한 의견 또는 논평일 경우에는 명예훼손으로 인한 손해배상책임은 성립하지 아니하나, 한편 여기에서 말하는 사실의 적시란 반드시 사실을 직접적으로 표현한 경우에 한정할 것은 아니고, 간접적이고 우회적인 표현에 의하더라도 그 표현의 전취지에 비추어 그와 같은 사실의 존재를 암시하고, 또 이로써 특정인의 사회적 가치 내지 평가가 침해될 가능성이 있을 정도의 구체성이 있으면 족하다(대법원 1991. 5. 14. 선고 91도420 판결 참조).”

대법원 2003. 1. 24. 선고 2000다37647 판결 [대선후보 토론회]

이 사건에서 대법원은 질문에 의해서도 명예훼손이 성립할 수 있고, 타인의 주장 또는 풍문을 인용하는 형식을 취하였다 할지라도, 발언의 전취지로 보아 자신의 생각을 우회하여 표현한 것에 불과하다면 그 발언의 형식에 불구하고 명예훼손책임을 면할 수 없다고 판시하고 있다.

대법원 2008. 7. 10. 선고 2008도2422 판결 [댓글 명예훼손]

인터넷 포탈사이트의 기사란에 마치 특정 여자연예인이 재벌의 아이를 낳았거나 그 대가를 받은 것처럼 댓글이 달린 상황에서 추가로 “지고지순이란 뜻이 뭔지나 아니? 모 재벌님과의 관계는 끝났나?”라는 내용의 댓글을 추가 게시한 경우 법원은 위와 같은 댓글이 이루어진 장소, 시기와 상황, 그 표현의 전 취지 등을 종합해보면, 피고인의 위와 같은 행위는 간접적이고 우회적인 표현을 통하여 위와 같은 허위 사실의 존재를 구체적으로 암시하는 방법으로 사실을 적시한 경우에 해당한다고 판시하였다.

대법원 2008. 11. 27. 선고 2007도5312 판결

객관적으로 피해자의 사회적 평가를 저하시키는 사실에 관한 보도내용이 소문이나 제3자의 말, 보도를 인용하는 방법으로 단정적인 표현이 아닌 전문 또는 추측한 것을 기사화한 형태로 표현하였지만, 그 표현 전체의 취지로 보아 그 사실이 존재할 수 있다는 것을 암시하는 방식으로 이루어진 경우에는 사실을 적시한 것으로 보아야 한다

대법원 2011. 12. 22. 선고 2008도11847 판결 [주가조작 의혹]

갑 정당 소속 국회의원인 피고인이 제17대 대통령 선거와 관련하여 을 정당의 병 후보자에게 불리하도록 병 후보자에 관하여 허위의 사실을 공표하였다는 내용으로 기소된 사안에서, 대법원은 피고인이 간접적이고 우회적인 표현 방식을 통하여 병 후보자가 ‘정의 주가조작 및 횡령 범죄행위에 가담하였다’라는 사실 등의 존재를 암시하였으며, 피고인이 사실의 적시가 아니라고 주장하는 부분만을 떼어내 보면 비록 내용 중 일부 표현을 하면서 단정적인 문구를 사용하지 않고 가치판단이나 의견 표현으로 보이는 부분이 있지만, 그러한 가치판단이나 의견도 일정한 사실을 전제로 하고 있으므로 전체적으로 볼 때 병 후보자에 대한 사회적 가치 내지 평가를 그르치게 할 가능성이 있을 정도의 구체성을 가진 사실을 공표하였다고 본 원심판단을 수긍하였다.

나아가, 대법원은 "구체적인 사실의 적시가 있다고 하기 위해서는, 반드시 그러한 구체적인 사실이 기사 내용 중에 직접적으로 명시되어 있을 것을 요구하는 것은 아니지만, 적어도 기사 내용 중의 특정 문구에 의하여 그러한 사실이 곧바로 유추될 수 있을 정도의 표현은 있어야 할 것"이라고 한다.[93]

독일 판례에 의하면, 가치판단에 기한 표현행위도 동시에 독자로 하여금 평가로 치장된 구체적인 과정을 생각하게 하는 경우에는 사실주장으로 판단될 수 있고,[94] 하나의 사실관계에 관해 평가적 표어(wertender Schlagworte)를 사용하여 축약·재현하는 경우에도 허위의 사실적시를 포함할 수 있다고 한다.[95]

BGH, Urteil vom 30.01.1996 - Ⅵ ZR 386/94 - "Der Lohnkiller"

피고는 한 도시의 조직범죄의 실상을 고발 폭로하는 서적('임금도둑')을 발간하면서 시경찰 책임자였던 원고가 사창(私娼) 운영자의 이익을 위해 일하였다는 한 취재원의 말을 인용하여 보도하였다.

독일 연방대법원은 "원고가 매춘업자를 위해 일했다"는 증인의 진술을 인용한 것은 사실주장으로 보아야 한다고 하면서 다음과 같이 설시하였다. "가치판단과 사실이 혼합된 표현행위의 경우 가치판단에 기한 표현행위도 동시에 독자로 하여금 평가로 치장된 구체적인 과정을 생각하게 하는 경우에는 사실주장으로 판단될 수 있는 한편, 가치판단의 요소가 우세하여 전체를 가치판단으로 취급할 표현행위의 경우 사실적 요소를 떼어내 그것을 따로 추론의 근거로 삼는다면 표현의 자유를 침해할 수 있다. 이 사건에서 원고가 유곽(遊廓) 주인을 위해 일했다는 진술은 그 자체만으로 구체적인 사태의 상세한 내역이 전달되는 것은 아니지만, 편견없는 독자들에게 양자 간에는 통상적이 아닌 특별한 관계가 있었고 원고는 그에게 유리하게 행위했다는 점을 인식시키므로 전혀 실질이 없는 가치판단이 아니다. 이러한 사실정보는 피고의 서적에서 인용이 자리잡은 상호 연관적 문맥에 의해 더 구체화되고 있다."

BGH 1992. 11. 17. - Ⅵ ZR 352/91 -„Ketten-Mafia"

회람문에 '마피아 연계조직'("Ketten-Mafia")이라는 표현은 그 자체만 보면 단순한 주관적 평가이지만, 그것이 구체적이고 입증가능한 과정에 의해 내용적으로 채워진 문안의 제목에 표어적으로 쓰여진 경우에는 사실적시로 간주될 수 있다.

나. 자연적·통상적 의미와 이뉴엔도

영미 판례에 의하면 하나의 진술에서 나오는 명예훼손적 의미는 ① 자연적·통상적 의미와 ② 이뉴엔도에 의해 도출된다고 한다. 이뉴엔도(legal innuendo)는 진술의 문

---

93) 대법원 2007. 6. 15. 선고 2004도4573 판결, 대법원 2023. 7. 13. 선고 2022다291320 판결 [정정보도] 참조.
94) BGH 1996. 1. 30. - Ⅵ ZR 386/94 - "Der Lohnkiller".
95) BGH 1992. 11. 17. - Ⅵ ZR 352/91 - „Ketten-Mafia".

안만으로는 명예훼손적이지 않지만, 독자들이 갖는 특정한 사실의 지식과 결합하여 명예훼손적 의미가 전달되는 경우를 말한다.

첫째, 사실적시가 명예훼손적 의미를 갖는지 여부는 그 "사용된 언어의 그 자연적·통상적 의미("natural and ordinary" meaning)에 따라 모든 사람의 공통된 이해에 합치되는 의미로 해석해야 하며, 그보다 더 엄격하거나 완화된 의미로 해석하여서는 아니 된다."96) 자연적 통상적 의미는 명시적인(explicit) 문구적 의미뿐 아니라 묵시적으로 (implicit) 함축된 의미도 포함할 수 있다. 즉 명시적인 문안뿐 아니라 독자들이 행간을 읽어 이해하는 바도 참고하게 된다.97)

> Jones v. Skelton [1963] 1 WLR 1362, 1371
>
> "명예훼손법에서 자연적이고 통상적인 의미는 반드시 진술의 문구적 의미뿐 아니라; 그것은 공표행위의 문구 자체에 의해 또는 이성적인 독자가 특별한 지식이 아닌 일반적 상식에 의해 그 어귀에서 도출하게 될 함축(implication)이나 추론(inference)에 의해 전달될 수도 있다.

둘째, 어떤 진술이 표면적으로는 명예훼손적인 의미를 갖지 않지만, 그 진술에서 언급되지 않은 어떤 특정한 지식이나 정보를 가진 사람들에게는 특수한 의미가 이해되어 피해자의 명예를 저하시키는 경우에도 명예훼손적 표현행위로 판단될 수 있다(이른바 innuendo에 의한 명예훼손). 이 경우 원고는 그 기사를 읽는 독자들 사이에 그 특수한 의미를 이해할 수 있는 특정한 지식이나 정보를 가진 사람들이 있다는 것을 주장·입증하여야 한다.98)

> Cassidy v. Daily Mirror Newspapers Ltd [1929] 2 KB 331
>
> 영국에서는 2인 남녀의 사진을 '약혼자들'이라는 설명과 함께 보도한 사례에서 위 이뉴엔도의 법리가 적용된 바 있다. 그 사진도 설명도 그 자연적 통상적 의미에서는 명예훼손적일 수 없다. 그러나 그 사진의 인물 중 하나가 기혼자라면 그 보도는 이를 아는 사람들에게 그가 중혼을 의도한다는 함축을 전달하게 될지 모른다. 더구나 그 사진 중 어느 한 사람의 적법한 배우자를 아는 독자들에게 그 보도는 그 배우자가 사진 중 한 인물과 결혼하지 않고도 결혼하였다고 허위로 주장하였다는, 그 배우자에 대한 명예훼손적 의미를 전달하게 될 것이다. 실제로 위 사건에서는 사진 속 남자의 적법한 배우자가 제소하였는데 위와 같은 이유로 승소하였다.

---

96) Townshend v. Dr. Hughes (1693) 2 Mod. i50, i59.

97) 통상적인 독자는 "그의 세상사에 관한 일반적 지식과 경험에 비추어 행간을 읽거나 읽을 수 있다."(Lewis v Daily Telegraph, Lord Devlin).

98) 예를 들면, "갑은 훌륭한 광고자"라는 말 자체는 무해하지만, 그가 변호사라는 외부사실을 아는 사람들에게 공표된 경우에는 그가 변호사로서 금지된 광고행위를 행한다는 명예훼손적 이뉴엔도를 갖는다.

이와 유사하게 미국 판례는 진술 자체가 명예훼손적인 경우(이른바 libel per se)와
달리 진술 자체만 보아서는 명예훼손적 의미가 없지만, 그 사용된 맥락에 의해 명예훼
손적 의미를 갖게 되는 경우(미국 판례상 이른바 libel per quod의 법리)를 구별하여 논한다.

다. 의식적인 불완전한 표현

독일 판례에 의하면 명예침해적 사실을 추론할 수 있는 여러 사실을 보도함에 있
어서 의식적으로 판단에 중요한 일부 사실을 묵비하는 불완전한 사실보도는 금지될
수 있다고 한다.

BGH 2005. 11. 22 - VI ZR 204/04 [의식적인 불완전한 보도]

피고(기자)는 한 부인(제보자)의 제보 서신을 받고 다수 언론에 기고하면서 한 신부가 미
성년자를 협박하여 성관계를 갖고, 그에 의해 임신한 미성년자가 낙태하게 되었는데, 카톨릭
추기경인 원고가 이를 알게 되었음에도 불구하고 해당 신부를 해고하지 않았다고 주장하면
서, 제보자인 부인이 문제 신부와 피해자의 이름 및 그 연락처를 원고에게 밝히길 거부하였
다는 점을 밝히지 않았다.

독일 연방대법원은 의식적인 불완전한 보도는 위법하다고 하면서 다음과 같이 판시하였다.
"독자들 자신이 인식하여 추론할 수 있도록 사실을 보도하는 경우 사건에 관해 다른 비중을
줄 수 있었던 중요한 사실과 옳게 핵심을 판단하려는 독자들이 알아야 할 필수적인 사실이
묵비되어서는 안된다. 다툼없는 다수의 사실로부터 하나의 특정한 명예훼손적 결론을 내는
것이 당연한 경우 판단에 중요한 의미를 갖는 사실을 의식적으로 묵비하는 불완전한 보도는,
편견없는 평균 독자에게 이 사실의 묵비에 의해 그릇된 인상을 생기게 하는 경우, 법적으로
허위 사실주장과 같이 취급되어야 한다. 부분적 진실만을 전달하여 수용자로 하여금 그 표현
행위에서 피해자를 잘못 평가하게 하는 사실 주장은 그 이유만으로 위법하다. 따라서 독자들
이 사건 전반에 관해 피해자에게 유리한 판단에 이르게 할 사실을 묵비하여서는 안된다.
그 경우 그러한 불완전한 보도에는 의혹보도에 적용되는 원칙이 적용된다. 여기서도 완전
한 보도에 의해 독자들에게 피해를 없애는 사정이 전달되어야 한다. 그러므로 특히 실명으로
보도된 기사에서 사실의 축약은 독자들이 피해자에 관해 일방적으로 전해진 부정적 측면에
따라 피해자의 왜곡된 상을 얻게 하는 데까지 나가서는 안된다."

피고는 원고가 미성년자 및 신부의 이름을 알지 못했다고 하는 정보를 의식적으로 은닉함
으로써 완전한 보도의 원칙을 위반하였고, 피고의 그러한 보도를 금지한 것은 정당하다는 것
이 결론이었다.

BGH 1999. 10. 26. - VI ZR 322/98 - „Vergabepraxis"

피고 신문 기자는 한 방송사 송신탑 신축 공사 계약에 관해 방송사 담당 간부(원고)를 지
목하여 "오랜 친구에게 위임 - 건축 부패?"라는 제하의 기사에서 원고는 건설기업 이사와
오래 같은 회사에 근무한 바 있고, 그 이사는 부패혐의로 수사를 받은 적이 있으며, 양인은
사적인 교섭에 의해 공모 아닌 수의계약으로 공사를 위임하였다고 보도하였으나, 그 공사금
액이 제시된 최소 금액이었다는 점을 누락하였다. 연방대법원은 보도된 진실한 사실로부터

특정한 (명예훼손적) 추론이 나오게 되는 경우, 은비된 사실을 언급했더라면 그러한 추론이 나오지 않았을 것이고, 그러한 사실을 은비함으로써 사심 없는 평균적 독자에게 잘못된 모습을 생각하게 할 수 있다면, 그것은 의식적인 불완전한 보도로서 법적으로는 허위사실 주장과 같이 취급해야 한다고 판시하였다.

라. 숨겨진 주장

명예훼손적 진술은 명시적으로 행해질 수 있을 뿐 아니라 행간에 숨겨진 주장에 의해 이루어질 수 있다. 숨겨진 주장은 상세한 설명을 하는 과정에서, 예를 들어 사소한 과정의 강조, 과장, 의도의 전가, 추정적인 비교[99] 등에 의해 또는 관련 사실을 일부 생략함으로써[100] 현실과 부합하지 않는 상이 제시되는 경우에 존재하게 된다.[101]

이렇게 숨겨진 사실주장은 독자들의 추측 여지를 확대하여 오해의 범위를 넓힐 수 있는 한편, 피해자로서는 방어할 대상과 그 근거를 찾음에 어려움이 있을 뿐 아니라, 그 방어를 위해 종종 자신의 보호받는 인격영역에 관한 언급을 강요당하게 될 것이기 때문에 그에 의한 피해자의 이익을 보호할 필요가 있다.[102]

그러나 행위자는 그가 행하지 아니한 표현내용에 대해 책임이 추궁될 수 없다는 기본 원칙에 비추어 보면 숨겨진 진술을 인정하여 책임을 추궁함에는 특별히 신중을 기하여야 한다. 독일 판례에 의하면, 숨겨진 진술에 대해 책임을 추궁할 수 있는 경우는 진술을 전체적 연관 하에서 보아 저자가 명시적인 개개 진술의 종합에 의해 독자에게 전달하려는 사실이 명료하게 나타나는 불가피한 것이어야 한다.[103] 따라서 독자들이 임의로 지나치게 추리하는 바에 따라 책임을 지울 수는 없다. 즉 독자들이 계쟁 문안에서 명료하게 표현되지 않은 숨겨진 주장을 생각해 낼 수 있다는 단순한 가능성만으로 그러한 추가적 진술이 있다고 그 의미를 넓게 해석하여 법적 책임을 추궁하여서는 안된다.[104]

---

99) 군의 건설국장에 선임된 원고를 비판하면서 그가 무자격이라고 명시적으로 표시하지 않았으나, 정당 연고로 선임된 유사한 사례를 언급하면서, 원고가 선임된 건설국장에 지원한 자는 18인이었고, 그 중 3인이 면접을 보게 되어 있었으나, 오직 여당 출신인 원고 1인만이 면접에 나왔다고 언급한 경우에는 숨겨진 표현에 대해 책임이 있다고 판시한 사례가 있다(BGH 1982. 2. 9. - Ⅵ ZR 123/80 - Schwarzer Filz).

100) 전술한 BGH 2005. 11. 22 - Ⅵ ZR 204/04 [의식적인 불완전한 보도] 참조.

101) Wenzel, aaO., Rn. 12.74.

102) BGH 1980, 7. 8. - Ⅵ ZR 159/78 - „Das Medizinsyndikat Ⅲ" [숨겨진 사실 주장].

103) 피해자가 언론 보도에 숨겨진 진술이 있다고 주장하면서 그에 대해 반론보도를 구하는 경우, 이를 허용하려면 그 보도의 명시된 개개 진술내용을 종합하여 그러한 숨겨진 진술의 존재가 의심의 여지없이 드러나는 경우이어야 한다(BVerfG 2007. 12. 19. - 1 BvR 967/05).

104) 독자들이 계쟁 문안에서 명료하게 표현되지 않은 숨겨진 주장을 생각해 낼 수 있다는 단순한 가능성만으로 그러한 추가적 진술이 있다고 보아 그에 대한 반론을 인용할 수 없다(BGH 1980. 7. 8. - Ⅵ ZR 159/78). 단순한 오해가능성이 있다는 이유만으로는 숨겨진 주장의 존재를 인정할 수 없다

BGH 1980, 7. 8. - Ⅵ ZR 159/78 - „Das Medizinsyndikat Ⅲ" [숨겨진 사실 주장]

명예훼손적 진술은 명시적으로 행해질 수 있을 뿐 아니라 명시적인 개개 진술의 종합 속에 숨겨져("versteckt") 행간에("zwischen den Zeilen") 존재하는 비난에 의할 수도 있다. 피해자 자신이 찾아내야 하는 이러한 숨겨진 진술은 그에게 방어할 확실한 근거를 주지 않거나 종종 피해자로 하여금 그의 인격영역에 관한 표명을 강요하게 되며, 독자들의 추측 여지를 확대하여 오해의 범위를 넓힐 수 있기 때문에 피해자 보호를 위해 특별히 고찰할 필요가 있다.

그러나 숨겨진 진술을 인정함에는 각별히 신중을 기해야 한다. 공공이 특별한 관심을 갖는 사안에서 독자들이 계쟁 문안에서 명료하게 표현되지 않은 숨겨진 주장을 생각해 낼 수 있다는 단순한 가능성만으로 그러한 추가적 진술이 있다고 그 의미를 넓게 해석하여 책임을 추궁한다면 표현의 자유와 양립하지 않게 될 것이다.

그러므로 독자들이 부인할 여지없이 그러한 숨겨진 주장을 추론해 낼 수 있는 경우에 한하여, 즉 저자가 그러한 숨겨진 추론결과를 자신의 생각으로 독자에게 전하는 경우에만 그 존재가 인정될 수 있다. 그에 반해 저자가 독자로 하여금 명시된 개별 진술의 전체 연관에서 어떠한 사실관계를 추리해 내게 하든 그들 자신의 판단에 맡기는 경우에는 저자 자신에 의한 숨겨진 진술이 있다고 간주될 수 없다. 저자가 명시적으로 제시한 여러 사실에 근거하여 독자들이 어떠한 억측을 내리든 저자는 막을 수 없고, 실제로 저자가 명시적이든 숨겨진 형태로든 주장하지 않았음에도 독자들이 이해하는 바에 따라 그러한 추가 진술이 있다고 보아 저자에게 책임을 추궁할 수는 없기 때문이다.

그 경우에는 구체적 명시적으로 표현된 내용보다는 그 숨겨진 본래의 발언 핵심을 대상으로 책임 여부를 정해야 한다.

BVerfG 2004. 2. 19. - 1 BvR 417/98 [숨겨진 폄훼적 사실주장의 금지]

허위의 숨겨진 사실주장을 금지하여 달라고 하는 부작위[금지]청구의 경우 법원은 숨겨진 사실주장 그 자체가 아니라 그러한 해석을 나오게 하는 원래의 표현행위를 금지할지 여부를 판단해야 한다. 이 경우 법원은 숨겨진 계쟁 사실주장을 추론케 하는 원래 보도의 개개 부분을 전파하지 말거나, 원래 기사를 공표하되 그에 보완적 해명을 덧붙이도록 명하는 것이 가능하다.

마. 왜곡

서울남부지방법원 제12민사부 2006. 2. 9. 선고 2004가합7829 판결 ['대통령 부인 비하 발언'][105]

원고는 2004. 3. 개최된 '노무현 대통령 탄핵 찬성집회'에서 사회를 보던 중 대통령의 탄핵 사유에 대한 발언을 하면서 "'많이 배우신 분[남상국 전 대우건설 사장]이 보잘 것 없는 사람 앞에서 굽실굽실하는데 그럴 필요 없습니다'라고 말한 대통령의 발언은 문제가 있습니다. 이게 언어적 살인입니다. 제가 만약 대통령 영부인의 학력이 고졸도 안 된다고 소리치면 이것

(BGH 1991. 12. 17. - Ⅵ ZR 169/91).

105) "의도된 편집방송 명예훼손", 국민일보 2006.02.10., "MBC, 공정한 척 남 비판하는 것 보면 무섭다" [중앙일보] 2009. 1. 5.

또한 언어적 살인입니다. 이래서야 되겠습니까?"라고 발언한 바 있었다.

피고 MBC는 미디어 비평 프로그램에서 '대통령 부인 비하 발언'이라고 하면서 원고의 위 발언 중 "고등학교도 안 나온 여자(노무현 대통령의 부인 권양숙 여사를 지칭)가 국모 자격 이 있느냐"는 부분만을 발췌하여 편집 방송하였다. 방송 직후 원고는 네티즌들로부터 2,500 여통의 비난 전화와 500여통의 협박 문자메시지를 받게 되었다.

원고는 피고 MBC가 위 집회에서 한 자신의 발언 중 일부만 발췌, 보도해 그의 명예를 훼 손했다고 주장하면서 손해배상을 청구하였다. 피고는 편집권을 내세워 항변하였으나, 법원은 취재 상대방 발언의 전체적인 취지가 함께 방송될 수 있게 편집할 의무가 있을 뿐, 전제가 되 는 발언을 거두절미한 채 의도적으로 편집해 원고의 사회적 평가를 저해시킨 경우 책임을 면 하지 못한다고 하여 피고에게 1000만원의 손해배상을 명하였다.

법원은 "언론기관이 특정 사실의 보도 및 이에 대한 논평을 하거나 방송내용을 뒷받침하 기 위해서 타인의 발언 일부를 발췌하여 인용보도하는 경우 그 발언자의 진의 또는 그 발언 자의 발언의도를 훼손하지 않아야 할 것이고, 최소한 그 발언자가 한 발언 중 앞뒤의 말을 생 략하여 일반인들이 발언자의 발언의 의미를 정반대의 취지로 이해하거나 전혀 다른 의미로 이해할 위험성이 있도록 편집하여서는 아니된다"고 이유를 설명하였다.

바. 다의적 표현행위의 처리 - 독일 판례

독일 판례는 편견없고 이성적인 청중이 해당 표현행위를 다의적으로 인지하거나 청중의 상당 부분이 그 내용을 달리 이해하는 경우에 법원이 취할 조치에 관해 언급한 바 있다. 이 경우 법원은 다양한 의미를 갖는 표현에 대하여 다른 의미로 해석될 가능 성을 미리 배제한 채, 처벌될 수 있는 내용으로 의미를 확인하는 경우에는 표현의 자 유를 침해하게 된다. 이 경우 많은 단어나 개념이 의사소통의 맥락에 따라 다양한 의 미를 가질 수 있음도 고려하여야 한다.

BVerfGE 93, 266 [296] - 'Soldaten sind Mörder'('군인은 살인자')

논란되는 표현행위의 의미를 잘못 인식하고 그에 기해 법적 평가를 내린 판결은 표현의 자유의 기본권에 저촉된다. 다의적 표현행위의 경우 법원이 유죄판결로 귀결되는 의미에 터 잡으면서 다른 가능한 해석을 배제하는 이유를 적절하게 미리 설시하지 않는 경우에도 마찬 가지다. 그 경우 물론 법원은 표현행위의 문안 또는 정황에 의해 뒷받침되지 못하는 동떨어 진 방안이나 구체적인 정황 속에서 전혀 연관을 찾을 수 없는 추상적인 해석 방안을 전개할 필요가 없다. 그럼에도 문안이나 정황이 명예를 침해하지 않는 해석을 허용하는 경우 이를 간과한 형사판결은 기본법 제5조 제1항 제1문[표현의 자유]을 위반하게 된다. 그 경우 또 유 의할 것은 상이한 커뮤니케이션 관계에서 많은 단어나 개념은 여러 의미를 가질 수 있다는 점이다. 특히, 일상 용어에서 법적인 전문용어가 다른 의미로 사용되는 경우가 그렇다. 그러 므로 그 표현행위가 일상적 용어로 사용되었음에도 전문적·특수적 의미에 근거해 유죄판결 하는 경우에도 현저한 헌법적 과오가 된다.

BGH 2008. 3. 11. - VI ZR 7/07 "Gen-Milch"

환경단체 그린피스가 유전자조작 사료를 먹인 암소의 우유에 대해 "유전자조작 우유"("Gen–Milch")라고 표시하자 그 제조사가 그 표현의 금지를 청구한 사안에서 독일연방대법원은 다의적 표현행위가 허위 의미로 이해될 수도 있는 경우에는 금지될 수 있으나, 일정한 사실관계의 주장으로 파악되지 않는 슬로건이나 표어적 표현행위에서는 그렇지 않다고 하면서, 개별 수용자가 그 말에서 그 객관적 의미내용에 부합하지 않는 주관적 연상에 이르는 해석을 할 수 있다는 단순한 가능성만으로는 그 금지청구권을 뒷받침하지 못한다고 판시하였다.

독일 판례에 의하면 다의적인 표현행위가 피해자의 인격권을 침해하는 것으로 또는 그렇지 않은 것으로도 해석될 수 있는 경우 인격권 침해적 해석이 가능하다는 이유만으로 이를 처벌하거나[106] 손해배상 또는 취소·정정을 명할 수는 없다고 한다.[107] 이 경우 법원이 인격권 침해적 해석에 의해 표현행위자를 제재하려면 인격권을 침해하지 않을 수 있는 해석을 취하지 않는 이유를 미리 설명하여야 한다.[108]

그러나 장래에 그러한 다의적 표현행위를 하지 말 것을 명하는 부작위[금지]청구는 허용될 수 있다.[109] 위와 같이 금지된 표현행위자는 인격권 침해적 해석이 배제되는 일의적 표현행위를 다시 할 수 있기 때문이다.

BVerfGE 114, 339 (2005) - "Stolpe" [다의적 표현행위]

피고 정치인은 1996년 한 TV방송에 출연하여 당시 논란되던 정치문제에 반대 입장을 가졌던 이 사건 피해자(Manfred Stolpe)에 관해 그는 구동독 지배 당시 동독 안보부("Stasi")의 비공식협조자(IM–Sekretär)로서 그를 위해 일하였다는 취지로 비난하였다. 피해자는 구 동독 치하에서 20년간 동독의 한 교구 책임자였다가 통일 후에는 브란덴부르크주의 수상을 지낸 인물이었다.

피해자(헌법소원 심판청구인)는 그가 동독 안보부와 접촉한 것은 교회의 인도주의적 역할을 확대하기 위한 것이었지 교회 사정을 염탐하여 정보를 제공하는 등 동독 공신당 지배를 교회에 이끌어 들이려 한 것은 아니라고 주장하면서, 피고의 표현행위를 금지하여 달라고 제소하였다.

피고의 표현행위는 사실주장으로서 피고 또는 피해자 어느 일방에도 유리한 해석이 가능한 다의적 표현행위였기 때문에 어떠한 해석이 기준으로 되어야 하는가가 쟁점이 되었다.

먼저, 연방헌법재판소는 편견없고 이성적인 청중이 그 표현행위를 다의적으로 인지하거나 청중의 상당 부분이 그 내용을 달리 이해하는 경우에는 다의적인 내용에 대해 다시 심사하여

---

106) 정치적 공방에서 형법의 명예훼손 조항에 의해 유죄판결에 기초가 되는 표현행위를 확정함에는 표현행위의 내용이 조사될 관점과 기준이 기본법 제5조 제1항[표현의 자유]에 부합해야 한다. 이 경우 표현행위자가 실제로 의도하지 않은 의미를 법원이 숨겨진 사실적시로 확인하여 처벌한다면 표현의 자유는 침해된다(BVerfGE 43, 130 [136] – Flugblatt).

107) BVerfGE 114, 339, 2005. 10. 25. – 1 BvR 1696/98, – "Stolpe".

108) BVerfGE 82, 43 [52], 93, 266 [295 ff.], 94, 1 [9], 114, 339.

109) BVerfGE 114, 339.

야 한다고 전제하고, 확정된 판례에 의하면, 과거에 행해진 다의적 표현행위에서 그 문안이
나 정황으로 보아 인격권을 침해하지 않는 해석이 가능한 경우라면 바로 그에 대해 민형사상
제재(형사 판결, 민사상 손해배상, 취소 정정 판결)를 가할 수 없고, 그러려면 인격권을 침해
하지 않는 해석을 취하지 않고 침해적 해석에 근거하는 이유를 미리 설시하여야 한다고 판시
하였다.

"연방헌법재판소는 과거의 다의적 표현행위를 대상으로 한 형사적 또는 민법적 제재를 심
사함에 있어서는 법원이 다의적인 표현행위에 있어서, 제재를 정당화할 수 없는 해석을 적절
한 이유에 의해 미리 배제하지 않은 채, 유책적 판결로 이어지는 의미에 근거하는 경우에는
표현의 자유를 침해한다는 원칙에서 출발한다(vgl. BVerfGE 82, 43 [52]; 93, 266 [295 ff.];
94, 1 [9]). 위 판례에 의하면 표현행위의 문안이나 정황이 인격권을 침해하지 않는 해석을
허용하는 경우라면, 그에 대한 형사판결(vgl. BVerfGE 43, 130 [136]; 93, 266 [296]) 또는 손
해배상이나, 취소, 정정을 명하는 민사 판결(BVerfGE 85, 1 [18]; 86, 1 [11 f.])은 기본법 제5
조(표현의 자유) 제1항 제1문에 반하게 된다. 만일 표현행위자가 의도한 의미를 벗어난 해석
때문에 국가적 제재를 당할 것을 우려한다면, 개인적인 의견의 자유에 대한 침해를 넘어 의
견의 자유의 기본권 행사 일반에 부정적인 효과가 발생할 것이다. 그러한 경우 국가의 제재
는 그 위축효과 때문에 자유로운 언론, 자유로운 정보 및 자유로운 의견형성을 민감하게 다
칠 것이고, 그에 의해 의견의 자유는 그 실질을 타격받게 될 것이다(vgl. BVerfGE 43, 130
[136]; 54, 129 [136]; 94, 1 [9])."

그러나 이 사건에서 피해자는 과거에 행해진 다의적 표현행위가 아니라 피고가 장래에 그
러한 동일한 표현행위를 하지 못하도록 금지하여 달라고 청구하고 있기 때문에 그에 관해 다
시 판단해야 했다. BGH는 문제된 표현행위가 다의적인 것임을 인정하고 그것이 피해자의 인
격권을 침해하는 것이라 하더라도, 피고는 공적 사항에 관해 공공의 알 권리를 충족시키기
위해 언급한 것이므로 형법 제193조의 정당한 이익의 옹호 조항에 의해 면책된다고 보고, 피
고의 표현행위는 허용된다고 판시하였다.

그러나 연방헌법재판소는 그러한 결론이 틀린다고 하면서 다음과 같이 판시하였다.

"표현행위자는 그의 진실 및 조사의무에서 나오는 확장된 설명의무 이외에 명예 침해적
주장을 위해서는 반박 없는 언론보도를 참조함으로써 충분하다"는 판례(BVerfGE 85, 1 [21
ff.] — 평인의 특권)를 인용하면서, "그러나 그것은 언론보도가 제기된 주장을 뒷받침하기에
적합한 경우에만 적용된다. 전파된 주장에 의문이 제기되고 있다는 점을 표현행위자가 알았
다면 그는 이 언론보도를 내세울 수 없다(BVerfG, Beschluss vom 23. Februar 2000 — 1
BvR 456/95). 그러므로 진실의무는 표현행위자에게 열려진 탐사 가능성을 완전히 이행할 의
무를 넘어서는 것이다. 표현행위자는 그에 의해 전파된 주장이 그의 조사결과에 의해 커버되
지 않는 경우 이를 알려야 한다. 그는 그의 인식 상태에 따라 다투어지거나 의심스런 사실을
확정적인 것으로 제기할 수 없다"(BVerfGE 12, 113 [130 f.]; BVerfG, 2000. 2. 23. 1 BvR
456/95)고 설시하였다.

그런데 이 사건에서는 피해자에게 불리하거나 유리한 어떠한 해석 방안에 관해서도 진위
증명이 불가능하였다. 쉬타지(동독 비밀경찰)의 기록은 모두 폐기되었고 피고가 판례에 의해
요구되는 설명의무에 따라 제출한 여러 증빙사실도 그 주장을 뒷받침하기에는 미흡하였기

때문이다.

연방헌법재판소가 내린 결론에 의하면, 표현행위자가 공공에 알려진 사실(피해자가 동독 안보부 협력자였다는 사실)에 기해 피해자의 인격권을 침해하는 특정한 시각(피해자가 동독 안보부에 서약을 하고 동독의 공산 지배체제를 교회에 확대하였다는 시각)을 — 그 점에 관해서는 진실임이 입증되지 않았고 충분한 주의로써도 조사될 수 없었다 — 자신의 생각으로 표현하는 경우에는 피해자의 인격권보호의 이익을 위해 이 시각이 논란되고 있고, 사실관계가 실제로 해명되지 않았다는 점을 밝혀야 한다는 것이었다. 이 경우 피해자가 공인이었고, 표현행위자가 위 시각의 바름을 위해 설명의무와 증빙제출의무를 다한 경우라도 상관이 없다.

그렇다면 위와 같은 해명이 없음에도 피해자의 인격권을 침해하는 피고의 사실 주장을 허용한 BGH판결은 취소되어야 한다는 것이 연방헌법재판소의 결론이었다.

Ⅱ. 진실의 항변

1. 연혁 및 비교법적 고찰

명예훼손에 대한 진실의 항변은 명예훼손법에서 가장 오랜 역사를 갖는 면책 항변이고, 언론의 자유를 위해 중요한 의미를 갖는다. 이렇게 진실을 면책시키는 논거는, 첫째 명예훼손법은 개인이 갖지 아니한 성품을 보호하지 않으며, 원고는 그가 누릴 가치가 없는 명예를 훼손당했다고 불만할 이유가 없다는 점,[110] 둘째 개인에 관해 진실한 사실을 확인할 공공의 이익은 사회적 편의를 위해 필요하다는 데 있다.[111]

(1) 영국 보통법상 진실의 항변

역사적으로 보아 진실의 항변(defense of truth)을 법적으로 처음 인정한 것은 영국 보통법(common law)이었다. 원래 영국 보통법 상 민사상 명예훼손에서 타인의 명예를 훼손하는 진술은 허위라고 추정(推定)되었다.[112] 그러나 명예훼손적 표현도 언급된 사실이 진실이라면 손해란 생길 여지가 없고, 손해가 없는 곳에는 구제도 주어지지 않는다는 이유로 피고가 진술한 내용이 진실이라는 점을 입증하면 그 책임을 면할 수 있게 되었다. 18세기 영국의 저명한 법학자 Blackstone경은 그의 1765-70년 저작에서 명예훼손자는 파산 직전의 상인, 돌팔이 의사, 협잡하는 변호사, 이교적 성직자를 경고함에 기여하였으며, 그 지적된 사실이 진실이라면 손해란 있을 수 없고 (damnum absque injuria) 손해가 없는 곳에는 구제도 주어지지 않는다고 설파하였다.[113] 진실의

---

110) M'Pherson v Daniels (1829) 10 B & C 263. 진실 항변의 현대적 논거는 피고의 공표 사항이 원고의 행위나 성품에 관한 정확한 것이면 원고는 배상받을 수 없다는 점에 있다. 원고는 그가 갖지 않거나 가져서는 안될 성품에 대한 손해에 관해 배상받을 자격이 없다는 것이다.

111) Fowler V. Harper, Privileged Defamation, 22 Virginia Law Review 642, 656 (1936), http://digital commons.law.yale.edu/cgi/viewcontent.cgi?article=4491&context=fss_papers.

112) Restatement (Second) of Torts 581A comment b, at 235-36 (1977).

113) 3 Blackstone, The Commentaries on the Laws of England, 118-19 (Kerr's 4th ed. 1876.

항변은 언론의 자유를 위해 피고의 항변으로 개발된 것이며 영미 보통법의 오랜 전통을 이루고 있다.[114)

이 항변은 민사소송에서 보편적으로 적용되며, 피고가 원한을 가지고 행위한 경우에도 적용된다. 이런 의미에서 진실은 완전한 항변(complete defense)으로 취급된다.[115) 진실의 항변이 제기되는 경우 쟁점이 되는 것은, 첫째 해당 진술에 의해 실제로 전달되는 비난이 무엇인가 하는 점이다. 영국법에 의하면 독자들이 해당 어휘를 여러 의미로 읽을 가능성이 있을지라도 법은 통상적인 이성적 독자가 그 어휘에 부여할 의미를 기준으로 하나의 의미를 귀속시킨다(단일 의미 규칙, "single meaning" rule).[116) 그리고 둘째 전달된 비난이 실질적으로 진실인가 여부이다.

(2) 미국 – 현실적 악의의 법리

미국에서도 명예훼손소송에서 진실의 항변에 관한 영국의 전통은 그대로 계수되었다. 그러나 미국 연방대법원은 1964년 뉴욕타임즈 판결[117)에서 헌법상 언론의 자유의 우월적 가치를 강조하면서 공무원인 원고는 피고의 진술이 허위이며, 그것이 현실적 악의에 의한 것임을 입증하여야 한다고 판시한 이래,[118) 공적 인물 또는 공적 사안에 관한 명예훼손 소송에서 진위의 입증책임을 원고에게 전도하게 되었다.

그에 의하면 공인 또는 공익 사항에 관하여 진실은 피고가 그 책임을 벗어나기 위하여 입증할 항변사항이 아니라, 원고(피해자)가 피고의 명예훼손 책임을 추궁하기 위해 그 진술이 허위임을 스스로 입증하여야 할 사항으로 변하게 되었다.[119) 그에 따라 결국 미국에서 명예훼손은 허위의 사실적시를 요건으로 하며, 진실은 절대적으로 면책된다는 것을 의미하게 되었다. 그러므로 미국에서 진실의 항변이란 개념은 법적 논의에서 사라지게 되었다.

이러한 법적 취급은 미국에만 독특한 것으로서, 수백년간 영국 보통법이 쌓아온 명예훼손법의 법적 구조에 근본적인 변화를 가져온 것이었다.[120) 미국 이외 한국을 포함한 대부분의 국가에서는

---

114) 영국 보통법에서는 13세기부터 구두명예훼손(slander)과 17세기부터 문서명예훼손(libel)이 민사상 불법행위로 다루어졌는데(Ardia, Id., p. 261 [2010]), 진실의 항변이 처음 인정된 시기는 18세기 후반으로 추정된다. 그에 비해 형사 명예훼손의 경우 1275년 귀인비훼법(De Scandalis Magnatum) 이래 진위를 불문하고 명예훼손을 처벌하였고, 형사 명예훼손에서 진실의 항변이 인정된 것은 1843년 법(Libel Act 1843, 일명 Lord Campbell's Libel Act)이었다.

115) 실질적 진실 기준은 진술이 객관적 사실에 실질적으로 부합하는가 여부만을 따질 뿐, 이 기준에 부합하는 사실의 진술이 진실한 원고의 상을 보여주는가, 아니면 허위의 상을 보여주는가 여부를 묻지 않는다. 진실의 항변을 완전한 항변으로 취급하는 영국에서는 명예훼손적 진술이 법적 의미에서 진실하다 해도 부당한 인상을 야기하고 피해자에 대해 정당화될 수 없는 경우가 생기게 된다는 점에서 비판받는다. 이에 의하면 가해자가 악의를 가지고 또는 공익 목적 없이 피해자에 관한 진실한 사실을 공개하는 경우에도 보호하게 되기 때문이다(Harper, Id., p. 656). 그에 반해 호주에서는 진실의 항변에 공익 목적이 요구되고 있다.

116) Diplock LJ in Slim v Daily Telegraph Ltd [1968] 2 QB 157, 171−172; Charman v Orion Publishing Group [2008] 1 AllER 750.

117) New York Times Co. v. Sullivan, 376 U.S. 254 (1964).

118) 위 판결은 공무원에 대한 민사상의 명예훼손 소송에서 원고는 피고의 "허위에 대한 고의 또는 진실 여부에 대한 경솔한 무시"(with knowledge or reckless disregard of its falsity)를 입증해야 한다고 판시하였다.

119) Bruce W. Sanford, Libel and Privacy, Second Edition, Prentice Hall Law & Business (1993) p. 209; Philadelphia Newspapers, Inc. v. Hepps, 475 U.S. 767 (1986).

진실의 입증책임을 피고에게 부담시키는 전통을 유지하고 있다.

(3) 독일

독일의 경우 명예훼손적 사실 적시는 진위를 불문하고 구성요건에 해당하지만, 형법상 개별적 명예훼손죄의 구성요건에 따라 그 입증책임은 달라진다. 특히 진위 입증이 문제되는 경우는 독일 형법 제186조(사실적시 명예훼손, Üble Nachrede)가 적용되는 경우이다. 동조는 진실을 증명할 수 없는 사실로서 타인을 경멸하게 하거나(Verächtlichmachen), 가치를 떨어뜨리게 하는 (Herabwürdigen) 사실을 제3자에게 진술 또는 전파하는 경우를 처벌하는데, 이 경우에는 민사상의 명예훼손도 성립한다. 그에 의하면 적시된 사실의 진실 여부를 불문하고 일단 구성요건에 해당하지만, 진실의 입증책임은 피고가 부담한다는 것이 확립된 판례이다.[121] 여기서 피고는 명예훼손적 사실의 핵심(Tatsachenkern)을 증명하여야 한다.[122] 우리의 경우와 같다고 할 수 있다.

그리고 명예훼손의 위법성 조각사유인 독일 형법 제193조(정당한 이익의 옹호)를 적용할 요건으로서 미디어는 명예훼손적 사실을 보도하기 전에 충분한 조사를 하여 진실임을 담보할 주의의무를 이행할 것을 요한다. 이 경우 독일 판례는 위 제193조를 적용함에 있어서 진실 증명이 없더라도 진실로 가정하여 비교형량하라는 입장을 취한다.[123]

(4) 오스트리아

오스트리아 형법 제111조(Üble Nachrede)는 제3자가 인지할 수 있는 방법으로 타인을 경멸적인 속성이나 성향으로 꾸짖거나, 불명예스런 행동 또는 공서양속에 저촉되는 행동으로 여론에서 그를 경멸하게 하거나 지위를 떨어뜨리기에 적합한 행동을 하였다고 주장한 자는 6월 이하의 자유형 또는 벌금에 처한다. 제3항에 의하면 행위자는 주장이 진실로 증명된 경우 벌하지 않는다. 제1항의 경우 행위자가 주장이 진실이라고 믿음에 충분한 이유를 제시할 사정을 입증한 경우에도 벌하지 않는다.

같은 형법 제112조는 "진실과 선의의 증거는 행위자가 주장사실의 정확성 또는 그의 선의를 주장하는 경우 채용될 수 있다. 사생활 또는 가정생활의 사실과 제3자의 요구에 의해서만 추궁될 수 있는 가벌적 행위에 관해서는 진실 및 선의의 증거는 허용되지 않는다."고 규정한다.

(5) 프랑스

프랑스의 1881년 언론의 자유에 관한 법률(현행법) 제29조는 "사람이나 단체의 명예나 존중을 침해하는 행위의 주장이나 비난은 명예훼손(diffamation)"이라고 정의하고, 동법 제35조는 "피의자는 그의 방어의 필요성을 위해 성질상 그의 선의(bonne foi) 또는 명예훼손행위의 진실을 증명하기에 적합한 증거를 제출할 수 있다. 단, 그 제출이 은닉을 추구하거나, 조사나 지시의 비밀 또는 여타 모든 전문적 비밀의 침해에서 유래하는 정보가 아니어야 한다."고 규정한다.

---

120) 그 법적 영향과 비판에 관하여는 전술 제2장 제4절 I 1 (3) 마 및 박용상, 영미 명예훼손법, 152−161면 참조.
121) BGH 1961. 5. 16. I ZR 175/58 − „Torsana", BGH 1985. 2. 12. − Ⅵ ZR 225/83 − "Türkol", BGH 1992. 10. 8. − I ZR 220/90, BGH 1996. 1. 30. − Ⅵ ZR 386/94 − „Polizeichef".
122) BGH 1963. 1. 15. − 1 StR 478/62 "Call−Girl−Affäre".
123) BGH 1985. 2. 12. − Ⅵ ZR 225/83 − "Türkol".

(6) 한국법제 상 진실의 항변

전술한 바와 같이 우리 민법 상 사실적시 명예훼손에서 사실의 진위는 불법행위의 성립요소가 아니며, 다만 피고는 진실의 항변 또는 상당성 항변을 제기하여 패소를 면할 수 있다. 대법원은 1988년 형법 제310조를 민사 명예훼손에도 준용하여 표현이 공공의 이해에 관한 사항으로서 그 목적이 오로지 공공의 이익을 위한 것이고 진실한 사실인 경우에는 위법성이 조각된다고 판시하였고, 이래 이 법리는 확립되었다.124)

대법원 1988. 10. 11. 선고 85다카29 판결 ['악덕 변호사']
　　"형사상이나 민사상으로 타인의 명예를 훼손하는 행위를 한 경우에도 그것이 공공의 이해에 관한 사항으로서 그 목적이 오로지 공공의 이익을 위한 것일 때에는 진실한 사실이라는 증명이 있으면 위 행위에 위법성이 없[다]."

나아가, 대법원은 적시된 사실이 진실이라는 점은 피고가 항변하여 입증해야 하며, 그 입증에는 '실질적 진실의 법리'를 채용하고, 뒤에서 보는 바와 같이 제3자의 명예훼손적 진술을 인용한 경우에는 그 진술내용이 진실임을 입증해야 한다는 입장을 취하고 있다.

의견표현의 경우에는 사실적시에 통용되는 진실항변이 적용될 수 없다.125) 다만, 우리 판례에 의하면 의견표현인 경우에도 그 전제로 하고 있는 사실이 진실하거나, 진실이라고 믿을 만한 상당한 이유가 있어야 위법성이 조각된다고 하는 입장을 취한다. 영국 보통법 또는 유럽인권재판소 판례의 공정한 논평의 법리에 의하면 가치판단에는 그에 관한 사실적 근거가 있어야 하지만, 그에 관한 입증은 진실의 항변에서 요구되는 입증보다 완화된 기준이 적용된다(후술). 우리의 경우에도 같다고 보아야 한다.

대법원 판례에 의하면 하나의 표현물에 후보자에 대한 의견표현과 사실의 적시가 혼재되어 있는 경우에는 이를 전체적으로 보아 사실을 적시하여 비방한 것인지 여부를 판단하여야 할 것이지, 의견표현과 사실의 적시 부분을 분리하여 별개로 범죄의 성립 여부를 논할 수는 없다고 한다.126)

또 진실의 항변은 명예훼손소송에만 적용되는 것이며, 프라이버시나 인격권 침해 소송에서는 항변이 될 수 없다. 즉 개인의 내밀영역, 사사적 영역 또는 신뢰영역에 해

---

124) 대법원은 1988. 10. 11. 선고 85다카29 판결에서 처음으로 형법 제310조를 민사 명예훼손에 유추 적용한 이래 같은 입장을 취하고 있다.

125) 영국 보통법 상 '공정한 논평의 규칙'(fair comment rule)은 사실 주장이 아닌 의견 또는 비판에 주어지는 특권이다. 따라서 동일한 사항에 관해 진실의 항변과 공정한 논평의 항변은 택일적으로 행사되어야 한다(John Cooke, Law of Tort, 9th edition (2009), p. 424. http://www.shabbirsite.yolasite.com/resources/Law_of_Tort-John_Cooke.pdf).

126) 대법원 1997. 6. 10. 선고 97도956 판결.

당하는 사실을 공개한 경우에는 프라이버시의 권리 내지 인격권을 침해하는 것이어서 특별히 공익이 인정되지 않는 한 진실한 사실을 공개했다 하더라도 위법성이 조각되지 않는다.127)128)

2. 진실 항변의 요건

현행법상 진실의 항변이 적용되기 위하여는, 첫째 사실의 적시가 오로지 공공의 이익에 관한 것이어야 하고, 둘째 적시된 사실이 진실하여야 하며, 셋째 표현행위로 추구하는 이익이 피해자가 입은 손해(명예 손실)에 비해 우월한 것이어야 한다.

(1) 공익 사항

가. 의의

진실의 항변이 성립하기 위해서는 먼저 해당 진술이 공공의 이해에 관한 사항으로서' 그 목적이 오로지 공공의 이익을 위한 것임을 요한다(형법 제310조).129)

적시된 사실이 공공의 이익에 관한 것인지 여부는 사실 자체의 내용과 성질에 비추어 객관적으로 판단하여야 한다.130) "적시된 사실이 공공의 이익에 관한 것인지 여부는 당해 적시 사실의 구체적 내용, 당해 사실의 공표가 이루어진 상대방의 범위의 광협, 그 표현의 방법 등 그 표현 자체에 관한 제반 사항을 감안함과 동시에 그 표현에 의하여 훼손되거나 훼손될 수 있는 타인의 명예의 침해의 정도 등을 비교·고려하여 결정하여야 한다."131)

대법원 2005. 10. 14. 선고 2005도5068 판결 [공익 사항]

"적시한 사실이 공공의 이익에 관한 것인지 여부는 당해 명예훼손적 표현으로 인한 피해자가 공무원 내지 공적 인물과 같은 공인(公人)인지 아니면 사인(私人)에 불과한지 여부, 그

---

127) BVerfG 2002. 12. 17. - 1 BvR 755/99.
128) 1881년 프랑스 언론법(현행법) 제35조는 사실 주장이 a) 개인의 사생활인 경우 b) 10년이 경과한 사실인 경우 c) 사면, 공소시효 만료 또는 재생법에 의해 말소된 사실인 경우에는 진실 입증을 허용하지 않는다. 따라서 이들 사실은 진실이라 할지라도 명예훼손으로 처벌된다. 다만, 2018년 개정으로 위 a) 및 b)항은 성범죄 행위 또는 청소년 대상 범죄의 경우에는 적용되지 않게 되었다.
129) "형사상이나 민사상으로 타인의 명예를 훼손하는 행위를 한 경우에도 그것이 공공의 이해에 관한 사항으로서 그 목적이 오로지 공공의 이익을 위한 것일 때에는 진실한 사실이라는 증명이 있으면 위 행위에 위법성이 없으며 또한 그 증명이 없더라도 행위자가 그것을 진실이라고 믿을 상당한 이유가 있는 경우에는 위법성이 없다고 보아야 할 것이다."(대법원 1988. 10. 11. 선고 85다카29 판결).
130) 대법원 1993. 6. 22. 선고 92도3160 판결. 대법원 1993. 6. 22. 선고 93도1035 판결. 공익 개념은 후술하는 상당성 항변, 공정한 논평의 항변에 있어서 동일하다.
131) 대법원 1998. 7. 14. 선고 96다17257 판결, 대법원 2001. 10. 30. 선고 2001도1803 판결 등.

표현이 객관적으로 국민이 알아야 할 공공성·사회성을 갖춘 공적 관심 사안에 관한 것으로 사회의 여론형성 내지 공개토론에 기여하는 것인지 아니면 순수한 사적인 영역에 속하는 것인지 여부, 피해자가 그와 같은 명예훼손적 표현의 위험을 자초한 것인지 여부, 그리고 그 표현에 의하여 훼손되는 명예의 성격과 그 침해의 정도, 그 표현의 방법과 동기 등 제반 사정을 고려하여 판단하여야 할 것이다(대법원 1998. 10. 9. 선고 97도158 판결, 2000. 2. 25. 선고 98도2188 판결, 2003. 12. 26. 선고 2003도6036 판결, 2005. 4. 29. 선고 2003도2137 판결 등 참조)."

공익에 관한 것인가 여부는 보도 내용 전체를 보아 판단해야 하며, 명예훼손적 진술만을 따로 판단하여서는 안된다. 한 보도에서 정보의 각 항목이 별개로 공익 정당화되어야 하는 것이 아니다.132)

행위자도 공공의 이익을 위하여 한다는 목적을 가지고 그 사실을 적시한 경우이어야 한다. 판례에 의하면 "그 목적이 오로지 공공의 이익을 위한 것일 때"라 함은 적시된 사실이 객관적으로 볼 때 공공의 이익에 관한 것으로서 행위자도 공공의 이익을 위하여 그 사실을 적시한 것을 의미하는데, 행위자의 주요한 목적이나 동기가 공공의 이익을 위한 것이라면 부수적으로 다른 사익적 목적이나 동기가 내포되어 있더라도 무방하다"고 한다.133) 그에 비해 공직선거법 제251조의 후보자비방죄에서 진실의 항변을 적용하는 경우 공익적 및 사익적 동기가 병존한다면, 공익적 동기가 주된 것이 아니라 하더라도 진실의 항변을 인용할 수 있게 되어 있다.134)

보도가 공익 사항인가 여부는 법적 판단이며,135) 이것은 기자의 생각과 상관없이 법관이 결정한다. 다만, 공익 여부의 인정은 보도 당시 기자가 알았던 사실을 토대로 해야 한다.136)

이와 같이 진실의 항변에 공익요건을 요구하는 현행법의 규정은 언론보도의 경우에는 당연한 것이지만, 개인 간의 명예훼손에 이 진실의 항변을 적용함에는 난점이 있

---

132) Jameel & Another v Wall Street Journal Europe (No.2) (HL) [48] [2006].
133) 대법원 1993. 6. 22. 선고 92도3160 판결, 대법원 2000. 2. 25. 선고 98도2188 판결, 대법원 2006. 3. 23. 선고 2003다52142 판결, 대법원 2005. 10. 14. 선고 2005도5068 판결, 대법원 2011. 7. 14. 선고 2010도17173 판결, 대법원 2011. 11. 24. 선고 2010도10864 판결 등.
134) 판례에 의하면 공직선거 및 선거부정방지법 제251조(후보자비방죄) 단서를 적용함에 있어서는 그 법문상 "오로지"라는 단어가 삭제되어 있기 때문에 "진실한 사실의 적시에 관한 한 그것이 반드시 공공의 이익이 사적 이익보다 우월한 동기가 된 것이 아니더라도 양자가 동시에 존재하고 거기에 상당성이 인정된다면 위 단서 조항에 의하여 위법성이 조각된다고 보아야 한다"고 한다.(대법원 1996. 6. 28. 선고 96도977 판결 [경쟁 후보자의 전과 공개]).
135) Spiller v Joseph [2011] 1 AC 852; [2010] UKSC 53.
136) Loutchansky v Times Newspapers (No's 2−5) [2002] 1 All ER 652. 이것은 레이놀즈 항변의 기준은 보도 당시 기자가 합리적으로 알았던 바에 의존한다는 판례(Flood v Times Newspapers Limited (SC) 2012] UKSC 11)를 반영한 것이다.

다. 왜냐하면, 개인 간의 명예훼손에서는 반드시 공익사항이 아니라 할지라도 표현행위자 자신이나 대화상대방의 정당한 이익을 옹호하려는 경우에는 진실한 사실적시를 면책시킬 필요가 있기 때문이다. 이러한 이유에서 영미법상의 상대적 특권의 법리나 독일법제의 정당한 이익옹호의 법리를 도입할 필요가 큼을 알 수 있다(전술).

나. 범위

"공공의 이익에 관한 것에는 널리 국가·사회 기타 일반 다수인의 이익에 관한 것뿐만 아니라 특정한 사회집단이나 그 구성원 전체의 관심과 이익에 관한 것도 포함"된다.[137)

> 영국 판례는 공익에 관해 다음과 같이 설시한다. "정보를 전달하고 수령함에는 실재적인 공익(real public interest)이 있어야 한다. 이것은, 우리 모두가 아는 바와 같이, 공공의 관심을 끄는 정보라고 말하는 것과는 사뭇 다르다. 축구 선수의 아내나 여자친구의 행동에 관한 맥빠진 잡담이 대중의 큰 부분에 관심을 일으키지만, 누구도 이를 들음에 실재의 공익이 있다고 주장할 수는 없을 것이다. 이것은 뉴스가치 기준과도 다르다. 그것 역시 특정한 보도의 타겟 청중, 성향과 관심에 기초한 너무 주관적인 기준이다. 거기에는 공적 영역(public do-main)에서 이 정보를 가짐에 어떤 실재적 공익이 존재해야 한다. 그러나 이것은 공공이 필요로 하는 정보로서 너무 제한적인 기준보다는 덜 제한적인 것이다."[138)

> 일본 형법은 진실의 증명에 의한 위법성조각사유의 적용에 있어서 아직 공소가 제기되지 않은 사람의 범죄행위에 관한 사실은 이를 공공의 이해에 관한 사실로 간주하며(일본 형법 제230조의2 제2항), 명예훼손행위가 공무원 또는 공선에 의한 공무원 후보자에 관한 사실에 관계되는 경우에도 공익 사항으로 보고 있다(동조 제3항).

나아가 대법원은 최근 판결에서 표현의 자유를 신장하려는 의도에서 공공의 이익 관련성을 넓게 보아 ① 사회일반의 일부 이익에만 관련된 사항이라도 다른 일반인과의 공동생활에 관계된 사항이나, ② 개인에 관한 사항이더라도 그것이 공공의 이익과 관련되어 있고 사회적인 관심을 획득한 경우에는 공익사항으로 취급할 것을 요구하였다.[139)

뉴스가 될 수 있는 사안에서 언론의 보도에 공익성이 부인되는 경우는 드물다. 그

---

137) 대법원 2011. 11. 24. 선고 2010도10864 판결, 대법원 2020. 3. 2. 선고 2018도15868 판결.
138) Jameel & Another v Wall Street Journal Europe (No.2) (HL) [147] [2006] 4 All ER 1279).
139) "사실적시의 내용이 사회 일반의 일부 이익에만 관련된 사항이라도 다른 일반인과의 공동생활에 관계된 사항이라면 공익성을 지닌다고 할 것이고, 이에 나아가 개인에 관한 사항이더라도 그것이 공공의 이익과 관련되어 있고 사회적인 관심을 획득한 경우라면 직접적으로 국가·사회 일반의 이익이나 특정한 사회집단에 관한 것이 아니라는 이유만으로 형법 제310조의 적용을 배제할 것은 아니다. 사인이라도 그가 관계하는 사회적 활동의 성질과 사회에 미칠 영향을 헤아려 공공의 이익에 관련되는지 판단하여야 한다."(대법원 2020. 11. 19. 선고 2020도5813 전원합의체 판결).

러나 언론보도가 명백히 사적인 이익을 도모하기 위한 경우 또는 비방의 목적이 현저히 드러나는 경우에는 공익성이 부인되는 경우가 있다. 다음은 공익성이 부정된 사례이다.

대법원 2004. 10. 15. 선고 2004도3912 판결 [단체협약 강요]

회사의 대표이사에게 압력을 가하여 단체협상에서 양보를 얻어내기 위한 방법의 하나로 현수막과 피켓을 들고 확성기를 사용하여 반복해서 불특정다수의 행인을 상대로 소리치면서 거리행진을 함으로써 위 대표이사의 명예를 훼손한 행위가 문제된 사안에서 대법원은 피고인의 이 사건 행위의 동기 및 목적, 당해 사실의 공표가 이루어진 상대방의 범위 등에 비추어 볼 때, 피고인의 판시 행위가 공공의 이익을 위하여 사실을 적시한 것으로 볼 수는 없다는 이유로 피고인을 유죄로 한 원심을 지지하였다.

서울지방법원 2001. 8. 22. 선고 98가합107982 판결 [교수 일방적 비난]

이 사건은 법원이 언론보도에 대해 공익성조차 인정하지 않아 언론사가 패소한 사건이었다. 피고 방송사는 1998년 'TV 돋보기, 우리는 지금' 프로그램에서 '일그러진 대학, 대학교수'라는 제목으로 원고가 대학원생에게 박사학위 논문을 대리 심사하도록 시키고 학생들의 번역리포트를 모아 그대로 책으로 출판했으며, 강의 내용도 수준 이하라는 등 교수로서의 자질 및 도덕성에 심각한 문제가 있다는 취지로 보도하였다.

법원은 "이 사건 보도가 신속성이 요구되는 것이 아님에도 원고측의 주장을 취재하거나 보도에 이를 반영하지 않은 채 원고를 비난하는 측의 주장만을 일방적으로 방영한 점, 언뜻 보아도 진실이라고 받아들이기 어려운 문제에 관하여 단정적이고 과도한 표현을 자주 사용한 점" 등을 들어 공익을 위한 것이라기보다는 특정인을 비방하기 위한 보도라고 판단하였다.

대법원 2016. 5. 27. 선고 2015다33489 판결

원고는 청소년 성범죄를 소재로 한 사회고발 영화를 감독한 자로서 일반의 관심을 끈 바 있었다. 피고 신문은 원고를 가정폭력 및 아동학대로 고소한 사람의 일방적 주장을 확인 없이 보도하면서 원고의 실명을 게재하였다. 그 보도 내용은 주로 원고 가정 내부의 사적인 영역에 속하는 일로서 고소인의 진술을 인용한 것이었다. 대법원은 위 기사가 공익성을 갖추지 못하여 위법성이 조각되지 아니한다는 원심을 지지하였다. 위 기사가 다루고 있는 내용은 사회적 관심의 대상이 된 주제와는 거리가 먼 데다가 공공적·사회적으로 의미가 있는 공적인 관심 사안이 아니라고 본 것이다.

공적 인물에 대한 사실보도 또는 공적인 사안에 대한 보도에 있어서는 일응 공공의 이익이 있다고 판단될 개연성이 크다. 물론 공적 인물의 경우에도 공공과 무관한 사적 영역이 존재하지만, 공적 인물의 사적 영역은 일반 사인의 경우140)보다 그 보호

---

140) "개인의 사적인 신상에 관한 사실이라고 하더라도 그가 관계하는 사회적 활동의 성질이나 이를 통하여 사회에 미치는 영향력의 정도 등의 여하에 따라서는 그 사회적 활동에 대한 비판 내지 평가한 자료가 될 수 있는 것이므로 개인의 사적인 신상에 관하여 적시된 사실도 그 적시의 주요한 동기가 공공의 이익을 위한 것이라면 위와 같은 의미에서 형법 제310조 소정의 공공의 이익에 관한

받는 범위가 좁아진다고 볼 수 있다. 고도로 개인적인 사실은 진실한 것일지라도 공익과 무관한 것이므로 그 공개가 금지된다.

대법원 1996. 4. 12. 선고 94도3309 판결

개인의 사적인 신상에 관한 사실이라고 하더라도 그가 관계하는 사회적 활동의 성질이나 이를 통하여 사회에 미치는 영향력의 정도 등의 여하에 따라서는 그 사회적 활동에 대한 비판 내지 평가의 한 자료가 될 수 있는 것이므로 개인의 사적인 신상에 관하여 적시된 사실도 그 적시의 주요한 동기가 공공의 이익을 위한 것이라면 위와 같은 의미에서 형법 제310조 소정의 공공의 이익에 관한 것으로 볼 수 있다.

다. 공익 요건의 흠결과 보완 대책

사인 간의 사적인 권리 분쟁에서 피해자의 명예를 훼손하는 사실을 공개하는 경우 표현행위자는 형법 제310조의 공익 요건을 결하여 그 표현행위가 진실임을 입증하여도 동조에 의해 면책될 수 없다. 이렇게 진실한 사실적시 명예훼손 행위도 책임을 면치 못하는 현행법 체제에 불만을 가진 일부 논자들은 진실한 사실적시 명예훼손죄를 폐지해야 한다는 주장을 펴기도 한다. 폐지론자들은 진실한 사실적시를 처벌하는 명예훼손죄는 "성폭력 피해를 호소하는 미투(#Me Too) 운동, 노동자가 임금체불이나 직장 갑질 피해를 호소하는 행위, 소비자가 기업으로부터 입은 피해를 적시하는 행위 등 각종 사회 고발 활동[141] 및 언론 활동을 크게 위축시켜, 사회의 감시·비판 기능을 마비시키고 사회 구성원의 자성 및 경각을 통한 진보의 기회를 박탈하는 폐단을 낳고 있다"고 주장한다.

대법원 2022도699 선고 2024. 1. 4. 판결 ['배드파더스']

이 사건 피고인들은 2018. 7.경 '배드파더스'라는 사이트[142]를 운영하면서 이혼후 양육비를 지급하지 않는 부모들의 초상, 이름, 전화번호, 직장 등 신상정보를 공개하였다는 사실로 정보통신망법상 명예훼손 혐의로 기소되었다.

제1심(수원지방법원 2020. 1. 15.자 2019고합425 판결)은 양육비 이행은 자녀의 생존권을 위해 필수적이고 미이행자의 지급 확보 방안의 강구는 사회적으로 주요 관심 대상이며, 피고인은 양육비 지급을 촉구하기 위해 대가를 받지 않고 운영하였으며, 양육비 미지급 부모들에

것으로 볼 수 있는 경우가 있다."(대법원 1996. 4. 12. 선고 94도3309 판결).

141) 최근에는 성범죄 피의자의 신상을 올려 공유하는 '디지털 교도소'를 둘러싼 논란까지 문제되고 있다.

142) 양육비 미지급 부모들의 신상을 공개하며 양육비 지급을 촉구하는 활동을 했던 '배드파더스'는 이혼후 양육비 이행을 거부하는 부모의 신상을 공개하는 인터넷 사이트로 2018년부터 3년간 900여건의 양육비 이행을 이끌어냈다고 한다(심정, 배드파더스, 왜 명예훼손 무죄가 유죄로 바뀌었나 - 수원고등법원 2020노70 정보통신망법(명예훼손) 판결 분석 -, 언론중재 2022년 봄호, 62면 이하 참조).

게 비하, 모욕, 악의적 표현을 사용하지 않은 점 등을 내세워 비방의 목적이 없음을 이유로 무죄를 선고하였다. 그러나 항소심은 양육비 미지급문제가 자녀의 복리와 생존권이 달린 사회적으로 매우 중요한 사안이라고 해도 피고인 운영의 사적 단체가 법률상 허용된 절차를 따르지 않고 초상 등 사생활의 비밀을 과도하게 노출하는 사적 제재수단을 써서 그러한 목적을 추구하는 것은 위법성이 부인될 수 없다고 판시하였다.

대법원은 제2심 법원의 판결을 지지하면서 다음과 같이 판시하였다.

이 사건 사이트의 주된 목적은 양육비 미지급자 개인의 신상정보를 일반인에게 공개함으로써 인격권 및 명예를 훼손하고 그에게 수치심을 느끼게 하여 의무이행을 간접적으로 강제하려는 데 있으며, 결국 특정된 개별 양육비 채무자를 압박하여 양육비를 신속하게 지급하도록 하는 것을 주된 목적으로 하는 사적 제재 수단의 일환에 가깝다고 볼 수 있다.

이 사건 사이트를 통하여 신상정보가 공개된 데에는 피해자들이 양육비를 제때에 지급하지 않은 측면도 일부 있을 수 있으나, 피해자들은 직업, 사회적 지위·활동·영향력의 측면에서 공적 인물이라거나 자신에 대한 합리적인 비판 등을 수인해야 하는 공직자와 같다고 보기 어렵다. 또한 양육비 미지급으로 인한 사회적 문제가 공적인 관심사안에 해당하더라도, 특정인의 양육비 미지급 사실 자체가 공적 관심 사안이라고 보기는 어려우며, 특히 전파성이 강한 정보통신망을 통한 공개라는 측면에서 볼 때, 양육비 지급에 관한 법적책임을 고려하더라도 피해의 정도가 지나치게 크다. 위 사정을 종합하면 피고인들에게 비방할 목적이 있다고 보아야 한다는 것이다.

이 사건 판결의 의미를 살펴본다면, 첫째 피고인들에 의한 개인정보(진실한 사실) 공개행위가 그들의 목적, 그리고 피해자의 지위 및 피해정도에 비추어 이익형량의 결과 명예훼손이 성립한다는 결론에 이른 것이다. 둘째 피고인들이 추구한 것은 사적 제재를 위한 행위이므로 공익이 아니어서 비방의 목적이 긍정되며, 셋째 피해자들은 그들의 지위에서 보아 공인도 아니지만, 그들의 정체를 밝히는 가장 중요한 실명, 초상, 주소 등 개인정보를 밝혔으니, 그들에 대한 손해는 필요 이상 크다는 점이 지적되고 있다.

〈미투 사건〉

최근 미투(#Me Too) 운동과 관련해 성폭력 피해자들이 오히려 가해자들에 의해 사실 적시 명예훼손으로 고소되는 사례들이 빈번해지자 양자 간에 격렬한 논란이 전개되고 있다. 성폭력 피해자의 미투 폭로에 의해 성폭력 범죄로 기소된 피고인이 성폭행 사실을 부인하면서 피해자를 상대로 명예훼손죄로 고소하게 되면 성폭력 피해자가 명예훼손죄의 피고인으로 되는 2중의 법률관계가 형성된다. 미투 형태를 취한 폭로 사건이 명예훼손으로 처벌될 수 있는가 여부에 관해서도 명예훼손의 일반적 요건이 적용되어야 함에는 의문이 없다. 이들 사건의 가해자가 유명인사나 공인인 경우에는 공익성이 인정되고 형법 제310조에 의해 해결될 수 있으며, 언론이 이를 보도함에도 지장이 없다.

문제는 더 빈번하게 발생하는 사인 가해자에 의한 성폭력 사례이다. 이러한 사안에서는 공익성을 요하는 형법 제310조가 적용되기 어렵고, 실제로 익명보도의 원칙이 확립·시행되고 있는 상황에서 엄격한 요건이 충족되지 않는 경우에는 실명보도도 허용되지 않는다.

이러한 경우 대안으로서는 전술한 바와 같이 영미법상 제한적 특권이나 독일 형법상 정당한 이익 옹호의 법리를 도입하여 피해자가 자신의 정당한 이익을 옹호하여 피해구제를 받기 위해 피고인의 성폭력 사실을 공개하는 것을 면책시킬 수 있게 하여야 할 것이다. 그리고 이러한 정당화 사유가 있는 경우 성폭력 행위가 허위라는 입증책임은 피고인이 부담하게 될 것이다.

또 최근 진실 적시 명예훼손죄에 관한 위헌소원 사건(헌법재판소 2021. 2. 25. 선고 2017 헌마1113 결정 등)에서 논란된 사안을 보면, 반려견의 치료를 받은 심판청구인이 당시 부당한 진료를 받아 반려견이 불필요한 수술을 하고 실명 위기까지 겪게 되었다고 생각하여 반려견의 치료를 담당하였던 수의사의 실명 및 잘못된 진료행위 등을 구체적으로 적시하고자 하였으나 동조에 의해 처벌될 것을 우려하여 위헌 소원을 제기한 사례였다

이들 사례에서 논자들이 제기하는 불만을 분석해 보면, 첫째 언론 매체에 의한 보도가 아니라, 일반 사인 간의 관계에서 사실을 적시하여 명예를 훼손하는 경우가 문제되고 있으며, 둘째 주장 또는 적시 사실의 진실 여부가 불명인 상태에서 자신의 권리를 옹호하거나 방어하기 위해 피해자의 명예를 손상하는 사실을 적시하여 문제된 것이고, 셋째 선뜻 공적 관심사라고 할 수 없거나 공익성이 쉽게 인정되지 않는 사안에 관한 진술에 있어서 진실 증명이 있어도 형법 제310조의 적용이 거부되는 사례가 있을 수 있고, 넷째 그 폭로 고발자의 명예훼손행위가 권리의 옹호 또는 방어에 필요한 범위와 정도를 넘지 않았는가 하는 점이 공통된 쟁점으로 제기된다는 점이다.

이상의 문제는 우리가 일반적인 명예훼손 사건에서 적용하는 법리와 다름이 없이 적용하여 해결되어야 한다. 다만, 사안에 따라서는 사회적 약자인 성폭력 피해자 등 표현행위자의 입장을 배려하여 형평을 이루는 노력이 필요할 것이다.[143]

어쨌든 위와 같은 사례에서 폭로·공개행위는 진위 여부에 관해 다툼이 있기 마련이지만, 진실이 입증되는 경우에는 피해자의 명예권과 대비하여 이익형량에 의해 보호받을 수 있다. 즉 공익성 요건이 충족되지 않아 형법 제310조가 적용될 수 없다고 하더라도 당해 진술의 위법성 여부에 관하여는 상술한 제한적 면책특권의 법리나 독일 형법의 정당한 이익 옹호 법리가 취하는 기준을 본받아 위법성 조각 여부를 판단할 수 있을 것이다. 그리고 이 경우 명예훼손적 표현행위가 행해진 범위 및 그 효과에 비추어 과도한 명예 침해가 야기된 경우에는 위법성이 조각되지 않는다는 점에 주목해야 할 것이다.[144]

이상 사례들을 보면 우리의 명예훼손에 관한 위법성 조각사유가 체계적으로 충분히 마련되어 있지 않기 때문임을 알 수 있고, 특히 공적 사항이 아닌 사적 분쟁에서 당사자 일방이 자기 또는 타인의 이익을 옹호하기 위해 진실한 사실을 들어 공격한 경

---

143) 이에 관한 상세한 논의는 후술 제2장 제7절 Ⅵ 3 가~마 참조.
144) 대법원이 위 양 사례에서 내린 결론은 전술한 영미의 제한적 특권의 법리나 독일의 정당한 이익 옹호의 법리를 원용했을 경우와 같은 결론이라고 할 것이다.

우 충분히 위법성 조각이 이루어질 수 없다는 데 있음을 알 수 있다. 그렇다면 앞서 본 바와 같이 사인간의 사적 이익에 관한 논쟁에서 영미나 독일의 법리를 도입하든, 아니면 우리의 헌법상 법익형량론을 세련시키든 진실적시 명예훼손행위의 위법성조각 사유를 확대하여 해결하는 것이 더 바람직한 것이다. 더욱이 뒤에서 보는 바와 같이 진실적시 명예훼손을 폐지함으로 인해 야기될 여러 부작용을 방지하려면 이와 같이 위법성 조각사유를 확충 정비함으로써 대처하는 것이 더 바람직하다고 할 것이다.[145)]

라. 주관적 정당화 요건

진실의 항변 및 상당성 항변은 표현행위자가 공익을 위한 것이라고 믿음에 합당한 이유가 있어야 한다.[146)]

> "적시된 사실이 형법 제310조에 의하여 위법성이 조각되기 위하여는 그 내용과 성질에 비추어 객관적으로 볼 때 공공의 이익에 관한 것으로서 행위자도 공공의 이익을 위하여 그 사실을 적시한다는 동기를 갖고 있어야 한다."[147)]

언론이 판단하는 단순한 뉴스가치가 공익에 관련되는 공공관심사로 되는 것은 아니지만, 여기서는 저널리즘적 윤리에 기한 언론의 재량이 널리 허용된다. 그 형량에서 중요한 것은 구체적인 사례에서 미디어가 공중의 알 권리를 이행하고 여론형성에 이바지하기 위해 공익 사항을 진지하고 충실하게 개진하였는가 또는 언론이 시사적 사건과 관계없이 오로지 독자의 호기심만을 만족시킨 것인가가 결정적이다.[148)]

(2) 진실의 입증

가. 의의

적시된 사실이 진실로 입증된 경우에는 명예훼손의 위법성이 조각될 수 있다. 여기서 진실이란 사실적 정확성(factual accuracy)을 의미하며, 공표내용이 진실하여야 한다는 것은 그것이 실제의 내용과 부합하여야 함을 의미한다. 그것은 실제 표현된 주장이 독자에게 주는 인상과 진실이 제시되는 경우 주는 인상이 일치하는가의 여부에 의존한다.[149)] 여기에는 진실 입증의 대상과 진실입증의 범위가 문제된다.

---

145) 법률의 개폐운동이 사회적 고발 등 표현행위를 하려는 자 한쪽의 이익만을 생각하면 그에 의해 비판받는 당사자의 명예권이 등한시되고, 결국 형평과 균형을 잃게 된다. 그러한 조치나 노력은 지속가능성을 잃거나 스스로 소멸될 수 있다.

146) 영국 2013년 명예훼손법 제4조 참조.

147) 대법원 1993. 6. 22. 선고 92도3160 판결 참조.

148) ECHR 2014. 1. 4. LAVRIC v. ROMANIA.

149) Rodney A. Smolla, Law of Defamation, p. 5-23.

나. 입증 대상 - 명예훼손적 의미

진실의 항변을 위해서는 우선 계쟁 진술이 가지는 명예훼손적 의미를 확정하고, 그에 관해 진실임을 입증하는 과정을 밟게 된다. 그런데 명예훼손적 진술은 그 사용된 어휘나 맥락에 따라 모호하거나 불명확한 경우가 많다. 그래서 명예훼손 소송의 당사자들은 보도가 어떤 의미를 갖는가에 관하여 다투는 경우가 많고,150) 그 의미 쟁점에 관한 처리는 진실의 항변이 제기된 경우 실무에서 중심이 되는 중대한 문제이다.

명예훼손적 진술의 의미는 원고나 피고가 주장하는 바가 아니라 통상적인 이성적 독자가 보는 바에 따라 법원이 결정하는 바에 의하게 된다. 그 의미를 결정하는 권한은 법원에 있는데, 법원은 당사자 쌍방의 주장을 듣고151) 통상적인 이성적 기준에 따른 의미를 변론에서 알려야 하고, 그에 따라 추후의 변론을 진행하도록 함이 바람직하다.

따라서 진실의 항변을 제기하는 피고는 이렇게 해석된 의미에 관해 진실임을 주장 입증해야 한다. 영미법에서는 명예훼손의 실질로서 그 '요점'(要點, gist) 또는 '통점'(痛點, sting)에 관해 실질적인 진실을 입증해야 한다고 한다(이른바 "gist and sting" rule). 위와 같이 결정된 의미와 다른 의미를 내세워 이를 정당화하려는 피고의 시도(영국 판례의 이른바 Lucas-Box defence)는 원칙적으로 허용되지 않으며, 그 결정된 의미보다 덜 침해적 의미에 관한 진실 입증은 성공하지 못하게 된다.

영국 판례는 원고가 내세우는 명예훼손적 진술 부분 이외에 피고가 전체 보도를 보아 맥락적으로 인식되는 공통된 통점(common sting)을 추출하여 그에 관해 진실 입증을 하면 항변으로 인정한다(영국 판례 상 이른바 Polly Peck defence).152) 이 경우 원고가 주장한 바와

---

150) 명예훼손 소송 실무를 보면, 원고는 가장 가해적 의미를, 피고는 가장 완화된 의미를 주장하는 것이 통상적이다. "원고는 자연히 대상 문구에 귀속될 가장 해로운 의미를 주장할 것이다. 피고는 같은 문구에, 입증이 가능하거나 공정한 논평으로 간주될, 더 무해한 의미를 주려고 추구할 것이다."(ANTHONY J. H. MORRIS Q.C., THE "POLLY PECK DEFENCE": ITS FUTURE IN AUSTRALIA. http://www.lexscripta.com/pdf/PollyPeck.pdf).

151) 피고는 진실의 항변을 제기하는 경우 그가 정당화하려고 하는 문구의 의미를 설명하여야 한다. "원고는 피고가 입증하려는 바가 무엇인지를 명백히 알아야 하고, 그것이 불명확한 경우 법원은 피고가 입증하려고 하는 의미에 관한 상세한 사실을 명확히 해야 한다." 원고가 주장하는 의미와 다른 의미를 내세워 그에 관해 진실함을 입증하여 항변하는 것은 허용되지 않는다(Lucas-Box v News Group Newspapers Ltd [1986] 1 WLR 147).

152) 공통된 통점("common sting")의 진실 입증 항변은 전체 보도의 문구적 진실을 입증할 수 없다 하더라도 원고가 피해받았다고 생각하는 비난의 공통된 통점을 정당화함으로써 인용되는 항변이다. 예를 들면, 다수의 별개 간통행위들을 주장하는 보도는 난교적 간통이라는 공통된 통점을 전달할 수 있다. 원고가 주장한 하나의 간통행위가 입증될 수 없으나 다른 간통행위들의 입증이 있어 그 공통된 통점이 정당화될 수 있다면, 원고가 문제삼은 그 주장이 입증될 수 없다 할지라도 그 보도는 방어될 수 있다(Andrew Kenyon, Perfecting Polly Peck: Defences of Truth and Opinion in Australian Defamation Law and Practice (2007) 29(4) Sydney Law Review 651).

다른 의미를 전달한다고 피고가 주장하여 입증하려는 경우 그는 그 다른 의미(alternative meaning)를 명시적으로 설명·주장하여야 한다.

또 피고가 원고에 대해 복수의 별개 비난을 행한 경우 (그가 비록 원고에 대한 비난 모두를 진실로 입증할 수 없어도) 피고가 진실로 입증할 수 없는 그 진술들이, 진실로 입증된 진술들의 효과를 비교하여, 원고의 명예를 중대하게 해하지 않는다면, 피고의 진실항변은 인용되고, 원고의 소는 기각될 수 있다(이른바 multiple allegation test).153)

다만, 공표에 별개의 여러 명예훼손적 진술이 포함되어 있고 원고가 그러한 여러 진술 중 하나에 관해서만 청구하는 경우 피고는 여타 진술의 진실을 입증함으로써 정당성 항변을 할 수 없다.154)

한편, 이에 관해 2006년부터 시행된 호주의 통일명예훼손법(uniform defamation laws)은 제정법상 '맥락적 진실의 항변'(statutory defence of contextual truth)을 명문화하였다. 그에 의하면, 예를 들어 피고가 보도에서 원고가 공갈행위자이며 비자기간을 넘겨 호주에 체재하였다고 주장한 사안에서, 원고가 (허위인) 비자 관련 진술만을 들어 제소하였다면, 피고는 그 보도의 전체적 맥락이 공갈자라는 점에 있다고 하면서, 그것이 진실이기 때문에 비자 관련 언급에 의해 원고의 명예는 훼손되지 않았다고 주장한다면 맥락적 진실의 항변으로 인용될 수 있다.155)

다. 실질적 진실 기준

표현 내용의 진실 입증은 "표현의 전체적인 취지가 중시되어야 하는 것이고 세부적인 문제에 있어서까지 완전히 객관적 진실과 일치할 것이 요구되지 않는다."156) 따라서 중요한 부분이 객관적 사실과 합치되는 경우에는 그 세부에 있어서 진실과 약간 차이가 나거나 다소 과장된 표현이 있다고 하더라도 이를 허위의 사실이라고 볼 수 없다(실질적 진실 기준, substantial truth test).157)

'실질적 진실 기준'은 영국 보통법에서 유래한다. 2013년 영국 명예훼손법은 "피고가 진술에 의해 전달된 비난이 실질적으로 진실함을 입증하면 소송에 항변이 된다"고 규정한다(동법

---

153) "만일 하나 또는 그 이상의 비난이 실질적으로 진실함이 입증되지 않은 경우, 본조에 의한 항변은, 실질적으로 진실임이 입증된 비난을 고려하여, 실질적으로 진실함이 입증되지 아니한 비난이 원고의 명예에 중한 손해를 가하지 않는다면, 배척되지 아니한다."(2013년 명예훼손법 제2조 제3항).

154) Polly—Peck (Holdings) plc and others v Trelford and others [1986].

155) Kenyon, Id., p. 651.

156) 적시된 사실이 허위인지 여부를 판단함에 있어서는 적시된 사실의 내용 전체의 취지를 살펴볼 때 세부적인 내용에서 진실과 약간 차이가 나거나 다소 과장된 표현이 있는 정도에 불과하다면 이를 허위라고 볼 수 없으나, 중요한 부분이 객관적 사실과 합치하지 않는다면 이를 허위라고 보아야 한다(대법원 2002. 1. 22. 선고 2000다37524, 37531 [시민단체 대 한국논단]; 대법원 2012. 11. 15. 선고 2010도6343 판결, 대법원 2014.3.13. 선고 2013도12430 판결 등 참조).

157) 대법원 2008. 6. 12. 선고 2008도1421 판결 등 참조. 예를 들면, 식당에서 국수를 먹은 직후 지병인 뇌출혈이 발병하여 다음날 병원에서 사망하였음에도 식당에서 냉면을 먹다가 갑자기 쓰러져 병원으로 옮겼으나 중풍으로 죽었다고 진술한 것은 허위 사실의 진술이라고 볼 수 없다(대법원 2014. 9. 4. 선고 2012도13718 판결).

제2조 제1항). 그에 따르면 만일 피고가 불만 대상 문구의 '실질적 진실성'(substantial truth)을 입증한다면, 그의 정당화 항변(defence of justification)이 인정되고 원고는 패소하게 된다. 피고는 명예훼손의 '요점'(要點, gist) 또는 '통점'(痛點, sting)에 관해 본질적인 또는 실질적인 진실을 입증해야 한다. 공표한 모든 문구가 진실일 것을 입증할 필요가 없고, 사소한 부정확성(minor inaccuracies)은 문제되지 않는다.158)

대법원 2001. 10. 9. 선고 2001도3594 판결 [전교조 보도자료]

피고인(전교조 부산지부장)은 1998. 7. 12. 해운대초등학교에서 시행된 합동연설회 이후 일부 시의원들이 동교 교무실에 들어와 여교사에게 "아가씨 차 좀 주지"라고 말하는 등 소란을 피우고 시의원 갑(피해자)은 교감 책상에 버젓이 앉아 있다가 항의를 받았다는 등 허위사실이 기재된 유인물을 작성 배포하여 시의원 갑의 명예를 훼손하였다는 사실로 기소되었는데, 원심은 교감 책상에 앉아 항의를 받은 자는 피해자가 아니라 다른 시의원이었다는 점을 들어 허위사실적시 명예훼손으로 유죄를 인정하였다.

그러나 대법원은 피고인이 위 보도자료를 작성한 경위에 비추어 보면 교감 책상에 앉아 있던 시의원이 피해자인 것으로 착각하여 잘못 기재하였고, 피고인은 전교조 사무국장과 교선부장이 작성한 성명서의 자구를 일부 수정한 뒤 언론사에 배포하도록 하였음이 인정될 뿐 피고인이 그 보도자료의 기재 내용 중 피해자가 교감 책상에 앉아 있었다는 부분이 허위라고 인식하였다고 인정하기 어렵다고 하면서 형법 제307조 제2항을 적용하지 않는 한편, 그 보도자료에서 적시하고 있는 중요한 사실로서 ① 시의원이 여교사를 아가씨라고 부르며 차를 달라고 한 것, ② 교감 책상에 앉아 있는 시의원에게 항의한 교사에게 일부 시의원이 고함을 지르는 등 무례한 행동을 한 것, ③ 해운대교육구청이 시의원들의 추궁을 받고 교사들에게 경위서를 제출하도록 한 것 등은 모두 객관적 사실과 일치하며, 교감 책상에 앉아 있던 시의원이 누구였는가 하는 점은 … 당시 상황을 설명하기 위한 세부 묘사에 불과할 뿐 중요한 부분이라고 보기 어렵다고 하면서 피고인의 진실 항변을 인용하여 무죄 취지로 원심을 파기환송하였다. 특히, 보도자료의 내용과 같이 교사들에게 무례한 행동을 하고 해운대교육청에 그 교사들이 불친절하다고 항의하는 등 이 사건의 발단을 제공한 사람이 피해자였다는 점이 지적되었다.

라. 입증의 범위

진실의 항변을 하려는 피고는 명예훼손적 문구의 해석에서 나오는 의미에 관해 진실임을 입증해야 한다. 진실의 항변이 허용되기 위해서는 상술한 '실질적 진실의 기준'에 의해 명예훼손적 비난의 내용에 따라 그 입증의 대상과 범위 및 정도도 달라지게 된다. 핵심 문제는 진실이라고 입증된 바가 피고의 진술이 의미한다고 해석된 바와 일치하는가 여부이다.

---

158) Chase v News Group Newspapers Ltd, [2002] EWCA Civ 1772 at para 34.

1) 일반적/구체적 사실적시

명예훼손적 사실 적시가 특수한 것이면 일반적 주장을 입증하는 것만으로는 충분치 않다.159) 역으로 일반화된 명예훼손적 진술에 관해 특별한 주장의 입증은 진실의 항변으로 인용될 수 없다.160)161)

문제된 발언이 구체적이고 상세한 내용이었다면 그 진실의 입증을 위해서도 구체적이고 상세한 증거가 필요하다.162) 마찬가지로 특정한 범죄를 범하였다는 상세한 비난은 원고의 품행이 일반적으로 불량하다거나 그와 다른 유사한 비위행위를 뒷받침하는 일반적인 증거에 의해 정당화될 수 없다.163) 이와 같은 취급은 구체적인 사실을 적시하여 상세한 내용을 가지고 행해진 비난은 그 신빙성이 크고, 따라서 명예에 대한 손상이 보다 크다는 실제상의 이유를 근거로 한다.

총괄적인 사실주장이 행해진 경우에는 종합된 사실적인 상황에 관하여 진실임을 입증을 하여야 한다. 피해자가 어떠한 경향을 가진 사람이라고 표현한 경우, 예를 들어 기자가 명예훼손으로 패소된 사실을 보도하면서 그가 명예훼손적 기사를 쓰는 경향이 있다고 주장한 경우에는 그 사실 이외에 그러한 경향을 나타내줄 사례에 관한 입증을 요한다.164)

리스테이트먼트는 이러한 일반적인 비난에 관해 입증도 반증도 어려운 경우로 보면서 다음과 같이 설명하고 있다. "없음을 주장하는 당사자에게 입증책임을 부담하게 하는 것은 필연적으로 어려움을 생기게 하며, 그러한 문제는 명예훼손적 비난이 그 용어상 구체적이 아니라 성질상 일반적인 경우 더 부각된다. 예를 들어, 신문이 한 점원에 관해 기회가 있으면 고객에게 거스름돈을 주지 않는다고 비난한 경우를 상정해 보자. 피고가 구체적 기회를 지적하지 않은 경우 원고는 그가 고객에게 거스름돈을 주었다는 점을 어떻게 증명하도록 기대될 수

---

159) 예컨대, 원고가 '횡령자'라고 한 사실주장은 1회의 횡령행위에 관한 입증으로 족하지만, '반복적인 범인'이라고 했다면 2회 이상의 범죄행위에 관한 증거를 요한다.

160) "부정확하고 모호하거나 허술한 말이 사용된 경우 통상인들에게는 주체에 불리한 질책을 도출할 넓은 여지가 주어지게 된다. 그것은 그러한 허술한 언어를 사용하여 보도한 기자가 치러야 할 대가이다."(Lewis v Daily Telegraph Ltd [1964] AC 234 Lord Devlin, at 285).

161) 한 여자에 대하여 '창녀'라는 비난을 정당화하려면 한 차례의 부정행위에 관한 증거만으로는 충분치 못하다(Smolla, Id., p. 5-21).

162) 예컨대, 원고가 B은행에서 50달러를 횡령하였다는 증거를 가지고는 그가 A은행에서 100달러를 횡령하였다는 주장에 대한 실질적 진실이 입증되었다고 볼 수 없고, 원고가 B녀와 간통하였다는 증거로는 그가 A녀와 간통하였다는 주장에 대한 실질적 진실의 입증이 될 수 없다.

163) Smolla, Id., p. 5-18.1.

164) Wakley v Cooke and Healey (1849) 4 Exch 511: 피고는 원고를 '명예훼손하는 기자'('libellous jour-nalist')라고 비난한 진술의 진실항변을 하면서 원고가 한 차례 명예훼손으로 패소했다는 사실을 입증하였다. 법원은 피고의 말은 맥락상 원고가 상습적으로 사람들의 명예를 훼손한다는 것을 의미하기 때문에 원고가 한 차례 명예훼손으로 패소된 사실을 입증한 것만으로는 피고의 항변이 인용되지 않는다고 판시하였다.

있는가?"165)

또, 예컨대 한 부처의 공무원이 원고를 폄훼하는 진술을 하였다고 보도된 경우 언론사가 그 공무원이 누구인가를 밝히지 않는다면 원고의 권리추구는 불가능할 것이다. 이 경우 판례는 피고에게 그러한 보도를 취재한 경위나 배경에 관해 설명할 의무를 부과하며, 이를 이행하지 못한 경우 허위로 취급한다. 그렇지 않다면 통상적으로 보아 구체적 진술이 있는 경우에 한하여 가능한 소극사실의 증명(Negativbeweise)을 하여야 하는 원고로서는 권리의 추구가 과도하게 어려워질 것이기 때문이다.

2) 문면상의 의미와 함축된 의미

진실증명에 의해 면책되려면 문면상(文面上) 명예훼손적 내용뿐 아니라 문맥상 함축된 표현 내용(defamatory implications)에 대하여도 입증을 요한다.166) 즉 진술의 자연적이고 통상적인 의미("natural and ordinary" meaning)167)뿐 아니라 함축하는 의미가 있는 경우에는 그것도 정당화되어야 한다.168)

문제된 진술이 간접적, 함축적으로 또는 이뉴엔도169)에 의해 다의적 의미를 갖게 되는 경우 완화된 (덜 침해적) 의미로 해석하여야 한다는 법리(in mitiori sensu rule)는 채용되지 않으며,170) 해석된 단일 의미보다 완화된 의미에 관한 진실 입증은 충분한 항변이 되지 못한다. 따라서, 예들 들어 보도 내용이 유죄라는 의미를 전달하는 것이면, 혐의의 합리적 근거가 있다는 항변은 성공하지 못한다.171)

부수적인 사실이라 하더라도 손해를 야기할 수 있는 것이면 진실성을 갖추어야 한다.

3) 인용 또는 전문 보도의 경우

"명예훼손죄에 있어서의 사실의 적시는 그 사실의 적시자가 스스로 체험한 것으

---

165) Restatement (Second) of Torts § 613 cmt. j (1977).
166) 진실의 항변을 제기하려는 피고는 명예훼손적 언어의 해석에서 나오는 의미에 관해 진실임을 입증해야 한다. 따라서 진술의 통상적이고 자연적인 의미뿐 아니라 그가 함축하는 의미가 있는 경우에는 그것도 정당화되어야 한다(Prior v Wilson (1856) 1 C.B (NS) 95; Watkin v Hall (1868) LR 3 QB 396).
167) 명예훼손법에서 자연적이고 통상적인 의미는 반드시 진술의 문구적 의미뿐 아니라; 그것은 공표행위의 문구 자체에 의해 또는 이성적인 독자가 특별한 지식이 아닌 일반적 상식에 의해 그 어귀에서 도출하게 될 함축이나 추론에 의해 전달될 수도 있다(Jones v. Skelton [1963] 1 WLR 1362, 1371).
168) Prior v Wilson (1856) 1 C.B (NS) 95; Watkin v Hall (1868) LR 3 QB 396. 명예훼손적 비난은 추론, 함축 또는 암시에 의해서도 행해질 수 있고; 사실상 명예훼손적인 것이라면 의미가 감춰진 모드가 얼마나 기교적이거나 위장된 것이든 문제되지 않는다(Hatfill v. N.Y. Times Co., No. 04−CV−807, 2004 WL 3023003 (E.D. Va. Nov. 24, 2004)).
169) 'innuendo'란 진술의 문면만으로는 명예훼손적 의미가 나오지 않지만, 수용자들이 아는 어떤 외적 지식과 연관되어, 불만 대상 문구에 의해 명예훼손적 의미가 전달되는 경우를 말한다(전술 참조).
170) 전술 무해한 해석의 법리(innocent construction rule) 참조.
171) Lewis v Daily Telegraph [1964] AC 234.

로 적시하든, 타인으로부터 전문한 것으로 적시하든 불문한다."[172] 이렇게 타인이 행한 명예훼손적 진술을 인용하여 반복하는 경우 별개의 명예훼손이 성립되지만, 그 경우 진실의 항변을 하는 피고가 진실임을 입증할 대상이 무엇인가 문제된다.

영미의 보통법에 의하면 "명예훼손 사항을 반복하거나 기타 방법으로 재공표하는 사람은 마치 그가 처음 진술한 것과 같은 책임을 진다."[173] 이를 영국에서는 명예훼손법의 '반복 규칙'(repetition rule)이라고 하며, 미국에서는 '재공표 책임 규칙'(republication rule)이라고 한다. 타인의 명예훼손적 진술을 반복하는 것은 새로운 명예훼손으로 취급되는 것이다.[174] 그 논거에 관해 영국 판례는 허위 사실의 재공표는 그 상대방의 명예를 원래 공표한 자만큼 위협한다는 데 있다거나[175] "반복으로 더 많은 사람들이 그 명예훼손을 듣거나 읽게 되며, 훌륭한 반복자는 그 진술의 신뢰성과 그 피해를 높인다"는 것이다.[176]

그리고 영미 판례는 이러한 인용, 반복 보도에 있어서 진실의 항변은 제3자(피인용자)가 당해 진술을 하였다는 점을 입증하는 것으로는 족하지 않고, 그 제3자의 진술 내용이 진실임을 입증하여야 한다고 한다. 즉 명예훼손을 반복하거나 재공표한 자는 원진술자를 밝히고 그의 진술을 정확히 인용하였다고 해도,[177] 그 원진술에 찬동하지 않는다거나, 그 원진술이 진실함을 믿지 않는다고 명백히 밝힌 경우에도 재공표 책임은 면제되지 않는다. 재공표자(반복 전파자)가 진실의 항변을 하려면 단지 제3자가 그렇게 말했다는 점뿐 아니라 그 비난의 실질적 진실(substratal truth of the charge)을 입증하여야 한다.

Roberts v Gable [2008] QB 502

"한 사람이 명예훼손적 진술을 반복하면서 그 소스를 밝힌 경우 그 반복행위자는 그 진술이 그 타인에 의해 행해진 점을 입증하는 것으로는 충분치 않다. 그가 반복한 그 명예훼손적 비난이 입증되어야 한다."(Restatement (Second) of Torts § 581A cmt. e (1977)); "만일 A가 B에 관한 명예훼손적 진술을 하고 C가 이를 반복하였다면 C는 A가 그러한 진술을 하였다는 것을 입증함으로써 진실의 항변을 할 수 없으며; C는 B에 대한 비난이 진실임을 입증하여야 한다. C가 그 진술이 진실이라고 믿었고 C가 그 소스로 A를 지칭한 경우에도 같다."

우리 판례 역시 전문보도(傳聞報道)의 경우 진실 입증은 원진술자가 행한 진술의 존재 자체가 아니라 그 진술 내용의 진실성을 입증해야 한다고 한다.

---

172) 대법원 1985. 4. 23. 선고 85도431 판결.

173) Restatement (Second) of Torts § 578 (1977).

174) 이 경우 물론 재공표자의 책임은 최초 공표자나 소스의 책임을 면제하지 않는다. 최초 공표자 또는 소스는 이론 상 추후 예상가능한 미디어의 재공표에 대해 책임을 질 수 있다.

175) Condit v. Dunne, 317 F. Supp. 2d 344, 363 (S.D.N.Y. 2004).

176) Richard J. Pautler, Edwards v. National Audubon Society: The Right to Publish Known Falsehoods, 1979 U. ILL. L.F. 943, 956.

177) "명예훼손을 반복한 자는 그 재공표가 인용에 불과한 경우에도 책임지는 것이 정상이다."(Hogan v. Herald Co., 446 N.Y.S.2d 836, 841 (App. Div. 1982)); "명예훼손을 반복한데 대한 책임은 단순히 편의적으로 한 사람이 타인으로부터 그 진술을 들었다는 성실한 단서를 붙이는 것에 의해 회피될 수 없다."(Flowers, 310 F.3d at 1128).

대법원 2002. 4. 10.자 2001모193 결정

어떠한 소문이 있다고 공표하는 것은 은연중에 그 사실의 존재를 암시하려는 의도가 내포되어 있고 수용자 입장에서도 그러한 취지로 받아들이기 쉽기 때문에, 이 경우 소문의 내용을 이루는 사실을 공표한 것으로 보아야 한다고 하고 있으므로, 이 때에도 입증의 대상은 소문의 존재가 아닌 소문의 내용 그 자체의 진실성 여부로서 동일하다 할 것이어서 단순히 소문을 있는 그대로 전달하였다는 변명만으로는 면책이 되지 않는다.

대법원 2008. 11. 27. 선고 2007도5312 판결 [성욕설 전문보도]

"객관적으로 피해자의 사회적 평가를 저하시키는 사실에 관한 보도내용이 소문이나 제3자의 말, 보도를 인용하는 방법으로 단정적인 표현이 아닌 전문 또는 추측한 것을 기사화한 형태로 표현하였지만, 그 표현 전체의 취지로 보아 그 사실이 존재할 수 있다는 것을 암시하는 방식으로 이루어진 경우에는 사실을 적시한 것으로 보아야 한다. 그리고 이러한 보도내용으로 인한 형법 제307조 제1항, 제2항과 구 정보통신망 이용촉진 및 정보보호 등에 관한 법률 (2007. 12. 21. 법률 제8778호로 개정되기 전의 것) 제61조 제1항, 제2항 등에 의한 명예훼손죄의 성립 여부나 형법 제310조의 위법성조각사유의 존부 등을 판단할 때, 객관적으로 피해자의 명예를 훼손하는 보도내용에 해당하는지, 그 내용이 진실한지, 거기에 피해자를 비방할 목적이 있는지, 보도내용이 공공의 이익에 관한 것인지 여부 등은 원칙적으로 그 보도내용의 주된 부분인 암시된 사실 자체를 기준으로 살펴보아야 한다. 그 보도내용에 인용된 소문 등의 내용이나 표현방식, 그 신빙성 등에 비추어 암시된 사실이 무엇이고, 그것이 진실인지 여부 등에 대해 구체적으로 심리·판단하지 아니한 채 그러한 소문, 제3자의 말 등의 존부에 대한 심리·판단만으로 바로 이를 판단해서는 안된다."

대법원 2016. 12. 27. 선고 2015도14375 판결

피고인이 상대 후보자 K가 미국 영주권을 보유한 의혹이 있다는 취지로 행한 발언이 허위사실공표죄로 기소된 사안에서 원심은 피고인이 1차공표를 통하여 공표한 사실이 '의혹이 존재한다'는 것에 국한된다는 전제에서 그 공표한 사실이 허위라고 보기 어렵다고 판단하였다.

그러나 대법원은, "공직선거법 제250조 제2항에서 정한 허위사실공표죄를 적용할 때 소문 기타 다른 사람의 말을 전달하는 형식이나 의혹을 제기하는 형식을 빌려서 '어떤 사실'을 공표한 경우에는 그러한 소문이나 의혹 등이 있었다는 것이 허위인지 여부가 아니라 그 소문이나 의혹 등의 내용인 '어떤 사실'이 허위인지 여부에 의하여 판단하여야 하는" 것이라고 하면서, K가 미국 영주권을 보유하고 있다는 사실이 허위로 판명된 이상, 설령 그와 같은 의혹이 제기되었다는 사실 자체는 진실이라고 하더라도 피고인의 행위는 허위사실의 공표에 해당한다고 보고 원심을 파기 환송하였다.

한편, 타인의 말을 인용하여 보도하는 경우에 실제로 피인용자가 진술한 내용과 보도자가 기술한 내용 간에 차이가 있다면 어떤 범위까지 진실한 것으로 인정할 것인가가 문제된다.

Masson v. The New Yorker Magazine, Inc., 111 S. Ct. 2419 (1991) [메이슨 잘못 인
용 사건]

미국 연방대법원은 이 판결에서 그 인용 진술이 진실한가의 여부도 '실질적 정확성의 기준'
에 따라야 한다고 판시하였다. 따라서 최소한 문법적이거나 문맥상의 오류를 없애기 위해 발
언 내용을 바꾸는 경우뿐 아니라 의미를 명료하게 하거나 강조하기 위한 다소간의 표현상 변
경은 그 내용의 요점과 통점을 바꾸는 것이 아닌 한 문제되지 아니한다. 그러나 피인용자가
언급한 내용이 모호한 경우 그 내용을 인용자의 주관에 따라 합리적으로 해석한 바대로 인용
하는 것은 허용될 수 없고, 그러한 인용이 실제로 화자가 뜻하였던 바와 실질적으로 다르게
되었다면 인용은 실질적 정확성을 결여하는 것이 된다. 인용 부호는 "직접적인 사건의 구술"
을 의미하는 것인데, 필자의 주관에 의해 화자의 표현에 합리적인 해석(rational inter-
pretation)을 가한다면 뉴스 소스의 말과 기자의 해석 간의 구분은 무너지게 되고, 활자화된
단어의 신뢰성을 크게 떨어뜨려 인용의 진정한 의미를 없애는 결과가 되기 때문이다.

4) 팩트체크와 명예훼손

누구나 자유롭게 미디어 콘텐츠를 만들어 이를 배포 및 확산시킬 수 있는 디지털
미디어 환경 속에서 이른바 페이크 뉴스(fake news) 내지 허위정보(disinformation)가 심각
한 사회적 문제로 부각되고 있으며, 그에 대한 대책으로 그 진술 내용의 진실 여부를
검증하는 언론의 팩트체크(fack-check) 활동도 주목받고 있다. 특히, 공직자나 정치인
의 발언을 검증하는 팩트체크는 공익 사안에 관해 주장된 정보의 진실 여부를 검증하
는 언론의 활동으로서 민주주의적 여론형성의 사실적 토대를 구축하는 중요한 역할을
한다고 보아야 한다.

그런데 팩트체크 기사는 그 결과에 따라 검증 대상 사실을 진술한 공인의 명예를
해할 수 있고 그 때문에 그들이 고소하는 경우 명예훼손 소송의 리스크에 노출될 수밖
에 없고, 그에 대한 법리적 검토가 필요하다.

첫째, 이 경우 팩트체커는 우선 원고(공인)들이 문제되는 발언을 하였음을 확인하
고, 그 발언이 제3자의 명예를 훼손하는 내용인 경우 그 진부를 심사하는 과정을 밟게
될 것이다. 이 때 팩트체커의 이러한 인용 진술이 원고가 진술한 내용을 제대로 이해
한 것이어야 함은 물론이지만(전술 제3자 진술의 전파에 관한 미디어의 책임 참조), 이러한 팩
트체커의 검증대상 진술의 확인 및 제시 자체가 전술한 반복 규칙에 따라 명예훼손 책
임을 추궁당한다면 팩트체크 활동은 애당초 불가능할 것이다. 이에 대한 대책으로서
이른바 중립보도의 면책특권을 적용하여 면책시켜야 한다는 의견178)이 설득력있게 제
기되고 있다. 검증대상으로서 원고들의 발언 내용을 거시하여 그 진부를 심사하는 팩

---

178) 박아란, 팩트체크와 명예훼손, 진실 오신(誤信) 상당성 법리와 중립보도 면책특권을 중심으로, 언론
정보연구 55권 4호(서울대학교 언론정보연구소 2018년), 139−174면 참조. https://snuicr.jams.or.kr.

트체크 기사의 경우 원고가 행한 해당 발언을 피고(팩트체커)가 정확하고 공정하게 인용·제시하였다면, 이는 팩트체크라고 하는 공익을 위해 불가피한 일이기 때문에 면책시킬 필요가 있고, 미국에서 개발된 중립보도의 면책특권의 법리가 적합한 논거를 제공하는 것이라고 보아야 할 것이다. 다만, 원고의 발언 내용을 제대로 인용하지 않거나 곡해·오해하여 인용하고 그에 대해 가짜뉴스 여부를 판단하는 경우에는 그에 따른 책임을 지게 될 것이다.

둘째, 팩트체크의 대상으로 할 진술은 사실 주장에 국한될 뿐, 의견이나 가치판단은 검증대상으로 할 수 없을 것이다. 가치판단인 경우 그에 관해 진위를 논하는 것은 무의미하고, 팩트체커는 그 가치판단이 옳은지 그른지를 판단할 수도 없을 것이다. 자유민주사회에서 의견의 당부는 법이 정할 수 없음이 원칙이기 때문이다(이른바, 견해다양성 및 견해차별 금지의 법리). 다만, 그 가치판단의 기초가 되는 사실의 진부가 다투어지는 경우라면 그 진부를 팩트체크의 결론으로 낼 수 있을 것이지만, 그 경우에도 기초사실이 허위로 판명되었다 하여 반드시 원고의 추론이 오류라는 결론이 귀결되는 것은 아니다.

셋째, 팩트체크 기사에서 가장 논란되는 부분은 위와 같이 인용 제시된 원고의 진술이 진실에 부합하는가 여부에 관한 피고(팩트체커)의 판단에 오류가 있다고 원고가 주장하는 경우일 것이다. 즉 검증 대상 사실이 원고는 진실에 부합하는 사실이라고 주장함에 반해 피고가 이에 관해 허위정보 또는 페이크 뉴스라고 결론을 내린 경우 그 분쟁은 쌍방의 주장과 입증 정도에 따라 진위가 가려지고 가짜뉴스 여부가 판명될 것이지만, 그 입증에 있어서는 소극사실의 증명이 어렵다는 증거법상의 원칙에 따라 적극사실을 주장한 자에게 확장된 설명책임을 부담하게 하는 대법원 판례의 입장을 참고로 하는 것이 바람직한 경우가 있을 수 있을 것이다. 때에 따라서는 진위 어느 쪽으로도 입증이 불가능한 경우가 야기될 수도 있을 것이고, 이러한 경우에는 해당 진술이 가짜뉴스로 분류될 수 없을 것이다.[179)]

다섯째, 검증대상인 원고의 진술이 가치판단과 같이 보이는 경우에도 이를 검증대상으로 할 경우가 있을 수 있다. 원고의 진술이 법적으로 보호받는 법익을 침해하여 위헌 또는 위법이라고 판단되는 경우 팩트체커가 그러한 결론을 낼 수 있는가가 논란

---

179) 이 경우 팩트체커는 상당성 항변을 하여 면책될 수 있다는 견해가 있으나(박아란, 전게 논문, 139-174면), 동일한 사실의 양면인 진위에 관해 어느 한 쪽을 유리하게 취급하는 법리를 적용함에는 신중해야 할 것이다. 예를 들면, 갑(원고)이 특정 사실이 존재한다고 한 발언을 팩트체커 을(피고)이 검증한 결과 가짜뉴스라고 판정·공표한 경우 심리한 결과 갑과 을의 상당성 항변에 준하는 주장이 모두 이유있는 것으로 보일 수 있고, 이 경우 위 제안에 의하면 팩트체커 측을 편드는 결과가 될 것이다.

될 수 있는 것이다. 해당 진술이 헌법적으로 명확히 확립된 기본원칙이나 핵심적 법리에 반하는 경우라면 그렇다는 평가가 가능할 것이다. 예를 들면, 다수정당제를 부인하거나 1당 독재를 지지하는 등 자유민주적 기본질서를 부인·반대·적대하는 내용의 진술인 경우 또는 정당 해산사유에 해당하는 발언·행위에 대하여는 헌법에 반한다는 결론을 낼 수 있을 것이다. 이러한 사유는 관찰자의 주관적 입장에 따라 달라질 수 없이 명확성이 확보된 객관적 가치질서를 기준으로 그에 위반 여부를 판단하는 것이어서 실질적 법치주의의 관점에서 요구될 수 있는 것이기 때문이다.

마. 입증 책임

1) 피고 부담

진실이나 허위의 입증책임을 원, 피고 중 누가 부담하는가 하는 문제는 실무상 소송의 승패에 큰 영향을 미친다. 소송의 현실을 보면 표현 내용이 진실 또는 허위 어느 쪽으로도 입증이 불가능한 사태로 귀결되는 사례가 허다하다. 그러한 경우 허위의 입증책임이 원고에게 있다면 그것은 원고의 입증 부족으로 패소되고, 반대로 피고에게 진실의 입증책임이 있다면 피고가 패소됨을 의미한다.[180]

대법원의 확립된 판례에 의하면 진실의 입증책임은 피고(표현행위자)가 부담한다.[181][182] 명예훼손적 표현행위를 행하고 그 적법성을 방어하는 자는 원칙적으로 그 실질적 근거를 대야 하는 처지에 있고,[183] 타인의 명예를 훼손하는 사실의 표현을 감행하는 자는 스스로 진위를 조사하도록 하는 것이 형평의 원리에 부합하기 때문이다.

---

180) 전술한 바와 같이 원래 엄격책임주의를 취하던 영국 보통법의 명예훼손 소송에서 진실은 피고가 입증하여 면책될 수 있는 항변(抗辯)이었다. 그러나 미국 연방대법원은 공적 인물이 피해자인 경우 그 입증책임을 피해자인 원고에게 전환하였고, 그 결과 명예훼손 소송을 제기하는 원고는 자신이 피고의 진술 내용이 허위임을 입증하지 않으면 패소하게 되었다(이른바 현실적 악의의 법리, actual malice rule). 이것은 진실한 내용의 표현행위를 보호하기 위하여 실제로 허위일지 모르나 허위임이 입증될 수 없는 표현도 보호하게 됨을 의미한다(이에 관한 상세한 논의는 박용상, 언론과 개인법익 – 명예, 신용, 프라이버시 침해의 구제제도(조선일보사, 1997), 50면, 284면 및 379면 이하 참조).

181) 본문에서 논하는 일반적 불법행위의 명예훼손과 달리, 원고가 적시사실이 허위임을 이유로 손해배상을 구하는 경우 또는 허위보도임을 주장하면서 부작위[금지] 또는 정정이나 취소를 구하는 소송에서는 허위의 입증책임이 원고에 있고 또 형법상 또는 특별법상 '허위' 사실적시를 요건으로 하는 범죄에서는 허위의 입증책임이 검사에 귀속된다는 점에 유의하여야 한다.

182) 보도내용이 진실하다는 입증책임은 피고인 미디어가 부담한다(대법원 1998. 5. 8. 선고 97다34563). 위 판결에서 대법원은 미국 판례법상 이른바 현실적 악의의 법리(actual malice rule)를 명시적으로 배척하고 있다. 미국 연방대법원이 1964년 New York Times Co. v. Sullivan(376 U.S. 254) 사건에서 판시한 현실적 악의의 법리에 의하면, 공무원 또는 공적 인물이 언론을 상대로 명예훼손 소송에서 승소하려면, 원고가 보도내용이 허위인 사실 및 언론이 그 허위임을 알거나 또는 '진실 여부에 대해 경솔하게 무시'(with knowledge or reckless disregard of its falsity)했음을 입증해야 한다고 판시한 바 있다.

183) Wenzel, aaO., S. 667.

피해자가 공적 인물인 경우에도 다르지 않다.[184] 이러한 의미에서 아무도 명예침해적 비난이 입증되지 않는다면 명예훼손을 감수할 필요가 없다는 법리가 적용된다고 보아야 할 것이다.[185]

> "언론매체가 사실을 적시하여 개인의 명예를 훼손하는 행위를 한 경우에도 그것이 공공의 이해에 관한 사항으로서 그 목적이 오로지 공공의 이익을 위한 것일 때에는 적시된 사실이 진실이라는 증명이 있거나 그 증명이 없다 하더라도 행위자가 그것을 진실이라고 믿었고 또 그렇게 믿을 상당한 이유가 있으면 위법성이 없다고 보아야 할 것이나, 그에 대한 입증책임은 어디까지나 명예훼손 행위를 한 방송 등 언론매체에 있고 피해자가 공적인 인물이라 하여 방송 등 언론매체의 명예훼손 행위가 현실적인 악의에 기한 것임을 그 피해자측에서 입증하여야 하는 것은 아니다."[186]

적시된 사실이 범죄행위인 경우 그에 관하여 법원에서 유죄의 확정판결이 내려진 때에는 당해 사실은 진실로 추정되고, 그에 관하여 무죄의 확정판결이 있으면 진실의 항변이 허용될 수 없다.[187]

2) 증거방법

진실의 항변을 위해 제출될 수 있는 증거방법에는 제한이 없다. 판례에 의하면 형사소송에서 진실의 항변을 위해서는 전문증거도 허용된다.[188] 민사소송에서도 달리 취급할 이유가 없다.

다만, 인용·전문보도의 진실항변에서 전문증거가 허용된다고 보기에는 문제가 있다.[189] 영국 판례는 이 경우 전문증거를 허용하지 않는다. 이를 허용한다면 반복 규칙

---

184) 대법원 1996. 10. 11. 선고 95다36329 판결, 대법원 1997. 9. 30. 선고 97다24207 판결, 대법원 1998. 5. 8. 선고 97다34563 판결 [논픽션 드라마] 등. "언론의 특성상 공직자의 윤리 및 비위 사실에 관한 보도에 있어서는 특별히 보도의 내용이 허위임을 알았거나 이를 무분별하게 무시한 경우에만 상당한 이유가 없다고 보아야 할 것이라거나 상당한 이유에 대한 입증책임을 피해자가 부담하여야 할 것이라는 등의 상고이유의 주장은 독자적인 견해에 불과하여 받아들일 수 없다."(대법원 1997. 9. 3. 선고 97다24207 판결).

185) Wenzel, aaO., Rn. 5.196

186) 대법원 1998. 5. 8. 선고 97다34563 판결 [논픽션 드라마], 대법원 2003. 9. 2. 선고 2002다63558 판결, 대법원 2004. 2. 27. 선고 2001다53387 판결.

187) 독일 형법 제190조(Wahrheitsbeweis durch Strafurteil)에 의하면 주장 또는 유포된 사실이 범죄행위인 경우 피해자가 그 행위로 인하여 유죄의 확정판결을 받은 때에는 진실의 증명이 있는 것으로 간주한다. 그에 반하여 그 주장 또는 유포가 있기 이전에 피해자가 무죄로 확정판결을 받은 때에는 진실의 증명이 배제된다.

188) "공연히 사실을 적시하여 사람의 명예를 훼손한 행위가 형법 제310조의 규정에 따라서 위법성이 조각되어 처벌대상이 되지 않기 위하여는 그것이 진실한 사실로서 오로지 공공의 이익에 관한 때에 해당된다는 점을 행위자가 증명하여야 하는 것이나, 그 증명은 유죄의 인정에 있어 요구되는 것과 같이 법관으로 하여금 의심할 여지가 없을 정도의 확신을 가지게 하는 증명력을 가진 엄격한 증거에 의하여야 하는 것은 아니므로, 이 때에는 전문증거에 대한 증거능력의 제한을 규정한 형사소송법 제310조의2는 적용될 여지가 없다."(대법원 1996. 10. 25. 선고 95도1473 판결).

의 규제가 무의미해질 수 있기 때문이다. 그러나 이를 엄격히 적용한다면 진실 증명이 어려워질 수 있다. 따라서 원고가 개입된 강력한 정황 증거이면서 객관적으로 요증사실에 관련된 정황증거는 허용된다고 보아야 할 것이다. 이론상 증거법의 요건과 보증이 갖추어지고 준수된 경우에는 전문증거도 허용할 필요가 있다.[190]

범죄보도의 진실항변에서 허용되는 증거방법에 관하여는 후술 참조.[191]

3) 입증책임과 취재원 비닉권

언론보도의 실제에 있어서는 익명의 취재원을 근거로 하는 경우가 적지 않고, 이러한 관행에 비추어 취재원 비닉권이 허용될 수 있는 기준에 관하여는 논란이 있다.[192] 기사의 취재원을 밝히는 것은 기사의 신뢰성을 확보하기 위한 저널리즘의 기본 원칙이지만,[193] 중대한 비리에 대한 탐사보도의 필요성에 비추어 취재원을 보호할 불가피한 사정이 있을 수 있는 한편, 익명에 숨은 허위사실이나 기사 조작 가능성이 우려되기도 한다. 익명의 취재원은 정보를 제공하는 주체의 실체가 투명하게 공개되지 않고 익명취재원을 가장한 누군가가 거짓된 정보를 제공할 위험이 있기 때문이다.[194] 그러므로 법정에서 익명 취재원의 신원 확인을 거부하는 기자는 최소한 그 취재원이 실존 인물인 점, 그와 실제로 만나 취재한 사정 등을 밝혀야 하며, 그리지 않으면, 그의 취재원 비닉권은 허용되지 않는다고 보아야 한다.

취재원에 관한 진술 거부와 그 법적 효과에 관하여 영국 법원은 그로 인한 법적

---

189) 여기서 유의할 점은 제3자가 어떠한 진술을 하였는가를 입증하는 것은 본증거일 뿐 전문증거가 아니고, 그 진술 내용이 진실임을 입증하려는 경우에는 전문증거가 된다는 점이다. 즉 "타인의 진술을 내용으로 하는 진술이 전문증거인지는 요증사실과 관계에서 정하여지는데, 원진술의 내용인 사실이 요증사실인 경우에는 전문증거이나, 원진술의 존재 자체가 요증사실인 경우에는 본래증거이지 전문증거가 아니다."(대법원 2012. 7. 26. 선고 2012도2937 판결).

190) 이에 관해 우리 판례는 영국 판례와 다른 입장을 취한다. 명예훼손의 위법성 조각사유로서 진실의 입증 책임은 표현행위자가 부담함에는 다름이 없으나, "그 증명은 유죄의 인정에 있어 요구되는 것과 같이 법관으로 하여금 의심할 여지가 없을 정도의 확신을 가지게 하는 증명력을 가진 엄격한 증거에 의하여야 하는 것은 아니므로, 이 때에는 전문증거에 대한 증거능력의 제한을 규정한 형사소송법 제310조의2는 적용될 여지가 없다"고 한다(대법원 1996. 10. 25. 선고 95도1473 판결).

191) 후술 제2장 제6절 Ⅲ 5 참조.

192) 이재경, 한국 언론의 익명취재원 사용관행: 독자 신뢰보다 취재원 프라이버시?, 언론중재 2019년 여름호(통권 제151호), 94~97면.

193) 한국신문협회, 한국신문방송편집인협회, 한국기자협회가 공동으로 채택한 '신문윤리실천요강'(1957. 4. 7. 제정, 2016. 4. 6. 최종개정)은 취재원의 익명 혹은 가명 표기를 원칙적으로 금지하며, 다만 공익을 위해 부득이 필요한 경우나 보도가치가 우선할 경우에는 익명을 허용하되, 취재원이 익명을 요청하는 이유와 그의 소속 기관, 지위 등을 밝힐 것을 권고하고 있다.

194) 박아란, 팩트체크와 명예훼손, 진실 오신(誤信) 상당성 법리와 중립보도 면책특권을 중심으로, 언론정보연구 55권 4호(서울대학교 언론정보연구소, 2018), 139~174면. https://snuicr.jams.or.kr/co/com/EgovMenu.kci?s_url=/sj/search/sjSereClasList.kci&s_MenuId=MENU-000000000053000&accnId=AC0000000004.

불이익은 이를 행사한 기자에게 귀속되는 것으로 취급하고 있다.[195][196] 이러한 법리는 우리에게도 적용된다고 할 수 있다. 즉 현행법상 민사사건에서 기자는 직업상의 비밀로서 그 취재원의 신원에 관한 진술을 거부할 수 있지만(민사소송법 제315조), 제보자를 보호함으로써 귀결되는 소송상의 불이익은 피고 언론기업이 감수하여야 한다.[197] 취재원이 보호되는 체제하에서 제보자를 증인으로 채택할 수 없다면, 피고로서는 취재원과 대화한 기자를 증인으로 신청하여 제보자가 기자에게 말한 사실을 입증하는 방법이 유일한 방법이다. 이 경우 기자의 법정 진술은 간접적인 증인증거라 하더라도 증거능력이 부인되는 것은 아니지만, 그 증거가치는 제보자가 증인으로 법정에 출석하여 진술한 증거보다 약할 수밖에 없다.[198]

유럽인권재판소는 일련의 판례에서 기자의 취재원 비닉권에 관해 "이것은 민주사회에서 언론의 자유를 위한 기본 조건 중의 하나이며, 그러한 보호가 없다면 언론의 공익사항 보도에 대한 취재원의 협조는 저해될 것이며, 그 결과 언론의 중대한 감시자 역할은 약화될 것이다. 따라서 취재원 공개의 명령은 공익의 압도적 요구에 의해 정당화되지 않는 한 유럽인권협약 제10조와 양립할 수 없다."고 판시하였다.[199]

Tillack v. Belgium, no. 20477/05, 27 November 2007 [취재원 수사 목적 수색·압수]
이 사건에서 유럽인권재판소는 기자가 그의 취재원을 보호할 권리는 단순한 특권으로 간주될 것이 아니라 정보에 대한 권리의 진정한 일부이고 최고로 신중하게 다루어져야 한다고 판시하였다.

한 벨기에 기자는 유럽연합 기관의 활동에 대한 조사 상황을 보도하면서 유럽사기대책반(OLAF)의 기밀정보에 기해 그 기관의 비리에 관한 기사를 작성 보도하였다. OLAF는 그 취재원을 밝히기 위해 내부 수사를 개시하였으나 바라던 결과를 내지 못하자 기자(심판청구인)들을 벨기에 사법 당국에 고발하였다. 사법 당국은 공무원의 뇌물 수사를 개시하면서, 기자들의 주거와 직장을 수색하고 다수의 문서와 장비를 압수하였다. 그 수색의 목적은 기자들이

---

195) 영국의 1981년 법정모욕법(Contempt of Court Act 1981) 제10조는 "법원은 사법의 이익 또는 국가안보나 무질서 및 범죄 예방을 위해 필요한 점에 관해 충분한 이유가 없는 한, 보도에 포함된 정보 소스의 공개를 요구하거나 그 공개 거부를 처벌할 수 없다"고 규정한다.

196) 영국 법원은 Brims v. Reid & Sons (1885) 12 R. 1016 판결에서 기자 앞으로 보내진 익명의 서신을 보도한 신문이 그 저자의 신원 공개를 거부하는 경우, 그 법적 효과로서 "법에 의하면 기자는 익명 저자의 지위를 인계하여, 만일 저자가 공개되는 경우 그 저자에게 부과될 모든 책임을 지게 된다."고 판시하였다. 따라서 기자는 익명의 저자가 밝혀진 경우 그가 제기할 수 있는 상대적 특권 등 항변을 제기할 수 없다. 법원은 그 익명의 취재원이 누구인지, 사건과 어떠한 관련을 갖는지조차 알 수 없기 때문이다(Reynolds v Times Newspapers Ltd 판결에서 LORD HOPE OF CRAIGHEAD의 판시).

197) 독일에서도 마찬가지이다. "언론기관이 취재원을 공개할 수 없다고 생각하면 그는 적어도 맞는 정보임을 뒷받침하는 상세한 사정을 진술하여야 한다. 그것을 않으려면 피고 언론기업은 제보자를 보호함으로써 귀결되는 소송상의 불이익을 감수하여야 한다."(Wenzel, aaO., S. 668).

198) BGH NJW 1992, 1899.

199) 후술 Telegraaf Media Nederland Landelijke Media v. the Netherlands, ECtHR, November 22, 2012.

그의 기사에서 보도한 정보의 취재원을 알아내는 것이었고 그것이 기자들의 취재원보호를 침해한 점에는 의문이 없었다. 틸락기자는 벨기에 법원에서 기자의 권리를 인정받지 못하자 유럽인권재판소에 제소하게 되었다.

인권재판소는 "기자들의 취재원을 비닉할 권리는 그들의 취재원의 적법성 또는 불법성에 따라 승인되거나 박탈되는 단순한 특권으로 간주될 수 없고, 최고의 주의로 다루어질 정보에 대한 권리의 묶음이며 그 일부다"라고 강조하고, 그 기자의 주거에 대한 벨기에 사법기관의 수색 및 압수는 유럽인권협약을 위반하였다고(위헌이라고) 판시하였다.

이 사건에서는 기자의 취재원 보호가 인권재판소에 의해 처음으로 언론의 자유의 기본적 조건으로 인정되었다는 점에 큰 의미가 있다.

유럽인권재판소 대심판부는 다음 사건에서 헌법상 취재원 공개명령의 허용요건에 관하여 ① 법관 기타 독립적이고 공정한 결정기관의 사전 심사에 의해야 하고(검찰이나 경찰은 공개명령을 할 수 없다) ② 기자의 취재원 보호에 우선하는 공익의 요건이 존재하여야 하며 ③ 취재원 공개명령 전에 검찰이나 경찰은 취재원을 확인할 수 있는 정보에 접근할 수 없게 해야 한다고 판시하였다.

Sanoma Uitgevers B.V. v. the Netherlands, no. 38224/03, 14 September 2010 [취재원공개명령의 요건]

청구인은 차량운전자 대상 잡지(Autoweek) 발행사인데, 2002년 카레이스 개최업자의 초청을 받고 참가자와 차량의 익명을 지킨다는 조건으로 불법 개최된 가두 카레이스 행사를 취재하였는데, 그 촬영된 사진 일부가 참가자 및 참가 차량을 식별하지 못하게 익명처리되어 보도되었다. 행사 도중 차량습격 절도사건이 발생하자 검찰은 그 도주차량을 수사하기 위해 네덜란드 내국법에 따라 청구인 잡지사 편집장이 보유하는, 모든 취재 사진이 담겨진 CD−ROM의 제출을 명하고 이를 압수하였다. 네덜란드 법원이 위 제출명령 및 압수조치를 지지하자, 청구인은 이를 유럽인권재판소에 제소하였다. 인권재판소 소부는 2009. 3. 31. 위 검찰의 제출명령을 합헌으로 판결하였으나, 청구인의 불복 청구에 의해 대재판부는 2010. 9. 14. 17인 재판관 전원 일치로 소재판부의 판결을 번복하고 다음과 같이 판시하였다.

첫째, 대재판부는 취재원공개명령은 그에 의해 신원이 공개되는 취재원에게뿐 아니라 그 명령의 대상인 신문이나 출판사의 장래 잠재적인 취재원의 눈에 부정적 영향을 미쳐 그 신뢰를 해하고, 익명의 취재원을 통해 정보를 수취함에 이익을 갖는 공공 구성원에게 잠재적으로 해로운 효과를 갖는다는 점을 지적하였다.

둘째, 취재원 공개명령을 위해 가장 중요한 보장은 ① 법관 기타 독립적이고 공정한 결정기관의 심사에 의한 절차이다. 그것은 행정부 기타 이해관계를 갖는 당사자로부터 독립한 기관에 의해 수행되어야 한다. 따라서 경찰이나 검찰은 기자들에게 그 취재원을 공개하도록 강제할 수 없다. 절차의 조건에서 검사는 객관적이고 공정하다고 볼 수 없는 당사자이다. ② 그 심사는 기자의 취재원 보호 원칙에 우선하는 공익의 요건이 존재하는가 여부를 결정하는 것을 임무로 하고, 그 절차는 경찰이나 검찰이 그러한 취재원을 밝힐 수 있는 정보에 액세스하기 전에 판사나 여타 독립적이고 공정한 판단 주체에 의한 사전심사절차(ex ante review)를 요하며, 취재원의 신원을 공개할 수 있는 정보에 대한 불필요한 접근을 방지하여야 한다.

셋째, 따라서 법관 기타 독립적이고 공정한 기관은 공개 이전에, 그리고 문제된 자료를 고려하여 잠재적 리스크와 각각의 이익을 형량할 수 있는 위치에 있어야 한다. 결정은 명료한 기준에 의해야 하며, 가능한 덜 침해적인 조치가 있는지 여부를 검토해야 한다. 법관은 공개명령을 거부하거나 보호받은 취재원이 노출되지 않도록 제한적 또는 조건부 명령을 내릴 수 있다. 긴급한 사례에서는 기관이 그 자료를 사용하기 이전에 그러한 리스크가 없는 정보로부터 취재원이 확인될 수 있는 정보를 확인하고 분리하는 절차가 있어야 한다.

넷째, 긴급한 명령이나 요청의 경우 취득된 자료의 접근과 사용 이전에 수행될 독립적 심사는 최소한 기밀 이슈가 발생하는지 여부를 결정하고 여러 관련 이익을 형량하는 데 국한해야 한다. 취재원을 확인할 수 있는 그러한 자료의 교부 후에 행해지는 독립적 심사는 기밀유지 권리의 본질을 잠식할 것이다.

이 사건에서 인권재판소 대심판부는 네덜란드에서는 그러한 강제절차가 법관이 아닌 검사에 위임되어 있었고, 그 심사 및 절차에에 있어서 상술한 여러 요건을 충족하지 못하였다고 보았다..

유럽인권재판소 대심판부는 민주사회에서 언론의 자유를 위해 기자의 취재원 보호의 중요성을 강조하면서 언론의 자유가 침해되었다고 판단한 것이다. 이 판결로 EU 구성국가들은 취재원 보호를 위해 독립적인 사전 심사에 의한 결정을 요하는 절차를 국내법으로 규정할 의무를 부담하게 되었다. 이에 따라 벨기에 입법부는 판사의 요구가 있는 경우에만 기자들은 그들의 취재원을 공개하도록 강제될 수 있고, 그러한 결정은, 그 요구된 정보가 사람의 신체적 완전성에 대한 심각한 위협을 구성하는 범죄나 이러한 테러범죄의 예방을 위해 결정적으로 중요하고 요구된 정보가 다른 방법으로 취득될 수 없을 때에만 정당하다고 규정한다 (Belgian law of 7 April 2005 regarding the protection of journalistic sources).

Telegraaf Media Nederland Landelijke Media v. the Netherlands, ECtHR, November 22, 2012

네덜란드의 한 신문은 2인의 기자가 작성한 기사에서 1997년 네덜란드 비밀수사기관("AIVD")이 약물 및 무기 딜러에 대해 수사하였는데, 그의 부패혐의에 관해 증거를 발견하지 못하고 종결 처리되었으나, 불법하게 취득된 그 수사파일에 근거하여 동 기관이 범죄자를 알았었다는 사실을 보도하였다.

그 보도에 대응하여 AIVD는 위 기자들에 대한 수사를 개시하고, 비밀경찰 내부에서 누설자를 찾기 위해 그들에 대한 감시조치(surveillance measures)를 시행하는 동시에 국가비밀의 불법 공개에 관해 형사 고발을 행하였다. 또 경찰은 그 불법적으로 누설된 정보가 공개적으로 유통되는 것을 방지하기 위해 신문사에 대해 원래의 문서(AIVD의 운용활동에 관한 국가비밀을 포함하는 문서)를 제출하도록 명하였다. 이 사건에서는 기자의 취재원 공개 거부권을 위요하여 다음과 같은 3가지 채널로 논의가 전개되었다.

첫째, 기자들은 국가비밀을 AIVD 외부로 누출한 혐의를 받는 3인에 대한 형사소송에서 증인으로 신문을 받았다. 양 기자는 그들에게 문서를 제공한 사람들의 신원을 폭로하게 될 질문에 대한 답변을 거부하였다. 기자들은 법원의 명령을 따르지 않아 구금되었으나, 후에 헤이그 지방법원이 취재원보호의 중요성을 인식하였기 때문에 3일 후 석방되었다. 결국 한 피의자("H")가 그 파일들의 누설로 유죄판결을 받았다. 그 판결은 신문사로부터 압수된 문서는 네덜란드 포렌식기관에 의해 검사되었지만, 어떤 증좌도 발견되지 않았다고 설시하였다.

둘째, 신문사와 기자들은 위 감시조치들이 사실상 그들의 취재원을 밝힐 목적을 갖는다고 주장하면서 유럽인권재판소에 네덜란드 국가를 상대로 민사소송으로 AIVD 직원의 전화 감청 및 기자 양인에 대한 감시조치에 대해 (금지)가처분을 구하였다.

인권재판소는 EU의 정보 소스를 공개하지 아니할 기자들의 권리에 관한 권고안(Recommendation No. R(2000)7)과 재판소의 이전 여러 판례를 인용하면서, "취재원을 밝히는 정보는 − 그들이 취재원의 확인으로 이끌 가능성이 있는 한 − 기자들이 취재원으로부터 정보를 획득하게 된 사실적 정황과 취재원이 기자에게 제공한 정보 중 보도되지 않은 내용 양자를 포함한다"고 설시하고, 이 정의를 고려하면서 재판소는 AIVD가 그의 감시권한을 기자들에게 시행하면서 기자들의 취재원에 관한 보호를 회피하였다고 보았다.

유럽인권재판소는 AIVD의 감시조치에 관해 그 목적 중 하나는 취재원 확인을 위한 것이었음을 인정하고, 이러한 감시조치는 그들이 어디서 정보를 획득하였는가를 결정하기 위한 타겟화된 기자들 감시(targeted surveillance)이기 때문에 국내법에 법률의 근거가 있어야 한다고 전제하였다. 그리고 이러한 감시조치는 개별적 사건에서 용이하게 남용될 가능성이 있고, 민주사회 전체에 대해 그러한 해로운 영향을 가질 수 있는 분야에서는 원칙적으로 판사나 여타 독립적 주체에게 감독적 통제를 맡기는 것이 바람직하다고 판시하였다. 사후의 사법 심사(retrospective judicial review)는 취재원의 신원 노출을 예방할 수 없기 때문에 충분치 않다는 것이다(예를 들어, 감독위원회의 사후 심사("review post factum")에 있어서는 기자의 취재원이 일단 파괴되면 그 기밀성을 복원할 수 없다).

그런데 이 사건에서 특별 권한의 행사는 방지하거나 종료시킬 권한을 가진 독립적 주체에 의한 사전 심사 없이 내무장관 또는 AIVD의 장에게 수권되어 온 것으로 나타났다. 이에 비추어 네덜란드 정부가 위 기자들 감시의 법적 근거로 제시한 상기 2002년 법은 기자의 취재원 적발에 목적을 둔 기자들의 표적 감시에 대해 적절한 보장을 제공하지 못한다고 보고, AIVD의 특별 권한 행사(기자들 감시)는 협약 제8조(사생활의 권리 보장) 및 제10조(표현의 자유 보장) 위반이라고 결론지었다. 인권재판소는 제안된 기밀성의 파괴가 평가될 수 있는 독립적인 심사절차가 없었던 것이 문제라고 본 것이었다.

셋째, 경찰의 원본 제출명령에 대해 그것은 네덜란드 형사소송법 제96a조를 근거로 하는 것이다. 재판소는 기자의 취재원 보호의 국면에 관하여 "이것은 민주사회에서 언론의 자유를 위한 기본적 조건 중의 하나이며, 그러한 보호가 없다면 언론의 공익사항 보도에 대한 취재원의 협조는 저지될 것이며, 그 결과 언론의 중대한 감시자 역할은 약화될 것이다. 따라서 취재원 공개의 명령은 공익의 압도적 요구에 의해 정당화되지 않는 한 인권협약 제10조와 양립할 수 없다."고 판시하였다. 그럼에도 그 문서를 유통에서 배제하는 것은, 그것이 이미 다수 범인들의 손에 들어갔고, 해당 정보가 더 이상 나쁜 손에 들어가는 것을 방지할 수 없기 때문에 재판소는 그 문서의 실제의 이전은 필요하지 않은 것이라고 보았고, 따라서 불필요함에도 내려진 제출명령은 협약 제10조 위반이라고 확인하였다.

〈기자들의 취재원 비닉권에 관한 EU의 권고안〉

유럽회의(Council of Europe) 구성국가들의 각료이사회(Committee of Ministers)는 2000. 3. 8. 기자의 취재원 공개거부권에 관한 권고안(Recommendation No. R (2000) 7)을 채용한 바 있다. 그에 의하면 "기자들의 취재원 보호는 저널리즘의 작업과 자유, 그리고 미디어의 자유에 기본적 조건을 구성한다"는 기본적 입장을 취하고, 각 구성국가들이 입법 및 관행으로 실행할 기자들의 취재원 비닉권의 상세한 원칙을 다음과 같이 정하여 공표하였다.

총칙 사항: 동 권고안에서 취재원("source")이란 기자에게 정보를 제공하는 사람을 말하며, 취재원을 확인하는 정보("information identifying a source")란 취재원의 성명, 개인정보, 목소리 및 이미지, 기자가 취재원으로부터 정보를 획득하게 된 사실적 정황, 취재원이 기자에게 제공한 정보 중 보도되지 않은 내용, 기자들과 그들의 전문적 작업에 관계된 고용주들의 개인정보들로서 취재원 확인으로 이어질 수 있는 것을 말한다.

각 국내법과 실무는 유럽인권협약 제10조(표현의 자유 보장)에 따라 취재원을 공개하지 않을 권리와 여기에 확립된 원칙들을 이 권리를 존중하기 위한 최소한의 기준으로 간주하여 명시적이고 명백하게 보호하여야 한다(제1원칙). 기자들과의 직업적 관계에 의해 수집, 편집 과정 또는 이 정보의 전파를 통해 취재원을 확인하는 정보를 알게 된 여타 인물들도 마찬가지로 여기에 확립된 이 원칙에 의해 보호되어야 한다(제2원칙).

여기에 확립된 원칙들은 형사절차에서 자기부죄 금지 보호에 관한 국내법을 어떠한 방법으로도 제한하여서는 안되며, 기자들은 그러한 법률이 적용되는 한, 취재원을 확인하는 정보의 공개와 관련하여 그러한 보호를 받아야 한다(제7원칙: 자기부죄 금지의 보호).

공개거부권의 요건 및 한계(제3원칙): 취재원 비닉권은 기본권 제한을 위해 헌법(유럽인권협약) 상 명시적으로 허용된 정당한 이익이 있는 경우, 그것이 취재원을 공개하지 않을 공익보다 우세한 경우에만 제한할 수 있고, 이 형량에서는 인권재판소의 판례법에 의해 비닉권에 인정되는 중요성과 우월성을 고려하여 압도적인 공익이 있고, 충분히 중대하고 심각한 정황이 존재하는 경우에만 공개를 명할 수 있다(제3원칙 a).

취재원의 공개가 허용되지 않는 경우로서는, 첫째 공개를 대체할 합리적인 조치가 존재하지 않거나, 공개를 구하는 사람 또는 공권력에 의해 위 조치들이 모두 행해졌음이 입증되지 않은 경우, 둘째 공개할 정당한 이익이 비공개의 이익보다 명백히 우세한 경우로서 ① 압도적인 공개 필요 요건이 증명된 경우, ② 사정이 충분히 중요하고 심각한 경우, ③ 공개의 필요성이 긴박한 사회적 필요에 부응하는 것으로 확인된 경우 등이다.[200] 기자에 대한 명예훼손 소송에서 진실 기타 주장을 입증할 목적으로 기자의 취재원 공개를 요구할 수 없다(제4원칙: 기자들의 취재원에 대한 대체 증거)

취재원 공개 절차(제5원칙: 공개에 관한 조건): 취재원 공개는 그 공개에 직접 정당한 이익을 갖는 사람이나 공적 주체만이 신청할 수 있고(제5원칙 a), 그 절차에서 기자들은 취재원에 관한 비닉권과 함께 그 한계에 관해 사전에 고지받아야 한다(제5원칙 b).

기자들이 요구나 명령에 따라 취재원을 공개하는 때에는 관할 당국은 협약 제6조를 존중하

---

200) 그리고 이 필요성을 평가함에 있어서 각 회원국은 일정한 평가재량을 가지나 이 재량은 인권재판소의 감독과 나란히 행사된다.

여 비공개로 심리하는 등 공개의 범위를 제한하는 조치의 적용을 고려해야 한다(제5원칙 e).

취재원 공개를 거부한 기자들에 대한 제재는 법원에 의해서만 부과될 수 있고(제5원칙 c), 기자들은 그 부과처분에 대해 다른 사법기관에 불복 심사를 청구할 권리를 갖는다(제5원칙 d).

제6원칙(통신의 도청, 감시와 사법적 수색 및 압수): 기자들의 취재원 비닉권을 회피하기 위한 조치로서 ① 기자들이나 그들의 고용주의 통신이나 우편에 관한 도청 명령이나 행위, ② 기자들, 그들의 접촉 또는 그들의 고용주에 관한 감청 명령 또는 행위, 또는 ③ 사적이거나 영업용 건물, 기자나 그들의 고용주의 소유물이나 우편 또는 그들의 직업적 작업에 관련되는 개인정보에 관한 수색 또는 압수의 명령 또는 행위 등은 허용되지 않는다(제6원칙a). 취재원을 확인하는 정보가 경찰이나 사법당국에 의해 상기 어떤 행동에 의해 적합하게 취득된 경우 이것이 이들 행위들의 목적이 아니었다 하더라도 그 공개가 원칙3에 의해 정당화되지 않는 것이라면 이후 이 정보가 법원에서 증거로 사용되지 않도록 조치가 취해져야 한다(제6원칙b).

(3) 법익 형량 요건

이상 공익 사항에 관한 명예훼손적 진술이 진실임이 입증되면 바로 해당 진술의 위법성이 조각되는가?[201] 진실한 사실적시도 명예훼손의 구성요건을 충족할 수 있는 우리 법제에서 진실이 입증되었다 하더라도 그것만으로는 위법성이 부인될 수 없고, 별도로 법익을 형량하여 공개의 이익이 피해 이익보다 우월한 것으로 인정되어야 위법성이 부인된다고 보아야 한다(전술 참조).

이와 관련하여 대법원은 명예를 훼손하는 진실한 사실의 진술이 언제나 면책되는 것은 아님을 전제로 그것이 자기의 이익을 옹호하기 위한 경우에는 사회상규에 위배되지 않아 위법하지 않다는 취지로 판시하고 있음은 앞서 본 바와 같다. 또 전술한 영미 보통법상 상대적 면책특권의 법리에 의하면 표현행위자가 추구하는 이익과 피해자의 이익을 비교형량하여 전자가 보다 큰 경우에는 명예훼손적 진술의 책임을 면책시키는데, 이러한 법리에 의하면 진실한 사실도 그러한 면책 요건에 해당하지 않으면 명예훼손의 책임이 부과됨을 전제로 하고 있는 것이다. 독일에서도 명예훼손의 위법성 조각사유를 규정하는 형법 제193조(정당한 이익의 옹호)에 의하면 명예훼손적 진술은 보다 우월한 정당한 이익을 옹호하는 경우 위법성이 조각된다고 하며, 독일 형법 제192조는 진실한 사실적시라 하더라도 그 형식이나 상황에 의해 명예훼손이 되는 경우를 이른바 형식적 명예훼손(Formalbeleidigung)으로 처벌하는 규정을 두고 있다.[202]

---

201) 우리 형법상 사실적시 명예훼손죄(형법 제307조 제1항)는 물론 민사상 명예훼손의 불법행위는 단지 명예훼손적 사실 적시가 있으면 구성요건을 충족하게 되고, 반드시 허위의 사실적시를 요건으로 하지 않는다. 그 진위에 따른 법적 판단은 위법성 판단 단계에서 이루어지게 되는데, 그렇다면 피고의 진실의 항변 및 상당성 항변이 인용되는 경우에는 바로 위법성이 조각되고 원고 청구는 기각해야 할 것인가, 아니면 별도의 법익 형량이 필요한 것인가가 문제된다.

3. 진실의 항변 - 특수 사례

(1) 언론의 범죄보도의 경우

언론의 범죄보도의 경우 미디어가 제기하는 진실의 항변에는 특수한 문제가 있다. 후술하는 바와 같이[203] 영국 보통법은 범죄사건 보도가 갖는 3가지의 명예훼손적 의미를 ① 원고가 수사받을 근거가 있다는 의미, ② 원고가 범죄의 혐의가 있다는 의미, ③ 원고가 유죄라는 의미 등 3가지 수준이 있다고 본다.[204] 범죄보도가 문제된 사건에서 법원은 위 3가지 의미 중 하나를 결정하고, 진실항변을 하려는 피고는 위와 같은 3가지 수준의 의미 중 결정된 바에 대응하여 ① 수사사실의 증명, ② 수사를 위한 합리적 근거(혐의)의 증명, 또는 ③ 유죄의 증명을 해야 한다.[205]

(2) 진실입증의 면제

대부분의 언론보도는 불가피하게 인용 내지 전문보도의 형식을 취하게 된다. 판례에 의하면 이 경우 피고인 미디어는 그 인용 또는 전문된 내용의 진실을 입증해야 한다. 그리고 그 진실 입증이 어려움은 물론이고, 그에 대체하여 인정되는 상당성 항변 역시 그 입증이 쉽지 않다. 그 때문에 언론보도에 대한 위축효과가 야기되어 표현 및 언론의 자유가 충분히 보호되지 않는다는 비판이 제기되고 있음은 널리 알려진 사실이다. 이에 관한 대책으로서 우리는 앞서 살핀 바와 같이 전파자로서 미디어의 책임을 완화하는 영미법상의 제도를 도입하여 실용화하는 방안을 고려해야 할 것이다.[206] 그 대표적 법리가 먼저 영미에서 인정되는 '공정보도의 특권'(fair report privilege)이다. 이것은 미디어가 일정한 공적인 공식적 절차와 기록에 관해 공정하고 정확하게 보도

---

202) 독일 형법 제193조에 의하면 권리의 실행이나 방어를 위한 표현행위 등 정당한 이익을 옹호하기 위한 표현행위는 위법성이 조각된다(SCHÖNKE SCHRÖDER, STRAFGESETZBUCH KOMMENTAR, 18., neubearbeitete Auflage, VERLAG C.H. BECK, S. 1214). 이것은 법익 충돌의 경우 법질서 전체에 통용되는 비교형량의 일반적 원칙을 명예훼손법에서 구체화한 것이라고 이해되고 있다. 정당한 이익이란 그 추구가 건전한 법감정에 의해 승인된 목적으로 이해되며, 따라서 법과 공서양속에 반하는 것은 정당한 이익이 아니다. 예를 들면, 자신의 경제적 처지를 개선하기 위한, 또는 구독자를 늘리기 위해 독자들의 선정적 호기심을 자극하는 것은 이에 해당하지 않는다(BGHSt 18, 182 - call - girl).
203) 후술 제2장 제6절 Ⅲ 5. 범죄보도와 진실의 항변 참조.
204) Lewis v. Daily Telegraph Ltd. [1964] A.C. 234 (H.L.). 대부분의 사례에서 신문 기사는 통상적으로 원고가 유죄라는 의미가 아니라, 원고가 유죄라고 의심할 합리적 근거가 있다는 의미를 전하는 것으로 해석된다.
205) Lord Devlin in Lewis v Daily Telegraph Ltd at p. 282.
206) 후술 제6절 Ⅱ 2. 공정보도의 특권 및 3 중립보도의 면책특권.

한 내용은 거기에 설사 명예훼손적 내용이 포함되어 있는 경우에도 진위 여하에 불구하고 면책된다는 법리이다. 즉 미디어가 공식적·공개된 절차에서 행해진 제3자의 명예훼손적 진술을 인용 보도하는 경우에도 그것이 공정하고 정확한 것이라면 면책되며, 해당 인용보도의 내용이 진실하거나 진실이라고 오인함에 상당한 이유의 입증을 요하지 않는다.

다음 '중립보도의 특권'(neutral reportage privilege)은 공익사항에 관한 토론이나 논쟁의 당사자가 행한 명예훼손적 주장을 중립적으로 보도한 경우 그 내용의 진위 여하를 불문하고 그 전파자의 명예훼손 책임을 면책시킨다.

Ⅲ. 상당성 항변

1. 상당성 항변의 개념

(1) 의의

상술한 바와 같이 우리 판례는 적시된 사실이 진실이라는 점은 피고가 항변하여 입증해야 하며, 그 입증이 성공한 경우 이익 형량에 따라 가해행위의 위법성이 조각되는 것으로 다루고 있다. 그런데 피고가 진실임을 입증하지 못한 경우 언제나 해당 표현행위가 위법하다고 보아 책임을 추궁할 수 있는가 하는 문제가 생긴다. 이에 관해 우리 판례는 진실이라고 믿음에 상당한 이유가 있으면 명예훼손적 진술의 위법성이 조각된다고 하여 표현행위 및 보도의 자유에 유리한 이른바 '상당성 항변'을 확립된 법리로 채용·적용하고 있다. 우리 판례가 정립한 상당성 항변은 언론 보도와 일반 개인의 명예훼손적 표현에 모두 적용되는 면책사유이며, 그것은 진술 내용의 진실을 입증하지 못한 피고가 진실항변을 대체하여 주장할 수 있는 것으로 사실적시에 관해서만 적용된다.

대법원은 1988년 처음으로 언론·출판의 자유와 인격권으로서의 명예보호 사이의 충돌을 조정하는 하나의 방법으로서, 어떤 표현이 타인의 명예를 훼손하더라도 그 표현이 공공의 이해에 관한 사항으로서 그 목적이 오로지 공공의 이익을 위한 것일 때에는 진실한 사실이거나 행위자가 그것을 "진실이라고 믿을 상당한 이유가 있는 경우"에는 위법성이 조각된다는 법리를 선명하였다.207)208)

---

207) 대법원 1988. 10. 11. 선고 85다카29 판결: "형사상이나 민사상으로 타인의 명예를 훼손하는 행위를

미디어가 진실임을 입증하는 경우에만 면책될 수 있다면, 그러한 입증이 불가능하다고 생각되는 사실을 보도할 수 없고 그 만큼 공공의 알 권리는 충족될 수 없다. 상당성 항변('reasonableness' defence)은 미디어가 상당한 주의를 기울여 조사한 후('due diligence' or 'good faith') 진실하다고 생각하는 사실을 공표한 경우 면책시킴으로써 공공의 알 권리와 명예권 간에 적절한 균형을 잡아주는 중요한 역할을 한다. 유럽인권재판소에 의하면 그에 의해 미디어는 오보의 우려에 대해 숨쉴 여지(breathing space for error)가 허용되며, 정보가 지체됨으로써 뉴스 가치가 상실되는 것을 방지하여 알 권리를 충족해 주게 된다고 한다.[209]

(2) 비교법적 관점

명예를 훼손하는 사실적시는 그것이 사후에 허위로 밝혀지더라도 일정한 경우 보호할 필요가 있다. 이에 관하여 제국의 판례와 학설은 타인에 관하여 불리한 사실주장을 행하는 자에게 주의의무(Sorgfaltspflicht)를 부과함에 의해서 표현자유의 요청과 인격권 보호와의 조정을 꾀하고 있다.

전술한 바와 같이 진실의 입증책임을 원고(피해자)에게 전도한 미국[210]을 제외한 대부분의 국가에서는 피고가 진실의 항변에 실패하였다 하더라도 진실이라고 믿음에 상당한 이유가 있음을 주장·입증하면 위법성(또는 책임 요건)이 조각되고 청구권이 배척되는 체제를 취한다.

가. 영국

영국 법원은 1999년 일반적인 제한적 특권을 미디어에 확대 적용함에 있어서 이러한 법리를 개발·적용하여 왔으며,[211] 2013년 명예훼손법은 이러한 법리를 명문화하고 있다. 위 판결에 의해 창설된 이른바 '레이놀즈의 항변'에 의하면, 공익사항에 관해 책임있는 저널리즘 기준에 따라 조사의무를 이행한 후 제3자의 명예를 훼손하는 사항을 보도한 경우에는 해당 정보가 허위로 판명되게

한 경우에도 그것이 공공의 이해에 관한 사항으로서 그 목적이 오로지 공공의 이익을 위한 것일 때에는 진실한 사실이라는 증명이 있으면 위 행위에 위법성이 없으며 또한 그 증명이 없더라도 행위자가 그것을 진실이라고 믿을 상당한 이유가 있는 경우에는 위법성이 없다고 보아야 할 것이다. 이렇게 함으로써 인격권으로서의 명예의 보호와 표현의 자유의 보장과의 조화를 꾀할 수 있다 할 것이다."

208) 위 판결에서 대법원은 처음으로 형법에 규정된 명예훼손죄의 위법성조각 사유(형법 제310조)를 민사사건에 준용함과 동시에 진실성의 오신에 상당한 이유가 있는 경우 역시 위법성이 조각된다는 법리를 선언하였다. 위 판결은 그 논거로서 언론의 자유와 인격권 간의 충돌을 조정하는 방안이라고 설시하고 있을 뿐, 구체적인 논거는 밝히지 않았다. 학설에 의하면 위 대법원 판결은 일본의 판례를 본받은 것으로 보고 있으며, 한국 형법이 일본 형법의 영향을 받았고 한국 판례가 일본 판례를 적지 않게 본받고 있음은 부인할 수 없는 사실이기도 하다(전원열, "名譽毁損 不法行爲에 있어서 違法性 要件의 再構成", 서울대학교 대학원 박사학위논문(2001), 66−68면 및 김준호, 공인에 대한 명예훼손 − 그 민형사상 면책구조에 관한 판례 이론의 분석, 동북아법연구 제9권 제2호, 353, 356면 이하, http://dx.doi.org/10.19035/nal.2015.9.2.14 참조).

209) ECHR 1999. 9. 28. Dalban v. Romania.

210) 공적 사안에 관한 보도에서 명예훼손의 성립에 '허위의' 사실적시를 요하는 미국 판례에 의하면, 원고가 피고의 진술이 허위라는 입증책임을 부담하기 때문에 피고측의 진실의 항변이나 상당성 항변은 논의될 여지가 없다.

211) Reynolds v. Times Newspapers Ltd. [1999] UKHL 45, [2001] 2 A.C. 127.

된 경우에도 미디어는 명예훼손 책임을 면하게 되었다.212) 이로써 영국 명예훼손법은 언론의 자유를 위해 획기적인 전기를 맞이하게 되었다고 평가되었다.213)

Reynolds v Times Newspapers Ltd [1999] 4 All ER 609 [레이놀즈의 항변]

1994년 북아일랜드의 평화협상을 주도하던 아일랜드 수상 Albert Reynolds(원고, 피해자)가 의회에서 사임을 발표함으로써 아일랜드 정부가 붕괴되고 정치위기가 고조되는 가운데, 피고 선데이 타임즈 영국 본토판은 동지 아일랜드판의 기사를 전재하면서 레이놀즈가 아일랜드 의회에서 중요 정보를 묵비함으로써 의회를 고의적으로 오도하였다는 취지로 보도하였다. 그 기사의 통점은 그 당시 레이놀즈가 아는 정보를 묵비하여 의회와 정부 각료에게 거짓말하였다는 취지였고, 그 기사는 레이놀즈가 의회에서 발언한 진술을 보도하면서 아일랜드판에는 게재된 레이놀즈의 해명을 생략하였던 데 치명적 결함이 있었다. 그러나 배심은 이러한 보도 내용이 진실이 아니라고 평결하였고, 결국 피고의 오보가 보호받을 수 있는가, 그렇다면 어떤 법리에 의해 보호받을 수가 있는가 하는 점이 쟁점으로 제기되었다.

영국 귀족원(현 최고재판소의 전신)은 보통법에서 확립된 제한적 특권의 법리를 미디어에도 적용할 것인가 여부에 관해 검토하고, 이 사건 피고(신문)에게 공익 사항에 관해 보도할 제한적 특권(이른바 레이놀즈의 항변)이 인정된다고 판시하였다. 즉 귀족원은 보통법 상의 전통적인 의무/이익 기준(duty-interest test)에 기초하여 특정한 주제사항에 관해 미디어가 보도할 의무가 있고 그에 상응하여 공공의 알 권리가 있는 정보인가를 판단해야 하며(the right to know test), 이 경우에는 언론계에서 정립된 '책임있는 저널리즘'("Responsible journalism") 기준에 따라, 이를 충족한 보도에 관해서는 공익사항에 관한 미디어의 제한적 특권이 허용된다고 판시하였다. 판시에 의하면 그 기준은 미디어 종사자 기타 모든 자가 인식할 수 있는 기준이어서 객관적이며, 특정한 주제사항에 관해 보도하고 알 권리가 있는 정보인가 여부는 기사 전체를 그 맥락에 비추어 평가해야 한다고 하였다.

다수의견을 대변한 니콜스 대법관은 미디어가 공공 일반에 보도함에 의무/이익이 있었는지 여부를 결정함에 고려해야 할 10개항의 요인을 상술하였다. 이 사건에서 선데이 타임즈의 기사는 의심할 바 없이 공적 관심사였으나, 레이놀즈의 숙고한 해명에 관한 언급을 모두 생략한 채, 사실의 진술로 제시된 중대한 비난은 공공이 알 권리를 갖는 정보가 아니었다. 결국 이 사건에서 피고는 그러한 책임있는 저널리즘의 기준을 충족하지 못해 그의 항변은 배척되었다.

니콜스대법관이 제시한 10개항의 고려사항은 "① 주장의 심각성. 주장이 사실이 아닌 경우, 비난이 중할수록 공공의 오해는 더 크고 개인은 더 큰 피해를 받는다. ② 정보의 성질 및 주제사항에서 공적 관심사인 범위 ③ 정보의 소스. 어떤 제보자는 사건에 대한 직접적 지식을 갖지 않는다. 어떤 자는 앙심을 갖거나 그 스토리에 관해 대가를 받는다. ④ 정보의 진위

---

212) 종래 보통법상 비미디어 상황에서 제한적 특권은 상호적 이익/의무에 기한 기준이 적용되었으나, 레이놀즈 판결은 그 기준을 떠나 미디어가 책임있는 저널리즘 기준을 준수하였는가 여부에 초점을 두고 있다.

213) Elizabeth Samson, THE BURDEN TO PROVE LIBEL: A COMPARATIVE ANALYSIS OF TRADITIONAL ENGLISH AND U.S. DEFAMATION LAWS AND THE DAWN OF ENGLAND'S MODERN DAY, CARDOZO J. OF INT'L & COMP. LAW [Vol. 20:771, 782].

조사를 위해 취한 조치 ⑤ 정보의 위상. 그 주장은 이미 존중받아야 할 수사의 주제였다. ⑥ 사항의 긴급성. 뉴스는 종종 시한부 상품이다. ⑦ 원고에게 문의하였는가 여부. 그는 타인들이 갖지 못하거나 공개하지 아니한 정보를 가지고 있을 수 있다. 원고에 대한 접촉이 언제나 필수적인 것은 아니다. ⑧ 기사에 원고 측의 입장이 포함된지 여부 ⑨ 기사의 어조. 신문은 의혹을 제기하거나 수사를 요구할 수 있다. 그것은 그 주장을 사실 진술로서 채용할 필요가 없다 ⑩ 공표의 시점" 등 상황 등이었다.

이들 고려 요소 중 이 사건에서 특히 문제된 것은 레이놀즈 자신이 의회에서 진술한 변명 내용을 생략한 데 있었다. 그의 의회 진술은 그에 대한 비난의 해명을 의도한 것이었으나, 피고 신문이 이에 대해 전혀 언급하지 않음으로써 영국 독자들은 레이놀즈가 아무 변명도 하지 못했다고 생각하게 내버려 둔 것이다(동일자 아일랜드판에는 그 해명부분이 게재되어 있었다). 일반적으로 중대한 비난에는 이미 주어진 해명의 요점이 수반되어야 하는 것이 기본적인 공정성이다. 그리 하지 않은 기사는, 그 비난이 허위로 판명되고 보도되지 않은 해명이 진실로 입증되는 경우, 특권이 인정되기 어렵다.

이 사건에서 귀족원이 피고 미디어에게 허용한 제한적 특권은 '레이놀즈의 항변'으로 불려지게 되었고, 2006년 재밀 판결과 2007년 차먼 판결에서 재확인, 정리를 거친 후, 2013년 개정 명예훼손법에 명문으로 '미디어의 공익 사항에 관한 보도의 항변'이라는 이름으로 수용되었다. 위 판결은 영국에서 미디어의 자유를 위해 획기적인 기준을 창설하였고 평가된다.[214]

나. 독일

독일은 독일 형법 제193조에 명문화된 '정당한 이익의 옹호'라는 위법성 조각사유(Rechtferti-gungsgrund) 및 각주의 언론법상 언론의 주의의무 규정[215]을 종합 고려하는 과정에서 같은 법리가 적용되어 왔다. 즉 독일 형법 제193조(정당한 이익 옹호)에 의하면 명예권과 표현의 자유가 충돌하여 표현의 자유가 개인의 명예권에 의해 제한되는 경우 표현행위가 정당한 이익을 옹호하기 위한 경우에는 위법하지 않다고 보게 된다. 이것은 실무상 가장 중요한 위법성 조각사유로서, 다양한 이익형량의 사례를 제공한다.

이 경우 옹호되는 이익과 침해되는 명예를 상호 형량함에 있어서는 비판자가 행한 명예훼손적 표현행위가 일응 진실이라고 가정하여야 한다.[216] 거짓을 수단으로 하는 이익의 옹호행위는 적절하지 않으므로 자신의 이익을 허위 사실 주장으로 추구하는 것도 원칙상 적절하지 않기 때문이다. 다만, 그렇게 가정하기 위해서는 표현행위자가 타인의 명예에 대한 공격 이전에 그 주장이 사실에 부합하는지 여부를 확인하기 위해 할 수 있는 모든 것을 다해야 한다. 그런데 진실과 허위는 확인

---

214) 박용상, 영미명예훼손법, 124-138면 참조.

215) 1964년 제정 Baden-Württemberg주의 언론법(Gesetz über die Presse, Landespressegesetz) 제6조 언론의 주의의무(Sorgfaltspflicht der Presse)는 "언론은 공표 전에 상황에 따라 요구되는 주의로써 모든 뉴스의 진실성, 내용 및 출처에 관해 심사하여야 한다"고 규정하며, 대부분의 주가 유사한 규정을 두고 있다.

216) BGH 1985. 2. 12. - Ⅵ ZR 225/83 - "Türkol": "사실적시 명예훼손(übler Nachrede)으로 손해배상 청구를 받은 자가 정당한 이익의 옹호를 주장하는 경우 여기서 시도될 이익형량을 위해서는 주장된 사실의 진실이 확정되지 않은 경우에도 그에 관해 진실함이 가정되어야 한다. 이 기조에서 표현행위의 정당한 이익이 긍정될 것이라면 주장사실이 허위임의 입증책임은 원고가 부담한다."

이 어려운 경우가 많다는 점에 비추어 제193조는 타인에 관한 주장이 사실에 부합하지 아니할 위험 부담하에 정당한 이익의 옹호를 허용하며, 사후에 허위로 판명된 주장의 경우에도 행위자가 주의깊게 조사의무를 이행하였다면 위법성이 조각되는 것으로 취급한다.[217] 즉 미디어는 명예훼손적 사실을 보도하기 전에 충분한 조사를 하여 주의의무를 이행할 것을 요하며, 이 의무가 이행되었다면 사후에 오보로 판명된 경우라도 행위 당시 정당한 이익을 옹호하는 것으로 인정되면 면책되는 것이다. 따라서 주의의무를 다하여 진실이라고 오신하여 보도한 경우 표현행위는 행위시점에서 적법한 것으로 간주되고, 그에 기한 불법행위에 의한 청구권은 성립되지 않는다. 다만, 그것이 사후에 허위로 입증된 경우에는 말소[추소] 내지 정정 청구권의 대상이 된다.

독일 법제의 정당한 이익 옹호의 항변은 사실적시 이외에 가치판단에도 준용된다고 취급되고 있으므로[218] 우리 법제상 상당성 항변보다 훨씬 더 넓은 적용범위를 갖는다고 할 수 있다.

다. 한국

그에 비해 일본과 우리의 경우에는 영국 보통법상의 제한적 특권 이론이나 독일 각주의 언론법에 정해진 언론의 주의의무 조항이 없었기 때문에 판례에 의해 바로 헌법상 표현의 자유와 명예 등 인격권의 이익이 대립 충돌하게 되는 경우 이에 관한 이익형량을 실행함에 있어서 합리적이고 조화로운 해결 방안으로서 상당성 항변을 창설해 낸 것으로 볼 수 있다. 그 논거를 보자면, 진실입증이 가능한 사실의 보도만이 허용될 수 있다면, 그 입증수단을 찾을 수 없거나 또는 그러한 부담을 지지 않으려는 자는 그 공표 자체를 꺼리게 될 것이기 때문에 이러한 표현의 자유에 대한 위축효과를 방지하기 위해 상당성 항변을 추가로 인정할 필요가 있기 때문일 것이다.

상당성 항변은 특히 언론보도에서 언론을 면책시키는 중요한 항변으로서 명예훼손법에서 중요한 역할을 한다. 후술하는 바와 같이 우리 법제에서는 언론보도에 공정보도의 특권이나 중립보도의 특권 등 미디어의 공익보도에 관한 영미 보통법상의 특권법리를 수용하고 있지 않은데, 우리 법제의 위와 같은 상당성 항변의 틀을 넓히면 그러한 법리의 취지를 수용할 수 있다는 점에서 각별한 의미를 갖는다고 할 수 있다.

2. 상당성항변의 법적 성질

(1) 위법성 조각사유인가, 책임조각사유인가?

한국과 일본의 경우 상당성 항변은 진실의 항변과 긴밀한 연관하에 전개되어 왔다.[219] 그것은 진실의 항변이 실패하는 경우, 즉 진실 입증이 어렵거나 실제 이루어지

---

217) BGH 1961. 5. 16. Az.: I ZR 175/58 - Torsana).
218) BGHZ 3, 270, 281, 283 [BGH 1951. 10. 26. - Ⅰ ZR 8/51] - Constanze Ⅰ.
219) 원래 형법 제310조에 규정된 진실의 항변은 민사 명예훼손에 준용되었고, 형법상 법리로 개발된 상

지 않는 경우 피고가 제기하여 책임을 면할 수 있는 항변이다. 소송 실무에서도 상당
성 항변은 진실의 항변과 함께 또는 진실의 항변이 인용되지 않는 경우 예비적으로 행
사되는 것이 일반적이다.

상당성 항변의 본질은 진실의 항변을 제기하는 표현행위자가 그 명예훼손적 진술
내용이 진실이라고 오인한 경우 법적 처리에 관련된 것이다. 즉 위법성조각사유로 이
해되는 형법 제310조가 적용되려면 문제된 적시사실이 진실일 것을 요건으로 하나, 상
당성 항변은 적시된 사실이 허위임에도 표현행위자가 진실이라고 오신한 경우를 상정
하여 그 법적 처리를 다루는 것이므로 그 본질은 위법성조각사유의 전제조건에 관한
착오가 있는 경우의 문제라고 봄에 다수 학설과 판례는 합의하고 있다.

그럼에도 상당성 항변의 법적 성질과 효과에 관해서는 형법론 상 오래 전부터 격
렬한 논란이 전개되어 왔다.[220] 전술한 바와 같이 우리 법제는 구성요건, 위법성, 책임
이라는 3단계 행위론의 구조를 취하고 있는데, 상당성 항변이 객관적으로 판단되는 위
법성을 조각하는가, 아니면 행위자 개인의 위법성에 관한 착오로서 주관적인 책임 요
건을 조각하는가에 관해 논란이 된 것이다. 상당성 항변이 위법성 조각사유인가 책임
조각사유인가를 논하는 실익은 상당성 항변이 인용된 후 대상 사실이 허위로 밝혀진
경우 피해자의 구제에 결정적 영향을 미치기 때문이다. 위법성조각사유라고 본다면
결국 대상 진술은 적법한 것이 되고 사후에 허위로 밝혀졌다 하더라도 그에 대한 구제
는 불가능해진다.

그러나 형법론상 최근의 다수 학설에 의하면, 위법성조각사유의 전제조건에 관한
착오는 위법성에 관한 착오(이른바 금지의 착오)로서 표현행위자의 주관적 책임을 조각하
는 사유라고 하는 점에 대체로 합의가 이루어지고 있다.[221] 그럼에도 이에 관하여 대
법원은 진실의 항변과 마찬가지로 상당성 항변도 위법성 조각사유라는 입장을 취하고
있음은 후술하는 바와 같다.[222]

당성 항변 역시 민사 명예훼손에 준용되는 과정을 밟았다. 형사상 명예훼손죄나 민사상 불법행위로
서 명예훼손은 그 기본이 되는 행위체계론에서 다르지 않기 때문에 이러한 추론에는 문제가 없다.
그리고 이 문제를 다룸에는 형사법의 범죄론 체계와 관련되는 논의를 요함은 전술한 바와 같다.

220) 주석형법 각칙 (Ⅱ) (한국사법행정학회, 1992), 592-601면, 형법 제310조, 진실성의 오신과 적시사
실의 공익성 항목(김종원 집필 부분) 및 박용상, 명예훼손법(현암사, 2008), 1210-1215면 참조.

221) 이것은 구성요건에 관한 착오와 다른 것이다.

222) 상당성 항변의 법적 성질에 대하여 대법원 판례는 위법성조각사유로 보는 견해가 다수이지만, 책임
(고의)을 조각한다고 판시한 예외적인 사례도 4건이 있다(대법원 1995. 6. 16. 선고 94다35718 판결;
대법원 1998. 5. 8. 선고 96다36395 판결; 대법원 1998. 2. 27. 선고 97다19038 판결 [백범 암살 논픽
션드라마]; 대법원 2010. 7. 15. 선고 2007다3483 판결 [실미도]).

(2) 판례 비판

상당성 항변을 위법성조각사유로 보는 대법원의 입장에 대하여는 여러 각도에서 비판이 제기될 수 있다.

첫째, 이론적으로 보아 주관적인 착오의 문제는 고의의 조각(사실의 착오의 경우) 또는 책임비난(법률의 착오의 경우)의 문제로 다루어져야 하는 것이지, 객관적으로 판단되는 위법성이 조각된다고 볼 수는 없다.223)

둘째, 위와 같은 이유 때문에 일본의 판례는 상당성 항변을 위법성조각사유가 아니라 책임이 조각되는 것으로 보고 있다.224)

셋째, 실제적인 측면에서도 오보에 상당한 이유가 있는 경우 위법성이 조각된다고 보면, 후에 허위사실로 판명된 보도에 대해서도 위법성을 요건으로 하는 종래의 구제제도(불법행위를 원인으로 한 원상회복청구나 손해배상청구)가 성립될 수 없는 부당한 결과를 가져온다. 나아가 허위사실이 계속 존속하여 객관적으로 명예 침해의 효과가 야기되거나 지속되는 경우에도 방해배제청구나 부작위[금지]청구권이 성립된다고 함에 난점이 있다.

대법원의 이러한 해석 때문에 언론중재법은 위법성과 고의·과실을 요건으로 하지 않는 새로운 권리로서 이른바 '정정보도청구권'을 신설하게 되었으나(언론중재법 제14조 제2항), 이러한 입법조치에는 또 다른 문제가 있다.225)

3. 상당성 항변의 요건

(1) 개관

상당성 항변은 진실이라고 믿음에 상당한 이유가 있음을 요건으로 하며, 그것은 첫째 진실 여부를 확인 조사할 주의의무, 둘째 그 진실성을 담보할 수 있는 신뢰할 수

---

223) 손동권, 언론보도로 인한 명예훼손과 형법 제310조의 적용, 형사재판의 제문제 제5권(형사실무연구회 2005), 180면; 이수영, 실제 인물이나 사건을 모델로 한 영화의 명예훼손책임 인정 여부에 관한 판단 기준(대법원 2010. 7. 15. 선고 2007다3483 판결 [실미도]), 대법원판례해설 제85호(2010년 하반기), 141, 158면 참조.

224) 일본 판례는 "[일본]형법 제230조의2의 규정은 인격권으로서의 개인의 명예보호와 [일본]헌법 제21조의 정당한 언론의 보장과의 조화를 도모하여야 하고, 이들 양자 간의 조화와 균형을 고려하면 형법 제230조의2 제1항에서 말하는 사실이 진실이라는 증명이 없는 경우에도 행위자가 그 사실을 진실이라고 오신하고, 그 오신한 것에 관하여 확실한 자료, 근거에 비추어 상당한 이유가 있을 때에는 범죄의 고의가 없고, 명예훼손죄는 성립하지 아니하는 것으로 해석하는 것이 상당하다."고 설시한다(일본 최고재 1969. 6. 25. 판결 형집 23권 7호, 975면).

225) 이것은 위법성의 본질론과 그 개념 자체에 비추어 위법성이 없는 행위로부터는 어떠한 법적 의무나 제재도 귀결될 수 없다는 점을 간과한 것이기 때문이다.

있는 취재원에 의할 것이 요구된다.

대법원에 의하면 "진실이라고 믿을 만한 상당한 이유가 있는가의 여부는 … 여러 사정을 종합하여 보도 내용의 진위 여부를 확인하기 위한 적절하고도 충분한 조사를 다하였는가, 그 진실성이 객관적이고도 합리적인 자료나 근거에 의하여 뒷받침되는가 하는 점에 비추어 판단하여야 한다"고 한다.226) 이러한 판시는 언론매체의 보도에도 적용된다.227)

"타인의 명예를 훼손하는 행위를 한 경우에 그것이 공공의 이해에 관한 사항으로서 그 목적이 오로지 공공의 이익을 위한 것인 때에는 적시된 사실이 진실임이 증명된 경우는 물론 그 증명이 되지 않더라도 행위자가 그것을 진실이라고 믿을 만한 상당한 이유가 있었던 경우에는 위법성이 없다고 보아야 할 것이다. 여기에서 행위자가 진실이라고 믿을 만한 상당한 이유가 있었는지 여부는 그 적시한 사실의 내용, 진실이라고 믿게 된 근거나 자료의 확실성과 신빙성, 사실 확인의 용이성, 적시로 인한 피해자의 피해 정도 등 여러 사정을 종합하여 행위자가 그 내용의 진위 여부를 확인하기 위하여 적절하고도 충분한 조사를 다하였는가, 그 진실성이 객관적이고도 합리적인 자료나 근거에 의하여 뒷받침되는가 하는 점에 비추어 판단하여야 한다."228)

우리의 경우 상당성 항변의 요건으로 주장·입증될 사항과 그 취재원 여하에 관해서는 다수의 개별 사건에서 산만하게 다루어져 왔으나, 영국 귀족원은 그 항변의 논거로서 저널리즘의 확립된 윤리기준을 제시하면서,229) 이를 근거로 언론의 자유와 명예 간의 비교 형량 기준을 체계적 항목으로 나누어 상세하게 제시하고 있다. 우리 법의 운영에도 참고할 수 있을 것이다.

Reynolds v Times Newspapers Ltd [1999] 4 All ER 609

이 사건에서 니콜스 대법관은 미디어가 공공 일반에 보도할 의무/이익이 있었는지 여부를

---

226) 대법원 1998. 5. 8. 선고 96다36395 판결.
227) 대법원 1998. 10. 27. 선고 98다24624 판결, 대법원 2001. 1. 19. 선고 2000다10208 판결, 2002. 5. 10. 선고 2000다50213 판결, 대법원 2006. 5. 12. 선고 2004다35199 판결, 대법원 2008. 1. 24. 선고 2005다58823 판결 등.
228) 대법원 1988. 10. 11. 선고 85다카29 판결, 대법원 2012. 12. 27. 선고 2010다61793 판결, 대법원 2014. 6. 12. 선고 2012다4138 판결 등 참조.
229) "보통법은 언론인 자신들이 주장하는 책임있는 저널리즘보다 더 높은 수준을 추구하지 않는다. 그것 이상을 요구하지 않는 신문에 대한 제한은 과도하거나 비례에 반하지 않는다. 따라서 탐사 저널리즘도 적당한 보호를 받게 된다."(Lord Nicholls in Reynolds [49]); "책임있는 저널리즘 기준"(standard of responsible journalism)은 객관적인 것이고, 다른 법분야에서 사용되는 합리적 주의 기준("reasonable care")보다 더 모호한 것이 아니다. 여기에는, 첫째 다수의 판례법이 구축되어 있고, 둘째 … 신문들이 채용하여 언론불만처리위원회가 인가한 행동강령(Code of Practice)에 더 상세한 내용이 있다. 이것은 법원을 구속하지 않지만 가치있는 지침을 제공할 수 있다."(LORD BINGHAM in Jameel [55]).

결정함에 고려해야 할 "책임있는 저널리즘 기준"에 관해 다음과 같은 10개항의 요인을 상술하였다.

① 주장의 심각성. 주장이 사실이 아닌 경우, 비난이 중할수록 공공의 오해는 더 크고 개인은 더 큰 피해를 받는다.

② 정보의 성질 및 주제사항에서 공적 관심사인 범위

③ 정보의 소스. 어떤 제보자는 사건에 대한 직접적 지식을 갖지 않는다. 어떤 자는 앙심을 갖거나 그 스토리에 관해 대가를 받는다.

④ 정보의 진위 조사를 위해 취한 조치

⑤ 정보의 위상. 그 주장은 이미 존중받아야 할 조사의 주제였다.

⑥ 사항의 긴급성. 뉴스는 종종 시한부 상품이다.

⑦ 원고에게 문의하였는가 여부. 그는 타인들이 갖지 못하거나 공개하지 아니한 정보를 가지고 있을 수 있다. 원고에 대한 접촉이 언제나 필수적인 것은 아니다.[230]

⑧ 기사에 원고 측의 입장이 포함된 지 여부

⑨ 기사의 어조. 신문은 의혹을 제기하거나 수사를 요구할 수 있다. 그것은 그 주장을 사실 진술로서 채용할 필요가 없다

⑩ 공표의 시점 등 상황

이 요인들은 망라적인 것이 아니다. 각 요인은 사건에 따라 달라질 수 있다.

(2) 공익 사항

먼저 상당성 항변이 공익 사항에 관해 공익을 옹호하기 위한 진술임을 요한다는 점은 진실의 항변의 경우와 같다. 공익사항에 관한 것이면 피고가 사인이든 미디어이든 상당성 항변이 적용된다. 다만, 주의의무의 정도는 표현행위자의 지위에 따라 다르다.

(3) 주의의무 - 진실 조사 의무

상당성 항변을 제기하는 피고는 구체적인 경우 행위 당시 진실이라고 믿음에 상당한 이유가 있음을 주장·입증하여야 한다. 상당한 이유가 있으려면 표현행위자가 사전에 필요한 주의의무, 즉 진실성을 위해 필요한 조사의무를 다해야 한다. 그 경우 인격권과 표현의 자유의 비교 형량(衡量)은 이 주의의무의 준수 여부 및 정도에 따르게 된다. 전혀 근거없거나 날조된 주장에 있어서는 표현의 자유가 인격권에 우선할 수 없다. 그 밖의 경우에는 주의의무의 범위가 헌법적 요청에 조화되도록 전개되어야 한다. 우리 판례의 경향을 보면 일반적으로 공적 인물이나 공적인 사안에 있어서 공익성, 진실성 및 상당성 요건에 관하여 완화된 입장을 취하고 있다.[231]

---

230) 레이놀즈 사건에서는 레이놀즈 측 입장을 (완전히) 보도하지 않았기 때문에 항변이 배척되었으나, 재밀 사건에서는 피해자의 반론이 언제나 필요한 것은 아니고 그것이 생략되었음에도 불구하고 항변이 인용되었다.

그 주의의무는 조사능력에 따라서 그 정도를 달리하는데, 예컨대 언론매체(미디어)는 사인(私人)에 비해 보다 높은 주의의무를 부담한다.

가. 사인의 경우

이미 타인이 입증되지 않는 명예훼손적 사실을 주장하였고, 그에 대해 피해자의 이의가 없었다 하더라도 그 사실을 그대로 전파하는 것은 허용되지 않음이 원칙이다.

다만, 개인이 이의 없는 언론보도를 참조한 경우에는 주의의무를 다한 것으로 취급된다(독일 판례상 이른바 '평인의 특권' 법리).[232] 즉 피해자에게 불리한 주장이 먼저 언론에 보도되고 그에 대해 피해자가 이의하지 않았던 경우 개인은 그 언론보도를 선의로 참조할 수 있다. 개인이 공적 이익 사항에 관해 투명하지 않은 정치 및 경제 영역에서 자신의 조사에 의해 증거 또는 증빙 사실을 제출하기는 불가능함이 보통이다. 그것이 허용되지 않는다면, 피해자에 관한 불리한 진술을 포함하는 언론보도가 개인적인 의견 교환에서 의견형성적 성질을 가짐에도 불구하고 거의 이용될 수 없을 것이다. 다만, 개인들도 자신의 고유한 경험영역 및 통제영역에 속하는 사실을 주장하는 경우에는 언론과 유사한 주의가 요구될 수 있다.

BVerfGE 85, 1 - Bayer-Entschluß (1991) [평인의 특권]

환경보호운동을 하는 한 개인이 바이엘 콘체른에 대한 보이콧을 호소하면서 그를 비난하는 내용을 기재한 선전전단을 배포하였다. 동인은 위 콘체른에 관하여 언론매체에 보도된 바를 믿고 이러한 주장을 하게 되었다.

위 전단에 기재된 내용의 진위가 문제된 사건에서 독일연방헌법재판소는 제3자로부터 얻은 정보를 전파한 자가 언론매체가 아닌 개인이었다면 그는 이른바 평인의 특권(Laien-privileg)을 가지며, 따라서 언론보도를 진실로 믿은 데 대하여 잘못이 없다는 취지로 판시하였다.

판시에 의하면 개인이 투명하지 않은 정치와 경제의 영역 기타 공적 이익사항에 관하여 언급하려 하는 경우 그 진실성을 확보하기 위해 자신의 조사에 의해 증거 또는 자료사실을 조달한다는 것은 불가능함이 보통이다. 개인에게 그러한 조사를 요구하는 것은 예상할 수 있는 정도를 넘는 과도한 것이며, 사회의 커뮤니케이션을 위축시킬 수밖에 없다. 따라서 개인이 언론 기타 공개적으로 접할 수 있는 정보원에 발표된 특정인에 관한 불리한 보도를 믿은 경우에는 그것이 설사 후에 허위임이 밝혀졌다 하더라도 정당한 이유가 있는 것으로 취급되어야 한다는 것이다.

그러나 이러한 평인으로서의 특권에는 일정한 한계가 있다. 개인이 자기 자신의 경험영역

---

231) 이러한 경향은 대법원이 2002년 공인과 공적 사안에 대해 적극적인 심사기준을 마련한 이후 각급 법원의 판결에서 하나의 확립된 법리로 굳어지고 있는 것으로 보고되고 있다(정동우, 최근 언론관계 명예훼손 사건에 대한 법원 판결 경향과 언론의 현실 - 2002년-2005년 사례분석을 중심으로 -, 언론과 법 제4권 제2호(2005), 201, 221면).

232) BVerfGE 85, 1 - Bayer-Entschluß (1991) [평인의 특권].

과 통제영역에 관한 사실주장을 하는 경우에는 개인에게도 언론에 요구되는 주의의무와 같은 정도의 주의의무가 요구된다. 또 진지한 토론에 있어서는 선정적 가판신문의 보도를 믿었다는 주장으로 허위를 정당화할 수 없다.

그러나 그 보도가 언론사에 의해 취소되거나 사정 변경에 의해 맞지 않게 된 경우, 기타 그 언론보도의 진위 여부에 의심이 생긴 경우에는 개인도 그 언론보도를 전파할 수 없다. 이 경우 피해자가 이제까지 그 타 매체의 보도에 대해 문제삼지 않은 경우라 할지라도 다르지 않다. 피해자가 여러 가해자 중 누구를 상대로 하든 그것은 그의 자유이기 때문이다.

나. 기자(언론 미디어)의 경우

언론사는 개인이 갖지 못한 취재능력을 가지며, 기자는 일반 개인의 경우보다 더 높은 조사의무가 부과된다.233) 영국 판례에 의하면 상당성 항변(이른바 레이놀즈의 항변)을 위해 피고 미디어는 정상적인 기자가 통상적·윤리적으로 요구되는 조사의무를 이행하였음을 주장·입증해야 한다(책임있는 저널리즘 기준). 미디어가 일반적으로 승인된 미디어 윤리기준을 준수하여 취재 등 주의의무를 다한 경우에는 이를 충족한 것으로 취급된다.234)

우리 대법원 역시 "언론매체의 보도를 통한 명예훼손에 있어서 행위자가 보도 내용이 진실이라고 믿을 만한 상당한 이유가 있는지의 여부는 적시된 사실의 내용, 진실이라고 믿게 된 근거나 자료의 확실성과 신빙성, 사실 확인의 용이성, 보도로 인한 피해자의 피해 정도 등 여러 사정을 종합하여 행위자가 보도 내용의 진위 여부를 확인하기 위하여 적절하고도 충분한 조사를 다하였는가, 그 진실성이 객관적이고도 합리적인 자료나 근거에 의하여 뒷받침되는가 하는 점에 비추어 판단하여야 한다"고 판시한다.235)

우리 판례가 상당한 이유의 유무에 관해 판시한 사례를 다음에 예시한다.

① 독자적으로 취재·보도하는 경우 기사의 정확성을 기하기 위한 노력236)을 기울이지 아니하면 정당한 이유를 인정받지 못한다. 정당한 사유로서 인정되지 아니한 대부분의 판례가 이 경우에 해당한다.237)

---

233) "일반적 이익 쟁점에 관한 보도에 있어서 저널리즘 활동에 부여되는 보장은 그들이 선의로, 그리고 정확한 사실적 근거에서 행동하고, 저널리즘 윤리에 맞추어 '신뢰할 수 있고 정확한' 정보를 제공한다는 단서에 종속된다."(ECHR[GC] 2007. 12. 10. Stoll v. Switzerland, no. 69698/01, § 103).

234) 그 구체적 기준은 언론계의 윤리강령에 명시되어 있다.

235) 대법원 2002. 5. 10. 선고 2000다50213 판결.

236) 독자적인 조사확인의무를 다한 경우, 즉 충분한 조사를 하여 나름대로의 진실확인작업을 한 뒤 기사화한 경우에는 상당한 이유가 인정될 수 있다(대법원 1996. 8. 23. 선고 94도3191 판결 [변사사건 관련설]).

서울고등법원 2000. 3. 30. 선고 99나22191 판결 [가수 살인 용의자]

유명한 댄스가수가 사망한 사건이 발생하였고, 부검결과 약물중독사일 가능성이 제기되었으며, 경찰이 수사를 진행하고 있었다. 피고 방송사는 오락프로그램을 통하여 위 가수 사망 당시 여자친구(원고)가 함께 있었다는 사실을 최초로 방송하면서 타살가능성을 제기하여 시청자들에게 여자친구가 살해하였을지 모른다는 암시를 주고, 그녀를 이상한 성격의 소유자로 본다는 주변인물의 인터뷰 진술 내용을 여과 없이 방송하면서 여자친구에 대한 의혹에 주로 초점을 맞추는 한편, 여자친구가 범인일지 모른다는 사회자의 암시성 멘트를 반복하여 시청자들로 하여금 여자친구가 살해하였을 것이라는 심증을 굳히도록 하는 방향으로 방송하였고, 이후에도 몇 주에 걸쳐 유사한 내용을 방송하였으며, 여자친구가 살인죄로 기소되자 그 실명을 써서 재판의 경과에 관하여 방송하였다.

위 여자친구(원고)는 형사재판 제1심에서 유죄판결을 받았으나 항소심에서 무죄판결을 받았고 대법원에서 무죄가 확정되자, 위 여자친구와 그 부모가 피고 방송사를 상대로 이 사건 소를 제기하였다. 소송 도중 위 원고는 이름까지 개명하였다.

법원은 위와 같은 방송으로 인하여 원고와 그 부모에 대한 사회적 평가가 현저하게 저하되었고, 위와 같은 방송내용은 진실이 아니며, 위 프로그램들이 방영될 당시 원고는 참고인의 신분 또는 무죄추정의 원칙이 적용되는 피의자의 신분으로 그 방송내용에 따라 살인범으로 몰릴 수도 있는 매우 중대한 상황인 데 반하여, 위 프로그램들은 그다지 신속성이 요구되지 아니하는 오락프로그램들이었으므로, 피고로서는 모든 가능성을 고려하면서 객관적인 증거를 확보하여 일체의 편견 없이 신중하고 공정하게 방송하여야 함에도, 그러한 노력을 충분히 기울이지 아니한 채 수사과정에서 흘러나오는 단편적인 증거들과 위 가수 주변인물들의 확인되지도 않은 악의적인 진술들을 여과 없이 방영하고, 이를 토대로 초보적인 추리방법에 의하여 성급하게 원고의 범행가능성을 제기하는 한편, 원고의 반론을 진지하고도 충분하게 방송하지 아니하였을 뿐 아니라, 원고가 결백을 주장하는 장면에 사회자의 멘트를 결합하여 마치 원고가 거짓말을 하고 있다는 인상을 주는 방향으로 방송하였다고 할 것이므로, 피고가 위 내용을 진실하다고 믿은 데 상당한 이유가 있었다고 보기 어렵다는 이유로 원고에게 위자료 100,000,000원, 그 부모에게 각 10,000,000원씩을 지급하라고 판결하였다.

② 이해관계가 대립되는 사안에서 언론사가 다른 당사자의 확인 없이 한쪽의 말만 듣고 보도한 경우도 상당성을 인정받기 어렵다.[238] 뒷받침 취재로서 중요한 것은 보도에 직접 이해관계를 갖는 자, 특히 보도로 피해를 받게 되는 자를 취재하여 그 의견을 듣는 일이다.

대법원 1998. 5. 8. 선고 97다34563 판결 [실명 논픽션 드라마]

"실명에 의한 논픽션 라디오 드라마에 있어서는 일반의 청취자 등이 그 내용을 사실이라

---

237) 판례에 의하면 수사당국의 공식발표가 있기 전에 수사당국으로부터 비공식으로 취재를 하고 그 내용을 뒷받침할 만한 조사를 하지 아니한 채 보도한 경우에는 상당한 이유가 인정되지 못한다(대법원 1999. 1. 26. 선고 97다102 판결).

238) 대법원 1988. 10. 11. 선고 85다카29 판결 [변호사 비방 수기].

고 받아들이기가 쉬운 반면에 신속성의 요청은 일반 보도에 비하여 그다지 크다고 할 수가 없으므로, 그 방송에 있어서는 단순히 풍문이나 억측이 아닌 신빙성 있는 자료에 의거하여야 할 필요성이 보다 크다고 할 것이므로 다른 특별한 사정이 없는 이상 방송의 기초가 되는 그 자료 내용의 진위를 당사자 본인이나 그 주변 인물을 통하여 확인하는 등의 충분한 조사활동을 사전에 거침이 마땅하다 할 것이어서, 이러한 확인 내지 조사활동을 거치지 아니한 채 명예훼손의 내용이 담긴 논픽션 라디오 드라마를 그대로 방송하였다면 방송사 측에서 그 내용이 진실이라고 믿었다 하더라도 그에 상당한 이유가 있다고 할 수는 없다.”

③ 일반적으로 피해자를 취재하고 그 의견을 듣는 것은 상당성 항변을 위해 요구되는 최소한의 요건이다.[239] 피해자로부터 더 해명을 기대할 수 없었다는 이유로 피해자에게 연락과 의견청취를 하지 않았다면 상당한 이유를 인정받지 못함이 원칙이다.[240] 자신에 관한 일을 가장 잘 아는 피해자가 취재 주제와 동기를 듣는다면 사안에 관해 다소간 자세한 설명을 할 가능성이 있기 때문이다. 피해자에게 물었다면 쉽게 확인될 수 있던 사실에 관하여 잘못 보도하였다면, 기자의 책임은 가중될 수 있다.[241]

대법원 1994. 5. 10. 선고 93다36622 판결 ['가출 딸']

피해자에 대하여 문의하거나 해명할 기회를 주기 위해 피해자에게 접촉하거나 연락을 시도한 여부는 이 사유를 판단함에 중요한 항목이 된다. 피해자에 대한 보도의 영향이 클수록 피해자에 대한 문의·확인 등 취재를 요하며, 이를 이행하지 않은 경우에는 상당한 이유가 부인됨이 원칙이다.

대법원 2005. 7. 15. 선고 2004다53425 판결

경찰서 내부문서를 통해 알게 된 피의사실을 보도함에 있어 담당 경찰관들을 상대로 비공식적인 사실확인 작업만 거쳤을 뿐, 원고를 직접 면담한다거나 사건 피해자 등 관련자들의 취재를 통해 피의사실의 진위 여부에 대해 확인 노력을 하지 않았다면 진실한 것이라고 믿은 데 상당한 이유가 있는 것으로 볼 수 없다.

---

239) 방송 등 언론매체의 명예훼손 행위와 관련하여 적시된 사실이 진실이라고 믿을 상당한 이유가 있는지의 여부를 판단함에 있어서는 그 방송 등이 신속성이 요청되는 것인가, 그 방송 등의 자료가 믿을 만한가, 피해자와의 대면 등 진실확인이 용이한가 하는 점을 종합적으로 고려하여 판단하여야 한다(대법원 1998. 5. 8. 선고 97다34563 판결).

240) BGH Urteil vom 1996. 1. 30. - Ⅵ ZR 386/94 - "Der Lohnkiller".

241) 다만, 기자의 시도에 불구하고 피해자에게 연락할 수 없거나 피해자가 기자의 취재에 불응하는 경우가 적지 않다. 이러한 경우에도 진위 여부가 불분명한 사실이 보도된 경우 또는 부정확하거나 불완전한 사실이 보도된 경우에는 피해자의 반론을 허용해야 할 것이다. 물론 취재에 적극 응해 자신의 입장을 표명하는 것이 정확한 보도에 도움이 될 것이지만, 피해자로서는 기자의 취재 내용이나 의도 또는 결국 보도될 내용이 어떠할 것인가를 예측할 수 없고, 특히 다수의 기자에 의해 빈번하게 끈질긴 취재에 시달린다고 생각하는 피해자가 그에 적극 응하지 않았다 하더라도 보도된 내용에 이의가 있는 경우 그에 대해 시정을 구할 수 없다면 형평에 맞지 않는다.

BGH 1996. 1. 30. - Ⅵ ZR 386/94 - "Der Lohnkiller"

피고는 한 도시의 조직범죄의 실상을 고발 폭로하는 서적('임금도둑')을 발간하면서 시경찰 책임자였던 원고가 사창(私娼) 운영자의 이익을 위해 일하였다는 한 취재원의 말을 인용하여 보도하였다. 그 기사에는 원고의 실명이 사용되었고, 피고는 그 취재에 즈음하여 원고의 의견을 들은 바 없었다.

피고는 계쟁 표현행위로써 비상하게 강력한 공익 관련을 갖는 조직범죄의 기반과 그 영향에 관한 테마를 다루었고, 이와 관련하여 홍등가와 경찰의 관계에서 벌어진 불투명한 과정에 관한 정보는 일반에게 현저한 관심을 야기하는 의미가 부여된다. 그럼에도 피고는 사전에 원고의 의견을 듣지 않았고, 증인의 증언만으로 경찰책임자인 원고의 인격의 핵심을 타격하는 주장을 원고의 실명을 밝혀 전파하면서도 그로부터 절연하지 않은 것은 정당화될 수 없다.

그 진술이 피해자에게 미치는 영향에 비추어 피고는 원고에게 입장표명의 기회를 부여하고, 그 입장을 들었다면 경우에 따라 달리 표현할 수 있었다. 피고는 원고로부터 하등 더 해명을 기대할 수 없었을 것이란 이유 때문에 그 의무에서 해방되는 것이 아니고, 원고가 증인의 진술에 포함된 의혹을 간접적으로 대면하였다면 경찰과 홍등가 간의 관계에 관해 자세하게 설명했을 가능성을 애당초부터 배제할 수 없다.

결국 피고는 이의된 표현행위를 하여서는 아니되고 이를 금지한 하급심 판결은 정당하고 상고는 기각된다.

④ 범죄사건 보도의 경우 피의사실을 적법하게 공표할 지위에 있지 않은 수사 담당자의 비공식적 제보나 진술에 의해 입수한 피의사실을 추가 취재 없이 공표하는 경우에는 상당한 이유를 인정받지 못한다. 더욱이 당사자의 해명이나 반론을 구하여 게재하지 않은 경우, 또는 혐의를 단정짓는 표현이나 보도는 어떠한 경우에도 면책되지 않는다. 경찰·검찰의 공식적 보도자료를 믿고 보도한 경우에 관하여는 후술 참조.

다. 공공기관의 경우

우리 판례는 공공기관이 일정한 행정 목적 달성을 위하여 언론에 보도자료를 제공하는 등 이른바 행정상 공표를 행하는 경우에 그 실명을 공개할 수 있는 요건을 사인의 경우에 비해 더 엄격히 정하고 있다.242) 공공기관은 공권력 주체로서 조사능력과 주의의무를 가지며 그만큼 국민의 기대와 신뢰를 받고 있으므로 "의심의 여지없이 확실히 진실이라고 믿을 만한 객관적이고도 타당한 확증과 근거가 있는 경우"에만 상당한 이유가 있다고 보아야 한다고 한다.

대법원 1993. 11. 26. 선고 93다18389 판결 [투기거래자]

지방국세청 소속 공무원들이 통상적인 조사를 다하여 의심스러운 점을 밝혀 보지 아니한

---

242) 대법원 1993. 11. 26. 선고 93다18389 판결 [투기거래자], 대법원 1998. 5. 22. 선고 97다57689 판결 [이동 쌀막걸리], 대법원 2003. 10. 9. 선고 2003다24390 판결 [포르말린 통조림] 참조.

채 막연한 의구심에 근거하여 원고가 위장증여자로서 국토이용관리법을 위반하였다고 보도
자료를 내었다면 진실하다고 믿은 데에는 상당한 이유가 없다고 보면서 다음과 같이 판시하
였다.

"국가기관이 행정목적달성을 위하여 언론에 보도자료를 제공하는 등 이른바 행정상 공표
의 방법으로 실명을 공개함으로써 타인의 명예를 훼손한 경우, 그 공표된 사람에 관하여 적
시된 사실의 내용이 진실이라는 증명이 없더라도 국가기관이 공표 당시 이를 진실이라고 믿
었고 또 그렇게 믿을 만한 상당한 이유가 있다면 위법성이 없는 것이고, … 이러한 상당한
이유의 존부의 판단에 있어서는, 실명공표 자체가 매우 신중하게 이루어져야 한다는 요청에
서 비롯되는 무거운 주의의무와 공권력의 광범한 사실조사능력, 공표된 사실이 진실하리라는
점에 대한 국민의 강한 기대와 신뢰, 공무원의 비밀엄수의무와 법령준수의무 등에 비추어,
사인의 행위에 의한 경우보다는 훨씬 더 엄격한 기준이 요구된다 할 것이므로, 그 사실이 의
심의 여지없이 확실히 진실이라고 믿을 만한 객관적이고도 타당한 확증과 근거가 있는 경우
가 아니라면 그러한 상당한 이유가 있다고 할 수 없을 것이다."

대법원 1998. 5. 22. 선고 97다57689 판결 [이동 쌀막걸리]

"행정상의 공표에 실명을 사용하여 타인의 명예를 훼손하는 경우에는 그 공표의 주체가
공표 당시 이를 진실이라고 믿었고 또 그렇게 믿을 만한 상당한 이유가 있는지 여부를 판단
함에 있어서는 실명공표 자체가 매우 신중하게 이루어져야 한다는 요청에서 비롯되는 무거
운 주의의무와 공권력을 행사하는 공표 주체의 광범한 사실조사능력, 그리고 공표된 사실이
진실하리라는 점에 대한 국민의 강한 기대와 신뢰 등에 비추어 볼 때 사인의 행위에 의한 경
우보다는 훨씬 더 엄격한 기준이 요구된다고 할 것이므로 그 공표사실이 의심이 여지가 없이
확실히 진실이라고 믿을 만한 객관적이고도 타당한 확증과 근거가 있는 경우가 아니라면 상
당한 이유가 있다고 할 수 없다."

대법원 1998. 7. 14. 선고 96다17257 판결

형법 제126조의 피의사실공표죄 규정, 헌법상 형사피고인에 대한 무죄추정 원칙(헌법 제
27조 제4항)과 수사기관의 발표에 관해서는 "국민들이 그 공표된 사실이 진실할 것으로 강하
게 신뢰하리라는 점 등을 고려한다면 직접 수사를 담당한 수사기관이나 수사담당 공무원이
피의사실을 공표하는 경우에는 공표하는 사실이 의심의 여지없이 확실히 진실이라고 믿을
만한 객관적이고 타당한 확증과 근거가 있는 경우가 아니라면 그러한 상당한 이유가 있다고
할 수 없다."

(4) 신뢰할 수 있는 취재원

대법원은 "진실이라고 믿게 된 근거나 자료의 확실성과 신빙성"을 요구한다.

① 공공기관의 공식발표

언론이 공공기관,[243] 특히 담당 수사기관[244]의 공식발표를 인용·보도한 경우에

---

243) 대법원 1993. 11. 26. 선고 93다18389 판결 [투기거래자].

는 상당한 이유가 인정되는 것이 원칙이다.[245] 그러나 수사당국의 공식발표를 오해하여 사실과 다르게 보도하거나, 보도기관이 과장 또는 각색하여 단정적으로 보도하거나, 자기의 견해나 억측을 부가하여 보도하는 경우에는 상당한 이유가 인정되지 않는다.[246]

② 수사관계자의 비공식적 제보

비공식적 취재에 의해 수사관계자의 비공식적인 제보만을 근거로 하였을 뿐, 별도의 추가 취재를 하지 않은 경우에는 상당한 이유를 인정받지 못한다.[247]

③ 뉴스통신 제공 기사

뉴스통신사가 제공하는 통신기사를 소스를 밝히고 전재형식을 취하여 충실하게 인용 보도한 경우 위법성이 조각될 수 있다. 미국 판례에 의하면 신문·방송사가 통신사 등 뉴스 서비스로부터 받은 소식을 그대로 보도한 경우 ① 그것이 신뢰할 만한 뉴스 수집기관으로부터 전신으로 받은 것이고, ② 피고로서는 그 뉴스가 허위인지를 몰랐으며, ③ 그 뉴스 자체의 문면상으로는 그것이 부정확한 것일지 모른다고 주의를 하게 할 만한 사항이 없고, ④ 피고가 수신한 내용을 아무런 실질적인 변경을 가하지 않고 그대로 보도한 경우에는 면책된다(이른바 통신 뉴스의 항변, wire service defence). 대법원은 이러한 항변을 언급하거나 인정한 바 없지만, 위와 같은 요건을 충족하고 크레딧을 밝혀 보도한 기사에는 우리의 경우에도 적용될 수 있는 법리라고 생각된다.[248]

④ 타 언론매체의 보도

타 언론매체의 보도만을 참조하였을 뿐 진실확인을 위해 그 이상의 취재를 하지 않은 경우에는 상당한 이유가 인정되지 않으며, 특히 다른 언론매체의 보도내용을 명시적으로 인용하는 것이 아니라 직접 취재한 양 작성하는 경우에는 허용되지 못할 가능성이 더 크다. 일간신문이나 방송의 보도내용은 취재시간이 제한된 탓에 보도내용

---

244) 대법원 1999. 1. 26. 선고 97다10215 판결 [산업스파이], 대법원 2003. 10. 9. 선고 2003다24390 판결 [포르말린 통조림], 2007. 6. 29. 선고 2005다55510 판결.

245) 검찰이 공식 발표하거나 정식 기소한 사건을 언론이 보도한 경우, 그 후 그 내용이 진실하지 않은 것으로 밝혀져도 언론매체에 있어서는 상당성이 인정될 수 있지만, 수사 중에 있는 사안이나 수사관계자의 비공식적인 제보 등을 근거로 기사를 작성 보도했을 경우에는 상당성이 인정되기 어렵다 (대법원 1999. 1. 26. 선고 97다102 판결).

246) 대법원 1996. 5. 28. 선고 94다33828 판결 [유학 알선비리].

247) 대법원 1998. 5. 8. 선고 96다36395 판결, 대법원 1999. 1. 26. 선고 97다10215, 10222 판결, 대법원 1998. 5. 8. 선고 96다36395 판결(수사의 초점이 되지 아니하여 보강수사가 이루어지지 않은 유명 연예인의 접대행위에 관하여 수사기록 및 담당 검사로부터 입수한 정보만을 근거로 사실 확인을 하지 아니한 채 일간신문에 허위기사를 게재한 경우 그 기사 내용이 진실이라고 믿을 만한 상당한 이유가 없다고 한 사례).

248) 같은 취지: 한위수, 통신사 제공기사의 게재와 명예훼손 책임, 언론관계소송(한국사법행정학회, 2007), 188, 205면.

의 진위 여부가 불확실하거나 과장 보도되는 경우가 적지 않아 그 진실성이 객관적으로 담보되어 있다고 보기도 어렵기 때문이다.[249) 또 일간신문사 기자가 타 신문사의 기사 내용과 피의자에 대한 구속영장 사본만을 열람한 것만으로는 위 기자가 기사 내용의 진실성을 담보하기 위하여 필요한 취재를 다한 것이라고 할 수 없다.[250)

⑤ 인터넷 게재 자료

대법원에 의하면 인터넷에서 무료로 취득한 공개 정보는 누구나 손쉽게 복사·가공하여 게시·전송할 수 있는 것으로서, 그 내용의 진위가 불명확함은 물론 궁극적 출처도 특정하기 어려우므로 그에 터잡아 달리 사실관계의 조사나 확인이 없이 사실의 적시를 하였다면 그렇게 믿을 만한 상당한 이유가 있다고 보기 어렵다고 한다.[251)

SNS가 우리의 삶에 널리 이용되면서 개인의 SNS에 올라온 소식을 그대로 전하는 인터넷 기사, 화제가 된 유튜브 영상을 캡쳐하는 등 유튜브에 올린 콘텐츠를 무단으로 기사화하는 경우도 적지 않다. 누구나 볼 수 있는 SNS 공간에 공개된 게시물도 누구나 사용하도록 허용된 것은 아니므로 동의나 확인 없이 언론보도에 활용하는 것은 주의를 요한다. 언론이 보도를 목적으로 한 것이라 하더라도 당사자의 동의 없는 이러한 무분별한 사용은 초상권 및 사생활 등 인격권 침해나 저작권 침해로도 이어질 수 있는 것이다.[252)

개인의 SNS에 게재된 사진을 당사자의 동의 없이 사용하는 경우 SNS 공간에 '전체 공개'로 설정된 사진이라 하더라도 그것이 반드시 초상 사용에 대한 묵시적 동의로 간주되지는 않는다.[253) SNS 서비스를 이용하고자 하는 사용자가 서비스를 통해 전체 공개한 콘텐츠를 다른 사용자가 검색, 조회, 사용, 공유할 수 있다는 SNS업체의 이용약관에 동의했다고 하더라도 해당 약관조항이 타 사용자가 해당 콘텐츠를 영리 목적으로 사용하는 것까지 허용하는 것으로 해석되지 않는다.[254)

⑥ 익명의 취재원

취재기자가 익명의 관계자의 제보[255)나 유포된 소문[256)을 독자적으로 취재·보도

---

249) 대법원 1996. 5. 28. 선고 94다33828 판결 [유학 알선비리].
250) 대법원 1996. 5. 28. 선고 94다33828 판결; 대법원 1999. 1. 26. 선고 97다10215, 10222 판결 [산업스파이]; 대법원 2002. 5. 10. 선고 2000다50213 판결.
251) 대법원 2006. 1. 27. 선고 2003다66806 판결, 대법원 2013. 2. 14. 선고 2010다108579 판결 ['창비' 기고문].
252) [PAC 이슈톡톡] 공개가 허용은 아니다. SNS 게시물 인용보도 주의해야. 언중위공감지기. https://blog.naver.com/pac3083/223397126907.
253) 서울남부지방법원 2019. 1. 11. 선고 2018너57023 판결.
254) 서울중앙지법 2016. 7. 21. 선고 2015가단5324874 판결.
255) 대법원 1998. 10. 27. 선고 98다24624 판결 [김일성 애도편지]: 이름조차 알 수 없는 사람으로부터 들은 막연한 말만을 가지고 그 진위 여부는 더 이상 확인해 보지도 아니한 채 이를 그대로 기사화

하는 경우 기사의 정확성을 기하기 위한 노력을 기울이지 아니하면 정당한 이유를 인
정받지 못한다.

⑦ 공익신고자(whistleblower)

EU의 공익신고자 보호 법령에 의하면 공익신고자는 탐사 저널리스트(investigative journalists)
의 중요한 취재원이다. 공익신고자를 보복이나 법적 제재로부터 보호함으로써 잠재적인 공익신고
자의 법적 안정성을 제고하고, 그럼으로써 미디어를 통한 공익신고도 고무될 수 있다. 이 점에서
기자의 취재원으로서 공익신고자 보호는 민주사회에서 탐사 저널리즘의 감시견 역할을 보장함에
결정적이다(동 법령 제46항). 더구나 투명성과 책임 등 민주적 원리들과 표현 및 미디어의 자유·
다원성 등 기본권을 고려하여 공개폭로(public disclosure)를 보호할 필요가 있는데, 유럽 인권재
판소는 판례법에 의해 한편에서 고용주들의 조직을 관리할 이익 및 그들의 이익을 보호할 이익,
다른 한편에서는 해악으로부터 보호될 공공의 이익을 형량하는 기준을 마련하고 있다(EU법령 제
33항 후단).

유럽연합의 위 공익신고자 보호 법령257)에 의하면 공익신고의 채널로는 다음 3가지가 있다. 첫
째, 조직의 내부적 채널('internal reporting')로서 예를 들면, 신고자의 상관, 고용주 등에 신고하는
방법이다. EU법령에 의하면 50인 이상의 피용자가 있는 공·사 법주체나 주민 1만인 이상의 지방
자치단체는 독립적으로 신고를 수리하고 처리할 관할을 갖는 자를 지정하여 내부 신고절차를 설
치해야 한다(EU법령 제55항, 제56항).

둘째, 조직 외부의 당국에 정보를 신고하는 방법('external reporting')이 있다. 공·사섹터의 법
주체를 대리하는 자로서 그들이 독립성, 기밀성, 데이터 보호 및 비밀을 존중하는 적합한 보장이
주어진 제3자이면 신고를 받도록 수권될 수 있다. 그러한 제3자는 외부 신고 플랫폼제공자, 외부
상담자, 회계사, 노조 대표 또는 피용자 대표자일 수 있을 것이다(EU법령 제54항). 내부 채널이 존
재하지 않거나 기능하지 않는 경우(EU법령 제61항)에는 외부 채널을 사용하게 된다. 즉 그 위반을
처리하기 위해 외부 관할 당국이 효과적인 액션을 취함에 더 나은 처지에 있게 될 것이라고 믿을
유효한 이유가 있는 경우, 예를 들면 ① 신고인이 이미 그 신고와 관계되어 신원 노출 등 보복을
받게되거나 ② 최종 책임자가 작업 관련 맥락 내에서 그 위반에 연루된 경우 또는 ③ 위반 사실이
나 관계 증거가 은폐·파괴될 리스크가 있거나 ④ 위반이 사람의 건강과 안전을 보전하거나 환경
을 보호하기 위해 긴급한 대책을 요구하는 경우 등이다(EU법령 제62항).

셋째 최종적으로 공개폭로(public disclosure)의 방법으로서 예컨대, 온라인 플랫폼이나 소셜미
디어를 통해 직접 공공 또는 미디어, 선출된 공무원, 시민사회단체, 노동조합 또는 전문직 단체와
사업자단체 등에게 그러한 정보를 공적 도메인에서 사용할 수 있게 하는 경우를 들 수 있다(EU법
령 제45항). 공개폭로자는 내외 신고에 불구하고 시정되지 않는 경우(예컨대, 위반이 적절하게 평
가 또는 수사되지 않거나 적절한 구제행위가 취해지지 않는 경우) 정당성을 갖는다. 후속절차의
적절성은 주장의 정확성을 평가하고 어떤 가능한 위반을 종료시킬 관할 기관의 의무에 연계되어
객관적 기준에 따라야 한다(EU법령 제79항).

한 사례에서 상당한 이유를 부인함.

256) 대법원 2008. 11. 27. 선고 2007도5312 판결 [성적 욕설 전문보도], 대법원 2018. 4. 12. 선고 2015다
45857 판결 [국회 보좌관 성추문].

257) EU Whistleblowing Directive, Directive (EU) 2019/1937.

이상 채널 중 신고인은 사건의 개별적 상황에 따라 가장 적합한 신고 채널을 선택할 수 있어야 한다(EU 법령 제33항). 따라서 공익신고자는 법 위반 및 그 우려를 조직 내부에서 또는 조직 외부의 관할 감독 당국에 신고할지를 선택할 수 있다. 그러한 신고에 대해 아무 반응이 없다든가 공익신고자가 공익이 있다고 믿을 이유를 갖는다면 바로 직접 공개적으로 폭로할 수 있다. 어느 경우든 보호받음에 지장이 없다.

이와 같이 일반적으로는 내부적 채널 및 외부적 채널을 거친 후에도 성과가 없는 경우에는 직접 공개 폭로가 가능한 것으로 이해되고 있지만, 이에 관해 명시적인 입법이 없는 우리의 경우 적용될 정립된 판례나 법리는 없다. 그 때문에 내부적·외부적 경로를 거침이 없이 바로 언론이나 공사 주체에 공표한 경우 공익제보자로서 보호되어야 하는가 하는 문제가 논란될 수 있다. 문제되는 것은 각 경우마다 이들 여러 경로의 채널이 설립되어 있는지, 이를 사용할 수 있었는지 여부와 그 실효성 여부이다.

유럽인권재판소 판례258) 중에는 국회부의장이 검찰총장에게 진행 중인 사건의 처리를 요구하는 서신을 보냈는데, 검찰청의 공보관이 이를 한 신문에 교부하여 보도되게 하였다는 이유로 해고된 사례가 있다. 해당 공보관은 인권재판소에 구제를 위해 소송을 제기하였고 재판소는 정보의 제공이 행해진 맥락을 중시하여 신고인(심판청구인)이 진행중인 사법절차에 대해 시도된 의회 부의장의 간섭을 알릴 다른 효과적인 수단이 없었고, 검찰총장실은 그 서신에 반응할 어떤 용의도 보이기 않았기 때문에 신고인 구자(Guja)가 신문에 서신을 교부하여 공개 폭로를 행한 것은 정당화될 수 있다고 판시하였다.

ECHR 2023. 2. 14. Halet v. Luxembourg [GC] no. 21884/18, [공익신고자 보호]

이 사건에서는 회사 피용자가 직업상 비밀로 보호되는, 회사에서 입수한 기밀문건을 기자에게 폭로하여 보도되게 한 이른바 공개폭로행위가 공익신고로서 보호될 것인가가 쟁점이었다. 유럽인권재판소는 청구인이 정보를 폭로함으로써 기여한 다국적 기업의 조세 관행에 관한 공적인 토론에 무게를 두고, 정보의 폭로로 인한 공익이 그로 인한 모든 손해보다 중요하다고 판단하였다.

[사실관계] 이 사건 피고인은 회계, 세무 및 경영자문서비스를 제공하는 "PwC"(Price-waterhouseCoopers)의 핵심사무를 담당하는 직원이었는데, 다국적 기업들의 이익을 위해 그들과 룩셈부르크 조세 당국 간에 행해지고 있는 사전 조세합의 등 세금 최적화(tax-opti-misation) 관행의 문제에 관해 공개 토론하기 위해 동사가 고객들로부터 접수한 소득신고서 등 16가지 문건을 복사하여 이를 한 TV사 기자에게 제공하여 보도되게 하였다. 회사에 의해 해고된 후 청구인은 기소되었고 형사 소송 결과 1,000유로의 벌금형을 선고받았다

['Guja 심사기준'] 유럽인권재판소는 Guja v. Moldova판결259)에서 공익신고자(whistle-blower)가 회사에서 얻은 기밀 정보를 폭로했을 때 표현의 자유로 보호를 받을 수 있는 요건으로서 공익을 위해 비리를 폭로하는 표현의 자유와 고용계약 및 직업환경에 따른 권리와 의

---

258) Guja v. Moldova [GC], no. 14277/04. 몰도바의 입법과 검찰청의 내부 규정에는 피용자에 의한 공익 침해행위를 신고하는 규정이 없었다. 따라서 그가 그의 우려를 보고할 수 있었을 원고의 상관 이외에는 아무 기관도 없었고 그러한 문제를 보고할 어떠한 규정된 절차도 없었다.

259) Guja v. Moldova [GC], no. 14277/04, ECHR 2008.

무가 공정한 균형이 이루어지도록 다음 6가지 심사기준을 제시한 바 있었다. 이 사건에서도 재판소는 ⓐ 폭로를 위해 사용된 수단 ⓑ 폭로된 정보의 공익성 ⓒ 폭로된 정보의 진실성 ⓓ 회사가 입은 손해 ⓔ 내부 고발자 행동의 선의 ⓕ 제재의 심각성 등 각 기준 요소에 관해 다음과 같이 판시하고 있다.

ⓐ **폭로를 위한 대체 수단의 이용 가능 여부**: 공익신고는 가능한 한 먼저 상급자나 권한 있는 당국 또는 기관에 행해져야 하며, 정보를 대중에게 폭로하는 것은 내부 신고가 명백하게 불가능할 때 행해지는 최후의 수단이 되어야 한다.[260] 그러나 내부 신고 수단이 신뢰할 수 없거나 효과가 없을 경우,[261] 그리고 내부 고발자가 보복에 노출되거나 폭로하려는 정보가 회사 업무의 핵심과 관련 있을 경우에는 직접 언론에 공개하는 것이 허용된다.

인권재는 이 사건에서 "어떠한 상황에서는 언론을 이용하는 것만이 실질적인 내부 고발의 수단이 될 수도 있다. 회사의 통상적인 활동 또는 관행에 관한 것이고 이것이 불법적이지 않다면, 공익적인 정보를 전달할 자유에 대한 실질적인 보호는 언론을 포함하여 내부 고발 수단을 직접 이용하는 것을 용인한다. 이는 이번 사건에서 청구인이 다르게 행동할 수 없었고, 언론을 통해 대중에게 알린 것이 신고를 위한 유일한 실질적 방안이었다는 판단을 내리면서 항소법원이 인정한 것이다"라고 판시하였다.

ⓑ **폭로된 정보의 진실성**: 공익신고가 보호받으려면 원칙적으로 폭로된 정보가 진실한 것이어야 하고, 그는 그 정보가 정확하고 믿을 만하다는 것을 상세하게 증명해야 한다.[262] 그러나 정보가 거짓으로 판명된 경우에도 합리적인 믿음을 근거로 한 것[263]이거나 진실이라는 합리적 근거를 가지고 있었다면 성실하게 행동한 것으로 간주된다.

ⓒ **공익신고자 행동의 선의**: 각 사건에서 폭로된 내용에 비추어 공익신고자가 개인적인 이익을 위해 행동하거나 회사에 대한 개인적인 불만을 가지고 있었거나 또는 폭로 행위의 이면에 다른 의도가 있었다면 선의로 행동하였다고 할 수 없다.[264] "불필요한 개인적인 공격"이 있었던 경우 또는 "최대한 대중의 관심을 받기 위해 즉각적으로 언론이나 전단의 배포를 이용한 경우"[265]에는 부정적 요소로 작용하게 된다.

ⓓ **폭로된 정보의 공익성**: 피용자로서 비밀유지 의무를 지고 있음에도 불구하고 회사에서 얻은 정보를 폭로한 공익신고자를 보호할 것인가를 결정함에는 폭로된 정보가 갖는 공익성을 비밀유지 의무 위반과 대비하여 평가해야 한다. 따라서 비밀유지의무가 보호하는 정보를 폭로하여 얻어지는 공익에 대한 평가는 비밀유지의무가 보호하고자 하는 이익을 고려하여 평가되어야 한다. 이는 특히 폭로가 회사의 활동뿐만 아니라 제3자의 활동과 관련된 정보일

---

260) Guja v. Moldova [GC], no. 14277/04, § 73, ECHR 2008.
261) Guja v. Moldova [GC], no. 14277/04, §§ 82–83, ECHR 2008; Heinisch v. Germany, no. 28274/08, § 74, ECHR 2011.
262) Guja v. Moldova [GC], no. 14277/04, § 75, ECHR 2008.
263) "만약 내부 고발자가 폭로한 정보가 진실이라는 합리적인 근거를 가지고 있었다면 정보가 추후 거짓으로 판명되더라도, 그가 불법적이거나 비윤리적인 목적을 가지고 있던 것이 아니라면, 모든 내부 고발자는 성실하게 행동한 것으로 간주된다."라는 원칙이 적용된다.
264) Guja v. Moldova [GC], no. 14277/04, § 77, ECHR 2008.
265) Heinisch v. Germany, no. 28274/08, § 86, ECHR 2011; and Balenović v. Croatia, (dec.), no. 28369/07, 30 September 2010.

경우 더욱 그렇다.

공익신고자가 보호받기 위한 공익성에 관하여 인권재판소는 과거 ① '회사의 불법적인 활동, 관행 또는 행위에 대한 정보'와 ② '적법하지만 도덕적으로 비난받을 만한 활동, 관행 또는 행위에 대한 정보'만을 들어 왔는데, 이 사건[266])에서는 ③ "민주사회에서 정부 기관의 업무에 관한, 공익에 해가 되는지 여부와 관련하여 대중이 정보를 알게 되면 정당한 이익을 가져올 수 있는 논쟁을 일으키고 공적인 토론을 유발하는 정보"[267])를 새로운 범주로 추가하였다. 이들 3가지 범주의 공익은 순서에 따라 중요성이 감소된다.

ⓔ **폭로로 인한 손해**: 폭로된 정보의 공익과 회사가 입은 손해 사이의 이익형량이 필요하다. 폭로로 인한 손해는 공익에 대치되는 이익을 의미한다. 따라서 '폭로로 인해 정부 기관이 입은 손해'를 평가하고 '이러한 손해가 정보가 폭로되어 얻은 공익을 초과하는지' 검토해야 한다(Guja 결정).

ⓕ **제재의 심각성**: 공익신고자에 대한 제재는 직업적 제재, 징계 또는 형사상 처벌 등 다양한 방식으로 나타날 수 있다. 노동법하에서 가장 무거운 제재는 예고 없이 해고하는 것이고, 형사상 처벌을 부과하는 것은 표현의 자유를 제한하는 최악의 방식 중 하나이다. 그 제재의 강도에 따라 공익신고자의 경력에 부정적인 영향을 줄 뿐만 아니라 다른 피용자들을 위축되게 만들고 부적절한 행위에 대한 신고를 포기하게 할 것이다. 이렇게 직원들을 위축되게 하는 효과는 사회 전체에 손해로 작용할 수 있다.

〈현행 공익신고자 보호법상 보호 요건〉

현행 공직신고자보호법은 "공익을 침해하는 행위를 신고한 사람 등을 보호하고 지원함으로써 국민생활의 안정과 투명하고 깨끗한 사회풍토의 확립에 이바지함을 목적으로 제정되었는데(동법 제1조), 공익신고자 보호의 요건으로서 공익침해행위에 대한 적법한 신고가 있을 것을 요하며, 그에 대한 예외사유를 정하고 있다.

첫째, 적법한 신고의 요건은 공익침해행위에 해당하는 사항을 일정한 절차에 따라 소정 기관에 신고함을 요한다. 여기서 공익침해행위란 (형식적 요건으로서) 국민의 건강과 안전, 환경, 소비자의 이익, 공정한 경쟁 및 이에 준하는 공공의 이익을 침해하는 행위로서{법 제2조 제1호 (나)목 별표 및 법 시행령 제3조 제4호}, 법 [별표] 또는 구 시행령 [별표1]에 규정된 법률의 벌칙 또는 행정처분의 대상이 되는 행위가 행해졌거나 그러한 우려가 있다는 사실을 법 소정 기관에게 신고함을 요한다. 그리고 예외적 요건으로서 공익신고 내용이 거짓이라는 사실을 알았거나 알 수 있었음에도 불구하고 공익신고를 한 경우{법 제2조 제2호 (가)목}, 공익신고와 관련하여 금품이나 근로관계상의 특혜를 요구하거나 그 밖에 부정한 목적으로 공익신고를 한 경우{법 제2조 제2호 (나)

---

266) Halet v. Luxembourg [GC], no. 21884/18, 14 February 2023.

267) 따라서 비록 공익을 다루는 것처럼 보이는 정보가 원칙적으로는 정부나 공공기관에 관한 것이라고 하더라도, 어떤 경우에는 상업적 관행, 회사 이사진의 책임(Petro Carbo Chem S.E. v. Romania, no. 21768/12, § 43, 30 June 2020), 조세 의무 위반(Público-Comunicação Social, S.A. and Others v. Portugal, no. 39324/07, § 47, 7 December 2010) 또는 넓은 의미의 경제적인 선(Steel and Morris v. the United Kingdom, no. 68416/01, § 94, ECHR 2005-Ⅱ; and Heinisch v. Germany, no. 28274/08, § 89, ECHR 2011)과 관련하여 엄격한 검토를 받는 사적 집단의 행위에 관한 것일 수도 있다(Steel and Morris v. the United Kingdom, no. 68416/01, § 94, ECHR 2005-Ⅱ).

목}에는 공익신고로 보지 않는다고 규정하고 있다(법 제2조 제2호 단서).

현행 공직신고자보호법 제6조에 의하면 공익신고를 받을 수 있는 주체는 ① 공익침해행위 주체 등의 대표자 또는 사용자 ② 공익침해행위에 대한 지도·감독·규제 또는 조사 등의 권한을 가진 행정기관이나 감독기관(이하 "조사기관"이라 한다) ③ 수사기관 또는 ④ 국민권익위원회를 들고 있다.

그 외에 유럽연합 법령에서 지적하는 내·외부적 채널이나 그러한 채널이 가용될 수 없는 경우 공개 폭로가 허용된다는 등의 특별한 규정은 없다.

문제는 공익신고자의 신고의 존재, 그 내용 여하는 선거가 임박한 경우 등 사정에 따라서는 정 치권뿐 아니라 언론에서 초미의 관심이 야기된다는 점이다.

그런데 공직신고자보호법은 "누구든지 공익신고자 등이라는 사정을 알면서 그의 인적사항이나 그가 공익신고자 등임을 미루어 알 수 있는 사실을 다른 사람에게 알려주거나 공개 또는 보도하여 서는 아니 된다. 다만, 공익신고자 등이 동의한 때에는 그러하지 아니하다"(동법 제12조 제1항)고 규정하는 한편, "조사기관 등이 제6조에 따라 공익신고를 받거나 제9조 제3항에 따라 위원회로부 터 공익신고를 이첩 또는 송부받은 때에는 그 내용에 관하여 필요한 조사 또는 수사를 하여야" 하 며, "제6조에 따라 공익신고를 접수한 기관의 종사자 등은 공익신고에 대한 조사 또는 수사 결과 공익침해행위가 발견되기 전에는 피신고자의 인적 사항 등을 포함한 신고내용을 공개하여서는 아 니 된다"(법 제10조 제5항)고 규정한다.

위와 같은 규정들에 비추어 보면, '공익신고'란 행정기관이나 감독기관에 공익침해행위가 발생 하였거나 발생할 우려가 있다는 사실을 신고하거나 공익침해행위에 대한 수사의 단서를 제공하는 것이며(법 제2조 제2호 본문, 제6조), 공익신고 제도의 활발한 운영은 나라의 청렴성과 투명성과 책임에 크나큰 기여를 하게 되고, 전술한 바와 같이 공익신고의 내용은 탐사저널리즘의 중요한 소 스이기 때문에 기자로서 이를 취재 보도한 경우 면책될 수 있는 요건을 살펴야 한다.

첫째, 공익신고가 실제 공익을 침해하는 행위인가 여부는 현행 공직신고자보호법에 구체적으로 지정된 행위와 벌칙이 있는 행위나 법정된 행정처분의 대상이 되는 행위를 지적하고 있으므로 실 무상 크게 문제될 수 없다. 둘째, 공익신고의 내용이 진실한가 여부가 가장 중요한 쟁점이다. 우선 공익신고인은 보통 자기의 체험을 공개 폭로하는 것이고 그에 관한 증거를 가지고 있는 것이 일반 적이라 할 것이므로 전술한 기자에게 상당성 항변으로서 요구되는 정도의 주의의무를 충실히 이 행한 경우에는 면책된다고 보아야 할 것이다. 그렇지 않은 경우 공익신고인은 결과적으로 진실이 아닌 사실을 공개하여 야기한 법익 침해에 대해 책임을 면치 못할 것이다. 공익신고를 접수하는 기관의 입장에서 보면, 신고인의 신고 내용이 진실이라는 증명이 있음을 요건으로 동법상의 보호 를 부여할 수 있게 되는데, 이렇게 공익신고인으로 인정하기 위해서는 전술한 국가기관으로서 상 당성 항변이 인용되기 위한 요건을 갖추어야 할 것이다. 셋째, 그 폭로에 의한 공익이 피해받는 사 익보다 커야 하기 때문에 이 점에 관하여도 신중한 검토를 요한다.

〈공익신고제도의 남용과 그 대책〉

최근 공익신고를 빙자하여 신원이 불확실한 제보자에 의한 근거없는 폭로 고발이 사회 정치적 문제를 야기하게 되자 그에 대한 법적 대책을 마련할 필요가 제기되고 있다. 특히 선거를 계기로 경쟁 후보자의 과거 행적이나 능력 및 도덕성 등을 해하는 사실을 폭로, 비난하는 사례가 빈번하게 발생하고 있다. 과거의 예를 보면, 정치적 공작의 일환으로서 신원이 불확실한 사람을 내세워 타인을 해하는 허위사실을 주장하게 하고(이른바 제보조작), 이를 온라인 매체나 소셜 미디어를 통해 반복 전파하거나 유명 정치인이나 전통 매체가 뉴스로 확산하게 하는 모습으로 결국에는 정치적 목적을 노린 경우가 많았다.

정치권에서 정략적으로 활용되는 그러한 근거 없는 공익 신고는 그에 영합하는 편향적인 (온·오프라인) 매체에 의해 확산됨으로써 건강한 여론형성을 방해하게 된다. 근거 없는 의혹도 다수 인사나 매체가 목소리를 높여 반복 재생산하게 되면 무슨 실체나 이유가 있는 것이 아닌가 하는 공중의 막연한 의혹을 양성하게 되고, 결국 선거에 임하는 국민의 판단을 왜곡하거나, 혼란에 빠뜨려 올바른 여론형성을 방해하게 되기 때문이다. 이러한 폐단에 대비하여 공익신고 제도가 올바로 작동하게 하기 위해서는 대책이 마련되어야 할 것이다.

먼저 공익신고인은 공익침해행위에 관하여 그 주체와 시간·장소를 특정하고 공익침해행위의 내용과 태양 등을 명시하여 신고해야 하며, 이를 입증할 증거 등을 제시하여야 할 것이다. 부작위에 의한 공익침해행위에 관해서는 작위의무가 발생했음에도 이행하지 아니한 사실을 구체적으로 적시해야 할 것이다.

공익신고자는 그가 신고하는 공익 침해행위의 요건사실이 충족되고 그 진실임을 인식하고 하여야 하며, 공익신고인이 허위사실임을 알면서 신고한 경우에는 각 범죄구성요건을 충족하는 경우 형사상 명예훼손이나 공무상 비밀누설 등의 처벌이 예상되며, 그를 안내한 정당관계자 역시 공범으로서 처벌될 수 있을 것이다.

공익신고자가 진실이라고 오인하여 신고한 공익신고행위가 사후에 허위로 판명된 경우에는 기자에 준하는 주의의무를 하지 않은 경우 민사상 명예훼손의 불법행위 책임을 면치 못할 것이다.

공익신고를 접수하여 이를 심사하는 기관은 공익신고의 목적과 그 제도적 취지를 충분히 숙지하여 그 신고의 요건이나 내용을 취지에 맞게 심사하여야 할 것이다. 심사기관이 조사에 의해 신고내용을 공표하는 경우에는 전술한 국가기관의 조사의무에 준하여 철저하게 심사할 의무를 지키지 못하면 그에 따른 손해배상 책임을 면치 못하게 될 것이다.

다음, 가장 논란되는 것은 공익신고의 내용을 전파/보도한 언론의 책임 여하이다. 공익신고자의 신원과 공익신고의 내용은 진실로 밝혀지기 전에는 법에 의해 그 공개가 금지되고, 이를 위반하는 행위는 처벌된다. 그러나 현행법에는 공익신고의 방법으로 내·외부적 채널을 먼저 거쳐야 하는가 여부가 명시되어 있지 않기 때문에, 공익신고자가 바로 언론사에 제보해오는 경우 이를 취재원으로 삼아 보도하는 데에는 신중을 요한다.

마지막으로 공익신고에 의해 공익침해행위자로 지목된 피해자는 법적인 구제청구권을 행사할 수 있음은 물론이며, 위와 같이 위법함이 확인된 보도를 근거로 비판·비난적 의견을 낸 인사들을 상대로 근거없이 명예를 훼손하는 의견을 낸데 대해 민사상 명예훼손으로 인한 손해배상책임을 추궁할 수 있을 것이다.

이러한 법리를 확실히 이해하고 대처한다면, 터무니없는 의혹을 제기하여 국민의 판단을 흐리게 하는 악습에 대처할 수 있다고 생각된다. 즉 제보자 측이나 이를 취재 보도하는 기자 및 매체의 입장에서 정치공작을 목적으로 한 근거없는 의혹제기가 신중해질 것이고, 그 법적 효과에 의해 그 전파 확산이 저지될 수 있을 것이다.

(5) 입증책임

진실의 항변에 있어서와 마찬가지로 상당성 항변의 입증책임은 피고가 부담한다. 공인이나 공적인 사안에 관한 보도에서도 다름이 없다. 전술한 바와 같이 인용·전문 보도에 있어서 입증의 대상은 피인용자가 진술한 내용 자체가 아니라 그 진술 내용의 진실성이다.

다만, 대법원은 공적 사안에 관하여 의혹이나 문제를 제기하는 보도에 있어서는 그 입증의 부담을 완화한다.

대법원 2002. 1. 22. 선고 2000다37524, 37531 판결 [시민단체 대 한국논단]

공적인 존재의 정치적 이념에 관한 의혹이나 문제를 제기한 피고의 진실 항변이나 상당성 항변을 판단함에 있어서는 그러한 의혹의 제기나 주관적인 평가를 내릴 수도 있는 구체적 정황의 제시로 가능하도록 입증의 부담이 완화되어야 하고, 그것은 언론의 보도내용 또는 공지의 사실이나 법원에 현저한 사실에 의해 그들이 해 나온 정치적 주장과 활동 등을 입증함으로써 그들이 가진 정치적 이념을 미루어 판단할 수 있다.

또, 장기간이 경과한 역사적 사실에 관한 입증은 어렵기 때문에 이러한 사정을 감안하여 상당한 이유가 판단되어야 한다는 판례가 있다.

대법원 1998. 2. 27. 선고 97다19038 판결 [백범 다큐드라마]

대법원은 "적시된 사실이 역사적 사실인 경우 시간이 경과함에 따라 점차 망인이나 그 유족의 명예보다는 역사적 사실에 대한 탐구 또는 표현의 자유가 보호되어야 하고 또 진실 여부를 확인할 수 있는 객관적 자료에도 한계가 있어 진실 여부를 확인하는 것이 용이하지 아니한 점도 고려되어야 한다"고 판시하였다.

서울지방법원(25부) 2000. 9. 20. 선고 99가합102724 판결 [제주 4·3 사건]

제주 4·3 사건은 현재까지도 그 구체적 진상이 완전히 밝혀지지 않은 역사적 사실이므로, 이 사건 기사 중 위와 같은 표현의 진실성 입증은 사실상 어렵고, 피고들이 주장한 사실이 진실이라고 믿을 상당한 이유가 있는지의 여부를 판단함에 있어서는 현재까지 발표된 연구 서적, 논문 또는 그 사건 관련자들의 인터뷰 등과 같은 제한적 자료를 토대로 할 수밖에 없고, 그와 같은 자료에 기초한 상태에서 명예훼손적 내용으로 적시된 사실을 평가할 때 그 믿음에 합리성이 있다면 그 행위의 상당성을 인정할 수 있다. 이 사건에서 보면 위와 같은 자료들 이외에 제주 4·3 사건 당시 좌·우익 이념 대립의 와중에서 무고한 양민들이 희생되었고 당시 우익청년 단체의 대표격이던 서북청년단이 제주도에서 공산게릴라 토벌에 앞장서고 있었다는 서북청년단 회원들의 회고에 비추어 서북청년단에 의한 제주도민들의 희생도 컸을 것이라고 믿은 데에는 합리적 이유가 있어 보이고, 한편 이 사건 기사에는 "양민들이 '학살'되었다"는 과격하고 단정적인 표현이 사용된 흠은 있으나, 이는 이 사건 기사의 성격이 사실보도를 목적으로 하는 기사가 아니라 수필 형식의 간단한 논평기사인 점에 비추어 그 한계를 벗어난 표현이라 보기는 어렵다.

(6) 상당성 항변의 판단 시점

대법원에 의하면 진실 여부의 판단은 표현행위 당시의 시점에서 판단되어야 하지만, 표현행위 후에 수집된 증거자료도 그 판단의 증거로 삼을 수 있다는 입장을 취한다.

> "타인의 명예를 훼손하는 표현이 진실한 사실인지, 행위자가 그것을 진실이라고 믿을 상당한 이유가 있는지 여부는 표현 당시의 시점에서 판단되어야 하지만, 그렇더라도 그 전후에 밝혀진 사실들을 참고하여 표현 시점에서의 진실성 및 상당성 유무를 가릴 수 있으므로, 표현행위 후에 수집된 증거자료도 그 판단의 증거로 삼을 수 있다."[268]

그리고 실무에 있어서는 보도 후 밝혀진 사실, 특히 혐의 보도 후 무죄로 판명된 사정이 상당성 항변의 인용에 장애 요인으로 취급되고 있다.

그러나 영국 판례는 원칙적으로 표현행위 당시를 기준으로 하여야 하고, 보도 후 밝혀진 사정이 그 항변 인용 여부의 판단에 고려될 수 없다는 입장을 취한다.[269] 과거의 사태에 관해 충분한 시간과 수집·제출된 증거자료를 가지고 사후적으로 판단하는 법관이 보도 당시 기자의 판단을 대신한다면 기자의 편집적 판단의 여지는 좁아지고 언론의 자유는 크게 위축될 것이기 때문이다.[270][271]

(7) 이익형량 요건

진실의 항변이 인용되는 경우에도 별도로 이익형량에 의해 위법성 여부를 판단하여야 함은 전술한 바와 같다. 그렇다면 진실이라고 믿음에 상당한 이유가 있는 경우, 즉 상당성 항변의 사실요건이 충족된 경우에는 어떤가? 대부분의 경우 피고의 상당성 항변이 받아들여지면 원고의 청구는 기각되기 쉽다. 그런데 진실이 입증된 경우와 달리 진실이라고 오신함에 정당한 이유가 있다고 판단된 경우에는 후에 당해 사실이 허위로 밝혀질 수도 있다.

---

268) 대법원 1996. 8. 20. 선고 94다29928 판결, 대법원 2007. 6. 29. 선고 2005다55510 판결, 대법원 2008. 1. 24. 선고 2005다58823 판결, 대법원 2011. 1. 13. 선고 2008다60971 판결 등.

269) Flood v Times Newspapers Limited (SC) 2012] UKSC 11.

270) "비판적으로 자료를 분석한 책임있는 기자는 그의 자료에 대한 평가가 사후에 [충분한 시간을 가지면서] 과거를 되돌아 볼 수 있는 판사에 의해 비판받아서는 안된다."(Charman v Orion Publishing Group Ltd [2007] EWCA Civ 972 at [43]).

271) "뉴스는 시한부 상품이다…기자들은 보도 후에 과거를 되돌아 살피는 능력(light of hindsight)을 가짐이 없이 작업함을 상기해야 한다. 과거를 돌이켜 보면 명백한 사안도 현 시점의 열기에서 보면 전혀 명료하지 않을 수 있다."(Lord Nicholls in Reynolds at 205).

그런데 이 경우 허위일지도 모를 표현행위에 관해 가해 및 피해법익을 비교 형량하게 되어 어려움이 생길 수 있다. 독일 판례는 위와 같은 형량을 함에 있어서는 해당 표현행위가 진실하다고 가정하고 형량을 해야 한다고 한다. 즉 진실이라고 오신함에 정당한 이유가 있는 경우 독일 형법 제193조의 정당한 이익 옹호 조항을 적용하여 비교형량함에 있어서는 해당 사실이 진실이라고 가정하여 비교 형량하고 있다.272) 후에 허위로 판명될 수 있는 진술에 면책을 주기 위해 불가피한 것이기 때문이다.

대법원이 이 경우 비교형량의 쟁점에 관해 명시적인 입장을 피력한 사례는 없다. 다만, 다수의 판례는 상당성 항변을 판단하면서 그 테두리 안에서 비교형량 기준을 적용하고 있는 것으로 보인다.273) 나아가 판례 중에는 상당성 항변을 배척하면서 이익형량에 의해 진술의 적법성을 인정한 사례도 있다. 이들 판례들을 보면, 법원은 상당성 항변 판단과 별도로 이익형량 요건이 필요함을 시사하고 있음을 알 수 있다.

대법원 2003. 7. 8. 선고 2002다64384 판결 [전북 도지사]

이 사건에서 대법원은 피고의 진실항변이나 상당성 항변을 배척하면서도 피고의 단정적 사실 주장이 악의적이거나 현저히 상당성을 잃은 공격이 아니라고 보아 원고 패소로 판결하였다.

대법원 2014. 4. 24. 선고 2013다74837 판결 [군검찰 강압수사]

"갑의 수사기관에서 한 진술이 강압수사에 의하여 이루어졌다"는 취지의 한 주간지 기사가 문제된 사안에서 원심은 피고의 상당성 항변을 배척하면서 오히려 위 기사는 정당한 언론활동의 범위를 벗어나 악의적이거나 심히 경솔한 공격으로서 현저히 상당성을 잃은 경우에 해당한다고 보아 원고 청구를 인용하였다.

그러나 대법원은 원심판결을 파기하면서 "언론보도의 내용이 객관적 자료에 의하여 최종적으로 확인되지는 아니하였더라도 공직자의 공직 수행과 관련한 중요한 사항에 관하여 어떤 의혹을 품을 만한 충분하고도 합리적인 이유가 있고 그 사항의 공개가 공공의 이익을 위하여 필요하다고 인정되는 경우에는 언론보도를 통하여 위와 같은 의혹사항에 대하여 의문을 제기하고 조사를 촉구하는 등의 감시와 비판행위는 … 그것이 악의적이거나 심히 경솔한 공격으로서 현저히 상당성을 잃은 것이 아닌 한 쉽게 제한되어서는 아니 된다."고 판시하였다.

---

272) BGH, Urteil vom 1985. 2. 12. - Ⅵ ZR 225/83 – "Türkol" (OLG Stuttgart) (사실적시 명예훼손으로 손해배상이 청구된 자가 정당한 이익 옹호를 주장하는 경우 여기서 시도될 이익형량을 위해서는 주장된 사실의 진실이 확정되지 않은 경우에도 그에 관해 진실함이 가정되어야 한다), BGH, Urt. v. 1989. 7. 11, Az.: Ⅵ ZR 255/88 (부작위[금지]청구의 경우 진술의 허위가 증명되지도 그 진실임이 확정되지 않은 경우, 즉 진위가 불명인 경우에는 기본법 제5조 1항과 형법 제193조에 따라 허용 여부를 가려야 하는데, 표현행위의 이익과 피해자의 피해를 비교형량함에 있어서는 피고의 진술이 진실임을 가정하고(물론 이 때 피고가 필요한 주의의무를 이행했어야 한다) 정당한 이익이 옹호되었는가를 판단해야 한다).

273) 대법원 2001. 1. 19. 선고 2000다10208 판결, 대법원 2002. 5. 10. 선고 2000다50213 판결, 대법원 2006. 5. 12. 선고 2004다35199 판결 등.

4. 상당성 항변의 법적 효과

해당 적시사실에 관해 상당성 항변이 받아들여진 경우 추후 그 적시사실이 진실로 또는 허위로 판명될 수 있다. 진실로 판명되는 경우 상술한 바와 같이 이익형량에 의해 표현행위자의 이익이 우월한 경우에는 적법한 표현행위로서 그로 인한 손해배상청구는 물론 여타의 구제청구도 허용되지 않는다.

그러나 진실이라고 오인함에 상당한 이유가 있어 상당성 항변이 받아들여졌으나, 당해 진술이 사후에 허위임이 드러난 경우에는 어떻게 될 것인가? 그렇다 하더라도 당해 표현행위는 그 행위 시점에서 적법한 것으로 간주되고, 그에 대하여는 형사처벌이나 취소 또는 손해배상의 대상이 될 수 없다. 대법원에 의하면 상당성항변이 인용되면 행위의 위법성이 조각된다는 것이므로 불법행위는 성립하지 않고 그에 기한 손해배상청구나 명예회복 처분 청구는 기각된다.

다만, 언론중재법에 의한 정정 또는 반론보도청구는 상당성 항변이 받아들여지는 경우에도 인용될 수 있다.274) 판례 중에는 표현 내용이 진실이라고 믿을 만한 상당한 이유가 있다고 하여 손해배상책임을 기각하면서 해당 표현행위가 허위임을 이유로 정정보도청구를 인용한 사례가 있다.275)

그렇다면 상당성 항변이 인용된 후 해당 진술이 허위로 밝혀진다면 피해자에게는 어떠한 구제수단이 있는가? 허위가 확인된 후에는 그 주장을 유지할 하등 이익이 존재하지 않는다. 그럼에도 그러한 주장이 행해질 우려가 있으면 그 표현행위자가 이를 행하여서는 안 되는 것으로 부작위의무가 부과될 수 있고, 그 표현행위의 피해자에 대한 피해가 존속한다면 삭제 기타 정정(Richtigstellung)을 구할 수 있다.

> **대법원 2013. 3. 28. 선고 2010다60950 판결 [기사삭제 등]**
>
> 인격권 침해를 이유로 한 방해배제청구권으로서 기사삭제 청구의 당부를 판단함에 있어서는 그 표현내용이 진실이 아니거나 공공의 이해에 관한 사항이 아닌 기사로 인해 현재 원고의 명예가 중대하고 현저하게 침해받고 있는 상태에 있는지 여부를 언론의 자유와 인격권이라는 두 가치를 비교·형량하면서 판단하면 되는 것이고, 피고가 그 기사가 진실이라고 믿은 데 상당한 이유가 있었다는 등의 사정은 형사상 명예훼손죄나 민사상 손해배상책임을 부정하는 사유는 될지언정 기사삭제를 구하는 방해배제청구권을 저지하는 사유로는 될 수 없다.

---

274) 언론중재법 제14조에 의하면 정정보도청구에는 "언론사 등의 고의·과실이나 위법성을 필요로 하지 아니한다"고 규정하고 있다(동조 제2항).

275) 대법원 2011. 1. 13. 선고 2008다60971 판결.

▉ 참고문헌

유럽인권재판소의 '역사적 사실 부정과 표현의 자유' 헌법재판연구원 〈세계헌법재판동향〉 2016
년 제2호, 4면

김종원, 주석형법 각칙 (Ⅱ) (한국사법행정학회, 1992), 592−601면, 형법 제310조, 진실성의 오
신과 적시사실의 공익성 항목(김종원 집필 부분)

김준호, 공인에 대한 명예훼손 − 그 민형사상 면책구조에 관한 판례 이론의 분석, 동북아법연구,
제9권 제2호, 353면, http://dx.doi.org/10.19035/nal.2015.9.2.14

손동권, 언론보도로 인한 명예훼손과 형법 제310조의 적용, 형사재판의 제문제 제5권(형사실무연
구회 2005), 180면

심정, 배드파더스, 왜 명예훼손 무죄가 유죄로 바뀌었나 − 수원고등법원 2020노70 정보통신망
법(명예훼손) 판결 분석 − , 언론중재 2022년 봄호, 62면 이하

박아란, 팩트체크와 명예훼손, 진실 오신(誤信) 상당성 법리와 중립보도 면책특권을 중심으로,
언론정보연구 55권 4호(서울대학교 언론정보연구소 2018), 139−174면. https://snuicr.
jams.or.kr/co/com/EgovMenu.kci?s_url=/sj/search/sjSereClasList.kci&s_MenuId=MENU−
000000000053000&accnId=AC0000000004

박용상, 언론과 개인법익 − 명예, 신용, 프라이버시 침해의 구제제도(조선일보사, 1997)

박용상, 명예훼손법(현암사, 2008)

박용상, 영미 명예훼손법(한국학술정보, 2019)

박종현, 표현의 자유와 명예훼손 논의에서 '사실'과 '의견'의 구별론에 대한 검토 − 미국과 한국의
판례에 대한 검토를 중심으로, 언론과법 제21권 제3호(한국언론법학회 2022), 1면 이하

염규호, 뉴욕타임스 판결 50주년과 언론의 자유: 제1수정헌법의 국제적인 영향, 언론중재, 2014
년 봄호 56면 이하. http://www.pac.or.kr/kor/pages/?p=60&magazine=M01&cate=MA
02&nPage=2&idx=619&m=view&f=&s=

이수영, 실제 인물이나 사건을 모델로 한 영화의 명예훼손책임 인정 여부에 관한 판단 기준
(2010. 7. 15. 선고 2007다3483 판결 [실미도]), 대법원판례해설 제85호(2010년 하반기),
141, 158면

이재경, 한국 언론의 익명취재원 사용관행: 독자 신뢰보다 취재원 프라이버시? 언론중재 2019년
여름호(통권 제151호), 94−97면

전원열, "名譽毀損 不法行爲에 있어서 違法性 要件의 再構成", 서울대학교 대학원 박사학위논문
(2001)

정동우, 최근 언론관계 명예훼손 사건에 대한 법원 판결 경향과 언론의 현실 − 2002년~2005년
사례분석을 중심으로 −', 언론과 법 제4권 제2호(2005), 201면

한위수, 통신사 제공기사의 게재와 명예훼손 책임, 언론관계소송(한국사법행정학회, 2007)

RESTATEMENT (SECOND) OF TORTS

Defamation − Thomson Reuters, https://legal.thomsonreuters.com.au › chapter_25

David A. Anderson, Is Libel Law Worth Reforming? 140 U. PA. L. REV. 487 (1991)

David A. Anderson, Rethinking Defamation, Arizona Law Review, Vol. 48, p. 1047, [2006])

Gerald G. Ashdown, Journalism Police, 89 MARQ. L. REV. 739, 750 − 51 (2006), https://scholarship.law.marquette.edu/cgi/viewcontent.cgi?article = 1118&context = mulr

David S. Ardia, Reputation in a Networked World: Revisiting the Social Foundations of Defamation Law, Harvard Civil Rights − Civil Liberties Law Review, Vol. 45, p. 261, 303 [2010] http://ssrn.com/abstract = 1689865

Randall P. Bezanson, THE LIBEL TORT TODAY, Washington and Lee Law Review, Volume 45 Issue 2, p. 539 http://scholarlycommons.law.wlu.edu/cgi/viewcontent.cgi?article = 2343& context = wlulr

Blackstone, The Commentaries on the Laws of England (Kerr's 4th ed. 1876)

John Cooke, Law of Tort, 9th edition (2009), http://www.shabbirsite.yolasite.com/ resources/ Law_of_Tort − John_Cooke.pdf

David A. Elder, Defamation: A Lawyer's Guide, Clark Boardman Callaghan, Deerfield, Il. (1993)

LAURENCE H. ELDREDGE, THE LAW OF DEFAMATION (1978)

Richard A. Epstein, Was New York Times v. Sullivan Wrong? 53 University of Chicago Law Review 782 (1986)

Marc A. Franklin and Daniel J. Bussel, The Plaintiff's Burden in Defamation: Awareness and Falsity, 25 Wm. & Mary L. Rev. 825 (1984), https://scholarship.law.wm.edu/wmlr/ vol25/iss5/6

Fowler V. Harper, Privileged Defamation, 22 Virginia Law Review 642 (1936), http://digital commons.law.yale.edu/cgi/viewcontent.cgi?article = 4491&context = fsspapers

Keeton, Defamation and Freedom of the Press, 54 Tax. L. Rev. 1221, 1236 (1976)

Andrew Kenyon, Perfecting Polly Peck: Defences of Truth and Opinion in Australian Defamation Law and Practice (2007) 29(4) Sydney Law Review 651

David A. Logan, Libel Law in the Trenches: Reflections on Current Data on Libel Litigation, 87 VA. L. REV. 503, 519 − 20 (2001)

ANTHONY J. H. MORRIS Q.C., THE "POLLY PECK DEFENCE": ITS FUTURE IN AUSTRALIA. http://www.lexscripta.com/pdf/PollyPeck.pdf

R. SACK, LIBEL, SLANDER, AND RELATED PROBLEMS (1980)

Richard J. Pautler, Edwards v. National Audubon Society: The Right to Publish Known Falsehoods, 1979 U. ILL. L.F. 943

Elizabeth Samson, THE BURDEN TO PROVE LIBEL: A COMPARATIVE ANALYSIS OF TRADITIONAL ENGLISH AND U.S. DEFAMATION LAWS AND THE DAWN OF ENGLAND'S MODERN DAY, CARDOZO J. OF INT'L & COMP. LAW [Vol. 20:771, 782]

Bruce W. Sanford, Libel and Privacy, Second Edition, Prentice Hall Law & Business (1993)

Rodney A. Smolla, Law of Defamation, CLARK − BOARDMAN − CALLAGHAN (1995)

RUSSELL L. WEAVER ET AL., THE RIGHT TO SPEAK ILL: DEFAMATION, REPUTATION, AND FREE SPEECH (2006)

Ray Yasser, Defamation As a Constitutional Tort: With Actual Malice for All, Tulsa Law Review

Volume 12 | Issue 4 Article 1, 601, 602 (1977). https://digitalcommons.law.utulsa.edu/cgi
/viewcontent.cgi?article=1388&context=tlr

Hänzschel, ReichspreßG, 1927

Martin Löffler, Presserecht Band I Allgemeines Presserecht, 2. Aufl. C.H.Beck München 1969

Marian Paschke, Medienrecht, 2. Aufl., Springer—Verlag

Vera von Pentz, Ausgewählte Fragen des Medien— und Persönlichkeitsrechts im Lichte der
aktuellen Rechtsprechung des Ⅵ. Zivilsenats, AfP 01—2014, S. 8—18

Seitz/Schmidt/Schöner, Der Gegendarstellungsanspruch in Presse, Film, Funk und Fernsehen,
München, 1998

SCHÖNKE SCHRÖDER, STRAFGESETZBUCH KOMMENTAR, 18., neubearbeitete Auflage, VER—
LAG C.H. BECK

Karl Egbert Wenzel, Das Recht der Wort— und Bildberichterstattung, 4. Auflage, Verlag Dr.
Otto Schmitt KG, 1994

제 5 절

의견표현에 의한 명예훼손

I. 개관

1. 헌법상 표현의 자유와 의견 표현

연혁상 기본권으로서 표현의 자유는 의견 내지 견해의 자유로운 표현을 보호하는 데서 시작하였다. 즉 인간이 생각하는 바를 자유로이 표현하는 것은 그 개성의 발현으로서 자기완성에 기여할 뿐 아니라 진리의 발견과 사회발전을 위해 중요하다는 것이다. 의견의 옳고 그름은 처음부터 명료한 것이 아니며, 민주주의는 상이한 여러 이익을 갖는 주체들에 의해 다양하게 표현·주장되는 견해의 경쟁 속에서 토론에 의해 가장 타당한 결론을 얻는 과정이다. 옳은 의견은 틀린 의견과 대비할 때 비로소 발견될 수 있는 것이다. 표현의 자유를 보장하는 중요한 이유가 이렇다면 다원적 민주주의 사회에서 의견의 자유는 특히 더 보호되어야 한다. 그렇다면 애당초 틀린 의견이라고 간주될 의견이 있을 수 없고, 헌법상 보호받는 의견은 정신적인 대결 내지 견해 교환의 요소를 갖는 것이면 족할 뿐[1] 그것이 옳은 것이라거나 가치 있는 것이라는 등 특정한 질적인 징표를 구비할 필요는 없다.

이 때문에 각국의 관행도 의견표현을 사실보도의 경우보다 더 두터이 보호한다. 예를 들면, 미국에서는 내용 규제(content-based regulation) 중 특히 견해차별 규제(viewpoint discrimination)는 절대 무효라고 하는 법리가 확립되어 있고,[2] 독일에서도 공적 사안에 관한 의견표현은 적법성의 추정을 받는다고 이해되고 있다. 의견이면 신랄

---

1) Ulrich Scheuner, Pressefreiheit, in: VVDStRL H. 22 S. 63.
2) 미국 판례에 의한 언론 규제 방식과 그 한계에 대한 일반적 논의에 관하여는 박용상, 언론의 자유(박영사, 2013), 353면 이하 참조.

하거나 과장적 표현도 보호하는 것이 원칙이다.

이러한 사고는 명예훼손법에도 그대로 투영되었다. 명예훼손법에서 의견표현은 타인에 관계되는 사실에 대한 가치판단이 그의 사회적 평가를 훼손하는 경우에 문제 되는 것이며, 그러한 사실에 기한 사람들의 의견은 다를 수 있고 또 반박될 수 있으므로 그러한 주관적인 의견은 명예에 해를 주는 정도가 낮다. 그러므로 의견표현으로 명예가 훼손되었다고 주장하는 경우에 법적 책임을 추궁하는 것은 신중을 요한다. 실제상의 이유로서 법원이 그러한 개개의 모든 의견진술에 제재를 가할 수도 없고, 또 그렇게 하는 것이 적절하지도 않다는 논거도 제시된다.[3]

2. 명예훼손법에서 의견표현의 취급

앞서 본 바와 같이 사실주장(statement of fact, Tatsachenbehauptung)과 의견표현(ex-pression of opinion, Meinungsäusserung)의 구별은 언론법 분야에서 중요한 의미를 갖는다.[4] 언론 관계 분쟁에서 가장 중요한 쟁점은 사실과 의견의 구별 및 의견에 의해 명예훼손이 성립하는 경우에 관한 논의이다.[5]

사실과 의견의 구별은 어렵고 미묘한 문제를 제기한다. 많은 학설과 판례가 그 구별의 기준을 설정하기 위하여 다양한 이론을 주장하여 왔으나, 아직도 통일적인 명쾌한 기준은 나오지 못하고 있다. 여러 난점이 있음에도 불구하고 이 구별이 필요한 것은 표현내용이 의견인가 또는 사실인가에 따라 그에 대한 법적 보호의 정도가 달리 취급되기 때문이다. 명예훼손에 있어서도 타인을 비판·비난하는 의견표현은 그것이 공적인 이해(利害)에 관한 사항으로서 진실한 사실을 바탕으로 하고 있는 것이면 면책되는 것이 원칙이다. 그에 반하여 사실주장은 허위인 경우 원칙적으로 보호받지 못하며,

---

3) Robert D. Sack and Sandra S. Baron, Libel, Slander, and Related Problems, 2nd Ed. Practising Law Institute (1994) p. 200.

4) 우리 형법을 보아도 표현 문언 자체가 비방적(誹謗的)일 것을 요하는 모욕죄(형법 제311조)의 경우 이외에 의견표현 자체를 처벌하는 조항은 없고, 명예훼손죄의 처벌에 있어서는 언제나 '사실의 적시' 를 구성요건으로 하고 있으며(예컨대 제307조 명예훼손, 제308조 사자의 명예훼손, 제309조 출판물 등에 의한 명예훼손), 그 적시된 사실이 허위인 경우에는 법정형이 가중되고(제307조 제2항, 제309조 제2항), 다만, 그것이 공익에 관한 것으로서 진실의 입증이 있으면 처벌되지 아니할 뿐이다(제310조). 현행 정보통신망법 상 명예훼손죄나 선거법상의 후보자비방죄 등에 있어서도 사실적시가 범죄의 구성요건으로 되고 있다. 뿐만 아니라 언론중재법은 언론의 보도내용 중에서도 사실보도에 대해서만 반론보도청구권이나 정정보도청구권을 인정하고(언론중재법 제16조 제1항), 의견표현에 대하여는 인정하지 않는다.

5) 뒤에서 보는 바와 같이 표현행위가 사실의 보고인가 또는 의견의 제시인가 하는 구별의 문제는 위법성조각사유와 관련하여 중요한 의미를 갖는다.

진실하다는 입증이 있는 사실적시는 면책됨이 원칙이지만, 진실한 사실일지라도 그것이 명예저하적 내용이면 피해자의 법익과 형량에 의해 명예훼손의 법적 책임을 지게 되는 수가 있다.

우리가 필요로 하는 사실인가 의견인가의 구별은 인식론적 문제라기보다는 법적 효과와 결부된 평가의 문제이며, 스몰라 교수가 말한 바와 같이 그 구별에는 개인의 명예와 표현의 자유 간에 올바른 균형을 찾는 것이 관건이다.[6]

우리 법제를 보면, 형법상 명예훼손죄는 사실적시를 요건으로 하며, 모욕죄는 사실적시 이외의 방법으로 경멸하는 언사에 의하게 되어 있다. 이렇게 형법상 명예훼손과 모욕의 구성요건은 사실적시의 유무에 따라 구별되었고, 사실적시 이외에 의견에 의한 폄훼적 표현은 바로 모욕죄로 의율되었기 때문에 이러한 형법상의 규율체계에 영향을 받아 민사상 "의견표현에 의한 명예훼손"의 개념은 정면으로 부각될 수 없었다. 그리고 민사사건에서 사실적시 명예훼손과 그 위법성 조각사유에 관해서는 형법 제307조와 제310조를 전면적으로 원용하는 많은 판례가 내려져 상세한 법리가 확립형성되고 있었음에도 민사상으로 의견표현에 의한 명예훼손의 성립요건과 위법성 조각사유에 관해서는 이렇다 할 판례가 없었다.

대법원은 1999년 처음으로 민사상 명예훼손의 불법행위는 사실적시 이외에 의견표현에 의해서도 성립할 수 있다고 명시적으로 선언하면서 그 성립요건에 관해 미국 판례의 이론을 도입하였다. 위 판결 이래 대법원의 상당수 판례는 헌법상 견해차별 금지의 원칙을 기본으로 의견표현에 대한 제한을 절대적으로 금지하는 미국 판례의 강력한 영향을 받고 있다. 즉 대법원은 의견표현에 의한 명예훼손의 성부를 판단함에 있어서 문제된 표현행위의 의견적 측면을 도외시한 채, 그 의견을 뒷받침하는 사실적 요소만을 추려내 그것이 명예훼손이 되는가 여부에 따라 결정하는 편향된 입장을 취하고 있다. 이러한 대법원의 입장이 타당한가를 살펴보려면 먼저 의견표현에 관한 제국의 입법과 판례를 검토하여 볼 필요가 있다.

Ⅱ. 비교법 및 연혁적 고찰

의견표현 내지 가치판단에 의한 명예훼손에 관해서는 그 성부와 한계가 불분명하

---

6) Rodney A. Smolla, Law of Defamation, Entertainment & Communications Law Library, Clark Boardman Callaghan (1994), p. 6-5.

여 혼란이 야기되고 있다. 이에 관해서는 미국과 유럽 각국의 판례나 학설의 입장에 차이가 있고, 우리 대법원은 미국 판례의 영향을 강력히 받고 있는 것으로 생각된다.

명예훼손법에서 의견을 사실과 구별하여 특별히 취급하기 시작한 것은 영국 보통 법이었다. 이에 관해 가장 오래된 법리는 영국 판례법(common law) 상 전통적인 '공정한 논평 규칙'(fair comment rule)이다.

1. 영국 보통법 – 공정한 논평 규칙

"공정한 논평 규칙"은 영국에서부터 시작되어 보통법상의 면책특권 중 제한적 특권(qualified privilege)의 하나로 인정되어 왔다.

원래 영국 보통법(common law)에서는 피고의 진술이 명예훼손적이면 그것이 사실이든 의견이든 막론하고 책임을 면치 못하였다.[7] 명예훼손에 엄격책임 규칙(strict liability rule)이 지배하던 시기에 피고의 진술은 허위로 추정되었고,[8] 피고에게는 오직 진실의 항변만이 허용되었기 때문에, 진위 여부가 객관적으로 결정될 수 없는 명예훼손적 의견은 법적 책임을 면할 수 없었다.[9]

그러나 직관적이고 판단적인 의견은 사법절차의 경직된 연역적(演繹的) 논증 과정에서 그 당부(當否)가 밝혀질 수 없는 것이며, 또 그러한 의견은 보호할 가치가 있다고 인식됨에 따라 위와 같은 폐단을 시정하려는 노력이 시도되게 되었다.

이러한 이유 때문에 영국 판례는 의견의 표명을 사실의 진술과 구별하여 면책시키는 면책특권의 하나로서 '공정한 논평 규칙'(fair comment rule)을 발전시켰고, 이것은 보통법상의 제한적 특권(qualified privilege)의 하나로서 인정되게 되었다.[10] 처음에 공정한 논평의 특권(fair comment privilege)은 오로지 진실한 사실에 터잡은 의견으로서 충분하게 정당화될 수 있는 공정한 의견만을 보호하였다. 그러나 그 후 위 특권은 공적인 이해 사항에 관하여 진실한 사실에 의존하는 것이라면 의견이 합리적이 아닌 경우라 할지라도 보호하는 것으로 확대되었다. 어쨌든 공정한 논평의 법리는 공정한 의견만을 보호할 뿐, 명시적 또는 묵시적인 허위 사실의 주장은 보호하지 않았다.

의견의 표현을 일정한 요건 하에서 면책하는 공정한 논평의 법리는 다음과 같은 논거를 갖는

---

7) Restatement (Second) of Torts 566 comment a (1977). 과거 보통법상 다수 판례의 입장은 개인의 명예에 해를 주는 의견의 표현에 관해서는 애당초 증명과 반증이 불가능하였음에도 불구하고 제소가 가능한 것으로 취급하였다.

8) 최초 보통법상 엄격책임규칙에 의하면 원고가 그의 명예를 훼손하는 피고의 진술이 행해졌음을 입증하기만 하면, ① 그 진술이 허위로 추정되었을 뿐 아니라, ② 그 진술이 악의에 의한 것이고, 나아가 ③ 그에 의해 손해(compensatory damage)가 발생된 점이 추정되었다. 따라서 패소를 면하려는 피고는 악의의 추정을 피하기 위해 일정한 면책특권을 주장 입증하여야 했고, 또 허위의 추정을 물리치기 위해 진실의 항변을 주장입증하여야 했다(박용상, 영미 명예훼손법(한국학술정보 2019), 37–44, 227면 참조).

9) J. Miesen, The Fact–Opinion Dilemma in First Amendment Defamation Law, 13 William Mitchell Law Review (1987), 545, 550. https://open.mitchellhamline.edu/cgi/viewcontent.cgi?article=2496&context=wmlr.

10) 문헌상 공정한 논평에 관해 처음 언급한 영국 판례는 1808년에 있었다. 동 판결은 "비판의 자유는 허용되어야 한다. 그렇지 못하면 우리는 품위나 도덕의 순결성을 보유할 수 없게 될 것이다. 공정한 토론은 역사의 진실과 과학의 진보를 위해 본질적으로 필요하다"(Tabart v. Tipper, 170 Eng. Rep. 981 (1808))고 논한 바 있다.

다.[11] 첫째, 의견은 허위일 수 없으며, 따라서 법적 절차에서 그 타당 여부를 규명함이 불가능할 뿐 아니라 적절하지도 않다. 둘째, 의견은 단지 개인적 견해로 인식됨에 불과하며, 따라서 타인의 명예를 저하하는 힘이 약하다. 사실관계가 명백한 경우에 그에 근거하여 표현행위자가 특정인을 비판 또는 비난한다면 이를 듣는 일반 독자는 양자 간에 누가 옳고 그른지를 스스로 판단할 수 있기 때문이다. 셋째, 의견의 전제가 된 사실관계가 이미 개진되었다거나 또는 이미 알 수 있는 것이라면 그에 대한 의견의 당부(當否)는 독자들의 판단에 맡기는 것이 보다 옳다.

오늘날 보통법 상 '공정한 논평의 법리'는 ① 정당한 공익 사항에 관하여 ② 진실한 사실 관계 또는 공지의 사실에 터잡은 것이어야 하고(환언하면, 비판적 의견을 위하여 이해할 수 있는 사실적 근거가 제시되어야 함) ③ 공정한 의견이어야 한다. 과거에 공정하다 함은 사실적 근거가 있고, 적시된 사실관계에 비추어 볼 때 "합리적인 정상인이 정직하게 생각하는 경우 그러한 의견을 갖게 되는 경우"(a reasonable man may honestly entertain such an opinion)를 의미한다고 보았다. 그러나 최근의 판례는 단지 의견의 정직한 진술일 것만을 요건으로 한다. 따라서 표현행위자의 사실관계에 대한 실제 생각이나 느낌을 반영하는 의견이라면 그것이 아무리 부당하거나 독설적인 것이라 하더라도 보호받는다.[12] 피고가 주장하는 의견을 실제로 갖지 않았으면서도 그러한 의견으로 비난하는 것이 입증되면 면책되지 못한다. ④ 공정한 논평의 특권은 의견이 보통법상의 악의(malice)에 의해, 예컨대 오로지 가해할 목적으로 또는 증오(憎惡), 복수심(復讐心) 등 나쁜 동기에서 표현된 경우 상실된다.[13]

〈2013년 개정 영국 명예훼손법 상 '정직한 의견의 항변'〉

2013년 개정 영국의 명예훼손법 제3조는 종전 보통법 상 공정한 논평의 항변(defence of fair comment)을 폐지하고, 이를 새로운 '정직한 의견'의 항변(defence of honest opinion)으로 대체하였다. 새로운 항변은 의견이 공익 사항에 관한 것이어야 한다는 요건을 없애는 외에는,[14] 기존 공정한 논평 항변의 요건을 대체로 답습하고 있다.

즉 동법 상 정직한 의견의 항변이 적용되기 위한 3요건은, ① 불만 대상 진술이 의견의 진술일 것(동조 제2항), ② 불만 대상 진술이 일반적 또는 특수적 조건에서 의견의 근거를 지적했을 것(동조 제3항), ③ 불만 대상 진술이 공표된 당시에 존재했던 사실 또는 불만 대상 진술 이전에 공표된 특권적 진술 속에서 주장된 사실에 근거하여 정직한 사람이 그 의견을 가졌을 수 있을 것(동조 제4항)을 피고가 입증하는 것이다. 다만, 피고가 실제로 그 의견을 갖

---

11) Sack & Baron, Id., p. 234.

12) 공정한 논평의 항변은 정상적인 생각을 가진 사람이 정직하게 표현하는 경우 가질 수 있는 의견인가 여부에 따라 객관적으로 판단된다. "논평은 그것이 다루어진 사실에 합당하여야 한다. 그것은 단순한 욕설을 위한 구실로 사용될 수 없다. 그러나 우리의 공적 생활은, 배심원이 되는 이성적 사람과 마찬가지로 괴짜, 광신자도 그들이 정직하다고 생각하는 바를 말할 수 있다는 데 기초하고 있다. 진실 기준은 아무리 과장되고, 완고하고 또는 편견적인 것이라 할지라도 그 의견이 이를 표현하는 자에 의해 정직하게 취해졌는가 여부이다"(Diplock J. in Silkin v. Beaverbrook Newspapers Ltd. [1958] 1 W.L.R. 743, 747).

13) 만일 비판이 원한이나 나쁜 의사에 의해 오로지 대상자에게 해를 줄 목적에서 공표된 경우에는 특권이 될 수 없다(RESTATEMENT OF TORTS § 606 comment d (1938)).

14) 종전 공정한 논평에서도 공익은 널리 해석되어 왔고, 그 항변의 적용이 좁은 한계에 제한되어서는 안된다는 인식이 일반화되었기 때문이다.

지 않았음을 원고가 입증하면 항변이 배척된다(동조 제5항).

2. 미국 - '의견의 특권'

영국의 보통법을 계수한 미국에서도 애초에는 공정한 논평의 법리가 통용되었으나, 1964년 연방대법원이 언론의 자유를 제한할 수 없는 권리로 규정한 미국 연방 수정헌법 제1조를 명예훼손법에 도입함으로써 미국의 명예훼손법은 영국 보통법의 전통을 벗어나 독자적인 시스템을 구축하게 되었다.[15]

미국 연방대법원은 1964년 뉴욕타임스판결[16]에서 보통법의 엄격책임규칙(strict liability rule)을 폐기하고, 이른바 '현실적 악의 규칙'(actual malice rule)을 도입하면서 명예훼손은 "허위의 사실적 시"를 요건으로 한다고 판시하였다.[17] 이어서 1974년 거츠 판결이 의견의 표현만으로는 명예훼손이 성립될 수 없다는 이른바 의견특권('opinion privilege')의 법리를 선언한 이래,[18] 미국에서 의견에 관한 법적 취급은 여타 보통법 국가에서와는 전혀 다른 모습을 갖게 되었다. 뒤에서 보는 바와 같이 이러한 입장의 미국 판례는 한국 판례에 지대한 영향을 미치고 있기 때문에 상세한 언급을 요한다.

Gertz v. Robert Welch, Inc. 418 U.S. 323 (1974)

이 판결은 연방헌법 수정 제1조를 근거로 "틀린 의견이란 있을 수 없다"고 판시하여 모든 의견이 명예훼손의 제소로부터 절대적으로 면책된다고 선언하였다. 그에 의하면, "수정 헌법 제1조 아래서 틀린 의견(意見)이란 존재하지 않는다. 아무리 의견이 유해한 것으로 보일지라도 우리는 그 시정을 위하여 법관이나 배심의 양심에 의존하는 것이 아니라 다른 의견의 경쟁에 의존한다. 그러나 허위 사실의 진술에는 헌법적 가치가 없다. 공적인 이슈에 관한 방해받지 않는, 건강한, 개방된 토론에 있어서 고의적인 허위나 부주의한 오류는 어느 것이나 실질적으로 사회적 이익을 증진하지 못한다. 그러한 것들은 의견의 설명에 본질적인 부분이 아니며, 진리를 위한 단계에서 그의 사회적 가치는 경미한 것이기 때문에 그로부터 나올 수 있는 이점(利點)은 질서와 도덕에 관한 사회적 이익에 의해 후퇴됨이 분명한 발언의 범주에 속한다."고 한다. 이 판결을 계기로 "의견은 면책된다는 특권을 갖는다"고 하는 법리(opinion

---

15) 미국 명예훼손법에서 의견에 대한 취급은 역사적으로 보아 3단계로 나누어 설명될 수 있다. ① 보통법상 '공정한 논평의 법리'가 적용되던 단계로서 의견 중에서도 일정한 요건을 갖춘 경우에만 특권으로 보호받던 시기, ② 1974년 연방대법원의 거츠 판결(Gertz v. Robert Welch, Inc. 418 U.S. 323)에 따라 의견이 특권으로 취급되고 공정한 논평의 법리가 폐기된 시기, ③ 1990년 밀코비치 판결(Milko-vich v. Lorain Journal Co., 110 S.Ct. 2695)에서 의견특권이 폐지되었으나, 순수의견/혼합의견의 법리가 일반화된 시기로 구분될 수 있다(Sack & Baron, Libel, Slander, and Related Problems, p. 202.).

16) 동 판결은 명예훼손으로 인한 손해배상을 구하는 민사사건에 관한 것이었다.

17) New York Times Co. v. Sullivan(376 U.S. 254). 동 판결은 의견에 의한 명예훼손이 쟁점으로 된 것이 아니었지만, 명예훼손의 소인으로 허위의 진술을 요건으로 한다고 판시하였기 때문에 진위 입증이 불가능한 의견에 대해서는 명예훼손이 성립할 수 없다는 사고를 배태하고 있었다.

18) 위 2판결에 의해, ① "명예훼손은 허위 진술인 경우에만 제소될 수 있다" ② "의견은 허위일 수 없다" ③ "그러므로 의견은 아무리 명예훼손적인 것이라 할지라도 제소될 수 없다"는 불운한 3단논법(unfortunate syllogism)의 법리가 고착되었다고 한다(Sack & Baron, Id., p.205; J. Miesen, The Fact-Opinion Dilemma in First Amendment Defamation Law, 13 William Mitchell Law Review(1987), 545, 555).

rule, opinion doctrine)가 새로운 특권으로 인정되게 되었고, 이후 미국의 연방 및 각주의 법원은 이른바 '헌법적인 의견의 특권'(constitutional opinion privilege)을 인정하여 왔다. 이러한 법리에 철학적 근거를 제공한 것은 진리의 검증은 자유로운 토론에 의해 가장 잘 달성될 수 있다는 공리주의(功利主義)에 기반한 사고(free market of ideas)와 국민에 의해 선택된 정부는 국민의 자유로운 비판을 바탕으로 한다는 국민 자치에 의한 민주주의적 사고였다.

1974년 거츠 판결 이후 1977년 리스테이트먼트[19] 제2판은 명예훼손적 사실을 포함하지 않는 의견은 헌법 수정 제1조에 의해 무조건 면책되는 것이기 때문에 특권을 논의할 여지조차 없다는 입장에서 공정한 논평의 특권을 목록에서 삭제하였고,[20] 법원들은 제소될 수 없는 의견과 제소될 수 있는 사실의 구분에 힘겨운 논의를 집중하게 되었다.[21]

1977년 리스테이트먼트 제566항(의견의 표현)은 의견을 2가지로 분류하고, 절대 면책되는 순수의견(pure opinion)과 적시·함축된 사실에 의해 책임이 결정되는 혼합의견(mixed opinion)을 구별하여 다음과 같이 정리하고 있다.

Restatement (Second) of Torts § 566 comment b.

의견이 대화 쌍방에 모두 알려진 명예훼손적 사실만을 근거로 할 뿐 그 밖에 다른 명예훼손적 사실을 암시하지 않는 경우에는 "순수한 의견"(pure opinion)으로서 절대적으로 면책되나, 진술이 의견의 형태로 표현된 경우라 하더라도 그것이 당사자에게 알려지지 않은 명예훼손적 사실을 그 의견의 근거가 되는 사실로 함축하는 경우에는 이른바 "혼합의견"(mixed opinion)으로서 책임을 면치 못하게 된다.

여기서 순수의견이란 의견과 함께 그 근거되는 사실이 완전히 제시된 경우[22] 그에 관한 판단으로서의 의견을 말하며 거츠 판지에 의해 절대적으로 보호된다. 따라서 순수의견은 그것이 명예훼손적이면서 아무리 부당하거나 비합리적인 것이더라도 수정헌법 제1조에 의해 제소 대상이 될 수 없고, 순수의견이면 악의가 입증된 경우에도 책임이 없다.[23] 그리고 혼합의견이란 의견 형태로 행해진 명예훼손적 진술에 "그 의견의 근거로서 개진되지 않은 명예훼손적 사실주장을 함축하는 경우를 말하며,[24] 이 경우에는 면책되지 않고 그 제시·함축된 명예훼손적 사실의 진위에 의해 책임 유무가 판단되게 된다.

한편, 상대적 특권으로서 공정한 논평 규칙이 소멸하고 의견이면 면책된다는 거츠 판지에 따라 법원들은 면책되는 의견을 사실과 구별하는 노력을 경주하는 가운데 1984년 연방항소법원의 올만 정치교수 판결[25]이 나오게 되었다. 동 판결은 문제된 진술이 사실인가 또는 의견인가를 구별함에

---

19) 'Restatements of the Law'란 미국 법조협회가 각 법분야에 관한 미국 판례법을 정리 집대성한 것이다.
20) 의견이면 모두 절대로 면책된다는 거츠 판결의 판지에 의하면 피고의 비판이 공적 관심사에 관한 여부 또는 오로지 원고를 가해할 목적인지 여부 또는 적합한 근거 사실의 제시 여부는 논외로 되었고, 결국 전통적인 공정한 논평의 특권은 적용될 수 없었다(Miesen, Id., p. 555-556).
21) 위 거츠판결이 사실로부터 구별되는 의견에 관하여 절대적 면책을 인정하였음에도 그 구별 기준이나 방법에 관하여는 하등 언급이 없었기 때문에 각급 법원은 그 문제의 해결에 관하여 고심하여 왔다.
22) 여기에는 가정되거나 공개되어 알 수 있는 사실(assumed or publicly available facts)이 포함된다.
23) Restatement (Second) of Torts § 566 comment c.
24) Restatement (Second) of Torts § 566.
25) Ollman v. Evans, 750 F.2d 970, 1021 (D.C. Cir. 1984): 마르크스 사상을 신봉한다고 공언한 대학교수

있어서 "전체적 정황 접근법"('totality of circumstances' approach, 이른바 Ollmann test)을 제시하였고, 위 구별 방법론은 이후 다수의 법원이 따르는 기준으로 정립되었다. 동 판결은 사실과 의견을 구별하는 요소로서 ① 사용된 언어(language used)의 통상적 의미와 용법 ② 입증가능성(verifiability) ③ 진술이 행해진 문맥(literary context) ④ 언론이 행해진 넓은 사회적 맥락(broader social context)을 들고 있다.26)

동 판결은 나아가 의견을 절대 면책시키는 위 거츠 판결을 전제로 절대 면책되는 '순수한 의견'과 '혼합의견 또는 혼성의견'(mixed opinion 또는 hybrid opinion)을 구별하고, 후자의 경우에는 의견형태의 진술에 함축된 명예훼손적 사실에 의해 그것이 허위인 경우 책임이 부과된다는 입장을 표명하였다.27) 동 판결은 의견으로 면책되는 진술의 범주를 설명하면서 ① "개인적 취향, 심미적·문학적 비판, 종교적 신앙, 도덕적 확신, 정치관 및 사회 이론 등" 진위를 판별할 수 없는 진술, ② 통상적인 논쟁에서 "정의하기 막연(漠然)하거나 여러 가지 뜻으로 해석될 수 있는"(loosely definable, variously interpretable) 폄훼적 진술 ③ 그 문구 자체의 의미를 쓴다는 생각이 없이 "수사적으로 또는 상상적으로 사용된 비유적(比喩的)인 말"(metaphorical language used figuratively or imaginatively)이 여기에 해당한다고 한다.

위 거츠판결 이래 15년간 이른바 '의견의 특권'은 그를 적용한 수많은 판례를 양산하였다.28) 그러나 의견과 사실의 구별은 어려웠을 뿐 아니라 그로부터 야기된 법적 불안정성과 개인의 명예에 대한 경시의 문제는 심각하였다. 의견특권론은 표현자유의 절대론(First Amendment absolutism)을 토대로 한다는 비판이 가해졌고, 실상 이 특권 이론이 등장한 이후 피고인 언론사는 소송에서 거의 언제나 승소하였다고 한다.29)

그 때문에 연방대법원은 1990년 밀코비치 판결에서 의견이면 면책된다는 특권 이론을 부인하고, 의견이 보호받는 범위를 축소하였다. 그럼에도 동 판결은 "공적 관심사에 관한 의견의 진술은

Ollman이 정부 부처의 조사위원회의 장으로 지명되자 그를 정치적 운동권("political activist")이라고 비판한 컬럼이 문제된 사안이다.

26) 사실/의견 구별에 4요소를 제시한 동 판결의 판시(Ollmann test)는 뒤에서 보는 바와 같이 우리 대법원 판결에도 도입되었다.

27) 동 판결의 설시에 의하면, 명예훼손 소송에서 순수한 의견이 문제되는 경우란 희소하며, 혼성적 의견, 즉 "사실적 내용이 실려진 의견"(opinion laden with factual content)이 훨씬 흔한 경우라고 한다.

28) 미국 판례는 피고가 한 의사를 "진정한 도구"("real tool")로 묘사한 경우(McKee v. Laurion, 825 N.W.2d 725, 733 (Minn. 2013)), 노조의 변호사를 "매우 무능한 법조인"("a very poor lawyer")이라고 부른 경우(Sullivan v. Conway, 157 F.3d 1092 (7th Cir. 1998)) 또는 선거관리위원장을 "거짓말쟁이 잡놈"("lying asshole")이라고 부른 경우(Greenhalgh v. Casey, 67 F.3d 299 (6th Cir. 1995)) 그 진술은 사실을 함축하는 것이 아니라고 보아 명예훼손의 성립을 부인한다. 한편, 다른 판례는 한 토크쇼 사회자가 한 판사를 부패하였다고("corrupt") 반복 비난한 경우(Bentley v. Bunton, 94 S.W.3d 561 (Tex. 2002)), 인명록에서 한 변호사를 교통사고 전문 변호사("ambulance chaser")로 기술한 경우(Flamm v. American Ass'n of Univ. Women, 201 F.3d 144 (2d Cir. 2000)) 또는 허구 소설에서 원고를 매춘부("slut")로 지칭한 경우(Bryson v. News Am. Pubs., Inc., 672 N.E.2d 1207 (Ill. 1996)) 배심은 사실주장이 있다고 인정할 수 있다고 판시한 경우도 있다(이상 사례는 Vincent R. Johnson, Comparative Defamation Law: England and the United States, 24 U. Miami Int'l & Comp. L. Rev. 1 (38 n. 81), http://repository.law.miami.edu/umiclr/vol24/iss1/3 에서 재인용한 것임).

29) David A. Elder, Defamation: A Lawyer's Guide, Clark Boardman Callaghan, Deerfield, Il. (1993), § 8:5, p. 43.

개연적인 허위의 사실적 의미를 포함하지 않는 한 완전한 헌법적 보호를 받는다"고 판시하였는데, 이것은 의견을 표명하는 진술은 사실을 함축하는 경우(factual implication)에만 제소될 수 있다는 리스테이트먼트의 입장을 견지한 것을 의미한다.

Milkovich v. Lorain Journal Co., 110 S.Ct. 2695 (1990) [밀코비치 위증]

이 사건의 원고는 한 고교 레슬링팀 코치로서 레슬링 경기 도중 발생한 패싸움으로 출전 정지의 징계를 받게 되자 그 불복 절차에 증인으로 나서 자기 팀의 무고함을 주장하여 징계 결정이 취소되었다. 그에 관해 피고 저널은 원고가 사실관계를 달리 증언하였고 교육계 인사가 거짓말을 하였다는 취지로 비판하는 칼럼 기사를 발행하였다. 원고는 그 기사가 원고에 대하여 형사범인 위증죄를 범한 것으로 비난했다며 명예훼손으로 제소하였고, 주최고법원은 문제된 기사가 헌법상 보호받는 의견이라고 하여 원고 패소 판결을 내렸다. 그러나 연방대법원은 위 칼럼을 접하는 합리적인 사람은 Milkovich가 재판에서 위증하였다는 주장을 함축하고 있다는 결론에 도달할 수 있고, 위 사건에서 Milkovich가 법정에서 위증을 하였는지 여부는 법정 증언과 그 이전의 진술을 비교하는 방법으로 그 진위에 대한 증명이 가능하다는 측면에서 충분히 사실적인 것이라고 하여 오하이오 주(州)법원 판결을 파기하였다.

동 판결에 의하면, 첫째 '상상적인 표현'(imaginative expression)이나 '수사적인 과장'(rhetorical hyperbole) 또는 '강렬한 특성 묘사'(vigorous epithet)는 허위사실을 함축하지 않는 한 의견의 표현으로서 보호받고, 둘째, 사실의 암시(factual implication)가 있는 경우에는 제소될 수 있는데, "비록 화자가 그 의견의 근거가 되는 사실을 밝힌다 하더라도 그 사실들이 ① 부정확하거나 (incorrect) ② 불완전한(incomplete) 경우, 또는 ③ 그 사실들에 대한 화자의 평가가 틀린다면 (erroneous assessment) 그 말은 여전히 거짓된 사실주장(false assertion of fact)을 함축하는 것"으로서 책임을 지게 된다고 판시하였다.

종전 리스테이트먼트의 설명에 의하더라도 화자가 밝힌 사실이 ① 부정확하거나(incorrect) ② 불완전한(incomplete) 경우에는 혼합의견으로 책임이 지워졌으나, 동 판결은 ③ 사실에 대한 그릇된 평가가 행해진 경우에도 의견으로서 보호받지 못한다고 하여 의견의 보호받는 범위를 축소한 것이다.

여기서 주목할 점은, 종전의 리스테이트먼트에 의하면 의견이라면 아무리 불합리하거나 타당성 없는 의견이라도 보호되었고, 따라서 명예와 관련하여 무해한 사실 또는 다양한 평가가 가능한 사실에 관하여 표현행위자가 그로부터 가장 악의적, 비난적인 해석을 채용하여 의견을 제시하더라도 피해자는 속수무책이었으나, 위 판시는 사실에 대한 틀린 평가는 의견으로서 보호받지 못함을 명언하고 있다는 점이다. 다만 그러한 오류와 과실에 대한 입증 책임은 뉴욕 타임스 판결과 거츠 판결의 법리에 따라 피해자인 원고가 부담한다.

밀코비치 판결에 대한 법적 평가는 엇갈리고 있지만, 명백한 것은 위 판결에서 연방대법원이 별도의 독립적인 의견의 특권을 부인하였다는 점이며, 그에 따라 위 공정한 논평의 법리는 다시금 중요성을 갖게 되었다고 할 수 있다. 그럼에도 위 판결이 있은 이후 미국의 하급심 판례는 뚜렷한 방향을 잡지 못하고 있다고 한다. 법원들은 리스테이트먼트의 논리에 따라 피고의 진술을 쉽사리 의견으로 분류한 후 절대적 면책을 인정하는 타성에서 벗어나지 못하고 있다는 것이다.

　어쨌든 위 판결 이후에도 미국의 법원들은 진위를 증명할 수 없는 의견의 진술은 명예훼손으로 제소될 수 없다는 점을 굳건히 지키고 있다.[30]

　이와 같은 의견에 관한 미국 판례는 헌법상 표현의 자유는 제한할 수 없다는 수정헌법 제1조의 절대론과 견해차별을 절대적으로 금지하는 법리를 기초로 하고 있다는 점에 유의할 필요가 있다. 이렇게 미국에서 표현의 자유는 명예 보호와의 관계에서 현저히 우월적 취급을 받고 있으며, 그 때문에 미국에 특유한 명예훼손법제는 표현의 자유를 가장 보호하는 한편, 개인의 명예는 가장 소홀히 다룬다는 평을 받고 있다.

3. 독일

　독일 판례는 표현의 자유와 인격권 등 개인의 법익이 충돌하는 경우 법익형량의 방법에 의해 조화를 도모하는 입장을 기본으로 하며, ① 공적 사안인가 아닌가에 따라, 그리고 ② 표현내용이 의견인가 사실인가를 구별하여 다른 형량기준을 적용한다.

　첫째, 의견의 표현은 원칙적으로 보호받는다. 특히 공적인 사안에 관한 의견의 표현행위는 원칙적으로 면책된다. 독일 연방헌법재판소는 일관된 판례를 통하여 의견의 표현은 그 판단 내용 여하를 불문하고 여론형성의 이익을 위하여 자유라고 하는 허용성의 추정(die Vermutung für die Zulässigkeit der freien Rede)을 받는다는 입장을 취한다.[31] 따라서 공적 사안에 관한 의견은 그 실질 내용이 타당한가 여부를 불문하며, 그 표현방식이 신랄하거나 과격한 것도 보호받는다. 그러나 ① 의견의 표현이 인간의 존엄을 해치는 경우,[32] 또는 형식적 명예훼손(Formalbeleidigung)이나 비방(Schmähung)으로 인정되는 경우에는 예외적으로 금지된다.[33] ② 의견표현의 형태는 의견의 실질과 달리 제한될 수 있는데, 같은 내용의 의견을 표현함에 있어서 피해자의 인격권을 손상하지 않는 표현방법이 있다면, 명예훼손적 표현양식은 금지될 수 있다고 한다.[34]

　둘째, 그에 비해 사실적시는 의견표현의 경우보다 제한된 보호를 받는다. 사실의 진술은 그것이 의견형성에 기여하는 범위 내에서 보호를 받게 되고, 허위의 정보는 의견형성에 기여할 수 없으므

---

30) 현재 미국에서 명예훼손으로 제소하려면 먼저 원고(피해자)가 피고의 진술에 명예훼손적인 허위의 사실적시가 있음을 주장·입증하여야 하며, 이러한 입증이 성공하지 못하면 패소하게 된다. 이 때문에 피고(표현행위자)는 해당 기사는 사실의 적시가 아니라 의견의 표현이라고 다투게 될 것이다. 법원은 해당 기사에 의견의 표명과 사실 적시가 공존하는 경우 또는 의견표명으로 보이는 기사에 묵시적으로라도 암시된 명예훼손적 사실이 추론될 수 있는지 여부를 판단해야 하는데, 그것이 긍정되는 경우에도 적시 또는 함축된 명예훼손적 사실이 허위라는 입증책임은 공적 사안인 경우 현실적 악의 규칙에 따라 원고(피해자)가 부담하게 되므로 원고가 승소하기란 매우 어려움을 알 수 있다.

31) 독일 연방헌법재판소는 1958년 뤼트(Lüth) 보이콧 판결(BVerfGE 7, 198 – Lüth−Entscheidung)에서 의견의 경쟁은 자유민주주의의 생존요소임을 확인하면서 의견의 자유의 기본권은 바른 의견과 똑같이 틀린 의견(falsche Meinung)도 보호한다고 판시한 바 있다. 바른 의견만이 보호된다면 의견의 경쟁이란 존재할 수 없고, 그 경우 의견의 옳고 그름을 결정하는 자는 누구인가 하는 문제가 생긴다. 정신적인 의견의 경쟁(geistige Meinungskampf)은 진실의 조사를 위해서 보장될 뿐 아니라 각 개인이 공공에 대해 표현할 수 있는데 도움이 되어야 한다는 것이다.

32) BVerfGE 93, 266 – 'Soldaten sind Mörder'.

33) BVerfGE 61, 1 [12].

34) 독일 연방헌법재판소의 1976. 5. 11. BVerfGE 42, 143/152−DGB 판결에서는 독일노조연합이 그 발간 문서에서 우파적 성향의 독일재단 발간물에 대해 '극우의 사냥지'(rechtsradikales Hetzblatt)라고 비판한 기사를 헌법상 금지되는 표현행위로 보았다.

로 허위임이 명백하거나 허위로 입증된 사실주장은 표현의 자유로서 보호받지 못한다. 다만, 허위
사실이라도 무조건 책임이 지어지는 것은 아니며, 진술 당시 진실성을 확보하기 위해 필요한 조사
의무를 다한 경우에는 사후에 허위로 판명되더라도 면책된다.

셋째, 사실주장과 결합되어 있는 의견표현의 경우 이를 보호할 가치가 있는가의 여부는 그 표현
의 근거가 된 사실인정의 진실성 여부에 의하여 좌우된다. 그 경우 허위임이 입증된 사실주장의
경우에는 보호받지 못하는 것이 보통이다.

넷째, 사실판단과 가치판단의 구분은 어렵고, 그 구분이 실제상 불가능한 경우에는 표현의 자유
의 기본권을 효과적으로 보호하기 위하여 전체로서 의견표현으로 인정되어야 하고, 표현의 자유의
보호영역에 해당시켜야 한다.

다음의 독일 판례는 의견과 사실의 정의와 그 구별 및 법적인 취급에 관하여 상세하게 체계적
으로 설명하고 있다.35)

독일 연방헌법재판소 1994. 3. 13. 결정 BVerfGE 90, 241 [유대인박해 부정]

이 사건에서 독일 연방헌법재판소는 허위사실의 주장을 금지한 당국의 조치가 문제된 사
안에서 의견과 사실의 구별 및 그 법적 취급에 관하여 체계적으로 상세하게 설명하고 있다.

"기본법[독일 헌법] 제5조 제1항 제1문[표현의 자유]이 기본권으로 보호하는 대상은 의견
(Meinungen)이고, 그 표현과 전파의 자유가 인정된다. 의견은 그 진술내용에 대한 개인의 관
계가 주관적이라는(subjektive Beziehung) 특징을 갖는다(BVerfGE 33, 1 [14]). 의견은 입장
(Stellungnahme)과 견해(Dafürhalten)의 요소로 특징지어진다(BVerfGE 7, 198 [210]; 61, 1
[8]). 그러므로 의견은 옳은 것으로 밝혀지기도 하지만, 오류로 밝혀지기도 한다. 의견의 표
현은 그것이 근거를 가지는가의 여부, 감정적인 것인가 이성적인 것인가의 여부, 가치 있는
것인가 없는가의 여부, 위험한 것인가 무해한 것인가 여부에 관계없이 기본권으로 보장된다
(BVerfGE 33, 1 [4]). 기본권보장은 나아가 진술의 형태에도 미친다. 의견표현(Meinungs –
äußerung)은 그것이 신랄하고 침해적인 외관을 가졌다고 하더라도 기본권 보호의 대상이 된
다(BVerfGE 54, 129 [136]; 61, 1 [7]).

그러나 사실주장(Tatsachenbehauptung)은 엄격한 의미에서 의견표현이 아니다. 의견표현
과는 달리 사실주장은 표현과 사실과의 객관적인 관계(objektive Beziehung)가 전면에 부각
된다. 따라서 사실주장은 그 진실성에 대한 심사가 가능하다. 그러나 사실주장이 기본법 제5
조 제1항 제1문의 보호영역에서 애초부터 배제되는 것은 아니다. 일반적으로 의견은 사실인
정에 근거하거나 사실관계에 관한 입장을 표현한 것이기 때문에, 사실주장은 그것이 의견형
성의 전제가 되는 범위 내에서 기본권으로 보장된다(BVerfGE 61, 1 [8]).

따라서 사실주장에 대한 보호는 헌법적으로 전제되는 의견형성에 더 이상 기여할 수 없는
곳에서 끝나게 된다. 이러한 관점에서 볼 때, 허위의 정보는 보호할 가치가 있는 이익이 아니
다. 그러므로 연방헌법재판소는 확립된 판례에서 허위임이 명백하거나 허위로 입증된 사실주
장은 표현의 자유로 보호받지 못한다고 설시하였다(BVerfGE 54, 208 [219]; 61, 1 [8]). 물론
진실에 대한 요구가 과도하여 제재에 대한 두려움으로 표현이 억제됨으로써 표현의 자유의

---

35) 이와 관련하여 전술한 독일 연방헌법재판소 1998. 11. 10 BVerfGE 99, 185 – Scientology도 참조할
필요가 있다.

기능을 훼손하여서는 안 된다(BVerfGE 54, 208 [219]; 61, 1 [8]; 85, 1 [22]).

또 의견표현과 사실주장을 구분하는 것이 쉽지 않음은 물론이다. 양자가 상호 결합되어 있는 경우가 대부분이고, 양자를 함께 고려할 때 비로소 표현의 의미를 알아낼 수 있기 때문이다. 이러한 경우 사실판단과 가치판단의 구별은, 그 구별이 이루어지더라도 표현의 의미가 왜곡되지 아니하는 때에만 가능하게 된다. 그 구별이 불가능한 경우 그 표현은 효과적으로 기본권을 보호하기 위하여 전체가 의견표현으로 인정되어야 하고, 표현의 자유의 보호영역에 해당시켜야 한다. 그렇지 않다면 기본권 보장이 본질적으로 축소될 위험이 있기 때문이다(BVerfGE 61, 1 [9]; 85, 1 [15]).

표현의 자유가 무제한 보장되지 아니함은 물론이다. 기본법 제5조 제2항에 따라, 표현의 자유는 일반법률의 조항과 청소년보호를 위한 법률조항 및 개인의 명예를 보호하기 위한 법률조항에 의하여 제한된다. 그리고 표현의 자유를 제한하는 효과를 가진 법률을 해석·적용할 때에는 표현의 자유의 중요성을 고려하여야 한다(BVerfGE 7, 198 [208]). 이 때 당해 규범의 요건 범위 내에서 제한되는 기본권과 기본권 제한법률이 목적으로 하는 법익을 상호 비교형량하여야 하는 것이 일반적이다. 이러한 비교형량에 관하여 연방헌법재판소는 몇 가지 원칙을 발전시켜 왔다. 그 원칙에 따르면, 표현의 자유가 항상 개인의 인격권에 우선한다고 주장할 수는 없다. 형식적 모욕(Formalbeleidigung)이나 비방(Schmähung)으로 인정되는 표현행위의 경우에는, 인격권 보장이 표현의 자유에 우선한다(BVerfGE 66, 116 [151]; 82, 272 [281, 283]). 사실주장과 결합되어 있는 의견표현의 경우, 이를 보호할 가치가 있는가의 여부는 그 표현의 근거가 된 사실인정의 진실성 여부에 의하여 좌우된다. 사실인정이 허위임이 입증된 경우, 개인의 인격권보호가 표현의 자유에 우선하게 되는 것이 보통이다(BVerfGE 61, 1 [8]; 85, 1 [17]). 나아가 구체적인 사건에서 어떠한 법익이 우선하는가가 중요하다. 이 경우 본질적으로 공공에 관한 문제에서는 자유로운 표현이 우선한다는 추정이 인정됨에 유의해야 한다(BVerfGE 7, 198 [212]). 그러므로 관련 당사자의 법적 지위를 비교형량할 때, 항상 이를 함께 고려해야 한다."

독일 법원들은 다수의 사건에서 의견표현에 의한 명예훼손을 인정한다.[36] 예를 들면, 경쟁신문에 대하여 부정확하고, 악의적이며 경망하게 위작이 이루어졌다고 비난한 경우(BGH, GRUR 1968, 262), 병원의 시술 실수로 인해 사망한 어린이의 어머니 이름을 밝히면서 죽은 아이로부터 한밑천 잡으려고 한다고 보도한 경우(OLG Köln, AfP 1972, 223), 전과 6범의 상습 사기범에 대하여 징역학 박사수행자라고 표시한 경우(LG Nürnberg-Fürth, ArchPR 1972, 84), 이웃 상점주 간의 다툼에서 "원래 창녀"라고 부른 경우(LG Köln, NJW-RR 2002, 189) 등이 있다. 또 경찰에 대하여 학생을 마구 쏘아대고 증거를 없애는 폭력 및 사격단체로 표시하고, 경찰직 모집이라고 날조된 광고에서 경찰을 SS(나치친위대)에 비교한 경우(OLG Hamm, AfP 1974, 724), 독일연방 경찰의 대테러조직('GSG 9')에 대해 '살인군대'라고 비난한 경우(OLG Köln, AfP 1980, 112)에도 형사 명예훼손죄가 인정된 바 있다.

---

36) 이하 Wenzel, aaO., S. 195f. 참조.

4. 유럽인권재판소

최근 유럽인권재판소는 의견의 법적 평가에 관해 주목한 판결을 내고 있다.[37] 그에 의하면 의견표현은 그 진위가 판단될 수 없는 것이지만, 일반적으로 가치판단은 어떤 사실을 근거로 행해지는 평가이고, 피해자에 대한 부정적 가치판단은 충분한 사실적 근거(sufficient factual basis)를 가져야 한다는 점을[38] 명백히 하고 있다. 즉 공익 사항에 관한 가치판단은 이를 뒷받침하는 충분한 사실적 근거(sufficient factual basis)가 있어야 공정한 논평(fair comment)으로서 면책된다는 것이다(유럽인권재판소의 확정된 판결례).[39]

즉 가치판단은 어떤 사실을 근거로 행해지는 평가이고, 가치판단의 진실 여부는 입증할 수 없는 것이지만, 그 의견이 터잡는 기초 사실은 진위 증명이 가능하다는 점이 강조되고 있는 것이다. 가치판단도 공정한 논평이 되려면 충분한 사실적 근거가 있어야 한다는 것이기 때문에 결국 가치판단과 사실의 진술의 차이는 사실의 입증을 요하는 정도에 있다.[40] 그러므로 사실주장의 진실성을 입증하는데 요구되는 정도와 의견의 사실적 근거를 입증하는 정도는 상이하다.

다만, 그 기초 사실은 반드시 당해 보도에 적시될 필요가 없고, 여타 미디어에서 보도되거나 널리 알려진 사실을 근거로 삼을 수도 있다고 한다. 이를 보면, 유럽인권재판소는 수백년간 일관되게 적용되어 온 보통법의 공정한 논평의 법리를 지지하고 있음을 알 수 있다.

아이슬란드에 만연한 '경찰의 잔인성'에 관해 언급하면서 경찰관을 "제복입은 야수"("brutes in uniform")라고 비난한 경우 그것이 여론을 반영한 것이었고 그 진술의 사실적 근거로서 루머, 스토리 또는 타인의 진술을 제시하였다면 명예훼손이 성립할 수 없고, 그 이상의 증거를 요구하는 것은 잘못이다(ECHR 1992. 6. 25. Thorgeir Thorgeirson v. Iceland).

터키의 에르도안 수상 등 고위 정치인들의 위법행위와 부패를 폭로한 일간지 기사에 대해, 그 기사는 현안 문제에 관한 논평과 견해를 표현한 것이고, 기사에 쓰인 문구와 표현이 도발

---

37) 1950. 11. 4. 로마에서 채택되어 3년 후 발효한 유럽인권협약(European Convention on Human Rights)은 광범한 인권을 법적으로 보장하는 최초의 국제 조약으로서 세계적으로 가장 효과적인 시스템으로 평가받고 있다. 동 협약에 의해 1959년 설립된 유럽인권재판소(ECHR, 프랑스 스트라스부르그 소재)는 유럽인권협약에 규정된 시민적·정치적 권리가 침해되었다고 주장하는 개인이나 국가의 청원을 심판한다. 그 판결은 해당 국가를 구속하며 해당 국가 정부는 그 판단에 따라 그의 입법을 변경하고 실무 관행을 변경해야 한다. 유럽인권재판소는 창립 이래 50년간 1만 건이 넘는 판결을 내렸고, 그 판례는 세계적으로 여러 주체들, 법관, 변호사, 인권운동가, 정부 간의 주체, NGO 등에 의해 인권의 범위 및 의미에 관한 지침으로 원용되고 있다. 유럽인권재판소 재판관은 유럽협의체(Council of Europe)의 47개 회원국이 각각 추천한 3인 중 의회총회에서 각 1인씩 선출되는데, 2015. 3. 현재 총 43인이다(4개국 재판관 공석). 재판소에는 7인 재판관으로 구성되는 5개의 소부(Chamber)가 있으며, 대재판부(Grand Chamber)는 17인의 재판관으로 구성된다.

38) 가치판단에 입증을 요구하는 것은 의견의 자유에 대한 침해가 되지만, 가치판단은 충분한 사실적 근거에 의해 뒷받침되어야 한다(ECHR 1991. 5. 23. Oberschlick v. Austria (no. 1)).

39) 가치판단인 진술이 위법한 명예침해가 되는가 여부는 그 계쟁 진술을 위한 충분한 사실적 근거가 존재하는가 여부에 의존한다. 뒷받침하는 어떤 사실적 근거도 없는 가치판단은 과도한 것이기 때문에 금지될 수 있다(ECHR 2001. 2. 27. Jerusalem v. Austria; ECHR 2002. 2. 26. Dichand and Others, v. Austria; ECHR 2014. 1. 4. LAVRIC v. ROMANIA).

40) ECHR 2003. 3. 20. Krone Verlag GmbH & Co. KG and Mediaprint Zeitungs− und Zeitschriftenverlag GmbH & Co. KG v. Austria; ECHR 2003. 11. 13. Scharsach and News Verlagsgesellschaft v. Austria.

적이며 저속하고 공격적인 것이었다 할지라도 그 가치판단은 그 기사에 인용된 바와 같이 일반 공중에 이미 알려진 특정한 사실, 사건 또는 분쟁 사례에 터잡은 것이었고, 따라서 충분한 사실적 근거를 갖는 것이었기 때문에 수상에 대한 터무니없는 인신공격으로 해석될 수 없다 (ECHR 2012. 3. 15. Tusalp v. Turkey, 터키 수상 부패 비난 사건).

나아가 유럽인권재판소는 의견표현이나 가치판단에 의해 명예훼손이 성립되는 경우를 이른바 '터무니없는 인신공격'(gratuitous personal attack)이란 개념을 사용하여 설명하고 있다. 사실적 근거가 없는 부정적 가치판단이나, 터무니없이 비방하는 인신공격이면 비판의 한계를 넘는 것으로서 책임을 면치 못한다는 것이다.

ECHR 2005. 10. 27. Wirtschafts–Trend Zeitschriften–Verlags GmbH v. Austria
정치인에 대한 공격적이고 침해적인 가치판단은, 첫째 정치적 토론의 전체적 연관에서 적합한(angemessen) 것이어야 하고(정치인이 도발적으로 또는 공격적으로 행위한 경우 그에 대한 반응은 적합한 것이 될 수 있다), 둘째 가치판단은 일정한 사실적 근거(Tatsachenbasis)를 가져야 한다. 그러한 사실적 근거가 없는 가치판단은 허용되지 않는다. 과도하거나 도발적 특징을 인식케 하는 총괄판단은 사실주장이 아니라, 가치판단으로 보아야 하지만, 그러한 비난을 위한 충분한 사실적 근거가 없으면 금지된다.

Ⅲ. 대법원 판례

1. 서론

우리의 경우 명예훼손에서 사실/의견의 구별과 의견의 법적 처리에 관한 논의는 심각한 혼란 속에 있다.

애초에 우리의 경우 명예훼손은 사실적시를 요건으로 하는 형법상 '명예훼손죄'를 중심으로 논의되어 왔기 때문에 민사상 의견표현이 불법행위가 되는가 여부에 관해서는 무관심하였다. 즉 대법원은 사실과 의견의 구별에 관해서도 형사 명예훼손죄 사건에서 '사실적시'를 정의하면서 의견표현만으로는 명예훼손죄가 성립되지 않는다고 판시하였고,[41] 그 위법성 조각사유에 관해서도 사실적시에 대한 진실의 항변과 상당성

---

41) 대법원은 1993년 형사명예훼손 사건에서 처음 사실적시의 개념을 의견표현과 대비하여 정의하면서 "'사실의 적시'라 함은 사람의 사회적 가치 내지 평가를 저하시키기에 충분한 사실을 적시하는 것을 말하므로 구체적 사실이 아닌 단순한 추상적 판단을 표시하는 것은 이에 해당하지 않는다"고 판시한 바 있다(대법원 1993. 1. 26. 선고 93도1693 판결(공직선거법 위반)). 이어 대법원은 1996. 11. 22. 선고 96도1741 판결(공직선거법 위반)에서 사실적시와 의견표현을 구별하는 기준으로서 미국의 1984년 올만판결의 4요소 기준('totality of circumstances' approach, 이른바 Ollmann test)을 채용한 바 있었다.

항변 등을 중심으로 판례가 축적되고 법리도 상당한 진전을 보였다.

그러나 1999년에 이르기까지 민사상 의견표현에 의해 명예훼손의 불법행위가 성립되는지 여부는 논의되지 않았고, 유럽 국가에서 의견표현에 관해 일반적으로 통용되던 '공정한 논평'의 법리는 알려지지도 않았다. 그 때문에 민사상 어떠한 경우 의견표현에 위법성이 인정되는가, 그리고 민사상 의견표현에 의해 명예훼손의 불법행위가 성립할 수 있는가에 관하여 이를 적극적으로 언급한 판결이 없었던 것은 당연하였다. 그러나 1980년대 말 사회의 전반적 민주화 움직임 속에서 명예훼손에 의한 민사소송이 증가하는 가운데, 사실과 의견을 구별하는 기준과 함께 민사상 의견표현에 대한 법적 평가가 요구되게 되었다.

이러한 요구에 부응하여 나온 것이 대법원의 1999년 연극비평 판결[42]이었다. 이 판결은 민사상 명예훼손의 불법행위는 사실적시와 의견표현에 의해 성립될 수 있음을 처음으로 천명하였으나, (순수)의견의 표현만으로는 명예훼손이 될 수 없고, 그 의견의 표현이 사실적시를 포함하는 경우에 한하여 명예훼손이 될 수 있다는 입장(이른바 순수의견/혼합의견의 법리)을 취하였고, 이러한 입장은 추후 일련의 판례에 의해 확고한 입지를 확보하게 되었다(이하 편의상 '주류판례'라고 칭함). 이것은 미국 연방 헌법수정 제1조를 기초로 의견을 절대 면책시키는 미국 판례의 영향을 받은 것이었고, 의견표현에 관한 이러한 취급은 세계적으로 가장 특이한 것이었기 때문에 후일 논란과 문제를 야기하게 되었다.

이러한 문제는 위 주류판례와 모순되거나 상충하는 대법원 판결들에 의해 표면화되었다. 즉 대법원은 이상 주류판례의 입장과 달리 일련의 판례에서 의견의 표현이 '모멸적인 표현에 의한 인신공격'인 경우에는 위법하다는 입장을 취하였고, 또 다른 다수의 판결에서는 '악의적이거나 현저히 상당성을 잃은 공격'에 해당하는 비판은 명예훼손이 된다는 판시를 내고 있다. 그리고 의견 명예훼손에 관한 이들 새로운 판결들은 의견에 의한 명예훼손의 성립을 인정하면서도 주류판례와 같은 순수의견/혼합의견의 법리를 언급하지 않고 있으며, 그 사례수에 있어서 주류판례의 사례를 훨씬 능가하고 있다.

이들 의견 명예훼손에 관해 상이한 문구에 의해 제시되는 별개의 기준이 어떠한 법적 의미를 가지며, 위법성 판단 구조에서 어떠한 위치를 갖는가에 관하여는 대법원이 명백히 말한 적도 없고 학설상 합의도 없다. 이러한 판례의 난맥상 때문에 의견 명예훼손에 관한 우리의 판례는 명예훼손법제에서 가장 취약한 지대를 이루고 있다. 이

---

42) 후술 대법원 1999. 2. 9. 선고 98다31356 판결 [연극비평].

러한 불확실성은 표현의 자유를 행사하는 자와 그에 의해 피해받은 자의 이해에는 물론 이들 간 분쟁의 해결을 돕는 법조 관여자에게도 큰 어려움을 주고 있다.

이와 같이 의견표현에 관한 논의가 복잡하고 혼란스럽게 된 이유는, 첫째 우리 법제에서 민사 상 명예훼손의 불법행위와 형사 상 명예훼손죄는 구별하여 논의되어야 함에도 불구하고 이를 혼동하여 논하여 왔고, 양자를 체계적으로 구별하여 파악하려는 노력이 없었던 점에 있다고 생각된다. 한국 형법상 명예훼손죄는 사실적시를 요건으로 하고 있으며, 이전 대부분의 판례는 명예훼손죄를 중심으로 다루어져 왔는데, 이러한 형사상의 논의가 민사에도 영향을 미치게 되고, 민사에서도 명예훼손의 불법행위에는 사실적시가 필요한 것이 아닌가 하는 관념이 의식적·무의식적으로 영향을 미치게 된 이유도 있다.[43]

둘째, 의견표현의 법적 취급에 관하여 대법원은 미국 판례의 강력한 영향을 받고 있다는 점이다. 앞서 본 바와 같이 비교법적으로 보아 미국의 판례는 언론의 자유를 제한할 수 없는 권리로 규정한 미국 연방헌법을 배경으로 의견표현에 의한 명예훼손을 부인하고 있다.[44] 이러한 미국 판례의 특이한 입장은 장구한 전통을 갖는 영국 보통법의 명예훼손법 체계를 벗어났을 뿐 아니라 세계적으로 보아도 유례가 없이 독자적인 것이다.[45] 그럼에도 대법원은 언론과 인격권과의 관계에 관해 상이한 이해를 갖는 미국의 판례를 무비판적으로 따르고 있기 때문에 여러 문제와 부조화가 발생하고 있다.

이러한 문제를 의식하고 혼란을 극복함에 우선적으로 고려할 목표는 언론의 자유와 명예 등 인격권 간의 조화로운 균형을 도모하여야 한다는 점이다. 그것이 명예훼손법이 추구하는 최종적인 목표이기 때문이다.

이하 본항에서는 대법원이 의견 명예훼손에 관해 적용한 3가지 상이한 기준들이

---

43) 민사 명예훼손의 성립에 형사 명예훼손의 성립요건을 요구한 대표적 판결은 대법원 2009. 2. 26. 2008다77771 판결 ['변호사 사건 실록']이다. 이 사건은 명예훼손에 의한 손해배상을 구하는 민사사건이었는데, 대법원은 "명예훼손이 성립하려면 특정인의 사회적 가치 내지 평가가 침해될 가능성이 있을 정도로 구체적인 사실의 적시가 있어야 하"는데, 계쟁 글에는 "원고의 사회적 가치 내지 평가를 침해하기에 충분한 정도의 구체적인 사실의 적시가 있다고 보기 어렵다"고 하여 민사 상 명예훼손의 불법행위가 성립되지 않는다고 판시하고 있다.

44) 전술한 바와 같이 미국 연방대법원은 수정헌법 제1조를 근거로 명예훼손법에 헌법적 법리를 도입하여 ① 명예훼손의 성립에는 "허위의 사실적시"를 요하고(1964년 뉴욕타임스판결), ② 의견은 성질상 진위 판정이 불가능하기 때문에, ③ 사실적시가 아닌 의견은 명예훼손으로 제소될 수 없다(1974년 거츠 판결)고 하는 삼단논법적 추론을 전제로 하고 있어, 우리의 명예훼손법제와 근본적으로 다른 입장을 취한다

45) 뒤에서 보는 바와 같이 미국을 제외한 대부분의 국가에서 명예훼손은 사실적시와 의견표현에 의해 성립된다고 보고 있으며, 의견표현에 의한 명예훼손의 위법성 판단기준으로서 공정한 논평의 법리가 대세를 이루고 있다.

갖는 법적 의미 및 위상과 적용범위 등을 분석·검토하고, 이들 상호 모순되거나 중복되는 듯한 판지들을 전체적·체계적 입장에서 통합적으로 이해하는 데 중점을 두고 설명할 것이다.

2. 주류판례

(1) 1999년 연극비평 판결 및 후속 판례

가. 판결 취지

대법원이 처음으로 민사사건에서 의견표현에 의한 명예훼손의 성부에 관한 문제를 다룬 것은 1999년 연극비평판결이었다. 동 판결은 사실적시뿐 아니라 의견표현에 의해서도 민사상 명예훼손의 불법행위가 성립될 수 있음을 명확히 하면서도 의견표명은 그 전제사실의 진위에 의해 위법성이 결정되고, 의견형태의 진술은 묵시적으로라도 사실적시가 포함된 경우에만 명예훼손이 될 수 있다는 입장을 취하였고, 이를 선례로 한 다수의 판례가 주류를 이루게 되었다.

> **대법원 1999. 2. 9. 선고 98다31356 판결 [연극비평]**
>
> "민사상 타인에 대한 명예훼손은 사실을 적시하는 표현행위뿐만 아니라 의견 또는 논평을 표명하는 표현행위에 의하여도 성립할 수 있는데, 어떤 사실을 기초로 하여 의견 또는 논평을 표명함으로써 타인의 명예를 훼손하는 경우에는 그 행위가 공공의 이해에 관한 사항에 관계되고, 그 목적이 공익을 도모하기 위한 것일 때에는 그와 같은 의견 또는 논평의 전제가 되는 사실이 중요한 부분에 있어서 진실이라는 증명이 있거나 그 전제가 되는 사실이 중요한 부분에 있어서 진실이라는 증명이 없더라도 표현행위를 한 사람이 그 전제가 되는 사실이 중요한 부분에 있어서 진실이라고 믿을 만한 상당한 이유가 있는 경우에는 위법성이 없다고 보아야 할 것이다."[46]
>
> 그리고 "의견 또는 논평을 표명하는 것이라면 그와 동시에 묵시적으로라도 그 전제가 되는 사실을 적시하고 있는 것인가 그렇지 아니한가를 구별할 필요가 있고," … "그 부분이 간접적으로 증거에 의하여 그 진위를 결정하는 것이 가능한 타인에 관한 특정의 사항을 주장하는 것이라고 이해된다면 그 부분은 사실을 적시하는 것으로 보아야 할 것이고, 이를 묵시적으로 주장하는 것이라고 이해된다면 의견 또는 논평의 표명과 함께 그 전제되는 사실을 적시하는 것으로 보아야 한다."

---

46) 이와 같은 취지로 판시한 판결로서는 대법원 2008. 2. 1. 선고 2005다8262 판결 ['처첩신문'], 대법원 2004. 8. 16. 선고 2002다16804 판결 [축소 수사 의혹](검찰이 검찰직원에 대해 엄정하게 수사를 하지 못했다는 취지의 피고 기사는 그 전제가 된 사실, 즉 검찰직원이 사건청탁과 관련해 금품을 제공받은 점, 검찰이 사건 배당후 20여일 후에 고소인 조사를 한 점 등이 모두 진실인 만큼 위법성이 없다), 대법원 2012. 11. 15. 선고 2011다86782 판결 [KBS 대 미디어오늘] 등이 있다.

장문의 복잡하고 난해한 위 판결의 취지를 요약하면 다음과 같이 정리할 수 있다.

첫째, 민사상 명예훼손의 불법행위는 사실적시뿐 아니라 의견표명에 의해서도 성립될 수 있다.[47]

둘째, 의견이나 논평은 그 자체가 진위라거나 그 실질 내용의 당부에 의해서가 아니라, 그 의견의 전제가 되는 사실의 진위에 따라 위법 여부를 결정해야 하며, 그 전제사실이 진실하거나 진실이라고 믿음에 상당한 이유가 있는 경우에는 위법성이 없다.[48] 이 부분 판시는 명예훼손적 의견표현에는 그 의견을 뒷받침하는 근거사실의 존재를 전제로 하고 있다는 점에서 전통적인 공정한 논평의 법리와 유사한 것이지만, 의견을 뒷받침하는 전제사실에 관해 이를 제시할 주체와 그 범위에 관한 논의는 생략한 채, 그 진위만을 문제삼고 있다는 점이 지적된다.

셋째, 계쟁 진술이 "의견 또는 논평을 표명하는 것이라면 그와 동시에 묵시적으로라도 그 전제가 되는 사실을 적시하고 있는 것인가[이른바 혼합의견(필자 가필)] 그렇지 아니한가를 구별할 필요가 있"고, 의견의 형태로 표현된 진술은 그 진술의 전체적 상황에 비추어 그 전제사실이 묵시적으로라도 표현되어 있다면 사실적시가 있는 것으로 보아 그 진실 입증 여부에 따라 명예훼손의 성부를 판단하여야 한다.[49] 즉 그 묵시적인 전제사실이 진실하거나 진실이라고 믿음에 상당한 이유가 있는 경우에는 면책되며, 반대로 전제사실이 허위이거나 진실로 믿음에 상당한 이유가 없는 경우에는 명예훼손이 성립한다는 것이다.

넷째, 당해 판결에서는 의견형태의 진술에 묵시적으로도 전제사실의 적시가 없는

---

47) 이와 같은 입장은 대법원 1988. 6. 14. 선고 87다카1450 판결, 1997. 10. 28. 선고 96다38032 판결, 대법원 2000. 7. 28. 선고 99다6203 [경향만평], 대법원 2008. 2. 14. 선고 2005다75736 [한겨레 대 동아일보] 등에서도 명백히 표명되고 있다.

48) 위 사건 판시 중 의견표명에 의한 명예훼손에 관해 설시한 부분은 다음과 같다(밑줄 표시는 저자가 한 것임). "의견 또는 논평을 표명하는 표현행위로 인한 명예훼손에 있어서는 그 의견 또는 논평 자체가 진실인가 혹은 객관적으로 정당한 것인가 하는 것은 위법성 판단의 기준이 될 수 없고, 그 의견 또는 논평의 전제가 되는 사실이 중요한 부분에 있어서 진실이라는 증명이 있는가, 혹은 그러한 증명이 없다면 표현행위를 한 사람이 그 전제가 되는 사실이 중요한 부분에 있어서 진실이라고 믿을 만한 상당한 이유가 있는가 하는 것이 위법성 판단의 기준이 되는 것"다.

49) 이 요약에 부합하는 판시 부분은 다음과 같다. "당해 기사가 게재된 보다 넓은 문맥이나 배경이 되는 사회적 흐름 등도 함께 고려하여야 할 것이므로, 신문기사 가운데 그로 인한 명예훼손의 불법행위책임 인정 여부가 문제로 된 부분에 대하여 거기서 사용된 어휘만을 통상의 의미에 좇아 이해하는 경우에는 그것이 증거에 의하여 그 진위를 결정하는 것이 가능한 타인에 관한 특정의 사항을 주장하고 있는 것이라고 바로 해석되지 아니하는 경우라도 당해 부분 전후의 문맥과 기사가 게재될 당시에 일반의 독자가 가지고 있는 지식 내지 경험 등을 고려하여 볼 때에 그 부분이 간접적으로 증거에 의하여 그 진위를 결정하는 것이 가능한 타인에 관한 특정의 사항을 주장하는 것이라고 이해된다면 그 부분은 사실을 적시하는 것으로 보아야 할 것이고, 이를 묵시적으로 주장하는 것이라고 이해된다면 의견 또는 논평의 표명과 함께 그 전제되는 사실을 적시하는 것으로 보아야 한다."

경우에 관해 명백한 언급이 없으나, 뒤 이은 2000년 경향만평 판결에서는 "의견 또는 논평의 표명이 사실의 적시를 전제로 하지 않는 순수한 의견 또는 논평일 경우에는 명예훼손으로 인한 손해배상책임은 성립하지 아니"한다고 하여 순수의견으로 면책시키고 있다.[50] 위 선도적 판결에 이어 대법원은 일련의 판결에서, 첫째 "순수하게 의견만을 표명하는 것은 타인의 명예를 훼손하는 행위가 될 여지가 없다"고[51] 하는 한편, 둘째 "의견 또는 논평을 표명하는 표현행위도 그와 동시에 (묵시적으로라도) 그 전제가 되는 사실을 적시하고 있다면 그것이 허위인 경우 민사상의 명예훼손이 성립할 수 있다"는 입장을 굳히고 있다.[52]

대법원 2018. 10. 30. 선고 2014다61654 전원합의체 판결 ['종북']

이 판결에서 대법원은 형법상 (사실적시를 요하는) 명예훼손죄와 (사실적시에 의하지 않는) 모욕죄가 별도로 구분 규정되어 있음을 지적하고, 이러한 취지는 "법률용어의 일관성과 법체계의 통일성 관점에서" 민사에서도 같이 취급하여야 한다고 하면서 ① "사실을 적시하지 않은 경우에는 민법상으로도 명예훼손이 되지 않는다"고 단정하고, ② "순수하게 의견만을 표명하는 것만으로는 명예훼손이 성립되지 않는다"(순수의견 면책)고 하는 한편, "의견이나 논평을 표명하는 형식의 표현행위도 그 전체적 취지에 비추어 의견의 근거가 되는 숨겨진 기초 사실에 대한 주장이 묵시적으로 포함되어 있고 그 사실이 타인의 사회적 평가를 침해할 수 있다면 명예훼손에 해당할 수 있다"(혼합의견에 의한 명예훼손)고 설시하고, ③ "다만 표현행위의 형식과 내용 등이 모욕적이고 경멸적인 인신공격에 해당하거나 또는 타인의 신상에 관하여 다소간의 과장을 넘어서서 사실을 왜곡하는 공표행위를 함으로써 그 인격권을 침해한다면, 명예훼손과는 다른 별개 유형의 불법행위[뒤의 판시에 의하면 프라이버시 침해 또는 왜곡에 의한 인격권 침해의 불법행위 – 필자가필]를 구성할 수 있다(대법원 2014. 8. 20. 선고 2012다19734 판결 등 참조)"고 판시하였다.

이상 주류판례가 취하는 의견 명예훼손에 관한 기본적인 입장은 ① 순수의견은 명예를 훼손할 여지가 없어 명예훼손책임이 성립할 수 없다는 판시와 ② 의견 형태의 진술은 명예훼손적 사실을 적시 내지 함축하는 경우(이른바 혼합의견)에 한하여 그 사실이 허위인 경우에만 명예훼손이 될 수 있다는 판시로 요약될 수 있다.

일부 학자들은 위 대법원의 주류판례가 미국 판례를 답습한 것으로 보고 이를 지지·옹호하는 입장을 취하고 있다.[53] 그러나 대법원의 이러한 입장은 뒤에서 보는 바

---

50) 대법원 2000. 7. 28. 선고 99다6203 판결 [경향만평].

51) 대법원 2001. 1. 19. 선고 2000다10208 판결 [제주 4.3사건]; 대법원 2009.4.9. 선고 2005다65494 판결 [현대자동차 노조] 등.

52) 2001. 1. 19. 선고 2000다10208 판결 [제주 4.3사건]. 한편 대법원은 형사 명예훼손죄에 관한 2003. 6. 24. 선고 2003도1868 판결 [군청 게시판]에서 순수한 의견 또는 논평에 간접적이고 우회적인 표현에 의한 사실의 적시가 없다는 이유로 무죄를 선고하였다.

53) 전원열, "名譽毀損 不法行爲에 있어서 違法性 要件의 再構成", 서울대학교 대학원 박사학위논문

와 같이 표현의 자유와 인격권 간의 관계에 관해 상이한 입장을 취하는 미국 판례를 무비판적으로 수용함으로써 여러 문제가 생길 수 있고, 더욱이 대법원은 위 판시에 어긋나거나 상치하는 후속 판례들을 내고 있기 때문에 신중한 검토를 요한다.

나. 일본 판례

위 대법원 판결과 관련하여 일본 판례의 추이를 살펴볼 필요가 있다.

일본 최고재판소의 판례를 보면, 처음에는 사실적시나 의견표명의 경우를 구별함이 없이 사실적시에 대한 위법성조각사유, 즉 진실의 항변과 상당성 항변만을 적용하여 오다가,54) 1988년 판결55)을 계기로 사실과 의견을 구별하면서 의견표명형 명예훼손의 성립요건을 제시하였고, 이어 1997년 이른바 로스의혹 사건 판결은 사실적시와 의견표명의 구별기준과 함께 의견형태의 논평이 사실적시를 함축하여 위법하게 되는 경우를 상세히 설시하고 있다.56)

일본 최고재판소 평성 9년 9월 9일 제3소법정 판결 [로스의혹 사건]

이 사건에서 일본 최고재판소가 판결한 요지는 다음과 같다. ① 객관적 평가를 저하시키는 것이면 사실적시이든 의견, 논평이든 명예훼손이 성립한다. ② 사실적시형 명예훼손에서는 적시된 사실이 중요한 부분에서 진실이라는 증명이 있으면 위법성이 없고, 그렇지 않다 하더라도 행위자가 진실로 믿은데 상당한 이유가 있다면 고의·과실이 부정된다. ③ 의견표명형 명예훼손에서는 평성 원년(1988) 12. 21. 제1소법정 판결을 재확인하면서, 사실적시와 의견표명을 구별하는 기준에 관하여 의견의 형태를 띠고 있다 하더라도 증거 등을 통하여 그 존부를 결정함이 가능한 타인에 관한 특정한 사항을 주장하는 것이라고 이해된다면 그 부분은 사실을 적시한 것으로 봄이 상당하고, 또 그러한 간접적인 언급은 없다 해도 당해 부분의 전후 문맥 등의 사정을 종합적으로 고려한다면 당해 부분의 서술의 전제로서 전기 사항[증거 등을 통하여 그 존부를 결정함이 가능한 타인에 관한 특정한 사항 – 저자 가필]을 주장하는 것으로 이해된다면 그 부분은 역시 사실을 적시하는 것으로 봄이 상당하다는 취지로 판시하였다.

최고재판소는 위 사건에 위와 같은 법리를 적용하여 "원고는 극악인, 사형이다"라는 표제

(2001), 240-241, 239면, 김시철, 명예훼손·모욕·사실왜곡에 의한 인격권 침해의 성립요건 및 공통점과 차이점, 대법원판례해설 79號(2009 상반기), 272면 이하, 김경환, 의견에 의한 명예훼손(Ⅰ), 언론관계소송(한국사법행정학회, 2007), 206, 219면 이하 등 참조.

54) 한기택, 광의의 의견 또는 논평에 의한 명예훼손(대법원 1999. 2. 9. 선고 98다31356 판결: 공1999상, 458), 대법원 판례해설 32호(99년 상반기), 293면 이하.

55) 일본 최고재판소 평성원년 12. 21. 제1소법정 판결: 학생들에게 성적통지표의 교부를 거부한 공립소학교 교사에 대해 '유해무능한 교직원', "교사로서의 능력 자체를 의심하게 하는 어리석은 저항"이라고 비난한 사안에서 일본 최고재판소는 공공이해 사항에 대한 비판 논평은 표현의 자유의 행사로서 존중되어야 하며, ① 공무원의 행위 등을 대상으로 한 경우에는 그의 사회적 평가가 저해된다고 하여도 ② 공익 목적을 위한 것이고 ③ 전제된 사실이 주요한 점에서 진실 입증이 있는 때에는 ④ 인신공격에 달하는 등 논평으로서의 한계를 일탈하지 않는 한 위법성을 결한다고 판시하였다(한기택, 위 논문, 294면 참조).

56) 그 상세한 문안은 한기택, 위 논문, 296-298면 참조.

부분은 의견표명으로 면책되지만, "검사에 의하면 원고는 지능형 플러스 흉악범이어서 전대
미문의 자이다"라는 기사 부분은 수사상황 및 원고가 유죄라는 점에 관해 사실을 적시함과
함께 그러한 사실을 전제로 하여 그 행위의 악성을 강조하는 의견 내지 논평을 공표한 것으
로 면책되지 아니한다는 취지[이른바 혼합의견의 법리]로 판단한 것이다

위 일본 최고재판소의 판결은 미국의 순수의견/혼합의견의 법리를 본받은 것이라
고 하며,57) 특기할 것은 1997년의 일본 최고재판소 판결 문안이 우리 대법원의 1999
년 연극비평 판결의 설시와 매우 흡사하다는 점이다. 이를 보면 대법원은 미국 판례와
함께 이를 본받은 일본 판례를 함께 참고한 것으로 보인다.

(2) 주류 판례의 검토 및 비판

상술한 바와 같이 대법원은 의견 명예훼손에 관해 미국 판례의 순수의견/혼합의
견의 법리를 수용하고 있다. 그렇다면, 첫째 미국에서 그러한 법리가 형성된 배경과
함께 그 법리가 실무상 적용·구현되는 실상을 정확히 알아볼 필요가 있다. 둘째, 위와
같은 배경과 실상을 종합하여 보면 미국과 우리 법제에서 언론 자유에 관한 헌법적 이
해와 명예훼손법의 기본틀이 현저히 다른 점을 파악할 수 있고, 셋째 이를 무비판적으
로 수용함에는 여러 혼란과 불합리가 생긴다는 점을 인식하고 이들 문제를 해소하기
위한 방안을 강구해야 할 것이다.

가. 순수의견/혼합의견에 관한 미국 판례

미국 판례는 순수의견(pure opinion)과 혼합의견(mixed opinion 또는 hybrid opinion)을 구별하
고, ① 의견을 뒷받침하는 근거 사실이 완전히 제시된 순수의견은 절대로 면책되며, ② 의견 형태
의 진술로서 "의견의 근거로 개시되지 않은(undisclosed) 명예훼손적 허위 사실 주장을 포함하는"
혼합의견은58) 명예훼손 책임이 인정된다고 한다. 여기서 순수의견과 혼합의견의 구별은 "의견을
뒷받침하는 숨겨진 근거사실이 함축되어 있는가" 여부에 따르게 된다.59)

1) 순수의견이란

순수의견의 정의 및 논거: 미국의 학설과 판례에 의하면, 순수의견은 진술의 당사자나 독자들이
진술자의 의견을 뒷받침하는 근거사실을 충분히 아는 경우이며, 이렇게 의견을 형성함에 필요한
판단의 근거가 될 사실이 모두 제시되거나 접근가능하다면,60) 설사 혹자가 그에 관해 부정적인 판

---

57) 한기택, 위 논문, 299면.
58) Restatement(Second) of Torts § 566(Expressions of Opinion) (1977) "명예훼손적 커뮤니케이션은 의
    견형태의 진술로 구성될 수 있으나, 이러한 성질의 진술은 그것이 의견의 근거로서 숨겨진 명예훼손
    적 사실의 주장을 함축하는 경우에만 제소될 수 있다."
59) Restatement (Second) of Torts § 566 comment c (1977).
60) Restatement (Second) of Torts § 566 Comment b (1977). 예를 들어, 서평(누구나 대상 서적을 사볼
    수 있음), 연주평(누구나 참관하여 동일한 연주 내용을 들을 수 있음), 음식점 메뉴(누구나 주문하여
    맛볼 수 있음)에 대한 비평이 순수의견으로 거론된다.

단을 표현하더라도 독자들은 스스로 그에 관해 시시비비를 판단할 수 있기 때문에 그러한 순수의 견은 거츠 판결의 판지가 적용되어 절대로 면책된다. 그런 경우 독자들은 진술자의 의견이 타당한 것인지 여부를 스스로 판단할 수 있고, 그에 대한 반대의견에 의해 시정될 수 있기 때문에 그 경우 법이 개입하는 것은 사상의 자유시장의 기능을 훼손하게 될 것이다.

요건: 순수의견은 논평자(피고)가 원고(피해자)에 관한 비판적 의견을 표현하되 그의 의견을 뒷 받침하는 사실이 충분히 밝혀진 경우를 말하며, 그 제시된 근거사실이 (a) 명예훼손적이 아니거나 (b) 진실하거나 (c) 보통법에 의해 특권으로 면책되는 것이거나 (d) 허위임에 관해 피고에게 귀책 사유(공익 사항인 경우 '현실적 악의')가 없는 경우에는 명예훼손으로 제소될 수 없고 절대적으로 면책된다는 입장을 취한다.

다만, 여기서 피고 자신이 의견에 관련되는 근거사실 모두를 직접 개시하여야 하는 것은 아니고, 독자들이 그 기초가 되는 사실을 모두 이미 알고 있거나 이를 입수해서 이용가능한(available) 것도 전제사실에 포함된다.[61] 문제는 이렇게 순수의견으로 면책되기 위해 피고가 개시해야 할 근거사실 의 범위에 있다(disclosure requirement). 올만 판결에서 로빈슨 판사는 "합리적으로 충분하고 정확 한 개시"("full and accurate disclosure")를 요한다고 설시한 바 있으나,[62][63] 이러한 기준은 너무 이 상적이어서 실무상 적용이 어려웠기 때문에 다수 법원의 판례는 저자가 그의 논평을 뒷받침할 가능 성이 있는 약간의 사실들을 개시하면 족한 것으로 판시하고 있다.[64] 이렇게 보면 미국의 (순수)의 견의 면책특권에서 요구되는 개시요건은 공정한 논평의 개시요건과 유사하다고 할 수 있다.

효과: 미국 판례에 의하면, 순수의견은 절대적으로 면책된다. 즉 "개시된 사실 또는 명예훼손적 이 아닌 사실에 근거한 단순한 의견의 표현은, 그 의견이 얼마나 부당하고 비합리적이든 또는 그 것이 얼마나 명예훼손적이든 불문하고, 그 자체가 명예훼손이 되기에 충분하지 않으며"[65] 피고가 원고를 가해할 의도가 있어도 상관이 없다. 즉 순수의견(pure opinion)은 그것이 명예훼손적이면 서 아무리 부당한 의견이거나 혐구의 감정 표현이라 하더라도 면책되며, 의견으로 판단되는 한 아 무리 피해자에 대한 폄훼적 효과가 크다 할지라도 명예훼손 책임을 부인하는 것이 미국 각급 법원 들의 일반적 입장이다.

적용사례: 밀코비치 판결 이전의 판례들은 공무원이 부패하였다거나, 무능력하다고 하는 비 난,[66] 또는 나쁜 동기를 가지고 일을 처리했다는 비난 등을 순수의견으로 보아 면책시켰으나, 밀

---

61) Restatement (Second) of Torts § 566 Comment b (1977).
62) Ollman, 750 F.2d at 1024 (Robinson, CJ., dissenting in part).
63) 이에 관해 "논평자는 논평 주제에 관련되는 사실 모두를 제공해야 하는 것이 아니라, 이성적인 독자 가 숨겨진 명예훼손적 사실의 존재를 추론하지 않도록 충분한 사실만을 제공할 필요가 있다"고 주장 하는 학자도 있다(J. Miesen, The Fact-Opinion Dilemma in First Amendment Defamation Law, 13 William Mitchell Law Review, 545, 568 (1987)). 이 역시 뒤에서 보는 바와 같은 혼합의견의 법리의 불합리성과 복잡성을 벗어날 수 없다.
64) J. Miesen, Id., p. 569.
65) Restatement (Second) of Torts § 566 comment c.
66) 예를 들면, 특정 판사 지원자는 성적이 불량하여 부적격이라거나(Botos v. LA Bar Assoc. (1984, 2nd Dist) 151 Cal App 3d 1083), 검사가 무능하여 사건을 형편없이 처리하였다거나(Murray v. Bailey (1985, WD Cal) 613 F Supp 1276, 1282), 인권국의 장이 그의 재량을 불공평하고 차별적으로 행사하 였다(Huyen v. Driscoll (1991, Minn App) 479 NW 2d 76)는 등의 비난은 그것이 불합리하고 극단적 이며 또는 틀린 경우에도 제소할 수 없는 의견에 불과한 것이라고 하는 다수의 판례가 있다(Elder,

코비치 판결 이후에는 상황에 따라 이들도 책임이 부과될 수 있게 되었다. 즉 연방대법원의 밀코
비치판결은 피고가 사실상 기초사실을 개시한 경우에도, 그 개시된 사실이 ① 부정확하거나 ② 불
완전한 경우 또는 ③ 그에 관한 피고의 평가가 오류인 경우(erroneous assessment)라면, 그러한
주장은 여전히 허위의 사실주장을 함축하는 것이라고 판시하였다.[67]

반면, 피고가 제시한 근거사실이 명예훼손적이고 허위인 경우 또는 그렇지 않더라도 허위의 명
예훼손적 사실을 묵시적으로 함축하는 경우에는 후술하는 혼합의견으로서 명예훼손 책임을 지게
되는데, 이 경우 입증책임은 원고에게 있고 그가 허위임을 입증해야 한다.

리스테이트먼트는 '알코올 중독자'라는 단어가 쓰여진 맥락과 상황에 따라 그에 대한 평가가 어
떻게 달라지는가를 다음과 같이 예시한다.

　　　[예시 1] "A가 B에게 그의 이웃인 C에 관한 편지를 쓴다. A의 편지에는 '나는 그가 알코올
　　중독자임에 틀림없다고 생각한다'라고 적혀 있다. A의 편지를 본 배심원은 A의 발언이 단순
　　한 의견의 표명에 불과한 것이 아니라, C에 관한 자신의 의견을 정당화할 수 있는 어떠한 사
　　실을 A가 알고 있음이 시사된 것이라고 판단할 수도 있다."[68] 이 경우에는 A의 C에 대한 명
　　예훼손이 성립한다.

　　　[예시 2] "A가 B에게 그의 이웃인 C에 관한 편지를 쓴다. A의 편지에는 'C는 6개월 전에
　　이사 왔다. 그는 도심지에서 근무한다. 나는 지난 6개월간 그를 두 번 보았는데, 그때마다 그
　　는 휴대용 라디오에서 나오는 뉴스를 들으면서 뒷마당의 야외용 의자에 앉은 채 술병을 손에
　　들고 있었다. 나는 C가 알코올중독자임에 틀림없다고 생각한다.'라고 적혀 있다. 이러한 A의
　　발언은 C에 대한 명예훼손에 해당되지 않는다. 왜냐하면, A의 발언은 A가 C에 대하여 받은
　　인상을 뒷받침하는 사실만을 적시하고 있을 뿐, 그 외의 다른 내용은 내포하고 있지 않기 때
　　문이다."[69]

총괄: 이상 미국 법원들은 거츠 판결의 의견특권을 순수의견에만 적용하며, 의견표현에는 이를
뒷받침하는 사실적 근거를 요하고(disclosure requirement), 피고가 면책되기 위해 제시할 사실적
근거의 범위에 있어서는 실무상 공정한 논평 규칙과 유사한 입장을 취한다고 할 수 있다, 이 개시
요건의 점에서는 우리 판례도 대체로 같은 입장을 취하기 때문에 우리와 크게 다르지 않다고 보아
야 한다.

다만, 미국 판례는 이렇게 의견을 면책시킴에 있어서 그 근거사실의 진위에 관한 입증 책임이
우리와 다르고, 피고에게 가해의 의도가 있는 경우에도, 그리고 표현이 아무리 모욕적이고 가혹하
다 하더라도 면책시킨다는 점 등에서 다르다. 이 점에 관해서는 뒤에서 상술한다.

2) 혼합의견에 의한 명예훼손

다음에 미국 판례가 취하는 혼합의견의 법리와 그 논거를 알아 볼 필요가 있다.

리스테이트먼트에 의하면 의견형태의 명예훼손적 진술은 그 의견의 근거로서 숨겨진 명예훼손
적 사실 주장(allegation of undisclosed defamatory facts)을 함축하는 경우에는 혼합의견으로서

　　Id., § 8:8, p. 64 참조).
67) Milkovich, 110 S Ct at 2706.
68) Illustration 3 of Restatement (Second) of Torts sec. 566.
69) Illustration 4 of Restatement (Second) of Torts sec. 566.

제소될 수 있다고 설명한다.[70] 따라서, 피고가 부정적 의견을 표명하면서 이를 뒷받침하는 근거사
실을 전혀 언급하지 않았으나 (또는 그 제시한 근거사실이 명예훼손적인 것이 아니라 하더라도 그
외에) "의견의 근거로서 숨겨진 명예훼손적 허위 사실의 암시를 함축하는 경우"에는 혼합의견으로
서 책임을 진다.[71] 바꾸어 말하면 부정적 의견을 내면서 이를 뒷받침하는 어떠한 근거사실을 제시
하면 면책될 수 있으나(순수의견), 아무 근거사실을 제시하지 않은 경우 독자들은 부정적 의견의
근거가 되는 구체적인 은밀한 사실을 피고가 알고 있다고 생각할 것이므로 혼합의견으로서 책임
이 긍정되게 된다는 것이다.[72] 이 경우에도 개시되지 않은 함축된 근거사실이 허위라는 입증책임
은 원고가 부담한다.

그리고 이러한 혼합의견의 경우에도 의견 자체에 대해서는 책임이 추궁될 수 없고, 책임이 추궁
되는 것은 함축된 허위의 명예훼손적 사실뿐이다.[73]

이와 같이 미국 판례는 순수의견과 구별되는 '의견형태의 진술'에 관해서는 거기에 암시·함축된
명예훼손적 근거사실을 찾아 그것이 허위인 경우 명예훼손 책임을 지우고 있다. 그러한 논증은 미
국 연방대법원이 명예훼손법에 헌법적 법리를 도입하여 ① 명예훼손의 성립에는 "허위의 사실적
시"를 요하고(1964년 뉴욕타임스판결), ② 의견은 성질상 진위 판정이 불가능하기 때문에 ③ 사실
적시가 아닌 의견은 명예훼손으로 제소될 수 없다(1974년 거츠 판결)고 하는 삼단논법적 추론을
전제로 하는 경우에는 불가피한 논증이다. 즉 위 논리에 의하면 피고가 아무 근거를 대지 않고 원
고를 부정적 의견으로 공격하는 경우 진위 판명이 불가능한 의견 자체는 책임이 추궁될 수 없다.
이러한 문제를 해결하기 위한 방편으로 미국 판례는 의견형태의 진술에는 그 의견을 뒷받침하는
명예훼손적 사실이 함축되어 있을 수밖에 없다고 생각하여[74] 그것이 허위인 경우 명예훼손책임을
추궁할 수 있게 한 것이 혼합의견의 법리로 보인다.[75]

Restatement (Second) of Torts § 606 comment c (1977)

"개시되거나 명예훼손적이 아닌 사실에 근거한 단순한 의견의 표현은, 그 의견이 얼마나
부당하고 비합리적이든 또는 그것이 얼마나 명예훼손적이든 불문하고, 그 자체가 명예훼손이
되기에 충분하지 않다. 그러나 개시되거나 알려진 사실에 근거하지 않고, 그래서 그 의견에
근거된 개시되지 않은 사실이 있다고 함축하는 의견의 표현은 달리 취급된다. 그 차이는 그
진술의 수용자에 대한 영향에 있다. 전자의 경우 진술 자체가 그에게 명예훼손적 사실이 없
음을 지시한다. 후자의 경우에는 그렇지 않고, 만일 수용자가 논평에 표현된 폄훼적 의견이
개시되지 않은 명예훼손적 사실에 근거하였을 것이라고 합리적 결론을 도출한다면, 피고는
책임을 진다."

---

70) Restatement (Second) of Torts § 566 (1977).
71) Restatement (Second) of Torts § 566 comment b (1977).
72) Elder, Id., § 8:2, p. 8.
73) Restatement (Second) of Torts § 566, comment c (1977).
74) Restatement (Second) of Torts § 606 comment c (1977).
75) 명예훼손에 허위의 사실적시를 요건으로 하는 경우, 그것은 사실과 의견의 구별을 회피하고 모든 진
　술에 관해 진위 여부만을 검토하게 되며, 의견으로 판단되면 원고는 언제나 패소할 수밖에 없기 때
　문에 이를 방지하기 위한 편법으로 의견을 정당화한다고 상정되는 근거사실을 묵시적으로 함축하거
　나 전제되는 것으로 보아 그 진위만을 따져 성부를 가리려는 것이다.

이러한 논증의 문제에 관해서는 미국에서도 다수학자에 의해 통렬한 비판을 받고 있다.[76] 그럼에도 위 혼합의견의 법리는 밀코비치 판결 이후에도 계속 유지되고 있다.[77] 다만, 리스테이트먼트는 의견 측면만을 면책하고 오직 숨겨진 사실 및 그 명예훼손적 함축에 대해서만 제소할 수 있게 함에 비해 밀코비치판결은 명시적으로 표현된 것과 숨겨진 사실을 합한 전체 진술에 비추어 판단할 것으로 확대하고 있다.[78] 즉 밀코비치 판결은 피고가 사실상 기초사실을 개시한 경우에도, 그 개시된 사실이 ① 부정확하거나 ② 불완전한 경우(① ②의 경우는 종전 리스테이트먼트의 설명과 같다)뿐 아니라 ③ 개시된 근거사실에 관한 피고의 평가가 오류인 경우(erroneous assessment)에도 허위의 사실주장을 함축하는 것으로서 책임을 추궁할 수 있다고 판시하여 책임 범위를 확대하고 있는 것이다. 즉 해석을 달리할 수 있는 해로운 사실을 개시하면서 논리의 비약에 의해 가장 비난적으로 해석하는 피고에 대해서도 원고는 제소할 수 있게 된 것이다.

예를 들면, 도시계획위원회의 투표가 3:3에서 후일 6:1로 바뀐 사실을 들면서 어떤 위원이 매수되었다고 비난한 진술에 관해 캘리포니아 법원은 투표행위가 바뀐 유일한 사실이 개진되었고, 여타의 사실이 함축된 바 없다는 이유로 이를 의견으로 보아 면책시킨 사례[79]가 있었다. 그러나 회의에서 반대로 투표한 위원들이 추후에 찬성으로 바꾸었다는 사실을 개시함만으로, 투표를 달리하게 된 여타의 어떤 또는 모든 무해한 사실을 완전히 무시한 채 원고들이 매수되었다고 주장한 피고는 절대적으로 면책될 수 없게 된 것이다.[80] 다만, 이 경우에도 허위 및 과실의 입증은 원고가 부담한다.

3) 종합 정리

이상 의견에 관한 미국 판례와 리스테이트먼트의 설명을 소송의 진행 경과에 따라 종합 요약하면 다음과 같다.

우선 미국에서 승소를 바라는 원고는 제소하면서 피고의 진술이 '허위의 명예훼손적 사실'에 해당한다고 주장하여야 할 것이고(뉴욕타임스판결 및 거츠판결의 법리), 피고는 패소를 면하기 위해 원고의 주장을 부인하면서 다음과 같은 반대 주장을 펴게 될 것이다.

첫째, 피고는 자신의 진술이 [순수]의견임을 내세우면서 그 의견을 뒷받침하는 근거사실로서 피고가 스스로 명시적으로 언급·개시한 사실(Ⓐ)과 진술 당사자 간에 이미 알려진 것으로 전제된 사실(Ⓑ,[81] 여기에는 모든 독자들에게 접근가능한 사실(Ⓑ')이 포함된다)

---

76) Elder, Id., § 8:2, p. 10.
77) Elder, Id., § 8:5, p. 45.
78) Id.
79) Carr v. Warden(1984), 1st Dept 159 Cal App 3d 1166.
80) Elder, Id., § 8:5, p. 46.
81) Elder에 의하면, 피고가 명시적으로 개시하지 않은 근거사실이 진술 당사자 양자에게 가정되는 경우의 예로서, 피고 또는 제3자가 이미 행한 진술, 지역 매체 또는 해당 매체의 이전 보도 사실, 수용자의 특정적 또는 전문적 지식, 이미 존재가 확인된 공적 영역(public domain)의 사실이 있으며, 판례 중에는 음식점이나 공연 등 공개적 접근가능성(public accessibility)이 있는 사실[Ⓑ']도 이에 해당한

을 주장 설명하여야 한다.

이 경우 의견을 뒷받침하는 근거사실들(Ⓐ 및 Ⓑ)이 (a) 명예훼손적이 아니거나 (b) 진실하거나 (c) 보통법에 의해 특권면책적이거나 (d) 허위임에 관해 피고에게 귀책사유(공익 사항인 경우 '현실적 악의')가 없는 경우에는 아무리 부당하고 가혹한 의견이라 할지라도 피고의 진술은 순수의견으로 절대 면책된다.

그에 대하여 원고는 그 개시되거나 가정된 근거사실들((Ⓐ 및 Ⓑ))이 허위임을 입증하거나 또는 피고의 진술에 (위와 같이 책임을 물을 수 없는 Ⓐ 및 Ⓑ 이외에) "숨겨진 명예훼손적 허위사실"(Ⓒ)이 함축되어 있음(혼합의견)을 주장 입증하여야 승소할 수 있다.

한편, 피고가 명시적으로 근거사실(Ⓐ)을 전혀 개시하지 않은 경우에는, 이미 당사자 간에 알려진 (진실한) 전제사실(Ⓑ)이 있는지 여부를 심리해야 할 것이고, 긍정된다면 순수의견으로 면책될 수 있다. 이 경우에도 원고는 Ⓑ가 허위임을 입증하면 승소할 수 있다.

둘째, 피고가 단순히 부정적 의견을 표현하면서 명시적으로 근거사실(Ⓐ)을 개시하지도 않고 가정된 전제사실(Ⓑ)도 밝혀지지 않은 경우, 원고는 피고가 그 의견을 뒷받침하는 숨겨진 명예훼손적 허위사실(Ⓒ)을 알고 있다고 보는 것이 합리적임을 주장 입증하여 승소할 수 있을 것이다(혼합의견의 법리).

결국 의견형태의 진술이 혼합의견으로 책임지는 경우는, 첫째 피고가 아무 근거사실도 개시한 바 없거나 전제된 근거사실도 없이 단순히 명예훼손적 의견을 표현하였으나, 그 의견을 뒷받침하는 명예훼손적 허위사실(Ⓒ)을 알면서 이를 숨기고 있다고 합리적으로 인정되는 경우이거나, 둘째 개시된 Ⓐ 및 전제된 Ⓑ 이외에 (이들이 진실하거나 명예훼손적이 아니라 하더라도) 피고의 진술에 "숨겨진 명예훼손적 허위사실"(Ⓒ)이 함축되어 있는 경우이다.

셋째, 순수의견이 면책되는 이유는 그 의견의 근거사실이 독자들에게 충분히 제시된 경우 독자들은 그 의견의 당부를 판단할 수 있기 때문이며, 따라서 (진술 당사자 쌍방이나 독자들에게 이미 알려진 사실 이외에) 진술자가 그 근거사실을 스스로 밝혀 충분히 개시하여야만 면책될 수 있고, 진술자가 근거사실을 명시적으로 밝히지 않았다 하더라도 그 진술 속에 명예훼손적 허위사실이 묵시적으로라도 함축되어 있다면 순수의견이 아니라 혼합의견으로 변하게 되어 책임을 지게된다.

넷째, 순수의견/혼합의견의 구별은 의견표현 또는 의견형태의 진술에 함축된 허위의 명예훼손적 사실의 유무에 의하는데, 위 논증에 의하면 일반적으로 명예훼손적

다고 한다(Elder, Id., § 8:2, p. 3).

사실적시로 보아야 할 진술이 그에 대한 약간의 근거사실을 적시하면 의견으로 둔갑하여 면책되는 불합리한 결과가 생긴다.

이와 관련하여 리스테이트먼트[82]가 드는 예시를 보면, 피고가 특정인을 '알콜중독자'라고 지칭하면서 그가 알콜중독자로 생각될 여러 (진실한) 사실을 충분히 제시한다면, 그 사실들에 기한 피고의 의견이 타당한지 여부를 불문하고 순수의견으로서 면책되지만, 아무 근거 사실을 제시함이 없이 단순히 '알콜중독자'라고만 말했다면, 그것이 의견의 형태를 취한 것이라 하더라도 그가 알콜중독자로 생각되는 여러 행위를 했을 것이라는 점[83]을 함축하는 것이어서(이른바 혼합의견), 그렇게 암시된 사실이 허위이고 명예훼손적이면 명예훼손 책임을 지게 된다고 설명한다.[84] 결국 순수의견과 혼합의견의 차이는 진술의 수용자에 대한 영향에 있으며, 후자의 경우 수용자가 논평에 표현된 폄훼적 의견이 숨겨진(undisclosed) 명예훼손적 사실에 근거하였을 것이라고 합리적 결론을 도출한다면 그에 의해 책임을 지게 된다는 것이다.[85]

이러한 논증에 의하면 피고는 원고를 '알콜중독자'라고 비난하면서 어떠한 사실이든 (진실한) 근거사실을 대면 그것이 알콜중독자라는 결론을 정당화하는지 여부와 상관없이 면책될 수 있다는 불합리한 결과가 나올 수 있다.[86] 오히려 알콜중독자라는 말을 사실적시로 취급하는 방안이 더 합리적일 것이다.

이러한 불합리한 논증의 결과 때문에 밀코비치 판결은 적시된 근거사실에 관한 피고의 평가가 잘못된 경우에는 사실의 적시가 있는 것으로 보아 책임을 지우도록 변경한 것이다.

---

82) Restatement(Second) of Torts § 566 Comment c, Illustration 3(1977).
83) 김시철, 전게 논문, 255−6면에 의하면, "나는 그가 알콜중독자라고 생각한다"고 하는 진술에는 그러한 의견을 정당화할 숨은 사실들(예컨대, 그가 자주 술을 마시며, 고립되어 있고, 술을 마시지 않으면 참지 못한다는 등의 사실)을 알고 있음을 함축한다고 추단함이 합리적일 것"이라고 하나, 그러한 세세한 추단이 과연 합리적인가는 의문이다.
84) 김시철, 전게 논문, 255면 이하 참조.
85) "개시된 사실 또는 명예훼손적이 아닌 사실에 근거한 단순한 의견의 표현은, 그 의견이 얼마나 부당하고 비합리적이든 또는 그것이 얼마나 명예훼손적이든 불문하고, 그 자체가 명예훼손이 되기에 충분하지 않다. 그러나 개시되거나 알려진 사실에 근거하지 않고, 그래서 그 의견에 근거가 되는 개시되지 않은 사실이 있다고 함축하는 의견의 표현은 달리 취급된다. 그 차이는 그 진술의 수용자에 대한 영향에 있다. 전자의 경우에는 진술 자체가 그에게 명예훼손적 사실이 없음을 지시한다. 후자의 경우에는 그렇지 않고, 만일 수용자가 논평에 표현된 폄훼적 의견이 개시되지 않은 명예훼손적 사실에 근거하였을 것이라고 합리적 결론을 도출한다면, 피고는 책임을 진다."(Restatement (Second) of Torts § 566 comment c (1977)).
86) '알콜 중독자'라는 주장은 그 자체만으로도 명예훼손적이고 명예훼손 소송에서 사실의 진술로 취급될 것이다(Restatement (Second) of Torts § 566 comment c, illustration 3 (1977)). 그러나 그가 그의 결론을 위한 (어떠한 것이든) 근거 사실들을 개시하면 위 제소가능한 사실의 진술을 단순한 의견표명으로 전환하게 한다(Id., illustration 4).

나. 비판

이상 살펴본 바와 같이 의견에 관한 미국 판례와 이를 수용하는 대법원의 판례에
는 다음과 같은 문제가 있다. 또 대법원이 미국 판례이론을 수용하고 있다고 하지만,
이를 정확하게 이해하고 수용한 것인가에는 의문이 있고, 실제로 대법원 판결을 보면
이를 전면적으로 수용하고 있는 것도 아니다. 이를 상세히 살펴볼 필요가 있다.

1) (순수)의견 면책의 법리 - 요건과 효과의 검토

전술한 바와 같이 미국 판례를 본받았다고 하는 대법원은 순수의견과 혼합의견을
구별하되, 의견 또는 논평의 표명이 사실의 적시를 전제로 하지 않는 순수한 의견 또
는 논평일 경우에는 명예훼손으로 인한 손해배상책임은 성립하지 아니"하며,[87] 이어
"순수하게 의견만을 표명하는 것은 타인의 명예를 훼손하는 행위가 될 여지가 없다"
고 줄곧 판시하여 왔다.[88][89] 그에 따르면 예를 들어, 어떤 공무원(피해자)에 대하여 아
무 근거사실도 제시함이 없이 무능력하다거나 불공정한 자라고 비난한 경우, 그는 아
무 사실적시 없이 비난적 의견만을 표명한 것이어서 순수의견을 진술한 것으로 치부
되고 절대로 면책되는 결과가 될 것이다.

그러나 이러한 판시는 우선 미국 판례가 순수의견을 면책하는 논거와 비교하여
사뭇 다를 뿐 아니라 그 결론이 타당한 것인가에도 의문이 있다. 앞서 본 바와 같이
미국 판례에서 순수의견이란 이를 뒷받침하는 근거사실이 충분하게 제시된 경우 그에
관한 판단을 의미하는 것이며, 이렇게 의견의 근거사실이 충분히 제시되면 독자들은
피고가 그에 관해 제시한 의견의 당부를 스스로 판단할 수 있기 때문에 이를 면책시키
는 이유가 되는 것이다. 그럼에도 위 대법원 판시와 같이 아무 이유나 근거사실을 제
시함이 없이 험악한 비난을 하는 비판자에게 아무 법적 제재도 가할 수 없다면 옳은
것인가 하는 의문이 생긴다. 바꾸어 말하면 피해자는 그러한 비난을 감수할 법적 의무

---

87) 대법원 2000. 7. 28. 선고 99다6203 판결 [경향만평].
88) 대법원 2001. 1. 19. 선고 2000다10208 판결 [제주 4.3사건], 대법원 2009. 4. 9. 선고 2005다65494 판
결 [현대자동차 노조] 등.
89) 의견 표현에 의한 명예훼손은 특정인(피해자)에 대해 그가 행하거나 관련된 이전의 특정한 (전제)사
실을 근거로 그에 관해 진술인의 가치판단이나 평가를 표명하거나 비난하는 것인데(이 점에서 대법
원이 "사실의 적시를 전제로 하지 않는 순수한 의견 또는 논평"을 순수한 의견으로 표시한 설시는
오해를 부른다), 이러한 근거사실이 전혀 없이 (즉 아무 이유 없이) 나쁜 의견을 표명하여 비난하는
것은, 피해자측에서 보아 하등 수인할 이유가 없이 비난받는 것이어서, 유럽인권재판소 판례에 의해
이른바 '터무니없는 인신공격'이나, 독일 판례에 의해 이른바 '비방적 비판'으로서 위법성이 인정되게
된다(후술). 따라서 특정한 전제사실에 관한 언급(묵시적 언급 포함)이 없는 단순한 의견의 표현은
불법행위가 될 수 없다는 대법원의 판시는 이러한 논증과 어울리지 않는다(다만 위 대법원 판결이
사실의 적시를 전제로 한다는 설시는 진술 문언상 의견의 형식을 취하면서 사실을 적시하는 것으로
간취될 수 있는 경우에 책임을 추궁하자는 미국 판례상 이른바 혼합의견의 법리를 원용하여 책임을
추궁하려는 것이어서 구별할 필요가 있을 수 있다).

가 있는가? 피해자로서는 무엇 때문에 비판자가 자기에게 그러한 부정적 의견으로 비난하는가를 물을 수 있어야 하고, 법적으로 보아도 그가 그러한 비난을 감수할 하등 이유나 근거도 없이 부당한 비난(후술하는 이른바 터무니없는 인신공격)에 아무 대책없이 당하여야만 한다면 정의와 형평에 맞지 아니할 것이다.

여기서 의견이 면책될 요건으로서 어떠한 범위에서 근거사실의 언급 제시가 요구되는가 하는 문제가 생긴다. 영국 보통법에서 순수의견으로 면책되려면 그 근거사실이 충분히 제시될 것을 요건으로 하며, 미국에서도 마찬가지다.[90] 이에 관해 미국 판례를 보면, 1984년 Ollman 판결은 순수의견으로 면책될 요건으로서 합리적으로 '충분하고 정확한 개시'("full and accurate disclosure")를 요구하였으나,[91] 이렇게 엄격한 요건은 의견의 표현을 위축시킨다는 비판을 받게 되었다. 즉 면책을 위해 의견을 정당화하는 사실이 완벽하게 제시되기를 요구한다면, 기자들의 편집적 판단이 사후적으로 법적인 판단을 행하는 법관의 수준과 같아지게 된다. 그렇게 되면 개시의 합리성(reasonableness of the disclosure)을 연역의 합리성(reasonableness of the deduction)과 분리하는 것이 불가능해지고, 결국 의견이 아무리 해롭다 하더라도 그 시정은 의견의 경쟁에 의해야 할 것이지 법관이나 배심의 양심에 의존해서는 안된다는 거츠 판시[92]와 정면으로 충돌하게 된다. 한편, 의견을 뒷받침하는 사실이 완벽하게 제시되지 않는다면 함축된 명예훼손적 허위사실(ⓒ)이 개재할 가능성과 그에 따라 혼합의견으로 판단될 가능성이 커지게 될 것이고, 진술자는 딜레마에 처하게 된다.[93] 양 극단의 중간에서 언론과 인격권을 조화하는 지점이 강구되어야 하는 것이다. 이 점에서 후술하는 유럽인권재판소가 취하는 공정한 논평의 법리는 이러한 균형적인 어프프로치를 추구함에 더 적합하다고 볼 수 있다.

그 때문에 이후 다수의 미국법원은 비판자의 논평을 뒷받침할 가능성이 있는 약간의 사실을 개시하면 요건을 충족하는 것으로 보고 있다.[94] 그 결과 순수의견이 면책

---

90) 앞서 본 바와 같이 순수의견에 관해 미국 판례는 그 근거사실(ㅁ 및 ㅁ)이 모두 제시될 것을 요구한다.

91) Ollman, 750 F.2d at 1024 (Robinson, CJ., dissenting in part).

92) Gertz, 418 U.S. at 339-40.

93) J. Miesen, Id., p. 568-569; Shestack & Solano, Ollman Signals the Demise of the Opinion Defense, Legal Times, Dec. 19, 1983, at 29.

94) J. Miesen, Id., p. 569. 예를 들면, 원고가 변호사로서 부정직하고 그 자격을 박탈해야 한다고 주장한 사안에서 그 결론을 뒷받침할 경향이 있는 사실로서 전과 사실 적시만으로 의견을 면책한 사례 (Lewis v. Time, Inc., 710 F.2d 549 (9th Cir. 1983)); 유명한 마피아 인물의 전기에서 원고가 한 마피아 갱의 범죄에 연루되었다고 기술된 경우 그 갱이 모금 사기범으로 알려진 인물이고, 원고와 절친하였으며, 원고가 그 사기 사건과 관련하여 언론에 보도되었다는 등 근거사실이 제시되었다는 이유로 의견으로 면책한 사례(Underwood v. CBS, 150 Cal. App. 3d 460, 198 Cal. Rptr. 48 (1984)); 저자의 결론이 개진된 사실에 의해 정당화되지 않거나 그 사실들에 대한 극단적으로 거친 판단인 경우에도

될 조건으로서 개시될 전제사실의 범위와 공정한 논평 규칙에서 제시될 근거사실은 그 범위에서 큰 차이가 없어진 것이다.

그렇다면 근거될 사실적시가 전혀 없는 가치평가를 순수의견으로 보아 면책시키는 대법원의 판시는 미국 판례 취지와도 맞지 않을 뿐 아니라 논리적·상식적으로 바람직하지도 않다. 오히려 (순수)의견이 면책되는 여부는 전통적인 공정한 논평규칙에 의하는 것이 더 상식적이고 형평에 맞는 법리임을 알 수 있다. 전술한 바와 같이 영국 법원과 유럽인권재판소가 적용하는 현대적인 공정한 논평 규칙에 의하면, 어떤 사실이나 상태에 대한 비판자의 의견이나 가치평가는 그가 대상으로 하는 사실이나 상태의 존재가 전제되어야 하며, 그에 대한 가치판단은 넓은 의미에서 그 대상에 관련성만 있으면 반드시 합리적 추론임을 요하지 않으며, 그 전제사실은 비판자 자신이 주장한 것뿐 아니라, 기존 보도나 세평의 존재를 입증함으로써 완화된 입증으로 충족될 수 있다.

그렇다면 첫째, 문제 진술이 의견표명으로 분류된다면 그것이 순수의견인지 혼합의견인지 불문하고, 공정한 논평규칙에 따라 그에 관한 근거사실이 있는지 여부를 심사하되 그에 관해서 완화된 입증이 있으면 의견 표명이 허용되는 것으로 다루어야 할 것이다.

둘째, 대법원은 단순히 순수의견이면 절대 면책된다는 점만을 강조할 뿐, 그 법리가 구체적으로 어떤 사안에서 적용되는지를 밝힌 사례는 드물다.[95] 이와 관련하여 유의할 점은 순수의견이 절대 면책된다는 미국 판례(특히 리스테이트먼트의 견해)는 1990년 밀코비치 판결[96]에 의해 크게 수정되었다는 점이다. 위 판결 이전 판례들은 기초사실이 제시된 한 그에 대한 평가가 어떻든 의견으로 절대 면책된다고 판시하여 왔다. 따라서 공무원의 정직성, 무능력, 동기에 관한 부정적 비판은 순수의견으로 취급되어 면책되었다.[97] 그러나 밀코비치 판결은 피고가 제시한 근거사실에 관한 평가가 오류인

의견특권이 상실되지 않는다고 한 사례(Orr v. Argus—Press Co., 586 F.2d 1108 (6th Cir. 1978), cert. denied, 440 U.S. 960 (1979))가 있고, 한편 다수의 판례는 저자가 그의 명예훼손적 결론을 뒷받침할 소지가 있는 최소한의 어떤 사실도 개진하지 않은 경우 책임을 부과하고 있다(Adler v. American Standard Cororation, 538 F. Supp. 572 (D. Md. 1982); Braig v. Field Communications, 310 Pa. Super. 569, 456 A.2d 1366, cert. denied, 104 S. Ct. 2341 (1984) 등).

95) 대법원이 형사사건에서 순수의견임을 들어 무죄를 선고한 사례는 있다. 즉 대법원 2003. 6. 24. 선고 2003도1868 판결 [군청 게시판]은 군청 홈페이지 게시판에 게재한 피고인의 글에 명예훼손적인 사실 적시가 없고, "게시물의 내용 중 피고인의 의견을 표명한 부분은 의견의 기초가 되는 사실을 함께 기술하면서 의견을 표명한 것으로서 간접적으로 증거에 의하여 그 진위를 결정하는 것이 가능한 타인에 관한 특정의 사항을 주장하는 경우에 해당하지 아니하는 <u>순수한 의견 또는 논평</u>이라고 할 것이므로 그 부분에 간접적이고 우회적인 표현에 의한 사실의 적시가 있었다고 볼 수도 없다."고 판시하였다.

96) Milkovich v. Lorain Journal (1990) 497 US 1, 110 S Ct 2695, 2703—05.

경우(erroneous assessment of the facts)에는 허위의 사실적시가 있는 것으로 보아야 한다고
함으로써 명예훼손이 성립되는 범위를 확대하고 있다.

셋째, 우리 판례는 의견을 뒷받침하는 근거사실이 진실이거나, 진실로 믿음에 상
당한 이유가 있음을 요구하고 있으나, 영국의 공정한 논평 규칙이나 미국의 판례는 보
통법상 면책특권이 적용되는 진술[98]도 근거사실이 될 수 있다는 점에 주목할 필요가
있다. 전술한 바와 같이 우리 법제에서도 보통법상 제한적 특권의 법리를 도입할 필요
가 있음을 상기한다면, 피고가 제시할 수 있는 근거사실에 그러한 특권을 갖는 진술도
포함되어야 할 것이다. 의견 표현의 자유를 더 충실히 보호할 수 있기 때문이다.

대법원 2001. 1. 19. 선고 2000다10208 판결 [제주 4.3사건]

이 판결은 순수의견의 요건과 효과에 관해 주목할 판시를 내고 있어 각별한 검토를 요한다.

[사실관계] 한겨레신문은 1997. 4. 1. "이승만 정권 – 미군정 합작 최소 2만명 무차별 학
살"이라는 제목하에, '제주 4·3 항쟁이 이승만 대통령의 지휘 아래 불법적으로 공포된 계엄
령을 근거로 하여 무차별 살상과 함께 진압됐다'는 등 당시 '이승만 정권이 미군정과 공모하
여 의도적으로' 제주도의 무고한 양민들을 학살하였다는 취지로 보도하였다.

이승만의 양자인 원고는 피고의 보도 중 계엄령이 불법적으로 공포되었다는 점은 허위라
고 하면서 일제시대의 계엄령이 미군정법령에 의하여, 그리고 헌법제정 후에는 제헌헌법에
의하여 계속하여 효력을 유지하고 있었으므로 제헌헌법과 이 계엄령에 근거하여 발령된 위
계엄은 그 법적 근거가 있는 것이라고 주장하였다.

[원심 판결] 원심은 이승만 정권이 미군정과 공모하여 의도적으로 제주도의 무고한 양민
들을 학살하였다고 인정할 만한 아무런 증거가 없고, 이를 진실이라고 볼 상당한 이유도 없
다고 하여 피고의 상당성항변을 배척하고 이 부분 보도에 관한 피고의 책임을 인정하였으나,
"위 계엄령의 적법성에 관한 보도는 일제 시대의 칙령의 효력에 관한 고도의 법률적 판단이
필요한 것으로서 관계 법령의 해석 문제이고 이는 가치판단이 필요한 것으로서 단순한 의견
표명에 불과하다"고 하면서 이러한 단순한 의견표명만으로는 명예훼손이 성립하지 아니한다
고 하여 이 부분 원고의 청구를 기각하였다.

[대법원 판시] 대법원은 원심의 판단을 지지하면서, 다만 계엄의 적법성 여부에 관한 기
사 부분에 관하여 "그렇다면 피고는 이 사건 기사로 계엄이 불법이라는 자신의 의견을 표명
하면서 그와 같이 보는 근거 즉 그 의견의 기초가 되는 사실까지 따로 밝히고 있다고 할 것

---

97) 예를 들면, 특정 판사 지원자는 성적이 불량하여 부적격이라거나(Botos v. LA Bar Assoc. (1984, 2nd
Dist) 151 Cal App 3d 1083), 검사가 무능하여 사건을 형편없이 처리하였다거나(Murray v. Bailey
(1985, WD Cal) 613 F Supp 1276, 1282), 인권국의 장이 그의 재량을 불공평하고 차별적으로 행사하
였다(Huyen v. Driscoll (1991, Minn App) 479 NW 2d 76)는 등의 비난은 그것이 불합리하고 극단적
이며 또는 틀린 경우에도 제소할 수 없는 의견에 불과한 것이라고 하는 다수의 판례가 있다(Elder,
Id., § 8:8, p. 64 참조).

98) 영미 보통법에 의하면 정부 고위공직자의 진술에는 절대적 특권(absolute privilege)이 인정되며, 일
반적으로 진술자 자신, 상대방 또는 공공의 이익을 위해 그와 관련되어 행해진 명예훼손적 진술은
허위인 경우에도 제한적 특권(qualified privilege)으로 보호받는다.

이므로, 피고가 표명한 의견 부분은 이른바 순수의견으로서 타인의 명예를 훼손하는 행위가 될 여지가 없다고 할 것이고, 한편 피고가 따로 밝히고 있는 의견의 기초가 되고 있는 사실, 즉 "계엄법이 1949. 11. 24.에 제정되었다는 사실"과 "이승만 정권이 1948. 11. 17.에 이 사건 계엄을 선포하였다는 사실"은 그 속에 타인의 사회적 평가를 저하시킬 만한 내용을 담고 있지 아니함이 명백하므로, 결국 이 사건 기사 중 계엄의 불법성에 관한 기사 부분은 그 전체가 명예훼손이 되지 아니한다고 할 것이다."라고 판시하였다.

[평석] 위 사건에서 대법원이 계엄의 효력에 관해 내린 결론은 상식적으로 보나 법리적으로 보나 쉽게 수긍할 수 없다. 위 사건에서 핵심적 쟁점 중 하나는 이승만이 아무 법적 근거 없이 무효인 계엄령을 발동하였다고 하는 피고의 주장이 의견인가 사실인가 하는 점이다.

원고는 일제시대의 계엄령이 미군정법령에 의하여, 그리고 헌법제정 후에는 제헌헌법에 의하여 계속하여 효력을 유지하고 있었으므로 제헌헌법과 위 계엄령에 근거하여 발령된 위 계엄은 그 법적 근거가 있는 것이고, 따라서 피고의 보도는 허위보도라고 주장하였다.

그러나 대법원은 "위 계엄령의 적법성에 관한 보도는 일제 시대의 칙령의 효력에 관한 고도의 법률적 판단이 필요한 것으로서 관계 법령의 해석 문제이고 이는 가치판단이 필요한 것으로서 단순한 의견표명에 불과하고" 이러한 단순한 의견표명만으로는 명예훼손이 성립하지 아니한다고 판시한 원심을 지지하면서 위와 같이 판시한 것이다.

그렇다면, 첫째 계엄령 선포가 불법이라는 주장은 사실적시인가 의견표명인가를 살펴야 할 것이다. 일반적으로 법적인 판단은 의견으로 추정되지만, 범죄를 범하여 유죄라고 하는 주장은 객관적인 규범체계에 비추어 그에 위반하는 행위를 지적하는 것이고 증거에 의해 입증이 가능한 것이어서 전형적으로 명예를 훼손하는 사실주장으로 취급된다.[99] 그에 비추어 본다면, 이 사건에서 계엄의 유·무효에 관한 주장은 객관적 규범체계에 비추어 이를 발령할 법적 근거가 있는지 여부에 따라 증거에 의해 판단될 수 있는 것이고, 이 사건에서는 원고가 주장하는 바와 같이 일제시대의 계엄령이 미군정법령에 의하여, 그리고 헌법제정 후에는 제헌헌법에 의하여 계속하여 효력을 유지하고 있다면 이 사건 계엄령 발령에 근거규정이 있었는지 객관적으로 검증 가능하고, 더구나 그 위법 여부에 관한 판단은 최고의 법령 해석기관으로서 대법원이 회피할 수 없는 임무이기도 하다.[100] 그 때문에 계엄령의 유·무효에 관한 주

---

99) Ollman v. Evans, 750 F.2d 970, 980 (D.C. Cir. 1984). 범죄의 비난이나 암시는 사실의 적시로서 명예훼손의 책임을 지게되며, 범죄행위를 비교적 명확한 용어로 기술한 경우에는 의견으로 인정받기가 어렵다(Cianci v. New Times Publishing Co., 639 F.2d 54, 63 (2d Cir. 1980)).

100) 이 사건 계엄령 선포 당시 대한민국에서 효력을 가지고 시행되던 법령 상 계엄을 선포할 권한과 요건에 관한 근거가 있었는지 여부를 살펴볼 필요가 있다. 먼저 일제시대에 계엄에 관한 법령은 일본국 헌법 제정 전인 1882년(明治15年) 태정관포고(太政官布告) 第36호로 제정된 '계엄령(戒嚴令)'이 법률의 효력을 가지고 적용되어 왔다. 그 후 1889년(明治22年) 2월 11일 공포된 일본국 헌법 제14조는 계엄에 관해 법률에 의해 규정된 요건 효과로 천황이 선고해야 한다고 규정하였으나, 그 법률은 제국의회의 법률이 아니라 태정관포고의 형식을 유지하여 왔다.

일본은 한일 합병일인 1910년 8월 29일 칙령 제324호로 「조선에시행해야할법령에관한건」을 공포하고 칙령으로 일본 법률의 전부 또는 일부를 조선에 시행할 수 있도록 하고, 조선에 있어서 법률로 정하여야 할 입법사항은 조선 총독의 명령인 제령(制令)으로 정하도록 하였다. 행정안전부 국가기록원 – 조선총독부법령에 의하면 당시 일본의 모든 법률이 당연히 조선에 시행된 것은 아니었으며, 식민통치정책상 필요한 법률만이 선별·시행되었는데, 경제분야나 군사분야와 같이 일본제

장은 그 입증이 가능한 것이어서 사실적시에 준하는 것으로 보아야 할 것이고, 이를 순수의
견으로 보아 불법행위의 성립을 부정한 대법원의 논증은 지지할 수 없다.[101] 그럼에도 대법
원은 계엄의 위법 여부에 관한 판단을 회피한 채, 이 사건 계엄 포고 이후에 비로소 계엄법이
제정되었다는 사실만을 내세워 그에 근거한 의견이라는 이유를 들어 피고를 면책시키고 있
다.[102]

둘째, 나아가 대법원은 계엄령이 무효라는 의견을 뒷받침하는 것으로 제시된 근거사실도
명예훼손적인 것이 아니라고 하여 피고의 책임을 부인하고 있는데, 이것은 설득력 있는 논증
이 되지 못한다. 즉 이 사건에서 법령을 준수해야 할 대통령으로서 이승만이 법의 근거 없이
계엄령을 발령했다면 그의 명예에 치명적인 손상을 주게 될 것이 명백함에도 이승만의 명예
와 계엄령의 위법성 여부 간에는 아무 상관이 없는 것으로 판시하고 있으니 이 부분 대법원
의 논증은 상식적으로 이해되지 않는다.

그러나 위 주류판례와 달리 실제로 대법원은 다수의 판결에서 비판자가 제시한
일부 단편적 근거사실에 기한 가치판단으로서의 의견표현에 관하여 그 근거사실이 진
실하거나 진실이라고 보기에 상당한 이유가 있는 경우 면책시키는 판시를 내고 있다.
그럼에도 이들 판결에서 대법원은 의견표현의 위법성을 논증함에 있어서 순수의견/혼
합의견의 법리를 전혀 언급하지 않고 있다.

국주의와 차별없이 적용할 필요가 있는 약 130건에 달하는 법령이 시행되었다고 하며(https://www.
archives.go.kr/next/search/listSubjectDescription.do?id=005155&pageFlag=&sitePage=), 그에 의하면
상술한 태정관 포고인 계엄령은 식민지 한반도에도 시행된 것으로 보아야 할 것이다.

이어 일본 패망 후 미군정은 1945년 10월 9일 군정법령 제11호 '일정(日政)법규일부개정폐기의
건'으로 "법률의 효력을 갖는 조령 및 명령으로서 기 사법적 또는 행정적 적용으로 인하여 종족, 국
적, 신조 또는 정치사상을 이유로 차별을 생케하는 것은 자에 차를 전부 폐지함"이라고 규정하였는
데(제2조), 위 규정에 위 일본의 태정관 포고인 계엄령은 포함되지 않은 것으로 보인다. 그리고
1948. 7. 17. 제정 시행된 대한민국 헌법 부칙 제100조는 "현행법령은 이 헌법에 저촉되지 아니하는
한 효력을 가진다"라고 규정하여 건국 후 정식으로 계엄법이 1949. 11. 24. 제정 시행되기 전까지는
위 태정관포고인 계엄령의 효력이 지속된 것으로 보아야 할 것이다. 그 이유는 대한민국이 제헌헌
법의 제정 시행으로 신생 국가로 수립되었으나 필요한 법제를 모두 갖춘 상태가 아니었기 때문에
일제의 법률이라 하더라도 신생 대한민국의 안보에 필수적인 계엄에 관한 법적 규율을 일시 차용
하지 않을 수 없었을 것이기 때문이다(이 사건 보도 당시 정부의 법률적 입장을 대변하는 법제처
(행정법제국)는 제주와 여순 지역에 선포된 계엄의 법적 근거를 일본의 계엄령(1882년 태정관포고
제36호 제정)에서 구할 수 있다고 주장한 바 있으며, 법제처는 대한민국 정부 수립 이후에도 일본
의 계엄령 효력이 계속된다는 해석을 포기하지 않았다고 한다(강성현, 일본 천황제에 뿌리 둔 한국
적 계엄의 탄생, 한겨레 21: 2018-08-13 16:21 http://h21.hani.co.kr/arti/cover/cover_general/45785.
html).

101) 예를 들면, 원고가 행한 행위가 무효임에도 이를 강행하였다고 주장하면서 원고를 비난하는 피고의
     진술이 명예훼손이 되는가가 문제될 수 있다. 즉 이러한 경우 원고의 행위는 법적 근거의 유무에
     따라 그 유무효를 증명할 수 있음에도 불구하고 그것이 무효라고 하는 피고의 주장이 의견에 불과
     하여 명예훼손의 책임이 면책되는 것이라고 본다면 수긍할 수 없을 것이다.
102) 이것은 전술한 알콜중독자의 사례에서 보인 바와 같이 사실적시로 보아야 할 진술을 순수의견의 진
     술로 둔갑시켜 면책시킨 것과 다름이 없다고 해야 할 것이다.

○ 2002. 1. 22. 선고 2000다37524, 37531 판결 [시민단체 대 한국논단]: 피고 잡지사의 과격한 비난이 대부분 구체적 정황에 근거한 의견의 표현으로서 면책되고, 단지 원고 민노총의 투쟁방법을 '공산게릴라식 빨치산전투'라고 표현한 부분만을 의견표현의 한계를 벗어난 것으로 판단함.

○ 대법원 2004. 8. 16. 2002다16804 판결 [축소 수사 의혹]: 검찰이 검찰직원에 대해 엄정하게 수사를 하지 못했다는 취지의 피고 기사는 그 전제가 된 사실, 즉 검찰직원이 사건청탁과 관련해 금품을 제공받은 점, 검찰이 사건 배당 후 20여일 후에 고소인 조사를 한 점 등이 모두 진실인 만큼 위법성이 없다고 판시함.

○ 대법원 2005. 5. 27. 선고 2004다69291 판결 [국사모 대 민주당 대변인]: 정당 대변인의 정치적 논평이 수사적 과장 표현으로서 구체적 정황의 뒷받침이 있어 '악의적이거나 현저히 상당성을 잃은 공격'이 아니라고 판시함.

○ 대법원 2007. 9. 6. 선고 2007다2268 판결 [강제수용]: 술에 취해 거리에 쓰러졌던 40대 남자가 4년 동안 정신병원에 강제입원되었고 엉터리 이름으로 관리되었으며 그동안 장애인이 되었다는 내용의 뉴스보도에 관하여, "이 사건 방송내용 가운데 '강제입원' 내지 '강제수용', '멀쩡한 사람도 재수가 없으면', '영화 속의 올드보이', '엉터리' 등 다소 단정적이거나 과장된 표현이 들어있기는 하나, … [진실한 사실로 밝혀진 사항을] 압축·강조하거나 수사적으로 표현한 것에 불과하다고 보이므로, 이러한 사정을 모두 종합하여 보면, … 불법행위를 구성하지 않는다."고 판시함.

○ 대법원 2008. 4. 24. 선고 2006다53214 판결 [오마이뉴스 대 조선일보]: "오마이뉴스는 열린우리당이 만든 '파시스트' 언론집단"이라고 표현된 부분은 그 자체만 놓고 보면 '오마이뉴스는 열린우리당 지지자들의 의견을 주로 반영하고 이를 대변하면서 당파적이고 선동적인 모습을 보여준다'는 취지의 수사적인 과장표현으로서 모멸적인 표현에 의한 인신공격에 해당한다거나 의견표명으로서의 한계를 일탈하였다고 보기는 어렵다고 판시함.

○ 대법원 2013. 6. 28. 선고 2011다40397 판결 [BBK 특검 수사결과]: BBK 특검 수사결과에 대하여 공정성에 의혹을 제기하고 비난하는 국회의원의 성명 발표가 문제된 사안에서 "짜맞추기식 수사, 조작수사, 왜곡수사, 부실수사"라는 표현은 수사적 과장 표현이라고 판시함.

이상 살펴본 바에 의하면 우리 판례의 다수는 의견이 면책됨에 요구되는 근거사실의 개시요건에 있어서 미국 판례의 (순수)의견 면책의 법리와 다르지 않고, 결국 영국의 전통적인 공정한 논평 규칙의 테두리를 벗어나지 않고 있음을 알 수 있다(전술). 그렇다면 이렇게 (순수)의견의 표현은 명예훼손이 될 수 없다고 단정하는 대법원의 판시는 오해와 혼란을 야기하는 것이다.

그럼에도 ① 의견의 근거사실에 관한 입증책임은 미국과 우리가 상위하다는 점, ② 미국 판례는 위와 같은 개시요건을 충족하면 순수의견으로서 절대 면책의 효과를 부여하나, 우리 판례는 순수의견은 타인의 명예를 훼손할 수 없다고 하면서도, 때로는 모욕적이고 인신공격적인 표현을 구사한 경우에는 명예훼손이 성립된다고 판시하여 모순되는 입장을 취하고 있음에 주목할 필요가 있다(후술).

2) 혼합의견의 법리 비판

다음 주류 판례가 설시하는 혼합의견의 법리는 혼란과 오해를 야기할 뿐 아니라 이를 적용하는 경우 의견 표현에 과도한 위축효과를 야기하여 위헌의 우려가 있다.

대법원의 주류판례는 의견표현에 의한 명예훼손이 성립되려면 해당 의견이나 논평에 묵시적으로라도 그 전제가 되는 사실을 적시하는 경우이어야 한다고 하여[103] 미국 판례의 혼합의견 법리를 수용하고 있다.[104] 전술한 바와 같이 미국 판례는 의견형태의 진술에 명시적으로 개진되지 않았음에도, "함축된 명예훼손적 허위사실"(allegation of undisclosed defamatory facts)이 존재하는 경우 이를 혼합의견으로 보아 명예훼손 책임을 지우고 있다.[105]

미국의 이러한 생소한 법리를 우리가 수용할 이유나 필요가 있는가를 알아 보기위해 우선 미국 판례의 혼합의견의 법리의 배경과 논거를 살펴볼 필요가 있다.

혼합의견의 법리는 미국 연방대법원이 수정헌법 제1조에 따른 헌법적 법리를 명예훼손법에 적용함으로써 생겨난 흠결을 보완하기 위해 만들어 낸 논리적 가공(架空)이라고 할 수 있다. 즉 연방대법원이 명예훼손의 성립에는 허위의 사실적시를 요하고(1964 뉴욕타임스 판결), 의견은 진위를 따질 수 없기 때문에 명예훼손으로 제소될 수 없다는 1974년 거츠판결의 판지를 따르자면 의견표현 자체에 대해서는 명예훼손 책임을 추궁할 수 없다.[106] 이러한 논리에 따르면 (어떠한 근거사실도 제시하지 않는) 의견표현만으

---

103) 예컨대, 대법원 2001. 1. 19. 선고 2000다10208 판결 [제주 4·3항쟁]은 "사실을 적시하는 표현행위뿐만 아니라 의견 또는 논평을 표명하는 표현행위도 그와 동시에 묵시적으로라도 그 전제가 되는 사실을 적시하고 있다면 그에 의하여 민사상의 명예훼손이 성립할 수 있다."고 판시한다.

104) 김경환, 전게 논문, 213면에 의하면 "위 판결[1999년 연극비평 판결 – 저자 보완]은 의견표명에 의한 명예훼손에 있어서 위법성 판단은 사실적시에 의한 명예훼손의 경우와 달리 '의견 자체'가 아닌 그것의 전제사실(묵시적으로라도 전제사실을 적시하는 경우 포함)을 기준으로 하여야 한다는 점에서 사실과 의견을 구분하고, 나아가 의견이 묵시적으로라도 그 전제사실을 적시하는 것인지 여부를 구분할 필요성을 인정한 것이다. 비록 순수의견, 혼합의견을 명시적으로 구분하지 않았지만, "묵시적으로라도 그 전제사실을 적시하는 의견"은 숨겨진 전제사실을 암시한다는 혼합의견과 같은 의미로 이해할 수 있다."고 한다.

105) 리스테이트먼트에 의하면, 이미 수회 주취한 사실을 목격하였음을 진술하고 그에 기초하여 상대방을 알콜중독자라고 한 경우는 순수의견으로 명예훼손에서 면책되지만, 오히려 아무 근거 사실 없이 특정인을 알콜중독자라고 생각한다는 진술은 청자들로 하여금 그가 술을 자주 마셨고 술 없이는 못 견디는 상황 등 그 근거사실을 화자가 알고 있음을 추단하게 하므로 혼합의견이 되고, 그렇게 추단되는 근거 사실이 명예훼손적이면 이러한 의견표명 역시 명예훼손적이라 판단될 수 있다고 한다(Restatement of the law(Second) of Torts § 566 comment c (1977)).

106) 미국에서는 오직 '허위의 사실주장'이 있는 경우에만 명예훼손이 성립될 수 있고(New York Times

로 실제로 명예가 훼손되는 경우에도 이를 제재할 수 없는 법적 공백이 생길 수 있고,107) 이를 메우기 위해 미국 판례는 이른바 의견형태의 진술에 '함축된 허위의 명예훼손적 사실'을 추단 내지 가정하여 이를 근거로 책임을 추궁하게 되었음은 전술한 바와 같다.

그러나 전통적이고 제국에 공통된 명예훼손법제의 기본틀을 보자면, 명예훼손은 사실적시와 의견표현 양자에 의해 성립될 수 있음을 대전제로 하고 있으므로108) 의견 명예훼손의 성립을 애당초 부인하는 미국 법제가 만들어낸 가공적 개념을 받아들일 이유가 있는가에 의문이 있고,109) 이를 받아들이는 경우에는 뒤에서 보는 바와 같은 심각한 문제가 생긴다.

명예훼손이 사실적시 이외에 의견표현에 의해서도 성립될 수 있다는 법리는 미국을 제외한 거의 모든 국가에서 통용되는 확고한 법리이며, 대법원의 주류판례도 이러한 법리를 전제로 하고 있다.110) 이들 판결은 "민사상 타인에 대한 명예훼손은 사실을 적시하는 방법으로 행해질 수도 있고 의견을 표명하는 방법으로 행해질 수도 있다"고 하면서도, ① 의견표명만으로는 명예훼손이 될 수 없다거나 ② 사실을 전제로 하지 않는 순수의견은 면책되고, ③ 명예훼손적 사실을 적시·함축한 혼합의견은 명예훼손이 될 수 있다고 판시하고 있어 쉽게 이해되지도 않고 전후 일관되지도 않는 논증을 하고 있다(전술 참조).

그에 비해 영국에서 통용되는 공정한 논평의 법리에 의하면 아무 근거사실(Ⓐ 또는 Ⓑ)도 제시함이 없이 부정적인 의견으로 공격하는 경우에는 공정한 논평의 요건을

---

v. Sullivan, 376 U.S. 254, 299 (1964)), 사실의 주장이 아니면 아무리 부당한 의견이든 험구의 감정 표현이든 명예훼손이 성립되지 않기 때문에(Gertz v. Robert Welch, Inc., 418 U.S. 323 (1974)) 미국 판례이론에는 의견표명에 의한 명예훼손의 성립요건에 관해서는 아무 언급도 없는 셈이다.

107) 전술한 바와 같이 미국 판례는 하등 근거를 제시함이 없이 공무원의 정직성, 무능력, 동기에 관해 부정적으로 비판하는 경우에도 의견특권을 적용한 바 있다(Elder, Id., § 8:8, p 64 참조).

108) 명예훼손행위의 양대 구성요소를 사실적시와 의견표현으로 보는 법리는 명예훼손행위를 체계적으로 논함에 있어서 가장 기본적인 것이며, 연혁적·비교법적 관점에서 가장 보편적 이해를 반영하는 것이다. 이것은 영국 보통법에서 수백년의 경험을 반영하고 있으며, 미국을 제외한 거의 모든 국가에서 통용되는 확고한 법리이다. 우리 형법상 명예훼손죄의 성립에는 사실적시를 요건으로 하지만, 의견표현에 의해 명예를 훼손하는 경우에는 형법상 모욕죄로 처벌되며, 의견 표현에 의해 명예를 훼손하는 경우에는 민사 상 명예훼손의 불법행위가 성립한다고 보아야 할 것이다(이 경우 대법원은 명예훼손이 아닌 별도의 인격권 침해로 본다, 후술).

109) 미국 학자들은 순수의견/혼합의견을 구별하는 위와 같은 리스테이트먼트의 어프로치는 모호하고 어려운 의견과 사실을 구별함이 없이 명예훼손 소송을 간결하고 신속하게 해결하는 방안이라고 생각하지만(J. Miesen, Id., p. 569), 의견형태의 진술에 함축된 명예훼손적 허위사실이 있는지를 알아내는 데는 뒤에서 보는 바와 같이 어려움과 무리함이 따른다.

110) 1999. 2. 9. 선고 98다31356 판결 [연극비평], 대법원 2000. 7. 28. 선고 99다6203 판결 [경향만평], 대법원 2008. 2. 14. 선고 2005다75736 판결 [한겨레 대 동아일보] 등.

결하여 명예훼손 책임을 부담하게 되며, 구태여 명시적으로 개시되지 않은 묵시적으로 포함된 사실(ⓒ)을 추리하거나 이를 고려대상으로 하지도 않는다. 훨씬 간명하고 논리적으로 알기 쉬운 논증이 행해지는 것이다.

3) '함축된 명예훼손적 허위사실'의 추단

혼합의견의 법리를 적용함으로써 야기되는 가장 심각한 문제는 의견형태의 진술에 명시적으로 개시되지 않았음에도, "함축된 명예훼손적 허위사실"(allegation of undis-closed defamatory facts)의 존재를 찾아내고 이를 입증하는 일이다.

언제 "숨겨진 명예훼손적 허위사실"이 있는 것으로 볼 것인가, 어떻게 이를 찾아낼 것인가, 그리고 그 숨겨진 사실내용이 구체적으로 어떤 것인가를 알아내는 데는 현저한 무리와 자의성이 개입하게 된다.[111] 즉 피고가 실제 명시적으로 발언한 바 없음에도, 피고의 발언 속에 "함축된 명예훼손적 (허위) 사실"을 찾아냄에는 어려움이 있고 무리가 따를 수밖에 없다. 왜냐하면 ① 피고가 어떤 근거로 원고를 비난하는가에 관해서는 피고의 내심의 의사를 파악해야 하는데, 그가 자백하지 않는한, 원고는 물론 법원도 이를 알아내는 것은 극히 어렵다. ② 그럼에도 이를 시도한다면 아무리 객관적으로 해석하더라도 주관성과 자의성이 개입되어 화자가 분명히 표현하지 아니한 추단된 전제사실에 의해 책임을 지우는 부당한 결과가 될 가능성이 있다.[112] 또 그렇게 진술자가 명백히 하지 않은 말에 대해 책임을 지우게 된다면 행위책임의 원칙과 명예훼손

---

111) 김시철, 전게 논문, 255-6면에 의하면, "나는 그가 알콜중독자라고 생각한다"고 하는 진술에는 그러한 의견을 정당화할 숨은 사실들(예컨대, 그가 자주 술을 마시며, 고립되어 있고, 술을 마시지 않으면 참지 못한다는 등의 사실)을 알고 있음을 함축한다고 추단함이 합리적일 것이라고 하나, 그러한 추단이 과연 합리적인가는 의문이다. 또 미센에 의하면 만일 진술자가 (엉뚱한) 사실을 근거사실로 적시하고 그로부터 알콜중독자라고 연역하였다면 제소될 수 없게 된다고 하면서 (RESTATEMENT (SECOND) OF TORTS § 566 comment c, illustration 4 (1977)) "나는 빨간 머리와 녹색 눈동자를 가진 사람은 알콜 중독자라고 생각한다. 피해자는 붉은 머리와 녹색 눈동자를 가지고 있다. 따라서 피해자는 알콜 중독자임에 틀림이 없다"라고 말하더라도 면책되게 된다고 하지만, 그러한 논증도 쉽게 납득되지 않는다(J. Miesen, The Fact-Opinion Dilemma in First Amendment Defamation Law, 13 William Mitchell Law Review(1987), 545, 563).

112) 이와 관련하여 영미법에서 명예훼손적 의미의 확정과 관련하여 적용되는 'libel per quod의 법리'를 대비하여 살필 필요가 있다. 그 법리에 의하면 문제된 진술의 문언과 맥락 이외에 명예훼손적 의미를 함축하는 다른 사정에 의해 명예훼손적 의미가 도출될 수 있다. 예컨대, 한 사람의 약혼사실을 공개하는 것만으로는 명예훼손적 의미를 가질 수 없지만, 그가 기혼자임을 아는 사람은 그가 약혼자를 속이고 있다거나, 아니면 그의 부인이 법적으로 결혼한 바 없다고 인식하게 될 것이므로 이러한 사정이 합쳐져 명예훼손적 의미를 갖게 될 수 있는 것이다(이른바 liber per quod의 법리). 그러나 위 법리는 표현행위자가 (과실에 의해) 알지 못하는 특별한 사정으로서 명예훼손적 의미를 갖게 하는 사정이 피해자에 의해 입증된 경우에 명예훼손 책임을 귀책시키는 법리이며, 의견형태의 진술에 제시·함축된 사실을 찾아내는 단계에서 논의되는 것은 아니다. 후자의 경우 표현행위자는 문언상 명백하게 언급하지는 않지만 해당 사실을 알면서 이를 암묵적으로 표현하려는 의사가 있어야 한다고 보아야 하기 때문이다.

법의 취지에도 부합하지 않는다.113) ③ 소송실무에서도 의견형태의 진술에 명시적으로 언급되지 않은 명예훼손적 전제사실을 함축하고 있는지 여부를 가리는 일은 어렵고 험난한 과정일 수밖에 없다. 그러한 사실의 유무에 관해 당사자는 각자 유리한 입장의 주장을 마다하지 않을 것이고 그 쟁점에 관한 심리는 시간과 노력을 소모함에도 명쾌한 결론을 기대하기 어렵다.

이에 관해 대법원은 순수의견/혼합의견의 구별 방법에 관하여 다음과 같이 판시한다.

대법원 1999. 2. 9. 선고 98다31356 판결 [연극비평]

"의견 또는 논평을 표명하는 것이라면 그와 동시에 <u>묵시적으로라도</u> 그 전제가 되는 사실을 적시하고 있는 것인가 그렇지 아니한가를 구별할 필요가 있고, … 그 부분이 간접적으로 증거에 의하여 그 진위를 결정하는 것이 가능한 타인에 관한 특정의 사항을 주장하는 것이라고 이해된다면 그 부분은 사실을 적시하는 것으로 보아야 할 것이고, 이를 묵시적으로 주장하는 것이라고 이해된다면 의견 또는 논평의 표명과 함께 그 전제되는 사실을 적시하는 것으로 보아야 한다."

"당해 기사가 게재된 보다 넓은 문맥이나 배경이 되는 사회적 흐름 등도 함께 고려하여야 할 것이므로, 신문기사 가운데 그로 인한 명예훼손의 불법행위책임 인정 여부가 문제로 된 부분에 대하여 거기서 사용된 어휘만을 통상의 의미에 좇아 이해하는 경우에는 그것이 증거에 의하여 그 진위를 결정하는 것이 가능한 타인에 관한 특정의 사항을 주장하고 있는 것이라고 바로 해석되지 아니하는 경우라도 당해 부분 전후의 문맥과 기사가 게재될 당시에 일반의 독자가 가지고 있는 지식 내지 경험 등을 고려하여 볼 때에 <u>그 부분이 간접적으로 증거에 의하여 그 진위를 결정하는 것이 가능한 타인에 관한 특정의 사항을 주장하는 것이라고 이해된다면 그 부분은 사실을 적시하는 것으로 보아야 할 것이고, 이를 묵시적으로 주장하는 것이라고 이해된다면 의견 또는 논평의 표명과 함께 그 전제되는 사실을 적시하는 것으로 보아야 한다.</u>"

위 대법원 판시에 의하더라도 실무에서 어떤 경우에 함축된 명예훼손적 허위사실을 알아 낼 수 있는지에 관해 참고할 수 있는 구체적 지침으로 이해되지 않는다. 이렇게 보면 대법원은 미국 판례가 왜 이렇게 어렵고 복잡한 논증을 하게 되었는지 그 이유를 고려함이 없이 이를 무비판적으로 추종하고 있음을 알 수 있다.

---

113) 이에 관해 독일 판례(BVerfGE 93, 266 – '군인은 살인자')를 보면, 특정한 표현행위가 타인의 명예를 훼손하는가 여부를 판단하기 위하여는 그 표현행위가 갖는 의미를 정확히 파악하여야 하며, 이 경우 주장자가 말하지 않은 바에 대해서 책임을 지도록 하여서는 안 된다. 표현의 의미내용 여하에 따라 그 법적인 허용 여부가 미리 결정될 수 있고, 표현행위자가 의도했던 올바른 의미내용을 확정함이 없이 그에 대하여 법적인 제재가 가해진다면 헌법이 표현의 자유를 보호하는 취지에 어긋나게 되기 때문이라는 것이다.

4) 근거사실의 입증책임

위와 같이 미국 판례를 수용하는 경우 간과할 수 없는 것은 의견의 근거사실에 관한 입증책임에 있어서 미국 판례는 표현행위자에 일방적으로 유리한 형량을 하고 있으며, 이것은 우리 법제와 결정적으로 다르다는 점이다.

미국 판례에 의하면 의견의 전제로 적시·함축된 사실이 '허위'인 경우에만 책임이 추궁될 수 있는데, 공인인 원고는 현실적 악의 규칙에 따라 그것이 허위이고 피고의 현실적 악의에 의한 것임을 입증해야 한다. 이렇게 의견의 진술에 관하여 그 근거사실에 관한 (매우 어려운) 입증책임을 원고에게 전가함으로써 미국에서 명예훼손 소송은 거의 언제나 원고 패소로 귀결될 수 있다. 표현의 자유에는 유리하지만 피해자의 명예보호는 경시되어 표현의 자유와 인격권 보호 간의 균형은 상실되는 결과가 된다.114)

우리 대법원은 공인인 원고가 제소한 경우에도 현실적 악의 규칙의 도입을 명백히 거부하고 있기 때문에 현실적 악의 규칙에 의해 의견 명예훼손의 성부를 논하는 미국 판례를 따를 수는 없다.

5) 혼합의견 법리의 위헌성 - 의견 표현의 자유에 대한 위축효과

가장 심각한 문제는 대법원의 이러한 판시가 의견 표현의 자유를 위축시켜 위헌의 문제를 야기할 수 있다는 점이다. 즉 혼합의견의 법리를 차용하는 대법원 판례는 사실적시보다 의견표현을 더 보호해야 한다는 헌법의 기본적 요구에 반하는 결과를 야기하게 된다. 그 이유는 다음과 같다.

미국 판례 상 순수의견/혼합의견 법리에 의하면 (순수)의견 진술자는 그 근거가 될 전제사실을 충분히 밝혀야만 면책될 수 있고, 의견표현에 적시·함축된 전제 사실이 있는 경우(이른바 혼합의견)에는 그들 사실이 진실이어야 면책될 수 있다. 그리고 미국에서는 공인이나 공적 사안이 관계된 경우(대부분의 언론보도) '현실적 악의 규칙'이 적용되기 때문에 순수의견이 전제로 하는 근거사실 또는 혼합의견에 적시·함축된 전제 사실에 관하여는 그 입증책임이 전도되어 피해자(원고)가 그 사실들이 설득력있는 명확성(with convincing clarity)으로 허위임을 입증하게 되어 있다. 이 때문에 미국에서 원고

---

114) 후술하는 총괄 요약에서 보면, 미국 판례에서 언론보도의 경우 Ⓐ, Ⓑ 및 Ⓒ의 진위 입증책임은 1964년 뉴욕타임스판결의 현실적 악의규칙에 따라 모두 원고가 허위임을 입증해야 하는데, 그 입증은 극히 어렵기 때문에 원고는 패소하는 경우가 대부분이다. 표현의 자유와 인격권 보호 간의 조화로운 균형을 지향하는 명예훼손법의 이념에 비추어 보면, 그것은 입증책임의 분배에서 표현행위자에게 일방적으로 유리한 형량을 한 것이며, 형평의 관점에서도 무리한 것이다(이에 관한 상세한 논의는 박용상, 영미 명예훼손법, 145-146면 및 152-159면 참조). 현실적 악의규칙과 그에 따른 입증책임의 전환을 명시적으로 배척한 대법원이 그 입증책임을 피고에게 지우고 할지라도 그 경우에는 다른 문제가 생긴다.

의 명예회복은 어렵지만, 의견표현자(피고)는 충분하게 보호받을 수 있다.

그러나 위와 같은 현실적 악의 규칙을 채용하지 않는 우리 대법원의 경우는 어떤
가? 이에 관하여 대법원 주류 판례는 "의견이나 논평의 전제가 되는 사실이 진실하거
나 진실이라고 믿음에 상당한 이유가 있는 경우에는 위법성이 없다"고 판시하며,115)
그 진실 입증책임이 피고에게 있고 그 입증의 정도는 사실적시에 대한 진실의 항변에
서 요구되는 것과 다르지 않음을 명백히 하고 있다.116) 그렇기 때문에 우리 판례에 의
하면 의견을 표현하는 자(피고)는 그 전제 사실을 모두 스스로 찾아 진실임을 입증하여
야 하거나(순수의견의 경우), 사실/의견이 혼합된 진술을 한 자는 적시된 사실뿐 아니라
거기에 함축되어 있다고 원고가 주장하는 사실에 관해서도 그 진실을 입증하거나 오
인에 상당한 이유가 있음을 입증하지 않으면 패소하게 될 것이다. 결국 우리 판례에
의하면 사실적시보다 의견표현을 더 보호해야 한다는 표현의 자유의 기본이 되는 원
칙에 반하게 된다. 그뿐 아니라 의견을 표현하는 자가 위와 같이 그 전제사실이 진실
임을 입증하여야 함을 알게 된다면 의견의 자유로운 표현은 위축될 수 있다. 이러한
이유 때문에 미국 판례의 순수의견/혼합의견 법리를 무비판적으로 차용하는 대법원
판시는 위헌의 소지가 있다.117)

이러한 문제는 공정한 논평 규칙을 취하는 유럽인권재판소 판례와 비교하여 보면
더욱 부각된다. 그에 의하면 가치판단이나 의견은 어떤 사실을 근거로 행해지는 평가
이고, 가치판단의 진실 여부는 입증할 수 없지만, 그 의견이 터잡은 기초 사실은 진위
증명이 가능하다. 그런데 사실적시의 진실성을 입증하는데 요구되는 정도와 의견의
사실적 근거를 입증하는 정도는 상이하며,118) 의견이 근거로 하는 그 기초 사실은 반

---

115) 예를 들면, 대법원 1999. 2. 9. 선고 98다31356 판결 [연극비평], 대법원 2004. 8. 16. 2002다16804 판
　　결 [축소 수사 의혹], 대법원 2008.2.1. 선고 2005다8262 판결 ['처첩경쟁'], 대법원 2012. 11. 15. 선
　　고 2011다86782 판결 [KBS 대 미디어오늘] 등은 "의견 또는 논평의 전제가 되는 사실이 중요한 부
　　분에 있어서 진실이라는 증명이 있거나 그 전제가 되는 사실이 중요한 부분에 있어서 진실이라는
　　증명이 없더라도 표현행위를 한 사람이 그 전제가 되는 사실이 중요한 부분에 있어서 진실이라고
　　믿을 만한 상당한 이유가 있는 경우에는 위법성이 없다고 보아야 할 것이다."라고 판시한다. 이들
　　판지는 사실적시 명예훼손에 대한 진실의 항변 및 상당성 항변에서 '실질적 진실'의 입증을 요구하
　　고 있는 것과 차이가 없다.
116) 대법원은 이렇게 혼합의견 법리에 따라 의견형태의 표현에 제시·함축된 사실의 진실성을 요구하면
　　서 진실의 항변과 상당성 항변이 배척되는 경우 표현행위자에게 책임을 지우고 있다.
117) 이것은 미국과 체계상의 차이를 간과하여 이를 도입함으로써 야기된 불합리한 결과라고 할 수 있
　　다. 그에 비해 공정한 논평 규칙에 의하면 의견으로 보이는 진술이 면책되는 요건으로 피고는 Ⓐ
　　또는 Ⓑ 중 일부를 제시하고 그 진실성을 완화된 기준에 의해 입증하면 그것이 반드시 합리적인 연
　　역인지 여부를 불문하고 면책되며, 그 발견과 입증이 어려운 함축된 Ⓒ 사실의 존부는 애초부터 논
　　의대상이 되지 않는다.
118) ECHR 2003. 3. 20. Krone Verlag GmbH & Co. KG and Mediaprint Zeitungs- und Zeitschriftenverlag
　　GmbH & Co. KG v. Austria; ECHR 2003. 11. 13. Scharsach and News Verlagsgesellschaft v. Austria.

드시 당해 보도에 적시될 필요가 없고, 여타 미디어에서 보도되거나 널리 알려진 사실을 근거로 삼을 수도 있다고 판시하고 있다. 그리고 아무 기초사실에 의해서도 관련성을 찾을 수 없는 폄훼적 진술은 이른바 '터무니없는 인신공격'으로서 책임을 면치 못한다고 한다.

이상 논의를 종합하면, 결국 대법원이 의견표명에 의한 명예훼손을 부인하는 미국 판례의 배경과 전개과정을 고려하지 않고 그의 혼합의견의 법리를 섣불리 받아들이고 있음을 알 수 있다. 그 결과는 위와 같이 의견표현의 자유를 위축시키는 위헌적 사태에 이르고 있는 것이다. 또 이것은 명예훼손이 사실적시나 의견표명에 의해 성립될 수 있다는 기존의 대법원 판례[119]나 제국에서 통용되는 법리와도 조화되지 않음은 물론이다.[120]

6) 반론·정정보도청구와 혼합의견

전술한 바와 같이 미국 판례는 의견형태의 진술에 명시적으로 개진되지 않았음에도, "함축된 명예훼손적 허위사실"(allegation of undisclosed defamatory facts)이 존재하는 경우 이를 찾아 혼합의견으로 보아 명예훼손 책임 지우고 있다. 그리고 우리 대법원은 이러한 혼합의견의 법리를 받아들여 의견표현에 의한 명예훼손이 성립되려면 해당 의견이나 논평에 묵시적으로라도 그 전제가 되는 사실을 적시하는 경우이어야 한다고 한다. 이러한 입장에 의한다면 현행법상 사실주장에 대해서만 가능한 반론·정정보도청구가 허용될 것인가를 판단함에 큰 혼란이 생긴다. 즉 그에 의하면 순수의견에 관해서는 반론이 허용되지 못하지만, 혼합의견의 경우에는 반론이 가능하다는 결론에 이르게 될 것인데, 그렇게 된다면 반론권의 성립요건에 관해 혼란이 야기될 것이다.

---

119) "민법상 불법행위가 되는 명예훼손이란 사람의 품성, 덕행, 명성, 신용 등 인격적 가치에 대하여 사회로부터 받는 객관적인 평가를 침해하는 행위를 말하고, 그와 같은 객관적인 평가를 침해하는 것인 이상, 의견 또는 논평을 표명하는 표현행위에 의하여도 성립할 수 있다."(대법원 1988. 6. 14. 선고 87다카1450 판결, 1997. 10. 28. 선고 96다38032 판결, 1999. 2. 9. 선고 98다31356 판결 [연극비평], 대법원 2000. 7. 28. 선고 99다6203 판결[경향만평] 등).

120) 독일 법원은 다수의 사건에서 의견표현에 의한 명예훼손을 인정한다. 예를 들면, 경쟁신문에 대하여 부정확하고, 악의적이며 경망하게 위작이 이루어졌다고 비난한 경우(BGH, GRUR 1968, 262), 병원의 시술 실수로 인해 사망한 어린이의 어머니 이름을 밝히면서 죽은 아이로부터 한밑천 잡으려고 한다고 보도한 경우(OLG Köln, AfP 1972, 223), 전과 6범의 상습 사기범에 대하여 징역학 박사수행자라고 표시한 경우(LG Nürnberg–Fürth, ArchPR 1972, 84), 이웃 상점주 간의 다툼에서 "원래 창녀"라고 부른 경우(LG Köln, NJW–RR 2002, 189) 등이 있다. 또 경찰에 대하여 학생을 마구 쏘아대고 증거를 없애는 폭력 및 사격단체로 표시하고, 경찰직 모집이라고 날조된 광고에서 경찰을 SS(나치친위대)에 비교한 경우(OLG Hamm, AfP 1974, 724), 독일연방 경찰의 대테러조직('GSG 9')에 대해 '살인군대'라고 비난한 경우(OLG Köln, AfP 1980, 112)에도 형사 명예훼손죄가 인정된 바 있다.

대법원 2023. 7. 13. 선고 2022다291320 판결 [정정보도 - 사실/의견]

피고 인터넷 신문 뉴스타파(한국탐사저널리즘센터 발행)는 2019년 '죄수와 검사'라는 연재에서 검찰의 수사 대상이었던 검찰 전관 출신 박모 변호사의 통화 목록을 살펴본 결과 현직 검사 22명과 통화한 기록이 있었고, 또 박 변호사가 청와대 민정수석실 행정관으로 파견 근무하던 원고 주모 비서관과 2015~2016년 총 65차례 통화하고 13차례 문자 메시지를 주고받았다고 보도하였다. 뉴스타파는 위 자료를 근거로 원고 주 비서관이 수사에 개입하거나 사건을 무마하려 외압을 행사하는 등 위법한 행위를 한 것 아니냐는 의혹을 제기하였다.[121]

이에 주 비서관은 피고 뉴스타파를 발행하는 한국탐사저널리즘센터와 소속 기자를 상대로 5000만 원의 손해배상 및 정정보도를 청구하는 소송을 냈다.

제1심은 범죄 혐의자와 같은 기관에 근무 경험이 있는 검찰 출신 청와대 행정관 사이 상당한 횟수 연락이 이뤄졌던 점을 인정한 후 그러한 사정은 관련 수사의 공정성에 의심을 불러일으키는 정황이라고 하면서 원고 주 비서관의 정정보도 청구를 받아들이지 않았다. 항소심 법원은 피고 인터넷신문 기사에 "주 비서관이 수사에 개입하거나 이를 무마하고자 외압을 행사했다는 사실"이 암시의 방법으로 적시되어 있다고 보면서도, 그 존재가 증명되지 않았다는 이유로 피고에게 이에 대한 정정보도를 명하였다.

그러나 대법원은 원심을 일부 파기하고, 사건을 환송하면서 다음과 같이 판시하였다.

"공적 인물과 관련된 공적 관심사에 관하여 의혹을 제기하는 형태의 표현행위에 대해서는 암시에 의한 사실의 적시로 평가하는 데 신중해야 한다는 점을 강조하고, 주 비서관의 수사개입이나 무마를 위한 외압 행사 등 위법한 행위를 했다는 사실은 객관적인 사실에 대한 주관적인 평가 또는 주 비서관을 비판하는 취지의 의견 표명으로 볼 여지가 있다"고 판단했다.

나아가 언론중재법에 의한 정정보도를 청구하는 경우에 그 언론보도 등이 진실하지 아니하다는 것에 대한 증명 책임은 정정보도 청구자에게 있다는 종전 판례를 재확인하고, "기사에서 그 사실이 암시되었다고 보더라도 그 존재가 증명되지 않았다는 사정만으로는 정정보도를 명할 수 없다"고 판시하였다.

다. 소결

이상 검토를 종합하여 보면, (순수)의견에 대해 일관되게 명예훼손의 성립을 부인하는 주류판례의 입장은 미국 판례의 원래 취지와도 부합하지 않고, 또 명백히 제시되지 않은 함축된 명예훼손적 사실을 찾아 책임을 지우려고 하는 혼합의견의 법리는 우리 법제에서 무용하고 불합리하다고 생각된다.

의견표현에 의해 실제로 명예가 훼손되고, 이를 구제할 필요가 있다면, 기존의 공정한 논평 규칙을 적용하여 의견에 이를 뒷받침하는 근거사실이 있는가를 물음으로써 대부분 간명하게 해결될 수 있다. 그리고 의견의 근거사실에 관한 입증에 있어서는 사실적시에 대한 진실 항변 및 상당성항변을 판단하는 경우와 달리 완화된 입증을 요하

---

121) 이상 보도내용은 KBS 뉴스, 주모 법률비서관 '죄수와 검사' 정정보도 소송 사실상 패소 입력 2023.07.13. (11:49) 백인성 기자 isbaek@kbs.co.kr 보도 참조.

도록 함으로써 헌법상 자유로 추정되는 의견표현의 자유의 보호에 충실을 기하여야
할 것이다.

요컨대, 명예훼손법제의 기본 목표는 표현의 자유와 인격권 보호 간에 적합하고
타당한 균형을 취하는 데 있음은 더 말할 나위도 없고, 의견표현에 의한 명예훼손의
성립 여부 및 그 요건 여하에 관해서도 이러한 원리가 적용됨에는 의문이 없다.

비교법적으로 보면, 미국 판례는 1964년 뉴욕타임스 판결에서 명예훼손은 "허위
의 사실적시"를 요한다고 판시한 후, 1974년 거츠 판결에서는 의견에 의한 명예훼손의
성립을 부인하였고, 이러한 기조의 미국 명예훼손법제는 언론의 자유를 가장 보호하
는 한편, 명예나 인격권 보호에는 가장 미흡한 나라로 알려지고 있다.

우리 대법원은 여러 판결에서 1964년 뉴욕타임스 판결의 현실적 악의 규칙을 거
부하는 결정을 내렸으니, 그러한 입장은 영국에서 보통법의 명예훼손 판례가 세워 장
기간 굳건하게 지켜온 명예훼손법의 기본적 구조와 틀을 존중한 것이었다. 그럼에도
대법원이 의견표현에 관해서는 언론자유를 절대시하고 인격권을 공허하게 만든 고립
적인 개인주의적 성향의 미국 판례를 추종하고 있음은 이해할 수 없다. 언론의 자유와
인격권 간의 관계에 관해 기본적 이해가 다른 미국 판례를 무비판적으로 따르고 있는
것이다. 그 이유는 정치, 경제, 문화 등 모든 방면에서 막강한 영향을 미치고 있는 미
국의 영향뿐 아니라 비교법적 고찰에 무관심한 우리 학계와 법조계의 실정에 있다고
생각된다.

(3) 주류판례에 저촉되는 대법원 판례

문제는 전술한 바와 같이 이후 대법원의 다수 판례가 의견은 면책된다는 위와 같
은 주류 판례와 모순된 입장을 내고 있다는 점이다. 즉 대법원은 이미 2001년 '막가파
구의원' 판결122)에서 사실적시가 아닌 경멸의 의사를 표현한 비난이 피해자의 사회적
평가를 저하시킬 수 있음을 인정한 이래, 다수의 판례에서 그 형식 및 내용 등이 "모
욕적이고 경멸적인 인신공격"에 해당하는 경우나, "모멸적인 표현으로 모욕을 가하는
행위"는 위법하다고 판시하였다.123) 이들 판례를 보면 의견이라 하더라도 그 표현의
형태나 수단이 과도한 경우에는 면책될 수 없음을 명백히 한 것이어서, (순수)의견이면

---

122) 2001. 7. 27. 선고 2001다28626 판결.
123) 대법원 2002. 1. 22. 선고 2000다37524, 37531 판결 [시민단체 대 한국논단], 대법원 2003. 3. 25. 선
    고 2001다84480 판결 [실수 변호사 과잉비판], 대법원 2008. 2. 1. 선고 2005다8262 판결 ['처첩신
    문'], 대법원 2008. 4. 24. 선고 2006다53214 판결 [오마이뉴스 대 조선일보], 대법원 2009. 4. 9. 선고
    2005다65494 판결 [현대자동차 노조], 대법원 2014. 8. 20. 선고 2012다19734 판결 [국회의원 비난
    사설], 대법원 2018. 10. 30. 선고 2014다61654 전원합의체 판결 ['종북' 비난] 등.

절대적으로 면책된다는 미국 판례를 전면적으로 받아들인 것은 아님을 알 수 있다(전술).

또 뒤에서 보는 바와 같이 대법원은 다수의 판결에서 공적 사항이나 공인에 대한 비판이 '악의적이거나 현저히 상당성을 잃은 공격'[124]인 경우에는 명예훼손의 책임을 면치 못한다고 판시하고 있다. 이 기준의 법적 의미에 관하여는 학설이 갈리지만, 이들 판결은 사실/의견이 혼합된 진술의 위법성 여부를 판단함에 이 기준을 사용하고 있다고 보아야 할 것이다(후술).

또 누차 지적한 바와 같이 의견 명예훼손을 부인하는 취지의 판례는 민사상의 명예훼손은 사실적시나 의견 표명에 의해 성립될 수 있다는 기존의 확립된 세계적 표준과도 조화되지 않는다.

간과할 수 없는 점은 이들 의견표현에 관한 새로운 판례들이 진술의 위법성을 판단함에 있어서 순수의견/혼합의견의 법리를 전혀 언급하지 않고 있으며, 그 판결 건수에 있어서도 주류판례를 훨씬 넘어서는 것으로 보인다는 점이다. 그리고 혼합의견의 법리를 취하는 주류판례의 사례 수는 뒤에서 보는 모멸적 인신공격적 기준이나 악의적 또는 현저하게 상당성을 잃은 공격 기준을 적용한 사례에 비해 제한적이다. 그만큼 의견 명예훼손의 위법성 판단 기준으로서 적용될 소지가 적음을 의미하는 것이다.

3. '모멸적인 인신공격' 기준을 적용한 판례들

주류 판례는 의견의 표현만으로는 명예훼손이 성립될 수 없다고 하지만, 대법원의 일부 판례는 의견의 표현 자체가 일정한 경우에는 위법할 수 있다는 견해를 취하고 있다. 즉 대법원은 이미 2001년 '막가파 구의원' 판결에서 사실적시가 아닌 경멸의 의사를 표현한 비난이 피해자의 사회적 평가를 저하시킬 수 있음을 인정한 이래,[125] 2002년 민주노총 대 한국논단 판결[126]에서 "공적 사안에 관한 비판이 구체적 정황의 뒷받침도 없이 악의적으로 모함하는 일은 허용되지 않으며, 구체적 정황에 근거한 것이라 하더라도 그 표현방법에 있어서는 상대방의 인격을 존중하는 바탕 위에서 어휘를 선

---

124) 대법원 2003. 7. 8. 선고 2002다64384 판결 [전북 도지사], 대법원 2003. 7. 22. 선고 2002다62494 판결, 대법원 2003. 9. 2. 선고 2002다63558 판결 [대전법조비리] 등.

125) 2001. 7. 27. 선고 2001다28626판결 ['막가파 구의원']에서 대법원은 구의회 의사당 내에서 도박성 바둑 장기를 둔 의원들을 비난하면서 '막가파 구의회', '막가파 구의원', '동네 반장보다 못한 놈'이라고 표현한 부분에 관하여 이는 구체적 사실적시로 볼 수 없으나, 원고에 대한 경멸의 의사를 나타낸 표현으로서 원고의 사회적 평가를 저하시켰다고 판단한 원심의 판단을 지지하였다.

126) 2002. 1. 22. 선고 2000다37524, 37531 판결 [민주노총 대 한국논단]에서 대법원은 피고 잡지사의 과격한 비난이 대부분 의견의 표현으로서 면책되고, 단지 원고 민노총의 투쟁방법을 '공산게릴라식 빨치산전투'라고 표현한 부분만을 의견표현의 한계를 벗어난 것으로 판단하고 있다.

택하여야 하고, 모멸적인 표현으로 모욕을 가하는 일은 허용될 수 없다"고 판시하였
다. 위 판결은 의견표현이 '모멸적 표현으로 모욕'을 가하는 경우에는 그 표현방법에
의해 위법성이 인정될 수 있음을 처음 언급한 것이다.

이어서 2003년 실수 변호사 비난 판결[127]에서 대법원은 진실한 사실에 기한 비판
도 모멸적인 표현에 의한 인신공격에 해당하면 의견표명으로서의 한계를 일탈한 불법
행위가 될 수 있다고 처음 판시하였고, 이어 2008년 '처첩신문' 판결[128]과 2014년 국회
의원 비난 사설 판결[129]은 지나치게 모멸적인 언사에 의한 인신공격에 해당하지 않음
을 이유로 원고 청구를 기각하였다.

대법원 2003. 3. 25. 선고 2001다84480 판결 [실수 변호사 과잉비판]

이 사건에서 원심은 피고의 보도내용이 허위임을 전제로(진실 입증이 실패하였다고 하여)
원고에게 명예훼손으로 인한 1억원의 손해배상청구를 인용하였다. 그러나 대법원은 이 사건
보도의 기본적 사실은 진실로 판단된다고 보아, 이를 허위로 보고 명예훼손을 인정한 원심은
잘못된 것이라고 하여 파기 환송하면서, 다음과 같이 판시하였다.

"변호사인 원고의 소송수행 잘못으로 의뢰인에게 불리한 판결이 선고되도록 하였다는 기
본적 사실의 보도는 진실이라고 하더라도 위와 같은 기본적 사실에 기초하여 원고를 소위
'순백의 법조인'과 대비하여 '사람답게 살지 못한 사람'이라거나 '한심하다 못해 분통이 터진
다'는 등의 표현을 사용하여 의견을 표명한 것은, 그 적시된 사실에 비추어 보거나 원심 판시
인정 사실에 나타난 위 사건 재판의 전과정이나 원고의 소송수행 내용 전반에 비추어 살펴볼
때 원고의 잘못의 정도와 판결에 대한 영향을 지나치게 확대, 과장하여 평가한 결과에 따른
표현으로서 그러한 의견표명은 모멸적인 표현에 의한 인신공격에 해당하여 의견표명으로서
의 한계를 일탈한 불법행위가 될 수 있다."

대법원 2008. 2. 1. 선고 2005다8262 판결 ['처첩신문']

2001년 김대중 정부 당시 원고 한겨레신문이 피고 조선일보의 정경유착 등 비리를 폭로
비판하는 내용을 게재하자, 피고 조선일보는 그에 대응하여 "대한매일·한겨레의 공격, 50년
된 처와 10년 된 첩 사랑경쟁"이라는 제목의 기사에서 언론사 세무조사와 관련해 "김대중 정
부가 일부 언론을 동원해 교묘하게 여론을 조작, 국민을 분노하게 하고 있다"고 하는 내용의
기사를 보도하였다. 한겨레신문은 조선일보의 위 대응기사가 왜곡보도라고 주장하면서 소송
을 제기하였으나, 대법원은 "언론사에 대한 감시와 비판 기능은 그것이 악의적이거나 현저히
상당성을 잃은 공격이 아닌 한 쉽게 제한되어서는 안 된다"고 하면서 조선일보의 보도는 진
실한 사실을 전제로 한 비판으로 보인다고 하여 원고(한겨레신문)의 청구를 기각하였다.

---

127) 대법원 2003. 3. 25. 선고 2001다84480 판결 [실수 변호사 과잉비판].
128) 대법원 2008. 2. 1. 선고 2005다8262 판결 ['처첩신문'].
129) 대법원 2014. 8. 20. 선고 2012다19734 판결 [국회의원 비난 사설].

대법원 2014. 8. 20. 선고 2012다19734 판결 [국회의원 비난 사설]

원고(국회의원)가 국회 여성위원회에서 권력자들이 성상납을 받았는데 언론사 임원, 그중에서도 '○○일보 사주'가 그에 관련되어 있다고 발언한 다음(당시 피고의 사주가 문제된 성매매사건에 관련되었다는 의혹에 관하여는 진실로 밝혀진 것이 전혀 없었다), 이를 전제로 "언론사는 권력기관이기 때문에 성매매 예방교육을 강제하여야 한다"는 취지의 발언을 하자, 피고 신문사는 사설에서 원고가 언론을 상대로 '성폭행적 폭언'을 하였고, "언론인들 얼굴에 오물을 던진 것"이며 "모략성 흑색 유언비어를 악용해 특정인과 특정 직업집단 전체에 침을 뱉는 파렴치한 탈선"이라는 등 원고를 비난하자 원고가 불법행위로 인한 손해배상을 구한 사안에서, 대법원은 사설의 전체적인 내용과 취지 등 제반 사정에 비추어 위 표현들이 지나치게 모멸적인 언사에 의한 인신공격에 해당하여 의견표명으로서 한계를 일탈하였다고 보기 어렵다고 판시하였다.

이상 이들 새로운 판례의 취지를 종합한다면 ① 전술한 주류 판례들이 언급하지 않거나 회피한 의견표명 자체의 법적 효과를 다루면서 의견표명이 모멸적 인신공격에 해당하는 것이면 그 표현내용에 의해 위법하게 된다는 점, 그리고 동시에 수사적 과장에 불과한 의견표명은 위법하지 않다는 점을 명백히 하였고, ② 종전의 주류 판례는 의견표명이 동시에 사실을 적시하거나 함축하는 경우에 한하여 그에 의해 명예훼손이 된다고 하면서 그 적시·함축된 사실의 진실 입증 여부에 따라 그에 근거한 의견표현의 위법성을 정하였으나, 이들 새로운 판례는, 첫째 피고의 책임을 인정하면서 위와 같은 혼합의견의 법리를 적용한 사례를 찾아볼 수 없고, 둘째 오히려 적시된 사실이 진실하다고 인정하면서도 그 표현내용이 모멸적 인신공격적인 것이면 의견표현의 한계를 넘은 것이라고 보아[130] 책임을 인정하고 있음에 주목할 필요가 있다.

③ 또 이들 판례 중 2009년 현대자동차 노조 판결과 2018년 '종북' 비난 사건 전원합의체판결은 주류 판례와 같은 논거에 기초하면서 위법한 의견표명은 민사상 명예훼손의 불법행위가 아니라 별개의 인격권 침해 불법행위를 구성한다고 논한 점이 주목된다. 이러한 판시의 문제점에 관하여는 뒤에서 상술한다.[131]

---

130) 특히, 대법원 2003. 3. 25. 선고 2001다84480 판결 [실수 변호사 과잉비판]은 진실한 사실에 기한 비판도 그 내용이 모멸적인 표현에 의한 인신공격에 해당하면 의견표명으로서의 한계를 일탈한 불법행위가 될 수 있다고 하는 한편, 대법원 2008. 2. 1. 선고 2005다8262 판결 ['처첩신문']은 '처첩신문'이라고 하는 표현은 진실한 사실을 전제로 한 의견이기 때문에 면책된다는 취지로 판시하고 있다.
131) 후술 제5절 Ⅲ. 6. 위법한 의견표현은 명예훼손이 아닌 별개의 불법행위를 구성하는가?.

4. '악의적이거나 현저히 상당성을 잃은 공격' 기준을 적용한 판례들

(1) 2003년 전북 도지사 판결과 문제의 제기

대법원은 2003년 전북 도지사 판결을 시작으로 공인과 공무수행에 관한 감시 비판 보도는 그것이 "악의적이거나 현저히 상당성을 잃은 공격"이 아니면, 명예훼손이 되지 않는다고 판시하였고, 이후 같은 문구를 사용하여 위법성 판단의 기준으로 삼은 듯한 판례가 수십건에 이르게 되었다. 이들 판례는 의견의 위법성 여부의 판단에서 주류판례가 채용한 순수의견/혼합의견의 법리를 언급함이 없이 '악의적이거나 현저히 상당성을 잃은 공격'이면 위법하고, 그렇지 않은 경우에는 책임이 없다는 취지로 논증하고 있다.

> **대법원 2003. 7. 8. 선고 2002다64384 판결 [전북도지사]**
>
> 민주당 정권 당시인 1999. 3. 7. 전라북도 도지사(원고)가 자택에서 도난사건을 당하였는데, 검거된 절도범은 원고가 신고한 도품 이외에 원고의 자택에 은닉하던 12만불을 절취하였다고 주장하자, 한나라당 대변인(피고)은 원고가 출처 불명 외화를 자택에 은닉하고 있다가 절도당했음에도 이를 은폐하였다는 취지로 비난하는 성명을 발표하였고, 그에 대해 원고는 명예훼손으로 인한 손해배상 청구소송을 제기하였다. 원심의 사실인정에 의하면 원고가 사택에 미화 12만 $를 보관하다가 도난당한 사실 및 수사관서에 피해사실을 축소하여 신고하였다는 점을 인정하기에 충분한 증거가 없었다.
>
> 대법원은 이러한 사안에서 "공공적·사회적인 의미를 가진 사안에 관한 표현의 경우에는 언론의 자유에 대한 제한이 완화되어야 하고, 특히 공직자의 도덕성, 청렴성에 대하여는 국민과 정당의 감시기능이 필요함에 비추어 볼 때, 그 점에 관한 의혹의 제기는 <u>악의적이거나 현저히 상당성을 잃은 공격</u>이 아닌 한 쉽게 책임을 추궁하여서는 안 된다"고 전제하고, "비록 원고가 미화 12만 $를 도난당한 사실이 진실로 밝혀지지 않았고 피고가 진실규명을 촉구하는 수준을 넘어 절도범의 진술에만 의존하여 단정적인 주장을 하였다고 하더라도, 고위공직자의 도덕성에 관한 공적 사안에서 정당 대변인의 정치적 논평에 … 위법성을 섣불리 인정할 수는 없다"고 판시하였다.
>
> 이 사건에서 대법원은 피고의 진실항변이나 상당성 항변을 배척하였음에도 불구하고 피고의 단정적 사실 주장이 악의적이거나 현저히 상당성을 잃은 공격이 아니라고 보아 원고 패소로 결론을 내린 것이다.[132]

위 판결 이후 대법원은 다수의 판결에서 "악의적이거나 현저히 상당성을 잃은 공격"이라는 문구를 사용하고 있지만, 그 문구의 법적 의미와 적용대상에 관해 직접 언

---

[132] 이 점에서 동 판결의 결론에는 쉽게 동의할 수 없는 문제가 있다(후술).

급한 사례는 없고, 다만 보도나 표현행위의 위법성 여부에 관해 상세한 논증을 행하면
서, 이 문구를 사용하여 위법 여부를 결론짓고 있다. 그러나 '악의적이거나 현저히 상
당성을 잃은 공격'이란 용어는 다른 어떠한 법제에서도 일관성 있는 개념으로 논의·
사용된 바 없어 그 출처나 유래가 불분명하고, 그 문구의 기준이 명예훼손법의 위법성
판단 체계상 어떠한 위치에서 어떠한 법적 의미를 갖는가에 관하여도 의문이 있다. 이
에 관해 학설 역시 다양한 주장을 내고 있어 혼란이 가중되고 있다.

어쨌든 '악의적이거나 현저히 상당성을 잃은 공격'이란 용어가 생소하고 법적 의
미가 불분명하지만, 대법원이 수십건의 판례에서 이를 사용한 취지를 천착하여야 할
것이다. 이를 위해 우선 그 문구가 의미하는 바를 사전적으로 해석하여 보고, 나아가
관련 판결들에서 해당 문구가 사용된 맥락을 함께 검토하여 보기로 한다.

(2) 어의적 의미

먼저 대법원이 사용한 '악의적이거나 현저히 상당성을 잃은 공격'이란 말의 어의
를 법적으로 살펴볼 필요가 있다.

① 먼저 명예훼손법에서 '악의적'이라고 할 때 '악의'(malice)란 명예훼손적 표현행
위를 인식했다고 하는 의미의 '고의'와 구별되는 행위자의 심적 태양을 지칭하는 것으
로서 일반적으로 '가해의 의도'(intent to harm)를 의미하는 것이다. 영국 보통법의 전통
에 의하면 악의는 명예훼손의 성립에 기본적으로 요구되는 요소였고,[133][134] 의견표현
의 경우에도 악의에 의한 것이면 공정한 논평 규칙에 의해 위법성이 조각되지 않는다.
여기서 유의할 점은 미국 판례가 사용하는 '현실적 악의'(actual malice)라는 개념은 가해
의 의도가 아니라 적시사실의 허위 인식과 관련하여 사용되고 있다는 점이다.[135] 그러
므로 미국의 현실적 악의 규칙을 배척하는 우리 법제에서 공격적 표현이 악의적이라
고 할 때 그것이 표현내용의 진위와 관련되는 상당성 항변에 관련된다고 보기에는 무

---

133) 영국 보통법상의 악의(common law malice)는 증오(hatred), 원한(spite), 해의(ill will) 등 부적절한
　　 동기를 포함한다(Elder, Id., § 2:3 p. 130).
134) 영국 보통법의 오랜 전통인 엄격책임주의(strict liability rule)에 의하면 명예훼손적 표현행위에는 악
　　 의가 추정되었고(prima facie presumption of malice), 각종 면책특권이 제시되는 경우에만 그 추정
　　 이 제거되었다.
135) 미국 판례는 1964년 뉴욕타임스 판결에서 명예훼손은 허위의 사실적시를 요건으로 한다고 판시하
　　 면서 그에 관한 '현실적 악의'(actual malice)를 원고가 입증하여야 한다고 하였는데, 여기서 악의
　　 (malice)라는 말은 피고가 적시사실이 허위임을 알거나 경솔한 무시로 알지 못하는 경우를 의미하
　　 는 것으로 사용되고 있다. 이를 보면 미국에서 '악의'라는 말은 가해의 의도가 아니라 단지 적시사
　　 실이 허위임을 인식하였다는 것을 의미하는 것으로 변하였음을 보여주며, 그 입증책임이 원고에게
　　 있다고 취급되고 있다. 그러나 진실의 항변에 있어 피고의 입증책임을 고수하는 우리 대법원이 이
　　 러한 법리의 수용을 거부하고 있음은 주지하는 바와 같다.

리가 있다. 또 다수의 관련 판결은 공직자에 대한 감시 비판을 위해 정당한 의도가 있는 경우에도 '악의적이거나 현저히 상당성을 잃은 공격'이 될 수 있다고 판시하고 있다.136)

② 다음, '현저히 상당성을 잃은 공격'에서 사용된 '상당성'이란 용어는 일반적으로 위법성의 본질을 설명하면서 사회적 상당성(Sozialadäquanz)이란 용어가 사용되고 있으며, 특히 기본권 제한이나 이익 충돌의 경우 이를 해결하는 방안으로서 비례의 원칙을 적용하는 과정에서 사용됨이 통례이다. 우리 판례가 상당성 항변의 요건으로서 진실의 오신에 '상당한' 이유가 있음을 요구하고 있다 하더라도 그것은 위와 같은 일반적 용법과 달리 쓰여지고 있다고 보아야 한다.

그렇다면 '악의적이거나 현저히 상당성을 잃은 공격'이란 말은 위법성 판단의 기본원리에 관련되는 것이며, 사실적시가 아닌 진술의 위법성을 판단하는 것에 관한 것이라고 봄이 옳을 것이다.

(3) 관련 판례의 분석

다음 해당 문구가 사용된 대법원 판례를 분석하면 다음과 같은 결과를 얻을 수 있다.

가. 분쟁 유형

'악의적이거나 현저히 상당성을 잃은 공격' 기준이 사용된 분쟁사건의 유형을 분류하여 보면, ① 대부분이 언론 보도에 관련된 것137) 또는 ② 정치인의 정치적 주장에 관련된 것이며, ③ 언론사 간의 분쟁이 다수 발견된다.138) 사인 간의 표현행위가 관련된 사건은 찾아볼 수 없다.

나. 공통점

이 기준을 적용한 판결들의 공통점은 공적 사안, 특히 공인이나 공직수행을 대상으로 하는 표현행위에 관한 것이며, 그에 관한 논의를 강력히 보호할 필요성을 강조하

---

136) 예를 들어, 대법원은 언론보도가 악의적이거나 심히 경솔한 공격으로서 현저히 상당성을 잃은 것으로 평가되는 경우에는, 비록 공직자 또는 공직 사회에 대한 감시·비판·견제의 의도에서 비롯된 것이라고 하더라도 명예훼손이 된다고 판시한다(대법원 2001. 11. 9. 선고 2001다52216 판결, 대법원 2003. 9. 2. 선고 2002다63558 판결 [대전법조 비리], 대법원 2006. 5. 12. 선고 2004다35199 판결 [경찰기동대], 대법원 2007. 12. 27. 선고 2007다29379 판결 [공정위 직원] 등).

137) ① 언론보도가 문제된 사건들에서는 '악의적이거나 현저히 상당성을 잃은 공격' 기준에 해당한다고 하여 책임이 인정된 사례와 그에 해당하지 아니한다고 하여 면책된 사례가 대충 같은 비율을 차지한다.

138) ② 정치인의 정치적 주장 사건과 ③ 언론사 간의 분쟁 사건에서는 모두 '악의적이거나 현저히 상당성을 잃은 공격' 기준에 해당하지 아니한다고 하여 피고의 비판행위가 면책되고 있다.

고 있다. 언론 보도 사건에 있어서는 공직자의 청렴성 및 공직 수행의 공정성에 대한
언론의 감시·비판 기능이 예외 없이 거론되고 있으며, 정치인의 정치적 주장 사건에
서도 공직자 및 공직수행의 공정성이 비판의 대상으로 되고 있다. 언론사 간의 분쟁
사건에서는 언론사의 특수한 지위가 공직 수행에 준하는 것으로 간주 제시되고 있다.

다. 계쟁 진술내용

이 기준이 적용된 사건에서 문제된 표현 내용을 보면, 대부분의 사안은 공인 및
공직 수행 또는 상대방 언론사의 행적에 관한 의혹의 제기 또는 주관적 비판을 내용으
로 하고 있는데, 때로는 은폐된 사실의 폭로나 의혹제기 등 사실적시와 함께 그러한 사
태에 대한 표현주체의 가치판단이나 문제의 제기 또는 상대방에 대한 공격적 비난·비
판 등 의견표현이 혼합되어 있어, 사실적시와 가치판단이 혼합된 보도 내용을 대상으
로 하고 있다.

그리고 은폐된 사실의 폭로나 의혹의 제기에는 그에 근거가 되는 사실 적시가 진
실하다는 진실의 항변이나 진실이라고 믿음에 상당한 이유가 있다는 이른바 상당성
항변이 제기되기 마련이고, 다수의 판결은 이들 항변을 판단하면서 악의적이고 현저
히 상당성을 잃은 공격이라는 문구를 사용하여 결론을 내고 있다.

한편, 다른 다수의 판결들은 상당성 항변과 상관없이 이 문구를 사용하여 위법성
여부를 판단하고 있으며, 이것이 독자적 위법성 판단기준으로 보는 논거를 제공하게
된다.

라. 판단 요소

이와 더불어 '악의적이거나 현저히 상당성을 잃은 공격' 여부를 판단하는 요소로
서 대법원은 ① 언론보도의 내용이나 표현방식, ② 의혹사항의 내용이나 공익성의 정
도, ③ 공직자 또는 공직 사회의 사회적 평가를 저하시키는 정도, ④ 취재과정이나 취
재로부터 보도에 이르기까지의 사실확인을 위한 노력의 정도, ⑤ 기타 주위의 여러 사
정 등을 종합하여 판단하라고 한다.[139] 이들 사유를 보면 명예훼손적 진술의 위법성
여부를 표현의 자유와 비교·형량하여 판단하는 일반적 사유가 총괄적으로 제시되고
있다.

(4) 학설 및 비판

'악의적이거나 현저히 상당성을 잃은 공격'이 명예훼손적 진술의 위법성 판단 단계에서 사용되
는 것은 분명하지만, 그것이 사실적시에 관한 판단기준인가, 의견표현에 관련된 것인가, 아니면 독

---

139) 대법원 2006. 5. 12. 선고 2004다35199 판결 [경찰기동대], 대법원 2007. 12. 27. 선고 2007다29379 판
결, 대법원 2012. 8. 23. 선고 2011다40373 판결 [BBK 수사 검사], 대법원 2014. 4. 24. 선고 2013다
74837 판결 [군검찰 강압수사] 등.

자적인 위법성 판단기준을 제시한 것인가에 관하여 학설이 나뉘고 있다.[140]

가. 현실적 악의 규칙 수용설

일부 학자들은 위 기준이 미국 판례의 현실적 악의 규칙(actual malice rule)을 수용한 것으로 설명하고 있다.[141] 그러나 1964년 뉴욕타임스 판결에서 설시된 '현실적 악의' 규칙의 핵심은 공인에 대한 명예훼손에서 진술의 진위에 관한 입증책임을 전도한 것인데, 이러한 입장은 대법원에서 명백히 거부되고 있기 때문에[142] 이들 주장은 받아들이기 어렵다.[143]

나. 상당성 항변 변형설

다수 학자는 위 기준을 상당성 항변의 변형이라고 보는 입장[144]을 취한다. 이 입장은 동 기준을 언급한 판례의 대부분이 다음에서 보는 바와 같이 진실항변 또는 상당성항변을 판단하면서 이 기준을 언급하고 있음을 그 주된 논거로 하고 있다.

그러나 상술한 바와 같이 '악의적이거나 현저히 상당성을 잃은 공격'이란 용어의 어의에 비추어 보거나 그 용어가 판결의 논증에서 사용된 맥락을 함께 고려하면 그것은 진위가 문제되는 사실적시나 그에 관한 진실이라고 오신함에 상당한 이유가 있음을 이유로 인정되는 상당성 항변에 관련된다고 보기는 어렵다.

첫째, 진실항변 또는 상당성 항변을 판단하면서 이 기준을 언급하여 결론을 낸 판결들 중에는 ① 진실의 항변이나, 상당성 항변을 인용하면서 악의적이거나 현저히 상당성을 잃은 공격에 해당하지 않는다고 본 경우(원고 패소),[145] 또는 ② 진실항변 및 상당성항변을 배척하면서 악의적이거

---

140) 이하 학설 분류 및 그 주장내용은 이승선, 명예훼손 사건에서 공직자의 이중적 지위, 법원은 어떻게 보고 있나. 언론중재, 2016년 여름호, 18면 이하를 참조한 것이다.

141) 김준호, 공인에 대한 명예훼손: 그 민형사상 면책 구조에 관한 판례이론의 분석, 동북아법연구 제9권 제2호(2015), 353(365)면, 신평, 판례에 나타난 현실적 악의론의 한국적 수용, 세계헌법연구, 제10권(2004), 145 –170면. 특히 김민중, 공적 존재·공적 관계의 명예훼손 책임: 대법원 2002. 1. 22. 선고 2000다37524 판결, 저스티스 통권 제75호(2003), 153면은 "공적 단체에 대한 명예훼손책임에 관하여 입증책임의 전환과 입증완화를 인정하고 있다"고 설명하고 있다.

142) 대법원 1997. 9. 30. 선고 97다24207 판결(입증책임을 공직자가 부담해야 한다는 주장은 독자적인 견해에 불과하다며 배척), 대법원 1998. 5. 8. 선고 97다34563 판결(피해자가 '공적 인물'이더라도 그 보도가 현실적인 악의에 의한 것이라는 점을 공적 인물이 입증해야 하는 것은 아니다), 대법원 2003. 9. 2. 선고 2002다63558 판결, 대법원 2004. 2. 27. 선고 2001다53387 판결(같은 취지) 등 참조.

143) 현실적 악의 규칙 수용설을 찬성하지 않는 견해로는 이부하, 공인의 인격권과 표현의 자유, 서울법학, 제20권 제1호(2012), 43 –77면, 김재형, 공인보도와 인격권, 언론중재 통권 제133호(2014), 62 –101면, 김시철, 언론·출판의 자유와 인격권의 대립과 조화에 대한 비교법적 검토: 미국의 언론·출판의 자유에 관한 우월적 지위이론, 현실적 악의 원칙 등에 관하여, 저스티스, 통권 제147호(2015), 53 –116면, 이승선, 전게 논문, 21면 등 참조

144) 신평, 전게 논문, 윤재윤·함석천, 언론분쟁과 법(청림출판, 2005), 59면, 김진, 공적인 인물에 대한 명예훼손에 관한 고찰: 새로운 모색을 위한 제언, 형사법의 신동향 통권 제36호(2012), 279 –317면, 김봉수, 공인에 대한 명예훼손법리의 함의와 그 한계: 미국의 '공인이론'에 대한 비판적 검토를 중심으로, 형사정책, 제25권 3호(2013), 47 –72면 등.

145) 피고의 진술이 '악의적이거나 현저히 상당성을 잃은 공격'에 해당하지 아니하여 그 위법성이 부인되고, 원고 패소로 결론난 사건이다. 정치인의 정치적 주장 사건과 언론사 간 분쟁 사건에서는 이 기준에 의해 모두 원고가 패소하였다. 그 밖에 언론보도 사건에서 원고가 패소한 사례로서는 대법원 2003. 7. 8. 선고 2002다64384 판결 [전북도지사], 대법원 2003. 7. 22. 선고 2002다62494 판결 [정치보복 검찰수사], 대법원 2004. 2. 27. 선고 2001다53387 판결 ["한심한 검찰"], 대법원 2005. 5. 27. 선고 2004다69291 판결 [국사모 대 민주당 대변인], 대법원 2007. 9. 6. 선고 2007다2268 판결 [강제

나 현저히 상당성을 잃은 공격에 해당한다고 한 사례(원고 승소)146)가 각각 절반에 달하고 있다. 이렇게 이 기준의 적용이 진실항변이나 상당성항변의 인용 여부와 결론을 달리하는 것을 보면 이 기준이 상당성 항변의 변형이라고 볼 수 없음이 명백해 진다.

둘째, 사실적시에서는 그 진위가 문제될 뿐 그에 관해 악의적이라거나 상당성을 결했다고 말하는 것이 의미를 가질 수 없다. 특히 미국의 현실적 악의 규칙을 배척하는 우리 법제에서 공격적 표현이 악의적이라고 할 때 그것이 표현내용의 진위와 관련되는 상당성 항변에 연관된것이라고 보기에는 무리가 있다.147)

상당성 항변은 진실의 항변이 실패하는 경우 그에 대체하여 주장되기 마련이고, 여기서 '상당한 이유'라 함은 표현행위자가 진실 여부를 조사하기 위해 주의의무를 다했는가 여부를 심사하기 위해 사용된 것이며, 그것이 일반적 법익형량 기준이나 비례의 원칙에서 논의되는 상당성이란 용어와는 다른 것이다.148)

셋째, 대법원이 이 기준의 적용에 고려할 요소로서 제시하는 것을 보면 널리 일반적 법익형량 기준이나 비례의 원칙에서 논의되고 있는 것을 포괄하고 있으며,149) 그것은 상당성항변의 요소로 고려될 수 있는 범위를 넘는 것이다.150)

어쨌든, 이들 판결의 논증을 보면, 사실/의견이 혼합되어 있는 진술에 관해 위법성 여부를 판단하면서 미국 판례 상 혼합의견의 법리를 벗어나지 못하고 있음을 알 수 있다. 사실/의견이 혼합된 진술에서 주류 판례에 의하면 결국 적시·함축된 사실의 진위에 의해 전체 진술의 위법성 여부가 판가름날 것이기 때문에 피고에 의해 제기되는 진실항변 및 상당성 항변에 집중하지 않을 수 없기

수용], 대법원 2007. 11. 30. 선고 2005다40907 판결 ['국사모' 대 민주당], 대법원 2012. 8. 23. 선고 2011다40373 판결 [BBK 수사 검사], 대법원 2013. 6. 28. 선고 2011다40397 판결 [BBK 특검 수사결과], 대법원 2014. 4. 24. 선고 2013다74837 판결 [군검찰 강압수사], 대법원 2018. 10. 30. 선고 2014다61654 전원합의체 판결 ['주사파'] 등이 있다.

146) 피고의 진술이 '악의적이거나 현저히 상당성을 잃은 공격'이 되어 그 위법성이 인정되고 원고가 승소한 사례로서는 대법원 2003. 9. 2. 선고 2002다63558 판결 [대전법조 비리], 대법원 2006. 5. 12. 선고 2004다35199 판결 [경찰기동대], 대법원 2007. 12. 27. 선고 2007다29379 판결 [공정위 직원], 대법원 2008. 11. 13. 선고 2008다53805 판결 [전직 총리 양주파티], 대법원 2011. 9. 2. 선고 2010도17237 판결 [PD수첩 미국산 쇠고기] (피고의 방송보도내용 중 일부가 객관적 사실과 다른 허위사실 적시이지만 피고인들의 고의를 인정할 수 없다고 하면서 이 기준을 언급한 형사 판결), 대법원 2013. 2. 14. 선고 2010다108579 판결 ['창비' 기고문] 등이 있으며, 원고 승소 사례는 모두 피고가 언론매체인 경우이다.

147) 전술한 바와 같이 여기서 "악의적"이라는 말은 가해의 의도가 있음을 지칭하는 것으로 보아야 할 것이다.

148) 오히려 영국 판례에 의하면 우리의 상당성 항변과 유사한 레이놀즈의 특권이 인정되면 기자의 악의는 부정된다고 한다(Jameel & Another v Wall Street Journal Europe (No.2) [133]).

149) 대법원 2006. 5. 12. 선고 2004다35199 판결 [경찰기동대], 대법원 2007. 12. 27. 선고 2007다29379 판결, 대법원 2012. 8. 23.선고 2011다40373 판결 [BBK 수사 검사], 대법원 2014. 4. 24. 선고 2013다74837 판결 [군검찰 강압수사] 등.

150) 위 고려 요소들 중 상당성 항변과 관련되는 요소는 "취재과정이나 취재로부터 보도에 이르기까지의 사실확인을 위한 노력의 정도"뿐이고, 나머지 요소들은 표현의 자유와 인격권 간의 일반적 비교 형량 기준이나 공적 사안에 관한 언론자유의 우월성을 강조하는 기존의 법리를 반복하고 있는 것이다. 그렇다면 위와 같이 크고 넓은 요소들을 포함하는 악의적·상당성 상실 공격 기준이 그보다 좁은 상당성 항변의 테두리 안에서 논의되는 것이라고 보는 생각에는 무리가 있다.

때문이다.

다. 독자적 위법성 조각사유설

이 기준을 독자적 위법성 조각사유로 보는 학자들도 있다. 실제로 관련 판례 중에는 이 기준을 표현의 자유와 명예 보호 간의 한계를 설정함에 있어서 일반적 형량기준[151] 내지 일반적 위법성 조각사유[152]로 보아 논증한 사례가 있다. 그들 중에는 명예훼손에 대한 새로운 면책법리로서 종전의 항변들과 달리 독립적인 위법성 조각 사유로 보자는 견해[153] 또는 표현의 자유에 근거한 독자적인 위법성조각사유라는 견해[154]가 있다.[155] 이 독자적 위법성 조각사유설은 상당성항변의 좁은 테두리를 벗어난 위법성 판단 기준이라고 보는 점에서 상당성항변 변형설보다는 그럴듯한 논거를 갖지만, 그러한 견해는 다음에서 보는 바와 같이 새로운 문제를 야기할 수 있다는 점에서 취하기 어렵다.

첫째, 상술한 바와 같이 대법원은 이 기준의 적용에 고려할 요소들로서 명예훼손적 진술의 위법성 여부를 표현의 자유와 비교·형량하여 판단하는 일반적 사유를 총괄적으로 제시하고 있으나, 이들 판단 요소는 종전에 확립된 위법성 판단의 기준이나 위법성 조각사유와 다르거나 이를 넘어선 어떠한 내실을 갖는다고 말할 수 없기 때문에 이를 '독자적인' 위법성 조각사유로 주장하는 것은 적합하지 않다.

둘째, 그것을 기존의 위법성판단 기준과 무관한 독자적인 기준으로 보는 경우에는 다른 문제가 생긴다. 왜냐하면, 기존의 확립된 위법성 판단기준을 모두 적용하여 위법성 여부가 판가름난 후에 다시 이 악의·상당성 결여 기준에 의해 이를 쉽게 번복할 수 있게 된다면 기존의 확립된 위법성 판단 구조를 무너뜨리고 법관의 자의를 허용하는 잘못을 범하게 될 우려가 있기 때문이다.[156] 더욱이 동 기준은 '악의적이거나' 또는 '현저히 상당성을 잃은 공격'의 2가지 개념을 선택적으로 표시하여 어느 하나에만 해당하더라도 위 기준이 적용되도록 하고 있는 것을 보면 그 모호성과 불확실성은 높아진다. 다음의 사례가 이를 실증적으로 보여준다.

---

151) 대법원 2003. 9. 2. 선고 2002다63558 판결 [대전 법조비리], 대법원 2013. 2. 14. 선고 2010다108579 판결 ['창비' 기고문] 등.

152) 대법원 2014. 4. 24. 선고 2013다74837 판결 [군검찰 강압수사] 등.

153) 김준호, 전게 논문, 368면에 의하면 대법원이, 첫째 행위자의 표현이 악의적이거나 현저히 상당성을 잃은 공격이 아닌 한 형법 제309조의 비방의 목적이 부정되며, 형법 제307조 제2항의 고의가 부정된다고 판시하였다는 점을 내세운다. 판례 중에는 상당성 이론을 언급함이 없이 "악의적이거나 현저히 상당성을 잃은 공격"이 아니라는 것만을 들어 위법성 조각을 인정하는 사례가 있음을 들기도 한다.

154) 한위수, 명예훼손에 특유한 위법성조각사유에 대한 고찰, 사법 제1권 1호(2007), 37−81면, 권태상, 공직자에 대한 명예훼손, 법학논집, 제19권 1호(이화여대 법학연구소, 2014), 51−81면

155) 이승선, 전게 논문, 18면 이하는 이를 공직자 및 공직활동과 이를 감시 비판하는 언론보도 간의 갈등을 조정하는 한국법원의 새롭고 독자적인 법리로 이해하자고 하면서, 그것은 공인에 대한 비판을 강하게 보호하는 미국의 현실적 악의 법리의 취지를 강하게 반영하는 한편, 입증책임을 공직자에게 전환하지 않는 대신, 진실성이나 진실 오신의 상당성 입증책임의 부담 기준을 크게 완화하고 있어 일본 최고재판소의 '상당성 법리'를 녹여서 수용한 것이라고 한다.

156) 일부 하급심 판례는 기존의 위법성 판단 요소나 기준을 모두 검토하여 위법성 여부가 결정되었음에도 불구하고 위 용어를 사용하여 그와 다른 결론을 내고 있는데, 그러한 논증은 자의적일 수 있고, 기존의 위법성 판단에 관한 틀을 깰 우려가 있다.

대법원 2003. 7. 8. 선고 2002다64384 판결 [전북도지사]

이 사건은 대법원이 "악의적이거나 현저히 상당성을 잃은 공격" 기준을 처음 설시한 사건인데, 대법원은 피고의 진실항변이나 상당성 항변을 배척하면서도 절도범의 진술만을 근거로 피해자가 미화 12만 $를 도난당하였음에도 이를 은폐하였다고 단정적으로 주장한 정당 대변인의 진술에 대해 이 기준을 사용하여 면책을 주고 있으나 그 결론에 대하여는 찬동할 수 없는 점이 있다.

대법원 2014. 4. 24. 선고 2013다74837 판결 [군검찰 강압수사]

"갑의 수사기관에서 한 진술이 강압수사에 의하여 이루어졌다"는 취지의 한 주간지 기사가 문제된 사안에서 원심은 피고의 상당성 항변을 배척하면서 오히려 위 기사는 정당한 언론활동의 범위를 벗어나 악의적이거나 심히 경솔한 공격으로서 현저히 상당성을 잃은 경우에 해당한다고 보아 원고 청구를 인용하였다.

그러나 대법원은 원심판결을 파기하면서 "언론보도의 내용이 객관적 자료에 의하여 최종적으로 확인되지는 아니하였더라도 공직자의 공직 수행과 관련한 중요한 사항에 관하여 어떤 의혹을 품을 만한 충분하고도 합리적인 이유가 있고 그 사항의 공개가 공공의 이익을 위하여 필요하다고 인정되는 경우에는 언론보도를 통하여 위와 같은 의혹사항에 대하여 의문을 제기하고 조사를 촉구하는 등의 감시와 비판행위는 … 그것이 악의적이거나 심히 경솔한 공격으로서 현저히 상당성을 잃은 것이 아닌 한 쉽게 제한되어서는 아니 된다."고 판시하였다.

대법원 2019. 8. 14. 선고 2016다272342 등 판결 [한국감정원]

신설 아파트를 임대 후 2년6개월이 경과되어 분양전환하면서 분양전환 가격에 다툼이 생기자 한국감정원(원고)에 감정을 의뢰하게 되었는데, 그 감정가격에 18%의 편차가 나오자 피고 신문은 수차에 걸쳐 이를 임대주택법 위반이라고 비난하였다. 원심은 임대주택법 시행규칙(공공건설 임대주택에만 적용됨)에서 감정평가금액 사이에 10%를 초과하는 편차가 발생하게 되면 재평가를 거치도록 하고 있었으나, 계쟁 아파트는 민간이 건설한 것이어서 위 시행규칙이 적용되지 않는다는 이유로 이를 허위로 보고 원고 일부 승소로 판결하였다. 대법원은 피고가 상·하한 가격차 범위 10%를 위반하여 임대주택법을 위반하였다고 보도한 것은 잘못이지만, 위 기사 부분은 한국감정원의 업무처리가 정당하게 이루어지고 있는지 여부를 감시하기 위한 정당한 보도활동의 범위 내의 것으로 악의적이거나 현저히 상당성을 잃은 공격에 해당하지 않는다고 판단하였다.

대법원 2021. 3. 25. 선고 2016도14995 판결 [세월호 의혹]

피고인은 세월호 참사 국민대책회의 공동위원장이자 '4월 16일의 약속 국민연대' 상임운영위원으로서 언론사 기자와 시민 등을 상대로 기자회견을 하던 중 '세월호 참사 당일 7시간 동안 대통령 갑이 마약이나 보톡스를 했다는 의혹이 사실인지 청와대를 압수·수색해서 확인했으면 좋겠다.'는 취지로 발언함으로써 허위사실을 적시하여 갑의 명예를 훼손하였다는 내용으로 기소된 사안에서(대통령 갑이 마약이나 보톡스를 했다는 사실에 관한 증거는 전혀 없었다), 대법원은 위 발언은 '갑이 마약을 하거나 보톡스 주사를 맞고 있어 직무수행을 하지 않았다.'는 구체적인 사실을 적시하였다고 단정하기 어렵고, 피고인이 공적 인물과 관련된 공적 관심사항에 대한 의혹 제기 방식으로 표현행위를 한 것으로서 대통령인 갑 개인에 대한 악의적이거나 심히 경솔한 공격으로서 현저히 상당성을 잃은 것으로 평가할 수 없어 명예훼손죄로 처벌할 수 없다고 판시하였다. 대법원의 위 판시는 의혹의 제기는 사실의 적시의 한 유형이며, 그것이 면책되려면 최소한의 증거가 존재해야 한다는 것이 독일의 판례인데, 이를 무시하고 위 기준을 적용하여 허위로 판명된 사실을 공표하여 피해자를 공격한 행위를 면책시키고 있는 것이다.

셋째, 다수의 관련 판결은 공직자에 대한 감시 비판을 위해 정당한 목적이 있는 경우에도 '악의적이거나 현저히 상당성을 잃은 공격'이 될 수 있다고 판시하고 있다.157) 나아가 일반적인 이익형량의 경우 공적 사안에 관한 진술에서는 표현의 자유가 인격권보호에 우선하는 것이 원칙이지만, 공적 사안이라 하더라도 허위로 입증된 사실에 있어서는 피해자의 인격권이 우선하는 것이 일반적 형량 기준임에도 불구하고,158) 대법원은 공적 사안에 관한 진술로서, 허위로 입증된 사실의 진술에 바로 위 기준을 적용하여 위법성을 부인하는 취지로 판단한 판결이 있다(후술).159)

라. 사견 - 의견표현 또는 사실/의견 혼합진술의 위법성 판단 기준설

이상 상당성 항변의 변형설과 독자적 위법성조각사유설을 채용할 수 없다면, 이 기준을 의견표현 또는 사실/의견 혼합진술의 위법성 판단기준으로 볼 가능성이 크고 저자는 이 견해를 지지한다.160) 그 이유를 보면 다음과 같다.

첫째, 사실적시 명예훼손에 관해서는 진실의 항변, 상당성 항변 등 위법성 조각사유가 완비되어 있고,161) 여기에 이 기준이 개입할 여지는 없어 보인다. 그에 비해 순수의견/혼합의견의 법리를 수용한 주류판례는 의견표현 자체의 위법성 판단을 회피하는 태도를 견지하여 왔기 때문에162) 이러한 논증상의 흠결을 보완하고 의견에 관한 판단기준의 공백을 메우기 위해 새로운 기준을 도입한 것으로 볼 여지가 있다.

둘째, 문구적 분석에서 살펴본 바와 같이 이 문구는 비판의 내용이나 표현의 강도

---

157) 예를 들어, 대법원은, 비록 공직자 또는 공직 사회에 대한 감시 · 비판 · 견제의 의도에서 비롯된 것이라고 하더라도, 언론보도가 악의적이거나 심히 경솔한 공격으로서 현저히 상당성을 잃은 것으로 평가되는 경우에는 명예훼손이 된다고 판시한다(대법원 2001. 11. 9. 선고 2001다52216 판결, 대법원 2003. 9. 2. 선고 2002다63558 판결 [대전법조 비리], 대법원 2006. 5. 12. 선고 2004다35199 판결 [경찰기동대], 대법원 2007. 12. 27. 선고 2007다29379 판결[공정위 직원] 등).

158) BVerfGE 99, 185 - Scientology.

159) 대법원 2011. 9. 2. 선고 2010도17237 판결 ['PD수첩' 광우병 보도]

160) 의아한 것은 악의적 · 상당성 결여 기준을 의견표현에 의한 명예훼손의 위법성 판단에 관련된 것으로 보는 입장이 없다는 점이다. 의견 명예훼손을 부인하는 미국 판례의 영향 때문이 아닌가 하는 생각이 든다.

161) 영미법에서는 이들 항변과 함께 언론매체의 경우에는 공정보도 및 중립보도의 특권 등이 인정된다. 그 상세한 논의는 박용상, 영미 명예훼손법(한국학술정보, 2019), 164-204면 참조.

162) 모멸적 인신공격적 표현 기준도 이러한 흠결을 보완하기 위한 기준으로 생각될 수 있을 것이다.

가 상당한가 여부에 관련될 수 있는 것이며, 그것은 가치판단이나 의견표현의 경우에
문제될 수 있을 뿐이다.

셋째, 상당수의 관련 판결은 이 문구를 의견표현의 위법성 판단에서 사용하고 있
다. 즉 이들 다수의 판례는 구체적 정황의 뒷받침이 있는 의견표명이라거나, 수사적
과장이라는 점을 들어 악의나 상당성결여 공격 기준에 해당하지 않는다고 보아 해당
진술의 위법성을 부인하고 있는 데, 이는 이 기준을 의견표현의 위법성 판단에 관해
적용하고 있다고 볼 수 있다.

○ 대법원 2005. 5. 27. 선고 2004다69291 판결 [국사모 대 민주당 대변인]: 정당 대변인의
정치적 논평이 수사적 과장 표현으로서 구체적 정황의 뒷받침이 있어 '악의적이거나 현저히
상당성을 잃은 공격'이 아니라고 판시함.

○ 대법원 2007. 11. 30. 선고 2005다40907 판결 ['국사모' 대 민주당]: "정당의 정치적 주장
이나 논평의 위법성 판단에 있어서 … 그것이 어느 정도의 단정적인 어법 사용에 의해 수사
적으로 과장 표현된 경우라고 하더라도 구체적 정황의 뒷받침 없이 악의적이거나 현저히 상
당성을 잃은 공격이 아닌 한 쉽게 그 책임을 추궁하여서는 아니 된다."고 판시.

○ 대법원 2007. 9. 6. 선고 2007다2268 판결 [강제수용]: 방송 보도에 관해 이 기준을 적용
하면서 진실로 밝혀진 사항을 압축·강조하거나 수사적으로 표현한 것은 불법행위를 구성하
지 않는다고 함.

○ 대법원 2008. 4. 24. 선고 2006다53214 판결 [오마이뉴스 대 조선일보]: 오마이뉴스는
열린우리당이 만든 '파시스트' 언론집단"이라고 표현된 부분은 그 자체만 놓고 보면 '오마이
뉴스는 열린우리당 지지자들의 의견을 주로 반영하고 이를 대변하면서 당파적이고 선동적인
모습을 보여준다'는 취지의 수사적인 과장표현으로서 모멸적인 표현에 의한 인신공격에 해당
한다거나 의견표명으로서의 한계를 일탈하였다고 보기는 어렵다고 판시함.

○ 대법원 2013. 6. 28. 선고 2011다40397 판결 [BBK 특검 수사결과]: BBK 특검 수사결과
에 대하여 공정성에 의혹을 제기하고 비난하는 국회의원의 성명 발표가 문제된 사안에서 이
기준을 언급하면서 "짜맞추기식 수사, 조작수사, 왜곡수사, 부실수사"라는 표현은 수사적 과
장 표현이라고 판시함.

악의·상당성 결여 공격 기준을 언급하지 않고, "모멸적인 표현에 의한 인신공격"
임을 들어 의견표현의 위법성을 긍정하는 판례도 다수 있음은 전술한 바와 같다.[163]
넷째, 이 기준이 사용된 대부분의 사건은 공익 사항의 폐단에 관한 의혹이나 문제의
제기 또는 정치적 논쟁 중 상호 공방에 관한 것이며, 거기에는 거의 언제나 사실적시

---

163) 대법원 2002. 1. 22. 선고 2000다37524, 37531 판결 [시민단체 대 한국논단], 대법원 2003. 3. 25. 선
고 2001다84480 판결 [실수 변호사 과잉비판], 대법원 2012. 8. 23. 선고 2011다40373 판결 [BBK 수
사 검사] 등.

와 그에 대한 가치판단이 혼합되어 있다. 그런데 대법원은 이와 같이 의견과 사실이
혼합된 경우 미국 판례의 혼합의견의 법리에 따라 진술에 제시·함축된 사실적시만을
문제삼아, 그 위법 여부를 판단함에 있어서 피고의 진실항변이나 상당성항변에 초점
을 두어왔다.

　　그러나 진실항변과 상당성 항변의 판단만으로 사실적시와 의견표현이 혼재된 전
체 진술의 위법성 여부를 결론짓는다면, 피해이익과 가해이익을 비교형량하여 위법성
을 결정하여야 한다는 중요한 관점164)이 간과되게 된다. 대법원이 명시적으로 언급하
고 있지 않지만, 이와 같은 비교형량을 위해 '악의적이거나 현저히 상당성을 잃은 공
격' 기준을 사용하게 된 것이라고 본다면, 비로소 그 기준이 위법성 판단 구조에서 갖
는 의미를 찾을 수 있다.165) 대법원이 '악의적이거나 현저히 상당성을 잃은 공격'에 해
당하는지 여부를 판단함에 고려할 요소들을 열거하고 있는 것을 보더라도,166) 거기에
는 명예훼손적 진술의 위법성 여부를 표현의 자유와 비교·형량하는 일반적 사유가 총
괄적으로 제시되고 있다. 이 기준이 이러한 비교형량 기준으로 사용되고 있음을 뒷받
침하는 중요한 논거가 될 수 있는 것이다.

(5) 소결

　　결국 '악의적이거나 현저히 상당성을 잃은 공격' 기준은 의견표현 또는 사실적시
와 의견표현이 혼합된 진술의 위법성 판단에서 비교형량 기준으로 사용되고 있다고

---

164) 대법원은 명예훼손의 위법성 판단에서 표현행위자의 이익과 피해자의 법익을 비교형량하여 결정하
　　여야 한다는 입장을 누차 강조하고 있으며, 이는 당연한 것이다. 사실적시 명예훼손에서도 이러한
　　관점은 간과될 수 없기 때문에 법원은 진실의 항변과 상당성항변의 당부를 판단한 후에 표현행위
　　자의 이익과 피해자의 이익을 비교형량하는 단계를 거치지 않으면 안된다. 진실한 사실의 적시라
　　하더라도 모두 적법한 것은 아니며, 그것이 타인의 명예를 손상하는 것이면 이익 형량이 필요하기
　　때문이다. 예를 들면, 전에 형사처벌 받은 사실이 있다 하더라도 그것을 공개함에는 피해자의 지위,
　　필요성 등에 비추어 이를 공개할 이익(공공의 알 권리)이 피해자의 피해보다 큰 것이어야 한다. 영
　　미법상의 제한적 특권 이론이나(박용상, 영미 명예훼손법, 113－119면 참조), 독일의 정당한 이익의
　　옹호 법리에 의하더라도 명예를 침해하는 진술은 표현행위자나 그 수용자 등의 정당한 이익을 보
　　호하기 위한 것으로서 피해자의 이익을 상회하는 것이어야 위법성이 없는 것으로 다루고 있다(박
　　용상, 전게서, 120면 참조).
165) 사실/의견이 혼합된 진술에 있어서 사실에 관한 항변의 적부 판단만으로는 전체 진술의 위법성 판
　　단 결과를 표시함에 어딘가 부족한 것이 있어 보이고, 이를 메우기 위해 대법원이 이 기준을 별도
　　로 언급하게 된 것이 아닌가 추측할 수 있다. 대법원이 이러한 점을 언급하지 않거나 할 수 없는
　　이유는 의식적·무의식적으로 의견 명예훼손의 성립을 부인하는 미국 판례의 영향을 받고 있기 때
　　문이라고 생각된다.
166) 대법원 2006. 5. 12. 선고 2004다35199 판결 [경찰기동대], 대법원 2007. 12. 27. 선고 2007다29379 판
　　결, 대법원 2012. 8. 23. 선고 2011다40373 판결 [BBK 수사 검사], 대법원 2014. 4. 24. 선고 2013다
　　74837 판결 [군검찰 강압수사] 등.

보는 것이 옳다고 생각된다.

이렇게 보면, 의견 명예훼손에서 공정한 논평의 법리를 도입할 필요를 절실하게 한다. 상술한 바와 같이 악의나 상당성 상실 공격 기준을 언급하는 상당수의 판결이 명예훼손적 진술에 구체적 정황의 뒷받침이 있는지 여부를 심사하고 있으며, 정황의 뒷받침이 있는 경우에도 그 진술의 표현방법이나 설술의 과도성 여부를 문제삼고 있다. 그에 따라 수사적 과장표현은 면책시키고 모욕적 인신공격적 표현인 경우 위법성을 긍정하고 있는데, 이들 논증은 공정한 논평의 법리에서 전형적으로 행해지는 논증과 현저히 유사하다 점이다. 여기서 공정 논평 법리를 정면으로 도입할 실마리를 찾을 수 있을 것이다.167)

5. 총괄적 검토

(1) 의견에 관한 판례들의 종합 정리

이상 의견 명예훼손에 관한 우리 판례의 흐름을 요약한다면 ① (순수)의견 면책/혼합의견으로서 함축된 사실적시에 의한 유책이라는 판지를 고수하는 일련의 판례들(이른바 주류판례) 이외에 ② 이와 모순되면서 의견 자체의 위법성을 인정한 판례들(모욕적이고 인신공격적 언사 기준) ③ 의견표현에 의한 또는 사실/의견이 혼합된 언론보도에 관하여 '악의적이거나 현저히 상당성을 잃은 공격' 기준을 적용하는 판례들이 산재하여 난맥상을 이루고 있다.

의견표현의 위법성 판단에 관련되는 상술한 기준들은 상호 모순되거나 중복되기도 하며, 이들을 논리적으로 모순 없이 명쾌하게 해소하여 논증하는 방안은 어려워 보인다. 이렇게 복잡하게 얽혀진 판례들을 대하는 국민들이 어떤 경우에 자유로이 토론할 수 있고, 피해자로서 어떤 기준으로 구제를 받을 수 있는가를 이해함에 어려움이 있다. 이들 기준을 통합적으로 고찰하여 전체적·체계적인 관점에서 조화로운 해결방안을 모색하는 과제가 이행되지 않으면 혼란에 따른 법적 불확실성 속에서 당사자는 물론 이를 재결하는 법관에게도 영향을 미쳐 법적 안정성을 해치게 될 것이다.

가. 선결적 과제

우선 명예훼손법의 기본 목표는 표현의 자유와 명예보호 양자의 균형적·조화적 해결에 있음을 상기해야 할 것이다. 그리고 민사상 명예훼손은 사실적시 또는 의견표

---

167) 공정한 논평의 법리는 '악의'가 있는 경우 그 적용이 배제되며, '공정한' 논평이라고 할 때 그것은 사실을 근거로 한 공정(정직)한 의견을 보호하는데, 여기에는 '악의적이거나 현저히 상당성을 잃은 공격'의 기준이 의미하려고 하는 취지가 포함되어 있다고 볼 수 있다.

명에 의해 성립할 수 있다는 기본 원칙을 지켜야 한다.168) 이와 관련하여 민사상 명예
훼손은 형사 명예훼손과 구별하여 고찰해야 하며,169) 미국 판례는 의견 명예훼손을 원
칙적으로 부인하고 있음을 염두에 두어야 한다.

명예훼손에서 의견이 문제되는 것은 피해자의 행적이나 성품에 관해 부정적인 가
치판단을 함으로써 그의 명예를 훼손하게 되는 경우이다. 그러한 의견이 허용되는가
여부는 통상적으로 의견을 뒷받침하는 근거 사실의 제시 여부 및 그 정도에 의존한다.

대법원은 (순수)의견의 면책요건에 관해 명시적으로 언급하지 않으나, 대부분의
판례에서 "구체적 정황의 뒷받침"이 있어야 하며, 나아가 그러한 근거사실이 진실 또
는 상당한 이유가 있음을 요구하고 있다. 이렇게 본다면, 미국의 판례나 우리 판례 역
시 공정한 논평의 법리에서 요구되는 개시요건의 테두리를 벗어나지 않는다고 할 수
있다. 다만, 그 근거사실의 입증과 관련해서는 미국 판례와 달리 진실입증책임을 피고
에게 부담시키는 전통적인 공정한 논평의 법리에 의존하고 있음을 알 수 있다.

이렇게 보면 대법원이 미국판례의 순수의견/혼합의견의 법리를 전면적으로 수용
하고 있지는 않음을 알 수 있다.

나. 수정할 부분

문제는 대법원이 도입한 미국 판례의 혼합의견의 법리로서 의견형태의 진술에
"함축된 허위의 명예훼손적 사실"을 찾아 위법성을 판단하려는 어프로치이다. 이것이
1964년 뉴욕타임스 판결 및 1974년의 거츠판결에 의해 헌법상의 표현자유 법리를 명
예훼손법에 도입함으로써 의견 표현에 대한 법적 규제를 절대로 금지하는 미국 법제
의 법리에 따른 것임은 이미 상세히 설명하였다.170)

혼합의견의 법리를 취하는 경우 가장 큰 문제는 헌법상 허용되는 것으로 추정되
는 의견표현의 자유가 크게 위축된다는 점이다. 앞서 본 바와 같이 이 법리를 취하는
대법원에 의하면 더 자유로워야 할 의견 진술자가 사실 진술자와 같은 또는 더 무거운
정도의 입증책임을 부담하게 되고,171) 이 점을 인식하는 표현행위자의 의견표현의 자

---

168) 이 법리는 미국을 제외한 거의 모든 국가에서 통용되는 글로벌 스탠다드이다. 상술한 바와 같이 우
    리 판례도 2000년까지는 이러한 법리를 명시적으로 지지하여 왔다(대법원 1988. 6. 14. 선고 87다카
    1450 판결, 1997. 10. 28. 선고 96다38032 판결, 대법원 1999. 2. 9. 선고 98다31356 판결 [연극비평],
    대법원 2000. 7. 28. 선고 99다6203 판결 등).
169) 의견표현에 관한 대법원 판례를 검토함에 있어서 주의할 점은 해당 판례가 형사 사건에 관한 것인
    가, 아니면 민사 불법행위에 관한 사건인가에 유의할 필요가 있다.
170) 특히 '악의적이거나 상당성 결여 공격' 기준을 채용한 모든 판결은 순수의견/혼합의견의 법리를 전
    혀 언급하지 않는다는 점을 주목할 필요가 있다.
171) 혼합의견 법리에 의하면 의견을 표현한 피고는 의견이 함축한다고 원고가 주장하는 사실에 관하여
    그것이 진실이거나 진실이라고 믿음에 상당한 이유가 있음을 입증해야 한다.

유는 크게 위축될 것이다. 이 법리를 채용하는 경우 위헌의 문제까지 제기될 수 있는
것이다.

더구나, 순수의견/혼합의견의 법리에 의한 대법원의 논증은 복잡하고 이해하기
어려우며, 이 논리에 집착하는 한 의견표현이 문제된 사건에서 쟁점의 판단은 미궁에
서 벗어날 수 없다.172) 이 법리를 따르는 대법원의 논증을 보면 사실과 의견의 구별기
준 이외에 순수의견/혼합의견을 구별하기 위해 복잡하고 난해한 기준을 언급하고 있
다. 이렇게 행해지는 복잡하고 장황한 설시173)는 일반 시민에게는 물론 전문적 법조인
에게도 논리적·상식적으로 이해하기 어려운 논증이 되고 있다.174)

이 때문에 혼합의견 법리를 차용하는 대법원의 판시부분은 폐기되어야 마땅하다.

다. 대안

이상 주류판례와 그와 상충되는 듯한 '모멸적이고 인신공격적 언사 기준'과 '악의
적 상당성 결여 기준'을 모순없이 통합적으로 해결하는 방안을 모색하여야 할 것이다.
그렇다면, 의견 명예훼손의 위법성 판단 구조는 훨씬 간명하고 합리적으로 해결될 수
있다.

1) 사실과 의견의 구별

우선 의견과 사실을 구별하는 것은 필수적이다. 대법원도 사실과 의견의 구별을
전제로 하고 있음에는 의문이 없다. 그 구별이 어렵다고 하지만 이를 회피할 수 없고,
이것은 명예훼손법의 대전제이며 동시에 사실 및 의견 명예훼손을 인정하는 것과 연
결된다.

독일의 판례를 보면 하나의 표현행위가 사실적시인가, 가치판단인가를 구별하는
것은 법적 문제이며,175) 논란되는 표현행위의 의미를 잘못 인식하고 그에 기해 법적
평가를 내린 판결은 표현의 자유의 기본권에 저촉되고,176) 사실적시는 의견표현과 같
은 정도로 표현의 자유의 보호를 받지 못하므로 표현행위가 사실적시로 잘못 분류되

---

172) 미국에서 사실주장과 의견표명의 구별은 오직 사실주장이 있는 경우에만 명예훼손의 제소가 가능
하다고 보는 입장에서 행해지고 있을 뿐, 사실의 주장이 아니면 아무리 부당한 의견이든 험구의 감
정 표현이든 명예훼손이 성립되지 않기 때문에 미국 판례이론에는 의견표명에 의한 명예훼손의 성
립요건에 관해서는 아무 언급도 없는 셈이다.

173) 예를 들어, 대법원 2009. 4. 9. 선고 2005다65494 판결 [현대자동차 노조]은 특정한 기사의 위법성
여부를 판단함에 있어서 그것이 사실적시인가 의견표현인가를 구별하는 이외에 의견표명이 동시에
묵시적으로라도 그 기초가 되고 있는 사실을 적시하는 것인가를 구별하여야 한다고 하면서 단계적
분석과 전체적인 상황 접근 방법을 제시하고 있다(김시철, 전게 논문, 274－275면 참조).

174) 그 외에도 대법원은 상당성 항변을 판단함에 있어서 별개의 판단기준과 요소를 언급하고 있다.

175) BGH, Urteil vom 27. 9. 2016 － VIZR 250/13. 따라서 사실적시/의견표현을 잘못 구별한 것은 상고
이유가 될 것이다(민사소송법 제423조(상고이유)).

176) BVerfGE 93, 266 [296] － 'Soldaten sind Mörder'.

면 표현의 자유의 기본권이 축소된다고 한다.[177]

의견과 사실의 구별에 관해서 대법원은 전술한 미국의 올만 판결이 제시하는 4요소 기준을 채용하고 있어 완벽하지 않지만 일응의 해결방안을 제시하고 있다.

2) 의견의 실질과 표현 수단의 구분

다음 우리가 간과하고 있으나, 의견에 의한 명예훼손의 판단에는 의견의 실질 내용과 그 표현 방법을 구별하여 단계적으로 논증하는 어프로치가 요구된다는 점이다. 의견의 실질 내용에 대한 제한과 표현방법에 관한 제한의 허용성 및 요건은 달리 취급되는 것이 타당하기 때문이다.

먼저 의견의 실질 내용에 관한 제한에는 엄격한 요건을 요한다. 특히, 미국에서는 견해의 차별(viewpoint-discrimination)을 절대 위헌으로 취급하며, 독일에서도 의견은 적법한 것으로 추정되고, 가치판단의 타당성 여부는 법적으로 문제될 수 없다.

다만, 부정적인 가치판단으로 타인을 비판함에는 이를 정당화하는 근거사실이 개시됨을 요한다. 이와 관련하여 유의해야 할 점은 비교형량의 관점에서 피해자의 입장을 고려하여야 한다는 점이다. 특히, 피해자가 진술자의 부정적 의견을 수인할 이유가 있는가 여부가 검토되어야 한다. 터무니없는 인신공격을 수인하거나, 피해자가 아무 동인을 주지 않았는데도 부정적인 비판을 받을 이유는 없기 때문이다.

다음 단계에서는 해당 의견의 표현방법이 적절하였는가 여부가 검토되어야 할 것이고, 여기에 모멸적 인신공격적 기준 등이 적용되게 되는 것으로 보아야 할 것이다.

물론 이렇게 단계적 어프로치에서 각 단계가 명확히 개념적으로 구별되는 경우는 드물고 서로 혼합하여 때로는 엇갈려 판단될 수 있지만, 복잡한 사안의 논리적 해결에는 도움이 된다.

(2) 우리 판례와 공정한 논평 규칙

위에서 본 바와 같이 혼합의견 법리를 폐기하면 의견표현에 관하여 보다 합리적이고 바람직한 논증을 가능하게 하는 공정한 논평의 법리가 들어설 토대를 마련할 수 있다. 공정한 논평 규칙은 19세기 초부터 장기간 영국의 경험에서 보통법으로 축적·결정(結晶)된 법리이며, 최근 유럽인권재판소에 의해 세계적 수용의 계기가 제공되고 있다. 이에 관해 상술할 필요가 있다.

공정한 논평 규칙(fair comment rule)은 의견표현에 의한 명예훼손의 성립을 인정하는 전제에서 출발하여 의견표현이 허용되는 요건과 한계를 정하는데, 이것은 의견형

---

177) BVerfGE, Beschluss vom 29. Juni 2016 BvR 2732/15.

태의 진술에 함축된 사실을 찾는 어려운 과정을 거치지 않고 의견으로 분류된 진술의 위법성 여부를 판단하는 방식을 취한다.

즉 공정한 논평 규칙에 의하면 의견표현의 위법성 여부를 판단하면서 우선 그러한 부정적·비판적 의견을 내게 된 근거되는 사실이 있는지[178] 여부를 묻고, 나아가 그러한 사실에 대한 가치판단으로서 공정·정직한 의견이면 면책시키는 한편,[179] 의견의 표현도 아무 사실적 근거가 없거나 모욕적 인신공격적 내용으로서 과도한 경우에는 명예훼손으로 인정하는 방안을 취한다.[180] 이에 의한 논증은 훨씬 간명하고 논리적이어서 이해하기 쉬우며 법관의 판결 작성에서도 유리하다. 이에 의한 논증은 판결의 설득력을 높이고, 나아가 판결에 대한 신뢰도를 높일 수 있기 때문이다.

유럽인권재판소의 판례를 보자. 그에 의하면 가치판단이나 의견은 어떤 사실을 근거로 행해지는 평가이고, 공익 사항에 관한 가치판단은 이를 뒷받침하는 충분한 사실적 근거(sufficient factual basis)가 있어야 공정한 논평(fair comment)으로서 면책된다고 한다. 즉 가치판단은 어떤 사실을 근거로 행해지는 평가이고, 가치판단의 진실 여부는 입증할 수 없는 것이지만,[181] 그 의견이 터잡는 기초 사실은 진위 증명이 가능하다. 결국 가치판단과 사실의 진술의 차이는 사실의 입증을 요하는 정도에 있고, 사실적시의 진실성을 입증하는데 요구되는 정도와 의견의 사실적 근거를 입증하는 정도는 상이하다.[182] 이러한 사고에 따라 유럽인권재판소는 의견이 근거로 하는 그 기초 사실은 반드시 당해 보도에 적시될 필요가 없고, 여타 미디어에서 보도되거나 널리 알려진 사실을 근거로 삼을 수도 있다고 판시하고 있다.

ECHR 1992. 6. 25. Thorgeir Thorgeirson v. Iceland ["제복입은 야수"]

아이슬란드에 만연한 '경찰의 잔인성'에 관해 "제복입은 야수"("brutes in uniform")라고 비난한 경우 그것이 여론을 반영한 것이었고 그 진술의 사실적 근거로서 루머, 스토리 또는 타

---

178) 공정한 논평의 법리에서 명예를 손상하는 부정적 의견이나 가치판단에는 사실적 근거를 요하지만, 그것은 우리 판례와 같이 진실하거나 진실이라고 믿음에 상당한 이유가 있음을 요하는 것이 아니라, 여타의 언론보도나 전문한 사실 등 일응의 사실적 근거만 있으면 충족된다(전술 영국 보통법 및 유럽인권재판소의 관련 판례 참조).

179) 애당초 영국 보통법에서 공정한 논평이란 근거사실에 대한 "공정한" 추론임을 요구하였으나, 현대에 이르러 근거사실에 대한 표현행위자의 정직한 판단을 피력한 것이면 합리적인 것이 아니라도 면책되게 되었다.

180) 이것은 일정한 요건을 갖춘 의견표현을 공정한 논평으로 면책시킨다는 점에서 의견이라고 하여 전면적으로 면책시키는 미국 판례와 다른 것이다.

181) 가치판단에 입증을 요구하는 것은 의견의 자유에 대한 침해가 되지만, 가치판단은 충분한 사실적 근거에 의해 뒷받침되어야 한다(ECHR 1991. 5. 23. Oberschlick v. Austria (no. 1).

182) ECHR 2003. 3. 20. Krone Verlag GmbH & Co. KG and Mediaprint Zeitungs— und Zeitschriftenverlag GmbH & Co. KG v. Austria; ECHR 2003. 11. 13. Scharsach and News Verlagsgesellschaft v. Austria.

인의 진술을 들었다면 명예훼손이 성립할 수 없고, 그 이상의 증거를 요구하는 것은 잘못이다.

ECHR 2012. 3. 15. Tusalp v. Turkey [터키 수상 부패 비난 사건]

터키의 에르도안 수상 등 고위 정치인들의 위법·부패행위를 폭로한 일간지 기사에 대해, 그 기사는 현안 문제에 관한 논평과 견해를 표현한 것이고, 그 문구와 표현이 도발적이며 저속하고 공격적인 것이었다 할지라도 그 가치판단은 그 기사에 인용된 바와 같이 일반 공중에 이미 알려진 특정한 사실, 사건 또는 분쟁 사례에 터잡은 것이었고, 따라서 충분한 사실적 근거를 갖는 것이었기 때문에 수상에 대한 터무니없는 인신공격으로 해석될 수 없다.

이에 비해 우리 대법원 판결을 보면 사실적시 명예훼손에서 요구되는 진실 입증의 정도와 의견의 근거사실로서 요구되는 입증의 정도에 차이가 없고, 이 때문에 의견이면 원칙적으로 자유이고 사실적시보다 더 큰 보호를 받는다는 표현의 자유의 기본원칙에 부합하지 못함을 알 수 있다.[183) 공정한 논평의 법리를 적용하면 이러한 문제가 해결될 수 있고, 이것이 공정한 논평 규칙이 합당한 대안으로 등장하는 이유이다.[184)

그럼에도 우리 판례나 학설이 공정한 논평의 법리를 다루지 않는 것은 놀라운 일이다. 의견 명예훼손을 부정하는 미국 판례의 영향이 너무나 압도적이었음을 추정할 수 있다.[185) 그러나 다행인 것은 ① 의견표현이 문제된 사안에서 대법원의 논증이 다른 과정을 밟고 있다 할지라도 그 결론을 보면 공정한 논평의 법리를 적용했을 경우와 크게 다르지 않다는 점, 그리고 ② 우리 대법원 판례 중에는 공정한 논평의 법리를 명시적으로 언급하지 않으면서도 그와 같은 취지의 논증을 하고 있는 사례들이 적지 않다는 점이다.

첫째, 다음 판결들은 공정한 논평의 법리를 명시적으로 언급하지는 않았으나 그 취지를 보면 공정한 논평의 법리와 현저하게 유사한 논증을 하고 있다.

---

183) 더구나 우리 판례는 사실과 의견이 얽혀져 어느 하나로 분류되기 어려운 경우에는 일응 의견으로 보아 그 제한을 완화하여야 한다는 입장을 취하고 있다.

184) 이에 관해 대법원의 판례를 보면 (순수)의견의 근거사실이 모두 제시될 것을 명시적으로 언급한 것은 찾을 수 없고, 비판자가 제시한 일부 단편적 근거사실에 기한 가치판단으로서의 의견표현을 수사적 과장이라고 면책시킨 사례가 있을 뿐이며, 혼합의견이라고 보아야 할 공적 사안에 관한 의혹의 제기나 정치적 논평에 관한 사안에서 사실적시의 위법성 조각사유인 진실의 항변과 상당성 항변을 엄격히 적용하고 있는 사례가 대부분이지만, 일부 판례는 그 근거사실의 입증은 완화된 기준에 의해야 한다고 누차 설시하고 있다. 이렇게 대법원은 일부 판례에서 실질적으로는 공정 논평 규칙과 같은 논증을 하고 있는 셈이다.

185) 미국에서 초기에는 영국 보통법상 형성된 공정한 논평의 법리가 도입 적용되었으나, 미국 연방대법원이 명예훼손의 성립에는 "허위의 사실적시"를 요하고(1964년 뉴욕타임스판결), 1974년 거츠 판결이 의견이면 면책된다고 선언한 이래 미국법제에서 공정한 논평의 법리는 그 근거를 잃게 되었고, 결국 1977년 리스테이트먼트 제2판은 공정한 논평의 특권을 목록에서 삭제하였다.

대법원 2002. 1. 22. 선고 2000다37524, 37531 판결 [시민단체 대 한국논단]

공적인 존재의 정치적 이념에 관한 의혹 제기나 주관적 평가가 쟁점이 된 사안에서 대법원은 "아무리 공적인 존재의 공적인 관심사에 관한 문제의 제기가 널리 허용되어야 한다고 하더라도 구체적 정황의 뒷받침도 없이 악의적으로 모함하는 일이 허용되지 않도록 경계해야 함은 물론 구체적 정황에 근거한 것이라 하더라도 그 표현방법에 있어서는 상대방의 인격을 존중하는 바탕 위에서 어휘를 선택하여야 하고, 아무리 비판을 받아야 할 사항이 있다고 하더라도 모멸적인 표현으로 모욕을 가하는 일은 허용될 수 없다."고 판시하였다.

대법원은 위와 같은 원칙적 입장에서 문제가 된 피고의 기사 중 (1) 원고 민노총을 "불법단체," "불법, 불순세력"이라고 칭한 부분은 그 자체로서 명예훼손적 의견표현에 해당하며, 당시 원고 민노총은 합법적인 노동조합으로 인정받지 못한 법외단체에 머물러 있었고, 정부가 원고 민노총의 정치투쟁 및 총파업 투쟁을 불법으로 규정하고 있었으며, 원고 민노총의 투쟁 과정에 폭력행위가 수반되었으므로 위 의견은 진실이거나 진실이라고 믿은 데에 상당한 이유가 있는 사실에 기초하고 있다고 할 것이므로 이 부분은 불법행위로 되지 않고, (2) 원고 민노총의 투쟁을 "정권타도투쟁"이라고 칭한 부분은, 그 투쟁 방법과 투쟁 구호를 기초로 한 피고들의 평가를 표현한 의견에 해당하는바, 위 기사는 이러한 의견의 근거되는 사실로 '김영삼 정권 퇴진'이라는 과격한 구호에 근거하고 있음을 밝히고 있으므로 위 의견표현은 위와 같은 과격한 구호에 대한 수사적 표현으로서 헌법상 보장되는 표현의 자유의 범위 내에 있다고 할 것이며, 다만 (3) 원고 민노총의 투쟁방법을 '공산게릴라식 빨치산전투'라고 표현한 부분은 공산주의 혁명을 달성하기 위해 적의 배후에서 파괴와 살상 등으로 기습, 교란하는 비정규부대의 유격전투를 뜻하는 표현으로서, 그 비유가 지나치고 감정적이고도 모멸적인 언사에 해당하여 의견표명의 한계를 벗어나 위법하다는 취지로 판시하였다.[186]

대법원 2004. 8. 16. 2002다16804 판결 [검찰 축소 수사]

검찰이 검찰직원에 대해 엄정하게 수사를 하지 못했다는 취지의 피고 기사는 그 전제가 된 사실, 즉 검찰직원이 사건청탁과 관련해 금품을 제공받은 점, 검찰이 사건 배당 후 20여일 후에 고소인 조사를 한 점 등이 모두 진실인 만큼 위법성이 없다.

대법원 2012. 11. 15. 선고 2011다86782 판결 [KBS 대 미디어오늘]

어떤 사실을 기초로 의견 또는 논평을 표명함으로써 타인의 명예를 훼손하는 경우에도 그 행위가 공공의 이해에 관한 사항에 관계되고 그 목적이 공익을 도모하기 위한 것일 때에는 그와 같은 의견 또는 논평의 전제가 되는 사실이 중요한 부분에서 진실이라는 증명이 있거나 그 전제가 되는 사실이 중요한 부분에서 진실이라는 증명이 없더라도 표현행위를 한 사람이 그 전제가 되는 사실이 중요한 부분에서 진실이라고 믿을 만한 상당한 이유가 있는 경우에는 위법성이 없다고 보아야 한다.

---

186) 대법원 2007. 11. 30. 선고 2005다40907 판결 ['국사모' 대 민주당]도 같은 취지로 판시하는데, 정당의 정치적 주장이나 논평의 위법성 판단에 있어서 "그것이 어느 정도의 단정적인 어법 사용에 의해 수사적으로 과장 표현된 경우라고 하더라도 구체적 정황의 뒷받침 없이 악의적이거나 현저히 상당성을 잃은 공격이 아닌 한 쉽게 그 책임을 추궁하여서는 아니 된다."고 설명한다.

위 판결들을 보면 문제 진술이 의견표현인 경우 그 의견을 뒷받침하는 구체적 정황 유무를 문제삼고 있을 뿐, 그 의견에 함축된 전제사실을 찾는 번거롭고 어려운 과정을 거치지 않고 있음에 주목할 필요가 있다.

그 밖에 공정한 논평의 법리에 의해 논증을 전개한 하급심 판례도 다수 발견된다.[187]

서울지방법원 남부지원 1990. 10. 12. 선고 89가합18506 판결[학생 노동운동 비판]

한 방송국의 노사 분규 중 노동조합이 김일성 초상이 들어간 걸개그림을 내건 사안에 대하여 대학생들의 '피바다' 공연, 총장실 점거와 함께 학생운동이나 노동운동이 과격주의로 치닫고 있다고 하여 그러한 운동양식을 비판하는 일간신문 사설에 관하여 법원은 사실의 적시와 의견의 표명으로 이루어진, 즉 평가를 포함한 보도인 평론이나 해설은 공공적 사항에 관한 공정한 평론인 한 그 평가의 내용이 객관적으로 타당한 의견인지, 사회의 다수에 의하여 지지를 받고 있는 견해인지 여부를 묻지 아니하고 또한 이로써 피평론자의 사회적 평가를 저하시켰더라도 위법성이 없으며 평론의 자유에 의하여 보장된다고 판시하였다.

둘째, 이에 더하여 '악의나 상당성 상실 공격 기준'을 언급하는 상당수의 판결이 명예훼손적 진술에 구체적 정황의 뒷받침이 있는지 여부를 고려하고 있으며, 정황의 뒷받침이 있는 경우에도 그 진술의 표현방법이나 내용의 과도성 여부를 문제삼고 있다는 점이다. 그에 따라 수사적 과장표현은 면책시키고 모욕적 인신공격적 표현인 경우 위법성을 긍정하고 있는데, 이들 논증은 공정한 논평의 법리에서 행해지는 논증과 다를 바 없다.

셋째, 그리고 표현의 태양에 관하여 우리 판례가 적용하는 '모욕적이거나 인신공격적 언사' 기준은 공정한 논평 규칙을 적용하는 유럽인권재판소 판례의 '터무니없는 인신공격'('gratuitous personal attack') 기준이나 독일 판례가 의존하는 '비방적 비판'(Schmähkritik)의 법리와 크게 다르지 않다.

결론적으로 대법원의 ① 의견표현에 관한 주류판례, ② 의견표현의 위법성을 인정한 모욕적이고 인신공격적 언사 기준을 적용한 판례, ③ '악의적이거나 현저히 상당성을 잃은 공격' 기준을 적용한 판례들을 체계적 입장에서 통합적으로 고찰하는 경우, 그것은 보편적이고 전통적인 판단기준으로서 공정한 논평의 법리를 적용하는 논증방

---

187) 서울지방법원 남부지원 1990. 10. 12. 선고 89가합18506 판결 [학생·노동운동 비판사설], 서울지방법원 남부지원 1992. 2. 20. 선고 89가합13975 판결, 서울지방법원 1998. 7. 1. 선고 97가합88220 판결, 서울고등법원 2001. 5. 17. 선고 99나67484 판결 [최장집교수 비판 기자], 서울지방법원 서부지원 2001. 7. 12. 선고 99가합11922 판결 [중앙일보 대 한겨레신문], 서울지방법원 2001. 9. 26. 선고 2001가합11180 판결 [목사직세습 비판], 서울지방법원 2001. 10. 24. 선고 2000가합37741 판결 [발레비평], 서울고법 민사14부 2005. 1. 11. 선고 2004나44089 판결 ['지만원과 늑대'] (대법원 2005. 6. 9. 선고 2005다6365 판결의 원심) 등 (이상 박용상, 명예훼손법(현암사, 2008), 122-131면 참조).

식·과정의 프레임 안에 포섭될 수 있다. 그리고 이렇게 넓고 체계적인 안목에서 접근
한다면 대법원의 종전 판례의 모순되거나 어긋나는 논증 중 수정할 부분을 최소화할
수 있다.

(3) 새로운 판결 논증 방식의 제안

이렇게 의견 명예훼손에 관해 새로운 이해에 의할 때 명예훼손 소송에서 법원이
행할 논증의 순서와 과정을 다음과 같이 제안할 수 있다.[188]

① 우선 해당 표현행위가 사실적시인가 또는 의견표현인가를 구별하여야 할 것이
다. 그 구별 기준에 관해서는 진술의 명예훼손적 의미를 해석하는 기준을 원칙으로 하
면서 전체적 상황 접근 방식(이른바 Ollman-test)을 참조할 필요가 있다. 그러나 혼합의
견의 법리를 차용하는 대법원 판결과 같이 사실/의견의 구별 이외에 의견이 사실을 함
축하는지 여부에 관해 무리하게 복잡하고 중복된 해석기준을 거론할 필요가 없을 것
이다.

② 문제된 진술이 사실적시로 해석되는 경우에는 종전의 진실항변 및 상당성항
변을 판단하게 될 것이다. 이들 피고의 항변이 배척되는 경우에는 원고의 청구가 인
용될 것이지만, 피고의 항변이 인용되는 경우에는 다시 피해이익과 표현행위자의 이
익을 비교 형량하는 단계가 필요하고,[189] 그에 의해 종국적으로 위법 여부가 가려지
게 된다.

③ 의견표현이라고 판단되는 사안에서는 공정한 논평의 법리에 따라 논증을 전개
하면서, 의견의 실질 내용과 표현행위의 형태 및 방법을 구별하여 단계적으로 판단할
필요가 있다. 의견은 그 실질 내용이 어떠한 것이라 하더라도 적법한 것으로 추정되지
만, 그것이 타인의 명예를 실추시키는 것이면 다음과 같은 단계를 거치게 된다.

첫째 단계에서, 그 비판적 의견을 뒷받침하는 근거사실이 있는가 여부를 심사하
되, 그 존재와 내용의 입증 책임은 피고가 부담하지만, 사실적시의 진실항변이나 상당
성 항변에서 요구되는 것보다 완화된 정도의 입증으로 가능하게 하고, 문제된 기사에

---

188) 이 논증방식은 독일 연방헌법재판소 1998. 11. 10. 결정(BVerfGE 99, 185 - "Scientology")에서 언론
　　과 인격권의 비교 형량기준에 관하여 집약 총괄한 바를 참고로 한 것이고(그 판결의 상세한 설시는
　　박용상, 명예훼손법, 28-33면 참조), 유럽인권재판소도 같은 논증방식을 채용하고 있다.
189) 예를 들면, 전에 형사처벌 받은 사실이 있다 하더라도 그것을 공개함에는 피해자의 지위, 필요성 등
　　에 비추어 이를 공개할 이익(공공의 알 권리)이 피해자의 피해보다 큰 것이어야 한다. 따라서 일반
　　적으로 전과를 공개하는 것은 명예훼손이 되지만, 공직후보자에 관하여는 그의 과거 전과를 공개하
　　더라도 면책된다. 현행 공직선거법에 의하면 공직후보자의 전과기록은 공개하게 되어 있으며(공직
　　선거법 제49조 제4항 제5호 및 제12항), 언론이 이를 보도하는 것은 명예훼손이 되지 않는다.

포함된 사실 이외에 다른 언론보도 또는 기타 널리 알려진 사실을 근거로 할 수 있다 (공정한 논평 규칙의 적용). 다른 한편 부정적 의견을 뒷받침하는 하등의 근거사실이 없는 경우에는 터무니없는 인신공격이나 비방적 비판으로 판단될 여지가 크고 그에 의한 책임 여부가 심사되어야 한다.

둘째 단계에서, 이렇게 의견의 실질적 요건으로서 비판에 사실적 근거가 있다고 보이는 경우에는 나아가 그에 대한 가치판단·의견을 표현하는 방법으로서 해당 폄훼적 진술이 과도한 것인가 여부를 판단하게 된다. 대법원의 확립된 판례에 의하면 의견표현도 일반적으로 허용되는 수사적 과장이나 비유적 비판을 벗어나 심히 "모욕적이고 경멸적인 인신공격"에 해당하는 경우에는 명예훼손의 법적 책임을 면치 못한다.

④ 사실/의견이 혼합되어 있고 그 구별이 어려운 경우에는 표현의 자유에 유리한 해석을 취하여 전체적으로 의견으로 보아야 한다는 것이 판례와 학설의 입장이기 때문에 의견표현에 관한 위와 같은 논증을 밟되, 사실적시로 보이는 부분에 관하여는 사정에 따라 진실 입증의 정도를 조절하는 방법을 고려할 수 있다. 이 경우 악의·상당성 결여 공격 기준이 적용될 수도 있을 것이다.

이상과 같이 체계적이고 논리적인 논증방식을 취한다면 법원은 물론 당사자에게 훨씬 간명하고 이해하기 쉬운 판결이 될 것이다.

6. 위법한 의견표현은 명예훼손이 아닌 별개의 불법행위를 구성하는가?

(1) 판례와 문제의 제기

의견표현의 내용이 모욕적이거나 인신공격에 해당하는 경우, 즉 형사상 모욕죄에 해당하는 경우 해당 표현행위의 위법성이 확인된 것이기 때문에 민사상으로도 불법행위가 성립됨에는 의문이 없다. 그러나 그 경우 민사상 명예훼손의 불법행위가 성립되는가, 아니면 의견표명에 의한 별개의 인격권 침해의 불법행위가 성립하는가 하는 문제가 생긴다.

이에 관해 종전의 학설을 보면, 형사상 모욕죄가 되는 경우에는 민사상 명예훼손의 불법행위도 성립한다는 입장[190]과 모욕에 의한 불법행위와 명예훼손에 의한 불법행위는 구별해야 한다는 입장[191]이 나뉘어져 있었다.

---

190) 한위수, 명예의 훼손과 민사상의 제문제, 사법논집 24권, 410−411면 및 이광범, 불법행위로서의 명예훼손과 그 구제방법 − 대법원 판례의 성과와 과제를 중심으로 − , 재판자료(77), 130−131면 참조.
191) 박철, 표현의 자유에 의한 명예훼손의 제한과 관용, 언론과 법(한국언론법학회, 2003) 제2호 369면 이하, 신평, 판례에 나타난 현실적 악의론의 한국적 수용, 세계헌법연구 제10권(2004), 74, 김경환,

이에 관한 대법원 판례를 보면, 전술한 바와 같이 모멸적 인신공격적 의견표명을 위법하다고 판시한 판결들은 그것이 명예훼손의 불법행위가 되는지 여부에 관해 분명히 설시하지 않았다. 그러나 그 후 의견이 위법할 수 있다는 논거를 취하면서도 그러한 경우에는 명예훼손이 아닌 별개의 불법행위가 성립한다는 입장을 취하는 판결이 잇따라 나왔다. 즉 2009년 현대자동차 노조 판결[192]은 "표현행위자가 타인에 대하여 비판적인 의견을 표명하였다는 사유만으로 이를 위법하다고 볼 수는 없지만, 만일 표현행위의 형식 및 내용 등이 모욕적이고 경멸적인 인신공격에 해당하거나 혹은 타인의 신상에 관하여 다소간의 과장을 넘어서서 사실을 왜곡하는 공표행위를 함으로써 그 인격권을 침해한다면, 이는 명예훼손과는 별개 유형의 불법행위를 구성할 수 있다"고 하여 새로운 입장을 취하였다. 이러한 새로운 입장은 2018년 '종북' 비난 사건 전원합의체판결[193]에서 다시 확인되었다.

그 이유에 관해 최근 대법원은 2018년 전원합의체 판결[194]에서 "민법상 명예훼손 등을 형법상 명예훼손이나 모욕과 동일하게 보는 것이 법률용어의 일관성과 법체계의 통일성 관점에서 바람직"기 때문에 "사실을 적시하지 않은 경우에는 민법상으로도 명예훼손이 되지 않는다고 보아야 하고, 다만 형법상 모욕죄가 성립할 수 있는 것에 대응하여 모욕적이고 인신공격적인 의견표명에 대해서는 불법행위책임을 별도로 인정하는 것이 바람직하다."고 설시하고 있다.

그리고 일부 학설은 위 판례의 입장을 지지하면서[195] 위 판례가 말하는 명예훼손과 다른 별개의 불법행위란 미국 판례법상의 프라이버시 침해(false light invasion of pri-vacy) 또는 독일법상 허위 공표에 의한 인격상 침해의 불법행위와 같은 유형의 불법행

전게 논문, 243, 김시철, 전게 논문, 253면 등.

192) 대법원 2009. 4. 9. 선고 2005다65494 판결 [현대자동차 노조].

193) 대법원 2018. 10. 30. 선고 2014다61654 전원합의체 판결 ['종북' 비난]: "타인에 대하여 비판적인 의견을 표명하는 것은 극히 예외적인 사정이 없는 한 위법하다고 볼 수 없다. 그러나 표현행위의 형식과 내용이 모욕적이고 경멸적인 인신공격에 해당하거나 타인의 신상에 관하여 다소간의 과장을 넘어서 사실을 왜곡하는 공표행위를 하는 등으로 그 인격권을 침해한 경우에는 의견표명으로서의 한계를 벗어난 것으로서 불법행위가 될 수 있다."

194) 대법원 2018. 10. 30. 선고 2014다61654 전원합의체 판결 ['주사파'].

195) 김경환, 의견에 의한 명예훼손(Ⅱ), 언론관계소송(2007), 239면 이하, 민성철, 의견 면책의 한계, 언론중재 제24권 제4호 통권 93호(언론중재위원회, 2004) 48면 이하. 김시철, 전게 논문, 239면은 표현행위에 적시된 '사실 자체'에 의해 개인의 사회적 평가가 침해될 수 있는 구체적 가능성이 인정되어야만 명예훼손이 성립되고, 애당초 구체적 사실적시가 없는 표현행위는 명예훼손이 될 여지가 없다고 하면서 이를 통설 판례라고 평가하는 한편(김시철, 전게 논문, 239면), "우리 법체계는 구체적 사실을 적시하지 않는 표현행위에 의해서도 상대방의 객관적인 사회적 평가가 저하될 수 있음을 당연한 전제로" 한다고 하면서(김시철 239면), 그러한 표현행위는 명예훼손이 아닌 별개의 불법행위를 구성한다고 주장한다.

위가 성립하는 것이라고 주장한다.[196]

이 문제가 중요한 이유는 민사소송법적 관점에서 심판의 대상이 되는 소송물의 결정에 영향을 주기 때문이다. 원고의 소송상 청구가 명예훼손의 불법행위인가 또는 별개 유형의 불법행위를 청구원인으로 하는가에 따라 소송물이 달라지고, 법원으로서는 원고의 청구와 다른 청구를 인정할 수 없을 뿐 아니라 원고가 청구하지 아니한 청구를 인용할 수 없는 것이다.

(2) 검토
가. 별개 불법행위설의 논거와 비판

먼저 형사상 모욕죄에 해당하는 모욕적 인신공격적 표현이 민사상으로는 명예훼손이 아닌 별개의 불법행위가 성립한다고 논단한 판례의 입장을 지지하는 학설이 내세우는 논거를 살펴보자. 이에 관해 가장 그럴듯한 논거를 제시하는 견해[197]는 모욕죄에 해당하는 표현과 명예훼손죄에 해당하는 표현은 행위태양, 면책기준 및 입증책임의 분배에서 서로 다르다는 점을 내세운다.

그러나, 첫째 양자는 행위태양이 다르지만 어느 것이나 사람의 사회적 평가인 외적 명예를 보호법익으로 하는 것이다. 대법원은 위 2018년 전원합의체 판결['주사파']에서 형사상 명예훼손죄와 모욕죄가 별도로 규정되어 있고, 그 행위태양이 다르기 때문에 민사상으로도 양자를 다르게 취급하여야 한다고 논증하고 있으나, 하나의 보호법익을 침해하는 행위의 태양에는 여러 가지가 있을 수 있고, 이 경우 행위 태양보다는 침해되는 법익에 따라 범죄나 불법행위의 유형을 달리하는 것으로 보는 것이 더 체계적이고 합리적일 것이다.[198][199] 명예훼손법의 연혁을 보더라도 초기에는 사실적시와 의견표현을 구별함이 없이 하나의 명예훼손행위로 보아왔고, 후에 양자를 구별하되 그 위법성을 달리 판단하게 되었음[200]을 보면 양자는 동일한 불법행위로 보는 것이

---

196) 김경환, 전게 논문, 243면, 김시철, 전게 논문, 253면 등

197) 민성철, 의견면책의 한계 – 인신공격적인 의견 표명에 의한 불법행위 책임의 성부 – , 언론중재 2004년 겨울호, https://www.pac.or.kr/kor/pages/?p=60&magazine=M01&cate=MA02&nPage=6&idx=581&m=view&f=&s=.

198) 우리 형법 각칙을 보면 각종 범죄는 우선 보호법익에 따라 분류하는 체제를 취한다. 그리고 제307조(명예훼손)과 제311조(모욕)은 모두 제33장(명예에 관한 죄)에 규정되어 있다.

199) 독일 형법은 'Beleidigung'이란 표제가 붙은 각칙 제14장에 (가치판단이나 사실적시에 의한) 모욕죄(형법 제185조, Beleidigung)를 기본적 구성요건으로 규정하고, 사실적시에 의한 명예훼손죄로서 제186조(üble Nachrede) 및 제187조(Verleumdung)를 함께 규정하고 있다. 결국 독일에서 'Beleidigung'이란 말은 우리 법제에서 모욕과 명예훼손을 포괄하는 용어로 사용되고 있으며, 모두 외적 명예를 보호법익으로 한다는데 판례와 학설이 일치하고 있다.

200) 박용상, 영미명예훼손법(한국학술정보, 2019), 205면 이하 참조.

타당하다고 생각된다.

둘째, 유념할 것은 하나의 기사나 표현행위에는 사실적시와 의견표현이 섞여 있기 마련이고, 양자를 구별하기가 쉽지 않다는 점이다. 그럼에도 하나의 표현행위를 그행위 태양에 따라 2개로 나눠 별개 유형의 불법행위가 성립하는 것으로 다룬다면 다른 심각한 문제가 생긴다. 이 경우 법원은 하나의 표현행위를 2개의 소송물로 나누어 심리를 진행하여야 할 것이고,201) 동일한 하나의 기사에 관해 사실적시 명예훼손으로 패소한 후 다시 의견표현에 의한 별개의 불법행위를 이유로 제소할 수 있게 될 것이다. 이러한 결과는 법원이든 당사자이든 소송 수행에 혼란을 주게 될 것이고 분쟁의 일괄해결을 목표로 하는 소송법제의 취지나 소송경제를 위해서도 바람직하지 못한 것이다.202)

셋째, 행위 태양이 다름에 따라 면책 기준과 입증책임 분배가 달라지는 것은 사실적시와 의견표현의 특성에 따라 헌법적 보호 강도가 다름에 비추어 생기는 것이고, 양자가 동일한 보호법익을 침해하는 것으로서 혼합되어 있는 것이 보통인 사정을 고려한다면, 논지가 주장하는 논거가 양자를 별개의 소송물로 볼 이유는 되지 못한다.

이상 논거와 비판을 종합하면 별개 불법행위설을 취하는 입장은 우리 판례가 의견에 의한 명예훼손의 성립을 부인하는 미국 판례에 영향을 받았기 때문인 것으로 보인다.

나. 비교법적 고찰

비교법적으로 고찰하더라도 민사상 의견에 의해서도 명예훼손의 불법행위를 구성하는 것으로 보는 것이 미국을 제외한 제국에서 일반적으로 통용되는 법리이다.

영국에서 명예훼손법의 역사를 보면, 애초에 명예훼손행위는 사실적시와 의견표현을 구별하지 않고 개인의 사회적 평가를 해치는 것이면 명예훼손이 성립되는 것으로 취급되었다. 그런데 언론의 자유를 신장하려는 시대적 변화의 요구에 따라 진실의 항변이 인정되면서부터 사실/의견의 구별이 시작되었고, 사실적시에 관해서는 진실의 항변과 제한적 특권의 항변이 개발되었으며, 의견에 관해서는 공정한 논평의 법리에 따라 그 허용 여부가 결정되게 된 것이다. 그리고 영국의 현행법과 판례에 의하더라도 민사상 명예훼손의 불법행위가 사실적시나 의견표현에 의해 성립할 수 있다고 함에는 이론이 없다.203)

---

201) 손해배상을 구하는 경우에는 하나의 기사에 관해 양자 각각에 관하여 배상액을 별도로 정해야 한다.
202) 대법원 2018. 10. 30. 선고 2014다61654 전원합의체 판결 ['종북']의 소수의견도 이러한 문제를 기적하고 있다(후술).
203) 2013년 개정 영국 명예훼손법에 의하면 의견에 의한 명예훼손이 성립함을 전제로 공정한 논평의 법

독일 연방헌법재판소는 의견표현의 자유는 표현의 자유의 본질적 구성부분을 이룬다고 하며,204) 독일의 민사 판례에 의하면, 형법상 모욕죄(Beleidigung, 독일 형법 제185조)나 [사실적시] 명예훼손죄(Üble Nachrede: 형법 제186조)에 해당하는 표현은 모두 불법행위를 규정하는 독일 민법 제823조 제2항에 따라 민사상 명예훼손의 불법행위가 성립한다고 하는데 이론이 없다.205)

다. 논리적 논증

우리 판례와 학설을 논리적으로 종합하여 보더라도 의견에 의한 명예침해 행위는 민사상 명예훼손의 불법행위를 구성한다고 볼 수밖에 없다.

먼저 형법상 명예훼손죄와 모욕죄의 규정 및 모욕죄의 성립요건에 관한 대법원 판례를 보면, "형법상 명예훼손죄는 사실적시를 요하며, 모욕죄는 사실을 적시하지 아니하고 단순히 사람의 사회적 평가를 저하시킬 만한 추상적 판단이나 경멸적 감정을 표현하는 것"(대법원 2003. 11. 28. 선고 2003도3972 판결 등 참조)이라고 하는 입장이 확립되어 있다.

그에 의하면 ① 사실적시가 없는 모욕적 인신공격적 표현은 형사상 모욕죄를 구성하며,206) ② 그러한 (사실적시가 포함되어 있지 않은) 모욕적 인신공격적 표현은 의견 표현의 부류에 속한다는 것이 판례207)와 학설208)의 입장이다. ③ 그렇다면 모욕적 인신공격적 표현은 (형사상 모욕죄가 되므로) 외적 명예를 침해할 수 있고, 민사적으로 볼 때도 명예를 침해할 수 있을 것이다.

대법원 2018. 10. 30. 선고 2014다61654 전원합의체 판결 ['종북']

이 판결의 소수의견도 다음과 같이 이러한 입장을 취한다.

"형법상 명예훼손은 제307조 제1항, 제2항에, 모욕은 제311조에 각 규정되어 있어서 검사가 기소한 범죄의 구성요건해당성을 판단하기 위하여 양자를 엄격히 구분할 필요가 있다. 그러나 민법상으로는 사실 적시인지 아니면 의견 표명에 불과한지에 대한 법적 평가의 차이에

리를 규정하고 있다(동법 제3조).

204) BVerfGE 7, 198－Lüth－Entscheidung.

205) Wenzel, aaO., Rz. 5.152. 독일 형법 제185조(모욕)는 무시·경시·멸시 등을 표현함으로써 명예를 공격하는 사실적시와 의견표현을 모두 처벌하며, 형법 제186조(명예훼손)는 진실로 증명되지 않은 사실적시에 의해 명예를 훼손하는 행위가 구성요건으로 되어 있다. 양자의 경우 모두 사회적 평가로서 외적 명예를 보호법익으로 하고 있다.

206) "형사상 모욕죄의 성립에 관한 우리나라의 통설은 사람의 외부적 명예를 저하시키는 모욕적 표현의 수단과 방법에는 제한이 없다"(김시철, 전게논문, 240면)는 것이므로 여기에 사실적시 없는 의견의 표현이 외적 명예를 침해하는 경우도 포함됨에는 의문이 없다.

207) 대법원 2003. 3. 25. 선고 2001다84480 판결 [실수 변호사 과잉 비난].

208) 김경환, 전게 논문, 239면 이하, 민성철, 전게 논문, 249면, 다만, 전원열 전게논문, 242면은 반대취지이다.

불과하고, 청구원인을 구성하는 사실관계인 이 사건 표현행위도 동일하며, 그 근거규범도 민법 제750조, 제751조에 기한 손해배상청구권으로 같으므로 양자는 동일한 소송물이고 청구권원이 동일하다고 보아야 한다."고 하면서 "법원은 표현들이 '명예훼손이거나 모욕이어서 사회적인 명예감, 개인의 인격권이 모두 침해되었다'라고 포괄적으로 인정하고 그 전체에 대하여 위자료 금액을 정할 수 있다."고 한다. 또 소수의견에 의하면, 종전 대법원 판례(대법원 2003. 3. 25. 선고 2001다84480 판결, 대법원 2009. 4. 9. 선고 2005다65494 판결[현대자동차 노조])도 이러한 입장을 취하고 있다고 보고 있다.

④ 이상 명제를 종합하면, 의견표현에 속하는 모욕적 인신공격적 표현은 외적 명예를 침해할 수 있고, 민사상 명예훼손의 불법행위를 구성할 수 있다는 결론에 이르게 된다.

요약한다면, 형법상 모욕죄에는 사실적시가 포함될 수 없지만, 외적 명예를 실추시키는 의견표현에 의해서도 성립될 수 있을 것이고, 모욕적·인신공격적 언사는 의견표명의 부류에 속한다는 것이 다수설과 판례의 입장이고 보면, 모욕적 인신공격적 언사가 타인의 '외적 명예'를 손상하는 것이면 민사상 명예훼손의 불법행위가 성립될 수 있음은 논리상 당연한 것이다.

그럼에도 이러한 부조화가 생긴 근본적 이유는 대법원이 미국 판례에 따라 민사상 의견표현에 의한 명예훼손의 성립을 부정하고 사실적시에 의해서만 명예훼손이 된다는 법리를 고집하고 있는데 있다.

(3) 명예훼손의 불법행위와 프라이버시 및 인격상 침해의 불법행위

다음 문제는 모욕적이고 경멸적인 인신공격을 포함하는 표현행위는 명예훼손이 아닌 별개의 불법행위(학설에 의하면 미국법상 왜곡적 프라이버시 침해나 독일법상 인격상의 왜곡에 의한 불법행위)가 성립한다고 하는 판례의 입장이다. 이에 관하여는 명예훼손과 프라이버시 침해 불법행위 양자의 보호법익과 침해 태양을 비교해 볼 필요가 있다.

첫째, 형사상 명예훼손죄와 모욕죄의 보호법익이 모두 개인에 대한 사회적 평가인 외적 명예라고 함에는 의문이 없다. 그에 비해 미국 판례의 프라이버시 침해 불법행위는 외적 명예가 침해되지 않는 인격권 침해를 다루기 위해 전개된 것이며,[209] 독일에서 허위에 의한 인격상 침해의 불법행위는 개인이 자신에 대하여 갖는 고유한 인

---

209) 미국 판례에 의하면, 왜곡적 공표에 의한 프라이버시 침해의 불법행위(false light invasion of privacy)는 ① 고의 또는 중대한 과실에 의해 ② 타인에 관계되는 사항을 공개하여 공중의 눈에 그릇 비치게 함으로써 ③ 합리적인 정상인의 감정을 손상하게 하는 경우임을 요한다. 이 유형의 프라이버시 침해는 명예훼손과 경합(競合)하는 경우가 있으나 공표 내용이 반드시 사회적 평가를 저하시키는 내용일 필요가 없으며, 피해자의 감정 보호가 주안점을 이룬다는 점에서 구별된다.

식을 보호한다는 점210)에서 개인에 대한 사회적 평가로서 외적 명예를 보호하는 명예
훼손과 다르다. 이와 같이 명예는 개인에 대한 사회적 평가를 보호하는 것이며, 그 외
의 인격권 또는 프라이버시의 권리는 원칙적으로 사회적 평가와는 무관한 개인의 자
신에 대한 인식과 감정을 보호하는 것이다.211)

둘째, 거론되는 미국이나 독일의 해당 불법행위 유형에는 각각 사실적시가 요건
으로 되어 있으나,212) 우리 형법상 모욕죄는 사실적시가 포함되지 않을 것을 요건으로
하고 있다.

그렇다면 사실적시를 포함할 수 없는 형법상 모욕죄에 해당하는 진술로서 사회적
평가를 침해하는 모욕적·인신공격적 진술에 관해 민사상 명예훼손이 성립하지 않고,
단지 사실적시를 요건으로 하면서 자기 자신에 대한 인식과 감정을 보호하는 것으로
간주되는 미국이나 독일 법제에서 인정되는 별개 유형의 불법행위를 구성한다고 보는
것은 어느 모로 보나 이해하기 어렵다.

(4) 소결

결국 소수 판례와 이를 지지하는 학설은 받아들이기 어렵고, 형사상 모욕죄가 되
는 모욕적·인신공격적 진술도 민사상 의견에 의한 명예훼손의 불법행위를 구성한다
고 보아야 할 것이다. 이렇게 보는 것이 민사상 명예훼손은 사실적시 또는 의견표현에
의해서도 성립된다는 제국의 확립된 법리에 더 충실하며, 비교법적으로 보아 더 바람
직한 것이다.213) 소수 판례와 학설의 견해는 민사상 의견에 의한 명예훼손의 성립을
부인하고 의견의 진술이 (묵시적으로라도) 사실의 적시를 포함하는 경우만 명예훼손이
될 수 있다는 미국식 사고에 영향받고 있기 때문에 나온 결론이라고 생각된다.

다만, 대법원의 관련 판시 중 "타인의 신상에 관하여 다소간의 과장을 넘어서서
사실을 왜곡하는 공표행위"가 <u>명예 아닌 인격권</u>을 침해한다면, 명예훼손과는 다른 별
개 유형의 불법행위를 구성할 수 있다(대법원 2014. 8. 20. 선고 2012다19734 판결 등 참조)"는
판시 부분에는 문제가 없다고 생각된다.214)

---

210) 독일에서 '자유로운 자주 결정'(freie Selbstbestimmung)의 사상을 근거로 널리 보호되는 일반적 인
　 격권 중에는 개인의 인격상을 허위로부터 보호하는 권리(Recht am Schutz vor Unwahrheit)가 포함
　 되며, 이를 침해하는 것은 명예훼손과 별개의 불법행위를 구성하게 된다(Wenzel, aaO., Rz. 5.63f).
211) 현행법상으로 보더라도 명예훼손과 모욕은 형상상 처벌되지만, 그 외의 프라이버시 침해를 처벌하
　 는 규정은 없다.
212) 이 때문에 미국 판례는 명예훼손과 왜곡적 공표 불법행위의 경합을 인정한다. 그리고 이러한 경우
　 피해자는 양자를 택일적으로 청구하거나 양자를 경합적으로 청구할 수 있을 것이지만, 그런 경우
　 법원으로서는 이를 구별해서 판단해야 하며 양자를 혼동하여서는 안될 것이다.
213) 이러한 법리는 미국을 제외한 거의 모든 국가에서 이의 없이 승인되고 있다.

Ⅳ. 의견표명에 의한 명예훼손의 성립요건 - 실무적 고찰

1. 개관

명예훼손소송에서 원고는 피고의 진술이 원고의 명예를 훼손하는 것으로 주장할 것이고, 피고는 이를 부인하면서 해당 진술에 명예훼손적 의미가 없다고 주장하거나, 아니면 의견표현임을 내세워 그에 상응하는 정당화 사유를 주장 입증하는 것이 통상적인 사례일 것이다. 이 소송과정에서 법원은 우선 해당 진술이 사실적시인가, 아니면 의견표현인가를 구별하여야 하고, 의견표현으로 판명되면[215] 언론의 자유가 명예권에 우선함이 원칙이어서 그 표현내용의 실질 여하에 관계 없이, 즉 가치의 유무, 옳거나 그름, 감정적이든 이성적이든 막론하고 원칙적으로 헌법 상 표현의 자유에 의해 보호되며,[216] 그 의견표현의 방법에서 날카롭고 과장된 표현도 보호된다.

이 때 하나의 표현행위가 사실적시인가, 아니면 가치판단인가를 구별하는 것은 법적 문제이고, 의견에 해당하는 진술을 사실적시로 판단하는 것은 위법하다.[217][218]

---

214) 원심이 "부부인 원고들이 대등한 관계가 아니고 이데올로그인 원고의 남편 심모 변호사가 지적 능력이 부족한 때부터 원고 이정희를 조종하고 이용하였다는 인상을 주는 것으로서, 진실과 다르게 왜곡하여 인격을 침해하는 표현"이라고 판시한 부분에 관하여 인격상 왜곡에 의한 인격권침해로 본 것은 타당한 것이었다.

215) 의견은 한 사건이나 상황에 관한 견해나 개인적 평가이며 진위의 증명이 불가능한 것이고, 따라서 가치판단의 진실성 입증을 요구하는 것은 그 자체가 의견 표현의 자유의 핵심을 침해하는 것이다 (ECHR 1991. 5. 23. Oberschlick v. Austria (No. 1)).

216) BVerfGE 61, 1 [7]; 85, 1 [15]; BVerfGE 90, 1 [등급심사결정] 등. 표현의 자유에 의해 보호되는 의견에 관하여 "가치 있는" 의견과 "무가치한" 의견을 구분하는 것은 "다원적으로 구성되는 자유민주주의 사상에 근거하는 국가체제"와 모순된다(BVerfGE 33, 1 [15]). 또 의견이란 주관적 평가를 요소로 하는 것이고, 표현의 자유를 보호하는 이유도 그것을 보호하려는데 있으므로 객관적으로 타당할 것을 요구하는 것은 의견 개념 자체와 모순된다.

217) "하나의 표현행위가 사실적시인가, 아니면 가치판단인가를 판별하는 것은 법적 문제이다. 사실적시는 표현행위와 현실 간의 객관적 관련성으로 특징지어진다. 그에 반해 가치판단과 의견표현은 자신의 진술 내용에 대한 표현행위자의 주관적 관련성으로 각인된다."(BGH 2016. 9. 27. - Ⅵ ZR 250/13).

218) 1999년 몰도바의 한 신문은 교통경찰의 비행에 관해 교통사고 피해자의 진술을 인용하여 비판하는 기사를 공표하였다. 유럽인권재판소는 국내법원이 명예훼손으로 인정한 일부는 가치판단이었고, 일부는 사실진술이었는데, 후자에 관해 진실입증의 기회를 부여하지 않은 것은 잘못이라고 판시하였다(ECHR 2005. 10. 11. Savitchi v. Moldova).

2. 사실과 의견의 구별 기준

명예훼손법에서 사실과 의견의 구별은 표현행위를 분류하는 중대한 기준의 하나로 다루어져 왔고, 미국이나 독일의 판례도 이를 구별하는 전제에서 의견의 표현은 특별한 사정이 없는 한 원칙적으로 면책된다는 입장을 확립하여 오고 있다. 그러나 명예훼손법에서 사실/의견의 구별은 쉽지 않다.[219] 각국의 판례와 학설은 여러 방안을 고안하려고 시도하였으나, 아직 명쾌한 기준으로 합의가 이루어진 바 없고, 그 때문에 이 법분야에는 심각한 혼란과 법적 불안정성이 지배하고 있다. 그러나 우리가 필요로 하는 사실인가 의견인가의 구별은 인식론적 문제라기보다는 법적 효과와 결부된 평가의 문제이며, 스몰라 교수가 말한 바와 같이 그 구별에는 개인의 명예와 표현의 자유 간에 올바른 균형을 찾는 것이 관건이다.[220]

(1) 비교법적 고찰
가. 독일

독일의 다수설과 판례에 의하면 사실주장은 그 표현내용이 일반 평균적인 수용자의 이해에 따라 객관적 설명이 가능한 경우를 말하며, 행해진 것으로서 원칙적으로 입증이 가능한 것이라고 한다. 독일 연방대법원(BGH)은 1970년대부터 위와 같은 입증가능성 기준뿐 아니라, 진위(眞僞)의 문제인가(wahr oder unwahr), 아니면 당부(當否)의 문제인가(richtig oder falsch)에 따라 구별하는 방안을 채택하고 있다.[221] 그에 의하면 해당 표현이 진실 또는 허위로(wahr oder unwahr) 확인될 수 있으면 사실주장으로 간주되며, 여기서 진실 여부는 인식과 존재, 즉 인식과 현실 간의 일치 여부라고 이해된다. 그에 반하여 해당 표현이 단지 옳고 그른(richtig oder falsch) 것으로만 판단될 수 있으면 의견표현으로 간주되는데, 여기서 당부는 판단과 결부되어 어떠한 기준에 맞는 것이면 그것은 정당한 것이고 맞지 않는 것은 틀린 것이라고 생각된다. 이 기준에 의하면 사실은 이를 부정함에 의해 대응할 수 있지만, 의견은 다른 입장에 의해서 공격될 수 있을 뿐, 그것을 부정하는 권리에 의해서는 대응될 수 없다.

나. 미국

전술한 바와 같이 미국 법원들은 1984년 올만판결[222]에 따라 "전체적 정황 접근법"('totality of

---

219) 명예훼손법에서 의견/사실의 구별보다 더 난해한 일은 없다(R. SACK, LIBEL, SLANDER, AND RELATED PROBLEMS 155 (1980)). 그 양자 간에는 인식가능한 경계가 없고, 대부분의 진술은 순수 의견과 순수사실 양자 간의 연속선 중 일정 지점에 존재하게 된다(Ollman, 750 F.2d at 1021−23 (S. Robinson, CJ., dissenting in part)).

220) Rodney A. Smolla, Law of Defamation, Entertainment & Communications Law Library, Clark Boardman Callaghan (1994), p. 6−5.

221) Wenzel, aaO., 4. Aufl., Rn. 4.41.

222) Ollman v. Evans, 750 F.2d 970, 1021 (D.C. Cir. 1984). 동 판결은 1974년 거즈 판결의 의견 면책의 이론을 전제로 절대 면책되는 '순수한 의견'과 그렇지 않은 '혼성적(混成的) 의견'(hybrid opinion)으

circumstances' approach)을 취한다. 동 판결은 사실과 의견을 구별하는 요소로서 ① 사용된 언어의 통상적 의미와 용법(the common usage or meaning of the language) ② 입증가능성(verifiability) ③ 진술이 행해진 문맥(literary context) ④ 언론이 행해진 사회적 상황(broader so-cial context)을 들고 있다.

다. 대법원

우리 대법원은 형사 명예훼손 사건에서 1993년 처음 사실적시의 개념을 정의한 이래,[223] 1996년 사실적시와 의견표현의 구별기준을 제시하였다. 그에 의하면 "판단할 진술이 사실인가 또는 의견인가를 구별함에 있어서는 언어의 통상적 의미와 용법, 입증가능성, 문제된 말이 사용된 문맥, 그 표현이 행하여진 사회적 상황 등 전체적 정황을 고려하여 판단하여야 한다"고 한다.[224] 이후 대법원은 여러 판결에서 같은 입장을 되풀이하고 있다.[225] 이를 보면 대법원이 미국의 1984년 올만판결의 4요소 기준('to-tality of circumstances' approach, 이른바 Ollmann test)을 받아들인 것으로 보이지만, 그 구체적 의미와 적용에 있어서는 상당한 차이를 보인다.

주목할 것은 1999년 연극비평 판결을 위시한 대법원의 주류판례가 민사상 명예훼손에 있어서 순수의견/혼합의견을 구별하는 법리를 채용함으로써 문제를 더 어렵게 하고 있다는 점이다.[226] 이와 같은 대법원의 판시에는 전술한 바와 같이 논란이 있고, 주류판례 이외에 대부분의 판례는 전통적인 전체적 상황 접근법에 따라 의견/사실을

로 구별하는 한편(동 판결의 설시에 의하면, 명예훼손소송에서 순수한 의견이 문제되는 경우는 희소하며, 혼성적 의견, 즉 "사실적 내용이 실려진 의견"(opinion laden with factual content)이 훨씬 흔한 경우이다), 판단할 진술이 사실인가 또는 의견인가를 구별함에 있어서 고려할 요소를 상술하였고, 그 판시는 이후 미국 대부분의 법원에서 통용되고 있다.

223) 대법원 1993. 1. 26. 선고 93도1693 판결(공직선거법 위반)은 "'사실의 적시'라 함은 사람의 사회적 가치 내지 평가를 저하시키기에 충분한 사실을 적시하는 것을 말하므로 구체적 사실이 아닌 단순한 추상적 판단을 표시하는 것은 이에 해당하지 않는다"고 판시한 바 있다.

224) 대법원은 1996. 11. 22. 선고 96도1741 판결(공직선거법 위반)에서 "'사실의 적시'란 가치판단이나 평가를 내용으로 하는 의견표현에 대치하는 개념으로서 시간과 공간적으로 구체적인 과거 또는 현재의 사실관계에 관한 보고 내지 진술을 의미하는 것이며 그 표현내용이 증거에 의한 입증이 가능한 것을 말하고, 판단할 진술이 사실인가 또는 의견인가를 구별함에 있어서는 <u>언어의 통상적 의미와 용법, 입증가능성, 문제된 말이 사용된 문맥, 그 표현이 행하여진 사회적 정황</u> 등 전체적 정황을 고려하여 판단하여야 한다."고 판시하였다.

225) 이후 대법원 1997. 4. 25. 선고 96도2910 판결(공직선거법 위반), 대법원 1998. 3. 24. 선고 97도2956 판결(무고·명예훼손) 등 참조.

226) 대법원 1999. 2. 9. 선고 98다31356 판결 [연극비평]은 "어떠한 표현행위가 명예훼손과 관련하여 문제가 되는 경우 그 표현이 사실을 적시하는 것인가 아니면 의견 또는 논평을 표명하는 것인가, 또 <u>의견 또는 논평을 표명하는 것이라면 그와 동시에 묵시적으로라도 그 전제가 되는 사실을 적시하고 있는 것인가 그렇지 아니한가를 구별할 필요가 있</u>"다고 판시하였다. 그러나 이 같은 경우 독일 판례는 "가치판단에 기한 표현행위의 형식을 취한 경우에도, 수용자에게 동시에 평가로 치장(治粧)된 구체적 과정을 상기하게 하고, 그 자체가 증거에 의한 입증이 가능한 경우에는 사실주장으로 나타날 수 있다"고 판시하여(BGH 2015. 7. 28. Ⅵ ZR 340/14), 바로 사실적시로 취급하고 있다.

구별하고 있을 뿐, 순수의견/혼합의견을 구별하는 방안을 따르지 않고 있다.

이하 본항에서는 전통적인 구별기준에 따라 4가지 요소에 관해 살핀다.

(2) 판단 요소

가. 언어의 통상적 의미와 용법

문제된 진술에 사용된 특정 언어가 사실적시인지 의견표명인지를 판단함에는 우선 그것이 통상적 의미와 용법을 갖는 것으로 보아 해석해야 한다. 그 경우에 일반적 통용력이 있는 정의라든가 언어학적으로 정확한 용어법을 조사할 필요까지는 없고, 관용적인 언어이해에 의존하면 족하다.[227]

미국 판례에 의하면 해당 언어가 구체적이고 정확하게 정의될 수 있어(precision and specificity) 명료한 사실적 함의("clear factual implications")를 갖는 경우이면 사실적시이고, 사용된 말의 의미가 모호하고 확정될 수 없기 때문에 허술하게 정의되거나 여러 가지로 해석될("loosely definable" or "variously interpretable")[228] 용어의 사용(semantic ambi-guity)은 의견표현으로 보고 있다.

독일에서는 사실적 알맹이가 없는 일반적인 미사여구(allgemeine Redewendungen)나 칭찬(Anpreisungen)은 사실진술이 아니고 의견의 표현으로 취급된다.[229] 또 "좋거나 나쁘다", "아름답거나 추하다", "많거나 적다", "유용하거나 해롭다"는 등의 말은 의견을 표현하는 경우로 보는 것이 보통이다.[230]

미국 판례는 정치학 교수를 정치적 행동주의자('political activist')라고 칭한 경우,[231] 우파 정치인을 파시스트라고 칭한 경우[232] 의견으로 보고 있으며, 우리 판례도 좌파 정치인을 '종북' 또는 '주사파'로 칭한 경우[233] 이를 의견표현으로 보고 있다.[234] 이 요건은 후술하는 입증가능성 요건과 연계되어 그와 함께 판단되는 경우가 많다.

한편, 계쟁 주장에 관해 비판자가 문구대로 읽혀질 것을 의도한 것이 아니고, 합

---

227) Wenzel, aaO., Rn. 4.8.
228) Ollman, 750 F2d, p. 980.
229) Seitz/Schmidt/Schöner, Der Gegendarstellungsanspruch in Presse, Film, Funk und Fernsehen, München 1998, S. 88.
230) Hänzschel, ReichspreßG 1927 § 11, 7 A b.
231) Ollman, 750 F2d, p. 979.
232) 파시즘이란 비난은 다채로운 의미를 가지며 정치적 위상부여(politische Platzanweisung)의 시도로 이해될 수 있다(OLG München, ArchPR 1975, 54).
233) 대법원 2018. 10. 30. 선고 2014다61654 전원합의체 판결 ['종북'].
234) 독일 판례는 보수정당에 대해 "유럽의 나치당"이라고 지칭 비난한 선거운동 표현행위에 관해 그 표현에는 실질내용이 빈약하여(Substanzarmut) 구체적으로 파악가능한 사실이 도출되지 않는다는 점을 들어 이를 의견표현으로 보아 면책시키고 있다(BVerfGE 61, 1 (1982) ['유럽의 나치당']).

리적인 사람에 의해서도 문자 그대로 간취되지 않을 것이라면, 의견으로 볼 가능성이 커진다. 올만 판결은 그 문구 자체의 의미를 쓴다는 생각이 없이 수사적 과장('rhetorical hyperbole')으로 쓰여진 경우 또는 상상에 의한 비유적 표현(metaphorical language used figuratively or imaginatively)235)은 의견으로 보고 있으며, 이러한 법리는 우리의 경우에도 유용하게 적용되고 있다(후술).

따라서 도둑, 사기, 공갈, 테러, 강도, 강간 등과 같이 범죄행위를 지칭하는 용어를 사용했다 할지라도 그것이 시간과 공간을 특정하는 구체적 범죄행위로서의 존재를 제시하는 것이 아니라 비유적 또는 과장적 표현을 위해 쓰여진 경우라면 의견으로 면책되는 경우가 있다. 그러한 표현에는 표현행위자의 비난적, 혐오적 의사가 그 범죄행위를 지칭하는 말의 뜻을 빌어 강력히 표시될 뿐이기 때문이다.

대법원 2018. 10. 30. 선고 2014다61654 판결 [종북, 주사파]

이 판결에서 대법원은 종합적 기준(전체적 상황 기준)에 따라 어휘의 통상적인 의미가 주요한 판단 기준이 된다고 강조하면서, 문제된 용어들의 통상적인 의미를 고려하면 원심이 이 사건 표현행위를 모두 사실 적시로 본 것은 타당하지 않다고 판시하였다. 먼저 종북이라는 표현이 북한에 대한 무비판적 추종에서 북한에 우호적 태도, 반국가세력, 정부의 강경정책에 비판적인 견해 세력 등 다양한 의미로 쓰이면서 결국 종북이라는 용어에 대하여 느끼는 감정 또는 감수성도 가변적일 수밖에 없으므로 종북의 의미를 객관적으로 확정하기가 어렵다고 설시하였다.

대법원은 주사파라는 용어에 관하여도 같은 논증 방식을 채용하여 의견으로 분류하였다. 대법원은 과거 주사파라는 용어를 사용한 기사가 문제 된 사건에서 사실 적시에 의한 명예훼손이 인정된다고 판단한 바236) 있었지만, 위 판결 이후 민주주의가 발전해온 정치상황을 고려하면 이 용어에 대한 평가도 달라져야 하고, 특히 이 사건에서 주사파라는 용어는 종북이라는 용어와 병렬적으로 사용되어 통합진보당의 운영이나 제19대 국회의원 선거 비례대표 경선 과정을 둘러싸고 갑과 을이 취한 정치적 행보나 태도를 비판하기 위한 수사적 과장이라고 볼 수도 있다고 설시하였다.

대법원 2019. 12. 13. 선고 2017다224494 판결 ["민변안에 북변"]

국회의원 갑은 페이스북에 "(미국 대사를 공격한) 을의 변호사 병은 민변(민주사회를 위한 변호사모임) 소속인데 머릿속은 북변이에요. 민주 변호가 아니고 북한 변호라는 거죠. 민변 안에 북변인 분들 꽤 있죠. 제가 이름을 거명 안 해도 검색해 보면 다 나오죠."라는 글을 올렸는데, 이에 대해 민변은 병은 민변 회원이 아닌데 갑이 허위사실을 유포했고 나아가 민변을 종북 인사가 상당수 포함된 단체로 지칭해 명예를 훼손했다며 손해배상 소송을 냈다.

대법원은 이 사건 글에서 '북변'이라는 용어가 원심이 설시하는 의미를 가진 '종북 변호사'

---

235) 예컨대, 원고는 편집증(偏執症) 환자를 위해 편집증 환자에 의한 신문을 경영한다고 하는 진술이 그러한 사례라 할 수 있다(Loeb v. Clobe Newspaper Co. 489 F. Supp. 481 (D. Mass. 1980)).
236) 대법원 2002. 12. 24. 선고 2000다14613 판결 ['주사파' PD].

를 뜻하는 것으로 사용되었는지가 명확하지 않을 뿐만 아니라, '종북'의 의미 자체가 현재 다양하게 사용되고 있고 그 의미를 객관적으로 확정하기 어려운 데다가, 이 사건 표현의 전후 문맥 등을 함께 고려해보면, 이 사건 표현은 사실의 적시가 아니라 의견의 표명으로 볼 여지가 있다고 판단하였다.

나. 입증가능성

사실적시는 진위의 입증이 가능하지만, 의견의 경우에는 그렇지 않다. 오관의 감각에 의해 인식 가능한 현재나 과거의 조건을 기술하는 것은 진위를 논할 수 있지만, 의견은 사실에 관한 논평이거나 해석이기 때문에 그것은 비판의 기준에 부합하는 여부에 따라 타당하거나 부당한 것으로, 좋고 나쁜 것으로, 또는 합리적이거나 불합리한 것으로 판단될 수 있을 뿐 진실 또는 허위로 판정될 수 없는 것이기 때문이다.[237] 이 의미에서 의견으로 간주되는 전형적 사례는 표현행위자의 정치적, 도덕적, 심미적 견해를 반영하는 이른바 평가적(evaluative) 진술이다(후술).[238]

다. 사용된 문맥

사실/의견 양자의 구별에는 문제된 말이 사용된 문맥이 중요하게 고려된다. 대법원은 '문맥' 요소를 판단하는 구체적 기준으로 글의 집필의도, 논리적 흐름, 서술체계 및 전개방식, 해당 글과 비평의 대상이 된 말 또는 글의 전체적인 내용 등을 제시하고 있다.

대법원 2017. 5. 11. 선고 2016도19255 판결 [식민사관 논쟁]

피고인은 피해자 발간 서적을 비판하는 서적을 발간하였다는 이유로 명예훼손죄로 피소되었다. 피고인의 비판에 의하면 피해자는 ① "임나일본부설이 사실이다.", ② "백제는 야마토 조정의 속국·식민지이고, 야마토 조정이 백제를 통해 한반도 남부를 통치했다." ③ "일본서기를 사실로 믿고, 스에마쓰 야스카즈의 임나일본부설을 비판하지 않고 있다."는 취지였다. 피해자는 일본이 고대사의 특정 시기에 가야를 비롯한 한반도 남부 일정 지역을 점령하거나 통치했다는 사실을 일본인이 신봉하는 일본서기의 사료를 이용해 반박하였을 뿐이고 ①, ②, ③과 같은 내용을 포함시키지 않았다고 주장하였다. 원심은 피고인의 위 주장은 사실주장의 외관을 보이나, 피해자의 서적에 숨겨진 이면의 논리에 대한 피고인의 가치판단과 평가를 내용으로 하는 의견표명에 해당한다면서 무죄를 선고하였다.

대법원은 원심의 판단을 지지하면서 다음과 같이 판시하였다.

"다른 사람의 말이나 글을 비평하면서 사용한 표현이 겉으로 보기에 증거에 의해 입증 가능한 구체적인 사실관계를 서술하는 형태를 취하고 있다고 하더라도, 글의 집필의도, 논리적 흐름, 서술체계 및 전개방식, 해당 글과 비평의 대상이 된 말 또는 글의 전체적인 내용 등을

---

237) Gertz, 418 U.S. at 339.
238) Elder, Id., § 8:3, p. 13.

종합하여 볼 때, 평균적인 독자의 관점에서 문제 된 부분이 실제로는 비평자의 주관적 의견에 해당하고, 다만 비평자가 자신의 의견을 강조하기 위한 수단으로 그와 같은 표현을 사용한 것이라고 이해된다면 명예훼손죄에서 말하는 사실의 적시에 해당한다고 볼 수 없다." 대법원은 ①, ②, ③이 사실적시의 외관을 띠고 있으나, 피고인의 진술은 식민사관을 비판하기 위한 것이고, ①, ②, ③ 부분은 해석과 평가의 서술로 구성되며, 무엇보다 책의 전체적인 내용을 종합하여 볼 때, "'임나일본부설이 사실이라고 주장한 것과 다름없다'는 취지의 피고인의 주장을 함축적이고 단정적인 문장으로 서술한 것으로서 피고인의 주관적 의견에 해당"한다고 결론내렸다

대법원 2017. 12. 5. 선고 2017도15628 판결 [종중 상계(上系) 사건]

대법원은 'ㄱ씨의 적통'이라는 책이 이에서 주장하는 바와 관련된 문헌을 소개하고 구체적인 자료 등을 첨부·인용하는 등 논문 유사 연구물의 형태로 집필되었고 전체적으로 주관적 의견을 개진하고 있는 것으로 보아야 한다고 판시하였다.

입증가능성이 있는 구체적 사실관계에 대한 진술이 포함되어 있는 출판물이라도 비평이나 논문 형식의 글은 주관적 의견·견해의 주장에 해당한다고 대법원은 판단한 것이다. 그리고 글의 서술과정에서 의견을 강조하거나 달리 표현하기 위해 구체적 사실관계를 단정하는 형태의 서술이 존재할 수 있지만, 그렇다고 이것이 평균적 독자에게 사실의 적시로 보이지는 않을 것이라고 대법원은 강조하였다.

첫째, 명예훼손적이라고 다투어지는 문장이 존재하는 기사 등 진술 전체의 취지를 함께 고려해야 한다. 예를 들면, 일상 대화에서 법적인 전문용어가 사용되는 경우도 있는데, 이 경우에는 전후 문맥에 따라 전문적 의미보다 일상적 의미로 보아 의견 여부를 판단하게 된다(후술).

BGH 1996. 1. 30. - Ⅵ ZR 386/94 - "Der Lohnkiller"

피고는 한 도시의 조직범죄의 실상을 고발 폭로하는 서적('임금도둑')을 발간하면서 시경찰 책임자였던 원고가 사창(私娼) 운영자의 이익을 위해 일하였다는 한 취재원의 말을 인용하여 보도하였다. 원고는 피고를 상대로 그가 사창 소유주를 위해 일했다는 사실주장의 금지(부작위)와 위자료의 지급을 구하는 소송을 제기하였다.

BGH는 "원고가 매춘업자를 위해 일했다"는 증인의 진술을 인용한 것은 사실 주장으로 보아야 한다. 가치판단과 사실이 혼합된 표현행위의 경우 가치판단에 기한 표현행위도 동시에 독자로 하여금 평가로 치장된 구체적 과정을 생각하게 하는 경우에는 사실주장으로 판단될 수 있는 한편, 가치판단의 요소가 우세하여 전체를 가치판단으로 취급할 표현행위의 경우 사실적 요소를 떼어내 그것을 따로 추론의 근거로 삼는다면 표현의 자유를 침해할 수 있다. 이 사건에서 원고가 유곽(遊廓) 주인을 위해 일했다는 진술은 그 자체만으로 구체적인 사태의 상세한 내역이 전달되는 것은 아니지만, 편견없는 독자들에게 양자 간에는 통상적이 아닌 특별한 관계가 있었고 원고는 그에게 유리하게 행위했다는 점을 인식시키므로 전혀 실질이 없는 가치판단이 아니다. 이러한 사실정보는 피고의 서적에서 인용이 자리잡은 상호 연관적 문

맥에 의해 더 구체화되고 있다."고 하여 원고 승소로 판단하면서 피고의 상소를 기각하였다.

둘째, 계쟁 진술이 표현물 전체에서 위치한 맥락도 고려된다. 사실적 진술로 보이는 많은 것은 그것이 위치한 맥락에 따라, 예를 들어 신문의 사설이나 의견란(op-ed)에 게재된 글 또는 만평이나 시사촌평란에 게재된 표현은 의견으로 생각될 수 있다.239)

셋째, 사실적시로 간주되는 문장에, 예를 들어 "나는 … 라고 생각한다"("ich meine, dass"), "내가 아는 한"("so viel ich weiß") 등 일정한 주의문구 내지 제한문구를 덧붙였다 할지라도 그에 의해 그것이 의견표현으로 바뀌는 것은 아니다. 표현행위자가 임의로 그러한 문구의 삽입에 의해 책임이 가벼워질 수 있다면 피해자의 명예보호는 불리해질 수 있기 때문이다.240) 독일 판례는 "확실함에 가까운 개연성을 가지고"241) 또는 " … 라고 주장된다"("sollen angeblich")242)는 문구가 사용된 경우에도 사실적시로 보고 있다.

라. 사회적 맥락

해당 표현행위가 행해진 사회적 맥락 역시 중요한 결정요소이다. 예를 들면, 격렬한 정치적 논쟁 과정에서, 특히 선거운동 중에 행해진 진술 또는 노사분쟁 중 행해진 비난은 가치평가 내지 의견표현으로 분류됨이 일반적이다. 미국 판례가 드는 사례를 보면, 부동산 정책에 관해 협상하는 부동산개발업자의 행태를 공갈("blackmail")이라고 비난한 경우243) 또는 노조가 발간하는 뉴스레터에서 비노조원을 배반자("scab")라고 비

---

239) 예를 들면, Myers v. Boston Magazine Co., 380 Mass. 336, 403 N.E.2d 376 (1980)에서는 피고 신문이 지역 스포츠 저명인사를 비아냥대는 시사촌평 시리즈를 게재하는 기사에서 원고(지역 스포츠캐스터)가 "언어훈련 과정에 등록한 유일한 자"라고 한 진술은 문구대로 진술된 사실 적시로 해석될 수 없다고 판시하였다.

240) BGH Urt. v. 2008. 4. 22, Az.: Ⅵ ZR 83/07 － [Sarkawi－Akte].

241) "원고가 뉴욕 S.K.병원에서 유방외과를 배웠다는 원고의 진술은 확실성에 가까운 개연성으로 틀린 것이다"라는 진술은 그 진실 내용에 관해 심사될 수 있고 "확실성에 가까운 개연성을 가지고"라는 말이 사용되었다고 하여 그것이 의견표현으로 변하는 것은 아니다(BGH Urt. v. 26.11.1996, Az.: Ⅵ ZR 323/95 „Gynäkologe").

242) BGH Urt. v. 1986. 5. 27, Az.: Ⅵ ZR 169/85 „Ostkontakte". 피고 신문(Bild am Sonntag)은 간첩죄로 수사받고 있는 Stern지의 기자(원고)가 동독 안보부와 밀접히 접촉하였고 원고가 작성한 기사는 "꾸며지고 조종된 동독의 증거자료에 의존한다고 주장된다."고 보도하자, 원고가 그 부작위[금지]청구를 제기한 사안이다. 원심은 위 진술이 피고 자신이 아닌 제3자의 진술을 인용한 것으로 보고 원고 청구를 기각하였으나, BGH는 이를 피고의 사실적시로 보고 그 진위 여부를 심리하도록 파기환송하였다.

243) Greenbelt Cooperative Publishing Ass'n v. Bresler, 398 U.S. 6, 14 (1970). 부동산개발업자이면서 주의회 의원인 원고는 그가 시당국과 도시계획 변경에 관해 협상하면서 "blackmail"하는 입장이었다고 보도한 피고 신문을 상대로 제소하였는데, 법원은 "비판되고 있는 것은 원고가 전적으로 법적인 공개적인 협상 제안이었다. 어떤 독자도 그 회합에서 또는 그들의 말을 보도하는 신문 기사가 원고가 형사 범죄를 범한 것으로 비난한 것으로 생각할 수 없었을 것이다. 반대로 아무리 부주의한 독자도 그 말은 수사적 과장 이상이 아니라고 인지했음에 틀림이 없다."고 판시하였다.

난한 경우244) 그것은 피해자가 처벌받을 범죄를 범하였다고 주장한 것이 아니라, 수사적 과장("rhetorical hyperbole")이라고 판단된 경우가 있다. 우리 판례 역시 이러한 기준에 따라 수사적 과장이나 비유적 표현을 의견으로 보아 면책시키는 입장을 취한다(후술).

판례 중에는 기사 댓글 또는 SNS에서의 개인적 코멘트에 관해 의견으로 본 사례가 있다.

대법원 2008. 7. 10. 선고 2008도2422 판결 [댓글 명예훼손]

인터넷 포탈사이트의 기사란에 마치 특정 여자연예인이 재벌의 아이를 낳았거나 그 대가를 받은 것처럼 댓글이 달린 상황에서 추가로 "지고지순이란 뜻이 뭔지나 아니? 모 재벌님과의 관계는 끝났나?"라는 내용의 댓글을 추가 게시한 경우 법원은 위와 같은 댓글이 이루어진 장소, 시기와 상황, 그 표현의 전 취지 등을 종합해보면, 피고인의 위와 같은 행위는 간접적이고 우회적인 표현을 통하여 위와 같은 허위 사실의 존재를 구체적으로 암시하는 방법으로 사실을 적시한 경우에 해당한다고 판시하였다.

(3) 의견으로 보는 경우

이상 기준들을 종합하여 의견으로 평가될 진술의 유형을 다음에 살펴 본다. 전술한 4가지 평가 요소는 사실/의견을 구별함에 있어서 독립적으로 적용되는 경우보다 복수의 요소가 종합적으로 적용되는 경우가 일반적이라고 할 수 있다.

그 표현형태에 있어서 수사적 과장 및 비유적 표현이면 의견으로 보아야 함은 전술한 바와 같다.

미국의 올만 판결245)이 설시한 바와 같이 "개인적 취향, 심미적·문학적 비판, 종교적 신앙, 도덕적 확신, 정치관 및 사회 이론 등" 진위를 판별할 수 없는 진술은 의견으로 면책된다고 봄이 타당하다. Prosser 교수는 이를 평가적 의견(evaluative opinions)으로 보아 면책된다고 한다. 다만, 서평, 각종 예술적 실행에 관한 논평, 음식점 평가 등에 있어서는 존재하지 않는 기초사실을 있는 것으로 전제하거나 이를 왜곡하여 제시하면서 평가한 경우에는 문제가 될 수 있다.

가. 사실판단(Sachurteil)

독일 판례는 다툼없는 사실로부터의 추론(Schlussfolgerung)을 사실주장이 아닌 가치판단으로 보며,246) 감정인의 감정결과 및 전문가의 추리결론(Schlußfolgerung)을 의견으

---

244) Letter Carriers v. Austin, 418 U.S. 264 (1974). 노조가 발간하는 뉴스레터에 여러 비노조원의 실명을 배반자("scab")라는 명단에 기재하여 배포한 사안에서 법원은 독자들이 이를 반역의 범죄(criminal offense of treason)를 범하였다고 비난하는 취지로 이해할 수 없을 것이라고 하여 의견의 표현으로 보았다.

245) Ollman v. Evans, 750 F.2d 970, 1021 (D.C. Cir. 1984).

246) BGH 2016. 9. 27, - Ⅵ ZR 250/13 [기자 비판].

로 취급한다.[247] 다수의 개별적 사실이 대조·비교에 의해 종합되거나 또는 결론이 도출되는 총괄적 주장(Sammelbehauptung)[248]의 경우에는 사실주장으로 보는 것이 일반적으로 타당하지만, 경우에 따라서는 의견으로 보아야 할 경우가 있다. 상품검사결과보고[249]와 같은 추리결론(Schlußfolgerung)의 경우에는 기초되는 개별적 사실관계에 관해 진위를 다툴 수 있고 총제적인 평가에 관해서도 결론에 이끈 결정적 사실관계 또는 대부분의 중요한 사실관계들이 허위라고 다툴 수 있다.

나. 법적인 주장 및 판단

1) 법적인 판단 일반

법적인 판단의 표현은 개인의 단순한 법적인 이해를 표현하는데 불과한 것이 일반적이고, 따라서 원칙상 의견으로서 보호받는다. 그 법적인 파악이 객관적 판단과 일치하지 않는 경우에도 마찬가지이다. 따라서 객관적인 질서에 관련되는 진술이라고 하더라도 주관적인 평가에 의해 비로소 얻어진 생각을 말한 것이면 의견의 표현이다. 그러한 기준에 따라 독일 판례는 특정 의혹 사안에 관하여 의회의 조사위원회가 조사 후 긍정적인 결론을 낸 데 대하여 그것은 범죄를 범한 것이라고 비난하면서 총체적으로 불법적이라고 주장한 경우 거기에는 진실 또는 허위라고 구별할 수 있는 실체가 없는 것이라고 판시한 바 있다.[250]

그러나 일정한 사실관계에 대해서는 다툼이 없지만 그에 대한 법적인 평가를 달리하여, 예컨대 "불법이다", "적법이다" 또는 "법 외적인 것이다"라고 견해를 달리하는 경우에는 문제될 수 있다. 위법 또는 적법의 판단은 가치판단이라고는 하지만 전체 법질서와의 관계에서 객관적으로 긍정 또는 부정으로 확정할 수 있는 것이기 때문에 이러한 판단이 단지 주관적 판단에만 맡겨진 의견이라고만 할 수는 없다.[251] 예를 들면, 피해자의 행위에 법적 근거가 없어 위법하다는 피고의 보도에 관하여 원고가 실제로 정당화하는 법규정이 존재함을 주장 입증한다면 피고의 보도는 허위로 취급하는 것이 어느 모로 보나 상식에 부합한다.[252]

---

247) Seitz, aaO., S. 100; BGH U. 18. 10. 77, NJW 78, 751.
248) 독일 판례는 "전쟁과 전시 경제정책 문제에 관한 X의 입장은 그가 한 재벌사에 근무하던 당시와 퇴직 후 전혀 달랐다"고 하는 기사는 총괄적 주장으로서 의견의 표현으로 볼 수 있다는 입장을 취하였으나(RG U. 21. 12. 20 RGSt 55, 129ff), 이 경우에도 그 근거로 제시된 기본적이고 결정적인 사실관계에 관해 다투면서 그것이 허위라면 총체적 평가가 허물어지게 되는 경우에는 그러한 사실들에 대한 반론이 허용된다고 보아야 한다(Seitz, aaO., S. 100).
249) 보통 평가결론의 보고에는 여러 가지 항목에 이르는 개별적인 기술적 세부 사항과 그 시험결과가 제시되고 이러한 개별 사실에 터잡아 평가적인 결론이 도출된다(Seitz, aaO., S. 100).
250) BGH GRUR 82, 631/632 - Klinikdirektoren.
251) BGH AfP 76, 75/79 - Panorama.
252) 전술 대법원 2001. 1. 19. 선고 2000다10208 판결 [제주 4.3사건]의 평석 참조.

2) 일상용어에서 법적 개념이 사용된 경우

법적 용어나 개념이 일상 대화에서 사용되는 경우에는 엄밀한 전문적·법적 의미로 해석할 것이 아니라 일상적 의미로 해석해야 한다. 법률전문가가 아닌 개인이 법적 개념을 사용하여 타인의 명예를 훼손하는 내용의 진술을 행한 경우 법원이 전문적·기술적으로 엄밀한 해석에 의해 그를 처벌하거나 제재한다면 표현의 자유에 불편한 제한을 야기하게 될 것이기 때문이다.

BVerfGE 7, 198 [227] - Lüth

법원 판결에 대해 "형식적 무죄판결"을 내렸으니, 그것은 "도덕적 저주"였다는 진술이 문제된 사안에서 연방헌법재판소는 그 진술은 엄밀한 법적인 의미로 표현된 것이 아니라 판결의 전체 내용에 대한 종합적, 평가적 발언이어서 의견으로 보아 금지될 수 없다고 판시함.

BVerfGE 85, 1 [11 f.] - [바이엘 주주, Bayer-Aktionäre]

바이엘 콘체른이 그를 비판하는 자들에게 "압력을 가하였다"("unter Druck setzen")고 주장한 전단 내용이 문제된 사안에서 이를 독일 형법 제240조의 강요죄를 범한 것으로 해석한 원심을 파기하면서, 피고의 주장에 영향력이 행사되었다는 사실적 요소가 있으나, 그는 이 과정에 관해 자신의 입장을 연관시켜 평가하면서 못마땅한 불만을 표시한 것이어서 의견으로 보호된다고 판시함.

BGH NJW 65, 294 - Volkacher Madonna

도난당한 예술품을 반환받기 위하여 고액을 지급한데 대하여 장물죄와 사후방조죄라고 한 법적 평가는 의견표현으로 생각되며, 따라서 그에 대한 취소청구가 허용되지 않는다고 판시함.

따라서 문제된 행위를 "불법적이고" "합법을 넘어선 것"이라고 비난하는 것은 일반적으로 단순한 주관적 평가를 의미하며, 바로 금지청구의 대상이 될 수 없다.[253] 또한 배우가 포르노의 섹스 스타였다는 주장에서 포르노는 형법의 의미에서 음란물을 의미하는 것으로 이해할 수 없다.[254]

3) 범죄행위를 지칭하는 용어

법적 사실을 사용한 표현행위는 그 전체적 의미의 해석에 따라 사실 또는 의견 중 하나로 취급될 수 있다. 예를 들면, ① "X는 도둑이다"라는 진술은 그 판단이 X의 특정한 과정(Vorgänge)에 관련되는 것으로 인식되는 경우에는 사실주장이지만, 그로써 X의 도둑같은 심정이 언급된 경우에는 의견 표현이 된다.[255] ② 원고에게 동의를 검토하도록 유발한 뒤늦은 보상제의는 법적인 근거가 없는 것이라는 표현행위는, 그로

---

253) BGH AfP 76, 75/79 - Panorama.
254) Wenzel, aaO., Rn. 4.23.
255) Seitz, aaO., S. 96.

써 서면에 의한 수권이 없었음을 의미하는 한 사실주장이지만, 그와 동시에 이에 관해 규범에서 도출되는 일반적 법원칙이나 불문의 법원칙이 존재하지 않음이 주장된 것이라면 의견 표현이다.256) ③ 법원이 의심이 있는 경우 피고인에게 유리하게 판결한 것이 아니라 불리하게 하였다고 주장한 기사는 법원이 "의심 있는 경우에는 피고인에게 유리하게"라는 법원칙(in dubio pro reo)을 위반하여 결정하였다는 것을 의미하여 의견을 표현한 것으로 보게 됨이 일반적이다. 그러나 그로써 (그 법원칙 적용의 요건인) 법원이 의심을 가졌음을 주장하였다고 해석되는 경우에는 사실주장이 된다.257) ④ 구청장의 직무가 해제된 결정이 내려졌는데, 이어서 그가 집회를 소집하고 구청장으로서 스스로 참가할 권리가 상실되었다고 주장되었다면, 외적인 경과로서 한 결정이 내려졌다는 범위에서는 사실주장이 행해진 것이고, 이 결정이 법적으로 유효하고 따라서 기술한 효과를 갖는다는 견해가 표현된 범위에서는 의견표현이 있는 것이다.258)

다만, 도둑, 사기, 공갈, 테러, 강도, 강간 등과 같이 범죄행위를 지칭하는 용어를 사용했다 할지라도 그것이 비유적으로 또는 과장적 표현을 위해 쓰여진 경우라면 의견으로 면책되는 경우가 적지 않다. 그러한 표현에는 시간과 공간을 특정하는 구체적 범죄행위로서의 존재가 제시되는 것이 아니라 표현행위자의 비난적, 혐오적 의사가 그 범죄행위를 지칭하는 말의 뜻을 빌어 강력히 표시될 뿐이기 때문이다.

BVerfGE 93, 266 [296] (1995) - "군인은 살인자"('Soldaten sind Mörder')

상이한 커뮤니케이션 관계에서 많은 단어나 개념은 여러 의미를 가질 수 있다. 특히, 법적인 전문용어가 일상 용어에서 다른 의미로 사용되었음에도 전문적·특수적 의미에 근거해 책임을 묻는다면 그 표현행위의 의미를 잘못 인식한 것으로 위법하게 된다.

이 사건에서 양심적 병역 거부로 집총거부가 허용된 피고인은 나토군의 군사훈련이 시행되는 장소에서 "군인은 살인자"('Soldaten sind Mörder')라고 쓴 플래카드를 내걸었다는 이유로 독일 형법 제185조(모욕죄)에 의해 처벌받았다.

연방헌법재판소는 사건에 관계된 제반 사항에 비추어 피고인의 진술은 양심적 병역거부 문제에 관한 의견을 강렬히 도발적으로 표현한 것이고, 특정 군인에 관해 법적으로 실제 살인을 범했다거나 개개 군인에 대한 중범죄의 태도나 심정을 비난하려 한 것으로 볼 것이 아니라, 전쟁, 군복무, 그리고 그에 연결된 인간 살해가 윤리적으로 정당화되는가라고 하는 쟁점 사안에 관한 토론을 위한 것이었으며, 군 복무자들에게 총체적으로 개인적 책임의식을 일깨우고, 그래서 전쟁역무 거부의 의사를 촉진하려 했다고 보아 그를 형사처벌한 형사법원 판결을 취소하였다.

---

256) BGH 1976. 4. 6. AfP 76, 75ff., 79 - Panorama.
257) Seitz, aaO., S. 96.
258) KU 1929. 8. 29. JW 30. 1755/1756.

BGH, Urt. v. 16. 12. 2014 - Ⅵ ZR 39/14 ['고성능 자석']

원고가 제조 광고한 난방설비 제품이 주장된 성능에 미치지 못하는 것으로 판명되자 원고에 대해 '사기', '협잡'이라고 비판한 사안에서 BGH는 이 사건에서 '사기'라는 말은 전문적 특수 의미가 아니라 일상용어로 사용되었다고 하면서, 평균적 독자들의 이해에 의하면 이 말이 법적으로 엄밀하게 규정된 범죄구성요건을 실현하였다고 주장한 것이 아니라 의식적으로 소비자를 기만하였다고 하는 보다 넓은 의미로 사용된 것이라고 판시하였다. 결국 이 사건 피고의 비난은 허위로 인정되는 사실주장이 아니고 가치판단이며, 따라서 그것이 날카롭고 과열된 것이라 하더라도 비방에 이르는 것은 아니기 때문에 허용되어야 한다는 것이 연방대법원의 결론이었다.

그러나 범죄를 범하였다는 주장(accusation of a crime)은 잘 정의된 의미를 갖는 명예훼손적 진술의 고전적 전형이다. 그러한 비난은 감각적 인식의 기록이 아니고 그 의미를 사회적 규범체계에 의존하게 되지만, 그러한 가치체계와 법규범들은 일반적인 것으로 이해되기 때문에 합리적인 독자나 청중에게 그러한 진술은 농도가 짙은 명예훼손적 사실을 의미하는 것으로 인식되게 된다.[259)260)]

다. 폄훼적 형용어 등의 사용

폄훼적 형용어(derogatory epithets)를 사용하여 피해자의 개인적 속성을 비난하는 진술이 명예훼손에 해당하는가에 관해서는 신중한 검토를 요한다.

이들 부류에 해당하는 말에는 열거할 수 없을 정도로 다양한 언어가 있지만, 이를 대강 분류하여 보면 ① 사람을 개, 돼지 등 동물로 지칭하는 경우 ② 상놈, 깡패, 건달, 불량배 등 ③ 사기꾼, 도둑 등 또는 ④ 멍청이, 바보, 저능 등 각종 멸칭으로 표시하거나 ⑤ 미치광이 등 정신이상(insanity)이라는 비난 ⑥ 거짓말쟁이, 위선자라는 비난 ⑦ 욕설적 표현 등이 있다.

이들 진술의 법적 평가는 일반적인 사실/의견 분류 기준에 따라, 그리고 그 말이 사용된 정황이나 맥락에 따라 다음과 같이 결정된다.

첫째, 대부분의 경우 이들 진술은 진술자의 피해자에 대한 반대 또는 혐오를 표시하는 의견으로 보게 됨이 일반적이다.[261)]

---

259) Ollman v. Evans, 750 F.2d 970, 980 (D.C. Cir. 1984). 따라서 범죄의 비난이나 암시는 사실의 적시로서 명예훼손의 책임을 지게되며, 범죄행위를 비교적 명확한 용어로 기술한 경우에는 의견으로 인정받기가 어렵다(Cianci v. New Times Publishing Co., 639 F.2d 54, 63 (2d Cir. 1980)).

260) 독일에서는 고살(故殺)행위자(Täter eines Tötungsdeliktes)에 대하여 판결이 나기 전에 모살자(謀殺者, Mörder)라는 법적인 전문용어를 사용하는 것은 허용되지 않는다. 우리의 경우에도 최초에 살인이라고 생각되었던 행위가 과실치사, 폭행치사, 상해치사 등으로 밝혀지는 경우가 적지 않기 때문에 (고의가 있는) 살인범이라고 지칭하는 것은 피해야 한다.

261) 의견에 의한 명예훼손을 부인하고, 모욕에 민·형사상의 책임을 과하지 않는 미국 법제에서는 이들 진술이 의견으로 해석되는 한, 어떠한 법적 책임도 부과될 수 없다. 우리의 경우에는 그 표현의 형

둘째, 따라서 이들 진술이 감정이 격화된 열띤 논쟁 중에 분노의 표출이었다거나, 상대방의 괘씸한 행태에 대한 즉각적인 반응으로 발언된 것이었다면, 면책될 수 있다. 이러한 상황 속에 사용된 욕설적 또는 경멸적 문구는 다른 사실 적시가 없었다면 명예훼손죄도 모욕죄도 되지 않을 것이다(후술).

셋째, 이들 표현이 문맥과 맥락 상 수사적 과장이나 비유적 표현으로 사용되었다고 인정되는 경우에는 의견으로 면책될 수 있다.

넷째, 그러나 그 단어와 함께 사실적 내용이 적시 또는 암시되고 있다면, 사실적시로 보아 진실 여부에 따라 책임이 결정될 것이다. 즉 이들 형용어만으로는 명예훼손이 될 수 없는 경우라 하더라도 그와 함께 사회적 평가를 훼손하는 정황이 드러나는 경우 또는 이들 형용어와 함께 명예훼손적 사실 적시가 추가된 경우에는 명예훼손이 될 수 있다.

종합하면, '바보'("idiot"),[262] 정신이상자, 사기꾼, 도둑 등 경멸적 단어(epithet)의 사용은 그 자체가 명예훼손적 의미를 갖지만, 그것이 사용된 문맥에서 보아 피해자가 이전에 행한 행위에 대한 반격이나 대응으로서 또는 그러한 비난을 정당화하는 사실관계가 있고, 비유적·과장적 표현인 경우에는 의견의 표현으로서 면책될 수 있다.[263]

'거짓말쟁이'라는 비난은 그것이 못마땅하다고 생각되는 원고의 행위를 비난하는 투로 과장된 표현에 불과하거나 상호 간 비난하는 과열된 논쟁에서 행해진 것이라면 의견으로서 면책된다. 그러나 그것이 구체적인 거짓말을 한 것으로 해석되는 경우에는 사실의 적시로 인정된다.[264]

'미치광이', '돈 사람', '광적', '정신 착란', '편집증', '히스테리', '정신분열증' 등 심리적 장애(psychiatric disturbance) 또는 정신이상(insanity)이라는 비난도 그것이 의학적인 의미에서 실제로 질병을 앓고 있다는 사실을 표현한 것이 아니라 활발하고 열띤 설전의

태나 행해진 정황에 따라 이하 본문에서 설명하는 바와 같이 형사상 모욕죄 또는 민사상 모욕행위에 의한 명예훼손의 불법행위가 성립할 수 있다.

262) ECHR 1997. 7. 1. Oberschlick (No. 2): 2차 대전에 참전한 독일군은 평화와 자유를 위해 싸웠다는 오스트리아 자유당수 하이더의 연설에 대해 "그는 나치 아니면 멍청이"라고 비난한 사안에서 그것은 기자가 정치인의 연설 내용에 반발하여 발언한 것이고, 그를 위한 객관적으로 이해할 수 있는 설명을 제시하였기 때문에 터무니없는 인신공격(gratuitous personal attack)이 아니다.

263) 사실관계에 따라서는 신랄한 비판도 정당하다고 보이는 사정이 있을 수 있다. 의학적인 진단결과에 반하여 자가치료를 제시한 의사에 대해 '돌팔이'라고 한다거나, 전후 모순되는 행위를 한 정치인에 대하여 '분열적 성격' 또는 '다혈질적인 선동가'라고 표시하는 정도로는 형식적 명예훼손이 부인된다(Wenzel, aaO., Rn. 5.213).

264) 예컨대, 미국 판례에 의하면 DDT의 유해 여부에 관한 논란에서 지속적으로 통계를 오용하는 것으로 보이는 과학자를 '거짓말쟁이(liar)'라고 지칭한 것은 의견에 해당하지만, 한 과학자를 '매수된' 거짓말쟁이라고 비난하는 것은 명예훼손적 사실의 적시에 해당한다(Edwards v. National Audubon Society, 556 F.2d 113 (2d Cir. 1977)).

와중에서 과장과 비유 등 과열된 수사(修辭)로 쓰여진 것이라면 의견의 표현으로 취급되지만, 그러한 가치판단을 뒷받침하는 사실적 근거가 없으면 책임이 인정될 수 있다.

대법원 2003. 8. 22. 선고 2003다9870판결 [최장집교수 비판 기자]
서울고등법원 2001. 5. 17. 선고 99나67484 판결

조선일보 기자인 원고는 고려대학 교수 소외 최장집의 과거 발표 논문을 근거로 그에 대한 사상을 평가하는 기사를 작성한 바 있었다. 그 후 최장집 교수가 대통령자문 정책기획위원회 위원장에 임명되자 원고는 그에 대한 이른바 사상검증 과정에서 그를 비판하는 기사를 게재하였고, 그에 대응하여 피고 월간 '말'지는 최장집 교수에 대한 원고의 보도태도와 관련하여 그를 비판하는 기사를 게재하였다. 원고는 자신의 명예를 훼손당하였다고 주장하면서 손해배상을 청구하였다.

제1심인 서울지법 서부지원은 1999. 11. 19. 피고 '말'지에 대하여 400만원의 위자료 지급을 명하였으나, 항소심은 '말'지의 기사는 모두 의견에 해당하여 명예훼손이 성립하지 아니한다는 이유로 원고 청구를 기각하면서 다음과 같이 판시하였다.

먼저 그 기사 중 ① "그의 '지적 능력'은 뛰어난지 몰라도 그의 '지적 양심'에는 심각한 문제가 있다"는 부분은 원고가 종전의 저술에서는 최장집 교수에 대하여 높은 평가를 내렸으면서도 최장집 교수에 대한 사상검증 논쟁과정에서는 당시 조선일보와 월간조선이 보이고 있던 보도태도와 궤를 같이함으로써 종전의 평가와는 서로 모순되거나 상반되는 내용의 기사를 작성하였다는 사실에 대한 의견 또는 논평이라고 봄이 상당하다고 판단하였다.

나아가, ② "마녀사냥에 동원된 조선일보 기자들의 정신분열증"이라는 소제목 아래 최장집 교수에 대한 이른바 사상검증 논쟁 과정에서 조선일보와 월간조선이 보인 태도는 정신분석학을 통한 병리학적 심리분석이 필요하고, 그 분석 결과 전형적인 마조히즘적 정신분열증세를 보이고 있다고 원고를 비판하는 내용에 대하여는 원고가 의학적인 의미에서 피학성 변태성욕이라는 질병을 앓고 있다는 사실의 적시가 아니라 원고가 아무런 해명 없이 자신의 기존 논리를 부인한 것에 대한 의견 또는 논평의 비유적 표현으로 봄이 상당하다고 판단한 뒤, ③ 위 각 의견 또는 논평의 전제사실은 원고가 종전에 최장집 교수에 대하여 내렸던 평가와 모순되거나 상반되는 내용의 기사를 작성하여 게재하였다는 것으로서 이는 기본적으로 진실한 사실을 적시한 것으로 인정된다고 보아 명예훼손의 성립을 부정하였다. 위 고등법원 판결은 상고기각으로 확정되었다.

독일에서는 사람을 개, 돼지 등 동물로 지칭하는 것은 원칙적으로 모욕에 해당하며,[265] 장애인을 '불구자' 또는 '병신'(Krüppel)"이라고 직접 부르는 것은 그에 대한 경멸을 표현하고 장애인의 인격권을 중대하게 침해하는 것이어서 책임을 면하지 못한다고

---

265) 독일 형법 제192조(형식적 모욕, Formalbeleidigung)에 의하면 자동적으로 명예훼손이 되는 단어, 표현 및 문장형식을 사용하는 경우와 이른바 비방적 비판(Schmähkritik)에 해당하는 경우에 모욕죄가 성립된다고 규정한다. 전자에 해당하는 것으로 사람을 돼지, 원숭이, 황소 기타 이와 유사한 말로 표현하면 자동적으로 명예훼손이 된다고 보는 것이 일반적이다(Wenzel, aaO., Rn. 5.212).

한다.

BVerfGE 86, 1, 1992. 3. 25. 결정 ['타이타닉']

"불구자"라는 명칭은 신체의 기형이나 사지의 결여로 인하여 행동능력에 장애가 있는 인간만을 의미하지 않는다. 오늘날 인간을 "불구자 또는 병신"으로 호칭하는 것은 모욕적인 것으로 이해된다. 이러한 호칭을 통하여 그는 열등한 인간으로 낙인찍힌다. 특히, "불구자 또는 병신"이란 단어가 신체적으로 건강한 사람을 욕하고 그를 비하하기 위하여 사용된다는 것에서 단어의 의미변화가 나타난다. 그런데, 이 기사가 신체장애인임에도 불구하고 군복무를 이행하려는 원고의 노력을 비판하고 있다고 하더라도 "병신"이란 명칭은 위와 같은 모욕적인 의미를 잃지 않는다. 전쟁 및 사고의 희생자에 대해 "불구자"라는 단어는 오늘날에도 물론 동정적인 의미를 가지고 있지만, "독자에게 보내는 편지"의 전체 내용으로부터 이러한 호칭을 통하여 원고에게 개인적으로 상처를 주려고 하는 청구인의 의도를 알 수 있다. 결국 문제 기사에 의해서는 원고에 대한 명예훼손이 성립한다.

라. 미래의 예측 또는 가정, 인과관계의 주장, 사태의 비교 등

미래 및 선사(先史)시대의 사실에 관한 진술은 입증이 불가능하기 때문에 사실적시로 보아 진위를 따질 수 없고, 의견의 진술로 보게 된다.

가정(Hypothesen)은 개인적인 확신이나 느낌에 근거한 강력하게 주관적으로 채색된 주장으로서 보통 증거에 의해 접근할 수도 객관적으로 해명할 수도 없는 것이기 때문에 사실주장이 아니다.266) 예를 들어 "살인자 갑은 부모의 부정적인 속성과 잘못된 양육 때문에 살인자로 되었고; 주의 깊게 양육되었다면 그는 품위있고 존경받는 시민이 될 수 있었을 것이다"라는 진술은 순수한 의견이다.267)

한 사실이 다른 사실에 기인한다는 인과관계의 주장은 쉽게 입증될 수 없는 개인적인 주관적인 평가의 결과에 속함이 보통이지만, 사실주장의 형태로 제기될 수도 있다. 즉 의사 A는 어머니에 대한 몰피엄 처치에 의해 그 아들을 중독시켜 살해하였다는 단정적인 표현의 보도는 사실 주장이다.268)

사태의 비교는 의견표현의 형태에 의한 가치평가의 예에 속할 것이나, 평균적 수용자의 해석에 따라 개별적인 예외도 생각할 수 있다. 예를 들면 "비스마르크는 굴뚝 청소부처럼 말한다"는 주장에는 사실적 핵심이 없어 의견표현으로 취급된 바 있고,269) "X정당은 과거의 어떤 정당보다 나쁘다"는 표현도 의견으로 취급된 바 있다.270) 정치

---

266) Seitz aaO., S. 93.
267) Seitz aaO., S. 93; Hänzschel, ReichspreßG 1927 § 11, 7 A a).
268) RG, U. 29. 10. 1886 RGSt 8, 649.
269) RG, U. 1. 11. 1879 RGSt 1, 28.
270) Seitz, aaO., S. 106.

적 영역의 진술에서는 비교하는 진술이 의견으로 간주되는 것이 보통이지만, 경제적 영역에서는 사실진술로 해석될 여지가 크다.

> BGH 2008. 4. 22, Az.: Ⅵ ZR 83/07 - 내적 사실
>
> 표현행위자가 단지 징표(정황증거, Indizien)의 도움으로 내적 사실을 추론하고 그로부터 자신의 주관적 판단 내지 자기의 개인적 의견을 도출하는 경우에는 내적 사실에 있어서도 하나의 의견표현이 존재할 수 있다. 제3자의 동기나 의도에 관한 표현행위는, 표현행위의 대상이 과거에 속하는 제3자의 행위이고, 외적인 간접사실(Indiztatsachen)의 도움으로 그의 동기상태의 설명이 가능해 보이는 경우라면, 사실주장이 된다(vgl. BVerfG, NJW 2007, 2686, 2688; Damm/Rehbock, Widerruf, Unterlassung und Schadensersatz in Presse und Rundfunk, 3. Aufl., Rn. 592). 혹자가 심사에서 잘못이 발견되지 않도록 알면서 허위 숫자를 말했다는 주장은 그러한 사안에 해당한다.

마. 학문적 연구 결과

대법원은 "학문적 연구에 따른 의견표현을 명예훼손죄에서 사실의 적시로 평가하는 데에는 신중할 필요가 있다"고 한다. 학문적 표현의 자유를 실질적으로 보장하기 위해서는, 학문적 연구 결과 발표에 사용된 표현의 적절성은 형사 법정에서 가려지기보다 자유로운 공개토론이나 학계 내부의 동료평가 과정을 통하여 검증되는 것이 바람직하기 때문이다.[271] 따라서 학문적 표현, 특히 역사적 사실에 관한 학문적 표현을 그 자체로 이해하지 않고, 표현에 숨겨진 배경이나 배후를 섣불리 단정하는 방법으로 암시에 의한 사실 적시를 인정하는 것은 허용되지 않으며, 암시에 의한 사실 적시를 인정하려면 최소한 학문적 표현에 포함된 특정한 문구에 의하여 그러한 사실이 곧바로 유추될 수 있을 정도의 표현은 있어야 한다고 한다.

> 대법원 2023. 10. 26. 선고 2017도18697 판결 ['제국의 위안부']
>
> 이 사건에서 대법원은 학문적 표현물이 명예훼손죄의 사실적시에 해당한다고 인정함에는 신중해야 한다는 입장을 취하고 있다.
>
> 검사의 기소사실에 의하면 피고인은 그가 출판한 '제국의 위안부'에서 명시적 암시적으로 ① "조선인 일본군 위안부들은 군인을 상대하는 매춘임을 인지한 상태에서 생활을 위해 본인의 선택에 따라 '위안부'가 되어 경제적 대가를 받고 성매매를 하는 매춘업에 종사하는 사람이다."(6개소) ② "조선인 일본군 위안부들은 일본군과 동지의식을 가지고 일본 제국 또는 일본군에 애국적, 자긍적으로 협력하였다."(3개소) ③ "조선인 일본군 위안부들의 동원 과정에서 일본군의 강제 연행은 없었다. 있다고 한다면 군인 개인의 일탈에 의한 것이어서 공적으로 일본군에 의한 것이 아니다."(4개소)라는 허위의 사실을 적시하여 조선인 일본군 위안부

---

271) 대법원 2023. 10. 26. 선고 2017도18697 판결 ['제국의 위안부'].

의 명예를 훼손하였다는 혐의가 적시되었다.

제1심은 "기소된 35개 표현 중 5개 표현은 사실의 적시에 해당하나, 나머지 30개 표현은 의견 표명에 불과해 명예훼손죄가 성립하지 않는다"며 "5개 표현 중 3개 표현은 명예훼손적 사실의 적시에 해당하지 않고, 2개 표현은 집단표시에 의한 것으로 피해자가 특정되었다고 보기 어려우"며, "전체적으로 피고인 박 교수에게 고소인들의 명예를 훼손한다는 고의가 없다"고 봤다. 그러나 제2심은 검찰이 기소한 표현 35개 중 11개는 의견 표명이 아닌 사실 적시라고 인정하고, 각 표현이 허위사실 및 명예훼손적 사실 적시에 해당하며 피해자도 특정됐을 뿐 아니라 명예훼손의 고의도 인정된다고 보아, 벌금 1000만 원을 선고했다.

대법원은 원심이 유죄로 본 각 표현이 박 교수의 학문적 주장이나 의견의 표명으로 평가하는 것이 타당하고, 명예훼손죄로 처벌할 만한 '사실 적시'로 보기 어렵다는 이유로 사건을 파기 환송했다. 대법원은 학문적 연구에 따른 의견 표현을 명예훼손죄에서 사실의 적시로 평가하는 데에는 신중할 필요가 있으며, "학문적 표현을 그 자체로 이해하지 않고 표현에 숨겨진 배경이나 배후를 섣불리 단정하는 방법으로 암시에 의한 사실 적시를 인정하는 것은 허용된다고 보기 어렵다"고 밝혔다.

"학문적 표현에 사용된 용어의 개념이나 범위에 관하여는 다양한 입장이 존재할 수 있다. 이 경우 국가가 다양한 학문적 견해 중 어느 하나의 견해만이 옳다고 선언하는 것은 학문적 표현의 자유에 대한 부당한 침해가 될 수 있다. 따라서 학문적 표현이 사실을 적시하고 있는 것처럼 보이는 경우에도, 용어의 개념이나 포섭 범위에 대한 다양한 해석이 가능하고, 해당 표현에서 취한 개념이 실제 학계에서 통용되는 것이거나, 통용되지 않더라도 문언의 객관적 의미나 대중의 언어습관에 비추어 용인될 수 있으며, 해당 표현이 용어에 대한 특정한 학문적 개념정의를 전제로 한 것임이 표현의 전후 맥락에 의하여 확인될 수 있는 경우에는, 사실의 적시가 아닌 학문적 견해 표명 내지 의견 진술로 보는 것이 학문의 자유를 최대한 보장하는 헌법 정신에 들어맞는다.

"박유하교수의 저서 '제국의 위안부'가 무죄판결을 받은 후 강의 도중 위안부 피해자들을 매춘 여성에 비유해 피해자들의 명예를 훼손한 혐의로 기소된 류석춘 전 교수 역시 2024. 1. 25. 무죄선고를 받았다. 재판부는 학문의 자유를 강조하면서 류 전 교수의 "위안부는 강제 연행이 아니라 현대의 매춘과 유사하다", "정신대문제대책협의회(정대협)가 통합진보당·북한과 연계됐다"는 발언을 무죄로 판단했다. 다만, 정대협 측이 위안부 강제 연행에 대해 허위 진술을 교육했다는 발언은 혐의를 인정해 벌금 200만원을 선고했다.[272)]

(4) 사실적시와 가치판단이 혼합된 경우

의견표현과 사실주장을 구분하는 것은 쉽지 않고, 양자가 상호 결합되어 있는 경우가 적지 않다.[273)] 그 경우 판단은 어떤 것이 전면에 서고 우세한 것인가에 따르게

---

272) 뉴스1 구아모기자 2024.01.25. 보도.

273) 1999년 몰도바의 한 신문은 교통경찰의 비행에 관해 교통사고 피해자의 진술을 인용하여 비판하는 기사를 공표하였다. 유럽인권재판소는 국내법원이 명예훼손으로 인정한 일부는 가치판단이었고, 일부는 사실진술이었는데, 후자에 관해 진실입증의 기회를 부여하지 않은 것은 잘못이라고 판시하였다(ECHR 2005. 10. 11. Savitchi v. Moldova).

된다.

가치판단에 기한 표현행위의 형식을 취한 경우에도, 수용자에게 동시에 평가로 치장(治粧)된 구체적 과정을 상기하게 하고, 그 자체가 증거에 의한 입증이 가능한 경우에는 사실주장으로 나타날 수 있다.[274] 즉 평균적인 수용자의 생각에서 보아 평가적인 요소로 채택된 경우라 할지라도 그 기사로부터 증거에 의해 접근가능한 사실관계가 간취되는 경우에는 사실주장이다.

BGH 1996. 1. 30. 판결 - Ⅵ ZR 386/94 ["Der Lohnkiller"]

가치판단과 사실이 혼합된 표현행위의 경우 가치판단에 기한 표현행위도 동시에 독자로 하여금 평가로 치장된 구체적인 과정을 생각하게 하는 경우에는 사실주장으로 판단될 수 있는 한편, 가치판단의 요소가 우세하여 전체를 가치판단으로 취급할 표현행위의 경우 사실적 요소를 떼어내 그것을 따로 추론의 근거로 삼는다면 표현의 자유를 침해할 수 있다.

이 사건에서 "원고(경찰책임자)가 매춘업자를 위해 일했다"는 진술은 그 자체만으로 구체적인 사태의 상세한 내역이 전달되는 것은 아니지만, 편견없는 독자들은 양자 간에 통상적이 아닌 특별한 관계가 있었고 원고는 매춘업자에게 유리하게 행위했다는 점을 인식하게 될 것이므로 전혀 실질이 없는 가치판단이 아니다.

특히, 평가가 총괄적인 사실주장으로 표현되는 경우에는 종합된 사실적인 상황에 관하여 진실 여부의 입증이 가능하고, 그러한 경우에는 사실적 성격이 우세한 것으로 판단해야 한다.[275] 진술의 일부분만이 평가로 이해되는 경우에도 사실적 핵심이 우세한 것으로 볼 수 있다.

그와 반대로 진술을 총체적으로 볼 때 표현의 사실적인 내용에 아무 실체가 없고 그 때문에 평가적 성격이 우세한 경우에는 전체를 의견으로 보아야 한다.[276]

BGH 2014. 12. 16. 판결 - Ⅵ ZR 39/14 ['고성능 자석']

이 사건에서는 원고 기업이 생산 판매하는 난방설비제품에 대해 광고한 만큼 에너지 절약 효과가 없었던 경우 이를 '야바위 상품'이며 원고는 '사기나 협잡'을 한다고 비난한 피고의 표현행위가 문제되었다.

BGH는 그 표현에 사실과 의견이 불가분적으로 결합하고 있으나, 그 주된 요소는 원고의 영업행태에 대한 주관적 평가가 우세하였다고 보아 이를 의견표현으로 판단하면서, 기업의 영업적 수행에 관한 평가적 비판은 그것이 예리하고 과열된 것이라 하더라도 비방적 비판에 해당하지 않는 한 표현의 자유로 보호되어야 한다고 판시하였다. 그리고 그 목적은 시장과 소비자에게 알리려는 목적을 가진 것이고, 원고의 행태에 대해 비판적으로 대결한 것이므로 그것은 비방적 비판에 해당하지 않는다는 것이다.

---

274) BGH 2015. 7. 28. Ⅵ ZR 340/14.
275) BGH, GRUR 72, 453/439.
276) BVerfG NJW 83, 1415.

이 사건에서 사용된 '사기'라는 말도 전문적 특수 의미로서가 아니라 통상용어로 사용되었음이 분명하므로 평균적 독자들의 이해에 의하면 이 말이 법적으로 엄밀하게 규정된 범죄구성요건을 실현한 것이 아니라 의식적으로 소비자를 기만하였다는 보다 넓은 의미로 사용된 것이라고 판단하였다.

또, 사실주장의 형태를 취하고 있다 하더라도 의견으로 볼 경우도 있다. 예를 들면, 공산당이 보수당의 "연방수상은 새 세계대전을 준비한다"고 비난한 데 대하여 독일 판례는 사실주장 형식의 진술에 레닌·스탈린 이론의 의미의 가치판단이 채색된 것이라고 보았다.[277]

대법원 2017. 12. 5. 선고 2017도15628 판결

"다른 사람의 말이나 글을 비평하면서 사용한 표현이 겉으로 보기에 증거에 의해 입증 가능한 구체적인 사실관계를 서술하는 형태를 취하고 있다고 하더라도, 글의 집필의도, 논리적 흐름, 서술체계 및 전개방식, 해당 글과 비평의 대상이 된 말 또는 글의 전체적인 내용 등을 종합하여 볼 때, 평균적인 독자의 관점에서 문제 된 부분이 실제로는 비평자의 주관적 의견에 해당하고, 다만 비평자가 자신의 의견을 강조하기 위한 수단으로 그와 같은 표현을 사용한 것이라고 이해된다면 명예훼손죄에서 말하는 사실의 적시에 해당한다고 볼 수 없다(대법원 2017. 5. 11. 선고 2016도19255 판결 등 참조). 그리고 이러한 법리는 어떠한 의견을 주장하기 위해 다른 사람의 견해나 그 근거를 비판하면서 사용한 표현의 경우에도 다를 바 없다."

(5) 구별이 어려운 경우

사실과 의견의 구분이 불가능한 경우에는 언론의 이익을 위해 의견 개념을 넓게 이해하는 것이 일반적 입장이다.[278] 독일 판례에 의하면 사실과 의견이 혼합된 표현행위에 가치판단적 요소가 각인된 경우 그것은 의견으로 보호되며, 사실 전달과 그에 대한 평가가 긴밀하게 결합된 경우 양자를 억지로 분리하면 그 표현행위의 의미를 박탈하거나 왜곡하게 할 수 있고,[279] 그러한 경우 사실적 요소를 결정적인 것으로 간주거나,[280] 사실적 내용의 문장들이나 문장 부분을 발췌하여 이를 틀린 사실주장이라고 금지하여서는 안된다[281]고 한다.

---

277) BGHSt 6, 159/162.
278) BVerfGE 61, 1 [9]; 85, 1 [15]; 90, 241. 표현행위에 가치판단적 요소와 사실진술의 요소가 포함되고, 그 중 무엇이 증거에 의해 접근가능한 사실 내용에 해당하는가, 그리고 사실내용 또는 가치판단 어느 것이 우세한지가 명백하지 않은 경우, 양자의 추정에서 법적인 판단이 행해지지 않아, 그 분류를 미해결로 남기는 데는 [즉 그 표현행위 전체에 관해 명예훼손이 되는가 여부를 판단한다 하더라도] 헌법적 문제가 없다(BVerfG 2006. 5. 24. – 1 BvR 1060/02).
279) BGH 2002. 1. 29. – Ⅵ ZR 20/01; BGH 2006. 1. 24 – ⅩⅠ ZR 384/03; BVerfGE 85, 1, 15.
280) BVerfGE 85, 1, 15 f.
281) BGH 2009. 11. 17 – Ⅵ ZR 226/08: "사실 전달과 그에 대한 평가가 긴밀하게 결합된 경우 전체 취지에서 사실적 요소만을 분리해 따로 고찰한다면 언론의 자유의 기본권은 축소될 수 있다. 따라서

또 독일 판례는 평가적 요소와 사실적 요소가 뒤섞여 그 전체가 가치판단으로 간주될 표현행위에 있어서는 사실적 구성부분의 내용에서 진실성이 형량에서 결정적인 중요성을 갖는다고 한다.[282]

ECHR 2007. 11. 15. Pfeifer v. Austria [자살교수 마녀사냥]

이 사건에서 유럽인권재판소는 교수의 죽음에 도덕적 책임이 있었다는 비난은 사실주장으로 보는 경우 증거가 없을 뿐 아니라, 그것을 가치판단으로 보는 경우에도 충분한 사실적 근거가 없는 것이어서 명예훼손이 된다고 판시하였다.

1995년 P교수는 오스트리아 자유당의 출판물에 1933년 유대인이 독일에 대해 선전포고를 하였다는 사실과 나치정권의 범행을 과소평가하는 내용의 글을 기고하였다. 이에 대해 비엔나 유대인 공동체의 공식 출판물 편집자였던 청원인(기자)은 P교수의 글이 나치 문구를 사용하고 전형적인 나치 사상을 전파한 것이라고 혹독하게 비난하는 기사를 게재하였다. 그로 인해 법정 및 미디어에서 치열한 공방이 벌어지는 가운데 P교수에 대한 마녀사냥이 폭발하였고 P교수는 2000년 수사 당국에 의해 나치금지법 위반으로 기소되자, 공판을 앞두고 자살하고 말았다. 그러자 한 우익 주간지는 청원인의 글이 P교수에 대한 마녀사냥을 야기하였고, 사냥 그룹("hunting" society)의 일원인 청원인이 P교수의 자살에 책임이 있다는 취지로 주장하였다. 청원인이 그 주간지를 상대로 제소한 사건에서 오스트리아 국내법원은 청원인의 청구를 기각하였다.

그러나 유럽인권재판소는 1995년 청원인의 글과 2000년 P교수의 자살 간의 인과관계나 청원인이 그 교수를 박해하거나 공격하려는 의도로 타인들과 연대하였다는 점에 관해서는 이를 입증할 증거가 없고, 그 진술을 가치판단이라고 이해하더라도 청원인은 1995년 글 공표 후 아무 행동도 한 바 없었기 때문에 그 진술에는 충분한 사실적 근거가 없다고 판시하면서 주간지의 글은 청원인의 명예를 훼손하였다고 결론지었다.

(6) 수사적 질문

전술한 바와 같이 독일 판례는 질문형식의 표현행위도 제3자에 의한 대답을 겨냥하거나 여러 대답에 개방된 것이 아니고, 질문자가 확인 또는 해명하려는 사실적 또는 평가적 종류의 가정을 명시적·묵시적으로 포함하는 경우(수사적 질문)에는 그 전제 또는 가정된 의미에 의해 타인의 명예를 훼손할 수 있다고 보고 있다.[283]

복합적인 표현행위에서 사실적 내용의 문장들이나 문장 부분을 발췌하여 이를 틀린 사실주장이라고 금지하여서는 안된다."
282) BGH 2016. 9. 27. — Ⅵ ZR 250/13.
283) BVerfG 1991 10. 9. — 1 BvR 221/90 [질문 형식의 표현행위].

3. 의견 명예훼손의 위법성 판단 구조

(1) 개관 - 단계적 어프로치

가. 의견의 실질과 그 표현수단의 구별

전술한 바와 같이 문제된 진술이 의견표현인 경우에는 헌법상 허용됨이 원칙이고, 특히 공적 사안에 관한 의견의 진술은 적법하다고 추정된다. 이렇게 헌법상 합헌으로 추정되는 의견의 표현이 타인의 명예나 권리를 침해하는 경우, 즉 의견표현이 개인의 인격권과 충돌하는 경우 그 위법성 여부를 정함에는 헌법이 요구하는 바에 따라 양자를 비교형량하여 조화적으로 해결하는 방법이 추구된다.

명예훼손적 의견표현은 타인에 대하여 일정한 사실관계를 근거로 평가 또는 가치판단에 의한 의견을 표현함으로써 그의 외적 명예를 침해하는 것이다. 이와 같이 표현의 자유와 인격권이 충돌하는 경우 기본이 되는 것은 양자를 비교형량하여 조화를 이루게 하는 것인데, 이를 위해 기본적인 분석 요소와 판단 구조를 살펴보아야 한다.

첫째, 우선 피고가 제시한 의견의 실체와 그러한 의견을 표명함에 실제로 구사된 표현의 수단 및 태양을 구별해야 한다. 의견의 실질 내용에 대한 제한은 허용되지 않음이 원칙이지만, 그러한 의견을 표현함에 사용된 수단이나 비판의 태양은 목적과 수단의 관계에서 제한받게 된다.284)

둘째, 의견이 비판 대상으로 하는 사태나 행위가 공적 사항인가 여부 및 표현행위자의 목적이 공적 이익 또는 사적 이익을 위한 것인가가 중요한 판단 요소가 된다. 이 경우 비판이 원한(spite)이나 나쁜 의사(ill will) 등 오로지 피해자를 가해할 목적으로 행해진 경우에는 공정한 논평의 특권이 배제된다.285)

셋째, 표현된 의견의 실질이 어떠한 내용인지는 문제될 수 없으나, 그러한 내용이 타인에 대한 부정적 가치판단으로서 그의 명예를 훼손하는 내용이면 무조건 보호될 수 없고, 비판자가 그러한 의견을 낸데 합당한 사실적 근거가 있는가, 또는 피해자가 비판자의 공격을 수인할 이유가 있는가 여부가 위법성 판단에 중요한 요소가 된다.

이 경우 피고가 제기·주장할 수 있는 항변으로서 영국 보통법은 공정한 논평의

---

284) 표현의 자유는 표현되는 사상이나 의견의 내용(Gedankeninhalt)은 물론 그 표현행위의 방법이나 수단 등 태양(Form der Äußerung)도 보호하지만, 표현행위가 행해진 형태와 방법에 관하여는 표현행위의 실질 내용과 다른 기준이 적용된다. 독일 판례에 의하면 의견 내용에 관한 금지는 헌법상 표현 자유의 핵심적 의미를 손상하게 될 것이지만, 그 표현방법은 이러한 사상 내용을 표현할 목적에 비추어 적합한 한계를 지켜야 한다는 것이다((BVerfG NJW 76, 1680/1681 - Deutschlandstiftung).

285) RESTATEMENT OF TORTS § 606 comment d (1938).

법리에 의해 피고의 의견이 사실적 근거를 가진다거나, 독일에서는 이른바 대응권의 법리에 의해 원고가 비판받을 동인을 제공하였다는 점 등을 주장·입증하여 방어에 임하게 될 것이 예상된다.

넷째, 이상의 관점에서 허용되는 실질 내용을 가진 의견도 이를 표현할 목적을 위해 적합한 수단을 취했는가 하는 점이 마지막 요소로 고려된다. 허용되는 의견도 구사된 표현의 수단 내지 방법이 과도한 인격 침해를 결과하여 허용되는 정도를 넘었다면 보호받을 수 없게 되는 것이다.

하나의 비판적 표현행위를 평가하는 경우 이상의 요소들은 서로 얽히고 중복되거나 산재하여 엄밀히 구별하여 논할 수 없지만, 위와 같이 위법성 판단에 기본적으로 요구되는 분석구조를 염두에 두지 않는다면 올바른 종합적인 결론을 내기가 어려울 것이다.

나. 비판의 대상 - 공적 사항

우선 표현행위가 가치판단으로 보호되려면 공익사항에 관한 의견표현일 것을 요한다. 공익 사항이 아닌 개인의 사적 영역에 관한 논평은 공적 토론의 가치가 없기 때문이다.286) 영국 판례에 의하면 "사람들에게 무엇이 일어나고 있는지 또는 그들과 다른 사람들에게 무엇이 일어날 것인가에 관해 그들이 정당하게 관심을 갖거나 염려하는 것이어서 사람 모두에 영향을 미치는 사항이면, 그것은 어느 것이든 각자가 공정한 논평을 할 권리를 갖는 공익 사항이다."287)

공정한 논평의 요건으로서 공적 관심사에 관해 그 대상이 될 수 있는 전형적인 부류의 인물에 관하여 영국의 학설과 판례는 "자신을 공적 무대에 자발적으로 투입하거나 공동체의 복지에 영향을 미치는 인물, 제도 또는 단체로서 공무원, 정치적 후보자, 공적 복지에 영향을 미치는 사적 섹터나 사기업의 공동체 지도자, 공적 관심사에 관한 공적 지위를 가지는 인물, 그리고 예술가, 연예인, 운동선수 등 그들의 창작을 공적 승인에 제공하는 자" 등을 지적한다.288)

독일 판례에 의하면 개별적인 경우 공공의 중요한 사항에 관해 정신적인 의견의 경쟁에 기여하는 것이라면 자유 언론으로서의 적법성이 추정되며(Vermutung für die Zulässigkeit der freien Rede),289) 공적인 비판행위가 적법하게 되기 위해 과도한 요건이

---

286) 1938년 리스테이트먼트에 의하면, 공적 인물의 사생활에 관한 논평은 그들의 사적 행위가 공적 성품에 영향을 미치는 범위에서, 그리고 이성적인 사람에 의해 합리적이라고 판단될 수 있는 경우에만 허용된다고 한다(RESTATEMENT OF TORTS § 606 comment e, f (1938)).

287) London Artists Ltd. v. Littler [1969] 2 QB 375, 391.

288) Mashburn v. Collin, 355 So. 2d 879, 882 (La. 1977); see also RESTATEMENT OF TORTS § 606 comment a (1938); R. SACK, LIBEL, SLANDER, AND RELATED PROBLEMS 169-72 (1980).

설정되어서는 안 된다고 한다. 이렇게 독일 연방헌법재판소는 민주주의 사회에서 표현의 자유가 갖는 각별한 중요성을 강조하면서 인격권과의 형량에서 표현의 자유를 폭넓게 보호하는 입장을 취해 왔으나, 최근 판례[290]에서 표현의 자유와 인격권을 본질상 동등하게 비교형량하여야 하되, 피해자의 입장을 고려하여 특히 정치인의 인격권을 더 보호하는 방향으로 입장을 전환하고 있다.

우리 대법원은 선거운동, 정치인간의 정치적 공방, 언론사간의 상호 비판 등에 관해서는 공적 사항에 관한 의견표현으로서 원칙적으로 명예훼손 책임을 부인하고 있다. 특히, 공직자의 도덕성과 청렴성, 정부정책에 대한 비판과 평가는 그것이 '악의적이거나 현저히 상당성을 잃은 공격'이 아닌 한 언론에 명예훼손 책임을 물을 수 없다는 입장을 확고히 하고 있다.[291] 정치적·사상적 대결에서 일방적·편파적 비난에 관해서도 같은 입장을 취한다(후술).

여기서 공적 사항이라 함은 진실의 항변(형법 제310조)에서 요건으로 논의되는 공익 사항과 다름이 없다.[292] 따라서 ① 사회일반의 일부 이익에만 관련된 사항이라도 다른 일반인과의 공동생활에 관계된 사항이나, ② 개인에 관한 사항이더라도 그것이 공공의 이익과 관련되어 있고 사회적인 관심을 획득한 경우에는 공익사항으로 취급되어야 한다.[293]

(2) 의견의 실질 내용

가. 개관

1) 가치판단의 내용

헌법이 보호하는 표현의 자유는 입장, 견해 등 표현행위자가 갖는 의견의 표현을 보호하며, 의견은 그 내용 여하를 불문하고 그 표현이 원칙상 자유로 추정된다. 따라서 의견은 가치의 유무, 옳거나 그름, 감정적이든 합리적인 근거를 가지든 불문하고 보호됨이 원칙이다. 개인의 이러한 자발성은 여론형성에 요구되는 공개토론의 힘과

---

289) BVerfGE 7, 198 (Lüth); BVerfGE 61, 1 [선거운동의 표현행위].
290) BVerfG, 2021. 12. 19. – 1 BvR 1073/20, Künast–Entscheidung.
291) 대법원 2003. 7. 8. 선고 2002다64384 판결 [전북도지사], 대법원 2003. 7. 22. 선고 2002다62494 판결), 대법원 2003. 9. 2. 선고 2002다63558 판결 등.
292) 전술 제2장 제4절 Ⅱ 2 (1) 가 및 나 참조.
293) "사실적시의 내용이 사회 일반의 일부 이익에만 관련된 사항이라도 다른 일반인과의 공동생활에 관계된 사항이라면 공익성을 지닌다고 할 것이고, 이에 나아가 개인에 관한 사항이더라도 그것이 공공의 이익과 관련되어 있고 사회적인 관심을 획득한 경우라면 직접적으로 국가·사회 일반의 이익이나 특정한 사회집단에 관한 것이 아니라는 이유만으로 형법 제310조의 적용을 배제할 것은 아니다. 사인이라도 그가 관계하는 사회적 활동의 성질과 사회에 미칠 영향을 헤아려 공공의 이익에 관련되는지 판단하여야 한다."(대법원 2020. 11. 19. 선고 2020도5813 전원합의체 판결).

다양성의 원천이 되는 것이고,294) 이를 구별한다면 "다원적으로 구성되는 자유민주주의 사상에 근거하는 국가체제"에 부합하지 않게 된다.295)

또 의견이란 주관적 평가를 요소로 하는 것이고, 표현의 자유를 보호하는 이유도 그것을 보호하려는데 있으므로 객관적으로 타당할 것을 요구하는 것은 의견 개념 자체와 모순된다. 유럽인권재판소는 표현의 자유[유럽인권협약 제10조]는 "우호적으로 수용되거나 비공격적 또는 무관심한 사항으로 간주되는 정보나 사상뿐 아니라 공격적이거나 충격 또는 혼란을 주는 정보나 사상에도 적용되며, 그것은 민주사회에 불가결한 다원성, 관용 및 도량(broadmindedness)의 요구"라고 판시한다.296)

따라서 의견표현이 보호받기 위해서는 그 내용이 이성적이라거나 공정할 것을 요구할 수 없다.

영국에서 "공정한 논평"(fair comment)이라고 할 때 그것은 적시된 사실관계에 관한 의견이나 견해를 정직하게 표현함을 의미할 뿐, 그것이 이성적이거나 합리적인 의견일 것을 요구하지 않는다. 여기서 공정성은 객관적 기준으로서 아무리 편견적인 사람이라 하더라도 그가 가지고 있던 의견을 정직하게 표현했다고 인정되면 그것이 아무리 과장되고 완고한 의견이라 할지라도 공정한 것으로 보게된다.297) 이렇게 보면 결국 '공정한' 논평이란 말은 오해를 야기할 수 있고, 이러한 오해를 피하기 위해 영국의 2013년 개정 명예훼손법은 이를 '정직한 의견의 항변'(defence of honest opinion)이라고 개칭하게 되었다.298) 따라서 사실관계에 대한 표현행위자의 실제 생각이나 느낌을 반영하는 의견이 아니라 악의나 해의를 품은 의견은 공정한 의견으로 간주되지 못한다. 또 피고가 주장하는 의견을 실제로 갖지 않았으면서도 그러한 의견으로 비난하는 것이 입증되면 면책되지 못한다. 법원은 악의가 입증되지 않는 한 그 의견의 진술이 정직한 것으로 추정하게 된다.299)

독일의 판례 역시 가치판단의 본질과 속성에 따라 영국 판례와 유사한 입장을 취

---

294) Wenzel, aaO., S. 233.
295) BVerfGE 33, 1 [15].
296) ECHR 2012. 3. 15. Tusalp v. Turkey § 48.
297) Merivale v Carson (1888) 20 QBD 275 at 281.
298) Reynolds v. Times Newspapers Ltd and Others, [1999] 4 All ER 609 LORD NICHOLLS OF BIRKENHEAD: "전통적으로 이 [공정한 논평] 항변의 한 요소는 그 논평이 공정해야 한다는 것이며, 공정한 생각을 가진 사람이 문제된 의견을 정직하게 표현할 수 있었는가 여부에 관해 객관적 기준으로 판단되어야 한다. 법관들은 이 기준을 해석, 적용함에 넓은 재량을 강조하여 왔다. 그래서 이 맥락에서는 이제 '공정한'이란 형용어가 무의미하고 오도적임을 인식할 때가 도래하였다. 논평은 그것이 다루어진 사실에 합당하여야 한다. 그것은 단순한 욕설을 위한 구실로 사용될 수 없다. 그러나 우리의 공적 생활은, 배심원이 되는 이성적 사람과 마찬가지로 괴짜, 광신자도 그들이 정직하다고 생각하는 바를 말할 수 있다는 데 기초하고 있다. 진실 기준은 아무리 과장되고, 완고하고 또는 편견적인 것이라 할지라도 그 의견이 이를 표현하는 자에 의해 정직하게 취해졌는가 여부이다 (Diplock J. in Silkin v. Beaverbrook Newspapers Ltd. [1958] 1 W.L.R. 743, 747)."
299) Cooke, Id., p. 423.

한다.

독일 연방대법원(BGH)은 1966. 6. 21. 판결[300]에서 신랄한 어투에 의한 비판도 그것이 표현행위자의 입장에서 생각할 때 실질적으로 충분한 근거를 갖는 것으로 보여질 수 있는 경우에는 허용된다고 한다. 즉 세심한 심사를 한 결과 상품에 결함이 발견되었다면 그 상품에 대한 신랄한 비판이 소비자 대중의 이익을 위해 적정한 것이라는 확신을 갖는 자는 그것이 타인에게 손해를 가하는 경우라 할지라도 이를 발언할 수 있다는 것이다. 또 동 법원은 1979. 12. 18. 의원특권 판결[301]에서 표현행위자의 주관적 의견 또는 그 평가의 표현이 허용되는가 여부를 판단함에는 국외자로서 객관적 관찰자 또는 비판받은 자의 시각에서 판단할 것이 아니라 비판자 자신의 판단에 따라 그 입장을 명백히 하기 위하여 필요 또는 유용하다고 생각한 것이면 허용된다고 판시한 바 있다. 대상의 평가가 객관적인 시각에서 보아 옳지 않지만 비판자의 관심에 비추어 이해할 수 있는 평가적인 비판이라면 공적인 토론에서 허용되어야 한다는 것이다. 객관적인 필요성 또는 유용성의 기준을 표현의 허용성 여부에 관한 기준으로 삼는다면 표현의 자유는 그 핵심이 침해될 것이기 때문이다.

2) 부정적 가치판단의 정당화 요건

의견의 실체적 내용이 이렇게 제한 없이 보호된다고 하더라도 그러한 의견의 표현이 특정인의 명예에 부정적인 효과를 갖게 되는 경우 피해자가 이를 수인해야 할 이유가 있어야 할 것이다. 개인은 타인의 간섭없이 자유로운 삶을 영위할 권리가 헌법상 보장되고 있으므로(헌법 제10조), 아무 근거나 계기 없이 부정적인 가치판단으로 공격받을 이유가 없는 것이다. 이에 관해 영국 판례는 부정적 가치판단은 그를 뒷받침하는 최소한의 사실관계를 요한다고 하며(공정한 논평 규칙), 독일 판례는 표현행위자가 그러한 의견을 내게 된 동기 내지 계기로서 피해자의 선행행위나 비판을 부르는 다른 사실관계가 있음을 요한다고 한다(이른바 넓은 의미에서 대응권(Recht auf Gegenschlag)의 법리). 양자는 의견표현의 실질에 관한 위법성을 판단함에 있어서 그 접근방식에 차이가 있을 뿐, 공적인 사항을 중요 요소로 고려하며, 그 적용 결과 위법성 여부의 결정에는 큰 차이가 없다. 공정한 논평 규칙은 의견표현에 관해 적용되지만, 대응권은 사실 및 의견 양자에 적용되는 점이 다르다.

나. 사실적 근거 - 보통법 상 공정한 논평 규칙

명예훼손적 의견표현은 타인에 대하여 일정한 사실관계를 근거로 평가 또는 가치판단에 의한 의견을 표현함으로써 그의 외적 명예를 침해하는 것이다. 그러므로 타인에 대한 부정적 가치판단은 이를 뒷받침하는 근거사실이 존재해야 한다.

---

300) NJW 66, 2010, Teppichkehrmaschinen-Entscheidung.
301) BGHZ 75, 384.

이에 관하여 미국 판례가 순수의견으로 면책되기 위해 요구하는 개시요건과 공정한 논평 규칙에서 요구되는 개시의 범위와 정도는 크게 차이가 없고, 우리 판례도 같은 입장에 있음은 전술한 바와 같다.302) 유럽인권재판소 역시 일반적으로 가치판단은 어떤 사실을 근거로 행해지는 평가이고, 공익사항에 관한 가치판단은 이를 뒷받침하는 충분한 사실적 근거(sufficient factual basis)가 있어야 공정한 논평(fair comment)으로서 면책된다고 한다.303)

문제는 그 의견이 터잡는 기초 사실의 입증책임과 정도에 관한 것이다. 공적 사항에 관해 현실적 악의 규칙을 취하는 미국과 달리 공정한 논평의 법리를 취하는 영국 법원과 유럽인권재판소는 이를 피고의 항변으로 보아 피고에게 그 진실임을 입증하도록 하고 있고, 우리의 경우에도 다르지 않다.

나아가, 그 입증의 정도에 관해 보자면, 공정한 논평 규칙을 따르는 경우에는 의견의 사실적 근거에 관해 완화된 입증으로 족한 것으로 보며,304) 그 근거사실은 반드시 당해 보도에 적시될 필요가 없고, 여타 미디어에서 보도되거나 널리 알려진 사실을 근거로 삼을 수도 있다고 한다.305)

그에 비해 대법원의 주류판례는 전술한 바와 같이 의견표현에 적시 또는 함축된 사실(혼합의견의 법리)을 찾아내어 이에 관해 피고에게 사실적시 명예훼손에서 진실의 항변이나 상당성항변과 같은 정도의 입증을 요구하고 있다. 이러한 태도는 보다 자유로워야 할 의견표현을 사실적시와 같이 취급한다는 점에서 의견을 특히 더 보호하는 헌법의 기본적 요청에 부응할 수 없다 함은 전술한 바와 같다.306)

대법원 판례 중에는 공정한 논평 규칙의 취지를 따른 것도 있다.

---

302) 전술 제2장 제5절 Ⅲ 2 (2) 나 1) 참조.
303) 가치판단인 진술이 위법한 명예침해가 되는가 여부는 그 계쟁 진술을 위한 충분한 사실적 근거가 존재하는가 여부에 의존한다. 뒷받침하는 어떤 사실적 근거도 없는 가치판단은 과도한 것이기 때문에 금지될 수 있다(ECHR 2001. 2. 27. Jerusalem v. Austria; ECHR 2002. 2. 26. Dichand and Others, v. Austria; ECHR 2014. 1. 4. LAVRIC v. ROMANIA). 논평은 논평이 행해지고 있는 사실이 무엇인가를 적어도 일반적 의미에서 명시적 또는 묵시적으로 지적해야 한다.
304) 유럽인권재판소 판례에 의하면, 가치판단도 공정한 논평이 되려면 충분한 사실적 근거가 있어야 한다는 것이기 때문에 결국 가치판단과 사실의 진술의 차이는 사실의 입증을 요하는 정도에 있다(ECHR 2003. 3. 20. Krone Verlag GmbH & Co. KG and Mediaprint Zeitungs− und Zeitschriften−verlag GmbH & Co. KG v. Austria; ECHR 2003. 11. 13. Scharsach and News Verlagsgesellschaft v. Austria). 그러므로 사실주장의 진실성을 입증하는데 요구되는 정도와 의견의 사실적 근거를 입증하는 정도는 상이하다.
305) 아이슬란드에서 경찰관을 "제복입은 야수"("brutes in uniform")라고 비난한 경우 그것이 '경찰의 잔인성'에 관한 여론을 반영한 것이었고 그 진술의 사실적 근거로서 루머, 스토리 또는 타인의 진술을 들었다면 명예훼손이 성립할 수 없고, 그 이상의 증거를 요구하는 것은 잘못이다(ECHR 1992. 6. 25. Thorgeir Thorgeirson v. Iceland).
306) 전술 제2장 제5절 Ⅲ 2 (2) 나 5) 참조.

대법원 2008. 8. 21. 선고 2008도2025 판결

"어떤 글이나 발언이 모욕적 표현을 담고 있는 경우에도 그 글이나 발언이 객관적으로 타당성이 있는 사실을 전제로 해 사실관계나 이를 둘러싼 문제에 관한 자신의 판단과 피해자가 취한 태도 등이 합당한지를 밝히는 과정에서 부분적으로 모욕적인 표현이 사용된 것에 불과하다면 위법성이 조각될 수 있"지만, "야비한 ××신문 자폭하라"고 쓴 현수막을 내건 경우에는 위와 같은 법리가 적용될 수 없다고 판시하였다(법률신문 2008-09-10 보도).

다. 독일 판례 - 대응권의 법리

1) 비판을 부르는 피해자의 선행행위 또는 다른 사실관계

의견표현에 사실적 근거를 요구하는 공정한 논평의 법리와 달리 독일 판례는 비판적 표현행위의 위법성 여부를 표현행위의 동기나 계기의 관점에서 보아 이른바 대응권의 법리(Recht auf Gegenschlag)를 전개하고 있다. 독일 연방헌법재판소는 공적인 의견의 경쟁 속에서 부정적인 판단의 요인을 준 자는 그에 대한 반응으로서 그의 명예를 저하시키는 내용이 표현되었다 할지라도 이를 원칙적으로 감수해야 한다는 법리를 확립하고 있다. 그에 의하면, 타인을 공격·비판한 자는 그에 대응하여 반격해 오는 타인의 비판을 수인해야 하며, 나아가 공익사항에 관해 물의(物議)나 논란을 야기하여 공공의 관심을 불러일으키는 행위를 하거나 그러한 사태를 초래한 자에 대하여는 그에 반대하는 입장을 갖는 사람이면 누구나 그에 대응하여 비판을 가할 수 있고, 비판받은 피해자는 이를 수인해야 한다는 것이다.

독일 연방헌법재판소는 1961년 판결에서 표현행위자가 피해자로부터 모욕 등 공격을 받았음을 이유로 그에 대한 방어 또는 반격으로 피해자를 비판하게 된 경우 대응권의 법리를 적용하여 면책시킨 이후,[307] 1968. 11. 6. 판결에서는 표현행위가 공익 사항에 관하여 야기된 '다른 사태에 대한 상당(相當)한 대응'을 내용으로 한 것이면 그것은 원칙적으로 허용되는 것이라고 하여 대응권의 법리를 확대 적용하였다.

BVerfGE 24, 278 - Tonjäger-Entscheidung (1968)

독일에서는 1950년대 중반 저작권법 개정 시 저작권협회(GEMA)와 녹음기 소유자들(심판청구인) 간에 저작물의 사적인 복제와 공연이 허용되는 여부 및 조건에 관해 격렬한 논쟁이 진행되고 있었다. 저작권협회가 사정에 따라서는 경비원과 타자의 도움에 의해서라도 대가를 지불하지 않는 녹음기 소유자를 탐지하겠다는 의도를 표명하자, 심판청구인은 그가 발행하는 잡지에 "동독의 사정은 어떤가?"라는 제하의 기사에서 정부 개정안에는 사생활에 대한 염탐

---

307) BVerfGE 12, 113 - Schmid-Spiegel (1961): 한 주간지가 공적인 문제를 다루기 위해 고위 법관의 적격성을 의심하면서 그의 과거 행적을 보도하였다면, 그에 의해 공격받은 고위 법관이 "그 주간지는 성(性)을 도구화하는 추문지"라고 매도한 경우에도 이는 대응권에 의해 허용된다.

가능성이 있다는 취지로 주장면서, 그렇다면 주택경비인이 임차인을 통제하고 서방 방송을 엿듣는지를 염탐하고 통제하는 동독의 사정과 다를 것이 없다는 취지로 보도하였다. GEMA 는 그를 상대로 금지 가처분을 신청하였고 사실심 법원은 신청인이 "동독 사정과 같이 들어가는 시도를 감행한다"는 표현을 금지하였다.

연방헌법재판소는 청구인의 표현을 금지한 고법판결이 위헌이라고 하면서 다음과 같이 판시하였다. 먼저 양자간의 다툼은 개인 녹음기에 의한 저작물의 공연 가부 및 범위에 관한 공익 사항이었고, 저작권료를 받아내기 위한 GEMA의 수단에 관해서는 사생활 침해라는 우려가 제기되고 있었다. 재판소는 나아가 동태적인 의견 경쟁에서 동기 부여와 반응의 결부는 상호간의 모욕에 국한되지 않는다고 하면서, 계쟁 표현행위의 표현내용에 관해 그것은 전체적으로 보아 전체주의적 방식을 일반적으로 도입하는 것이라고 비난한 것이 아니라 우려되는 극단적 개별적인 사례를 들어 법적인 문제가 있음을 지적하고 있음에 불과하기 때문에 저작권 협회의 방침 표명에 대한 부당한 대응은 아니라고 하여 금지명령을 한 하급심 결정을 취소하였다.

언론보도와 관련하여 이 법리를 적용한다면 공공의 주목받을 행위를 한 자에 대하여 언론은 그에 상응하게 보도로 대응하는 것이 허용된다. 예를 들면, 피해자가 선거에 입후보하거나 연예계에 데뷔하는 등 공적으로 등장하게 되면 이를 계기로 공공의 주시와 비판을 받게 되므로 이러한 경우에도 이 법리가 적용될 수 있다.[308] 또 정치인이 전후 모순되는 언동을 하는 경우에는 비판을 위한 동기를 부여하는 것이고, 광고 선전 등으로 국민 건강에 기여한다고 주장되는 상품을 제조하거나 판매하는 자는 국민 건강과 관련하여 특별히 날카로운 비판을 감수하지 않으면 안 된다.

마찬가지로 과거에 어떠한 문제에 관하여 비판한 자가 스스로 그러한 비판의 취지에 어긋나는 행동을 하였다면, 자신에 대하여 비판받게 될 수 있는 정당한 동기를 준 것으로 생각될 수 있다.

BGH, 1964. 5. 5. - VI ZR 64/63 [윤리법관]

원고는 스스로 도덕주의자임을 자처하면서 그가 발행하는 주간지 기사에서 저명 정치인에 관해 다수 여인과 혼외 관계 및 상간녀의 연애 편지의 내용을 보도하면서 그의 윤리적 결함을 지적한 바 있었다. 그런데 원고가 매춘 알선으로 피소되자, 피고 주간신문은 그 사건에 관해 보도하면서 스스로 도덕주의자임을 추구한 윤리사도가 "나는 도덕을 엄밀히 보지 않는다"고 솔직하게 고백하였고, 다년간 자기의 처뿐 아니라 여자친구를 속이고 여러 여인과 혼외관계를 가져왔다고 비난하는 기사를 게재하였다. 원고는 그 금지를 구하는 소송을 제기하였다.

독일 연방대법원의 판시에 의하면 한 발행인이 그의 언론을 통하여 공적 인사에 관해 윤리적 잘못이 있다는 이유로 공격을 가했다면, 그러한 기준을 설정하는 그는 도대체 누구이며 자신이 윤리법관(Sittenrichter)으로서 타인들에게 주목받기를 바라는 점에 대해서 동기를 부

---

308) BGH GRUR 71, 591.

여한 것이 된다. 왜냐하면 그 공격자가 타인에 대해서 공개적으로 비난하는 바의 행위를 바로 자신이 행한다고 하는 것을 사람들이 알게 된다면 그러한 공격자의 주장을 다른 시각에서 볼 것이기 때문이다.

또 특정인이 공개적으로 공동생활의 근본 문제에 관하여 강조하여 입장을 표명한다면 그는 자신에게 비판을 모으게 될 것이고, 그와 상반되는 기본적 생각을 가진 누군가가 그러한 태도 표명으로 인하여 공격받았다고 생각하면서 그의 입장을 타당치 않다거나 또는 감정을 상하는 것으로 느끼는 자가 있다면, 신랄하고 강력하게 그를 비판할 수 있고 그는 이를 감수하지 않으면 안 된다.

대응권의 행사로 이루어진 표현이 피해자의 명예를 훼손하는 것이라 하더라도 피해자가 제기한 주장 또는 요구에 비추어 균형을 잃지 않는 한 합법한 것으로 취급된다. 다만, 대응권의 행사로서 행해진 표현행위의 내용이 공격자에 대한 비방적 비판을 포함한다면 정당한 한계를 넘어 위법하게 된다.

유럽인권재판소 역시 상대방의 자극적 도발에 대응하여 행해진 격렬한 용어도 보호받는다고 하여 독일 판례의 이른바 대응권(Recht auf Gegenschlag)의 법리를 수용하고 있다.

ECHR 1997. 7. 1. Oberschlick v. Austria (no. 2)

오스트리아의 극우 정치인 Jorg Haider가 제2차 세계대전에 참가한 독일군을 포함하여 모든 군인의 역할을 찬양하는 발언을 하자, 그 말에 대한 반발로 한 신문이 그를 '바보'라고 칭하면서 "나는 첫째 그가 나치는 아니지만, 둘째 그럼에도 '바보'라고 말하겠다"고 쓴데 대해 피해자를 묘사함에 모욕적 용어를 썼다는 이유로 오스트리아 법원에 의해 유죄판결을 받고 벌금을 물게 되었다.

유럽인권재판소는 그 얼간이란 말이 피해자의 연설에 의해 자극받은 정치적 토론의 맥락에서 사용된 점을 중시하면서 그 정치인은 분명 도발적인 의도를 가지고 강력한 반응을 자극하는 것이었다고 지적하고, 그 용어는 공격적이었지만, 피해자가 알면서 자극한 분노에 비추어 보면 과잉적인 것은 아니라고 판시하였다.

ECHR 1999. 11. 25. Nilsen and Johnsen v. Norway

한 교수가 베르겐 시에서 경찰의 잔인성에 관해 가혹하게 비판한 서적을 발간하자, 그에 대해 노르웨이 경찰노조 대표 2인은 그 교수의 주장은 경찰에 대한 신뢰를 파괴하려는 의도를 갖는 것이고, 고의적인 거짓이라고 비판하였다. 유럽인권재판소는 경찰에 대한 극단적으로 가혹한 비판에 대해 동일한 방법으로 대응할 청원인(경찰노조)의 권리를 승인하였다. 그 진술은 일반적 관심사항에 관한 가열되고 계속된 공적 토론 과정의 맥락에서 행해진 것이고, 쌍방의 직업적 명예가 걸린 것이었다. 따라서 일정 정도의 과장은 관용되어야 한다. 청원인의 처벌은 추구된 정당한 목적에 비해 과잉적인 것이었다.

2) 한국 판례

우리 판례 중에도 독일의 대응권의 법리와 같은 취지로 논증한 사례가 있다.

부산고등법원 1992. 6. 17. 선고 92노215 판결

"하나의 표현행위가 이전에 행해진 타인의 표현행위에 대한 대응으로서 이루어졌으며, 위와 같은 동기 부여에 대한 상당한 대응으로서 양자 상호 간에 균형성이 인정되면 위법성은 인정되지 않는다(이른바 반격권의 법리). 공적인 의견의 경쟁 속에서 부정적인 판단의 요인을 준 자는 그의 품위를 저하시키는 것이라 할지라도 날카로운 반응을 원칙적으로 감수해야 하는 것이기 때문이다."

"이 사건과 같이 공직선거에 출마함으로써 스스로 자신을 공공의 비판대 위에 세운 자는 자신의 결정으로 의견 경쟁의 조건에 굴복한 것이므로 자기의 보호받을 가치 있는 사적 영역의 일부를 포기한 것으로 간주되며, 나아가 그가 특정 정당의 공천에 탈락했음에도 불구하고 합동연설회에서 정당의 공천이 야기하고 있는 폐단과 정당이 지방자치제에 대해 미치는 해악에 관하여 정치적 견해를 밝힌 바가 있다면 그는 자기가 말한 바에 대한 상대 후보자나 언론의 비판을 감수해야 하며, 그 비판이나 비난이 욕설하는 모욕적 내용이 아닌 한 아무리 격렬하고 신랄한 것이라 하더라도 이를 감수하여야 하므로 피고인이 위 상대 후보자의 정견이나 그의 행동에 대하여 비판이나 비난한 것이 위 반격권의 법리에 해당하는 경우라면 피고인의 발언 행위에 위법성을 인정할 수가 없다."

대법원 2002. 1. 22. 선고 2000다37524, 37531 판결

대법원은 전국민주노동조합총연맹(민노총)을 공적인 존재라고 하였는데, 민노총에 대한 명예훼손의 위법성을 판단하면서 "원고 민노총이 공적인 존재로서 국가사회에 미치는 영향력, 그리고 원고 민노총이 노동운동의 한계를 넘어 스스로 정치투쟁에 뛰어듦으로써 정치적 논평을 자초한 점"을 언급하고 있다.

대법원 2003. 1. 24. 선고 2000다37647 판결 [경실련 대 한국논단]

언론·출판의 자유와 명예보호 사이의 한계를 설정함에 있어서 표현된 내용이 공공적·사회적인 의미를 가진 사안에 관한 것인 경우에는 사적인 영역에 속하는 사안에 관한 것인 경우와는 평가를 달리하여야 하고 언론의 자유에 대한 제한이 완화되어야 하며, 피해자가 당해 명예훼손적 표현의 위험을 자초한 것인지의 여부도 또한 고려되어야 한다(대법원 2002. 1. 22. 선고 2000다37524, 37531 판결 [시민단체 대 한국논단]).

서울고법 민사14부 2005. 1. 11. 선고 2004나44089 판결 ['지만원과 늑대']

군사평론가 지만원(원고)은 2002년 8월 일간신문에 "대국민 경계령! 좌익세력 최후의 발악이 시작됩니다"라는 제목으로 의견광고를 게재하면서 5.18 민주화운동을 "소수의 좌익이 북의 사주를 받아 일으킨 폭동"이라고 언급하였다. 그에 대해 피고 인터넷신문 오마이뉴스는 '지만원과 늑대'라는 제목으로 원고를 비난하는 내용의 기사를 게재하면서 '분열적 정신상태'를 가진 사람이고, '야당이 집권하면 출세할 것이라는 착각'을 하고 있다는 등의 내용을 실었다.

서울고등법원은 원고 스스로 그와 같은 광고를 자비를 들여 게재함으로써 비난과 반발을 유발한 점 등을 들어 이 사건 기사가 그 표현의 정도에 일부 과장된 측면이 있다고 하더라도 이는 원고 스스로가 수인해야 할 범위 내의 것이어서 위법하다고 할 수 없다고 판시하였다. 신문광고 자체가 자신의 주관을 단정적으로 기술한 것이어서 논리적 비판이 어렵다는 점에 유의하면서 그에 대한 대응으로 작성된 기사에 일부 과장된 표현이 있어도 원고는 이를 수인해야 한다는 것이었다(대법원에서 확정됨. 대법원 2005. 6. 9. 선고 2005다6365 판결).

한편, 원고 지씨는 위 신문 광고와 관련해 5.18 민주화운동 유공자들과 민주화운동 사망자들의 명예를 훼손한 혐의로 기소돼 징역 10월에 집행유예 2년 판결을 받고 2003년 5월 대법원에서 위 형이 확정됐다.

서울남부지법 민사6단독 2016. 12. 5. 판결 및 서울남부지법 형사2부 2016. 4. 8. 선고 2015노1116 판결 [변희재 대 탁현민]

탁현민 성공회대학교 겸임교수와 보수적 시사평론가 변희재 미디어워치 대표는 2012년 및 2013년에 걸쳐 정치적으로 대립적인 시각에서 서로 상대방의 행적을 온라인 상에서 비판·비난하는 설전을 벌인 바 있었다. 변희재대표는 탁현민 교수를 '친노 종북 쓰레기', '거짓 왜곡의 달인'이라고 비난하고, 탁교수의 석사학위논문에 표절 의혹을 제기하였고, 그에 대응하여 탁교수는 "어떤 센 또라이 하나가 있다", "권력을 손에 쥔 무척 아픈 아이", "저 또라이가 밥도둑이 될 거라고는 생각도 못 했어요"라는 등 변희재 대표를 비난하였다.

양인이 각각 상대방을 상대로 제기한 민사소송에서 2016. 12. 05. 서울남부지법 민사6단독은 "두 사람은 상대방 진영을 비판하는 주도적 역할을 한 것으로 보인다"며 "이런 활동에서 두 사람은 서로 명예훼손 또는 모욕 표현의 위험을 자초했다"고 하면서 "두 사람은 인터넷 방송이나 사회관계망서비스(SNS) 등으로 타인을 비판하고 여론을 형성하는 등 표현의 자유를 일반인보다 폭넓게 누리고 있다"며 "그렇다면 자신에 대한 비판의 수인 범위 역시 넓어야 한다"고 지적하면서 쌍방의 청구를 모두 기각하였다(2016.12.05. 연합뉴스 보도).

한편, 민사와 별도로 진행된 탁현민교수의 형사 모욕죄 사건에서는 무죄가 선고되었다. 탁교수는 변씨가 2013년 12월 서울 여의도 한 음식점에서 '어버이연합' 등 보수 단체 회원 600여명과 '보수대연합 발기인 대회'를 가진 뒤 식사 비용 중 300만원을 지급하지 않은 사건에 관해 탁교수가 운영하는 '변리바바와 600인의 고기 도적'이라는 팟캐스트에서 변희재 대표를 지칭하면서 '또라이', '권력을 손에 쥔 무척 아픈 아이' 등으로 표현했다가 모욕 혐의로 기소되었다. 2016. 4. 서울남부지법 형사2부(2015노1116)는 "정치·사회적 논의에 적극적으로 참여하면서 관점이 다른 사람을 비판하거나 그런 사람으로부터 비판받는 위치에 있는 사람은 일종의 공인으로서 비판에 수반되는 다소의 경멸적 표현을 어느 정도 감내해야 한다"고 하면서 탁교수에 무죄를 선고하였다(법률신문 2016-04-12 보도). 대법원은 2016. 10. 10. 판결에서 원심의 판단을 지지하였다.

라. 금지되는 의견표현

가치판단이라고 하여 모두 허용되는 것은 아니다. 이상 살핀 바와 같이 의견표현도 그 실체적 내용을 표현하게 된 근거나 계기를 요한다고 보면 그러한 근거나 계기

없이 타인에 관해 부정적으로 비판·비난하는 의견표현은 피해자의 입장에서 이를 수인할 이유가 없어 보호할 수 없게 된다. 이러한 관점에서 유럽인권재판소는 사실적 근거가 없는 가치판단을 이른바 '터무니없는 인신공격'('gratuitous personal attack')으로서 금지되는 의견표현의 기준으로 채용하고 있으며, 독일 판례는 ① 인간의 존엄을 침해하는 표현행위, ② 형식적 모욕에 해당하는 행위 및 ③ 객관적 사안과 무관하게 개인적 비방을 위주로 하는 '비방적 비판'(Schmähkritik)에 해당하는 등 일정한 범주에 드는 의견표현을 금지한다.

1) '터무니없는 인신공격' – 유럽인권재판소 판례

유럽인권재판소 판례에 의하면 사실적 근거가 없는 부정적 가치판단이나, 터무니없이 비방하는 인신공격이면 비판의 한계를 넘는 것으로서 책임을 면치 못한다. 정치인에 대한 공격적이고 침해적인 가치판단은, 첫째 정치적 토론의 전체적 연관에서 적합한(angemessen) 것이어야 하고(정치인이 도발적으로 또는 공격적으로 행위한 경우 그에 대한 반응은 적합한 것이 될 수 있다), 둘째 가치판단은 일정한 사실적 근거(Tatsachenbasis)를 가져야 한다. 그러한 사실적 근거가 없는 가치판단은 허용되지 않는다. 과도하거나 도발적 특징을 인식케 하는 총괄판단은 사실주장이 아니라, 가치판단으로 보아야 하지만, 그러한 비난을 위한 충분한 사실적 근거가 없으면 금지된다[309]

ECHR 2000. 6. 27. Constantinescu v. Romania

새로 선출된 교사노조 지도자(피고인)는 전임 집행부였던 3인의 교사가 노조 재산을 유용하였다고 고소하였으나 수사를 지체하던 검찰이 불기소 처분하자, 기자에게 위 사정을 이야기하면서 3인의 교사를 '불법 횡령자'라고 비난하여 보도되게 하였다. 유럽인권재판소는 청원인이 유죄판결 받지 아니한 3인의 교사를 범죄자라고 칭한 행위는 사안에 비해 허용될 수 없는 표현이고 그를 명예훼손으로 처벌하는 것은 협약 위반이 아니라고 판시하였다.

ECHR 2002. 2. 26. Dichand & others v. Austria

유럽인권재판소는 변호사인 정치인에 관해 그가 변호사 영업활동을 하여 부도덕하다고 비판한 신문기사에 대해 해당 진술에 강력하고 공박적인 말로 거친 비판(harsh criticism in strong, polemical language)이 포함되어 있지만, 그것은 가치판단으로서 적절한 사실적 근거를 가지며, 일반적인 공익 쟁점에 관한 공정한 논평(fair comment)에 해당한다고 판시하였다.

ECHR 2004. 6. 10. Chernysheva v. Russia (decision)

검사의 부인이 그녀 이웃에 대해 제기한 민사소송 절차에 관해 보도하면서 그 재판 결과가 검사에 의해 영향받았다고 비난하는 내용을 공표한 방송 기자에 대한 명예훼손 처벌이 허용되는 것으로 보았다. 유럽인권재판소는 기자가 어떤 단계에서도 그의 주장에 관한 증거를

---

309) ECHR 2005. 10. 27. Wirtschafts—Trend Zeitschriften—Verlags GmbH v. Austria.

제출하지 않아 허위로 판명되었음을 강조하고, 여러 기사는 사법의 운영에 관한 논평이 아니라 그 검사의 명예에 대한 터무니없는 인신공격(gratuitous personal attack)에 해당한다고 보았다. 판시에 의하면 그 주장은 기자 자신의 생각에서 나왔을 뿐, 다른 어떤 소스를 인용한 바도 타인의 말을 전달한 것도 아니었다.

ECHR 2005. 11. 17. Metzger v. Germany (decision) ['나치' 비난]

독일의 한 지방자치단체가 한 주택을 정신병 요양원으로 전환하려는 계획을 시행하려 하자 주민들은 어린이들이 정신병자들에 의해 위험에 처할 수 있고, 부동산 가격 하락도 우려된다는 이유로 반대 서명운동을 벌이게 되었다. 그 지방의회의 녹색당 의원(피고인)은 지역신문 독자란에서 반대서명을 주도한 주민들에 대하여 "그들은 나치이며 나치수법"을 쓰고 있다고 기고하여 벌금과 함께 소송비용이 부과되었다.

유럽인권재판소는 피고인의 말이 공익사항의 토론 과정에서 나온 가치판단으로 보아 허용되는 것으로 추정되며, 그 반대활동을 주도한 주민들 역시 공적 토론에 참여하였기 때문에 높은 정도의 관용이 기대되지만, 그럼에도 그 주민들은 의도적으로 면밀한 공적 심사에 자신을 노출시키는 정치인의 경우보다 관용의 범위는 좁다. 그런데 피고인이 사용한 언어의 심각성에 비추어 보면, 논쟁 사안에 직접적 연관이 없음에도 주민들의 반대활동을 정신병자라는 이유로 그들을 살해한 나치에 비유함으로써 그들을 중대하게 모욕하였으니, 그 말은 논쟁 중인 주제 사항의 토론에 기여함이 없이 우선 피해자를 모욕하는 비방(Schmähung)의 범주에 해당하여 헌법의 보호를 받지 못하는 것이라고 판시하였다. 그 말은 나치즘과 그 사상에 기한 활동을 지탄하는 특수한 낙인효과를 갖는 것이고, 허용되는 비판의 한계를 넘어섰다는 것이다.

ECHR 2008. 7. 8. Backes v. Luxembourg [조직범죄 혐의]

조직범죄에 연루 혐의가 있다고 비난하지 않고서도 공익 사항에 관한 공개토론에 기여할 수 있었던 경우 또는 공격적 문구를 사용하지 않고서도 공적 토론에서 자신의 의견과 비판을 충분히 표현할 수 있었다는 이유로 명예훼손을 인정한 사례도 있다.

2001년 룩셈부르크의 한 회사 전직 이사인 청원인은 기자와 공동 저술하여 발행한 저서에서 국제 결제시스템 운영에 관여한 동 회사의 비리를 폭로하면서, 세계 금융계의 유명인사 수인을 지적하고, 변호사 N.S.는 마피아 및 바티칸의 전직 은행가와 접촉하였고, 특히 미국에서 조직범죄와 연계된 의혹이 있다고 언급하였다. N.S.의 형사 고소에 따라 청원인은 1500유로의 벌금과 상징적 액수의 손해배상이 명해졌다. 유럽인권재판소는 문제된 문장이 전체 맥락에서 보아 가치판단으로 해석되어야 하지만, 거기에는 충분한 사실적 근거가 있어야 하는데, 법원에 제출된 문서에 의하면 어디에도 N.S.가 조직범죄에 연루된 사정을 찾아 볼 수 없으니 청원인의 처벌은 정당한 것이다.

ECHR 2008. 10. 14. Petrina v. Romania

전혀 사실적 근거 없이 실명으로 피해자가 공산 치하의 루마니아 비밀경찰의 협조자였다고 직접 비난하는 진술은 과장 또는 도발(exaggeration or provocation)의 항변을 할 수 없다.

2) 독일 판례 – 인간존엄의 침해, 비방적 비판, 형태적 모욕

독일 연방헌법재판소의 확립된 판례에 따르면, ① 인간의 존엄에 대한 침해(Verletzung der Menschenwürde), ② 정형적인 형태의 모욕(Formalbeleidigung), 그리고 ③ 비방(Schmähkritik)의 경우에는 인격권 보호가 표현의 자유보다 우선하며, 이러한 범주에 해당하는 표현행위는 이익형량 과정을 거칠 필요가 없이 금지될 수 있다.

BVerfGE 93, 266 (1995) – 'Soldaten sind Mörder'["군인은 살인자"]

표현행위가 타인의 인간으로서의 존엄(Menschenwürde)을 해치는 때에는 표현의 자유가 언제나 물러서야 한다. 예술의 자유에 관해 선언된 이 원칙(vgl. BVerfGE 75, 369 [380])은 표현의 자유에 대해서도 적용되는데, 기본권의 뿌리로서 인간의 존엄은 어떤 개별 기본권과 도 형량될 수 없는 것이기 때문이다. 그러나 개별 기본권뿐 아니라 기본권 전체는 인간의 존엄 원칙을 구체화한 것이므로 한 기본권의 행사가 불가침의 인간존엄을 해친다고 인정되려면 언제나 세심한 이유설시를 필요로 한다.

형식적 모욕(Formalbeleidigung)이나 비방(Schmähung)이 되는 폄훼적 표현행위에 있어서도 마찬가지로 표현의 자유가 명예보호보다 후퇴하는 것이 보통이다(vgl. BVerfGE 61, 1 [12]). 그러나 판례는 비방을 좁게 정의한다. 과도하거나 심지어 공격적 비판도 그것만으로는 표현행위를 비방으로 만드는 것이 아니다. 그러나 사안에 관한 토론(Auseinandersetzung in der Sache)이 아니라 인물에 관한 폄훼를 위주로 하는 표현행위는 그에 해당된다. 거기에는 인격의 폄하 속에 공격적이고 첨예한 비판(polemischer und überspitzter Kritik)이 존재해야 한다. 그렇기 때문에 공공에 중요한 문제에 관한 표현행위에 있어서 비방이 존재하는 것은 예외적이며, 그 밖에 이른바 사적 분풀이(Privatfehde)에 국한해야 한다.

표현행위가 인간의 존엄에 대한 공격이나 형식적 모욕 또는 비방에도 해당하지 않으면 형량은 피해 법익의 피해의 강도에 의존한다. 그 경우 사실적시의 경우와 달리 비판이 타당한가 또는 가치판단이 옳은가 여부는 원칙상 아무 역할도 하지 않는다. 그에 반해 사적인 공방에서 개인적 이익을 추구한 것인가, 아니면 공공에 중요하게 관련되는 문제에 관해 표현의 자유의 기본권이 행사되었는가 하는 점이 무게를 갖는다. 확정된 판례에 의하면 계쟁 표현행위가 여론형성에 기여하기 위한 것이면 언론의 자유에 유리하게 추정된다. 그러므로 그와 달리 판단하려면 그 추정 규칙이 터잡는 표현의 자유의 민주주의를 구성하는 의미를 염두에 둔 이유설시를 필요로 한다.

첫째, 인간의 존엄은 헌법이 보호하는 최고의 이념적 가치이기 때문에 개인의 각개 기본권과 비교형량할 수 없으며 그에 우선하는 것으로 생각된다. 표현행위가 피해자에게서 그의 인간적 존엄을 이루는 인격의 핵심을 부인하는 것이라면, 그것은 형량이 불필요한 인간존엄의 침해가 된다.[310] 독일 기본법 제1조 제1항은 인간존엄의 보호를 위한 제재를 정당화할 뿐 아니라 국가적 강제수단을 능동적으로 투입하고 피해자의 존엄을 침해하는 공격에 대항할 사법의 적극적 임무를 뒷받침하기도 한다. 다만, 이를 인정함에는 신중한 이유 설시가 필요하다.

둘째, '형태적 모욕'은 노골적이고 경멸적인 욕설이 고의로 사용되는 경우를 말한다. 이는 어떠

---

310) BVerfG, Beschl. v. 19.05.2020 – 1 BvR 2397/19.

한 논쟁의 문맥과도 전혀 관련이 없고, 배설관련 용어나 과격한 욕설 등 사회적으로 금기시되는 용어를 사용한다는 특징을 갖는다.[311] 이러한 용어의 사용은 논쟁의 쟁점이나 사안과 관계없이 오로지 다른 사람을 경멸하고 비하하는 데만 그 목적이 있는 것이다.[312] 발화자가 사전숙려에 의해 한 것이든, 대결의 열기에 의해서 사용된 것이든 불문한다.

셋째, '비방'이란 그 목적이 사안에 관한 논의가 아니라 오로지 상대방인 인물의 명예를 훼손하고자 함에 있다. 비방으로 분류하기 위해서는 통상 표현행위의 동기와 맥락을 고려해야 한다. '비방'은 그 진술에 사안에 관한 주장으로 이해할 수 있는 어떠한 내용도 없고 다른 사람을 욕하거나 깎아내리는 기회로만 사용될 때 발생한다. 다만, 의견표현 중에서 '비방'은 넓게 해석·인정되어서는 안 된다.[313] 비판이 과장되어 있고 심지어 폄훼적인 내용이 포함되어 있다 하더라도 바로 비방이라고 단정할 수는 없고, 예외적인 경우에만 인정될 수 있다.[314]

종전 판례에 따르면 공공에 중대한 영향을 미치는 사안의 경우 비방은 사적인 분풀이(Privatfehde)에 한정하여 예외적인 경우에만 인정된다고 한다.[315] 여기서 사적인 분풀이란 공적 사안에 관한 공개적인 토론에 반대되는 개념으로서 개인 간의 사적인 문제에 관련된 자력구제를 의미한다고 할 수 있다.

종전에는 이렇게 명예훼손적 표현행위가 위 3가지 예외 상황에 해당하지 않아 일응 보호받는 표현행위로 생각되는 경우 그것이 공적 사안에 관한 것이면 일응 이른바 표현 자유의 추정(Vermutung für die freie Rede)을 받아 왔다. 그러나 2021. 12. 19. 연방헌법재판소는 퀴나스트 판결에서 이러한 경우 표현의 자유는 인격권에 비해 자동적으로 우위를 향유하지 못하고, 피고인의 표현의 자유와 피해자의 인격권을 실질적으로 동등한 기본권으로 보아 상호 형량해서 그 우열에 따라 처벌 여부가 결정된다는 입장을 취하였다.[316] 표현의 자유와 인격권을 비교형량함에 있어서 피해자의 입장을 고려하여 특히 정치인의 인격권을 더 보호하는 방향으로 전환을 모색한 것이다.

연방헌법재판소는 수십년간 여론형성에 대한 기여라는 개념에 의존하여 자유언론의 추정(Vermutung zugunsten der freien Rede)의 법리를 사법적인 우선규칙으로 취급하여 왔으나, 2020. 5. 19. 판결은 표현의 자유와 인격권 간의 형량에서 양 기본권을 본질상 동등하게 취급할 것을 요구하였고, 그 결과 위 3가지 예외 사유에 해당하지 않는 명예훼손 행위도 의심이 있는 경우에는 피해자의 인격권에 우선하지 못하게 되었다.

---

311) "여기서 가벌성의 기준은 맥락과 무관한 것으로 사회적으로 절대 승인받지 못하는 타부화된 개념을 사용하는 특수한 형태의 표현행위이다."(Lorenz Leitmeier, Künast, "taz" und die (neuen) Grenzen der Meinungsfreiheit, https://www.hrr−strafrecht.de/hrr/archiv/20−10/index.php?sz=6, Aufsätze und Entscheidungsanmerkungen, S. 395 (Heft 10/2020) S. 395 (Heft 10/2020)).

312) BVerfG 2020. 11. 2. − 1 BvR 2727/19, Rassismus−Entscheidung.

313) 이들 연관성 없는 폄훼의 사례는 좁은 예외인데: "명예의 훼손은 그것이 아무리 거칠고 극렬하다 하더라도 사안의 토론에 연관을 가지면 비방으로 볼 수 없다."(BVerfG, Beschluss vom 2020. 5. 19. − 1 BvR 362/18).

314) 종전에 연방헌법재판소는 이 주제연관성의 인정에 관대하였는데, 그것이 피해자에 대한 순전한 폄훼가 아니라 피해자가 이끌었던 절차에 실질적 관련이 있다면 당사자가 법관의 심리 수행에 대해 나치의 특별법원 및 마녀사냥에 비교한 경우에는 비방으로 평가될 수 없다고 한 사례(BVerfG, Beschluss vom 2019. 6. 14. − 1 BvR 2433/17)가 있다.

315) BVerfG 2016. 6. 29. − 1 BvR 2646/15 Staatsanwältin−Entscheidung.

316) BVerfG, Beschluss vom 2020. 5. 19. − 1 BvR 2397/19.

BVerfG, Beschluss vom 19. Mai 2020 - 1 BvR 362/18 ["총체적으로 반사회적"]

"형량과 무관하게 가벌적인 인간존엄의 공격, 비방 또는 형태적 모욕이 존재하지 않는다고 하여 그로부터 형량 결정에서 일반적 인격권이 양보되어야 한다는 식으로 사전적 확인이 귀결되는 것은 아니다. 그러한 사전 확인은 언론의 자유를 위한 추정(Vermutung zugunsten der freien Rede)에서도 나오지 않는다. 자유언론의 추정은 본질적으로 공적 사항에 관해 여론형성에 기여하는 표현행위에서 표현의 자유가 관철됨을 돕는데 그 목적이 있다(vgl. BVerfGE 7, 198 <208, 212>; 93, 266 <294 f.>). 그것은 지속적인 의견의 경쟁을 생존요소로 하는 자유민주주의적 국가질서를 위해 표현의 자유가 갖는 직접 구성적 기능의 유출이다(vgl. BVerfGE 7, 198 <208>). 추정 규칙(Vermutungsregel)은 그 자체가 인격권에 대해 표현의 자유의 일반적 우월성을 뒷받침하지 못한다. 그러나 그로부터는 표현행위가 타인의 명예를 해치고 그의 인격권을 제약하는 경우에도 이것은 오직 형량에 의해서만 제재될 수 있다는 결론이 된디. 그 경우 이 형량을 함에는 표현행위가 상술한 의미에서 형량의 방법으로 인격권에 양보해야 할 사례에서 표현의 자유가 구성적 의미를 갖는 이유설시를 요구한다. 나아가 이로부터는 갈등 해결을 위해 개별적으로 우선규칙이 나올 수 있다. 기본권 간의 총제적 형량에서 불균형은 생기지 않는다."

한편, 헌재는 자유언론의 추정(Vermutung für die freie Rede)도 개별 사례에서 강도가 같은 반대논거에 의해 반박될 수 있는 추정이라고 강조하였다. 이 추정은 본질적으로 공공에 관련되는 문제에서 여론형성에 이바지하는 표현행위인 경우 표현의 자유가 우선함에 목적을 둔다는 점을 강조한다. 그것은 자유민주주의 국가질서를 위해 표현의 자유가 갖는 바로 구성적 의미로부터 유출되는 것이지만, 인격권 보호에 대해 일반적 우위를 갖지는 않는다.

위 독일의 판례 이론 중 특히 관심을 끄는 것은 '비방'(Schmähung) 또는 비방적 비판(Schmähkritik)의 개념이다. 공적 관심 사항에 관한 논의에 있어서는 일방적으로 채색된 입장이나 신랄한 비판도 그것이 객관성을 결한다거나 취미를 잃고 또는 속된 것이라고 할지라도 허용되는 것이지만,[317] 비난이 위 비방에 해당하는 경우에는 위법성을 갖게 되는 것이다.

비방적 비판이란 의견의 표현이 피해자의 인물에 대한 과도한 비난과 공격에 의해 그의 평가를 저하시키는 경우를 말한다. 단지 타인을 비난하는 의견을 표시한다거나 과도하게 비판하는 것만으로는 비방이 있다고 할 수 없으나, 타인의 비난이 문제된 사안에 관련한 공박이 아니라 주로 인신공격을 내용으로 하는 경우에는 위법성을 띠게 되고 형법상으로는 모욕죄로 처벌된다.[318)319] 그러나 이렇게 금지되는 범위는 좁게 해석되어야 한다. 선택된 표현이 비방적 비판에 해당하는가의 여부를 평가함에 있어서는 행위자의 개인적인 사정과 기타 그 사건의 정황을 고려하여야 한다.

---

317) Wenzel, aaO., Rz 196.

318) Renate Damm und Wolfdieter Kuner, Widerruf, Unterlassung und Schadensersatz in Presse und Rundfunk, Verlag C.H. Beck, München(1991), S. 105. 전술 '극우의 사냥지' 사건(연방헌법재판소 1976. 5. 11. 선고 DGB 판결, BVerfGE 42, 143/152) 참조.

319) 벤첼에 의하면 비방적 비판(Schmähkritik)이란 그 표현행위 자체로 보아 실질적인 비판이 비방, 폄훼에 그친다거나 과도한 가치평가 때문에 그 대상인 사항에 대해서 적정한 관계가 없는 경우를 말한다(Wenzel, aaO., Rz 196).

BVerfG 2015. 9. 28. - 1 BvR 3217/14 ['사이코패스']

이 사건에서는 피고인에게 날조된 비난을 하면서 고소한 피해자를 망상증을 가진 사이코 패스("Psychopathin")라고 부른 행위가 비방적 비판에 해당하는가 여부가 쟁점이 되었다.

연방헌법재판소는 표현의 자유의 원칙에 비추어 판례에 따른 비방적 비판의 개념을 좁게 정의하여야 한다고 전제하고, "한 표현행위의 과도하고 두드러진 비판만으로는 비방이 되는 것이 아니고, 표현행위가 사안에 관한 논쟁을 벗어나 인물에 대한 폄훼를 위주로 공격적·극단적인 비판으로 개인을 깎아내리는 행위(persönlichen Herabsetzung)가 존재할 것을 요한다. 비방의 본질적 징표는 객관적인 관심을 완전히 뒷전으로 몰아내는 개인적 중상(persönliche Kränkung)에 있다. 이 토대 위에서 공공에 중요하게 관련되는 문제에 관한 표현행위에 있어서 비방은 이른바 사적 분풀이(Privatfehde)의 경우에만 예외적으로 인정된다."고 판시하였다.

판시에 의하면, 피고인은 검찰의 화해절차에서 자기에게 날조된 비난을 하는 고소인의 정신적 건강에 대해 의문을 제기하면서 사이코패스라고 비난하였기 때문에 우선 자신에 대한 근거없는 비난에 대해 방어하기 위해 항의적이고 예리한 비판을 한 것일 뿐이어서 그것은 객관적인 논쟁을 근거로 한 것이고 전적으로 고소인을 폄훼만 한 것이 아니다.

BVerfG 2019. 6. 14. - 1 BvR 2433/17 ['나치법원'·'마녀재판']

소송을 편파적으로 진행한 법관에 대해 기피신청을 하면서 이전 나치의 특별법원이나 중세의 마녀재판을 연상케 한다고 비난하여 모욕죄로 처벌받은 사안에서 독일 연방헌법재판소는 이를 비방적 비판으로 처벌하는 것은 위헌이라고 판시하였다.

판시에 의하면, 첫째 피고인은 그의 소송과 관련하여 법관의 소송 진행에 관해 나치 특별법원이나 중세 마녀재판과 비교하였는데, 그의 표현의 동기는 법관의 편파성을 지적하려는데 있었고, 그 표현 문안은 그와 객관적 연관이 있었다. 그는 판사 개인이 아니라 그의 소송 수행을 대상으로 그에 의미를 갖는 폄훼적 진술을 한 것이었기 때문에 비방적 비판으로 볼 수 없다. 둘째, 피고인의 진술은 가치판단의 표현인데, 국가적 제재의 두려움 없이 공권력의 조치를 날카롭게 비판하는 것은 특히 높이 평가될 의견의 자유의 핵심영역에 속하는 것이므로 의견표현은 그의 법치국가적 견해를 방어하는데 필요한 것에 국한되지 않으며, 예리한 공격적 진술도 허용되는 것이라고 판시하였다.

나아가, 독일 판례에 의하면 비판이 사실에 근거하는 것이라 하더라도 낙인찍기(Stigmatisierung), 사회적 배척(soziale Ausgrenzung) 또는 망신주기(Prangerwikung)에 이르는 경우에는 비방적 비판에 해당한다고 한다.[320)321)]

---

320) "진실한 사실에 기한 비판도 이익형량의 결과 낙인찍기(Stigmatisierung, 오명 씌우기)나 사회적 배척(soziale Ausgrenzung, 따돌림) 및 망신주기(Prangerwikung)에 이르는 경우에는 허용되지 않는다."(BVerfG 2002. 12. 17. - 1 BvR 755/99 [교사능력 비판]).

321) 독일 판례에서 비방으로 인정된 사례를 보면, 이의된 사무를 담당한 바 없는 공무원에 대해 기계적 사무처리를 혼내주어야 한다고 비난한 경우(Düsseldorf AfP 82, 234), 주의 우익 정당 수상에 대해 "독일 연방의 나치 지도자 숭배의 찌꺼기"라고 비난한 경우(München, ZUM 90, 195/197), 연방군인 개인에 대해 '살인자'라고 비난한 경우(Frankfurt NJW 91, 2032) 등이 있다(이상 Wenzel, aaO., S. 195 참조).

BVerfG 2006. 5. 24. - 1 BvR 1060/02 [낙태 반대 피켓] - 망신 효과 인정 사례

낙태 반대 운동을 하는 피고가 합법적인 임신중절 시술을 행하는 원고의 병원 앞에서 위법한 낙태의 중지를 촉구하는 전단을 배포한 사례에서 연방헌법재판소는 "일반적인 실질적 관심(allgemeines Sachanliegen)을 추구하되, 그에 비추어 부정적으로 판단되는 사례에 특정 개인을 연관시켜 그의 신원을 밝힘으로써 비난의 대상으로 삼게 하는 경우에는 망신효과(anprangernde Wirkungen)가 인정된다"는 민사판례를 확인하면서, 피고가 원고를 골라내도록 함에 원고가 어떤 유인도 주지 않았기 때문에 그 망신효과를 수인할 필요가 없다는 이유로 피고의 전단 배포를 금지하였다.

BVerfG, 2013. 12. 11. - 1 BvR 194/13 ["실성한 부인"] - 내밀사항의 비판

정치적 공방에 관여한 바 있는 주의회 의원(여)에 대해 그녀가 잡지에 야한 모습의 사진으로 등장하자 그녀를 '실성한 부인'이라고 표시하면서, 사랑도 오르가즘도 무엇인지 모르는 피해자가 이러한 포르노를 찍어 '망가진' 여인이 되었다는 취지로 비판한 피고의 행위에 관하여 독일 연방헌법재판소는 이를 위법한 인격권 침해라고 판시하였다. 연헌재는 피해자를 "실성한 부인"이라고 표시한 도발적이고 침해적 표현행위는 이를 위한 어떠한 사실적 근거(tatsächliche Anknüpfungspunkte)도 없고, 피고의 표현행위는 공인으로서 피해자의 명예를 훼손했을 뿐 아니라 그녀의 내밀영역에 속하는 사실을 추단하여 악평함으로써 사인으로서 그녀가 누리는 존중청구권을 모두 박탈하려 하였다고 판단하였다. 이 사건은 내밀영역에 해당하는 사실을 근거로 하는 가치판단은 허용되지 않는다는 것을 보여주고 있다.

3) 대법원

전술한 바와 같이 우리 대법원은 미국 판례를 본받아 순수의견은 면책되고, 의견표현의 형태로 된 폄훼적 표현은 그에 적시 또는 함축된 사실의 진위에 의해 명예훼손의 성부가 결정된다는 입장(이른바 혼합의견의 법리)을 취한다.

위와 같은 대법원의 입장을 영국이나 유럽인권재판소가 취하는 공정한 논평의 법리와 비교하여 볼 필요가 있다. 공정한 논평의 법리에서는 부정적 가치판단인 의견의 표현은 사실적 근거를 필요로 하고 아무 사실적 근거 없이 행해진 터무니없는 인신공격은 위법하며, 그 근거사실의 입증에는 사실적시 명예훼손에 대한 진실의 항변에서 요구되는 입증의 정도보다 완화된 입증을 요한다. 그에 비해 대법원은 의견의 근거사실 입증에 있어서 사실적시에 대한 진실항변과 같은 정도의 입증을 요구하고 있어 의견의 자유의 보호에 충분치 않고 위헌의 소지가 있다 함은 전술한 바와 같다.[322] 다만, 의문의 제기나 정치적 의견의 표현에서 제시·함축된 사실에 관한 입증은 완화된 입증으로 족하다는 판시가 종종 발견된다.

또 대법원은 독일의 판례이론에 관해서는 무관심한 것으로 보인다. 인간의 존엄

---

322) 전술 제2장 제5절 Ⅲ 2 (2) 나 4) 및 5) 참조.

을 무시·침해하는 표현행위의 개념과 범위에 대한 논의가 성숙되어 있지 않지만, 독일 판례가 언급하는 바와 같이 그 취지를 살리는 방안이 검토될 필요가 있다고 생각된다. 그리고 형식적 모욕이란 개념은 우리에게는 생소하지만, 독일 판례에 의하면 그것은 생식기나 배설에 관련된 욕설로서 사회적으로 금기시되는 언어를 사용하는 경우이고, 그것이 문맥이나 맥락에 상관없이 금지되는 것은 문화권에 따라 다를 수 없는 것이라고 생각된다. 우리 판례도 그러한 욕설의 사용 자체가 금지되는 의견표현으로 취급한 사례가 많고 그만큼 그 개념은 우리 판례에도 깊이 뿌리를 내리고 있다고 생각된다. 마지막으로 독일 판례가 금지되는 의견 표현으로 하는 비방(적 비판)의 개념에 관하여는 적극적 검토와 수용을 요한다. 비록 대법원이 위 개념을 명시적으로 언급하고 있지는 않지만, 여러 대법원 판례의 논증을 전반적으로 살펴보면 위와 같은 취지의 법리가 개개의 판결에서 산발적으로 발견되고 있다. 앞으로의 논증에서는 공정한 논평의 법리 또는 비방적 비판의 법리가 원용된다면 보다 합리적이고 바람직한 논증이 될 것이라고 생각한다.

(3) 의견표현의 태양

가. 개관

1) 비판의 목적과 수단

표현의 자유는 표현되는 사상이나 의견의 내용(Gedankeninhalt)은 물론 그 표현행위의 방법이나 수단 등 형식(Form der Äußerung)도 보호한다. 유럽인권재판소에 의하면 표현의 자유는 아이디어의 실체뿐 아니라 전달의 형태도 보호하며,[323] 원칙상 서술 스타일은 표현행위의 한 형태로서 커뮤니케이션의 부분을 이루며, 그 자체가 표현행위의 내용과 함께 보호된다고 한다.

> ECHR 2012. 3. 15. Tusalp v. Turkey [터키 수상 부패 비난]
>
> 피고인은 일간지에서 터키의 에르도안 수상 등 고위 정치인들의 위법행위와 부패에 관해 신랄하게 보도하면서 저속하고 도발적이며 공격적인 표현을 사용하였다.
>
> 유럽인권재판소는 스타일은 표현행위의 한 형태로서 커뮤니케이션의 부분을 이루며, 그 자체가 표현행위의 내용과 함께 보호된다고 전제하면서, 그 기사의 표현 형태는 저자가 자기 자신의 정치적 의견과 인식으로 채색하여 풍자적 스타일을 사용함으로써 그의 강력한 비판을 전하려 한 것이었다고 보아 비판의 한계를 넘은 것이 아니라고 판시하였다.

독일의 판례도 의견표현의 내용과 형태의 결정은 표현의 자유에 속하는 것이며,

---

323) ECHR 1997. 7. 1. Oberschlick (no. 2).

표현행위자가 그 방법이나 수단을 선택하는 것은 헌법상 표현의 자유에 의해 보호되는 표현행위자의 자주결정권에 속하는 것이라고 한다. 그러므로 신랄한 서술이나 과장된 표현형식이라 할지라도 그것이 공적인 논쟁의 장에 등장하는 경우에는 자유언론의 이익을 위해 감수되어야 한다.[324] 표현행위자가 자기의 의견을 표현함에 있어서 적절하다고 생각되는 특정한 서술양식만을 사용하도록 요구된다면 공적인 비판과 토론은 마비되거나 과도하게 제한될 우려가 있고, 그렇다면 헌법에 의해 설정된 질서 속에서 행해지는 표현자유의 기능을 살리지 못하게 될 것이기 때문이다.

> BGHZ 45, 296/307 - Höllenfeuer - Urteil (1966) ['지옥의 불']
> 독일 연방대법원(BGH)은 독일 최대의 선정적 대중지(Stern)가 1962년 "지옥에는 정말 불이 타고 있는가?"라는 표제를 사용하여 카톨릭 교파를 비난하자, 카톨릭 관계 잡지가 그에 대한 대응으로 저속한 거리의 가치를 추구하는 피고가 바보 사로잡기를 의도한다고 맹렬히 비판한 사례에서 명예훼손의 성립을 부인하면서, 다음과 같이 판시하였다.
> "기본법이 의견 표현의 자유에 관한 법적 보장에 대해 우월적인 중요성을 부여하고 있는 것을 보면 자신의 판단으로 의견의 경쟁에 참여하는 능력 있는 시민은 자유민주주의 체제 아래서 근거를 포기하고 심술궂게 비꼰다거나 욕설하면서 호통치는 모양으로 반대의견에 대해 공격을 가하는 비판에 대해 어떻게 생각해야 할 것인가를 스스로 판단할 수 있는 능력을 갖는다는 점에 근거를 두고 있다. 이러한 자유의 리스크에 비추어 법은 피해자에게 모든 부적절하게 날카로운 의견표현에 대하여 보호를 주지는 않는다는 점을 감수해야 한다."

2) 표현수단의 위법성 판단 기준

상술한 바와 같이 표현의 내용은 어떠한 것이든 원칙적으로 보호된다. 즉 의견은 그 내용 여하를 막론하고 정신적 대결이나, 여론형성에 기여하는 것이면 적법성이 추정되고, 그 의견 내용 여하에 따라 특정 의견을 금지하는 것은 표현의 자유의 핵심 내용을 침해하는 것이어서 허용되지 않는다.[325]

그렇지만 그러한 내용의 의견을 표현함에 사용된 수단이 무엇이든 보호되는 것은 아니다. 주목해야 할 점은 표현행위에 채용된 수단과 방법에 관하여는 표현행위의 실질 내용에 관한 제한보다 완화된 기준이 적용된다는 점이다.

---

324) 하나의 진술이 중요한 공적 사안의 정신적인 경쟁에 기여하는 것이면, 언론이 자유롭다는 추정이 미치고(BVerfGE 7, 198 [212]), 공적인 의견의 경쟁에서 날카롭고 과장된 표현도 원칙적으로 헌법의 언론조항의 보호범위에 속한다(vgl. BVerfGE 54, 129 [139]).

325) 독일 판례에 의하면, 표현행위의 형태에 관해서만 금지하는 것은 의미에 따른 반복을 대상으로 금지하는 것보다는 덜 무거운 것이고(BVerfG NJW 76, 1677 - DGB; 85, 263 - Hessenlöwe), 생각의 내용(Gedankeninhalt)이 금지된다면 제5조의 기본권은 그 핵심적 의미에서 손상되게 된다고 한다(BVerfG NJW 76, 1680/1681 - Deutschlandstiftung).

BVerfGE 42, 163 - Deutschlandstiftung

"의견, 즉 사상의 표현이 정신적 대결, 여론형성에 기여하기 위한 것인가 여부가 문제되고 긍정되는 경우에는 그 금지에 엄격한 요건을 요한다. 그에 비해 행위자가 그의 사상을 어떻게 작성하여 표현할 것인가도 표현의 자유에 속하지만, 표현행위의 태양만을 제한하는 것은 덜 중하다. 표현행위를 오직 적정하게 행할 것을 요구하는 것은 기본권 취지에 어긋날 것이지만, 통상적으로 보아 사상 자체를 표현함에 그 실질을 다치지 않으면서 타인의 권리를 침해하지 않는 방법으로 대신하는 것도 가능하다."

독일 판례에 의하면, 첫째 그러한 의견을 표현함에 사용된 수단이나 방법에 있어서는 피해법익과의 조화적 균형을 위한 제한이 가능하다. 따라서 의견의 표현에 타인의 권리를 침해하지 않는 방법이 있다면 침해적인 수단의 사용을 제한하는 것은 허용된다.326) 헌법이 보장하는 자유로운 정신적인 대결은 논쟁과 사고의 교환에 터잡은 것인데, 이를 위해 반드시 신랄한 서술의 사용에 집착하거나 그에 대한 철저한 강조가 필요한 것은 아니기 때문이다.

BVerfGE 42, 143 - "DGB"['극우의 사냥지'] (1976)

1969년 피고 독일노조연합(Deutsche Gewerkschaftsbund)은 그가 발행하는 정기간행물에서 독일재단(Deutschlandstiftung)이 발간하는 극우 잡지는 기독사회당(CSU, 보수정당)과 연계된 '극우의 사냥지'('rechtsradikales Hetzblatt')라고 비난하였다. 연방헌법재판소는 기본법상의 언론보호 조항(제5조 제1항)은 자기의 생각을 어떻게 표현할 것인가에 관하여 스스로 결정할 수 있는 권리도 보장하는 것이 원칙이지만, 그 의견의 내용을 바꾸지 않고 필요에 따라 그 내용을 표현하는 형태를 바꾸는 것도 어렵지 않다고 전제하고, 타인의 인격을 존중할 의무에 따라 타인을 중상하는 표현을 피하고 그렇지 아니한 표현으로 바꾸게 하는 결과가 되었다 하더라도 언론의 자유가 제한되었다고 할 수는 없다고 판시하였다. 그러면서 법원이 명예훼손적 표현행위의 부작위[금지]청구를 인용함에 있어서도 법원의 금지명령은 의견의 실질내용을 대상으로 할 수 없고, 그러한 의견을 표현함에 사용된 구체적 표현양식(문안)만을 금지할 수 있다고 판시하였다.

둘째, 강력하거나 과장된 언어에 의해 표현된 신랄한 의견도 보호받을 수 있는데, 그 보호범위는 비판의 맥락과 목적에 의존한다.327) 본질적으로 공공에 관계되는 문제에 대한 정신적 토론에 기여하고 공동생활에 중요한 의미를 갖는 사안에 관한 것이라면 그에 대해 공격적이거나 격렬한 또는 과장된 논란 등 총체적으로 보아 비객관적이

---

326) BVerfGE 42, 143 – "DGB" ['극우의 사냥지'] (1976).
327) ECHR 1995. 4. 26. Prager and Oberschlick v. Austria; ECHR 1997. 7. 1. Oberschlick v. Austria (No. 2)(정치인을 '바보'로 모욕한 것을 허용한 사례); ECHR 2000. 9. 28. Lopes Gomes da Silva v. Portugal(시의원 선거에 입후보한 자에 대해 기괴하거나 우스꽝스럽고 조악하다는 등 가혹하게 비판한 행위를 허용한 사례); 경찰의 잔인성을 주장하면서 경찰관을 "제복입은 야수"라고 비난한 사례(ECHR 1992. 6. 25. Thorgeirson v. Iceland).

라고 보이는 방법으로 논란하는 권리도 거부될 수 없다. 따라서 공익 및 공적 관심 사항에 관하여, 특히 정치적 토론이나 선거운동 과정에서 또는 정부, 정부기관이나 정치인을 상대로 비판하는 경우에는 강력하거나 과장된 언어로 표현된 의견도 보호된다. 특히 저널리즘의 자유는 일정한 정도의 과장이나 도발적 표현도 보호한다.[328]

그에 반해 개인의 사생활에 관한 과정이나 개별적 영리기업을 보도대상으로 삼는 경우에는 관계자의 인격 또는 법익의 보호를 위해 사안에 맞게 보도할 것을 요구할 수 있다. 특히, 비판적 보도의 대상이 된 피해자가 인신공격 등 비판적 표현에 대해서 하등 동기를 준 일이 없는 경우에는 공정하게 보도·논평할 것을 요구할 수 있다.

셋째, 구사된 언어의 강도나 표현기법 등 표현행위에 의해 채용된 비판이나 비난의 정도 역시 그 표현행위의 위법성 여부를 결정하는 중요한 요소이다. 표현행위에 의한 비난이 강하면 강할수록 비판의 적정성(Angemessenheit)에 대하여도 높은 요건이 요구된다. 이와 관련하여 독일 판례는 타인의 법익을 침해하는 표현행위라 하더라도 그것이 표현행위로 목적하는 바를 달성하기 위해 반드시 필요하고도 최소한의 절제적인 표현 형태나 방법을 취하여야 하는 것은 아니라고 한다.[329][330] 다만, 침해적 수단 이외에 침해하지 않는 표현방법이 가용적이라면 침해적 수단은 금지될 수 있고, 타인에 대한 부정적 가치판단이 비방적 비판의 한계를 넘는 경우에는 금지된다.

넷째, 진술 수단의 평가에서 중요한 요소는 모욕적 또는 공격적 용어의 사용이다.[331] 그러한 모욕적이고 명예훼손적인 의미를 갖는 단어의 사용만으로 명예훼손이 되는가 여부에 관하여는 정황에 따라 이른바 수사적(修辭的) 과장 및 비유적(比喩的) 표

---

328) 저널리즘의 자유는 어느 정도 과장이나 도발적 표현도 보호한다(ECHR [GC] 2003. 5. 6. Perna v. Italy).

329) 애초에 독일 판례는 표현의 수단에 관해 가장 절제적인 수단(schonendste Mittel)을 쓴 경우에만 허용된다고 하다가(1951. 10. 26. Constanze Ⅰ 판결, BGHZ 3, 270), 1966. 6. 21. '지옥의 불' 사건 (BGHZ 45, 296)을 계기로 이를 부인하고 신랄한 표현도 허용되는 것으로 보았고, 같은 날 내려진 판결(Teppichkehrmaschinen-Entscheidung, NJW 66, 2010)에서는 사용된 수단이 반드시 필수적인 것이었음을 요구하는 것도 아니라고 보았다(이에 관한 상세한 논의는 박용상, 언론과 개인법익, 321-326면 참조).

330) 전술한 윤리법관 판결(BGH, 1964. 5. 5. Ⅵ ZR 64/63)에서 독일 연방대법원은 윤리법관으로 자칭하는 피해자가 이전에 타인의 성관계를 폭로 비판하였다면, 그 자신의 사생활에 속하는 성관계를 들어 비판하는 것도 수인해야 한다고 판시하였다. 또 연방헌법재판소는 1961. 1. 25. 판결(BVerfG, 1 BvR 9/57 - Schmidt/Spiegel)에서 쉬피겔지가 쉬투트가르트 고등법원장에 대해 부정확하게 정치적 성향을 왜곡하여 보도한 경우 피해 법원장은 그의 명예 방어를 위한 내용뿐 아니라 쉬피겔의 음란물 같은 선정적 보도 태도를 비판하였다 하더라도 허용된다고 보았다.

331) "공격적 언어는, 그 유일한 의도가 모욕에 있는 등 방자한 폄훼(wanton denigration)에 해당하는 것이면, 표현의 자유 보호범위 밖에 놓일 수 있으나, 단지 서술스타일의 목적에 기여하는 경우 비천한 문구(vulgar phrases)의 사용 자체는 공격적 표현의 평가에 결정적인 것이 아니다."(ECHR 2012. 3. 15. Tusalp v. Turkey § 48).

현으로 이해될 수 있으면 면책된다는 법리가 일반적으로 확립되어 있다(후술).

다섯째, 독일 판례는 인간의 존엄을 침해하는 표현은 기본권으로서 용인되지 못함을 명언하고 있는데, 이와 관련된 논의가 필요하다(후술).

3) 대법원

우리 판례는 이에 관해 '모욕적이거나 인신공격' 기준 또는 '악의적이거나 현저히 상당성을 잃은 공격' 기준을 채용하고 있음은 전술한 바와 같다.

대법원은 비록 공적인 존재나 공적인 관심사에 관하여 구체적 정황에 근거한 문제 제기가 널리 허용되지만, 그 표현방법에 있어서는 상대방의 인격을 존중하는 바탕 위에서 적절한 어휘를 선택해야 하고, 아무리 비판을 받아야 할 사항이 있다고 하더라도 모멸적인 표현으로 모욕을 가하는 일은 허용될 수 없다고 한다.[332]

> **대법원 2005. 1. 14. 선고 2001다28619 판결 [검찰 감청 의혹]**
>
> 대법원은 검찰의 감청의혹을 제기한 신문보도가 문제된 사안에서 "검찰 등 국가기관의 수사과정에서의 감청 등 그 직무집행이 적법하게 이루어지고 있는지 여부는 항상 국민의 감시와 비판의 대상이 되어야 한다는 점을 감안하면, 이러한 감시와 비판 기능은 보장되어야 하고 그것이 악의적이거나 현저히 상당성을 잃은 공격이 아닌 한 쉽게 제한되어서는 아니 된다고 할 것이다"라는 입장에서 "이 사건 사설 중 검찰의 불법 감청에 관한 의혹제기가 악의적이거나 현저히 상당성을 잃은 공격이라고는 보이지 아니하므로, 이는 수사기관의 직무집행의 적법성 여부에 관한 언론의 감시와 비판기능의 중요성에 비추어 허용될 수 있는 범위 내의 것으로서 그 위법성을 인정할 수 없다"고 판시한 바 있다.

> **대법원 2006. 3. 23. 선고 2003다52142 판결 [언론사 특혜 재테크 비판].**
>
> 대법원은 언론사 간의 비판·비난이 문제된 사안에서 "공공적·사회적인 의미를 가진 사안에 관한 표현의 경우에는 언론의 자유에 대한 제한이 완화되어야 하고, 특히 당해 표현이 언론사에 대한 것인 경우에는, 언론사가 타인에 대한 비판자로서 언론의 자유를 누리는 범위가 넓은 만큼 그에 대한 비판의 수인 범위 역시 넓어야 하고, 언론사는 스스로 반박할 수 있는 매체를 가지고 있어서 이를 통하여 잘못된 정보로 인한 왜곡된 여론의 형성을 막을 수 있으며, 일방 언론사의 인격권의 보장은 다른 한편 타방 언론사의 언론자유를 제약하는 결과가 된다는 점을 감안하면, 언론사에 대한 감시와 비판 기능은 그것이 악의적이거나 현저히 상당성을 잃은 공격이 아닌 한 쉽게 제한되어서는 아니 된다"고 판시하였다.

나. 허용되는 수사적 과장 및 비유적 표현

전술한 바와 같이 의견의 실질 내용에 비해 표현양식에 관한 보호는 제한적이다. 그렇다면 표현양식의 보호 여부를 결정하는 기준이 문제된다. 의견표현의 수단으로서

---

332) 전술 대법원 2002. 1. 22. 선고 2000다37524, 37531 판결 [시민단체 대 한국논단].

허용되는 기준에 관하여 제국의 판례와 학설은 이른바 '수사적(修辭的) 과장'(rhetorical hyperbole) 및 '비유적(比喩的) 표현'(figurative expression)이라는 개념을 사용하고 있다. 그 것은 근거사실에 대한 가치판단이나 평가가 과장되거나 그에 대한 비유적 서술로 더 강력한 어조를 갖게 되는 경우이다. 예컨대, 음주운전자를 "도로 위의 살인자들"이라 고 지칭하는 것은 전형적인 수사적 과장에 해당한다. 그것은 문구적 의미 그대로 음주 운전자가 모두 고의적인 살인자라거나 살인죄로 처벌받아야 한다고 주장하는 것이 아 니라, 음주운전이 다른 사람의 목숨을 빼앗을 수 있을 정도로 위험한 행위임을 강조하 려는 것이다.[333]

이러한 수사적 과장이나 비유적 표현을 구사한 의견도 그 실질 내용에 관한 사실 적 근거가 있어야 함은 물론이다.[334]

1) 외국 판례

이에 관한 미국, 독일 및 유럽인권재판소의 판례를 다음에 살펴본다.

Greenbelt Cooperative Publishing Association v. Bresler, 398 U.S. 6 (1970) ['공갈' 비난]

부동산개발업자(원고) 소유의 토지를 구입하고자 하는 시당국을 상대로 도시계획의 변경 을 이끌어내기 위하여 강하게 압박한 행위를 '공갈'(blackmail)이라고 비난하는 보도가 문제 된 사안에서 미국 연방대법원은 그 문맥에서 '공갈'이라고 했다 하여 어느 누구도 원고가 실 제로 범죄를 범했다고 인식할 리가 없고, 그것은 단지 원고 브레슬러의 협상 태도를 심히 부 당하다고 생각한 사람들에 의해 사용된 "과장"(hyperbole)이요, "강력한 특성 묘사"(vigorous epithet)에 불과하기 때문에 그 비난은 헌법상 보호된다고 판시하였다.

위 판례는 의견 및 사실의 구별 기준 및 수사적인 과장이 면책되는 헌법상의 범위를 밝힌 점에서 후일 자주 인용되게 되었다.

Letter Carriers v. Austin, 418 U.S. 264 (1974) ['반역자' 비난]

피고 노조가 뉴스레터를 통해 노조에 가입하지 않은 원고 등을 "반역자 명단"(List of Scabs)에 명시하고 그들은 방울뱀, 두꺼비나 박쥐와 같은 존재이고, 자기의 신, 조국, 가족과 계급을 팔아먹은 자라는 등 경멸적이고 모욕적으로 비난한 사안에서 미국 연방대법원은 어 느 독자도 문맥으로 보아 원고를 형사상의 반역죄를 범하였다고 비난한 것으로 이해할 리 없 고, "반역자"라는 말은 단지 노조원들이 비가입자에 대해 느낀 경멸(輕蔑)의 "수사적인 과장" (rhetorical hyperbole)이거나 "강력한 상상적 표현"(lusty and imaginative expression)에 불 과하다고 하여 원고의 주장을 배척하였다.

---

333) 한위수, 수사적 과장(修辭的誇張)과 명예훼손 책임: '종북(從北)'이란 표현이 명예훼손에 해당하는 가? - 대법원 2019. 4. 3. 선고 2016다278166 판결, 언론중재 2019년 여름호 76면.
334) 전혀 사실적 근거 없이 실명으로 피해자가 공산 치하의 루마니아 비밀경찰의 협조자였다고 직접 비 난하는 진술은 과장 또는 도발(exaggeration or provocation)의 항변을 할 수 없다(ECHR 2008. 10. 14. Petrina v. Romania).

Buckley v. Littell, 539 F.2d 882 (2d Cir. 1976), 429 U.S. 1062 (1977) ['파시스트' 비난]

정치적 우익으로 분류되는 보수적 칼럼니스트인 저자와 보수파 단체의 대변인인 원고를 "동료 파시스트 동반자"라고 표시한 것이 문제되었다. 미국 연방제2항소법원은 원고와 그 저자는 넓게 변화하는 세계관을 포용하였을 뿐 아니라 파시즘의 정의도 다양하므로 사안의 문맥상 사실로 규정되기에 충분한 한정된 의미를 나타냄에 충분치 못하고, 나아가 그러한 표현은 무엇보다도 정치 토론의 영역에서 사용된 것으로서 의미가 극히 부정확하기 때문에 사실의 진술로서 증명된 것으로 볼 수 없다고 결론지었다.

BGHZ 45, 296/307 - Höllenfeuer - Urteil (1966) ['지옥의 불']

독일 연방대법원은 독일 최대의 선정적 대중지(Stern)가 "지옥에는 정말 불이 타고 있는가?"라는 표제를 사용하여 카톨릭 교파를 비난하자, 카톨릭 관계 잡지가 그에 대한 대응으로 저속한 거리의 가치를 추구하는 피고가 바보 사로잡기를 의도한다고 맹렬히 비판한 사례에서 명예훼손의 성립을 부인하였다.

BGH, Ⅵ ZR 276/99 - "Babycaust" (2000) ['태아학살']

이 판결은 낙태를 홀로코스트와 비교한 사례에서 이를 의견표현으로 허용하고 있다.

피고(낙태반대운동자)는 임신중절을 시술하는 병원 앞에서 "병원 구내에서 모태 속의 태아살해"라는 전단에 "전에는 홀로코스트, 오늘에는 태아학살"("damals: Holocaust, heute: Babycaust")이라는 문구를 넣은 것이 문제되었다.

독일 연방대법원은 피고가 '태아학살'이란 말을 선택한 것은 오늘날 자행되는 낙태의 실상을 비판하면서 인간의 삶의 대량 말살이란 점을 강조하여 낙태에 반대하려는 목적을 위한 것이었고, 원고의 진료가 위법하다는 것을 의미한 것이 아니었다. 그것은 정치적 여론형성에서 중요하고 기초적인 문제에 관한 토론을 위해 태어나지 않은 생명의 생명권 보호를 주장한 것이어서 자유민주주의에서 이러한 형태의 의견표현은 수인되어야 한다.

BVerfG, 2015. 9. 28. - 1 BvR 3217/14 ['사이코패스']

날조하여 고소한 자에게 사이코패스라고 부른 경우 면책시킨 사례

BVerfG 2019. 6. 14. - 1 BvR 2433/17 ["나치법원·마녀재판"]

소송을 편파적으로 진행한 법관에 대해 기피신청을 하면서 이전 나치 특별법원이나 중세의 마녀재판을 연상케 한다고 비난한 한 경우 면책

ECHR 1992. 6. 25. Thorgeir Thorgeirson v. Iceland ['제복 입은 야수']

유럽인권재판소는 경찰의 잔인함을 논하면서 경찰 간부를 '제복 입은 야수'("brutes in uniform")라고 칭한 사례에서 명예훼손 책임을 부정하였다.

ECHR 2002. 2. 26. Dichand & others v. Austria [부도덕한 변호사]

유럽인권재판소는 변호사인 정치인에 관해 그가 변호사 영업활동을 하여 부도덕하다고 비판한 신문기사에 대해 해당 진술에 강력하고 공박적인 말로 거친 비판(harsh criticism in strong, polemical language)이 포함되어 있지만, 그것은 가치판단으로서 적절한 사실적 근거

를 가지며, 일반적인 공익 쟁점에 관한 공정한 논평(fair comment)에 해당한다고 판시하였다.

ECHR 2005. 7. 21. Grinberg v. Russia, No. 23472/03 [염치·양심없는 지사]

러시아의 한 신문은 2002. 9. 주지사가 체첸소녀를 살해한 군인을 비호하면서 언론과 전쟁을 치루고 있다고 보도하면서 그 "지사는 염치도 양심도 없다"고 비판하였다. 유럽인권재판소는 그 비판은 공익 쟁점의 맥락에서 행해졌고, 지사는 선출된 정치인으로서 사인보다 더 넓은 비판 범위를 수인해야 한다고 판시하였다.

2) 한국 판례

우리 판례도 의견 표현이 문제된 다수의 사례에서 명예훼손의 불법행위가 성립되지 않는다고 판시하고 있다.

대법원 1984. 5. 29. 선고 84도554 판결 ['유신체제인사' 비판]

"유신체제 하에서 국민의 피와 땀을 빨아먹던 존재들이 지금 이 자리에 와서 나는 국민의 대표다. 나는 농민의 대표다라고 떠들고 다닌다"고 한 진술에 관하여 입후보자 개인이나 그 소속 정당에 관하여 어떠한 구체적인 사실을 적시하여 비방한 것이라기보다는 과거 집권당의 소속원들에 대한 피고인 자신의 경멸적 평가를 추상적으로 표현한 것이다.

대법원 1988. 9. 20. 선고 86도2863 판결 ['군정' 비난]

"마르코스도 군에서 옷벗고 나와 장기집권하다 망했다. 군정은 몸서리친다. 우리도 박정희 대통령 때부터 현재까지 군정의 연속이다"라는 취지의 말은 당시 정부의 성격을 민간주도의 정부라기보다는 군인주도의 정부라는 주관적 판단을 표시한 것으로 볼 것이고 대통령에게 불명예가 될만한 구체적인 사실의 적시가 있었다고 보기 어렵다.

서울지방법원 2001. 4. 10. 선고 2001가합37731 판결 ['인민위원회' 비유]

사립학교법을 개정하여 학교운영위원회를 자문기관에서 심의위원회로 바꾸는 개정안이 제출되고 전국교직원노조가 이를 지지하자 보수적 시민단체가 이를 비판하면서 학교운영위원회를 인민위원회에 비유한 사안에서 명예훼손의 성립을 부인함.

대법원 2002. 1. 22. 선고 2000다37524, 37531 판결 [시민단체 대 한국논단]

원고 노동조합의 투쟁과 운동방식 등을 "정권타도투쟁", "북한조선노동당의 이익을 위한 노동당운동" 등으로 표현한 부분은 모두 피고들의 주관적인 평가를 그에 비유한 수사적 과장 표현으로서 의견에 해당하여 명예훼손에 해당하지 않는다.

서울지법 2002. 8. 16. 판결 [안티조선 홍위병 비유]

피고인 소설가 이문열은 2001년 언론세무조사 당시 조선일보반대시민연대의 활동에 대하여 동아일보에 '홍위병을 떠올리는 이유'라는 제목의 기고문을 통해 조선일보반대시민연대를 중국 문화혁명을 주도한 홍위병에 비유하고, 같은 해 12월 이씨의 독서토론회에서 '안티조선은 친북세력'이라고 비판하였다. 법원은 "시민단체들의 운동을 홍위병 등으로 비유하거나 평가한 표현은 수사적 과장표현에 불과하며 그 정당성 여부는 찬반토론을 통한 경쟁과정에서 그 도태 여부가 결정될 것"이라고 판시하였다.

대법원 2003. 8. 22.선고 2003다9870판결 [최장집교수 비판 기자]

서울고등법원 2001. 5. 17. 선고 99나67484 판결

기자의 모순되는 보도 태도를 지적하면서 지적 양심에 문제가 있다거나 사디즘적 병리현상이 느껴진다고 하는 표현은 수사적 과장에 불과하여 위법성이 없다고 판단됨.

대법원 2004. 9. 13. 판결 ['노사모는 홍위병']

한나라당 박원홍 전 의원은 2002년 대통령선거를 앞두고 오마이뉴스와의 인터뷰에서 당시 노무현 후보의 지지자들로 구성된 '노사모'(노무현을 사랑하는 모임) 회원들을 가리켜 "문화혁명 때 홍위병 같은 방식은 안된다. 사이비종교와 비슷한 것이다"라는 등의 발언을 했다가 명계남 등 노사모회원 5인으로부터 고소를 당했으나, 1,2심에서 무죄를 선고받고, 대법원에서 무죄가 확정되었다(법률신문, 2004-09-14 정성윤 기자 보도).

대법원 2004. 11. 12. 선고 2002다46423 판결 ["공자가 죽어야 …"]

대법원은 ""공자가 죽어야 나라가 산다"는 제목의 서적이 공자, 유학자, 유교 및 유교문화에 대하여 비판적인 문구를 사용하였다고 할지라도 … 재단법인 성균관에 대한 사회적 평가와 직접 관련된 것이라고 할 수 없고, 나아가 그 내용에 다소 과장되고 부적절한 표현, 신랄하고 가혹한 비유가 있다고 하더라도 이는 표현의 자유로서 보호되어야 할 범위 내에 있으므로 명예훼손으로 인한 불법행위가 되지 않는다"고 판시하였다.

대법원 2005. 6. 9. 선고 2005다6365 판결 ["지만원과 늑대"]

5.18 민주화운동을 "소수의 좌익이 북의 사주를 받아 일으킨 폭동"이라고 말한 원고(지만원)에 대해 '분열적 정신상태', '야당이 집권하면 출세할 것이라는 착각' 등 원고를 비난하는 내용의 기사를 게재한 피고 오마이뉴스의 비판이 문제된 사안에서 법원은 원고 스스로가 수인해야 할 범위 내의 것이어서 위법하지 않다고 판시하였다.

대법원 2007. 9. 6. 선고 2007다2275 판결 ["강제수용"]

술에 취해 쓰러져 정상적인 의사결정을 할 수 없었던 소외인이 경찰에 의하여 원고 정신병원에 인계된 후 보호자가 없다는 등의 이유로 4년 동안 입원 당했다는 방송보도에 대하여, 대법원은 "방송내용 가운데 '강제입원' 내지 '강제수용', '멀쩡한 사람도 재수가 없으면', '영화 속의 올드보이', '엉터리' 등 다소 단정적이거나 과장된 표현이 들어있기는 하나, 이는 소외인의 입장에서 보아 본인의 의사에 반하는 입원이었고 … 장기간 강제입원이 필요할 정도의 정신질환이 있다고 보기에는 충분하지 않다는 점을 압축·강조하거나 수사적으로 표현한 것에 불과"하여 허위보도라고 할 수 없다"고 판시하였다.

대법원 2008. 2. 1. 선고 2005다8262 판결 ["처첩경쟁"]

2001년 한겨레신문사(원고)가 조선일보의 정경유착 등 비리를 폭로 비판하는 내용을 게재하자, 조선일보(피고)는 그에 대응하여 "대한매일·한겨레의 반여지(反與紙) 공격, 50년 된

처와 10년 된 첩 사랑 경쟁"이라는 제목의 기사를 게재하였다. 서울고등법원은 김대중 전 대통령이 언론개혁을 강조한 후 한겨레신문이 연일 조선일보의 문제를 지적하는 기사를 시리즈로 연재하고, 조선일보에 대한 국세청 세무조사, 공정위 조사 등을 옹호하는 기사를 보도한 사실에 비추어 피고 조선일보의 보도는 진실한 사실을 전제로 한 비판으로 보인다고 하여 한겨레의 청구를 기각하였다. 대법원은 원고신문을 "처첩신문"이라고 표현하였다고 하여 모멸적인 표현에 의한 인신공격에 해당한다거나 의견표명으로서의 한계를 일탈한 불법행위에 해당한다고 볼 수도 없다는 원심의 판단을 지지하였다.

대법원 2008. 7. 10. 선고 2008도1433 판결 ["한심하고 불쌍한 인간"]

골프클럽 경기보조원들의 구직편의를 위해 제작된 인터넷 사이트 내 회원 게시판에 특정 골프클럽의 운영상 불합리성을 비난하는 글을 게시하면서 위 클럽담당자에 대하여 "한심하고 불쌍한 인간"이라는 등 경멸적 표현을 한 사안에서, 게시의 동기와 경위, 모욕적 표현의 정도와 비중 등에 비추어 사회상규에 위배되지 않는다고 보아 모욕죄의 성립이 부인되었다.

서울서부지법 형사1부 2009. 1. 21. 판결 ['낙하산 인사']

피고인(철도노조 위원장)은 2007. 8. 6. 철도노조신문에서 KTX 여승무원들의 복직 등을 놓고 마찰을 빚던 이철 전 코레일 사장을 '낙하산 인사'라고 비난하여 명예훼손으로 기소되었다. 법원은 이 전 사장이 철도공사와 별 상관이 없는 정치인 출신으로 국회의원 선거에서 낙선한 뒤 사장으로 부임한 점을 보거나, KTX 여승무원들의 고용불안 문제가 노조 현안이 돼 있던 상황에서 이 전 사장의 임용과정과 경영철학의 문제점 등을 조합원들에게 널리 알리고 환기시킨 것은 공공의 이익에도 부합한다고 볼 수 있다고 판시하였다(서울=연합뉴스, 2009/01/21 보도)

서울중앙지법 2009. 1. 23. 선고 2008가단233364 판결 ['애첩', '관기']

나경원의원은 2009. 6. 라디오 인터뷰 중 총리기용과 관련해 박근혜 의원을 비판하자 다음날 일명 박사모(박근혜를 사랑하는 모임)의 정모회장은 같은 방송과 D포털사이트를 통해 나 의원을 '애첩' 및 '관기'로 비유하는 등 모욕적인 발언을 수차례에 걸쳐 했다. 나 의원이 제기한 1억원의 손해배상청구소송에서 서울중앙지법은 2000만원을 배상을 명하는 일부 승소판결을 내리면서 "나 의원은 기혼여성으로 남편과 함께 2명의 자녀를 양육하고 있고 정치인으로서 유권자들에 대한 이미지가 무엇보다도 중요하다"며 "그럼에도 불구하고 정씨는 전파성이 매우 강한 라디오방송과 인터넷 게시판을 이용해 자녀를 양육하고 있는 기혼여성으로서는 참기 힘든 모욕적 표현을 사용해 나 의원을 비방했다"고 판결 이유를 밝혔다(법률신문 2009-02-02 보도).

위 판결의 논증에는 문제가 있다. 문제된 진술은 넓은 관용을 요하는 공인의 정치적 행위에 대한 비판이었고, 이를 대하는 독자는 나의원이 실제로 부적절한 성관계를 가진 것으로 이해할 리 없고, 피고는 나의원의 발언에 대한 강력한 불찬의사를 수사적 비유의 수단으로 표현하였기 때문이다.

대법원 2016. 1. 3. 판결 ['독단적', '비민주적', '음흉한']

대학교수협의회 회장이었던 피고인(교수)은 회의 결과를 설명하는 이메일을 전체 교수들에게 보내면서 "총장의 독단적이고 비민주적인 대학운영을 저지하고, 총장의 음흉한 계략과 술책에 맞서서 대학을 정상화시키고"라고 적었다가 모욕죄 등 혐의로 기소되었다. 1심 법원은 '독단적이고 비민주적'이라는 표현은 어떤 사람을 비판할 때 통상적으로 사용하는 용어이며 전후 문맥과 경위, 동기를 함께 고려하면 사회상규에 위배되지 않는 행위라고 판시했다. 또 '음흉한'은 대법원이 모욕죄 판례에서 제시하는 '사회적 평가를 저하시킬 만한 추상적 판단이나 경멸적 감정의 표현'에 해당하지만, 총장의 대학 운영을 비판하는 과정에서 나온 말이라며 위법성을 인정하지 않았다. 피고인의 상고는 기각되었다(연합뉴스TV, 2016-01-03 보도).

대법원 2016. 5. 13. 판결 ['망나니', '아귀']

2014년 9월 세월호 특별법 제정을 촉구하며 광화문에서 단식 중이던 유가족들 주위에서 어버이연합 일부 회원들이 음식을 먹었던 것을 비판하기 위해 피고인(영화평론가)은 한 인터넷매체에 '죽음에 이르는 죄 가운데 첫번째 큰 죄, 폭식'이라는 제목의 글에서 "대한민국어버이연합이라는 나잇값 못하는 망나니들의 본을 따른 것이리라. 늙어가면서 나이만 먹은 게 아니라 이기심과 탐욕만 먹어 배만 채우고 영혼은 텅 비어버린 아귀들"이라고 비난하였다. 대법원은 '망나니'나 '아귀'라는 표현이 모욕적이긴 하지만, 어버이연합이 정치적 사안에 대해 다수의 집회를 개최하면서 공적 존재임을 내세우고 있는 점에 비추어, 그러한 공적 존재의 "소위 폭식 투쟁을 비판하는 칼럼의 전체적 주제와 내용에서 벗어난 표현이라고 할 수 없다"고 판단하여 무죄를 선고한 원심을 확정했다(내일신문 east@naeil.com 2016. 5. 13. 보도).

다. 금지되는 과도한 모욕적·인신공격적 표현

이상 수사적 과장 및 비유적 표현으로 볼 수 없는 과도한 모욕적·인신공격적 표현은 금지된다. 양자의 구별은 모호하지만, 제국의 판례는 사례별로 전체적 정황을 종합하여 양자를 구별하고 있다.

1) 독일 판례

BVerfG 2006. 5. 24. - 1 BvR 1060/02 [낙태 반대 피켓] -망신 효과 인정 사례

합법적인 임신중절 시술을 행하는 원고의 병원 앞에서 위법한 낙태의 중지를 촉구하는 전단의 배포를 금지한 사례(전술).

BVerfG 2013. 12. 11. - 1 BvR 194/13 ["실성한 부인"]

정치적 쟁점에 관해 적극적 의견을 피력한 바 있는 주의회 의원(여)이 잡지에 야한 모습의 사진으로 등장한데 대해 그를 '실성한 부인'이라고 표시하면서, 사랑도 오르가즘도 무엇인지 모르는 피해자가 이러한 포르노를 찍어 '망가진' 여인이 되었다는 취지로 비판한 피고에 대해 아무 사실적 근거도 없이 비판하였다 하여 명예 및 인격권 침해로 인정한 사례.

2) 유럽인권재판소 판례

ECHR 2003. 3. 20. Krutil v. Germany [괴벨스에 비교]

피해 기자를 나치 선전기구의 수장이었던 괴벨스와 비교한 기사에 관해 유럽인권재판소는 그 비교가 정치적 토론의 과정에서 그 기자가 이전에 행한 매우 적대적인 비판에 대응한 것이었다 하더라도 그 모욕은 수인할 수 있는 비판의 한계를 넘은 것이라고 판시하였다.

ECHR[GC] 2007. 10. 22. Lindon v. France ['살인갱단의 두목']

이 사건에서는 현실을 묘사하는 픽션 소설에서 피해자(Le Pen)가 이끄는 극우정당의 전투원이 북아프리카인을 살해한다는 내용을 다루면서 피해자가 결국 그 폭력행위에 책임이 있으며, 그를 '살인갱단의 두목'이고 "그 선거구민들의 고난 위에 번성하는 흡혈귀"라고 언급하였다. 그 서적의 저자에 대한 유죄판결이 내려지자 그 판결에 대한 반발로 피고인(신문기자)은 위 유죄로 선고된 소설 부분을 발췌하여 신문에 보도하였다. 그 신문 기자는 기소되어 유죄판결을 받았다.

유럽인권재판소는 위 유죄판결을 지지하면서 '처형자' 또는 '살인 갱단의 두목' 등 용어를 사용한 소설의 폄훼적 서술을 그대로 복제 보도한 행위는 문제의 재판과정을 충분히 설명함에 반드시 필요한 것은 아니었고, 원고의 명예에 대한 진술의 충격에 비추어 허용되는 과장과 도발(provocation)의 한계를 넘었다고 판시하였다. 이들 용어는 사상이나 의견을 전달함에 있어 표현의 자유의 행사에 반드시 필요한 것은 아니었다는 것이다.

ECHR 2005. 9. 8. Ivanciuc v. Romania (decision) ['사형집행자']

신문에서 정치인을 비판하는 경우 기자는 그것이 설사 가치판단을 구성하는 경우에도 그 주장에 대한 충분한 사실적 근거를 제시할 의무가 있는데, 시장을 해임한 부지사를 공격하면서 그가 음주 운전 중 과실치사죄로 기소되어 무죄 판결을 받았음에도 그를 '사형집행자'("executioner")라고 표현한 것은 풍자적 성격을 갖는 가치판단이라 하더라도 저널리즘에 허용되는 과장과 도발의 한계를 넘는 것이다.

3) 대법원

대법원은 2002년 의견의 표현도 "그 표현방법에 있어서는 상대방의 인격을 존중하는 바탕 위에서 적절한 어휘를 선택해야 하고, 아무리 비판을 받아야 할 사항이 있다고 하더라도 모멸적인 표현으로 모욕을 가하는 일은 허용될 수 없다"고 판시한 이래,335) 공적 사항이나 공인에 대한 비판도 "악의적이거나 현저히 상당성을 잃은 공격"336)인 경우, 또는 그 형식 및 내용 등이 "모욕적이고 경멸적인 인신공격"에 해당하는 경우337)나, "모멸적인 표현으로 모욕을 가하는 행위"338)는 명예훼손의 책임을 면치

---

335) 전술 대법원 2002. 1. 22. 선고 2000다37524, 37531 판결 [시민단체 대 한국논단].
336) 대법원 2003. 7. 8. 선고 2002다64384 판결 [전북도지사], 대법원 2003. 7. 22. 선고 2002다62494 판결, 대법원 2003. 9. 2. 선고 2002다63558 판결 [대전법조비리].
337) 대법원 2002. 1. 22. 선고 2000다37524, 37531 판결 [시민단체 대 한국논단].

못한다고 설시하여 왔다.

대법원 2002. 1. 22. 선고 2000다37524, 37531 판결 [민주노총 대 한국논단]

이 사건에서는 이념단체 간의 이념 논쟁이 문제되었는데, 피고 잡지사의 과격한 비난이 대부분 의견의 표현으로서 면책되고, 단지 원고 민노총의 투쟁방법을 '공산게릴라식 빨치산전투'라고 표현한 부분만을 의견표현의 한계를 벗어난 것으로 판단하고 있다.

대법원 2002. 1. 22. 선고 2000다37524 판결 [시민단체 대 한국논단]

피고 한국논단은 1997년 말 15대 대통령 선거를 앞둔 10. 8. "대통령 후보 초청 사상 검증 대토론회"를 개최하였는데, 그 사회를 본 피고 이모씨는 "소위 경실련이라든가 민주 사회를 위한 변호사 모임, 참여 연대, 카톨릭 인권위원회, 무슨 무슨 사제단" 등에 관한 후보자의 견해를 물으면서 "시민 단체가 전체 시민이나 국민을 위해서 봉사하고 공헌하는 것보다는 상당히 위협을 주고, 어떤 특정 세력에 대하여 반대를 하고, 심지어는 폭력적인 위협을 하고 있습니다." "이 사람들이 도대체 무슨 돈을 가지고 그렇게 활발한 활동을 하고 있는지, 일설에 의하면 재벌이라든가 기업체에서 약점을 미끼로 해서 돈을 긁어 쓴다는 말도 있다"는 취지의 발언을 하였다.

대법원은 피고는 그 발언에서 "약점을 미끼로", "돈을 긁어 쓴다"는 비속한 표현을 사용하여 원고들이 기업체를 협박하여 돈을 갈취하였다는 구체적 사실을 적시함으로써 원고들의 명예를 훼손하였으므로, 이는 불법행위에 해당한다고 판단하면서 다음과 같이 판시하였다.

"아무리 공적인 존재의 공적인 관심사에 관한 문제의 제기가 널리 허용되어야 한다고 하더라도 구체적 정황의 뒷받침도 없이 악의적으로 모함하는 일이 허용되지 않도록 경계해야 함은 물론 구체적 정황에 근거한 것이라 하더라도 그 표현방법에 있어서는 상대방의 인격을 존중하는 바탕 위에서 어휘를 선택하여야 하고, 아무리 비판을 받아야 할 사항이 있다고 하더라도 모멸적인 표현으로 모욕을 가하는 일은 허용될 수 없다."

대법원 2002. 6. 14. 선고 2000도4595 판결 [공업용 미싱]
서울고등법원 2000. 9. 26. 선고 2000노770 판결

피고인 김홍신 당시 한나라당 의원은 1998. 5. 26. 지방선거에 즈음하여 개최된 한나라당 정당연설회에서 김대중 대통령에 대하여 그의 과거 발언이 바뀐 점을 지적하면서 "김대중 대통령은 입만 열면 거짓말을 한다. 몇십년 동안 거짓말을 해왔다. 우리는 준비된 대통령이라는 말에 속았다. … 사람이 죽으면 염라대왕이 거짓말한 것만큼 바늘로 뜨는데 김대통령은 거짓말을 하도 많이 하고 너무 많이 속여서 바늘로 한뜸한뜸 뜰 시간이 없어서 공업용 미싱을 갖다가 드르륵 드르륵 박아야 할 것이다. 말바꾸기의 천재성을 가진 사람, 거짓 말의 인간 문화재, 유별나게 사기치는 사람이 바로 김대중 대통령이다"라고 발언하여 모욕죄 및 공직선거법 위반혐의로 기소되었다. 제1심인 서울지법은 2000. 3. 9. 피고인에 대하여 모욕죄를 적용해 벌금 100만원과 공직선거 및 선거부정방지법 위반(후보자 비방)죄에 관하여 벌금 80만원을 각각 선고했다. 대법원은 2002. 6. 14. 피고인의 상고를 기각하고 원심을 확정하였다.

---

338) 대법원 2003. 3. 25. 선고 2001다84480 판결 [실수 변호사 과잉비판].

대법원 2002. 12. 24. 선고 2000다14613 판결 ['주사파' PD]

대법원은 전통적인 역사 해석 입장에서 벗어나 진보적 시각에서 사안을 다룬 TV프로그램에 대해 "TV가 좌익의 선전도구가 됐다"고 비판한 내용의 기사는 명예훼손이 되지 않지만, 해당 프로듀서를 '주사파'(主思派)로 지목한 부분은 기사 전체 취지 등에 비추어 사실의 적시로 보면서, "남북이 대치하고 있고 국가보안법이 시행되고 있는 우리나라의 현실에서 특정인이 주사파로 지목될 경우 그는 반사회세력으로 몰리고 그에 대한 사회적 명성과 평판이 크게 손상될 것이므로 이로 인하여 명예가 훼손된다고 보아야 한다"고 판시하였다.

그러나 위 판결은 2018년 판결(대법원 2018. 10. 30. 선고 2014다61654 전원합의체 판결 ['주사파'])에 의해 번복되었다.[339]

대법원 2003. 3. 25. 선고 2001다84480 판결 [실수 변호사 과잉비판]

변호사인 원고의 소송수행 잘못으로 의뢰인에게 불리한 판결이 선고되도록 하였다는 기본적 사실의 보도는 진실이라고 하더라도 위와 같은 기본적 사실에 기초하여 원고를 소위 '순백의 법조인'과 대비하여 '사람답게 살지 못한 사람'이라거나 '한심하다 못해 분통이 터진다'는 등의 표현을 사용하여 의견을 표명한 것은, 그 적시된 사실에 비추어 보거나 원심 판시 인정 사실에 나타난 위 사건 재판의 전과정이나 원고의 소송수행 내용 전반에 비추어 살펴볼 때 원고의 잘못의 정도와 판결에 대한 영향을 지나치게 확대, 과장하여 평가한 결과에 따른 표현으로서 그러한 의견표명은 모멸적인 표현에 의한 인신공격에 해당하여 의견표명으로서의 한계를 일탈한 불법행위가 될 수 있다.

(4) 개별 문제

가. 형법상 모욕죄가 되는 경우 - 판례와 비판

현행 형법은 그 제33장(명예에 관한 죄)에서 제307조 이하에 명예훼손죄를, 제311조에 모욕죄를 따로 규정하고 있다. 판례에 의하면 형법상 모욕죄의 구성요건은 "사실을 적시하지 아니하고 단순히 사람의 사회적 평가를 저하시킬 만한 추상적 판단이나 경멸적 감정을 표현하는 것"이다.[340] 따라서 사실적시 없이 경멸적 가치판단으로 타인의 명예를 훼손하는 경우 형법상 명예훼손죄는 성립되지 아니하지만, 모욕죄가 성립한다.

이렇게 형법상 모욕죄가 성립되는 경우 민사상 불법행위가 되는 것은 당연하지만, 그 경우 대법원은 민사상 명예훼손의 불법행위가 아니라 별개의 인격권 침해의 불법행위가 된다고 한다. 그러나 경멸적 의견표현으로 형법상 모욕죄가 성립되는 경우에는 민사상 명예훼손의 불법행위도 성립하는 것으로 보아야 한다 함은 전술한 바와 같다.[341] 다만, 의견표현이나 가치판단에 의한 모욕행위의 위법성 여부 판단에는 공정

---

339) 후술 본절 Ⅳ 3 (4) 나 3) 참조.
340) 대법원 2003. 11. 28. 선고 2003도3972 판결, 대법원 2008. 7. 10. 선고 2008도1433 판결, 대법원 2008. 12. 11. 선고 2008도8917 판결, 대법원 2015. 9. 10. 선고 2015도2229 판결, 대법원 2017. 4. 13. 선고 2016도15264 판결, 대법원 2018. 5. 30. 선고 2016도20890 판결 ['공황장애'] 등 확립된 판례.

한 논평의 법리를 원용할 필요가 있을 것이다.

독일 형법에서도 기본적 구성요건인 모욕죄(제185조)는 사실적시나 가치판단에 의해, 그리고 명예훼손(제186조 및 제187조)은 사실적시에 의해 타인의 명예를 침해하는 진술로 구성요건이 정해져 있고,342) 어느 경우에나 민사상 명예훼손의 불법행위가 됨에는 이론이 없다.

나. 정치적·사상적 대결에서 일방적·편파적 비난

1) 개관

정치적·사상적 영역의 토론과 공방에서는 각자가 취하는 입장, 즉 자유주의적, 보수적 또는 사회주의적 시각으로부터, 또는 종교적 또는 무신론적인 입장으로부터 특정한 시각을 표현하게 된다. 그러한 시각은 필연적으로 일방성과 결부되고 타인으로부터 불만을 사게 된다.

특히, 정치인에 대하여 '공산주의자'라든가 '파시스트'라고 칭하는 것이 모욕적 표현에 해당하여 금지되는가, 아니면 피해자나 상황에 따라 사례별로 금지되는가 하는 점이 논란될 수 있다. 이러한 비난은 선거운동에서 자주 구사되는데, 선거운동의 실제를 보면 좌우의 한편 당사자가 상대방을 극단으로 몰아 수사적인 표현을 동원하여 공산주의자 또는 파시스트라고 비난하는 사례가 적지 않다. 그러한 경우 어느 한편의 입장에서 해당 표현행위를 금지한다면 국가의 중립성 요청에 부응할 수 없을 뿐 아니라, 법원이 공산주의나 파시즘에 대하여 객관적으로 이해되는 바를 확정할 수도 없기 때문에 타당치 않다.343)

독일 연방대법원은 완전히 다른 기본적인 입장에 의해서만 해명될 수 있는 첨예한 공박이라 하더라도 그것은 악의적이라거나 혐오스런 비방적 비판은 아니라고 판시한다. 공적인 영역에서는 일방성 자체만으로 위법성을 인정할 수는 없다는 것이다.344) 물론 정치인이나 시사적 인물에 대하여도 보호되어야 할 흉측스럽고 증오스런 언어적 공격의 표현이 존재하며, 독일 판례에 의하면 그것이 처벌될 수 있는 것은 사적 원한 (Privatfehde)에 의한 경우에 국한되어야 한다고 한다.345)

이 경우 정치적 의견의 평가 기준은 형법에 의해 기소된 사람의 책임을 평가하는 기준과 다르다는 점에 유의해야 한다.346)347) 미국에서 '공산주의자'라는 비난은 시대

---

341) 전술 본절 Ⅲ 6 참조.

342) 독일에서 사실적시에 의한 모욕은 제3자에게 표현된 경우 제186조 및 187조가 우선적으로 적용되지만, 사실적시가 없거나 피해자 자신에게만 한 진술은 제185조에 해당한다.

343) Friedrich Kübler, Ehrenschutz, Selbstbestimmung und Demokratie, NJW 99, 1281 [1286].

344) Wenzel, aaO., S. 282.

345) BVerfGE 93, 266 (294), NJW 1996, 709; BVerfG, NJW 1999, 204 (206).

의 변천에 따라 달리 취급되어왔다.[348]

2) 독일 및 유럽인권재판소

독일 및 유럽인권재판소 판례에 의하면, '나치',[349] '신나치', '파시스트'[350] 등 용어의 사용 자체만으로 자동적으로 표현의 자유가 제한되는 것은 아니며, 그것이 공적 토론의 맥락에서 피해자가 고의적으로 자극·야기한 행위에 대한 반작용으로 사용된 경우[351]나 그러한 평가를 위한 사실적 근거가 있는 경우[352]에는 허용된다고 한다.

> **BVerfGE 61, 1 (1982) ['유럽의 나치당']**
>
> 독일 연방헌법재판소는 유럽의회의원 선거운동 중 상대 정당을 '유럽의 나치당'이라고 비난한 행위는 의견을 표명한 것으로 이를 금지하는 것은 위헌이라고 판시하였다.
>
> 먼저 주고등법원은 이를 사실 주장으로 보아 청원인의 발언을 금지하면서 다음과 같이 판시하였다. 즉 좌익정당(SPD) 후보자가 우익정당인 기독교사회당(CSU)을 '유럽의 나치당'이라고 비난한 표현에는 그의 정신적, 세계관적 및 사회적 기초, 지도이념, 가치관념, 정치 수단이 나치와 부합하고, 자유민주주의의 기본질서 하에서 합법 정당으로 활동하는 CSU가 그러한 노선을 추구한다고 하는 비난이 존재하여 헌법의 기본질서에 반하고 이를 위협하는 정당이라고 하는 그릇된 사실 주장이라는 것이었다.

---

346) 전술 제2장 제5절 IV 2. (3) 나 2) 법적 개념의 일상용어적 사용 항목 참조. 국가사회주의(나치) 사상의 선전과 옹호를 범죄로 처벌하는 많은 유럽국가에서 "나치"라고 칭하는 비난은 그가 법적으로 처벌될 범죄행위를 범하였다는 주장으로 해석될 수 있음에도 유럽의 여러 국가의 법원과 유럽인권재판소는 그 용어의 사용만으로는 당연히 명예훼손이 되는 것은 아니라고 하는 입장을 취한다. 왜냐하면, 기자들이 공적 문제에 관해 자신의 의견을 표현하는 경우 지켜야 할 정확성의 정도는 법원에 의해 범죄 혐의의 근거를 확증하는 정확성의 정도와 같을 수 없기 때문이다.

347) ECHR 2005. 10. 27. Wirtschafts—Trend Zeitschriften—Verlags GmbH v. Austria: 오스트리아 법원은 집단수용소를 단순한 형무소로 과소 평가한 오스트리아 자유당수 Haider를 '나치'와 같다고 비난한 기자에 대하여 그 진술이 나치금지법을 위반했다는 인상을 주게 되었다고 보아 처벌하였으나, 유럽인권재판소는 정치적 의견의 평가 기준은 형법에 의해 기소된 사람의 책임을 평가하는 기준과 다르기 때문에 기자를 처벌하는 것은 부당하다고 판시하였다.

348) 미국에서 1920년대 공산주의 공포(Red Scare) 시기에 공산주의자라는 비난은 문면상 명예훼손(libel per se)이라는 판결들이 있었으나, 2차대전 이전까지 법원들은 공산당이 합법적 정당인 한 그 당원이라는 비난은 문면상 명예훼손(defamatory per se)이 아니라고 판시하게 되었다. 그러나 러시아가 폴란드 분할에 가담하자 공산주의자라는 라벨은 본래적으로 명예훼손적인 것으로 되었다(Grant v. Reader's Digest Ass'n, 151 F.2d 733 (2d Cir. 1945), cert. denied, 112 S. Ct. 380, 116 L.Ed. 2d 331 (1992)).

349) '나치'라는 말을 사용하였다고 하여 그 사실만으로 그에 의해 특수한 낙인(stigma)을 찍는 것으로 유죄를 뒷받침하는 것은 아니다(ECHR 2003. 11. 13. Scharsach v. Austria).

350) 파시즘이란 비난은 다채로운 의미를 가지며 정치적 위상부여(politische Platzanweisung)의 시도로 이해될 수 있다(OLG München, ArchPR 1975, 54).

351) 정치가에 대해 '인종차별적 선동'("racist agitation")을 한다고 비난한 데 대해 그것은 공공의 일반적 공익사항에 관한 정치적 논쟁에 기여하는 부분이 있으므로 터무니없는 인신공격(gratuitous personal attack)이 아니다(ECHR 2002. 2. 26. Unabhangige Initiative Informationsvielfalt v. Austria).

352) 제기된 시민발안에 반대하여 그것이 거짓말, 민족박해, 파시즘이라고 비난한 경우 그에 관한 논거가 있으면 구호적인 평가로 허용된다(LG Stuttgart 1981. 10. 20. 판결).

　　그러나 연방헌법재판소는 정치적 논쟁에 있어서는 전형적으로 가치판단과 사실주장이 혼재되기 마련이며, 내용이 빈약한 사실주장들 가운데 정치적 평가가 들어가는 경우에는 이를 의견의 표현으로 분류하여야 한다는 입장을 취하였다. 즉 "선거운동 연설 중에 "기독교사회당(CSU)은 유럽의 나치당이다"라는 문장은 헌법상 원칙적으로 보호되는 의견표현이다. 이 문장을 문구적으로 받아들여 기사당을 (현재 존재하지 않는) '유럽의 나치당'과 동일하다고 주장하는 것은 명백한 오류이기 때문에 아무도 그렇게 틀린 사실을 주장하는 것으로 이해할 리 없다. 이 문장의 의미를 확인하고자 하는 순간 불가피하게 그것은 입장과 의견으로서, 의견의 경쟁이라고 하는 영역으로 넘어가게 된다."

　　"이것은 그 표현의 실질내용이 빈약하다는 점(Substanzarmut)에 연유한다(vgl. BGHZ 45, 296, 304−Höllenfeuer). 이 표현에는 최소한 구체적으로 파악가능한 사실 적시가 도출되지 않고, 오히려 포괄적 판단이 있을 뿐이다. 이 점은 그 표현의 목적이 선거에서 표를 얻으려는 데 있다는 점을 고려할 경우 명료해지는데, 이를 달성하기 위한 전형적인 수단으로서, 정적(政敵)으로부터 자신을 효과적으로 차별화하려는 의도에서, 정적에 대하여 그에 적합한 일반적이고 실질내용이 없는 어구에 의한 비판적 공격(Polemik)이 구사된 것이다. 이것은 모든 선거운동의 기본적 형태이며, 원칙적으로 의견에 해당하는 영역으로서 기본법 제5조 제1항 제1문[표현의 자유]의 보호영역에 속한다. 선거집회의 모든 참여자들에게 분명한 것은 연사가 자신의 견해를 표명하고, 그럼으로써 청중들을 확신시키거나 설득하려 하고 있다는 점이다. 문제된 표현으로부터 기사당이 극우(極右)에 속한다고 하는 것과 같은 사실적 요소가 읽혀질 수 있을지 모른다. 하지만 그 경우에도 평가적 요소가 사실적 요소를 능가하고 있다. 실질내용이 빈약한 표현의 사실적 내용은 평가에 비하여 후퇴하기 때문에, 그 문장의 성격을 의견표현으로 규정함에는 지장이 없다."

3) 대법원

　　이념적·정치적 논쟁에서 과격하고 첨예한 비판에 관해 내려진 주목할 첫 판결은 2002년 민주노총과 한국논단 사건의 대법원 판결이었다.

대법원 2002. 1. 22. 선고 2000다37524, 37531 판결 [민주노총 대 한국논단]

　　원고 민노총은 1995. 11. 노동자 중심의 사회개혁과 노동자의 정치세력화를 선언하면서 재야노동단체를 중심으로 출범하였으나, 정부가 노동조합설립신고서를 수리하지 않아 법적 노동조합으로서의 지위를 확보하지 못하고 있었고, 1996. 12. 26. 국회가 당시 여당의원들만 참석한 가운데 안기부법 개정안과 노동관계법 개정안 등을 통과시키자 총파업투쟁을 전개하였다. 정부는 이를 불법파업으로 규정하고 법질서 수호를 위한 단호한 조치를 취할 방침을 밝혔으며, 검찰과 경찰은 원고 민노총의 핵심 간부들을 수사하기에 이르렀다. 그 와중에 1997. 1. 15.에는 원고 민노총과 소외 한국노총이 공동파업에 돌입하고 시위대가 4주에 걸쳐 서울 도심 곳곳에서 가두시위를 벌여 극심한 혼란이 야기되고 있었다.

　　이러한 상황에서 피고 '한국논단'은 1997년 2월호에 "노동운동인가, 노동당운동인가?"라는 제하의 기사를 내고 원고 민노총 등의 총파업이 좌경, 친북, 체제전복투쟁으로 치닫는 것을

강하게 비판하였다.353)

대법원은 피고의 기사 중, ① 원고 민노총을 "불법단체", "불법, 불순세력"이라고 칭한 부분, ② 원고 민노총의 투쟁을 "정권타도투쟁"이라고 칭한 부분, ③ 그 정치투쟁의 기본구도를 '자본가와 노동자의 계급투쟁'으로 보고, 그 노동운동을 '북한의 조선노동당의 이익을 위한 노동당운동'으로 표현한 부분, ④ 원고 민노총을 "좌익노동단체"라고 칭한 표현 부분에 관하여는 피고들의 주관적 평가에 의한 수사적 과장표현이거나 그러한 의견을 내게 된 사정이 존재한다는 이유로 불법행위의 성립을 부인하였다.

다만, 대법원은 원고 민노총의 투쟁방법을 '공산게릴라식 빨치산전투'라고 표현한 부분은 원고 민노총의 투쟁방법을 그에 비유한 평가의 표현이라 하더라도, '공산게릴라식 빨치산전투'라 함은 공산주의 혁명을 달성하기 위해 적의 배후에서 파괴와 살상 등으로 기습, 교란하는 비정규부대의 유격전투를 뜻하는 표현으로서, 원고 민노총의 투쟁방법, 투쟁과정에서 나온 과격한 구호 등을 참작하여 본다고 하더라도 그 비유가 지나치고 감정적이고도 모멸적인 언사에 해당하여 이러한 모욕적인 표현까지 언론의 자유라는 이름 아래 보호받을 수 없다고 판시하였다.

다음 논란된 것은 '주사파' 또는 '종북'이라는 지칭이 명예훼손이 될 수 있는가 하는 문제였다. 대법원은 2002년 KBS PD인 원고를 '주사파'로 지목한 부분을 기사 전체 취지 등에 비추어 사실의 적시로 보면서, "남북이 대치하고 있고 국가보안법이 시행되고 있는 우리나라의 현실에서 특정인이 주사파로 지목될 경우 그는 반사회세력으로 몰리고 그에 대한 사회적 명성과 평판이 크게 손상될 것이므로 이로 인하여 명예가 훼손된다고 보아야 한다."고 판시한 바 있다.354) 위 2002년 대법원 판결 이후 '종북(從北)'이라는 호칭이 명예훼손이 되는가 하는 점에 관해 하급심 판결이 엇갈리는 등 심각한 의견 대립과 혼란이 야기된 바 있다.355)356)

---

353) 이 사건 원고들은 전국민주노동조합총연맹(민노총), 민주사회를 위한 변호사모임, 민주주의민족통일전국연합, 참여민주사회시민연대, 전국언론노동조합연맹, 인권운동사랑방, 현대자동차노동조합, 대우조선노동조합, 기아자동차노동조합 등 9인이나, 그 중에서 주로 논란된 법적 쟁점은 민노총에 대한 보도 부분이었다.

354) 대법원 2002. 12. 24. 선고 2000다14613 판결 ['주사파' PD]. 이 판결은 후술하는 대법원 2018. 10. 30. 선고 2014다61654 전원합의체 판결 [주사파]에 의해 번복되었다.

355) 예를 들면, 배우 문성근을 '종북'이라고 지칭하며 비판한 글에 대하여. "종북(從北)이란 북한을 무비판적으로 추종하는 [자]"라는 의미로서 주사파란 표현과 마찬가지로 그로 인하여 원고의 명예가 훼손된다고 인정한 하급심 판결(1심: 서울남부지방법원 2015. 6. 11. 선고 2013가합12076 판결. 항소심: 서울고등법원 2016. 4. 22. 선고 2015나19300 판결)이 있었다.

356) 다만, 2005년 '빨갱이', '친일파 후손'이라는 호칭의 사용에 관하여 별도의 논거를 설명함이 없이 이를 의견 표명으로 본 대법원 판결이 있었다. 즉 대법원은 "한나라당 홈페이지 게시판에 국회의원선거 후보자가 되고자 하는 ○○○ 등에 관하여 게시한 내용 중 "○○○ 빨갱이잖아요" "친일파 후손" 등의 표현은 사실 자체를 적시하였다거나 간접적으로라도 그 전제가 되는 사실관계를 암시하는 내용이라고 볼 여지는 없고 단지 의견 또는 평가의 표명에 불과하다"고 판시하였다(대법원 2005. 4. 14. [사건번호 미상] 판결, 법률신문).

'종북' 또는 '주사파'란 지칭이 명예훼손이 되는가에 관한 문제를 본격적으로 다룬 것은 2018년 전원합의체 판결이다.

대법원 2018. 10. 30. 선고 2014다61654 전원합의체 판결 ['종북']

이 사건은 보수적 정치평론가 변희재(피고)가 트위터나 기사에서 국회의원이자 통합민주당 대표였던 이정희와 그 남편인 심모 변호사(원고들)를 '종북', '주사파' 등의 용어를 사용하여 비판하자, 원고들이 명예훼손으로 손해배상을 구한 사안이었다.357) 서울고등법원은 전술한 대법원 2002. 12. 24. 선고 2000다14613 판결['주사파' PD]의 취지에 따라 "종북이란 부정적이고 치명적인 의미를 갖는 용어"이고 "대한민국의 정체성과 헌법적 기본질서를 부정하는 행위를 해 형사처벌의 대상도 될 수 있다는 뜻"이며 "우리나라 현실에서 종북으로 지목될 경우 반사회 세력으로 몰리고 사회적 명성과 평판이 크게 손상되기 때문에 명예훼손이 된다"고 판시하였다.

그러나 대법원 전원합의체의 다수의견은 "누군가를 단순히 '종북'이나 '주사파'라고 하는 등 부정적인 표현으로 지칭했다고 해서 명예훼손이라고 단정할 수 없"다고 하면서 위 고법 판결을 파기 환송하였다.

다수의견은 "공방의 대상으로 된 좌와 우의 이념문제 등은 국가의 운명과 이에 따른 국민 개개인의 존재양식을 결정하는 중차대한 쟁점이고 이 논쟁에는 필연적으로 평가적인 요소가 수반되는 특성이 있"으므로 이 문제에 관한 표현의 자유는 넓게 보장되어야 하고, "어떤 사람이 가지고 있는 정치적 이념은 사실문제이기는 하지만, 많은 경우 의견과 섞여 있어 논쟁과 평가 없이는 이에 대해 판단하는 것 자체가 불가능하기 때문에" "정치적 이념에 관한 논쟁이나 토론에 법원이 직접 개입하여 사법적 책임을 부과하는 것은 바람직하지 않다."358)고 전제하였다.

나아가, 다수의견은 "'극우'든 '극좌'든, '보수우익'이든 '종북'이나 '주사파'든 그 표현만을 들어 명예훼손이라고 판단할 수 없고, 그 표현을 한 맥락을 고려하여 명예훼손에 해당하는지를 판단해야 한다."고 하면서 "누군가를 단순히 '종북'이나 '주사파'라고 하는 등 부정적인 표현으로 지칭했다고 해서 명예훼손이라고 단정할 수 없고, 그러한 표현행위로 말미암아 객관적으로 평판이나 명성이 손상되었다는 점까지 증명되어야 명예훼손책임이 인정된다."고 설시하였다.

이 과정에서 다수의견은 "사용된 어휘의 통상적인 의미"를 다음과 같이 분석하였다. 즉 다수의견은 "사용된 어휘의 통상적인 의미"에 관하여, "'종북'이라는 말은 과거 '북한을 무비판

---

357) 한편, 이정희 통합진보당 대표 부부가 자신들을 종북(從北) 세력 등으로 표현한 시사평론가 변희재 씨를 명예훼손으로 형사 고소한 사건에서 검찰은 2012. 9. 24. "종북은 특정인의 대북관을 의미하는 것으로 다양한 생각을 포함하는 다의적이고 넓은 개념"이라면서 무혐의 불기소처분을 내렸고, 그에 대한 재정신청 사건에서 서울고법은 2013. 9. 12. 재정신청을 기각하고 대법원 역시 2014. 1. 28. 재항고를 기각한 바 있다.

358) "표현의 자유를 보장하는 것은 좌우의 문제가 아니다. 진보든 보수든 표현을 자유롭게 보장해야만 서로 장점을 배우고 단점을 보완할 기회를 가질 수 있다. 비록 양쪽이 서로에게 벽을 치고 서로 비방하는 상황이라고 하더라도, 일반 국민은 그들의 토론과 논쟁을 보면서 누가 옳고 그른지 판단할 수 있는 기회를 가져야 한다."

적으로 추종하는 태도'를 뜻하는 것이었으나, 이후 '주체사상을 신봉하고 대한민국의 정체성
과 정통성을 부정하는 반국가, 반사회 세력'이라는 의미부터 '북한에 우호적인 태도를 보이는
사람들', '정부의 대북강경정책에 대하여 비판적인 견해를 보이는 사람들'이라는 의미에 이르
기까지 다양하게 사용되고 있고, 이 말은 대한민국과 북한이 대치하고 있는 상황에서 비롯된
것이므로 시대적, 정치적 상황에 따라 그 용어 자체가 갖는 개념과 포함하는 범위도 변하고,
평균적 일반인뿐 아니라 그 표현의 대상이 된 사람이 이 말에 대하여 느끼는 감정 또는 감수
성도 가변적일 수밖에 없으므로 그 의미를 객관적으로 확정하기 어려우므로, 단순히 '종북'이
라는 용어를 사용하였다는 이유만으로 사실적시라고 볼 수는 없고, 경우에 따라서는 그 표현
의 대상이 된 사람이 취한 정치적 행보나 태도를 비판하기 위한 수사학적 과장으로서 단순한
의견표명으로 볼 여지가 있다."고 설시하였다.

나아가 다수의견은 그 용어가 이념적 논쟁에서 사용된 맥락을 함께 살펴 의견표명으로 성
격규정을 한 다음,359) "정치적·이념적 논쟁 과정에서 통상 있을 수 있는 수사학적인 과장이
나 비유적인 표현에 불과하다고 볼 수 있는 부분에 대해서까지 금기시하고 법적 책임을 지우
는 것은 표현의 자유를 지나치게 제한하는 결과가 될 수 있다."고 하면서 명예훼손의 성립을
부인하고 있다.

결론적으로 다수의견은 "피고 등이 위 트위터 글이나 기사들에서 [원고들을 '종북' '주사파'
라고 칭한: 저자 보충] 표현행위는 의견표명이나 구체적인 정황 제시가 있는 의혹 제기에 불
과하여 불법행위가 되지 않거나 원고들이 공인이라는 점을 고려할 때 위법하지 않다고 보아
야 한다"고 판시하였다.

5인의 대법관은 반대의견을 냈다.

〈평석〉

대법원(다수의견)이 내린 결론에는 찬성하나, 그 논증에 관해서는 검토할 부분이 있다.

첫째, 이 사건의 가장 중요한 쟁점은 계쟁 글이 사실적시인가, 아니면 의견표명인가를 구
별하는데 있다. 그 여하에 따라 위법성 판단기준이 달라지기 때문이다.

이에 관해 다수의견은 '종북'이나 '주사파'라고 비판한 계쟁 글이 의혹의 제기 또는 가치판
단으로 볼 수 있다고 하면서 각각의 위법성 여부를 판단하고 있다. 다수의견이 공적 사안, 특
히 공적 존재360)의 이념 여하에 관한 의혹의 제기에는 그 근거되는 사실에 대한 입증책임이
완화된다고 본 점361)에는 문제가 없다. 다음, 그러나 다수의견은 계쟁 글이 공인의 이념에 관
한 의견표명이라고 볼 여지도 있다고 보았는데, 그렇다면 종전 주류판례의 입장에 따라 그것
이 순수의견이어서 절대 면책되는지, 아니면 의견의 형태로 표현된 진술에 적시 또는 함축된

---

359) 결국 그 용어에는 구체적으로 파악가능한 사실 내용이 없는 이른바 포괄적인 판단이나 정치적 평가
라고 볼 수밖에 없고, 그 용어의 의미를 확인하거나 정의하려 하는 순간 그것은 위와 같이 다양한
견해가 대립하는 의견의 영역으로 진입하게 되는 것이다(독일연방헌법재판소 판례 BVerfGE 61, 1).

360) "이 사건 표현행위 당시 원고 이정희는 국회의원이자 공당의 대표로서 공인이었다. 그의 남편인 원
고 심모 변호사도, 기록을 통해 알 수 있는 그간의 사회활동 경력 등을 보면, 공인이나 이에 준하는
지위에 있었다고 보기에 충분하다."

361) 다수의견은 공적 존재의 정치적 이념에 관한 의문이나 의혹의 제기는 그 중요성에 비추어 널리 허
용되어야 하고, 그 입증의 어려움에 때문에 구체적 정황의 제시로 부담을 완화하여야 한다는 종전
의 판례(대법원 2002. 1. 22. 선고 2000다37524, 37531 판결)를 인용하고 있다.

사실을 찾아 그 진부를 검토하는 논증이 필요하였을 것인데(이른바 혼합의견의 법리), 다수의견의 논증에는 이러한 단계의 설시를 찾아볼 수 없다.

다만, 다수의견은 계쟁 글이 의혹의 제기 또는 가치판단으로 보면서도 공인에 속하는 원고들의 정치적 이념에 관한 의문이나 의혹 제기는 널리 허용되어야 하며 그러한 표현이 진실이라고 믿을 만한 상당한 이유가 있다고 볼 구체적 정황이 제시되었다는 이유로 피고의 불법행위 책임을 부인하였다.362)

위와 같은 논증에 대하여는 다수의견도 지적한 바와 같이 이 사건 계쟁 글에는 의문의 제기(사실적시의 한 유형)와 의견표현이 섞여 있고, 이렇게 양자가 혼합하여 어느 하나로 구별이 어려운 경우에는 그 전체를 보다 두터운 헌법적 보호를 받는 의견표현으로 보아 그 허부를 판단하는 것이 헌법과 명예훼손법의 취지에 부합하는 것이다.

그러나 어쨌든 다수의견은 의혹의 제기나 의견의 표명에 전제가 된 사실에 관해서는 완화된 입증으로 족하다고 하여363) 결론적으로는 영국의 공정한 논평의 법리364)에 의해 판단한 경우와 같은 결론을 내고 있다는 점365)을 주목할 필요가 있고, 바람직한 결론이라고 생각된다.

둘째, '종북', '주사파'라고 칭한 표현이 의견의 표명으로 본 다수의견의 결론은 2002년 대법원 판결366)과 저촉되는 것이며, 반대의견 역시 이를 지적하고 있다. 이 사건에서 다수의견은 2002년과 2019년의 시대 상황이 달라진 이유를 중요한 논거로 들고 있으나, 정면으로 판례를 변경한 것으로 보는 것이 보다 정직한 설시가 될 수 있었을 것이다.367) 이에 관해서는 해당 사례의 특수 상황에서 행해진 비난과 비판의 해석은 법적으로 처벌대상이 될 수 있다는 의미로보다는 일상적인 표현 관행으로서 그 단어가 갖는 의미로 해석해야 한다는 점이 강조되어야 할 것이다.368)

---

362) "사람이나 단체가 가진 정치적 이념 … 에 대한 의혹의 제기나 주관적인 평가가 진실에 부합하는지 혹은 진실하다고 믿을 만한 상당한 이유가 있는지를 따질 때에는 일반의 경우와 같이 엄격하게 증명해 낼 것을 요구해서는 안 되고, 그러한 의혹의 제기나 주관적인 평가를 내릴 수도 있는 구체적 정황의 제시로 증명의 부담을 완화해 주어야 한다."

363) "공적인 존재의 정치적 이념에 관한 의혹의 제기를 뒷받침하는 구체적 정황의 입증방법으로서는 "그들이 해 나온 정치적 주장과 활동 등을 입증함으로써 그들이 가진 정치적 이념을 미루어 판단하도록 할 수 있고, 그들이 해 나온 정치적 주장과 활동을 인정함에 있어서는 공인된 언론의 보도내용이 중요한 자료가 될 수 있으며, 여기에 공지의 사실이나 법원에 현저한 사실도 활용할 수 있다."(대법원 2002. 1. 22. 선고 2000다37524 판결).

364) 영국과 유럽인권재판소의 판례에 의하면 비난적 의견에는 그러한 의견을 내게 된 사실적 근거를 요하며, 그 근거사실은 완화된 입증으로 족하다고 한다.

365) 독일 및 유럽인권재판소의 판례에 의하면 부정적 가치판단을 내리는 의견의 표현은 그러한 비난을 위한 최소한의 사실적 근거를 가져야 하고 그러한 객관적 사정 없이 피해자 개인에 대한 터무니없는 인신공격은 모욕을 구성할 수 있다고 한다.

366) 대법원 2002. 12. 24. 선고 2000다14613 판결 ['주사파' PD]은 '주사파'로 지칭한 표현행위를 기사 전체 취지 등에 비추어 사실의 적시로 보면서, "남북이 대치하고 있고 국가보안법이 시행되고 있는 우리나라의 현실에서 특정인이 주사파로 지목될 경우 그는 반사회세력으로 몰리고 그에 대한 사회적 명성과 평판이 크게 손상될 것이므로 이로 인하여 명예가 훼손된다고 보아야 한다."고 판시한 바 있다.

367) 이상의 논리는 '친일파' 또는 '매국노'라고 비난하는 행위에도 똑 같이 적용되어야 할 것이다. 역으로 '주사파', '종북'이란 지칭이 처벌된다면 이들도 처벌되어야 할 것이다.

셋째, 다수의견의 판시 중 형사상 모욕적 표현에 관해 이를 민사상 명예훼손의 불법행위가 아니라 별개의 프라이버시 내지 인격권 침해의 불법행위가 성립한다고 논단한 부분의 문제점에 관해서는 전술한 바 있다.[369] 다만, 원심이 "부부인 원고들이 대등한 관계가 아니고 이데올로그인 원고 2가 지적 능력이 부족한 때부터 원고 1을 조종하고 이용하였다는 인상을 주는 것으로서, 진실과 다르게 왜곡하여 인격을 침해하는 표현"이라고 판시한 부분에 관하여 이를 인격상 왜곡에 의한 인격권침해로 본 것은 타당한 것이었다.

넷째, 누군가를 단순히 '종북'이나 '주사파'라고 하는 등 부정적인 표현으로 지칭했다고 해서 명예훼손이라고 단정할 수 없다고 판시한 부분에는 문제가 없으나, "그러한 표현행위로 말미암아 객관적으로 평판이나 명성이 손상되었다는 점까지 증명되어야 명예훼손책임이 인정된다"는 판시 부분에는 문제가 있다. 명예훼손행위는 해당 진술이 타인의 명예를 저하시킬 추상적 위험만으로 인정된다는 법리를 도외시하고 있기 때문이다(전술 명예훼손의 추상적 위험 요건 참조). 대법원은 모욕죄에 관하여 "모욕죄는 피해자의 외부적 명예를 저하시킬 만한 추상적 판단이나 경멸적 감정을 공연히 표시함으로써 성립하므로, 피해자의 외부적 명예가 현실적으로 침해되거나 구체적·현실적으로 침해될 위험이 발생하여야 하는 것도 아니"라고 판시한 바 있다(대법원 2016. 10. 13. 선고 2016도9674 판결, 대법원 2017. 4. 13. 선고 2016도15264 판결 등).

〈공인간의 논쟁에 관한 중립보도〉

나아가 이정희 대 변희재 간의 논쟁을 보도하면서 변희재씨가 이정희씨를 종북이라고 언급했다는 사실을 전달한 매체의 보도는 면책되는 인용보도라고 보아야 할 것이다. 원진술자가 책임을 지는지 여부에 불구하고 그러한 진술을 한 사실 자체에 공적인 관심과 알 권리가 있기 때문이다(이른바 중립보도의 면책 특권). 더욱이 여기서 피해자는 정치인으로서 그에 대한 비판에 가장 넓은 관용을 보여야 하는 존재이다.

결론적으로 이 사건에 관한 대법원전원합의체 판결의 결론은 상술한 독일 및 유럽인권재판소의 판례와 다르지 않다. 우리의 경우 진보, 보수 또는 좌파, 우파라고 부르는 것은 물론, 극좌, 극우 등 비난에 관해서도 상술한 법리가 적용된다고 보아야 할 것이다. 다만, 친일파, 종북, 주사파라고 부르려면 그 비난을 뒷받침하는 최소한의 사실적 근거가 있어야 할 것이다.

〈이후 판결〉

위 대법원 전원합의체 판결 이후 이를 따른 다수의 판결이 나오고 있다. 보수논객 변희재씨가 성남시장 시절의 이재명 경기도지사를 '종북'으로 비난한 사건(대법원 2019. 4. 3. 선고

---

368) 독일의 판례를 참고하면, '나치'라고 부르는 경우 그것은 나치시대의 폭정과 인권유린 행태라고 비난하는 것이며 독일 현행 형법에서도 나치를 옹호하는 행위가 처벌되고 있지만, 그럼에도 불구하고 그것이 보수적 성향의 정치행태에 대한 비판을 위해 정치적 수사로 사용되는 경우 금지되지 않고 있다. 그만큼 정치적 표현의 자유는 격렬한 비판을 허용하여야 한다는 점을 알리고 있는 것이다.
369) 전술 제2장 제5절 Ⅲ 6. 위법한 의견표현은 명예훼손이 아닌 별개의 불법행위를 구성하는가? 참조.

2016다278166 판결), 이정희 전 통합진보당 대표 부부를 '5대 종북 부부'로 지칭한 사건 (2019. 6. 17. 선고 2016다254047 판결), 전직 국회의원이 임수경 전 새정치민주연합 의원에 대해 '종북(從北)의 상징'이라고 표현한 사건(2019. 6. 17. 선고 2014다220798), '민주사회를 위한 변호사모임(민변) 소속 변호사를 비난하면서 "민변 안에 북변"이라고 칭한 사건(2019. 12. 13. 선고 2017다224494) 등에서 모두 불법행위가 성립하지 않는다고 판시하고 있다.[370]

대법원 2024. 1. 4. 선고 2022다284513 판결

이 사건은 국가정보원 대변인 갑(피고)이 언론사와 인터뷰를 하면서 을(원고)이 운영하는 인터넷 커뮤니티 사이트가 "종북세력이나 북한과 연계된 인물들이 활동하고 있는 가능성이 많이 있는 공간으로 본다."라고 발언을 한 사안에서, 대법원은 갑의 발언이 을에 대한 사실 적시에 의한 명예훼손에 해당한다고 보기 어렵다고 보아 손해배상청구를 기각하였다.

대법원 판시에 의하면 갑의 발언은 그 표현·내용상 위 사이트의 이용자 중 일부가 종북세력이나 북한과 연계되었을 가능성이 있다는 취지에 불과하여 그 표현이 지칭하는 대상이 위 사이트의 운영자인 을이라고 단정하기 어렵고, 위 발언으로 인하여 위 사이트 운영 등을 통해 쌓은 을에 대한 객관적 평판이나 명성이 손상되었다고 보기도 어려운 점 등에 비추어, 갑의 발언이 을에 대한 사실 적시에 의한 명예훼손에 해당한다고 보기 어렵다고 설시하였다.

이 사건 판시 중 종북세력이라고 지칭한 부분에 관해서는 앞서 본 대법원 전원합의체 판결 ['종북']과 같은 취지로 설시하고 있으나, 이 사건 대법원 판결 이유를 보면 다음과 같은 문제가 지적될 수 있다.

첫째, 판시 초두에 대법원은 "표현행위로 인한 명예훼손책임이 인정되려면 사실을 적시함으로써 타인의 명예가 훼손되었다는 점이 인정되어야 한다"고 하여 민사 명예훼손의 불법행위에 사실의 적시를 요하고 의견의 표현은 명예훼손의 불법행위가 되지 않는 것으로 논단하고 있다.

둘째, 동 판결은 바로 이어서 "표현행위의 형식과 내용이 모욕적·경멸적인 인신공격에 해당하거나 타인의 신상에 관하여 다소간의 과장을 넘어서 사실을 왜곡하는 공표행위를 하는 등 인격권을 침해하는 정도에 이를 경우에는 의견 표명으로서의 한계를 벗어난 것으로서 불법행위가 될 수 있다."고 하여 앞서 첫째 지적 부분과 모순되는 듯한 설시를 하고 있을 뿐 아니라 그 경우에도 명예훼손의 불법행위가 아닌 별도의 인격권 침해의 불법행위가 성립한다는 취지로 판시하고 있다.[371]

셋째, 동 판결은 "명예는 객관적인 사회적 평판을 뜻하므로, 누군가를 상대로 단순히 '종북' 등 정치적으로 부정적인 표현을 사용하였다고 하여 명예훼손으로 단정할 수 없고, 그 표현행위로 말미암아 객관적으로 평판이나 명성이 손상되었다는 점까지 증명되어야 명예훼손책임이 인정된다."고 판시하여 2018년 전원합의체 ['종북'] 판결을 그대로 인용 설시하고 있다. 그러나 이러한 판시는 전술한 바와 같이 추상적 위험범으로서 명예훼손죄의 성질을 간과한 것

---

370) 다만, 위 대법원 전원합의체 판결 이후에도 대법원은 앞서 본 배우 문성근을 종북으로 지칭한 것을 명예훼손으로 인정한 원심판결에 대하여, 구체적인 이유는 설시하지 아니한 채 '상고이유 주장과 같이 명예훼손에 관한 법리를 오해한 잘못이 없다'는 취지의 판결을 하기도 하였다(대법원 2018. 11. 29. 선고 2016다23489 판결).

371) 이 부분 상세한 논의는 전술 제2장 제5절 Ⅲ 6 참조.

이며, 종전 대법원 판례와도 어긋난다(대법원 2016. 10. 13. 선고 2016도9674 판결, 대법원 2017. 4. 13. 선고 2016도15264 판결 등).

다. 종교적 비판

헌법상 종교의 자유는 ① 신앙의 자유, ② 종교적 행위의 자유 및 ③ 종교적 집회·결사의 자유 등 요소를 내용으로 한다.[372] 신앙의 자유는 종교의 선택 및 불선택의 자유, 신앙 고백의 자유 등 순수히 내심의 자유를 본질로 하므로 절대적으로 보장된다. 종교적 행위의 자유는 널리 종교적 의식 및 집회·결사의 자유, 종교 전파·교육의 자유를 포괄한다.

이러한 종교의 자유의 보장 내용에 비추어 특정 종교를 비판하는 표현행위가 허용 또는 금지되는 한계가 논란되게 된다. 일반적으로 보면 특정 종교에 대한 비판은 공적인 사항에 관한 의견표명으로서 그것이 신도들의 주관적인 종교적 감정을 침해할 수 있다고 하여 금지되지 않는다.[373]

ECHR 2005. 9. 13. I.A. v. Turkey [종교에 대한 도발적 공격]

터키 당국은 "신, 종교, 예언자 및 성서"라는 서적을 발간한 프랑스 출판사 발행인을 2년 징역형(후에 벌금형으로 전환)에 처하였다. 쟁점은 종교적 이론에 관한 사상을 전파할 언론의 권리와 타인의 사유, 양심 및 종교의 자유의 존중 간의 비교형량에 있었다.

유럽인권재판소는 종교인들은 그들의 종교적 믿음에 대한 타인들의 부정, 그리고 그들의 믿음에 적대적인 타인들의 교리의 선전도 관용하고 승인해야 하나, 한 사람의 종교에 대한 도발적인 의견("provocative" opinions)과 남용적인 공격(abusive attacks)은 구별되어야 한다고 전제하였다. 그 서적의 일부에는 이슬람 예언자에 대한 남용적 공격이 포함되어 있었는데, 예언자의 어떤 진술과 말은 환희의 내습에서, 영감을 받았고, 신의 사자는 식사 후 및 기도 전의 성교를 통해 그의 단식을 그쳤다는 내용이 있었다. 그 서적에는 "모하메드는 죽은 사람이나 산 동물과의 성교를 금하지 않았다"고 진술되어 있다.

유럽인권재판소는 신자들이 그 서적의 이들 문구가 그들에 대한 부당하고 불쾌한 공격(offensive attack)이 된다고 정당하게 느낄 수 있었음을 인정하고, 따라서 그 발행인의 처벌은 무슬림들의 성스럽게 간주되는 사항에 대한 불쾌한 공격에 대해 보호를 마련할 의도를 가진 조치였다고 인정하였다. 그 서적이 압수되지 않았고, 경미한 벌금 부과에 처벌이 그쳤음에 비추어 재판소는 4;3의 의견으로 터키 당국의 조치가 표현의 자유를 위반한 것이 아니라고 판단하였다. 소수 의견은 Otto‒Preminger‒Institut v. Austria사건과 Wingrove v. United Kingdom사건의 재고를 요구하였다.

---

372) 김철수, 헌법학 신론 제20 전정신판(박영사 2010), 762면.
373) BVerfG v. 13. 7. 1993 ‒ 1 BvR 960/93 Rn 10. BVerfG v. 13. 7. 1993 ‒ 1 BvR 960/93 Rn 10.

ECHR 2006. 1. 31. Giniewski v. France [교황 회람문의 비판]

1994년 프랑스 신문은 교황 존 폴 2세의 회람문 '진실의 빛남'에 관하여 "오류의 모호성"이라는 제목의 기사를 게재하였다. 사회학자이고 역사가이면서 기자가 쓴 그 기사는 카톨릭 교회에 의해 전개된 특정한 교리를 비판적으로 분석하고, 홀로코스트와의 있을 수 있는 연계를 지적하였다. 그 기사가 기독교 공동체에 대한 인종차별적인 명예훼손이라고 주장하는 한 고소에 따라 제1심에서는 그 기자, 신문 및 그 발행이사에 대하여 유죄가 선고되었다. 항소심은 형사사건에 관해서는 무죄로 판결하였으나, 한 기독교 단체의 민사 청구에 관해서는 해당 기자가 그 단체에 손해를 배상하고 그 판결을 기자의 비용으로 전국지에 게재할 것을 명하였다. 동 법원에 의하면 그 기사는 일정 집단의 그 종교적 신앙에 대한 명예훼손이 된다고 판시한 것이다.

유럽인권재판소는 그 기사는 유럽에서 유대인 학살 배후의 여러 가능한 이유, 즉 민주사회에서 다툴 여지없는 공익 문제의 토론에 기여하는 것이고, 그러한 사안에서 표현의 자유의 제한은 엄격히 해석되어야 한다고 전제하였다. 이 사건에서 제기된 이슈는 종교적 사항으로서 카톨릭 교회의 이론에 관한 것이었으나, 그 기사를 분석하면 그것은 종교적 신앙 자체에 대한 공격이 아니라, 피고인이 기자나 역사가로서 견해를 표현한 것이었다. 재판소에 의하면 인간성에 대한 범죄로 귀결되는, 특별한 비중을 갖는 행위 원인에 대한 토론은 민주사회에서 자유로워야 함이 본질적이다. 더욱이 그 기사는 터무니없이 공격적이거나 모욕적인 것("gratuitously offensive" or insulting)이 아니었고, 멸시나 혐오(disrespect or hatred)를 선동한 것도 아니다. 명백히 확증된 역사적 사실에 관한 의문을 제기한 것도 아니었다.

이런 관점에서 보면 이 사건은 이슬람 예언자에 대한 불쾌한 공격(offensive attack)이었던 I.A. v. Turkey 사건과 R. Garaudy v. France 사건의 사안과 다르다. 재판소는 결국 프랑스 법원은 그 처벌을 충분히 정당화하지 못했다고 보고 협약 위반이라고 결론지었다.

ECHR 2006. 2. 2. Tatlav v. Turkey [이슬람 비판]

1992년 이스탄불의 기자는 '이슬람의 실재'라는 서적을 발간하였는데, 그 제1권에서 이슬람에 관하여 사회적 부정의를 신의 의지로 묘사하여 이를 정당화하는 종교라고 비판하였다. 1996년 동서의 제5판을 계기로 제기된 고소에 의해 그 기자는 종교 중의 하나를 모독할 의도가 있었다고 보아 1년 징역이 선고되었다가 벌금으로 감형되었다.

유럽인권재판소는 그 서적의 일정 문구가 사회정치적 맥락에서 종교에 대한 강력한 비판을 포함하고 있지만, 비록 무슬림들이 자기들 종교에 대한 그 서적의 통렬한(caustic) 비판에 의해 불쾌하게 느꼈을지라도 그것만으로 저자의 처벌은 정당화될 수 없다고 보았다. 더욱이 구금형의 처벌은 비준봉적 종교에 관한 의견의 발표를 위축시키고 건강한 민주주의 발전에 필수적인 다원주의의 보호를 저해할 수 있다고 판시하였다.

전술한 바와 같이 종교의 자유로 보장되는 선교의 자유는 종교간의 분쟁을 유발하는 경우가 있다. 대법원은 종교의 자유로 보장되는 선교의 자유는 다른 종교를 비판할 자유를 포함하며, 다른 종교나 종교집단을 비판할 권리는 최대한 보장받아야 하고 그에 대한 제한은 신중하여야 한다고 한다.374) 이어서 다음 판례는 타 종교를 비판하는 경우 한계로서 비판의 근거를 가지고 모욕적인 표현을 삼가야 한다고 한다.

대법원 2010. 9. 9. 선고 2008다84236 판결

"종교의 자유에 관한 헌법 제20조 제1항은 표현의 자유에 관한 헌법 제21조 제1항에 대하여 특별 규정의 성격을 갖는다고 할 것이므로 종교적 목적을 위한 언론·출판의 경우에는 그 밖의 일반적인 언론·출판에 비하여 보다 고도의 보장을 받게 된다"(대법원 1996. 9. 6. 선고 96다19246, 19253 판결 등)고 하고, "특히 그 언론·출판의 목적이 다른 종교나 종교집단에 대한 신앙교리 논쟁으로서 같은 종파에 속하는 신자들에게 비판하고자 하는 내용을 알리고 아울러 다른 종파에 속하는 사람들에게도 자신의 신앙교리 내용과 반대종파에 대한 비판의 내용을 알리기 위한 것이라면 그와 같은 비판할 권리는 최대한 보장받아야 [한다]"

다음 판결은 확립된 판례를 구체화하여, 다른 종교에 대해서 마음대로 비판할 수 있지만, 이러한 비판은 "상대방의 인격을 존중하는 바탕 위에서" 이루어져야 하고, "[타] 종교를 신봉하는 신도들에 대한 증오의 감정을 드러내는 것이거나 그 자체로 폭행·협박 등을 유발할 우려가 있는 정도가 아[니어야 한다]"는 한계를 분명하게 제시하고 있다.

대법원 2014. 9. 4. 선고 2012도13718 판결 [종교 비판]

아무리 종교적 목적을 위한 언론·출판의 자유가 고도로 보장되고, 종교적 의미의 검증을 위한 문제의 제기가 널리 허용되어야 한다고 하더라도 구체적 정황의 뒷받침도 없이 악의적으로 모함하는 일이 허용되지 않도록 경계해야 함은 물론, 구체적 정황에 근거한 것이라 하더라도 그 표현방법에 있어서는 상대방의 인격을 존중하는 바탕 위에서 어휘를 선택하여야 하고, 아무리 비판을 받아야 할 사항이 있다고 하더라도 모멸적인 표현으로 모욕을 가하는 일은 허용될 수 없다(대법원 2002. 1. 22. 선고 2000다37524, 37531 판결 등 참조).

"우리 헌법이 종교의 자유를 보장함으로써 보호하고자 하는 것은 종교 자체나 종교가 신봉하는 신앙의 대상이 아니라, 종교를 신봉하는 국민, 즉 신앙인이고, 종교에 대한 비판은 성질상 어느 정도의 편견과 자극적인 표현을 수반하게 되는 경우가 많으므로, 타 종교의 신앙의 대상에 대한 모욕이 곧바로 그 신앙의 대상을 신봉하는 종교단체나 신도들에 대한 명예훼손이 되는 것은 아니고, 종교적 목적을 위한 언론·출판의 자유를 행사하는 과정에서 타 종교의 신앙의 대상을 우스꽝스럽게 묘사하거나 다소 모욕적이고 불쾌하게 느껴지는 표현을 사용하였더라도 그것이 그 종교를 신봉하는 신도들에 대한 증오의 감정을 드러내는 것이거나 그 자체로 폭행·협박 등을 유발할 우려가 있는 정도가 아닌 이상 허용된다고 보아야 한다."

라. 예술적 표현

예술적 표현이 개인의 명예나 인격권을 침해하게 되는 경우가 있을 수 있음은 물

---

374) 대법원 1996. 9. 6. 선고 96다19246, 19253 판결.

론이다. 이 경우에는 헌법상 예술의 자유의 본질 및 한계와 관련하여 법적인 고려가
필요하다. 예술의 자유와 인격권이 충돌하는 대표적 사례는 참여적 예술이다. 이 참여
적 예술이 예술의 자유로 보호됨은 물론이고, 특히 정치적 동기의 참여예술, 예를 들
어 정치적 만평과 풍자는 정신적 대결의 테두리 내에서 입장, 태도, 생각의 요소가 각
인되어 결정되는 것이기 때문에 의견표현의 자유로도 보호된다.375)

1) 예술의 자유

예술의 자유는 헌법상 특별한 보호를 받는다. 독일 판례는 헌법상 보호되는 예술
의 본질에 관하여 "예술적 활동의 본질은 예술가의 인상(Eindrücke), 경험(Erfahrungen),
체험(Erlebnisse)이 일정한 형식언어(Formensprache)를 매체로 하여 직접적인 관조(unmit-
telbare Anschauung) 속에 나타나게 되는 자유로운 창조적 형성(freie schöpferische Gestal-
tung)"이며, 그것은 원래 전달(Mitteilung)이 아니라, 예술가의 개인적 인격의 가장 직접
적인 표출(Ausdruck)이라고 판시한 바 있다.376) 그리고 예술적인 창작에 있어서는 직관
(Intuition), 환상(Phantasie), 그리고 예술적 이성(Kunstverstand)이 함께 작용하며, "모든 예
술활동은 의식적인 과정과 무의식적인 과정이 교차되는 것으로서 이성적으로만 이해
될 수 있는 것은 아니다."라고 한다.377)

독일 판례에 의하면 예술의 자유는 고도로 개인적인 창작적 작업영역(Werk-
Bereich)과 그것을 수용하는 자들에 대한 작용영역(Wirk-Bereich)을 함께 보호하며, 그에
대한 국가적 간섭을 배제하는 효력을 갖는다. 그 때문에 예술이 다루는 소재와 주제에
대한 국가적 제한은 허용되지 않으며, 그 수준의 통제(Niveaukontrolle)도 허용되지 않는
다.378)

그러나 예술의 자유가 무제한한 것은 아니다. 비록 독일 헌법이 예술의 자유에 대
한 법률에 의한 제한을 허용하지 않지만, 독일 판례는 헌법 내재적 한계로서 예술의
자유가 다른 보호받는 법익과 충돌하는 경우에는 헌법의 가치체계에 따라 실천적 조
화의 원칙에 의해 양자를 비교형량하는 방법으로 그 제한을 허용하는 입장을 취한다.

---

375) BGH, Urteil vom 08.06.1982 - Ⅵ ZR 139/80 - "Moritat/Satirisches Gedicht": "예술의 자유는 표현
의 자유와 달리 독일 기본법 제5조 제3항에 의해 유보 없이 보호되며, 그에 의해 예술의 독자성과
자율성을 보호받으나, 예술가가 주변의 인물과 대결하는 경우에는 통일적인 헌법적 가치체계 내에
서 헌법적으로 보호되는 인격권과 비교형량되어야 한다."
376) BVerfG v. 17. 7. 1984 - Mephisto.
377) BVerfG v. 17. 7. 1984.
378) 특히 현대적 및 초현대적 예술형태로서 이른바 전위예술에서는 혐오스러움, 비도덕적, 음란적
및 병적인 사항의 연술도 예술의 자유로 허용된다. 이러한 판시는 예술과 음란물의 구분에 관한
Mutzenbacher 판결(BVerfGE 83, 130 (1991)), 독일 國歌의 조롱에 관한 판결(BVerfGE 81, 298
(1990)), 그리고 오줌에 적신 연방 國旗의 콜라주에 의한 폄훼에 관한 판결(BVerfGE 81, 278 (1990))
등에 나타나고 있다.

이러한 입장에서 독일 연방헌법재판소는 1987. 6. 3. 판결에서 인간의 존엄을 해치는
예술적 표현은 허용되지 않는다고 판시하였다.

BVerfGE 75, 369 (380), 03.06.1987 - 1 BvR 313/8 - Strauß-Karikatur

독일 정치인(Strauß 수상)을 교미하는 돼지로 형상화하여 비판한 만평이 문제된 사건에서
독일 연방헌법재판소는 "만평 작가는 인간의 존엄을 최고의 가치로 하는 법질서를 부정하는
방법으로 피해자를 멸시한 것이다. 그러한 인간의 존엄에 대한 침해가 예술의 자유로서 정당
화될 수는 없다. 인간의 명예의 핵심에 대한 침해가 있는 경우에는 언제나 인격권에 대한 중
대한 침해가 존재하게 되고, 종전 연방헌법재판소의 판례에 따르면 그것은 예술적 활동에 의
해서도 정당화되지 않는다."

우리 대법원 역시 헌법상 보호되는 예술의 자유는 "창작소재, 창작형태 및 창작과
정 등에 대한 임의로운 결정권을 포함한 예술창작활동의 자유와 창작한 예술작품을
일반대중에게 전시·공연·보급할 수 있는 예술표현의 자유 등을 포괄하는 것"379)이라
고 한다. 그리고 우리 헌법상 예술의 자유는 다른 기본권과 마찬가지로 일반적 법률유
보에 따르게 되고, 따라서 헌법 제37조 제2항에 따라 국가안보, 질서유지 또는 공공복
리를 위해 제한할 수 있다.

대법원 1990. 9. 25. 선고 90도1586 판결

대법원은 "표현의 자유 및 예술의 자유는 헌법이 보장하는 기본적 권리이긴 하나 무제한
한 것이 아니라 헌법 제37조 제2항에 의하여 국가안전보장, 질서유지 또는 공공복리를 위하
여 필요한 경우에는 그 자유와 권리의 본질적인 내용을 침해하지 않는 한도 내에서 제한할
수 있는 것이므로, 소론 국가보안법 규정의 입법목적과 적용한계를 위와 같이 자유와 권리의
본질적인 내용을 침해하지 않는 한도 내에서 이를 제한하는 데에 있는 것으로 해석하는 한
위헌이라고 볼 것이 아니"라고 판시한다.

헌법재판소 1993. 5. 13. 선고 91헌바17 결정

헌법재판소는 예술표현자유의 제한에 관하여 "이러한 예술표현의 자유는 무제한한 기본권
은 아니다. 예술표현의 자유는 타인의 권리와 명예 또는 공중도덕이나 사회윤리를 침해하여
서는 아니된다. 그리고 국가안전보장, 질서유지 또는 공공복리를 위하여 필요한 경우에는 헌
법 제37조 제2항에 의하여 법률로써 제한할 수 있으나, 이러한 필요에서 하는 법률에 의한
제한도 그 목적이 헌법 및 법률의 체계상 그 정당성이 인정되어야 하고(목적의 정당성), 그
목적달성을 위하여 그 방법이 효과적이고 적절하여야 하며(방법의 적절성), 그로 인한 피해
가 최소한도에 그쳐야 하며(피해의 최소성), 보호하려는 공익과 침해하는 사익을 비교형량할
때 보호되는 공익이 더 커야 한다는(법익의 균형성) 과잉금지의 원칙에 반하지 않는 한도 내
에서 할 수 있는 것이다."라고 판시하였다.

---

379) 대법원 2010. 4. 29. 선고 2007도8411 판결 ['서울 1945'].

2) 예술적 표현과 인격권

논란되는 문제는 명예를 침해하는 표현이 예술의 자유로서 허용될 수 있는 범위 및 한계이다. 상술한 바와 같이 독일 판례는 예술의 자유도 인간의 존엄을 침해할 수 없다고 한다.

BVerfG 1995. 10. 10, BVerfGE 93, 266 - 'Soldaten sind Mörder'

"표현행위가 타인의 인간으로서의 존엄을 해치는 때에는 언제나 표현의 자유가 물러서야 한다. 예술의 자유에 관해 선언된 이 원칙(vgl. BVerfGE 75, 369 [380])은 표현의 자유에도 적용되는데, 기본권의 뿌리로서 인간의 존엄은 어떤 개별 기본권과도 형량될 수 없는 것이기 때문이다. 그러나 개별 기본권뿐 아니라 기본권 전체는 인간의 존엄 원칙을 구체화한 것이므로 한 기본권의 행사가 불가침의 인간존엄을 해친다고 인정되려면 언제나 세심한 이유 설시를 필요로 한다."

그런데 예술적 표현은 예술가의 개인적인 창조적 형성의 표출이고 예술적 창작에서 다루어지는 실상은 역사적·경험적 현실의 상황과 법칙성에서 해방되어 실제상의 문제가 아닌 직관적 형성이라고 하는 예술성의 차원으로 고양되게 되므로[380] 이를 고려할 필요가 있다.

따라서, 첫째 명예를 침해하는 것으로 보이는 예술적 표현이 얼마나 강력히 예술적 개념으로 승화되어 있는가를 살펴야 한다.[381] 그것이 예술가의 창조적 연술(演述)의 표출이고, 현실을 떠난 하나의 심미적(審美的) 허구를 구성하는 경우에는 위법성이 부인된다. 예술적인 허구적 영역에서 개인에 관한 암시에 있어서는, 예술가가 얼마나 강력히 실제를 복사하려 하였는가가 결정적이며, 그가 현실을 떠나 하나의 순수한 심미적 허구를 만들어 낼수록 인격 침해는 적어지고, 반대로 그 모사가 현실에 근접할수록 예술적 연술은 인격권을 더 침해하게 된다.[382] 중요한 것은 이러한 예술적 허구 표현 자체가 이성적 수용자에 의해 예술적인 환상적 창조임이 인식될 수 있어야 한다는 점이다.

예술작품에서 등장인물의 묘사가 사실적시에 해당하는가 여부를 판단함에 있어서는 특별한 고찰을 요한다. 독일 판례에 의하면, 예술의 자유는 실생활로부터 본보기를 사용할 권리를 보호하며, 특정인이 소설의 모델로 인식될 수 있는 경우에도 그 문학적 서술은 허구라고 추정됨(Vermutung für die Fiktionalität)이 원칙이라고 하며, 그의 명

---

380) BVerfG v. 19. 12. 2007.
381) Roman Rusch, Warum Satire eben doch fast alles darf, Der Fall Böhmermann und seine straf— und rundfunkrechtliche Bewertung, Archiv für Presserecht 03—2016, S. 204.
382) BVerfGE 119, 1 — Esra.

예를 저하하는 내용의 서술이라고 하여 명예훼손에서 말하는 사실적시가 있다고 볼
수 없다고 한다.[383]

둘째, 예술의 형식이 명예훼손 또는 모욕의 목적으로 남용된다거나, 작품의 내용
및 묘사의 객관적인 평가나 인식되는 작가의 동기에 비추어 볼 때 그 작품이 예술 외
적인 관심을 추구하는 것이면 예술의 자유는 인격의 보호와 인간의 존엄에 의해 제한
받게 된다.[384]

ECHR 2015. 10. 20. M'Bala M'Bala v. France

이 사건에서 유럽인권재판소는 예술적 방식으로 위장된 혐오언론(유대인 학살 부인)은 표
현의 자유로 보호를 받지 못한다고 판시하였다.

유명 코미디언이 2008. 12. 공개 공연에서 반유태적 발언, 행동, 제스처 등으로 유대인 공
동체를 모욕하였다는 이유로 벌금형을 선고받았다. 그가 코믹한 표현으로 위장하여 공연한
쇼에서는 인간성 파괴범죄로 유죄판결 받은 유명한 프랑스의 집단학살 부인론자를 찬양하면
서 그에게 상을 시상하였으며 그 중에는 홀로코스트 희생자를 모욕하는 장면이 있었다. 피고
인은 코미디언이었으나 그의 정치적 신념(반유태주의)을 강력하게 표현하면서 여러 차례 선
거에 입후보한 적이 있었고 인종차별적 모욕으로 처벌된 전과가 있었다.

피고인은 유럽인권재판소에 청원하면서 예술의 자유와 표현의 자유가 침해되었다고 주장
하였다.

그러나 인권재는 그 공연은 오락이 아니라 정치적 집회의 모습을 취하였고, 사건의 맥락에
비추어 청원인은 예술가로서 표현의 자유를 주장할 수 없다고 판시하였다. 청원인의 쇼의 내
용은 고도로 반유태적이어서 반유태주의 혐오의 공개 전시로 전락하였고 집단학살의 존재를
의문시하기 위한 구실을 내세웠을 뿐이다. 관람자들의 반응도 그의 쇼는 제2차 대전 후 가장
큰 반유태 모임이라는 평가를 받았다. 인권재에 의하면 그러한 사상을 묘사하는 것은 유럽인
권협약이 기본으로 하는 정의와 평화의 기본 가치에 반하는 것이며, 혐오언론과 반유태주의
전파를 위한 수단으로 공연을 이용하는 것은 더 직접적이고 노골적인 형태의 불관용과 같은
효과를 가질 수 있다는 것이다. 문제된 행위는 그 내용이나 일반적 톤에서 부정주의[유대인
학살 부인론] 및 반유태적 성질과 목적을 가진 것이 확실하였기 때문에 유럽인권협약에 반하
며, 그것이 허용된다면 협약상의 권리와 자유를 파괴하게 될 것이라고 결론지었다. 이러한
이유로 국내법원이 청원인을 처벌한 것은 협약 위반이 아니다.

셋째, 저자가 허구를 언급하려 함에도 불구하고 현실 차원에 집착하여 실제 사건
이라는 인상을 일깨우도록 묘사한다면 그것은 예술적 형성의 본질을 벗어나는 것이다.

---

383) 이 경우 "저자가 현실에서 분리된 심미적 실재를 창조하는 정도와 인격권 침해의 강도 사이에는 상
호적 관계가 존재한다. 모상(模像)이 원상(原像)에 합치할수록 인격권은 더 무겁게 침해된다. 예술
적 서술이 특별히 보호받는 차원의 인격권을 다룰수록 인격권 침해를 배제하기 위한 허구화는 더
강력해야 한다."(BVerfGE 119, 1 – Roman Esra Beschluss vom 13. Juni 2007 – 1 BvR 1783/05).
384) Wenzel, aaO., S. 74.

그런 경우에는 변형(Verfremdung)의 정도가 크다 하더라도 예술의 자유가 인정될 수 없다.[385] 그와 같은 사정에서 예술가가 굳이 그와 같은 형성을 포기하지 않으려면 일반독자들에 대하여 그의 묘사가 풍자적이라거나 또는 과장적이라고 인식할 수 있도록 하는 등 피해자의 명성에 불리한 영향을 방지할 수 있는 특별한 조치를 취하여야 한다. 허구가 실제와 명백한 구별 없이 혼합되는 경우에는 이를 해명하는 서문이 권장된다.[386]

넷째, 예술적 표현의 소재에 극히 혐오스럽고 병적이거나 반윤리적 연술이 동원된 경우 비판대상이 된 피해자는 심한 모욕과 굴욕을 느끼게 되므로 특히 문제될 수 있다. 고전적 의미에서 예술은 심미적으로 또는 윤리적으로 고상하며 사회적인 조화를 만들어내는 고전적 이상을 추구하는 것이 보통이다.[387] 그러나 예술로 보호되는 범위에는 제한이 없고, 예술에 관한 수준 통제(Niveaukontrolle)는 허용되지 않기 때문에, 특히 (초)현대적 예술형태로서 이른바 '전위예술'에서는 혐오스러움, 비도덕적, 음란하거나 병적인 사항의 연술도 예술의 자유로 허용된다.[388]

그러나 특정인에 관계되지 않는 일반적인 폐단을 폭로 비판하는 경우와 달리 특정인을 표적으로 하여 그러한 방법으로 명예를 훼손할 수 있는 예술적 표현에 있어서는 달리 취급하여야 할 것이다(후술).

대법원 2010. 4. 29. 선고 2007도8411 판결 [역사드라마 '서울 1945']

이 사건에서 대법원은 역사드라마 '서울 1945'의 기소된 특정 장면에 구체적인 허위사실의 적시가 있었다고 보기 어렵다는 이유로 무죄를 선고한 원심판단을 정당하다고 보면서 다음과 같이 설시하였다.

"역사적 인물을 모델로 한 드라마(즉 역사드라마)가 그 소재가 된 역사적 인물의 명예를 훼손할 수 있는 허위사실을 적시하였는지 여부를 판단할 때에는 적시된 사실의 내용, 진실이라고 믿게 된 근거나 자료의 신빙성, 예술적 표현의 자유로 얻어지는 가치와 인격권의 보호에 의해 달성되는 가치의 이익형량은 물론 역사드라마의 특성에 따르는 여러 사정과 드라마의 주된 제작목적, 드라마에 등장하는 역사적 인물과 사건이 이야기의 중심인지 배경인지 여부, 실존인물에 의한 역사적 사실과 가상인물에 의한 허구적 이야기가 드라마 내에서 차지하는 비중, 드라마상에서 실존인물과 가상인물이 결합된 구조와 방식, 묘사된 사실이 이야기 전개

---

385) Wenzel, aaO., S. 74.
386) Wenzel, aaO., S. 74.
387) Georgios Gounalakis, Freiräume und Grenzen politisher Karikatur und Satire, Neue Juristische Wochenschrift(13, 1995), S. 811.
388) Nadine Klass, Satire im Spannungsfeld von Kunstfreiheitsgarantie und Persönlichkeitsrechtsschutz, Zur rechtlichen Beurteilung der "Böhmermann–Performance" im Lichte Verfassungsrechtlicher Vorgaben, Archiv für Presserecht 06–2016, S. 480.

상 상당한 정도 허구로 승화되어 시청자의 입장에서 그것이 실제로 일어난 역사적 사실로 오해되지 않을 정도에 이른 것으로 볼 수 있는지 여부 등을 종합적으로 고려하여야만 한다.”

마. 문예 비평

일반적으로 저작자, 기자 또는 예술가는 그들 작품에 대한 비판을 받아야 하는 것이므로 그러한 비판은 의견이나 공정한 논평으로 인정되어 그에 대한 법적 책임은 배제되는 것이 보통이다. 미국의 판례는, 예컨대 기자가 불성실하고 무책임한 보도를 일삼았다고 한 진술,389) 신문경영자인 원고와 그의 편집정책을 비난하면서 “가장 나쁜 신문”, “편집증환자를 위한 편집증환자에 의한 신문”, “19세기의 황색신문”, “매일의 독”이라고 공격한 내용,390) 원고의 주간지에 관하여 그 분명한 특징은 인종차별주의와 종교적인 편견이라고 한 기술391) 또는 도박에 관한 책의 서평에서 이를 도박하는 독자에 대해 범해진 제1의 기만행위라고 논한 데392) 대하여 이들을 모두 보호받는 의견으로 처리하였다.

Moldea v. New York Times Co., 22 F.3d 310 (D.C. Cir. 1994) [몰디어 서평]

몰디어 서평 사건은 미국 연방대법원이 의견특권론을 부인한 Milkovich사건 이후 서평에 관한 문제를 다룬 논란된 사건으로서 사실과 의견의 구별에 관하여도 의미있는 판시를 포함하고 있다. 서평에 의한 명예훼손의 성부(成否)를 에워싸고 치열한 공방이 전개된 이 사건에서는 서평이 비평 대상인 서적의 내용을 올바로 나타내 주지 못하는 경우에도 의견의 표현으로서 보호받아야 할 것인가 하는 문제를 놓고 다투어졌으나, 결국은 의견으로서 보호받는다는 결론에 이르고 있다.393)

그 사안을 보면 탐사 저널리스트인 원고(Dan Moldea)는 그가 저술한 “간섭; 조직범죄가 프로 미식축구에 미치는 영향”이라는 제목의 서적에서 전국풋볼연맹은 조직범죄와 전문적 도박에 연루되어 있다는 취지의 글을 게재하였다. 피고 뉴욕타임스지의 스포츠 전문기자 Eskenazi(피고)는 원고의 위 서적에 대한 서평에서 여러 가지 비판을 행한 후, “512면에 달하는 이 책의 부피를 신뢰하기에는 너무나 불성실한 저널리즘(sloppy journalism)이다”라고 결론지었다. 몰디어는 명예훼손으로 제소하였고 사실심 법원은 원고 패소로 판단하였으나, 워싱턴 D.C.의 항소법원은 “불성실한 저널리즘”이란 비판에는 예컨대, 몰디어는 자기의 뉴스소스에 대해 너무나 조급하고 엉성하게 행동한다거나, 몰디어의 주장은 믿을 수 없다거나 하는 특정한 사실을 함축하는 것이라고 보아야 하기 때문에 위 진술은 (이른바 혼합의견으로서) 법적 책임을 면할 수 없다는 이유를 들어 사실심 판결을 취소 환송하였다(제1몰디어 사건,

---

389) Cole v. Westinghouse Broadcasting Company, 386 Mass. 303, 453 N.E.2d 1021, 1025, cert. denied, 459 U.S. 1037 (1982).

390) Loeb v. Clobe Newspaper Co., 489 F.Supp. 481 (D.Mass. 1980).

391) Carto v. Buckley, 649 F.Supp. 502, 506−09 (S.D.N.Y. 1986).

392) Stuart v. Gambling Times, 534 F.Supp. 170 (D.N.J. 1982).

393) 그 상세한 사실관계 및 법적 절차와 논증에 관하여는 박용상, 명예훼손법(2008), 189−193면 참조.

Moldea Ⅰ).

그러나 환송 이후 재항소된 사건(제2몰디어 사건, Moldea Ⅱ)에서 워싱턴 D.C. 항소법원은 종전의 견해를 바꾸어 제1몰디어 사건에서는 사실의 진술로서 제소될 수 있다고 판단된 부분에 관하여 의견의 표현이라고 달리 판단하였고, 나머지는 사실 주장이었으나 진실하다는 이유로 원고의 청구를 기각하는 결론을 내렸다.

판시에 의하면, 서평은 일반적으로 의견으로 존중되지만, 서평이 서평란에 게재되었다는 이유만으로 면책되는 것은 아니고, 서평의 기재 문구가 사실인가 의견인가를 판단함에는 서평의 문맥과 관련하여 저술된 작품에 관해 "지지될 수 있는 해석의 기준"("supportable in-terpretation" standard)을 새로이 제시하였다. 이 기준에 의하면 "비평가의 해석은 그가 평가하고 있는 실제의 텍스트에 비추어 합리적으로 지지될 수 있어야 하고"(따라서 인신공격에 해당하는 경우에는 보호받지 못한다), 문안(text)의 해석에 있어서도 "비평가의 진술은 그가 비판 대상인 텍스트 안에서 적시할 수 있는 것에 대한, 또는 거기서 생략된 바에 대한 합리적인 평가나 설명이어야 한다"는 것이다.

결론적으로 원고의 저서가 실제로 말하는 바와 서평자인 에스케나지에 의해 원고 서적이 말하고 있다고 본 바 간에 차이가 있는 경우가 문제되는데, 이 경우 동 판결은 지지될 수 있는 판단 기준을 제시하였다는 점에 주목할 필요가 있다.

그러나 특정한 상황 아래서는 그러한 비평도 사실의 주장으로서 법적 책임을 져야 하는 때가 있다. 예컨대, 출판사의 사장이 그 책은 쓰레기이므로 보조금을 사용하지 않겠다고 한 말에 대하여는 공정한 논평이 아니라고 인정되었고,394) 쇼의 인터뷰 중에 작가인 원고를 부정직하다고 하면서 "그녀가 쓰는 것은 어느 것이나 거짓말이다"라고 한데 대하여 그것은 의견이라고만 말할 수 없다고 판시되었다.395)

특히 그러한 비판에 허위사실의 주장이나 사실의 왜곡이 포함되어 있으면 그 부분에 대한 책임은 면책될 수 없다.

독일 연방헌법재판소 1993. 2. 25. 결정-BvR 151/93 [예술비평]

이 사건에서 독일 연방헌법재판소는 예술비평은 그 자체로서는 예술이라고 할 수 없고, 단지 비평 그 자체가 풍자의 경우와 같이 독자적인 예술적 형태를 띠었을 경우에만 예술의 자유로서 보호받게 된다고 판시하고, 예술비평은 보통 가치판단적 표현이지만 그것이 비방적 비판이 되는 경우에는 보호받지 못함을 확인하고 있다.

문필가 Y(피고)는 이미 고인이 된 하인리히 뵐(Heinrich Böll)의 작품을 재출판한다는 소식을 듣고 문학잡지 'R' 30호에 뵐의 소설 '그리고 아무 말도 하지 않았다'에 관하여 다음과 같은 내용의 비평을 실었다.

"하인리히 뵐 : 그리고 아무 말도 하지 않았다. 1951~1954작/소설과 수필 ··· 젊은 뵐이 얼마나 돌머리이고 무식하며 재능이 없는지를 사람들이 예전부터 쭉 침묵해왔다는 것은 놀랄

---

394) Coniff v. Dodd, Mead, 10 Med.L.Rep.(BNA) 2272 (S.D.N.Y. 1984).
395) Hellman v. McCarthy, 10 Med.L.Rep.(BNA) 1789 (N.Y.Sup.Ct. 1984).

일이다. - 더 나아가 보면, 그는 오늘날까지도 통용되는 상투적인 평가나 스스로의 확신에 찬 평가와는 달리 허위적이고 부패한 인간이었다. 병적이고 세상과 동떨어진 이러한 종류의 바보가 노벨상을 받았다는 것, 수많은 사람들이 평생 동안 천주교적인 기만에 싸인 채 위선적인 바보의 모순에 찬 쓰레기를 수십년간 계속 읽어치우고 있다는 것, 오늘날까지도 녹색당에서 그에게 헌정할 재단건물을 짓고 있다는 것 - 이러한 사실은 정말 놀라운 일이 아닌가? 문학사회학과 독문학은 - 아직도 그런 학문이 존재한다면 - 다시 상기되어야 한다. 추신 : '모동 없는 집', '초창기의 빵' 등의 작품은 내 기억에 의하면 더욱 우둔하고 놀라운 작품들이다."

하인리히 뷜의 아들(원고)은 위 Y를 상대로 위 글의 발표금지를 구하는 소송을 제기하였고, 지방법원은 Y에게 사망한 문필가 하인리히 뷜과 관련해서 "그가 '돌머리이고 무식하며 재능이 없는 작가였다.' 그가 '허위적이고 부패한 작가였다.' 그가 '병적이고 세상과 동떨어진 작가였다.' 그의 작품은 빈번히 모순적인 쓰레기를 다루고 있다."는 등의 표현을 발표하거나, 복제·반포하거나, 복제·반포하게 하여서는 안 된다고 명하고 그 위반시에 손해배상의 제재를 명하는 판결을 내렸다.

항소법원이 Y의 항소를 기각하자, 그는 항소법원의 판결을 대상으로 그 취소를 구하는 헌법소원을 제기하면서 그에 의해 그의 헌법상 예술의 자유 및 표현의 자유를 침해당하였다고 주장하였다.

독일 연방헌법재판소는 이 사건 헌법소원을 기각하면서 다음과 같이 판시하였다.

먼저 예술의 자유를 침해하였다는 주장에 대하여, 예술비평은 그 자체로서 예술이라고 할 수 없고, 심판청구인이 주장하는 독특한 양식을 사용하였다는 이유만으로는 모든 종류의 문장에 그러한 양식의 사용이 가능한 것이므로 이 사건의 경우 예외로 인정하기에 부족하다. 이 사건 비평은 그 자신의 독자적인 예술적 형태를 띤 풍자와 같은 경우로 볼 수 없고, 그 밖에 예술로서의 특별한 징표(BVerfGE 67, 213 [224ff] 참조)도 찾아볼 수 없다.

둘째, 표현의 자유 침해 주장에 관하여, 이 사건에서 문제된 표현 자체는 내용, 형식, 가치 및 근거를 불문하고 표현의 자유를 누릴 수 있는 가치판단사항에 해당하는 것이지만(특히 BVerfGE 85, 1 [14ff] 참조), 그것은 이른바 비방적 비판에 속하는 것이라고 하여 그에 대한 주장 및 전파를 금지시킨 원심판결은 표현의 자유를 침해한 것이 아니다.

이 사건의 경우 Y의 뷜에 대한 표현은 그의 작품에 대한 실질적이고 미학적인 설명의 영역에서 이루어진 것이 아니다. 뷜의 저술의 재출판이라는 계기는 그의 인격에 대한 일반적인 모욕적 표현의 빌미로 이용되었을 뿐이었고, 이 사건의 문장들이 비평으로 다루어진 이유는 단지 Y가 그 표제와 그 모두에 전기적(傳記的)인 기술에서 사용한 문안에 의한 것일 뿐 그 논설 자체는 비평이라고 볼 수 없는 내용이었다. 비평 대상 소설의 전체적인 내용이나 형식 또는 개개의 구체적인 문장내용에 대한 관련성은 전혀 결여되어 있고, 뷜의 작품을 아는 독자들에게도 이 비평의 가치판단이 실질적인 근거가 있는 것인지, 어떠한 근거에 의한 것인지 추론할 수 있는 암시조차 포함되어 있지 않다. 이 사건의 논설은 문학작품은 도외시한 채 뷜에 대한 독자적인 견해나 태도를 설명하고 있을 뿐이다. 이 사건 논설은 그 자체가 비방적인 내용으로서 시종일관 비방적인 내용뿐이다.

Thornton v Telegraph Media Group Ltd: QBD 26 Jul 2011 [2011] EWHC 1884 (QB), [2012] EMLR 8

원고(Thornton)는 그의 저서에 대한 Lynn Barber의 서평 기사에 관해 이를 게재한 피고를 상대로 명예훼손 및 악의적 허위(malicious falsehood)를 소인으로 하는 소송을 제기하였다.

원고가 저술한 저서 "예술의 세계에서 7일"은 다수의 관계 전문가들을 인터뷰하여 그의 말을 소스로 하여 예술에 관한 논의를 다룬 것이었다.

피고가 게재한 Lynn Barber의 서평에서 원고가 이의한 부분은 ① 원고가 서평자를 인터뷰한 바 없음에도 인터뷰한 것으로 날조하였다고 기술한 점(인터뷰 관련 쟁점), 그리고 ② 원고는 그의 저서를 위해 의견을 낸 피회견자들에게 그들의 말을 원고가 저서의 내용으로 인용한 부분에 관해 이를 읽고 변경을 구할 수 있는 기회를 부여하였을 뿐인데, 서평자는 원고가 그들에게 그 부분을 복사하고 변경할 권리를 부여한 것(이른바 copy approval)으로 잘못 기술하였다는 점이었다(복사 승인 쟁점)

심리 결과, 첫째 인터뷰 관련 쟁점에 관하여는 실제로 원고가 서평자를 인터뷰한 사실이 최종 인정되어 이 부분 서평자의 서평기재 진술은 허위로 판명되었고, 그에 따라 원고의 명예훼손 청구는 인용되어 50,000파운드의 배상이 인용되었다.

둘째, 복사승인 쟁점에 관해서, 먼저 전제할 것은 기자들이 인터뷰하여 취재하는 경우 취재기자가 작성한 기사 내용을 보도 전에 취재원에게 확인시키고 변경할 권리를 부여하는 것(이른바 copy approval)은 저널리즘 윤리에 위반되어 금지되는 것으로 취급되고 있다는 점이다. 서평자는 원고가 이렇게 언론계의 취재윤리에 위반되게 피회견자들에게 승인할 권리를 부여하였다고 주장한 것이다.

심리 결과 원고가 그의 연구에 협력하여 의견을 제시한 피회견자들에게 그 내용을 보여주고 피드백할 기회를 제공하였을 뿐, 서평자가 주장하는 바와 같이 그들에게 변경의 권리를 부여한 것은 아님이 밝혀졌고 따라서 서평자의 위 설명은 허위로 판명되었다.

그러나 위 쟁점 주장 부분이 원고의 명예를 훼손하였는가 여부에 관해 법원은 (그 부분 피고의 주장이 공정한(정직한) 논평에 해당한다는 피고의 항변을 배척한 후) 그러한 피고의 허위 주장에 의해 원고가 입은 명예의 손해는 그다지 크지 않기 때문에 중대성의 문턱요건(threshold of seriousness)을 넘지 못하는 것으로 보아 이를 배척하였다.

다만, 법원은 피고의 위 주장이 고의적 허위에 해당한다고 보아 이를 이유로 한 원고의 청구(malicious falsehood claim)를 일부 인용하여, 15,000파운드의 배상을 명하였다.

4. 의견표현의 특수 형태 – 풍자 및 패러디

(1) 개관

풍자, 만평, 패러디 형식의 표현은 예술의 자유에 의해 보호받으며, 그들 표현은 성질상 과장과 도발을 포함하는 것이기 때문에 보다 관대하게 다루어져야 한다.396) 그

---

396) "풍자는 예술적 표현 및 사회적 비평의 한 형태로서 – 때로는 무례함을 포함하여 – 현실의 과장

러나 그러한 형식을 취한 명예훼손적 진술이 허용되는 요건 및 한계에 관하여는 심각한 논란이 있다. 특히 "과도한 침해적 공격성"을 보이는 정치적 만평과 풍자는 그 난폭성(outrageous)으로 인하여 피해자를 격분시키는 반응을 유발하고 첨예한 대립이 야기된다. 이에 대한 법적 해결은 이들 예술적 서술 방식을 취한 표현행위의 파악, 예술의 자유의 한계 등 어려운 문제를 안고 있다. 그러한 형식을 취한 명예훼손적 진술이 언제나 면책되는 것은 아니다. 예술의 자유도 인간의 존엄에 대한 침해를 허용할 수 없는 것이기 때문이다.[397]

(2) 풍자의 개념

'풍자'란 말은 풍자시, 풍자화, 풍자소설 등과 같이 하나의 전문적 예술 장르를 의미하기도 하고, 그러한 예술 또는 문학 장르에 전형적인 표현양식 자체를 의미하는 데쓰이기도 한다. 국립국어원의 표준국어대사전에 의하면 풍자(諷刺)란 "남의 결점을 다른 것에 빗대어 비웃으면서 폭로하고 공격함"이라고 정의한다.[398] 1928년 독일 제국재판소의 판례는 풍자는 실제로 표현하려고 하는 생각을 상회하는 과장된 외관상의내용으로 표현하되, 정통한 독자나 관찰자는 그 표현된 외관적 내용에서 이미 자기가알고 있거나 실제로 의도된 내용을 간취할 수 있는 경우를 지칭한다고 한다.

독일의 다수 학설에 의하면 풍자의 표현양식은 다음과 같은 특징을 갖는다.[399]

첫째, 풍자는 일정한 이상을 전제로 사회적 목적을 추구하려는 의도를 가지고 현실의 비행과 폐단을 공격 비판하되, 요구(Anspruch)와 현실(Realität) 간의 간극이나 모순

과 왜곡이라는 본래의 특징에 의해 당연히 도발과 흥분을 야기할 의도를 갖는다. 이러한 표현행위의 처벌은 주제적 쟁점에 관한 풍자적 형태의 표현에 위축 효과를 가질 우려가 있고, 그것은 다시일반적 이익 문제의 자유 토론에 엄중한 효과를 가질 수 있다."(ECHR 2013. 3. 17. Eon v. France, [프랑스 대통령 모욕]). "반어적 또는 풍자적 진술은 명백히 유머스런 톤 때문에 이를 허용하더라도 피해자의 명예에 대해 사소한 영향을 주는 한편, 이를 금지하는 것은 그의 표현의 자유를 박탈하는 것이 된다. 특히 공적인 제도나 과정에 대한 풍자적인 진술은 관대하게 다루어져야 한다."(ECHR 2007. 2. 22. Nikowitz v. Austria).

397) BVerfGE 93, 266 – 'Soldaten sind Mörder'.

398) 독일의 Duden사전은 풍자(Satire)를 "인간의 약점과 악덕에 대한 반어적이고 기지있는 문학적 또는예술적 서술과 비판"이라고 정의한다.

399) 이하 Wenzel, Das Recht der Wort– und Bildberichterstattung, 4. Auflage, Verlag Dr. Otto Schmitt KG, (1994), Rn. 3.27(S. 75ff), Erich Steffen, in: Festschrift f. Simon, 1987 S. 359ff, Gounalakis, aaO., S. 809–904, Sebastian Gärtner, Was die Satire darf. Eine Gesamtbetrachtung zu den rechtlichen Grenzen einer Kunstform, Dunker & Humblot (2009), Roman Rusch, Warum Satire eben doch fast alles darf, Der Fall Böhmermann und seine straf– und rundfunkrechtliche Bewertung, Archiv für Presserecht 03–2016, S. 201–205, Nadine Klass, Satire im Spannungsfeld von Kunstfreiheitsgarantie und Persönlichkeitsrechtsschutz, Zur rechtlichen Beurteilung der "Böhmermann–Performance" im Lichte Verfassungsrechtlicher Vorgaben, Archiv für Presserecht 06–2016, S. 477–490 등 참조.

을 드러내는 전형적인 방법을 취한다.[400] 이런 측면에서 풍자는 사회적 비판 및 토론의 도구로서 민주주의적 기능을 수행하며, 일반적 표현의 자유로 보호받게 되지만, 그가 갖는 공격적 비판적 특성은 비판대상자의 인격권과 충돌을 야기하게 된다.

풍자는 이렇게 일정한 정신적 지향을 갖는다는 점에서 악의적인 위트나 단순한 조롱 및 야유와 구별된다. 순수한 코미디, 위트 및 만화(cartoon)는 주로 오락적 차원에서 농담하거나 웃음꺼리를 만들지만, 시사에 관해 현실과 요구간의 모순의 노출 등 진술 핵심이 없다는 점에서 풍자와 구별된다. 풍자에는 종종 위트와 코미디가 내재하지만 이들이 풍자의 필수적인 징표는 아니다. 또 만평(Karikatur)은 단지 웃기거나 논평하는데 그치는 것이면 풍자라고 볼 수 없다. 그러나 왜곡된 초상 및 정치적 의견을 표현하거나 사회를 비판하는 도화로서 공격 의도를 가지고 왜곡 및 과장을 수단으로 채용하는 경우에는 풍자의 특성을 갖게 된다. 그 때문에 만평은 풍자일 수 있으나 모든 만평이 풍자는 아니다.

둘째, 풍자는 위와 같은 본래의 메시지를 직접 전달하지 않고 왜곡(Verzerrung), 과장(Übertreibung) 및 소외(Verfremdung)[401] 등 예술적 기법을 사용하여 간접적으로 그 메시지를 전달한다. 즉 풍자는 원래 진술하려는 의미를 초월하는 예술적으로 치장된 외관을 가지며, 그것은 직접적 현실성을 떠나 예술적 차원으로 고양된 심리적 현실을 창작한다는 점[402]에서 예술로서의 특성을 갖게 된다.[403] 이러한 특성에 의해 풍자적 표현에는 예술의 자유의 보호가 추가된다. 이렇게 풍자는 풍자가의 예술적 창작에 의해 다양한 의미를 가질 수 있고, 그 해석에는 이를 특별히 고려해야 한다. 즉 예술적 연술은 예술가의 개인적 체험을 표출하는 창조성을 본질로 하며, 그 다양성과 복잡성 및 풍부한 연상가능성(Assoziationsvielfalt) 때문에 광범한 해석의 여지(Deutungsspielraum)를 전개하며, 상이하고 진전된 해석을 허용한다.[404] 특히, 참여예술의 대표적 장르를 형성하는 정치적 풍자는 예술의 자유와 표현의 자유의 보호를 받는다.

가. 풍자의 특성과 헌법적 기능

풍자는 민주주의적 과정에 본질적인 비판과 토론의 강력한 도구인 동시에 사회적

---

400) "풍자는 인습적인 현실 옹호를 거부하고 현실의 왜곡상(Zerrbild der Wirklichkeit)을 그려냄으로써 이상과 현실 간의 모순을 명료하게 한다."(Klass, aaO., S. 478).

401) 소외(Verfremdung)는 Bertolt Brecht의 서사극의 특유한 문학적 양식으로서, 하나의 행위가 갖는 환상이 주석이나 시가(詩歌)의 개입으로 파괴되고, 독자는 서술된 것에 대한 비판적 거리를 취할 수 있게 된다. 그럼으로써 관람자에게 친숙한 사물이 새로운 관점에 노출되어 현실적인 모순이 가시화 되는 효과를 갖게 된다(Verfremdungseffekt).

402) BVerfG v. 19. 12. 2007.

403) 풍자가는 애초에 불가능한 것을 하나로 묶고, 현실을 변형시키며, 의식적으로 시대착오성을 창출하고, 반어법과 상징을 사용하거나, 사실상 의도된 의미를 명백히 드러내는 방법으로 패러디를 사용한다(Klass, aaO., S. 478).

404) BVerfG v. 1984. 7. 17. - Anachronistscher Zug.

발전을 위해 시정·조정하는 기능을 이행한다.[405] 풍자는 그 전형적인 목표로서 현상을 비판하고, 현실과 요구간의 괴리를 드러내 보인다는 점에서 사회적·정치적 불만을 효과적으로 전달하며 논쟁문화의 기본적인 구성부분을 이룬다.[406]

그것은 정치적 불안정의 신호에 속한다. 풍자는 사회적, 공동체적 및 정치적 현상을 공격하고 비판함으로써 대상의 행위에 변화를 가져오게 하거나, 그 수용자들에게 일정한 사회적·정치적 변화가 필요하다는 확신을 주기도 하며, 민주주의에서 중요한 시정장치로 기능한다. 그 때 풍자는 권력이나 지배적 관점을 갖는 피비판자에 대하여 하나의 원칙적, 세계관적, 도덕적 또는 정치적 반대파를 대변하며, 사회적 엘리트 및 대의자의 행위에 대한 설득력 있고 영향력이 큰 비판의 도구를 의미하게 된다.[407]

나. 풍자와 법 - 인격권과의 비교형량

예술적 표현양식으로서의 풍자가 법적으로 문제되는 것은 그에 의한 표현행위가 다른 법익을 침해하는 경우이다. 특히, 참여예술로서 정치적 풍자와 만평은 그에 관련된 개인의 인격권을 침해할 소지를 갖는다.[408]

법은 위와 같은 풍자의 사회적 기능, 그리고 인격권과 갈등하는 관계를 함께 고려하면서 그것이 허용되는 한계와 범위를 가려야 하는 과제를 안게 된다. 풍자는 그에 독특한 예술적 표현양식을 취하기 때문에 예술의 자유로 보호되며, 그것이 사회적 변화를 위한 비판을 의도로 한다는 점에서 일반적 표현의 자유로 보호된다.[409] 다른 한편, 그러한 비판과 공격성이 특정인을 대상으로 하는 경우에는 피해자의 명예나 인격권이 침해받을 수 있다.[410][411]

---

405) Nadine Klass, aaO., S. 479.
406) Nadine Klass, aaO., S. 478.
407) Nadine Klass, aaO., S. 478.
408) "풍자와 만평은, 그것이 예술 외적인 영향을 목표로 한 경우에도, 현실에 관한 의식을 형성하고 확대하는, 심미적인 자기법칙에 의해 지배되는 창조적 과정이다."(Steffen, in: Festschrift f. Simon, S. 366). Gounalakis는 정치적 내용을 가진 예술적 표현행위로서 정치적 만평과 풍자는 일반적 표현행위로서 보호받는 동시에 고유한 예술적 특징에 터잡은 예술의 자유의 보호가 추가된다고 한다 (Georgios Gounalakis, Freiräume und Grenzen politisher Karikatur und Satire, Neue Juristische Wochenschrift(13, 1995), S. 809).
409) 독일에서는 풍자도 예술의 자유로서 보호를 받는다는 점에 이설이 없다. 풍자는 예술적 표현방식의 하나이기 때문에 예술의 자유로 보호되며, 그리고 참여적 예술이 예술의 자유로 보호되듯이 비리 비판적 풍자는 예술의 자유로 보호되는 동시에 일반적 표현의 자유로서도 보호받게 된다.
410) 풍자 작품은 그의 공격성, 그리고 과장과 왜곡의 표현양식에 의한 코드화된 신호를 통하여 제3자의 인격권과의 갈등을 내포하게 된다. 풍자는 그 과잉적이고 과도한 묘사방식, 그리고 풍자에 전형적인 소외를 통해 오해의 소지를 내포하며, 그 때문에 풍자적 기사는 그 정의 자체에서 대상 인물의 인격권에 영향을 주게 된다. 때때로 엉뚱하고, 종종 불경스럽고, 기괴하며 어떤 때에는 파렴치한 형태를 취하는 비판은 언제나 개개 인물에 의해 오해될 수 있고, 피해자는 그의 명예가 훼손된다고 느낀다(Nadine Klass, aaO., S. 477).

그러므로 풍자의 위법성 판단을 위한 비교형량에서는 한쪽에서 예술의 자유와 표현의 자유가, 다른 한쪽에서는 개인의 존엄과 인격권이 갈등하는 요소로 파악된다.

우리 헌법상 예술의 자유는 다른 기본권과 마찬가지로 일반적 법률유보에 따르게 되고, 따라서 헌법 제37조 제2항에 따라 국가안보, 질서유지 또는 공공복리를 위해 제한할 수 있다. 그렇다고 하더라도 예술의 자유가 갖는 특성을 존중하기 위하여는 독일에서의 해석론을 참고로 하여 그 제한에 보다 신중을 기하여야 할 것이다.

(3) 풍자의 해석
가. 진술의 핵심과 치장의 구별 및 전체적 고찰

전술한 바와 같이 풍자는 일정한 사회적 관점의 입장에서 현실적인 비행과 폐단을 고발·비판하며, 그 표현양식으로 과장, 왜곡, 소외 등 특수한 예술적 기법을 사용하기 때문에 이를 해석하는 것은 쉬운 일이 아니다.

독일 판례의 전통적 입장에 의하면 인격권과의 비교형량을 위해 풍자는 ① 그 진술의 핵심(Aussagekern)과 사용된 치장(Einkleidung)을 구별하고, ② 그 외피를 벗겨낸 후 진술의 핵심을 밝혀야 한다고 한다. 독일 제국재판소(RG)는 1928년 "풍자적 묘사는 그 어의에 따를 것이 아니라 … 우선 언어와 형상 속에 선택된 치장을 제거한 후, 이 형식 속에서 발언되고 묘사되는 것이 가벌적 행위, 특히 모욕의 구성요건을 포함하는가 여부를 판단하여야 한다"고 판시하였다.[412] 이러한 접근방식은 풍자의 법적 취급에 관해 이후 독일 법원의 기준적 법리로 통용되고 있다.

그러나 진술의 핵심을 파악하기 위해 구사된 표현양식을 걷어 내라고 하는 것이 양자를 별도로 판단하여 따로 위법성을 판단하라는 것은 아니다. 독자들이 애초부터 풍자적 연술의 효과를 적절하게 파악하려면 형식과 내용 전체를 지향해야 하기 때문이다.[413] 결과적으로 풍자적 외장도 진술의 핵심과 통일적으로 평가되고 상호 작용하는 형성적 통일체로 간주되야 하는 것이다.[414] 전체로서 평가되지 않고 분석적 고찰에 의해 개개 부분에 대해 기본권 보호가 거부됨으로써 전체가 금지된다면 표현행위자의 형성영역을 위헌적으로 좁히게 될 것이다.[415]

---

411) 종전 풍자는 대부분 공인 또는 정치인을 대상으로 하였으나 공동체의 다문화 다종교화 경향에 따라 종교·문화적 쟁점이 증가하고 그에 관여하는 인물이 비판대상으로 증가하고 있다(이석민, 풍자에 대한 헌법적 보호 — 독일 연방헌법재판소 결정례를 중심으로 — , 경북대학교 법학연구원 법학논고 제65집(2019. 4) 1−31면.

412) RG v. 5. 6. 1928, RGSt 62, 183.

413) Gounalakis, aaO., S. 813.

414) Nadine Klass, S. 485.

독일의 확립된 판례도 풍자는 개별 부분으로 떼어 볼 것이 아니라 전체적으로 평가해야 하며,[416] 예술작품을 분해하여 개별 부분을 전체적 맥락에서 떼어내고 그에 관해 개별적으로 허용 여부를 심사하여서는 안된다고 한다.[417] 결국 진술의 핵심은 풍자의 치장을 걷어 낸 후 밝혀야 하지만, 그 전체적 평가에 있어서는 진술의 핵심을 풍자적 외장과 함께 고찰하여 그것을 공격받은 피해자의 인격권과 비교형량하게 된다.[418] 즉 법적 판단은 진술핵심에 국한되지 않고 2차적으로 진술의 외피가 사람에 대한 경멸의 의사를 표현하는가 여부 또는 그것이 여타의 방법으로 일반적 인격권이나 인간의 존엄을 해하는가 여부도 확인되어야 한다.[419]

나. 표준적 수용자의 이해

이상과 같은 관점에서 풍자작품의 의미는 표현행위자나 피해자의 주관적 이해가 아니라 시사적 또는 역사적 맥락의 지식을 가지면서 그러한 배경지식과 해석능력에 터잡아 의도된 과장을 풍자적 표현으로 옳게 분류하거나 해석할 수 있는 독자와 시청자가 이해하는 바가 기준이 된다.[420][421] 따라서 스쳐지나가는 관찰자 또는 그 풍자를 맥락없이 읽는 자가 취하는 시각은 결정적이 아니다.[422]

다. 풍자의 다의적 해석 가능성

전술한 바와 같이 풍자작품은 자유로운 창조적 형성의 표출이며, 그것은 현실에 관련된 관점을 예술적 소외와 강조의 기법을 구사하여 원래적 형태로 정리하고, 행간에서 그의 신호를 전달하며, 그 한에서 해석을 요하고 다의적 진술을 전파한다.[423] 이때 중요한 것은, 만평이나 풍자의 추상화가 언어와 형상 속에 선택된 풍자적 외장에 의해서 풍자가가 표현하려 하지 않았고, 아무도 그렇게 이해하지 않은 변형된 의미가 판단에 전가되게 하여서는 안된다는 점이다.[424] 이 경우 독일의 다수 학설은 다의적

---

415) BGH 2003. 9. 30. ─ Ⅵ ZR 89/02 [몽타쥬 사진]: "하나의 표현행위가 그 각 맥락에서 판단되어야 하는 것처럼 풍자적 묘사도 표현의 자유의 보호범위를 정하기 위해 그 각 부분으로 쪼개서는 안된다. 그렇지 않으면 그렇게 분리하여 고찰하는 경우 치장의 개별 부분에 기본권 보호가 거부되어 풍자 전체를 금지하는 결과가 되고 표현행위자의 형성의 여지가 위헌적으로 축소될 것이다."

416) BVerfGE 86, 1, 12; BGHZ 132, 13, 20; 139, 95, 102; BGH, 30.09.2003 ─ Ⅵ ZR 89/02 [몽타쥬 사진].

417) BVerfG v. 17. 7. 1984 ─ Anachronistscher Zug.

418) Roman Rusch, Warum Satire eben doch fast alles darf, Der Fall Böhmermann und seine straf- und rundfunkrechtliche Bewertung, Archiv für Presserecht 03-2016, S. 201, 203.

419) BVerfG v. 14. 2. 2005 ─ Fotomontage Ⅱ, BVerfG v. 3. 6. 1987 Strauß-Karikaturen.

420) BVerfGE 43, 130 (139f.), Nadine Klass, aaO., S. 484.

421) 예술가가 풍자를 수단으로 의도하는 비판은 자주 수용자들의 사전 이해에 의존한다.

422) Nadine Klass, aaO., S. 488.

423) Nadine Klasse, aaO., S. 481, 예술적 진술의 징표는 그 다양성과 그 복잡성 및 풍부한 연상성(Assoziationsvielfalt) 때문에 광범한 해석의 여지(Deutungsspielraum)를 전개하며, 상이하고 진전된 해석을 허용한다는 데 있다(BVerfG v. 17. 7. 1984 ─ Anachronistscher Zug).

해석이 가능한 경우 법관은 표현행위자에 유리한 해석을 선택하여야 한다고 한다.[425] 결국 "의심있는 경우 자유에 유리하게"(in dubio pro liberate) 해석해야 하며, 그에 따라 법원이 풍자를 유죄로 판단하려면 무죄로 이끄는 의미를 배제하는 이유를 설시하여야 한다.[426]

(4) 풍자에 의한 인격권 침해의 요건
가. 풍자의 전체적 의미와 인격권 침해 효과의 판단

풍자가 법적 제재를 받는가 여부는 위와 같이 전체적 평가에 의한 풍자의 연술이 특정 개인의 명예나 인격권을 침해하는가에 관해 풍자의 특수성을 고려한 비교형량을 요구한다.

첫째, 풍자작품은 그 표현양식으로 과장, 왜곡 및 소외 등 전형적인 예술적 표현기법을 사용하며, 그 한에서 인격권보호와 형량함에 있어서는 그것이 다의적 의미를 갖고 다양한 해석이 가능하다는 점에 유의하여야 한다.

둘째, 전술한 바와 같이 진술의 핵심은 풍자의 치장을 걷어 낸 후 밝혀야 하지만, 그 전체적 평가에 있어서는 진술의 핵심을 풍자적 외장과 함께 고찰하여 그것을 공격받은 피해자의 인격권과 비교형량하게 된다.[427] 독일 판례에 의하면, 법적 판단은 진술핵심에 국한되지 않고 2차적으로 진술의 외피가 사람에 대한 경멸의 의사를 표현하는가 여부 또는 그것이 여타의 방법으로 일반적 인격권이나 인간의 존엄을 해하는가 여부도 확인되어야 한다.[428]

나. 풍자적 치장의 위법성 판단

이 경우 예술적인 풍자적 치장에는 완화된 기준이 적용된다.[429] 풍자는 예술적 표현양식으로서 성질상 다의적 의미를 유발하며, 그만큼 예술가의 창조적 형성의 자유가 방해받지 않아야 되기 때문이다. 전체적 맥락에 비추어 풍자의 외장이 사소한 경우에는 전체 풍자를 위법하게 하지 않는다.[430]

논란되는 문제는 풍자적 치장이 예술의 자유로서 허용될 수 있는 범위 및 한계이다. 여기서는 명예를 침해하는 것으로 보이는 치장이 얼마나 강력히 예술적 개념으로

---

424) Nadine Klass, aaO., S. 484.
425) Gounalakis, aaO., S. 813.
426) Klasse, aaO., S. 483.
427) Roman Rusch, aaO., S. 201, 203.
428) BVerfG v. 14. 2. 2005 — Fotomontage Ⅱ, BVerfG v. 3. 6. 1987 Strauß—Karikaturen.
429) "풍자에 전형적인 왜곡, 과장 및 소외의 표현양식은 그 위법성 판단에서 진술의 핵심보다 더 완화된 기준에 의해 심사되어야 한다."(BVerfG v. 3. 6. 1987 Strauß—Karikaturen).
430) BGH 2003. 9. 30. — Ⅵ ZR 89/02 몽타쥬 사진.

융화되어 있는가가 결정적이다.[431] 그것이 예술가에 의한 창조적 연술(演述)의 표출이고, 현실을 떠난 하나의 심미적 허구를 구성하는 경우에는 위법성이 부인된다.[432] 중요한 것은 이러한 풍자적 치장 자체가 이성적 수용자에 의해 예술적인 환상적 창조(허구)임이 인식될 수 있어야 한다는 점이다.[433]

첫째, 진술의 핵심이 명예훼손적이 아니라 할지라도 풍자적인 형태로부터 멸시의 고지가 이루어질 수 있다. 예술형식이 명예훼손 또는 모욕의 목적으로 남용된다거나, 작품의 내용 및 묘사의 객관적인 평가나 인식되는 작가의 동기에 비추어 볼 때 그 작품이 예술 외적인 관심을 추구하는 것이면 예술의 자유는 인격의 보호와 인간의 존엄에 의해 제한받게 된다.[434]

독일 함부르크지방법원 1999. 9. 8. 판결, SAT 1/Stahnke [여배우 포르노 출연 풍자]

할리우드에 진출할 계획을 가진 원고(녀)는 한 영화에서 배역을 얻으려고 노력하였으나 실패하였고, 그것이 연예계에서 화제가 되고 있던 중에, 한 독일 방송사는 대역 배우에 의해 원고(녀)가 성교하는 모습을 방송하였는데, 원고는 촬영이 수차 반복되었음에도 결국에는 무참히 실패하는 내용이 들어 있었다. 그 방송은 풍자로서 그 가공적 성격 때문에 원고가 실제로 섹스필름을 찍었다거나 찍으려 한다는 오해를 주는 것은 아니었다. 함부르크 지방법원은 그 방송장면이 말하려는 진술의 핵심은 그녀의 인격을 침해하려는 의도보다 배우로서의 직업적 자질이 부족함을 알리려 한 것이었다고 보면서도, 연방헌법재판소의 쉬트라우스 풍자만화 판결(1987)을 원용하여, 제시된 장면이 현실적인 것이 아니라 가공적인 것이었다 하더라도 인간의 내밀생활의 핵심적 보호영역에 속하는 성적 행동의 제시는 원고의 인격을 침해하는 것이고, 그녀의 인간으로서의 존엄을 박탈하는 것이었다는 이유로 위 장면의 방영을 금지하였다. 판시에 의하면, 우선 그 풍자적 치장이 중대한 인격침해로 보이기 때문에 진술의 핵심(Aussagekern)과 풍자적 치장(Satirische Einkleidung)은 분리되어 판단될 수 없고, 피고가 의식적으로 원고를 포르노 필름의 장면 속에 파멸적 인간으로 묘사한 것은 극단적으로 악랄하고 추잡한 치장(Einkleidung)을 선택한 것이어서 그 진술은 실체에 관한 비판(sachbezogene Kritik)으로 간주될 수 없다는 것이었다.

둘째, 개별 사안에서 풍자에 의해 기도된 소외는 일반적 인격권에 대한 침해를 뒷받침하고, 강화하거나 약화시킬 수도 있다. 그럼에도 원칙적으로 보면, 예술가가 생존

---

431) Roman Rusch, aaO., S. 204.
432) 예술적인 허구적 영역에서 개인에 대한 암시에 있어서는 예술가가 얼마나 강력히 실제를 복사하려 하였는가가 결정적이며, 그가 현실을 떠나 하나의 순수한 심미적 허구를 만들어 낼수록 인격침해는 적어지고, 반대로 그 묘사가 현실에 근접할수록 예술적 연술은 인격권을 더 침해하게 된다(BVerfGE 119, 1 - Esra).
433) 예술적 창작에서는 다루어지는 실상이 역사적·경험적 현실의 상황과 법칙성에서 해방되어 실제상의 문제가 아닌 직관적 형성이라고 하는 예술성의 차원으로 고양되게 된다(BVerfG v. 19. 12. 2007).
434) Wenzel, aaO., S. 74.

중인 인물 및 사실상의 상태나 사건을 현실에 집착하여 묘사할수록 예술의 자유는 일반적 인격권의 제한을 더 받게 된다. 그와 반대로 풍자가가 비판 대상을 더 강력히 소외하거나, 과장의 정도가 커질수록, 피해자가 그의 인물에 관한 의식적인 풍자적 묘사나 성격부여에 의해 피해받게 될 개연성은 줄어들고, 피해자의 일반적 인격권에 대한 침해는 약화된다.435)

셋째, 풍자적 치장에 극히 혐오스럽고 병적이거나 비도덕적 장면이 선택된 경우 비판대상이 된 피해자는 심한 모욕과 굴욕을 느끼게 되므로 특히 문제될 수 있다. 현대적 및 초현대적 예술형태로서 이른바 전위예술에서는 혐오스러움, 비도덕적, 음란 및 병적인 사항의 연술이 종종 사용되는데, 그 경우 그것이 특정인에 관계되지 않는 일반적인 폐단을 비판하는 것이라면 일반적인 예술적 표현으로서는 허용될 수 있지만, 특정인을 표적으로 하여 그러한 방법으로 명예를 훼손할 수 있는 풍자에 있어서는 달리 취급하여야 할 것이다.

다. 풍자의 전체적 취지가 의견표현인 경우

정치적 동기의 참여예술, 특히 정치적 만평과 풍자는 정신적 대결의 테두리 내에서 입장, 태도, 생각의 요소가 각인되어 결정되는 것이기 때문에 이를 일반적으로 의견표현으로 보는 것이 타당하다.436) 이들 요소는 사실주장의 요소와 결부되거나 혼합되는 경우가 많고, 특히, 만평과 풍자에서는 가치평가가 사실적 내용에 비해 우세한 경우가 일반적이다. 이들 경우 사실적 요소를 결정적인 것으로 본다면 헌법상의 표현 및 예술의 자유는 축소될 것이다.

이렇게 파악된 진술의 핵심이 가치판단이면 의견표현의 위법성 판단기준이 적용된다. 독일 판례에 의하면, 특히 그 진술이 공적 사안이나 공인437)이 관련된 사안에서는 적법성이 추정되고 자유로 다루어진다. 따라서 과도한, 냉혹한(schonungslos), 부당한(unsachlich) 또는 감정적인 비판만으로는 위법성이 인정될 수 없고, 후술하는 바와 같이 비방적 비판이 되는 경우에 한하여 위법하게 된다.

ECHR 2009. 10. 20. Alves da Silva v. Portugal

청원인은 2004년 포르투갈 모르타과 시의 카니발 기간 중 차량에 시장의 이름 철자를 바꿔 쓴 인형과 푸른 가방(불법적인 돈을 의미함)을 전시하고 시장이 위법행위를 했다는 풍자적 내용의 녹음을 방송하면서 운행하였다. 시장의 고소에 의해 청원인은 명예훼손으로 벌금형을 선고받고 유럽인권재판소에 제소하였다.

---

435) BVerfG v. 5. 6. 1973 — Lebach; BVerfG v. 13. 6. 2007 — Esra.
436) Gounalakis, aaO., S. 814.
437) 공적 생활에 등장하는 인물은 강한 정도로 공개적인 풍자의 표적이 된다(쉬트라우스).

인권재판소는 청원인이 전달한 메시지는 사실의 과장과 왜곡을 통해 반응을 유발할 목적을 가진 일종의 예술적인 표현이며 사회적 논평으로서 명백히 풍자적인 성질을 가진 것이었고, 카니발 상황에서 행해진 맥락에 비추어 그 문구에 따라 받아들여질 것이 아니며, 정치인으로서 시장은 비판에 대해 높은 정도의 관용을 보여야 한다는 이유를 들어, 청원인을 유죄로 판결한 포르투갈 법원 판결은 논쟁적 이슈에 관한 청원인의 풍자적 표현의 자유를 침해하였다고 판시하였다. 인권재판소는 포르투갈 국가는 청원인이 납부한 벌금과 소송비용 4,445유로를 상환하고, 위자료 4,000유로의 위자료를 청원인에게 지급할 것을 명하였다.

그러나 사적 영역에 대한 만평과 풍자가 정치적 대결과 무관한 정치인의 명예에 대한 공격으로서 그의 정치적 활동과 인식가능한 연관이 없으면 보호받지 못한다. 다만, 그러한 사적 행위라도 공공에 중요하게 관련되는 경우, 즉 정치인의 사적인 가벌적 행위가 공적인 가치관념과 격심하게 충돌하는 경우에는 보호받지 못한다. 중요한 것은 치장된 외피에 의한 공격이 피비판자 개인의 인간적 속성에 대한 공격인가, 아니면 공적 지위에 기한 그의 활동이나 언행에 대한 비판인가에 있다.

그러나 가치판단인 의견의 표현도 비방적 비판에 해당하면 금지된다는 것이 독일 판례이고, 풍자 및 만평의 경우에도 비방적 비판이 인정될 수 있음은 물론이다. 가치판단을 본질로 하는 의견표현에는 최소한 그러한 판단에 근거가 되는 사실[438]이나 피해자가 그러한 비난을 유발한 사정이 있어야 한다. 독일 판례에 의하면 사안의 논쟁이 아니라 인신공격과 폄훼에 중점이 있는 가치판단은 비방적 비판으로 금지되며, 공적 사안에 관해 비방적 비판은 사적 원한이 있는 경우에만 예외적으로 인정된다고 한다.[439] 개별 사례에서 부각되는 폄훼적 형태 뒤에 표현행위의 객관적 내용이 무의미하게 된다면 책임인정에 결정적이다. 그 진술의 핵심이 존재하는 것을 과장, 강조하는 것이 아니라, 아무런 실제적인 근거 없이 틀린 방향으로 오도하는 것이면 비방적 비판이 성립될 수 있다.

라. 인간의 존엄과 풍자의 한계

문제는 풍자가 일반적 인격권의 핵심인 인간의 존엄을 침해하는 경우이다. 이에 관해 구체적인 사례에서 각국의 판례와 학설은 극심한 부조화를 보이고 있다.

미국 판례는 패러디가 헌법상 보호되는 표현형식의 하나임을 확인하고, 공인에 대한 패러디는 그에 포함된 명예훼손적 사실주장이 실제의 사실이라고 이해되지 않는

---

438) 예를 들면, 작가가 한 법인과 그 직원들의 실제 활동상황에 관하여 평가절하적으로 언급한 경우에 그것이 구체적인 사실관계를 준거로 한 것이 아니라 저자가 자기의 경제체제에 대한 편파적 시각에 비추어 비판한 것이면 보호받는 인격의 영역을 침해하는 것이다(BGH, NJW 75, 1182-Geist von Oberzell 판결).

439) BVerfG v. 10. 10. 1995.

이상 명예훼손이 되지 아니한다고 하면서, 심지어 피해자인 성직자를 비판하기 위해 술 광고를 패러디하여 그의 첫 이성 경험이 그의 어머니와 근친상간한 것이라고 표현한 패러디를 허용되는 것으로 판시한 바 있다(후술).

그에 비해 독일 판례는 인간 존엄의 가장 직접적인 유출인 일반적 인격권은 절대적 보호를 받으며, 이를 침해하는 경우에는 개별 사례의 형량 없이 금지된다고 하는 입장을 취한다.[440] 그에 의하면, 특히 성적 영역이 관련되거나 동물의 비열한 모습으로 묘사되는 경우 현저히 이 한계를 넘게 되고 위법성을 띠게 된다. 풍자가 그 과장이나 소외를 통하여 인간적 모습과 개인적인 특성을 보이는 것이 아니라 피해자의 본성을 비인간화하여, 추정적으로 동물적 모습으로 돋보이게 하는 경우가 그렇다.[441]

독일 연방헌법재판소 1987. 6. 3. 판결, BVerfGE 75, 369 (380) - Strauß-Karikatur

한 시사 잡지('konkret')는 1980년 바이에른주 수상 쉬트라우스가 돼지로 묘사되어 다른 법관복을 입은 돼지와 교미하는 모습의 풍자만평을 3차례에 걸쳐 게재하였다. 그 만평에는 한 마리 돼지가 뒷다리를 들어 벌린 다른 돼지를 뒤에서 올라타고 교미하는 모습의 2마리의 돼지가 묘사되었는데, 법관 의상을 차려 입은 밑의 돼지는 웃고 있었고, 올라탄 돼지의 얼굴은 피해자 쉬트라우스의 모습을 하고 있었다. 저자(Hachfeld)는, 각종 의혹 사건에 연루된 저명한 정치인 쉬트라우스가 사법부와 권한 다툼에서 유리한 판단을 얻어낸 점에 불만을 품고, 이 사건 풍자만화를 게재하게 되었다.

피해자(쉬트라우스)는 그 만평 작가를 상대로 모욕죄로 고소하였고, 하급심에서 유무죄가 엇갈린 후, 연방헌법재판소는 그 만평이 예술적 수단을 사용하였다는 점을 인정하면서, 그러나 예술의 자유도 인간의 존엄을 침해하는 것은 허용되지 않는다고 하면서 다음과 같이 판시하였다.

풍자와 만화는 과장, 왜곡 및 소외(Verfremdung)를 수단으로 하는 예술의 특성을 가지기 때문에 그에 대한 법적 평가에는 그 본래의 의미를 알아내기 위해 언어 및 그림에 의해 선택된 풍자적인 외피를 벗길 필요가 있다. 이 진술의 핵심과 그 포장은 그들이 대상자의 인격에 대한 경멸의 고지를 포함하고 있는가 여부에 관해 분리해서 심사되어야 한다. 그 경우 주의할 것은 소외를 본질로 하는 포장에 대한 판단 척도는 진술 핵심의 평가 척도와 달리 일반적으로 그보다 완화된다는 점이다.

---

440) BVerfGE 93, 266 - 'Soldaten sind Mörder': "표현행위가 타인의 인간으로서의 존엄을 해치는 때에는 표현의 자유가 언제나 물러서야 한다. 예술의 자유에 관해 선언된 이 원칙(vgl. BVerfGE 75, 369 [380])은 표현의 자유에도 적용되는데, 기본권의 뿌리로서 인간의 존엄은 어떤 개별 기본권과도 형량될 수 없는 것이기 때문이다. 그러나 개별 기본권뿐 아니라 기본권 전체는 인간의 존엄 원칙을 구체화한 것이므로 한 기본권의 행사가 불가침의 인간존엄을 해친다고 인정되려면 언제나 세심한 이유 설시를 필요로 한다."

441) BVerfG 1987. 6. 3. - Strauß-Karikatur.

　나아가 헌재는 피해자에 관하여 풍자적으로 묘사된 것(교미하는 돼지의 모습)이 현실적인
것이 아니라 가공적(架空的)인 것이라 하더라도 그것이 인간의 존엄을 해치는 정도에 이르는
경우에는 허용될 수 없다는 점을 명백히 하였다. 이 만평의 진술 핵심은 피해자가 자기 목적
을 위해 사법부를 야비한 방법으로 이용하고 있다는 점을 주장하는 동시에, 무력한 사법부에
대하여 동물적 만족을 느낀다는 점을 암시하고 있어, 이 점에서 멸시와 경멸에 의해 피해자
를 모욕하였고, 나아가 그 포장으로 교미하는 돼지의 형상을 제시함으로써 명예침해가 더 가
중되었다는 것이다. 그 선택된 소외에 의해 독자들에게 제시된 것은 그의 인간으로서의 특징,
그의 개인적 본성이 아니었고, 오히려 그가 확실히 동물적 본성을 가지고 있으며 그에 따라
처신한다는 점이 보여지게 되었다는 것이다. 인간에게 보호받아야 할 그의 내밀영역의 핵심
에 속하는 성적 행태의 표현은 피해자 개인의 인간으로서의 존엄을 박탈하는 것이고 그를 폄
훼하는 것이다.
　결국 만평 작가는 인간의 존엄을 최고의 가치로 하는 법질서를 부정하는 방법으로 피해자
를 멸시한 것이다. 그러한 인간의 존엄에 대한 침해가 예술의 자유로서 정당화될 수는 없다.
인간의 명예의 핵심에 대한 침해가 있는 경우에는 언제나 인격권에 대한 중대한 침해가 존재
하게 되고, 그것은 종전 연방헌법재판소의 판례에 따라 예술적 활동에 의해서도 정당화되지
않는다.
　위 판결에 대해 일부 학설은 인간의 존엄이 최고의 가치라 하더라도 그것을 침해하는 행
위와 범위는 막연하고, 이를 형량 없이 절대적으로 보호하는 것은 여타의 모든 기본권 보장
을 2차적인 부류로 저하시킬 우려가 있다는 이유로 이를 강력히 비판한다.[442]

　결국 풍자적 치장과 진술의 핵심을 통일적으로 파악하여 그것이 인간 존엄의 핵
심을 침해한다고 보이는 경우 적용될 기준은 다음과 같이 요약할 수 있다.
　첫째, 그것이 피비판자의 현실적인 성적 영역 등 내밀한 영역을 대상으로 한 것이
면 금지되고, 그것이 사안에 관한 토론에 관계된 것이면 허용된다.

---

442) Gounalakis, aaO., S. 815, Nadine Klass, aaO., S. 485 등 참조.

둘째, 사용된 풍자적 치장이 해당 인물을 동물로 묘사한 것이라 하더라도 그것이 과장이나 소외로 인식될 수 있는 경우에 한해 허용되는 것으로 판단해야 할 것이다.

셋째, 아무리 예술의 자유가 관용되어야 한다 하더라도 해당 인물이 수간, 윤간, 근친상간 등 극히 비인간적 반윤리적 성적 행태를 보이거나 패륜적 성행위로 치장이 사용된 경우 피해자에게 주는 충격을 비교 고려하여 금지된다고 보아야 한다.

마. 진술의 핵심에 사실적시가 포함된 경우

그에 반해 진술의 핵심이 사실주장을 포함한다면 그것이 진실인지 또는 다른 근거에서 정당화되는지 여부를 심사해야 한다. 허위 정보라면 그것이 풍자적 맥락에 결부되었다 하더라도 보호받을 이익이 될 수 없다. 따라서 작가가 실제상의 사실에 관한 언급을 자기 예술작품의 한 구성부분으로 하였다 하더라도 그것이 허위이거나 타인의 인격영역을 침해하는 경우에는 법적인 제재를 벗어날 수 없다. 위와 같이 위법한 사실 주장이라고 평가될 수 있는 것이면 예술적 치장(治粧)을 하였다고 하더라도 면책될 수 없는 것이다.[443] 풍자와 만평이 존재하는 어떤 것을 과장, 강조하는 것이 아니라 실질적인 근거가 없이 거짓된 방향을 목적으로 하는 경우에는 불법이 될 수 있다.[444]

(5) 풍자에 관한 판례
가. 독일 판례

BGH, Urteil vom 1982. 6. 8. - Ⅵ ZR 139/80 - "Moritat" [풍자시]

이 사건에서 독일 연방대법원은 모든 풍자시(Satirisches Gedicht)[445]는 그 저자가 폐단으로 느낀 사실관계를 부각시키고 비난하는 목적을 가지며, 그 때문에 현실과 밀접한 관련성을 특징으로 하며, 따라서 풍자시의 저자는 진실한 사실관계를 바탕으로 하여야 하며, 그 비판의 대상이 된 피해자는 진실하지 않은 사실관계를 바탕으로 한 풍자시에 의해 명예가 침해될 수 있다고 전제하였다. 나아가 "예술의 표현으로서 계쟁 문안의 성격과 위상가치는 그에 의해 사회적 작용영역의 이해에 영향을 미칠 수 있다. 그러나 묘사된 인격상에 의해 의도하는 바가 사회적 현실로 확인됨에 있을수록 그 대상자의 사실에 충실한 묘사의 이익이 더 보호받으며, 피비판자의 명예를 침해하는 허위 주장에 대해서는 제5조 제1항[표현의 자유]의 표현 행위자에 허용되는 비판자와 달리 예술가를 법적으로 달리 취급할 사정은 적어진다."고 판시

---

443) BGH 2017. 1. 10. - Ⅵ ZR 561/15 - 적법한 풍자방송: "풍자 기사가 틀린 사실적시를 포함하고 있는 경우 이를 법적으로 판단함에 있어서는 그것이 풍자에 전형적인 소외나 과장이기 때문에 수용자들이 그들의 의견형성에서 이를 평가적인 것으로 받아들이는가, 아니면 그 진술이 사실상 진실이라고 하는 잘못된 평가에 이르게 할 것인가 여부가 문제된다. 결정적인 것은 그 프로가 시청자에게 어떤 메시지를 주는가이다."

444) Wenzel, aaO., 4. Aufl., Rn. 3.28.

445) "Moritat"는 풍자시의 일종으로서 살인이나 공포 사건을 소재로 한 떠돌이 가수의 발라드풍 노래를 뜻한다.

하였다.

사실관계를 보면, 원고는 독일 최대의 유통 기업(Kaufhaus)을 소유한 재계의 거물로서 집권당 의원에게 거액의 정당기부금을 낸 바 있는데, 당시 언론들은 그 집권당 의원을 "돈을 받은 정치인"이라고 보도한 바 있었다. 피고는 1971년 위 사건을 풍자 비난하기 위해 원고에게서 '돈 받은 정치인'이라는 말을 사용하여 그를 비난하는 풍자시를 저술 발표하였는데, 원고는 이 사건 소송을 제기하면서 그 문구의 재사용을 금지청구하였다.

독일 연방대법원에 의하면 이 사건 풍자시는 개인적이고 경제적인 생활관계 속의 원고를 묘사하고 있으며, 원고를 인간적 개인적 실제를 벗어난 존재로 보이게 하는 초현실적인 환상적 장면이 연술된 경우라고 볼 수도 없다. 그 때문에 원고에 관한 묘사가 현실 관계에 부합하는지 여부를 심사해야 한다고 하면서, 이 사건 풍자시에서 사용된 "돈받은 정치인"("bezahlte Politiker")이란 말이 독자들에게 주는 의미를 검토하였다.

첫째, 그것이 의원을 매수하였다("Abgeordnetenbestechung")는 사실적시의 의미로 해석한다면, 그 진실임을 입증하지 못하는 피고는 책임을 면할 수 없지만, 그렇게 해석하는 것은 무리이다. 둘째, 저자(피고)가 이 문구를 사용한 것은 원고가 정당에 헌금한 것("Parteienfinanzierung")을 정경유착으로 비판하기 위해 사용한 것으로 해석해야 하므로 이렇게 해석되는 풍자시의 배포를 금지하는 것은 위법이라는 결론을 내렸다. 실제로 원고는 1971년 연방의회 선거에서 여당의 선거운동을 위해 거액의 정치광고 비용을 지급하였다. 이 과정에서 법원은 피고가 그 시 집필 당시에는 생각지 못하였던 (후발)사건에 의해 그 시의 문면을 해석하여 이를 금지하는 것은 예술의 자유를 침해하는 것이라고 판단하였다. 피고가 위 풍자시를 발표한 후에 연방의회에서는 여당 의원의 수뢰를 이유로 야당에 의한 불신임 투표가 행해졌던 것이다.

"예술적 표현형식, 특히 풍자, 만평은 항상 오해의 위험을 내포하는 생략과 단순화로 생존한다. 예술의 자유는 그 자유영역을 보장한다. 예술가가 실명을 써서 타인을 그 작업의 테마로 하는 경우 그의 단축이나 과장이 인격권에 의해 부과된 한계를 넘게 되는 리스크에서 자유롭지 않음은 물론이다. 원칙적으로 보면, 이 예술적 범주에서도 영리적 기업의 정당에 대한 7자리수[수백만 마르크]의 재정지원을 ― 그 과정의 합법 여하에 불구하고 ― 비판적으로 언급하고 표어적으로 작성하는 것이 가능하다. 예술가에게 그 어휘 선택에서 피해자를 더 배려하도록 요구한다면, 그것은 사실관계를 가공하는 풍자의 작업을 널리 저해할 뿐 아니라 금지의 우려는 특히 환경과 대결하는 참여예술에 대해 광범위하게 일반적인 마비효과를 야기하게 될 것이다."

독일 연방헌법재판소 1992. 3. 25. 결정, BVerfGE 86, 1 ['타이타닉'][446]

이 사건에서 법원은 신체장애자이면서도 예비군 훈련을 받으려고 노력한 피해자를 비난·비판한 잡지의 기사에 대하여 비방적 비판의 법리를 적용하고 있다.

이 사건 피해자(원고)는 20세에 교통사고로 척추가 마비되어 휠체어를 사용하면서 재활치료를 받아 자동차를 운전할 수 있게 되었고, 강력한 의지를 가지고 꾸준히 노력하여 예비군 훈련을 받을 수 있게 되었다.

---

446) 헌법재판소, 헌법재판자료집 제9집(1999), 한수웅 번역, 500면 이하 참조.

월간 잡지 '타이타닉'(피고)은 1988년 "7인의 황당한 인물"란에 피해자를 "혼전의 성/살인자"라 표시하여 게재하면서, "척추 마비로 휠체어에 묶인 사람이 강철같은 의지로 예비군훈련을 받으려고 노력하였고 이러한 전투욕이 실현되어 전쟁놀이를 기대하며 즐거워하고 있으니, 뻔뻔스러운 것이 아닌가, 그럼에도 그는 자신이 완전히 정상이라고 생각하다니 어처구니없다"는 내용으로 피해자를 비난하는 기사를 게재하였다('제1기사').

피해자가 위 기사에 의한 명예훼손을 이유로 타이타닉지에 대해 위자료 청구소송을 제기하자, 피고 타이타닉지는 다시 '독자에게 보내는 편지'란에서 피해자에 대하여 "한 불구자, 즉 당신이 인간을 병신으로 만들고 심지어 사살하는 것을 목적으로 하는 연방군대라는 조직에 봉사하기에 안달이 난 과정을 우리는 파렴치하다고 보았으며, 이를 계기로 당신이 50,000DM이라는 엄청난 위자료를 요구한 과정을 우리는 참으로 추잡하다고 본다"는 취지의 글을 게재하였다('제2기사').

피해자는 피고를 상대로 위자료청구소송을 제기하였고, 고등법원은 원고가 출생시부터 살인하려는 내적인 성향을 가진 "타고난 살인자"라는 인상을 독자들에게 불러일으킨다는 이유로 12,000DM을 지급을 명하는 원고 일부 승소판결을 내렸다.

연방헌법재판소는 위 제1기사에 대하여는 불법행위의 책임을 부인하는 한편, 제2기사에 관해서는 이를 인정하고, 원심을 파기환송하면서 다음과 같이 판시하였다.

〈제1기사에 관하여〉

연헌재는 풍자의 외피를 벗겨내고 진술의 핵심을 파악하여야 한다는 종전의 입장을 확인한 후, 위 기사는 '군인은 살인자' 판결에 대한 논란이 전개되고 있던 상황에서 원고를 풍자의 소재로 삼은 것이었고, 그 기사의 전체 문맥에서 볼 때, 피고가 행한 풍자적으로 과장된 표현은 독자들에게 원고가 성격상 범죄형의 인간이라거나 그의 인격적 성향이 살인자로서 활동에 흥미를 갖는다는 인상을 주는 것이 아니라, 공적 논의의 대상이 된 프랑크푸르트 지방법원의 판결에 대하여 비판적 태도를 취한 원고를 공격하기 위해 그의 행동을 비판하고 있다고 보았다. 원고의 이름 뒤에 첨가된 "결혼 전의 성/살인자"란 문구도 기사 전체의 연관관계에서 비유적인 의미로 이해되어야 한다. 또 "그의 머리가 정상이다"란 점을 비꼰 대목도 그것은 그의 정신적 능력이나 지능 또는 일반적인 판단능력에 관해 비하하려는 것이 아니라, 피고의 입장에서 볼 때 불구의 몸에도 불구하고 구태여 예비군 훈련을 받으려고 하는 원고의 이해할 수 없는 행동에 대해 날카로운 비판을 행하고 있는 것이다. 원고의 이성에 대한 피고의 의심은 의학적인 의미에서의 정신적 흠결에 관한 것이 아니라 그렇게 행동하는 사람의 원칙적인 가치결정에 관련된 것이기 때문이다.

나아가, 재판부는 이렇게 올바로 기사를 이해한다면, 원고의 정신상태와 관련된 발언을 뒤집은 것은, 그의 행동이 피고들의 시각에서는 미친 짓이라는 점을 표현하려고 한 것이어서 하나의 강조된 발언이었고, 비방적 비판의 한계를 넘지 않은 것이라고 보았다. 결국 제1기사가 원고의 명예를 훼손할 수 있으나, 그러한 정도는 표현의 자유로서 허용된다고 보았다.

〈제2기사에 관하여〉

재판부는 제2기사에서 피해자 장애인을 "불구자 또는 병신(Krüppel)"으로 직접 부르는 것이 그에 대한 경멸을 표현하고 장애인의 인격권을 중대하게 침해한다'는 고등법원의 판단은 헌법적으로 잘못이 없다고 하여 다음과 같이 설시하였다.

"불구자"라는 명칭은 신체의 기형이나 사지의 결여로 인하여 행동능력에 장애가 있는 인간만을 의미하지 않는다. 오늘날 인간을 "불구자 또는 병신"으로 호칭하는 것은 모욕적인 것으로 이해된다. 이러한 호칭을 통하여 그는 열등한 인간으로 낙인찍힌다. 특히, "불구자 또는 병신"이란 단어가 신체적으로 건강한 사람을 욕하고 그를 비하하기 위하여 사용된다는 것에서 단어의 의미변화가 나타난다.

결국 제2기사에 의해서는 원고에 대한 명예훼손이 성립한다.

BGH, 2003. 9. 3. - Ⅵ ZR 89/02 [풍자적 몽타쥬 초상]

이 판결에서 독일 연방대법원은 공적 사안에 관해 상대적 공적 인물의 역할을 비판하면서 풍자적으로 왜곡된 그의 초상을 몽타쥬 사진으로 게재한 사안에서 위법성을 부인하였다.

독일텔레컴(Deutsche Telekom AG)은 고도로 독점적 지위를 가진 독일 통신사이다. 2000년 피고는 당시 독일텔레컴 이사회 의장이던 원고에 관해 그의 책임을 다루는 기사에서 원고의 얼굴 사진을 변형하여 우스꽝스런 몽타쥬 사진을 게재하였다. 그 몽타쥬에는 동 회사의 엠블렘인 T자의 갈라진 틈 사이에 타인의 신체 위에 얹혀진 원고의 얼굴이 우스꽝스럽게 변형되어 있었다.

항소심은 원고 사진을 조작하여 원고의 모습을 우스꽝스럽게 변형한 몽타쥬사진은 관찰자에 의해 전혀 풍자적 소외로 인지되지 않았고, 오히려 원고에게 불리하고 실제에 부합하지 않는 영향을 줄 목적으로 변형시킨 것이어서 보호받는 풍자의 범위를 벗어났다고 판단하였다.

그러나 대법원은 항소심이 사진몽타쥬를 전체적으로 보지도 않았고, 풍자적 치장의 테두리를 너무 좁게 설정하여 그의 의미를 오인하였다고 하면서 다음과 같이 판시하였다.

첫째, 그 왜곡된 초상은 공익이 걸린 독점기업에 지배적 지위를 갖는 원고를 비판하기 위한 것이며, 그것이 금지되는 비방적 비판이나 모욕의 한계를 넘지 않는 한 허용된다.

둘째, (어문)풍자가 자극적 표현으로 독자들의 관심을 끌기 위해 익살스런 말장난에서부터 황당무계한 말로 표현됨이 특징이듯이 사진몽타쥬 역시 "눈에 뜨이는" 묘사에 의해 관찰자의 주의를 끌려는 의도를 가지며, 독자들은 그것이 사진 몽타쥬라는 점을 알 수 있었다.

셋째, 그 변형은 원래 원고 사진과 비교하여 사소한 것이었고 그로써 원고의 인격권을 심각히 침해할 정도가 아니었다.

결국 평균적 관찰자에 대한 영향 여하가 결정적인데, 원고는 몽타쥬 내의 그의 머리 묘사의 변형에 의해 형식적 모욕이나 비방적 비판의 피해를 입지 않았다. 원고의 모습이 원래 사진보다 그에게 불리한 것이라 할지라도, 그것은 표현의 자유로 보호되는 풍자적 진술의 외피를 보이는 것이고 더욱이 그 변형은 사소한 것이었기 때문에, 그로 인해 원고의 인격권에 대한 영향은 표현의 자유의 이익에 비해 적은 것이다.

나. 대법원 판례

대법원 2000. 7. 28. 선고 99다6203 판결 [경향만평 사건]

"한두 컷(Cut)의 그림과 이에 관한 압축된 설명 문구를 통해 인물 또는 사건을 희화적으로 묘사하거나 풍자하는 만평(漫評) 또는 풍자 만화(Cartoon)의 경우, 그 장르의 성격상 인물 또는 사건 풍자의 소재가 되는 구체적인 사실 관계를 직접 적시하지 아니하고 이에 풍자적 외피를 씌우거나 다른 사실 관계에 빗대어 은유적으로 표현하는 기법을 사용하는 만큼, 그 만평을 통하여 어떠한 사상(事象)이 적시 또는 표현되었는가를 판단함에는 이와 같은 풍자적 외피 또는 은유를 제거한 다음, 작가가 그 만평을 게재한 동기, 그 만평에 사용된 풍자나 은유의 기법, 그 만평을 읽는 독자들의 지식 정도와 정보 수준, 그리고 그 만평의 소재가 된 객관적 상황이나 사실 관계를 종합하여, 그 만평이 독자들에게 어떠한 인상을 부여하는가를 기준으로 삼아야 한다."

　원고 등이 1997년 경제위기의 책임자로 지목되면서 검찰수사 등이 거론되고 새로 출범할 정부가 경제위기의 원인규명과 책임자 처벌에 강한 의지를 피력하고 있는 상황에서 원고('전 경제수석', '강경식', '전 한은총재') 등이 항공권을 구입하거나 해외도피를 의논하고 있는 장면을 담고 있는 풍자만화를 기고하여 이를 일간지에 게재한 경우, 원고 등이 경제위기와 관련된 책임 추궁 등을 면하기 어려운 절박한 상황에 처해 있음을 희화적으로 묘사하거나 원고 등이 해외로 도피할 가능성이 없지 않음을 암시함과 아울러 이들에 대한 출국금지조치가 필요하다는 견해를 우회하여 표현한 것일 뿐 원고 등이 해외로 도피할 의사를 갖고 있다거나 해외 도피를 계획 또는 모의하고 있다는 구체적 사실을 적시하였다고는 볼 수 없다는 이유로 명예훼손의 성립이 부정되었다.

(6) 패러디

　패러디(parody)는 그리스어인 parodeia에서 유래하였고,[447] 그 뜻은 "a song sung alongside another"라고 한다.[448] 웹스터 사전[449]에 의하면 parody는 "다른 작품이나 작가 또는 작곡가의 특징적 스타일을 모방하되, 진지한 주제를 논센스한 방식으로 처리한 문학작품이나 작곡"을 의미한다. 패러디는 기존 작품을 비판적, 창조적으로 변형하여 작품 자체를 비평하거나 다른 현상이나 사상을 비평하는 기능을 가지며, 새로운 경향의 표현 스타일로서 사상 표현의 한 방식이므로, 헌법 상 표현의 자유로 보호된

---

447) 병행한다는 뜻의 'para'와 노래하다라는 뜻의 'odia'의 합성어.
448) Campvell v. Acuff-Rose Music, Inc., 510, 580 (1994). 함석천, 패러디, 지적재산권과 표현의 자유, 저스티스(2006. 6) 통권 제91호, 63면에서 전재.
449) Webster's New World Dictionary, Second College Edition.

다.450)

그러나 첫째, 패러디는 모방과 원작의 변형을 전제로 하기 때문에 원작자의 의도와 다른 작품의 변형이 이루어지게 되므로 원저작자에 대한 관계에서 저작권 침해 여부가 문제될 수 있고, 둘째, 개작된 작품으로서 패러디는 보통 사회적 사상(事象)에 대한 비판이나 조롱, 풍자 등을 목적으로 하게 되므로 그 패러디의 대상이 된 주체와의 관계에서 명예훼손 여부가 문제될 수 있다.451)

가. 패러디와 저작권 침해

패러디는 보통 널리 알려진 저명한 작품이나 작가의 특징적 스타일을 흉내내어 우스꽝스럽거나 익살스런 방식으로 개작하여 모방작품을 만들어 내는 것이며, 개념상 '모방(模倣)'을 전제로 하는 한편, 모방에 더하여 원작을 희화화(戱畫化)하는 또 다른 독창성을 요구한다. 패러디가 단순한 개작이나 모작이 아니라 새로운 사상을 표현하기 위한 독창성이 인정되는 것이라면, 원저작자의 저작권을 침해한다는 결론을 쉽게 내려서는 안 될 것이다.452)

일본 최고재판소 1980. 3. 28. 판결 [패러디 몽타쥬 사진]453)

이 사건은 타인의 작품을 패러디함에 있어서 원저작물의 저작권 침해 여부에 관한 판단기준을 제시하고 있다.

사진작가인 원고는 티롤지방의 눈덮힌 산을 스키어들이 파도모양으로 활강하고 있는 컬러 사진을 촬영하여 이를 광고달력에 사용하도록 허락하였는데, 역시 사진작가인 피고는 위 광고달력에 게재된 원고의 위 사진을 기초로 자동차 공해를 풍자하는 작품을 만들기 위해 위 사진의 좌측 일부를 잘라내고 흑백사진으로 복제한 뒤, 그 오른쪽 위에 브리지스톤사의 광고사진에서 복제한 스노우타이어 사진을 붙여 영상을 합성하는 방법으로 몽타쥬사진을 작성하여 이를 자작 사진집에 게재하여 공표하고 모 주간지에 "궤적"이란 제목으로 공표하였다. 이에 원고는 피고의 행위는 원고의 저작물을 무단 사용하여 개찬한 것으로 원고의 저작권을 침해하였다는 이유로 손해배상과 사죄광고를 구하는 소를 제기하였다.

항소심은 피고의 본건 몽타쥬사진은 세상을 풍자하기 위한 것으로서 원고 사진의 일부를 인용할 필요가 있었고, 그 인용의 방법이 미술상의 표현형식으로서 오늘날 사회적으로 받아들여지는 포토 몽타쥬의 기법을 따른 것으로서 객관적으로 정당시되는 것이므로 피고의 본건 사진이용은 "정당한 범위 내에서의 인용"에 해당한다고 판시하였다.

그러나 일본 최고재판소는 일본 구저작권법상 "인용"의 의의에 관하여, "여기서 말하는 인용이란 소개, 참조, 논평 기타의 목적으로 자기의 저작물 중에 타인의 저작물을 원칙적으로 일부를 채록하는 것을 말한다고 봄이 상당하므로, 위 인용에 해당한다고 하기 위해서는 인용

---

450) 함석천, 전게 논문, 79면.
451) 함석천, 전게 논문, 64면 참조.
452) 함석천, 전게 논문, 70면 이하 참조.
453) 민집 34권 3호, 244면(세계언론판례총람, 747면 참조).

을 포함한 저작물의 표현형식상 인용하는 측의 저작물과 인용되는 측의 저작물이 명료하게 구별되어 인식될 수 있고, 또 위 양 저작물의 사이에 전자가 주이고 후자가 종이란 관계에 있음을 알아볼 수 있는 경우가 아니면 안 된다 할 것이고, 나아가 구 저작권법 제16조 제3항의 규정에 의하여 인용되는 측의 저작물의 저작자인격권을 침해하는 형태의 인용은 허용되지 아니함이 명백하다"고 판시하였다.

다음으로, 제2차적 저작물과 원저작물과의 관계에 관하여 "자기의 저작물을 창작함에 있어 타인의 저작물을 소재로서 이용하는 것이 물론 허용되지 않는 것은 아니지만, 위 타인의 허락없이 이용하는 것이 허용되는 것은 타인의 저작물에 있어서 표현형식상의 본질적인 특징을 그 자체로서 직접 감득되지 아니하게 하는 형태로 이를 이용하는 경우에 한한다"고 판시하였다.

이 판결은 자기의 저작물에 타인의 저작물을 정당하게 인용할 수 있는 요건에 관하여 (1) 인용하는 저작물과 인용되는 저작물이 명료히 구별될 것, (2) 전자가 주, 후자가 종의 관계로 인정될 것, (3) 그 인용이 인용되는 측의 저작인격권을 침해하지 아니할 것의 3요건으로 정리하고, 제2차적 저작물에 있어서는 타인의 저작물의 표현형식상의 본질적 특징이 감득될 정도의 경우라면 원저작권자의 동의를 필요로 한다고 밝히고 있다. 그러나 이 판결은 패러디의 경우에도 원저작물의 동일성유지권을 침해한 것으로 봄으로써 패러디가 보호될 수 있는 범위를 현저하게 좁게 하였다는 비판이 있다.

나. 패러디와 명예훼손

개작된 작품으로서 패러디는 보통 사회적 사상(事象)에 대한 비판이나 조롱, 풍자 등을 의도하게 되므로 그 패러디의 대상이 된 주체와의 관계에서 명예훼손 여부가 문제될 수 있다. 패러디에 의해 비판의 대상이 된 자와의 관계에서 어떠한 경우 명예훼손이 될 것인가 하는 문제는 전술한 풍자의 경우에 준하여 원칙적으로 이를 의견표현으로 다루되, 그 의견의 실질에 관하여는, 특히 공인이나 공적인 사안이 다루어진 경우라면 가급적으로 이를 허용하는 해석에 의해 표현의 자유를 넓히는 것이 바람직할 것이다.

독일 연방헌법재판소 1984. 7. 17. 결정, BVerfGE 67, 213 ['시대착오열차']454)

이 사건에서는 독일 연방수상 후보자에 대한 비판으로 과거 유명 시인의 시를 패러디하여 만든 정치적 가두극에 대하여 독일 연방헌법재판소가 "사회참여적 예술"로서 보호됨을 확인하고 있다.

저명한 시인 Bertolt Brecht는 1947년 저술한 "시대착오열차 또는 자유민주"라는 시에서 "자유", "민주"라고 쓰여진 열차가 폐허화된 독일을 지나가는 모습을 묘사하였다. 그 기차에는 나치 십자가 밑을 서성이는 신부, 무기산업의 사업가, 독일 청소년을 살인마로 교육하는 교사, 자신의 목적을 위하여 공산주의를 주장하는 의사, 독가스실 설계사, 고위공직에 앉아

---

454) 세계언론판례총람, 37면 이하.

있는 나치당원, 표현의 자유를 요구하는 '전위' 편집인, 'Hitler세력'을 무죄방면한 판사, "재빠르게 과거에는 그렇지 않았던 모든 선인들"이 타고 있었다. 그 기차에는 탄압, 나병, 기만, 무지, 살인, 강탈 등 여섯의 '동료들'이 연결되어 있었다.

1980년 연방하원 선거에 즈음하여 보수적인 기민·기사연합(CDU/CSU)의 수상후보자를 반대하는 정치인들은 위 Brecht의 시를 이용하여 정치적 가두연극을 실행하였다. 그 연극에 등장하는 열차는 "자유민주"라고 쓰여진 커다란 종을 단 차량을 시작으로 그 뒤에 "대장"을 태운 군용 짚차, 로켓과 군악대를 실은 군용트럭, SIE－NES, FLI－CK, THZS－SEN이라고 쓴 3대의 검은 리무진, "민중법원의 법관"이라고 쓴 차량 및 검은 복장의 사립 정보기관 직원이 탄 차량이 뒤따르고 있었다. 그 열차의 끝에 따르는 소위 재앙차량에는 탄압, 나병, 기만, 무지, 살인 및 강탈이라는 재앙을 나타내는 인형들이 타고 있었는데, 그 이름을 부를 때 일어섰다가는 CDU/CSU의 수상후보자가 다시 제자리에 되돌려 앉히는 것이었다. 시가 종료되기 바로 직전에 위 6개의 인형이 다시 일어서서 "자유민주"를 나타내는 푯말을 높이 올리고 있었다.

Kempten지방법원은 위 가두 연극을 CDU/CSU의 수상후보자에 대한 모욕에 해당하는 것으로 보아 위 연극 관계자를 벌금형에 처하였고, 바이에른써 상급법원은 이를 지지하였다.

연방헌법재판소는 예술의 자유는 예술적 창작의 '작업영역'(Werkbereich)뿐 아니라, 예술작품의 표현과 배포 등의 '작용영역'(Wirkbereich)까지도 포함한다고 전제하고, 이 사건에서 문제된 "시대착오열차"는 Brecht의 시를 "거리연극"이라는 특정 형식으로 변형 표현한 것으로서 "사회참여적 예술(engagierte Kunst)"이고 이러한 형식도 기본법상 예술의 보장 속에 포함된다(BVerfGE 30, 173 [190])고 하면서, 예술의 자유의 중요성에 비추어 인격권 침해가 사소한 정도이든가 심각한 정도의 침해 가능성이 있다는 것만으로는 이를 제한할 수 없고, 이 사건에서 모욕이 되는가 여부를 판단함에는 그 연극을 전체적으로 보아 판단해야 하는데, 재앙차량 부분만을 국한하여 모욕이 됨을 판단하였으니, 대상 판결은 헌법에 위반된다고 결론지었다.

그러나 그렇게 널리 허용되는 의견을 패러디 형식으로 비판 조롱함에 있어서 채용된 소재가 피해자의 성적 사항 등 내밀영역을 드러내어 조롱하는 것이면 위법성이 인정될 수 있다. 특히 아무리 공적 인물이라 하더라도 여성의 실제 얼굴에 나체 사진을 합성하여 보이는 패러디 영상은 여성으로서 민감하고 수치스런 국면을 표현수단으로 채용한 것이어서 금지된다고 보아야 할 것이다.

특히, 패러디에 저급한 욕설이나 저주 등 금기적 언어를 곁들인 경우에는 패러디 전체가 불법적인 것으로 판단됨에 기여할 수 있다.

이에 관해 미국 판례는 패러디가 헌법상 보호되는 표현형식의 하나임을 확인하고, 공인에 대한 패러디는 그에 포함된 명예훼손적 사실주장이 실제의 사실이라고 이해되지 않는 이상 명예훼손이 되지 아니한다고 하면서, 심지어 피해자인 성직자를 비판하기 위해 술 광고를 패러디하여 그의 첫 이성 경험이 그의 어머니와 근친상간한 것이라고 표현한 패러디를 허용되는 것으로 판시한 바 있다.

Hustler Magazine and Larry C. Flynt v. Falwell, 485 U.S. 46 (1988) [성직자 경멸 패러디]

이 사건에서 미국 연방대법원은 패러디가 헌법상 보호되는 표현형식의 하나임을 확인하고, 공인에 대한 패러디는 거기에 명예훼손적 허위 사실주장이 없는 한 명예훼손이 되지 아니하며, 그에 관해 표현행위자에게 현실적 악의가 없는 한 고의적인 정신적 가해의 책임도 성립하지 아니한다고 판시하였다.

사실관계를 보면, Campari라는 술 제조업체는 유명인들의 다양한 '첫 경험'에 대한 인터뷰 형식을 취하여 광고하면서 그 첫 경험이 Campari였다는 문구를 넣어 인기를 끈 적이 있었다. 성인용 잡지인 허슬러지(피고)는 이 광고를 패러디하여 "Jerry Falwell이 그의 첫 경험에 대하여 이야기한다"는 제목 아래, 그와의 인터뷰 내용을 게재하면서 그가 이성과의 첫 경험은 집 앞에서 술에 취해 어머니와 근친상간한 것이었다는 내용의 광고를 실었다. 그 광고의 하단에는 작은 글씨로 "광고 패러디 ─ 심각하게 생각하지 마세요"라는 문구가 게재되었다. Jerry Falwell은 도덕적 의무를 주창하는 성직자로서 당시 미국에서 존경받는 저명인이었다.

원고 폴웰은 허슬러지와 그 발행인 Flynt를 상대로 명예훼손, 프라이버시침해 및 고의적인 정신적 가해(intentional infliction of emotional distress)를 이유로 손해배상 청구 소송을 제기하였다. 항소심은 명예훼손과 프라이버시 침해는 인정하지 아니하고, 고의적인 정신적 가해 주장에 관하여는 10만불의 보상적 손해와 5만불의 징벌적 손해배상을 인용하였다. 그러나 연방대법원은 위 판결을 취소하면서 다음과 같이 판시하였다.

연방대법원은 미국 사회에서 정치적 만평(political cartoon)과 풍자만화(caricature)의 역사적 의미에 관하여 "정치적 만평은 공격무기이고, 냉소와 조소와 야유의 무기이다. 만평이 어떤 정치가의 등을 두드려 칭찬하고자 하는 때에는 거의 효과가 없다. 보통은 벌침과 같을 때에 환영받고, 항상 상당 부분 논란을 야기한다."455)는 말을 인용하면서, 미국 사회에서 그것은 흔히 불행한 신체적 약점이나 정치적으로 당혹스러운 사건을 활용함으로써 희화의 대상이 되는 사람의 감정을 해치고자 의도함에 의해 그 활력을 부여받았다고 설명하였다.

이 사건에서 허슬러지의 패러디 광고는 정치적 만평에 속하지는 않는다 하더라도 그와 유사한 것이며, 그 때문에 공적인 담론(public discourse)이 손상되거나 해를 받는 일은 없을 것이어서 이를 금지할 이유가 없는 것임을 강조하였다.

연방대법원은 나아가, 사실심에서 배심의 판단에 의하면 허슬러의 패러디 광고가 "합리적으로 보아 [폴웰에 관한] 실제 사실이나 [그가 행한] 실제 사건을 묘사했다고 이해되지 않는다"고 한 이상 명예훼손(libel)이 성립할 수 없고, 허위사실에 대한 현실적 악의가 없었기 때문에 공인임에 의심이 없는 폴웰에 대하여는 고의적인 정신적 가해(intentional infliction of emotional distress)의 책임도 지어질 수 없다고 판시하였다. "단순히 발언이 다른 사람을 당혹하게 하거나 어떤 행동에 이르도록 충동하였다는 이유만으로 [언론으로서] 보호받아야 하는 성질을 잃지는 않는다."456)는 것이었다.

이 사건 판결은 패러디 역시 사상의 표현이기 때문에 보호되어야 함을 확인하면서, 공인에 대한 패러디를 통제하면 '위축효과(chilling effect)' 때문에 공적인 담론이 활발하게 이루어질

---

455) Long, The Political Cartoon: Journalism's Strongest Weapon, The Quill 56, 57 (Nov. 1962) (Hustler, 418 U.S., at 54).
456) Id., 인용 부분은 NAACP v. Claiborne Hardware Co., 485 U.S. 886, 910 (1982).

수 없고, 적어도 패러디가 묘사한 사실이 있음직하지 않고 누구나 그러한 사실이 존재하지 아니함을 쉽게 알아볼 수 있는 때에는 그것이 사회의 공적인 담론에 악영향을 미치는 것도 아니므로, 이러한 영역의 패러디는 넓게 인정되어야 한다는 뜻을 담고 있다.[457] 그러나 이 사건의 결론을 보면 공적인 사안에 대하여 언론자유를 보호하려는 미국 연방대법원의 강력한 신념을 읽을 수 있지만, 그것은 미국의 사회적·문화적 배경 아래 연방대법원의 강경한 자유주의적 성향을 반영한 것이며, 이와 같은 사안에서 미국 이외의 어느 나라에서도 동일한 결론이 나올 수 있는가는 의문이다.

한국에서는 1990년대 말 컴퓨터와 인터넷이 널리 보급되고 디지털카메라를 내장한 휴대폰과 포토숍 기술이 대중화하면서 영상 패러디가 새로운 표현양식으로 대중화되고 있다. 패러디에는 기존 영화 포스터에 풍자 대상의 얼굴을 합성한 뒤 조롱이나 야유하는 문구를 곁들인 포스터 패러디, 노래의 원곡 멜로디에 가사만 바꿔 부르는 노래 패러디, 만화책에서 따온 장면들에 정치인 등의 얼굴을 오려붙이고 대사를 넣는 만화 패러디 등 여러 유형을 보이고 있다.[458] 어쨌든 이들 패러디가 타인의 명예를 훼손하는 것으로서 저작권법상 단순한 개작이나 모작이 아니라 새로운 사상을 표현하기 위한 독창성이 인정되지 못하는 것이라면, 실패한 패러디로서 법적인 책임이 추궁될 여지가 생긴다.[459]

다음, 패러디의 실체적 내용을 보면 2002년 대선 이후 인터넷 공간에는 수많은 시사패러디 내지 정치 패러디가 급속하게 늘고 있다. 이들 현상과 관련하여 패러디를 평가하는 경우 유의할 점을 알아 본다.

첫째, 허위사실을 함축 또는 암시하는 경우 명예훼손으로 처벌될 수 있음은 풍자나 의견표현에 의한 명예훼손의 경우와 다를 바 없다. 다만, 언론에 보도된 사실을 바탕으로 한 비판을 내용으로 하는 패러디이면 면책될 수 있을 것이다.

선거관계 패러디에서는 허위의 사실적시를 요건으로 하는 공직선거법 제250조 제2항에 해당하지 않는 경우에도 특정한 정파를 일방적으로 매도하는 패러디는 반대 당에 편드는 것으로 이해될 수 있기 때문에 당선 또는 낙선 목적이 쉽게 인정될 수 있어 신중해야 한다. 때로는 선거법에서 금지하고 있는 정보통신망을 이용한 선거운동(공직선거법 제82조의4), 탈법방법에 의한 문서·도화의 배부·게시의 금지(공직선거법 제93조) 등의 위반 혐의를 받을 수 있다.

---

457) 함석천, 전게 논문, 86면 참조.
458) [중앙일보] 임미진 기자 2004.06.15. 입력.
459) 미국 판례는 공정사용의 기준으로서 기초적인 문제는 풍자적인 특성이 합리적으로 인식되느냐 여부에 있을 뿐 패러디가 품위가 있느냐 여부와는 무관하다고 판시한다(Campbell v. Acuff−Rose Music, Inc. 510 U.S. 569 (1994)).

서울중앙지법 형사23부 2004. 7. 22. 판결 ['하얀쪽배']

시사패러디에 대해 처음 유죄 판결이 내려진 것은 공직선거법 위반 사건이었다.[460]

피고인은 2004년 4월 17대 총선을 앞둔 2월 20차례에 걸쳐 인터넷 사이트에 각종 정치패러디를 작성 게시하여 공직선거법 위반 혐의로 기소되었다. 피고인은 "차떼기", 친일진상규명법 등 대부분 한나라당을 공격하는 각종 정치패러디를 작성해 게시하면서 '너흰 아니야'라는 노래의 노랫말과 함께 민주노동당의 정강정책을 소개하고 민노당을 찍으라는 내용을 작성 게시하였다. 법원은 피고인이 17대 총선에 영향을 미칠 의도가 인정된다고 보아 공직선거법 제255조, 제93조 위반으로 벌금 150만원을 선고하였다.

대법원 2014. 6. 12. 선고 2013도15474 판결

대선을 앞두고 후보자들을 풍자하거나 지지하는 포스터를 붙인 혐의(공직선거법 위반)로 기소된 팝아티스트에 대해 무죄를 선고한 원심을 확정하면서, 대법원은 "문제가 된 포스터에 특정 후보를 지지하거나 반대하는 문구도 없고, 대선에 맞춰 제작된 것도 아니다"라며 "피고인이 지속적으로 해온 정치인을 대상으로 한 거리예술 창작의 일환일 뿐 선거법 위반으로는 볼 수 없다"고 판단한 원심을 지지하였다.[461]

둘째, 문제되는 것은 이미지 또는 영상 패러디에서 영상합성 기법을 구사하면서 특히 타인의 나체를 피비판자인 여성의 얼굴에 합성하여 제시하는 경우이다. 사람의 나체사진은 그 노출이 심각한 성적 수치심을 야기하는 것으로 그 자체가 가려져야 할 내밀한 영역이다. 더욱이 여성 나체의 동의 없는 노출은 피해자의 입장을 고려하는 현대 불법행위법 및 형벌법의 관점에서 보아 중대한 피해로 보게 된다. 그 때문에 여성의 얼굴에 타 여성의 나체를 합성하는 경우 설사 그것이 피해자의 신체를 제시하는 것이 아니라 할지라도 그것은 여성으로서 수치심을 심각하게 해치는 것이라고 보아야 한다. 그것이 피해자의 외적 명예를 해친다고 하기보다는 피해자의 성감정을 침해하여 위자료 지급을 의무화하는 인격적 법익을 침해하는 것으로 보아야 할 것이다.

KBS 2TV 〈시사투나잇 헤딩라인뉴스〉의 누드패러디

KBS 2TV는 2005. 3. <시사투나잇 헤딩라인뉴스>에 정치권의 수도 이전 논의에 관여한 국회의원들을 풍자 비판하기 위해 르네상스 시대의 명화 '낙원 상실'을 차용해 "아래와 가슴 부분만 가린 채 발가벗고 나란히 서 있는 모습의 누드그림에 두 국회의원의 얼굴을 합성해 방송"하였다.

위 방송에 대한 불만이 제기되자, 방송사는 다음주 사과방송을 내보내고 해당 코너를 폐지하였다. 방송위원회 보도교양심의위원회는 2005. 4. 7. 방송 심의에 관한 규정 제26조(품위 유지) 제1항에 위배된다고 보고 제작편성에 신중을 기해 방송의 품위를 유지하도록 시정을 권고하였다.

---

460) 패러디도 패는 째째한 나라? 최혜정 기자 idun@hani.co.kr 등록 2004−07−28.
461) 법률신문, 2014−06−12 신소영 기자 ssy@lawtimes.co.kr.

참고문헌

김경환, "의견에 의한 명예훼손(Ⅰ)", 언론관계소송(한국사법행정학회, 2007), 206면 이하.

김민중, "공적 존재·공적 관계의 명예훼손 책임: 대법원 2002. 1. 22. 선고 2000다37524 판결", 저스티스 통권 제75호(2003), 153면

김봉수, "공인에 대한 명예훼손법리의 함의와 그 한계: 미국의 '공인이론'에 대한 비판적 검토를 중심으로", 형사정책 제25권 3호(2013), 47−72면

김시철, 명예훼손·모욕·사실왜곡에 의한 인격권 침해의 성립요건 및 공통점과 차이점, 대법원판 례해설 79號(2009 상반기), 272면 이하

김시철, "언론·출판의 자유와 인격권의 대립과 조화에 대한 비교법적 검토: 미국의 언론·출판의 자유에 관한 우월적 지위이론, 현실적 악의 원칙 등에 관하여", 저스티스 통권 제147호 (2015), 53−116면

김재형, "공인보도와 인격권", 언론중재 통권 제133호(2014), 62−101면

김준호, "공인에 대한 명예훼손: 그 민형사상 면책 구조에 관한 판례이론의 분석", 동북아법연구 제9권 제2호(2015) 353면 이하

김진, "공적인 인물에 대한 명예훼손에 관한 고찰: 새로운 모색을 위한 제언", 형사법의 신동향 통권 제36호(2012), 279−317면

김철수, 헌법학 신론 제20 전정신판(박영사 2010)

박용상, 언론의 자유(박영사, 2013)

박용상, 영미 명예훼손법(한국학술정보 2019)

박철, 표현의 자유에 의한 명예훼손의 제한과 관용, 언론과 법(한국언론법학회, 2003) 제2호 369 면 이하

신평, "판례에 나타난 현실적 악의론의 한국적 수용", 세계헌법연구 제10권(2004), 145−170면

윤재윤·함석천, 언론분쟁과 법(청림출판, 2005)

이광범, "불법행위로서의 명예훼손과 그 구제방법 − 대법원 판례의 성과와 과제를 중심으로 − ", 재판자료(77), 130−131면

이부하, "공인의 인격권과 표현의 자유", 서울법학 제20권 제1호(2012), 43−77면

이석민, "풍자에 대한 헌법적 보호 − 독일 연방헌법재판소 결정례를 중심으로 − ", 경북대학교 법학연구원 법학논고 제65집(2019. 4) 1−31면.

전원열, "名譽毀損 不法行爲에 있어서 違法性 要件의 再構成", 서울대학교 대학원 박사학위논문 (2001), 240−241, 239면,

이승선, "명예훼손 사건에서 공직자의 이중적 지위, 법원은 어떻게 보고 있나", 언론중재 2016년 여름호, 18면 이하

한기택, 광의의 의견 또는 논평에 의한 명예훼손(1999. 2. 9. 선고 98다31356판결: 공1999상, 458), 대법원 판례해설 32호(99년 상반기) 293면 이하.

한위수, "명예훼손에 특유한 위법성조각사유에 대한 고찰", 사법 제1권 1호(2007), 37−81면

권태상, "공직자에 대한 명예훼손", 법학논집(이화여대 법학연구소, 2014), 제19권 1호, 51−81면

한위수, "명예의 훼손과 민사상의 제문제", 사법논집 24권, 410−411면

한위수, "수사적 과장(修辭的誇張)과 명예훼손 책임: '종북(從北)'이란 표현이 명예훼손에 해당하
는가? – 대법원 2019. 4. 3. 선고 2016다278166 판결", 언론중재 2019년 여름호, 76면
함석천, "패러디, 지적재산권과 표현의 자유", 저스티스(2006. 6) 통권 제91호, 63면

Restatement (Second) of Torts
David A. Elder, Defamation: A Lawyer's Guide, Clark Boardman Callaghan, Deerfield, Il.
(1993)
Vincent R. Johnson, Comparative Defamation Law: England and the United States, 24 U. Miami
Int'l & Comp. L. Rev. 1 (38 n. 81), http://repository.law.miami.edu/umiclr/vol24/iss1/3
J. Miesen, The Fact–Opinion Dilemma in First Amendment Defamation Law, 13 William
Mitchell Law Review (1987), 545. https://open.mitchellhamline.edu/cgi/viewcontent.
cgi?article=2496&context=wmlr
Robert D. Sack and Sandra S. Baron, Libel, Slander, and Related Problems, 2nd Ed. Practising
Law Institute (1994)
Shestack & Solano, Ollman Signals the Demise of the Opinion Defense, Legal Times, Dec. 19,
1983, at 29
Rodney A. Smolla, Law of Defamation, Entertainment & Communications Law Library, Clark
Boardman Callaghan (1994)

Renate Damm und Wolfdieter Kuner, Widerruf, Unterlassung und Schadensersatz in Presse und
Rundfunk, Verlag C.H.Beck, München(1991)
Damm/Rehbock, Widerruf, Unterlassung und Schadensersatz in Presse und Rundfunk, 3. Aufl.
Sebastian Gärtner, Was die Satire darf. Eine Gesamtbetrachtung zu den rechtlichen Grenzen
einer Kunstform, Dunker & Humblot (2009)
Georgios Gounalakis, Freiräume und Grenzen politisher Karikatur und Satire, Neue Juristische
Wochenschrift(13, 1995), S. 811.
Hänzschel, ReichspreßG 1927
Nadine Klass, Satire im Spannungsfeld von Kunstfreiheitsgarantie und Persönlichkeitsre–
chtsschutz, Zur rechtlichen Beurteilung der "Böhmermann–Performance" im Lichte
Verfassungsrechtlicher Vorgaben, Archiv für Presserecht 06–2016, S. 480
Friedrich Kübler, Ehrenschutz, Selbstbestimmung und Demokratie, NJW 99, 1281
Roman Rusch, Warum Satire eben doch fast alles darf, Der Fall Böhmermann und seine straf–
und rundfunkrechtliche Bewertung, Archiv für Presserecht 03–2016, S. 204
Ulrich Scheuner, Pressefreiheit, in: VVDStRL H. 22
Seitz/Schmidt/Schöner, Der Gegendarstellungsanspruch in Presse, Film, Funk und Fernsehen,
München 1998
Erich Steffen, in: Festschrift f. Simon, 1987 S. 359ff.
Karl Egbert Wenzel, Das Recht der Wort– und Bildberichterstattung, 4. Auflage, Verlag Dr.
Otto Schmitt KG, 1994

제 6 절

미디어 보도와 명예훼손

I. 서론

1. 미디어 보도의 법적 이해

현대의 정보 시대에 언론의 자유의 주된 주체는 미디어이고, 시민의 알 권리는 미디어에 크게 의존하고 있다. 언론매체는 공적인 사항을 보도함으로써 국민의 알 권리를 충족시키며, 전반적인 정치적 문제에 관하여 논평하고 의견을 제시함으로써 여론형성을 주도한다. 이렇게 민주주의 국가에서 언론 미디어가 행하는 중요한 역할 때문에 개인의 일반적 표현의 자유보다 강화된 보도의 자유가 특별히 보호된다.

명예훼손법에서 미디어의 보도가 갖는 특징은 다음과 같은 3가지 측면에서 설명된다. 첫째, 개인의 명예훼손적 표현행위가 일정한 조건과 범위에서 허용되는 경우에도 같은 사실에 관한 언론보도가 언제나 정당화되는 것은 아니다. 타인의 명예를 훼손할 수 있는 개인의 표현행위는 이를 알 정당한 이익이 있는 범위의 사람들에게 행해진 경우 사회적 상당성을 가져 위법성이 없지만, 언론미디어의 보도는 널리 일반 공중을 대상으로 알 권리를 충족시키는 것이어야 하므로 공익에 관계되는 공적인 사항이어야 한다는 점이 전제된다.

둘째, 언론보도는 이를 수용하는 국민의 입장에서 보면 주권자로서 자유로운 판단을 형성하기 위하여 필요한 정보를 알 권리로 충족시키고, 언론은 이러한 국민의 알 권리의 대행자로 등장하게 된다. 이런 관점에서 보면 미디어가 보도의 자유를 행사하는 과정에서 타인의 권리를 침해하는 경우 그 이익형량에는 국민의 알 권리가 중심적 이익으로 나타난다. 미디어 보도의 명예훼손에서 이익형량 시 언론측이 옹호하는 이익은 공익, 구체적으로 말하여 공공의 알 권리이다. 따라서 언론보도의 위법성 판단에는 국민의 알 권리가 중요한 개념으로 전면에 등장하고 이에 관한 상세한 검토가 요구된다.

셋째, 언론의 자유의 기본권을 높이 평가할수록 언론은 진지하게 보도하여야 할 의무를 부담한다. 언론이 공공에 정보를 제공하여 그의 권리를 행사하는 경우 그는 진실에 적합하게 보도할 의무를 부담한다. 이 진실의무의 이행은 올바른 여론형성을 위해서뿐 아니라 피해자의 명예보호를 위해서도 의미를 갖는다.[1]

대법원 2002. 5. 10. 선고 2000다50213 판결

"보도 내용이 수사가 진행중인 피의사실에 관한 것일 경우, 일반 독자들로서는 보도된 피의사실의 진실 여부를 확인할 수 있는 별다른 방도가 없을 뿐만 아니라 언론기관이 가지는 권위와 그에 대한 신뢰에 기하여 보도 내용을 그대로 진실로 받아들이는 경향이 있고, 신문보도가 가지는 광범위하고도 신속한 전파력으로 인하여 사후 정정보도나 반박보도 등의 조치에 의한 피해구제만으로는 사실상 충분한 명예회복을 기대할 수 없는 것이 보통이므로, 보도 내용의 진실 여하를 불문하고 그러한 보도 자체만으로도 피의자나 피해자 또는 그 주변 인물들이 입게 되는 피해의 심각성을 고려할 때, 이러한 피의사실을 보도함에 있어 언론기관으로서는 보도에 앞서 피의사실의 진실성을 뒷받침할 적절하고도 충분한 취재를 하여야 할 주의의무를 진다 할 것"다.

2. 미디어 보도와 명예훼손

(1) 비교법적 고찰

영미법에서 미디어의 보도에는 명예훼손과 관련하여 특별한 취급을 받는다. 영국의 보통법은 미디어의 보도에서도 명예훼손에 대한 개인의 상대적 특권을 확대하였고,[2] 그 밖에 전통적으로 미디어 보도에서 공정보도의 특권 및 중립보도의 면책특권을 인정하여 왔다. 언론은 직접 경험한 사실보다는 대부분 제3자의 진술을 취재·보도하게 되는데, 이 경우 진실의무 위반에 쉽게 명예훼손 책임을 지운다면 보도의 자유는 위축되고 그만큼 알 권리는 저해되기 때문에 이를 방지하기 위한 것이다.

그에 비해 미국 판례는 미디어의 명예훼손에서 영국적 전통을 떠나 독자적인 입장을 취하고 있다. 전술한 바와 같이 미국 판례는 1964년 뉴욕타임스 판결 이래 미디어 보도의 중요성을 강조하면서 공인 또는 공적 사안의 보도에 관해 명예훼손 소송이

---

1) BVerfG 1961. 1. 25. − 1 BvR 9/57 − Schmidt/Spiegel.
2) 최근 영국 판례는 공익을 위한 보도가 오보인 경우에도 책임있는 저널리즘 기준에 의해 상당한 주의를 이행한 경우에는 명예훼손 책임을 면책시키는 이른바 레이놀즈의 항변을 인정하고 있다.

제기된 경우 허위 사실적시의 입증책임을 원고에게 전환하는 이른바 '현실적 악의 규칙'을 적용하고 있다. 그에 따라 미국에서 공적 사안에 관한 한 진실한 사실 적시나, 의견의 표현은 명예훼손 책임에서 해방되어 있다. 그만큼 미국에서 명예훼손 소송은 미디어에 유리하게 취급되는 한편, 명예 등 인격권 보호는 미흡하다는 평가를 받게 된다.

독일의 경우 공공의 관심사를 보도함을 업무로 하는 뉴스 미디어의 경우 공공의 알 권리에 부응하기 위하여 뉴스 가치가 있는, 공적 관심사와 관련되는 문제를 보도하는 것이 언론의 공적 과업(öffentliche Aufgabe)이라고 이해한다. 독일에서 명예훼손의 일반적 위법성 조각사유인 형법 제193조(정당한 이익의 옹호)는 개인과 마찬가지로 미디어에도 적용되며, 미디어가 공적 사항을 보도하는 경우에는 정당한 이익을 옹호하는 것으로 간주되고 있다.

(2) 한국 법제

우리의 경우 미디어 보도에 있어서도 명예훼손의 구성요건과 위법성에 관한 일반적 요건은 앞서 논의해 온 바와 다름이 없다. 그러나 미디어의 보도는 헌법상 이행하는 그 기능과 그 영향력 때문에 특별한 취급을 받게 된다.

첫째, 대법원은 미디어 보도에 있어서도 개인의 명예(인격권)의 보호와 표현의 자유 및 공공의 이익 사이에 이익교량의 원리를 기본으로 하고 있으며,[3] 공익 사항에 관한 언론보도에서는 공공의 알 권리가 피해자의 명예보다 우월하다는 원칙적 입장을 확립하고 있다. 위법성을 판단함에 형량기준을 언급하는 대법원 판례는 대부분이 미디어 보도에 관련된 것이고, 그만큼 이에 관한 형량 사례는 풍부하고 그 기준은 상세하다.

둘째, 한정된 인적 범위에서 행해지는 개인의 명예훼손행위[4]와 달리 공중을 상대로 하는 미디어는 그 광대한 공시효과에 비추어 공익 요건 및 주의의무가 가중된다. 개인의 명예훼손에 비해 미디어 보도는 공익사항에 관한 것을 우선적 요건으로 하며, 그 영향의 광대성에 비추어 주의의무[5]가 가중되는 한편, 보도의 내용 형성에 관한 편

---

3) 대법원 1993. 6. 22. 선고 92도3160 판결 등 참조. 그 이익교량은 일반적으로 우월한 가치가 다른 쪽보다 중하기만 하면 되는 것이지 현저히 중하여야만 하는 것은 아니고, 적어도 공공의 이익이 사적 이익보다 우월한 경우에만 이에 해당한다고 한다(대법원 1996. 6. 28. 선고 96도977 판결 [입후보자 전과사실]).

4) 개인의 명예훼손적 표현행위가 일정한 범위의 수령인을 대상으로 행해지는 경우에는 위법성이 조각될 수 있다 하더라도 필요 이상으로 그 범위를 넘어선 대중에게까지 이를 공개하는 경우에는 그 정도를 넘은 것으로서 위법성이 인정될 수 있다(대법원 2004. 10. 15. 선고 2004도3912 판결 [단체협약 강요 시위] 참조).

5) 신문, 방송에 의한 보도는 영향이 크고 광범위하므로 그만큼 요구되는 사실적 근거도 확실해야 한다.

집적 재량이 널리 허용되고, 그 표현이나 비판에 있어서 일정한 정도의 과장이나 강력하고 신랄한 도발적 표현도 보호된다.

셋째, 우리 법제는 언론 보도에 진실의 항변과 상당성항변을 허용할 뿐, 미디어의 전문보도(傳聞報道) 및 인용보도를 보호하는 충분한 방안이 마련되어 있지 않다. 이와 관련하여 영미 판례 상 전통적으로 미디어에 인정되는 공정보도의 특권이나 중립보도의 특권의 법리에 주목할 필요가 있고, 그 제도의 장점을 수용하여 우리에게 맞는 법리를 개발·적용할 필요가 있다. 그러한 시도는 언론이 공익 사항에 관한 보도를 강화하는데 중요한 역할을 하게 될 것이다.

넷째, 미디어의 보도가 명예훼손과 관련하여 논란되는 가장 중요한 분야는 사건 및 범죄에 관한 보도이다. 우리 판례는 범죄 보도에 있어서 익명보도의 원칙을 천명하고 있다.

다섯째, 한국의 법제는 언론보도로 인한 피해 구제에 특수한 절차를 마련하고 있다. 현행 언론중재 및 피해구제에 관한 법률은 1980년 이래 언론의 사실보도에 대해 피해자의 구제수단으로서 일반적 불법행위에 기한 청구권 이외에 반론보도청구권이나 정정보도청구권을 인정하며, 그에 관한 분쟁을 해결하는 기관으로서 언론중재위원회와 신속 간편한 구제절차를 마련하고 있다. 그에 의해 도입된 신속 간편한 대체적 분쟁해결 제도(언론 중재 및 조정절차)는 성과적으로 운영되고 있으며 국제적으로도 평가받고 있다.

3. 공공의 알 권리 – 정보의 이익

(1) 규범적 개념

미디어 보도의 위법성 판단에서 보도의 이익과 개인 이익의 중요성을 저울질할 때 언론 미디어의 이익으로 나타나는 것은 공공의 정보의 이익, 즉 알 권리이다. 알 권리는 헌법상 명문으로 규정되어 있지 않지만 인간의 존엄과 국민주권주의를 근거로 헌법의 여러 조문과 체계적 평가에 의해 헌법상 지위를 갖는 구체적인 국민의 기본권으로 보호된다는 것이 우리의 판례6) 및 다수 학설의 입장이다.

언론매체의 정보의 이익은 자유민주주의 체제 아래서 국민주권주의적 요구를 충족시킬 수 있는 정치적 이익뿐 아니라 경제, 사회, 문화 등 사회생활의 모든 측면에서 국민 개개인의 인격을 발전시키고 인간적 삶을 영위하기 위해, 그리고 환경에 대한 경

---

6) 헌법재판소 1989. 9. 4. 선고 88헌마22 결정, 헌법재판소 1991. 5. 13. 선고 90헌마133 결정 등.

계와 대응을 위해 필요한 모든 사항에 미친다. 미디어가 독자적인 저널리즘 기준에 따라 공적 이익에 가치가 있는 여부를 판단하는 것 역시 언론의 자유에 속한다.[7] 언론학에서 논의되는 뉴스 가치 있는 사항에 대하여는 일반적으로 정보의 이익이 인정된다. 다만, 공공이 원하는 바와 필요로 하는 바는 구별되어야 하고, 언론 매체 간의 경쟁을 위한 이익이 정보의 이익으로 모두 인정될 수는 없다.

이러한 관점에서 법적으로 인정되는 알 권리는 규범적 성격을 갖는다. 즉 정보의 이익(알 권리)은 무제한한 것이 아니며 '정당한' 공익을 옹호하는 것이어야 한다. 독일 판례에 의하면 언론은 공공의 진지한 관심(ernsthaftes Interesse der Öffentlichkeit)이 있는 사항에 관해 보도하는 경우 정당한 이익을 옹호하는 것으로서 승인받게 된다.[8]

따라서, 첫째 호기심과 선정적 욕구는 알 권리로서 보호할 공적 이익을 갖지 않으며, 대중의 단순한 오락적 필요는 공적 이익에 해당될 수 없다고 보는 것이 일반적인 입장이다.[9] 독일 판례에 의하면, 추문에 관한 또는 선정성이 문제되는 보도와 논평은 언론이 헌법상 특별한 보호를 향유하게 될 공적 과업의 영역 밖에 있다고 한다.[10] 다만, 최근에 이르러서는 그러한 동기도 정보 가치를 촉진한다는 점에서 정보의 이익을 넓게 인정하려는 것이 새로운 경향이다.[11] 오락적 필요와 정보적 필요는 상호 중첩되고 상호 간의 경계가 모호하며, 많은 뉴스는 오락적 이유에서 보도되고 읽혀지는 것이기 때문에 오락적인 이유가 개재되었다고 하여 언제나 공적 이익이 부인될 수는 없다. 이렇게 보면 정당한 정보의 이익은 언론학에서 논의되는 뉴스가치 있는 사항에 대하여 거의 인정될 수 있으나, 그보다는 규범적 성격을 갖는다는 것을 알 수 있다. 공공이 원하는 바와 필요로 하는 바는 구별되어야 하고, 언론매체 간의 경쟁을 위한 이익이 정보의 이익으로 모두 인정될 수는 없기 때문이다. 피해자에게 중대한 손상을 주는 사항에 대하여는 선정적 이익만으로 정보의 이익을 인정할 수는 없다.

둘째, 개인의 사적인 영역 또는 내밀영역의 과정은 여론형성에 기여할 수 없고, 그것은 정보의 이익이 아니라 단순한 선정적 이익의 필요성에 불과한 것이다.[12] 공인이라 하더라도 그에게 중대한 손상을 주는 사항에 대하여는 선정적 이익만으로 정보

---

7) BGHZ 190, 52, 57; 180, 114, 118 120 등.
8) BVerfG NJW 69, 227; BGH GRUR 66, 633; 69, 555 — Cellulitis.
9) Herwigh Engau, Straftäter und Tatverdächtige als Personen der Zeitgeschichte: Ein Beitrag zur Problematik identifizierender Mendiendarstellungen 1993, S. 97ff. 독일의 판례와 학설 역시 같은 입장이다.
10) BGH 1963. 1. 15. — 1 StR 478/62 "Call-Girl-Affäre".
11) Karl Egbert Wenzel, Das Recht der Wort— und Bildberichterstattung, 4. Auflage, Verlag Dr. Otto Schmitt KG, 1994, S. 253.
12) Wenzel, aaO., S. 295.

의 이익을 인정할 수는 없다. 공인의 사생활이 공적인 사항이 되려면, 공적 대상으로
승인할 특별한 사항이 추가되어야 한다.

(2) 실질성 요건

알 권리(정보의 이익)는 그 실질적 요건으로서 여론형성에 관련되는 공공의 진지한
관심 사항에 관하여, 특히 국가 정책 사항은 물론 공동 사회생활의 논란 대상인 사항
에 관하여 인정된다. 무엇이 공적 이익을 갖는 사안인지 여부는 의견형성과정에서 밝
혀질 수 있으며,[13] 실질적 이익이 있는지 여부는 독자들이 보도 내용에서 이끌어 낼
수 있는 결론에 의해 판단된다. 예컨대, 부정 사건에 연루된 정치가에 대하여는 차기
선거의 투표시 참작되어야 하므로 그 성명을 알 공공의 이익이 인정되며, 중대한 하자
가 있는 상품은 그 구매 여부의 결정에 도움이 되므로 그에 대한 제시의 이익이 인정
된다.[14]

미국 판례법상 '공적인 논쟁'(public controversy)의 법리는 정당한 정보의 이익이 있
는 사항을 실증적으로 제시한다. 공적인 논쟁이란 그 결말이 공중 일반이나 그 일부에
영향을 미치는 실질적인 다툼으로서 그에 관한 의견의 실질적 대립이 예상되기 때문
에 '정당한 공적 관심'(legitimate public concern)을 환기하는 사항을 말한다.[15] 이러한 논
쟁은 사전에 이미 존재하고 있어야 하며, 따라서 당해 보도로 인하여 야기된 것
(bootstrapping)으로는 족하지 않다. 따라서 특정인에 관해서 이미 언론보도가 이루어졌
다는 단순한 사실만으로 바로 정보의 이익이 인정되는 것은 아니다. 언론보도가 행하
여졌다는 사실 자체로써 공적 이익을 인정하는 것은 물음으로써 답하려는 순환론이
되어 찬성할 수 없기 때문이다. 미국에서도 언론이 보도함으로써 바로 공적 이익이 생
긴다는 논리는 지지받지 못하고 있다.[16]

정보의 이익은 일반 공공에 대한 중요성의 정도에 따라 그 강도가 달리 평가된다.
특히, 공적 사항에 관한 토론이 필요한 사항, 예컨대 정책 결정을 둘러싼 정치적 공방
이나 선거전에서 상대 후보에 대한 폭로에는 더욱 강한 공개의 이익이 인정된다.

---

13) BVerfGE 120, 180, 204; BGH NJW 2008, 3141, 3142 Rn. 30; 2012, 762, 763 Rn. 9.
14) Wenzel, aaO., S. 252f.
15) David Elder, Defamation: A Lawyer's Guide, § 5:9, pp. 62ff. 미국 판례가 제시하는 공적인 논쟁의 예
　　로는 정치과정의 중요 사항, 즉 국민 자치에 관련되는 사항으로 일반적으로 사회의 논제를 설정하는
　　것을 비롯하여 그 밖에 논란되는 정치, 사회, 경제, 문화의 관심이 있는 광범하고 다양한 사항 또는
　　공동체의 도덕과 윤리에 관한 논란 사항 등이 있다. 이러한 논쟁은 사전에 이미 존재해야 하며, 따라
　　서 당해 보도로 인하여 야기된 것(bootstrapping)으로 족하지 않다.
16) Elder, Id., § 5:9, p. 59.

(3) 정보의 이익의 한계

가. 시적 한계(시사성)

공공의 정보의 이익(알 권리)은 무한정 인정되는 것이 아니다. 일반적으로 말하여 정보의 이익은 공공이 그 사건이나 사항에 대하여 알 필요가 있는 시간적 한계 내에서만 인정됨이 원칙이다.[17] 그 결정에는 경과된 시간의 장단, 피해자의 지위(공인인가 사인인가) 및 사안의 성질(공적 사안인가 사적 사안인가, 아니면 범죄행위인가), 보도의 계기나 동기, 또 보도의 대상이 되는 피해자가 논란을 야기한 문제 그 자체뿐 아니라 그 보도 내용의 현실성(Aktualität) 등 여러 요인을 종합적으로 고려해야 할 것이다.

첫째, 시간의 경과가 미치는 영향을 먼저 생각할 필요가 있다.[18] 얼마나 오랜 시간이 경과해야 과거의 사건·사항의 보도에 공익이 부정되는가? 이에 관해 과거의 미국 판례는 한번 생긴 공적 이익은 소멸될 수 없다는 입장에서 11세 당시 신동으로서 대서특필된 자가 20년 후 세인의 기대에 못 미치는 생활을 하고 있는 모습을 보도한 것이 그에게 충격을 주어 사망에 이르게 한 경우에도 공적인 이익을 인정하여 불법행위 책임을 부인한 바 있었다.[19]

그러나 독일 판례는 사건 또는 범죄 보도에 있어서는 시간의 경과로 공공의 정보의 이익(알 권리)은 점차 감소하고, 그에 반비례하여 보도 대상자의 홀로 있을 수 있는 권리 및 사회 복귀의 이익(이른바 잊힐 권리)은 증가한다는 이익형량의 법리를 적용한다.[20] 다만, 시간의 경과로 현실성이 소멸한다고 할지라도 새로운 계기 때문에 다시 보도할 동기가 생기면 이를 재차 보도할 수 있다.[21] 예컨대, 공직선거에 입후보하여 선거운동에 나서거나 고위 공직 후보자로 청문회에 등장하는 경우에는 그의 오래 전을 소급하는 사건이나 비행에 대해 새로이 파헤치는 동기를 부여할 수 있다. 그렇지 않으면 정치인 등 공적 인물에 관하여 수십년 전 이들의 성장기 또는 과거 생애를 특

---

17) "원칙적으로 허용되는 시사적 보도와 부적법한 추후의 설명·취급 간의 시적 한계는 모든 경우 달과 해로 확정된 기간에 따라 일반적으로 고정되지 않는다. 결정적 기준은 계쟁 보도가 현실적인 정보에 비해 범죄자에게 현저히 새롭거나 추가적 피해를 야기하는가 여부에 있다"(vgl. BVerfGE 35, 202 ＜234＞). 그러나 독일 판례 중에는 형사사건 종결 후 6개월이 경과하면 통상적으로 그 사건의 시사적 의미는 소멸한다는 판결이 있다(BGH NJW 65, 2148, NJW 73, 217 – Lampe).

18) "언론의 자유와 인격권 보호 간의 형량에서는 시간적 사정이 언제나 중요하였다. 판례는 범죄에 관한 시사적 보도에서는 통상 정보의 이익에 우위를 주었고, 유죄판결이 확정된 범인에 관하여는 언제나 실명보도가 원칙적으로 허용되는 것으로 본 한편, 동시에 실명보도에 관한 정당한 이익은 행위시부터 시간이 경과함에 따라 줄어든다는 점을 명백히 하고 있다."(BVerfG 2019. 11. 6. – 1 BvR 16/13, Rn. 122 f. Recht auf Vergessen Ⅰ).

19) Sidis v. F–R Publishing Corporation (1938) [과거 신동 근황 보도].

20) BVerGE 35, 202 (1973) – Lebach.

21) 현실화의 관점에서 BVerfG 2019. 11. 6. – 1 BvR 16/13, Rn. 122 f.

징 지을 과오, 견해나 발언 등을 보도할 수 없게 될 것이고, 공인의 인물평이나 전기 등을 다루는 저널리즘의 한 장르 전체가 금지되거나, 그것이 피해자에 의해 일방적으로 조작된 자기 표현의 장소로 변화될 것이다.[22] 때로는 피해자의 최근 언행이 그의 과거 행적을 들춰내는 추궁을 정당화할 수도 있다.

둘째, 보도 대상이 공인인가 사인인가에 따라 그에 대한 공공의 알 권리는 달라질 수 있다. 시사성을 뉴스의 주된 요소로 보는 이론에 의하면 시사적 인물의 개념은 단지 공공의 정당한 알 권리가 존속하는 한에 있어서만 존재할 수 있기 때문에 필연적으로 시간적 한계를 갖는다. 그 기간이 그 인생의 일정한 기간 동안만 한정되는 잠정적인 시사성에 불과한가, 사망과 동시에 종료되는가, 아니면 그의 사망 후에도 지속되는가는 경우에 따라 달라질 수 있다. 노이만 뒤스베르크에 의하면 절대적 시사적 인물은 그의 사후에도 정당한 공개의 이익이 지속되며, 상대적 시사적 인물은 그가 관계된 사건이나 사고와 관련성이 지속되는 동안에만 그러한 이익이 인정된다. 반년 전에 한 형사소송에서 중요한 증인이었던 부인의 사진이 다른 연관에서 사용된 경우 시사적인 의미가 부인된 바 있다.[23]

셋째, 시사성이 소멸하는 시점에 관하여는 제반 사정을 종합하여 평가하여야 할 것이지만, 공공의 인식을 기준으로 하여 공중의 기억에서 사라지는 시점으로 보는 것이 일반적 이해이다. 예컨대, 한 사고로 인하여 시사적 인물이 된 자는 그 사고가 잊혀지면 시사적 인물의 성격을 잃는다.

넷째, 보도된 사안이 피해자의 사적영역인가 아니면 공적 영역인가는 중요한 문제이다. 공공의 토론에 도움이 될 수 있는 공적 영역의 행위나 사건이면 사적 영역의 일보다 더 장기간 그에 대한 알 권리가 존속한다고 보아야 할 것이다.

BVerfGE 2020. 6. 23. 결정 - 1 BvR 1240/14, Rn. 1 - 34 [부정시험 전력]

이 사건에서는 유명인사의 과거 비행을 다시 들춰 재보도한 것이 문제되었다.

피고 신문은 유명 기업인(원고, 피해자)에 관하여 그가 경영하는 회사의 최근 유동성 악화와 여러 법적 분쟁에 관한 내용을 보도하면서, 원고는 30년 전 사법직 국가고시에서 시험부정으로 배제되었으며, 최근에는 의료보험 감정인 매수 혐의로 1년형의 집행유예 판결을 받았고, 위증과 협박의 교사 미수 혐의로 상고심 결정을 앞두고 있다고 보도하였다.

원고는 그 보도내용 중 30년 전 국가고시에서 시험부정으로 배제된 사실의 보도를 금지해 달라는 소송을 제기하였는데, 지방법원과 항소법원은 원고의 청구를 받아들였고, 연방대법원 역시 상고를 기각하였다.

---

22) vgl. BVerfG 2019. 11. 6. - 1 BvR 16/13, Rn. 107.
23) BGH NJW 65, 2148 ("Spielgefährtin").

그러나 연방헌법재판소는 "일반적 인격권은 자신의 자아상과 그의 의도된 작용에 부합하도록 공공에 보도하여 달라는 권리를 만들어 내는 것이 아니"고, "법적으로 피해자는 그의 사회적 연관성을 갖는 과거의 행위 전체 및 거기에 표현된 그의 인격에서, 긍정적인 외적 영향을 주는 국면만 선별해 내되 그 외의 모든 것을 공공의 시야로부터 일방적으로 박탈할 수 없다."고 전제하였다.[24] 헌재는 주법원의 판결을 취소하면서 공인의 오래전 비행을 현재 보도하는 경우 언론의 이익과 피해자의 잊힐 권리에 관한 비교 형량 기준을 다음과 같이 판시하였다.

헌법재판소는 먼저 (사적 관계와 성생활에 관한 상세한 내용이 아니라) 사회생활과 직업생활에 관한 정보가 진실이라면 오래 전의 일이라도 이를 보도할 수 있다고 강조하였다. 기본법상 잊힐 권리가 인정된다 하더라도, 오래 전의 사건이고 장기간이 경과했다고 하여 도식적으로 당사자가 꺼리는 내용을 언론기관이 보도할 수 없는 것은 아니며, 새로운 계기가 있는 경우 또는 피해자가 공공성을 추구해 온 점을 들어 그에 대한 보도를 금지한 것은 언론의 자유를 침해한 것이라고 결론지었다.

다섯째, 그 밖에 장기간이 경과하였다 하더라도 그 사이에 피해자의 태도는 그에 대한 재차 보도의 허부에 영향을 미친다. 적극적으로 공공에 등장하여 거기서 지속적으로 존재 활동하여 온 인물은 그의 과거 행동에 관해 공개적으로 언급하지 말라고 요구할 수 없다. 이들은 이 점에서 과거의 행위가 잊혀지기를 원하는("Vergessen − werdenwollen") 사인과는 다르다. 이 경우 정보의 대상과 출처도 고려되며, 보도된 사정이 사적 영역인가, 아니면 사회적 연관을 갖는 행위인가 하는 점이 중요하다.

공익의 시간관련성은 인터넷의 등장과 디지털 저장 및 검색 방식에 의한 열람 제공으로 특별한 의미를 갖게 된다. 현대의 디지털 정보 처리와 커뮤니케이션 기술의 발전은 새로운 정보의 저장 및 검색 방법을 발전시켜 정보의 가용성과 접근가능성을 현저하게 확장하였다. 망각을 모르는 기억장치를 기반으로 하는 컴퓨터와 인터넷에 시사보도가 기록되고 공공과 개별 이용자가 이를 검색에 의해 쉽게 알 수 있게 되는 경우 미디어의 표현·언론의 자유 및 공공의 알 권리와 피해자의 일반적 인격권은 더욱 첨예한 충돌을 야기하게 되고, 잊힐 권리의 논의를 적극화하게 하였다.

나. 인적 범위

정보의 이익을 갖는 인적 범위의 광협에 따라 전파의 허용성 여부도 달리 판단된다. 예컨대, 공공 일반에게 중요한 경우에는 전국적인 보도가 허용되나, 일정 지역 또는 특정 집단의 이해에만 관계되는 경우에는 그 범위 내에서만 공개나 보도가 허용됨이 원칙이다. 사적 이익의 옹호를 위해 대중 매체를 이용하는 행위는 정당화될 수 없는 경우가 있다(전술).

---

24) BVerGE 2020. 6. 23. − 1 BvR 1240/14, Rn. 1−34 [부정시험 전력].

다. 사항적 한계

언론의 정보 이익은 원칙적으로 공적인 사항에 한정되므로 특정인의 사적 사항, 예컨대 사사적 영역, 비밀영역, 내밀영역에 속하는 사항은 보도할 수 없음이 원칙이다. 이들 보도 대상자의 개인적 사항에 대하여 공공이 가질 관심이란 있을 수 없고, 만약 공공이 알려고 한다면 그것은 단순한 선정적 이익에 불과한 것이다. 특히, 공인이 아닌 사인의 경우에는 이러한 원칙이 엄격히 지켜져야 한다. 공인인 경우에는 그 공적인 지위나 역할과 관련을 갖는 사적 사항은 공공이 알 권리를 갖는다.

라. 익명보도의 원칙

이와 관련하여 중요한 것은 범죄 보도에서 사건과 범인을 구별하는 관점이다. 대법원은 사건보도에서 익명 보도(匿名報道)의 원칙을 취하는데, 그에 따르면 사건 자체, 즉 논쟁 사항과 그에 관계된 개인의 신원을 구별하여 사건은 보도하되 관계된 자의 신원은 밝히지 않도록 하여 조화를 도모하려고 한다. 예를 들면, 일상적인 교통사고에서 과실 있는 운전자의 신원이나 결혼 사기 사건에서 피해자 신원은 해당 사건의 설명에 반드시 필요한 것이 아니다. 그러나 교통 단속 책임이 있는 경찰관이 교통 법규를 위반한 경우 또는 공적 인물의 경우에는 예외적으로 실명 보도(實名報道)가 허용된다.

II. 언론의 공익보도 항변

1. 개관 - 전파자 책임과 언론보도

미디어의 보도는 일반 공중을 상대로 정보를 제공하여 여론 형성에 불가결한 기능을 행한다. 그러나 언론 미디어의 보도는 기자 등 미디어 종사원 자신이 체험한 것을 직접 표현하는 경우보다는 타인의 주장이나 진술을 취재·전달하는 경우가 더 일반적이다. 이러한 경우 타인의 주장 자체를 정확히 보도했음에도 그 주장 내용이 진실이거나 진실하다고 믿음에 상당한 이유가 있음을 입증하지 못하면 언론도 전파자로서의 책임을 벗어나지 못하게 된다(영국 보통법상 반복규칙, repetition rule 또는 미국 판례상 재공표책임 규칙, republication rule).[25] 제3의 취재원에 의존하지 않을 수 없는 언론 미디어에 이러한 부담을 준다면, 공적 사안에 관한 언론보도는 위축될 수밖에 없고, 국민의 알 권

---

25) 우리 판례 역시 전문보도(傳聞報道)의 경우 진실 입증은 원진술자가 행한 진술의 존재 자체가 아니라 그 진술 내용의 진실성을 입증해야 한다고 한다(대법원 2002. 4. 10.자 2001모193 결정, 대법원 2008. 11. 27. 선고 2007도5312 판결 [성욕설 전문보도] 등).

리와 자유로운 토론을 보호함에 충분한 보장이 될 수 없다. 이러한 문제에 대처하기 위해 각국에서는 미디어의 전파자로서 책임을 완화하는 여러 가지 법리가 전개되어 왔다.

그 대표적인 법리가 영미 명예훼손법에서 전개된 언론의 공익보도특권이다. 첫째, 18세기 영국에서 판례로 인정되기 시작한 '공정보도의 특권'(fair report privilege)은 위 전파자 책임의 법리에 대한 예외로서 일정한 공적인 공식적 절차와 기록에 관한 공정하고 정확한 보도는 거기에 설사 명예훼손적 내용이 포함되어 있는 경우에도 면책된다는 법리이다. 둘째, 중립보도의 특권(doctrine of neutral reportage, neutral reportage privilege)은 공익사항에 관한 토론이나 논쟁의 당사자가 행한 명예훼손적 주장을 중립적으로 보도한 경우 그 전파자의 명예훼손 책임을 면책시키는 법리이다. 셋째, 미디어의 재공표 책임을 면책하는 또 하나의 법리가 미국 판례에서 전개된 '통신뉴스의 항변'(wire service defense)이다.

이들 법리는 공공의 알 권리를 위해 정보제공을 업무로 하는 미디어의 기능에 관계되어 미디어에만 인정되는 것이다. 그것은 언론과 개인의 표현행위에 일반적으로 적용되는 진실의 항변이나 상당성 항변 등 위법성 조각사유와 다른 것이며, 언론의 경우 위와 같은 항변을 할 수 없는 경우에도 면책될 수 있는 항변을 의미하는 것이기 때문에 이를 보완한다는 의미를 가진다.

이들 법리는 우리에게 생소한 것이고, 우리 판례가 이를 명시적으로 다룬 적도 없다. 본항에서는 이들 영미 보통법상의 법리를 알아보고, 이들 법리가 우리의 법제에 수용될 수 있는가, 있다면 어떠한 논거에서 어떠한 범위에서 수용될 수 있는가 하는 점을 살펴보기로 한다.

2. 공정보도의 특권

(1) 의의

영미 보통법상의 이른바 '재공표 책임 규칙'(republication rule)에 의하면 명예훼손적 내용의 전파자는 주장자와 동일한 책임을 부담한다. 이러한 법리를 엄격하게 적용하면 언론 매체의 보도 행위는 위축되지 않을 수 없다. 공정보도의 특권은 보통법의 전통적인 반복 규칙(재공표 책임 규칙)에 대한 예외로서 미디어가 일정한 공개적·공식적 절차에서 행해진 진술이나 기록을 공정하고 정확하게 보도하는 경우 그에 포함된 명예훼손적 진술의 진위 여하에 불구하고 보도에 면책을 주는 특권이다. 이것은 공적 절차의 공정하고 정확한 보도에 포함된 사실이 후에 허위로 밝혀진 경우에도 면책시키기 때문에, 공개적 공적 절차에서 행해지는 바를 아는 공공의 이익이 그로 인한 명예훼손 피해자의 이익을 상회하는 것으로 보는 보통법의 정책적 판단이 작용하고 있는 것이다.

공정보도가 특권으로 면책되는 이유로 제시되는 논거는 ① 공적 감시 논거("public supervision" rationale)[26] ② 대리인 논거("agency" rationale)[27] 및 ③ 알 권리 논거("informational" rationale)가 있다.[28] 그 중에서 미국의 주류 판례가 취하는 주된 논거는 공적 감시 논거 및 대리인 논거이다. 그에 반해 일부 판례는 공공의 알 권리를 충족시킨다는 더 포괄적인 정당화 논거("informational" rationale)를 사용하여 비공식적·비공개 절차에 관해서도 이 특권을 확대하려고 한다. 그러나 이러한 어프로치는 공정보도라는 본래의 취지에 반하여 명예의 이익을 경시하게 되는 결과가 나올 수 있어 비판받고 있다.[29]

(2) 공정보도의 요건

가. 영국

원래 공정보도의 특권은 18세기 영국에서 법원의 재판에 관한 정확한 보도를 위해 인정된 것이 입법 또는 행정 절차에까지 확대되었다. 공정보도의 특권은 제정법에 수용되어 여러 차례 개정으로 그 범위가 확대되어 왔다.[30] 1888년 개정 명예훼손법(Law of Libel Amendment Act 1888)은 한정된 범위의 공적 회의(public meetings)에 관해 공정하고 정확한 보도에 제한적 특권을 승인하였다. 1952년 명예훼손법은 ① 설명이나 반박 없이 특권이 되는 진술과 ② 서신이나 성명에 의한 요청에 따라 설명이나 반박이 게재될 것을 조건으로 인정되는 특권 등 2부류로 세분하여 규정하였다. 1996년 명예훼손법은 제정법 상 제한적 특권의 범주 리스트를 확대하고, 공정보도의 특권이

---

26) "공정보도는 공공의 일원이 공적인 절차와 행위를 관찰하고 이를 아는 데 명백한 이익을 갖는다는 이론에 터잡는 것이다. 공적 대의자의 행동에 관한 시민들의 액세스는 그 대표에 의해 취해진 행위의 감시와 평가에 중요하다. 모든 공무원의 행위를 모니터할 수 없음이 명백한 시민들은 제3자의 설명에 의존한다. … 만일 공식적 행위의 정확한 설명이 명예훼손 소송의 대상이 된다면 기자들은 공적 절차의 설명을 보도하는데 위축될 것이다."(Wynn v. Smith, 16 P.3d 424, 430 (Nev. 2001)).

27) "공정보도를 재공표 책임에서 면제하는 역사적 정당화는 해당 사안이 이미 공적 영역에 있어("already in the public domain") 미디어는 단지 공공의 분신으로서 기자의 눈을 통해 정부의 업무가 어떻게 처리되고 있는가를 관측하도록 허용하는 데 있다."(Schiavone Constr., 847 F.2d at 1086 n.26).

28) David A. Elder, Defamation: A Lawyer's Guide, Ch. 3. § 3-1 p. 2; Jonathan Donnellan & Justin Peacock, Truth and Consequences: First Amendment Protection for Accurate Reporting on Government Investigations, 50 N.Y.L. SCH. L. REV. 237, 248 (2005). http://www.nylslawreview.com/wp-content/uploads/sites/16/2013/11/50-1.Donnellan-Peacock.pdf.

29) Elder, Id., p. 762, 765, 800, 828. 양 어프로치의 차이는 법률에 의해 공개할 수 없는 비공개정보 (confidential information) 또는 공식적 절차이지만 비공개절차에서의 진술에 명예훼손적 정보가 포함된 경우 이를 보도한 미디어에 특권을 적용할 것인가에 관해 차이를 가져온다. 이 경우 정보 논거에 의거하면 이를 허용하게 되지만, 공적 감시 및 대리인 논거에 의하면 부인되게 된다.

30) 그에 관한 상세한 논의는 박용상, 영미 명예훼손법, 143-180면 참조.

적용될 절차에 관해 구체적·개별적으로 정의하였다. 동법에 의하면 ① 정부의 절차와 공식적 행위 등 공적 관심 사항에 관한 보도나 진술이 ② 공정하고 정확할 것, 그리고 ③ 그 공표가 공공 편익을 위한 것이고 ④ 악의 없이 행해졌음을 요건으로 한다(영국의 1996년 명예훼손법 제15조 및 별표1). 영국에서 공정보도의 특권은 공적 관심사가 아닌 사항의 공공에 대한 공표, 그리고 공공의 편익를 위한 공표가 아닌 경우에는 적용되지 않으며(1996년 명예훼손법 제15조 제3항), (a) 법률에 의해 금지된 사항의 공표를 보호하거나 (b) 본조와 별도로 존재하는 특권을 제한하거나 축소하는 것으로 해석되어서는 안 된다(동조 제4항).

2013년 개정된 영국의 명예훼손법은 공정보도가 적용되는 공개적 공적 절차나 공적 행위에 관해 다음과 같이 확대 규정하고 있다.

① 첫째 '절대적 특권'이 적용될 절차로서, 영국뿐 아니라 외국의 법률에 의해 설립된 법원의 절차 및 유엔 안보회의 또는 국제협정에 의해 설립된 국제 법원 및 법정에서의 절차에 관한 공정하고 정확한 보도가 명시되고 있다(동법 제7조 제1항).

② 둘째, 원고의 설명이나 반박을 게재할 필요 없이 제한적 특권을 갖는 진술(1996년 법 별표1 제1부)에 관한 보도로서, 이 특권들은 세계 어느 곳이든 (국가 및 지방 양자의) 입법부, 법원, 공적 조사, 국제 조직이나 회의, 그리고 이들 주체에 의해 공표된 문서, 고지 및 기타 사항의 공개된 절차에 대한 공정하고 정확한 보도(fair and accurate reports of proceedings in public)에 적용된다(2013년 법 제7조 제2항).

③ 셋째, 피고가 원고의 요구에 따라 그의 설명과 반박을 보도할 것을 조건으로 제한적 특권을 갖는 진술(별표1 제2부)의 보도로서, 정부 또는 (경찰 등) 정부기능을 수행하는 당국 또는 법원에 의해 공공을 위해 공표되는 정보의 복사 또는 발췌; (지방 당국 등의) 공적 회의 및 영국 공기업의 일반 회의 절차에 관한 보도; 그리고 영국 또는 EU 내에 설립된 협회(예술, 과학, 종교 또는 학습, 상거래, 산업, 직역단체 등의 협회, 스포츠협회 및 자선단체협회 등)의 사실확인이나 결정(findings or decisions)에 관한 보도가 포함 확대되었다(2013년 법 제7조 제3항 내지 제10항).

나. 미국

미국에서는 각주마다 제정법으로 공정보도의 특권을 도입하고 있으나, 그 구체적 입법규정이 상이하여 효력과 적용범위에 혼란이 있다.[31] 1977년 리스테이트먼트에 의하면 "공적 관심사를 다루는 것으로서 공식적 행위나 절차 또는 공개된 집회에 관한 보도에서 타인에 관해 명예훼손적 사항을 공표하는 행위는 그 보도가 보도된 사안의 정확하고 완전한, 또는 공정한 축약인 경우에는 특권을 갖는다."고 설명한다.[32]

미국 판례에서 적용되어 온 공정보도의 요건은 다음과 같다.

① 공식적·공개 절차

첫째, 리스테이트먼트나 판례의 주류는 이미 공공에 공개되고 공공이 접근할 수 있는 정부의 공식적 행위와 절차에 대해서만 공정보도를 적용하고 있다. 공식적 절차로서 공정보도가 적용되는 대표적인 것은 사법절차이다. 여기에는 각종·각급 법원에서 행해지는 모든 종류의 절차가 포함되며, 그 진행 상황은 물론 그에 관해 작성된 기록이나 그 절차에서 행해진 참여자의 진술을 보도 대상으로 한 경우라면 공정보도가 적용된다.[33] 다음 연방, 주, 지방의 각 입법부에서 시행된 절차,

---

31) Donnellan & Peacock, Id., p. 237, 251 (2005).
32) Restatement (Second) of Torts § 611 (1977).

그리고 행정부의 각종 기관 및 공무원이 행한 공식적·공개적 절차나 진술 역시 공정보도의 대상이다. 그러나 각 주의 다수 판례는 이 특권을 비공식 절차 및 비공개 절차에까지 확대하고 있어 혼란이 가중되고 있어 비판받는다.

〈민사사건의 변론 내용 보도〉

리스테이트먼트에 의하면 "사법적 행위가 취해지기 전에 소장이나 항소장과 같은 준비서면 등의 주장 내용을 전파하는 것은 공정 보도의 특권에 해당되지 않는다."[34] 그리고 민사소송의 단순한 변론 내용은 민사기록에 편철되었다 하더라도 법원에 의해 아무 조치가 취해지지 않은 한 공정보도의 대상에서 제외되었다(이른바 "mere pleading rule").[35] 그것은 민사사건을 제기함으로써 악의적인 공개 보도를 유발하고 이를 악용하여 상대방의 제소를 좌절시키려는 시도를 막기 위한 것이었다. 즉 중상적(中傷的) 진술을 퍼뜨리기 위한 책략으로 소송을 제기함으로써 보통법상의 특권을 남용하는 자에 대한 대책이었다.

그러나 1927년 판결[36] 이후 미국 판례는 공적 기록에 편철된 내용이면 모두가 위 면책범위에 속한다는 입장을 취하고 있다.[37][38] 그 제시되는 논거를 보면, 특정한 분쟁을 해결하기 위해 법원의 개입을 바라는 개인의 결정은 뉴스가 될 수 있고, 공적인 기록에서 취할 수 있는 자료가 자유로이 보도될 수 있다는 것은 공정보도의 핵심 논거인 '공공의 눈'의 법리('public eye' rationale)에 부합한다는 것이다. 그것이 야기하는 명예훼손적 결과에 대한 책임은 이를 보도한 자보다 근거 없이 악의로 행위한 그 당사자나 변호사에게 추궁되어야 한다는 것이다.[39]

그러나 영국 판례에 의하면 진행중인 소송의 변론에서 진술된 주장 내용을 요약하여 보도하는 경우에는 보호받지 못하며, 법원 기록에 포함된 주장도 공개 법정에서 진술되기 이전에는 공정보도의 대상이 될 수 없고, 공개된 법정에서 변론한 내용이라 하더라도 오직 X남, Y녀 간의 추문에 관한 보도는 허용되지 않는다고 한다.[40]

---

33) Elder, Id., Ch. 3. § 3−1 p. 10−11. 다만, 민사소송의 기록에 관해서는 후술 논의 참조.

34) Restatement (Second) of Torts §611, comment c (1977).

35) Elder, Id., p. 13; Restatement (Second) of Torts § 611 comment e (1977). 법원 서기의 송달이나 상대방이 제출한 답변서의 접수만으로는 법원의 조치로 인정되지 않는다.

36) Campbell v. New York Evening Post, (1927) NY 320, 157 NE 153, 52 ARL 1432: 이 사건에서 법원은 악의적 제소를 억제하기 위해 위와 같이 법원의 조치를 요구하는 것은 실제상·이론상 의미가 없고, 사회의 광범위한 중요한 논쟁이 점차 민사소송에 의해 해결되는 사정에 비추어 변론 사항의 공정보도는 그에 대한 미디어의 공적 심사를 촉진하게 된다는 이유를 들어 민사소송의 변론도 사법절차 과정 중의 공개적 공식적 행위로 인정되어야 한다고 판시하였다.

37) Paducah Newspapers, Inc. v. Bratcher (1938) 274 Ky 220, 118 SW2d 178, 180에 의하면, "그것[제소와 소환]이 행해지면 그 분쟁은 더 이상 2 개인간의 사적인 것이 아니며, 어떤 관점에서 보아도 사법적 절차임이 분명하다"고 한다.

38) First Lehigh Bank v. Cowen, 700 A.2d 498, 500−02 (Pa. Super. Ct. 1997)에 의하면, "변론은 정부 건물 안에서 보존되는 공적 기록이며 일반인의 열람에 공개된다. 우리는 신문 기타 미디어가 명예훼손 소송에 노출됨이 없이 사법적 조치 이전에 변론 내용을 보도할 수 없다는 것은 잘못이라고 생각한다. 진행 중인 소송과 세금에 의해 운영되는 법원에 의해 수행된 관련 사실을 공공에 알리는 것은 미디어의 일이며 과업"이라고 한다.

39) Robert D. Sack and Sandra S. Baron, Libel, Slander, and Related Problems, 2nd Ed. Practising Law Institute (1994), p. 377.

40) Webb v Times Publishing Co. Ltd. [1960] 2 QB 535; STERN V PIPER AND OTHERS [1997] QB 123,

② 공정하고 정확한 보도

둘째, "공정하고 정확한"(fair and accurate) 보도라 함은 공식적 절차·행위의 설명에 관한 보도이며, 거기서 행해진 진술의 실체적 진실 여부는 문제시하지 않는다.

보도가 공정 보도의 특권에 의해 보호를 받으려면 분명하게 정확(正確)하고 공정(公正)해야 한다. 보도가 일반 평균 독자나 시청자의 인상에 대한 가능한 효과에 비추어 절차의 실체를 언급한 것이면 공정한 것으로 간주된다.[41]

정확해야 한다는 것은 명예훼손적 내용 자체가 아니라 공개 절차에서 행해진 진술 내용과 보도된 내용이 부합함(substantial accuracy)을 의미한다.[42] 실제 진술된 것과 문구적으로 일치함을 요하는 것은 아니고, 그 절차에 관하여 실질적(實質的)으로 정확하게 기술한 것이면 된다.

공정성(fairness)은 사실관계가 왜곡됨이 없이 중립성과 균형성의 요건을 갖추어야 함을 말한다. 따라서 행해진 절차나 공적인 기록에 관하여 요약 보도하는 경우 그에 포함되어 있지 않은 자료를 언급한 경우 또는 일방적으로 편집하거나 불공정하게 취사(取捨)한 경우에는 공정성의 요건을 충족하지 못하게 되어 특권이 배제될 수 있다.[43] 법적인 책임이 추궁되는 사실을 보도하면서 동시에 그 면책 사유에 해당하는 사실을 누락한 경우에는 공정치 못한 보도로서 특권이 상실된다.[44]

이와 같이 공정보도의 법리는 피고가 공식적 절차나 행위를 공정하고 정확하게 보도했는지 여부에 관한 표면적 공정성과 정확성(facial fairness and accuracy)에만 초점을 맞출 뿐, 기초되는 허위(underlying falsity)는 문제삼지 않는다.

공적 절차에 관한 실제의 바른 설명과 대비하여 실질적으로 다른 의미나 흠(stigma)을 지적하는 것이 아니면 공정보도의 요건은 충족된다(이른바 실질적 부정확성(substantial inaccuracy) 요건). 판례에서 공정보도가 부인된 경우를 보면, 공적 기록에 포함된 범죄와 질적으로 다른 범죄를 범하였다거나 혐의를 기술한 경우, 그리고 절차에서 단지 주장된 사실을 기자의 판단으로 그 사실이 존재하는 것으로 보도한 경우[45] 법원에서 행해진 바를 보도한다는 핑계로 절차의 전부 또는 일부를 보도하면서 그에 관해 명예훼손적 관측과 논평을 곁들이는 경우, 범죄행위 기타 부도덕적이거나 전문직윤리에 반하는 행위의 주장을 채용하거나 동조하는 경우, 절차에서 관계자가 주장한 사실을 기정사실로 간주하여 설술하는 경우, 특히 피해자의 성품과 지위에 크게 해로운 사실을 유추할 수 있는 제목이 사용된 경우 등이다.[46] 또 절차나 기록의 정확한 보도에 덧붙여 자신이 취재한 별도의 사실을 추가한 경우에도 그것이 입증되지 않으면 책임을 면치 못한다.

그 때문에 기자가 진실하다고 믿지 않은 진술도 면책시키며, 현실적 악의 기준에 의해 보호받을 수 없는 자료까지도 보호하게 된다는 비판을 받는다. 따라서 이 특권을 남용하여 가해하려는 의도를 가진 보도가 면책될 우려가 있고, 이 법리를 적용한 판결 중 적지 않은 판결이 이러한 문제를

[1996] 3 All ER 385.

41) Murray v. Bailey, _ F. Supp. _ , Med. L. Rep. 1369 (N.D. Cal. 1985).

42) Mathis v. Philadelphia Newspapers, Inc., 455 F. Supp. 406 (E. D. Pa. 1978).

43) Sanford, Id., p. 483.

44) Doe v. Doe, 941 F.2d 280, 19 Med. L. Rep. (BNA) 1705 (5th Cir.), modified and reh'g denied, in part, 949 F.2d 736 (5th Cir. 1991).

45) Elder. Id., § 3−6 p. 62.

46) Elder, Id., p. 65−68.

안고 있다.

③ 취재원

셋째, 공정보도는 상술한 공적 절차나 공적 기록에 근거하여 보도하는 경우에 한한다. 따라서 피고가 공적 기록에 의존하지 않고 스스로 취재하여 안 사실을 보도한 경우 설사 그것이 실제 공적 기록에 의한 것과 일치한다 하더라도 공정보도로 될 수 없다.[47] 이 경우 공정보도임을 주장하는 피고는 간접적 또는 제2차적 소스로서 일반적 신빙성을 갖는 매개자(intermediary of general trust-worthiness)를 근거로 하는 경우에만 공정보도로 인정받을 수 있다. 여기서 매개자란 해당 절차에 참석했거나 그 참여자였던 자 또는 그 절차의 권한있는 대변인 등 책임있는, 정통한 매개자를 의미한다.[48] 그것은 현대 자유 공개사회에서 저널리즘의 필수적 기능에 비추어 매스미디어에 승인되고 정당화된 관례와 관행을 반영하는 것이다.[49]

다수 판례는 공정보도의 요건으로서 그 취재원을 적시(source attribution)할 수 있어야 한다고 한다.[50] 독자들로 하여금 기자의 개인적 취재의 결과가 아니라 공적 기록이나 절차의 설명임을 알게 할 필요가 있고, 취재원 명시가 없으면 독자들은 기자가 자신의 책임하에 작성된 역사적 사실로서 받아들이게 되기 때문이다.[51]

④ 악의

피고에게 원한(spite), 악의(ill-will) 등 보통법상의 의미에서 악의(malice) 또는 가해의 의도(purpose to harm)가 있었다든가 또는 헌법상의 의미에서 현실적 악의(actual malice)가 있었음이 증명되면 특권은 배제된다.[52]

(3) 비교 검토

이상 영국에서 적용되는 공정보도의 특권은 미국의 법리에 비해 상당히 절제된 것임을 알 수 있다. 즉 공정보도가 적용되는 공적 절차나 행위를 구체적으로 명시하면서 일정한 경우에는 피해를 볼 수 있는 원고의 반박이나 해명을 함께 게재할 것을 요구하고 있다는 점에서 공정보도에서 소홀하게 될 수 있는 피해자의 이익을 고려하고 있는 것이다.

그에 비해 미국에서 공정보도의 법리는 상술한 미국 법원의 판결에서 보는 바와 같이 일관성과 통일성이 없이 과도하게 확대 적용되고 있으며, 언론 자유의 보호라는 명목하에 남용되고 있다. 공식적이고 공개된 절차에서 행해진 진술을 대상으로 국한되어야 함에도 불구하고, 정상적인 사법적, 입법적 및 행정적 채널 밖에서 진술·전파

---

47) Bufalino v. Associated Press, 692 F.2d 266 (2d Cir. 1982).

48) Id.

49) David A. Elder, Truth, Accuracy and Neutral Reportage: Beheading the Media Jabberwock's Attempts to Circumvent New York Times v. Sullivan, p. 755 https://papers.ssrn.com/sol3/papers.cfm?abstract_id=1004582; ELDER, DEFAMATION: A LAWYER'S GUIDE, § 3:2, at 3-8.

50) Elder, DEFAMATION, Id., p. 7-8; Dameron v. Washington Magazine, (1985) 250 US App DC 346.

51) Elder, DEFAMATION, Id., p. 9.

52) Sack, Id., p. 47.

된 명예훼손 사항에서도 특권을 허용함으로써 남용되는 사례가 적지 않다.[53]

그리고 미국에서 공정보도의 특권은 프라이버시 침해 불법행위에도 적용되고 있다. 원래 프라이버시의 권리가 인정되지 않았던 영국에서 명예훼손에 대한 언론 미디어의 항변으로 형성된 공정보도의 법리는 프라이버시 침해에 무관심하였고, 이러한 경향은 진실에 절대적 면책을 강조하는 미국에서 더 심화되고 있다. 그 극단적 예가 미성년 피의자나 성범죄 피해자의 신원도 수사기록이나 공개재판절차에서 언급되었다는 이유로 무분별하게 공개하는 사례이다. 또 미국에서는 법령상 기밀정보(confidential information)에 포함된 명예훼손적인 정보를 넓은 공중에게 재공표하여 폭로하는 데 이 법리가 활용되고 있다.[54]

(4) 수사 및 재판절차에 관한 공정보도

영미법에서 공정보도의 법리가 적용되는 중요 분야는 미디어의 수사 및 재판절차에 관한 보도였다. 이 분야에서 미국과 영국 양국의 운영은 현격한 차이를 보이고 있다.

가. 영국

법정모욕제도(contempt of court)가 엄존하는 영국 및 영연방국가에서 법원절차에 관한 보도는 공정한 재판에 개입한다고 생각되는 경우 동죄에 의해 처벌된다.

1981년 영국의 법정모욕법은 "해당 소송에서 사법권의 행사가 심각하게 장해받거나 불공정하게 될 실질적 위험을 야기하는" 보도를 처벌한다(동법 제2조 제2항). 그러한 성질을 갖는 것이면 행위자의 의도나 실제로 그러한 결과가 발생한지 여부를 불문하고 처벌된다(strict liability rule). 법정모욕죄가 적용되는 시점은 체포 또는 구속영장 발부로부터 해당 소송이 판결 등으로 종료되는 시점까지의 보도이다.

여기에는 2가지 면책 사유가 있는데, 첫째 공개된 법적 소송에 관한 공정하고 정확한 선의의 동시적인 보도는 면책된다(동법 제4조 제1항). 그럼에도 법원은 공정을 위해 필요한 경우에는 필요하다고 생각되는 기간 동안 위와 같은 공정보도를 연기할 것을 명할 수 있다(동법 제4조 제2항))

둘째, 공적 관심사 기타 일반적인 공적 이익 사항에 관한 선의의 토론(bona fide discussion)으로 행해진 보도에 있어서, 장애나 편견의 위험이 그 토론에 단지 부수적인 것이었다면 역시 항변이 인정된다(동법 제5조). 다만, 법원은 어떤 사법절차 또는 계속 중이거나 임박한 절차에서 불공정성의 실질적 위험을 피하기 위해 필요한 경우 해당 절차 또는 그 일부에 관한 보도를 법원이 적당하다고 생각하는 기간 동안 연기할 것을 명할 권한을 갖는다(동법 제4조 제2항).

---

53) 엘더교수는 사실의 진위 여부나 거기 포함된 정보의 신뢰성에 상관 없이 공개되지 않은 정보를 폭로하려는 충동은 무죄 추정의 원칙 및 명예의 이익 등 기본적 가치에 반하는 것이며, 소중한 민주주의적 이상에 역행하는 것이라고 비판한다. 그는 공정보도의 특권을 공인에 대해서만 허용하자고 주장한다(Elder, Id., p. 766, 828).

54) 공정보도의 목표는 이미 공공이 접근가능한 진술에 관한 보도에 대한 위축효과를 미연에 방지하기 위한 것이다(Wynn v. Smith, 16 P.3d 424, 430 (Nev. 2001)).

나. 미국

그에 비해 미국에서 보통법상 전통적으로 법원에 인정되어 온 법정모욕죄 제도는 미국 헌법 수정 제1조의 영향 때문에 무력화되었고, 미국 판례는 전술한 바와 같이 수사 및 재판절차에 관한 보도에도 전면적으로 공정보도의 특권을 적용하여 면책시키고 있다.

(5) 공정보도의 법리와 우리 법제

우리의 경우 영미법상 공정보도의 법리에 관해 언급한 판례는 보이지 않고 이를 자세히 다룬 문헌도 드물다. 다만, 현행 언론중재 및 피해구제 등에 관한 법률은 "국가·지방자치단체 또는 공공단체의 공개회의와 법원의 공개재판절차의 사실보도에 관한 것인 경우"에는 동법상 정정보도청구권 또는 반론보도청구권이 인정되지 않는다고 하여 이러한 법리를 일부 도입하고 있다.

위와 같이 특별법의 적용을 받지 않는 일반적인 명예훼손 소송에서 영미법의 공정보도의 법리를 도입할 필요가 있는가, 그렇다면 그 근거가 무엇이고, 어떤 범위에서 어떤 요건 하에서 이를 참조할 것인가를 검토할 필요가 있다.

대법원은 공익 사항에 관한 언론보도에서 공공의 알 권리가 피해자의 명예보다 우월하다는 원칙적 입장을 확립하고 있으며, 보도의 내용이 사실적시인 경우 진실의 항변과 상당성 항변을 인정하여 표현의 자유와 인격권 간의 조화를 꾀하고 있다. 영미에서 공정보도의 법리는 제3자의 진술을 취재·보도하는 미디어가 그 진술 내용에 관해 진실임을 입증할 무거운 의무를 부담한다면 공익사항의 보도를 보호하기에 미흡하다는 점을 고려한 것이었고, 우리의 경우에도 그러한 기본적 취지가 간과될 수는 없을 것이다. 공적 주체의 공개된 공식적 절차에서 논의된 바로서 공익을 위해 공개가 필요한 사안에 관한 보도를 활성화하여 공공의 알 권리를 촉진하기 위해 공정보도의 법리의 기본적 취지를 살려 수용하는 방안이 필요한 것이다.

대법원 2009. 2. 26. 선고 2008다27769 판결 [한국판 공정보도]

이 판결은 공익적 사안에 대한 수사 절차의 외적 경과만 보도할 경우 기자가 고발 내용에 대한 진실 여부를 확인할 의무가 없다고 판시한 사례이다.

사안을 보면, 변호사(원고)가 업무수행과 관련된 불법행위를 저질렀다고 변호사 사무실 직원이 수사기관에 고발한 내용 및 그로 인한 검찰의 수사착수 경위와 진행상황 등을 보도한 지역신문에 대한 명예훼손으로 인한 손해배상청구소송에서 대법원은 공익적 사안에 대한 수사 등 절차의 외적인 경과만을 보도할 때에는 기자에게 내용에 대한 확인 의무가 없다고 판시하였다. 공익적 사안에서는 "기사의 제목이나 보도 방식이나 표현 등을 종합적으로 고려하여 고발된 내용 자체가 진실이라는 인상을 통상의 독자들에게 준다거나 고발 자체를 저급한 흥미에 영합하는 방식으로 취급하여 고발 상대방의 인격적 이익을 도외시하거나 고발의 내용이 합리적인 사람이 볼 때 진실인지를 쉽사리 의심하게 하는 것 등의 특별한 사정이 없는 한" 언론사가 고발의 구체적인 내용까지 파고들어 그 진실 여부를 확인할 의무는 없다는 것이다.55)

이를 도입하는 현행법제의 거점으로서 형법 제20조의 정당행위 규정56)이 정하는 "업무로 인한 행위 기타 사회상규에 위배되지 않는 행위"가 거론될 수 있을 것이다. 즉 여론형성에 기여하고 국민의 알 권리 충족을 위해 필수적이고 중요한 기능을 행하는 미디어가 사실조사 없이 공익 사항을 공정하게 중립적으로 보도하는 행위는 "업무로 인한 행위"로 보아 설사 타인의 명예를 훼손한 경우에도 위법성이 조각된다고 논증할 수 있다.

실제로 대법원 판례 중에는 영미의 공정보도에 해당하는 사안에서 명예훼손의 성립을 부인하면서 정당행위라거나 사회상규에 위배되지 않음을 이유로 제시한 사례도 있다. 그렇다면 정당행위나 사회상규의 개념으로 해결될 수 있음에도 굳이 영미법제의 법리를 도입할 필요가 어디에 있는가?

형법 제20조(정당행위)는 가장 일반적이고 포괄적인 위법성조각사유를 의미하며, 여타의 위법성 판단 기준에 의해 위법성을 정할 수 없는 경우 최후에 사용되는 기준으로서 그 적용에는 엄격한 요건이 필요하며,57) 명예훼손에 국한되지 않고 형법상 모든 범죄에 적용되는 범용적 판단기준이다. 그러나 명예훼손의 위법성 판단에는 헌법상 중요한 의미를 갖는 기본권으로서 표현의 자유를 고려하는 독특한 이익형량 기준을 요하며, 이렇게 엄격한 요건을 요하는 형법상 정당행위 개념에 의해서는 이를 포섭할 수 없다. 영미법에서 확립된 법리로 형성된 언론의 공익보도 특권은 미디어 보도에 전문화된 법리로서 미디어 보도의 기능과 특성을 고려한 이익형량의 법리를 상세하게 표현하고 있기 때문에 정당행위를 적용하기 이전에 합리성과 비례성을 도모할 수 있는 것이다.

---

55) 이 판결에 대해 박아란 교수는 "공정보도 면책특권의 한국적 적용사례라고 볼 수 있을 것"이라고 설명한다(박아란, 팩트체크와 명예훼손: 진실 오신(誤信) 상당성 법리와 중립보도 면책특권을 중심으로, 언론정보연구 55권 4호(서울대학교 언론정보연구소, 2018), 139, 156면).
56) 형법 제20조 "법령에 의한 행위 또는 업무로 인한 행위 기타 사회상규에 위배되지 아니하는 행위는 벌하지 아니한다."
57) "형법 제20조 소정의 '사회상규에 위배되지 아니하는 행위'라 함은 법질서 전체의 정신이나 그 배후에 놓여 있는 사회윤리 내지 사회통념에 비추어 용인될 수 있는 행위를 말하고, 어떠한 행위가 사회상규에 위배되지 아니하는 정당한 행위로서 위법성이 조각되는 것인지는 구체적인 사정 아래서 합목적적, 합리적으로 고찰하여 개별적으로 판단되어야 하므로, 이와 같은 정당행위를 인정하려면 첫째 그 행위의 동기나 목적의 정당성, 둘째 행위의 수단이나 방법의 상당성, 셋째 보호이익과 침해이익과의 법익균형성, 넷째 긴급성, 다섯째 그 행위 외에 다른 수단이나 방법이 없다는 보충성 등의 요건을 갖추어야 한다."(대법원 2003. 9. 26. 선고 2003도3000 판결).

그렇다면 영미에서 공정보도로 허용되는 요건과 범위를 비교 검토하여, 특히 전
문(傳聞)보도나 인용보도의 위법성을 판단함에 있어서 우리에게 맞는 법리로 수용할
필요가 있을 것이다. 요컨대, 공식적·공개된 절차에서 행해진 제3자의 명예훼손적 진
술을 인용 보도하는 경우에도 그것이 공정하고 정확한 것이라면 면책되며, 해당 인용
보도의 내용이 진실하거나 진실이라고 오인함에 상당한 이유의 입증을 요하지 않는다
고 해야 할 것이다. 이러한 취지에서 공정보도의 법리를 우리 법제에 맞게 받아들인다
면 다음과 같이 상술할 수 있을 것이다.

첫째, 정확성 요건은 제3자가 진술한 명예훼손적 내용 자체가 아니라 공개 절차
에서 행해진 진술 등 내용과 보도된 내용이 실질적으로 부합함(substantial accuracy)을 요
한다.58) 공적 절차에 관한 실제의 바른 설명과 대비하여 실질적으로 다른 의미나 흠
(stigma)을 지적하는 것이 아니면 공정보도의 요건은 충족된다.

둘째, 공정성(fairness) 요건에 따라 사실관계가 왜곡됨이 없이 중립성과 균형성의
요건을 갖추어야 한다. 따라서 행해진 절차나 공적인 기록에 포함되어 있지 않은 사실
을 언급한 경우, 일방적으로 편집하거나 불공정하게 취사(取捨)한 경우59) 또는 법적인
책임이 추궁되는 사실을 보도하면서 동시에 그 면책 사유에 해당하는 사실을 누락한
경우 등에는 공정성 요건을 충족하지 못하게 된다.60)

셋째, 이 경우 공식적 공개 절차는 영국 명예훼손법이 상세하게 열거하는 절차를
그대로 원용할 수 있다. 상술한 바와 같이 영국 명예훼손법은 ① 내국뿐 아니라 외국
또는 국제기관의 사법절차에 관한 보도에 절대적 특권을 적용하며, ② 내·외국을 막
론하고 입법부 및 법원의 회의에 관한 보도나, 이들 기관의 공표사항에는 공정보도의
특권을 인정하며(이 경우에는 피해자의 해명과 반론을 요하지 않음), ③ 정부 기능을 행하는
주체가 공표한 사항 또는 각종 직역단체가 확정한 사실확인이나 결정의 보도에는 피
해자의 요구에 따라 그의 설명과 반박을 보도할 것을 조건으로 공정보도의 특권을 인
정하고 있다.

넷째, 이들 공식적 공개 절차의 보도에 개인의 사적 사항이 포함되는 경우에는 영
미와 달리 우리 법제의 취지에 따라 제한적으로 받아들일 필요가 있다. 보호되어야 할
사적인 사항임에도 불구하고 공적인 절차에서 논의되었다는 사유만으로 언론 보도의
대상이 된다면 개인의 법익 보호는 소홀해질 수 있기 때문이다. 특히, 대부분의 민사

---

58) Mathis v. Philadelphia Newspapers, Inc., 455 F. Supp. 406 (E. D. Pa. 1978).
59) Bruce W. Sanford, Libel and Privacy, Second Edition, Prentice Hall Law & Business (1993) p. 483
60) Doe v. Doe, 941 F.2d 280, 19 Med. L. Rep. (BNA) 1705 (5th Cir.), modified and reh'g denied, in part,
    949 F.2d 736 (5th Cir. 1991).

소송에서는 사적인 재산상 또는 신분상의 분쟁이 다루어지고, 그 심리에서는 프라이버시에 속하는 사항이 논의되는 이외에도 당사자나 소송관계자의 행태에 관한 비난 등 공방이 행해지게 되므로 이들은 선정적인 언론의 좋은 소재가 될 수 있다. 그 결과 개인의 명예 등 인격권에 대한 공격적 진술이 보도의 이익을 위한다는 명목 하에 그대로 복제되어 전파될 수 있다. 이렇게 공정보도의 특권을 기화로 또는 그러한 절차를 계기로 타인을 공격하려는 시도가 방지될 필요가 있는 것이다.[61]

다섯째, 공식적 공개 절차에 관한 보도에 있어서도 공개적 언급이 금지되는 프라이버시에 관한 사항이나 법령상 기밀 보호 사항에는 특권을 적용하지 않는다. 우리의 경우에는 소년법, 가사심판법 등이 이러한 보도를 제한하고 있으며, '특정 강력범죄의 처벌에 관한 특례법'이나, '성폭력범죄의 처벌 및 피해자보호 등에 관한 법률' 등에는 피해자의 신원을 알 수 있는 보도를 금하고 있다. 그뿐 아니라 우리 판례는 범죄 및 사건보도에 있어서 익명보도의 원칙을 기본으로 하고 있다.

3. 중립보도의 면책특권

(1) 의의

전술한 바와 같이 영미의 보통법 상 타인의 명예훼손적 주장을 재전파하는 경우에는 그 전파자가 진실 입증하지 못하는 한 그 명예훼손적 주장에 관해 책임을 지는 것이 원칙이다(repetition rule 또는 republication rule). 중립보도의 특권(doctrine of neutral re-portage, neutral reportage privilege)은 공익사항에 관한 토론이나 논쟁의 당사자가 행한 명예훼손적 주장을 중립적으로 보도한 경우 그 전파자의 명예훼손 책임을 면책시키는 법리이다. 그것은 재공표자가 해당 명예훼손적 주장을 사실로 채용하거나 제시하면서 반복하여서는 안 되고, 단지 공익을 위해 스토리의 한 부분으로 그러한 주장이 있었음을 보도하는 경우이어야 한다.[62] 중립보도는 미디어의 도관 및 메신저 기능에 중점을 두고 있다.

---

61) 공정보도 논리에 의하면 애당초 명예훼손이 될 사실을 공식적 행위나 절차에 관한 공정보도의 형식으로 보도하면 면책되게 된다. 엘더 교수는 "미디어 피고가 탐욕스런 선정주의적 욕구 충족을 위해 정부의 홈통을 따서 온갖 종류의 시험적, 예비적, 혐의적, 실증되지 않거나 투기적인 혐의와 수사를 보도하더라도 이를 저지할 아무 한계도 없게 된다"고 우려한다(Elder, Truth, Accuracy and Neutral Reportage, Id., p. 743).

62) Jason Bosland, Republication of Defamation under the Doctrine of Reportage — The Evolution of Common Law Qualified Privilege in England and Wales, http://papers.ssrn.com/sol3/papers.cfm?abstract_id=1619735.

중립보도의 특권은 1977년 미국 연방항소법원의 판결에서 처음 그 법리가 형성되었으나, 미국에서는 거의 활용되지 못하여 사장되고 있다. 그러나 중립보도의 법리는 언론의 자유를 위해서 뿐 아니라 공공의 알 권리를 넓히려는데 근본 취지가 있기 때문에 그 법리는 영국 등 타국에 수입되어 굳건한 법리로 그 적용을 넓히고 있다.[63] 특히, 영국에서는 2001년 영국 항소법원이 처음 중립보도의 특권을 인정하는 판결을 내린 후 확립된 법리로 널리 적용되고 있으며, 2013년 개정 명예훼손법에 레이놀즈의 항변의 한 형태로 성문화되었다.

공정보도는 공식적인 공개적 절차나 행위에 대한 보도에 국한되는 반면, 중립보도는 그러한 범위를 넘어 공적 쟁점에 관해 공인 간의 논쟁이 벌어지고 있는 경우 그 당사자의 공방 사실 주장을 중립적 입장에서 보도하는 경우에 적용된다는 점에서 양자는 구별된다. 따라서 공정보도로 인정되지 아니한 경우에도 중립보도의 항변은 성립될 수 있다.

(2) 미국

중립보도의 특권은 미국 연방항소법원의 1977년 판결에서 처음 그 법리가 형성되었다.

Edwards v National Audubon Society 556 F. 2d 113 (1977) [뉴욕타임스중립보도]

살충제(DDT) 사용을 반대하는 환경단체(전국 오두본협회, 피고1)와 이를 지지하는 일단의 과학자들 간의 논쟁이 15년간 계속되고 있던 중, 오두본협회는 그들 과학자들이 살충제 제조회사의 돈을 받고 거짓말한다는 취지로 비난하였다. 뉴욕타임스(피고2)는 양자 간의 논쟁이 뉴스 가치가 있다고 보고 그 논쟁의 전말을 중립적 입장에서 보도하면서 협회의 주장에 따라 거짓말하고 있다는 과학자들(원고)의 실명을 적시하였다. 제1심은 원고들 승소로 판결하였으나, 연방제2순회항소법원은 이를 파기하면서 뉴욕타임스의 보도는 중립보도로서 면책되어야 한다고 하면서 "요약건대 저명하고 책임있는 단체가 공인에 대해 중대한 비난을 하는 경우 그 비난을 정확하고 공평무사하게 보도하는 것은 그 기자가 개인적으로 타당하다고 생각하였는지 여하에 불구하고 헌법에 의해 보호받는다. 뉴스가치가 있는 것은 그러한 비난이 행해졌다는 점이다. 우리는 언론이 진위 여부에 관해 심각한 의심을 가졌다는 이유만으로 뉴스가치 있는 진술을 억압하도록 수정헌법 제1조에 의해 요구될 수 없다고 믿는다. . . 민감한 이슈를 에워싸고 자주 야기되는 논쟁에 관해 충분히 알아야 하는 공적 이익은 그러한 비난을 책임 지지 않고 보도하는 자유가 언론에 부여되기를 요구한다."고 판시하였다.

---

[63] "이론적으로 중립보도특권은 사상의 자유 공개시장에 부합한다는 것을 부인할 수 없다. 뉴스 미디어 보호뿐만 아니라 공적인 관심사에 대한 활발한 토론을 보장하기 때문이다. 그리고 공개된 민주사회를 그 중심 가치로 이해하는 국가들의 선택이기도 하다."(염규호, 뉴욕타임스 판결 50주년과 언론의 자유: 제1수정헌법의 국제적인 영향, 언론중재 2014년 봄호, 56면 이하). 영국 이외에 중립보도의 법리를 수입한 나라는 스페인과 캐나다이다.(Id.).

위 판결에서 중립보도로 판단된 요건은 ① 피고가 책임있는 저명한 단체였고, ② 원고는 공인이었으며, ③ 신문의 보도는 정확하고 공평무사했고, ④ 당시 민감한 이슈에 달하는 논쟁의 맥락에서 행해진 것이기 때문에 그 비난 자체는 뉴스가치가 있었다는 점이었다.[64]

이후 미국 법원에 의해 상술된 중립보도의 요건을 정리하면 다음과 같다.

① 공인 요건: 대부분의 판결은 명예훼손 피해자(원고)가 공인인 경우에 한하여 중립보도를 인정하고 사인은 제외한다.

② 취재원: 중립보도는 소스의 확인 및 명시를 요한다.[65] 다수 판례는 취재원의 신뢰성을 요하는 것으로 판시하나, 저명한 자로서 논쟁 당사자이면 신뢰성은 불필요하다고 하는 판례도 있다.[66]

③ 중립성 요건: 피고의 설명이 공정하고 정확하지 않으면 중립보도는 인정될 수 없다. 그러므로 피고가 재공표된 비난을 지지, 동의하거나[67] 개인적 인신공격을 위해 고의적으로 왜곡한다면 중립보도가 인정되지 않으며, 기초된 비난에 관해 책임을 지게 된다. 또 피고는 이성적으로, 그리고 선의로("reasonably and in good faith") 그 보도가 정확하게 그 비난을 전달한다고 믿어야 한다.[68] 다수 판례에 의하면 중립성 요건이 논쟁 당사자 쌍방의 주장을 함께 고르게 다루어야 하는 것은 아니지만, 원고에게 반론의 기회를 주고 그 변명을 실어야 한다는 입장이다. 이 점에서 중립보도의 중립성 요건은 공정보도의 공정성 요건보다 더 엄격한 것이다.[69]

④ 격렬한 논쟁("Raging Controversy") 요건: 중립보도는 이미 존재하는 논쟁에 관한 것으로서 단순한 뉴스가치 이상의 격렬한 논쟁이 있어야 한다. 따라서 논쟁을 안내한 것이 아니라 논쟁을 야기한 기자는 이 특권을 주장하지 못한다. 이미 과거사가 된 사안에 관해 탐사보도를 하면서 기자가 비난을 유발한 경우 또는 피고가 처음으로 논쟁을 만들어 내고 이를 전파한 경우에는 이 특권이 인정되지 않는다.[70]

1977년 판결 이래 미국에서 중립보도의 특권이 인정되는 곳은 플로리다주 등 소수 주에 국한되었고, 나머지 대다수 주에서는 인정되지 않고 있다.[71] 연방대법원은 중립보도가 인정될 가능성이 있는 유사한 사안에서도 동 법리에 관한 언급을 회피하였고, 다른 연방항소법원들은 압도적으로 이를 거부하였다.[72]

이렇게 처음 미국 법원이 창설한 법리는 미국에서 거의 사장되고 있다.[73] 그 이유는 현실적 악의 규칙이라는 강력한 언론보호 장치가 있음에도 그에 조화되지 않는 중립보도의 특권을 따로 인

---

64) Sack, On Defamation, vol. 1, 3rd ed.
65) Elder, Defamation, Id., p. 74.
66) Elder, Defamation, Id., p. 72-73.
67) 동의 또는 지지로 판단된 예는 분식, 피고의 취재에 기초한 추가, 소스의 신뢰성의 변호 등이 행해진 경우이다.
68) Edwards, 556 F.2d at 120.
69) Elder, Defamation, Id., p. 76.
70) Elder, Truth, Accuracy and Neutral Reportage, Id., p. 680-683.
71) 중립보도의 특권을 반대하는 강력한 비판에 관하여는 David A. Elder, Truth, Accuracy and Neutral Reportage: Beheading the Media Jabberwock's Attempts to Circumvent New York Times v. Sullivan, https://papers.ssrn.com/sol3/papers.cfm?abstract_id=1004582.
72) Dickey v. CBS Inc., 583 F.2d 1221 (3d Cir. 1978); Medico v. Time, Inc., 643 F.2d 134 (3d Cir. 1981).
73) 염규호교수에 의하면, 중립보도의 법리는 2010년을 전후하여 10년간 미국 법원에서 적용된 사례가 없었다고 한다(염규호, 전게 논문, 67-8면).

정하는 것은 의미가 없다는 데 있는 것으로 보인다.[74]

(3) 영국 - 중립보도의 제한적 특권

가. 법적 근거

1999년 영국 귀족원이 레이놀즈의 항변을 미디어의 공익사항 보도에 적용한 후 영국 항소법원은 2001년 처음으로 중립보도의 특권을 인정하는 판결을 내렸다.

Al-Fagih v HH Saudi Research & Marketing [2001] EWCA Civ 1634

이 판결에서 영국 법원은 중립보도의 항변을 보통법상 제한적 특권으로 처음 인정하였다. 영국 내에서 활동하는 사우디 반정부단체의 저명한 간부인 런던사무소 관리책임자(원고)와 그 대변인(AM) 간에 불화가 있어 서로 공방 논쟁을 벌이고 있었는데, 친사우디정부 신문인 피고는 양자 간의 주장을 연일 집중 보도하였다. 그러는 와중에 피고 신문은 원고가 근거없이 AM의 성추문을 유포하였다는 주장을 보도하자, 원고는 이 사건 명예훼손 소송을 제기하였고, 제1심 판사는 피고의 인용 보도가 레이놀즈의 제한적 특권에 의해 보호받지 못한다고 하면서 6,500파운드의 손해배상을 명하였다.

타인의 진술을 인용 보도한 경우 적용되는 반복 규칙에 의하면 그 진술이 행해졌다는 사실만으로는 항변이 되지 않고 그 진술의 내용이 진실함을 밝혀야 하지만, 이 사건에서 피고 신문이 보도한 명예훼손적 주장은 정치적 라이벌 간에 주고 받은 것이고 신문에 의해 채용된 바 없는 것인데 이를 영국에서도 제한적 특권으로 면책시킬 것인가 여부가 쟁점이 되었다. 영국 항소법원은 미국 법원의 중립보도 특권과 유사한 항변을 인정하였으나, 미국의 전례를 참고함이 없이 독자적인 입장에서 레이놀즈 항변의 한 형태로서 중립보도의 특권을 제한적 특권으로 인정하였다.

법원 판시에 의하면 "이 보도는 정치적 논쟁의 과정에서 생긴 것이다. 한 정치단체 내에서 분열된 이들 정치적 라이벌들은 상호 공방주장을 벌였다. 피고는 그 보도에서 일방의 주장을 채용하거나 그것이 진실하다는 의미를 전달하지도 않았다. 그 보도는 단지 당사자 간에 그러한 상호적 비난이 있었다는 것 자체를 보도하였을 뿐이다." 이 경우 기자는 보도내용의 진실을 입증할 필요가 없다. "정치적 논쟁의 양측이 그들의 상호적인 주장과 대응에 관해 완전하고, 공정하며 공평무사하게 보도되는 상황"에서는 "공공은 기자들이 진실 입증 시도 후에 그 어느 일방을 지지하는가를 기다림이 없이 그러한 논쟁에 관해 알 권리가 있다"고 하면서, 제한적 특권을 인정하였다.

이후 영국 법원은 2개의 사건에서 중립보도의 특권을 적용하였고,[75] 2007년 Roberts v Gable

---

74) 그 이유로서 언론은 이미 '현실적 악의' 규칙에 의해 충분히 보호받고 있으므로 중립보도 면책특권은 불필요하다거나(Postill v. Booth Newspapers, Inc., 325 N.W.2d 511, 517-18 (Mich. Ct. App. 1982)), 중립보도의 특권은 논쟁 중인 공인들 간의 공방에서 허위임이 알려진 사실에 관해서도, 즉 미디어에 현실적 악의가 있는 경우에도 면책을 주기 때문에 현실적 악의 규칙에 반하는 결과를 가져올 수 있다는 점이 지적되기도 한다(Justin H. Wertman, Newsworthiness Requirement of the Privilege of Neutral Reportage is a Matter of Public Concern, 65 Fordham L. Rev. 789 (811) (1996), http://ir.law net.fordham.edu/flr/vol65/iss2/12; Dickey v. CBS Inc., 583 F.2d 1221 (3d Cir. 1978)).

75) 2001년 Al-Fagih 판결 이후 영국법원은 *Mark v Associated Newspapers Ltd* [2002] E.M.L.R.와

판결은 이를 상세하게 분석 정리하는 판단을 내렸다.[76]

위 2007년 판결의 취지를 입법화한 2013년 개정 명예훼손법 제4조는 공익사항의 보도 항변을 새로 창설하면서 거기에 이전의 레이놀즈의 제한적 특권과 중립보도의 항변을 함께 규정하였다.[77] 이것은 상술한 2007년 Roberts v Gable의 판지를 따른 것이지만, 중립보도의 특권을 레이놀즈의 특권과 같은 성격의 것으로 함께 규정한 데 대해서는 학설의 비판이 제기되고 있다.[78]

어쨌든 레이놀즈 항변은 책임있는 저널리즘 기준을 충족했다는 미디어측의 입증을 요하고, 이 입증은 취재실무 상 또는 소송 관행상 과다한 비용과 노력이 소요되어 어렵기 때문에 중립보도의 항변은 더 큰 의미를 갖게 된다. 양자 공히 공익 사항에 관한 보도에 적용되나 중립보도는 레이놀즈의 항변이 적용되지 않는 경우에도 적용될 수 있기 때문이다.

나. 중립보도의 요건

영국에서 중립보도가 인정될 요건을 간추려 보면 다음과 같다.

① 공표된 정보, 즉 사실주장이 행해졌다는 스토리 자체가 공익에 관한 것이어야 한다. 공익 여부의 인정은 사례의 정황에 비추어 판단되는 법적 문제이며,[79] 정직한 의견의 항변(과거 공정한 논평의 항변), 레이놀즈의 항변에서 논의되는 공익의 개념과 동일하다. 공인의 사생활에는 공익이 없음이 물론이다. 주로 정치적 논쟁에 관한 보도가 이에 해당하지만, 영국 판례는 그 밖에 공익에 관한 논쟁도 포함한다.[80]

② 피고는 진술이 공적 이익에 관한 것이라고 합리적으로 믿었음을 요한다(2013년 명예훼손법 제4조 1항 (b)). 악의는 중립성 결여를 나타내며 중립보도 항변에 치명적이다.[81]

③ 토론이나 논쟁의 일방 당사자가 다른 당사자에 관해 행한 주장이어야 한다(쌍방적일 필요는 없음).

④ 그 주장은 그들 원진술자가 행한 것이며, 보도 전체로 보아 그러한 주장이 행해졌다는 사실

Galloway v Telegraph Group Ltd [2006] E.M.L.R. 221에서 중립보도의 법리를 적용한 바 있다(상세한 판결 내용에 관해서는 박용상, 영미 명예훼손법, 189–191면 참조).

76) Roberts v Gable (12 Jul 2007) [2008] 2 WLR 129; [2007] EWCA Civ 721 (그 상세한 판결 내용에 관해서는 박용상, 영미 명예훼손법, 191–193면 참조).

77) 2013년 개정 영국 명예훼손법 제4조 공익 사항에 관한 공표(Publication on matter of public interest) 제3항은 "불만 대상 진술이 원고가 일방 당사자였던 논쟁의 정확하고 공평한 설명이었거나 그 일부였던 경우, 법원은 그 진술의 공표가 공적 이익을 위한 것이었다고 피고가 믿음에 합리적이었던 여부를 결정함에 있어서 피고가 그에 의해 전달된 비난의 진실을 입증하려는 조치를 취하지 않았더라도 이를 무시해야 한다."고 규정한다.

78) 왜냐하면 중립보도 면책특권은 기자가 보도내용의 진실 여부를 검증할 것을 요구하지 않는다는 점에서 진실 여부를 확인하기 위해 노력할 것(responsible journalism)이 요구되는 레이놀즈의 항변과는 다르며, 이러한 2013년 개정법의 태도는 중립보도를 공정보도의 법리와 같은 맥락을 가진 것으로 취급하는 미국과도 다른 것이다. 또 레이놀즈의 항변은 의견이든 사실이든 막론하고 적용되지만, 중립보도는 중립성 결여의 리스크가 있는 의견에는 적용되기 어렵다는 지적이 있다(Sara Gale, Qualified privilege in defamation and the evolution of the doctrine of reportage, The Tort Law Review, 23(1), p. 15, http://openaccess.city.ac.uk/12424/3/Gale.pdf, p. 15).

79) Spiller v Joseph [2011] 1 AC 852; [2010] UKSC 53).

80) "보도된 논쟁의 내용이 개인적이고 상스러울수록 논쟁 자체가 순수한 공익 사항이 될 가능성은 낮아지고, 그에 관한 보도는 개인의 프라이버시를 더 침해하게 될 것이다."(Lord Justice Sedley in Roberts v Gable [76]).

81) Gale, Id., p. 8.

과 그 내용을 공평무사하고 공정하게 보도해야 한다: 보도가 그 주장을 채용하거나 수식하지 않을 것을 요한다.[82]

⑤ 영국에서는 보도가 공익 사항에 관한 것임을 요구할 뿐, 공적 논쟁이 진행 중일 것은 필수적 요건이 아니며, 믿을 수 있는 소스에서 나온 정보를 공정하고 정확하게 보도하는 경우에도 중립보도가 허용될 수 있다.[83]

(4) 중립보도의 법리의 도입 필요성

이상 살펴 본 바에 의하면, 미국 법원에서 창안된 중립보도의 법리는 영국에서 더 널리 활용되고 있음을 알 수 있다. 영국에서도 중립보도는 독자들에게 정당하고 주제적 이익을 가진 스토리의 양쪽을 기자 자신의 것으로 채용하거나 분식함이 없이 보도하는 경우를 말하고, 그것이 보통법상 재공표 책임을 면하는 제한적 특권으로 인정됨에는 미국의 경우와 다름이 없다. 다만, 그 요건에 관해 약간 달리할 뿐이다.

이상 영미에서 형성된 중립보도의 법리를 종합 분석하여 보면, 우리도 중립보도의 법리를 도입할 필요가 있다고 생각된다. 그 근본 취지는 공공이 공익 사항에 관한 논쟁의 양상을 알 공익에 근거하는 것이고, 언론 자유의 확대 및 공공의 알 권리 양자에 기여하는 것이기 때문이다.

실제로 우리 판례 중에는 중립보도의 법리와 유사한 논거에서 피고 미디어의 보도를 면책한 사례가 발견되기도 한다.

대법원 1998. 10. 27. 선고 98다9892 판결 [한통노조 대 박홍]

원고 한국전기통신공사 노동조합은 1995. 5. 노사 협상 중 업무방해 혐의로 구속영장이 발부된 간부들이 명동성당과 조계사에 들어가 농성을 하다가 경찰력 투입으로 구속된 사건이 있었다. 서강대학교 총장으로 재임하던 피고 박홍은 원고 노조원들의 농성사태가 있은 직후, 개최된 한 세미나에서 노조원들이 북한에 의해 조종되고 있다는 취지로 주장하자, 피고 중앙일보는 위 발언내용을 확인하고 1995. 6. 15.자 중앙일보에 "노조원들의 성당·사찰 농성, 북한에서 조종했다. 박홍 총장"이라는 제목의 기사를 게재 보도하였다.

대법원은 피고 중앙일보가 위와 같이 피고 박홍이 그와 같은 내용의 발언을 하였다는 것을 논평없이 그대로 게재한 것 자체는 전체적으로 보아 진실한 보도이며, 위 기사의 내용을 전체적으로 관찰할 때에 그것이 원고 조합원들이 북한의 조종을 받아 성당과 사찰에 들어가

---

82) 영국 판례에 의하면 피고가 타인이 주장했다는 것을 사실로 보도하는 것이 아니라 직접 주장하는 경우 중립보도는 성립하지 않으며(Galloway v Telegraph Group Ltd [2006] EWCA Civ 17), 피고가 해당 주장을 채용하고 결론을 꾸며 내린 경우(Henry v British Broadcasting Corporation [2005] EWHC 2787 at [81]), 논쟁 양측이 중립적 모양으로 보도되지 않은 경우(Malik v Newspost Ltd [2007] EWHC 3063) 또는 논쟁 당사자 일방에 호의적이었고 그 주장 일부를 자신의 것으로 채용한 경우(Al-Fagih v HH Saudi Research & Marketing (UK) Ltd [2000] WL 1675201)에는 중립보도의 항변이 허용되지 않았다.

83) Galloway v Telegraph Group Ltd (CA) [2006] EWCA Civ 17.

농성을 하였다는 사실을 적시한 것이라기보다는 피고 박홍이 그와 같은 발언을 하였다는 사실을 적시한 것이라고 볼 수 있으므로 전문(傳聞)사실에 의한 명예훼손이 성립하는 것이 아니라고 판시하였다. 이 사건 판결이유에 명시적으로 설시되지는 않았으나 중립보도의 법리를 적용한 것으로 볼 수 있는 전형적 사례에 해당한다.

부산지방법원 2009. 5. 27. 선고 2008가합11033 판결 ['시민시대' 중립보도]

이 판결은 중립보도 면책 법리를 어느 정도 준용한 것으로 보인다. 이 사건에서 피고 월간지 '시민시대'는 부산대학교와 거액의 기부자 간의 분쟁에 대해 보도하면서 대학 측의 입장을 일부는 따옴표 처리하여 그대로 옮겨 싣고 일부는 따옴표 없이 그 주장을 요약하여 보도하였다. 이에 대해 기부자였던 원고는 '시민시대'가 부산대의 입장만을 부당하게 전달하여 보도하였다면서 정정보도 및 명예훼손으로 인한 손해배상청구소송을 제기하였다.

이에 대해 부산지방법원은 '시민시대'가 부산대학교 측의 입장 표명이라는 객관적이고 외적인 사실을 보도하면서 대학 입장이 진실이라는 인상을 독자들에게 준다거나 입장 자체를 저급한 흥미에 영합하는 방식으로 취급하는 등의 특별한 사정이 없는 한 '언론사가 부산대의 입장에 포함된 구체적 내용의 진실 여부를 확인할 의무는 없다'고 판시하였다. 따라서 이 기사의 내용이 다소 진실에 부합하지 않는다 하더라도 대학 측의 입장을 확인 후 월간지에 게재하였다는 점에서 기자가 진실이라고 믿은데 상당한 이유가 있어 위법성이 조각된다고 법원은 판단하였다.

서울고등법원 2013. 1. 25. 선고 2012나53224 판결 [결별 남녀 공방보도]

이 판결은 고소인과 피고소인 간의 공방 주장을 중립적으로 보도한 사안을 다룬다.

피고 일간지 기자는 유명 방송인(원고)과 결별한 남자친구(C) 간의 폭행 고소 사건을 8개의 기사에서 보도하면서 고소인과 피고소인 간의 공방 주장을 보도하였는데, 그 기사들 중에는 원고가 폭력배를 동원하여 과거 연인 사이였던 C를 폭행, 감금하였고, 원고의 이혼 및 대학 입학과 아나운서 합격에 의혹이 있고, 금전관계를 맺는 스폰서가 있음을 암시하는 취지의 문구가 포함되어 있었다.

서울고등법원은 "C 측이 먼저 원고의 [성행위] 동영상을 유출하면서 언론의 관심을 끌고 원고에 의한 폭행 피해자라고 주장하면서 이를 언론에 제보하자, 원고가 C를 고소하고 원고 자신이 C에 의한 폭행의 피해라고 주장하면서 이를 언론에 제보하여 양측 주장 모두가 충분히 보도됨으로써 진실공방에 대한 세간의 관심이 증폭되었"는데, "이 사건 기사들은 모두 C 측 주장을 보도함에 있어 인용 문구를 제대로 사용하고 있는 점, … 이 사건 기사들은 모두 C의 주장 외에도 그 기사 자체에 그와 배치되는 원고 측의 주장이나 중립적인 제3자의 진술을 대등한 비중으로 기재"한 점 등에 비추어 보면, "이 사건 기사들은 일반 독자에게 'C 측의 주장사항이 진실이다'라는 인상을 심어 주는 것이 아니라 'C의 주장이 이러하다'라는 사실만을 전달하는 데 불과한 것으로 보인다"는 이유를 들어 원고의 청구를 배척하였다.

다만, 원고의 성행위 장면이 담긴 이 사건 동영상을 보도한 행위에 관하여 "사람의 성생활 자체에 대한 정보는 인간의 존엄성이나 인격의 내적 핵심을 이루는 요소로서 내밀한 사적 영역에 속하여 최종적이고 불가침의 영역이라고 할 수 있으므로 당사자가 동의한 경우가 아닌 이상 위 정보는 보호되어야 할 것인 바, 원고가 유명 방송인으로서 공인이라고 하더라도 위 정보는 공중의 정당한 관심사에 해당한다고 볼 수 없으므로 위 기사의 보도 행위는 위법성이 조각되지 아니한다"고 하여 원고의 손해배상청구를 일부 인용하였다.

대법원 2018. 10. 30. 선고 2014다61654 판결 ['종북' 비난]

보수적 정치평론가 변희재(피고)는 2012년 3월 수차례에 걸쳐 자신의 SNS에 이정희(원고) 전 통합진보당 대표와 남편인 심재환 변호사를 비판하면서 그들을 '종북' '주사파'로 칭하고 당시 종북 논란의 중심에 있던 경기동부연합과 관련 있다는 주장을 제기했다.

이 대표 부부가 명예훼손으로 제기한 손해배상 청구 소송에서 서울고등법원은 피고 변희 재에게 1500만원의 배상을 명하였고, 위 변희재의 트위터 글을 인용 보도한 조선닷컴과 조선 일보에 각 1000만원의 배상을 명하였다. (다만, 새누리당 대변인인 이상일 의원의 성명과 이를 인용보도한 조선닷컴에게는 배상책임을 부인하였다.)

대법원은 피고 변희재의 진술이 의견의 표현이라고 보아 명예훼손의 성립을 부인하는 동시에, 그의 트위터 글을 인용보도한 조선닷컴과 조선일보에 대해서도 원고 청구를 기각하는 취지로 판시였다. 판시에는 중립보도의 법리에 관한 언급이 없었으나, 원고 이정희와 피고 변희재 간의 논쟁을 그대로 보도한 미디어의 보도에 관해 중립보도의 법리를 원용하였다면 훨씬 간명하고 설득력있는 논증이 되었을 것이다.

이상 미국과 영국에서 논의되어 온 중립보도의 법리를 비교 분석하여 우리에 적합한 법리를 개발할 필요가 있다고 생각된다. 언론이 논쟁 당사자인 제3자들 간의 공방진술을 인용 보도하지만, 그 진술 내용이 진실임을 알리려는 것이 아니라 그러한 내용의 진술이 행해졌다는 점 자체를 공공에게 알리려는 것으로서, 거기에 뉴스가치가 있고 국민의 알 권리가 존재하기 때문이다. 그러므로 중립보도 사안에서 피고는 인용된 진술 내용의 진실 여부를 취재하거나 그 진실임을 입증할 의무도 없고, 진실이라고 믿음에 상당한 이유의 입증도 요구되지 않으나, 그 보도는 인용 내용 자체를 자신의 생각으로 채용하여서는 안되고 중립성을 유지할 의무만이 관건이 된다. 이 점에서 이 중립보도의 항변은 진실의 항변 및 상당성 항변과는 다른 차원의 것으로 취급되어야 할 것이다.[84]

중립보도의 법리를 도입하는 경우 그 요건을 상술하면 다음과 같다.

① 보도된 진술의 내용이 공익에 관한 것이어야 하고, 사적인 사항에 관한 발언은 배제되어야 한다. 특히 내밀 영역이나 사사적 영역 또는 비밀영역에 속하는 주장사실

---

[84] 박아란 교수는 "팩트체크가 명예훼손적 발언을 재발행하여 제3자의 명예를 훼손하는 경우에는 언론에게 전문(傳聞) 보도로 인한 엄격한 법적 책임을 묻는 대신에 '중립보도 면책특권'의 법리를 활용할 필요가 있다"고 주장한다(박아란, 팩트체크와 명예훼손, 진실 오신(誤信) 상당성 법리와 중립보도 면책특권을 중심으로, 언론정보연구 55권 4호(서울대학교 언론정보연구소 2018년), 139, 157 https://snuicr.jams.or.kr).

의 보도는 중립보도의 대상이 될 수 없다. 다만, 공인의 사적 사항은 공익에 관련되는 범위 내에서는 중립보도가 가능할 것이다. 보도는 단지 뉴스가치가 있을 뿐 아니라 정당한 공익 사항을 다루는 것이어야 한다.

② 현재 진행 중인 논쟁에 관한 것이어야 한다. 정치적 논쟁뿐 아니라 여타 공익 사항에 관한 논쟁도 포함한다. 정치적 현안인 쟁점에 관한 정당 대변인 간의 공방 주장에 상대방이나 제3자에 대한 명예훼손적 내용이 포함된 경우가 이에 해당하는 대표적인 사례로 생각된다. 논쟁이 진행중이어야 하므로 이미 과거사가 된 사안에 관해 과거에 논쟁이 있었다는 점을 내세울 수 없을 것이고, 미디어 자신이 유발한 논란을 기화로 중립보도를 주장하는 것은 어려울 것이다.

③ 논쟁의 당사자 쌍방이 공적 인물이나 공적 존재인 경우에는 여타 요건이 충족되는 경우 중립보도가 허용될 수 있을 것이다. 그렇다면 논쟁 당사자 쌍방이 공인이 아닌 경우에는 어떤가?[85]

먼저, 피해받았다고 주장하는 원고가 공적 인물이나 공적 주체인 경우에는 원칙적으로 피고의 중립보도 항변이 인정될 수 있을 것이다. 그러나 공인이 아닌 사인에 대한 비난은, 그가 중대한 범죄를 범하는 등 공인에 준한 보도를 요하지 않는 한, 원칙적으로 공공의 알 권리의 대상이 될 수 없기 때문에 그에 대한 비난을 전파하는 보도는 중립보도가 될 수 없는 것이다.

다음, 보도된 비난적 진술의 원진술자가 공인이나 공적 존재인 경우에도 중립보도가 허용될 충분한 이유가 있다. 원진술자가 공인에 준하는 지위를 갖게 된 경우에도 마찬가지로 보아야 할 것이다.[86]

그렇지 않은 경우에는 새로운 항변으로서 허용될 중립보도가 남용될 소지를 방지하기 위해 신중하게 취급할 필요가 있을 것이다. 우선 신원이 확인되지 않거나 익명의 제보자의 확인되지 않은 주장이 중립보도의 대상이 될 수 없음은 물론이다.[87] 또 이른바 공익신고자 등 신원이 확인된 일반 시민의 공익침해행위에 관한 주장으로서 그 주장 자체로 보아 공익 사항에 관해 구체성과 신빙성이 있는 주장이라고 생각되는 경우

---

85) 이에 관해 미국 판례는 인용된 발언자가 책임있고 저명한 자이어야 하며 비난받은 자는 공인이어야 한다고 하고, 영국 판례는 이에 한정하지 않고 책임있는 소스가 공표한 것을 그대로 보도하면 중립보도가 될 수 있다고 본다.

86) 예를 들어, 2017년 대선 전 김경수 경남지사와 일명 드루킹 사이에 댓글 조작 지시 여부에 관한 논쟁은 그 진실 여부를 떠나 상호 공방 내용 자체가 뉴스가치를 가짐에 의문이 없는데, 이들 양측의 진술을 그대로 중립적으로 보도한 신문이나 방송에 대해 그것을 전문사실에 의한 보도라 하여 그 내용의 진실 입증을 요구한다면, 미디어의 기능이나 국민의 알 권리에 반하는 결과가 될 것이다.

87) Fogus v. Capital Cities Media, Inc., 444 N.E.2d 1100 (IMIA. pp. Ct. 1983).

에도 그러한 사정만으로는 그 주장을 인용 보도한 언론에 중립보도의 법리를 적용함에는 신중을 기해야 할 것이다.[88] 이 경우에는 공익신고자보호법에 의해 보호받는 공익신고자를 적법한 취재원으로 볼 수 있고, 그를 근거로 하여 취재보도한 경우 진실이라고 봄에 상당한 이유가 있다는 항변이 인정될 수 있다고 보아야 할 것이다.[89]

④ 보도는 당사자의 주장을 공정하고 사심없이 객관적으로 다루어야 한다. 즉 보도에 의해 당사자가 어떤 주장을 하였다는 점만을 전달할 뿐 그 주장 내용이 진실이라는 취지로 읽혀지게 하여서는 안된다. 따라서 어느 일방의 진술에 가담하거나 이를 지지하여서는 안되고, 행해진 쌍방의 공방을 균형있게 다루어야 한다.

⑤ 이상의 요건이 충족되면, 피고는 진술 내용의 진실성을 확인하거나 조사할 필요가 없다. 법원도 인용보도 내용에 관해 진실의 입증을 요구하거나 진실이라고 믿음에 상당한 이유를 입증하게 할 필요가 없음은 물론이다.

다만, 위 요건에 의하면 기자가 허위임을 안 경우에도 이를 중립보도의 형태로 보도하면 면책될 수 있기 때문에 이 특권이 남용될 가능성이 있다. 또 이렇게 남용되는 경우 독자들은 그 주장 진술의 진위를 전혀 알지 못할 경우도 있어 문제될 수 있다. 이러한 문제에 대처하기 위해 이 특권을 인정함에는 표현행위자가 거짓 주장을 하였음을 알 공익에 비해 주장의 허위임이 밝혀지지 않을 위험을 비교형량해야 한다는 의견이 제시된다.[90]

⑥ 중립보도의 특권이 인정되어 미디어가 면책되는 경우에도 원진술자의 책임은 면책되지 않고 별도로 판단된다.

---

88) 현행 공익신고자보호법에 의하면 공익신고는 공익신고자의 이름, 주민등록번호, 주소 및 연락처 등 인적 사항을 명시하여 동법에 규정된 조사기관, 수사기관 또는 국민권익위원회 등에 공익침해행위(국민의 건강과 안전, 환경, 소비자의 이익, 공정한 경쟁 및 이에 준하는 공공의 이익을 침해하는 행위)를 적시하여 신고할 수 있다(동법 제6조 및 제8조). 그러나 "누구든지 공익신고자 등이라는 사정을 알면서 그의 인적 사항이나 그가 공익신고자 등임을 미루어 알 수 있는 사실을 다른 사람에게 알려주거나 공개 또는 보도하여서는 아니 된다. 다만, 공익신고자 등이 동의한 때에는 그러하지 아니하다."고 규정하며(동법 제12조 제1항), "제6조에 따라 공익신고를 접수한 기관의 종사자 등은 공익신고에 대한 조사결과 공익침해행위가 발견되기 전에는 피신고자의 인적 사항 등을 포함한 신고내용을 공개하여서는 아니 된다."고 하며(제10조 제5항), 이들 규정을 위반한 때에는 5년 이하의 징역 또는 5천만원 이하의 벌금에 처해지게 된다(동법 제30조). 부패방지 및 국민권익위원회의 설치와 운영에 관한 법률(약칭: 부패방지권익위법)에 의하면, 부패행위 신고자에 관해서도 유사한 규정이 있다.

89) 전술 제4절 Ⅲ 3 (4) 신뢰할 수 있는 취재원 ⑦ 공익신고자 참조.

90) Jason Bosland, Republication of Defamation under the Doctrine of Reportage – The Evolution of Common Law Qualified Privilege in England and Wales, http://www.austlii.edu.au/au/journals/UNSWLRS/2010/20.html.

4. 통신 뉴스의 항변

(1) 요건

미디어의 재공표 책임을 면책하는 또 하나의 법리가 미국 법원이 전개한 '통신뉴스의 항변'(wire service defense)이다. 그에 의하면 언론미디어의 보도가 뉴스통신 서비스에 의해 전달된 정보를 재공표한(republish) 것이고, 그 자료가 명예훼손적임을 알지 못했거나 알 근거가 없는 경우에는 명예훼손의 책임을 지지 아니한다.[91] 이 항변은 1933년 플로리다 최고법원의 판결[92]에서 최초로 언급된 이래 현재 미국의 20개 주에서 통용되고 있다.[93]

미국 판례에 의해 요구되는 그 요건을 보면 ① 신문, 방송, 잡지 등 언론 미디어[94]가 ② 통신사 등 신뢰할 수 있는 뉴스수집기관으로부터 배포된 정보[95]를 받아 ③ 실질적 변경을 가함이 없이 그대로 보도한 경우[96] ④ 그 내용이 허위임을 알거나 문면상 알 이유가 없었다면 면책된다.[97] ⑤ 여기서 명예훼손의 피해자가 공인인지 사인인지 상관이 없다.[98]

---

91) Jennifer L. Del Medico, ARE TALEBEARERS REALLY AS BAD AS TALEMAKERS?: RETHINKING REPUBLISHER LIABILITY IN AN INFORMATION AGE, 31 FDMULJ(Fordham Urban Law Journal, November, 2004), 1409.

92) Layne v. Tribune Co., 146 So. 234, 237-38 (Fla. 1933): 피고 일간지는 통신사가 제공한 기사를 전재한(republish) 것 때문에 원고로부터 명예훼손으로 피소되었는데, 법원은 신문이 일반적으로 신뢰할 수 있는 일상의 뉴스원으로부터 통신기사를 전재하는 경우 그가 재작성에 과실이고, 무사려하며, 부주의하게 행위했다는 증거가 없으면 명예훼손의 책임이 없다고 판시하였다. 법원은 이 항변을 채택하는 논거로서 신문들이 전국의 뉴스를 그에 관심을 갖는 독자들에게 전달할 수 있게 하기 위한 것이며, 신문마다 그 전파사항에 관한 사실 확인의무를 부과한다면 뉴스의 전달은 제한받을 것이란 점을 들었다.

93) Del Medico, Id., p. 1411.

94) 통신뉴스의 항변은 뉴스 속보나 원격지의 뉴스에 국한되지 아니하고, 향유 주체가 지방 미디어뿐 아니라 방송과 잡지에도 적용된다(Del Medico, Id., p. 1421).

95) 항변자는 그가 의거한 통신보도 기사를 정확하게 지적할 수 있어야 한다(Jewell v. NYP Holdings, Inc., 23 F. Supp. 2d 348, 371-74 (S.D.N.Y. 1998)).

96) 항변이 적용되기 위해 통신 보도내용을 축어적으로 전파하는 것을 요하는 것은 아니지만, 새로운 실체적 사실을 추가하는 경우에는 적용되지 않는다(O'Brien v. Williamson Daily News, 735 F. Supp. 218, 224 (E.D. Ky. 1990)). 언론사가 통신사로부터 받은 기사에 자신의 견해나 억측을 부가하여 보도하는 경우, 이를 과장하거나 윤색하는 경우, 자극적인 제목을 덧붙이는 경우 등에도 마찬가지일 것이다(김선화, 정현기, 언론중재법상 정정보도의 대상이 되는 사실적 주장에 관한 검토 - '인용보도'의 경우를 중심으로 -, 사법논집 제64집(2017), 199, 252면).

97) 재공표자는 그 기사에 모순이 없는가를 검토해야 하고, 모순된 내용에 설명이 없거나 허위임을 안 경우에는 재공표할 수 없다(Howe v. Detroit Free Press, Inc., 555 N.W.2d 738, 740-42 (Mich. Ct. App. 1996)).

98) Id., p. 1410.

나아가 미국 판례는 '역통신뉴스의 항변'(reverse wire service defense)도 인정한다. 그에 의하면 통신사가 배포한 기사가 통신사 자체의 기자가 아니라 명망있는 뉴스원(reputable news source)의 작업인 경우에도 통신사를 명예훼손 책임으로부터 면제하게 된다.99) 이 경우에도 통신사는 기사의 진위 여부를 독립적으로 조사할 의무를 부담하지 않으며, 그것이 명예훼손적 자료임을 알지 못했거나 알 이유가 없었다면 이 항변을 제기할 수 있다.

(2) 우리 판례

우리 판례가 뉴스통신사의 보도를 전재한 기사에 관해 이러한 법리를 명시적으로 적용한 사례는 보이지 않고, 통신사 제공뉴스를 마치 자신이 취재한 양 크레딧 표시없이 보도한 지방신문에 대하여 그 내용이 진실이라고 믿음에 상당한 이유가 없다는 취지로 판시한 사례가 있을 뿐이다.100)

그러나 우리 법제에서도 통신뉴스의 항변의 법리를 도입하여 수용할 필요가 있다고 생각된다. 미국 판례의 논거를 보거나, 현대 정보사회에서 뉴스 유통 시스템의 작동 기제에 의할 때 통신뉴스의 항변을 받아들이는 것은 경제적이고 합리적일 뿐 아니라 격리된 수용자의 알 권리에 기여할 수 있기 때문이다. 다만, 미국 판례가 요구하는 요건 이외에 크게딧을 밝혀 출처와 신뢰도를 담보하는 조치가 필요하다고 생각한다.101)

---

99) Reilly v. Associated Press, Inc., 797 N.E.2d 1204, 1217 (Mass. App. Ct. 2003); see Mehau v. Gannett Pac. Corp., 658 P.2d 312, 322 (Haw. 1983); Winn v. United Press Int'l, 938 F. Supp. 39, 44−45 (D.D.C. 1996); Winn v. Associated Press, 903 F. Supp. 575, 579 (S.D.N.Y. 1995).

100) 김선화 등, 전게 논문, 251면에 예시된 서울고등법원 1996. 9. 18. 선고 95나41965 판결과 대법원 2002. 5. 24. 선고 2000다51520 판결에 의하면 연합통신과 통신 송수신 및 전재계약을 맺은 지방신문사(피고)가 연합통신으로부터 제공받은 기사를 그대로 보도하면서 전재사실을 명시하지 아니한 채 자신이 취재한 것처럼 보도한 사안에서 법원은 피고의 상당성 항변을 이유 없다고 배척하였을 뿐, 통신뉴스 제공 항변 여부에 관하여는 판단하지 않고 있다.

101) 한위수, 통신사제공기사의 게재와 명예훼손 책임, 언론관계소송(한국사법행정학회, 2008), 188−189 면.

Ⅲ. 미디어의 범죄보도

1. 개관

(1) 범죄보도의 법적 의의

현실적 사회현상으로서 범죄와 범인은 사회적 관심사임에 틀림이 없다. 범죄는 공동 사회생활의 기본적 가치에 대한 위반이며, 범죄와 그에 대한 추궁은 일반에 대하여 중요한 정보가치를 제시하기 때문이다. 이러한 측면에서 언론의 범죄보도는 공공의 알 권리를 충족시키고, 여론을 형성함에 중요한 역할을 행한다.

대법원은 "일반적으로 대중 매체의 범죄사건 보도는 범죄 행태를 비판적으로 조명하고, 사회적 규범이 어떠한 내용을 가지고 있고, 그것을 위반하는 경우 그에 대한 법적 제재가 어떻게, 어떠한 내용으로 실현되는가를 알리고, 나아가 범죄의 사회문화적 여건을 밝히고 그에 대한 사회적 대책을 강구하는 등 여론형성에 필요한 정보를 제공하는 등의 역할"을 하며, "대중 매체의 범죄사건 보도는 공공성이 있는 것으로 취급할 수 있"다고 판시한다.[102][103]

한편, 그 보도의 대상이 되는 피의자, 피고인의 입장에서 보면, 그의 법을 어긴 일탈적 행태가 법적 절차에 의해 처벌되는 것은 당연하다고 하더라도 미디어에 의해 널리 전파됨으로써 입게 되는 명예 피해는 법외적인 것이다. 더욱이 "어떠한 범죄행위를 범죄자의 성명, 사진 등 신원 묘사와 함께 공개 보도하는 행위는 원칙적으로 그 범죄자의 인격권을 현저하게 침해하게 된다. 왜냐하면 그로 인하여 그의 과오가 공공연히 알려지게 되고, 그의 인격이 일반 대중의 눈에 부정적으로 비쳐지게 되기 때문이다."[104] 또 유죄가 확정되지 않은 상황에서 그의 혐의가 공개보도되면, 후에 무고함이 밝혀지더라도 회복하기 어렵다. 헌법은 "형사피고인은 유죄의 판결이 확정될 때까지는 무죄로 추정된다"고 규정하고 있다(헌법 제27조 제4항).

이와 같이 언론의 범죄보도에는 한편에서 국민의 알 권리를 대변하는 보도의 이익이, 다른 한편에서는 보도대상자의 명예 등 인격권이 대립 충돌하게 되며, 나아가

---

102) 대법원 1998. 7. 14. 선고 96다17257 판결.
103) 독일 판례는 "범죄행위 역시 언론이 이를 보도할 책무를 지는 시사적 사안에 속하는 것이"며, "범죄행위를 현실적으로 보도하는 정보의 이익은 일반적으로 범죄자의 인격보호보다 우위를 갖는다"고 한다(독일연방헌법재판소 1993. 2. 25. – 1BvR 172/93 [말소된 전과의 보도]).
104) BVerfGE 35, 202 [226].

범죄의 수사와 재판에 관한 보도에서는 또 다른 공익이 고려할 이익으로 등장하게 된다. 즉 언론의 범죄보도는 수사에 부담을 주고 공정한 재판을 저해할 수 있으므로 그에 대한 법적 대책도 필요하다.105)

(2) 범죄 보도 개관

언론의 범죄보도는 범죄의 수사와 재판을 거쳐 유죄의 판결 확정에 이르기까지 단계별로 허용되는 보도의 내용과 범위가 달라진다. 이를 구체적으로 살펴보면, ① 사회적, 정치적으로 의혹이 제기되는 단계, ② 이러한 의혹에 대해 국가의 수사기관이 개입하여 수사절차가 진행되는 단계, ③ 수사기관의 공소제기에 의해 법원에서 공개재판이 진행되는 단계, ④ 유죄판결 확정 후의 단계로 진행되게 된다.

첫째, 단계는 피해자의 고소, 고발 또는 일반 시민이나 시민단체 또는 정당의 의혹제기에 의해, 때로는 내부고발자에 의해 의혹이 제기되는 것을 계기로 언론이 이를 보도함으로써 적극화하는 단계를 말한다. 때로는 언론 자체의 이른바 탐사보도(investigative journalism)가 큰 역할을 하기도 한다. 수사가 개시되기 이전 의혹보도에 관해서는 후술한다.106)

둘째, 위와 같은 계기를 단서로 또는 직접 인지에 의해 수사기관이 개입하게 되는데, 이 단계에서는 공권력 발동인 점에서 법치국가적인 적법절차가 요구되며, 수사절차는 비공개를 원칙으로 한다. 이와 관련하여 수사의 개시에서부터 검찰이 기소하기까지는 수사기관(경찰 및 검찰)의 피의사실 공표죄가 적용되고 그 예외 사유 여부가 쟁점으로 제기된다.

셋째, 수사의 결과 공소가 제기되고 법원의 재판이 시작되면, 공개재판의 원칙이 적용되고 투명성의 요청이 실현된다. 이 시기에는 피고인의 공정한 재판을 받을 권리와 그에 부응할 법원의 독립 및 중립의무가 개입하게 된다. 이 단계에서는 재판 개입적 보도가 허용되는 여부가 논란되게 된다.

넷째, 수사 개시로부터 수사기관의 피의사실 공표가 금지되고, 판결이 확정되기까지는 무죄추정의 원칙이 적용되지만, 공공의 알 권리와 공권력 행사의 공정 합법한 행사에 대한 감시를 위해 익명 보도가 허용된다. 익명보도의 원칙은 수사와 재판 전 과정을 통하여, 그리고 판결 확정 및 형집행 이후에도 적용된다.

이렇게 용의자에 대한 수사, 기소 및 재판진행 단계에 따라 혐의는 구체화되는 과

---

105) Engau, aaO., S. 234.
106) 후술 제2장 제6절 Ⅳ 1. 의혹의 보도 참조.

정을 밟게 되는데, 그 각각의 단계에 상응하게 범인의 신원공개가 허용되는 여부 및 범위가 논의되어야 한다. 이들 과정에 대한 보도는 각 단계의 수사상황에 따라 신뢰할 수 있는 추가적인 정보가 존재하지 않는 한 수사결과를 넘어서 혐의의 정도를 높이는 보도를 행할 수 없다.

(3) 비교법적 고찰
가. 영국 보통법 상의 법정모욕제도

영국과 영연방국가에서는 공정한 재판의 이익이 언론자유의 이익보다 명백히 더 우월한 것으로 다루어지는 것이 일반적인 경향이다.[107] 영국에서는 일반적인 법정모욕법과 특별법에 의해 법원에 대한 보도가 금지되는데, 그것은 공정한 재판, 법원의 권위, 관계인의 익명성(匿名性) 보호에 의한 사법의 원활한 운영 등 다양한 목적을 갖는다.

영국 보통법에서 오랜 기간에 걸쳐 확립된 법정모욕(Contempt of Court) 제도는 법의 지배의 관리자인 법원의 권위에 도전하거나 맞서는 행위를 처벌할 권한을 법원에 부여하는 것으로서 법치주의의 한 본질적인 부속물로 간주되고 있다.

종전에 영국의 법정모욕죄는 표현행위가 편견을 가져다 줄 가능성만 있으면 성립하였고(likely to prejudice test),[108] 법은 법원에 관한 보도에 엄격한 제한을 가하였다. 1967년 법률에 의하면 영국에서는 치안판사에게 제출된 증거의 상세한 내용은 그 소송이 종료하기까지 보도할 수 없다. 혐의자의 체포와 기소 이전에 혐의사실을 보도하는 것은 법정모욕으로 처벌된다. 수사기관의 수사상황을 보도하는 것도 금지되었다. 영국의 언론은 피의자의 자백을 인용하는 것은 물론 자백이 있었다는 사실조차도 보도할 수 없으며, 형사기록의 사전보도와 증거능력이 없는 자료를 보도할 수도 없다. 증인과의 인터뷰나 증인의 증언을 위축시키는 보도도 할 수 없다. 피고인을 유리 또는 불리하게 편드는 보도도 허용되지 않는다. 이 때문에 영국에서는 미국과 달리 체포 및 기소 이전에 특정인의 범죄사실을 스스로 취재·보도하는 이른바 탐사보도(探査報道)의 관행(investigative journalism)은 허용되지 않았다. 영국의 신문들이 재판에 대하여 보도할 수 있는 것은 사건이 종료된 후에 비로소 가능할 뿐이다. 이렇게 보면 영국에서는 사실상 형사사건에 대한 언론의 논평이 배제되었다고 할 수 있다.

1981년 법개정으로 위와 같은 엄격한 처벌은 상당한 정도로 완화되었다. 1981년 개정 법정모욕법(Contempt of Court Act 1981)은 "보도가 해당 사건에서 사법의 수행이 중대하게 저해받거나 편견을 주게 될 실질적인 위험을 야기하는 보도"에만 법정모욕을 인정하고 있다(동법 제2조 제2항). 그러한 성질을 갖는 것이면 행위자의 의도나 실제로 그러한 결과가 발생한지 여부를 불문하고 처벌된다(strict liability rule). 법정모욕죄가 적용되는 시점은 체포 또는 구속영장 발부로부터 해당 소송이 판결 등으로 종료되는 시점까지의 보도이다.

형사법정모욕(Criminal Contempt)으로 처벌되는 행위는 법원에 반항하거나 이를 무시하는 행위 또는 의도적으로 법원의 권위나 법의 우월 자체에 도전하거나 맞서는 행위이며,[109] 그 주된 유형

---

107) Eric Barendt, Freedom of Speech, Clarendon Press, Oxford, 1989, p. 223.
108) 박용상, 언론의 자유(박영사, 2013), 843면 참조.
109) Robertson and Gough [2007] HCJAC 63.

은 법정에서 진술 거부, 물리적 심리 방해, 증인에 대한 위협 등 사법의 적정한 운영을 방해하거나 불공정을 야기할 의도의 행위이다.[110]

다만, 여기에는 2가지 면책 사유가 있다.

첫째, 공개된 법적 소송에 관한 공정하고 정확한 선의의 동시적인 보도는 면책된다(동법 제4조 제1항). 그럼에도 법원은 어떤 사법절차 또는 계속 중이거나 임박한 절차에서 불공정성의 실질적 위험을 피하기 위해 필요한 경우 해당 절차 또는 그 일부에 관한 보도를 법원이 적당하다고 생각 하는 기간 동안 연기할 것을 명할 권한을 갖는다(동법 제4조 제2항).

둘째, 공적 관심사 기타 일반적인 공적 이익 사항에 관한 선의의 토론(bona fide discussion)으로 로 행해진 보도는, 장애나 편견의 위험이 그 토론에 단지 부수적인 것이었다면 역시 항변이 인정 된다(동법 제5조).

나. 미국

영국 보통법(common law)의 전통을 이어 받았음에도 미국에서는 연방 수정헌법 제1조의 강력 한 언론 보호 조항에 따라 전통적인 법정모욕죄의 법리는 거의 무력화되었고,[111] 보통법상 '공정 보도의 특권'의 법리에 의해 사법절차에 관한 언론의 보도는 명예훼손소송으로부터 해방되고 있 다. 그 결과 계속 중인 사건에 대한 언론의 비판은 헌법적으로 보호되었고, 혐의자가 자백한 사실 또는 수사관에게 한 불리한 진술의 보도도 허용되었다.

이렇게 미국에서 언론의 수사 및 재판 보도는 아무런 제약이 없어 그로 인한 폐해를 야기하게 되었고,[112] 그에 대한 대책을 강구함에 있어서는 언론보도를 제재하는 대신 수사담당자나 소송관 계인의 수사정보 제공을 제한하거나, 그러한 언론보도로 인해 영향받았다고 생각되는 법원의 판결 을 파기하는 방안을 취하게 되었다.

1960년대 초 Kennedy 대통령 암살사건의 피의자에 대한 수사과정에서 야기된 언론의 무질서한 취재 및 보도의 행태를 계기로 언론보도에 대한 법적 규제의 공백사태를 극복하려는 일련의 대책 을 마련하자는 논의에 따라 미국의 법원과 법무부는 언론 자체를 대상으로 제한 또는 처벌하는 방 법을 단념하고, 그 대신 그 뉴스 소스를 제공하는 자, 즉 수사나 재판에 관여하는 공무원이나 변호 사에게 언론에의 진술을 통제하는 방향으로 나가게 되었다.[113]

---

110) Crown Court는 "법원의 면전에서" 행해지는 행위를 직권에 의해 법정모욕으로 처벌할 권한을 갖는 다. 모욕이 명백하고 긴박하며 즉각 행동이 요구되는 경우, 예컨대 증인, 배심원의 소환 불응, 배심 심의내용의 취득, 법원의 허가 없는 녹음 등에는 약식재판에 의해 법정모욕으로 최고 2년간 구금을 명할 수 있다. 치안판사(Magistrates' Court)의 법정모욕 처벌권은, 의도적으로 관여 법관, 증인, 법원 직원 또는 변호사 등을 법정 내외에서 모욕하는 행위, 또는 고의로 절차를 중단시키거나 기타 법정 내의 비위행위에 국한되며 1개월 구류나 2,500파운드의 벌금이 상한이다.

111) 1831년의 연방법률은 법정모욕죄의 요건으로서 "법관의 면전에서 또는 그에 근접하여" 행해진 법 정모욕행위만를 처벌할 수 있다고 규정하였다. 미국 연방대법원은 1940년대에 이르러 법정모욕으 로 기소된 사건에서 '명백하고 현존하는 위험'이라는 엄격한 기준을 강화하였고(Bridges v. Califor-nia, 314 US 252 (1941)), 심리전 사건의 언론 보도(pre-trial)를 금지하는 명령(이른바 'gag order') 은 엄격한 사전억제 금지의 법리에 의해 허용될 수 없었다.

112) 언론의 무절제한 재판보도의 폐해를 여지없이 드러낸 사건이 Lindbergh 유괴사건에 관한 1935년의 재판이었다. 미국법조협회(ABA, American Bar Association)는 이 사건에서 드러난 폐해를 방지하기 위하여 재판절차에 대한 사진보도를 금지하는 윤리강령을 채택한 바 있었다.

113) 연방검찰총장의 1965년 Katzenbach-Mitchell guidelines와 1966년 미국법조협회의 보고서(Reardon Committee Report)는 이러한 움직임을 반영하여 뉴스 소스에 대한 제한을 제안하게 되었고, 그 기

이러한 움직임에 부응하여 미국 연방대법원은 하급심 법원이 언론에 의한 소송보도를 법정모욕죄로 처벌할 수 없다고 하더라도 과도한 언론보도가 형사절차에 대한 위협을 가져올 우려를 저지하는 일련의 조치를 취하도록 명하였다.[114] 대법원은 언론보도에 의해 영향받았다고 여겨지는 재판을 취소하는 조치를 취하였고,[115] 하급법원에 그러한 영향을 차단하기 위한 조치를 명하였다.[116] 연방대법원은 재판 전 및 재판 중에 편견적인 보도가 중대한 정도로 행해진 사례에서 피고인에 대한 재판이 수정헌법 제14조의 적법절차를 어겼다는 이유로 피고인의 유죄판결을 파기한 바 있었고, 때로는 재심을 받게 한다거나 무죄 방면한 사례도 있었다.[117]

미국 연방대법원의 이러한 태도는 에스테스 형사공판 방영사건[118] 및 '도망자' 셰퍼드 사건[119]에서도 확인되고 있다. 유명한 Samuel Sheppard 박사의 살인사건에서 연방대법원은 언론의 선정주의적 보도가 셰퍼드박사의 공정재판청구권을 박탈하였다고 판시하였다.

다. 독일

독일 연방헌법재판소는 형사범죄에 대한 실제 보도에서는 공공의 정보이익이 일반적으로 우위를 갖는다는 입장을 취한다.[120]

독일에서도 언론의 재판보도에 따른 폐해와 그에 대한 대책의 필요성은 오래 전부터 논의되어 왔다. 영미법계의 법정모욕 모델을 도입할 것인가가 논란되었는데, 1985년 독일연방정부 보고서는 이를 독일의 편견적 언론보도문제의 해결책으로서 받아들일 수는 없다는 결론을 내리고[121] 스웨덴식 자율규제를 권고하였다.

독일의 현행 형법은 법원의 재판에 관한 일정한 사항의 보도를 금지하는 규정을 가지고 있으며, 그 밖에 형법 이외의 차원에서 새로운 시도가 행해지고 있다.

독일 형법 제353d조 제1호 내지 제3호는 "법원심리에 관한 보도의 금지"라는 제목으로 다음과 같은 행위를 1년 이하의 징역 또는 벌금형에 처하는 규정을 두고 있다.

① 국가의 안보를 이유로 비공개로 진행된 심리에 관하여 보도한 경우(이 경우 비공개결정은 조서에 기재되어 있어야 한다)

② 비공개재판에 출석이 허용된 자가 수비명령(守秘命令)에 위반하여 금지된 사항을 공개한 경우(여기서 수비명령도 조서에 기재되어 있어야 한다)

③ 형사절차의 공소장이나 기타 공식적인 문서의 전부나 그 중요한 일부를 공개재판절차에서 진술되기 전 또는 그 절차가 종료되기 전에 문안(文案)대로 공개하는 경우.[122]

본취지가 널리 인정받아 미국법조협회(ABA)와 다수의 주에서 수용되게 되었다.

114) Irvin v. Dowd, 336 U.S. 717 (1961) [어빈 살인범 단정 보도사건].
115) Id.
116) Sheppard v. Maxwell, 384 U.S. 333 (1966) ['도망자' 셰퍼드 사건].
117) Rideau v. Louisiana, 373 U.S. 723, (1963) [리도 사전자백 방송 사건].
118) Estes v. State of Texas 381 U.S. 532 (1965).
119) Sheppard v. Maxwe11 384 U.S. 333 (1966).
120) BVerfGE 35, 202, 231 f. 등.
121) 법원이 언론보도에 대하여 형사적으로 제재할 수 있는 법정모욕 처벌권한은 일반적으로 언론의 자유보다 법원절차의 보호를 우선시하는 영국의 특수한 법적 전통에 기한 제도라는 것이었다.
122) 이 부분의 처벌조항에 관하여는 독일연방헌법재판소의 합헌판결이 있었으나, 이 경우 구성요건은 '문안대로' 공개하는 것을 처벌하는 것이므로 이를 요약하거나 변경하여 공개하는 경우에는 처벌될 수가 없어 그 실효성이 의문시되고 있다(Löffler/Ricker Handbuch des Presserechts, 2. Aufl. C.H.

한편, 전술한 연방정부의 보고서에 따라 연방정부가 형사소송으로부터 나오는 공식적인 정보의 흐름을 통제하기 위하여 검찰의 공보지침(公報指針)을 제정하여 시행하고 있으며, 피해자보호법은 소송에 관여하는 피해자의 신원을 보호하는 규정을 두고 있다.

라. 검토

위 각국의 예에서 본 바와 같이 수사와 재판에 관한 국민의 알 권리를 확대하려는 노력은 세계적 추세이며, 재판에 대한 보도는 계속 확충될 전망이다. 언론의 재판보도의 폐해에 대한 대책으로서 형사적 제재의 방법은 쇠퇴하고 있으며, 언론을 직접적으로 규제하려는 입법적 시도도 좌절하고 있음을 알 수 있다.

그에 대한 대안으로서 생각할 수 있는 것은 미국과 독일에서 채택되고 있는 바와 같이 해로운 영향이 조성될 수 있는 정보의 흐름을 사전에 차단하는 조치로서 소송관계인이나 사건 담당 수사 및 사법기관 직원의 언론에 대한 제보를 통제하는 방안과 함께 언론이 보도활동을 행함에 있어서 헌법상 이른바 '무죄추정(無罪推定)의 원칙'이 실질적으로 지켜질 수 있도록 익명보도(匿名報道)의 원칙 등 개인의 법익보호를 위한 간접적인 대책을 강구하는 것이 보다 바람직하다고 생각된다. 이러한 움직임은 1960년대 북유럽에서부터 시작되어 세계적으로 파급되는 경향에 있다. 독일에서도 최근의 판례는 인격의 침해가 문제된 민사사건에서 무죄추정원칙을 적용하는 경향이 일반화하고 있다.

2. 무죄추정의 원칙과 익명보도의 원칙

(1) 무죄추정의 원칙

가. 의의

범죄 보도에 관해 우선적으로 고려할 것은 헌법상 무죄추정의 원칙이다. 무죄추정의 원칙(Unschuldsvermutung)은 헌법상 인간의 존엄 존중의 원리와 법치국가원리로부터 연역되는 원칙으로서 당해 형사소송에서 유죄의 판결이 확정되기 전에는 혐의자가 죄를 범한 것으로 다루어서는 안된다는 요청이다. 범인이나 범죄혐의자 및 그 가족의 신원을 밝히는 보도는 범죄혐의자에 대하여 확정판결이 있기 전에 사회적 멸시를 받게 하고, 그들의 사회복귀를 어렵게 할 우려가 있다.

우리 헌법은 "형사피고인은 유죄의 판결이 확정될 때까지는 무죄로 추정된다"고 규정한다(헌법 제27조 제4항).[123] 헌법재판소는 "유죄의 확정판결이 있을 때까지 국가의

Beck, München (1986), S. 97).

수사권은 물론 공소권, 재판권, 행형권 등의 행사에 있어서 피의자 또는 피고인은 무죄로 추정되고 그 신체의 자유를 해하지 아니하여야 한다는 무죄추정의 원칙은, 인간의 존엄성을 기본권질서의 중심으로 보장하고 있는 헌법질서 내에서 형벌작용의 필연적인 기속원리가 될 수밖에 없다"고 판시한다.124) 무죄추정의 원칙은 법원뿐 아니라 여타의 모든 국가기관도 구속하며, 공소제기 전 단순한 범죄혐의자에게도 적용된다.125) 나아가 헌법재판소는 헌법상 무죄추정의 원칙은 국가형벌권 행사에 대한 절차적 통제원리에 불과한 것이 아니라 형사절차 이외의 일반법 영역에도 확대 적용된다고 한다.126)

헌법재판소 2014. 3. 27. 선고 2012헌마652 결정 [피의사실 언론공표 등 위헌확인]

헌법 제27조 제4항은 무죄추정원칙을 천명하고 있는바, 아직 공소제기가 없는 피의자는 물론 공소가 제기된 피고인이라도 유죄의 확정판결이 있기까지는 원칙적으로 죄가 없는 자에 준하여 취급하여야 하고 불이익을 입혀서는 안 되며 가사 그 불이익을 입힌다 하여도 필요한 최소한도에 그쳐야 한다(헌법재판소 1990. 11. 19. 선고 90헌가48 결정, 헌법재판소 2011. 4. 28. 선고 2010헌마474 결정 참조).

그러므로 수사기관에 의한 피의자의 초상 공개에 따른 인격권 제한의 문제는 위와 같은 무죄추정에 관한 헌법적 원칙, 수사기관의 피의자에 대한 인권 존중의무(형사소송법 제198조 제2항), 수사기관에 의한 인격권 침해가 피의자 및 그 가족에게 미치게 될 영향의 중대성 및 파급효 등을 충분히 고려하여 헌법적 한계의 준수 여부를 엄격히 판단하여야 한다.

이 사건 심판 청구인은 공인이 아니며 보험사기를 이유로 체포된 피의자에 불과해 신원공개가 허용되는 어떠한 예외사유에도 해당한다고 보기 어렵다.

어쨌든 무죄추정의 원칙은 국가기관을 수명자로 하는 것이므로 직접 언론을 구속하는 효력을 갖는 것은 아니다. 그렇지만 언론 미디어도 역시 그 보도에서 무죄추정의 정신에 따라 절제할 의무를 부담한다.127) 수사와 재판 등 모든 절차에서 언론보도는 명예를 존중하여야 한다는 법적 지침이 적용되고, 범인의 명예를 손상하거나 기타의 방법으로 불리하게 하는 주장은 금지된다.128) 범죄사건 관계 보도가 문제된 사건을 다룸에 있어서 법원은 이 헌법상 무죄추정의 원칙을 엄격히 적용하여 그 헌법상의 요구

---

123) 형사소송법은 위 헌법 규정을 받아 다시 "피고인은 유죄의 판결이 확정될 때까지는 무죄로 추정된다."고 규정하고(동법 제275조의2), 형의 집행 및 수용자의 처우에 관한 법률 제79조(미결수용자 처우의 원칙)는 "미결수용자는 무죄의 추정을 받으며 그에 합당한 처우를 받는다"고 규정한다.
124) 헌법재판소 2001. 11. 29. 선고 2001헌바41 결정.
125) Engau, aaO., S. 220f.
126) 헌법재판소 2005. 5. 26. 선고 2002헌마699 결정, 헌법재판소 2006. 5. 25. 선고 2004헌바12 결정, 헌법재판소 2011. 4. 28. 선고 2010헌마474 결정, 헌법재판소 2010. 9. 2. 선고 2010헌마418 결정 등 참조.
127) 문재완, 범죄보도와 무죄추정원칙, 언론과 법 제19권 제2호, 한국언론법학회(2020. 8), 77－113면 참조.
128) Engau, aaO., S. 238.

가 최대한 존중되도록 언론보도를 유도하게 된다.

나. 효과

무죄추정의 원칙에 의하면 판결 확정 이전에는 범인에 대해 사회적으로 차별하여
서는 안 되고, 범인도 부당한 폭로로부터 보호받고 민법 및 형법상 명예보호 규정이
적용된다.

무죄추정의 원칙은 원래 국가기관을 수명자로 한 것이지만, 언론의 범죄보도에
대해서도 중요한 영향을 미친다. 범죄혐의자가 처벌받아야 한다고 하는 공개적인 주
장은 이 원칙을 위반한 명예·인격권 침해로서 불법행위가 성립된다.[129] 또 범죄인이
라고 칭하거나 처벌받아야 한다고 하는 비난은 그 근거가 있는지 여부를 막론하고 금
지된다.[130]

이러한 보도에 대하여 혐의자는 인격권에 기한 부작위[금지]청구권을 가지며, 그
러한 표현행위가 임박한 때에는 방해예방을 위한 부작위청구의 소를 제기하거나 또는
민사소송법상 가처분의 방법으로 부작위[금지]를 청구할 수 있다.[131]

이러한 법적 효과는 범죄인이 유죄로 확정되기 전까지만 유지되고, 위와 같은 구
제수단은 잠정적인 권리보호에 그친다. 범인에 대해 일단 유죄가 확정되면 그 무죄추
정의 보호는 종료하고, 그 이후에는 확정된 범죄자에 대한 익명권 보호 여부의 문제만
이 남게 된다.

(2) 익명보도의 원칙

가. 의의

1) 사건과 범인의 구별

헌법상 무죄추정의 원칙을 근거로 이를 범죄보도에 구현하는 중요한 제도의 하나
가 익명보도의 원칙이다. 언론의 범죄보도가 원칙상 허용된다고 하더라도 그것이 피
의자의 인권에 미치는 영향을 최소화하는 방안이 모색될 필요가 있다. 그것은 공공이

---

129) Eberhard Schmidt, Justiz und Publizistik, Tübingen 1968, S. 56.
130) 오스트리아 언론매체법 제7b조는 "한 미디어에 의해 법원에서 가벌적 혐의를 받았으나 유죄로 확
정되지 않은 인물을 증명되거나 유죄인 것으로 취급되거나 단순한 혐의가 아닌 가벌적 행위의 범
인으로 표시되면, 피해자는 매체사에 대해 피해받은 침해의 손배배상청구권을 갖는다. 그 배상액은
20,000유로 이하이며, 제6조 제2항이 적용된다."고 규정한다.
131) Engau, aaO., S. 249. 독일의 판례는 형사사건의 확정판결이 있을 때까지 불확실한 상황이 지속되는
한, 그 혐의의 근거가 있는지 여부를 불문하고 피의자나 피고인은 자기에 관한 죄를 인정하는 표현
을 하지 말라는 부작위의 가처분을 구할 수 있다고 한다(OLG Köln - "Killerkommando", AfP 1985,
S. 293, 294). 따라서 피의자는 유죄의 확정판결이 있기 전에는 자기의 무죄가 증명이 되지 않은 경
우에도 민사소송으로 자기를 범인이라고 표시하는 것을 금지하도록 청구할 수 있다. 증인이나 법관
에 대해 영향을 미칠 수 있기 때문이다.

알 공익이 있는 사안과 그에 연관된 개인의 신원을 구별하는데서 출발한다.[132] 공공의
알 권리는 객관적 사안 자체(Thematik als solche)에 국한되고, 그 분쟁에 관여하는 인물
들에 관하여 보도할 필요성은 예외적인 경우에만 존재한다. 즉 언론이 범죄와 수사에
관하여 알리는 경우 반드시 관여한 인물의 신원에 관한 언급이 필요한 것은 아니다.
예를 들면, 일상적인 교통사고를 보도함에 있어서 그 사고 원인과 경과에 관한 사실은
장래의 사고방지나 교통대책을 강구하기 위해 그 보도에 공적 이익이 있지만, 과실 있
는 운전자의 신원을 반드시 공공이 알 필요는 없다. 마찬가지로 결혼사기사건을 보도
함에 있어서 피해자 신원이 알려질 필요는 없다.[133]

이와 같이 익명보도의 원칙은 알 권리와 명예 등 인격권과의 충돌을 조화적으로
해결하는 방안이다. 그것은 언론이 특정 사안을 보도하되 관계자의 실명이나 초상의
보도를 원칙적으로 금지하는 효력을 갖는다.[134] 익명보도의 원칙은 나아가 피해자의
성명권 및 초상권을 보호한다는 점에 그 제도적 의미가 부여될 수 있다. 이에 관해서
는 사생활의 권리 보호와 관련된 풍부한 판례가 나오고 있다.

2) 판례

우리 판례는 1998년 이래 공소제기 전 범죄보도에서 익명보도의 원칙을 취하고
있다.

대법원 1998. 7. 14. 선고 96다17257 판결 ['이혼소송주부 청부폭력']

피고 신문과 방송 등은 수사중인 경찰의 발표를 믿고 '남편과의 이혼소송을 진행중인 피
의자(녀, 원고 1)가 그 소송에서 승소할 가능성이 없게 되자 청부폭력배 등과 함께, 남편의
행방을 찾기 위해 남편 친구 등을 감금 폭행하였다.'는 요지의 기사를 보도하였다. 위와 같은
혐의로 기소된 원고는 1991. 12. 19. 제1심에서 무죄를 선고받았고, 그 무죄판결은 1992. 11.
13. 대법원에서 확정되었다.

대법원은 피고 매체 등에 대한 원고의 손해배상청구를 인용하면서 다음과 같이 판시하였다.
"대중 매체의 범죄사건 보도는 공공성이 있는 것으로 취급할 수 있을 것이나, 범죄 자체를
보도하기 위하여 반드시 범인이나 범죄 혐의자의 신원을 명시할 필요가 있는 것은 아니고,
범인이나 범죄혐의자에 관한 보도가 반드시 범죄 자체에 관한 보도와 같은 공공성을 가진다
고 볼 수도 없다." "원고 1과 망 소외 2(원고1 오빠의 친구)는 평범한 시민으로서 어떠한 의
미에서도 공적인 인물이 아닌 이상 일반 국민들로서는 피고 언론 각사가 적시한 범죄에 대하

---

132) "개인(인물)에 관한 보도의 정당성은 범죄와 범죄자에 집중된 이익에서 범죄의 요건과 결과의 분석
으로 옮아갔다."(vgl. BVerfGE 35, 202 <231>).

133) Wenzel, aaO., S. 294.

134) 프랑스 언론법 제35ter조 제1호는 "형사 절차에서 소송 중인 인물임이 확인되거나 확인될 수 있는
이미지를, 유죄 판결 선고의 대상이 아닌 자로서 수갑이나 족쇄를 착용한 모습이든 미결 구금 장소
에 유치된 모습이든, 이해관계자의 동의 없이 전파하는 행위는, 여하한 수단에 의한 것이든 15,000
유로의 벌금에 처한다."고 규정한다.

여는 이를 알아야 할 정당한 이익이 있다 하더라도 그 범인이 바로 원고 1과 망 소외 2이라고 하는 것까지 알아야 할 정당한 이익이 있다고 보이지 않는다."

위 선구적 판결 이후 대법원은 다수의 사건에서 익명보도의 원칙을 적용하고 있다.135) 따라서 일반적 범죄보도의 비교형량에서는 범죄사실에 관한 정보가 알 권리의 대상이 되지만, 그 이외에 그 관여 범죄자 및 피의자의 신상정보를 공개하려면 그에 관해 공공의 정당한 알 권리가 있어야 한다.

대법원은 2009년 판결136)에서 ① 실명을 밝혀 범죄사실을 보도하는 경우에는 법익 침해의 정도가 커짐에 비추어 당해 범죄사실의 진실성에 관한 주의의무가 가중됨을 강조하고, 나아가 실명보도가 허용되는 경우로서 ② 사회적으로 고도의 해악성을 가진 중대한 범죄에 관한 것이거나 ③ 사안의 중대성이 그보다 다소 떨어지더라도 정치·사회·경제·문화적 측면에서 비범성을 갖고 있어 공공에게 중요성을 가지거나 공공의 이익과 연관성을 갖는 경우 또는 ④ 피의자가 갖는 공적 인물로서의 특성과 그 업무 내지 활동과의 연관성 때문에 일반 범죄로서의 평범한 수준을 넘어서서 공공에 중요성을 갖게 되는 등 시사성이 인정되는 경우 등을 들고 있으며, ⑤ 이들 경우에도 개별 법률에 달리 정함이 있다거나 그 밖에 다른 특별한 사정이 없을 것을 전제로 하고 있다.

대법원 2009. 9. 10. 선고 2007다71 판결

피의자의 실명을 공개하여 범죄사실을 보도하는 경우에는 피의자의 범죄사실을 알게 되는 사람들의 범위가 훨씬 확대되고 피의자를 더 쉽게 기억하게 되어 그에 따라 피의자에 대한 법익침해의 정도 역시 훨씬 커질 것이므로, "피의자의 실명을 보도함으로써 얻어지는 공공의 정보에 관한 이익과 피의자의 명예나 사생활의 비밀이 유지됨으로써 얻어지는 이익을 비교형량한 후 전자의 이익이 후자의 이익보다 더 우월하다고 인정되어야" 한다.

어떠한 경우에 피의자의 실명보도를 허용할 수 있을 정도로 공공의 정보에 관한 이익이 더 우월하다고 보아야 할 것인지는 일률적으로 정할 수는 없고, "범죄사실의 내용 및 태양, 범죄 발생 당시의 정치·사회·경제·문화적 배경과 그 범죄가 정치·사회·경제·문화에 미치는 영향력, 피의자의 직업, 사회적 지위·활동 내지 공적 인물로서의 성격 여부, 범죄사건 보도에 피의자의 특정이 필요한 정도, 개별 법률에 피의자의 실명 공개를 금지하는 규정이 있는지 여부, 피의자의 실명을 공개함으로써 침해되는 이익 및 당해 사실의 공표가 이루어진 상대방의 범위의 광협 등을 종합·참작하여 정하여야 할 것"이다.

---

135) 대법원 2007. 7. 12. 선고 2006다65620 판결: 정신과의원을 운영하는 의사(실명 적시됨)가 마약류취급허가가 없는 직원에게 약을 조제하도록 시켰다고 보도한 기사가 문제된 사건에서 대법원은 의사의 신원에 관한 사항은 공공의 이해에 관한 사항이라 할 수 없다고 판시하였다.
136) 대법원 2009. 9. 10. 선고 2007다71 판결.

3) 법적 효과

익명보도의 원칙은 범죄보도에서 전반적·일관적으로 적용되는 기준이다. 따라서 모든 대중매체의 보도에서는 혐의자의 익명성이 유지되도록 주의할 필요가 있다. 실명을 밝히지 않더라도 특정인임을 알 수 있는 개별적인 개인적 사항을 언급하는 것은 동일시될 수 있다. 나아가, 그의 초상을 공개함에는 그 외에 이를 정당화할 수 있는 사유가 요구된다(후술).

익명보도는 범죄에 관한 보도에서 관계인의 실명(實名)이나 초상(肖像) 등 신원을 공개하지 않음으로써 판결 확정 전 범죄보도의 악영향을 배제시키는 사전배려적 조치로서 의미를 갖는다. 따라서 익명보도의 원칙이 관철되면 기사는 특정인과의 개별적 연관성이 결여되어 해당 기사는 명예훼손의 책임을 벗어나게 된다는 점에 각별한 의미를 갖는다.

익명보도의 원칙은 범인 및 범죄혐의자를 폭로로부터 보호하기 위한 것일 뿐 아니라 수형 후 범인의 방해받지 않는 사회복귀를 용이하게 하기 위해서도 의미를 갖는다(후술).[137]

익명보도의 원칙을 위반한 보도에 대하여 관계인은 명예 등 인격권 침해를 이유로 부작위[금지]청구 등 법적 구제를 청구할 수 있다. 이 경우 관계자의 신원이 이미 알려졌다고 하는 사실은 그 청구를 거부할 사유가 되지 못한다. 그렇지 않다면 실제상 부작위청구권의 법적인 보호는 실효성을 갖지 못하게 될 것이기 때문이다.[138]

범죄사실에 대한 실명보도가 있은 후 그 관계인이 무죄로 확정된 경우 보도자의 책임 문제는 현실화된다.[139]

나. 현행법상의 신원 공개금지 조항

현행법에는 무죄추정의 원칙과 익명보도의 원칙을 관철하기 위해, 특히 범인이나 사건관계인의 신원 및 초상의 공개를 법적으로 금지하는 여러 규정이 존재한다. 종전 그들은 일괄적인 총칙적 규정이 없이 개개 특별법에 산발적으로 규율되고 있어 일관성이 없어 개선이 요구되었다. 그 금지 대상으로는 범인(피의자 또는 피고인), 고소·고발인, 신고인, 피해자, 증인, 기타 관련자 등의 신원 사항이 있으나, 그 신원보호의 취지는 대상마다 다를 수 있다. 이를 개관하면 다음과 같다.

첫째, 사건의 유형에 따라 소년보호사건이나 소년형사사건(소년법 제68조) 및 가사사건에서는 동법 등에 의해 처리되는 사건에 관하여 피의자·피고인 또는 당사자의 성

---

137) 독일 연방헌법재판소 1993. 2. 25. - 1 BvR 172/93 판결 - 전과기록 보도 금지 참조.
138) Wenzel, aaO., S. 294.
139) 대법원 1998. 7. 14. 선고 96다17257 판결 [이혼소송 주부 청부폭력] 참조.

명, 연령, 직업, 용모 등 본인으로 추지할 수 있는 사실 등을 보도할 수 없고, 이를 위반한 경우에는 형사처벌을 받는다. 일반적으로 형사사건에서 범인(피의자 또는 피고인)의 신원 공개 가부에 관하여는 항목을 나누어 후술한다.

> **소년법 제68조(보도금지)** ① 이 법에 의하여 조사 또는 심리 중에 있는 보호사건 또는 형사사건에 대하여는 성명, 연령, 직업, 용모 등에 의하여 그 자가 당해 본인으로 추지할 수 있는 정도의 사실이나 사진을 신문지 기타 출판물에 게재 또는 방송할 수 없다. ② 제1항의 규정에 위반한 때에는 신문지에 있어서는 편집인과 발행인, 기타 출판물에 있어서는 저작자와 발행자, 방송에 있어서는 방송편집인과 방송인을 1년 이하의 징역이나 금고 또는 300만원 이하의 벌금에 처한다.

> **가사소송법 제10조(보도금지)** 가정법원에서 처리 중에 있거나 처리한 사건에 관하여는 성명·연령·직업·용모 등에 의하여 그 본인임을 추지할 수 있는 정도의 사실이나 사진을 신문잡지·기타 출판물에 게재하거나 방송할 수 없다. 제72조 (보도금지위반죄) 제10조의 규정에 위반한 자는 2년 이하의 금고 또는 100만원 이하의 벌금에 처한다.

둘째, 범죄 피해자, 고소·고발인 또는 신고인 등의 신원 공개를 금지하는 법령으로서 특정범죄신고자 등 보호법 제8조, 특정강력범죄의 처벌에 관한 특례법(약칭: 특정강력범죄법) 제8조, 성폭력범죄의 처벌 등에 관한 특례법(약칭: 성폭력처벌법) 제22조, 제24조 제2항, 성매매알선 등 행위의 처벌에 관한 법률(약칭: 성매매처벌법) 제7조 제3항, 아동·청소년의 성보호에 관한 법률 제31조 제3항, 인신매매 등 방지 및 피해자 보호 등에 관한 법률 제21조 제4항 등은 각 해당 법률이 정하는 특정한 범죄의 피해자, 고소인, 고발인의 신원노출보도를 금지하고 있다. 이들 조항은 피해자 등의 프라이버시보호와 함께 보복범죄의 피해를 사전에 예방하기 위한 것이라고 할 수 있다.

> **특정범죄신고자 등 보호법 제8조(인적 사항의 공개 금지)** 이 법에 규정된 경우를 제외하고는 누구든지 이 법에 따라 보호되고 있는 범죄신고자 등이라는 정황을 알면서 그 인적 사항 또는 범죄신고자 등임을 미루어 알 수 있는 사실을 다른 사람에게 알려주거나 공개 또는 보도하여서는 아니 된다. 제17조(벌칙) ① 제8조를 위반한 자는 3년 이하의 징역 또는 3천만원 이하의 벌금에 처한다.

> **특정강력범죄의 처벌에 관한 특례법 제8조(출판물 등으로부터의 피해자 보호)** 특정강력범죄 중 제2조 제1항 제2호 내지 제5호 및 제2항(다만, 제1항 제1호를 제외한다)에 규정된 범죄[약취, 유인, 강간, 강도 등]로 수사 또는 심리중에 있는 사건의 피해자나 특정강력범죄로 수사 또는 심리중에 있는 사건을 신고하거나 고발한 자에 대하여는 성명, 연령, 주소, 직업, 용모 등에 의하여 그가 피해자 또는 신고하거나 고발한 자임을 미루어 알 수 있는 정도의 사실이나 사진을 신문지 기타 출판물에 게재하거나 방송 또는 유선방송하지 못한다.

성폭력범죄의 처벌 등에 관한 특례법 제22조는 특정강력범죄법 제8조를 준용하고, 제24조 (피해자의 신원과 사생활 비밀 누설 금지) 제2항은 "누구든지 제1항에 따른 피해자의 주소, 성명, 나이, 직업, 학교, 용모, 그 밖에 피해자를 특정하여 파악할 수 있는 인적사항이나 사진 등을 피해자의 동의를 받지 아니하고 신문 등 인쇄물에 싣거나 「방송법」 제2조 제1호에 따른 방송 또는 정보통신망을 통하여 공개하여서는 아니 된다."고 규정한다.

성매매알선 등 행위의 처벌에 관한 법률 제7조 제3항은 "③ 다른 법률에 규정이 있는 경우를 제외하고는 신고자 등의 인적사항이나 사진 등 그 신원을 알 수 있는 정보나 자료를 인터넷 또는 출판물에 게재하거나 방송매체를 통하여 방송하여서는 아니 된다."고 규정한다.

아동·청소년의 성보호에 관한 법률 제31조 제3항은 "③ 누구든지 피해아동·청소년의 주소·성명·연령·학교 또는 직업·용모 등 그 아동·청소년을 특정하여 파악할 수 있는 인적사항이나 사진 등을 신문 등 인쇄물에 싣거나 「방송법」 제2조 제1호에 따른 방송(이하 "방송"이라 한다) 또는 정보통신망을 통하여 공개하여서는 아니 된다."고 규정한다.

인신매매 등 방지 및 피해자 보호 등에 관한 법률 제21조 제4항은 "④ 누구든지 다른 법률에 규정이 있는 경우를 제외하고는 신고자 또는 피해자(이하 "신고자등"이라고 한다)의 인적사항이나 사진 등 그 신원을 알 수 있는 정보나 자료를 인터넷 또는 출판물에 게재하거나 방송매체를 통하여 방송하여서는 아니 된다."고 규정한다.

셋째, 특별법 중에는 피해자, 고소·고발인 또는 신고인의 신원과 함께 가해 행위자의 신원공개도 금지하는 경우가 있다. 가해행위자와 피해자 등이 일정한 가까운 신분관계가 있는 경우 피고인의 신원공개가 피해자의 신원 공개로 이어져 제2차 피해가 생길 수 있는 경우 이를 방지하기 위한 것이라고 할 수 있다.

가정폭력범죄의 처벌 등에 관한 특례법 제18조 (비밀엄수등의 의무) ② 이 법에 의한 가정보호사건에 대하여는 행위자, 피해자, 고소인·고발인 또는 신고인의 주소·성명·연령·직업·용모 기타 이들을 특정하여 파악할 수 있는 인적사항이나 사진 등을 신문 등 출판물에 게재하거나 방송매체를 통하여 방송할 수 없다.
제64조 (비밀엄수등 의무의 위반죄) ② 제18조 제2항의 보도금지의무를 위반한 신문의 편집인, 발행인 또는 그 종사자, 방송사의 편집책임자, 그 장 또는 종사자 기타 출판물의 저작자와 발행인은 500만원 이하의 벌금에 처한다.

아동학대범죄의 처벌 등에 관한 특례법('아동학대처벌법') 제35조(비밀엄수 등의 의무) ② 신문의 편집인·발행인 또는 그 종사자, 방송사의 편집책임자, 그 기관장 또는 종사자, 그 밖의 출판물의 저작자와 발행인은 아동보호사건에 관련된 아동학대행위자, 피해아동, 고소인, 고발인 또는 신고인의 주소, 성명, 나이, 직업, 용모, 그 밖에 이들을 특정하여 파악할 수 있는 인적사항이나 사진 등을 신문 등 출판물에 싣거나 방송매체를 통하여 방송할 수 없다.[140]

---

140) 피해 아동의 부모가 보도를 승낙했다 하더라도 위법성이 조각되지 않는다는 판례가 있다(대법원 2024. 5. 9. 선고 2023도16950 판결 및 원심 서울서부지방법원 2023. 11. 9. 선고 2022노1313 판결).

제62조(비밀엄수 등 의무의 위반죄) ③ 제35조 제2항의 보도 금지 의무를 위반한 신문의 편집인·발행인 또는 그 종사자, 방송사의 편집책임자, 그 기관장 또는 종사자, 그 밖의 출판물의 저작자와 발행인은 500만 원 이하의 벌금에 처한다.

헌법재판소 2022. 10. 27. 선고 2021헌가4 결정

아동학대처벌법은 아동을 보호하여 아동이 건강한 사회 구성원으로 성장할 수 있게 하기 위한 특별법으로서(제1조), 그 제35조 제2항은 가해자의 신원 공개가 피해자의 신원 공개로 이어져서 또 다른 피해가 나타날 수 있는 문제를 방지하기 위한 조항이다. 헌법재판소는 "심판대상조항은 아동보호사건에 있어서 피해아동과 밀접한 관계에 있는 아동학대행위자에 대한 식별정보의 보도를 금지함으로써 피해아동의 인적 사항 등이 노출되지 않도록 하여 2차 피해를 막고 피해아동을 보호하기 위한 것으로서, 입법목적의 정당성이 인정되고 그 수단 역시 입법목적 달성에 적합하다"고 하여 합헌으로 판단하고 있다.

그런데 헌법재판소는 가해자가 피해아동의 부모나 친인척인 경우만을 상정하고 위 조항의 위헌 여부를 판단하고 있으나, 가해자가 교육자인 보호자인 경우에는 그 신원노출이 피해아동의 신원 노출로 이어질 위험성이 적기 때문에 그런 경우에는 가해자의 신원 공개를 예외없이 금지할 필요가 없다고 보는 견해가 있고, 결국 이 규정은 아동학대범죄에 관한 사회적 고발을 막는 통제 목적으로 악용될 수 있다는 우려가 제기된 바 있다.[141]

넷째, 정당법은 법원이 재판상 요구하는 경우와 관계 선거관리위원회가 당원에 관한 사항을 확인하는 경우를 제외하고는 당원명부의 열람을 강요당하지 아니한다고 규정한다(동법 제23조 제3항). 범죄수사를 위한 당원명부의 조사에는 법관이 발부하는 영장이 있어야 하고, "이 경우 조사에 관여한 관계 공무원은 당원명부에 관하여 지득한 사실을 누설하지 못한다"고 하며(동법 제23조 제4항), 위 각 조항을 위반한 경우 5년, 또는 3년 이하의 자유형에 처한다고 규정한다(동법 제56조 및 제58조 제1호).

2024년 1월 2일 제1야당의 이재명 대표 테러사건에서 경찰은 수사결과를 발표하면서 혐의자의 성명, 초상은 물론 그의 정당 소속 여부도 밝히지 않아 그 당부가 논란된 바 있다. 제1야당 대표에 대한 테러행위가 백주에 만인이 주시하는 가운데 행해진 사건이었다면, 그 진실에 관해 의심의 여지가 있을 수 없었고, 일반 공공은 그 행위자의 신원과 정체에 관해서는 물론 행위의 동기에 관하여 강력한 알 권리가 있다고 보아야 하기 때문에 위 조항을 근거로 위 사항을 밝히지 않은 경찰의 처사는 위법하다고 보아야 한다. 위 조항을 위와 같이 해석 적용하는 한 이는 위헌의 소지가 있고, 헌법 재판에 의해 그 당부가 가려져야 할 것이다.

다섯째, 공익신고자보호법은 공익신고자에 관하여,[142] 부패방지 및 국민권익위원

---

141) 신상현, 아동학대행위자의 식별정보 보도금지 조항의 문제점과 개정방향 – 헌법재판소 2022. 10. 27. 선고 2021헌가4 결정에 대한 검토를 겸하여 –, 미디어와 인격권 제9권 제1호, 언론중재위원회 (2023) 39–84, 49면 이하 참조.

142) 공익신고자보호법 제10조 제5항, 제12조 제1항, 제30조 참조.

회의 설치와 운영에 관한 법률(약칭: 부패방지권익위법)은 부패행위[143] 신고자에 관하여 그 신원 공개를 금지하며(다만 신고자가 동의한 경우에는 예외), 이를 보도한 경우 처벌 규정을 두고 있다.

공익신고자 보호법 제10조((조사기관등의 공익신고 처리) ⑤ 제6조[144]에 따라 공익신고를 접수한 기관의 종사자 등은 공익신고에 대한 조사 또는 수사 결과 공익침해행위가 발견되기 전에는 피신고자의 인적사항 등을 포함한 신고내용을 공개하여서는 아니 된다. < 개정 2021. 4. 20. >

부패방지 및 국민권익위원회의 설치와 운영에 관한 법률(약칭: 부패방지권익위법) 제64조(신고자의 비밀보장) ① 누구든지 이 법에 따른 신고자라는 사정을 알면서 그의 인적사항이나 그가 신고자임을 미루어 알 수 있는 사실을 다른 사람에게 알려주거나 공개 또는 보도하여서는 아니 된다. 다만, 이 법에 따른 신고자가 동의한 때에는 그러하지 아니하다.
② 위원회는 제1항을 위반하여 신고자의 인적사항이나 신고자임을 미루어 알 수 있는 사실이 공개 또는 보도되었을 때에는 그 경위를 확인할 수 있다.
제88조(인적사항 공개 등 금지 위반의 죄) 제64조 제1항(제65조 및 제67조에서 준용하는 경우를 포함한다)을 위반한 자는 5년 이하의 징역 또는 5천만원 이하의 벌금에 처한다. < 개정 2017. 10. 31., 2019. 4. 16., 2019. 12. 10. >

(3) 예외 1 - 피의자신상정보공개 제도
가. 원칙과 예외 - 실명 및 초상보도

헌법은 "형사피고인은 유죄의 판결이 확정될 때까지는 무죄로 추정된다"고 규정하며(헌법 제27조 제4항 및 형사소송법 제275조의2), 형법 제126조는 피의사실공표죄를 규정하여 공소제기 전 피의사실 공표를 금지하고 있다. 이들 조항의 표면적 해석에 의하면 피의자의 신상정보 역시 원칙적으로 공개가 금지되는 것으로 이해될 수 있고, 더구나 판례는 무죄추정의 원칙을 근거로 익명보도의 원칙을 취하고 있다.[145]

---

143) '부패행위'란 공직자가 지위 또는 권한을 남용하거나 법령을 위반하여 자기 또는 제3자의 이익을 도모하는 행위, 공공기관의 예산 사용, 재산 관리 등에 있어서 법령에 위반하여 재산상 손해를 가하는 행위, 및 위 행위나 그 은폐를 강요, 권고, 제의, 유인하는 행위를 말하며(부패방지 및 국민권익위원회의 설치와 운영에 관한 법률 제2조 제4호), 이를 신고한 자의 신원 공개 금지와 그 위반시 처벌에 관해서는 공익신고자 보호법과 유사한 규정이 있다.
144) 공익신고자보호법 제6조(공익신고) 누구든지 공익침해행위가 발생하였거나 발생할 우려가 있다고 인정하는 경우에는 다음 각 호의 어느 하나에 해당하는 자에게 공익신고를 할 수 있다.
1. 공익침해행위를 하는 사람이나 기관·단체·기업 등의 대표자 또는 사용자
2. 공익침해행위에 대한 지도·감독·규제 또는 조사 등의 권한을 가진 행정기관이나 감독기관(이하 "조사기관"이라 한다)
3. 수사기관
4. 위원회
5. 그 밖에 공익신고를 하는 것이 공익침해행위의 발생이나 그로 인한 피해의 확대방지에 필요하다고 인정되어 대통령령으로 정하는 자

　따라서 범죄혐의자나 피의자의 신원과 초상은 특별한 사유가 없는 한 판결 확정
시까지 공개할 수 없음이 원칙이다. 확정시까지는 무죄가 추정되는 피의자나 피고인
의 피의사실이 실명으로 또는 사진과 함께 보도되면 그는 확정적 범인으로 오인받게
될 수 있기 때문이다. 대법원에 의하면 언론기관이 "피의자의 실명을 공개하여 범죄사
실을 보도하는 경우에는 피의자의 범죄사실을 알게 되는 사람들의 범위가 훨씬 확대
되고 피의자를 더 쉽게 기억하게 되어 그에 따라 피의자에 대한 법익 침해의 정도 역
시 훨씬 커질 것"이라고 판시한다.146)

　그러나 이러한 원칙에는 알 권리에 의해 일정한 경우 그에 대한 예외가 인정된다.
형사판결이 확정될 때까지 신원공개가 지체된다는 것은 국민의 알 권리에 비추어 불
합리한 경우가 적지 않기 때문이다. 용의자에 대한 수사, 기소 및 재판진행 단계에 따
라 혐의는 구체화되는 과정을 밟게 되는데, 그 각각의 단계에 상응하게 범인의 신원공
개가 허용되는 여부 및 범위가 밝혀져야 하는 것은 이 때문이다.

　어쨌든 범죄사건을 보도하려면 무죄추정의 원칙이 요구하는 취지에 따라 언론도
충분한 취재에 의해 피의사실에 대한 증거를 확보해야 함은 물론 나아가 그의 실명이
나 초상까지 보도하려면 익명보도의 원칙에 대한 예외 사유도 인정되어야 할 것이다.

　독일의 판례에 의하면 실명보도는 범죄행위가 사회적으로 중대한 의미를 갖는 것
이고, 실명의 사용이 범죄의 보도에 불가피하며, 그 혐의가 상당한 정도로 진실하다는
상황이 있는 경우에 한하여 허용된다고 한다.147)

　익명보도의 원칙은 개인의 초상 보도도 금지한다. 개인의 초상은 단순한 성명의
공개보다 더 큰 사회적 영향을 갖는다. 이름만으로 아는 것에서 나아가 관련자의 얼굴
모습이 보도되면 실생활에서 그를 만나는 사람들에게 식별됨으로써 그의 인격권 및
명예 침해 효과는 더욱 현실적이고 강력해지는 것이다. 실명 공개보다 초상공개에 더
엄격한 요건이 요구되고, 그에 대한 손해배상액이 더 커져야 하는 것은 이 때문이다.
대법원은 일찍부터 초상권을 보호하는 입장을 취함과 함께 그 제한의 요건을 엄격히
설정하여 이를 보호하는 입장을 취해 오고 있다.148)

　일반적 범죄보도의 비교형량에서는 범죄사실에 관한 정보가 알 권리의 대상이 되
지만,149) 그 이외에 그 관여 범죄자 및 피의자의 신상정보를 공개하려면 그에 관해 공

---

145) 대법원 1998. 7. 14. 선고 96다17257 판결.
146) 대법원 2009. 9. 10. 선고 2007다71 판결 [실명보도 손해배상].
147) OLG Frankfurt, NJW 71, 47/48.
148) 후술 대법원 2006. 10. 13. 선고 2004다16280 판결 [증거수집 몰래 촬영] 참조.
149) 대법원 1988. 10. 11. 선고 85다카29 판결, 대법원 1998. 7. 14. 선고 96다17257 판결 등.

공의 정당한 알 권리가 인정되어야 한다. 이 경우 보도로 인해 제한받는 피의자의 기본권은 일반적 인격권 및 초상권이다.

우리나라에서는 범죄사건 보도와 관련하여 해당 피의자의 신상정보(피의자의 얼굴, 성명 및 나이)가 공개될 수 있는가, 그 대상과 요건은 어떠해야 하는가에 관해 격렬한 논란이 전개된 바 있다. 범상치 않고 충격적인 범죄가 발생하여, 공공의 관심이 집중되고 언론에 대서특필되는 가운데 그에 관여한 것으로 혐의가 높은 피의자에 대하여 그의 신원을 밝힐 것인가 여부에 관한 논란이라고 할 수 있다.

이에 관해 국회는 2023년 '특정중대범죄 피의자 등 신상정보 공개에 관한 법률'(약칭: 중대범죄신상공개법)[150]을 제정하고 동법은 2024. 1. 25.부터 시행되었다. 동법은 피의자 신상공개 제도를 체계적·포괄적으로 규정하면서 종전에 학설상 위헌 여부가 문제되던 여러 사항에 관해 구체적 규정을 두고 있다. 그럼에도 과거 피의자 신상공개제도 자체에 관해서는 학설상 찬반 논란이 있었고, 그에 따르면 새로 제정된 중재범죄신상공개법에 관해서도 논란이 예상된다.

이하에서는 먼저 피의자 신상정보공개제도에 관해 입법론적·비교법적 검토와 함께 동법 제정 연혁을 살핀 후 논란되는 여러 사항에 관해 검토하기로 한다.

나. 비교법적 고찰
1) 미국

미국에서는 공정보도의 특권 및 헌법상 진실보도 제한 금지의 법리에 따라 언론은 범죄 수사 과정 및 피의자·피고인의 신원, 초상 보도에서 넓은 자유가 허용된다.[151]

미국 연방대법원은 수정헌법 제1조는 진실한 사실의 진술에 명예훼손 책임을 인정하지 않는 원칙에 입각하고 있다. 연방대법원은 수정헌법 제1조는 프라이버시 소송에서도 최소한 정보가 적법하게 취득되고 최고의 국가 이익을 촉진하지 않는 것이면, 그 진실한 진술의 공표로 인한 불법행위가 성립하지 않는다고 판시하였고(이른바 "Daily Mail Test"),[152] 이러한 법리는 거듭 확인되었다.

더욱이 미국에서 보통법상 공정보도의 특권(fair report privilege)에 의하면 공적 절차에서 진술된 정보나, 공적 기록에 포함된 정보는 명예훼손이나 프라이버시 침해의 기초가 될 수 없다. 따라서 범죄혐의를 받아 체포되거나 유죄판결을 받은 사실은 물론 그 기록에 포함된 청소년 피의자, 강간 피해자의 성명, 주소, 초상 등은 프라이버시로서 보호받지 못한다. 나아가, 범죄수사 사건의

---

150) 법률 제19743호(2023. 10. 24. 공포).
151) 이하 박용상, 영미 명예훼손법(한국학술정보, 2019), 259-265면 참조.
152) 연방대법원은 Smith v. Daily Mail Publishing Co., 443 U.S. 97, 103 (1979) 사건에서 합법적으로 취득된 공익사항에 관한 진실한 정보의 공개를 처벌하는 것은 수정헌법 제1조에 반한다는 원칙을 선언하면서 청소년 피의자의 신원을 보도한 언론 보도를 면책시켰고, 위와 같은 판지는 뒤에서 보는 바와 같이 강간피해자의 신원 보도(Florida Star v. B.J.F., 491 U.S. 524 (1989)) 및 불법도청된 정보의 보도(Bartnicki v. Vopper, 532 U.S. 514, 535 (2001))에도 적용되었다.

보도에서도 익명보도의 요청은 무시된다.153) 공정보도의 특권에 의하면 혐의자가 공인이든 아니든 경찰이나 검찰의 진술을 정확하게 보도하면 특권이 적용되고 원고가 어느 범죄에도 연루된 바 없다 하더라도 미디어는 면책된다.

나아가 미국 연방대법원은 수정헌법 제1조에 따라 진실한 사실의 공개에 거의 절대적 보호를 베푸는 입장을 취한다. 통신 비밀 및 사적 비밀사항의 누설을 금지하는 법률을 위반하여 얻어진 정보도 진실인 한 보도를 금지할 수 없다는 것이 미국 판례이다. 이러한 입장에서 연방대법원은 1975년 강간치사 피해자의 신원을 밝혀 보도한 미디어의 책임을 부정한154) 이래, 1979년 청소년 형사피의자의 신원을 공개한 것155)을 면책시켰다. 해당 주에서는 강간 피해자 신원보호법이나 확정판결 전 청소년 피의자의 신원 공개를 금지하는 법률이 제정·시행되고 있었음에도, 연방대법원은 이들 법령의 위헌 여부에 관한 판단을 유보한 채, 진실을 보호한다는 점만을 내세웠다. 범죄인의 사회복귀 이익이나 피해자 보호의 관점은 거의 무시되고 있다.

이들 모두는 공공의 알 권리를 내세워 뒷받침되고 있으며, 언론자유에 관한 심오한 신념을 반영하는 것이라고 운위되고 있다. 위 판결들은 격렬한 논란을 야기하였고,156) 다수의 학자들은 미국에서 사적 사실 공개에 의한 프라이버시 침해의 불법행위는 사멸되었다고 한탄하였다.157) 이것은 연방대법원이 암묵적으로 언론의 자유가 절대적임을 전제로 개인의 프라이버시 이익을 등한시하고 있음을 보여주는 것이나, 이러한 취급은 미국 이외 여타의 문명국가에서는 찾아 볼 수 없는 것이다.

2) 독일

독일에서 초상권의 법적 근거는 통일적·근원적 권리로서의 일반적 인격권이라고 한다. 오늘날 독일에서는 초상의 공표뿐 아니라 비밀 촬영 그 자체가 인격권을 침해한다는 법리가 판례상 확립되어 있다. 즉 초상의 촬영은 그 결과로서 개인적 사항에 관한 특정한 지배를 취득하는 것이기 때문에 본인의 동의가 없이 이루어지는 촬영은 원칙적으로 인격권에 대한 침해를 의미한다.158)159) 또 기자의 사진촬영은 피촬영자에 관한 자료화 및 보도의 가능성 때문에 언제나 개인적 영역 (persönliche Sphäre)에 대한 침입을 의미하게 되고, 따라서 허용되지 않는 것이 원칙이다.160) 특

---

153) 미국에서 익명보도를 거부하는 주된 이유를 보면 기사의 영향과 신뢰성은 성명 주소 등 확인적 정보에 의해 고양되며, 미디어에게 익명보도를 고려하게 하면 힘든 일이 될 것이라는 점을 든다 (Mintz, Id., at p. 447).

154) Cox Broadcasting v. Cohn, 420 U.S. 469 (1975)에서 연방대법원은 해당 정보(강간 피해자의 성명)가 적법하게 공적 기록에서 취재되었고, 정확하게 보도되었다면 수정헌법 제1조는 진실한 사적 사실의 공개 책임을 금지한다고 판시하였다. 이어 Florida Star v. B.J.F., 491 U.S. 524 (1989)에서도 성폭행 피해자의 성명을 보도한 사안에서 같은 취지의 결론이 내려졌다.

155) Smith v. Daily Mail Pub. Co, 443 U.S. 97 (1979).

156) 박용상, 영미 명예훼손법, 한국학술정보(2019), 264면 참조.

157) Mintz, Id., at p. 448; Peter B. Edelman, Free Press v. Privacy: Haunted by the Ghost of Justice Black, 68 TEX. L. REV. 1195, 1199 (1990); Jacqueline R. Rolfs, Note, The Florida Star v. B.J.F.: The Beginning of the End for the Tort of Public Disclosure, 1990 Wis. L. Rev. 1107, 1124 – 27. 또 화이트 대법관은 Florida Star 사건 반대의견에서 다수 의견은 20세기의 가장 주목할 법적 창조를 멸살시켰다고 비판하였다(Florida Star, 491 U.S. at 550 (White, J., dissenting)).

158) Wenzel, Das Recht der Wort – und Bildberichterstattung, 4. Auflage, Verlag Dr. Otto Schmitt KG, 1994, S. 291.

159) 2004년 개정 독일형법은 '고도의 사적 생활영역'에 대한 사진 촬영을 범죄로 규정하여 처벌하고 있다.

히 비밀적인 사진촬영이 인격권에 대한 침해를 의미함은 명백하다. 이와 같은 인격권적인 이익이 양보되는 것은 공공의 정보의 이익이 인정되는 특별한 사정이 있는 경우뿐이다. 뒤에서 보는 바와 같이 초상의 전파가 허용될 수 있는 것이면 그 촬영도 허용됨이 원칙이다.

독일 형사소송법 제81b조는 피의자의 사진은 형사절차의 수행목적이나 수사업무에 필요한 한, 그 의사에 반하여 촬영될 수 있다고 규정한다. 수사기관의 권한을 정한 이 규정에 의해 피의자에게는 그에 협력할 의무가 부과된다. 한편, 이 규정을 반대해석하면 동 규정이 허용하는 경우 이외에는 어떠한 피의자도 그 의사에 반하여 촬영될 수 없는 것이 되고, 결국 그 범위에서는 촬영 및 보도 금지의 근거로 된다. 그러한 금지는 수사관청에 대해서 뿐 아니라 사진기자를 포함하여 피의자를 만나는 모든 사람에 대하여 적용된다. 개인에 의한 촬영의 경우에도 국가기관에 의한 촬영의 경우와 같은 법리가 원칙적으로 준용된다.

그러나 동조는 보도를 위해 피고인을 촬영할 수 있는가의 여부에 관하여 아무것도 규정하는 바가 없고, 그에 관하여는 1907년 제정된 예술저작권법(KUG)[161]이 적용된다. 동법은 초상권에 관한 일반 사항을 규정하고 있으며, 초상의 보호는 본인 사후 10년까지 유효한 것으로 규정되고 있다(동법 제22조 제2문).

독일 예술저작권법(KUG) 제23조는 개인의 초상이 승낙없이 전파되고 열람될 수 있는 예외로서 다음과 같이 규정한다. 이렇게 초상의 전파가 허용될 수 있는 것이면 그 촬영도 원칙적으로 허용된다고 생각된다.

① 공적 인물이 시사적 영역에 속하는 장면에 등장하는 경우
② 한 인물이 한 경치 또는 기타 장소에서 단지 부수적인 것으로 나타나는 경우 또는
③ 한 집회, 행렬 또는 유사한 사건의 참가자로서 나타나는 경우,
④ 그 전파와 열람이 보다 높은 예술적 이익에 기여하는 경우.[162]

제24조(공적인 이익에 의한 예외) 사법 및 공공질서의 목적을 위해서는 관청에 의해 권리자 및 본인 또는 가족의 동의없이 그의 초상이 복제되거나 전파되고 공개적으로 열람에 제공될 수 있다.

제33조(형벌규정) ⑴ 제22조 및 제33조에 반하여 초상을 전파 또는 공개적으로 열람하게 한 자는 1년 이하의 자유형 또는 벌금형에 처한다.

⑵ 본 죄는 고소가 있는 경우에 한하여 논한다.

3) 일본

일본의 학설은 초상권이 인격권의 한 내실을 이루는 권리이고 사법상 보호될 수 있는 법적 이익이라는 것에 대해서는 이견이 없다.[163] 일본 최고재판소의 판례도 "개인이 사생활상의 자유의 하나로서 누구도 그 승낙이 없이는 임의로 그 용모 자태를 촬영당하지 않는 자유를 갖는다고 하여야 한다"고 하여 초상권을 인정한다.[164] 일본 판례는 촬영뿐 아니라 공표에도 승낙을 요한다고 하

---

160) Wenzel, aaO., S. 292.
161) KUG(Kunsturhebergesetz), Gesetz betr. das Urheberrecht an Werken der bildenden Künste und der Fotografie von 1907.
162) 이하 박용상, 명예훼손법, 543−553면 참조.
163) 五十嵐清 田宮裕, 名譽とプライバシー(有斐閣, 1968), 217−239면 참조.
164) 일본 最高裁 昭和 44(1969). 12. 24. 판결, 刑集 23권 12호, 1625면(京都府學連事件).

여 초상권으로서 사람은 승낙 없이 촬영되거나 세간에 공표되지 않을 권리를 갖는다고 한다.[165]

일본 최고재판소는 경찰이 본인의 승낙이나 법관의 영장 없이 촬영할 수 있는 경우로 ① 현재 범행이 이루어지고 있거나 행해진 직후라고 인정되는 때 ② 그럼에도 증거보전의 필요성과 긴급성이 있고 ③ 그 촬영방법이 일반적으로 허용되는 한도를 넘지 않는 상당한 방법으로 행해질 것이라고 하는 3요건을 들고 있다.[166] 이 경우 "그 대상 중에 범인의 용모 등 이외에 범인의 신변 또는 피사체로 된 물건 가까이에 있었기 때문에 이를 제외할 수 없는 상황에 있는 제3자인 개인의 용모 등을 포함하게 되어도" 허용되는 것이라고 생각된다.

또 일본 판례에 의하면 일반 사인이 피촬영자의 승낙 없이 그 용모자태를 촬영함이 허용되는 것은 "그 사진촬영의 목적이 정당한 보도를 위한 취재, 정당한 노무대책을 위한 증거보전, 소송 등에 의해 법률상의 권리를 행사하기 위한 증거보전 등 사회통념상 시인될 정당한 것으로 사진촬영의 필요성 및 긴급성이 있고, 그 촬영이 일반적으로 허용되는 한도를 넘지 않는 상당한 방법으로서 행하여지는 경우"일 것을 요한다.[167] 야기된 손해의 증거자료를 얻기 위하여 학교 운동장에서 다른 어린이들과 놀이하고 있는 9살의 소년을 멀찌감치 울타리에서 촬영하는 것은 위법하지 않다.

우리의 경우 초상권에 관하여는 2005년 공포·시행된 언론중재 및 피해구제 등에 관한 법률이 인격권의 하나로 실정법상의 권리로 인정하였으나(동법 제5조 제1항), 그 개념 정의, 내용이나 범위에 관해서는 현행법에 아무 규정이 없다. 이상 살펴본 독일에서 적용되는 법률과 일본의 판례를 참고할 필요가 있다. 특히, 1세기 이상 운영되어온 독일 예술저작권법(KUG)의 경험이 우리에게 유익한 참고를 줄 수 있다고 생각된다.

다. 연혁적 고찰

헌법상 무죄추정의 원칙이나 형법의 피의사실공표죄 규정에도 불구하고 우리나라에서 1990년대까지 수사 및 언론보도 관행은 흉악범이나 반인륜범죄자의 사진이나 신상정보를 자유로이 공개하고 보도하는 경향이 지배적이었다. 그러나 대법원이 1998년 판결[168] 에서 익명보도의 원칙을 천명하고, 2005년을 전후하여 국가인권위원회가 공소 제기 전 수사과정에서 피의자의 신상을 공개하는 것은 인격권과 초상권을 침해한다고 수차례 결정을 내리고, 피의자의 경찰호송 관련 제도의 개선을 권고한 후 위와 같은 관행은 변하게 되었다.

이에 따라 2005년 경찰청에서는 '인권보호를 위한 경찰관 직무규칙'[169]을 제정하고, 2007년에는 '피의자 유치 및 호송규칙'[170]을 제정 시행함으로써 피의자의 신원을 보호하는 방향으로 정책이

---

165) 大阪高裁 昭和 39(1964). 5. 30. 판결, 高刑集 17권 4호, 384면; 村上孝止, "名譽 プライバシ ― 判例 の動向", ジュリスト No. 959 (1990. 7. 1.), 50면 이하.

166) 最高裁 昭和 44(1969). 12. 24. 판결, 刑集 23권 12호, 1625면(京都府學連事件).

167) 札幌高裁 昭和 52(1977). 2. 23. 판결, 判タ349호, 270면; 高裁 昭和 55(1980). 5. 30. 판결, 判時 979호, 120, 128면 참조.

168) 대법원 1998. 7. 14. 선고 96다17257 판결.

169) 동 규칙(경찰청훈령 제461호, 제정 2005. 10. 4., 개정 2007. 5. 28. 훈령 제506호) 제83조(수사사건 언론공개의 기준) ① 경찰관은 원칙적으로 수사사건에 대하여 공판청구 전 언론공개를 하여서는 아니된다. 제85조(초상권 침해 금지) 경찰관은 경찰관서 안에서 피의자, 피해자 등 사건관계인의 신원을 추정할 수 있거나 신분이 노출될 우려가 있는 장면이 촬영되지 않도록 하여야 한다.

170) 동 규칙(경찰청훈령 제514호, 시행 2007. 10. 30.) 제62조(호송 중 유의사항) 제8호는 호송관이 호송중 준수 사항으로서 "호송시에는 호송하는 모습이 가급적 타인에게 노출되지 않도록 유의하여야 한다"고 규정하였다.

변경되었다. 그러나 그 후 연쇄살인범, 어린이 유괴 살해범, 불특정 다수를 살상한 다중 살인범 같은 반사회적·반인륜적 흉악범에 대해서도 사진보도가 금지됨으로써 이에 관한 찬반 논의가 전개되었고, 피의자 신상공개의 필요성을 주장하는 강력한 여론이 형성되었다.[171]

이에 국회는 2010. 4. 15. 특정강력범죄법과 성폭력처벌법 등 2개의 법률을 개정하여 피의자의 신상공개를 허용하는 예외사유를 규정하게 되었다. 위 2개의 법률은 처음으로 피의자의 신원정보를 공개할 수 있도록 법률로 정하였으나(특정강력범죄법 제8조의2 제1항 및 성폭력처벌법 제25조 제1항), 공개의 주체 및 요건에 관해서만 규정하였을 뿐 공개의 시기, 방법, 절차 등에 관한 내용은 전혀 규정되어 있지 않았다.

다수의 학설은 2010. 4. 15. 개정된 위 2개 법률의 피의자 신상공개제도에 관해 문제를 지적하고 반대하거나 심지어는 그 폐기를 주장하는 견해[172]도 제기하였다. 이에 국회는 이러한 학설의 비판적 입장을 고려하여 2023년 '특정중대범죄 피의자 등 신상정보 공개에 관한 법률'(약칭: 중대범죄신상공개법)[173]을 제정하고 동법은 2024. 1. 25.부터 시행되었다. 동법의 제정 시행 이후에도 동법의 규정 내용에 관하여는 학설상 찬반 입장이 대립되고 있다.

한편, 대법원은 피의자 실명보도가 허용되는 경우에 관해 사안의 모든 정황을 종합적으로 판단하되,[174] 범죄의 해악성 및 중대성, 공공의 이익에 관련된 비범성, 공적 인물인 경우 그 업무와 관련성, 개별 법률에 달리 정함이 있는 경우 등을 고려할 것을 요구한다.

대법원 2009. 9. 10. 선고 2007다71 판결 [실명보도 손해배상]

이 판결은 대법원이 범죄 보도와 관련하여 피의자의 실명 공개가 허용되는지 여부의 쟁점을 다룬 최초의 사건이다.

사안을 보면, 피고 문화방송은 2001년 7월 'PD수첩' 프로그램에서 폐쇄적인 한센병 환자들의 정착촌에서 그들을 돕는다는 명목으로 만든 상조회(불법적으로 영업을 하여 오던 사금고)의 임직원들이 거액을 배임, 횡령 및 예금잔고 소진 등으로 인하여 정착촌 주민들에게 손해를 입힌 사건을 보도하면서 사금고의 당시 이사장(원고)의 실명을 밝힌 사안에서 대법원은 그 실명보도가 허용된다고 판단하였다.

대법원은 범죄사실의 보도와 함께 피의자의 실명을 공개하기 위해서는 피의자의 실명을 보도함으로써 얻어지는 공공의 정보에 관한 이익이 피의자의 명예나 사생활의 비밀이 유지됨으로써 얻어지는 이익보다 더 우월하다고 인정되어야 하고, 그 보도내용이 진실인지 여부를 확인할 주의의무는 더 높아진다고 하면서 다음과 같이 판시하였다.

"어떠한 경우에 피의자의 실명보도를 허용할 수 있을 정도로 공공의 정보에 관한 이익이 더 우월하다고 보아야 할 것인지는 일률적으로 정할 수는 없고, 범죄사실의 내용 및 태양, 범죄 발생 당시의 정치·사회·경제·문화적 배경과 그 범죄가 정치·사회·경제·문화에 미치는 영향력, 피의자의 직업, 사회적 지위·활동 내지 공적 인물로서의 성격 여부, 범죄사건 보도에 피의자의 특정이 필요한 정도, 개별 법률에 피의자의 실명 공개를 금지하는 규정이 있는지

---

171) 강서영, 피의자 신상공개제도에 관한 헌법적 연구(헌법재판연구원, 2021) 6면 참조.
172) 박찬걸, 정광진, 강력범죄 피의자 신상공개제도에 대한 비판적 검토, 형사정책 제31권 제3호, 한국형사정책학회(2019. 10), 33(44)면.
173) 법률 제19743호(2023. 10. 24. 공포).
174) 대법원 2009. 9. 10. 선고 2007다71 판결 [실명보도 손해배상].

여부, 피의자의 실명을 공개함으로써 침해되는 이익 및 당해 사실의 공표가 이루어진 상대방의 범위의 광협 등을 종합·참작하여 정하여야 할 것이다. 사회적으로 고도의 해악성을 가진 중대한 범죄에 관한 것이거나 사안의 중대성이 그보다 다소 떨어지더라도 정치·사회·경제·문화적 측면에서 비범성을 갖고 있어 공공에게 중요성을 가지거나 공공의 이익과 연관성을 갖는 경우 또는 피의자가 갖는 공적 인물로서의 특성과 그 업무 내지 활동과의 연관성 때문에 일반 범죄로서의 평범한 수준을 넘어서서 공공에 중요성을 갖게 되는 등 시사성이 인정되는 경우 등에는, 개별 법률에 달리 정함이 있다거나 그 밖에 다른 특별한 사정이 없는 한 공공의 정보에 관한 이익이 더 우월하다고 보아 피의자의 실명을 공개하여 보도하는 것도 허용될 수 있다고 할 것이다."[175]

대법원 2019. 5. 30. 선고 2016다254047 판결 [손해배상(기)]

변호사이자 사회운동가이며 유명 정치인(이정희 전 통합진보당 대표)의 남편의 초상을 보도한 사안에서 대법원은 상술한 위법성 조각사유와 이익형량과정에서 고려할 요소를 언급하면서 원고의 공인으로서의 지위, 이미 언론에 공개된 공적 활동에 관한 원고 사진을 사용하여 보충성과 상당성이 인정되는 점, 중대성과 필요성이 있는 공적 관심사를 다룬 점 등을 지적하면서 피고의 원고 초상권 침해행위는 위법성이 조각된다고 판시하였다.

대법원 2021. 4. 29. 선고 2020다227455 판결

이 판결에서 대법원은 종전에 판시한 초상권 침해행위의 위법성 조각사유를 반복 설시하면서 이러한 기준에 따라 다음과 같이 판시하였다.

"아파트 입주자 갑이 아파트 단지 내에 현수막을 게시하던 중 다른 입주자 을로부터 제지를 당하자 을에게 욕설을 하였는데, 위 아파트의 부녀회장 병이 말다툼을 하고 있는 갑의 동영상을 촬영하여 입주자대표회의 회장 정에게 전송하였고, 정이 다시 이를 아파트 관리소장과 동대표들에게 전송한 사안에서, 갑의 동영상을 촬영한 것은 초상권 침해행위이지만, 행위목적의 정당성, 수단·방법의 보충성과 상당성 등을 참작할 때 갑이 수인하여야 하는 범위에 속하므로, 위법성이 조각된다."

라. 중대범죄신상공개법

1) 서론

2024년 새로 시행된 중대범죄신상공개법은 종전 학설상 비판되어 오던 점을 참고로 하여 포괄적·체계적인 피의자 신상공개제도를 법률로 정하여 그 근거를 마련하고, 그 공개의 시기, 방법, 절차 등에 관한 사항을 구체적으로 규정하고 있다. 그럼에도 이에 관하여는 여전히 여러 비판이 제기되고 있다. 비판론의 논거는 대체로 이 제도가 피의자의 인권을 침해함에 비해 그 공개에 공익은 그다지 크지 않다는 주장이다. 공개

---

175) 또 이 판결에서 대법원은 '범죄사실에 관한 보도 과정에서 대상자의 실명 공개에 대한 공공의 이익이 대상자의 명예나 사생활의 비밀에 관한 이익보다 우월하다고 인정돼 실명에 의한 보도가 허용되는 경우에는, 비록 대상자의 의사에 반해 그의 실명이 공개됐다고 하더라도 그의 성명권이 위법하게 침해됐다고 할 수 없다'고 판시한다.

된 신상정보와 범죄혐의사실은 결합하여 피의자의 명예 등 사회적 평가를 매우 구체적이고 사실적으로 저하시키며, 외부세계는 그를 범죄인으로 낙인찍는다는 것이다.[176) 동법의 규정 중 논란되는 사항을 중심으로 그 찬반에 관한 논거를 살펴보기로 한다.

2) 공개 대상 범죄

공개 대상에 관해 범죄의 경중 여하에 따라 그 관여자의 신원을 알 권리가 결정될 수 있음에는 의문이 없다. 중대범죄신상공개법 제2조는 국가, 사회, 개인에게 중대한 해악을 끼치는 범죄로서 동법이 열거하는 "특정중대범죄"에 있어서만 동법이 정하는 요건이 충족되는 경우 피의자의 신상정보를 공개할 수 있다고 규정한다. 여기에는 기존에 공개 대상이었던 특정강력범죄와 성폭력범죄를 포함해 내란·외환, 폭발물사용, 중상해·특수상해, 아동 대상 성범죄, 조직·마약범죄 등 피의자로 확대되었다. 이렇게 동 조항은 신상정보가 공개될 수 있는 범죄를 열거하여 규정하고 있는데, 이것이 과연 피의자 신상공개가 필요한 범죄 모두를 포괄하고 있는지, 또는 동법에 열거되지 않거나 동법에 의한 요건을 충족하지 않는 경우 피의자의 신상공개가 일체 금지되는지 의문이 생긴다.

위 규정의 반대해석에 의하면 동법이 정한 "특정중대범죄"에 해당하지 않는 범죄에서는 그 피의자의 신상정보 공개가 허용되지 않는 것으로 볼 여지가 있을 것이다. 그러나 뒤에서 보는 바와 같이 실제상 동법에 열거되지 않거나 동법이 요구하는 요건을 충족하지 않으면서도 공개가 필요한 여러 경우를 생각할 수 있으므로 이러한 해석은 적합하지 않다.

이렇게 공개 요건으로서 대상 범죄에 관해 한정적 열거주의를 취하는 경우 생기는 문제를 해소하기 위해서는 독일의 경우와 같이 중죄를 범한 경우에만 원칙적으로 공개를 허용하고, 그 외의 경죄를 범한 경우에는 피의자의 신상정보를 공개하지 않도록 하는 방안이 생각될 수 있다.[177) 현행법상 반인륜적·반인도적 범죄로 평가될 정도의 가벌성이 인정되는 범죄에 대하여는 공소시효의 적용 배제되는데,[178) 이 경우에는 피의자 신상정보도 공개할 수 있도록 하는 방안이 검토될 수도 있을 것이다. 그에 비해 사소한 범죄행위를 범한 경우, 예를 들면, 최고 법정형이 벌금형으로 규정되어 있

---

176) 강서영, 전게 논문, 41면.
177) 독일에서는 그에 대한 일응의 기준으로서 독일 형법 제12조에 규정된 중죄(Verbrechen)와 경죄 (Vergehen)의 구별이 원용되고 있다(Wenzel, aaO., S. 447). 독일 형법 제12조에 의하면, 중죄 (Verbrechen)는 법정형이 1년 이상 자유형으로 처벌되는 범죄이며, 경죄(Vergehen)는 법정형이 1년 미만의 자유형 또는 벌금형으로 정해진 범죄를 말한다.
178) 형사소송법 제253조의2(공소시효의 적용 배제), 성폭력범죄의 처벌 등에 관한 특례법(약칭: 성폭력 처벌법) 제21조(공소시효에 관한 특례) 제3항 및 제4항 참조.

는 경우나 과실범으로 인정되는 경우에는 그 범인의 신원을 알 이익은 부정됨이 일반
적이다.

3) 공개의 요건 및 필요성

공개 요건으로서 종전과 같이 피의자의 신상공개를 위해서는 ① 범행수단이 잔인
하고 중대한 피해의 발생(특정 강력범죄 등의 경우) ② 죄를 범하였다고 믿을 만한 충분한
증거 ③ 국민의 알 권리 보장 등 오로지 공공의 이익을 위한 필요성 ④ 미성년자가 아
닐 것 등이 요건으로 규정되어 있다(동법 제4조). 그 외에도 공개수배가 필요한 경우와
실명 및 초상보도가 필요한 경우가 있을 수 있고, 이에 관해서는 별도로 논의할 필요
가 있다(후술).

① 충분한 증거 요건: 피의자의 신상정보 공개에 있어서 가장 중요한 요건은 범죄
의 증명이 있다는 것을 전제로 한다는 점이다. 후에 무죄로 판명되는 경우 그 피해는
회복불능한 것이기 때문이기 때문에 그에 대한 보증으로서 확실한 증거가 요구되지
않을 수 없다. 혐의자가 공개적으로 또는 미디어에 범죄를 시인하고 이를 취소하지 않
은 경우에는 중요한 고려요소가 될 수 있다.[179] 백주 대낮에 만인 주시하에 범행이 행
해진 경우는 현행범으로서 확실한 증거가 있는 경우이며, 피의자의 자백이 명백히 알
려진 보강증거에 의해 뒷받침되는 경우, 현대 과학에 의해 부인할 수 없는 DNA검사
결과 등이 존재하는 경우, 그리고 다수 피해자가 생긴 사건에서 피해에 관해 일치되는
피해자들의 진술 등이 존재하는 경우가 그러한 사례라고 볼 수 있을 것이다. 이러한
경우에도 형사판결이 확정될 때까지 신원공개가 지체된다는 것은 국민의 알 권리가
올바로 실현되지 못하는 것이라고 볼 수 있다.

② 공개의 필요성: 중대범죄신상공개법은 공개의 요건 중 하나로서 "국민의 알 권
리 보장, 피의자의 재범 방지 및 범죄예방 등 오로지 공공의 이익을 위하여 필요할
것"을 명시하고 있다(동법 제4조 제1항 제3호). 그러나 오로지 공공의 이익을 위하여 필요
할 것이라는 요건은 사적인 이익을 보호하기 위해 동의 없는 촬영이 필요한 경우를 포
섭할 수 없고, 지나치게 제한적이다.

전술한 바와 같이 일본 판례는 "그 사진촬영의 목적이 정당한 보도를 위한 취재,
정당한 노무대책을 위한 증거보전, 소송 등에 의해 법률상의 권리를 행사하기 위한 증
거보전 등 사회통념상 시인될 정당한 것으로 사진촬영의 필요성 및 긴급성이 있"는 경
우일 것을 지적하고 있다. 이 판시를 분석하면 타인의 동의 없이 초상을 촬영하는데는
① 보도를 위한 취재의 목적과 ② 자기 또는 타인의 정당한 이익을 보호하기 위한 증

---

179) 오스트리아 언론매체법 제7b조 제2항 제3호 참조.

거 취득의 필요로 대별될 수 있을 것이다.

전자의 경우에는 피의자 신상정보가 공공의 알 권리의 대상이 될 정도로 범죄사실과 관련하여 중요한 것임을 요한다. 대법원은 이에 관해 2013년 판결[180] 이래 "① 사생활과 관련된 사항이 공공의 이해와 관련되어 공중의 정당한 관심의 대상이 되는 사항에 해당하고, ② 공개가 공공의 이익을 위한 것이며, ③ 표현내용·방법 등이 부당한 것이 아닌 경우에는 위법성이 조각될 수 있다"는 입장을 천명한 바 있으나, 위 판시에는 구체적인 지침이 제시되지 않고 있다. 이에 관해 중요한 기준을 제시하고 있는 것은 전술한 바와 같이 1907년 제정된 독일의 예술저작권법(KUG)의 규정이다. 동 규정은 초상이 본인의 동의 없이 촬영되고 공개될 수 있는 예외 사유를 전술한 바와 같이 구체적으로 규정하고 있으며, 독일에서 100년 이상 적용되어 풍부한 경험을 가진 것이다.

위 조항을 원용한다면 신법에 규정된 요건 기준에 해당되지 않으면서도 공개가 필요한 경우를 포괄할 수 있게 된다. 예를 들면, 다액의 피해와 다수 피해자가 생긴 경제사범뿐 아니라 광범한 물의를 야기한 부정부패사범, 또는 현저하게 윤리적 기타 사유로 비난받을 범죄를 범하여 사회의 광범위한 주목을 받게 된 자에 대하여 공공은 그가 누구인지를 (때로는 그의 얼굴을) 알 정당한 이익이 있고, 피의자 측에서는 그가 스스로 행한 범죄에 대한 사회적 반응을 감수하여야 한다. 또 2008년 서울 남대문(숭례문) 방화 범죄자, 2023년 사회적으로 크게 문제된 바와 같이 갭투자로 수십채의 가옥을 사들여 전세사기를 범한 자, 2023년 이재명 더불어민주당 대표 습격범, 법원에 무분별하게 다수의 사건을 제기하여 전자소송의 권한이 박탈된 자 등의 경우에 그 신원정보의 공개는 일반예방의 목적에서도 충분한 이유를 가지며, 이들 경우 알 권리를 충족·실현하는 피의자의 신원 공개는 뒤에서 보는 바와 같이 규범의 실현과 법적 안정감의 부여 등 사회적 이익을 제공한다는 점을 간과할 수 없다.

다음, 후자의 경우에는 국가기관에 의한 증거취득과 사인에 의한 증거취득의 경우로서 본인의 동의 없는 초상의 촬영이 문제될 수 있을 것이다. 국가기관에 의한 경우에는 독일 형사소송법 제81b조가 정하는 바와 같이 "피의자의 사진은 형사절차의 수행목적이나 수사업무에 필요한 한, 그 의사에 반하여 촬영될 수 있다"고 하는 규정을 참고로 하는 것이 바람직하다고 할 것이다.

---

180) 대법원 2013. 6. 27. 선고 2012다31628 판결 [재벌가 상견례].

대법원 1999. 9. 3. 선고 99도2317 판결 [초상권과 한계]

누구든지 자기의 얼굴 기타 모습을 함부로 촬영당하지 않을 자유를 가지나 이러한 자유도 국가권력의 행사로부터 무제한으로 보호되는 것은 아니고 국가의 안전보장·질서유지·공공복리를 위하여 필요한 경우에는 상당한 제한이 따르는 것이고, 수사기관이 범죄를 수사함에 있어 현재 범행이 행하여지고 있거나 행하여진 직후이고, 증거보전의 필요성 및 긴급성이 있으며, 일반적으로 허용되는 상당한 방법에 의하여 촬영을 한 경우라면 위 촬영이 영장 없이 이루어졌다 하여 이를 위법하다고 단정할 수 없다.

그리고 그 외에 사인이 자신이나 타인의 정당한 이익을 옹호하기 위해 입증 목적으로 촬영하는 경우에 관하여 허부를 정할 기준을 세울 필요가 있다. 이를 전혀 허용하지 않는다면 올바른 형량이 행해졌다고 볼 수 없을 것이다. 사인에 의한 촬영의 경우에는 영미 보통법상 제한적 특권의 법리에 따라 자기 또는 타인의 정당한 이익의 옹호에 필요한 경우에는 그 입증을 위해 동의 없는 촬영 및 제시가 허용되는 것으로 보아야 할 것이다.[181] 이 경우 입증목적의 촬영은 공익을 위한 것이라 볼 수 없지만, 수사나 재판절차에서 입증 목적으로 제시됨에 불과하기 때문에 (대외적으로 공공에 알려지는 것이 아니다) 그에 의해 피의자가 입는 피해는 제한적일 수밖에 없고, 형량에서 별도의 기준이 적용된다고 보아야 한다.

그리고 이상 모든 경우 동의 없는 초상의 촬영 및 공개(증거로 제출 및 사용 포함)에는 긴급성이나 보충성 등 무거운 요건을 부과함이 없이 순수하게 대등한 가치를 갖는 이익 간의 형량에 적용되는 기준에 따라야 할 것이다.

4) 공개의 내용, 방법, 시기

① 공개할 신상정보: 공개할 신상정보는 피의자의 얼굴, 성명 및 나이("신상정보")이다(동법 제4조 제1항). 특기할 것은 신법이 공개할 피의자의 초상에 관하여 구체적 규정을 두어 종전의 논란을 해소했다는 점이다. 즉 피의자 등의 얼굴은 특별한 사정이 없는 한 공개 결정일 전후 30일 이내의 모습으로 하되, 수사기관이 다른 법령에 따라 적법하게 수집·보관하고 있는 사진, 영상물 등을 활용할 수 있도록 하며, 필요한 경우 피의자 등의 얼굴을 촬영할 수 있도록 하고 피의자는 이에 따라야 한다고 규정하였다 (동법 제4조 제4, 5항).

---

181) 참고로 미국의 연방도청법(Federal Wiretap Statute)은 원칙적으로 도청과 그 결과의 사용을 금지하면서 그 예외조항으로 법집행 목적으로 법에 의해 수권된 경우와 당사자 중 최소 1인의 동의가 있는 경우에는 이를 허용하고 있다(one-party consent exception). 이 예외 조항은 도청 주체가 범죄나 불법행위를 범할 목적으로 도청한 경우에는 적용되지 않는 한편(18 U.S.C. § 2511(2)(d)), 판례는 대화 당사자가 그의 대화를 정확하게 기억하여 (a) 증거로 사용하기 위해 정확하게 기록할 목적 (b) 자신을 보호하려는 정당한 목적을 위한 경우, 그리고 (c) 경찰에 고지할 목적으로 범죄행위의 정보를 기록한 경우에는 허용되는 것으로 보고 있다.

② 공개의 절차 및 시기: 신법은 신상정보 공개 절차에 관해서도 구체적 규정을 두고 있다. 신상정보 공개 여부에 관한 사항을 심의하기 위하여 신상정보공개심의위원회를 둘 수 있으며(동법 제8조), 결정 전에 피의자에게 의견 진술 기회를 부여하고, 피의자에게 신상정보 공개를 통지한 날부터 5일 이상의 유예기간을 두고 신상정보를 공개하도록 하였다(동법 제4조 제6항). 공개의 방식은 정보통신망을 이용하여 30일간 공개한다(동법 제4조 제8항).

과거의 예를 보면, 대부분의 피의자 신상정보 공개는 경찰 수사 초기단계에서 행해지고 있을 뿐, 검찰에 송치된 이후에 피의자의 신상이 공개된 사례는 n번방 사건이외에는 거의 없었다.[182] 기소 후 피고인 단계에서 신상정보 공개에 관해 신법은 재판과정에서 특정중대범죄사건으로 공소사실이 변경된 경우 검사가 신상정보공개를 법원에 청구할 수 있도록 하였다(동법 제5조).

신법에서는 피의자가 혹시 후에 무죄취지로 결론이 난 경우 그 피해 보상에 관한 사항을 신설·보완하고 있다. 즉 신상정보가 공개된 자가 무죄취지로 결론이 난 경우 형사보상과 별도로 보상을 청구할 수 있는 권리가 규정되었다(동법 제6조 및 제7조).

5) 피의자의 지위와 이익형량

피의자의 지위에 따라, 즉 공적 인물인가, 아니면 사인인가에 따라 신원공개의 허부를 결정하는 중요한 요인이 됨은 물론이다. 미성년자인 피의자나 피고인은 원칙적으로 실명 공개가 허용되지 않는다. 특별한 흉악범의 신원 공개 여부에 관해서는 새로운 법규정이 생겼다.

① 공적 인물: 관계자가 공적 인물인 경우에는 그의 시사적으로 의미 있는 활동범위와 내용적으로 연관성을 갖는 범죄행위를 범한 것이 확인되는 경우에 한하여 그 신원공개가 허용된다고 보아야 할 것이다.[183] 공적 인물 중에서도 고위 공무원이나 공직후보자인 경우에는 그러한 범죄행위에 관한 실명보도의 필요성이 커진다. 이 점에서 중대범죄신상공개법이 규정한 공개 대상 범죄의 규정은 한정적 의미만을 갖는다고 볼수 있다.

공직자, 특히 고위 공무원과 같이 그의 공적 생활에서의 지위 또는 그에게 부여된 직무에 관하여 공공의 특별한 신뢰를 향유하는 자가 범죄를 범한 경우 언론은 밝혀진 사실관계의 범위에서 관계자의 성명을 공개할 수 있다. 독일의 판례를 보면 예컨대, 수뢰한 장관, 간첩한 국회의원, 국가기밀을 누설한 장군, 화폐위조에 관여한 조폐공사

---

182) 강서영, 전게 논문, 12면.
183) 독일 예술저작권법(KUG) 제23조 제1항 제1호 참조.

의 이사, 공금을 유용한 은행의 이사회장 등이 그러한 사례에 속한다.[184] 이러한 경우 언론 미디어에 의한 실명보도가 승인되는 이유는 범인의 공공생활에서의 지위 또는 그에게 부여된 직무가 특별한 신뢰를 향유함에도 그와 관련되는 범죄를 범하였다는 점에 의해 뒷받침된다.[185]

학설 중에는 공직자나 공적 업무를 수행하는 사람과 단순히 대중에게 인기가 많거나 인지도가 높아서 유명한 사람 사이에는 관련 보도의 공익성의 본질과 무게에 차이가 있다는 점을 강조하고. 후자의 경우 피의자 단계에서 그 신상정보의 공개는 더 신중해야 한다고 하는 입장이 개진된 바 있다.[186]

공적 인물의 경우에도 그의 범행이 그의 시사적 활동범위와 연관이 없으면 원칙적으로 신원공개가 허용되지 않는다.[187] 공적 인물이라 하더라도 다른 통상적인 범인과 마찬가지로 대중매체에 의한 보도로 망신효과를 받게 됨에 다름이 없고, 그 폭로 역시 중대한 결과를 갖는 것이기 때문이다.

일반적으로 경미한 범죄는 실명보도의 필요성이 부인되지만, 그의 범죄 자체가 시사적 의미를 가지는 경우에는 그 신원공개가 허용된다.[188] 나아가, 한 사건에 관한 보도에서 관계되는 인물의 초상을 보도하려면 그 사건은 시사적 의미를 가져야 할 뿐 아니라 더 가중된 요건을 필요로 한다.

② 사인: 관계자가 공적 인물이 아니면 그에 관한 신원공개에는 더 엄격한 요건을 필요로 한다.[189] 사인에 의한 범죄는 시사성이 있는 것만 보도될 수 있고, 그 관련자의 신원공개가 허용될 수 있으려면 다음과 같은 가중된 사유를 필요로 한다. 여기서도 범죄에 대한 유죄판결이 확정되었거나 그 밖에 의심할 바 없는 확증이 있음을 요한다.

---

184) Herwigh Engau, Straftäter und Tatverdächtige als Personen der Zeitgeschichte: Ein Beitrag zur Problematik identifizierender Mendiendarstellungen, 1993, S. 340.
185) Engau, aaO., S. 340.
186) 정인경, 유명인 수사보도와 '공익' 미분화의 문제점, 헌법재판연구 제11권 제1호(2024. 6), 147-188면
187) 독일 예술저작권법(KUG) 제23조 제1항 제1호 참조.
188) 독일의 판례는 노조연합간부회의 연설에서 보수당(CSU) 당수 쉬트라우스(Struaß)의 명예를 훼손하여 유죄판결이 확정된 전직 독일노조연합(DGB)의 장(OLG Koblenz, NJW 1978 S. 1816f. ('Schweinehirt')) 또는 분데스리가의 대회에서 조작과 관련하여 위증을 한 선수(LG Essen, in: FAZ Nr. 8 vom 10. Januar 1976)에 대하여는 그 실명 및 초상 보도를 허용한 바 있다. 대학병원의 저명한 의사나 윤리적인 범죄를 범한 주교의 경우에는 그의 범행이 직무 외의 것이라 하더라도 보도될 수 있다. 그 범행은 그의 직무가 지녀야 할 적성과 위엄, 즉 그의 시사적 역할에 대한 관련을 보이는 한에서 그의 시사적 활동영역과 내용적으로 연관을 갖는 것이기 때문이다(von Häusler, in: Kriminalistik(1978), S. 177ff.).
189) Engau, aaO., S. 440ff. 휴전선 공동경비구역 내에서 소대장인 김모중위가 살해되어 해당 사건이 대서특필되었다 하더라도 상관 살해 혐의를 받은 부소대장은 공인이라 할 수 없어 그의 실명을 보도한 것은 위법하다(서울지방법원 2000. 8. 23. 선고 99가합30768 판결 [타살의혹]).

첫째, 그의 범행이 사회적으로 고도의 해악성을 가지며, 정치, 군사, 경제, 사회, 문화 등 공적 생활이나 기타 사회의 상위 이익에 대하여 직접적 연관을 갖는 경우이어야 한다.[190] 시사적으로 중요한 범행에 교사(敎唆) 또는 방조(幇助)하여 관여한 자에 대하여는 그가 그 범죄사건에 중요하게 합심 협력하였고 그 때문에 그와 밀접히 관련된 경우에는 그 신원공개가 허용된다.

둘째, 사인의 시사적인 범죄행위에 대한 보도가 ① 개별적인 식별징표를 포기하는 경우, 즉 누구의 범죄인가를 알리지 않으면 뉴스의 정보가치가 상실되고, 우회적으로 기술하더라도 본인이 누구인지를 감출 수 없거나, 오히려 무고한 사람을 의심하게 할 우려가 있는 경우 ② 배경의 설명 없이 이해될 수 없는 사건에서 범인이 누구인가를 언급하지 않을 수 없는 경우 또는 ③ 범행의 직접적인 정치적 관련성 때문에 정치적인 것으로 되었고 그 폭발성 때문에 포괄적인 해설을 필요로 하는 경우를 들 수 있다.[191]

유죄의 확정판결이 있기 전에 사인의 범죄에 실명보도가 허용되는 요건은 상술한 요건 이외에 ① 그 범행이 공공의 면전에서 범해진 것이거나 ② 타인에 대한 피해를 피하기 위해 특별한 이유에서 그에 대한 혐의의 보도가 필요한 경우 ③ 사법관청이 시사적 취급을 요하는 범행의 수사를 위해 공개적으로 대중매체를 이용한 경우(이른바 공개수배) 또는 ④ 그의 범행이 특히 임의로 진술된 신빙할 만한 자백에 의해 증명되었거나 다툼이 없는 경우일 것을 요한다.[192]

셋째, 현행법 상 범인이 19세 미만의 소년인 경우에는 그의 신원공개가 법에 의해 금지된다(소년법 제2조 및 제68조). 그에 대한 신원공개가 허용될 수 있는 경우란 후술하는 사법 및 공공질서의 목적에 의한 경우뿐이다.

범인이나 혐의자가 소속한 정당, 단체, 기관, 법인, 직업단체 등에 관한 언급이 허용되는 여부도 위에서 설명한 바에 준하여 생각할 수 있다.[193] 어느 단체에나 일탈자가 존재한다는 사실은 다툴 여지가 없으나, 한 직무 또는 업무보유자에 대한 혐의의 공개만으로도 해당 직위 자체에 대하여 권위의 상실과 기관이나 단체에 대한 일반적인 신뢰 상실의 위험을 초래한다. 그럼에도 문제된 범죄가 그 단체의 공적인 임무 수행과 연관성을 갖는 경우이거나 그 단체의 소속성을 언급하지 않으면 그 범죄의 설명에 지장이 있는 경우에는 그러한 소속성의 언급이 불가피하다.

---

190) Engau, aaO., S. 410f.
191) Engau, aaO., S. 401.
192) Engau, aaO., S. 433f, 442.
193) Engau, aaO., S. 348.

③ 범죄인: 범죄인을 공적 인물로 취급할 것인가 하는 문제에 관하여 독일에서는 한 때 범행이나 범죄혐의만을 근거로 공적 성격을 얻는 것이 아니라는 생각이 우세하였다. 그러나 공공은 긍정적인 일뿐 아니라 부정적인 일에 대해서도 관심을 가지며, 인간은 사건에 개입하였거나 특출한 행위를 하였기 때문에 흥미를 끄는 인물에 대하여 그를 단지 환상(幻想)으로서가 아니라 생생하고 실제적인 모습으로서 보고싶은 정당한 관심을 가진다는 입장이 제기되었다.194)

이러한 입장을 따르는 판결도 나왔다. 1928년 국제 소매치기를 단속하던 범죄수사관이 그들에 협조하였다는 혐의로 기소되자 그 사건의 심리 중에 그 수사관의 사진을 게재한 한 신문에 대하여 독일 법원은 국민의 복리를 위한 특출한 공적뿐 아니라 비상한 종류의 악행도 광범위한 국민들에게 일반적인 관심을 일깨우는 것이며, 그 장본인을 유명하게 만들고 결국에는 시사성의 지위(Platz in der Zeitgeschichte)를 부여하는 것이라고 판시하였다.195) 현재 독일의 판례와 다수설은 범죄로 인하여 공공의 관심을 끌게 된 자도 시사적 인물에 포함된다는 입장을 취하며, 다만 중대한 범죄의 경우에만, 범인의 사회적 중요성의 정도에 따라, 특별한 사정의 존재를 전제로 정당한 공개의 이익을 인정한다.196)

6) 인권과 공공의 알 권리 및 피해자의 손해 간의 형량

2023년부터 중대범죄신상공개법이 제정 시행되고 있지만, 피의자 신원공개 제도에 관한 논의는 여전히 찬반 양론으로 나뉘고 있는 것으로 보인다. 전술한 바와 같이 다수의 학설은 2010. 4. 15. 최초로 피의자 신상공개제도를 도입 규정한 위 2개 법률에 관하여 여러 문제를 지적하고 이를 반대하거나 심지어는 그 폐기를 주장하는 견해197)도 제기하였다. 피의자신상공개제도에 관한 법리적·형량적 논의에 관해 확인·정리해 볼 필요가 있다.

---

194) Kohler, Kunstwerkrecht, Stuttgart (1908), S. 160f.
195) OLG Dresden 1928년 판결, Engau, aaO., S. 189.
196) Engau, aaO., S. 193. 독일의 판례가 시사적 인물로 보아 그 실명보도를 허용한 사례를 보면, 연방군의 탄약고를 습격하여 군인 살해에 관여한 자(BVerfGE 35, 202, 230 – Lebach), 2인을 살해한 범인(OLG Hamburg, AfP 1971, S. 41), 청소년인 살해범(KG, AfP Übersicht 1976, S. 33), 1980년 뮌헨의 10월제(Oktoberfest)에서 폭탄을 설치한 자(OLG Hamburg, AfP 1983, S. 466ff.), 나치 친위대의 간부로서 20인의 어린이 치사행위에 혐의를 받은 자(OLG Frankfurt/M., NJW 1980, S. 597f), 잠시 동안 은행가의 살해에 관여한 것으로 혐의를 받은 여대생(OLG Düsseldorf, NJW 1980, S. 599f), 돈세탁을 해줌으로써 국제적인 마약거래에 적극적으로 관여했다고 기소된 시계상인(OLG Köln, AfP 1989, S. 683), 딸에 대한 살인죄로 기소된 피고인을 재판 중에 사살한 어머니(OLG Hamburg, AfP 1987, S. 518), 정치적 동기에서 인질을 잡고 거액을 탈취한 무장한 여자 강도범인(OLG Hamburg, AfP 1976, S. 137)의 경우 등이 있다.
197) 박찬걸, 정광진, 강력범죄 피의자 신상공개제도에 대한 비판적 검토, 형사정책 제31권 제3호, 한국형사정책학회(2019. 10), 33(44)면.

첫째, 비판론에 의하면 동법에 의한 신상공개제도는 유죄판결이 내려지지 않은 피의자 단계에서 법원의 판단이 아닌 수사기관의 판단에 의해 이루어지기 때문에 피의자에게 심대한 기본권 침해를 시현하고,[198] 일단 신상이 공개되면 강력한 각인 효과로 피해를 회복할 가능성이 적기 때문에 이렇게 피의자에게 심각한 피해를 주는 피의자 신상정보 공개제도는 과잉금지의 원칙에 반한다는 것이다.

그러나 비판론자들이 주장하는 바와 같이 언론의 공개로 인한 인격권과의 충돌 긴장관계는 비단 수사초기 단계에서뿐 아니라 판결 확정 후 피고인의 신상정보 공개에서도 같은 문제가 있다. 독일의 판례가 판시하는 바와 같이 유죄가 확정된 범죄에 관해서는 그 시사성과 비범성을 요건으로 실명 보도가 허용된다. 유죄가 확정된 피고인의 신상정보 공개가 허용된다면 수사단계에서도 유죄의 증거가 충분하고 사회적 영향과 중요성이 큰 범죄를 감행한 피의자의 신상정보를 공개하는 것이 공공의 알 권리를 시의에 맞게 신속히 실현하는 방안일 것이다. 다만, 추후 무죄로 될 우려를 없애기 위해 충분한 증거의 요건을 엄격히 다룰 필요가 있고, 신법은 피의자가 후에 무죄 취지로 결론이 난 경우에는 그에 관해 별도의 보상을 청구할 수 있도록 하고 있다(동법 제6조 및 제7조).

또 반대론은 피의자의 신상정보 공개가 피의자에 미치는 영향을 현대의 디지털 미디어 시대의 강력한 인권침해 효과를 들어 강조하고 있다. 그러나 이러한 효과는 모든 것이 투명하게 공개되고 기록되는 디지털 정보시대에 삶의 조건에 따른 효과이기 때문에 개인정보자결권 및 잊힐 권리 등 새로운 법발전에 의한 해결 방안을 기대해야 할 별개의 문제이다.

둘째, 비판론자들은 피의자의 신상공개가 재범방지 및 범죄예방에 기여한다는 공익은 실익이 없고, 국민의 알 권리는 다수 대중의 선정적 호기심에 불과하다는 취지로 비판하고 있다. 그러나 반사회적 또는 반인륜적 범죄인 경우 더욱이 그것이 잔인하고 중대한 피해를 야기한 경우 그 장본인을 알 공공의 알 권리는 긴절하고 현실적인 것이며, 이러한 요구와 필요를 무시하는 것은 알 권리의 진수를 침해하는 것이다.[199]

또 공개에 의해 공공이 얻는 이익을 경시하는 위와 같은 견해는 사회심리학적 관점에서 법의 응보적 측면의 본질과 기능을 외면하는 것이다. 공동체 생활에서 규범을 일탈한 자를 확인하고 응징·공개하는 것은 공동체를 유지·보전함에 불가결할 뿐 아

---

198) 강서영, 전게 논문, 68, 77면.
199) "범죄 관련 정보는 안전한 사회에서 살아가는데 도움을 주고, 피의자의 신상 정보가 범죄의 수법이나 행태 등 정보와 결합 공개됨으로써 범죄 피해를 입을 가능성에 대비할 수 있게 된다는 점에서 알 권리를 신장시킨다"(강서영, 전게 논문, 64면 참조).

니라 그 범죄자가 반드시 응징되는 것을 공동체 구성원 각자가 직접 확인할 수 없다면, 그들은 규범이 지켜지고 정의가 실현된다는 확신을 가질 수 없어 불안한 삶을 벗어날 수 없을 것이다. 더구나 정치적 동기에서 유발된 대규모 부정사건의 경우 피의자의 신원이 미확인 상태로 수사가 진행되고 종결된다면, 수사기관과 그 수사의 공정성에도 적지 않은 의혹이 야기되거나 수사결과에 대한 신뢰가 형성되지 못할 것이다. 이것이 피의자의 신상정보를 감춤으로써 사회 전체가 입는 손해이다. 다만, 피의자의 신상공개가 일종의 수치형의 효과를 주거나 인격을 목적이 아닌 수단으로 하는 경우에는 인간의 존엄 개념에 저촉되므로 허용되지 않는다고 보아야 할 것이다.200)

이상 반대론자들의 주장을 종합해 보면, 이익형량에 있어서 피의자들이 신상공개에 의해 입는 피해는 과장된 반면, 공공이 반사회적 흉악범 및 반인륜사범의 신원을 알 권리는 지나치게 과소평가되고 있음을 알 수 있다.

셋째, 또 이들 중대범죄 피의자의 지위와 그들이 존중 받아야 할 명예를 일반 공인이나 사인의 경우와 비교해 볼 필요가 있다. 명예훼손법이 보호하는 명예는 사람마다 같을 수 없다. 명예훼손이 보호하는 외적 명예는 특정 개인이 생래적(生來的)으로 가지는 인격의 내적 명예에 더하여 제2차적으로 각 인간의 성격과 이행가치에 따라 얻어지는 평가가 추가되어 형성하게 된다. 따라서 법 준수자는 범법자보다 높은 지위를 향유하며, 윤리적인 인격자는 타락자보다 더 큰 명예를 갖는다.201) 비판론자들이 지적하는 바와 같이 신상정보가 공개되어 피의자가 입는 인격권상의 피해는 범죄인의 경우보다 유명한 공적 인물의 경우에 더 크다. 또 다수의 지배적 견해에 의하면 공적 인물의 경우에는 그의 지위와 활동에 관련되는 비위가 있는 경우 실명보도의 요건이 완화된다. 그럼에도 흉악 범죄인의 신상정보를 은폐하여 공적 인물보다 더 보호해야 한다는 것은 상식적인 형평의 관점에서 전혀 납득할 수 없다.

넷째, 어쨌든 공공의 관심을 유발·야기하였다는 점에서 양자는 다르지 않다. 그만큼 범죄인의 신원 공개의 요구가 정당화될 수 있다. 범인은 그 범죄행위에 의해 이미 공공의 관심을 불러일으킨 자이며 그 범위에서 공인과 유사한 지위를 가지기 때문에 공인의 경우 적용되는 기준에 의해 실명 및 초상보도가 허용되어야 한다는 것이 독일 판례이고 다수설이다.202) 그럼에도 범행 혐의를 갖는 공적 인물에 대해서는 그

---

200) 헌법재판소 2003. 6. 26. 선고 2002헌가14 결정의 반대의견에 의하면 "국가가 잘못된 사회현상을 시정하고 국민의 도덕성을 회복하기 위하여 성매매를 한 자를 공개하는 것은 일벌백계의 효과를 노려 당사자를 범죄퇴치의 단순한 대상으로 격하시킴으로써 인간의 존엄성에 반하는 국가적 이익만을 위한 행위"라고 비판한다.

201) 대법원 2007. 6. 15. 선고 2004도4573 판결 참조.

202) 범인의 신원 및 초상 보도를 허용하는 전술한 독일 판례 참조.

신원공개를 허용하면서 그와 동등하거나 심지어는 더 큰 사회적 비난과 논란을 야기한 범죄인에게는 그 신원을 가려줘야 한다면, 이를 납득할 시민이나 피해자는 없을 것이다.

다섯째, 반대론자들은 피의자의 인권만을 강조할 뿐 그 가해행위로 피해자가 입는 피해에는 무관심하다는 비판을 면하기 어렵다. 반대론자들은 신상공개가 피의자 개인에게 회복할 수 없는 피해를 준다고 강조하지만, 피의자들의 가해로 인해 피해자들(고인이 된 경우가 많을 것이다) 및 그 유족들이 입는 고통과 비교한다면 피의자들은 그들의 신상정보 공개에 불만할 수 없을 것이다. 이 경우 가해자측을 더 보호하는 효과를 갖는 국가적 조치는 피해자들로 하여금 국가의 존립 이유를 의심케 하는 것이다. 때때로 피의자의 얼굴과 심지어 실명도 밝히지 않은 보도를 대하는 피해자 및 유족의 절규를 보면, 그러한 사정을 명백히 인식할 수 있다.

여섯째, 그 밖에 반대론자들은 수사단계에서 피의자의 신상정보 공개는 무죄추정의 원칙을 위반하는 것이라고 한다. 그러나 무죄추정의 원칙은 절대적인 것이 아니고 예외가 있을 수 있다. 우리 대법원도 실명보도 또는 초상보도가 허용되는 요건을 판례로 설시하고 있다. 이것은 대법원이 무죄추정의 원칙이 절대적인 것이 아니라 예외가 있을 수 있음을 시사하는 것이라고 보아야 한다. 또 피의자 신상공개가 공동체에 끼치는 부정적인 영향을 단적으로 드러난 예시가 바로 '디지털 교도소'사건이라고 하는 주장이 있다.[203] 그러나 '디지털 교도소'사건은 이들 범법자에 대한 공식적·법적 제재가 불충분하여 그 부족함을 메우기 위해 사적 제재를 시도하려는 경우이기 때문에 이를 피의자 신상공개제도를 반대하기 위한 논거로 주장하는 것은 타당치 않다. 비교법적으로 보더라도 실명 또는 초상 공개에 우리의 중대범죄공개법과 같이 법률로 규제하는 국가는 찾아볼 수 없다.[204] 그 밖에 신법에는 그 동안 위헌 여부가 논란되었던 여러 문제를 시정 보완하고 있다.

마지막으로 동법의 규정을 보면, 피의자의 신상정보는 원칙적으로 일반 공공에 공개가 금지된다는 전제에서 예외적으로 허용되는 경우를 정하고 있다. 동법 제4조는 수사에 임하는 검사와 사법경찰관을 공개할 수 있는 주체로 표시하고 있으나, 동법을 위반하여 공개한 경우에는 벌칙이 없다. 그렇다면 동법이 기자나 미디어에 대하여는 어떤 효과를 갖는가? 공개 재판이 행해지는 경우 그 실명은 물론 출정하는 모습의 촬영·보도는 기자나 미디어가 독자적 판단으로 행할 수 있을 것이다. 다만, 그것이 동법

---

203) 강서영, 전게 논문, 97면.
204) 강서영, 전게 논문, 37면.

에 위반되는 경우 그에 대한 처벌규정이 없기 때문에 동법에 위반함을 주장하는 피의자는 명예훼손 등 불법행위에 기한 위자료 청구의 소를 제기할 수 있을 것이다.

(4) 예외 2: 사법 및 공공질서의 목적에 따른 신원공개

수사 및 형벌권의 집행을 위해 필요한 경우 또는 주민에 예상되는 위험을 경고하기 위해 대상자의 신원과 초상을 공개할 필요가 있다.

가. 수사기관에 의한 공개수배

무죄의 추정을 받는 혐의자를 공개수배함에는 엄격한 요건을 필요로 한다. 그로 인해 피의자의 지위 및 그의 사회적인 관계에 관한 공공의 의식에 현저하게 영향을 미치기 때문이다. 범인의 신원을 명시한 수사기관의 공개수배는 수사의 대상이 된 피의자가 도주하거나 도피하였다고 생각되는 경우, 형사소송법에 의해 체포된 자가 도주한 경우, 그리고 자유형으로 유죄의 확정판결을 받은 자의 집행을 위해 신병을 확보하려는 경우에 행해진다.[205]

공개수배는 수사기관의 수사업무에 불가피한 정도에 국한된다. 경찰청 범죄수사규칙[206]에 의하면 공개수배에 관하여 ① 국가수사본부장은 공개수배 위원회를 개최하여 중요지명피의자 종합 공개수배 대상자를 선정하고, 매년 2차례 중요지명피의자 종합 공개수배 전단을 작성하여 게시하는 방법으로 공개수배하고(동 훈령 제101조 제2항), ② 경찰관서장은 법정형이 사형·무기 또는 장기 3년 이상 징역이나 금고에 해당하는 죄를 범하였다고 의심할 만한 상당한 이유가 있고 범죄의 상습성, 사회적 관심, 공익에 대한 위험 등을 고려할 때 신속한 검거가 필요한 경우에 한하여 긴급 공개수배할 수 있다(동 훈령 제102조 제1항). 공개수배는 공개수배전단을 작성하여 전국에 게시하거나, 언론매체·정보통신망 등에 게시하게 된다(동 훈령 제103조).

나. 미디어에 의한 공개수배

공개수배에 관한 언론매체의 공표는 공공에 대해 범죄를 알리는 일반적인 범죄보도와 달리 범죄의 수사를 돕는다는 의미를 갖는다. 그것은 피해자와 그 가족에 대해서 지속적으로 부정적인 영향을 갖게 되므로 신중해야 한다.

언론기관이 수배를 위해 개입될 수 있는 요건은 다음과 같이 요약할 수 있다[207] 첫째, 공개적인 수배는 현저히 중요한 범죄행위를 수사하기 위한 것이어야 한다. 둘째, 개별적인 경우에 수사를 촉진함에 결정적으로 적합한 것이어야 하며, 여타의 보

---

205) Engau, aaO., S. 327.
206) [시행 2023. 11. 1.] [경찰청훈령 제1103호, 2023. 11. 1., 일부개정].
207) Wenzel, 4. Aufl., aaO., S. 439.

다 덜 침해적인 조치가 모두 이행된 이후에만 채용될 수 있다(이른바 보충성의 원칙). 셋째, 공개적인 수배는 절박한 범죄혐의가 있거나, 이미 이행된 수사에 의해 범죄혐의가 상당한 정도 인정된 경우에만 할 수 있다. 넷째, 원칙적으로 검찰 내지 경찰의 요청이 있을 것을 요한다. 이 경우 보도로 인한 법적 책임은 보도를 요청한 검찰 또는 경찰이 부담한다.

이러한 요건은 미제사건을 다루는 미디어의 기사나 프로그램에도 적용된다.[208] 그러한 기사는 상세한 범행의 묘사와 함께 지속적으로 혐의자의 신고를 촉구하게 되는데, 수배대상자와 그 가족에 대해 망신을 주는 효과를 갖게 되므로 이를 정당화하는 요건을 갖추어야 한다.

서울고법 민사8부 2001나68046 판결 ['공개수배 사건25시'][209]

이 사건에서는 공개수배를 행하는 텔레비전 프로그램에 대해 명예훼손의 책임이 인정되었다.

경찰은 마약사범 수사 중 소외인이 원고로부터 마약을 매수하였다는 진술을 믿고 KBS에 원고에 대한 범행자료를 제공하고, KBS는 당시 편성 중인 '공개수배 사건25시' 프로에 히로뽕 판매총책인 원고를 공개수배하는 내용을 방송하였다. 그러나 위 소외인의 진술은 자신의 혐의를 줄이기 위한 허위 진술이었으며, 원고는 위 방송 당시 다른 범죄로 구속되어 있었고, 위 방송된 범죄사실에 관해서는 무혐의처분을 받았다.

법원은, 첫째 담당 경찰관들의 수사와 검거를 위한 노력이 충분하지 않았다고 하여 국가배상책임을 인정하고, 둘째 KBS에 대하여는, 피의자를 수배하기 위해 전국적으로 방송되는 텔레비전 프로그램을 통해 성명과 초상, 신상정보를 공개하여 피의사실을 공표하는 경우에는 그 명예훼손이 용인될 정도로 피의사실 범죄가 극히 중대하고 피의자의 조속한 검거가 요청되는 등 특별한 사정이 있어야 하는데, 경찰 수사결과에 의한 것이라 하더라도 그에 더한 확인절차 없이 원고를 히로뽕 공급총책으로 묘사, 공개수배하였고 수사기록에 나타나지 않은 범행수법 등을 가장하여 극화한 방송을 한 이상 책임을 면할 수 없다고 판시하였다.

서울고등법원 2002. 8. 22. 선고 2001나66293 판결 [여권 사기범 TV 공개수배]

부산지방경찰청은 2000. 5. 회사원 모집광고를 보고 찾아온 구직자들의 여권을 편취해 도주한 사건을 수사하면서 위 회사의 사무실 전화가 원고 명의로 가입되어 있어 범행의 공범으로 판단되는 그의 소재가 파악되지 않아 원고 갑을 지명수배하게 되었다.

피고 방송사는 경찰에 해당 사건 자료를 요청하여 받은 후, 범죄사건을 극화하여 방송하는 포맷의 주간 방송프로그램에서 피의자의 신상과 사진을 공개하여 수배하는 내용을 방송하였다. 그러나 이후 원고와 동업으로 건설회사를 설립하여 운영한 피의자가 원고의 주민등록증을 이용하여 원고 명의로 전화가입을 한 것이 밝혀졌을 뿐이었다.

법원은 피고 국가에 대한 청구에 관하여 원고의 범죄 혐의에 충분한 증거가 없었고, 경찰

---

208) Wenzel, 4. Aufl., aaO., S. 439; Engau, aaO., S. 486.
209) 법률신문 2002. 9. 9 보도.

이 원고에 대한 소재탐지도 적극적으로 하지 아니한 채(담당 경찰관은 주소지의 통장과 반장과의 전화통화만으로 위 원고가 도주한 것으로 판단하여 위 원고의 가족들 주소지에 대한 확인도 거치지 아니하였다), 원고에 대한 피의사실을 공표하였다는 점을 들어 국가배상책임을 인정하였다.

다음으로 피고 방송사에 대한 청구에 관하여, 이 사건 보도가 중요범죄의 피의자 검거라는 공익을 위한 것이라 하더라도 피고 방송사는 프로그램의 제작자로서 수사기록을 검토하여 공개수배방송을 할 만큼 객관적이고 타당한 확증이 있는지 여부를 조사할 의무가 있는데, 수사기관의 발표에 따른 것이라는 사실만으로 그러한 피의사실이 진실이라고 믿은 데 상당한 이유가 있다고 볼 수 없으며 피고 방송사가 원고를 범죄자로 묘사, 공개수배하고 위 원고의 사진을 방영한 이상 위법성이 조각된다고는 볼 수 없다고 판시하였다.

다. 범죄의 예방을 위한 경고

공개수배 이외에도 공공에 대한 범죄의 예방적 조치로서 특정인에 대한 경계가 요구되는 경우에는 범인의 신원공개가 허용된다.[210] 예를 들면, 폭력행위를 범한 테러범을 수배하면서 무장하여 사격할 수 있다는 경고가 행해지는 경우를 들 수 있다. 그 경고의 대상은 구체적 형사사건에서 범죄혐의자나 도주한 범죄자이다. 예방조치로서의 경고는 형사소송이 계속 중임을 전제로 하지 않는다.

3. 수사 단계의 범죄 보도

(1) 개관 - 수사절차의 구조

전술한 바와 같이 범죄와 범인은 중요한 사회적 관심사이고, 언론의 범죄보도는 공공의 알 권리를 충족시키고, 여론을 형성함에 중요한 역할을 행한다. 따라서 형사범죄에 대한 실제 보도에서는 공공의 정보이익이 일반적으로 우위를 갖는다.[211]

그런데 질서유지를 위한 범죄의 수사 및 재판의 권한은 국가기관에 독점되어 있기 때문에, 이들이 갖는 수사 정보에 대한 언론의 접근과 취재는 범죄와 처리에 관한 국민의 알 권리에 결정적 영향을 미친다. 검찰·경찰의 수사 상황은 언론의 취재 대상으로서 큰 비중을 차지하며, 특히 공적 인물[212]의 비위 수사나 세인의 관심이 집중된 범죄사건의 수사에는 언론의 관심이 집중된다.

---

210) Engau, aaO., S. 330.
211) BVerfGE 35, 202, 231f. 등. 일본 형법은 진실의 증명에 의한 위법성조각사유의 적용에 있어서 아직 공소가 제기되지 않은 사람의 범죄행위에 관한 사실은 이를 공공의 이해에 관한 사실로 간주하며 (일본 형법 제230조의2 제2항), 명예훼손행위가 공무원 또는 공선에 의한 공무원 후보자에 관한 사실에 관계되는 경우에도 공익 사항으로 보고 있다(동조 제3항).
212) 공적 인물의 정의와 구체적 적용사례에 관하여는 전술 제2장 제3절 Ⅲ 4. (1) 공적인물 (3) 공인의 범주 및 사례 및 박용상, 명예훼손법, 420면 이하 참조.

한편, 형사소송법상 수사절차는 수사의 효율성과 함께 피의자를 보호하기 위해 비공개가 원칙이며,213) 헌법상 무죄추정의 원칙에 구속받는 수사 주체는 범죄 피의자의 신원은 물론 확정되기 전 피의사실 등 수사상황을 공개하는 것이 금지되어 이를 어기는 경우 피의사실공표죄(형법 제126조)로 처벌된다.

이러한 법적 상황 속에서도 수사기관은 공공의 알 권리 및 언론보도의 이익에 부응하는 조치를 취하지 않을 수 없었고, 언론브리핑 등을 통해 수사결과를 발표하는 관행을 쌓아왔다(후술). 이러한 관행은 피의사실공표죄의 존폐에 관한 논의를 촉발하는 한편, 실제상의 필요를 조화적으로 해결하기 위한 방안으로서 피의사실 공표가 허용되는 예외사유와 그 정당화 논거에 관한 논의를 촉진하게 되었다.

(2) 피의사실공표죄

가. 의의와 문제점

수사단계에서 가장 주목해야 할 것은 피의사실공표죄의 규율이다. 형법 제126조 (피의사실공표)는 "검찰, 경찰 기타 범죄수사에 관한 직무를 행하는 자 또는 이를 감독하거나 보조하는 자가 그 직무를 행함에 당하여 지득한 피의사실을 공판청구 전에 공표한 때에는 3년 이하의 징역 또는 5년 이하의 자격정지에 처한다"고 규정한다. 이 피의사실공표죄는 수사의 개시부터 공소제기에 이르기까지 수사절차의 전 과정에 적용되는 금지규정이고, 그에 관해 형법상 명문의 위법성 조각사유는 정해져 있지 않다. 동죄는 수사담당 공무원의 피의사실공표를 금하고 있지만, 그것은 범죄에 관한 언론의 취재와 보도에 결정적인 영향을 미친다.

> **대법원 2002. 5. 10. 선고 2000다50213 판결**
> "보도 내용이 수사가 진행중인 피의사실에 관한 것일 경우, 일반 독자들로서는 보도된 피의사실의 진실 여부를 확인할 수 있는 별다른 방도가 없을 뿐만 아니라 언론기관이 가지는 권위와 그에 대한 신뢰에 기하여 보도 내용을 그대로 진실로 받아들이는 경향이 있고, 신문보도가 가지는 광범위하고도 신속한 전파력으로 인하여 사후 정정보도나 반박보도 등의 조치에 의한 피해구제만으로는 사실상 충분한 명예회복을 기대할 수 없는 것이 보통이므로, 보도 내용의 진실 여하를 불문하고 그러한 보도 자체만으로도 피의자나 피해자 또는 그 주변 인물들이 입게 되는 피해의 심각성을 고려할 때, 이러한 피의사실을 보도함에 있어 언론기관으로서는 보도에 앞서 피의사실의 진실성을 뒷받침할 적절하고도 충분한 취재를 하여야 할

---

213) 형사소송법 제47조(소송서류의 비공개) 소송에 관한 서류는 공판의 개정 전에는 공익상 필요 기타 상당한 이유가 없으면 공개하지 못한다. 제198조(준수사항) ② "검사·사법경찰관리와 그 밖에 직무상 수사에 관계있는 자는 피의자 또는 다른 사람의 인권을 존중하고 수사과정에서 취득한 비밀을 엄수하며 수사에 방해되는 일이 없도록 하여야 한다."

주의의무를 진다 할 것이"다.

피의사실공표죄는 1953년 형법 제정 당시 국회법사위에서 무죄추정의 원칙을 근거로 하여 피의자의 신용 및 명예를 보호하기 위해 신설된 것으로서 독일이나 일본 등 대륙법계 국가에도 존재하지 않는 우리나라에 특유한 제도이다. 형법 제정 이후 지금까지 피의사실공표죄로 검찰에 의해 기소되어 형사처벌이 이루어진 경우는 한 건도 없기 때문에 형법 제126조는 형법상 범죄구성요건으로서는 사문화된 상태에 있다.[214]

나. 비교법적 고찰
1) 영국

엄격한 법정모욕제도의 전통이 남아있는 영국에서는 재판이 시작되기 전에 형사 피고인에 관한 정보를 공표하는 일체의 행위는 법정모욕죄(Contempt of Court)로 처벌받는다. 그러나 1981년 개정 법정모욕법(Contempt of Court Act 1981)은 공개된 법적 소송에 관한 공정하고 정확한 선의의 동시적인 보도(동법 제4조 제1항), 또는 공적 관심사 기타 일반적인 공적 이익 사항에 관한 선의의 토론(bona fide discussion)으로 행해진 보도를 면책시키는 조항을 두고 있다.

사법 공개의 원리(open justice principle)를 천명한 2015년 제정 '보도 제한 지침'(Reporting Restrictions Guide)은 이 원리를 실현하고 그 예외를 적용함에 있어서 법관과 미디어 양자에 적용되는 상세한 규율을 정하고 있으며, 법원이 공개 및 보도를 제한하는 명령을 내림에는 그에 관한 미디어 측의 의견을 듣고, 결정 후 그 규제조치를 알려주게 되어 있다(동 지침 6).

또 동 지침에 수용된 2005년 협약("Publicity and the Criminal Justice System" 일명 "Protocol")[215]에 의하면, 형사소송에서 검사가 수집·준거한 자료에 관해서는 미디어의 취재에 개방되고 있다. 미디어에 공개되는 자료는 법원에 제출된 지도, 사진 등 문서와 비디오, 진술서, CCTV 영상 등 일체의 자료를 포함한다.[216]

---

214) 그러나 2011년 형사소송법 개정으로 고발인이 재정신청을 할 수 있는 대상범죄에 제126조의 피의사실공표죄가 추가되었기 때문에 향후 재정신청절차에서 법원이 피의사실공표죄의 구성요건에 대한 해석론을 전개할 가능성이 예상된다(조기영, 피의사실공표죄의 구성요건요소 해석 ─ '피의사실'과 '공표'의 의미를 중심으로 ─ , https://kcla.net/bbs/board.php?bo_table=0501&wr_id =53).

215) Reporting Restrictions Guide, Reporting Restrictions in the Criminal Courts April 2015 (Revised May 2016). 5.1 Media access to prosecution materials https://www.judiciary.uk/wp−content/up−loads/2015/07/reporting−restrictions−guide−may−2016−2.pdf. 동 협약(the "Protocol")은 경찰(As−sociation of Chief Police Officers), 검찰(Crown Prosecution Service) 및 언론 등 3자가 합의에 의해 미디어에 신속하고 적절한 시기에 형사절차의 관련 자료에 대한 취재를 보장함으로써 그에 대한 공개 보도와 수사·기소절차의 투명성과 책임성을 보장할 목적으로 제정한 것으로서 Judicial College(사법연수기관), 미디어법 협회, 편집인협회 및 뉴미디어협회에 의해 채택되었다.

216) 그에 따라 일반적으로 공개되는 자료는 지도, 사진(피의자 구금사진 포함), 도표, 범죄현장 동영상, 몰수재산 동영상, 심문·진술내용의 필기록, 범행재연 동영상, 피의자가 촬영된 CCTV 기록 등이고, 공개에 피해자나 증인과의 협의가 필요한 사항은 피해자가 촬영된 CCTV 기록, 피의자·피해자·증인에 대한 경찰심문 녹음·녹화자료, 피해자·증인의 진술 등이다. 또 수도경찰청 언론지침에 의하면, 기소 전에 피의자의 실명은 공개할 수 없으나 나이 및 거주지역은 공개할 수 있으며, 기소 후에는 실명 공개를 허용하고 있다.(Dorset Police Media Guidelines 제5조, 제8조, 제9조 등)(김지현, "피의사실 언론공표 등 위헌확인", 결정해설집 13집(2015), 149, 165면 이하에서 재인용함).

2) 미국

미국에서는 공정보도의 특권 및 헌법상 진실보도 제한 금지의 법리에 따라 언론은 범죄 수사 과정 및 피의자·피고인의 신원, 초상 보도에서 넓은 자유가 허용된다. 다만, 연방 법무부는 공정한 재판을 받을 권리를 보호하기 위해 사법종사자의 '공판 전 편견적 공개(prejudicial pre-trial publicity)를 금지하는 연방규칙(Codes of Federal Regulation, 1965년의 Katzenbach Guidelines를 법규화한 것)을 제정 시행하고 있다.

2018년 개정 법무성 매뉴얼(Justice Manual)[217]에 포함된 미국 연방법무성의 기밀보호 및 미디어 접촉 정책(Confidentiality and Media Contacts Policy)[218]은 다음과 같은 사항을 정한다.

우선 비공개적이고 민감한 사항을 다루는 법무성의 업무에 관한 정보는 피고인의 권리, 사건의 수사, 공정한 재판 등을 해할 수 있어 원칙상 비공개를 원칙으로 한다(1-7.100 - General Need for Confidentiality). 특히, 기밀로 분류된 정보의 공개는 공익신고자로 인정되지 않는 한 처벌된다 (1-7.120 - Whistleblower Protections).

전국적으로 존재하는 93개 연방검찰청에는 공보업무를 담당하는 공보관이 임명되어 미디어와 접촉 업무를 전담하게 된다. 법무성 직원이 진행중인 수사나 사건에 관해 미디어측 인원과 커뮤니케이션하려면 비상 상황인 경우를 제외하고 사전에 관할 검사장 또는 차장의 승인을 받아야 한다.

법무성은 일반적으로 진행중인 수사에 관해 그 존재를 확인하거나 논평하지 않는다. 법무성 직원은 혐의가 공적으로 제기되기 전까지는 (이미 수사가 진행중인 경우에도) 진행 중인 수사의 존부에 관한 질문에 대답하거나 그 내용 또는 진전에 관해 논평하여서는 안된다. 다만, 적합한 수사기관이 수사하고 있음을 사회가 확인할 필요가 있거나 공공의 안전을 유지하기 위해 정보의 발표가 필요한 경우에는 전술한 승인요건이 충족된 경우 진행중인 수사의 확인 또는 논평이 필요할 수 있다.[219]

기자회견은 중요한 뉴스가치 있는 행위를 위해서만 또는 중요한 법집행 목적에 도움이 되는 경우에만 행할 수 있다.[220] 기자회견 또는 법무성의 다른 부서에서 진행중인 수사에 논평하기 전에 각 검사장은 당해 부서와 협조하여야 한다. 기소 기타 형식적 재판회부 이후 유죄판결 전에 미디어 접촉이 적절한 상황이 있다. 그런 경우 미디어와의 커뮤니케이션은 기소장이나 기타 공개된 서면 등 공개적으로 가용한 자료에 포함된 정보에 국한되어야 한다./법무성 직원은 법무성 지침, 규정 또는 판례에 의해, 변호사협회의 정책 및 지역 법원의 명령에 반하는 공개적 진술을 피해야 한다./청소년 절차에서는 미성년자의 신원이 밝혀지지 않도록 특별 규정들이 적용된다./국세청이 법무성에 제공한 정보에는 해당 법률을 준수한다.

공개 가능 정보: 법무성 직원은 혐의가 제기된 형사사건에 관해 법정된 한계 내에서 그리고 본 규정을 지키면서 다음의 정보를 공개할 수 있다.[221]

---

217) https://www.justice.gov/jm/justice-manual 이것은 종전의 United States Attorneys' Manual (USAM)을 2018년에 전면 개정하고 그 명칭을 바꾼 것이다.
218) https://www.justice.gov/jm/jm-1-7000-media-relations.
219) 1-7.400 - Disclosure of Information Concerning Ongoing Criminal, Civil, or Administrative Investigations.
220) 1-7.700 - Guidance for Media Contacts.
221) 1-7.500 - Release of Information in Criminal, Civil, and Administrative Matters - Disclosable Information.

　피고인의 성명, 연령, 주소, 직업, 결혼 여부 등 유사한 배경정보/고발장, 고소장, 기소장 또는 여타 공문서에 포함된 혐의의 요지(substance of the charge)/수사 또는 체포 담당 기관 및 수사의 범위와 기간/체포의 시각 및 장소, 저항, 추적, 무기의 소지 및 사용 등 체포 당시 상황과 체포 당시 압수된 물건의 기술/유죄 인정 이전의 보도자료에는 혐의는 단지 비난이며 피고인은 유죄인정되기까지 무죄로 추정됨을 언급해야 한다. 수사 중이거나 공판 이전에 법무성 직원은 일반적으로 미디어에 전과기록에 관한 정보를 제공할 수 없다. 전과가 현재 범죄의 요건이면 피고인의 신원을 확인하고 그 정보가 당해 사건의 공적 기록에 있는 것이면 전과 사실의 일반적 내용을 확인해 줄 수 있다.[222]

　공개 금지 정보: 법무성 직원은 합리적으로 보아 재판절차를 중요하게 저해할 실질적 가능성이 있는 진술을 하거나 정보를 공개할 수 없다.[223]

　재판절차에 편견을 줄 다음 유형의 정보는 절차진행에 적합하거나 유죄판결 후 이외에는 공개할 수 없다.[224] 피고인 또는 당사자의 성품에 관한 의견/피고인 또는 당사자에게 귀속될 진술, 인정, 자백이나 알리바이 또는 피고인의 진술 거부 또는 부작위/지문 조사, 거짓말 탐지 조사, 성능심사나 DNA검사, 포렌식 등 수사절차에 관한 언급 및 피고인이 조사 등을 거부한 사실/예상되는 증인의 신원, 증언 또는 신빙성에 관한 진술/예상되는 증거 또는 사건의 공방 주장에 관한 진술/피고인의 유죄 여부에 관한 또는 유죄인부절차의 가능성에 관한 의견.

　법무성 직원은 뉴스미디어가 수감 중에 있는 사람을 촬영하거나 방송하도록 권장하거나 도울 수 없다. 또 그는 법집행 기능에 도움이 되거나 해당 사건의 공적 기록의 일부가 된 것이 아니면 자진하여 피고인의 사진을 공개할 수 없다.

　법무성 직원은 법원의 명령이 없는 한 뉴스 미디어의 사안에 관한 취재 또는 보도의 합법적 노력을 방해해서는 안된다.[225] 직원은 범죄현장 등 모든 사람에게 적용되는 접근 제한을 집행할 수 있다./범죄의 방지 및 공공의 신뢰 제고 등 법집행 목적을 촉진하기 위해 법무성 직원은 관할 검사장의 사전 승인으로 법집행활동에 관한 기록 및 보도에 관해 미디어를 도울 수 있다./수색영장 또는 체포영장이 집행되는 경우 관할 검사장의 명시적인 승인 없이는 미리 뉴스 미디어에 알릴 수 없다.

3) 독일

　독일 형사소송법 제353조d(법원심리에 관한 보도의 금지) 제3호는 "형사절차의 공소장이나 기타 공식적인 문서의 전부나 그 중요한 일부를 공개재판절차에서 진술되기 전 또는 그 절차가 종료되기 전에 문안대로 공개하는 경우" 1년 이하의 자유형 또는 벌금으로 처벌하는 규정을 두고 있다. 실무에 의하면 위 문서의 내용을 요약 변경하여 공개하는 경우 또는 법원 등에 제출되지 않은 문서의 공개는 동조의 처벌대상이 되지 않는다. 따라서 동 규정은 그 실효성이 의문시되고 있으며, 실제의 운영에 있어서도 적용되는 사례가 희소한 것으로 알려지고 있다.

　독일에서 기자들은 각주의 언론법에 의해 관청에 대한 정보청구권을 가지며, 일정한 예외사유가 없는 한 관청은 그가 보유하는 정보를 제공할 의무가 있다.

---

222) 1−7.510 − Disclosure of Information Concerning Person's Prior Criminal Record.
223) 1−7.600 − Release of Information in Criminal, Civil, and Administrative Matters−Non−Disclosure.
224) 1−7.610 − Concerns of Prejudice.
225) 1−7.710 − Assisting the News Media.

연방의 형사소송 규칙226)은 검찰은 공적 기능을 이행하는 미디어와 협력하되, 미디어에 대한 정보 제공은 소송관여자의 권리나 수사에 방해되지 않는 한에서 허용된다고 하며, 공소의 제기 및 공소장의 내용은 원칙적으로 공소장이 피고인에게 송달되거나 기타 알려진 후에만 공공에 알려질 수 있다.227)

실제로 검찰의 수사정보 공개에 관한 규율은 각주의 법무성 규칙(Justizverwaltungs-vors-chriften)에 의해 구체화되고 있다. 예를 들어, NRW주 미디어와 협력 지침228)에 의하면 형사절차에서 수사개시부터 공소 제기시까지, 그리고 종국 재판이 확정된 이후에는 검찰의 공보관이 해당 사건에 관한 정보를 제공하고, 그 외의 경우에는 법원이 정보를 제공한다. 검찰의 공보관은 공소 제기 이후 공판절차가 개시되기까지 수사에 관한 정보도 공개할 수 있고, 법원에 사건이 계속 중인 경우에도 검찰은 불복의 제기나 취하 등 그가 결정하거나 결정할 조치에 관해 공표할 수 있다(§ 5 (3)).

법관 및 고위 직원은 객관적이고 공정한 보도를 위해 미디어나 인터넷 매체에 자문적 또는 지원적 협력을 함으로써 언론과 사법 간의 관계 증진에 도움을 주게 된다(§ 13). 공공에 중요성을 가질 가능성이 있는 소송에 관해서는 주간 또는 월간 개정(開廷) 사건 목록이 개요와 함께 미디어에 제공되어야 한다. 피고인의 성명은 그가 특별히 공적 의미를 갖지 않는 한, 불필요한 노출을 피하기 위해 밝히지 말아야 한다(§ 6 (3)). 특별히 일반적이거나 법정책적 중요성을 갖는 사항은 법무성에 알리고 공개할 수 있다(§ 6 (5)). 광범위하거나 법적으로 난해한 소송에 관해서는 변론 전에 소송 사안에 관한 설명이 제공될 수 있다(§ 7 (4)). 법원이나 검찰의 결정은 고지되거나 소송 관여자에게 송달된 경우에만 언론에 공개할 수 있다(§ 7 (5)). 공공이 관심을 갖는 재판이 내려진 경우에는 익명화된 형태의 사본이 언론에 제공된다. 공보수단으로서는 인터넷이 널리 활용된다(§ 11).

또 Saarland주 언론 공보 지침229)에 의하면 사법 분야에서 자유로운 언론의 보도는 사법부에 의한 포괄적 정보를 필요로 한다는 점을 확인하고, 기자들이 법률에 의해 그의 공적 과업 이행에 도움이 되는 정보를 청구하는 경우 관청은 그 대상이 법률이 규정하는 비밀이거나 진행중인 절차를 좌절, 저해, 저지 또는 위태롭게 하는 경우, 특히 검찰의 수사 목적이나 피의자의 방어가능성을 위태롭게 하는 등 보호받는 우월한 공적·사적 이익을 침해하지 않는 범위에서 언론에 정보를 제공하게 되어 있다.

기자들에게는 다음과 같이 그들의 작업을 지원해야 한다. 그것은 필요한 전문적 표현을 설명하여 이해하기 쉬운 형태로 알려야 한다. 장기간에 걸친 사실관계의 통보 및 어려운 법적 문제의 설술은 서면으로 해야 한다. 법원 절차에서 개별 사건을 넘어 다수 시민에 직접 의미를 가질 수 있거나 법적 문제가 결정된 경우 또는 법원 절차에서 시사적 의미를 갖는 것이 결정된 경우에는 추가 조회 기자들에게 공개하여야 한다. 강력범, 광범위한 경제사범이나 중요한 환경사범 또는 여타 공

---

226) Richtlichen für das Strafverfahren und das Bußgeldverfahren (RiStBV) vom 1. Januar 1977 zuletzt geändert mit Wirkung vom 1. September 2016.

227) Nr. 23 der RiStBV.

228) Richtlinien für die Zusammenarbeit mit den Medien, AV d. JM vom 12. November 2007 (1271 − Ⅱ. 2) − JMBl. NRW 2008 S. 2 − in der Fassung vom 28. Juli 2015 − JMBl. NRW S. 329 −.

229) Informationserteilung an Presse und Rundfunk, Allgemeine Verfügung des Ministers der Justiz Nr. 12/1986 vom 18. Juli 1986, geändert durch die Allgemeine Verfügung des Ministeriums der Justiz Nr. 7/1998 vom 02. April 1998.

적 생활의 인물이 관여되거나 정치적 의미를 갖는 주목을 끄는 범죄의 수사절차가 개시되거나 중요하게 진전되거나 종결된 경우에도 같다.

형사법원들은 매달 말 기자들의 열람을 위해 개정사건 목록을 게시해야 한다. 법원들은 매달 25일까지 이를 사법공보과에 제출해야 한다. 개별 사건에 관해서는 사본이 제공될 수 있다. 모든 법관과 공무원은 전체적인 직무수행에서 그의 처리 사건에 공적 이익이 있는지 여부를 심사하고, 그런 경우 지체없이 관할 사법공보과나 관할 공보관에게 알려야 한다. 이와 상관없이 사법공보과장과 공보관은 필요한 공보자료를 자신의 조회에 의해 마련해야 한다. 이들 조회 문의는 비밀 또는 신뢰적 사안이 아니면 제한없고 철저하게, 필요한 경우에는 현존 기록을 보고 대답해야 한다.

서면에 의한 보도자료가 배포되는 경우에는 그에 관련된 자, 특히 혐의자에게 변호사가 있는 경우 그에게도 동시에 사본을 전달해야 한다. 기자회견은 예외적인 경우에만 할 수 있는데, 피의자 및 피해자의 변호사 또는 소송대리인도 적시에 기자회견에 초대되어야 한다.

4) 프랑스

형사소송법 상 조사와 수사절차는 비밀로 규정되어 있고(프랑스 형사소송법 제11조), 조사와 수사절차에 종사하는 사람이 비밀을 누설한 경우에는 1년 이하의 징역과 15,000 프랑 이하의 벌금으로 처벌된다(프랑스 형법 제226−13조 및 제226−14조). 그러나 불완전하고 부정확한 정보의 확산을 막기 위하여 또는 공공질서의 혼란방지를 위하여 지방검사는 스스로 혹은 수사 법원(예심 법원)이나 당사자들의 요청에 의하여 소환 등 수사절차와 관련된 객관적인 사실(피의자나 증인의 소환 여부 등)을 공표할 수 있다는 예외를 규정하고 있다. 그러나 이때에도 혐의사실의 정당성에 대한 평가나 기소 등에 관한 판단은 금지되며(형사소송법 제11조 제3항), 수색으로 취득한 문서는 피의자, 서명인, 수취인의 승낙 없이는 누설이 금지된다(형사소송법 제58조, 제98조).[230]

나아가 1881년 프랑스 언론법(현행법) 제38조에 의하면 기소 행위 및 모든 형사 및 경범 절차의 행위를 공개된 청중에게 낭독되기 전에 보도하는 것은 금지된다(위반시 벌금 3750유로). 형사절차에서 소송중인 인물임이 확인되거나 확인될 수 있는 상징, 이미지를 이해관계자의 동의 없이 전파하는 행위(제35ter조 Ⅰ − 15000유로 벌금), 그리고 그의 유책성 또는 그에게 선고된 형벌에 관한 여론조사 또는 기타 상담의 실행, 발행 또는 논평을 공표하는 행위는 금지되고(제35ter조 Ⅱ − 15000유로 벌금), 특히 미성년자의 신원 공개는 금지된다.

나아가, 명예훼손 소송에서 진실증명이 배제되는 경우 그 절차에 관한 보도, 가사사건에 관한 보도는 의무적으로 금지되며, 모든 민사사건에서 법원과 중재법원은 절차의 보고를 금지할 수 있다. 보도가 허용되는 경우에도 익명을 지켜야 한다(동법 제39조).

5) 오스트리아

오스트리아에는 수사담당자의 피의사실공표를 처벌하는 규정이 없고, 다만 공개법정에서 진술되기 전에 이를 보도하는 행위를 벌금으로 금지하고 있다. 1982년 개정된 오스트리아의 언론매체법 제23조(형사재판에 대한 영향력행사의 금지)는 "기소 회부가 확정된 이후 법원의 형사재판 중에 제1심 단독판사의 절차 또는 본안 회부 이후 구법원의 절차에서 제1심의 판결이 있기 이전에 언론매체에 의해 형사재판의 결과에 대하여 영향을 미치기에 적합한 방법으로 형사재판 결과를 예측하거나 또는 증거의 가치에 관하여 설명한 자는 법원에 의해 180일간에 해당하는 벌금에 처

---

230) 김지현, "피의사실 언론공표 등 위헌확인", 결정해설집 13집(2015), 149(166)면에서 전재 http://
search.ccourt.go.kr/ths/bk/ths_bk0201_P1.do.

한다"고 규정한다.

다. 구성요건

1) 보호법익

형법상 피의사실공표죄는 편제상으로는 국가적 법익에 대한 죄에 규정되어 있지만 피의자의 개인적 법익인 명예 등 인격권을 동시에 보호하는 것으로 이해되고 있다. 통설에 의하면 피의사실공표죄의 보호법익은 국가의 효율적 범죄수사기능의 보호와 함께 피의자의 명예 등 인권 보호에 있다고 한다.[231] 즉 공판청구 전에 피의사실을 공표하면 증거인멸 등으로 범죄수사에 지장을 초래할 수 있고,[232] 국가 재판권의 공정성(피의자 측으로 보면 공정한 재판을 받을 권리)과 함께 피의자의 명예 등 인권을 손상할 우려가 있다. 어쨌든 오늘날 피의사실공표죄의 보호법익은 피의자의 명예 보호에 중점이 옮아가고 있다.

피의사실공표죄는 형사 수사절차에서 개인의 사생활·명예 보호 및 형사사법상 피의자의 권리 보장이 국민의 알 권리를 제한하는 관계로 나타나게 된다. 동죄는 추상적 위험범으로 규정되어 있기 때문에 해당 행위에 의해 실제로 수사기능이 저해되거나, 피의자의 명예가 실추될 것을 요하지 않는다.

전술한 바와 같이 피의사실공표죄는 거의 사문화되어 있기 때문에 그 폐지 여부에 관해 논란이 있었지만, 현재 그 입법적 존재의의에 관해 이를 부정하는 견해는 소수에 속한다. 동 범죄의 해석·운영에 관해서는 정치적 입장에 따라 상반된 입장이 제기되고 있다. 즉 정치권력을 장악한 집권 그룹에서는 피의사실공표를 엄격히 다루려는 입장임에 비하여 야권 그룹에서는 이를 넓게 허용하자는 입장을 취한다. 관건은 이들 상반되는 유인을 균형있게 조정하여 공정한 형사사법의 실현에 기여하는 방안을 찾는데 있다.

2) 행위주체

피의사실공표죄의 행위주체는 "검찰, 경찰 그 밖에 범죄수사에 관한 직무를 수행하는 자 또는 이를 감독하거나 보조하는 자"이다. 각종 영장을 발부하는 법관이나 이를 보조하는 법원 직원은 피의사실공표죄의 주체가 될 수 없다.[233]

---

231) 학설상 피의사실공표죄의 보호법익에 관한 상세한 논의는 한상훈, 오채은, 수사기관의 피의사실 공표, 유출 방지를 위한 입법적 개선방안, 법학연구 제34권 제1호, 123, 131면 이하 참조.

232) 학설 중에는 "피의사실공표죄가 피의자의 명예와 수사기관의 수사권 행사의 공정성 내지 순수성 및 정치적 중립성을 보호법익으로 하는 추상적 위험범"이라는 견해가 있다(조기영, 피의사실공표죄의 구성요건요소 해석 － '피의사실'과 '공표'의 의미를 중심으로 － , 형사법연구 제24권 제2호, 한국형사법학회(2012), 195－226면).

233) 이들이 직무상 지득한 비밀을 기자 등에 누설한 경우에는 공무상 비밀누설이 된다고 보아야 할 것

언론종사자인 기자는 위 규범의 수명자가 아니어서 위 죄의 행위주체가 될 수 없고, 수사담당자가 불법하게 발표한 피의사실을 보도한 기자 또는 언론 종사자가 공식 절차를 거치지 않고 피의사실을 지득하여 보도했다 하더라도 피의사실공표죄로 처벌되지 아니한다. 다만, 언론 종사자도 사전에 수사기관 종사자와 피의사실 공표를 공모하고 그 사실 유무에 대한 적극적인 확인 노력 없이 보도하였다면 피의사실공표죄의 공동정범 또는 교사나 방조로 처벌될 수 있다(형법 제33조 참조).

수사기관의 피의사실공표를 근거로 보도한 언론이 명예훼손의 불법행위책임을 지는가 여부는 별개의 문제로 다루어진다(후술).

3) 행위객체 - '피의사실'

형법 제126조는 "직무를 수행하면서 알게 된 피의사실"을 행위 객체로 규정한다. 피의사실이란 수사기관이 혐의를 두고 있는 범죄사실이라고 할 수 있다. 직무행위 자체와 관련하여 알게 된 사실은 물론, 객관적으로 보아 직무행위의 외형을 갖추고 있는 행위와 관련하여 알게 된 사실도 포함한다.[234] 직무와 관련 없이 알게 된 사실은 여기에 포함되지 않는다.

그런데 법무부 훈령인 현행 '형사사건의 공보에 관한 규정'[235]에 의하면 "공소제기 전 형사사건에 대하여는 혐의사실 및 수사상황을 비롯하여 그 내용 일체를 공개해서는 안 된다"고 규정한다(동 규정 제5조 제1항). 이렇게 동 훈령이 공소제기 전 형사사건의 혐의사실 및 수사상황 등 그 내용 일체의 공개를 금지한 것은, 첫째 법무부 훈령에 불과한 위 규정으로 국민의 알 권리나 언론의 보도의 자유를 제한하려 한다는 점, 둘째 공적 사항임이 분명한 범죄 수사 활동에 대해 전면적·일괄적 공개금지를 기도한다는 점에서 과잉금지의 원칙을 위반한 것이고 위헌의 소지가 있는 규정이라고 보아야 할 것이다.

그리고 구체적 혐의사실 이외에 형식적·절차적 사항, 예컨대 고소, 고발이 접수된 사실, 영장의 청구, 심사, 발부·기각된 사실, 압수, 수색, 체포, 구속의 사실, 공소가 제기되었다는 등 외부적·절차적 사실 등은 피의자·피고인의 인권 및 신체의 자유와 직결되어 언론과 국민의 감시가 필요할 뿐 아니라, 이를 공표하고 보도하여도 재판의 실체적 판단에 영향을 주지 않을 것이기 때문에 그 외의 특수한 상황이 없는 한 금지 대상이 될 수 없다고 보아야 할 것이다.[236]

이다.

234) 조기영, 전게 논문, 16면 참조.

235) 법무부훈령 제1437호, 2022. 7. 22., 일부개정, 시행 2022. 7. 25.

236) 한상훈, 피의사실공표죄의 문제점과 개선방안 - 사전적, 절차적 예방의 모색 -, 刑事政策 제32권

전술한 제 외국의 예를 보더라도, ① 재판결과에 영향을 미칠 우려가 있는 사항의 공개나 그러한 목적의 공개[237]는 금지되지만,[238] ② 당해 사건의 수사주체인, 구체적으로 이를 담당하는 경찰 또는 검찰의 관할 부서, 피의자·참고인 등의 소환이나 구속일자 및 장소, 압수·수색영장의 발부 및 실시 사실, 경찰의 수사완료 및 검찰 송치 사실, 기소 및 기소된 범죄사실의 요지 등 수사절차와 관련된 객관적 사실 등은 공개되고 있다.

동죄는 실질적으로 피의자의 명예를 보호하는 규정이므로 금지되는 피의사실은 특정 피의자에 관련된 것이어야 하고, 따라서 당해 공표행위에서 익명 사용 등에 의해 피의자가 식별되지 않으면 당해 공표행위는 개별적 연관성이 인정되지 않아 동죄가 성립할 수 없다고 보아야 한다.

다만, 국민의 관심이 지대한 사건 또는 저명한 공인의 범죄에 관한 피의사실 공표가 문제된 경우 피의자의 신원은 공개될 수 있다(전술한 중대범죄신상공개법 참조). 즉 공공에 중차대한 의미를 갖는 범죄사건에서 미디어의 지대한 관심이 집중되고 있다면 피의사실공표는 국민의 알 권리를 충족하는 의미가 더 크고, 따라서 피의자가 공적 인물인 경우 그의 신원은 보호될 수 없는 경우가 일반적이고, 그만큼 위법성조각이 넓게 인정되어야 한다.[239] 또 이미 언론에서 의혹이 널리 보도되고 그와 관련하여 특정인이 구속된 사실이 보도된 경우라면 그러한 상황에서 그들이 특정 법률위반으로 구속되었다는 점을 확인 공표하는 것만으로는 형법 제126조의 구성요건을 충족한다고 볼 수 없다.

공표된 해당 피의사실에 피해자의 인적 사항 등 프라이버시에 속하는 사항이 포함된 경우[240] 또는 증거나 그 평가가 언급된 경우에도 본죄가 성립될 수 있다.

피의사실공표죄에서 피의사실은 형법 기타 특별법의 개별적 구성요건을 충족하는 사실이어야 한다는 의미에서 구체성이 요구된다. 즉 형법 제126조의 범죄가 성립하

제4호, 통권 제64호(2021. 1), 247, 272면 이하.

237) 예컨대, 미국에서는 피의자의 성품 및 평판이나 수사에 응하는 태도, 유무죄에 영향을 미칠 수 있는 증거의 상세 내용 및 평가, 그리고 수사의 기법에 관한 내용은 공개가 금지되나, 피의자의 실명, 나이, 거주지, 직업, 결혼 여부 등 인적 사항, 기소요지, 체포당시의 상황, 사건의 정책적 의미에 대한 정보는 공개가 허용된다.

238) 전술한 미국의 2018년 개정 연방법무성 매뉴얼(Justice Manual, 이전의 US Attorney's Mannual)의 규정 내용 및 박용상, 언론의 자유(2013), 851면 이하 참조.

239) 2024. 1. 25.부터 시행된 특정중대범죄 피의자 등 신상정보 공개에 관한 법률(약칭: 중대범죄신상공개법) 제2조는 국가, 사회, 개인에게 중대한 해악을 끼치는 범죄로서 동법이 열거하는 "특정중대범죄"에 있어서는 동법이 정하는 요건이 충족되는 경우 피의자의 얼굴, 성명 및 나이(이하 "신상정보"라 한다)를 공개할 수 있다고 규정한다.

240) 한상훈, 전게 논문, 271면.

려면, 그 구체성의 정도는 공소장에 적시되는 정도로 6하원칙에 따른 구체성을 요하는
것은 아니지만,[241] 특정 법률상의 특정 구성요건에 해당하는 범죄사실이 인식될 수 있
을 정도로 구체성을 띤다면 족하다고 보아야 한다. 형법 제126조의 행위주체인 수사기
관 담당자는 법률전문가로서 피의사실의 규범적 구성요건을 충분히 이해한다고 보아
야 하기 때문이다. 다만, 공표된 피의사실이 불완전하고 구성요건의 일부에 불과한 경
우 또는 관계 죄명이나 개요가 발표된 경우에도 특정 피해자의 개별적 연관성을 인식
할 수 있을 정도이면 본죄는 성립한다고 볼 것이다.

4) 행위 태양 - 공표

피의사실공표죄에 해당하는 행위유형으로서 '공표'의 방법에는 제한이 없다. 법문
에는 구성요건으로서 '공표'라고 정하고 있어 불특정 다수인을 상대로 한 경우를 의미
하는 것으로 보이나, 기자 등 1인에 대한 누설도 전파성이 있어 이를 포함하는 것으로
이해해야 할 것이다. 따라서 피의사실공표죄는 보통 기자회견을 여는 경우뿐 아니라
언론기관 종사자에게 보도자료를 배포하거나,[242] 기자의 개별적 취재에 응하거나 수
사기록을 열람하게 하는 행위[243]에 의해서도 실현된다.

본죄의 성립은 수사절차의 개시 및 존속을 전제로 하며, 고소 또는 고발이 있거나
수사기관이 범죄의 혐의가 있다고 판단하여 특정인에 대해 인지수사를 개시하는 등
입건 절차가 이루어진 후에야 비로소 본조가 적용될 수 있다. 피의사실 공표죄는 공소
제기에 이르기까지 수사절차의 전 과정에 걸쳐 적용되지만, 공소제기 후에는 본죄가
성립될 수 없다.

〈공소장 공개의 시점〉

공소장을 공개할 수 있는 시기에 관하여 실무상 논란이 야기된 바 있다. 형법 제126조의
문면 상 공소제기 후에는 공소장의 내용을 공개하였다 하더라도 피의사실공표죄는 성립할
수 없기 때문이다. 이에 관해 현행 형사소송법 제47조는 "소송에 관한 서류는 공판의 개정
전에는 공익상 필요 기타 상당한 이유가 없으면 공개하지 못한다"고 규정하고 있다. 그에 대
한 처벌규정은 없지만, 공소장 내용을 공개하는 것이 형법 제127조의 공무상비밀누설죄가 되
는지 문제될 수 있을 것이다. 특히 문제가 되는 경우는 검사가 작성한 공소장을 법원에 제출
한 시점부터 당해 사건에 관해 제1회 공판기일에 당해 기소장이 낭독될 때까지 사이에도 공
개가 금지되는가 하는 점이다. 공판이 언제 개정할지 불확정하고, 그 이전에도 공익 등 상당
한 이유가 있으면 공개가 가능하도록 규정되고 있으므로 그러한 사정을 고려하고 일반적인

---

241) 형사소송법 제254조 제4항 참조.
242) 대법원 1996. 8. 20. 선고 94다29928 판결, 대법원 1999. 1. 26. 선고 97다10215,10222 판결, 대법원
   2001. 11. 30. 선고 2000다68474 판결 등.
243) 대법원 1998. 7. 14. 선고 96다17257 판결, 대법원 2001. 11. 30. 선고 2000다68474 판결.

정보공개 청구에 대비한 피의자 보호의 필요를 형량하여 결정하여야 할 것이다.

최근에는 기소가 되었음에도 공판이 개정되지 않았다는 이유로 공소장의 공개가 거부된 사례가 있어 논란되었다. 공소가 제기된 후 수개월이 지나도 법원이 첫 공판을 열지 않은 경우, 검찰은 이를 빌미로 국회의 자료 요청에도 불구하고 공판 개시 전이라는 이유로 공소장 공개를 거부하는 사태가 야기된 것이다.

외국의 예를 보면, 영미의 경우에는 보통법상 공문서공개의 원칙 및 공정보도의 특권 법리에 따라 기소 후 기소장의 공개에는 아무 제약이 따르지 않는다. 독일이나 오스트리아 등 일부 유럽국가에서 공판정에서 진술되기 이전에 공개를 금지하는 제도는 법원의 공판에서 진술됨에 의해 재판공개주의가 실현된다는 구제도적인 관념에 의한 것이고, 미디어에 의한 간접공개가 일반화되고 그 바람직한 효과가 인정된 후에는 공개법정에서의 진술에 큰 의미를 둘 필요가 없게 되었다. 독일의 연방형사소송규칙[244]은 검찰은 공적 기능을 이행하는 미디어와 협력하되, 미디어에 대한 정보 제공은 소송관여자의 권리나 수사에 방해되지 않는 한에서 허용된다고 하며, 공소의 제기 및 공소장의 내용은 공소장이 피고인에게 송달되거나 기타 알려진 후에는 원칙적으로 공공에 알려질 수 있다.[245]

결국 현재 제국의 예를 보면 기소를 기점으로 이를 피의자에게 알린 이후에는 그 공개 및 보도가 허용되는 것으로 처리되고 있다. 우리의 경우에도 공소장은 기소 시부터 공개되고 이에 관한 보도는 공인·공익이 관련된 경우 여타 요건이 충족된 경우 실명보도가 허용되고, 그 밖의 경우에도 익명보도의 원칙을 준수하면 허용되는 것으로 보아야 할 것이다. 공소제기 이후 공소사실은 그 자체로 비밀성이 없고, 기소가 되면 검찰 구성원은 모두 형사사법포털(KICS)에 접속해 공소장 등을 열람할 수 있고, 비밀로 관리되지도 않는다.

라. 위법성 조각 사유
1) 논의 경위

이상 피의사실공표죄가 엄존함에도 불구하고 우리의 종전 현실을 보면 경찰·검찰은 사회적 이목을 끄는 범죄혐의에 대한 수사에 즈음하여 그 개시, 진행 상황 및 수사결과를 공표하고 언론은 이를 근거로 보도하는 것이 관행화되어 왔다. 범죄행위에 대한 언론의 취재·보도는 대부분 경찰과 검찰 등 수사기관의 정보에 의존할 수밖에 없는 상황에서 수사기관은 각종 언론매체의 요청에 따라 국민의 알 권리를 위해 수사결과를 발표하는 관행이 생긴 것이다.[246] 그것이 법 규정을 떠나 실제의 필요에 의한 것이었다 하더라도 그러한 관행은 형법 제126조를 사실상 사문화하고, 헌법상 무죄추정의 원칙을 무력화하는 결과를 가져왔다는데 문제가 있다. 이러한 법규범과 현실 간

---

244) Richtlichen für das Strafverfahren und das Bußgeldverfahren (RiStBV) vom 1. Januar 1977 zuletzt geändert mit Wirkung vom 1. September 2016.

245) Nr. 23 der RiStBV.

246) "일반 국민들은 사회에서 발생하는 제반 범죄에 관한 알 권리를 가지고 있고 수사기관이 피의사실에 관하여 발표를 하는 것은 국민들의 이러한 권리를 충족하기 위한 방법의 일환이라 할 것이나, …"(대법원 1999. 1. 26. 선고 97다10215, 10222 판결).

의 괴리현상은 형법 제126조가 예외없이 획일적·전면적으로 피의사실공표를 금지한 데 이유가 있다.[247]

피의사실공표를 에워싼 논란은 그 가부에 관해 직접 이해관계를 갖는 피의자의 인권과 효율적 수사기능을 추구하는 수사기관, 그리고 공공의 알 권리를 대변하는 언론 등 이해당사자들 간에 복잡하고 첨예한 갈등을 야기하며, 법 규정과 현실 간의 간극은 이러한 논란을 더욱 심화하게 되었다.

한편에서 사문화된 동 규정의 취지를 살려 그 실효성을 확보하여야 한다는 주장이 제기된다.[248] 검찰 등 수사기관은 국민의 알 권리를 위해, 그리고 수사와 관련된 잘못된 보도나 추측기사를 방지하기 위해 수사공보는 불가피하다는 입장을 내세우는 한편, 그에 대해 비판적 논자들은 수사기관이 수사 성과를 내세우거나, 수사 편의를 위해 단편적 혐의 사실을 누출함으로써 선정적 언론 보도를 유발하여 수사에 유리한 여론을 조성하고, 이러한 의도는 언론측의 선정적 동기와 결합하여 폐해를 더 키워왔다고 비난한다.[249]

다른 한편에선 동죄로 인해 국민의 관심이 지대한 사건에 관하여 국민의 알 권리가 차단(遮斷)된다는 비판도 강력히 제기되어 왔다. 수사기관의 활동이 공정하게 진행되고 있는지 감시하고 이를 통제하는 언론의 역할이 제한되어서는 안 되고, 특히, 집권세력 또는 권력자의 비리나 범죄를 수사하는 경우 피의사실공표죄의 존재는 밀실수사, 편파적 수사에 의해 부패 및 비리가 은폐된다는 문제가 제기되었다.

이러한 혼란스런 법적 상황을 타개하기 위해 대법원은 동조의 위법성 조각사유를 개발하여 피의사실 공표가 허용되는 기준을 설정하려고 시도하게 되었다.

2) 대법원 판례

형법상 피의사실공표죄에 별도의 위법성조각사유가 규정되어 있지 않다고 하여 모든 피의사실공표가 처벌된다면 수사활동에 관한 언론의 취재와 보도가 봉쇄되고 그만큼 국민의 알 권리를 저해하여 위헌의 문제가 제기될 수 있다. 더욱이 형법 상 피의

---

247) 동지, 이원석, 알 권리와 피의사실공표죄와의 관계, 해외파견검사연구논문집 제21집 제2권, 법무연수원(2006), 122면 참조.

248) 실제로 1953년 형법 제정 후 피의사실공표죄로 기소된 사례는 없었다. 2011년 형사소송법 개정으로 피의사실공표죄에 대해서도 재정신청이 허용되게 되었지만, 그에 의해 실제로 공소제기된 사례는 아직 없다.

249) 노무현 전대통령이 연루된 '박연차 게이트' 수사와 관련하여 검찰은 공소제기 전에 피의사실을 40회 언론 브리핑을 통해 공표했고, 주요 일간신문과 방송은 검찰의 피의사실 공표를 확대 재생산하여 2009. 3. 20.부터 5. 22.까지 약 두 달간 1,871건의 기사를 경쟁적으로 보도하였다고 한다(정미정, "우리 언론은 '노무현'을 어떻게 다루었는가", 검찰수사와 언론 보도, 무엇이 문제였나? - 2009 한국언론정보학회 토론회 자료집, 4면, 김재윤, 피의사실공표죄 관련 법적 쟁점 고찰, 언론중재 2010년 가을호, 88면에서 재인용).

사실공표죄 규정에 의하면 범죄의 경중, 범죄의 유형 여하를 불문하고 모든 형사피의
사건에 관하여 일체의 피의사실을 공표할 수 없게 되어 있어 과잉금지의 원칙에 명백
히 위반하는 규정으로 보인다. 일정한 요건과 범위를 정하여 예외를 허용하는 방안이
모색되지 않을 수 없다.

이에 관해 판례를 보면, 실제로 수사기관의 발표가 피의사실공표죄로 기소된 사
례가 없었기 때문에 그것이 위법성을 조각하는 여부 및 그 위법성이 조각되는 경우의
요건에 관한 형사 판례는 없었다. 그러나 대법원은 민사사건에서 동죄에 해당하는 공
표행위가 명예훼손의 불법행위를 구성하는가 여부에 관해 1996년 수사기관의 피의사
실공표로 인한 국가배상책임을 처음 인정한 이후,[250] 1998년 "수사담당 공무원이 피
의사실을 공표하는 경우에는 공표하는 사실이 의심의 여지없이 확실히 진실이라고 믿
을 만한 객관적이고 타당한 확증과 근거가 있는 경우가 아니라면 그러한 상당한 이유
가 있다고 할 수 없다"고 판시하였고,[251] 1999년에 이르러 수사기관의 피의사실공표
가 위법성이 조각되는 일반적 요건에 관하여 상세하게 설시하게 되었다.[252]

대법원 1999. 1. 26. 선고 97다10215, 10222 판결 [산업스파이]

이 판결은 수사기관의 피의사실 공표행위가 허용되기 위한 요건 및 그 위법성 조각 여부
의 판단 기준을 설시한 리딩케이스이다.

대법원은 "수사기관의 피의사실 공표행위가 위법성을 조각하는지의 여부를 판단함에 있어
서는 공표 목적의 공익성과 공표 내용의 공공성, 공표의 필요성, 공표된 피의사실의 객관성
및 정확성, 공표의 절차와 형식, 그 표현 방법, 피의사실의 공표로 인하여 생기는 피침해이익
의 성질, 내용 등을 종합적으로 참작하여야 한다."고 하면서, 수사기관의 공식발표의 요건에
관하여 ① 일반 국민들의 정당한 관심의 대상이 되는 사항에 관하여 ② 객관적이고도 충분한
증거나 자료를 바탕으로 한 사실 발표에 한정되어야 하고, ③ 정당한 목적 하에 수사결과를
발표할 수 있는 권한을 가진 자에 의하여 공식의 절차에 따라 행하여져야 하며, ④ 무죄추정
의 원칙에 반하여 유죄를 속단하게 할 우려가 있는 표현이나 추측 또는 예단을 불러일으킬
우려가 있는 표현을 피하는 등 그 내용이나 표현 방법에 대하여도 유념하여야 한다고 판시하
였다.

여기에 익명보도의 원칙에 따라 공인이나 공적 사안에 관계된 사안이 아닌 한 피의자의
신원이나 초상의 보도는 절제되어야 할 것이다.

---

250) 대법원 1996. 8. 20. 선고 94다29928 판결: 수사기관이 피의자의 자백을 받아 기자들에게 보도자료
를 배포하는 방법으로 피의사실을 공표함으로써 피의자의 명예가 훼손된 사안에서, 피의사실이 진
실이라고 믿은 데에 상당한 이유가 없다는 이유로, 보도자료의 작성·배포에 관여한 경찰서장과 수
사경찰관 및 국가의 연대배상책임이 인정됨.

251) 대법원 1998. 7. 14. 선고 96다17257 판결 [이혼소송 주부 청부폭력].

252) 대법원 1999. 1. 26. 선고 97다10215, 10222 판결 [산업스파이].

그에 의하면 수사기관의 공식발표는 ① 일반 국민들의 정당한 관심의 대상이 되는 사항에 관하여 ② 객관적이고도 충분한 증거나 자료를 바탕으로 한 사실 발표에 한정되어야 하고, ③ 정당한 목적 하에 수사결과를 발표할 수 있는 권한을 가진 자에 의하여 공식의 절차에 따라 행하여져야 하며, ④ 무죄추정의 원칙에 반하여 유죄를 속단하게 할 우려가 있는 표현이나 추측 또는 예단을 불러일으킬 우려가 있는 표현을 피하는 등 그 내용이나 표현 방법에 대하여도 유념하여야 한다고 하였다. 위 판결 이후 이를 선례로 한 동일한 취지의 판례가 이어지고 있다.253)

> **대법원 2007. 6. 29. 선고 2005다55510 판결**
> "보도 내용이 수사기관이나 그에 준하는 국가기관 등에 의하여 수사 또는 조사가 진행중인 범죄혐의사실에 관한 것일 경우, … 이러한 범죄혐의사실을 보도함에 있어 언론기관으로서는 보도에 앞서 범죄혐의사실의 진실성을 뒷받침할 적절하고도 충분한 취재를 하여야 함은 물론이고, 보도 내용 또한 객관적이고도 공정하여야 할 뿐만 아니라, 무죄추정의 원칙에 입각하여 보도의 형식 여하를 불문하고 혐의에 불과한 사실에 대하여 유죄를 암시하거나 독자들로 하여금 유죄의 인상을 줄 우려가 있는 용어나 표현을 사용하여서는 안 된다고 할 것이"다.

3) 검토

첫째, 전제되어야 할 것은 형법이 피의사실공표죄에 위법성 조각사유를 명시하지 않았다 하더라도 피의사실공표가 언제나 금지될 수는 없다는 점이다. 이를 전면 금지한다면 국민의 알 권리를 침해하여 위헌의 소지가 있기 때문이다. 그러한 법의 흠결은 법질서 전체의 통일적·조화적 해석을 지향하는 목적론적 해석을 시도해서 합리적으로 해결해야 할 것이다. 그런 점에서 피의사실공표행위의 위법성이 조각되는 요건과 한계를 정하려는 대법원의 기본적 어프로치는 지지되어야 할 것이다.

둘째, 그렇다면 피의사실공표행위가 어떤 근거로 위법성이 조각될 수 있는가 하는 법리적 논거가 필요하게 된다.254) 하나의 행위가 일반적인 금지규정이나 명령규범에 해당하는 경우에도 법질서 전체의 평가에 비추어 정당하다고 생각되면 위법성이 조각될 수 있기 때문이다.

일부 학설은 그 논거로서 형법 제20조의 정당행위 법리를 적용하자는 방안을 제시한다.255) 실제로 대법원은 통신비밀보호법 상 위법성조각사유가 없음에도 형법 제

---

253) 대법원 2001. 11. 30. 선고 2000다68474 판결, 대법원 2002. 9. 24. 선고 2001다49692 판결 등.
254) 피의사실공표죄의 위법성조각사유에 관한 학설의 상세한 주장과 논거는 이원석, 알 권리와 피의사실공표죄와의 관계, 해외파견검사연구논문집 제21집 제2권, 법무연수원(2006), 119(157면 이하) 참조.
255) 이원석, 전게 논문, 136면 이하, 김재윤, 피의사실공표죄 관련 법적 쟁점 고찰, 언론중재 2010년 가을호, 87(104)면, 박희봉·한동섭, 범죄보도에서 알 권리와 인격권의 조화 - 수사공보규정에 대한

20조를 적용하여 예외적으로 도청 정보가 보도될 수 있는 요건을 정한 바 있다.[256]

그러나 형법 제20조(정당행위)는 가장 일반적이고 포괄적인 위법성조각사유로서 형법상 모든 범죄에 적용되는 범용적 판단기준이며, 여타의 위법성 판단기준에 의해 위법성을 정할 수 없는 경우 최후에 사용되는 기준으로서 그 적용에는 엄격한 요건이 필요하다.[257] 그러나 국민의 알 권리를 침해할 수 있는 피의사실공표죄의 위법성 판단에는 헌법상 중요한 의미를 갖는 기본권으로서 표현 및 언론의 자유를 고려하는 특별한 이익형량 기준을 요하며, 이에 비추어 보면 엄격한 요건을 요하는 형법상 정당행위 개념에 의해서는 이를 포섭할 수 없는 경우가 적지 않다.

결국, 대법원이 피의사실공표죄는 국민의 알 권리를 제한한다는 점에서 종전 형법 제20조에 관한 판례가 요구하는 엄격한 요건을 완화하여 그 위법성이 조각되는 사유를 새로이 설정한 것[258]은 실정법의 결함에 비추어 이를 합리적으로 보완하려는 불가피한 조치라고 평가해야 한다.

셋째, 피의사실 공표 내용과 관련하여 위법성 여부의 판단에서는 후술하는 수사기관의 수사공보 지침을 참조해야 할 것이다. 그에 의해 공표가 허용되는 경우에는 특별한 사유가 없는 한 피의사실공표죄도 적용하여서는 안될 것이다.[259] 2022. 7. 25. 시행된 현행 형사사건의 공보에 관한 규정[법무부훈령 제1437호]에 의하면 형사 수사사건에 관해 공소제기 전이라도 예외적으로 공개할 수 있는 6가지 요건을 정하고(제9조 제1항), 객관적이고 충분한 증거나 자료를 바탕으로(제9조 제2항) 각 요건에 따라 공개가 허용되는 정보를 구체적으로 나열 규정하고 있어 대법원 판례의 취지가 일부 반영되고 있다.

형사사건의 공보에 관한 규정[법무부훈령 제1437호, 2022. 7. 22., 일부개정]에 따라 공소제기 전이라도 예외적으로 공개가 허용되는 요건(제9조 제1항)은 ① 수사업무 종사자의 명예 등 인권을 침해하는 오보를 방지하고 시정하기 위한 경우 ② 범죄 피해의 확산 또는 동종 범죄의 발생을 방지하기 위한 경우 ③ 공공의 안전에 대한 급박한 위협과 그 대응조치를 알릴

비판적 분석을 중심으로 -, 언론과 법, 한국언론법학회(2020), 61(109)면 등 참조.

256) 대법원 2011. 3. 17. 선고 2006도8839 전원합의체 판결 [안기부 X파일].

257) 판례에 의하면, 형법 제20조의 '사회상규에 위배되지 아니하는 행위'라 함은 법질서 전체의 정신이나 그 배후에 놓여 있는 사회윤리 내지 사회통념에 비추어 용인될 수 있는 행위를 말한다. 판례는 그 구체적 판단기준으로 ① 그 행위의 동기나 목적의 정당성, ② 행위의 수단이나 방법의 상당성, ③ 보호이익과 침해이익과의 법익권형성, ④ 긴급성, ⑤ 그 행위 외에 다른 수단이나 방법이 없다는 보충성 등의 요건을 갖추어야 한다고 한다(대법원 1986. 10. 28. 선고 86도1764 판결, 대법원 1994. 4. 15. 선고 93도2899 판결, 대법원 1999. 1. 26. 선고 98도3029 판결, 대법원 2000. 3. 10. 선고 99도4273 판결, 대법원 2000. 4. 25. 선고 98도2389 판결, 대법원 2002. 12. 26. 선고 2002도507 판결, 대법원 2003. 9. 26. 선고 2003도3000 판결 등 확립된 판례).

258) 특히 긴급성 요건과 보충성 요건은 완화될 필요가 있다.

259) 대법원 2003. 10. 9. 선고 2003다24390 판결 [포르말린 통조림] 참조.

필요가 있는 경우 ④ 공개 수배에 의한 범인의 검거 ⑤ 특정강력범죄의 처벌에 관한 특례법 제8조의2 제1항, 성폭력범죄의 처벌 등에 관한 특례법 제25조 제1항에 따라 피의자의 얼굴, 성명 및 나이 등 신상에 관한 정보를 공개하는 경우 ⑥ 보고를 요하는 중요사건으로서 국민 들에게 알릴 필요가 있는 경우가 열거되어 있다. 특히, 여섯 번째 중요 보고사건에 관해서는 각 수사단계별로 조치에 따라 공개할 정보의 항목이 구체적으로 열거되어 있다(동 규정 제9 조 제6항).

넷째, 피의사실공표죄의 운영은 새로 도입된 국민참여재판과 관련하여 고찰할 필 요가 있다. 수사기관의 일방적인 과도한 피의사실 공표와 그에 부응하는 언론보도는 특히 배심원재판에서 공정한 재판을 해할 우려가 크기 때문이다. 이에 피의사실 공표 를 공소제기 이전까지가 아니라 제1심의 종료시까지 금지하자는 제안도 있다.[260] 공 소 제기 후에는 검찰과 피고인의 상호공방이 공개된 법정에서 행해지게 되므로 언론 의 취재 보도가 자유롭게 행해진다.

마. 수사기관의 발표와 언론보도의 관계

형법상 피의사실공표에 위법성조각사유가 인정되는가 여부는 수사담당자의 형사 책임 여부에 관한 것이고, 그러한 수사기관의 발표를 근거로 범죄사건을 보도한 언론 이나 기자가 민사상 명예훼손 책임을 지는지 여부에 관하여는 별개의 논의가 필요하 다. 종전 관행에 의하면 수사기관은 중간 수사결과를 발표하여 왔고, 언론은 이를 근 거로 보도하는 것이 통례였다.

확립된 판례에 의하면 수사기관이 적법하게 공표한 피의사실을 보도한 언론기관 은 민사상 명예훼손 책임을 지지 아니함이 원칙이다.[261] 이 경우 기자는 진실의 항변 (형법 제310조)이나 상당성항변을 할 수 있고, 수사관청의 공식적 발표는 신뢰할 수 있 는 정보원이기 때문에 이를 믿고 이를 근거로 보도하였다면 진실이라고 믿음에 상당 한 이유가 있다고 볼 수 있어 손해배상의 책임을 면하게 된다.[262] 예를 들면, 검찰이 A를 사기로 수사한다거나, B가 긴박한 살인혐의로 체포되었다거나, C가 방화혐의로 기소되었다거나 하는 등 발표된 수사상황을 그 발표범위 내에서 보도하는 한 언론매 체는 책임지지 않는다. 다만, 언론 보도가 공식발표의 범위를 넘어서거나, 무죄추정의 원칙에 반하여 피의자의 유죄가 확정적이라는 인상을 주는 표현은 면책될 수 없다.

나아가, 수사기관의 수사결과 발표가 상술한 판례의 위법성 조각사유의 요건을 충족하지 않는 경우[263] 이를 믿고 이를 근거로 보도한 경우에는 어떤가? 대법원은 위

---

260) 이러한 제안은 형법 개정을 전제로 하는 것이다(한상훈, 피의사실공표죄의 문제점과 개선방안 –
　　 사전적, 절차적 예방의 모색 –, 刑事政策 제32권 제4호, 통권 제64호(2021. 1), 248면).
261) 대법원 2003. 10. 9. 선고 2003다24390 판결 [포르말린 통조림].
262) 대법원 2003. 10. 9. 선고 2003다24390 판결 [포르말린 통조림] 등 참조.

법성이 조각되지 않는 수사기관의 발표로 인해 피의자의 명예가 훼손된 경우 국가는 손해배상책임을 져야 하지만, 이를 근거로 범죄사건을 보도한 언론사는 면책될 수 있다는 입장을 취하기도 하고,[264] 때로는 언론이 추가취재 없이 이를 보도한 경우에는 책임을 인정하는 경우도 있다. 어쨌든, 수사기관의 적법한 공식발표에 의존한 보도는 언론매체에 위험부담을 없애준다고 할 수 있다.

(3) 수사기관의 수사공보 지침

전술한 바와 같이 형법상 피의사실공표죄가 엄존함에도 불구하고 수사기관은 국민의 알 권리를 위해 또는 각종 언론매체의 요청에 따라 수사결과를 발표하는 관행이 이어져 왔다. 범죄행위에 대한 언론의 보도가 대부분 경찰과 검찰 등 사법기관의 정보에 의존할 수밖에 없는 상황에서 이들 기관은 국민의 알 권리를 위해 최소한의 공보활동을 하지 않을 수 없었다. 경찰과 검찰은 그러한 공보활동의 요건과 범위에 따른 논란과 혼란에 대처하기 위해 자체 훈령을 제정하여 그 수사공보의 구체적인 적용 기준과 적절한 운영 방안을 정하게 되었다.

그러한 관행은 법 규정을 떠나 실제의 필요에 의한 것이었다. 그 법적 근거와 합법성 여하에 관해서는 후술하는 바와 같이 논란이 있지만, 수사공보지침은 피의자의 인권을 보호하고 언론보도의 내용과 질을 높이는 동시에 형사절차에 대한 바람직하지 않은 영향을 배제하는 긍정적 역할을 해왔다고 할 수 있다.[265]

---

263) 담당 검사가 찾아온 기자 10여명을 상대로 사건 내용을 설명하고 수사기록을 열람하게 한 경우(대법원 2001. 11. 30. 선고 2000다68474 판결) 또는 출입기자들이 경찰서 당직 대장과 업무보고 등을 열람하고 피의사실을 알게 된 후 담당 경찰관에게 간단한 사실확인만을 거친 경우(대법원 2005. 7. 15. 선고 2004다53425 판결)에는 적법한 공식발표가 있다고 볼 수 없다고 한다.

264) 대법원 1999. 1. 26. 선고 97다10215, 10222 판결 [산업스파이]: "신문사가 검사의 발표에 기하여 원고에 대한 피의사실에 관한 기사를 그대로 작성·게재한 이상, 특별한 사정이 없는 한, 그 진위 여부에 관하여 별도로 조사·확인을 하지 아니한 채 이 사건 기사를 게재하였다고 하여 그것이 위법한 것이라고 할 수는 없다."

265) 독일의 경우에도 형사소송에 관한 공식적인 정보의 흐름을 통제하기 위하여 1987년 제정된 검찰의 공보지침(公報指針)이 연방에 통일적인 지침(Verwaltungsrichtlinie)으로 시행되고 있다. 동 지침은 피고인의 공정한 재판청구권을 명시하고 소송의 결과를 선취하는 정보의 제공을 강력히 금지하며, 검찰이 담당 수사절차에서 언론에 정보를 제공하는 경우 적용될 일련의 비교형량기준을 제시하고 있다. 또 공소의 제기 여부와 공소장의 내용은 피고인에 대한 고지 이후에만 공개될 수 있다고 하는 기준을 정하고 있다(Nr. 23 der Richtlichen für das Strafverfahren und das Bußgeldverfahren, in der Fassung der Bekanntmachung vom 17. Sept. 1987 (BAnz. Nr. 181, S. 13361)). 나아가 Saarland주에서는 검찰이 언론에 서면으로 설명과 정보를 제공할 때에는 동시에 소송관계인에 대해서도 그 내용을 알려야 하며, 검찰의 기자회견에는 피의자와 그 변호인이 출석하여 반대의견을 제시할 수 있도록 할 의무가 있고, 그릇된 사실의 전파에 의해 야기된 선입견에 대해서는 이를 시정하는 설명으로 대처할 의무가 있다고 규정한다(Allgemeine Verfügung Informationserteilung an Presse und Rundfunk (AV des MdJ Nr. 12 1986) vom 18. Juli 1986, Gem. Min. Blatt Saarland, S. 390).

구체적인 범죄사건에 관한 공보책임을 시적으로 보아 구분하면, 첫째 사건의 입건에서 검찰에 송치하기까지는 경찰에, 이후부터 공소제기 시까지는 검찰에, 공소제기 후에는 법원에 귀속되는 것으로 보아야 할 것이다.

가. 연혁

법무부는 2005. 4. 25. 수사단계에서 피의사실 공표로 인한 피조사자들의 인권침해를 방지하기 위하여 "수사과정의 인권보호 강화 종합대책"을 마련하고, 2006. 6. 26. '인권보호수사준칙'(법무부훈령 제556호)을 개정 시행하게 되었다. 동 훈령은 비공개의 원칙을 확인하면서 예외적으로 공개가 허용되는 요건을 정하였다.[266]

그에 이어 2010년 노무현 전 대통령 서거를 계기로 수사과정의 취재·보도에서 침해적 영향을 방지하기 위해 상술한 2006년 훈령을 확대 보완한 '인권보호를 위한 수사공보준칙'(수사공보준칙)[267]이 제정·시행되었고, 동 훈령은 문재인 정부에서 2019. 12. 1. '형사사건 공개금지 등에 관한 규정'[268]으로 대체되었다.

문재인 정부 들어 수사공보에 관한 규율은 큰 변화를 겪게 되었다. 첫째, 종전 다소 개방적이었던 수사공보 및 보도는 폐쇄적 비밀주의적 경향으로 변하였고, 둘째, 문재인 정부의 검경 수사권 조정에 따른 형사소송법 개정에 따라 수사 홍보 및 보도에도 변화가 이루어졌다는 점이다.[269] 이것은 검찰 및 경찰의 보도 훈령에 반영되고 있다.

2019년 새로 제정된 검찰과 경찰의 공보 관계 훈령은 형사사건 피의자, 참고인 등 사건관계인의 인권을 보호하고 무죄추정의 원칙이 훼손되지 않도록 함과 동시에 국민의 알 권리와 조화를 이루도록 하기 위하여, 형사사건의 공개금지 및 예외적 공개, 사건관계인의 초상권 보호 등에 관하여 검찰 및 법무부 소속 공무원과 경찰 공무원이 준수해야 할 사항을 규정하고 있다(동 법무부 훈령 제1조). 그 특징은 형사사건의 피의사실 공개를 엄격히 금지해 공개가 금지되는 피의사실의 범위를 명확히 하고, 공개

---

266) 그 상세한 내용에 관해서는 박용상, 언론의 자유(2013), 863면 참조.

267) 2010. 1. 19. 제정 법무부훈령 제761호 제761호 '인권보호를 위한 수사공보준칙'(수사공보준칙)은 공보담당자를 정하고, 공소제기 전의 수사사건에 대하여는 혐의사실 및 수사상황을 비롯하여 그 내용 일체를 공개하여서는 아니 된다고 하여 원칙적 비공개 예외적 공개의 요건을 정하여 시행하여 왔으나, 2019. 10. 30. 형사사건 공개금지 등에 관한 규정이 제정됨과 동시에 폐지되었다(그 상세한 내용에 관해서는 박용상, 언론의 자유(2013), 863면 참조).

268) 법무부훈령 제1265호, 2019. 11. 29., 일부개정.

269) 검사와 사법경찰관의 상호협력과 일반적 수사준칙에 관한 규정[시행 2021. 1. 1.] [대통령령 제31089호, 2020. 10. 7., 제정] 제5조(형사사건의 공개금지 등)는 다음과 같이 규정한다. "① 검사와 사법경찰관은 공소제기 전의 형사사건에 관한 내용을 공개해서는 안 된다. ② 검사와 사법경찰관은 수사의 전(全) 과정에서 피의자와 사건관계인의 사생활의 비밀을 보호하고 그들의 명예나 신용이 훼손되지 않도록 노력해야 한다. ③ 제1항에도 불구하고 법무부장관, 경찰청장 또는 해양경찰청장은 무죄추정의 원칙과 국민의 알 권리 등을 종합적으로 고려하여 형사사건 공개에 관한 준칙을 정할 수 있다."

소환의 금지, 수사과정에 대한 촬영 일체 금지, 구두 브리핑제의 폐지 등 기존 대부분의 공보관행을 모두 금지하고 검찰의 경우에는 형사사건공개심의위원회를 신설하는 등 큰 변화를 보였다.

윤석열 정부 들어 개정된 형사사건의 공보에 관한 규정[시행 2022. 7. 25.] [법무부훈령 제1437호, 2022. 7. 22., 일부개정]은 2019년 규정을 골간으로 하되 예외적으로 기소전 공개가 허용되는 요건과 공개 범위를 구체적으로 규정하고, 단계별로 수사상의 조치가 행해진 경우 그 형식적 절차적 조치에 관한 정보를 공개할 수 있게 명시하였고, 형사사건공개심의위원회는 폐지되었다.270)

나. 공보지침의 법적 성격 및 효력

동 훈령은 법무부의 내부적 행정규칙이며, 검찰 소속 공무원은 직무수행에 있어서 이를 준수할 의무를 부담하고, 이를 위반한 경우에는 징계 등 감독기관의 행정상 통제를 받게 된다. 동 훈령은 법무부의 내부적 행정규칙이기 때문에 대외적 효력을 갖는 것은 아니지만, 그 적용 결과는 사실상 언론의 취재 및 국민의 알 권리에 결정적 영향을 미치게 된다. 그러므로 동 훈령의 적용으로 취재나 보도가 저해되었음을 주장하는 기자 등 관계자는 법원이나 헌법재판소에 구제를 청구할 수 있고, 법원이나 헌법재판소는 구체적 제한조치의 위법성 여부는 물론 해당 적용 규정 자체의 위헌성 및 위법성 여부에 관해 심사하게 된다.

다. 현행 법무부 수사공보 지침 – 2022년 '형사사건의 공보에 관한 규정'

동 훈령은 검찰 소속 공무원의 형사사건의 공개에 관해 비공개를 원칙으로 하되, 수사의 진행 상황에 따라 예외적으로 공개할 수 있는 요건(제9조 이하)과 공개의 주체(제13조 이하), 방식(제15조 이하) 및 초상권보호에 관한 사항(제20조 이하)을 규정하고 있다. 그 내용을 요약하면 다음과 같다.

1) 비공개의 원칙 및 예외

공소제기 전 형사사건에 대하여는 혐의사실 및 수사상황을 비롯하여 그 내용 일체를 공개해서는 안 된다(제5조). 공소제기 후의 형사사건에 대하여는 국민들에게 알릴 필요가 있는 경우 공개할 수 있다(제6조).

다만, 다음의 경우에는 공소제기 전이라도 예외적으로 공개할 수 있다(제9조 제1항).

---

270) 문재인정부 당시 2021년 검경 수사권 조정이 이뤄지며 검찰의 직접 수사 범위가 축소되고 2022년 형사소송법 및 검찰청법 개정으로 2대 범죄(부패·경제)로 더 제한됨에 따라 대통령령인 '검사와 사법경찰관의 상호협력과 일반적 수사준칙에 관한 규정'이 개정되었으나, 윤석열 정부 하의 검찰권 확대 시책에 따라 동 대통령령이 다시 개정되고 2023. 11. 1. 시행되게 되었다. 그 중 형사사건의 공개 등에 관한 규율을 정한 동 규정 제5조는 개정 전후 큰 변화 없이 원칙적 공개 금지 하에 법무부 및 경찰의 공개준칙을 정하도록 하고 있다.

1. 수사업무 종사자의 명예 등 인권을 침해하는 오보를 방지하고 시정하기 위한 경우
2. 범죄 피해의 확산 또는 동종 범죄의 발생을 방지하기 위한 경우
3. 공공의 안전에 대한 급박한 위협과 그 대응조치를 알릴 필요가 있는 경우
4. 공개 수배에 의한 범인의 검거
5. 각종 특별법에 따라 피의자의 얼굴, 성명 및 나이 등 신상에 관한 정보를 공개하는 경우
6. 보고를 요하는 중요사건으로서 국민들에게 알릴 필요가 있는 경우

2) 사건 및 실명 공개의 예외

동 훈령에 의해 예외적으로 실명 공개가 허용될 수 있는 요건은 다음과 같다(제12조).

오보의 방지 또는 수사의 공정성을 위하여 필요하다고 인정되고, ① 언론에 실명이 이미 공개되어 대중에게 널리 알려진 경우 및 ② 공적(公的) 인물인 경우에는, 그 실명과 구체적인 지위를 공개할 수 있다(제12조 제1항).

특기할 것은 동 훈령이 공적 인물에 해당하는 자를 구체적으로 정하여 차관급 이상 고위 공직자, 정치인, 주요 공공기관 및 금융회사의 장, 자산총액 1조원 이상의 기업(집단)의 대표이사, 최대주주, 대주주 등을 열거하고 있다는 점이다(제12조 제2항). 이 규정은 법무부의 내부적 행정규칙에 속하는 것이기 때문에 대외적 효력은 없고, 법원도 공적 인물 여부를 판단함에 있어서 이에 구속받지 않는다. 전술한 바와 같이 실명보도 여부의 결정은 범죄 혐의자나 피의자의 지위와 함께 공적 쟁점 사안에 관여한 정도 등 여러 사정을 참작하여 종합적으로 결정되는 것이다.

형사사건을 공개하는 경우에는 사건관계인을 익명으로 표기할 것을 원칙으로 하되(예컨대, "A○○", "B○○" 등), 필요한 때에는 나이 및 직업("35세, 회사원", "40세, C제약회사 경리부장" 등)을 공개할 수 있다(제8조).

3) 공개의 주체, 방식 및 절차

각급 검찰청에는 지정된 전문공보관이 형사사건의 공개에 관한 업무를 담당하게 되며(제13조), 형사사건의 공개는 소속 검찰청의 장의 승인을 받아 일정한 서식을 갖춘 보도자료에 의해 공개함을 원칙으로 한다(제15조). 2019년 훈령에 의해 신설된 형사사건공개심의위원회는 폐지되었다.

4) 초상권 보호

2022년 훈령은 2019년 훈령에 의해 강화된 초상권 보호를 그대로 유지하고 있다. 동 훈령 제20조에 의하면 사건관계인의 출석 일시, 귀가 시간 등 출석 정보의 공개는 금지되며(동조 제1항), 사건관계인의 출석, 조사, 압수·수색, 체포·구속 등 일체의 수사과정에 대하여 언론의 촬영·녹화·중계방송은 금지되고(동조 제2항), 사건관계인과 언론 간의 접촉도 금지된다(동조 제3항). 검찰청 내 포토라인(집중촬영을 위한 정지선)의 설치도 제한된다(제21조 제2호).

라. 경찰 - (경찰청) 경찰수사사건 등의 공보에 관한 규칙

1) 연혁

경찰에서는 2008. 10. 15. 인권보호를 위한 경찰관 직무규칙(경찰청훈령 제531호)의 제5절에 언론홍보에 관한 조항을 두고, 공판청구 전에는 원칙적으로 수사사건에 관하여 언론공개를 금지하고(제83조 제1항), 공공의 이익 및 국민의 알 권리를 보장하기 위해 언론공개의 예외를 인정하는 등(제83조 제2항) 기본적 지침을 정한 바 있었다. 위 언론홍보에 관한 규정들은 위 직무규칙이 2018. 5. 14. 경찰 인권보호 규칙[경찰청훈령 제872호]으로 전면 개정됨으로써 모두 삭제되었다.

경찰의 공보업무에 관한 독립적인 훈령은 2014. 2. 26. 새로 제정된 (경찰청) 경찰수사사건등의

공보에 관한 규칙(경찰청훈령 제729호)이었다. 공보업무에 관해 상세한 별개의 독립적인 규율을 정한 동 규칙은 2017. 2. 22., 2019. 3. 11., 2020. 1. 9., 각각 개정되었다가, 최종적으로 검경수사권 조정을 반영하여 2021. 1. 1.부터 경찰청훈령 제998호로 개정 시행되고 있다.

2) 규정 내용

2021. 1. 1.부터 시행된 경찰수사사건 등의 공보에 관한 규칙의 내용을 보면 다음과 같다.

동 규칙은 피의사실, 수사상황 등은 공개할 수 없다는 원칙을 확인하고(제4조), 예외적으로 공개할 사유로서 ① 범죄 유형과 수법을 국민에게 알려 유사범죄의 재발을 방지할 필요가 있는 경우 ② 오보, 추측성 보도로 사건관계자의 권익이 침해되거나 침해될 우려가 있는 경우 ③ 신속한 범인의 검거 등 인적·물적 증거의 확보를 위하여 국민들에게 수사사건등의 내용을 알려 협조를 구할 필요가 있는 경우 ④ 공공의 안전에 대한 급박한 위험이나 대응조치에 대해 국민에게 알릴 필요가 있는 경우를 들고 있다(제5조 및 제8조).[271]

수사사건 등을 공보하는 경우에도 공개할 수 없는 사항이 구체적으로 규정되었고(제6조 제1항), 사건관계인을 지칭할 때에는 'A○○', 'B주식회사'와 같은 방식으로 표기하도록 하였다(제7조).

동 규칙은 사건관계인 출석 정보 공개를 명문으로 금지하고 포토라인 규정을 삭제하였고, 수사과정의 촬영 등을 원칙적으로 금지하였으며, 수사관 등의 개별적인 언론 접촉 금지 규정을 신설하는 등 전반적으로 종전 허용되던 언론의 취재 기회 및 활동을 제약하는 방향을 취하고 있다.

해양경찰청은 2014년 수사사건등의 공보에 관한 규칙을 제정한 이래 2017년 및 2019년 개정되었는데, 그 대체적 내용은 경찰수사사건등의 공보에 관한 규칙과 같다.

마. 검토 및 비판

이상 경찰과 검찰 등 수사기관의 범죄 수사 사항의 공보에 관한 행정적 규율은 복잡한 이해관계를 조절하여야 하기 때문에 신중하고 면밀한 검토를 요한다고 할 수 있다. 이하에서는 법무부의 규정을 중심으로 문제를 검토하여 본다.

첫째, 법체계상의 문제로 법률에 의해 공개가 금지되는 피의사실을 법무부의 행정규칙으로 그 위법성 조각사유를 정하여 공개할 수 있도록 한 것이 가능한가 하는 의문이 제기된다.[272] 전술한 바와 같이 형법이 피의사실공표죄에 위법성 조각사유를 별도로 두지 않은 것은 입법의 불비이고, 이 문제에 관해 대법원은 전술한 바와 같이 판

---

271) 검찰 수사공보규정상 공개 범위는 경찰 수사공보규칙의 공개 범위보다 더 넓다. 예를 들어 「검사와 사법경찰관의 상호협력과 일반적 수사준칙에 관한 규정」 제7조 또는 「검찰보고사무규칙」 제3조 제1항에 해당하는 중요사건으로서 언론의 요청이 있는 등 국민들에게 알릴 필요가 있는 경우에도 정보 공개가 가능하도록 정하고 있다. 여기에는 '신문·방송 등 언론매체에 크게 보도되어 국민의 관심을 집중시킬만한 사건', 즉 사회의 이목을 끌 만한 사건(검찰사무보고규칙 제3조 제1항 제11호, 제4항에 의하면 '피의자 또는 피해자의 신분·범행방법·범행결과가 특이 또는 중대하거나 신문·방송 등 언론매체에 크게 보도되어 국민의 관심을 집중시킬만한 사건'을 말한다)도 포함된다.

272) 문재완, '형사사건 공개금지 등에 관한 규정'의 헌법적합성 검토, 외법논집 44권 1호, 한국외국어대학교 법학연구소(2020. 2), 101~124면; 김재윤, 피의사실공표죄 관련 법적 쟁점 고찰, 언론중재 2010년 가을호, 87(100)면; 박희봉·한동섭, 범죄보도에서 알 권리와 인격권의 조화 – 수사공보규정에 대한 비판적 분석을 중심으로, 언론과 법, 한국언론법학회(2020), 97(132)면 등 참조.

례에 의해 피의사실공표가 허용되는 위법성 조각사유를 제시하였다. 법무부의 수사공
보지침이 법과 현실의 간극에서 생긴 혼란을 해결하기 위해 실무상 필요에 따른 조치
라고 할 수 있다하더라도 피의자의 인권과 국민의 알 권리라는 중대한 이익이 충돌하
는 사안에서 이를 형량 조정하는 규율은 국회가 정한 법률에 의해야 할 것이다. 수사
단계 피의자의 신상정보 공개에 관하여는 최근 '특정중대범죄 피의자 등 신상정보 공
개에 관한 법률'(약칭: 중대범죄신상공개법)이 2024. 1. 24.부터 시행되고 있으나, 거기에서
도 해결되지 못한 문제가 지적되고 있다(후술).

둘째, 이른바 검찰 개혁의 일환으로 2019년 전면 개정된 법무부 및 경찰의 훈령
은 피의자의 인권을 보호하는데 주안점을 두고 있다고 하나, 그에 비해 언론의 취재
보도활동을 지나치게 제한하여 국민의 알 권리를 제한한다는 비판이 제기되고 있다.
이로 인해 관행화되어 왔던 공개소환의 금지, 수사과정에 대한 촬영 일체 금지, 구두
브리핑제의 폐지 등 기존 대부분의 공보관행이 모두 금지되었기 때문이다. 수사공보
에 있어서 중요한 관점은 공공의 알 권리와 피의자의 인격권 및 수사의 능률 등을 조
화하는 세심한 비교형량 기준이 법률에 의해 설정되어야 한다는 점이다. 그럼에도 법
무부 훈령은 "공소제기 전 형사사건에 대하여는 혐의사실 및 수사상황을 비롯하여 그
내용 일체를 공개해서는 안 된다"고 규정하여(제5조), 훈령으로서 할 수 있는 범위를
넘어 수사기밀 보호에만 치중하고 있다(전술).

셋째, 부정·비리에 관한 수사는 관련자의 폭로 또는 언론의 의혹 보도에서 시
작하여 수사가 개시되는 것이 보통인데, 수사가 개시된 후 수사기관이 독점하는 수
사상황에 관해 일체의 공개를 금지하는 것은 그러한 부정·비리 사건을 보도할 언론
의 자유 및 국민의 알 권리를 침해하는 것이며 위헌적 규정이다. 이와 관련하여 특
히 문제되는 것은 권력형 범죄 및 정치적 범죄가 은폐될 우려이다. 언론과 시민단체
측에서는 인권존중이란 명목으로 수사 사항이 공개되지 않고 권력이나 검찰 수사에
대한 감시와 보도가 봉쇄되면, 권력형 비리에 연루된 정치인이나 공직자에 대한 밀
실 수사를 조장하는 방편이 될 수 있다는 비판을 제기하였다.273)274) 수사기관의 적극
적인 피의사실공표에 대해서는 여러 규제조치가 마련되어 있으나, 정작 문제되는 수

---

273) 독일의 경우 강력범, 광범위한 경제사범이나 중요한 환경사범 또는 여타 공적 생활의 인물이 관여
　　되거나 정치적 의미를 갖는 주목을 끄는 범죄의 수사절차가 개시되거나 중요하게 진전되거나 종결
　　된 경우에는 기자들에게 공개하고 있다(전술 독일 Saarland주 언론 공보 지침 4.4.항).
274) 문재인 정권에서 수사공보제는 고위공직자범죄수사처 설치와 검경 수사권 조정 등 민주당이 검찰
　　개혁 입법을 마무리한 뒤 내세운 개혁 조치의 하나였다. 검찰 수사과정에서 자행되어 온 여러 폐해
　　를 시정한다는 의도를 가지고 시도되었다고 하지만, 결과적으로 정권 권력 층의 비리를 엄폐하는
　　것으로 드러나게 되어 비판받게 되었다.

사기관의 수사 해태 및 엄폐 등 자의를 견제할 수 있는 사유가 포함되어 있지 않은 것이다.[275]

과거의 관행을 보아 공보지침에 명시되어야 할 사항을 보자면, 우선 수사기관이 상부에 보고해야 할 중요 사건[276]에서 보고한 사항에 관해 기자들의 요청이 있는 경우 그 내용의 요지를 공개하도록 하는 방안이 고려될 수 있다. 그리고 사건 엄폐 및 지연을 방지하기 위해 담당 검사 및 경찰관은 사건 수리 후 처리기간을 넘긴 경우에는 매 1주일마다 그 지연 사유를 밝혀야 하고 이행하지 않는 경우에는 문책할 수 있는 조항이 신설되어야 한다.

넷째, 동 훈령은 피의자 등의 초상권 보호를 강화한다는 명목으로, 참고인 소환이나 피고인 소환 등 수사상황의 공개를 금지함은 물론 포토라인을 일체 폐지함으로써 언론의 취재 및 공공의 알 권리를 봉쇄한다는 점에서 위헌의 문제를 야기할 수 있다.[277] 2024. 1. 24.부터 시행 중인 '특정중대범죄 피의자 등 신상정보 공개에 관한 법률'(약칭: 중대범죄신상공개법)에 해당하지 않는 경우라 하더라도 다수 피해자가 생긴 경제사범뿐 아니라 반사회적·반윤리적 행태로 광범위한 논란을 야기한 자의 초상공개도 금지하게 되면 위헌적인 법익 형량으로서 그들의 생생한 모습을 알 정당한 시민의 권리를 침해한다고 보아야 할 것이다.[278]

다섯째, 공보활동에 피의자 및 수사대상자의 인권을 보장하려는 취지를 실질적으로 살리려면 그들이 입장을 표명할 기회를 부여하여야 함에도 이를 고려하지 않고 있다는 점에 문제가 있다. 독일의 경우를 보면, 공소의 제기 여부와 공소장의 내용은 피고인에 대한 고지 이후에만 공개될 수 있으며,[279] 검찰이 언론에 대해 서면으로 설명

---

275) 검찰의 독점적 수사 및 기소 권한이 통제되어야 한다는 검찰 개혁의 관점에서 보더라도 검찰이 적극적으로 과도하게 권한을 남용하는 경우는 물론 소극적으로 권한을 행사하지 않음으로써 사건을 은폐하려는 시도에 대한 대책이 필요한 것이다.

276) 검사와 사법경찰관의 상호협력과 일반적 수사준칙에 관한 규정 제7조(중요사건 협력절차)는 많은 피해자가 발생하거나 국가적·사회적 피해가 큰 중요한 사건을 중요사건으로 규정하며, 검찰보고사무규칙 제3조(보고대상)는 "정부시책에 중대한 영향을 미칠만한 사건"이나 "특히 사회의 이목을 끌만한 중대한 사건"을 중요사건으로 정한다.

277) 수사기관이 참고인 소환이나 피고인 소환 등 수사상황을 공개하지 않는 경우 언론의 해당 사건에 대한 취재경로가 제한되어 피의사실 보도 자체가 어려워질 수 있다(전술 박희봉·한동섭의 논문, 111면 참조).

278) 전술한 미국의 2018년 개정 연방 법무성 매뉴얼(Justice Manual)에 의하면, 법무성 직원은 법원의 명령이 없는 한 뉴스 미디어의 사안에 관한 취재 또는 보도의 합법적 노력을 방해해서는 안된다. 직원은 범죄 현장 등 모든 사람에게 적용되는 접근 제한을 집행할 수 있다. 범죄의 방지 및 공공의 신뢰 제고 등 법집행 목적을 촉진하기 위해 법무성 직원은 관할 검사장의 사전 승인으로 법집행활동에 관한 기록 및 보도에 관해 미디어를 도울 수 있다. 수색영장 또는 체포영장이 집행되는 경우 관할 검사장의 명시적인 승인 없이는 미리 뉴스 미디어에 알릴 수 없다(1-7.710 - Assisting the News Media).

과 정보를 제공할 때에는 동시에 소송관계인에 대해서도 그 내용을 알려야 하며, 사건에 관한 검찰의 기자회견에는 피의자와 그 변호인이 출석하여 반대의견을 제시할 수 있도록 할 의무가 있다.[280)

여섯째, 2019년 전면 개정된 법무부 훈령의 제정 과정을 보면 미디어측의 사정이나 의견이 반영된 것으로 보이지 않는다. 법정모욕죄 제도에 의해 수사 및 재판보도에 가장 엄격한 규제체제를 갖고 있는 영국의 예를 보아도, 2015년 제정 '보도 제한 지침'(Reporting Restrictions Guide)[281)은 공개된 사법의 원리를 실현함에 있어서 법관과 미디어 양자에 적용되는 상세한 규율을 정하고 있으며, 법원이 공개 및 보도를 제한하는 명령을 내림에는 그에 관한 미디어 측의 의견을 듣고, 결정 후 그 규제조치를 알려주게 되어 있다(동 지침 6). 또 동 지침에 수용된 2005년 협약("Publicity and the Criminal Justice System"일명 "Protocol")[282)에 의하면, 형사소송에서 검사가 수집·준거한 자료에 관해서는 미디어의 취재에 개방되고 있다. 미디어에 공개되는 자료는 법원에 제출된 지도, 사진 등 문서와 비디오, 진술서, CCTV 영상 등 일체의 자료를 포함한다.

(4) 수사 단계 별 범죄 보도의 수준과 범위

독일 판례는 형사상 수사과정에 대해 보도할 경우 언론은 수사기관의 수사진행 상황에 맞추어서, 사려깊게 보도하도록 면밀히 주의할 의무가 있으며, 특히 혐의에 불과한 사실을 확실한 사실로서 보도해서는 안되고, 알려져 있는 무혐의상태에 대해 숨기거나, 밝혀지지 않은 상황에 대해서 보도해서는 안 된다는 점을 강조한다.[283)

수사단계의 범죄에 관한 언론보도는 제목이나 기사내용에서 범행을 단정하는 듯한 표현을 써서는 안 되고, 혐의사실에 대한 해명이나 반론을 함께 게재하여 혐의사실

---

279) Nr. 23 der Richtlichen für das Strafverfahren und das Bußgeldverfahren, in der Fassung der Bekanntmachung vom 17. Sept. 1987 (BAnz. Nr. 181, S. 13361).

280) Allgemeine Verfügung Informationserteilung an Presse und Rundfunk (AV des MdJ Nr. 12 1986) vom 18. Juli 1986, Gem. Min. Blatt Saarland S. 390.

281) Reporting Restrictions Guide, Reporting Restrictions in the Criminal Courts April 2015 https://www. judiciary.uk/wp−content/uploads/2015/07/reporting−restrictions−guide−may−2016−2.pdf. 이것은 Judicial College(사법연수기관), 미디어법 협회, 편집인협회 및 뉴미디어협회에 의해 채택된 것이다.

282) Reporting Restrictions Guide, Reporting Restrictions in the Criminal Courts April 2015 (Revised May 2016). 5.1 Media access to prosecution materials https://www.judiciary.uk/wp−content/up− loads/2015/07/reporting−restrictions−guide−may−2016−2.pdf. 동 협약(the "Protocol")은 경찰(As− sociation of Chief Police Officers), 검찰(Crown Prosecution Service) 및 언론 등 3자가 합의에 의해 미디어에 신속하고 적절한 시기에 형사절차의 관련 자료에 대한 취재를 보장함으로써 그에 대한 공개 보도와 수사·기소절차의 투명성과 책임성을 보장할 목적으로 제정한 것이다.

283) 뒤셀도르프고등법원 1979. 6. 20. 판결 15 U 199/79 [여대생 테러리스트], 박용상, 명예훼손법(2008), 738면 참조.

이 확정된 것이 아님을 전달해야 한다.[284) 피의자에 대한 통화 등 피의자에 대한 접근
이 불가능하였다는 사정만으로는 항변이 되지 아니한다.[285)

가. 고소·고발

누가 어떠한 비행(非行)을 하였음을 아는 개인은 피해자로서 또는 증인으로서 그
사실을 선의로 언급함에 아무 제한을 받지 아니한다. 그러므로 그가 피해자로서 고소
하거나 또는 목격자로서 고발하거나 증인으로서 진술할 수 있음에는 의문이 없다. 그
렇다고 하더라도 그 개인은 그 비행행위자가 유죄라고 단정하거나 처벌받아야 한다고
몰아세우는 것은 정당화되지 못한다. 왜냐하면 이들 진술자가 목격한 것에는 총체적
인 외적 구성요건을 실현하는 사정에 일부 흠결이 있을 수 있을 뿐 아니라, 그 이외에
고의·과실이나 목적 등 내적 구성요건이나 위법성 및 유책성을 조각하는 사유가 있을
수도 있기 때문이다. 이러한 형사책임의 유무에 관한 판단은 관할 형사법원에 전속적
으로 귀속되는 것이기 때문에(이른바 법관의 특권, Richterprivileg) 확정판결이 있기까지는
아무도 그가 처벌되어야 함을 주장할 수 없는 불확정한 상태가 지배하는 것이다.[286)
이러한 사정은 언론이 개인의 비행을 보도하는 경우에도 달라지지 않는다.

이렇게 형사상의 고소·고발은 이론상 누구나가 누구에 대해서든 행할 수 있으므
로 고소나 고발이 있었다는 사실 자체만으로는 언론이 이를 보도함에 아무 의미도 갖
지 못한다. 그에 관한 보도는 특별한 정보의 이익이 있는 경우 이외에는 허용되지 않
으며, 혐의를 높이는듯한 내용의 보도는 허용되지 않는다.[287)

특히, 그 신원에 관한 보도는 허용되지 않음이 원칙이다(익명보도의 원칙). 단지 혐
의만 받는 단계에서는 공적 인물의 경우에도 일반적으로 실명보도가 금지된다고 보아
야 한다.[288) 단순한 소문은 공적 인물의 시사적 활동범위에 관한 것이라고 하더라도

---

284) 피의자의 해명이나 반론을 실었다 하더라도 해명에 바로 이어 피의자의 비위 여부에 대해 조사 중
  이라는 내용을 적시하는 것은 원고의 해명이 사실이 아닐 가능성을 우회적으로 암시하는 것이며
  (대법원 2007. 12. 27. 선고 2007다29379 판결), "본인이 혐의사실을 부인하고 있는 만큼 수사방향을
  보고 조작될 가능성이 있는 경우 강력히 대응할 것이라고 밝혔다"는 반론 게재는 일반적인 범죄수
  사 보도에서 볼 수 있는 통상적이고 추상적인 내용에 불과하여 피의사실이 진실이 아닐 수도 있다
  는 인상을 주기에 충분치 않다는 판례(대법원 2005. 7. 15. 2004다53425 판결)가 있다.
285) 서울중앙지법 2015. 5. 26. 선고 2014가단5118768 판결.
286) Engau, aaO., S. 240.
287) "확인되지 않은 고소인의 일방적 주장을 여과없이 인용하여 부각시키거나 주변 사정을 무리하게 연
  결시켜 고소내용이 진실인 것처럼 보이게 하는 보도, 본문에 비하여 훨씬 큰 제목에 단정적인 표현
  을 게재하는 경우, 또는 피의사실과 무관한 내용을 게재하면서 혐의사실이 진실일 가능성을 우회적
  으로 암시하는 듯한 표현은 모두 유죄의 인상을 주는 것이므로 허용되지 않는다."(정영주·박성순,
  피의사실보도의 언론면책 요건과 쟁점, 언론과 법(한국언론법학회, 2020), 61, 69면).
288) 사회적 현실에서는 범인이라는 추정, 즉 단순한 범죄 혐의(嫌疑)만으로도 그 명예가 손상된다. 법적
  관계에 정통하지 못한 대중은 수사의 개시만으로도 범죄의 증명이 있는 것으로 오해하는 경우가

전파될 수 없다.[289]

예외적으로 공적 인물의 의혹에 관한 실명 보도가 허용되는 것은 그것이 고도의 공적 성질을 갖는 경우에 한정되고, 나아가 그에 연루된 개인의 실명을 밝힐 수 있는 것은 명백한 증거에 의해 의심이 합리적으로 뒷받침되는 경우이다.[290] 관계자가 세인의 주목을 끄는 사건을 계기로 이미 부정적으로 대서특필된 바 있었는데, 그렇게 공지된 세부사항에 의해 형사범의 혐의를 피할 수 없게 되는 경우에는 그 신원공개가 허용된다. 또 그 내용의 진실성에 관해 성실히 심사된 뉴스의 전달이 긴박한 이유 때문에 늦출 수 없는 경우, 예컨대 뉴스의 전달이 임박한 선거라든가, 기타 긴급한 사태 때문에 지체할 수 없는 경우에도 실명보도가 허용된다.

사인인 경우 이 단계에서 신원 공개 보도는 허용되지 않는다고 보아야 한다.

나. 수사의 개시

수사기관이 제출된 진정, 탄원, 투서 또는 언론보도 등을 수사의 단서(端緒)로 삼아 조사할 필요가 있는 경우에는 내사(內査)를 시작하게 되는데, 내사 결과 혐의가 있음이 인정되는 경우에는 정식 입건 처리하여 공식적인 수사가 개시된다.[291] 수사절차가 개시되면 그것은 보통 확인의 필요가 있는 혐의가 포착된 표시가 되며, 그 의미의 한도에서 공개적인 언급의 계기가 생긴다.[292]

그럼에도 이 단계에서 실명을 사용하는 것은 엄격한 요건에 따르게 된다. 일방적 주장에 불과한 고소·고발이나 입건에 의해 수사가 개시된 것만으로는 그 관련자의 신원공개가 허용되지 않는다. 수사기관은 익명의 고소를 포함하여 모든 고소를 수사하여야 하며, 그 결과 무혐의나 불기소로 처리되는 사안이 적지 않기 때문이다. 이러한 단계의 혐의가 보도될 수 있는 경우는 고도의 공적 성질을 갖는 사안이거나 유명한 공적 인물이 관련된 경우로서 그 진실성이 상당한 정도로 담보되어야 한다.

많기 때문이다. 검찰이 수사 후 혐의에 관한 증거부족으로 불기소하는 사례가 있어도 이를 아는 국민은 많지 않다. 단순한 혐의는 오류의 개연성이 크며, 그 무고(無辜)함이 밝혀지더라도 그 보도의 효과가 없어지지 않는다.

289) 독일의 판례에 의하면 범죄구성요건에 해당하는 사실이 인정되어야 비로소 공개가치가 생기게 되는데, 그에 관한 정보의 진실성이 인정되는 최소한의 증거도 없고, 관계자의 인격권이 보다 존중되어야 한다는 논란이 생기는 경우 그 보도는 허용될 수 없다고 한다(Engau, aaO., S. 346).

290) 전술 서울고등법원 1993. 10. 7. 선고 93노1519 판결 [공사부정의혹] 참조.

291) 2023. 11. 1. 시행된 "검사와 사법경찰관의 상호협력과 일반적 수사준칙에 관한 규정"[대통령령 제33808호, 2023. 10. 17., 일부개정] 제16조(수사의 개시)에 의하면 검사 또는 사법경찰관이 ① 피혐의자의 수사기관 출석 조사 ② 피의자신문조서의 작성 ③ 긴급체포 ④ 체포·구속영장의 청구 또는 신청 ⑤ 압수·수색 또는 검증영장(부검을 위한 검증영장은 제외한다)의 청구 또는 신청 중 어느 하나에 해당하는 행위에 착수한 때에는 수사를 개시한 것으로 보며, 이 경우 검사 또는 사법경찰관은 해당 사건을 즉시 입건해야 한다고 규정한다.

292) Wenzel, aaO., 4. Aufl., S. 436.

다. 피의자의 소환 및 구속영장의 발부

범죄사건의 혐의를 받는 자가 피의자 자격으로 수사기관에 소환되면 국가기관에 의해 혐의가 수사할 필요가 인정되었음을 의미하는 것이며, 그에 상응하는 보도가 이루어질 수 있다. 종래 공적 인물에 대해서는 공개 소환이 관행이었으나, 2019년 공보지침 개정으로 비공개 소환 원칙으로 변경되었다. 그러나 2024. 1. 24.부터 시행 중인 '특정중대범죄 피의자 등 신상정보 공개에 관한 법률'(약칭: 중대범죄신상공개법)에 해당하는 경우는 물론, 전술한 바와 같이 엄격한 요건을 충족하면 해당 피의자의 실명 보도가 허용되고, 검찰은 해당 피의자의 소환 및 출석 일시 및 장소를 공개하여 취재에 개방하여야 할 것이다.

〈한국 언론계의 포토라인 관행〉

한국사진기자협회(Korea Press Photographer's Association, KPPA)[293]는 1994. 12. 12.부터 다수의 취재진이 제한된 공간에서 취재를 해야 할 경우 혼란을 방지하기 위해 포토라인 시행준칙을 제정하고 이를 시행해왔다. 동 협회는 취재대상자가 해당 장소에 출입하는 보행의 동선과 취재진 간의 간격을 유지하기 위해 이른바 포토라인(photo line)을 정하고, 기자들이 취재를 위해 위 제한선을 넘을 수 없다는 준칙을 정하여 자율규제를 시행해 온 것이다.

그 후 2006. 8. 31. 제정 포토라인 시행준칙에 의하면, 포토라인은 주로 공공기관, 공항, 각종 행사장, 기자회견장 등에서 취재하는 경우 한국사진기자협회 대표단이 해당 기관이나 장소의 대표자와 협의에 의해 또는 취재원의 요청이 있는 경우 설정하게 되며, 취재 대상자가 그 동선 중 지정된 장소에 이르게 되면 3인으로 제한된 기자가 (인터뷰 풀 방식에 의한) 인터뷰를 시도하고 취재 대상자는 사진 촬영에 자신을 노출하게 된다. 실제로 법률상 신상정보가 공개되는 경우 예외적으로 출석정보도 공개될 수 있고[294] 이런 경우 포토라인이 설정되게 된다.

경찰[295]과 검찰은 이러한 사진기자협회의 자율규제를 존중하여 기자들의 포토라인 설정 요청에 협의 협력하는 관례를 존중해 왔고,[296] 이러한 포토라인의 관행이 취재 실무에서 벌어지는 혼란을 방지하는데 기여한 것은 부인할 수 없었다. 그러나 취재의 자유와 취재 대상

---

293) https://web.kppa.or.kr/.

294) 형사사건의 공보에 관한 규정[시행 2022. 7. 25.] [법무부훈령 제1437호, 2022. 7. 22., 일부개정] 제20조 제1항 참조.

295) 현행 경찰수사사건 등의 공보에 관한 규칙[경찰청훈령 제998호, 2021. 1. 1., 일부개정] 제16조(수사과정의 촬영 등 금지)는 "경찰관서의 장은 출석, 조사, 압수·수색, 체포, 구속 등의 수사과정을 언론이나 그 밖의 사람들이 촬영·녹화·중계방송하도록 허용해서는 안 된다. 다만, 불가피하게 위 수사과정이 촬영·녹화·중계방송되는 경우에는 사건관계인 노출 또는 수사상 차질이 발생하지 않도록 대비하고, 안전을 확보하기 위한 조치를 해야 한다."고 규정한다.

296) 2014. 2. 26. 시행된 (경찰청) 경찰수사사건등의 공보에 관한 규칙[경찰청훈령 제729호, 2014. 2. 26., 제정] 제17조(포토라인)은 "사건관계자에 대한 소환·현장검증 등의 수사과정에서 안전사고 방지와 질서유지를 위하여 언론의 촬영을 위한 정지선(포토라인)을 설치할 수 있다. 포토라인을 설치할 때에는 언론에 미리 그 내용을 알려 포토라인이 원활히 운영되도록 하여야 한다."고 규정하였다.

자의 인권 또는 관계 기관의 입장 등 다수의 법적 쟁점이 제기되고 있으므로 앞으로 언론과 공공기관의 협의에 의해 이들 문제를 해소할 수 있는 보다 합리적이고 실행 가능한 지침이 강구되어야 할 것이다.

포토라인 설정의 요건으로서 그 설정의 대상이 되는 취재 대상자의 요건(공인 또는 정당한 공적 관심을 야기하는 자),[297] 설정의 절차, 특히 협의 당사자인 기자단체와 관계 기관의 협의 과정, 취재 대상자의 인권을 보호하는 조치 등 관계 이익들을 조화적으로 조정하는 구체적 지침을 정하여 그 관행에 법적 근거를 부여할 필요가 있다.

어쨌든 이제까지 행해져 온 포토라인의 관행은 언론의 취재 편의를 위주로 한 것이지만, 이를 전면 금지하는 것은 취재의 자유에 대한 과잉 제한으로서 헌법상 과잉금지의 원칙을 위반하는 것이라고 보아야 할 것이다(후술). 특히, 신상정보 공개심의위원회를 통해 신상 공개가 결정된 피의자의 경우 공식적인 포토라인 취재가 가능하며 피의자 출석상황을 자체적으로 취재하는 것은 이전과 같이 가능하다.

〈미국 법제 상 ride-along 및 perp walk의 관행〉

미국에서는 경찰이 불법의 현장을 급습하거나 영장을 집행하는 과정에 언론이 동행 취재하는 이른바 언론의 '현장 동행'(ride-along)의 관행이 오래된 취재방식으로 인정되어 왔으나, 1999년 미국 연방대법원의 판결[298]에 의해 금지되었다.[299] 그러나 기자가 독자적으로 범죄의 단속 현장을 취재하여 보도함에는 문제가 없다.

"perp walk"[300]이란 범죄 혐의자를 체포하는 경우 또는 구금된 피의자가 경찰이나 법원에 출두하는 과정에서 언론이 촬영할 수 있도록 허용하는 미국 경찰의 관행을 말한다. 피의자는 수갑을 차고 수의를 입은 모습으로 나타나기도 한다. 이에 관해서는 경찰의 범죄단속 노력을 알리고, 독자의 관심을 충족하여야 하는 언론에게는 중요한 극적 장면을 제공하지만, 혐의자의 치욕적인 모습을 널리 공공에 보임으로써 그의 인격을 침해하고 동시에 무죄추정의 권리를 침해한다는 논란이 제기되고 있다. 이에 관해 미국 법원은 2000년 호송 중에 공개된 장소를 보행하는, 자연스레 노출된 피의자의 모습을 촬영하는 것은 규제될 수 없으나,[301] 경찰과 미디어 간 협력에 의해 오직 미디어를 위해 연출된 perp walk은 수정헌법 제4조에 위반된다고 판시하였다.[302][303]

---

297) 전술한 바와 같이 2024. 1. 24.부터는 중대범죄신상공개법이 시행되고 있다.

298) Wilson v. Layne, 119 S.Ct. 1692 (1999)에서 연방대법원은 기자가 사저에서 체포 영장을 집행하는 연방보안관을 수행하는 것(ride-along)은 정당한 법집행목적에 기여하는 바가 없기 때문에 위헌이라고 판시하였다. 사적인 장소에서 수색영장의 집행에 방송 카메라 팀의 동행을 허용한 경우에도 위헌이라고 한 판결이 있다(Ayeni v. Mottola, 35 F.3d 680, 22 (2d Cir. 1994), cert. denied, 115 S. Ct. 1689 (1995)).

299) 박용상, 명예훼손법, 762면 참조.

300) "perp walk"에서 'perp'는 'perpetrator'의 약자이며, 우리말로 '범죄자 행진'이라고 번역할 수 있을 것이다.

301) Lauro v. Charles, 292 F.3d 202, 203 (2nd Cir., 2000).

302) Watkins v. City of Highland Park, 232 F. Supp. 2d 744 (E.D. Mich. 2002): 원고 회사 재산에서 행해진 광란적 파티에 불시 단속이 나와 위법행위의 혐의를 받은 원고, 방송사 인사 및 광란파티 기획자가 체포되는 광경이 촬영되었다. 법원 판시에 의하면 피고 경찰관과 시당국은 그 기획자를 체포할 상당한 이유가 있었으며, 수갑을 찬 그를 카메라 앞을 지나 호송차로 인도함에도 아무 문제가

2018년 개정 연방법무성의 검찰 매뉴얼에 의하면 "법무성 직원은 수감 중에 있는 사람을 촬영하거나 방송하도록 뉴스미디어에 권장하거나 도울 수 없다. 또 그는 법집행 기능에 도움이 되거나 해당 사건의 공적 기록의 일부가 된 것이 아니면 자발적으로 피고인의 사진을 공개할 수 없다"고 규정한다.[304]

구속영장이 발부되거나 구속되는 단계에 이르면 피의자의 혐의는 상당한 정도로 객관화된다는 점에서 그에 상응한 만큼의 보도가 허용되며, 상위에 속하는 공적 인물이라면 그 신원공개가 허용될 수도 있다. 공적 인물이 체포되거나 그가 도주하여 공공에의 등장이 예상되지 않는 경우, 구속영장의 발부는 그에 관한 범죄를 보도하고 논의할 계기를 준다.

법원의 구속영장 발부 또는 이를 기각하는 결정은 법원의 재판이란 점에서 원칙적으로 공개되고 보도될 수 있다고 보아야 한다. 따라서 법원은 구속영장의 발부 또는 기각 사실을 적절한 방식으로 공개하여야 할 것이다. 특히, ① 관련자의 직업상 지위가 국민들에게 특별한 뉴스가치를 가짐에도, 관계자를 익명화함으로써 다른 소수의 사람이 의심을 받게 되거나, ② 긴박한 이유 때문에 충분한 취재를 기다릴 수 없는 경우 또는 ③ 개별 사례의 정황에 따르면 그 사건이 은폐되고 있다는 충분한 의심이 있는 경우에도 신원공개는 허용된다고 보아야 한다.[305] 이것은 익명보도로 인하여 공적 인물에 대한 수사가 지체되거나 은폐되는 것을 감시하기 위하여 언론에 의한 실명보도가 불가피하게 허용되어야 할 경우를 의미한다.[306]

라. 기소

공적 인물에 대한 공소제기와 공판절차의 개시는 보도될 수 있음이 원칙이다. 피고인의 실명 및 초상 보도가 허용되는 여부는 상술한 요건에 따른다.[307]

없었다. 법원은 사전에 피고와 미디어간에 체포 촬영에 관한 아무 연락 증거가 없었으므로 수정 헌법 제4조를 위반하는 연출된 "perp walk"이 아니라고 판시하였다.

303) Caldorola v. County of Westchester, 343 F.3d. 570, 572 (2nd Cir., 2003): 경찰이 부패 혐의의 교정공무원을 교정국에 소환하여 이들을 법원으로 이송하는 중에 사전 통보받은 미디어가 수분간 녹화한 사례에서 연방제2항소법원은 경찰활동의 정확한 보도는 주의 공익에 속하며, 그 목적을 위해 뉴스가치 있는 사건의 혐의자 체포, 그 처리절차 및 법원 심리 등을 계기로 언론에 보도할 기회를 제공하는 것도 합헌이라고 판시하였다.

304) Justice Manual (JM) 1−7.700 − Guidance for Media Contacts.

305) Engau, aaO., S. 357f.

306) 대법원은 법원에서 체포·구속영장 등이 외부로 유출되어 피의사실이 공표되거나 타인의 명예를 훼손하게 되는 것을 사전에 예방하기 위해 2010. 6. 18. '인신구속사무의 처리에 관한 예규'(대법원예규 제1312호)를 개정하여 그 제12조의2에서 "체포·구속영장 및 그 청구서는 법령에 의하여 허용되는 경우를 제외하고는 이를 열람하게 하거나 그 사본을 교부하는 등으로 공개하여서는 아니된다"는 내용을 신설하였다.

307) 현행 형사사건의 공보에 관한 규정[시행 2022. 7. 25.] [법무부훈령 제1437호, 2022. 7. 22., 일부개정]에 의하면, 공소제기전 공개금지의 원칙과 달리 공소제기 후의 형사사건에 대하여는 국민들에게

4. 재판 단계의 범죄보도

(1) 개관

법원의 재판에 관한 언론의 취재와 보도는 언론의 중요한 과제이며, 거기에는 언론의 자유라는 가치 이외에 사법권 독립과 공정한 재판의 이익 등 공사 여러 이익이 관련되는 복잡한 논의가 전개된다.

여기서 언론의 취재·보도에 가장 기본적 틀이 되는 것은 사법권의 발동 형태인 '재판공개의 원칙'이다. 언론의 사법에 대한 접근 및 보도는 재판공개제도에 의해 그 기본적 원칙이 설정되고 있다. 우리 헌법은 "재판의 심리와 판결은 공개한다"고 하여 재판공개의 원칙을 천명하고 있다(헌법 제109조). 재판공개제도의 연혁과 의의에 비추어 그 실제적 적용이 언론의 취재활동에 관하여 미치는 영향을 살펴볼 필요가 있다.

한편, 재판에 관한 언론의 보도는 사법의 자의적 행사를 감시하고 피고인과 당사자의 권리를 수호한다는 점에서 공정한 재판에 도움을 주기도 하지만, 언론의 재판보도는 독립적이고 중립적인 법원에 의해 공정한 재판을 받을 국민의 권리에 영향을 미칠 수 있고, 더욱이 그 보도 대상자에게는 명예나 인격권을 침해할 수 있다. 피고인을 단죄하는 등 편견이나 선입관을 주는 선정적 보도로 나쁜 영향을 미치기도 한다. 이러한 관점에서 폐해를 방지하는 대책이 논의되게 된다.

(2) 재판공개주의

가. 원칙

수사기관의 수사가 종료되어 기소된 후 법원의 재판은 공개된 법정에서 진행하게 됨이 원칙이다. 헌법은 형사피고인의 공개재판을 받을 권리를 보장하며(헌법 제27조 제3항), 법원조직법은 재판을 공개하도록 규정하고 있다(동법 제57조 제1항). 재판공개의 원칙은 현대 문명국가에서 예외없이 채용되는 법치국가적 원칙이다. 현대 민주국가에서 재판공개주의는 재판과정의 투명성을 통해 자의적 사법권 행사를 통제하고 피고인의 인권을 보호하려는데 기본적 취지가 있다.

재판공개주의는 원래 법정을 공공에 개방하는 '직접공개'의 형태를 취하였으나, 오늘날에는 언론 보도를 통하여 공공의 알 권리를 충족시키는 데 주된 의미를 갖게 되었다. 재판과정에 대한 언론의 보도, 이른바 '미디어에 의한 간접공개'가 공공의 알 권

알릴 필요가 있는 경우 공개할 수 있다고 규정한다(제6조).

리를 실현한다고 하는 확대된 의미를 부여받게 된 것이다.[308] 언론의 재판 보도는 현실적인 법적 문제에 관한 공공의 이해를 촉진하며, 특히 형사소송에 관한 보도는 위법에 대한 공공의 의식을 확산한다는 점에서 이른바 규범전달기능을 행한다.

법원은 재판공개의 취지에 맞추어, 공공은 물론 언론이 알 수 있도록 예정된 재판기일에 심리·선고할 사건의 목록을 법정 외부에 게시하는 등 적절한 방법으로 공시하여야 할 것이다. 영국의 예를 보면, 법원은 개정사건 및 선고사건 목록(courts list)을 인터넷에 게시하고, 기자들의 요청에 응해 그 사본을 제공하고 있다. 개시되는 목록에는 담당 법원, 피고인과 당사자, 담당 검사 및 변호사, 사건의 요지, 공개/비공개 여부, 보도 제한 명령의 유무 등 사항이 포함된다.[309]

나. 예외 1 - 비공개 절차

재판공개주의의 원칙은 공정한 재판이나, 피고인 등 소송관계인의 인권을 보호하기 위해 예외가 인정된다.

또 일정한 소송절차에서는 원칙적으로 비공개가 제도화되어 있다. 예를 들면, 비송사건절차법에 의한 비송사건의 심문은 공개하지 아니하며(비송사건절차법 제13조), 민사조정법에 의한 조정절차는 공개하지 아니할 수 있다(민사조정법 제20조). 다만, 법원은 상당하다고 인정하는 자에게 방청을 허가할 수 있다. 소년보호사건의 심리는 공개하지 아니하며, 판사는 적당하다고 인정하는 자에 대하여는 재석을 허가할 수 있다(소년법 제24조 제2항). 종전에 (구)가사심판법은 가사심판절차를 비공개로 규정하였으나, 현행 가사소송법은 비공개규정을 폐지하였다. 다만, 그 사건의 당사자에 관한 실명(實名) 보도가 금지되는 것은 종전과 같다(가사소송법 제10조 참조).[310] 성폭력범죄에 대한 심리는 그 피해자의 사생활을 보호하기 위하여(성폭력범죄의 처벌 등에 관한 특례법 제31조 제1항), 성매매알선 등 행위의 처벌에 관한 법률은 신고자 등의 사생활이나 신변을 보호하기 위하여(동법 제9조 제1항) 결정으로써 공개하지 아니할 수 있다.

다. 예외 2 - 사례별 비공개 사유

나아가, 법원조직법은 공개재판주의에 대한 예외로서 "국가의 안전보장, 안녕질서 또는 선량한 풍속을 해칠 우려가 있는 경우에는 결정으로 공개하지 아니할 수 있다"(법원조직법 제57조 제1항 단서)고 규정한다. 그러나 실무상 주로 재판의 공개가 배제되

---

308) Winfried Hassemer, aaO., S. 62 f.
309) Criminal Procedure Rules 2015 (http://www.legislation.gov.uk/uksi/2015/1490/contents/ made), rule 5.8 Supply to the public, including reporters, of information about cases.
310) 가사소송법 제10조(보도 금지) 가정법원에서 처리 중이거나 처리한 사건에 관하여는 성명·연령·직업 및 용모 등을 볼 때 본인이 누구인지 미루어 짐작할 수 있는 정도의 사실이나 사진을 신문, 잡지, 그 밖의 출판물에 게재하거나 방송할 수 없다[전문개정 2010. 3. 31.].

는 이유는 개인의 인격권이나 기업의 비밀 보호를 위한 것이다.[311] 특히, 개인의 사적인 정보, 기업의 지적 소유권과 영업비밀 내지 경영비밀 등이 제시되는 민사소송절차에서 재판의 공개는 형사소송의 경우와 다른 여러 문제를 제기한다. 변론절차에서 진술되는 피고인의 사적 영역에 속하는 상세한 내용에 대한 보도가 비공개 조치에 의해 불가능하게 되므로 이것은 피고인의 비밀영역 및 내밀영역 내지 사사적 영역을 보호하기 위한 조치가 될 수 있다.

비공개로 한 재판에 관하여는 소송에 관여한 자도 이를 공개할 수 없으며, 언론도 이를 보도할 수 없다. 그러나 현행법상 그에 대한 일반적 처벌규정은 없다.[312] 그러한 위반이 민사소송에서 손해배상책임으로 귀결될 수 있음은 별개의 문제이다.

라. 예외 3 – 법정에서의 촬영, 녹화 및 중계

우리의 법원조직법 제59조는 "누구든지 법정 안에서는 재판장의 허가 없이 녹화, 촬영, 중계방송 등의 행위를 하지 못한다"고 규정하여 미디어의 법정 취재 및 보도행위를 원칙적으로 금지한다. 이것은 법정을 영상에 의해 극화하려는 경향에 대처하기 위한 것이다. 이를 제한하는 근거로서 제시되는 주된 사유는 그러한 미디어의 행위가 공정한 재판을 위한 실체적 진실의 발견을 저해한다는데 있다.[313]

대법원 규칙인 '법정에서의 방청 촬영 등에 관한 규칙'은 재판장의 허가를 받고자하는 자는 녹화, 촬영, 중계방송 등의 목적, 종류, 대상, 시간 및 소속 기관명 또는 성명을 명시한 신청서를 재판기일 전날까지 제출하여야 한다. 재판장은 형사사건의 피고인 또는 법정에 출석하는 민사소송의 원·피고의 동의가 있는 때에 한하여 위 신청에 대한 허가를 할 수 있다. 다만, 그들의 동의 여부에 불구하고 촬영 등의 행위를 허가함이 공공의 이익을 위하여 상당하다고 인정되는 경우에는 동의 없이도 허가할 수 있다(위 규칙 제4조). 재판장이 허가를 하는 경우에도 촬영 등의 행위는 공판 또는 변론의 개시 전으로 제한하고, 법단 위에서 촬영하거나, 촬영 등의 행위로 소란케 하여서는 아니 된다. 구속피고인은 수갑 등을 풀은 후 불구속 상태로 한 후에 촬영하게 하여야 하며, 소년에 대하여는 성명, 연령, 직업, 용모 등에 의하여 그 자가 당해 본인으로 추지(推知)될 수 정도로 촬영 등의 행위를 하게 하여서는 아니 된다(동 규칙 제5조).[314]

---

311) 박용상, 언론의 자유와 공정한 재판, 헌법논총 제16집, 헌법재판소(2005), 5면 이하 참조.
312) 독일 형법 제353d조(법원심리에 관한 보도의 금지)는 ① 국가의 안보를 이유로 비공개로 진행된 심리에 관하여 보도한 경우, ② 비공개재판에서 출석이 허용된 자가 수비명령에 위반하여 금지된 사항을 공개한 경우 1년 이하의 징역 또는 벌금형에 처하는 규정을 두고 있다.
313) 그 상세한 논의는 박용상, 언론의 자유(2013), 819–827면 참조.
314) 1995. 12. 국민들의 관심이 집중된 전두환·노태우 전직 대통령에 대한 재판과정에서 미디어측의 요청에 따라 이례적으로 형사법정 내의 촬영이 허가된 바 있다. 담당 재판부는 법정에서의 방청·촬영

기자가 법정에서 허가 없이 촬영 등의 행위를 감행하는 때에는 담당 법원으로부터 감치(監置) 또는 과태료의 처분을 받게 된다(법원조직법 제61조).

독일 연방헌법재판소 1992. 11. 11. 결정 BVerfGE 87, 334

Berlin지방법원은 독일 통일 후 1992년 전 동독 통치자 Erich Honecker를 비롯한 다수 동독 요인들에 대한 형사재판을 시작하게 되었는데, 법정에서의 촬영 보도를 원하는 방송사들의 신청을 거부하였다. 그러나 독일연방헌법재판소는 ① 위 피고인들에 대한 형사재판의 첫 기일에 법정에 출두하는 장면과 그 재판 모습은 역사적인 의미를 가지며, ② 피고인들은 이른바 절대적인 시사적 인물이어서 그 초상의 공개가 동의 없이 허용될 수 있음을 들어 ③ pool제에 의해 3인의 사진기자팀만이 법정에 들어가 촬영한 결과물을 모든 미디어에 무상으로 제공할 것을 조건으로 변론의 시작 전 및 변론의 종결 후에 법정 내에서 적절한 범위 내에서 사진촬영을 허가하도록 명하였다.315)

(3) 언론의 재판보도의 양면성

가. 언론의 사법 비판의 당위성

언론이 사법에 접근할 수 있어야 하는 것은 재판사무 자체가 국가기관이 행하는 공권력 행사의 하나로서 공적인 이해사항이라는 데 있다. 즉 법원은 판례의 형성과 각 분야의 법적 문제에 관한 결정을 통하여 사회 전체에 대해 실질적인 영향을 미치고 헌법상 권리를 구체화하는 중대한 직책을 행하는 것이므로 그에 대하여는 국민이 알 권리를 가지며, 언론으로서도 그에 액세스할 이익을 갖는 것이다.

법원은 형사재판기능과 함께 국가와 국민 간의 법적 관계 및 시민 간의 법적 분쟁에 관한 결정권을 독점하며(이른바 법관의 사법독점의 원칙), 사항에 따라서는 막강한 재량권을 행사한다. 국민은 법과 양심에 구속되어야 할 그의 판단작용이 올바로 행사되는가의 여부에 관심을 갖지 않을 수 없고, 따라서 사법활동에 대한 언론의 보도와 비판이 허용되어야 한다는 것은 국민주권의 민주국가에서 부인할 수 없다. 법관 및 사법권의 기능이 중대하다고 강조할수록 그 활동은 더욱 비판에 노출되어야 한다.

나아가, 언론의 재판보도는 규범전달기능을 통하여 법치인식의 확산과 사법의 신뢰구축을 위해 중요한 의미를 갖는다. 그것은 심리적 강제에 의한 일반예방의 교육적 기능과 함께 법원에 대한 신뢰의 전제가 되는 공공의 승인과 지지를 얻을 수 있는 계기를 마련하게 되는 것이다.

등에 관한 규칙에 의해 1회 공판 시작 전 2대의 ENG카메라를 들여와 피고인의 정면 모습을 제외한 30초간의 촬영을 허가하였고, 선고공판시에는 정면촬영까지 허용하였다. 구치감에서는 각 언론사별로 한 명씩 출입증을 받아 취재할 수 있도록 하였다.

315) 세계언론판례총람, 540면 이하.

다만, 언론의 사법 비판은 국가적 작용의 성질과 관련하여 다른 국가활동에 대한 비판과는 달리 제한될 수 있다. 국가권력 중에서도 선거에 의해 정당성을 부여받고 대의제(代議制)의 원리에 따라 활동하는 국회와 행정부에 있어서는 그 정당성을 위하여 여론형성에 의한 언론의 관여가 요구되고 필수적이다. 그에 반하여 헌법상 독립성이 보장되는 사법의 행사에 대한 비판은 이러한 정치적 원리의 개입을 떠나 독자적인 합법성(合法性)의 원리가 적용될 수 있도록 보호하여야 한다.

나. 여론재판의 폐해

이렇게 언론의 사법활동에 대한 보도는 헌법상의 당위이며 언론의 공적 과업의 일부에 속하는 것이지만, 거기에는 법관의 중립성(中立性) 및 국민의 공정한 재판청구권과의 관계에서 여러 가지 문제가 야기된다.

첫째, 범죄와 형사처벌에 관한 언론의 보도가 영리를 목적으로 한 선정주의(煽情主義)에 지배되는 경향을 피할 수 없다는 점이다. 언론이 보도에 관심을 갖는 사건은 보통 사회적으로 센세이셔널한 사건이고, 사소한 근거로 의혹을 받는 피고인에 대해 선입견을 가지고 일방적으로 비난하는 경향을 띠는 경우가 적지 않다. 이렇게 언론이 사전에 관련성 여부나 증거능력 여하를 불문하고 잡다한 증거를 제시 평가하거나[316] 혐의자에 대하여 유리·불리한 의견을 제시하면서 사실상 집단적으로 형사소송에 개입하게 되면 이른바 '여론재판'(trial by newspaper)[317]의 폐해가 야기되며, 피고인의 적법절차에 의해 재판받을 권리를 해치게 된다. 언론 간의 취재 및 보도경쟁의 결과 이러한 경향은 상승작용을 일으키게 된다.[318]

---

316) 예를 들어, 형사소송법 상 '증거배제의 법칙'에 의하면 아무리 중요한 증거가치를 갖는다 하더라도 임의성이 없는 자백이나 위법수집된 증거 등 법률상 증거로 허용될 수 없는, 증거능력이 없는 증거는 법정에 입장조차 허용되지 않으나, 무차별적인 소나기식 보도는 이러한 법칙을 무효화한다. 형사소송법상의 전문법칙(傳聞法則, hearsay evidence rule)에 의하면 증인의 진술내용이 직접 체험한 것이 아닌 타인으로부터 전해들은 것을 대상으로 하는 때에는 이른바 전문증거(傳聞證據)로서 원칙상 증거능력이 없다(형사소송법 제310조의2). 이렇게 보면 기자가 직접 체험한 사실이 아니라 타인들로부터 취재하여 작성된 기사는 모두 전문증거에 해당한다.

317) Joachim Wagner, Strafprozeßführung über Medien, 1987, S. 101; Friedrich—Adolf Jahn, Der Einfluß der Medien auf das Strafverfahren aus gesetzgeberische Sicht, in: Dietrich Oehler, Friedrich—Adolf Jahn, Rudolf Gerhardt, Manfred Burgstaller, Winfried Hassemer, Der Einfluß der Medien auf das Strafverfahren, Schriftenreihe des Instituts für Rundfunkrecht an der Universität zu Köln Band 52, C.H. Beck'sche Verlagsbuchhandlung, München 1990, S. 6.

318) 케네디대통령 살해범으로 지목된 Lee Harvey Oswald에 대한 미디어의 보도태도는 신문재판(trial by media)의 전형적인 예로 거론된다. 그 진상을 조사하기 위해 설치된 Earl Warren위원회는 대통령의 피살 후에 저질러진 미디어에 의한 재판의 문제를 지적하였고, 미국변호사협회는 그에 대한 유죄의 심증은 수사공무원의 진술과 세세한 증거의 공개보도로 인하여 광범위하게 퍼지게 되었으며, 그 사건에서 배심원의 선정과 공정한 재판은 불가능에 가까웠다고 지적하였다. 이러한 혼란 속에서 대통령 피격 후 검거된 Lee Harvey Oswald는 재판을 받기도 전에 경찰서 복도에서 Jack Ruby에 의해

둘째, 재판도 받기 전에 여론의 표적이 된 당사자나 피고인에 대한 부정적 또는 긍정적 인상이 전파되면 그것은 증인뿐 아니라 법관에게도 영향을 미치게 된다.[319] 2008년부터 시행된 국민참여재판이 열리는 경우에는 배심원에 대한 영향이 더 문제될 수 있다. 때로는 당사자나 피고인뿐 아니라 사건을 다루는 검사나 변호사가 언론을 동원하는 경우도 있다. 그러한 현상은 숙고적(熟考的)으로 법과 양심에 따라 독립성이 보장되는 법관에 의해 재판받을 권리에 영향을 미치게 된다.

미국의 판례는 이러한 여론재판의 폐해에 대해 단호한 입장을 취한다. 형사소추에 관한 언론의 보도가 피고인의 공정한 재판을 받을 권리(right to a fair trial)를 방해하는 경우가 적지 않고, 법원은 편견적인 언론보도에 의해 공정한 재판이 박탈된 피고인의 유죄판결을 취소할 것임을 누차 강조한 바 있다. 때로는 재심을 받게 한다거나 무죄 방면된 사례도 있다. 미국 연방대법원은 1961년 살인범 단정보도 사건(Irvin v. Dowd, 366 U.S. 717 (1961))에서 한 사람의 혐의자가 적대감으로 충만된 환경에서 기소됨으로써 그 기소가 단지 하나의 형식적인 절차에 불과하게 된 때에는 혐의자의 정당한 법적 절차가 박탈당한 것이라고 판시하였다. 은행살인강도범의 자백을 사전에 보도한 것이 문제된 Rideau v. Louisiana, 373 U.S. 723 (1963) 판결에서는 위와 같은 이유로 그에 대한 유죄판결이 극적으로 취소되었다. 미국 연방대법원의 이러한 태도는 에스테스사건(Estes v. State of Texas, 381 U.S. 532 (1965)) 및 셰퍼드사건(Sheppard v. Maxwell, 384 U.S. 333 (1966)에서도 확인되고 있다. 유명한 텔레비전 시리즈 '도망자'의 주인공인 Samuel Sheppard 박사의 살인사건에서 연방대법원은 언론의 선정주의적 보도가 그의 공정재판청구권을 박탈하였다고 판시하였다.[320]

셋째, 무엇보다 큰 문제는 사법에 대한 공공의 신뢰(信賴)가 상실된다는 점이다.[321] 편견적인 보도가 법관의 중립성을 해칠지 모른다는 우려가 널리 퍼지는 한편, 재판 결과가 예단적 보도와 어긋나는 경우에는 법관에 대한 불신으로 이어지게 된다. 오로지 변론과정에서 나타난 것만을 가지고 재판해야 하는 법원이 언론에 이미 보도된 내용과 다른 판결을 내리게 되면 공공은 법원의 판단을 불신하게 될 것이기 때문이다.

다. 법원 홍보의 의의

종전 오랜 관례에 의하면 법관은 판결로만 말한다는 법언(法諺)에 따라 담당 법관의 사건에 관한 언급은 터부시되어 왔다. 그러나 언론이 법원의 활동을 보도하는 경우

사살되었다.
319) Jahn, aaO., S. 7.
320) 이에 관한 상세한 논의는 박용상, 도망자 셰퍼드 사건, http://blog.naver.com/prkys500/140019779204 참조).
321) Winfried Hassemer, Der Einfluß der Medien auf das Strafverfahren aus strafrechtliche Sicht, in: Der Einfluß der Medien auf das Strafverfahren, Schriftenreihe des Instituts für Rundfunkrecht an der Universität zu Köln Band 52, C.H. Beck'sche Verlagsbuchhandlung, München 1990, S. 67.

에는 공공에 대한 규범전달기능을 행하는 것이며, 법원은 이를 위해 언론에 적극적으로 정보를 제공할 필요가 있다. 법원은 1993. 7. 28.부터 '법원홍보업무에 관한 내규'322)를 제정하여 시행하고 있다. 위 내규에 의하면 각급 법원에는 법원장이 지정한 법관이 공보관으로서 홍보업무를 담당하며, "재판장 또는 공보관이 이를 국민들에게 알릴 필요가 있다고 판단할 때 또는 각종 언론매체의 보도내용이 국민의 오해를 불러 일으킬 우려가 있다고 판단될 때에 한하여" 재판진행에 관한 보도를 행하게 되어 있다 (동 내규 제7조). 언론에 의한 규범전달기능이 불충분한 경우 법리적 해명을 위한 적극적 홍보가 요구된다고 보아야 한다.

독일의 예를 보면, 사법 분야에서 자유로운 언론의 보도는 사법부에 의한 포괄적 정보 제공을 필요로 한다는 점을 중시하고, 법원은 기자들의 취재에 적극 협력하고 있다.323) 이를 위해 ① 공공이 관심을 갖는 사건에 관해서는 매주 또는 매월 개정 사건 목록을 공개하고,324) ② 법원의 소송절차에서 개별 사건을 넘어 다수 시민에 직접 의미를 가질 수 있거나 법적 문제가 결정된 경우 또는 법원 절차에서 시사적 의미를 갖는 사건이 결정된 경우에는 기자들에게 공개하고 있다. ③ 그것은 필요한 전문 표현을 설명하여 이해하기 쉬운 형태로 알려야 하고, 장기간에 걸친 사실관계의 설명 및 어려운 법적 문제의 설명은 서면으로 해야 한다. 공보 수단으로서는 신문 방송 등 전통매체 이외에 인터넷 전파수단이 활용되고 있다.

이렇게 미디어에 법원의 자문적 또는 지원적 협력은 언론과 사법 간의 관계를 증진하고, 객관적이고 공정한 보도를 촉진하게 된다. 모든 법관과 공무원은 전체적인 직무수행에서 그의 처리 사건에 공공이 알 이익이 있는지 여부를 검토하고 지체없이 관할 공보 담당자 등에게 알리는 등 필요한 조치를 취해야 할 것이다.

(4) 법정 보도의 허용성 및 한계

재판공개의 원칙에 따라 기자는 공개법정에서 행해지는 진술과 법원에 제출된 문서를 취재할 수 있음이 원칙이다. 그러나 언론의 재판보도는 재판의 공정성에 지장을

---

322) 대법원내규 제198호, 최종 개정 2006. 3. 6 내규 제341호. 위 내규는 종전 법원공보업무내규(1962. 6. 27. 대법원내규 제12호)를 폐지하면서 전면 개정된 것이다.

323) 이하 Informationserteilung an Presse und Rundfunk, Allgemeine Verfügung des Ministers der Justiz Nr. 12/1986 vom 18. Juli 1986, geändert durch die Allgemeine Verfügung des Ministeriums der Justiz Nr. 7/1998 vom 02. April 1998 참조.

324) 영국의 2015년 형사소송 규칙은 모든 법원은 사건 목록을 온라인에 공개하도록 하고 있으며, 보도에 관한 제한조치가 있는 경우에도 공개를 의무화하고 있다. 또 기자는 법원의 사건부를 열람하고 형사사건의 처리결과와 접수 처리할 사건 목록 등을 무료로 열람할 수 있게 되어 있다.

초래할 우려 또는 관계인의 명예·프라이버시나 당사자의 영업상 비밀을 침해할 우려가 있기 때문에 신중을 요한다.[325] 특히, 형사사건에 있어서는 무죄추정의 원칙이 적용되고 소송절차상 피고인의 방어권을 보호하기 위해 그 보도는 더 신중해야 한다.[326] 법정된 비공개 재판이나 법원에 의해 비공개 결정된 재판에서 행해진 사항도 보도가 금지된다. 재판부 또는 배심의 내부적 평의 내용은 공개할 수 없다.[327]

법정의 보도가 허용된다고 하여 피고인 등 소송관계인의 신원공개가 자동적으로 허용되는 것은 아니다.[328] 즉 공개재판주의가 언론매체의 실명보도를 허용하는 근거가 될 수는 없는 것이다.

또 법원의 심리에서는 피고인의 수많은 개인적 생활환경이 언급되기 마련이지만, 미디어가 이를 무제한적으로 보도할 수 있는 것은 아니다. 심리 경과에 대한 미디어의 보도에 있어서는 피고인의 내밀영역, 비밀영역 및 사사적 영역에 속하는 사항에 대하여 보도할 수 없다는 한계가 있다. 소송절차에서 개인적 생활환경이나 자료에 관한 진술이 있다고 하더라도 그것은 법원이나 소송관계인을 상대로 한 진술일 뿐, 대외적 공개에 대해 동의한 것은 아니므로 언론이 그것을 그대로 보도할 수 있는 것은 아니다. 소송에서 진술된 피고인의 개인적 생활영역에 속하는 사정이 넓은 범위의 공공에게 전달될 수 있는가의 여부는 그 사건의 시사적 의미 및 그 보도가 피고인과 그의 혐의사실을 올바르게 이해하는데 필요한가 여부에 의존한다.

법정보도가 허용되는 경우에도 피고인에 대한 혐의사실과 소송경과에 대하여는 일반적 법리에 따라 진실되게 객관적으로 보도해야 한다. 사실상태에 의해 뒷받침되지 않는 설명이나 피고인을 모욕하거나 그 인격권을 침해하는 표현은 금지된다.

(5) 판결확정 후
가. 판결 확정과 범인의 익명권

피고인에 대한 유죄판결이 확정되기 전까지 무죄추정의 원칙은 적용된다.[329] 그러나 유죄판결이 확정되면 피고인의 범죄는 공적으로 확인되고, 그 시점부터 무죄추

---

325) 박용상, 언론의 자유와 공정한 재판, 헌법논총 제16집, 헌법재판소(2005), 5면 이하 참조.
326) 프랑스 언론법 제35ter조 제2호는 "형사 절차에서 소송 중인 인물의 유책성(culpabilité) 또는 그에게 선고된 형벌에 관한 여론조사나 여타 상담의 실행, 발행 또는 논평"은 15,000유로의 벌금으로 처벌한다.
327) 프랑스 언론법 제39조, 오스트리아 형법 제301조 제2항 참조.
328) Wenzel, aaO., 4. Aufl., S. 446.
329) 제1심 유죄판결에 관한 진실에 충실한 보도는 면책되지만, 확정되기 전에는 무죄추정의 원칙이 적용되므로, 피고인을 확정된 범인으로 표시할 수 없고, 확정되지 않은 사실을 알려야 한다(오스트리아 언론매체법 제7b조 제2항 제2호).

정의 원칙은 적용되지 않는다. 유죄판결을 받은 자는 그로 인한 자신에 대한 보도와 비판을 수인해야 한다. 그럼에도 그의 실명과 초상보도가 언제나 허용되는 것은 아니다. 유죄판결이 확정된 피고인에 대하여도 그의 사회복귀 또는 사회화의 이익을 위해 그의 실명이나 초상의 보도가 일정한 범위에서 제한된다.330) 범인에게도 인간의 존엄에 관한 권리는 부인될 수 없고, 헌법상 개인에게 보장되는 자율적인 자주발현의 자유는 보호되어야 하기 때문이다.

일반 사인의 시사성 없는 유죄 판결에 대하여는 공공의 관심과 알 이익이 없는 한편, 범죄자의 사회복귀의 이익을 보호해줄 필요가 있다. 그러나 범죄 대상의 특수성이나 범죄의 수법 또는 결과의 중대성에 의해 여타의 통상적인 범죄와 다른 의미를 갖는 경우에는 실명보도가 허용될 수 있다.

나. 확정 판결의 공개

확정된 판결은 공개가 원칙이지만, 공적인 사유나 피고인 등 사건관계인의 명예 및 이익을 보호하기 위해 예외적인 사유가 있는 경우에는 제한된다. 법원은 전통적으로 열람·등사의 방식에 의해 판결을 공개해 왔으나, 2011. 7. 18. 민사소송법 및 형사소송법 개정 이후에는 인터넷 검색에 의한 열람방식이 일반화되고 있다.331) 열람 공개되는 확정 판결은 개인의 사생활이 침해될 수 있는 사항, 즉 성명, 주민등록번호, 주소, 전화번호와 인터넷 아이디, 이메일 주소 등 개인을 특정할 수 있는 정보는 제3자가 인식하지 못하도록 비실명으로 표시된다.

다. 확정된 성범죄자의 신상정보공개

현행법에 의하면, 성범죄로 유죄의 확정판결을 받은 자의 신상정보는 일정 기간 동안 국가기관에 등록되고, 법원의 판결에 의해 이를 일반에 공개하거나 유관 단체나 주체에게 고지하는 체제가 시행되고 있다.

아동·청소년 대상 성범죄 예방을 위하여 성범죄자의 신상정보를 등록하고 이를 공개 고지하며 성범죄자의 취업을 제한하는 제도는 2006. 6. 30. 도입되었다. 2020. 11. 20. 시행된 현행 성폭력범죄의 처벌 등에 관한 특례법(약칭: 성폭력처벌법) 및 같은 날 시행된 아동·청소년의 성보호에 관한 법률(약칭: 청소년성보호법)에 의하면 동법이 정하는 성범죄를 범하여

---

330) 익명보도의 원칙은 범인 및 범죄혐의자를 폭로로부터 보호하기 위한 것일 뿐 아니라 수형 후 범인의 방해받지 않는 사회복귀를 용이하게 하기 위해서도 의미를 갖는다(독일 연방헌법재판소 1993. 2. 25. - 1 BvR 172/93 판결 - 전과기록 보도 금지 참조).

331) 대법원은 2003년부터 대법원 '종합법률정보시스템'을 통해 1996년 이후 대법원 판례 전문을 인터넷으로 공개하여 왔다. 하급심 형사 판결에 관해서는 2013. 1. 1.부터, 하급심 민사 판결에 관해서는 2015. 1. 1.부터 인터넷 검색 열람 서비스에 의해 공개되었다. 2019. 1. 1.부터 '판결서 인터넷 통합열람·검색 서비스'가 개시됨에 따라 어느 한 법원의 홈페이지에 접속하면 전국 모든 법원의 판결서 열람·검색이 가능해졌다.

유죄 판결을 받은 자에 관하여 그 신상정보를 등록하는 제도를 기본으로 하여, 법원 판결에 따라 이를 공개하거나 관련 주체에게 고지하고, 그의 취업을 제한하는 제도가 시행되고 있다.

① 성범죄자 신상정보등록제도(성폭력처벌법 제42조 - 제50조)

법이 정하는 일정한 성범죄의 유죄 확정판결을 받은 자의 신상정보를 등록하여 관리하면서 성범죄 예방 및 수사에 활용하는 한편, 법원의 판결이 있는 경우 그 내용의 일부를 일반 국민 또는 지역주민에게 공개 고지하는 기초가 된다.

등록 주관기관: 법무부 장관

등록대상 범죄: 형법상 강간 및 강제추행죄, 성폭력처벌법 제3조부터 제15조까지의 범죄, 아동·청소년의 성보호에 관한 법률 제7조부터 제15조까지의 죄 등 거의 모든 성범죄가 등록 대상이다(성폭력처벌법 제42조 제1항).

등록기간: 선고형을 기준으로 10년 초과의 자유형(징역·금고형)은 30년, 3년 초과 10년 이하의 자유형은 20년, 3년 이하의 자유형은 15년, 벌금형은 10년 간이다.

등록정보: 성명, 주민등록번호, 주소 및 실제거주지, 직업 및 직장 등의 소재지, 연락처, 신체정보(키와 몸무게), 소유 차량의 등록번호, 출입국 사실, 등록대상 성범죄 경력 정보, 성범죄 전과 사실, 전자장치 부착 여부 등

등록절차: 법원은 대상 성범죄로 유죄판결을 선고한 경우 그 판결 등본을 법무부장관에게 송달하여야 하고, 법무부 장관은 대상 성범죄로 유죄판결을 받은 자의 신고 또는 직권으로 등록원부에 해당 성범죄자의 신원정보를 등록하여 관리하게 된다.

② 성범죄자의 신상정보 공개 및 고지 제도(아동·청소년의 성보호에 관한 법률 제49조-제52조)[332]

법원의 판결에 따라 성범죄자의 신상정보를 정보통신망을 통하여 일반에 공개하거나 유관 단체나 주체에게 우편으로 고지하는 제도이다. 신상정보 공개·고지명령은 법원이 공판절차를 거쳐 유죄판결을 선고하는 경우에만, 그리고 상술한 등록기간 동안에 한하여 할 수 있다.

공개·고지 대상자: 신상정보 공개 대상자는 아동청소년대상 성폭력범죄를 저지른 자, 성폭력처벌법에 따른 성인대상 성폭력범죄를 저지른 자, 13세 미만의 아동·청소년을 대상으로 아동·청소년대상 성범죄를 저지른 자 등이다(아동청소년의 성보호에 관한 법률 제49조). 신상정보 고지 대상자는 위 해당자 이외에 위의 해당 범죄를 저질렀으나 심신장애자로 처벌할 수 없는 자로서 다시 위의 범죄를 저지를 위험성이 있다고 인정되는 자도 포함된다(아동청소년의 성보호에 관한 법률 제 50조).

공개정보 및 고지정보: 공개 또는 고지되는 정보는 성명, 나이, 주소 및 실제거주지(도로명 및 건물번호 포함), 신체정보(키와 몸무게), 사진, 성범죄 요지(판결일자, 죄명, 선고형량), 성폭력범죄 전과사실, 전자장치부착 여부 등이다.

공개 및 고지 명령의 집행: 법원의 명령에 따라 여성가족부 장관이 집행하는데, 공개정보는 전용 웹사이트 성범죄자 알림e(www.sexoffender.go.kr)에 의해, 고지정보는 우편으로 송부한다.

비밀 준수의무 등: 공개정보는 아동·청소년 등을 등록대상 성범죄로부터 보호하기 위하여

---

332) 성범죄자의 신상정보 공개 및 고지 제도에 관하여 헌법재판소는 2016. 5. 26. 선고 2015헌바212 결정에 의해 합헌으로 선고하였다.

성범죄 우려가 있는 자를 확인할 목적으로만 사용되어야 하고, 공개정보를 확인한 자는 공개정보를 활용하여 신문·잡지 등 출판물, 방송 또는 정보통신망을 이용한 공개를 하여서는 안 된다(청소년성보호법 제55조).

③ 성범죄자 취업제한 제도(아동·청소년의 성보호에 관한 법률 제56조-제58조, 제60조 및 제67조)

성범죄자가 아동·청소년 관련기관 등에 일정기간 취업할 수 없도록 제한하여 아동·청소년을 성범죄로부터 예방 및 보호하는 제도이다.

청소년성보호법 제55조에 의하면 공개정보는 아동·청소년 등을 등록대상 성범죄로부터 보호하기 위하여 성범죄 우려가 있는 자를 확인할 목적으로만 사용되어야 하고(동조 제1항), "공개정보를 확인한 자는 공개정보를 활용하여 신문·잡지 등 출판물, 방송 또는 정보통신망을 이용한 공개를 하여서는 안된다"(동조 제2항)고 한다. 그러나 공개 대상자가 다시 범죄를 범하였다거나 그 밖에 정당한 공적 관심을 야기한 때까지 그에 관한 보도가 금지된다면 위헌의 문제가 제기될 것이다.

라. 형집행 종료 후

법적 제재에 의한 수형을 완료한 자는 그의 범죄가 재론되지 아니함에 이익을 갖는다.[333)334)335)] 독일 판례에 의하면 일반적으로 형의 집행이 종료되어 석방되는 시점부터 범죄자의 사회복귀의 이익이 발생하며, 이 시점부터는 그 범죄사실에 대한 보도가 원칙적으로 허용되지 않는다고 한다. 그에 관한 전과를 공개함에는 그를 위한 상응한 이유나 계기를 필요로 한다(전술 전과사실의 공개와 위법성 참조).

독일 연방헌법재판소 1973. 6. 5. - BVerfGE 35, 202 [Lebach 군인살해 사건]

1969년 동성연애자 2인이 외딴 섬에서 그들만의 생활을 영위하기 위하여 국경수비대 초병 4인을 살해하고 무기를 탈취한 후 금융인을 상대로 금품을 갈취한 사건이 발생하여 장기간 사회의 비상한 이목을 끌었다. 1973년 위 사건에 방조범으로 관여한 레바하가 6년 형을 마치고 출소를 앞두고 있는 시점에서 독일제2방송공사(ZDF)는 '레바하의 군인살해사건'이라는 기록극을 제작·방송할 예정이었다.

---

333) 영국의 1974년 범죄자 재생법(Rehabilitation of Offender Act of 1974) 제8조에 의하면 피고가 집행 종료된 유죄판결('spent conviction')에 관해 악의로 진술한 경우에는 공정보도로서 정당화되지 않는다. 동법에 의하면 비행자가 2년 6월 이하의 기간 복역을 완료하였고, 범죄 종류에 따라 3년 내지 10년이 경과하면 그는 법적으로 범죄가 없었던 것으로 취급되며 비행자는 재생되었다고 본다.

334) 1881년 프랑스 언론법(현행법) 제35조는 사실 주장이 a) 개인의 사생활인 경우 b) 10년이 경과한 사실인 경우 c) 사면, 공소시효 만료 또는 재생법에 의해 말소된 사실인 경우에는 진실 입증을 허용하지 않는다. 따라서 이들 사실은 진실이라 할지라도 명예훼손으로 처벌된다. 다만, 2018년 개정으로 위 a) 및 b)항은 성범죄 행위 또는 청소년 대상 범죄의 경우에는 적용되지 않게 되었다.

335) 오스트리아 형법 제113조는 "타인에게 제3자가 인지할 수 있는 방법으로 형의 집행이 완료되었거나, 조건부로 형이 유예 또는 면제되거나 형의 선고가 잠시 연기된 가벌적 행위로 비난한 자는 3월 이하의 자유형 또는 벌금에 처한다."고 규정한다.

연방헌법재판소는 레바하가 단지 종범에 불과하였고, 과오를 뉘우치고 범죄수사에 적극 협조하였다는 점을 고려하여 그의 사회복귀를 위한 필요에서 레바하의 헌법소원을 받아들여 본안판결시까지 그 프로의 방송을 금지시키면서 다음과 같이 판시하였다.

연방헌법재판소는 "범죄행위 역시 언론이 이를 보도할 책무를 지는 시사적 사안에 속하는 것이"며, "범죄행위를 현실적으로 보도하는 정보의 이익은 일반적으로 범죄자의 인격보호보다 우위를 갖는다"고 전제하고, 범죄사건의 보도에 있어서 지켜야 할 법익의 형량에 관한 일반적인 기준으로서, 범죄행위 후 상당한 기간이 경과하여 그에 대한 형사재판 절차가 진행되는 경우에는 ― 중범죄인 경우에도 ― 범죄자의 '언론에 보도되지 아니하고 싶은' 권리가 보다 큰 중요성을 가지게 된다고 하면서, 일반적으로 형의 집행이 종료되어 석방되는 시점으로부터 범죄자의 사회복귀의 이익이 발생하며, 이 시점부터는 그 범죄사실에 대한 보도가 원칙적으로 허용되지 않는다고 판시하였다.

독일 연방헌법재판소 1993. 2. 25. - 1 BvR 172/93 [말소된 전과의 보도]

11년 전 점포 절도로 유죄판결을 받은 후 법정된 기간이 경과하여 그 전과가 말소된 바 있는 경찰 간부가 주범죄수사국 부책임자의 자리에 지원하자, 피고(기자)는 위 말소된 전과를 보도하면서 문제를 제기하는 기사를 보도하였고, 경찰간부(원고)는 차후 동일한 보도를 금지하는 소송을 제기하였다. 독일의 연방중앙기록법(Bundeszentralregistergesetz) 제51조에 의하면 기간 만료로 말소된 전과기록은 법정 사유가 없는 경우 이를 전용할 수 없다고 규정하고 있다.

연방헌법재판소는 말소된 전과는 공개할 수 없다고 한 법규정을 지적하면서, 위 레바하 판결이 제시한 이익형량 기준을 적용하여 범행의 종류와 경중, 범행의 시점 이래 이미 경과된 10년의 시간을 고려하면 피해자가 공직에 지원하였다 하더라도 이미 말소되어 경미한 것으로 간주될 전과사실을 공개하는 보도는 금지되어야 한다고 판시하였다.

마. 잊힐 권리

최근 독일 연방헌법재판소는 살인 혐의로 유죄판결을 받은 자가 언론사에 대해 자신의 이름을 온라인 기사에서 삭제해 달라고 제기한 소송에서 오늘날의 인터넷 상황과 사건 발생 시점으로부터 경과한 시간 등을 고려하여 언론사의 언론의 자유와 대상자의 일반적 인격권을 비교형량하면서 원고의 잊힐 권리를 인용한 바 있다.[336]

독일 연방헌법재판소 BVerfG 2019. 11. 6. - 1 BvR 16/13 - Recht auf Vergessen I [잊힐 권리]

A는 1981년 대서양 횡단 요트에서 2 사람을 총으로 살해하고 한 명에게 중상을 입힌 혐의로 1982년 유죄 판결을 받고 17년간 복역한 뒤 2002년에 출소하였다. 시사잡지 슈피겔(DER SPIEGEL)은 1982년과 1983년에 해당 사건에 관해 A의 실명을 들어 상세하게 보도하였으며, 1999년부터 위 원문 기사는 슈피겔의 온라인 자료 사이트에서 누구나 무료로 열람할 수 있었

---

336) 김봉철, 살인자의 잊힐 권리 ― 독일 연방헌법재판소 2019년 11월 6일 판결 ― 법률신문 2020. 5. 11.

다. A는 자신의 일반적 인격권이 침해되었다고 주장하면서 슈피겔로 하여금 위 사건에 관해 자신의 이름을 적시하여 보도하는 것을 중단하라고 청구하는 소를 제기하였으나, 독일 연방대법원(BGH)은 범행 당시의 적법한 보도는 현재에도 피해자의 이익보다 우선한다고 하는 이유를 들어 이를 기각하였다.

연방헌법재판소는 피해자의 일반적 인격권과 언론의 표현의 자유를 비교형량하여 피해자의 잊힐 권리("Recht auf Vergessen werden")를 인정하는 결정을 내렸다. 이 과정에서 헌법재판소는 양자의 비교형량에서 고려할 기준, 행위 당시와 제소시의 시간적 간격, 인터넷 시대의 커뮤니케이션 상황 하에서 피해자의 보호 필요성 등 여러 쟁점에 관해 괄목할 판시를 내고 있다.

첫째, 재판소는 이 사안을 판단함에 있어서는 개인정보자결권이 아니라 표현행위법적 관점을 기준으로 해야 한다고 전제하였다. 즉 각인에게 보장되는 일반적 인격권(기본법 제1조 제1항에 연결된 제2조 제1항)은 타인의 침해적 표현행위에 대해 보호를 제공하는 측면과 그의 개인정보 자결권을 보호하는 측면을 갖는다. 그런데 이 사건에서 문제된 것은 가해자인 언론사의 과거 보도를 온라인 사이트에 올려 현재 전파될 수 있는 상태로 만들었다는 데 있고, 그 피해는 인터넷에 게재된 피해자에 관한 해당 보도 내용에 의해 발생한 것이므로 그 허용 여부는 표현행위법적 관점에서 판단되어야 한다. 그와 달리 피해자 관련 정보를 수집 가공 처리함에 있어서 피해자의 결정권을 보호하는데 주안점이 있는 정보자결권은 이 사건 해결에 기준이 되지 않는다. 왜냐하면 정보자결권은 타인이 자기의 개인정보를 획득하여 이를 피해자가 영향을 미칠 수 없는, 그의 속성, 유형 또는 프로필로 고정시킴으로써, 부당하게 도구로 사용하지 못하도록 보호를 제공하는 것이기 때문이다.

둘째, 재판소는 원고의 일반적 인격권과 피고의 언론의 자유를 비교형량함에 있어서 그 보장내용을 설명하고, 피고측의 언론자유가 현대적 커뮤니케이션 여건하에 갖는 의미를 설명하면서, "오늘날 정보기술의 조건과 인터넷에 의한 정보 유통의 여건 하에서 정보를 시간에 결부시키는 사고는 새로운 법적 차원을 얻게 된다. 종전에 인쇄매체와 방송의 정보는 단지 짧은 시간 범위에서 공공의 접근이 가능했고, 이후 대체로 망각되었던 한편, 오늘날에는 일단 디지털화하고 온라인에 올려지면 장기간 이용이 가능하다. 그것은 공적인 토론 속에서 순간적인 기억에 의해 여과될 뿐 아니라 모든 사람이 지속적으로 직접 불러올 수 있게 됨으로써 시간이 경과하더라도 계속 그 효력을 발휘하게 된다. 이제 그 정보는 하시든 전혀 모르는 제3자에 의해 추적되고, 온라인에서 논의 대상이 되며, 맥락과 상관없이 새로운 의미를 얻고, 특히 검색엔진으로 실명 연계 검색에 의해 전파되듯이, 여타의 정보와 결합하여 인격의 프로필로 종합될 수 있다."고 설명하였다.

셋째, 더욱이 이 사건에서 피해자의 범행은 40년 이전의 것이었으니 그 시간적 간격이 비교형량에 참작되어야 한다. "자유에는 개인적 확신과 자신의 행동을 발전시키고 변경하는 자유도 포함된다. 이를 위해서는, 오류와 잘못을 벗어날 기회를 열고, 자신의 자유를 당당하게 사용할 수 있게 하는 법적인 틀이 요구된다. 따라서 법질서는 한 인물이 종전의 지위, 표현행위 및 행동으로 공공 앞에 무제한 질책되는 것을 방지해야 한다. 과거의 실태에서 물러남이 가능해 짐으로써 비로소 새로운 자유를 시작할 기회가 열리게 되는 것이다. 망각 가능성은 자유의 무상함(Zeitlichkeit)에 속한다.337) 비유적으로 보면 이것은 부분적으로 잊힐 권리

("Recht auf Vergessen" 또는 "Recht auf Vergessenwerden")로 부를 수 있다."

넷째, 다른 한편, 언론의 입장에서 볼 때, 확정된 판례는 형사범죄에 관한 현실적 보도에서는 통상 정보의 이익에 우위가 주어지고, 유죄로 확정 판결된 범인에 관해서는 원칙적으로 실명보도도 허용된다고 보는 한편, 실명으로 보도할 정당한 이익은 범행 후 시간이 경과할수록 줄어든다는 점을 명백히 하고 있다."

다섯째, 잊혀질 권리의 내용과 한계에 관하여 "물론 일반적 인격권으로부터 오직 피해자만이 지배할 수 있다는 의미의 잊혀질 권리("Recht auf Vergessenwerden")가 원칙적으로 도출되는 것은 아니다. 그 점에서 어떠한 정보가 관심있는, 놀랄만한, 불쾌한 또는 비난받을 정보로 상기되는가는 피해자의 일방적인 처분에 맡겨지는 것이 아니다. 그러므로 일반적 인격권으로부터 커뮤니케이션 과정의 테두리 안에서 교환되는 과거의 모든 개인 관련 정보를 인터넷에서 말소하게 하는 권리가 나오는 것은 아니다." 나아가 "상대편의 표현 및 언론의 자유의 보호 내용이 적정하게 고려되어야 한다. 익명보도의 한계는 공공의 알 권리, 그리고 언제, 얼마나 오래 동안, 어떠한 형태로 보도할 것인가를 스스로 결정하는 언론의 권리에 대한 무거운 제한을 의미한다. 그러한 자료 정보(Archive)는 정보에 대한 단순한 접근을 가능하게 하는 동시에 저널리즘과 시대사적 탐색의 중요한 원천이기도 하다. 의견 형성과 교육을 위해, 그리고 민주주의에서 공개 토론을 위해서도 그에는 중요한 역할이 있다."

여섯째, 나아가 헌법재판소는 이 사건 형량에는 다음의 기준이 적용된다고 판시하였다.

"원래 적법한 공표를 보호함에 경과된 시간이 어떤 의미를 갖는가는 결정적으로 그 보도의 효과 및 대상에 있는데, 특히 그 보도가 사생활과 사람의 발전가능성을 전체적으로 침해하는 범위 여하에 있다. 새로 얻어진 보도의 문맥과 그 간에 행해진 피해자의 행태 이외에 중요한 것은 그 정보가 온라인 속의 구체적 상황에서 어떻게 소통되는가 하는 점이다. 피해자의 불이익은 하나의 정보가 온라인에서 얼마나 널리 사실상 광범위하게 퍼졌는가, 즉 검색엔진으로 얼마나 널리 높은 선호도로 전파되는가에도 달려 있다." "조정을 위해서는 변화하는 정보의 의미가 시간 속에서 점차 약화된다는 점을 고려하여 언론 측의 가능한 보호조치가 종류에 따라 차별화되어야 한다. 추구되어야 하는 것은, 원래 보도에 대한 최대한 널리 무제한적 열람을 유지하게 하면서 이를 개별 사례의 보호필요성에 따라 ― 특히 검색엔진에 의해 실명에 의한 검색 요청에 대해 ― 충분히 제한하여 조정하는 것이다."

일곱째, 이상 사정을 종합하여 이 사례에서 구체적으로 기본권 간 비교형량을 한다면. 연방법원의 판결은 양자의 비교형량에서 시간의 경과에 따른 변화된 정황을 충분히 구체적으로 고려하지 못하였고 차등적인 보호 가능성에 관한 문제 역시 검토 해명되지 않았다고 보고 해당 판결을 파기 환송하였다. 그 취지를 보면 실명을 적시하여 검색할 수 있는 방안을 차단하여야 한다는 것이었다. 자기의 보도를 온라인 자료로 제공하는 언론과 그 보도에 의한 피해자 간의 기본권을 조정하기 위해서는 언론사가 피해자를 보호하기 위해 인터넷에서 예전 보도의 접근 및 전파를 ― 특히 실명 검색에서 검색엔진에 의해 찾을 수 있는 가능성을 ―

---

337) "그것은 죄 많은 인간의 범죄 및 죄악에 대한 사회적 기억이 서서히 사라지면 축복일 수 있음을 의미할 뿐 아니라. 자유의 무상함은 범행 후 충분한 시간이 경과하면 새출발의 기회가 돌아온다는데 있다. 각인은 자기 과거의 범행과 냉혹한 대결에서 다시 자유로워질 희망을 가져야 한다는 것이다."(Wolfgang Janisch, Recht auf Erinnern, sueddeutsche.de(Pressekommentar, 27.11.2019)).

어떤 범위에서 사실상 방지할 수 있는가를 고려해야 한다는 것이다.

야니쉬는 위 헌법재판소의 판결이 인격권 보호와 정보의 자유를 함께 배려하여 조종하는 기술적 절차로서 하나의 현명한 해법을 제시하였다고 하면서, 그것은 오래된 기사에서 유죄 확정된 범인의 실명을 지우지 않되 검색 엔진에서 그 기사 자체의 검색을 더 어렵게 하는 방안이었고, 그로써 잊힐 권리는 결정적인 점에서 발전되었다고 평가한다.[338]

5. 범죄보도와 진실의 항변

전술한 바와 같이 언론의 범죄보도는 공공의 중요한 관심사에 관해 알 권리를 위해 필수적이지만, 그것이 특정인의 명예를 침해할 수 있다는 점에서 심각한 이익 충돌이 야기되며, 개인이 미디어의 범죄보도에 의해 그의 명예가 침해되었다고 주장하여 제기되는 소송에서는 이러한 문제가 현실화된다.[339]

여기서 문제되는 것은, 첫째 보도된 사안의 공익 연관성, 둘째 보도 내용의 가해 강도, 셋째 그 보도의 취재원의 성질과 지위 등 사건에 관계된 여러 상황이지만, 가장 실질적 쟁점은 보도 내용이 진실한가 여부에 관한 논란이다.

이에 관해 영국 판례와 미국 판례의 입장은 판이하게 다르다. 이 문제에 공정보도의 특권을 적용하는 미국법에서는 공적인 절차나 공적 기관의 행위에 관한 공정하고 정확한 보도는 일응 면책되기 때문에, 피해자가 실제로 수사기관에서 수사받고 있다면, 피해자가 실제로 유죄인가 여부는 문제되지 않는다(후술 참조).

그러나 영국 귀족원(현 최고재판소의 전신)은 이 문제를 진실의 항변으로 다루면서, 먼저 보도 내용이 전달할 수 있는 특정한 명예훼손적 의미를 결정하고, 나아가 그 특정 의미가 진실임을 보이는 사실을 피고가 주장 입증해야 한다고 한다.

(1) 미국 판례 - 수사절차에 관한 공정보도

미국에서 공정보도의 특권 법리가 적용되는 가장 현저한 분야는 범죄 수사절차에 관한 보도이다. 미국에서 법집행은 가장 중요한 정부 기능의 하나이며 공공은 성공적인 기소에 관해서뿐 아니라 정부가 어떻게 범죄를 수사하는가를 앎에 깊은 이익을 가지며, 이들 사항은 고도의 뉴스가치를 갖는 것이기 때문이다.[340] 리스테이트먼트에 의하면 수사와 소추에 관한 보도는 초기의 공식적인

---

338) Wolfgang Janisch, Recht auf Erinnern, sueddeutsche.de(Pressekommentar, 27. 11. 2019).

339) 범죄를 범하였다는 주장(accusation of a crime)은 잘 정의된 의미를 갖는 명예훼손적 진술의 고전적 전형이다. 그러한 비난은 감각적 인식의 기록이 아니고 그 의미를 사회적 규범체계에 의존하게 되지만, 그러한 가치체계와 법규범들은 일반적인 것으로 이해되기 때문에 합리적인 독자나 청중에게 그러한 진술은 농도가 짙은 명예훼손적 사실을 의미하는 것으로 인식되게 된다(Ollman v. Evans, 750 F.2d 970, 980 (D.C. Cir. 1984)).

340) Jonathan Donnellan & Justin Peacock, Truth and Consequences: First Amendment Protection for Accurate Reporting on Government Investigations, 50 N.Y.L. SCH. L. REV. 237, 246 (2005) http://

입건 단계에서부터 구속[341] 및 기소에 이르기까지 전 과정에 관해서 공식 기록에 편철된 것이면 모두 공정보도의 특권이 적용된다. 정부의 공무원이 문서를 기록화하거나 기관의 보고를 기록화하는 것은 정부의 보고에 관한 보도를 면책 범위에 가져오게 하는 행위이다.[342] 특히, 소추 이후 형사소송에 관한 보도에는 전면적으로 특권이 적용된다.

그러나 리스테이트먼트에 의하면 경찰 또는 고소인, 고발인이나 참고인 등의 비공식적인 진술 또는 사건의 사실관계나 예상되는 증거에 관한 검사의 진술에 관해서는 면책이 되지 않는다.[343] 그럼에도 많은 미국 판례는 특히 범죄 수사와 관련하여 수사 담당자의 비공식적 발언은 물론 피해자 등 참고인의 진술이 수사기록에 기록되었다는 이유만으로 그것을 정확하게 보도한 경우 이 법리에 의해 면책시키고 있다. 그 대표적 판례로서 연방제3항소법원은 FBI 감청 테이프에 의해 원고가 마피아 두목이라는 취지의 인사파일카드 내용을 보도한 데 대해 공정보도의 법리를 확대·적용하였고,[344] 이러한 판지를 따르는 다수의 판례가 선고되었다.[345] 그 때문에 미국에서는 실제로 혐의자나 수사 대상자에 관한 보도가 일상적으로 행해지고 있으며, 실증없는 비난이나 소문까지도 보도되고 있다. 이어서 이들 잡다한 의혹을 보도하여 기소 필요성을 암시하고 그 보도에 영향받아 수사가 본격화되면 이를 다시 상세보도하는 관행이 허용되어 관계인의 명예보호에 어려움을 주고 있다.[346]

또 일부 판결은 단지 수사가 진행 중이란 정확한 사실의 입증만으로 보통법 상 실질적 진실의 항변이 충족된다고 판시하여 혼란이 가중되기도 하였다.[347] 이러한 취급은 보통법상 재공표책임 규칙을 무력화하는 것이며, 그만큼 피해자의 구제는 어렵게 될 것이다.

---

www.nylslawreview.com/wp−content/uploads/sites/16/2013/11/50−1.Donnellan−Peacock. pdf.

341) Restatement (Second) of Torts § 611, comm. h (1977): 그 중에서 공식적인 정부 행위로서 공정보도가 확대되는 전형적인 예는 체포 보도이다. 이에 관해 리스테이트먼트는 공무원에 의한 체포는 공식적 행위이며, 체포 사실 또는 공무원이 체포를 행하면서 말한 범죄 혐의에 관한 보도는 공정보도의 대상이지만, 경찰, 고소인, 기타 증인 또는 기소 검사의 사건이나 제출될 증거에 관한 진술은 아직 사법절차의 일부도 체포 자체도 아니며, 특권의 대상이 아니라고 기술한다. 다만, 체포에 관한 보도는 면책되나 사안이 체포 단계 이후에 진전되지 않았음에도 주장된 범죄사실의 상세한 내용을 보도하는 것은 특권에 속하지 않는다(Rouch v. Enquirer & News of Battle Creek, 137 Mich. App. 39, 357 N.W.2d 794 (Ct. App. 1984)).

342) Restatement (Second) of Torts 611, comment b(1977).

343) Restatement (Second) of Torts 611, comment h(1977).

344) Medico v. Time, Inc., 643 F.2d 134, 137 & n. 8 (3d Cir. 1981).

345) 그러나 그에 반대하는 판결도 있다. 예를 들면, Schiavone Construction v. Time, 847 F.2d 1069, 1072 (3d Cir. 1988)에서는 원고가 피해자 실종에 관련되었음을 함축하는 FBI의 내부 메모 내용을 보도한 사안에서 위와 같은 메디코 판지를 거부하면서, 첫째 공정보도를 재공표 책임에서 면제하는 역사적 정당화는 해당 사안이 이미 공적 영역에 존재하여("already in the public domain") 미디어는 단지 공공의 분신(分身)으로서 기자의 눈을 통해 정부의 업무가 어떻게 처리되고 있는가를 관측하도록 허용하는 데 있고, 둘째 그러한 기밀 정보를 재공표함으로써 피고 타임은 정부가 내놓을 의도가 없던 명예훼손적일 새로운 정보를 광범한 공공에게 주었고, 이 무단 누설은 언론이 책임지지 않고 시민을 해하는 강력한 도구가 될 수 있다고 판시한 것이다.

346) 이 경우 미디어를 상대로 제소할 자력과 용기가 있는 피해자는 소수에 불과하며 제소한 경우에도 승소 가망은 거의 없기 때문이다.

347) McIlvain v. Jacobs, 794 S.W.2d 14, 15−16 (Tex. 1990); KTRK v. Felder, 950 S.W.2d 100, 106 (Tex. Ct. App. 1997); Dolcefino v. Randolph, 19 S.W.3d 906, 918, 919, 922 (Tex. Ct. App. 2000).

요약하면, 미국에서는 범죄 수사 보도가 공정보도의 특권 및 현실적 악의의 규칙에 의해 대체로 허용되는 것으로 취급되고 있다. 이 점에서 미국 법원의 취급은 후술하는 영국 법원의 취급과 판이하게 다르다.

(2) 영국 귀족원 판례

영국 귀족원(현 최고재판소의 전신)은 범죄보도로 야기되는 법적 다툼을 진실의 항변을 중심으로 다루면서,[348] 먼저 보도가 전달할 수 있는 특정한 명예훼손적 의미를 결정하고, 나아가 그에 상응하는 피고의 진실 입증책임을 논하는 입장을 취하고 있다.

가. 범죄 보도의 3가지 의미

영국 귀족원은 범죄사건 보도에 있어서 명예훼손적 의미를 설명하면서 ① 원고가 수사받을 근거가 있다는 의미, ② 원고가 범죄의 혐의가 있다는 의미, ③ 원고가 유죄라는 의미 등 3가지 수준이 있다고 보았다.[349] 그리고 범죄사건 보도에서 "진실 입증의 3가지 범주는 위 각 정해진 3가지 수준에 대응하여 ① 수사사실의 증명, ② 수사를 위한 합리적 근거(혐의)의 증명, 그리고 ③ 유죄의 증명을 요한다고 한다."[350] 이것은 명예훼손적 보도의 통점(痛點)이 갖는다고 해석되는 3가지 의미에 상응하는 것이다.

> **[사례]** Lewis v. Daily Telegraph Ltd. [1964] A.C. 234 (H.L.)
>
> 피고 신문은 경찰 사기수사팀이 원고 경영 회사를 수사하고 있다고 보도하였다. 원고는 그 보도는 원고 회사가 부정직하게 사기수법으로 운영한다는 의미를 전달한다고 주장하였음에 대해, 피고는 이를 부인하고 경찰이 수사하고 있다는 사실만 전달하였다고 하면서 그것은 진실이라고 항변하였다.
>
> 영국 귀족원(현행 최고재판소의 전신)은 범죄사건 보도에 있어서 명예훼손적 의미를 설명하면서 ① 원고가 유죄라는 의미, ② 원고가 범죄의 혐의가 있다는 의미, ③ 원고가 수사받음에 근거가 있다는 의미 등 3가지 수준이 있다고 보았다.
>
> 원고가 범죄를 범하였다는 제3자의 진술이나 소문을 보도한 피고가 진실의 항변을 하기 위해서는 유죄의 증거가 요구된다. 진술이 원고가 유죄라는 의미를 전달하는 것으로 인정되지 않거나 원고가 그러한 의미를 갖는다고 주장하지 않으면, 피고는 설사 다수 독자가 그 기사에서 원고가 유죄일 수도 있다고 생각하더라도 원고가 유죄라는 입증을 할 필요가 없다.
>
> 한편, 진술이 원고에게 범죄 혐의의 근거가 있다는 의미를 전달하는 경우 또는 수사할 근거가 있다는 의미를 전달하는 경우에는 각각 그 점에 관해 진실이 입증되어야 한다. 이로부터 귀결되는 것은 보도에 유죄의 의미가 인정되는 경우 피고는 원고가 실제 수사받고 있다거나 혐의자로 간주되고 있다는 점을 들어 진실입증을 할 수 없고, 명예훼손이 실질적 진실임

---

348) Peter B. Kutner, What is Truth?: True Suspects and False Defamation, Fordham Intellectual Property, Media and Entertainment Law Journal, Volume 19, Issue 1 2008 Article 1, VOLUME XIX BOOK 1. http://ir.lawnet.fordham.edu/cgi/viewcontent.cgi?article=1472&context=iplj.

349) Lewis v. Daily Telegraph Ltd. [1964] A.C. 234 (H.L.). 보고된 대부분의 사례에서 신문 기사는 원고가 유죄라는 의미를 전하지 않는다고 해석되었고, 통상적으로는 원고가 유죄라고 의심할 합리적 근거가 있다는 의미를 전하는 것으로 인정되었다(Kutner, Id.).

350) Lord Devlin in Lewis v Daily Telegraph Ltd at p 282.

을, 즉 그 통점이 진실임을 입증하여야 한다는 것이다. 그보다 낮은 의미의 진실 입증은 충분 치 않다.

나. 합리적 혐의의 입증 요건

영국 귀족원은 2003년 판결에서 혐의의 합리적 근거("reasonable grounds for suspicion")를 내 세우는 진실 항변의 요건을 상술하였다.351) 귀족원에 의하면 그 항변은 ① 혐의를 생기게 하는 피 해자 개인의 어떤 행위에 초점을 맞추어야 하고(행위 기준 규칙), ② 그러한 사안에서 피고가 전문 진술(傳聞陳述)에 의존하는 것은 허용되지 않으며(반복 규칙), ③ 피고는 당해 보도 후에 발생한 사정을 근거로 제시할 수 없다고 판시하였다

Chase v News Group Newspapers Ltd, [2003] EMLR 218

피고 더선(The Sun) 지는 2000년 6월 원고 간호사에 관해 "독점: 간호사, 18인의 어린이 죽음에 관해 수사받다"라는 제하의 기사에서 정직상태에 있던 그녀가 말기 청소년 환자 18인 에게 몰핀 등 진통제를 과다 투여하여 그들을 죽음에 이르게 한 의혹이 있다고 보도하였다.

피고는 진실 항변으로서 원고가 환자의 죽음을 재촉하는 행위에 연루되었다는 혐의에 합 리적 근거가 있다고 주장하면서 피고가 취재한 경위 및 내역을 상술하였다. 그러나 피고들은 제3자가 실제로 그러한 진술을 하였다는 것이 진실임을 주장하였을 뿐, 그 진술 내용이 진실 임을 주장 입증하려 하지 않았다. 그런데 경찰은 병원일지나 간호 일지, 전문가의 조언 등 많 은 수사를 행한 후 원고에 대한 혐의의 근거가 없다고 결론짓고 수사를 중단하였다

1심 판사는 제3자(익명)의 원고에 관한 느슨한 주장에 근거한 피고의 진실 항변을 배척하 였고, 항소심도 피고의 항소를 기각하였다. 항소심은 영국 명예훼손법 상 진실 입증이 성공 하면 명예훼손 소송에서 절대적 항변이 되는데, "진실의 항변이 인용되려면 증거능력 있는 증거(admissible evidence)에 의해 명예훼손적 주장의 통점(sting)이 객관적으로 진실하다고 인정되어야 한다"고 하면서 다음과 같이 판시하였다.

① 혐의의 합리적 근거("reasonable grounds for suspicion")에 관한 진실의 항변은 그 자 체가 혐의를 생기게 하는 원고의 개인적 행위에 초점을 맞추어야 한다(the "conduct" rule). 귀족원은 "합리적인 혐의 항변의 본질적 요건은 그것이 그러한 혐의를 생기게 하는 원고 측 의 어떤 행위에 집중해야 한다"는 선례352)를 인용하면서, 피고들은 신원이 확인되지 않은 다 수 제3자의 막연한 주장을 그 진위 여부에 상관하지 않고 근거로 삼았고, 그 제3자들이 어떤 특정된 기회에 원고가 어떻게 행위했다고 말했는가 하는 세목을 제시하지도 않고 이를 보도 한 것이었기 때문에 피고는 그러한 혐의를 위해 객관적으로 합리적인 근거가 있음을 입증하 지 못한 것이다.

② 그러한 사례에서 진실 입증은 전문진술에 의존하여서는 안된다("repetition" rule).353)

---

351) Chase v News Group Newspapers Ltd, [2003] EMLR 218.

352) Shah v Standard Chartered Bank Ltd [1999] QB 241, 261 (Hirst LJ), 266 (May LJ) and 270 (Sir Brian Neill). 이 사건에서 계쟁 문구는 돈 세탁의 죄책을 고발하는 것이었는데, 귀족원은 원고가 범죄를 범했다고 하는 합리적 믿음에 기초한 정당화 항변은 그 보도가 타인의 진술의 반복이었다고 단순 히 말함으로써 입증될 수 없고, 그것은 그 혐의에 기여한 원고의 행위를 직접 지시함으로써 입증되 어야 한다고 판시하였다.

353) Shah at pp 241 (Hirst LJ), 269−270 (May LJ) and 270 (Sir Brian Neill); Bennett v News Group

만일 피고가 타인에게서 들은 명예훼손을 반복하는 경우에는, 그가 증거능력 있는 증거 (admissible evidence)에 의해 그들이 말한 바가 실질적으로 진실임을 입증할 수 있어야만, 진실 입증은 성공할 수 있다.354) "당신은 … '내가 들은 바에 의하면' 또는 '소문에 의하면'이 라는 핑계 뒤에 명예훼손을 돌리면서 당신들이 들은 사실이나 실제 그런 소문이 있다는 점이 진실이라고 주장함으로써, 명예훼손의 책임을 면할 수 없다. 당신은 소문의 주제 사항이 진 실이었음을 입증해야 한다."355)

③ 또 범죄 혐의가 있다는 보도의 근거로서는 보도 당시 상황을 기준으로 하며, 따라서 피 고는 상정된 근거로서 보도 이후의 사항을 제시할 수 없다.356) 보도 당시 그러한 혐의의 근 거가 있는가 여부만이 문제된다.357)

결론적으로 법원은 이러한 혐의의 합리적 근거("reasonable grounds for suspicion")에 관 한 진실의 항변은 전문진술에 의존하여서는 안되며, 그 자체가 혐의를 생기게 하는 원고 개 인의 행위에 초점을 맞추어야 하고("conduct" rule), 그 근거는 보도 당시의 상황을 기준으로 하여야 할 것이지, 사후에 발생한 사정을 참조하여서는 안된다는 입장을 취하면서, 원고의 평상시 행태나 성품 등에 관한 제3자의 허술한 진술에 기초하여 이를 정확히 보도하였다고 하더라도 진실입증이 되었다고 볼 수 없다고 결론지었다.

(3) 대법원 – 범죄혐의 보도와 진실의 항변

우리 판례도 대체로 영국 귀족원의 판례와 같은 입장을 취하는 것으로 볼 수 있다.

대법원 1999. 1. 26. 선고 97다10215 판결 [산업스파이]

신문보도가 "…혐의를 받고 있다"는 형식으로 되어 있고 또 피의자가 그러한 혐의를 받고 있는 것이 사실이라 하더라도 보도 내용이 피의자의 범행사실을 단정하는 듯한 문구를 사용 하고 있고 그 피의사실이 사실이라는 증명이 없는 이상 그 신문보도가 진실이라는 입증은 없 다고 본 사례

Newspapers Ltd [2002] EMLR 860, 869.

354) Shah v Standard Chartered Bank Ltd [1999] QB 241.

355) Lord Devlin in Lewis v Daily Telegraph Ltd [1964] AC 234. 다만, 피고가 상황증거에 의존함이 불가 피한 예외적인 경우가 있을 수 있다. 예를 들어, 피고는 원고가 개입된 강력한 상황 증거이면서 객 관적으로 말해 합리적 혐의의 필수적 근거에 해당하는 상황증거에 의존할 수 있는 경우도 있다. 환 언하면, 이론상 증거법의 요건과 보증이 갖추어지고 준수된 경우 피고는 진실 증명을 시도하기 위 해 전문증거를 제출할 수 있다는 것이다.

356) Bennett [p 877]; Evans v Granada Television Ltd [1996] EMLR 427, 435-6. "객관적으로 말해 원고 가 해당 보도에서 지적된 행위를 실행한 의심이 있다는 합리적 근거가 있었다는 점을 뒷받침하기 위해, 피고는 해당 보도 일자 이후에 발생한 사항에 의존할 수 없다."

357) 이것은 원칙이고 예외가 있다. 오랜 규칙에 의하면 보도에 원고의 성품에 관한 일반적 비방이 포함 되어 있다면, 진실 항변은 보도 이후 상당한 기간 내에 행해진 추후의 사례에 의존할 수 있다(Lord Denning MR in Cohen v Daily Telegraph Ltd [1968] 1 WLR 916, 919F-G). "명예훼손으로 한 사람 이 깡패라고 비난한 경우, 진실입증의 세목은 그 표현행위가 행해진 전후를 막론하고 그가 깡패임 을 보이는 사실을 포함할 수 있다."

대법원 2007. 6. 29. 선고 2005다55510 판결

보도 내용이 수사기관이나 그에 준하는 국가기관 등에 의하여 수사 또는 조사가 진행중인 범죄혐의사실에 관한 것일 경우, 일반 독자들로서는 보도된 범죄혐의사실의 진실 여부를 확인할 수 있는 별다른 방도가 없을 뿐만 아니라 언론기관이 가지는 권위와 그에 대한 신뢰에 기하여 보도 내용을 그대로 진실로 받아들이는 경향이 있고, 언론매체의 보도가 가지는 광범위하고도 신속한 전파력으로 인하여 사후 정정보도나 반박보도 등의 조치에 의한 피해구제만으로는 사실상 충분한 명예회복을 기대할 수 없는 것이 보통이므로, 보도 내용의 진실 여하를 불문하고 그러한 보도 자체만으로도 범죄혐의자나 피해자 또는 그 주변 인물들이 입게 되는 피해의 심각성을 고려할 때, 이러한 범죄혐의사실을 보도함에 있어 언론기관으로서는 보도에 앞서 범죄혐의사실의 진실성을 뒷받침할 적절하고도 충분한 취재를 하여야 함은 물론이고, 보도 내용 또한 객관적이고도 공정하여야 할 뿐만 아니라, 무죄추정의 원칙에 입각하여 보도의 형식 여하를 불문하고 혐의에 불과한 사실에 대하여 유죄를 암시하거나 독자들로 하여금 유죄의 인상을 줄 우려가 있는 용어나 표현을 사용하여서는 안 된다고 할 것이고, 한편 보도한 범죄혐의사실의 진실성에 관한 오신에 상당성이 있는지 여부는 보도 당시의 시점에서 판단되어야 하지만 보도 당시의 시점에서 판단한다고 하더라도 그 전후의 수사과정과 밝혀진 사실들을 참고하여야 보도시점에서의 상당성 여부를 가릴 수 있는 것이므로, 보도 후에 수집된 증거자료도 상당성 인정의 증거로 사용할 수 있다.[358]

Ⅳ. 언론 보도의 특수 사례

1. 의혹의 보도

(1) 개관

비리와 폐단을 찾아 공공에 알리는 것은 언론의 정당한 임무에 속할 뿐 아니라 탐사저널리즘의 중요한 역할이다.[359] 관례로 굳어진 부패 또는 은폐가 기도된 부정을 폭로 보도하는 탐사저널리즘은 민주주의의 자정기능을 위해 필수적인 언론의 기능이다. 때로는 언론의 의혹 보도를 계기로 국가기관의 수사가 개시되기도 한다. 독일 판례는 이렇게 고도의 공익성을 갖는 의혹을 찾아내어 심층적으로 보도하는 것은 헌법상 언론에 주어진 과업이라고 한다.

---

358) 대법원 2007. 6. 29. 선고 2005다55510 판결.
359) 유럽인권재판소는 언론은 공익에 관한 현존하는 토론을 보도하는 역할뿐 아니라, 나아가 그와 구별되는 더 적극적 역할로서 공공에게 그러한 이익을 해명하고 사회 내에서 그러한 토론을 유도할 수 있는 정보를 폭로하고 주의를 환기하는 역할의 중요성을 강조한다(ECHR, Couderc and Hachette Filipacchi Associés v. France [GC], no. 40454/07, (2015)).

BVerfG, 2020. 7. 7. - 1BvR 146/17 [지멘스 부패 의혹]

피고 미국의 일간지(유럽판)는 2007년 당시 지멘스사의 부패 수사 사건에 관해 보도하면서 몇 년 전부터 뇌물자금이 복잡한 경로를 거쳐 분배되고 있는 과정이 주목받고 있으며, 외국에서 계약을 따내는 경우 기업 자문 역할을 하던 원고(심판청구인)가 지멘스사를 위하여 잠재적인 고객들에게 널리 뇌물자금을 돌렸을 것이라는 의혹을 보도하였다. 원고에 대한 공식적 수사절차는 개시된 바 없었다.

독일 연방헌법재판소는 의혹보도의 의미와 중요성에 관하여, 가능성, 개연성 및 의혹 상태도 언론이 다루어야 할 사회적 현실에 속하고 그에 관해 알리는 것이 언론의 징표, 자유 및 과업이기 때문에, 높은 공익성을 갖는 의혹에 관해서 심층적으로 보도하는 것은 헌법적으로 보장되는 언론의 과업에 속한다고 지적하였다.

나아가 헌법재판소는 "입증되지 않은 의혹도 사정에 따라서는 정당한 공익이 있을 수 있고 이에 근거하는 개연성의 인지는 장기적으로 개인적, 사회적 및 정치적 행위에 영향을 미친다. 의혹 상태에 대한 입증의 부재는 그 경우 — 그것이 수사가능성의 구조적 한계에 관한 것이면 — 공적인 의미를 가질 수 있다. 그 한에서 언론의 공개 및 제공의 이익은 수사절차가 종료되었거나 개시되지 않았다 하여 원칙적으로 없어지지 않는다. 그 경우 개별적으로 실명으로 보도하는 것도 언론의 자유에 속한다. 그 한에서 언론은 아직 입증되지 않은 사실의 범위에서 일반적이고 추상적인 진술만 하도록 의무화되거나 간접적으로 강제되어서는 안된다"고 판시하였다.

그러나 기자의 입장에서 보면, 수사단계의 범죄보도와 비교하여 수사기관이 개입하기 전에 의혹을 보도하는 경우에는 추후 허위로 확정될 개연성 때문에 더 큰 리스크를 부담하게 된다. 한편, 의혹보도의 대상이 된 자는 확실한 근거 없이 부정·비리 의혹에 연관되는 경우 심대한 피해를 받을 수 있고, 책임없음이 완전하게 증명된 경우에도 의혹이 소멸한 점에 관해서는 거의 보도되지 않거나 사소하게 보도되기 때문에 오점을 지울 수 없게 된다.

이러한 사정들을 종합하여 보면 의혹보도의 위법성 판단에는 언론의 필수적인 기능 보호를 그로 인한 폐해에 비추어 형량하는 신중한 기준이 설정되어야 한다. 독일 판례에 의하면 명예를 침해하는 의혹의 제기가 허위로 판단될 수 있는 위험이 크면 클수록 개인의 명예권에 의해 언론에 부하되는 제한은 더욱 커지며, 그 비교형량에는 행해진 비난의 강도도 고려해야 한다고 한다.360)

오로지 의혹의 존재를 알리는 보도는 사실적시의 부류에 속하나 그와 함께 문제를 제기하면서 비판하는 경우에는 가치판단이 혼합되는 경우가 적지 않다.

---

360) BGH NJW 77, 1288.

(2) 의혹보도의 요건

의혹의 제기는 사실주장의 한 형태에 속한다. 따라서 그에 의해 시사(示唆)된 사실이 특정인의 명예를 손상하게 되는 경우에는 명예훼손이 성립될 수 있다. 의혹을 제기하는 보도에서 명예훼손적 사실적시를 추론하려면 여러 상황적 사실인정을 행한 후 이를 종합하는 방법이 사용된다.

한편 의혹제기자의 입장에서 보면 여러 사정을 들어 합리적 의심을 갖는 것으로 그 의혹제기를 뒷받침하게 된다. 이 경우 그는 의심의 근거가 되는 여러 사정에 관해 진실이라고 봄에 상당한 이유를 입증하여야 하지만, 통상의 상당성항변 보다는 완화된 입증에 의하게 된다.

> **대법원 2005. 1. 14. 선고 2001다28619 판결 [검찰 감청의혹]**
>
> 피고 조선일보는 1999년 7월 31일자 "검찰의 감청 의혹"이라는 제목의 사설에서 "검찰이 공개한 J 전 대검 공안부장과 K 전 조폐공사 사장의 통화 내용이 당사자가 주고받은 대화체로 되어 있고 상세히 기술됐다는 것은 자연스럽지 않다"면서 검찰이 이른바 '조폐공사 파업관련 고발사건'을 수사하면서 피의자들의 휴대폰 통화를 감청한 의혹을 받고 있다고 적시하면서 비판적으로 논평하였다. 위 사건 수사를 위하여 구성된 '검찰 특별수사본부'의 구성원인 검사 12명은 조선일보와 담당 논설위원을 상대로 명예훼손으로 인한 손해배상을 청구하였다.
>
> 항소심 법원은, 위 사설에서 감청 의혹이 제기되는 근거로서 적시한 사실관계를 포함하여, 위 사설 내용의 전체적인 취지를 종합하여 보면, 그 사설은 원고들이 감청을 한 다음 감청내용을 일부 공개하면서 감청사실의 존재를 은폐하려는 의심스러운 행동을 하였다는 사실을 간접적, 묵시적으로 적시하고 있는 것으로 판단되고, 비록 위 사설이 '의혹'이라는 표현을 사용하였다고 하더라도 그 내용은 진실에 반하고 사실상 타인의 명예를 해치는 허위의 사실을 암시한 것으로서 구체적인 사실을 적시하고 있다고 봄이 상당하다고 보아 명예훼손의 성립을 인정하고, 나아가 위 사설에 적시된 사실 및 정황만으로는 원고들이 감청을 하였다고 믿을만한 상당한 이유가 있다고 볼 수도 없다고 판단하였다(서울고등법원 2001. 4. 19. 선고 2000나9859 판결).
>
> 그러나 대법원은 2005. 1. 14. "수사과정에서의 감청은 항상 국민의 감시와 비판이 대상이 돼야 한다는 점을 감안할 때, 이에 대한 언론의 사설은 악의적이거나 현저히 객관성을 잃은 공격이 아닌 한 쉽게 제한돼서는 안 된다"며 "당시 조선일보의 의혹제기는 수사기관의 직무집행이 적법한지에 대한 언론의 감시와 비판 기능의 중요성에 비춰 허용될 수 있는 범위 안에 있는 것이어서 위법성을 인정할 수 없다"고 판시하면서 원심을 깨고 사건을 서울고법으로 돌려보냈다.[361]

> **대법원 2008. 11. 13. 선고 2006도7915 판결 [감사원 양심선언]**
>
> 이 사건은 감사원 소속 공무원(피고인)이 기자들에게 한 재벌그룹의 콘도미니엄 사업승인

---

361) 조선일보 2005. 1. 15. 보도 참조.

과 관련한 특혜 의혹사건에 관하여 "양심선언"을 하면서 감사원 국장(피해자)이 외부의 압력을 받아 감사를 이유 없이 중단시켰다는 내용의 유인물을 배포한 사안이었다.

대법원은 피고인의 양심선언 내용은 '청와대에서 감사원 상부에 압력을 행사하여 감사가 중단된 것이라는 의혹을 제기하는 내용으로서 사실적시에 해당하며, 그러한 의혹은, 위 재벌 그룹이 콘도사업의 승인을 받지 못하다가 우회적인 편법을 통하여 승인을 받게 되었고, 그 즈음 동 그룹의 실제 사주가 공소외 청와대 부속실장에게 뇌물을 준 사실, 피해자의 지시에 의하여 뚜렷한 이유 없이 감사가 중단된 사실이 밝혀졌고, 각종 언론매체는 청와대의 외압에 의하여 감사원의 감사가 중단되었다는 의혹을 계속 제기하여 온 사실 등에 비추어 피고인은 그 제기 의혹사항이 허위임을 인식하지 못하였고, 비방의 목적도 인정되지 아니하여 출판물에 의한 명예훼손죄가 성립하지 않는다고 판시하였다.

그렇게 추론된 사실주장이 진실하거나 위법성 조각사유에 해당하는 경우 면책될 수 있음은 일반적인 경우와 다르지 않다. 의심이 있으나 모호한 경우에는 그러한 의심이 있다는 점을 중립적으로 공개할 수 있을 뿐, 이를 긍정하거나 부인하는 태도는 삼가야 한다. 이러한 의심에 관한 보도가 허용될 수 있는 경우는 그러한 의심의 확인 또는 부인에 관심을 갖는 제3자의 의견형성에 도움을 줄 수 있는 경우이다.[362]

독일 판례에 의하면 공적 관심사에 관해 완전히 입증될 수 없는 의혹을 보도하는 경우 언론이 면책될 수 있는 요건은 ① 보도가 중요한 공적 관심 사항에 관한 것이고 ② 그에 관해 피해자의 입장을 듣는 등 충분히 취재하여 그 의혹을 뒷받침할 수 있는 최소한의 증거사실을 마련하여야 하며, ③ 선입견을 갖고 피해자가 비난될 행위를 이미 행했다고 하는 부당한 인상을 일깨우는 단정적 표현을 해서는 안된다.[363]

가. 공적 사안

의혹 보도는 공적 사안에 관한 것이어야 한다.

대법원 2014. 4. 24. 선고 2013다74837 판결 [군검찰 비판]

"언론보도의 내용이 객관적 자료에 의하여 최종적으로 확인되지는 아니하였더라도 공직자의 공직 수행과 관련한 중요한 사항에 관하여 어떤 의혹을 품을 만한 충분하고도 합리적인 이유가 있고 그 사항의 공개가 공공의 이익을 위하여 필요하다고 인정되는 경우에는 언론보도를 통하여 위와 같은 의혹사항에 대하여 의문을 제기하고 조사를 촉구하는 등의 감시와 비판행위는 언론자유의 중요한 내용 중의 하나인 보도의 자유에 속하는 것"이다.

대법원은, 특히 "공직자의 도덕성·청렴성이나 그 업무처리가 정당하게 이루어지고 있는지 여부는 항상 국민의 감시와 비판의 대상이 되어야 한다는 점"에 비추어 언론의 자유에 대한 제한이 완화되어야 하고, 그것이 악의적이거나 현저히 상당성을 잃

---

362) Wenzel, aaO., S. 279.
363) BGH, Urteil vom 2014. 11. 18. - Ⅵ ZR 76/14 [도청관여 의혹].

은 공격이 아닌 한 쉽게 제한되어서는 아니된다고 판시한다.[364] 또 공적인 존재의 정
치적 이념에 관한 의문이나 의혹은 그 개연성이 있는 한 광범위하게 문제 제기가 허용
되어야 하고 공개토론을 받아야 한다고 강조한다.[365]

특히, 선거과정에서 의혹의 제기는 더 관대하게 허용될 필요가 있다. 이에 관하여
대법원은 공직선거에서 후보자의 적격검증을 위해서는 충분한 언론의 자유가 보장되
어야 함을 전제로 "후보자에게 위법이나 부도덕함을 의심케 하는 사정이 있는 경우에
는 이에 대한 문제 제기가 허용되어야 하며, 공적 판단이 내려지기 전이라 하여 그에
대한 의혹의 제기가 쉽게 봉쇄되어서는 아니"된다고 강조하였다.[366]

나. 최소한의 증거

어느 경우든 언론은 의혹을 보도하기 전에 가능한 모든 조사를 통하여 피해자에
관한 허위가 보도될 위험을 배제하도록 노력해야 하며, 최소한 피해자에게 해명의 기
회를 주어야 한다.[367] 조사 결과 객관적으로 의심을 뒷받침할 수 있는 최소한의 증거
사실이 있어야 의혹을 보도할 수 있으며,[368] 애당초 뉴스의 공개 여부의 판단에 필요
한 증거사실의 최소한도 없는 경우에는 중대한 공적 사항에 관한 것이라 할지라도 언
론은 공개 자체를 포기해야 한다.[369] 따라서 제보자의 신뢰성에 관해 의문이 있음에도
불구하고 추가 취재를 하지 않고 의혹에 관해서 보도하면 책임을 면치 못함이 원칙이
다.[370]

서울고등법원 1993. 10. 7. 선고 93노1519 판결 [공사부정 의혹]

제14대 총선에서 후보자로 등록한 피고인은 선거운동 인쇄물에 타당 경쟁 후보자 A에 관
하여 "안산시 승격 이후 최대건축공사 부정비리 의혹사건을 심판합시다"라는 제목으로 A가

---

364) 대법원 2003. 7. 8. 선고 2002다64384 판결 [전북 도지사], 2003. 7. 22. 선고 2002다62494 판결, 대법
원 2003. 9. 2. 선고 2002다63558 판결 [대전 법조비리] 등.
365) 대법원 2002. 1. 22. 선고 2000다37524, 37531 판결 [시민단체 대 한국논단], 대법원 2002. 12. 24. 선
고 2000다14613 판결 ['주사파' PD].
366) 대법원 2003. 2. 20. 선고 2001도6138 판결[후보자 허위학력].
367) 다만, 보도 전 기자의 취재에 대해 피해자가 이를 단순히 부인할 뿐 그 부인을 위해 아무러한 설득
력 있는 증거도 제시하지 않았다면 피고의 책임이 인정되는 경우에도 그 배상액의 참작 사유가 될
수 있다(Wenzel, aaO., S. 435).
368) BGH 2012. 12. 11. – Ⅵ ZR 314/10, 315/10 [구동독 안보부 공작원 의혹]: 2004년 주의회 의원선거
에 입후보한 원고에 대해 그가 장기간 구동독 안보부의 공작원으로 협력하였다는 의혹을 보도한
사안에서 피고들이 국가기관인 구동독 비밀문서 조사담당관의 발표를 믿고 보도하였다면, 최소한
의 증거사실을 조사한 것이어서 그러한 사실이 객관적으로 입증되지 않았다 하더라도 정당하다.
369) BGH, 03.05.1977 – Ⅵ ZR 36/74 [수뢰 의혹 보도]: 언론은 공적 관심사항에 관한 것이라 하더라도
그 정보가 진실하다는 최소한의 증거사실이 수집되지 아니한 경우에는 그 보도를 포기해야 한다.
그러한 증거 사실만이 보도가치를 부여할 수 있고, 그에 의해 피해자의 인격권과 형량이 가능하기
때문이다.
370) Wenzel, aaO., S. 432.

그 소속 당의 압력으로 그의 처남이 상무로 있는 D건설주식회사에서 위 공사를 수주받도록 영향력을 행사한 것처럼 기재하여 위 선거구민들에게 배포하였다. 검찰은 피고인을 (구)국회의원선거법 제174조의 허위사실공표죄로 기소하였다.

서울고등법원은 증거에 의하여 위 공사 수주 경위 및 공소외 경쟁후보자의 지위 및 수주 건설사와의 관계 등 여러 간접사실을 인정한 후, 이러한 사실들을 일반 통상인의 추리에 의해 종합해 보면 위 공소외인이 위 D건설주식회사에서 위 공사를 수주받도록 모종의 영향력을 행사하였고, 나아가 그 공사 수주에는 상당한 특혜가 수반되었으나, 그 공사는 결과적으로 부실하였다는 일련의 의혹을 불러일으킴은 당연한 것이라 할 것이므로 위 공소외인에 관하여 위와 같은 의혹을 문제로 제기하고 이를 규명하여 앞으로는 안산시정과 관련하여 부정을 없애보겠다는 의지를 표명한 것에 불과한 피고인의 행위에 관하여 그것이 허위의 사실을 공표하거나 사실을 왜곡하여 공표한 경우에 해당한다고 볼 수 없다고 무죄를 선고하였다.

서울지방법원 2002. 8. 30. 선고 2001가합52334 판결 [정당의 시민단체 의혹제기]

김대중 대통령은 2001. 1. 연두 기자회견에서 언론의 폐해를 지적하면서 언론개혁의 필요성을 언급하였는데, 국세청은 2001. 2.경부터 국내 언론사들에 대한 세무조사를 실시하여 탈루 또는 포탈된 세금을 추징하였고, 2001. 6.경에는 피고 신문사를 비롯한 6개 언론사 및 대표이사 등을 조세범처벌법위반 등의 혐의로 검찰에 고발하였으며, 검찰은 국세청의 고발에 따라 광범위한 수사를 펼쳤다.

원고 시민단체들은 2001. 7.경부터 언론사 세무조사 및 검찰의 수사에 찬성하면서 피고 등 언론사의 비리를 규탄한다는 취지의 성명들을 잇달아 발표하고 시위를 벌였다. 이에 피고 정당은 기자회견을 통하여 '검찰, 친여매체, 외곽단체는 한 통속인가?'라는 제목 하에 일부 시민단체들이 현 정권과 방송 등 친여매체와 공모하여 여론을 조작하고 있다는 취지의 보도자료를 배포하였고, 피고 신문사는 위 기자회견내용을 발췌하여 인용하는 내용의 기사를 게재하였다.

원고 단체들은 피고들을 상대로 손해배상청구의 소를 제기하였는데, 서울지방법원은 원고 단체들의 청구를 기각하면서 다음과 같은 요지로 판결하였다.[371]

이 사건 표현행위는 국민이 알아야 할 공적인 관심사안에 관한 것이고 사회의 여론형성이나 공개토론에 기여하는 바가 크며, 이 사건 기자회견 및 기사가 전제로 하고 있는 구체적 사실의 진실성에 대한 증명은 없으나, "어떠한 정치적 사항에 대한 의문이나 의혹은 그 개연성이 있는 한 광범위하게 문제제기가 허용되어야 하고 공개토론의 대상이 될 수 있어야 하며, 정확한 논증이나 공적인 판단이 내려지기 전이라 하여 그에 대한 의혹의 제기가 봉쇄되는 것은 바람직하지 못하고, 그 의혹 제기 이전에 전제사실에 대한 완벽한 입증을 한다는 것 자체가 거의 불가능한 일"이라고 하면서, 정당의 기자회견은 일반인들이 그 내용을 그대로 사실이라고 받아들이기보다는 어떠한 문제에 대한 정치적 의혹제기라고 받아들일 여지가 많은 점, 의혹제기는 시의성이 있어 적절한 시점을 놓치면 사실상 불가능하여지는 점 등을 지적하고, 검찰이 언론사에 대한 탈세 여부를 수사하기 시작하자 그 무렵부터 원고 단체들을 비롯한 여러 시민단체들이 잇달아 검찰의 수사를 지지하고 언론사주의 탈세를 규탄하는 취지의

---

371) 그 원문의 내용에 관하여는 박용상, 명예훼손법, 157-158면 참조.

성명발표나 시위 등을 함과 아울러 피고 신문 구독 거부운동을 전개하였고, 방송 3사의 뉴스에서는 거의 매일 원고 단체들을 비롯한 여러 시민단체들의 위와 같은 활동을 보도한 사실에 비추어 피고들의 입장에서는 검찰과 원고 단체들을 비롯한 여러 시민단체들이 언론탄압을 위하여 공조하고 있다는 의심을 가질 여지가 있다고 볼 수도 있는 점, 원고 단체들은 일정한 연대관계를 유지하면서 시위 등을 계속하여 정치적 논평을 자초한 면도 있는 점 등을 들어 피고들이 위와 같은 내용을 진실이라고 믿을 만한 상당한 이유가 있었다고 봄이 타당하고, 이에 기초한 논평 역시 표현의 한계를 벗어난 것이라고 할 수 없으므로, 이 사건 기자회견 및 기사는 위법성이 없다고 결론지었다. 위 사건 항소심은 제1심판결을 유지하였다.372)

대법원 2002. 1. 22. 선고 2000다37524 판결 [시민단체 대 한국논단]

이 판결에서 대법원은 공인에 속하는 원고들의 정치적 이념에 관한 의문이나 의혹 제기는 널리 허용되어야 하며, 그러한 의혹을 제기할 구체적 정황의 제시로 증명의 부담을 완화해 주어야 한다고 하면서, 그 입증방법에 관해 다음과 같이 판시하였다.

"사람이나 단체가 가진 정치적 이념 … 에 대한 의혹의 제기나 주관적인 평가가 진실에 부합하는지 혹은 진실하다고 믿을 만한 상당한 이유가 있는지를 따질 때에는 일반의 경우와 같이 엄격하게 증명해 낼 것을 요구해서는 안 되고, 그러한 의혹의 제기나 주관적인 평가를 내릴 수도 있는 구체적 정황의 제시로 증명의 부담을 완화해 주어야 한다."

"공적인 존재의 정치적 이념에 관한 의혹의 제기를 뒷받침하는 구체적 정황의 입증방법으로서는 "그들이 해 나온 정치적 주장과 활동 등을 입증함으로써 그들이 가진 정치적 이념을 미루어 판단하도록 할 수 있고, 그들이 해 나온 정치적 주장과 활동을 인정함에 있어서는 공인된 언론의 보도내용이 중요한 자료가 될 수 있으며, 여기에 공지의 사실이나 법원에 현저한 사실도 활용할 수 있다."

대법원 2004. 8. 16. 선고 2002다16804 판결 [검사 축소수사 의혹]

구속된 피의자 부인에게 잘 봐주겠다며 거액을 요구한 혐의로 고소된 대검찰청 직원을 수사한 검찰에 대해 "검찰 '자기 식구' 싸고돌기?"라는 제목 하에 축소 수사했다는 의혹을 제기한 언론보도는 그 전제가 된 사실, 즉 검찰직원이 사건청탁과 관련해 금품을 제공받은 점, 검찰이 사건 배당 후 20여일 후에 고소인 조사를 한 점 등이 모두 진실인 만큼 그러한 객관적 사정을 그 근거로 제시한 경우에는 명예훼손이 성립하지 아니한다.

대법원 2021. 3. 25. 선고 2016도14995 판결 [세월호 의혹]

피고인은 세월호 참사 국민대책회의 공동위원장이자 '4월 16일의 약속 국민연대' 상임운영위원으로서 언론사 기자와 시민 등을 상대로 기자회견을 하던 중 '세월호 참사 당일 7시간 동안 대통령 갑이 마약이나 보톡스를 했다는 의혹이 사실인지 청와대를 압수·수색해서 확인했으면 좋겠다.'는 취지로 발언함으로써 허위사실을 적시하여 갑의 명예를 훼손하였다는 내용으로 기소된 사안에서, 대법원은 위 발언은 '갑이 마약을 하거나 보톡스 주사를 맞고 있어 직무수행을 하지 않았다.'는 구체적인 사실을 적시하였다고 단정하기 어렵고, 피고인이 공적

인물과 관련된 공적 관심사항에 대한 의혹 제기 방식으로 표현행위를 한 것으로서 대통령인
갑 개인에 대한 악의적이거나 심히 경솔한 공격으로서 현저히 상당성을 잃은 것으로 평가할
수 없어 명예훼손죄로 처벌할 수 없다고 판시하였다.

그러나 이 사건에서는 피해자가 마약이나 보톡스를 했다는 점에 관해 아무 증거도 없었고,
따라서 증거의 최소한도 없는 사안에서 피고인들 역시 이를 명백히 인식하고 허위인 줄 알면
서 위와 같은 허무맹랑한 의혹을 제기하였다는 점에서 비방의 목적이 명백히 인정되고, 허위
사실적시 명예훼손으로 의율되었어야 한다는 점에 관하여는 뒤에서 상술한다.

오랜 과거의 역사적 사건에 관해 의혹이 있는 경우에도 같은 법리가 적용된다. 특
히 실시된 수사와 조사작업의 결과를 보도함에 있어서 그 작업에서 드러난 의혹의 계
기를 해석하고 평가하는 것은 허용될 수 있다.

대법원 2012. 8. 23. 선고 2011다40373 판결 [BBK 수사 검사]

2007년 대통령 후보였던 이명박의 BBK 관련 주가조작 및 횡령 사건 관여 의혹이 제기되
고 있는 가운데, 구성된 검찰 특별수사팀(원고들)은 수사한 후 BBK는 소외인(주범)이 100%
지분을 소유하고 있으며, 이명박 후보자는 소외인의 BBK 관련 사건에 가담하지 않았다는 수
사결과를 발표하였다. 피고 잡지사 기자는 수사 당시 위 소외인(주범)이 검찰로부터 회유 협
박을 받았다는 취지의 진술이 담긴 메모와 통화 녹음 테이프를 입수하고 이를 근거로 검찰
수사가 불공정하게 이루어졌다는 취지로 보도하였다. 대법원은 검사 등 공직자의 공직수행과
관련한 중요사항에 관하여 의문을 제기하고 조사를 촉구하는 등 감시와 비판행위는 그것이
악의적이거나 심히 경솔한 공격으로서 현저히 상당성을 잃은 것이 아닌 한 쉽게 제한되어서
는 안 된다고 하면서 원고들의 청구를 배척하는 취지로 판시하였다.

또 이미 발생한 사태 때문에 그 공개를 미룰 수 없는 경우와 같이 예외적인 경우
에는 그 의혹 보도가 허용될 수 있다.[373] 그러나 특종으로 보도하려고 하는 단순한 이
해관계는 의심이 있는 의혹의 공개를 정당화시키지 못한다.[374]

다. 보도 내용

단순한 의혹을 보도하는 경우에는 확정된 사실이 아님을 명백히 하여야 하며, 수
용자가 확정된 사실로 받아들이게 해서는 안된다. 또 면책적인 사정이 알려졌으면 그
것을 묵비하거나 눈에 띄지 않게 보도하여서는 아니된다.[375]

이상 의혹보도의 요건이 충족되었는지 여부는 보도 당시를 기준으로 판단하여야
한다. 그러나 보도 당시 최소한의 증거가 있어 정당화된다 하더라도 그 후 판명된 결

---

373) 예를 들면, 공인이 범죄자로 지목됨에도 불구하고, 형사 사법기관이 합법성 원칙에 반하여 형사처
　벌되는 범죄의 절박한 혐의를 조사하지 않는다는 의혹이 있는 경우에는 해당 의혹을 보도할 수 있
　다(BGH, 15.01.1963 ― 1 StR 478/62 "Call―Girl―Affäre").

374) Wenzel, aaO., Rn. 10.138.

375) Wenzel, aaO., Rn. 10.141.

과 여하에 따라 의혹 보도에 대한 법원의 조치는 달라지게 되므로 별도의 검토를 요한다(후술).

대법원 2021. 3. 25. 선고 2016도14995판결 [세월호 7시간 의혹]

[사실관계]

세월호 참사 국민대책회의 공동위원장이자 4·16 국민연대 상임운영위원이던 피고인은 4·16연대 사무실에 대한 압수·수색 규탄 기자회견에서 "세월호 참사 7시간 동안 박근혜 대통령이 마약이나 보톡스를 했다는 의혹이 사실인지 청와대를 압수·수색해서 확인했으면 좋겠다"는 취지로 발언하였는데, 이 때문에 피고인은 허위사실 적시에 의한 명예훼손으로 기소되었다.

제1심과 원심은 피고인의 발언은 박근혜 대통령이 세월호 참사 무렵 마약이나 보톡스를 하였고 적절하게 직무를 수행하지 못하였다는 사실을 암시하여 적시한 것으로 인정할 수 있다고 보아 피고인을 유죄로 판결하였다.

그러나 대법원은 객관적으로 피해자의 사회적 평가를 저하시키는 사실에 관한 발언이 소문이나 제3자의 말을 인용하는 방법으로 단정적인 표현이 아닌 전문 또는 추측의 형태로 표현되었더라도, 표현 전체의 취지로 보아 사실이 존재할 수 있다는 것을 암시하는 방식으로 이루어진 경우에는 사실을 적시한 것으로 보아야 한다는 과거의 판례376)를 환기하면서도, "공론의 장에 나선 전면적 공적 인물의 경우에는 비판과 의혹의 제기를 감수해야 하고 … 공적 인물과 관련된 공적 관심사에 관하여 의혹을 제기하는 형태의 표현행위에 대해서는 일반인에 대한 경우와 달리 암시에 의한 사실의 적시로 평가하는 데 신중해야 한다"고 강조하였다.

그러한 입장에서 정부 또는 국가기관의 정책결정 또는 업무수행과 관련된 사항을 주된 내용으로 하는 발언으로 정책결정이나 업무수행에 관여한 공직자에 대한 사회적 평가가 다소 저하될 수 있더라도, 발언 내용이 공직자 개인에 대한 악의적이거나 심히 경솔한 공격으로서 현저히 상당성을 잃은 것으로 평가되지 않는 한, 그 발언은 여전히 공공의 이익에 관한 것으로서 공직자 개인에 대한 명예훼손이 된다고 할 수 없다(대법원 2006. 10. 13. 선고 2005도3112 판결, 대법원 2011. 9. 2. 선고 2010도17237 판결 등 참조)고 하면서 다음과 같이 판시하였다.

대법원에 의하면 이 사건에서 피고인의 발언은 자신 및 4·16 연대 사무실에 대한 압수수색의 부당성과 피해자의 행적을 밝힐 필요성에 관한 의견을 표명하는 과정에서 세간에 널리 퍼져 있는 의혹을 제시한 것으로 '피해자가 마약을 하거나 보톡스 주사를 맞고 있어 직무 수행을 하지 않았다'는 구체적인 사실을 적시하였다고 단정하기 어렵고, 피고인이 공적 인물과 관련된 공적 관심사항에 대한 의혹을 제기하는 방식으로 표현행위를 한 것으로서 대통령인 피해자 개인에 대한 악의적이거나 심히 경솔한 공격으로서 현저히 상당성을 잃은 것으로 평가할 수 없으므로, 명예훼손죄로 처벌할 수 없다고 결론지었다.

[평석]

대법원은 피해자가 전면적 공적 인물인 대통령이고, 그 직무집행에 관한 의혹 제기라는 점

---

376) 대법원 2008. 11. 27. 선고 2007도5312 판결, 대법원 2021. 3. 25. 선고 2016도14995 판결 등.

을 강조하면서 그 발언은 사실적시로 평가하여서는 안되고, 또 그 내용이 공직자 개인에 대한 악의적이거나 심히 경솔한 공격으로서 현저히 상당성을 잃은 것이 아니기 때문에 명예훼손이 성립되지 않는다는 취지로 판단하고 있다. 다음에서 논증의 각 쟁점에 관해 그 당부를 살펴보기로 한다.

① 문맥상 분석 – 공익 사항에 관한 의혹의 제기: 대법원은 의혹을 제기하는 계쟁 발언이 행해진 맥락에 관하여 "경찰의 압수·수색의 부당성을 강조하기 위한 것으로 보일 뿐, 피고인이 제시하는 의혹이 사실임을 강조하기 위한 표현이라고 보기는 어렵다"고 하고, 또 이 사건 발언은 '국가적 재난 상황에서 대통령이 적절한 대응을 하지 않은 채 상당한 시간 동안 무엇을 하였는지 명확하지 않으므로, 그 동안의 구체적인 행적을 밝힐 필요가 있다.'는 의견을 표명하는 과정에서 의혹을 제기한 것으로, 전체적으로 볼 때 국가기관인 대통령의 직무수행이 적정한지에 대해 비판하는 내용이므로 표현의 자유가 특히 폭넓게 보장되어야 하는 표현행위에 해당한다고 판시하고 있다.

한편, 이 사건 발언 당시인 세월호 참사 당시 피해자의 행적은 사회적으로 논란되고 있었고, 구체적인 정황의 뒷받침이 없었는데도 마약과 보톡스를 비롯한 다양한 의혹이 이 사건 발언 이전에 이미 세간에 널리 퍼져 있었던 사실이 이의 없이 인정되었다.

② 공적 사안 – 공무원의 공무집행에 관한 의혹: 첫째, 피고인의 이 사건 발언은 다수의 인명이 희생된 세월호 침몰 사고가 발생했음에도 대통령이 상당 시간 동안 적절한 대응 없이 공공에 등장하지도 않아 행적에 관해 의혹을 제기하는 내용이었기 때문에 공익 사항에 관한 발언이라는 점에 이의가 있을 수 없다.

나아가 대법원은 피고인의 진술이 공무원의 공무집행에 관한 의혹의 제기이기 때문에 이를 쉽게 사실적시로 보아서는 안된다는 전제에서 "대통령의 업무수행에 대한 의견표명 과정에서 의혹을 제기한 것은 허위사실 명예훼손죄로 처벌될 수 없다"는 취지로 판시하고 있다. 그러나 현행법상 사실과 의견이 그 법적 취급에서 구별되어야 하고, 뒤에서 보는 바와 같이 의혹 제기는 사실적시의 범주에 드는 표현행위로 보아야 하기 때문에, 아무리 의견표명을 하는 중이라 하더라도 그 중에 사실적시가 있으면 그것이 명예훼손적 의미를 갖는 한, 그 통점을 이루는 사실의 진위 여부나, 위법성 조각 여부를 판단하여야 한다.377) 그럼에도 대법원은 의혹을 제기하는 피고인의 진술이 사실적시로 볼 수 없다고 단정함으로써 그 후 진술의 정당성 여부에 관한 판단에 이르지 않고 무죄로 판단하고 있다.

③ 의혹 제기의 법적 파악: 대법원은 대통령의 업무수행에 대한 의견표명 과정에서 의혹을 제기한 것이어서 구체적인 사실을 적시한 것으로 볼 수 없다고 판시하고 있다. 그러나 대법원이 확인한 바와 같이 단정적인 표현이 아니지만 표현 전체의 취지로 보아 사실이 존재할 수 있다는 것을 암시하는 방식으로 이루어진 경우에는 사실을 적시한 것으로 보아야 한다는 점378)과 독일의 확립된 판례와 같이 의혹의 제기는 사실적시의 범주에 속하는 표현행위이고,

---

377) 같은 취지의 비판으로는 박종현, 표현의 자유와 명예훼손 논의에서 '사실'과 '의견'의 구별론에 대한 검토 – 미국과 한국의 판례에 대한 검토를 중심으로 –, 언론과 법 제21권 제3호(한국언론법학회, 2022), 1면(42면 이하) 참조.

378) 대법원 2000. 7. 28. 선고 99다6203 판결 [경향만평], 대법원 2008. 11. 27. 선고 2007도5312 판결, 대법원 2007. 6. 15. 선고 2004도4573 판결, 대법원 2023. 7. 13. 선고 2022다291320 판결 [정정보도] 등

그에 의해 시사(示唆)된 사실이 특정인의 명예를 손상하게 되는 경우에는 명예훼손이 성립될 수 있다고 하는 점에 비추어 보면 대법원이 의혹 제기의 법적 성질을 이해함에 문제가 있어 보인다.[379]

독일 판례에 의하면 의혹을 제기하는 진술에서 명예훼손적 사실적시를 추론하려면 여러 상황적 사실인정을 행한 후 이를 종합하는 방법이 사용되며, 의혹제기자의 입장에서 보면 여러 사정을 들어 합리적 의심을 갖는 것으로 그 의혹제기를 뒷받침하게 된다. 이 경우 그는 의심의 근거가 되는 여러 사정에 관해 진실이라고 봄에 상당한 이유를 입증하여야 하지만, 통상의 상당성 항변보다는 완화된 입증에 의하게 된다. 이러한 의혹에 관한 보도가 허용될 수 있는 경우는 그러한 의심의 확인 또는 부인에 관심을 갖는 제3자의 의견형성에 도움을 줄 수 있는 경우이다.[380]

또 의혹 제기에는 조사 결과 객관적으로 의심을 뒷받침할 수 있는 최소한의 증거사실이 있어야 하며,[381] 단지 풍문의 제시만으로는 정당화되지 못한다고 한다. 어느 경우든 언론은 의혹을 보도하기 전에 가능한 모든 조사를 통하여 피해자에 관한 허위가 보도될 위험을 배제하도록 노력해야 하며, 최소한 피해자에게 해명의 기회를 주어야 한다.[382] 애당초 뉴스의 공개 여부의 판단에 필요한 증거사실의 최소한도 없는 경우에는 중대한 공적 사항에 관한 것이라 할지라도 언론은 공개 자체를 포기해야 한다.[383] 따라서 제보자의 신뢰성에 관해 의문이 있음에도 불구하고 추가 취재를 하지 않고 의혹에 관해서 보도하면 책임을 면치 못함이 원칙이다.[384]

결국 제기된 의혹이 전혀 근거없거나 꾸며 조작된 것에 불과한 경우에는 위법한 의혹제기로서 허위의 사실적시를 행한 것으로 평가되고, 취소 및 정정의 대상이 될 뿐 아니라, 허위사실적시 명예훼손죄가 될 수 있다.[385]

이 사건에서 이러한 기준에 의해 판단하면 피고인의 의혹제기 발언은 공익사항에 관한 것이라 할지라도 의혹의 근거가 되는 최소한의 사실적 정황도 결여된 것으로 결국 허위 사실을

참조.
379) BGH, Urteil vom 18. 11. 2014 — Ⅵ ZR 76/14 [도청관여 의혹] 참조.
380) Wenzel, Das Recht der Wort— und Bildberichterstattung, 4. Auflage, Verlag Dr. Otto Schmitt KG, 1994, S. 279.
381) BGH 2012. 12. 11. — Ⅵ ZR 314/10, 315/10 [구동독 안보부 공작원 의혹]: 2004년 한 주의회 의원선거에 입후보한 원고에 대해 그가 장기간 구동독 안보부의 공작원으로 협력하였다는 의혹을 보도한 사안에서 피고들이 국가기관인 구동독 비밀문서 조사담당관의 발표를 믿고 보도하였다면, 최소한의 증거사실을 조사한 것이어서 그러한 사실이 객관적으로 입증되지 않았다 하더라도 정당하다고 설시된 사례가 있다.
382) 다만, 보도 전 기자의 취재에 대해 피해자가 이를 단순히 부인할 뿐 그 부인을 위해 아무러한 설득력 있는 증거도 제시하지 않았다면 피고의 책임이 인정되는 경우에도 그 배상액의 참작 사유가 될 수 있다(Wenzel, aaO., S. 435).
383) BGH 1977. 5. 3. — Ⅵ ZR 36/74 [수뢰 의혹 보도]: "언론은 공적 관심사항에 관한 것이라 하더라도 그 정보가 진실하다는 최소한의 증거사실이 수집되지 아니한 경우에는 그 보도를 포기해야 한다. 그러한 증거 사실만이 보도가치를 부여할 수 있고, 그에 의해 피해자의 인격권과 형량이 가능하기 때문이다."
384) Wenzel, aaO., S. 432.
385) 대법원 2005. 7. 22. 선고 2005도2627 판결[의혹 제기 허위사실공표] 참조.

암시하는 것이라고 보아야 할 것이다. 대법원 자신이 인정한 바와 같이 "피해자의 7시간 동안의 구체적인 행적에 관하여 지속적으로 사회적 논란이 되었고, 이 사건 발언 당시 마약과 보톡스 의혹은 구체적인 정황의 뒷받침이 없었는데도 세간에 널리 퍼져 있었다"는 것이니, 피고인 자신은 물론 대법원도 그 의혹제기에는 아무 사실적 근거도 없었음을 인식하고 있었다. 그럼에도 대법원은 이 사건에서 피고인의 의혹 제기를 사실이 아닌 의견으로 보아 명예훼손죄의 성립을 부정하고 있으므로 명예훼손죄의 성부에 결정적인 사실/의견의 구별에 관한 법리를 오인한 것이다.

　④ 전면적 공적 인물?: 대법원은 대통령을 전면적 공적 인물로 규정하고 그에 대해서는 모든 폭로와 비판이 거의 제한없이 허용된다는 미국 판례의 입장에 의존하는 것으로 보인다. 그러나 최근 유럽 각국의 판례는 공적 인물이라 해도 보호받을 사생활이 있고, 인간의 존엄을 구성하는 일정한 내밀 영역 및 비밀영역에 대한 침해는 허용될 수 없다는 입장을 취하고 있다. 예를 들어 독일에서는 미국 판례와 유사하게 이른바 절대적 및 상대적 시사적 인물(absolute und relative Personen der Zeitgeschichte)[386]의 개념이 판례로 정립·구별되어 왔다. 그런데 유럽인권재판소는 2004년 판결[387]에서 위 법리에 따르면 현시대의 저명인물(이른바 절대적 시사적 인물)의 사사적(私事的) 영역의 보호가 소홀해 짐을 우려하는 판결을 내렸고, 독일의 법원들은 위 인권재의 판결을 존중하여 절대적 또는 상대적 시사적 인물의 개념을 포기하였다고 한다.[388] 이로써 이른바 절대적 시사적 인물은 종전보다 더 넓은 범위에서 사생활 영역이 보호되게 되었다.[389] 특히 독일 연방헌법재판소는 2021년 퀴나스트 판결[390]에서 디지털 커뮤니케이션 시대에 표현의 자유와 인격권을 비교형량함에 있어서 종전과 달리 공인, 특히 공직보유자 및 정치인의 인격권을 더 보호하는 방향으로 새로운 기준을 정하였다. 그에 의하면 정치적 언론이 표현의 자유의 중심이 되지만, 그것은 개인에 대한 공격의 면허장이 아니다. 소셜 네트워크의 시대에는 의심이 있는 경우 여론 형성에 기여하는 자라 하더라도 피해자의 인격권에 비해 우선하지 못하게 된 것이다.[391]

　더욱이 이 사건 피해자는 미혼의 여성이고 그만큼 여성으로서 민감한 사항에 관한 폭로 및 의혹의 제기는 더욱 신중하게 다루어야 할 필요가 있을 것이다. 그럼에도 불구하고 피고인은 아무 근거도 없이 피해자에게 치명적인, 마약을 하거나 보톡스를 한 의혹을 제기하고

---

386) 상대적 시사적 인물이란 한 시사적 사건을 통해 스스로 관심을 야기한 인물이다. 그는 그 사건과 관련하여 시사적 인물로 취급되고, 그 맥락에 연관되는 경우에는 그의 동의 없이 보도될 수 있다. 그에 비해 절대적 시사적 인물이란 그의 지위와 중요성에 근거하여 일반적 관심을 갖게 하는 자로서 그들 자신이 시사성의 대상이며, 내밀영역을 제외한 그들에 관한 보도는 전반적으로 허용되는 것으로 취급되었다.

387) ECHR 2004. 6. 24. Caroline von Hannover v. Germany.

388) 2004. 10. 19. Ⅵ ZR 292/03; 2005. 11. 15. Ⅵ ZR 286/04; 2007. 3. 6. - Ⅵ ZR 51/06.

389) 그 후 독일 판례는 공공에 알려진 인물이 특별히 공공의 관심을 끄는가 여부만을 기준으로 삼게 되었고, 보도 대상자의 생활영역의 분류에 따라 차등화된 보호(abgestufte Schutzkonzept)를 베풀고 있다. 그럼에도 형량에 있어서 인물의 지명도는 여전히 언론의 자유에 유리한 결정 요소로 되고 있다.

390) BVerfG 2021. 12. 19. -1 BvR 1073/20, Künast-Entscheidung.

391) Lorenz Leitmeier, Künast, "taz" und die (neuen) Grenzen der Meinungsfreiheit, https://www.hrr-strafrecht.de/hrr/archiv/20-10/index.php?sz=6, Aufsätze und Entscheidungsanmerkungen, S. 400 (Heft 10/2020).

있어 피해자의 입장에서 보면 결코 수인할 수 없는 피해를 주었다.

⑤ **악의적 공격 기준**: 또 대법원은 의혹을 제기하는 계쟁 발언이 행해진 맥락에 관하여 이것이 압수 수색의 공권력 행사에 대해 항의하는 의견의 진술 중에 행해졌고, 전면적 공인인 피해자의 직무 수행과 관련하여 의혹을 제기한 것이기 때문에 폭넓게 허용되어야 한다는 점을 강조하면서 그 발언 내용이 공직자 개인에 대한 악의적이거나 심히 경솔한 공격으로서 현저히 상당성을 잃은 것이 아니기 때문에 명예훼손이 성립되지 않는다는 취지로 판단하고 있다.

이 사건에서 대법원이 언급한 이른바 "악의적·상당성 상실 공격기준"은 2003년 대법원의 전북 도지사 판결(2003. 7. 8. 선고 2002다64384 판결[전북도지사])에서 처음 등장한 이래 수십건의 판결에서 이 기준이 적용되고 있다. 그러나 '악의적이거나 현저히 상당성을 잃은 공격'이란 용어는 다른 어떠한 법제에서도 일관성 있는 개념으로 논의된 바 없어 그 출처나 유래가 불분명하고, 그 문구의 기준이 명예훼손법의 위법성 판단 체계상 어떠한 위치에서 어떠한 법적 의미를 갖는가에 관하여는 판례도 언급한 바 없으며 학설도 다기한 의견을 내고 있어 혼란이 가중되고 있다.

어쨌든 공적 사안에 관해 표현의 자유가 우선되어야 한다는 점에 이의하는 사람이 있을 수 없고, 그렇다고 하여 허위 사실이나 아무 근거도 없이 날조된 사실을 근거로 공격하는 것이 허용될 수는 없을 것이다. 이렇게 보면 이 사건에서 피고인의 표현행위는 악의적이고 심히 경솔한 공격이라고 볼 수밖에 없음에도 어찌된 연유인지 대법원은 단지 공적 사안이라는 이유만으로 반대로 판단하고 있다. 동 기준의 허점이 여실히 드러나고 있음을 알 수 있다.

모두가 간과하는 듯 하지만, 동 기준은 그 적용에 일관성과 명확성이 없어 심각한 문제가 있다. 즉 기존의 확립된 위법성 판단기준을 모두 적용하여 위법성 여부가 판가름난 후에 다시 이 악의·상당성 결여 기준에 의해 이를 쉽게 번복할 수 있게 된다면 기존의 확립된 위법성 판단 구조를 무너뜨리고 법관의 자의를 허용하는 잘못을 범하게 될 우려가 있기 때문이다. 전술한 바와 같이 의혹의 제기가 허용될 수 있는 조건은 공적 사항, 최소한의 증거, 개인적·사적 사항의 배제 등이 요구되고 이러한 요건을 모두 결여하여 위법성이 인정되지 않을 수 없는 사안에서 악의적이고 상당성을 결여한 것이 아니라고 단정하여 결론을 낸 것은 이 기준의 모호성과 남용 가능성을 여실히 드러낸 것이라고 아니할 수 없다.

실제로 이 기준이 적용된 사례를 보면, 허위 사실적시로 밝혀진 경우에도 이를 적용하여 표현행위의 책임을 부인한 경우[392]가 있는가 하면, 보도에 위법성이 있지만 정당한 보도활동의 범위 내라는 이유로 악의적이거나 현저히 상당성을 잃은 보도가 아니라는 결론을 낸 사례[393]도 있었다.

⑥ **진술 내용 분석**: 공익 사안에 관해 공무원의 직무 수행에 관한 비판이 폭넓게 허용되어야 하고, 그 진술의 구성에 사용된 용어의 선택에도 넓은 자유가 인정되어야 한다. 그렇다 할지라도 대법원이 인정하다시피 "마약과 보톡스'라는 표현은 그 용어만을 보면 공적 의무를 수행하는 피해자 개인에 대해서는 극히 부정적이고 폄훼적 표현이 아닐 수 없고, 이를 보면

---

392) 대법원 2003. 7. 8. 선고 2002다64384 판결 [전북도지사]은 공적 사안에 관하여 정당 대변인의 정치적 논평이 문제된 사안에서 피고의 진실항변과 상당성항변을 배척하면서도 악의적이거나 현저히 상당성을 결한 것이 아니라고 판시한 사례이다.

393) 대법원 2019. 8. 14. 선고 2016다272342 등 판결 [한국감정원].

피해자를 해하려는 피고인의 악의가 넘쳐 보인다. 마약은 사회적 비난가능성이 중대하여 형사처벌되는 일이고, 보톡스를 한지 여부는 공익과 관련이 없는 사적인 사항이라고 볼 수 있지만, 결국 그 때문에 공직을 제대로 수행하지 못하였던 것이 아닌가 하고 의혹을 제기하는 것은 피해자에 대한 비난의 강도를 크게 높이려는 악의적이고 공격적인 표현이라고 볼 수 있다. 더구나 그에 관해서는 일말의 사실적 근거도 없고, 그야말로 문자 그대로 상상으로 날조된 사실일 뿐이었다. 국정수행을 태만히 하였다는 객관적 사실이 아무리 비난받을 일이었다 할지라도 그 때문에 마약의 의혹을 제기하는 것이 비판을 위해 상당한 것으로 평가할 수 없음은 물론이고, 이 점에서 피고인의 진술은 악의적이고 현저히 상당성을 잃은 것이었다는 평가가 더 상식적이었다고 보아야 할 것이다.

"피고인의 발언으로 새로운 의혹이 제기되었다고 보기 어렵다"거나 "피고인이 당시 피해자의 7시간 동안의 행적을 알 수 있는 특별한 지위에 있지 않았으므로, 이 사건 발언을 듣는 사람들이 피고인의 발언을 사실로 받아들이지 않았을 것이라고 볼 수도 있다"는 등 피해자의 사회적 평가를 저해하는 정도가 적다고 하는 지적은 이 관련에서 의미를 가질 수 없다.

[결 론]

근거 있는 의혹 제기는 정치의 투명성을 확보하고 비리를 척결하는데 기여하지만, 근거없는 의혹의 제기는 피해자 개인에게 치명적인 명예손상을 초래할 뿐 아니라 참여 시민들의 의견 및 여론형성에 혼란을 줄 뿐이다. 이 판결에서 대법원은 거짓말에 대해 지나치게 유화적 태도를 보이고 있다. 이러한 경향은 이전의 허위 사실 내지 거짓말에 대한 우리 최고법원들의 뿌리깊은 유화적 태도[394]와 연관을 갖는 것이라고 볼 수 있다. 허위에는 아무 긍정적 가치가 부여될 수 없고, 허위임을 알고 하는 사실적시는 특별한 긴급피난 상황이 아닌 한 예외 없이 금지되는 것이 동서고금의 철칙이다.

더욱이 최근 누구나가 뉴스를 생산할 수 있는 디지털 커뮤니케이션 시대에 인터넷과 SNS에 의한 메시지를 통해 터무니없는 가짜뉴스가 양산되고 있는 현상에 비추어 보거나 작금의 극단적으로 분열된 정치권의 선전 선동을 마다하지 않는 폐습에서 볼 때 근거도 없는 허무맹랑한 의혹을 반복적·지속적으로 지적 제기함으로써 불신을 쌓고 종국에는 상대방의 이미지에 치명적인 손상을 기도하는 현상이 빈번해 지고 있음을 직시해야 한다. 그에 비해 바쁜 삶을 살면서 확증 편향에 물든 현대인들은 선택적 인지에 의해 이들 음모론과 정치적 동기에 오염된 허위 주장에 부화뇌동하게 되고, 이러한 현상이 결합한 결과로 국민의 이성적인 숙의에 의한 정치적 의사 형성은 사라지고 나라의 정책 결정은 방향을 잃게 된다. 의혹제기의 법적 요건을 명백히 하고 그 충족 여부를 신중하게 검토해야 할 것이다.

라. 의혹의 실명보도 요건

의혹을 제시하면서 관계자의 실명을 보도하려면 공공의 관심이 클 뿐 아니라 관련자의 지위도 고려하여 더 신중한 기준이 적용된다. 독일 판례에 의하면 중대한 공익성이 있는 의혹 사항을 아직 입증되지 않은 사실의 범위 내에서 실명으로 보도하는 것

---

394) 헌법재판소 2010. 12. 28. 선고 2008헌바157 결정 ["미네르바"] 및 대법원 2011. 9. 2. 선고 2010도17237 판결 ['PD수첩' 광우병 보도] 참조.

도 언론의 자유에 속한다고 한다.395) 오랜 과거의 역사적 사건에 관한 의혹이 있는 경우 공공은 그 사건 자체뿐만 아니라 그에 관여하였다는 의혹이 있는 인물에 대해서도 관심을 갖는 것이므로 그 실명 공개가 정당화될 수 있다.396)

> **서울고등법원 2003. 10. 16. 선고 2002나49998 판결 [검사 관련 의혹]**
>
> 거액의 횡령 및 주가조작 사건(이른바 '이 게이트')으로 구속된 인물의 '전화리스트'를 입수한 피고 신문은 이씨가 1999년을 전후하여 국가정보원, 검찰, 청와대, 국회의원 등 권력기관 고위 인사들과 폭넓게 '교제'한 것으로 드러났다"고 하면서, 이씨의 여직원이 기록하여 둔 '전화리스트'에 대검 근무 검사(원고)가 이씨와 통화를 시도한 기록이 있다고 그의 실명을 밝혀 보도하였다.
>
> 서울고등법원은 원고의 손해배상청구를 기각하면서 다음의 요지로 판시하였다.
>
> 피고들이 원고와 이씨의 관계에 대하여 구체적인 사실확인과정을 거치지 아니하였고 이 사건 기사의 내용이 원고가 이씨의 비호세력으로서 소위 '이 게이트'에도 깊이 개입한 듯한 인상을 준다고 하더라도 이 사건 기사는 공익성이 인정되고, 대검찰청의 간부로 재직 중인 원고가 세간의 관심이 집중된 이씨와 전화통화를 시도한 사실이 인정되어 피고들로서는 원고가 직접 통화를 시도할 만큼 원고와 이씨 사이가 밀접한 관계일 개연성이 있다고 충분히 추측할 수도 있고, 공직자의 도덕성, 청렴성 및 업무처리의 공정성 여부에 관한 국민과 언론의 감시 비판기능의 중요성에 비추어 볼 때 그 정도의 의혹의 제기는 악의적이거나 현저히 상당성을 잃은 공격이라고는 보이지 아니하고 허용될 수 있는 범위 내에 속한다.

(3) 소송상의 취급

가. 의혹보도에 관한 증거조사

의혹 보도가 적법한가 여부는 보도의 시점을 기준으로 판단하게 되며, 그 심리에는 다음과 같은 특수한 규율이 적용된다.

첫째, 손해배상청구 소송에서 의혹 보도가 문제된 경우 그것이 상술한 요건에 해당한다는 점은 일반적으로 피고(표현행위자)가 입증을 하여야 한다. 전술한 바와 같이 독일의 판례는 의혹의 근거가 되는 최소한의 증거사실을 요한다고 한다. 대법원은 공적 사안의 의혹보도에 관한 피고의 진실항변의 판단에는 완화된 기준이 적용되어야 한다고 하면서, 그러한 의혹의 제기나 주관적인 평가를 내릴 수도 있는 구체적 정황의 제시로 가능하도록 입증의 부담이 완화되어야 하고, 그것은 언론의 보도내용 또는 공지의 사실이나 법원에 현저한 사실에 의해 그들이 해 나온 정치적 주장과 활동 등을 입증함으로써 그들이 가진 정치적 이념을 미루어 판단할 수 있다고 한다.397)

---

395) BVerfG 2020. 7. 7. – 1 BvR 146/17 [지멘스 부패 의혹].
396) Wenzel, aaO., Rn. 10.138.
397) 대법원 2002. 1. 22. 선고 2000다37524, 37531 판결 [한국논단], 대법원 2002. 12. 24. 선고 2000다

둘째, 원고가 해당 의혹보도의 부작위[금지] 또는 취소나 정정을 구하는 경우에는 원고가 제기된 의혹이 허위임을 입증하여야 한다. 이 경우 허위의 입증은 매우 어렵기 때문에 이를 위해 법원은 피고로 하여금 의혹의 근거를 설명하도록 의무화할 수 있다.[398] 이 때 피고는 의혹의 근거로서 상술한 최소한의 증거가 있다고 제시할 수 있고, 만약 피고가 상술한 설명(주장)의무를 이행하지 않거나 최소한의 증거도 제시할 수 없으면, 단지 주장만 있는 의혹을 제기하였기 때문에 차후의 증거조사를 요하지 않고 패소하게 된다.[399]

피고가 행한 위와 같은 설명의무가 이행되었다고 법원이 납득하는 경우 허위 입증책임을 부담하는 원고는 다시 그에 관한 대응으로 반대증거를 제시하거나 피고가 제시한 증거의 신빙성을 탄핵하는 등의 방법으로 허위성을 증명해야 한다. 피고 제출 증거나 원고의 탄핵 증거 어느 것에 의해서도 의혹의 진위가 판명되지 않는다면 제기된 의혹은 진위 불명으로 되고, 사후의 진전상황에 따라 후술하는 조치가 이루어지게 된다.

대법원 2003. 2. 20. 선고 2001도6138 전원합의체 판결 [후보자 허위학력]

"후보자의 비리 등에 관한 의혹의 제기는 비록 그것이 공직적격 여부의 검증을 위한 것이라 하더라도 무제한 허용될 수는 없고, 그러한 의혹이 진실인 것으로 믿을만한 상당한 이유가 있는 경우에 한하여 허용되어야 하고, 이때 의혹사실의 존재를 적극적으로 주장하는 자는 그러한 사실의 존재를 수긍할 만한 소명자료를 제시할 부담을 진다고 할 것이고, 그러한 소명자료를 제시하지 못한다면 달리 그 의혹사실의 존재를 인정할 증거가 없는 한 허위사실의 공표로서의 책임을 져야 할 것인 반면, 제시된 소명자료 등에 의하여 그러한 의혹이 진실인 것으로 믿을만한 상당한 이유가 있는 경우에는 비록 사후에 그 의혹이 진실이 아닌 것으로 밝혀지더라도 표현의 자유 보장을 위하여 이를 벌할 수 없다.

대법원 2005. 7. 22. 선고 2005도2627 판결 [의혹 제기 허위사실공표]

제17대 국회의원선거에서 열린우리당 후보로 출마한 피고인은 망 박정희 전대통령의 비자금이 한나라당 대표 박근혜(피해자)에게 전달되었다는 취지로 의혹을 제기한 데 대하여 검찰이 공직선거 및 선거부정방지법 제250조 제2항 소정의 허위사실공표죄로 기소하였다.

대법원은 허위사실공표죄가 성립하기 위하여는 검사가 공표된 사실이 허위라는 점을 적극적으로 증명하여야 하고, 공표한 사실이 진실이라는 증명이 없다는 것만으로는 허위사실공표죄가 성립할 수 없으나(대법원 2003. 11. 28. 선고 2003도5279 판결 등 참조), "위 증명책임을 다하였는지 여부를 결정함에 있어서는, 어느 사실이 적극적으로 존재한다는 것의 증명은 물론 그 사실의 부존재의 증명이라도 특정 기간과 특정 장소에서의 특정 행위의 부존재에 관

14613 판결['주사파' PD].

398) Wenzel, aaO., Rn. 10.143.

399) BGH AfP 75, 804 − Brüning.

한 것이라면 적극적 당사자인 검사가 이를 합리적 의심의 여지가 없이 증명하여야 할 것이지만, 특정되지 아니한 기간과 공간에서의 구체화되지 아니한 사실의 부존재를 증명한다는 것은 사회통념상 불가능한 반면 그 사실이 존재한다고 주장, 증명하는 것이 보다 용이한 법이므로 이러한 사정은 검사가 그 입증책임을 다하였는지를 판단함에 있어 고려되어야 한다"(대법원 2004. 2. 26. 선고 99도5190 판결 참조)는 입장에서 다음과 같이 판시하였다.

즉 "허위사실공표죄에 있어서 의혹을 받을 일을 한 사실이 없다고 주장하는 사람에 대하여 의혹을 받을 사실이 존재한다고 적극적으로 주장하는 자는 그러한 사실의 존재를 수긍할 만한 소명자료를 제시할 부담을 진다고 할 것이며, 검사는 제시된 그 자료의 신빙성을 탄핵하는 방법으로 허위성의 입증을 할 수 있다고 할 것인데(대법원 2003. 2. 20. 선고 2001도6138 전원합의체 판결 참조), 이때 제시하여야 할 소명자료는 위의 법리에 비추어 단순히 소문을 제시하는 것만으로는 부족하고 적어도 허위성에 관한 검사의 입증활동이 현실적으로 가능할 정도의 구체성은 갖추어야 할 것이며, 이러한 소명자료의 제시가 없거나 제시된 소명자료의 신빙성이 탄핵된 때에는 허위사실 공표로서의 책임을 져야 한다"고 판시하였다.

이 사건의 경우, 피고인이 제시한 사실에 대하여 제출한 소명자료는 "일설에 의하면…" 혹은 "…라는 얘기가 있다"고 하는 식으로 구체적 시점과 장소, 관련자 및 방법 등을 특정함이 없이 막연한 소문 혹은 불특정인의 구체성 없는 발언을 소개하는 수준에 불과하여 그 제출의 소명자료만으로는 피고인이 공표한 이 사건 의혹사실의 허위성 여부를 검사가 입증할 수 있을 정도로 구체성을 가진 것이라고 볼 수 없기 때문에 피고인은 허위사실 공표로 책임을 져야 한다고 판시하였다.

대법원 2014. 6. 12. 선고 2012다4138 판결

"사실적 주장이 진실한지 아닌지를 판단함에 있어서 그것이 특정되지 아니한 기간과 공간에서의 구체화되지 아니한 사실인 경우에 의혹을 받을 일을 한 사실이 없다고 주장하는 사람에 대하여 의혹을 받을 사실이 존재한다고 적극적으로 주장하는 사람은 그러한 사실의 존재를 수긍할 만한 소명자료를 제시할 부담을 지고 피해자는 그 제시된 자료의 신빙성을 탄핵하는 방법으로 허위성을 증명할 수 있다(대법원 2013. 3. 28. 선고 2010다60950 판결 등 참조)."

나. 의혹 보도의 요건을 결한 경우

의혹 보도의 근거로서 최소한의 증거도 없는 경우에는 당해 보도는 위법하게 된다. 판례 중에는 제기한 의혹을 뒷받침할 수 있는 최소한의 증거도 제출하지 못한 경우 공직선거법상 허위사실 공표죄를 인정한 사례가 있다.[400] 그 판단 기준 시점은 보도의 시점이다.

BGH 2013. 12. 17. - Ⅵ ZR 211/12 ['작센의 부패 스캔들']

피고가 인터넷 포털에 원고가 14세 소녀와 성관계를 가진 소아성애자일 것이라는 의혹을 보도하면서 그 근거로 원고에 의해 해고된 전 비서의 단순한 추측을 근거로 하였을 뿐 원고

---

400) 전술 대법원 2005. 7. 22. 선고 2005도2627 판결 [의혹 제기 허위사실공표].

에게 진지하게 입장 표명의 기회를 주지도 않았다면, 그것은 원고에게 심각한 피해를 줄 의혹보도에 필요한 최소한의 증거사실을 갖추지 못한 것이다. 충분한 사실적 근거가 없는 단순한 추단(bloße Schlussfolgerung)은 피해자의 인격의 핵심에 관계되는 무거운 비난을 정당화하지 않는다.

의혹에 관한 근거가 없어 위법한 것으로 판단되면 부작위[금지]청구 및 취소청구 이외에도 위자료 청구권이 인용될 수 있다. 특히, 중대한 의혹이 충분한 근거없이 보도된 경우에는 이들 책임을 면할 수 없다.

다. 진위 불명의 경우

법원의 심리 결과 제시된 의혹의 진부에 관해 확연한 결과가 나오지 않으면 진위 불명이 되어 해당 의혹의 언급을 금지하거나 취소, 정정을 구하는 청구권은 원칙상 허용될 수 없지만, 피해자는 그러한 의혹이 객관적으로 확정되지 않았다고 하는 점을 명백히 할 것을 피고에게 청구할 수 있다. 예컨대, (출처 불명의) 비망록을 근거로 의혹이 제기되었으나 심리 결과 진위 불명으로 판명된 경우에는 그 비망록이 진정한 것이 아니었다는 점을 명백히 하도록 청구할 수 있다.

라. 의혹 보도와 시간의 경과

의혹 보도가 인터넷에 게재되어 시간 경과와 무관하게 검색 열독되는 경우 그 말소청구가 허용될 수 있는가? 독일의 판례는 보도시점에서 적법한 실명에 의한 의혹보도는 시간이 경과하더라도 그 적법성을 잃지 않으며, 예외적으로 시간이 경과하면서 또는 도중에 사정이 변경되어 본래 정당하였던 의혹 보도가 인터넷에 계속 그대로 게재됨으로써 당사자에게 피해가 커지는 경우라면 삭제 또는 사후보완청구권이 발생할 수 있다고 한다.

BVerfG 2020. 7. 7. - 1 BvR 146/17 [지멘스 부패 의혹]

피고 미국의 일간지(유럽판)는 2007년 당시 지멘스사의 부패 수사 사건에 관해 보도하면서 몇 년 전부터 뇌물자금이 복잡한 경로를 거쳐 분배되고 있는 과정이 주목받고 있으며, 외국에서 계약을 따내는 경우 기업 자문 역할을 하던 원고(심판청구인)가 지멘스사를 위하여 잠재적인 고객들에게 널리 뇌물자금을 돌렸을 것이라는 의혹을 보도하였다. 원고에 대한 공식적 수사절차는 개시된 바 없었으나, 그 기사는 온라인에서 일부 수정된 형태로 접근이 가능하였다. 심판청구인(원고)은 위 의혹 보도를 인터넷에 올려 공공에게 계속 알리는 것은 그의 일반적 인격권을 침해한다고 하면서 제소하였는데, 제1심과 항소심은 심판청구인(원고)이 지멘스의 다수 예상 고객에게 뇌물을 주었을 수 있다는 보도는 보도 시점에서 적법한 의혹보도였다는 이유로 원고의 부작위[금지]청구를 기각하였고, 인터넷 자료파일로 제공하는 것도 위법하지 않다고 판시하였다.

연방헌법재판소는 위 주법원의 판결을 지지하면서 다음과 같이 판시하였다.

첫째, 재판소는 의혹보도의 의미와 중요성에 관하여, 가능성, 개연성 및 의혹 상태도 언론이 다루어야 할 사회적 현실에 속하고 그에 관해 알리는 것이 언론의 징표, 자유 및 과업이기 때문에, 높은 공익성을 갖는 의혹에 관해서 심층적으로 보도하는 것은 헌법적으로 보장되는 언론의 과업에 속한다고 지적하고, "입증되지 않은 의혹도 사정에 따라서는 정당한 공익이 있을 수 있고 이에 근거하는 개연성의 인지는 장기적으로 개인적, 사회적 및 정치적 행위에 영향을 미친다. 의혹 상태에 대한 입증의 부재는 그 경우 – 그것이 수사가능성의 구조적 한계에 관한 것이면 – 공적인 의미를 가질 수 있다. 그 한에서 언론의 공개 및 제공의 이익은 수사절차가 종료되었거나 개시되지 않았다 하여 원칙적으로 없어지지 않는다. 그 경우 개별적으로 실명으로 보도하는 것도 언론의 자유에 속한다. 그 한에서 언론은 아직 입증되지 않은 사실의 범위에서 일반적이고 추상적인 진술만 하도록 의무화되거나 간접적으로 강제되어서는 안된다"고 판시하였다.

둘째, 과거 비행의 보도를 위한 이익형량에서 고려해야 할 점은 삭제 청구가 행사된 당시 양자의 이익을 비교형량해야 하며, 기간의 경과로 피해자의 인격권 보호의 이익은 커짐이 원칙이지만, 의혹 보도는 확정된 사실의 보도에 비해, 피해자에 미치는 피해의 강도가 덜하고, 시간의 경과에 따른 제반 사정의 변화를 이익형량에서 고려해야 한다.

셋째, 애초의 의혹 보도가 적법요건을 갖춘 것이었다면, 이를 변경없이 인터넷 자료 기사로 공공의 열람에 제공하는 것도 허용되며, 시간이 경과된 후 피해자가 그 말소를 구하는 경우 언론은 특별한 사유가 없는 한, 그 보도 대상에 대해 새로이 조사하고 평가할 의무가 없다.

넷째, 예외적으로 시간이 경과하면서 또는 도중에 사정이 변경되어 본래 정당하였던 의혹 보도가 인터넷에 계속 그대로 게재됨으로써 당사자에게 피해가 커지는 경우라면 삭제 또는 사후보완청구권이 발생할 수 있다.

즉 사후적으로 징계절차, 형사 수사절차 또는 본안 심리절차와 같이 법적으로 형식화된 절차의 결말에 따라 변화된 사정에 관해 실질적으로 공평한 전달이 요청되는 경우에는, 추가적 해명청구권(Anspruch auf einen klarstellenden Nachtrag)이 요구될 수 있다. 그러나 수사절차가 개시되지 않았다거나 종료되었다는 사유만으로는 이러한 추가청구가 허용될 수 없는데, 예컨대 이들 결정이 시효의 완성, 입증 곤란, 또는 검찰의 재량에 의해 내려진 경우에는 의혹 자체에 관한 판단에 의한 것이 아니므로 언론이 이들 사정에 관해 다시금 사후 조사를 하라고 요구될 수는 없다고 보았다.

연방헌법재판소는 결국 시사 사건에 관해 개별 보도하는 언론의 과업과 수백만마르크에 달하는 뇌물액수의 비난에 대한 현저한 공익을 중시하여 원고 패소 취지로 결론을 내렸다.

마. 의혹이 사후에 허위로 판명된 경우 – 의혹 해소와 후속보도청구권

보도 당시를 기준으로 상술한 의혹 보도의 요건을 충족하였다면, 사후에 재판과정의 증거조사 결과 허위로 판명되었다 하더라도 의혹보도에 관한 피고의 책임은 없다.

그러나 그 의혹이 사후에 허위로 밝혀진 경우 피해자는 어떠한 구제를 청구할 수 있는가? 그 경우에도 피해자는 처음의 적법한 의혹보도를 철회하거나 수정하라고 청구하거나 그에 관해 손해배상청구권을 행사할 수 없다(독일의 확정된 판결례).[401] 그러나 그 의혹보도를 그대로 남겨두면 피해자로서는 수인할 수 없는 위법상태가 지속되는 것이므로, 피해자는 방해상태의 제거에 적합하고 필요한 최소한의 조치로서 애당초 적법했던 의혹보도가 사태의 진전에 따라 더 이상 유지할 수 없다고 하는 사후적인 후속보도를 청구할 수 있다.[402] 이 후속 보도에는 정정이라는 제목을 붙이거나 원 보도의 내용을 수정하도록 요구할 수 없다. 그렇지 않으면 편견 없는 독자들은 그 의혹보도가 애초부터 허위였다거나 허용될 수 없었던 것이라고 하는 그릇된 인상을 가질 수 있기 때문이다.

BGH 2014. 11. 18. - Ⅵ ZR 76/14 [도청관여 의혹]

2008년 독일의 시사주간지 Spiegel은 한 은행이 이사를 해임하는 과정에서 은행의 최고 법률담당자가 그 이사를 도청하였다는 의혹을 제기하는 기사를 보도한 바 있다. 그 법률담당자에 대한 수사절차는 증거부족으로 종료되었다. 그 담당자는 2012년 쉬피겔 잡지를 상대로 제소하였는데, 주고등법원은 잡지사가 해당 보도를 정정할 것을 명하였다. 그러나 연방 대법원은 2014년 이를 파기하면서 은행 법률이사가 작성한 문안에 따라 사태의 진전에 따른 경과를 다시 보도할 것을 명하면서 다음과 같이 판시하였다.

"혐의자의 실명을 써서 그가 범죄의 의혹이 있다고 하는 보도는 필연적으로 그의 인격권 및 명예를 침해하며, 그 침해상태는 지속된다. 의혹보도가 그 보도 당시 요건을 충족하여 적법하였다 하더라도 그 의혹이 허위로 드러나게 되면 지속적인 방해상태는 늦어도 범죄의혹이 해소된 이후부터 위법하게 된다. 허위임이 밝혀진 주장을 고수할 정당한 이유도 존재하지 않는 것과 마찬가지로, 그것이 제3자의 권리를 계속 침해하는 경우 그러한 주장을 수정없이 놓아둘 정당한 이유도 없다. 이 때 피해자는 지속적인 침해를 제거하는 표명행위를 표현하라는 청구권을 가져야 하는데, 그러기 위해서 법원은 그 방해상태의 제거에 적합한 가장 절제적인 조치를 선택해야 한다. 여기서 표현행위자는 적법했던 의혹보도의 수정을 요구받을 수 없고, 단지 보도된 의혹이 사안의 해명 후 유지될 수 없다는 사후 보도를 하도록 하는 것이 적합하고 필요하며 충분하다."

BVerfG 2018. 5. 2. - 1 BvR 666/17 [도청 의혹 보도]

위 판결에 대해 쉬피겔은 연방헌법재판소에 헌법소원을 제기하였다. 연방헌법재판소는 쉬피겔이 도청작업에 관여하였다는 기술자의 진술을 믿고 보도한 것이라면 그 밖에 타인을 취재하지 않았다 하더라도 증거사실의 최소한도를 갖춘 것이어서 그 의혹보도는 적법한 것이고, 재판의 증거조사 결과 의혹이 입증되지 않은 것으로 드러났다 하더라도 이전의 의혹보도가 불법하게 되는 것이 아니라고 판시하였다. 따라서 피고에게 이를 정정하라고 할 수 없고, 다만 의혹 보도가 사후에 근거 없는 것으로 판명된 경우 피해자가 청구할 구제조치에 관해 다음과 같이 판시하였다.

---

401) 애초부터 부적법한 의혹보도에 대하여 취소 또는 정정청구권이 인정될 수 있음은 물론이다.
402) BGH 2014. 11. 18. - Ⅵ ZR 76/14 [도청관여 의혹].

의혹보도는 언제나 후에 허위로 판명될 리스크를 갖기 때문에 피해자는 절차가 그에게 유리하게 진행된 경우 그 경과에 관해 사후공고를 요구할 권리가 주어져야 한다. 이러한 방법으로 언론의 자유와 인격권 간의 조화가 담보된다.

정정(Richtigstellung)과 사후보도(nachträglichen Mitteilung) 간에는 분명한 차이가 있다. 보도 당시 근거 없고 허위인 의혹은 언론의 자유로 보호받을 수 없어 바르게 정정하라고 요구될 수 있으나, 보도 당시 의혹을 가질 충분한 증거가 있었던 경우, 애당초 적법하게 제기된 의혹이, 예를 들어 피해자에 대한 절차가 증거 부족으로 종료되거나 피해자가 무죄 방면되는 등, 사후에 확인될 수 없는 것으로 증명되면 언론은 "이를 견지할 수 없다"고 하는 사후공고 의무를 부담하게 된다. 다만. 이 사후 공고(nachträglichen Mitteilung)는 정정과 달리 피해자가 그에 대한 형사절차가 종료되었다는 점에 관하여 해당 사유만을 적시하여 간략하게 공표할 것을 요청할 수 있을 뿐 원고가 작성한 해명이나 그에 관한 언론의 입장 표명을 포함할 수 없다고 판시하였다.

그 경우 언론은 충분한 근거가 있어 과거 적법했던 의혹보도는 이미 완결될 사안으로 보아 이에 관해 새로이 전반적으로 조사할 의무가 없고 사후공고에서도 기존 의혹보도의 내용을 언급할 필요 없이 간략하게 보도함으로 족하다.

어떤 사건에 대해 보도할지에 관한 결정은 언론의 자유의 본질적인 내용이며, 따라서 보도를 통해 한 번 다뤘던 주제에 대해 새로운 전개 양상이 드러났는지를 계속 추적하거나 특정 혐의에 대한 보도 이후에 그 혐의가 사실로 드러났는지 여부를 조사할 일반적인 의무를 언론에 부과해서는 안 된다(BVerfG 제1재판부의 제3지정재판부 – 1 BvR 765/97 참조).

예외적인 경우로서 형사 수사절차에서 해당 혐의에 대해 불기소처분이 내려지거나 당사자에게 무죄 판결이 내려지는 경우가 있다. 이에 반해 새로운 사실이 발견되거나 혐의정황을 새롭게 평가하라는 요청을 토대로 후속기사를 요구할 수는 없다. 이 경우에 후속보도의 내용에 관해서도 언론의 표현하지 않을 권리를 존중해야 하며, 변화된 상황에 대해 언론이 스스로 평가를 내려야 하는 의무를 부과해서는 안 된다. 변화된 상황에 관한 객관적인 내용을 언론이 공고해 달라는 요구에 한정해야 한다. 만약 그 과정에서 제3자가 언급될 가능성이 있다면 제3자의 권리 또한 보호되어야 한다.

결국 언론기관은 보도가 종결된 이후에 알려진 정황들을 계속 추적하고, 당사자가 새로이 제시한 관점을 고려하여 이전의 보도를 타인이 작성한 성명에 따라 보완하여야 한다는 고등법원의 견해는 언론의 자유에 합치되지 않는다.

2. 소문의 전파 보도

언론이 명예훼손적인 내용의 소문을 보도하는 경우, 피해자의 명예는 소문과 함께 그 명예훼손적 내용에 의해 침해된다.[403] 그것은 전형적인 전문보도(傳聞報道)에 해

---

403) "적시된 사실이 이미 사회의 일부에서 다루어진 소문이라고 하더라도 이를 적시하여 사람의 사회적 평가를 저하시킬 만한 행위를 한 때에는 명예훼손에 해당한다 할 것이"다(대법원 1994. 4. 12. 선고 93도3535 판결 참조).

당하며, 이 때 명예훼손이 성립되는 여부를 판단함에 있어서는 소문 자체의 존재와 소문의 내용을 구별하는 것이 중요하다.

대법원은 "객관적으로 피해자의 사회적 평가를 저하시키는 사실에 관한 발언이 보도, 소문이나 제3자의 말을 인용하는 방법으로 단정적인 표현이 아닌 전문 또는 추측의 형태로 표현되었더라도, 표현 전체의 취지로 보아 사실이 존재할 수 있다는 것을 암시하는 방식으로 이루어진 경우에는 사실을 적시한 것으로 보아야 한다"고 판시한다.[404] 이것은 대법원이 타인의 진술의 전파자에게 원래 표현행위자와 마찬가지로 그 전파 내용에 대한 책임을 지우는 영미 보통법상 이른바 '반복규칙'(repetition rule) 또는 '재공표책임규칙'(republication rule)의 입장을 취한 것이다.[405]

첫째, 소문 보도에서 명예훼손 여부의 판단은 소문 내용을 기준으로 하여야 한다. 대법원에 의하면 소문이나 제3자의 말을 인용하는 방법으로 보도한 경우 "그 보도로 인한 명예훼손죄의 성립 여부[406]나 형법 제310조의 위법성조각사유의 존부 등을 판단할 때, 객관적으로 피해자의 명예를 훼손하는 보도내용에 해당하는지, 그 내용이 진실한지, 거기에 피해자를 비방할 목적이 있는지, 보도내용이 공공의 이익에 관한 것인지 여부 등은 원칙적으로 그 보도내용의 주된 부분인 암시된 사실 자체를 기준으로 살펴보아야 한다."[407]

둘째, 그 전문보도의 진실입증은 소문의 내용을 대상으로 하여야 한다. 특별한 사정이 없는 한 보도내용에 적시된 사실의 주된 부분은 암시된 사실 자체라고 보아야 하므로, 암시된 사실 자체가 허위라면 그에 관한 소문 등이 있다는 사실 자체는 진실이라 하더라도 허위의 사실을 적시한 것으로 보아야 한다.[408] 따라서 소문을 보도한 언론이 진실의 항변을 하려면 소문이 있다는 사실 자체의 입증만으로는 부족하고 그 소문의 내용이 진실이라는 입증을 요한다.

셋째, 이 경우 피고가 상당성항변으로서 인터넷 자료를 근거로 드는 것은 허용되지 않는다. 판례에 의하면 인터넷에서 무료로 취득한 공개 정보는 누구나 손쉽게 복사·가공하여 게시·전송할 수 있는 것으로서, 그 내용의 진위가 불명확함은 물론 궁극적

---

404) 대법원 2008. 11. 27. 선고 2007도5312 판결, 대법원 2021. 3. 25. 선고 2016도14995 판결.
405) 전술 제2장 제2절 Ⅴ. 2. (3) 전파자 참조.
406) 명예훼손적 사실에 관한 보도가 소문이나 제3자의 말 등을 인용하여 기사화한 것이고 표현 전체의 취지가 사실의 존재를 암시한다면 '사실의 적시'가 있다고 볼 수 있다(대법원 2018. 4. 12. 선고 2015다45857 판결).
407) 대법원 2008. 11. 27. 선고 2007도5312 판결 [성적 욕설].
408) 대법원 2002. 4. 10.자 2001모193 결정("어떠한 소문이 있다"라고 공표한 경우 그 소문의 내용이 허위이면 소문이 있다는 사실 자체는 진실이라 하더라도 허위사실공표죄가 성립된다), 대법원 2005. 7. 14. 선고 2004다64487 판결 등 참조.

출처도 특정하기 어려우므로 그에 터잡아 달리 사실관계의 조사나 확인이 없이 사실의 적시를 하였다면 그렇게 믿을 만한 상당한 이유가 있다고 보기 어렵다고 한다.[409]

넷째, 독일 판례에 의하면 타인의 명예를 침해하는 소문을 전파하는 자는 다른 사람들이 동일한 명예훼손적 소문을 전파하였을 것이라고 해명함으로써 진실 증명을 이행할 수 없으며, 소문을 전해 들은 피고인이 다시 전파하면서 확인되지 않았다거나 믿을 수 없다고 표시한 경우에도 책임을 면할 수 없다고 한다.[410]

3. 불법 취재로 인한 책임

(1) 개관

언론의 취재의 자유는 보도의 자유에 전제가 되는 것으로 헌법상 언론의 자유의 보호범위에 속한다는 점에 의문이 없다. 그러나 취재과정에서 취재 대상인 인물의 권리를 침해하거나 위법적인 방법을 써서 자료를 획득하는 경우 그러한 취재행위는 민법상 불법행위나 형사법상 범죄구성요건을 충족할 수 있다. 이러한 위법한 취재활동은 그에 의해 취득된 정보의 보도와 별도의 청구원인을 이루게 되며, 양자는 그 위법성 및 그 손해액의 산정에 있어서도 별도로 취급된다.

언론의 취재활동은 일정한 법적 한계를 지켜야 하며, 그 위법성 여부를 판단함에는 그 취재 활동의 장소 및 상황, 취재의 방법과 기법 등 여러 요소가 종합적으로 고려된다. 이들 판단에 중요한 것은 피해자의 동의가 있으면 위법성이 없어진다는 점이다.

공적 인물에 대한 명예훼손을 쉽게 인정하지 않는 미국의 경우 보도에 대한 책임 추궁보다는 취재과정상의 불법행위를 이유로 제소하는 경향이 증가하고 있다.

가. 취재행위의 장소 및 상황

먼저 취재행위의 위법성을 판단하는 가장 중요한 요소는 취재행위가 행해진 장소 및 상황이다. 여기서는 취재를 위해 침입된 장소, 취재된 대화 또는 활동 등이 이루어진 상황이 객관적으로 이성적인 프라이버시의 기대(reasonable expectation of privacy) 범위 내에 속한 것인가의 여부가 문제된다. 그 판단에는 일반 공공의 접근가능성(accessibility) 여부가 결정적이다. 따라서 일반 공공의 접근 및 출입이 개방된 공적 장소나 준공적 장소에서는 자유로운 취재가 허용되지만, 개인의 사생활의 장소(private places), 예컨대

---

409) 대법원 2006. 1. 27. 선고 2003다66806 판결, 대법원 2013. 2. 14. 선고 2010다108579 판결 ['창비' 기고문].
410) BGH 1963. 1. 15. - 1 StR 478/62 - "Call-Girl-Affäre".

개인의 주거, 호텔 방 또는 사무실 등에는 관계자의 동의 없이 출입이 금지됨은 물론 그곳에서의 취재도 원칙적으로 허용되지 않는다.

이와 관련하여 문제되는 것을 보면, 첫째 사적인 장소에 대해 외부에서 통상적인 감각능력에 의해 인지하는 방식에 의한 취재는 허용되지만, 고성능 카메라나 집음(集音) 마이크 등 감각능력을 고양하는 기술(sensory enhancing technology)에 의해 내부를 관찰하거나 인지를 획득하는 방식에는 위법의 문제가 있을 수 있다.411)

둘째, 준공적 장소 또는 병원 진료실이나 직업적 사무실에 취재 목적으로 고객으로 가장하여 들어가 취재하는 경우에는 피해자의 승낙 여부가 문제될 수 있다.

셋째, 오래된 취재방식으로서 경찰이 불법의 현장을 급습하거나 영장을 집행하는 과정에 언론이 동행 취재하는 이른바 언론의 '현장 동행'(ride-along)의 관행은 1999년 미국 연방대법원의 판결412)에 의해 금지되었다.413) 그러나 기자가 독자적으로 범죄의 단속 현장을 취재하여 보도함에는 문제가 없다.

나. 취재행위의 형태와 방식

취재행위의 태양414)이 법에 의해 금지되는 방법에 의한 경우, 즉 정보의 수집 내지 조달이 형법 등의 실정법 규정에 위반하는 경우에는 일반적인 법리에 따라 형사책임이 추궁된다. 실정법상 명문의 금지규정이 없는 경우라 하더라도 취재행위 자체가 타인의 보호받는 법익을 침해하여 전체 법질서에 비추어 용인될 수 없는 것이면 위법성이 인정되고 민사상 불법행위로서 손해배상 책임을 면하지 못한다.415) 이러한 불법적인 취재 방법은 여러 방법이 경합적으로 사용되는 경우가 많다.

일본 최고재판소 1979.1. 5. 3. 소법정결정 [외무성공전 누설사건]

1972년 미군이 점령하고 있던 오끼나와섬을 일본정부에 반환함에 있어서 군용지의 원상회복과 교통사고 보상금 400만불을 어느 측이 부담하는가는 미·일 간의 현안문제였고 항간에는 일본정부가 부담하기로 밀약하였다는 등의 소문도 있었다. 마이니치(每日)신문 기자로서

---

411) 최근에는 프라이버시로 보호되는 물리적 공간을 확대하여 감각능력을 고양하는 기술의 도움이 없이 관찰될 수 있는 공간으로 정의되고 있다(캘리포니아주의 신 파파라치규제법 CAL. CIV. CODE § 1708.8(West Supp. 1999)).

412) Wilson v. Layne, 119 S.Ct. 1692 (1999)에서 연방대법원은 기자가 사저에서 체포 영장을 집행하는 연방보안관을 수행하는 것(ride-along)은 아무 타당한 법집행목적에 기여하는 바가 없기 때문에 위헌이라고 판시하였다. 사적인 장소의 수색영장 집행에 방송 카메라 팀의 동행을 허용한 경우에도 위헌이라고 한 판결이 있다(Ayeni v. Mottola, 35 F.3d 680, 22 (2d Cir. 1994), cert. denied, 115 S. Ct. 1689 (1995)).

413) 박용상, 명예훼손법, 현암사(2008), 762면 참조.

414) 이에 관한 상세한 언급은 박용상 명예훼손법, 현암사(2008), 766-790면 참조.

415) 취재행위가 개인의 프라이버시를 침해하는 가장 악성적인 형태는 이른바 파파라치의 취재관행이라고 할 수 있다(이에 관한 상세한 논의는 박용상, 명예훼손법, 772-778면 참조).

외무성 담당이었던 피고인은 외무성 심의관실 소속의 문건 관리담당 여성 사무관을 호텔에
유인하여 정을 통한 후 그녀와 외무성에는 해를 끼치지 않겠다고 집요하게 요청하여 일본 외
무대신과 미국 국무장관 및 대사 간의 회담 및 조약관계 비밀문서를 교부받았다.

검찰은 동 기자를 국가공무원법상 공무원의 비밀누설행위를 교사한 죄로 기소하였다. 일
본 최고재판소는 취재의 수단방법이 증뢰, 협박, 강요 등 일반 형벌법령에 저촉하는 행위를
수반하는 경우에는 물론, 그렇지 않다고 하더라도 취재대상자의 개인으로서 인격의 존엄을
현저히 유린하는 등 법질서 전체의 정신에 비추어 사회관념상 시인할 수 없는 태양의 것인
때에도 정당한 취재활동의 범위를 일탈하여 위법성을 갖는다고 판시하였다.

이와 관련하여 논란되는 것이 이른바 '위장취업'이나 '잠입 취재'의 방법이다. 예
를 들면, 마약이나 매춘(賣春) 등 문제를 취재하기 위하여 고객으로 가장하거나, 사이
비(似而非) 종교집단의 실태를 확인하기 위하여 신도를 가장하고 해당 장소에 잠입해
들어가는 경우 또는 병원의 비리를 파헤치기 위하여 환자로 가장하고 들어가 취재하
는 경우도 적지 않다. 이러한 취재는 탐사보도를 위해 불가피한 측면이 있고 그 위법
성 여부의 판단에는 보도의 자유와 피해자의 이익 간에 세심한 형량이 요구된다. 이러
한 경우 소극적인 가장(假裝)이나 잠입 자체는 다른 위법을 수반하지 않는 한 허용된다
고 할 수 있다. 그러나 공무원 자격을 사칭(詐稱)하는 등 별개의 범죄를 구성하는 방법
을 쓴 경우에는 그 법적인 책임을 면하지 못한다(경범죄처벌법 제1조 8호 참조).

다. 취재 내용

말에 대한 권리가 발언된 말의 내용도 보호함은 물론이다. 그것이 내밀영역 기타
사적 영역에 관한 것은 물론이고, 영업적이거나 직업적인 내용을 언급한 것이든, 말의
내용이 어떠한 것이든 불문하고 이러한 보호를 받는다.[416] 그러나 범죄가 되는 내용의
말은 이러한 보호를 받지 못한다. 통화가 범죄 등 위법한 행위 내지 계획을 내용으로
하는 경우에는 원칙적으로 공개의 가치가 우세한 것으로 판단될 수 있다.

말에 대한 권리는 음성, 말투, 말한 내용 등 인격적인 요소를 포함하고 있는 말에
관한 모든 권리가 포함된다. 특히, 녹음은 말하는 자의 목소리, 말투, 내용을 모두 완
벽하게 고정하거나 재생할 수 있으므로 그에 대한 보호의 필요성은 더욱 높다. 거기에
는 말하는 상황에서 그 분위기에 따른 일시적인 감정이나 기분에 따른 임의적 사고가
표출되는 것이기 때문에 그러한 내용을 언제 어디서나 완전히 재생할 수 있도록 녹음
하는 것은 후에 재생될 것을 우려하는 화자로 하여금 자유롭고 거리낌없이 표현할 수
있는 자유를 위축시킬 것이기 때문이다.

채록·취재된 내용이 취재대상자의 어떠한 생활관계를 대상으로 한 것인가 하는

---

416) 이하 박용상 명예훼손법(현암사, 2008), 563면 이하 참조.

것 역시 중요한 고려요소가 된다. 공인인 경우 공개적 영역, 사회적 영역에 관한 취재
는 원칙적으로 자유롭지만, 사적 영역에 있어서는 그에 관한 알 권리의 이익과 관계자
의 홀로 있을 수 있는 이익이 비교 형량되어야 하며, 비밀영역이나 내밀영역에 대하여
는 원칙적으로 취재나 공개가 금지된다. 사인인 경우 공인에 비하여 그 허용의 범위가
좁혀짐은 물론이다.[417]

라. 피해자의 승낙

피해자의 승낙이 있는 경우에는 일반적으로 범죄나 불법행위가 성립하지 않는다.
승낙은 명시적 또는 묵시적으로 행해질 수도 있고, 제반 정황에 비추어 승낙이 있는
것으로 추정되는 경우도 있다.

다만, 승낙이 사위(詐僞)에 의해 행해진 경우[418] 또는 승낙이 있었다 하더라도 승
낙받은 범위를 초과하거나 남용하는 경우 출입 승낙은 효력을 잃는다.[419]

대법원은 공동거주자 중 일부의 승낙을 받고 공동주거에 들어간 경우에는 그것이
부재중인 다른 거주자의 추정적 의사에 반하는 경우에도 주거침입죄가 성립하지 않는
다고 한다.[420]

> **대법원 2022. 3. 24. 선고 2017도18272 전원합의체 판결**
>
> 이것은 영업주 몰래 카메라를 설치하기 위하여 음식점에 출입한 경우 주거침입죄가 성립
> 하는지가 문제된 사건이다
>
> 피고인들이 공모하여, 갑, 을이 운영하는 각 음식점에서 인터넷 언론사 기자 병을 만나 식
> 사를 대접하면서 병이 부적절한 요구를 하는 장면 등을 확보할 목적으로 녹음·녹화장치를
> 설치하거나 장치의 작동 여부 확인 및 이를 제거하기 위하여 각 음식점의 방실에 들어감으로
> 써 갑, 을의 주거에 침입하였다는 내용으로 기소된 사안에서, 대법원은 피고인들이 각 음식
> 점 영업주로부터 승낙을 받아 통상적인 출입방법에 따라 각 음식점의 방실에 들어간 것은 주
> 거침입죄에서 규정하는 침입행위에 해당하지 아니하고, 설령 다른 손님인 병과의 대화 내용

---

417) 박용상, 언론과 개인법익(조선일보사, 1997), 260면 이하 참조.

418) 미국의 리스테이트먼트는 "타인의 행위를 승낙한 것이 타인의 오해유발에 의해 이루어졌다면 그 승
낙은 예상치 못한 침입이나 가해에 대하여 효력이 없다"고 기술하고 있다(Restatement (Second) of
Torts § 892B(2) (1965)). 미국의 판례는 "기자가 허위 신분과 보험증을 사용하여 환자를 가장하고
병원 진료실에 들어간 경우 그 승낙은 오해유발 또는 사위(詐僞)에 의해 얻어진 것으로서 무효이기
때문에 그 기자는 승낙이 있었음을 주거침입에 대한 항변으로서 주장할 수 없다."고 한다(Shiffman
v. Empire Blue Cross and Blue Shield, 681 N.Y.S.2d 511, 512 (App.Div. 1998)).

419) 미국의 판례는 기자가 식품제조사(원고)의 비위생적 식품처리 관행을 취재하기 위해 그 의도를 숨
기고 취업지원서에 허위로 진술함으로써 위장취업한 경우 기자의 취업장소에의 출입이 애당초부터
주거침입이 되는 것은 아니지만, 그들이 그 점포의 비공개적 영역에서 녹화를 행하고 사용자의 이
익에 반하여 행동하였다면, 그 승낙의 범위를 넘은 것이고, 주거침입이 성립한다고 판시하였다(푸
드라이언사 위장취업 취재 사건 Food Lion Inc. v. Capital Cities/ABC Inc., 984 F.Supp. 923, 25
Media L.Rep. 2185 (M.D.N.C., 1997)).

420) 대법원 2021. 9. 9. 선고 2020도12630 전원합의체 판결.

과 장면을 녹음·녹화하기 위한 장치를 설치하거나 장치의 작동 여부 확인 및 이를 제거할 목적으로 각 음식점의 방실에 들어갔더라도, 그러한 사정만으로는 피고인들에게 주거침입죄가 성립하지 않는다고 판시하였다.

마. 취재 기법 – 비밀녹음 및 몰래카메라

취재자료가 되는 것으로 대표적인 것은 사람이 행한 말과 사태 및 경과에 대한 자료일 것이다. 말의 음성을 고정하는 녹음, 영상 이미지를 고정하는 촬영이 전통적인 취재방법이지만,[421] 최근에는 인간 본래의 감각능력을 고양하는 새로운 정보수집기술이 개발 사용되고 있으며, 그 법적 허용성 여부가 문제되게 되었다. 그 문제를 다룸에는 취재기법의 기술적 특성을 고려하면서 그러한 취재행위가 행해진 장소, 취재 대상 인물 및 취재대상 생활관계의 성격 등을 아울러 고려해야 한다. 그리고 새로이 발전된 취재기법을 이용하는 경우 취재행위의 상대방에게 인지될 수 없는 경우가 일반적이고, 그 경우에는 취재에 대한 동의가 없는 상태가 가정되며, 이러한 은밀한 취재기법은 일반적으로 상대방의 인격권을 침해하는 경향을 갖는 것으로 생각된다.

이하에서는 우선 비밀녹음과 관련하여 야기되는 여러 문제를 살피고, 다음에 몰래카메라의 법률관계에 관해 알아 보기로 한다.

(2) 비밀 녹음의 법률관계 – 말에 대한 권리

사람이 하는 말을 발언자의 동의 없이 엿듣거나 녹음하는 행위는 일반적으로 그의 음성권(말에 대한 권리)을 침해하는 것으로 위법함이 원칙이다. 면대면의 대화 또는 전화 등 전기통신에 의한 통화의 감청 녹취가 허용되려면 누구의 동의를 요하는가, 이를 위반하여 녹취하는 행위의 민사·형사적 효과는 어떠한가에 관해서는 많은 문제가 있다. 우선 비교법적 검토가 필요하다.

가. 비교법적 검토
1) 독일

독일에서는 '사람이 하는 말'(gesprochene Worte)은 발언자의 인격의 표출이라고 생각되고, 그 말에 대한 지배도 개인의 인격권에 속하는 것으로 다루어지고 있다. 따라서 그 말을 누구에게 들려주거나 기록시킬 것인가의 여부 및 범위와 이를 어떻게 사용할 것인가 하는 방법 등도 그 인격의 주체인 발언자 자신만이 결정할 사항이고 발언자가 알지 못하는 사이에 그 대화를 도청하거나 비밀리에 녹음하는 것은 그 발언자의 인격권으로서 '말에 대한 권리'를 침해하는 행위가 된다. 따라서 당사자의 동의 없는 녹음은 형법상 범죄(독일 형법 제201조)로 금지될 뿐 아니라 민사상 불법행위도 구성하는 것으로 다루어지고 있다.

---

421) 초상의 (비밀) 촬영에 관한 법적 문제는 후술 참조.

독일 형법과 판례에 의하면 피해자의 동의가 없는 한, 그의 말을 녹음하는 것은 원칙적으로 금지·처벌된다. 판례는 독일 헌법이 각인에게 보장하는 인간의 존엄과 인격의 자유발현권으로부터 일반적 인격권을 도출하고, 그 하나로서 자신의 말을 녹음하고 언제 다시 그것을 재현할 수 있는가를 스스로 결정할 권리(Recht am gesprochenen Wort)를 인정하며, 피해자의 동의 없이 이를 침해하는 행위는 이를 침해하는 것이어서 원칙적으로 위법하다는 입장을 취한다.

BVerfGE 34, 238 - 2 BvR 454/71 (1973) [Tonband, 말에 대한 권리]

이 사건에서 독일 연방헌법재판소는 녹음된 말에 관한 권리가 인격의 자유로운 발현권(기본법 제2조 제1항)에 의해 보호된다고 하면서 다음과 같이 판시하였다.

"기본법 제2조 제1항은 타인의 권리를 침해하지 않거나 헌법질서 또는 윤리법칙에 저촉하지 않는 한 각인에게 인격의 자유로운 발현권을 명문화하고 있다. 이 권리는 인격의 발현에 필수적인 법적 지위도 보호한다. 거기에는 초상권과 마찬가지로 일정한 한계 내의 말에 대한 권리(das Recht am gesprochenen Wort)가 속한다. 그러므로 각인은 원칙적으로 누가 자기의 말을 녹음할 것인가, 그리고 누구에게 녹음대에 담겨진 자기의 목소리를 다시 들려지게 할 것인가 여부를 스스로 독자적으로 결정할 수 있다.

인간의 말과 목소리가 녹음되면 그것은 그 개인으로부터 분리되어, 처분이 가능한 모습으로 독자화(Verdinglichung)한다. 자신의 말이 녹음된 때에는 그 말이 자신으로부터 분리되어 하나의 대상화된 객체로서 독립성을 지니게 되고, 인격의 일부로서의 말이 마치 양도가 가능한 물건처럼 취급되게 될 것이다. 타인이 당사자의 동의 없이 또는 그 의사에 반하여 비공개적으로 발설된 자기의 말을 임의로 처분하게 된다면 인격의 불가침성은 현저히 약화될 것이다. 각인이 진행되는 대화 중에 단순한 즉흥적인 태도 표명이나 또는 아마도 숙고함이 없이, 또는 절제되지 않은 표현으로서 오로지 특수한 상황에서만 이해되는 묘사에 불과한 자기의 말 모두가 다른 기회에 다른 관계에서 제시되어 그 내용, 표현 또는 소리가 그에게 불리한 증거가 될 수 있다는 의식 속에 살아야 한다면 인간의 거리낌없는(Unbefangenheit) 커뮤니케이션은 저해된다. 사적인 발언은 이를 몰래 한 녹음이 화자의 동의 없이 또는 그의 표명된 의사에 반하여 이용될 우려와 악의 없이 행해질 수 있어야 한다."[422)

이러한 헌법적 배경에 따라 독일 형법 제201조(말의 신뢰성 침해, Verletzung der Vertrau-lichkeit des Wortes)는 본인의 동의없이 녹취하거나 제3자에 의해 재생·배포하는 행위를 원칙적으로 금지한다. 동조는 ① 공개되지 아니한 타인의 발언(nichtöffentlich gesprochene Wort)을 녹취하는 행위, ② 자기에게 알려지도록 의도되지 않은 공개되지 아니한 타인의 발언을 도청장치(Abhörgerät)에 의해 도청하는 행위 ③ 그리고 위와 같이 얻어진 녹음을 권한 없이 사용하거나 제3자에게 알게 하는 행위는 3년 이하의 징역 또는 벌금에 처한다고 규정한다(동조 제1항). 또 1990. 8. 26. 개정된 독일 형법 제201조는 위법하게 도청된, 타인이 발언한 공개되지 않은 말을 그 문면에 따라 또는 그 중요한 내용을 공개하는 경우(öffentlich mitteilt)에도 그것이 타인의 정당한 이익을 침해하는 경우 같은 처벌을 받도록 하고, 다만, 그 공개가 우월적인 공익을 옹호하기 위한 경우에는 위법성이 없다고 규정한다(동조 제2항).

---

422) BVerfGE 34, 238 (247).

독일 판례에 의하면 피해자의 동의 없이 그의 말을 녹음하는 것은 이 권리를 침해하는 것이고, 동의 없이 녹취될 수 있는 예외적인 경우는 "단순한 사무적 수자나 데이터의 전달, 순수한 상품이나 용역의 주문과 같이 발언자의 개인적 영역에서 분리된 의사표시 또는 유사한 표준화된 뉴스" 등 개인의 개성이 논의될 여지가 없는 경우에 한한다.[423]

그러한 녹음을 사용하거나 공개하는 행위 역시 위 형법조항에 의해 처벌된다. 따라서 전화 대화가 독일 형법 제201조 위반에 의해 녹취된 경우 개입행위를 행한 자뿐 아니라 개입된 도청의 수령인도 그 유포가 금지된다. 전화통화의 내용 여하는 문제되지 아니하며, 대화의 내용이 어떠한 인격영역에 속한 것이든 금지된다. 직업적 및 정치적 문제를 내용으로 하는 전화도청의 경우에도 형법에 위반하는 방법으로 행해진 것인 한 인격권의 신뢰보호는 포기될 수 없고 존중되어야 하는 것이다. 그렇지 않다면 그와 같은 범죄행위가 매력적으로 이용될 것이기 때문이다.[424]

나아가 이를 증거로 사용하는 것도 원칙적으로 금지된다.[425] 따라서 친밀한 인물에 의한 녹취의 공개가 허용될 수 있는 것은 당사자의 허락을 얻어서 그가 동의한 방법에 의하는 것이 원칙이다.[426] 피해자의 동의 없는 녹음을 법적 분쟁에서 민사적 청구권의 실행을 위해 사용할 수도 없다.[427] 다만, 독일 연방대법원은 증폭기를 통한 단순한 공청(Mithören)은 허용되는 것이라고 판시한 바 있다.[428]

2) 미국

그에 비해 프라이버시의 권리의 하나로서 이 문제를 다루는 미국의 법제에서는 그 말이 사적인 프라이버시의 공간 내에서 또는 프라이버시가 보호되리라는 합리적 기대가 주어지는 상황 속에서 이루어진 경우 그 내용을 추적, 간취하거나 이를 채록하는 행위를 원칙적으로 금지한다. 그 행위는 행위자가 확성 및 전송장치 등 감각을 고양하는 기술, 즉 유선에 대한 도청(wiretap)이나 무선 커뮤니케이션에 대한 간섭 또는 가로챔 등의 수단을 취한 경우에 금지된다.[429]

---

423) BVerfGE 34, 238, 247; BGH 1987. 10. 13. − Ⅵ ZR 83/87 − „Tonbandmitschnitt".

424) BGHZ 27, 284, 286, 289; BGHZ 19, 325, 330; BVerfGE 34, 238, 246, NJW 1973, 890 ff.; BVerfGE 35, 202, 220, NJW 1973, 1226 등.

425) BGH 1987. 10. 13. − Ⅵ ZR 83/87 − „Tonbandmitschnitt": "녹취가 타인의 일반적 인격권 침해를 통해 취득된 것이고, 이 기본권 위반이 증거 채용에 의해 영구화된다면 그 녹취를 증거방법으로 사용하는 것은 원칙적으로 배제된다(BVerfGE 34, 238, 247; BGHSt 14, 358, 363 [BGH 14.06.1960 − 1 StR 638/59]; Senatsurteil vom 24. November 1981 − Ⅵ ZR 164/79 − VersR 1982, 191, 192 f)) … 비밀 녹음은 원래의 소송절차 밖에서도 그 존재 자체에 의해 피해자에게 그의 인격에 대한 중대한 침해를 시현한다. 나아가 녹음대가 입증자의 손에 있는 한, 피해자의 말은, 예상치 않은 기간 동안 그의 처분에 속하게 되어, 바로 거기에 그 녹취 피해자의 자기결정권 및 자기발현권이 제한받게 된다."

426) BGHZ 15, 249, 257; 24, 72, 79; 36, 77, 83; BVerfGE 44, 353, 372, NJW 1977, 1489, 1490; St. Rspt).

427) BGH 1987. 10. 13. − Ⅵ ZR 83/87 − „Tonbandmitschnitt": "자기의 일반적 인격권 침해 때문에 녹음대의 말소청구권을 갖는 피해자는 그 권리 지위에 근거하여 녹음대를 보유하는 입증자에 대해 증거 목적의 소송적 이용도 원칙적으로 금지할 수 있다(판례)".

428) BGH, Urt. v. 1982. 2. 17. − Ⅷ ZR 29/81: BGH는 피고가 원고와 사업적인 사항에 관해 통화하는 중에 피고의 처가 전화선에 부착된 공청장치(Mithörgerät)로 전화통화를 공청한 사안에서 그것은 원고의 일반적 인격권을 침해하는 것이 아니며, 그러한 공청장치는 금지되는 도청장치(Abhörgerät)를 사용한 것이 아니어서 형법 제201조 위반이 아니라고 판시하였다. 이러한 공청기구의 광범위한 보급에 비추어 대화의 참여자는 이를 고려하지 않으면 안 된다는 것이다.

429) 박용상, 표현의 자유(현암사, 2002), 642면 참조.

Katz v. U.S., 389 US 347 (1967) (Harlan, J., concurring)

미국 연방대법원은 1967년 합리적인 프라이버시의 기대(reasonable expectation of pri-vacy)에 관한 주관적 및 객관적 요건을 제시하였다. ① 주관적 요건으로서는 사람이 실제로 프라이버시의 기대를 드러낸 것이어야 하며 개인의 내적인 믿음을 넘어서는 의도가 드러나야 한다. 예를 들면, 개인의 사저는 어느 목적에서나 프라이버시가 기대되는 장소이지만, 외부자의 통상적 시선("plain view")에 노출되는 물건, 활동 또는 진술은 자신에게만 한정할 의도가 드러나지 않는 것이기 때문에 프라이버시로 보호받지 못한다(plain‑view doctrine). 또 제3자의 시선에 이들 사항의 노출을 방지하는 조치를 취하지 않은 경우에도 마찬가지다(주택 소유자가 커튼을 가리지 않았다면 외부에서 창문을 통해 들여다보는 자에 대해 합리적인 기대를 인정받지 못하게 될 것이다). ② 객관적 요건으로서 그 기대가 사회에서 합리적이라고 인정될 것을 요한다. 공개적인 대화는 그 상황에서 그것이 타인들에게 들려지는 것을 막을 수 없기 때문에 그에 관한 프라이버시의 기대는 불합리한 것이다.

미국의 경우에는 2인 이상이 관여하는 대화나 유·무선 커뮤니케이션에서 그 말의 녹취와 추후의 이용에 누구의 동의를 요하는가 하는 문제가 주로 논의되었다. 대화당사자 모두가 녹음에 동의한 경우(all‑party‑consent recording)에는 그 채록행위에 문제가 생길 수 없다. 또 공개된 장소에서 누구나 들을 수 있었던 타인의 말을 그대로 녹음하는 방법에 의해 취재하는 경우에는 어디서든 그 취재 자체에 아무 법적 문제가 생기지 않는다.[430]

그러나 대화 당사자 일방만이 동의한 경우(one‑party consent or participant recording), 예컨대, 기자가 취재 상대방과 간의 대화를 녹음하는 경우 그것이 허용되는가 여부는 각주마다 규율이 다르다. 연방 및 39개주에서는 대화 당사자 중 1인의 동의가 있는 경우 대화의 녹취가 허용되고 ("1당사자 동의 예외"(one‑party consent exception) 규칙), 캘리포니아 등 11개 주에서는 전화 대화의 녹음에 참여당사자 모두의 동의를 요한다.[431]

연방의 경우 미국의 연방도청법(Federal Wiretap Statute)[432]은 유선 또는 구술 커뮤니케이션을 전자적 기타 장치를 사용하여 도청하는 행위와 동법을 위반하여 도청에 의해 얻어진 정보임을 알거나, 그 소스를 알면서 해당 정보를 사용하는 행위를 금지하고, 그 위반자를 $250,000 이하의 벌금 또는 5년 이하의 징역에 처한다(18 U.S.C. § 2511(1)).

동법은 이 일반적 금지조항의 예외로서 법집행 목적으로 법에 의해 수권된 경우와 당사자 중 최소 1인의 동의가 있는 경우에는 이를 허용하고 있다(one‑party consent exception).[433] 미국 연방대법원은 1971년 형사소송에서 '1당사자 동의 예외'의 법리를 확립하였고,[434] 이것이 연방도청법 제3장에 명문화된 것이다. 이 예외의 법리는 형사 수사에서 비밀요원을 활용하여 온 관행에

---

430) 그 내용을 추후에 어떠한 목적을 위해 어떠한 범위에서 이용할 수 있는가는 별개의 문제이다.

431) https://www.mwl‑law.com/wp‑content/uploads/2018/02/RECORDING‑CONVERSATIONS – CHART. pdf, LAST UPDATED 10/24/19.

432) 동법은 Electronic Communications Privacy Act of 1986 (ECPA), 18 U.S.C. §§ 2510‑2523의 일부임.

433) 녹음이 통신의 당사자 1인에 의한 경우 또는 그 통신 당사자 중 1인이 사전에 동의한 경우를 포함한다.

434) United States v. White, 401 U.S. 745 (1971). 피고의 집에서 제보자와 피고 간에 녹음된 대화의 증거능력을 허용한 사건이다.

비추어 기소를 위해 제보자가 수집한 증거를 이용할 필요가 있기 때문에 발전되었다고 한다.[435]

이 예외 조항은 도청 주체가 범죄나 불법행위를 범할 목적[436]으로 도청한 경우에는 적용되지 않는 한편(18 U.S.C. § 2511(2)(d)), 판례는 대화 당사자가 그의 대화를 정확하게 기억하여 (a) 증거로 사용하기 위해 정확하게 기록할 목적 (b) 자신을 보호하려는 정당한 목적을 위한 경우, 그리고 (c) 경찰에 고지할 목적으로 범죄행위의 정보를 기록한 경우에는 허용되는 것으로 보고 있다.[437]

Boddie v. ABC, 731 F.2d 333 (6th Cir. 1984) ("Boddie I")

이 사건은 동의 당사자가 녹음 대화를 비동의 당사자에 대해 해롭게 사용하고 예외를 주장한 사례이다.

ABC 방송은 고발 프로그램에서 오하이오주의 판사가 성행위를 대가로 여성 피고인들에게 관대한 판결을 내렸다고 주장하면서, 그 예로 섹스 스캔들의 당사자인 원고와 인터뷰한 장면을 방송하였다. 인터뷰 당시 원고(녀)는 구술 인터뷰만을 허용하였고 카메라 취재는 거부하였는데, 방송기자는 몰래 카메라와 은닉 녹음기로 인터뷰 장면을 채록하여 그 일부가 방송되자, 원고 보디는 개인적 굴욕과 혼란을 느꼈다고 주장하면서 연방도청법 위반을 이유로 손해배상을 청구하여 왔다.

연방제6항소법원은 대화 당사자는 대화의 내용을 보존하거나 합의된 내용의 실제 조건을 장래에 참조하기 위해 방어목적으로 대화를 녹음할 수 있다고 하면서, 그러나 당사자 일방이 그 대화를 공개하여 비동의 당사자에 대해 이익을 취하거나 유리한 입장을 얻기 위해 그리 한다면 그것은 공격적인 목적이고 도청법 § 2511(2)(d)에 의해 금지된다고 판시하였다.

법원은 도청법 위반 소인을 인정하면서 피고 ABC방송은 채록된 대화를 그의 인터뷰의 정확한 기록을 보전할 방어적 목적이 아니라 고도로 논란되는 탐사보도에서 그들의 시청자에게 방송한 것이고 그것은 그들의 이익을 위해 원고에게 손해를 끼친 것이므로 "one-party consent" exception의 보호를 주장할 수 없다고 설시하였다. 동시에 동의의견을 낸 Welford 판사는 도청법(18 U.S.C. § 2511(2)(d))의 예외에는 동 조문에 명시된 목적 이외에 (a) 증거로 사용하기 위한 정확한 기록의 목적 (b) 자신을 보호하기 위한 정당한 목적 (c) 경찰에 고지할 목적으로 범죄행위의 정보를 기록하는 경우를 포함해야 한다고 판시하였다.

Huff v. Spaw, 2015 WL 4430466 (2015)

공항 이사회 이사들이 공항 인사 계획을 논의하던 중에 이사 1인(원고)의 호주머니 속 휴대폰 다이얼이 눌러져 공항 사장의 비서(피고)에게 연결된 상태가 91분간 지속되었는데, 비서는 그 대화 중에 자기 상사를 부당하게 해임하려는 대화를 그의 아이폰에 녹음하고 이를 녹취하여 다른 이사들에게 제공하였다. 위 사건으로 해임된 이사(원고)는 비서를 상대로 도청법 위반 및 프라이버시 침해로 인한 손해배상을 청구하는 소를 제기하였다.

---

435) THOMAS C. DANIELS, DOES THE "ONE-PARTY CONSENT" EXCEPTION EFFECTUATE THE UNDERLYING GOALS OF TITLE III? Arkon Law Riview 18:3 (1985) Comments, https://www.uakron.edu/dotAsset/9cbf2484-7a70-405a-8e92-1ca40cb258ba.pdf.

436) 따라서 동의 당사자가 도청된 대화를 공갈 또는 영업비밀의 절취를 위한 경우, 또 프라이버시 침해 또는 명예훼손을 위한 공개 역시 허용되지 않는다(DANIELS, Id., p. 509).

437) Boddie v. ABC, 731 F.2d 333 (6th Cir. 1984) ("Boddie I"), WELLFORD concurring.

연방제6항소법원은 잘못 다이얼된 전화 통화의 내용을 엿듣고 이를 기록하는 것도 도청법 위반이지만, 실수로 잘못 다이얼된 통화에서 자신의 대화를 노출한 원고는 그의 프라이버시 기대를 위한 주관적 조치를 게을리 한 것이므로 도청자인 피고에 대해 프라이버시 침해의 손해배상을 청구할 수 없다고 하면서 원고청구를 기각하였다.

나. 형사 책임

한국의 경우에는 비밀녹음의 법적 평가에 관해 민사 및 형사적 효과를 구별하고, 그 밖에도 증거법상의 효력 여하를 나누어 살펴볼 필요가 있다.

먼저 형사적 효과를 보자면, 현행 통신비밀보호법[438] 제3조는 "누구든지 … 전기통신의 감청 또는 … 공개되지 아니한 타인 간의 대화를 녹음 또는 청취하지 못한다"고 규정한다. 그리고 위 규정을 위반하여 ① 전기통신의 감청을 하거나 공개되지 아니한 타인간의 대화를 녹음 또는 청취하는 행위 및 ② 제1호에 따라 알게 된 통신 또는 대화의 내용을 공개하거나 누설하는 행위를 1년 이상 10년 이하의 징역과 5년 이하의 자격정지에 처하도록 하고 있다(동법 제16조 제1항). 또 동법은 공개되지 아니한 타인 간의 대화를 녹음하거나 전자장치 또는 기계적 수단을 이용하여 청취하는 것을 타인의 대화비밀침해행위라고 하여 금지한다(동법 제14조).[439]

동법은 국민의 사생활과 통신의 비밀에 관한 기본권을 보장하기 위한 구체적 규율을 정하고 있다. 통신비밀보호법은 "사생활 및 통신의 불가침을 국민의 기본권의 하나로 선언하고 있는 헌법규정과 통신비밀의 보호와 통신의 자유 신장을 목적으로 제정된" 것이다.[440]

① 여기서 보호되는 '대화'는 "현장에 있는 당사자들이 육성으로 말을 주고받는 의사소통행위"[441]는 물론 전화, 인터넷 등 전기통신을 통한 대화도 포함된다. 말의 내용이 어떠한 것이든, 그것이 내밀영역 기타 사적 영역에 관한 것은 물론이고, 영업적이거나 직업적인 내용을 언급한 것이든 불문하고 이러한 보호를 받는다.[442]

그러나 행해진 말이 객관적 의미나 의사의 전달을 목적으로 행해지는 경우에는 이러한 보호가 주어지지 않는다. 예를 들면, 전화에 의한 통지, 주문 또는 증권소식 등의 경우에는 이를 녹음하여 뒤에 참고나 증거로 사용하는 것이 영업적 거래에서 관행되고 있으며, 이를 녹음하여 이용한다고 하여도 화자의 인격발현권에 대하여 영향을 미치는

---

438) 2020. 6. 9. 최종 개정 법률 제17347호.
439) 박용상, 표현의 자유(현암사, 2002), 671면 이하 참조.
440) 대법원 2002. 10. 8. 선고 2002도123 판결.
441) 대법원 2017. 3. 15. 선고 2016도19843 판결 참조.
442) 이하 박용상, 명예훼손법(현암사, 2008), 563면 이하 참조.

것이 아니다.[443] 그러한 종류의 전달에서는 말해진 객관적 내용만이 의미를 가질 뿐, 행해진 말에서 화자의 인격은 거의 사상(捨象)되어 그 사적 성격을 잃기 때문이다.

　② "공개되지 아니한" 타인 간의 대화의 의미에 관하여는 전술한 미국 판례와 같이 객관적 및 합리적으로 프라이버시가 기대되는 상황의 대화라고 이해하는 것이 옳을 것이다("reasonable expectation of privacy" standard). 대법원은 "'공개되지 않았다'는 것은 반드시 비밀과 동일한 의미는 아니고, 구체적으로 공개된 것인지는 발언자의 의사와 기대, 대화의 내용과 목적, 상대방의 수, 장소의 성격과 규모, 출입의 통제 정도, 청중의 자격 제한 등 객관적인 상황을 종합적으로 고려하여 판단해야 한다."고 한다.[444]

대법원 2022. 8. 31. 선고 2020도1007 판결 [통신비밀보호법위반]

　피고인은 2017. 9. 부산○○교회 사무실에서 공소외 1, 공소외 2, 공소외 3이 게임을 진행하면서 한 대화 내용을 휴대전화로 녹음하여 교회 장로 공소외 4에게 카카오톡으로 전송하였다. 이로써 피고인은 공개되지 않은 타인 간의 대화를 녹음하고, 위와 같은 방법으로 알게 된 대화의 내용을 누설하였다는 범죄사실로 기소되어 유죄 판결을 받았다.

　대법원은 본문에서 인용된 판단 기준을 적용하여 다음과 같이 판시하였다.

　"통신비밀보호법 제3조 제1항이 공개되지 않은 타인 간의 대화를 녹음 또는 청취하지 못하도록 한 것은, 대화에 원래부터 참여하지 않는 제3자가 대화를 하는 타인 간의 발언을 녹음하거나 청취해서는 안 된다는 취지이다. 따라서 대화에 원래부터 참여하지 않는 제3자가 일반 공중이 알 수 있도록 공개되지 않은 타인 간의 발언을 녹음하거나 전자장치 또는 기계적 수단을 이용하여 청취하는 것은 특별한 사정이 없는 한 제3조 제1항에 위반된다."

대법원 2024. 1. 11. 선고 2020도1538 판결

　이 사건에서는 수업시간에 학생들 앞에서 진술한 교사(피고인)의 발언이 아동학대범죄처벌법 위반 혐의로 기소되고, 학부모가 위 수업시간에 몰래 녹음한 녹음파일이 증거로 제출되었는데, 대법원은 수업중 교사의 학생들에 대한 진술은 "공개되지 않은 대화"에 해당한다고 하여 증거능력을 부인하였다.

　대법원은 상술한 2020도1007 판결 취지에 따라 ① 대화자 내지 청취자가 다수였다는 사정만으로 '공개된 대화'로 평가할 수는 없고, 피고인의 발언은 특정된 30명의 학생들에게만 공개되었을 뿐, 일반 공중이나 불특정 다수에게 공개되지 않은 점, ② 피해 아동의 부모는 피고인의 수업 시간 중 발언의 상대방, 즉 대화에 원래부터 참여한 당사자에 해당하지 않기 때문에 피해 아동의 부모가 몰래 녹음한 피고인의 수업 시간 중 발언은 '타인 간의 대화'에 해당한다는 점 등을 들어 위 증거의 증거능력을 부인하고 피고인을 무죄취지로 판시하였다.

　따라서 공개된 장소나 상황에서 아무 방지조치 없이 행해지는 대화를 엿듣거나 녹음하는 행위는 금지되지 아니한다. 그리고 일반 공중이 알거나 알 수 있도록 허용된

---

443) 독일 연방헌법재판소 1973. 1. 31. 결정, BVerfGE 34, 238 [몰래 녹음 증거 사건].
444) 대법원 2022. 8. 31. 선고 2020도1007 판결.

공고나 발언 또는 불특정 다수인을 상대로 한 연설은 임의의 녹취가 허용된다.[445] 대화의 실질 내용이 무엇이든 가리지 않고 감청이 금지되지만, 사후에 녹음 내용의 공개나 사용이 문제되는 때에는 그 실질 내용 여하에 따라 별도의 판단을 요하게 된다.

대법원 2023. 9. 27. 선고 2023도10284 판결

서울고등법원 2023. 7. 13. 선고 2023노1373 판결

이 판결은 대화 당사자가 아닌 제3자(피고인)가 타인 들 간의 대화 내용을 몰래 녹음한 행위를 대법원이 통신비밀보호법 위반으로 처벌한 사건이다.

모 시청 C팀에서 근무하는 공무원인 피고인은 일과시간 중 그 소속 팀장 D씨와 그를 방문한 E씨 간의 대화 내용을 피고인의 휴대폰으로 녹음하여 감사원 홈페이지에 신고하였다. 이를 보고 검사는 피고인을 통신비밀보호법 위반으로 기소하였다. 이에 대해 피고인은, 첫째 대화는 "일반인의 출입이 통제되지 않은 공개된 사무실에서 일과시간 중 이뤄졌고, 가청거리 내에 있는 자신의 자리에서 대화를 자연스럽게 듣다가 녹음했을 뿐"이라며 "녹음한 대화가 통신비밀보호법에서 말하는 '공개되지 아니한' 타인간의 대화라고 할 수 없다"고 주장하였다.

그러나 법원은, ① 이 사건에서 녹음된 대화가 행해진 장소는 "민원인들이 수시로 드나드는 민원실 내에 있기는 하지만, 민원실에서 민원인들이 자유롭게 출입할 수 있는 공간은 민원창구가 있는 부분에 한정된다"며 "민원인들이 공무원들이 실제 업무를 보는 사무공간에까지(여기서는 각 직원들의 자리가 얼굴까지 오는 칸막이로 서로 분리돼 있었다) 자유롭게 출입할 수 있었다고 보이지 않기 때문에 대화가 이뤄진 장소가 '일반 공중'에 공개된 장소였다고 할 수는 없으며" ② 그 대화의 내용은 E씨가 D씨에게 준 선물의 사용 방법을 설명하는 내용, D씨가 감사를 표시하는 내용 이외에, 둘의 사생활에 관한 것으로서 통신비밀보호법의 보호대상이 된다고 보았고. 나아가 ③ 피해자 D씨는 위와 같이 대화가 행해진 장소의 상황과 대화 내용도 지극히 사적인 대화였기 때문에 자신의 대화를 누가 엿듣거나 녹음을 할 거라는 생각 자체를 하지 못했다'는 취지의 진술 등 "여러 사정을 종합적으로 고려하면 A씨가 녹음한 둘 사이의 대화는 일반 공중과의 관계에서는 물론 A씨와의 관계에서도 '공개되지 않은 타인간의 대화'에 해당한다"고 판단하였다.

③ 형사처벌이 되는가 여부에 가장 중요한 요소는 통신 당사자의 동의 여부이다. 대법원은 공개되지 아니한 '타인간의 대화'라는 법문을 해석함에 있어서 대화 당사자의 동의 여부를 중요한 요소로 이해하고 있다. 여기서는 우선 녹음의 주체가 통신 당사자가 아닌 제3자인 경우와 통신 당사자 중 1인이 녹음한 경우를 구별해서 판단할 필요가 있다.

전자의 경우, 즉 대화 참가자가 아닌 제3자는 참여자 전원의 사전 동의 없이는 감

---

445) 박수희, 불법감청에 의한 녹음테이프의 증거능력, 법조 554호(2002. 11), 213면. 다만, 청중의 자격을 제한하여, 신분확인을 거쳐 입장시키고 외부에서의 청취가 불가능한 폐쇄된 장소에서 이루어진 경우에는 동의없는 녹취가 제한된다(권영세, 현행 통신비밀보호법상의 '도청행위'의 의의 및 범위, 저스티스 제30권 제4호(1997. 12), 133면).

청·녹음할 수 없다.[446)

대법원 2016. 5. 12. 선고 2013도15616 판결

휴대폰으로 통화를 한 피고인과 갑 양인은 모두 통화 종료 버튼을 누르지 않았기 때문에 그 직후 집무실에서 만나고 있던 갑과 을간의 대화가 갑의 휴대폰을 통하여 통화연결 상태에 있는 피고인의 휴대폰으로 들려오게 되자 피고인이 그의 휴대폰의 수신 및 녹음기능을 이용하여 이를 몰래 청취, 녹음한 사안에서 대법원은 피고인은 이 사건 대화에 원래부터 참여하지 아니한 제3자이므로, 통화연결상태에 있는 휴대폰을 이용하여 이 사건 대화를 청취·녹음하는 행위는 [구]통신비밀보호법 제3조의 위반행위로서 같은 법 제16조 제1항 제1호에 의하여 처벌된다고 판단한 원심 판결을 지지하였다.

따라서 제3자가 전화 통화 당사자 일방의 동의를 받고 그 통화 내용을 녹음하였다 하더라도 그 상대방의 동의가 없었던 이상, 불법 감청에 해당하여 금지된다.[447)

대법원 2002. 10. 8. 선고 2002도123 판결

피고인이 경쟁업체를 고발하는데 사용할 목적으로 공소외 갑으로 하여금 경쟁업체에 전화를 걸게하고, 그 통화내용을 녹음한 사안에서 대법원은 "전화통화 당사자 일방(갑)만의 동의를 받아 그 통화 내용을 녹음한 행위는 통신비밀보호법 제3조 제1항에 위반된다"고 판시하였다.

"전화통화 당사자의 일방이 상대방 모르게 통화내용을 녹음('채록')하는 것은 여기의 감청에 해당하지 아니하지만, 제3자의 경우는 설령 전화통화 당사자 일방의 동의를 받고 그 통화내용을 녹음하였다 하더라도 그 상대방의 동의가 없었던 이상, … 이는 동법 제3조 제1항 위반이 된다고 해석하여야 할 것이다."

대법원은 동시에 "전화통화 당사자의 일방이 상대방 모르게 통화 내용을 채록하는 행위는 대화 당사자 일방이 상대방 모르게 그 대화내용을 녹음한 경우와 마찬가지로 통신비밀보호법 제3조 1항 위반이 되지 않는다."는 점을 확인하고 있다(대법원 2002. 10. 8. 선고 2002로123판결).

다음, 대화에 참여한 당사자 1인은 자신과 상대방 간의 대화를 상대방 동의 없이 녹음할 수 있다. 이 경우 자신과 상대방간의 대화는 '타인간의 대화'라고 볼 수 없기 때문이다. 또 "3인 간의 대화에 있어서 그 중 한 사람이 그 대화를 녹음하는 경우에 다른 두 사람의 발언은 그 녹음자에 대한 관계에서 '타인 간의 대화'라고 할 수 없으므로, 이와 같은 녹음행위가 통신비밀보호법 제3조 제1항에 위배된다고 볼 수는 없다."[448)

---

446) "통신비밀보호법 제3조 제1항이 "공개되지 아니한 타인간의 대화를 녹음 또는 청취하지 못한다"라고 정한 것은, 대화에 원래부터 참여하지 않는 제3자가 그 대화를 하는 타인들 간의 발언을 녹음해서는 아니 된다는 취지이다."(대법원 2006. 10. 12. 선고 2006도4981 판결).
447) 대법원 2019. 3. 14 선고 2015도1900 판결.
448) 대법원 2006. 10. 12. 선고 2006도4981 판결.

④ 동법에 의해 금지되는 것은 전자장치 또는 기계적 수단을 이용하여 청취·녹음하는 행위이다.[449] 따라서 면대면의 대화를 귀로 엿듣는 행위는 금지되지 않는다.

⑤ 위 규정들을 위반하여 지득 또는 채록된 전기통신의 내용 또는 대화의 내용은 재판 또는 징계절차에서 증거로 사용할 수 없다(동법 제4조, 제14조 제2항). 이렇게 불법하게 수집된 증거는 피고인이나 변호인이 증거로 함에 동의하였다고 하더라도 증거능력이 생기지 않는다.[450]

이상 대법원 판례를 종합하여 보면,[451] 누구든지 자신이 당사자로 참여한 대화 내용은 상대방의 동의 없이 녹음하여도 동법에 의해 처벌받지 않고, 그 녹음 자료는 모든 정황을 참작한 비교형량에 의해 증거능력을 인정받을 수 있다(후술).[452] 결국 현행법상 대화 당사자 중 1인은 상대방의 동의 없이도 녹음할 수 있다는 점에서 당사자의 동의 없는 감청을 말에 대한 권리의 침해로서 일체 금지·처벌하는 독일의 경우나 대화 당사자 1방이 대화내용을 녹음하는 경우와 대화에 참여하지 않은 자가 대화 당사자 중 1인의 동의를 얻어 녹음하는 경우에도 허용하는 미국 연방법과 다르다.

이상과 같은 판례의 취지를 종합하여 기자가 취재의 방법으로 전화 대화를 감청 녹음하거나 그 내용을 공개 보도할 때 유의할 사항을 알아 보면 다음과 같다.

첫째, 기자는 취재 또는 인터뷰하는 상대방의 진술을 그에게 사전 고지하거나 동의를 구하지 않고 휴대폰으로 녹음할 수 있다. 이 경우에는 통신비밀보호법 제3조 위반이 되지 않으며, 다만 그 녹음 내용의 증거능력 여부는 후술하는 바와 같다. 이 경우 상대방에게 녹음함을 알리고 동의를 구하는 것이 취재윤리에 충실한 것임은 물론이고, 그리하는 것이 취재원의 신뢰를 확보하는데 유리하다는 점을 부인할 수 없다.

둘째, 위와 같이 녹음에는 문제가 없지만, 이를 사용하여 공개 보도한 내용이 범죄행위나 불법행위를 구성하는 경우에는 그에 대한 책임 여하가 별도로 논의된다. 그에 대한 위법성 조각사유에 관하여는 후술한다.

셋째, 기자 자신이 직접 인터뷰하지 않고 제3자들 간의 대화 내용을 그 중 1인의 도움을 받아 몰래 녹음 취재하는 경우에는 미국의 경우와 달리 불법 감청 녹음이 되어

---

449) 통신비밀보호법 제14조 및 대법원 2016. 5. 12., 선고 2013도15616 판결.
450) 대법원 2019. 3. 14. 선고 2015도1900 판결.
451) '1당사자 동의 예외'(one-party consent exception) 규칙을 취하는 미국 연방도청법과 판례는 ① 대화 당사자 1인이 상대방 모르게 대화를 녹음하는 경우 및 ② 대화에 참가하지 않은 제3자가 대화당사자 1인의 동의를 받고 감청 녹음하는 경우 모두 허용되는 것으로 취급함에 비해 우리 판례는 전자의 경우에만 허용되는 것으로 취급한다는 점에서 다르다.
452) 대법원 1997. 3. 28. 선고 97도240 판결: "피고인이 범행 후 피해자에게 전화를 걸어오자 피해자가 증거를 수집하려고 그 전화내용을 녹음한 경우, 그 녹음테이프가 피고인 모르게 녹음된 것이라 하여 이를 위법하게 수집된 증거라고 할 수 없다."

처벌을 받을 수 있고, 그러한 도청 자료는 원칙적으로 증거능력을 인정받지 못한다.

다. 민사책임

전술한 바와 같이 대화 당사자 1인이 동의 없이 상대방의 대화를 녹음하였다 하더라도 통신비밀보호법이 금지하는 타인간의 대화가 아니기 때문에 동법에 의해 처벌되지 아니한다. 그러나 그 경우 몰래 녹음한 행위자는 민사적 책임도 지지 않는가?[453] 이에 관해 독일 판례에 의하면 대화 상대방의 동의 없이 그의 말을 몰래 녹음하는 것은 음성권 내지 말에 대한 권리를 침해하여 불법행위가 된다고 보게 된다.

우리 헌법재판소는 1995년 우리 헌법 제10조(인간의 존엄) 및 제17조(사생활 보호)를 근거로 음성권(또는 말에 대한 권리)을 인정하는 취지로 판시하면서 그에 대한 침해행위는 이익형량기준에 따라 그 위법성이 결정된다고 판시한 바 있다.[454]

우리의 하급심 판례는 이러한 입장에서 "동의 없이 상대방의 음성을 녹음하고 이를 재생하는 행위는 특별한 사정이 없는 한 음성권을 침해하는 행위에 해당하여 불법행위를 구성한다"고 한다.[455] 다만, "녹음자에게 비밀녹음을 통해 달성하려는 정당한 목적 또는 이익이 있고 녹음자의 비밀녹음이 이를 위하여 필요한 범위 내에서 상당한 방법으로 이루어져 사회윤리 내지 사회통념에 비추어 용인될 수 있는 행위라고 평가할 수 있는 경우에는, 녹음자의 비밀녹음은 사회상규에 위배되지 않은 행위로서 그 위법성이 조각된다"고 한다.[456]

대법원은 이러한 하급심 판결의 판시를 인용·지지하면서 표현의 자유 내지 취재의 자유와 인격권(초상권 내지 말에 대한 권리)을 형량함에 있어서 형법 제20조(정당행위)의 요건을 적용하고 있다.[457] 그러나 보도를 위한 공적인 목적에서 대상자의 초상권이나 음성권을 침해하는 취재행위를 허용하기 위해 형법 제20조(정당행위)의 엄격한 요건을 요구하는 것은 일반적 형량 차원에서 언론의 자유에 불리한 형량이라고 보아야 한다. 양자를 동일한 위계의 기본권으로 보아 형량하려 한다면 더 균형적인 기준을 적용해야 한다고 생각한다. 전술한 바와 같이 독일 형법은 동의 없이 녹음된 말의 공개가 중

---

453) 박종명, 몰래 녹음해도 괜찮을까, - 서울중앙지방법원 2018. 10. 17. 선고 2018가소1358597 판결 - 법률신문 입력: 2018-11-30, 김주연, [언론법 이모저모] 당사자의 통화(대화) 녹음, 괜찮은가요? 언중위공감지기 2018. 12. 4. 11:18, "상대방 동의 없이 대화녹음은 음성권 침해" 서울중앙지법, 원고패소판결, 법률신문 박수연 기자 sypark@lawtimes.co.kr 입력: 2019-07-18.

454) 헌법재판소 1995. 8. 28. 선고 91헌마114 결정 [음성권].

455) 수원지방법원 2013. 8. 22. 선고 2013나8981판결 [음성권], 서울중앙지방법원 2018. 10. 17. 선고 2018가소1358597 판결 및 서울중앙지방법원 2019. 7. 10. 선고 2018나68478 판결.

456) 전기 판결 들.

457) 심석태, 공인의 음성권에 대한 연구: '뉴스타파 판결' 분석을 중심으로, 저스티스 통권 제181호 (2020. 12), 143-168면.

요한 공적 이익을 위해서 행해진 경우에는 위법하지 않다고 규정하고 있다.[458]

서울고등법원 2019. 2. 13. 선고 2018나2039448 판결 (KBS 도청의혹)
대법원 2019. 6. 19. 선고 2019다220922 판결 (심리불속행, 상고기각)

이 사건에서는 2011년 발생한 KBS도청의혹 사건과 관련하여 뉴스타파 기자인 피고 A가 당시 KBS보도국장이었던 원고와 전화 통화를 하면서 이를 몰래 녹음하고 그 통화 내용을 동영상뉴스에서 재생한 것이 문제되었다.

[사실관계] 2011. 6. 민주당 대표 회의실에서 민주당(당시 야당) 최고위원들과 국회 관련 상임위원회 민주당 국회의원들 간에 KBS수신료 인상 문제를 논의하는 비공개 회의가 개최되었는데, 그 이튿날 여당인 한나라당 한선교의원이 위 참가자들의 발언이 기재된 문건을 국회 상임위 전체회의에서 공개하였고, 그에 대해 KBS 내부인사의 불법도청이 있었다는 의혹이 제기되었으나, 검찰 수사결과 증거 불충분으로 무혐의 처분이 내려진 바 있었다.

위 도청의혹 사건 발생 6년 후인 2017. 5. 경 뉴스타파 기자 피고 A는 다시 위 도청의혹을 취재하던 중 원고(KBS 보도국장)와 통화를 하면서 이를 녹음하고, 이를 근거로 피고 뉴스타파 홈페이지에 "민주당 도청의혹 사건 … KBS 전 보도국장 '우리가 한나라당에 줬다'"라는 제목으로 동영상 뉴스를 게재 보도하면서 위 도청과 녹취록의 제공은 KBS인사에 의해 이루어졌다는 원고의 발언 내용을 구체적으로 보도하였다.

원고가 제기한 손해배상 청구에 대해 제1심과 2심 판결은 명예훼손에 기한 청구를 기각하고, 음성권 침해와 2심에서 추가된 초상권 침해의 손해배상청구를 인용하였으며, 대법원은 심리불속행, 상고를 기각하였다(대법원 2019. 6. 19. 선고 2019다220922). 즉 1,2심 판결은 통화당사자인 피고 A의 동의 없는 불법 녹음은 위법하여 불법행위를 구성하며, 피고의 위법성 조각사유 항변을 배척하였으며, 대법원 역시 이를 지지한 것이다.

[대법원 판시] 판시를 종합하면 녹음된 통화 내용은 도청의혹 사건의 전말을 밝히기 위해 취재하는 과정에서 당시 KBS 보도국장이었던 원고와 대화하며 녹음된 것이므로 공익을 위한 정당한 목적이 인정되고, 원고의 당시 지위에 비추어 그 진술을 확보하여 이 사건 보도에 활용할 필요성도 인정되지만, 공식적인 인터뷰 요청을 하지 않고, 녹음 사실을 알림이 없이 몰래 녹음하거나 원고 동의 없이 보도에 재생한 것은 침해행위의 긴급성, 침해방법의 상당성을 인정하기 어렵다고 보았다.

[비판] 첫째, 이 사건에서 대화에 참가한 당사자 일방(피고)이 상대방(원고)의 진술을 몰래 녹음하는 경우에는 공개되지 아니한 타인간의 대화가 아니기 때문에 통신비밀보호법 제3조에 위반되는 것이 아니고,[459] 형사처벌을 받지는 않지만, 민사적으로 보면 원고의 말을 동의 없이 녹음하여 그의 음성권 내지 말에 대한 권리를 침해하였기 때문에 정당화사유가 없는 한 위법하고 민사상 불법행위가 성립한다고 보아야 한다.

둘째, 1, 2심 법원은 피고의 위법성 조각사유의 항변을 배척하였으나, 공적 사안에 관해 공익 목적으로 취재, 보도 공개하였다는 점, 방송사 보도국장은 최소한 준 공적 인물로 볼 수 있다는 점에 비추면, 공식적인 인터뷰임을 밝히지 않고 몰래 녹음한 흠이 있으나(이것은 기

---

458) 독일 형법 제201조 제2항 3문 참조.
459) 대법원 2002. 10. 8. 선고 2002도123 판결, 대법원 2006. 10. 12. 선고 2006도4981 판결 등.

자의 취재윤리를 위반한 것이다) 그 점 때문에 그 취재행위 자체가 위법하다고 평가할 수는 없을 것이다.

셋째, 위 판결이유를 보면, 음성의 녹음행위와 재생행위를 별도로 구분하여 판단하지 않고 있다. 녹음행위는 적법하지만, 당사자의 동의 없이 이를 보도에 재생한 것에 대한 정당화사유 여부에 관해 별도의 필요한 설시가 없다. 또 언론이 공익 사안에 관하여 보도하는 경우라 할지라도 그에 관련된 개인의 초상을 촬영·보도하려면 다시 그 인물에 관하여 정보의 이익(알 권리)이 인정되지 않으면 안 된다(범죄나 혐의보도에서 익명보도의 원칙 참조). 이러한 비밀촬영의 방송이 허용되는 것은 마약밀매의 현장 등 명백하고 중대한 사회적 범죄행위를 고발하기 위해 범죄의 현장을 취재할 필요가 있는 경우뿐이다.

결국 제반 정황을 종합할 때 피고의 취재 상의 잘못 및 그로 인한 원고의 인격권 피해에 비해 공공이 그 사안을 알 권리가 더 크다고 판단되지만, 거기에 취재원인 원고의 동의 없이 인터뷰 사진을 방송한 것은 그의 인격권을 침해한 것으로 불법행위가 성립한다고 보아 원고의 위자료 청구를 인용한 것은 타당한 결론이었다고 생각된다.

라. 증거법 상 효력

녹음된 또는 촬영된 내용이 증거법상 증거능력을 가지는가 여부는 위에서 본 형사적 효과나 민사적 효과와 별개로 재판실무에서 중요한 쟁점을 이룬다.

우선 위법하게 취득된 증거(illegally obtained evidence)의 증거능력은 부정됨이 원칙이다(위법수집증거배제법칙). 2007년 개정 현행 형사소송법 제308조의2는 "적법한 절차에 따르지 아니하고 수집한 증거는 증거로 할 수 없다."고 하여 위법수집증거 배제법칙을 명문으로 실정화하였다.[460]

그런데 현행 통신비밀보호법에 의하면 전술한 바와 같이 ① 동법 규정들을 위반하여 감청된 전기통신의 내용 또는 ② 녹음·청취된 대화의 내용은 재판 또는 징계절차에서 증거로 사용할 수 없다(동법 제4조, 제14조 제2항).

이에 따르면 통신비밀보호법 상 처벌되는 녹취 행위로 인한 결과물이 동법에 의해 증거능력이 부인됨은 물론이다. 따라서 통화나 대화에 참여한 바 없는 자가 제3자들 간의 전화통화나 대화를 아무 동의 없이 녹음한 경우에는 증거능력이 부인된다.[461] 통신비밀보호법에 이러한 종류의 동의 없는 녹음은 수사기관은 물론 사인에게도 금지되어 있기 때문이다.

다음, 통신 당사자 모두의 동의가 있는 녹음 내용이 증거로 될 수 있음에는 의문

---

460) 대법원 2007. 11. 15. 선고 2007도3061 전원합의체 판결.
461) 다만, 긴급피난, 정당방위, 자구행위 등 정당화 사유가 있는 경우에 허용됨은 물론이고, 이익형량에 의해 우월적인 공익이 그 자의 인격권 보호 필요보다 현저히 크고 그 법익에 대한 위난을 피하기 위해 상당한 이유가 있는 경우에는 승낙이나 동의 없이 행해진 감청이나 녹음도 증거로 사용할 수 있다는 견해도 있다(김대휘, 사진과 비디오테이프의 증거능력, 형사판례연구[6](형사판례연구회, 1998), 436, 449면).

이 없다. 그런데 통신 당사자 중 1인이 몰래 녹음한 경우에는 어떤가? 위 통신비밀보호법 조항과 그 해석에 의하면 이 경우에는 '타인간의 대화'에 해당하지 않으므로 통신비밀보호법에 위반되지 않는다. 따라서 형사처벌은 받지 않지만, 그럼에도 그러한 녹음은 타방 당사자의 말에 대한 권리를 침해하게 된다는 점에서 위법성을 띠고, 민사상 불법행위가 성립한다는 점은 상술한 바와 같다. 이 경우 해당 침해 결과물에 증거능력을 인정할 것인가가 문제된다. 이에 관해 학설 중에는 위법수집증거로서 원칙적으로 증거능력을 부인하는 것이 다수이지만,[462] 이익형량에 의해 예외적으로 증거능력을 인정하는 견해도 있다.[463]

그런데 대법원은 1997년 위법하게 수집한 증거는 원칙적으로 증거능력이 없으나, 그렇다고 하여 획일적으로 증거능력을 부인할 수 없고, 법원이 제반 사정을 고려하여 효과적인 형사 소추 및 진실발견의 공익과 개인의 사생활 보호이익을 비교형량하여 그 허용 여부를 결정하여야 한다고 판시한 바 있다.[464] 위 판결은 국가기관이 위법하게 수집한 증거의 증거능력에 관하여 설시한 것이지만, 그러한 어프로치는 그 외의 경우에도 일반적으로 적용될 수 있는 것이다. 다만, 대법원은 이익형량의 방법으로서 일반적으로 각 사례의 사정을 종합적으로 고려하는 사례별 이익형량(ad hoc balancing)의 어프로치를 취하고 있다. 이것이 구체적 타당성을 추구함에 유리하지만, 법적 안정성과 일관성을 확보함에는 불리하기 때문에 이른바 유형별 형량(definitional balancing) 방식에 의해 양자의 단점을 보완하여 보다 합리적인 방안을 추구할 필요가 있다.[465]

이에 관해 독일 판례는 말에 대한 권리의 의의 및 근거, 몰래하는 녹취가 이 권리를 침해하는 관계 등 일련의 헌법적 논증을 기초로 우리에 참고될 법리를 표명하고 있다. 특기할 것은 헌법이 절대적으로 보호하는 불가침적인 사생활의 형성부분, 즉 내밀영역을 침해하여 얻어진 녹음은 그 증거 사용이 절대적으로 금지되며, 그 이외의 경우에는 피해자의 말에 대한 권리와 사법권의 의의 및 기능에 관한 공공의 이익을 세심하게 비교형량할 것을 주문하고 있다.

---

462) 천진호, 위법수집증거배제법칙의 私人效, 비교형사법연구 Vol.4 No.2(한국비교형사법학회, 2002) 359, 380.

463) 김대휘, 전게 논문 447면, 원혜욱, 도청 감청 및 비밀녹음(녹화)의 제한과 증거사용(한국형사정책연구원, 2000), 104면.

464) 대법원 1997. 9. 30. 선고 97도1230 판결; 대법원 2007. 11. 15. 선고 2007도3061 전원합의체 판결 [공직선거법위반]; 대법원 2013. 11. 28. 선고 2010도12244 판결, 김승주, 私人에 의한 위법수집증거: 비교형량론의 구체화(대법원 2013. 11. 28. 선고 2010도12244 판결 : 공2014상, 127), 대법원판례해설 제98호(2013년 하), 485면 이하.

465) 박용상, 언론의 자유(박영사, 2013), 347-350면 참조.

BVerfGE 34, 238, 독일 연방헌법재판소 1973. 1. 31. 결정[몰래 녹음 증거 사건]

이 결정은 독일 연방헌법재판소가 처음으로 말에 대한 권리를 인정하고, 당사자의 동의 없는 몰래 녹음은 이러한 말에 대한 권리를 침해하는 것으로서 원칙상 증거로 사용할 수 없지만, 공공의 우월적인 이익이 필수적으로 명하는 경우에는 비교형량에 의해 형사절차에서 몰래 녹음을 사용할 수 있는 경우도 있다고 판시하였다.

이 사건 사실관계를 보면 부동산 매매계약과 관련하여 건물 매수인 B와 매도인 A(헌법소원청구인) 간에 매매가액에 관한 다툼이 있어서 B는 몰래 A의 목소리를 녹음하여 자기에게 유리한 증거로 경찰에 제출하였고, 구 법원에서는 위 녹음대를 증거로 채택하여 조사하기로 결정하였다. A는 헌법소원을 제기하면서 본인 몰래 그들 사이의 대화를 녹음한 것과 이를 형사사건의 증거로 사용하는 것은 기본법 제1조 제1항(인간의 존엄권)과 관련하여 제2조 제1항이 보장하는 기본권(인격의 자유로운 발현권)을 침해한다고 주장하였다.

구법원은 심판청구인에 대한 사기와 조세포탈의 혐의를 밝히는데 필요하다고 보아 몰래 녹음을 증거로 채택함으로써 심판청구인의 말에 대한 권리를 침해하고 있으나, 연방헌법재판소는 그러한 사유만으로는 청구인의 말에 대한 권리의 침해가 정당화될 수 없다고 결론짓고, 심판청구인의 청구를 받아들여 위 구법원의 증거결정을 취소하면서 다음과 같이 판시하였다.

첫째, "화자 몰래 행해진 녹취가 일반적 이해에 따라 애당초부터 기본법의 보호범위 밖에 존재하는 사례군이 있다. 예를 들어, 영업적인 거래에서 관용되는 바와 같이 전화에 의한 고지, 주문이나 증권 소식을 녹음기에 고정하는 것은 어느 경우든 화자의 자유로운 인격 발현의 권리에 영향을 주지 않는다. 그러한 전달에는 화자의 객관적인 내용이 주가 되기 때문에 화자의 인격은 거의 완전히 뒤로 물러나고 따라서 발언하는 말은 그의 사적인 성질을 상실한다." 따라서 이러한 경우에는 화자의 동의 여부에 구속됨이 없이 그의 말을 녹취할 수 있고, 그 증거능력이 인정된다.

둘째, 연방헌법재판소는 그 외의 경우에는 몰래 녹음이 증거로 허용될 것인가에 관하여 원칙적으로 비교형량의 법리에 따라야 한다는 입장을 천명하면서 먼저 몰래 녹음된 내용이 사적 생활형성의 불가침적 부분, 즉 내밀영역에 관하여 행해진 경우에는 증거로 사용될 수 없음을 명백히 하였다. 이것은 연방헌법재판소가 인간의 존엄을 헌법상 최고의 가치로 인정하고 그에 반하는 모든 국가적 조치를 절대로 허용하지 않는 입장을 반영한 것이다.

셋째, 그 밖에 국가의 간섭이 허용되는 사생활 영역을 침해하여 비밀녹음이 된 경우에는 일정한 요건 하에 이익형량에 의해 그 허부가 결정된다는 기본적 입장을 확인하였다. 즉 헌법상 높은 위계를 갖는 인격의 자유로운 발현권을 침해하는 국가의 조치는 엄격한 비례원칙에 따라야 한다. 이러한 권리가 법치국가적 공동체의 필수적 과업인 효과적인 범죄수사, 소송상 실체적 진실의 추구 및 그에 의한 사법의 원활한 기능의 이익과 충돌하는 경우에는 양자의 중요성을 비교함으로써 해결되어야 한다. 감청에 관한 법률에서 허용되는 바와 같이 비밀리에 행해진 몰래 녹음이라도 그것이 타인의 신체나 생명에 대한 중범죄, 자유민주주의적 기본질서 기타 유사한 위계의 법익에 대한 범죄를 수사하기 위해 또는 범인의 신원 입증이나 부당하게 혐의받은 자의 방면을 위해 긴급한 경우에는 증거로 이용될 수 있다는 입장을 취하였다.

이 사건에서 녹음된 사항은 관계자의 불가침적인 내밀영역에 귀속시킬 수 있는 고도로 개인적인 사항은 아니었고, 상거래상의 논의에 관한 것이었으므로 그 허용 여부는 사법목적의 수행이라고 하는 공적 이익과 청구인의 말에 대한 권리를 비교형량하여야 한다고 하면서 다음과 같이 논증하였다.

이 경우에는 개별 사례의 모든 정황을 고려하여 형량한 결과 그러한 침해가 비례의 원칙에 맞는가를 심사하여야 한다. 즉 한편에서는 그 녹음된 증거의 이용이 그 내용과 형태에 비추어 피해자의 인격의 자유발현권에 줄 침해의 정도를 고려해야 하고, 다른 한편에서는 그러한 침해의 정도를 형사사법의 정당한 필요성과 대비하되, 사법이 추구하는 범죄의 추상적 범죄구성요건 여하만을 볼 것이 아니라 개별 사례의 구체적인 행위불법(당벌성의 정도)을 중시해야 한다.

이상과 같이 합리적이고 타당한 형량을 도모하기 위해서는 우선 몰래 녹음한 행위자측에서 녹음하게 된 목적을 유형별로 나누고, 다음 취득된 정보나 자료가 피해자측의 어떤 생활영역을 침입 침해한 것인가에 따라 각각 침해 이익과 피해이익을 분류하고 이들 양자측의 각 요소를 조합하여 형량하는 방안에 의해 그 증거의 허부를 살펴보는 것이 합리적일 것이다.

첫째, 위 통신비밀보호법 조항을 적용함에 있어서 먼저 기자가 보도 목적으로 취재하면서 몰래 녹음한 경우를 보면, 그것이 공인 또는 공익 사항에 관해 공익을 위해 한 것이 인정되고, 그 내용이 피해자의 사회적 영역이나 공개영역에 속하는 상황을 담은 경우에는 증거능력이 인정되지만, 피해자의 인격권의 핵심인 내밀영역이나 비밀영역 등을 침해한 것이라면 원칙적으로 증거능력이 부인되는 것으로 보아야 할 것이다. 양자의 중간에 그 밖에 일상적인 사생활 영역에 관한 상황이 녹취된 것이면 같은 위계의 법익 간의 형량 기준이 적용되고, 녹취자의 이익이 우월하다고 인정되는 경우에는 증거능력이 인정된다고 보아야 할 것이다.

둘째, 보도 목적이 아닌 증거취득 목적으로 국가기관이 수사나 형사재판 수행 목적으로 몰래 녹음하여 채증하는 경우에는 원칙적으로 효과적인 형사 소추 및 진실발견의 공익과 개인의 사생활 보호이익을 비교형량하는 방식을 취하게 된다. 형사소송을 중심으로 증거능력 유무가 논란된 사안에서 대법원은 이와 같은 입장을 취하고 있다.[466)

대법원은 최근 수사기관이 적법하게 범죄를 수사하면서 현재 그 범행이 행하여지고 있거나 행하여진 직후이고, 증거보전의 필요성 및 긴급성이 있으며, 일반적으로 허용되는 상당한 방법으로 범행현장에서 현행범인 등 관련자들과 수사기관의 대화를 녹

---

466) 대법원 2007. 11. 15. 선고 2007도3061 전원합의체 판결 [공직선거법위반], 대법원 2013. 11. 28. 선고 2010도12244 판결 등.

음한 경우라면, 통신비밀보호법 제3조 제1항에 위반되지 않는 한, 위 녹음이 영장 없이 이루어졌다 하여 이를 위법하다고 단정할 수 없다고 판시하였다.[467]

대법원 2024. 5. 30. 선고 2020도9370 판결 [범행현장 수사상황 녹취]

이 사건에서 대법원은 경찰관(국가기관)이 성매매현장에 들어가 수사하는 과정에서 범행 상황에 관해 피고인과 대화를 녹음한 것은 영장 없이 행해졌다고 하더라도 위법하지 않다고 판시하였다.

피고인이 운영하는 성매매업소에 경찰관이 손님으로 가장하고 들어가 피고인을 비롯한 업소 관계자들과의 대화 내용을 몰래 녹음하였다. 이 녹음을 증거로 하여 피고인은 성매매알선 처벌법 위반 혐의로 기소되었는데, 1심과 2심에서는 경찰관이 피고인 등과의 대화 내용을 비밀 녹음한 것은 피고인 등의 기본권을 침해할 뿐만 아니라 대화 비밀을 침해한 것으로 위법하므로 그 녹음은 위법수집증거로서 증거능력이 없다고 보아 무죄를 선고하였다.

그러나 대법원은, 손님으로 가장한 경찰관이 대화 당사자로서 성매매업소를 운영하는 피고인 등과의 대화 내용을 녹음한 것은 통신비밀보호법 제3조 제1항이 금지하는 공개되지 아니한 타인 간의 대화를 녹음한 경우에 해당하지 않고, 경찰관이 불특정 다수가 출입할 수 있는 성매매업소에 통상적인 방법으로 들어가 적법한 방법으로 수사를 하는 과정에서 성매매알선 범행이 행하여진 시점에 위 범행의 증거를 보전하기 위하여 범행 상황을 녹음한 것이므로 설령 대화상대방인 피고인 등이 인식하지 못한 사이에 영장 없이 녹음하였다고 하더라도 이를 위법하다고 볼 수 없다는 등의 이유로, 이와 달리 판단한 원심을 파기·환송하였다.

또 위 사건에서 사법경찰관은 피고인을 현행범으로 체포하면서 성매매알선 혐의사실에 관련된 사진을 촬영하였는데, 그 증거능력 여부에 관하여 대법원은 "이는 형사소송법 제216조 제1항 제2호에 의하여 예외적으로 영장에 의하지 아니한 강제처분을 할 수 있는 경우에 해당한다고 봄이 상당하므로 그 수색이나 촬영이 영장 없이 이루어졌다고 하더라도 위법하다고 할 수 없다. 나아가 압수는 증거물 또는 몰수할 것으로 사료되는 물건의 점유를 취득하는 강제처분인데(대법원 2013. 9. 26. 선고 2013도7718 판결 등 참조), 범행현장에서 발견된 콘돔을 촬영하였다는 사정만으로는 단속 경찰관들이 강제로 그 점유를 취득하여 이를 압수하였다고 할 수 없으므로 사후에 압수영장을 받을 필요가 있었다고 보기도 어렵다. 따라서 이 사건 사진의 증거능력이 인정된다."고 판시하였다.

셋째, 사인이 자신 또는 타인의 정당한 이익을 보호하기 위해 필요한 증거를 같은 방법으로 취득하는 경우를 상정해 살펴 볼 필요가 있다. 이 경우에는 사인이 공익이 아닌 사익을 행사하거나 방어하기 위해 필요한 증거를 취득하는 것이기 때문에 공익을 위한 경우와 다른 형량기준이 적용되어야 할 것이다. 즉 사인이 추구하는 이익은 공익이 아니더라도 정당한 것이어야 하며, 침해되는 피해자의 말의 권리에 비해 우월한 것으로 인정되어야 한다. 이러한 형량에서는 전술한 영미법상의 제한적 특권의 법리를 기준으로 삼는 방안이 바람직할 것이다. 또 이 경우 녹취 내용은 증거방법으로

---

467) 대법원 2024. 5. 30. 선고 2020도9370 판결.

사용되어 수사기관이나 법원 관계자에게 제시됨에 불과하기 때문에 일반 공공에게 공개되는 보도 목적의 녹취의 경우보다 훨씬 공개효과나 명예 인격권에 영향을 주는 효과가 낮다. 그만큼 증거능력이 인정될 소지가 커지는 것이다.

이러한 논거를 반영하는 판례도 있다. 즉 상대방의 동의 없이 자기와의 대화를 녹음한 자가 그 자료를 정당한 목적으로 사용하는 경우, 예를 들어, 자신을 보호하기 위해 공갈, 협박을 해오는 상대방의 진술을 녹음하여 이를 공개하거나 방어를 위해 그의 녹음된 진술을 증거로 제출하는 경우에는 증거능력이 인정된 바 있다.[468]

> **대법원 1997. 3. 28. 선고 97도240 판결**
>
> "피고인이 범행 후 피해자에게 전화를 걸어오자 피해자가 증거를 수집하려고 그 전화내용을 녹음한 경우, 그 녹음테이프가 피고인 모르게 녹음된 것이라 하여 이를 위법하게 수집된 증거라고 할 수 없다."

특히 사기, 공갈 등 전화나 말에 의한 범행의 피해자는 그 피해 구제의 법적 청구권을 실현함에 필요한 경우 상대방의 동의 없는 녹음이 불가피한 경우가 많을 것이다. 다만, 이를 사용, 공개하는 행위가 별도의 범죄행위나 불법행위의 구성요건을 충족하는 경우에는 문제될 수 있다. 예를 들어, 그 녹음 자료에 나타난 대화 내용을 기화로 상대방을 공갈하는 경우, 또는 이를 공개하여 상대방의 사생활권을 침해하는 경우를 생각할 수 있다.[469] 이에 관하여는 전술한 미국 판례를 참조할 것이다.

한편, 수사기관이 아닌 사인(私人)이 피고인 아닌 사람과의 대화내용을 녹음한 녹음테이프는 피고인이 그 녹음테이프를 증거로 할 수 있음에 동의하지 아니하는 한 증거능력이 인정되지 아니한다. 그에 증거능력을 부여하기 위해서는 첫째, 녹음테이프가 원본이거나 원본으로부터 복사한 사본일 경우에는 복사과정에서 편집되는 등의 인위적 개작 없이 원본의 내용 그대로 복사된 사본일 것, 둘째 형사소송법 제313조 제1항에 따라 공판준비나 공판기일에서 원진술자의 진술에 의하여 그 녹음테이프에 녹음된 각자의 진술내용이 자신이 진술한 대로 녹음된 것이라는 점이 인정되어야 한다.[470] 사인이 피고인 아닌 자와의 대화내용을 상대방 몰래 비디오로 촬영·녹음한 경우 그 비디오 테이프의 진술부분도 마찬가지로 증거능력이 인정된다.[471]

---

468) 후술 대법원 2014. 4. 22. 선고 2011다36725 판결 [노조간부 욕설 녹음 보도] 참조.
469) 전술한 바와 같이 미국 연방도청법에 의하면 1당사자 동의가 있는 경우 대화의 감청이 허용되지만, 그것이 범죄행위나 불법행위를 목적으로 한 때에는 예외 규정이 적용되지 않고(18 U.S.C. § 2511(2)(d)), 그 감청은 물론 그 공개 역시 금지되는 것으로 다루고 있음을 참고로 할 필요가 있다.
470) 대법원 2011. 9. 8. 선고 2010도7497 판결.
471) 대법원 1999. 3. 9. 선고 98도3169 판결, 1997. 3. 28. 선고 96도2417 판결(피고인의 동료교사가 학생들과의 사적 대화중에 피고인이 수업시간에 학생들에게 북한을 찬양·고무하는 발언을 하였다는 사

이상 불법하게 수집된 증거는 피고인이나 변호인이 증거로 함에 동의하였다고 하
더라도 증거능력이 생기는 것은 아니다.472) 또 대법원은 비진술증거의 증거능력에 관
하여 위법수집증거배제법칙을 적용하지 않는다는 입장을 취하고 있다.473)

(3) 몰래 카메라의 법률관계 - 초상권
가. 개관

전술한 바와 같이 비밀 녹음은 말에 대한 권리를 침해하지만, 몰래 카메라에 의한
영상의 촬영에는 초상권 침해가 관련된다. 오늘날 초상권은 통일적·근원적 권리인 일
반적 인격권의 하나로 보호되고 있다. 독일에서 그 보호에는 동의 없는 초상의 공표뿐
아니라 비밀 촬영 자체가 인격권을 침해한다는 법리가 판례상 확립되어 있다. 즉 초상
의 촬영은 그 결과로서 개인적 사항에 관한 특정한 지배를 취득하는 것이기 때문에 본
인의 동의가 없이 이루어지는 촬영은 원칙적으로 인격권에 대한 침해를 의미한다. 특
히 비밀적인 사진촬영이 인격권에 대한 침해를 의미함은 명백하다. 또 기자의 사진촬
영은 피촬영자에 관한 자료화 및 보도의 가능성 때문에 언제나 개인적 영역(persönliche
Sphäre)에 대한 침입을 의미하게 되고, 따라서 허용되지 않는 것이 원칙이다.474)

이와 같은 인격권적인 이익이 양보되는 것은 공공의 정보의 이익이 인정되거나
이익형량에 의해 보다 우월적인 이익을 보호할 특별한 사정이 있는 경우뿐이다. 뒤
에서 보는 바와 같이 초상의 전파가 허용될 수 있는 것이면 그 촬영도 허용됨이 원
칙이다.

현행법상 상대방의 동의 없이 몰래 카메라에 의한 촬영행위를 처벌하는 일반적
형사 처벌조항은 없다. 다만, 성폭력범죄의 처벌 등에 관한 특례법(약칭: 성폭력처벌법)은
카메라를 이용하여 성적 욕망 또는 수치심을 유발할 수 있는 사람의 신체를 의사에 반
하여 촬영한 자와 이를 반포한 자를 7년 이하의 징역 또는 5천만원 이하의 벌금에 처
한다(동법 제14조 제1,2항). 영리 목적으로 정보통신망에 반포한 자는 3년 이상의 유기징
역에 처한다(동조 제3항). 또 반포할 목적으로 사람의 얼굴·신체 또는 음성을 대상으로

실에 대한 학생들의 대화내용을 학생들 모르게 녹음한 사안에서 학생들의 진술내용을 증거로 하기
위해서는 원진술자인 학생들의 진술에 의해 녹음된 내용이 그들 진술대로 녹음된 것임이 인정되어
야 한다고 판시함).
472) 대법원 2019. 3. 14. 선고 2015도1900 판결.
473) "압수물은 압수절차가 위법하다고 하더라도 물건 자체의 성질, 형상에 변경을 가져오는 것은 아니
어서 그 형태 등에 관한 증거가치에는 변함이 없어 증거능력이 있다."(대법원 1987. 6. 23. 선고 87
도705 판결, 대법원 1994. 2. 8. 선고 93도3318 판결, 대법원 1997. 9. 30. 선고 97도1230 판결: 동의
를 받고 사인이 촬영한 나체사진에 증거능력을 인정한 사례).
474) Wenzel, aaO., S. 292.

한 촬영물·영상물 또는 음성물("영상물등")을 의사에 반하여 성적 욕망 또는 수치심을
유발할 수 있는 형태로 편집·합성 또는 가공("편집등")한 자 또는 이들 편집물 등이나
복제물을 반포한 자는 5년 이하의 징역 또는 5천만원 이하의 벌금에 처한다(동법 제14
조의2 제1, 2항). 성적 욕망 또는 수치심을 유발할 수 있는 촬영물 또는 복제물을 이용하
여 사람을 협박한 자는 1년 이상의 유기징역에 처한다(동법 제14조의3 제1항).

　　또 중대범죄신상공개법은 범죄사건 보도와 관련하여 그 범인의 신상정보 공개가
일반적으로 금지되는 것을 전제로 그것이 허용되는 범죄와 요건에 관하여 상세한 규
정을 두고 있음은 전술한 바와 같다. 헌법상 무죄추정의 원칙과 판례에 의한 익명보도
의 원칙을 근거로 한 입법적 조치이다. 초상 사진은 개인을 특정 식별하는 기능을 갖
는 가장 중요한 정보에 속하기 때문에 그 촬영 및 공표·보도가 익명보도의 원칙에 반
하여 민법상 불법행위가 성립하는지 여부가 문제될 수 있다. 이에 관해서는 몰래 카메
라에 의해 침해되는 피해자의 초상권과 초상의 영상을 취득하거나 이용 공개하는 자
의 이익을 비교하는 방안을 살필 필요가 있다.

　　초상권은 인격권의 하나로 보호되지만,[475] 무제한으로 보호되는 것은 아니고 국
가의 안전보장·질서유지·공공복리를 위하여 필요한 경우에는 상당한 제한이 따른다.
그리고 동의 없이 촬영된 사진에 증거능력이 부여되는가 여부는 그러한 초상권 제한
이 허용되는가 여부에 의존한다고 보아야 한다.

　　이와 관련하여 대법원은 2006년 판결에서 처음으로 초상권 침해행위의 위법성을
판단함에 있어서 침해이익과 피침해 이익을 비교형량하는 어프로치를 취하고, 그 양
자의 이익에 속하는 고려요소를 적시하면서, 특히 침해행위(초상의 촬영 및 공개·이용행위)
가 긴급성 및 보충성(그 이외에 다른 적합한 방법이 없어야 할 것) 등 요건을 충족하는 경우
에 한해 위법성이 조각된다는 취지로 판시하였다. 긴급성과 보충성 요건은 대법원이
형법 제20조(정당행위)를 인정함에 충족될 요건으로 적시한 것이기 때문에 동의 없는
초상의 촬영 및 이용은 정당행위로 인정되는 경우에만 위법성이 조각될 수 있다고 본
것이다. 이러한 기준에 따라 대법원은 보험회사 직원들이 원고들의 후유장해 정도에 관
한 증거자료를 수집할 목적으로 원고들을 몰래 지켜보거나 미행하여 원고들의 일상생활
을 촬영한 이 사건 초상권 침해는 불법행위를 구성하며, "그것이 공개된 장소에서 이루
어졌다거나 민사소송의 증거를 수집할 목적으로 이루어졌다는 사유만으로 정당화되지
아니한다"고 보아 피고의 항변을 배척하고 원고의 손해배상청구를 인용하였다.[476]

---

475) 초상권 일반에 관한 상세한 설명에 관하여는 박용상, 명예훼손법(현암사 2008), 525−553면 참조.
476) 대법원 2006. 10. 13. 선고 2004다16280 판결 [증거수집 몰래촬영].

대법원 2006. 10. 13. 선고 2004다16280 판결 [증거수집 몰래촬영]

대법원은 먼저 초상권에 관하여 그 보호내용과 헌법적 근거를 설명하고, 나아가 이익형량에 의해 초상권 침해행위의 위법성을 판단할 때에는 침해이익과 피침해 이익을 비교형량하여야 한다고 하면서, "첫째 침해행위의 영역에 속하는 고려요소로는 침해행위로 달성하려는 이익의 내용 및 그 중대성, 침해행위의 필요성과 효과성, 침해행위의 보충성과 긴급성, 침해방법의 상당성 등이 있고, 둘째 피해이익의 영역에 속하는 고려요소로는 피해법익의 내용과 중대성 및 침해행위로 인하여 피해자가 입는 피해의 정도, 피해이익의 보호가치 등이 있다." 고 판시하여 이익형량 기준을 제시하였다.

[비판] 그러나 위 대법원의 판시는 비교 형량되는 기본권(표현의 자유와 인격권) 각자의 본질과 의미를 간과하고 있기 때문에 적합한 형량기준을 제시했다고 볼 수 없다. 첫째, 비교 형량되는 기본권 양자는 각각 인간의 존엄에서 나오는 기본권이어서, 일반적·추상적 형량 (generelle Interessenabwägung)에 있어서는 우열을 가릴 수 없고 동등한 가치를 갖는 것으로 취급해야 한다. 그렇지만 표현의 자유는 개인의 인격의 형성·발전뿐 아니라 객관적 민주적 질서를 형성함에 필수적이고 대체할 수 없는 역할을 함에 비하여, 인격권은 현대에 이르러 새로이 인정된 형성중인 기본권(언론중재법 제5조 제1항 및 헌법재판소 1990. 9. 10. 89헌마82 결정 참조)으로서 다양하고 변화무쌍한 생활법익을 보호내용으로 하며, 인격권의 인정은 그에 상응하여 타인의 인격의 발현에 장애를 줄 우려가 있기 때문에 신중한 판단을 요한다.[477]

둘째, 대법원이 이 사건에서 처음으로 초상권과 그 촬영·공개행위 간의 형량 기준을 제시하였음에는 그 의미가 있다. 그러나 이렇게 새롭고 그 요건과 한계가 불명확한 초상권을 보호하기 위해 표현의 자유를 행사(침해행위)하는 자에게 보충성과 긴급성 등 무거운 요건을 요구한다면 위헌의 우려가 생길 수 있다. 이것은 형법 제20조(정당행위)에 의해 위법성을 부인할 경우 요구되는 요건이다. 독일의 예를 보면 전술한 바와 같이 동의 없는 촬영이 허용되는 경우는 공공의 알 권리를 비롯하여 정당한 공적 이익이 피사자의 프라이버시 등 보호받는 이익보다 우월한 경우임을 요구할 뿐, 위와 같은 보충성이나 긴급성 등 까다로운 요건을 요구하지 않는다. 대법원의 이 판결은 이후 초상권 침해 여부가 논란된 사안에서 특히 (흉악)범죄자의 초상권을 과도하게 보호하는 경향을 초래하였고, 그 문제가 노정된 바 있다.

셋째, 대법원은 동의 없는 촬영의 위법성 조각사유에 관해 "그것이 공개된 장소에서 이루어졌다거나 민사소송의 증거를 수집할 목적으로 이루어졌다는 사유만으로 정당화되지 아니한다"고 단정하여 준거할 만한 실체적 기준을 제시하지 못하고 있다. 위에서 본 바와 같이 독일 형사소송법 제81b조[478]와 예술저작권법(KUG) 제23조[479]를 참고로 할 필요가 있다고 생

---

477) 박용상, 명예훼손법, 390면 참조.
478) 독일 형사소송법 제81b조는 피의자의 사진은 형사절차의 수행목적이나 수사업무에 필요한 한, 그 의사에 반하여 촬영될 수 있다고 규정한다.
479) 독일의 1907년 제정 예술저작권법(KUG) 제23조는 개인의 초상이 승낙없이 전파되고 열람될 수 있는 예외로서 다음과 같이 규정한다. 이렇게 초상의 전파가 허용될 수 있는 것이면 그 촬영도 원칙적으로 허용된다고 생각된다. ① 공적 인물이 시사적 영역에 속하는 장면에 등장하는 경우 ② 한 인물이 한 경치 또는 기타 장소에서 단지 부수적인 것으로 나타나는 경우 또는 ③ 한 집회, 행렬 또는 유사한 사건의 참가자로서 나타나는 경우, ④ 그 전파와 열람이 보다 높은 예술적 이익에 기

각한다.

넷째, 뒤에서 보는 바와 같이 동의 없는 촬영에 의한 영상자료의 획득은 대별하여 보도 목적의 경우와 입증목적의 경우로 구별할 수 있고 그 목적 여하에 따라 이익형량에도 차별이 있어야 한다. 즉 보도 목적의 취재로 행해지는 촬영은 후에 공공에게 공개될 것을 목적으로 한 것이므로 그 만큼 피해자에게 큰 영향을 미치게 될 것이고, 그에 따라 피해자가 받는 피해 보다 큰 공익이나 공적 관심사에 관계된 것이어야 할 것이다. 반면, 사인에 의한 입증목적의 촬영인 경우에는 대중에 공개됨이 없이 후에 수사나 재판에서 사용될 것이어서 그만큼 피해자에 대한 영향은 경미하다고 보아야 하고 이를 형량에서 고려하여야 할 것이다. 그런데 후자에 속하는 경우라고 볼 이 사건에서 위법성조각 주장을 배척한 대법원 판단에는 비판의 소지가 있다(다만, 대법원의 판단은 피해자들의 일상생활을 미행하고 비밀리에 촬영한 점에 불법성의 무게를 두고 있는 것으로 보인다).

위 판결이 처음 초상권 침해행위의 위법성 판단을 위해 피해자의 보호받는 초상권과 그 촬영 공개의 자유 간의 비교형량 기준을 제시하였다고 하나, "그것이 공개된 장소에서 이루어졌다거나 민사소송의 증거를 수집할 목적으로 이루어졌다는 사유만으로 정당화되지 아니한다"고 설시하여 충분한 위법성조각사유 내지 정당화사유를 제시하였다고 볼 수 없었다.

위 판결과 이후 대법원의 판례를 종합하면, 첫째 이익형량에 의해 초상권 침해행위의 위법성을 판단할 때에는 침해이익과 피침해 이익을 비교형량하는 방안을 일반화하고 있다.

둘째, 이 때 침해행위의 영역에 속하는 고려요소로는 침해행위로 달성하려는 이익의 내용 및 그 중대성, 침해행위의 필요성과 효과성, 침해행위의 보충성과 긴급성, 침해방법의 상당성 등이 있고, 피해이익의 영역에 속하는 고려요소로는 피해법익의 내용과 중대성 및 침해행위로 인하여 피해자가 입는 피해의 정도, 피해이익의 보호가치 등이 있다."[480] 다만, 대법원은 침해이익과 피침해이익 간의 사례별 종합형량에서, 특히 침해행위(표현행위나 언론보도)에 관하여 보충성과 긴급성을 요구하여 표현 및 언론의 자유측에 보다 무거운 부담을 부과하고 있다.[481]

여하는 경우. 제24조(공적인 이익에 의한 예외) 사법 및 공공질서의 목적을 위해서는 관청에 의해 권리자 및 본인 또는 가족의 동의없이 그의 초상이 복제되거나 전파되고 공개적으로 열람에 제공될 수 있다.

480) 대법원 2006. 10. 13. 선고 2004다16280 판결 [증거수집 몰래촬영], 대법원 2013. 6. 27. 선고 2012다31628판결 [재벌가 상견례].

481) 이러한 입장은 대법원 2006. 10. 13. 선고 2004다16280 판결 [증거수집 몰래 촬영]에서 언급된 바를 변화없이 유지한 것이며, 표현의 자유와 인격권을 동등한 가치를 갖는 이익으로 보아 비교형량하여야 한다는 법리에 어울리지 않는다 함은 전술한 바와 같다. 독일의 경우에는 공익이 더 우월할 것을 요구할 뿐 이러한 요건을 추가로 요구하지 않는다.

셋째, 본인의 동의 없는 초상 촬영행위의 위법성이 조각되려면, "① 사생활과 관련된 사항이 공공의 이해와 관련되어 공중의 정당한 관심의 대상이 되는 사항에 해당하고, ② 공개가 공공의 이익을 위한 것이며, ③ 표현내용·방법 등이 부당한 것이 아닌 경우"이어야 한다.482) 이와 같이 대법원은 재벌가 상견례 판결에서 초상권 침해에 관한 위법성조각사유를 새로 제시하였고, 이러한 법리는 추후 판결에서도 반복되고 있기 때문에 판례로서 확립된 것으로 보인다.

넷째, 초상의 몰래 촬영행위의 위법성 판단에는 그 목적에 따라 보도를 위한 취재 목적의 경우와 그 밖에 입증을 위한 증거취득의 목적을 구별해야 하고, 양자의 경우 그 형량의 기준을 차별화할 필요가 있음에도 대법원은 이러한 논증에 이르지 않고 있다. 이하에서는 ① 보도를 위한 취재의 목적과 ② 자기 또는 타인의 정당한 이익을 보호하기 위해 증거 취득이 필요한 경우로 대별하여 동의 없이 초상을 촬영하는 행위의 위법성 여부를 살펴본다.

나. 보도목적인 경우

기자가 보도 목적으로 인물 사진을 촬영하여 취재함에는 그것이 공공의 정당한 알 권리의 대상일 것을 요한다. 대법원은 이에 관해 2013년 판결483) 이래 "① 사생활과 관련된 사항이 공공의 이해와 관련되어 공중의 정당한 관심의 대상이 되는 사항에 해당하고, ② 공개가 공공의 이익을 위한 것이며, ③ 표현내용·방법 등이 부당한 것이 아닌 경우에는 위법성이 조각될 수 있다"는 입장을 고수하고 있다.

> **대법원 2023. 4. 13. 선고 2020다253423 판결 [다문화합창단 사건]**
>
> 이 사건에서도 대법원은 초상권 침해행위의 위법성이 조각될 수 있는 경우 및 초상권 침해행위의 위법성을 판단할 때 고려하여야 할 요소를 위 판례들과 같이 언급하였다. 어린이 다문화합창단이 평창 동계올림픽 개막식에서 애국가 제창행사에 초대받게 되었는데, 그 참가비 부담관계로 학부모들과 위 합창단을 운영하는 사단법인의 대표(원고) 및 직원들 간에 다툼이 생기게 되었고, 피고는 그 다툼 과정을 동영상으로 촬영하여 방송되게 하였다. 원고가 그의 초상이 위 방송에 노출되었음을 이유로 초상권 침해로 인한 손해배상을 청구한 사안에서 대법원은 여러 사정을 종합하여 방송을 통한 피고의 표현의 자유가 원고가 받은 초상권 침해로 인한 손해보다 가볍다고 볼 수 없어 위법성이 조각되는 것으로 보아 원심 판결을 파기 환송하였다.
>
> 이 사건에서 대법원은 위법성이 조각되는 사유로서 원고가 다문화전문가로서 활동하여 알려진 인물이고(공적 인물), 이 사건 합창단을 운영하는 법인의 대표로서 이 사건 합창단의 참

---

482) 대법원 2013. 6. 27. 선고 2012다31628 판결 [재벌가 상견례], 대법원 2021. 4. 29. 선고 2020다227455 판결 [위자료].
483) 대법원 2013. 6. 27. 선고 2012다31628 판결 [재벌가 상견례].

가비 전액을 올림픽 조직위원회에서 부담함에도 이 사건 센터가 학부모들에게 추가로 참가비를 부담하게 하였다는 등의 의혹이 제기되었는데(공적 이익사항), 이 사건 방송 전날에는 이 다툼에 관해 원고가 언론 인터뷰 등에 출연하여 그의 초상을 노출한 점(공적 무대에 자발적으로 참여) 등을 지적하고 있다.

이에 관해 중요한 기준을 제시하고 있는 것은 전술한 바와 같이 1907년 제정된 독일의 예술저작권법(KUG)의 규정이다. 동 규정은 초상이 본인의 동의 없이 촬영되고 공개될 수 있는 예외 사유를 구체적으로 규정하고 있으며, 독일에서 100년 이상 적용되어 풍부한 경험을 쌓고 있다. 우리에게도 귀중한 참고가 될 것이다.

다. 입증목적인 경우

영상이 찍힌 사진이 중요한 증거방법이 됨에는 이론의 여지가 없고, 최근에는 카메라기능이 탑재된 스마트폰의 보급으로 본인이 알지 못하는 사이에 찍혀진 사진이 증거로 제출되는 일이 많다.

여기서는 전술한 몰래 녹음의 경우와 같이 국가기관이 증거를 취득하기 위한 경우와 사인에 의한 증거취득의 경우를 구별하여 살필 필요가 있다. 다음 판결은 국가기관이 수사나 재판에 증거로 제출하는 경우 촬영의 요건에 관해 설시한다.

> **대법원 1999. 9. 3. 선고 99도2317 판결 [초상권과 한계]**
> 누구든지 자기의 얼굴 기타 모습을 함부로 촬영당하지 않을 자유를 가지나 이러한 자유도 국가권력의 행사로부터 무제한으로 보호되는 것은 아니고 국가의 안전보장·질서유지·공공복리를 위하여 필요한 경우에는 상당한 제한이 따르는 것이고, 수사기관이 범죄를 수사함에 있어 현재 범행이 행하여지고 있거나 행하여진 직후이고, 증거보전의 필요성 및 긴급성이 있으며, 일반적으로 허용되는 상당한 방법에 의하여 촬영을 한 경우라면 위 촬영이 영장 없이 이루어졌다 하여 이를 위법하다고 단정할 수 없다.

카메라나 비디오를 이용한 영상의 증거로서 유용성 때문에 국가기관이 아닌 사인이 자신이나 타인의 정당한 이익을 옹호하기 위해 입증 목적으로 촬영하는 경우가 적지 않다. 이러한 증거로서의 필요성을 전혀 도외시한다면 적절한 형량이 이루어지는 것이라고 볼 수 없고 법원은 이를 위해 필요한 허부의 기준을 마련하여야 할 것이다.

이 경우에도 침해법익과 피해법익을 동등하게 비교하는 원칙적인 형량기준을 적용할 필요가 있다. 이 경우 입증목적의 촬영은 공익을 위한 것이 아니지만, 정당한 이익을 옹호 또는 방어하기 위해 수사나 재판절차에서 입증 목적으로 제시됨에 불과하기 때문에 (대외적으로 공공에 알려지는 것이 아니다) 그에 의해 피의자가 입는 피해는 제한적일 것이고, 이 점은 형량에서 촬영자에게 유리한 요소로 된다고 보아야 한다. 따라서 이 경우에도 전술한 몰래 녹음의 경우와 마찬가지로 영미 보통법상 제한적 특권의 법리에 따라 자기 또는 타인의 정당한 이익의 옹호에 필요한 경우에는 그 입증을 위해 동의 없는 촬영 및 제시가 허용되는 것으로 보아야 할 것이다.484)

그리고 이상 모든 경우 동의 없는 초상의 촬영 및 공개(증거로 제출 및 사용 포함)에는 긴급성이나 보충성 등 무거운 요건을 부과함이 없이 순수하게 대등한 가치를 갖는 이익 간의 형량에 적용되는 기준에 따라야 할 것이다. 이 부분 상세한 내용은 앞으로 더 연구를 필요로 한다.

라. 증거능력

현행 통신비밀보호법에는 사인이 위법하게 취득한 진술 증거의 증거능력을 부인하는 규정이 있지만(동법 제4조, 제14조 제2항), 사인이 몰래 촬영한 사진이나 비디오테이프 등의 증거능력에 관하여는 현행법상 아무 규정이 없다.

다음 판례는 대법원이 동의 하에 촬영된 나체사진의 증거능력을 인정한 사례이지만 그 촬영은 애초에 금품을 갈취하기 위한 것이었고, 여성의 나체를 촬영한 사진이란 점에서 여러 문제를 안고 있다.

대법원 1997. 9. 30. 선고 97도1230 판결 [동의 있는 나체사진]

이 판결은 제3자가 공갈목적을 숨기고 피고인의 동의하에 나체사진을 찍은 경우, 피고인에 대한 간통죄에 있어 위법수집증거로서 증거능력이 배제되지 않는다고 판시한다.

[사실관계] 단란주점을 경영하는 갑(녀)으로부터 그 내부수리공사를 맡은 을은 갑과 부적절한 관계를 맺은 후 금품을 갈취할 목적으로 갑의 나체를 촬영하고 이를 갑에게 보여주며 2000만원을 요구하였고, 그것이 공개될 경우 가정 파탄을 우려한 갑은 1600만원을 갈취당하였다. 그런데 을의 법률상 배우자 병은 을이 촬영한 위 사진을 갑에게 제시하며 갑에게 금품을 요구하게 되었고, 갑이 응하지 않자 병은 일산화탄소 중독으로 식물인간 상태에 있던 을과 갑을 간통죄로 고소하면서 위 사진을 증거로 제출하였다.

[원심판결] 원심은 사인이 위법하게 수집한 사진의 증거능력에 관하여 상대방의 명시적 의사에 반하는 임의성 없는 촬영이나 상대방이 범죄행위에 사용된다는 사실을 모르는 상태에서 촬영과 같이 인격권이나 초상권 등 기본권을 중대하게 침해하여 촬영한 사진의 증거능력을 부인하면서, 나아가 이를 국가기관이 증거로 사용한다면 이는 상대방의 기본권에 대한 새로운 침해를 의미한다는 점에서도 증거능력을 부인해야 한다고 판시하였다.

---

484) 참고로 미국의 연방도청법(Federal Wiretap Statute)은 원칙적으로 도청과 그 결과의 사용을 금지하면서 그 예외조항으로 법집행 목적으로 법에 의해 수권된 경우와 당사자 중 최소 1인의 동의가 있는 경우에는 이를 허용하고 있다(one-party consent exception). 이 예외 조항은 도청 주체가 범죄나 불법행위를 범할 목적으로 도청한 경우에는 적용되지 않는 한편(18 U.S.C. § 2511(2)(d)), 판례는 대화 당사자가 그의 대화를 정확하게 기억하여 (a) 증거로 사용하기 위해 정확하게 기록할 목적 (b) 자신을 보호하려는 정당한 목적을 위한 경우, 그리고 (c) 경찰에 고지할 목적으로 범죄행위의 정보를 기록한 경우에는 허용되는 것으로 보고 있다.

이것은 위법수집증거배제법칙의 대사인적 효력을 최초로 인정한 하급심 판결이었다. 또 동 판결은 그 동안 다수의견이 주장해온 바와 같이 범죄에 이용할 목적으로 촬영되어 피고인 의 존엄과 인격권 등을 침해하는 위법한 증거는 증거수집절차에 중대한 위법이 있어 허용되 지 않는 증거로서 처음부터 증거동의 대상에서 배제된다는 점을 명확히 하였다.

[대법원 판시] 그러나 대법원은 ① "국민의 사생활 영역에 관계된 모든 증거의 제출이 곧 바로 금지되는 것으로 볼 수는 없고" ② "법원으로서는 효과적인 형사소추 및 형사소송에서 의 진실발견이라는 공익과 개인의 사생활의 보호이익을 비교형량하여 그 허용 여부를 결정 하"여야 한다고 원칙적 입장을 천명하였다.

이러한 입장에서 대법원은 "이 사건 사진은 피고인의 동의에 의하여 촬영된 것임을 쉽게 알 수 있어(원심도 이를 부정하는 취지는 아니다) 사진의 존재만으로 피고인의 인격권과 초 상권을 침해하는 것으로 볼 수 없고, 가사 이 사건 사진을 촬영한 위 공소외인이 이 사건 사 진을 이용하여 피고인을 공갈할 의도였다고 하더라도 이 사건 사진의 촬영이 임의성이 배제 된 상태에서 이루어진 것이라고 할 수는 없으며, 이 사건 사진은 범죄현장의 사진으로서 피 고인에 대한 형사소추를 위하여 반드시 필요한 증거로 보이므로, 공익의 실현을 위하여는 이 사건 사진을 범죄의 증거로 제출하는 것이 허용되어야 하고, 이로 말미암아 피고인의 사생활 의 비밀을 침해하는 결과를 초래한다 하더라도 이는 피고인이 수인하여야 할 기본권의 제한 에 해당된다고 보아야 할 것이다."라고 결론지었다.

대법원은 비록 사인이 공갈 목적으로 촬영한 나체사진이라 하더라도 피촬영자의 동의하에 촬영되었다면 효과적인 형사소추 및 형사소송에서 진실발견이라는 공익과 개인의 사생활의 보호이익을 비교 형량하여 그 허용여부를 결정해야 한다는 이익형량설의 관점에서 피고인의 동의하에 촬영된 나체사진의 존재만으로 피고인의 인격권과 초상권을 침해하는 것으로 볼 수 없어 증거능력이 인정된다는 입장을 취한 것이다.

그러나 첫째 공갈 목적을 알지 못하고 동의하는 행위에 그 상응하는 효력을 인정할 것인 가, 둘째 나체사진은 개인의 수치심을 유발하는 내밀한 성적 영역에 속하는 것이어서 재판절 차에서 증거가치가 있다 하더라도 이를 공개하는 것이 용납되는가, 셋째 이렇게 사위에 의해 촬영에 응한 피고인의 행위에 임의성이 있는가 등 여러 문제에서 비판을 넘어서기가 힘겨워 보인다.

대법원은 전술한 2006. 6. 27. 선고 2004다16280 판결[증거수집 몰래촬영]에서 처음 초상권 침해행위의 위법성을 판단하면서 "그것이 공개된 장소에서 이루어졌다거나 민 사소송의 증거를 수집할 목적으로 이루어졌다는 사유만으로 정당화되지 아니한다"고 설시한 바 있었다. 그런데 대법원은 2021년 판결[485)에서 전술한 판시 부분에 관해 그 것은 "증거 수집 목적이라는 이유만으로 곧바로 초상권 침해행위의 위법성이 조각될 수는 없다는 것일 뿐 그와 반대로 증거 수집과 보전이 필요한 모든 경우에 일률적으로 위법성이 조각될 수 없다는 것이 아니다."라고 하면서 증거 수집 목적 외에 그 필요성

---

485) 2021. 4. 29. 선고 2020다227455 판결 [위자료].

과 긴급성, 상당성 등을 종합적으로 고려하여 위법성 조각을 인정할 수 있다는 취지로
판시하였다.

대법원 2021. 4. 29. 선고 2020다227455 판결 [현수막 분쟁 영상]

이 판결에서 대법원은 "개인의 사생활과 관련된 사항의 공개가 사생활의 비밀을 침해하는
것이더라도, 사생활과 관련된 사항이 공공의 이해와 관련되어 공중의 정당한 관심의 대상이
되는 사항에 해당하고, 공개가 공공의 이익을 위한 것이며, 표현내용·방법 등이 부당한 것이
아닌 경우에는 위법성이 조각될 수 있다"고 종전의 입장을 반복하였다.

이러한 기준적 관점에서 대법원은 "아파트 입주자 갑이 아파트 단지 내에 현수막을 게시
하던 중 다른 입주자 을로부터 제지를 당하자 을에게 욕설을 하였는데, 위 아파트의 부녀회
장 병이 말다툼을 하고 있는 갑의 동영상을 촬영하여 입주자대표회의 회장 정에게 전송하였
고, 정이 다시 이를 아파트 관리소장과 동대표들에게 전송한 사안에서, 갑의 동영상을 촬영
한 것은 초상권 침해행위이지만, 행위 목적의 정당성, 수단·방법의 보충성과 상당성 등을 참
작할 때 갑이 수인하여야 하는 범위에 속하므로, 위법성이 조각된다"고 판시하였다.

대법원이 공익의 관점에서 쟁점을 다루고 있으나, 그것은 동시에 아파트 입주자들 공통
의 이익을 위한 채증행위로 볼 수 있고, 영미법상 제한적 특권에 해당하는 사례로 파악할
수 있다.

이를 보면 몰래카메라에 의한 촬영물의 증거능력 여부는 그 촬영행위의 위법성이
조각되는 여부와 밀접히 연관되어 있다. 즉 몰래카메라에 의한 촬영행위의 위법성이
조각되면 그 촬영결과물의 증거능력도 인정된다고 보아야 할 것이다.

그러나 동의 없는 촬영행위가 위법성이 조각되지 않는 경우 그 결과물의 증거능
력 여부에 관해서는 대화 당사자 중 1인이 상대방의 동의 없이 몰래 녹음한 경우 증거
능력 결정문제와 유사한 상황이 야기되는 것이므로 대법원이 취한 법익 형량 기준이
여기서도 적용된다고 보아야 할 것이다.

마. 몰래 카메라와 공개·보도

나아가, 몰래 카메라에 의해 촬영된 영상자료가 불법이라 하더라도 이를 공개 또
는 보도하는 경우 위법성 여부는 별도로 판단되게 된다. 독일의 경우 위에서 본 동의
없는 촬영이 허용되는 예외적인 경우에는 그 초상의 전파도 허용된다고 간주된다.[486]

이 경우 유의할 점은 언론이 공익 사안에 관하여 보도하는 경우라 할지라도 그에
관련된 개인의 초상을 촬영·보도하려면 다시 그 인물에 관하여 정보의 이익(알 권리)이
인정되지 않으면 안 된다는 점이다(전술 범죄나 혐의보도에서 익명보도의 원칙 참조). 이러한
비밀촬영의 방송이 허용되는 것은 마약밀매의 현장 등 명백하고 중대한 사회적 범죄
행위를 고발하기 위해 범죄의 현장을 취재할 필요가 있는 경우뿐이다.

---

486) 독일 예술저작권법 제23조 제1항.

유럽인권재판소는 몰래카메라로 취재된 내용의 보도가 허용될 수 있는 요건으로
서, ① 우월적인 공적 목적을 위해 불가피한 경우 ② 보도내용이 공적 사항에 관한 것
이고, 피해자의 사적인 사항의 기술을 제외할 것 ③ 보도내용이 진실할 것 ④ 보도 방
법에서 피해자의 신원노출을 피하는 조치를 취할 것 등을 들고 있다.[487]

ECHR 2015. 2. 24. Haldimann and Others v. Switzerland [몰래 카메라 보도]

방송사 기자가 보험상품 판매시 잘못된 정보를 알리는 보험업계의 부정한 관행을 폭로 하
기 위해 한 보험사 모집원으로 하여금 개인 아파트에서 고객으로 가장한 다른 기자를 인터뷰
하게 하고 몰래 이를 촬영하여 그 일부를 편집하여 방송하였다. 그 기자는 스위스 형법에 의
해 모집원의 대화를 사전 동의 없이 채록 방송한 죄로 벌금형을 선고받았는데, 기자의 청원
에 의해 유럽 인권재판소는 언론의 자유와 사생활권을 비교 형량하면서 피고인을 무죄로 판
단하였다.

위 판결에 의해 개진된 몰래카메라의 사용이 허용되는 요건을 요약하면, ① 우월적인 공적
목적을 위해 불가피한 경우(이 사건에서는 소비자보호라는 공익을 위한 것이었다) ② 보도
내용이 공적 사항에 관한 것이고, 피해자의 사적인 사항의 기술을 제외할 것(계쟁 프로는 모
집원 개인을 비판하려 한 것이 아니라 그의 직업에서 특별한 영업적 관행을 강조하려 한 데
있었다) ③ 보도 내용이 진실할 것(방송된 내용에서 기자들이 폭로한 사실은 보업업계에서
행해지는 현실을 반영한 것이란 점에 다툼이 없었다) ④ 보도 방법에서 피해자의 신원노출을
피하는 조치를 취할 것(모집원의 얼굴과 목소리는 인식될 수 없도록 조치되었다) 등이다. 이
사건에서는 이러한 요건이 모두 충족되어 몰래 카메라의 사용이 허용되는 경우로 판단된 것
이다.

4. 위법 수집된 정보의 보도

(1) 개관

위법한 취재 자체가 법적으로 제재받는 것과 그러한 취재행위로 얻은 정보의 보
도가 위법성을 갖는 여부는 별개의 문제이다.

이 문제에 관해 미국의 판례는 수정헌법 제1조에 따라 진실한 정보의 보도에 대
한 사전억제나 사후처벌은 위헌으로 추정된다는 생각을 전제로 보도내용이 진실한 한
그 취재상의 잘못 여하를 불문하고 보도 자체에 대한 책임을 면책시키는 원칙적 입장
을 취하고 있다. 그리고 미국에서는 명예훼손 소송에서 원고가 공적 인물인 경우 보도
관계자의 현실적 악의를 입증할 책임을 부담하기 때문에,[488] 미디어에게는 현저히 유

---

487) ECHR 2015. 2. 24. Haldimann and Others v. Switzerland.
488) 1964년 뉴욕타임스 대 설리반 사건에서 '현실적 악의의 법리'(actual malice rule)가 정착된 후, 공적
    인물 등이 원고가 된 소송에서 미디어 보도에 대해 승소할 가능성은 현저히 감소하였다. 즉 공직에

리한 환경이 조성되고 있다고 볼 수 있다.

그에 비해 독일의 경우를 보면, 진실한 사실의 보도라 하더라도 위법하게 취득된 경우 또는 개인의 정보자결권이나 신뢰 영역을 위법하게 침해하는 경우에는 정당화되지 않음이 원칙이다.[489] 다만, 위법하게 수집된 정보의 공표도 중요한 공익 사항인 한 알 권리를 충족하기 위해 헌법적 보호를 받는다. 이렇게 위법하게 취득된 정보를 공개하는 경우 개인의 권리와 공공의 알 권리가 충돌하게 되는데, 그 위법성 여부는 표현행위의 목적과 그 목적이 추구된 수단 간의 형량에 의존한다. 공공에 관련되는 문제에 관한 토론에 기여하는 정도가 클수록 표현의 자유에 큰 비중이 주어지나, 표현행위가 직접 사적인 법익이나 이기적인 목적을 추구하기 위한 경우에는 그렇지 않다.

표현행위자가 피해자에게 불리하게 사용하기 위해 고의적인 위법행위에 의해 정보를 조달한 경우 그 공개행위는 원칙상 금지된다.[490] 이 원칙에 대한 예외는 위법한 취재에 의해 피해자가 입게 될 불이익에 비해 공공의 알 권리 및 여론형성을 위해 해당 정보가 갖는 중요성이 명백하게 우월한 경우이다.[491] 또 언론이 관여함이 없이 단지 그에게 제출·제공된 정보를 보도하는 경우 그것이 위법하게 취득되었음을 알지 못하였다면 허용될 가능성이 커진다.

(2) 위장취업에 의한 취재 보도

가. 독일 판례

독일의 사례로는 신문사 편집부 내부의 상황을 취재하기 위하여 가명(假名)으로 신문사에 위장(僞裝) 취업한 후 근무 당시 관찰한 바를 바탕으로 신문사의 편집 경향에 대한 비판적인 글을 쓴 사안에서 독일의 연방대법원과 연방헌법재판소는 상이한 입장을 취하였다.

BGHZ 80, 25(1981), BVerfGE 66, 116 (1984) - Aufmacher ['폭로자']

저술가인 피고(Günter Wallraff)는 1977년 독일 최고 발행부수의 우익 성향 가판지 'Bild'-Zeitung의 편집 및 작업행태를 관찰하고 그에 관한 비리를 폭로하기 위해 가명으로 위 신문

있거나 널리 알려진 인물이 명예훼손 소송을 제기할 경우, 그는 미디어의 보도내용이 거짓이라는 것뿐만 아니라 악의적으로 행해졌거나 사실확인에 부주의했음을 증명해야 하는데, 이는 쉬운 일이 아니며, 그러한 소송의 수행에는 거액의 소송비용이 소요되기 때문에 원고가 명예훼손 소송을 제기 수행하기란 사실상 어려워졌기 때문이다.

489) Vera von Pentz, Ausgewählte Fragen des Medien- und Persönlichkeitsrechts im Lichte der aktuellen Rechtsprechung des Ⅵ. Zivilsenats, AfP 01-2015, S. 11-23.

490) "언론기관이 불법 감청·녹음 등의 결과물을 취득함에 있어 위법한 방법을 사용하거나 적극적·주도적으로 관여하여서는 아니"된다(대법원 2011. 5. 13. 선고 2009도14442 판결).

491) Vera von Pentz, aaO., S. 11-23.

사에 위장 취업하였다. 그는 4개월간 근무 당시의 경험을 폭로하는 서적을 발행하면서 그 신문사의 편집회의의 진행상황, 사회적인 진지한 테마나 정치적인 테마는 피하고 피상적인 선정적인 편집만을 시도하는 그 신문의 경향 등에 관하여 폭로하였다.

빌트지를 발행하는 원고(Springer출판사)는 편집을 위해 필요한 신뢰영역(Sphäre der Ver-traulichkeit)이 침해되었다고 주장하면서 피고를 상대로 그 서적 배포를 금지하는 소를 제기하였다.

독일 연방대법원(BGH)은 원고의 청구를 기각하면서 다음과 같이 판시하였다.

대법원은 신뢰관계에 기해 취득한 정보를 공개함에 있어서는 표현행위자가 그 정보를 조달한 방법에 관하여도 검토하여야 한다는 과거 판례의 입장을 확인하고, 그렇다고 하여 불법적으로 신뢰 영역에 침입하여 얻은 모든 정보가 그 이유 때문에 공공에 알려질 수 없다는 것은 아니고, 그 정보가 공공을 위해 갖는 의미가 형량의 중요한 요소가 된다는 입장에서 미디어사의 편집회의는 공공에게도 공개될 수 있는 사회적 영역(Sozialsphäre)에 속하는 것이고, 문제 서적은 중요한 대중지로서 공공의 알 권리에 봉사해야 할 원고의 편집회의에서 공공에게 전달되는 정보의 선택 및 처리과정에 중대한 비리가 있음을 폭로하는 것이었으므로 위와 같은 법익형량의 원칙에 비추어 볼 때 피고가 위 사실을 폭로하고 비판하는 행위는 허용되어야 한다고 결론 내렸다.

그러나 원고가 제기한 헌법소원 사건에서 독일 연방헌법재판소는 위 연방대법원 판결을 취소하면서 다음과 같이 판시하였다. "기자가 상대방을 기망하여 그를 비판 대상으로 사용할 의도에서 불법적으로 취득한 정보는 원칙적으로 그 보도가 금지된다. 그에 대한 예외는 공공의 알 권리와 공공의 의견형성을 위한 그 정보의 중요성이 피해자가 받는 권리 침해 및 법질서 위반으로 야기되는 불이익보다 일방적으로 우세한 경우이다."라고 하는 비교형량 기준을 제시하면서, 이 사건에서 연방대법원이 편집활동 영역을 사회적 영역으로 보아 공개되어야 하는 것으로 본데 대해, 연방헌법재판소는 신문의 편집의 비밀은 자유로운 언론의 기능을 위해 필수적인 조건이 되는 것이며, 이러한 편집활동 영역에 위장취업으로 침입하여 그 과정을 탐지하고 기사화한 것은 빌트지의 헌법상 언론의 자유를 침해한 것이라고 판단하였다. 즉 피고가 위장취업에 의해 잠입 저널리즘의 방법으로 원고 신문의 헌법에 의해 보호받는 '편집의 신뢰영역'(Vertraulichkeitsbereich der Redaktion)에 침입하여 수집한 내용의 공개는 허용할 수 없다는 것이었다.

나. 미국 판례

미국 판례는 위장취업이 위법한 취재방법에 속하지만, 그러한 위법한 방법에 의해 얻어진 정보가 공익을 위해 중대한 것이었다면 그 보도를 허용하는 입장을 취한다.[492]

---

492) Food Lion Inc. v. Capital Cities/ABC Inc., 984 F.Supp. 923, 25 Media L.Rep. 2185 (M.D.N.C., 1977) [푸드라이언사 위장취업 취재].

Food Lion Inc. v. Capital Cities/ABC Inc., 984 F.Supp. 923 (M.D.N.C., 1977) [푸드
라이언사 위장취업 취재 사건]

ABC방송(피고)의 프로듀서 2인은 한 식품업체(수퍼체인 Food Lion, 원고)에 육류담당자와
점원으로 위장 취업한 후 동사의 비위생적인 업무처리장면을 몰래카메라로 촬영하여 1992.
11. 5. 인기프로인 'Prime Time Live' 시간에 방영하였다. 그 결과 원고 회사는 1주만에 그 주
식의 시가 총액이 13억 달러 떨어지는 막대한 타격을 받게 되자, ABC사를 상대로 24억 7,000
만 달러의 손해배상을 청구하는 소송을 제기하였다. 원고의 제소는 보도 내용을 문제삼는 명
예훼손이 아니라, 사기 및 주거침입 등 그 취재상의 위법을 소인(訴因)으로 하였다.

이에 대하여 연방지방법원의 배심은 ABC사에 대하여 1,400불의 보상적 손해와 그에 40배
가 되는 5,545,750불의 징벌적 손해를 배상하도록 평결하였고, 담당 판사는 징벌적 손해배상
액을 315,000불로 감액하였다.

그러나 제4연방항소법원은 원고가 방영내용이 아니라 취재방법의 불법성을 문제삼아 보도
로 인한 손해의 배상을 구하는 것은 헌법수정 제1조의 보호를 회피하는 것이므로 허용될 수
없다는 입장에서 지방법원의 판결을 취소하고, 피고 소속 기자들이 고용상의 충실의무위반과
주거침입한 점을 인정하여 그에 관해 2불의 명목상 손해만을 인정하였다.

(3) 도청자료의 보도

어느 나라건 통신의 비밀은 헌법상 프라이버시의 권리로서 또는 표현의 자유의
일환으로서 보호되고, 그러한 비밀을 침해하는 자뿐 아니라 이를 공개 또는 전파, 보
도하는 자는 처벌받게 되어있다. 그러나 그러한 정보가 고도로 공적인 사항에 관한 것
으로서 진실하다고 확인된 경우 이를 취득하여 보도하는 언론의 행위를 면책시킬 것
인가 여부는 나라마다 달리 취급되고 있다.

가. 미국 판례

미국 연방대법원은 미디어가 불법적으로 도청된 대화를 공표한 사안에서 공적인
중요성을 가진 사안을 공표할 수정 헌법 제1조의 이익이 대화자의 프라이버시의 권리
에 우선한다고 판시하고 있다. 그러나 이 판결에 대하여는 도청과 그 공개를 금지하는
미국의 제정법을 무시한 것으로서 기존의 판례에도 배치된다는 비판이 제기되고 있다.

Bartnicki v. Vopper, 532 U.S. 514 (2001) [무선 도청 대화 보도]

이 사건은 휴대전화에 의한 사적 커뮤니케이션이 불법적으로 채록되어 미디어가 이를 공
개한 것이 문제된 것으로서 미국 연방대법원은 언론의 자유를 개인의 프라이버시에 비교하
면서 불법적으로 도청된 대화를 공표할 미디어의 권리를 인정하였다. 대법원은 공적인 중요
성을 가진 사안을 공표할 수정 헌법 제1조의 이익이 대화자의 프라이버시의 권리에 우선한다
고 판시한 것이다.

Bartnicki(여)는 펜실베니아 교원노조와 교육청 간에 계약상의 분쟁에 협상자로 임무를 부
여받고 있었는데, 자기의 휴대폰으로 그 지역노조 조합장과 대화하면서 그 협상의 진행상황

에 관하여 언급하였다. 그 대화는 미지의 제3자에 의해 불법적으로 도청 녹음되었는데, 그 테이프는 노조의 요구에 반대하는 납세자단체의 대표에게 건네졌고, 다시 라디오 해설자인 Vopper에게 교부되었다. Vopper는 그의 라디오 토크 쇼에서 노조를 비판하면서 그 도청된 대화의 테이프를 반복하여 틀었다.

Bartnicki와 노조조합장은 Vopper와 납세자 단체의 장을 상대로 불법 도청된 메시지 내용을 누설한 혐의로 제소하였다. 위 미디어의 공개행위는 전자 커뮤니케이션에 대한 권한없는 가로채기(unauthorized interception)와 그 공개(subsequent disclosure)를 불법화한 1986년 전자프라이버시 보호법(Electronic Communications Privacy Act of 1986: ECPA)에 위반되는 것이었지만, 연방대법원은 이 사건에서 프라이버시의 관심은 공적인 중요성을 가진 사안을 공표할 이익에 대비되는 경우 양보된다고 판시하였다. 연방대법원은 피고들이 불법 도청에 관여한 바 없고 정보를 합법적으로 취득하였음을 인정하면서 미지의 제3자의 불법적 행위만으로는 공적인 관심사에 대한 언론보도에 관해 수정헌법 제1조의 방패를 제거하기에 충분치 않다고 결론지었다.

위 판결에 대하여는 여러 측면에서 비판이 제기되었다.[493]

위 판시에 반하는 하급심 판결로서 Boehner v. McDermott 사건(191 F.3d 463 (D.C. Cir. 1999))도 있었다. 당시 Newt Gingrich 하원 의장을 포함한 하원 공화당 간부 수인은 깅리치 의장의 윤리위반 문제를 논의하기 위해 회의통화(conference call)에 참여하였다. 한 신원 미상의 플로리다 주민이 무선 스캐너를 사용하여 그 참여자 중 베머의 통화를 가로채 그 대화를 녹음한 후, 반대당인 민주당 소속 하원윤리위원회 위원이었던 McDermott의원에게 교부하였다. 맥더못은 그 도청된 대화의 내용을 기재한 카피를 3개의 주요 신문사에 배포하였다.

베머는 맥더못을 상대로 공개금지조항 위반을 이유로 제소하였다. 그 소송은 연방대법원에서 파기 환송된 후 연방항소법원은 McDermott의원은 하원윤리위원회 위원으로서 그에게 제공된 자료의 비밀을 지킬 의무가 있기 때문에, 그 자료를 언론사에 넘겨 언론의 자유를 주장할 수 없다고 판시하였다.

나. 독일 판례

독일에서는 불법적으로 조달된 정보를 보도함에 있어서는 그 조달방법의 위법성 때문에 보도가 불법으로 취급되는 경우가 일반적이다. 취재의 불법성과 그 취재로 인한 내용의 보도가 별개의 문제라고 하더라도 취재의 방법이 공서양속(公序良俗)에 반하는 반윤리적인에 방법에 의한 것이면 그 보도가 위법하게 되는 중요한 요인이 될 수 있다는 것이다. 특히, 기자나 언론사 소속원이 의식적으로 위법한 수단을 써서 피해자의 보도에 필요한 자료를 수집하였다면 그것은 위법성을 띠게 되고, 그것을 공개하는

---

493) Matthew D. Patterson, CONSTITUTIONAL LAW: THE INTERSECTION OF TITLE III AND THE FIRST AMENDMENT: A DIMINISHING RIGHT TO PRIVACY IN AN EXPANDING TECHNOLOGICAL AGE, 54 FLLR(Florida Law Review, July, 2002), p. 543. 그 상세한 내용은 박용상, 명예훼손법(현암사, 2008), 798면 이하 참조.

표현행위는 금지되는 것이 원칙이다.[494] 더욱이 피해자에 관해 불이익한 보도를 하기 위하여 범죄수단에 의해 피해자로부터 획득된 정보를 비싼 값으로 사들여 보도하였다면 그 보도는 허용되지 못한다. 그러나 위법하게 조달된 정보이지만 기자가 주의의무를 다했다 하더라도 그 조달과정상의 위법성을 인식할 수 없었던 경우에는 그 공표로 인하여 책임을 추궁당할 수 없다.

BGH 1978. 12. 19. 선고 BGHZ 73, 120 [정당간부 간 도청내용 보도]

이 사건에서는 제3자가 도청에 의해 위법적으로 취득한 정보를 전달받은 언론기관이 이를 공개할 수 있는가 여부가 다루어졌는데, 법원은 그 정보에 관한 당사자의 비닉의 이익과 그 정보에 대한 공공의 알 권리의 이익과를 비교형량하여 결정할 문제라고 하는 입장에서 도청된 전화통화 내용을 신문이 보도하는 것은 대화자들의 인격권을 침해하는 것이어서 그 보도의 금지를 바라는 가처분을 인용하였다.

불법 취재정보의 보도가 허용될 수 있는 예외적인 경우는 중대한 정보의 이익, 즉 공공의 알 권리가 피해자에 대한 법익침해의 불이익 또는 법질서 보호의 이익보다 명백히 우세한 경우이다. 이러한 예외사유로서는 예컨대, 공해의 배출이나, 건강을 해하는 생활필수품의 오염과 같이 공공을 해치는 중대한 범죄행위가 취재·고발되는 경우를 들 수 있다.[495] 그러나 그 자체가 허용되는 공표라 하더라도 이기적인 경제적 동기만을 가진 것이거나 공공의 알 권리와는 무관하게 타인의 이익에 대해 중대한 침해를 가져오는 경우에는 그 목적에 비추어 위법하게 될 수 있다. 통화의 내용이 위법한 행위 내지 계획을 논의하는 경우에도 원칙적으로 보아 공개의 가치가 우세한 것으로 생각된다.

BGH 2014. 9. 29. - VI ZR 490/12 [잃어버린 랩톱]

이 사건에서 BGH는 피고 기자에 의해 추구된 공공의 알 권리의 이익은 해당 정보가 제3자에 의해 위법하게 취득된 사정을 고려하더라도 원고(피해자)의 인격권 이익보다 우월하다고 판단하였다.

원고는 다년간 한 주의 장관과 의회 의원을 지낸 정치인인데, 한 여자동료와 혼외관계를 가졌고, 딸을 낳게 되었으나 그 딸의 부양료를 주지 않았다. 그런데 원고가 사용하던 랩톱 컴퓨터가 분실되었고, 피고 기자에게 그 컴퓨터에 보관된 이메일 내용이 송부되었는데, 거기엔 1994년부터 2010년까지 고위 공직에 있던 원고가 다년간 자기 딸에 대한 부양의무를 이행하

---

494) 1990. 8. 26. 개정된 독일 형법 제201조는 위법하게 도청된, 타인이 발언한 공개되지 않은 말을 그 문면에 따라 또는 그 중요한 내용을 공개하는 경우(öffentlich mitteilt)에도 그것이 타인의 정당한 이익을 침해하는 경우 같은 처벌을 받도록 하고, 다만, 그 공개가 우월적인 공익을 옹호하기 위한 경우에는 위법성이 없다고 규정한다(동조 제2항).

495) Wenzel, aaO., Rn. 10.18.

지 않은 사실을 뒷받침하는 통신내용이 수록되어 있었다. 피고는 2010. 9. 20. 인터넷에 원고의 실명을 써서 원고와 연인과의 관계, 딸의 출산, 그리고 사회보장 급부의 횡령 등에 관한 기사를 보도하였다.

BGH는 피고의 보도가 허용된다고 하면서 그 이유로, 첫째 그 정보는 고위 정치인의 현저하게 중한 비리를 보여주는 것이어서 고도의 공개가치를 가진 것이었고, 둘째 피고 기자는 원고의 신뢰영역에 대한 침해에 관여하지 않았고, 보도하기 위해 고의적인 위법행위에 의해 이를 조달하지 않았으며, 그는 신뢰영역에 대한 알려진 침해로부터 단지 이를 사용하였을 뿐이다.

ECHR 2006. 12. 19. Radio Twist v. Slovakia, [도청 대화 보도]

슬로바키아의 한 라디오 방송사('Radio Twist')는 법무장관과 부수상 간의 전화 대화 내용을 공개하였다는 이유로 처벌받았다. 그 보도에 포함된 대화에는 1996년 주요 국영보험사의 민영화에 이해를 가진 2정치집단 간의 정치적인 권력투쟁이 있었다는 해설이 들어 있었다. 법무장관은 불법적으로 취득된 전화대화를 보도한 것이라고 주장하면서 방송사를 상대로 민사소송을 제기하였다. 슬로바키아 법원은 공무원들의 전화 대화도 프라이버시 보호를 받는 것이기 때문에 불법 도청된 대화의 방송은 법무장관의 인격권을 침해한 것이라고 하면서, 피고 방송사에 대해 서면 사죄와 함께 1일 이내에 사죄 방송을 명하고 위자료의 지급을 명하였다.

그러나 유럽인권재판소는 정치인에 대해 허용되는 비판의 한계에 관해 설시하면서, 녹화된 대화의 내용과 맥락은 정치적인 것이었고, 그 방송 내용에는 정치가의 사생활과 무관한 국면만이 포함되었으며, 나아가 그 방송 후 그 법무장관은 헌법재판관으로 선출되었기 때문에 그의 명예가 손상되었다고 볼 수 없다고 보았다. 처벌받을 수 있는 유일한 근거는 그 자료의 취득과 방송에 불법이 있었는가 여부인데, 그 도청 대화는 어떤 제3자에 의해 불법 취득되어 방송사에 넘겨진 것이었고, 그 자료 취득과 방송에 방송사나 그 소속원의 불법이 있었거나 개입하였다는 증거가 없었다. 인권재판소는 방송사 기자가 악의였다거나 공공에 제공할 의무가 있다고 생각된 사항을 보도하는 외에 어떤 다른 목적을 추구한 바도 없었고, 피고 방송사는 법무장관의 명예를 훼손한 바 없으므로 그에 대한 제재는 유럽인권협약 10조에 위반된다고 결론지었다.

다. 한국 판례

현행 통신비밀보호법은 법률에 의하지 아니하고 통신비밀에 속하는 내용을 수집하는 행위뿐 아니라 불법 감청·녹음 등에 의하여 수집된 통신 또는 대화의 내용을 공개하거나 누설하는 행위를 동일한 형으로 처벌하도록 규정하고 있다(동법 제3조 제1항, 제16조 제1항 제1호 및 제2호).[496]

동법의 적용 여부와 관련하여 김영삼정권 당시 중요 인사들에 대한 국가안전기획

---

496) 헌법재판소는 통신비밀보호법의 해당 조항이 헌법에 위반되지 아니한다고 판시하였다(헌법재판소 2011. 8. 30. 선고 2009헌바42 결정, 통신비밀보호법 제16조 제1항 제2호 위헌소원).

부의 불법도청내용(이른바 '안기부 X파일')의 공개 여부에 관하여 격렬한 논란이 전개된 바 있었다. 국회는 그 공개 여부를 놓고 특별법 제정을 할 것인가 논란이 분분하였으나, 반대 여론 때문에 입법화되지 못하였다.497)

대법원은 다음 사건에서 위 불법도청 자료의 내용을 취재·보도한 기자에 대해 통신비밀보호법 위반으로 처벌하고 있다. 그에 의하면, 불법 감청·녹음된 정보의 보도는 형법 제20조의 정당행위로 인정되는 경우에 한하여 위법성이 조각될 수 있다는 입장을 취하고 있다는 점에서 단순한 이익형량 기준을 넘어 더 엄격한 요건을 요구하고 있음을 알 수 있다. 그 사건에서는 국가기관의 개인에 대한 불법적인 체계적·지속적인 감시의 결과를 대상자에게 불이익하게 사용하여 특별한 기본권 침해가 이루어진 사정이 고려된 것이라고 보아야 할 것이다. 여하튼 그 요건의 충족이 쉽지 않음은 후속 판례에서도 그대로 나타나고 있다. 독일의 경우와 비교해 보더라도 공공의 알 권리가 피해자의 인격권보호보다 현저히 우월한 경우에는 불법감청 정보의 보도도 허용되지만, 대법원은 이보다 더 엄격한 요건을 요구하는 것이라고 볼 수 있다.

대법원 2011. 3. 17. 선고 2006도8839 전원합의체 판결 ['안기부 X파일']

이 사건에서 법원은 김영삼정권 당시 중요 인사들에 대한 안기부의 불법도청내용(이른바 '안기부 X파일')을 취재하여 보도한 방송사 기자에 대하여 통신비밀보호법 위반으로 처벌하고 있다.

김영삼정권 당시 국가안전기획부 내 특수조직인 비밀도청팀은 정치·경제·언론 등 각 분야의 주요 인사들의 대화 내용을 비밀리에 녹음하여 왔다. 위 팀을 지휘하던 공모씨는 1998년 국가안전기획부가 국가정보원으로 개편되면서 면직되자, 위와 같은 방법으로 녹음된 내용이 담긴 테이프 수백 개와 녹취록 등을 개인적으로 은닉하였다. MBC 보도국 심층보도팀에서 근무하던 이상호기자는 2006. 7. 22.경 위 비밀도청 내용을 취재 보도하였고, 검찰의 기소에 의해 제1심에서는 무죄를, 항소심에서는 유죄로 선고 받고 상고하기에 이르렀다.

대법원은 "불법 감청·녹음 등에 관여하지 아니한 언론기관이, 그 통신 또는 대화의 내용이 불법 감청·녹음 등에 의하여 수집된 것이라는 사정을 알면서도 이를 보도하여 공개하는 행위가 형법 제20조의 정당행위로서 위법성이 조각된다고 하기 위해서는, 첫째 보도의 목적이 불법 감청·녹음 등의 범죄가 저질러졌다는 사실 자체를 고발하기 위한 것으로 그 과정에서 불가피하게 통신 또는 대화의 내용을 공개할 수밖에 없는 경우이거나, 불법 감청·녹음 등에 의하여 수집된 통신 또는 대화의 내용이 이를 공개하지 아니하면 공중의 생명·신체·재산 기타 공익에 대한 중대한 침해가 발생할 가능성이 현저한 경우 등과 같이 비상한 공적 관심의 대상이 되는 경우에 해당하여야 하고, 둘째 언론기관이 불법 감청·녹음 등의 결과물을 취득

---

497) 이에 관한 상세한 논의는 박용상, <포럼> '도청자료 공개 특별법'은 위헌이다, 문화일보 2005. 8. 8. 게재 및 박용상, "통신의 자유와 그 한계 – X파일 공개는 법치주의의 후퇴다" 서울지방변호사회 간행 웹메거진 '시민과 변호사'(http://webzine.seoulbar.or.kr/) 창간호 참조.

할 때 위법한 방법을 사용하거나 적극적·주도적으로 관여하여서는 아니 되며, 셋째 보도가 불법 감청·녹음 등의 사실을 고발하거나 비상한 공적 관심사항을 알리기 위한 목적을 달성하는 데 필요한 부분에 한정되는 등 통신비밀의 침해를 최소화하는 방법으로 이루어져야 하고, 넷째 언론이 그 내용을 보도함으로써 얻어지는 이익 및 가치가 통신비밀의 보호에 의하여 달성되는 이익 및 가치를 초과하여야 한다. 여기서 이익의 비교·형량은, 불법 감청·녹음된 타인 간의 통신 또는 대화가 이루어진 경위와 목적, 통신 또는 대화의 내용, 통신 또는 대화 당사자의 지위 내지 공적 인물로서의 성격, 불법 감청·녹음 등의 주체와 그러한 행위의 동기 및 경위, 언론기관이 불법 감청·녹음 등의 결과물을 취득하게 된 경위와 보도의 목적, 보도의 내용 및 보도로 인하여 침해되는 이익 등 제반 사정을 종합적으로 고려하여 정하여야 한다"고 판시하였다.

대법원이 내린 결론에는 이의가 없다. 그렇지만, 그 결론에 이르는 과정에서 침해이익과 피해이익 간의 우열에 따라 형량하는 일반적 방법[498]에 의하지 아니하고, 형법 제20조의 정당행위를 적용하여 위법성이 조각되지 않는다고 논증한 부분에 관해서는 비판적 검토가 필요하다. 형법 제20조가 규정하는 '정당행위'는 여타 일체의 위법성 조각사유가 없어 최종적으로 적용될 수 있는 일반적 위법성 조각사유이고, 종전 대법원이 그 사유의 적용에 요구해 온 5가지 요건,[499] 특히 그 중에서 긴급성 및 보충성 요건은 충족되기 매우 어려운 것이어서 이를 표현행위의 위법성 여부를 결정함에 적용하는 것은 부적합하기 때문이다.[500]

대법원 2011. 5. 13. 선고 2009도14442 판결 ['떡값' 도청파일]

노회찬 전 의원은 2005년 삼성그룹이 대선 후보들에게 불법 대선자금을 주고 검사들에게도 '떡값' 명목으로 불법자금을 건넸다는 내용이 담긴 도청파일을 입수해 그 내용을 보도자료로 작성하여 공개하였다. 법원은 피고인의 행위 중 국회 법제사법위원회 개의 당일 국회 의원회관에서 기자들에게 배포한 행위는 국회의원 면책특권의 대상이 되는 직무부수행위에 해당하지만, 자신의 인터넷 홈페이지에 관련 검사들의 실명을 게재하여 이를 공개한 행위는 형법 제20조의 정당행위에 해당하지 아니하여 책임을 면할 수 없다고 판시하였다.[501]

대법원 2016. 5. 12. 선고 2013도15616 판결 [통신비밀보호법위반]

대화에 원래부터 참여하지 않은 제3자가 일반 공중이 알 수 있도록 공개되지 아니한 타인 간의 발언을 녹음하거나 전자장치 또는 기계적 수단을 이용하여 청취하는 것은 특별한 사정이 없는 한 통신비밀보호법 제3조 제1항에 위반된다.

피고인 한겨레신문 기자는 휴대폰의 녹음기능을 작동시킨 상태로 정수장학회 이사장과 8분간의 전화통화를 마쳤는데, 통화가 끊기지 않은 상태에서 정수장학회 이사장과 MBC 간부

---

498) 대법원 1988. 10. 11. 선고 85다카29 판결 ['악덕 변호사'] 참조.
499) 대법원 2004. 5. 28. 선고 2004도1497 판결 [사회상규] 참조.
500) 전술 제3절 Ⅰ 1 및 2 (2) 참조.
501) 위 사건으로 실명이 공개된 K변호사 등은 노 전 의원을 명예훼손 및 통신비밀보호법 위반 혐의로 고소했고, 노 전 의원은 2013년 유죄판결을 받아 의원직을 상실했다. 그 후 K변호사는 노 전 의원을 상대로 1억원의 손해배상 청구소송을 제기해, 제1심에서는 배상액 3000만원의 일부 승소판결을 받았으나, 2심에서는 "게시물 게재의 공익성과 타당성이 인정된다"며 원고 패소판결을 받았다. 2014. 6. 12. 대법원은 원고 패소 판결한 원심을 확정했다(2014.06.16. 대한변협신문 [499호]).

간의 대화가 이루어지게 되자 이사장의 휴대폰과 통화연결상태에 있는 피고인의 휴대폰 수신 및 녹음기능을 이용하여 이 사건 대화를 몰래 청취하면서 녹음한 사실이 문제되었다. 대법원은 피고인은 이 사건 대화에 원래부터 참여하지 아니한 제3자이므로, 통화연결상태에 있는 휴대폰을 이용하여 이 사건 대화를 청취·녹음하는 행위는 작위에 의한 (구) 통신비밀보호법 제3조의 위반행위로서 같은 법 제16조 제1항 제1호에 의하여 처벌된다고 판단한 원심을 지지하였다.

피고인은 위 행위가 형법 제20조의 '사회상규에 위배되지 아니하는 행위'라고 항변하였으나, 대법원은 대화당사자가 이른바 공적 인물로서 통상인에 비하여 사생활의 비밀과 자유가 일정한 범위 내에서 제한된다고 하더라도 자신의 의지에 반하여 불법 녹음되고 공개될 것이라는 염려 없이 대화할 수 있는 그들의 권리까지 쉽게 제한될 수 없는 점 등을 고려하면, 청취 및 녹음 결과 이 사건 대화 내용이 정수장학회가 보유하고 있던 MBC의 지분매각 문제라는 점만으로 이러한 '청취'·'녹음' 행위가 정당행위에 해당한다고 볼 수 없고, ① 불법 녹음된 대화 내용을 실명과 함께 그대로 공개하여야 할 만큼 위 대화 내용이 공익에 대한 중대한 침해가 발생할 가능성이 현저한 경우로서 비상한 공적 관심의 대상이 되는 경우에 해당한다고 보기는 어려운 점, ② 피고인은 이 사건 대화당사자 몰래 공개되지 아니한 타인의 대화를 청취·녹음하여 불법적인 자료를 취득한 점, ③ 피고인은 이 사건 대화의 주요 내용을 비실명 요약 보도하는 것만으로도 정수장학회와 MBC의 관계를 일반인에게 알릴 수 있는데도 대화당사자 등의 실명과 대화의 상세한 내용까지 그대로 공개함으로써 그 수단과 방법의 상당성을 일탈한 점 등을 고려하면, 이 사건 대화 내용의 '공개' 행위 역시 정당행위에 해당하지 아니한다고 판단하였다.

대법원 2014. 4. 22. 선고 2011다36725 판결 [노조간부 욕설 녹음 보도]

신지호 전 새누리당 의원은 2009년 9월 국정감사에서 마포구청장 등에게 전국공무원노동조합 부위원장인 권모씨(원고)가 휴직명령 없이 노조전임 활동을 한데 대한 조치 및 노조전임기간 중 지급된 보수 내역 등에 관하여 자료 제출을 요구하였는데, 권모씨는 신의원 측에 항의 전화하면서, 신의원 보좌관에게 반말과 욕설을 하자 그는 이를 녹음하여 언론사에 건네 그 사실을 보도되게 하였다. 권씨는 신 의원이 자신의 승낙 없이 함부로 통화 내용을 녹음하고 언론에 보도되게 해 사생활이 침해됐다며 5000만원의 손해배상을 요구하는 소송을 냈다. 1심과 항소심은 권씨의 주장을 일부 받아들여 500만원을 배상하라는 판결을 했다. 하지만 대법원은 원심을 파기하고 사건을 서울남부지법 합의부로 돌려보내면서(2011다36725) 그 보도는 국정감사에서 공무원의 성실근무 여부를 조사하려는 정당한 의정활동을 방해하는 행위에 관한 것이어서 공공의 이익을 위한 것이라고 밝혔다.

(4) 기밀 정보의 보도

2006. 12. 19. UN, OSCE(Organization for Security and Co-operation in Europe), OAS (Organization of American States) 및 ACHPR(African Commission on Human and Peoples' Rights)의 공동 선언은 "기자들은 그들의 잘못 없이 취득한 분류된 정보나 기밀 정보를 공개

함으로써 책임이 추궁되어서는 안된다"고 선언한 바 있다.

ECHR 2006. 4. 25. Stoll v. Switzerland [기밀문서 폭로]

1996년 미국 주재 스위스 대사는 청구됨이 없이 스위스 은행들이 보유하고 있는 재산을 홀로코스트 희생자들에 보상하는 방안에 관해 기밀문서('전략적 문서')를 작성하여 스위스 연방 외무성과 한정된 인사에게 전달하였다. 쉬톨 기자는 그 사본 하나를 취득하여(그 적법한 취득자의 기밀 누설 행위로 추정된다) 그 초록을 자신이 근무하는 신문에 게재 공표하였다. 1999년 그는 스위스 형법 제293조에 의해 공식적인 기밀적 사항을 보도하였다는 죄목으로 50유로의 벌금을 선고받았다. 동 법조는 기밀 누설자와 그 공표자를 모두 처벌하였다.

인권재판소는 2006. 4. 25. 소부 판결에서 4:3의 의견으로 스위스법원의 유죄판결은 유럽인권협약 제10조 위반이라고 판시하였으나, 이어서 행해진 인권재판소 대심판부는 2007. 12. 10. 12:5의 의견으로 소부의 판결을 취소하고 쉬톨 기자의 처벌이 유럽인권협약 위반이 아니라고 하면서 다음과 같이 판시하였다(ECHR 2007. 12. 10. Stoll v. Switzerland [Grand Chamber]).

인권재판소 대심판부는 대사 작성의 문서에 포함된 정보는 중요한 공적 이익 사항에 관한 것이고, 국제적 차원뿐 아니라 스위스에서도 중요한 공적 문제로서 열띤 토론의 맥락에서 공개되었음을 인정하면서도, 대사의 보고문서의 공개는 성공적인 외교 관계의 수행에 필요한 재량의 분위기를 잠식할 수 있었고, 스위스의 교섭 수행에 부정적 반발 가능성이 있었다는 점을 지적하였다. 대심판부에 의하면 기자 자신이 누설된 문서의 취득에 불법적으로 관여하지 않았다는 사실은 그가 그의 의무와 책임을 준수했는지 여부를 평가함에 반드시 결정적 요소는 아니며: 그는 기자로서 문제된 문서의 공개가 스위스형법 제293조에 의해 처벌될 수 있다는 점을 알지 못했다고 선의로 주장할 수 없었다는 것이다. 또 해당 기사는 선정적 스타일로 작성되고 제시되었기 때문에 대사의 진술이 반유대적이라고 부적절하게 암시하여 부정확하고 독자들이 오해할 수 있었다. 또 기사의 형태에 관해 거두절미되고 축약된 서술은 대사의 인격과 능력에 관해 오해를 야기할 수 있는 것이어서 공적 토론에의 그들의 기여를 현저히 떨어뜨리는 것이었다. 결국 협약 제10의 위반이 없다는 것이 결론이었다.

(5) 취재상 약정 위반 보도

취재원보호의 약속 하에 취득된 정보를 보도함에 있어서 그 취재원의 신원을 노출시킨 경우에는 그 약정위반으로서 민사상 채무불이행의 책임이 귀속될 수 있다.

일반적으로 승인되는 언론의 취재윤리에 의하면 기자는 취재원에게 자기가 기자이며, 취재의 목적과 의도, 보도되는 포맷 등 취지를 밝혀야 하며, 취재에 즈음하여 취재원과 한 약속은 지켜야 한다. 그럼에도 이러한 약정을 위반한 경우에는 후에 보도한 것 자체가 위법하지는 않다 할지라도 취재과정상의 약정 또는 취재윤리 위반이 별도로 법적인 책임을 발생시킬 수 있다.

Cohen v. Cowles Media Co., 501 U.S. 663 (1991) [취재원 성명공개]

이 사건은 신문사의 편집담당자가 익명을 약속한 취재원을 공개함으로써 피해받은 취재원 (코엔)이 제기한 소송이었다.502) 선거운동 참모로 일하고 있던 코엔은 신문사가 약속을 어기고 자신의 신원을 공개하자 계약위반으로 제소하였다. 법원은 이 사건에서도 이른바 금반언 (禁反言)의 법리가 보편적으로 적용가능한 법에 해당한다는 이유로 코엔에게 승소 판결을 내렸고, 해당 언론사는 계약위반에 따른 손해배상을 해야만 했다.

다음 판례는 가명을 써서 기자의 신분을 숨기고 동의를 받아서 한 인터뷰 내용의 공개에 대하여 손해배상 책임을 인정한다. 피고의 책임을 인정함에 있어서 기망(欺罔)에 의한 동의가 위법성의 요소로서 고려된 것이다.503)

Classic Carriers v. Dateline NBC. (1998) [호의보도 약정 위반]

이 사건에서는 NBC 방송의 뉴스매거진 프로그램 프로듀서가 메인주(州)의 한 운송업체와 그 회사에서 일하는 한 트럭운전사에게 운송업자 및 트럭운전사에 대한 우호적인 보도를 약속한 뒤 그들의 모습을 필름에 담아 뉴스쇼를 통해 방송했다. 그 프로듀서는 심지어 카메라 기자를 그 운전사의 트럭에 동승시켜 촬영하기까지 했다. 하지만, 2부작으로 나눠 방송된 'Keep on Trucking'이란 프로그램은 운송업 전반에 대한 고발프로그램의 성격을 띠었을 뿐만 아니라, 취재대상이었던 트럭운전사에 대해서도 고발하고 있었다. 배심원단은 NBC 방송이 취재와 관련하여 운송회사와 구속력 있는 계약을 체결했음을 인정했다. 그 회사와 트럭운전사는 명예훼손과 계약위반이란 명목으로 NBC를 고소하여 525,000달러의 손해배상금을 지급받았다. NBC는 항소하였다.504)

영국의 판례에 의하면 불법적으로 조달된 정보의 유포가 개인에게 귀속되는 신뢰 보호에 저촉하게 되는 경우라면 위법성이 인정될 수 있다. 따라서 회사의 홍보업무를 위해 고용된 자가 후에 위 회사를 비판하는 프로그램을 제작하는 것은 신뢰관계를 위반한 것이므로 그 프로그램의 방송이 금지된 사례가 있다.505) 그러나 피고가 신뢰관계를 침해하여 원고의 내부문서를 사용한 경우에도 원고측의 불법행위 또는 반사회적인 행위를 공개하는 경우에는 공익을 이유로 면책이 인정될 수 있다.506)

---

502) 이 사건에 관한 상세한 언급은 박용상, 명예훼손법(현암사, 2008), 795면 이하 참조.
503) Buller v. Pulitzer Publishing Co., 684 S.W.2d 473, 11 Media L.Rep. 1289 (Mo.Ct.App. 1984).
504) Quill, 1998. 12., pp. 5-8.
505) Schering Chemicals Ltd. v. Falkman Ltd, [1981] 2 All ER 321 [신뢰관계위반 프로그램], 박용상, 명예훼손법, 803면 참조.
506) Lion Laboratories v. Evans & Express Newspapers, [1985] QB 526 [내부문서 이용], 박용상, 명예훼손법, 804면 참조.

5. 미디어의 단순 전파자 책임

언론매체의 전파는 언제나 지적 전파의 형태를 취하게 되므로 언론사는 그 인쇄물의 전체 내용에 대해서 책임을 지는 것이 원칙이다. 따라서 미디어 기업의 기업주는 그 매체를 통한 전파 내용에 의해 타인의 법익 침해가 이루어지지 않도록 주의할 일반적 의무를 부담하게 된다. 특히, 영향력이 큰 대중매체의 관리자나 제작자는 매체의 성질상 피해자에게 치명적일 수 있는 위험 발생을 예견하고 이를 방지할 의무가 있다. 그러나 각 부문별로 그 책임 여하는 같지 아니하다.

(1) 편집 부문

가. 개관

모든 미디어의 편집 부문에서 전파자로서의 책임이 문제될 수 있는 것은 제3자의 진술이나 글을 그대로 전달하는 경우이다. 이 때 미디어는 그 제3자의 말이나 글에 포함된 타인의 명예를 훼손하는 내용에 대해서도 책임을 지게 됨이 원칙이다.[507] 그렇다면 미디어는 청탁에 의한 게재물이든 독자편지이든 그 내용에 명예훼손적 사항을 배제할 의무가 있다고 보아야 한다.

나. 제3자의 기고내용에 대한 언론사의 책임

언론은 제3자의 기고 내용에 관하여 제3자의 진술을 인용 보도하는 경우와 마찬가지로 명예훼손 책임을 부담할 수 있다. 그러한 경우 언론은 그 내용에 대한 진실 여부와 내용에 관하여 심사의무가 있다.[508] 심사 결과 충분한 근거가 없거나 정보의 이익이 우세한 것이 아니면 그것을 게재할 수 없는 경우도 있다. 편집상의 관행에 따르면 제3자의 기고 내용은 그 제출자의 생각을 게재하는 것일 뿐 발행사의 의견과는 일치하지 않는다고 하는 참조문구를 게재함이 보통이다. 그러나 통상의 경우 그것만으로는 그에 포함된 명예훼손적인 표현이 면책되지 아니하며, 명예훼손적 부분이 삭제되지 않으면 발행인과 편집자는 책임을 지게 된다.

대법원 1988. 10. 11. 선고 85다카29 판결 [학원사 법정 수기]

피고 학원사는 그 발행 잡지 '주부생활'지에 "한국 최초로 변호사를 상대로 승소한 중학중

---

[507] 서울중앙지방법원 민사25부 2019가합532002 판결: 칼럼 등 외부 인사가 언론사에 기고한 글일지라도 그 내용에 의견표명 외에 명백한 허위의 사실이 적시돼 있다면 이 기고문을 실은 언론사는 정정보도를 할 책임이 있다고 판시함(법률신문 2020. 10. 5. 보도).

[508] 신문에 비하여 신속성의 요청이 덜한 잡지가 제3자의 기고문을 게재하는 경우에는 그 내용의 진실 여부에 관해 충분히 조사하여야 한다(대법원 2013. 2. 14. 선고 2010다108579 판결).

퇴 기능공의 법정투쟁기" "위대한 소시민의 승리였읍니다"라는 제목 하에 제3자의 수기를 피고 발행 잡지에 게재하였다. 그러나 실상 위 수기 작성자는 피해자 변호사를 상대로 손해배상청구 소송을 제기하였으나 변호사가 소송위임 사무를 잘못 처리한 책임이 없다는 이유로 패소한 바 있었다. 법원은 그 내용의 진실성에 대하여는 전혀 검토하지 아니한 채 피해자가 변호사로서의 본분을 망각한 악덕변호사인 것처럼 비방하는 내용의 글을 그대로 잡지에 게재하였다면 잡지발행인으로서는 위 수기의 내용이 진실한 것으로 믿는데 상당한 이유가 있었다고 할 수 없고, 잡지에 이 수기를 게재하여 반포하였다면 위 피해자의 사회적 평가가 저하되었다 할 것이므로 위 잡지발행인은 위 피해자에 대한 명예훼손의 책임을 면할 수 없다고 판시하였다.

ECHR 2013. 9. 24. Belpietro v. Italy [면책특권을 갖는 제3자의 기고]

이탈리아 한 상원의원은 사법부의 마피아 근절 대책은 성과가 없고, 특히 팔레르모의 2인 검사는 술수를 쓰고 있다고 비판하는 기사를 전국지에 기고 게재하였다. 그 기사에는 비판을 뒷받침하는 사실관계에 관한 언급이 없었기 때문에 명예훼손이 되는 것으로 판단되었다. 피해자 검사 양인은 그 기사에 자신들의 직업적 개인적 명성을 해하는 내용이 있다고 주장하면서 상원의원과 신문 편집인을 상대로 명예훼손 소송을 제기하였다. 상원의원에 대한 고소는 이탈리아 법에 의해 의원 면책특권에 속한다고 하여 기각되었으나, 신문 편집인에 대해서는 징역 4월(집행유예)와 함께 11만 유로의 배상이 명해졌다.

편집인이 제기한 청원 사건에서 유럽인권재판소는 검사 양인에 대해 사실적 근거 없이 그를 비난한 상원의원의 명예훼손적 기사를 게재한 편집인에게 형사책임을 인정한 이탈리아 법원의 판결은 유럽인권협약을 위반하지 않았다고 판시하였다. 그렇지 않다면 언론은 상원의원이 쓴 것이면 명예훼손적이거나 모욕적 진술이라 하더라도 그 보도에 절대적 자유를 가지게 될 것이기 때문이다. 다만, 인권재판소는 편집인에게 징역형과 과도한 배상을 명한 조치는 비례에 어긋나는 것이라고 보아 편집인의 청원을 받아들였다.

다. 타인의 표현행위를 그 자체로 보도하는 경우

1) 생방송 인터뷰 및 토론

독일 판례[509]에 의하면, 방송과 TV의 가장 중요한 임무는 다양한 의견에 표현의 기회를 부여하고 소수파도 발언할 수 있게 돕는데 있고, 이러한 가능성을 보장하기 위해 헌법상 표현자유 조항에 의해 방송의 자유가 헌법적으로 보장되는 것이다. 특히, 생방송으로 진행된 방송토론의 경우 방송사는 여러 견해와 사조(思潮)의 시장으로서 그 여러 표현행위의 단순한 전파자에 머물게 되며, 방송사와 기자들은 방송프로에서 보도된 제3자의 명예훼손적 표현행위에 관해 언제나 방해자 또는 가해자로서 청구권의 상대방이 되지 않는다. 이 경우 방송사가 그 각 표현행위의 원래 저자와 함께 또는 그를 대신하여 청구권의 상대방이 될 수 있다면 그것은 미디어의 본질과 기능에 반하

---

509) BGH 1976. 4. 6. — Ⅵ ZR 246/74 — "Der Fall Bittenbinder".

게 될 것이다.

BGH 1976. 4. 6. - Ⅵ ZR 246/74 - "Der Fall Bittenbinder"

전파자가 제3자의 표현행위를 전달하면서 이를 승인 찬성하는 등 그것이 자신의 표현행위로 보이게 하는 경우에는 전파자 역시 원진술자와 같은 책임을 지게 된다. 이렇게 방송에 의해 송출된 제3자의 표현행위를 방송사의 표현행위로 인정함에는 신중해야 한다. TV가 명시적으로 절연함이 없이 제3자의 표현행위를 송출한다는 것만으로 방송이 자신을 그와 합치시키는 것이 아니다. 또 그러한 표현행위가 방송프로에서 중요한 비중을 가지며, 대상이나 내용 때문에 그 비판이 특별한 관심을 불러일으킨다는 이유만으로도 방송사의 표현행위로 간주되지는 않는다. 송출기술상의 배려로 생방송이 아니라 주로 편집되어 송출된다는 사정 역시 언제나 결정적인 것은 아니다. 방송에서 발언하는 인물에 영상이나 음악이 곁들여져 부각되는 경우에도 고지되는 의견은 그 인물의 의견일 뿐 방송 편집부의 의견으로 보지 않는 것이 보통이다.

비판적 포맷의 TV매거진 프로에 편입된 제3자의 명예훼손적 진술에도 같은 법리가 적용된다. 예를 들어, 자체가 비판적으로 이해되는 TV매거진 프로에 제3자의 비판적 표현행위가 삽입되는 경우 그 취지가 그 비판 대상을 역시 비판적으로 다루기 위한 것이었다면, 설사 그 프로의 경향이 제3자의 표현행위와 유사한 방향을 지향하는 것이라 할지라도, 그것이 바로 방송사 자신의 표현행위로 간주되지 않는다. 방송은 통제 및 정보임무를 이행한다는 점에 비추어 이러한 포맷의 방송은 그 프로에 참여하거나 인터뷰에 대답하는 제3자의 진술 그 자체가 공공에게 알려지도록 방송을 수단으로 표현하는데 도울 뿐이다. 그러나 그러한 비판적 표현행위가 방송사 자신의 비판적 입장표명 속에 편입되어 그 프로 전체가 방송 자신의 비판으로 나타나는 경우, 토론 참가자와 인터뷰 상대방의 표현행위는 동시에 피고의 표현행위라고 간주될 수 있고, 방송사는 피해자의 취소청구 및 부작위[금지] 청구의 상대방이 될 수 있다.

언론보도에서 자주 행해지는 인터뷰 보도에서 법적 책임은 인터뷰를 행하는 기자와 피회견자의 진술을 구별해서 판단해야 한다. 다만, 유럽인권재판소는 방송의 경우 제3자를 모욕하거나 도발하고 그들의 명예를 훼손하는 인용의 내용에 대해 기자로 하여금 정규적으로, 그리고 형식적으로 절연할 것을 요구하는 것은 시사적 사건을 보도하고 의견과 사상을 전달할 언론의 과업과 양립하지 않는다고 판시한다.

ECHR 1994. 9. 23. Jersild v. Denmark [방송인터뷰]

이 사건에서 한 텔레비전 다큐멘터리를 제작한 방송 기자(피고인)는 한 청년인종차별단체의 구성원을 인터뷰하고, 그가 이민자들을 '깜둥이', '짐승'이라고 부르면서 폄훼적이고 모욕적 언급을 한 발언을 편집하여 방송되게 하였다. 덴마크 법원은 위 문제 발언을 행한 청년과 함께 방송 기자를 그에 방조·교사하였다는 이유로 처벌하였다.

유럽인권재판소는 그 청년을 혐오언론으로 처벌한 것은 지지하였으나, 방송기자의 처벌은 유럽인권협약에 반한다고 결정하였다. 방송기자를 처벌하는 것은 방송에 의해 그 혐오 메시

지를 광범한 시청자에게 전함으로써 피해자에 대한 해악을 악화시켰음을 전제로 한 것이었
으나, 재판소의 다수의견에 의하면 방송기자는 인종차별적 피회견자의 메시지를 지지하지 않
았고, 오히려 그들의 환경, 좌절, 그들의 폭력 성향, 전과기록 등을 공적 관심의 중요한 문제
로 제기하면서 그들과 그들의 메시지를 노출하려 하였다는 점을 강조하고, 기자는 혐오를 촉
진할 의도가 없었기 때문에 피해자 집단의 권리와 명예를 보호하는 정당한 목적과 관계에서
그 처벌은 합당하지 않다고 결론지었다. 사실을 보도하고 그들에 대한 의견을 전파하는 기자
의 표현의 권리와 그 피해자들에 대한 증오 메시지의 해악을 비교 형량함에 있어서 전자를
우선시킨 것이다.

ECHR 2001. 3. 29. Thoma v. Luxembourg [인용방송]

방송 기자가 공무원 체제의 정직성에 의문을 제기한 기사의 초록을 방송 프로그램에서 인
용하면서 자신의 의견은 그 논평과 무관하다고 하지 않았다고 하여 처벌받은 경우 인권재판
소는 "타인들을 모욕하거나 도발하거나 그들의 명예를 훼손할 수 있을 인용을 함에 있어서
기자가 그 내용에 관해 체계적·공식적으로 절연할 것을 일반적으로 요구하는 것은 시사적
사건, 의견 및 사고에 관한 정보를 제공할 언론의 역할과 양립하지 않는다."고 판시하였다.
그 기자는 그 방송 서두에 저자를 인용한다고 말해 사실상 예고하였고, 그 기사가 강력하게
묘사된 것임을 언급한 바 있었다.

서울행정법원 행정13부 2015. 1. 22. 판결510)

2014. 2. 20. 생방송으로 진행된 CBS '김현정의 뉴스쇼'에 출연한 박모 신부는 인터뷰에서
"이번 18대 대통령선거는 국정원과 정부의 모든 기관이 합작해서 개입한 부정선거다", "NLL
은 독도보다 예민한 분쟁지역인데 거기서 한미 군사훈련을 하면 어떻게 되겠느냐", "NLL에서
훈련하니까 연평도 포격 사건이 발생한 것이다"라는 등 발언을 했다.

방송통신위원회는 진행자가 박 신부를 인터뷰하는 과정에서 박 신부의 발언 내용이 방송의
공정성 및 균형성, 객관성을 위반했다는 이유로 '주의'라는 제재처분을 내리면서 그 이유로
"박 신부의 발언 내용에 객관적 사실이 아니거나 불확실한 내용이 포함돼 있었음에도 진행자
는 이를 지적하거나 그 근거에 대해 질문하는 등 청취자의 오해를 방지하기 위한 조치를 취하
지 않았다"며 "이 프로그램은 뉴스 보도 프로그램이어서 다른 교양·오락프로그램과 달리 청취
자에 대한 영향력이 강하므로 더 강화된 공정성 및 균형성과 객관성이 요구된다"고 밝혔다.

이에 CBS는 방송통신위원회를 상대로 '제재조치 명령 취소' 소송을 제기했다.

법원은 "이 프로그램 중 생방송 인터뷰로 진행되는 부분은 사실을 객관적으로 보도하는
뉴스 프로그램보다는 해설·논평 프로그램에 더 가깝다"며 "인터뷰 부분의 공정성·균형성·
객관성은 뉴스 프로그램보다는 완화된 기준이 적용된다"며 CBS 승소로 판결하였다. 재판부
는 "인터뷰 과정에서 다소 과격하거나 정제되지 않은 표현 또는 검증되지 않은 주장이 나올
가능성이 충분히 있는 반면에 원고가 사전에 방송 내용을 통제하는 데는 한계가 있을 수밖에
없다"고 전제하고, 이어 "이 프로그램은 박 신부에 대한 인터뷰에 이어 여야 국회의원의 의
견을 듣는 시간을 편성해 박 신부 발언에 대한 충분한 반박이 이뤄질 수 있도록 했다"며 "진

---

510) (서울=연합뉴스) 임미나 기자 2015/01/22 20:26 송고.

행자가 인터뷰 당시 적절한 질문이나 반론을 하지 못했더라도 인터뷰 직후 이에 대한 충분한 반박이나 논평이 이뤄졌다면 방송의 공정성·균형성을 침해했다고 볼 수 없다"고 설시하였다.

2) 피해자의 전파자에 대한 구제 수단

위와 같이 타인의 명예훼손적 표현을 단순하게 전파한 자는 피해자에게 명예훼손 책임을 부담하지 않음이 원칙이며, 피해자는 그에게 취소, 정정, 부작위 등을 청구할 수 없다. 이 경우 피해자는 그 제3자의 명예훼손적 진술에 관해 직접 방송사 등 매체사를 상대로 취소, 정정이나 손해배상을 구할 수 없고, 다만 원진술자인 제3자를 상대로 이들 청구권을 행사하여 그 결과에 따라 방송사 등에 적절한 피해회복 조치를 요구할 수 있을 뿐이다.

이 경우 명예를 침해하는 해당 표현행위를 단지 전파하거나 허용하면서 자신의 것으로 하지 않은 단순한 전파자에 대해 피해자는 타인이 행한 표현행위로부터 물러날 것을 요구할 수 있을 뿐, 그 취소를 요구할 수는 없다. 자신이 하지 아니한 것을 취소할 수 없을 뿐 아니라, 더욱이 취소는 최후의 구제수단으로서 피해자의 이익이 다른 방도로 충분히 충족될 수 없는 경우에만 투입될 수 있는 것이기 때문이다.511)

라. 전파자의 피인용자에 대한 책임

미디어의 인용 보도에 있어서 문제되는 다른 하나는 잘못된, 부정확한 인용으로 피인용자가 해를 입는 경우 미디어가 피인용자에게 지는 책임 여부이다.512) 즉 언론매체가 인용의 형식을 취하여 보도한 경우 그 인용에 잘못이 있거나 부정확한 경우에는 피인용자(원진술자)에게 해를 끼칠 수도 있다.513) 이 경우 전파자의 인용보도는 원진술자와의 관계에서 사실적시로 간주된다.

먼저 최소한 문법적이거나 문맥상의 오류를 시정하기 위해 또는 이해와 요약을 위해 원진술자의 발언 내용을 바꾸는 것은 무방하다. 문제되는 것은 원진술자의 발언 내용이 모호하거나 다의적인 경우 인용자가 이를 어떤 기준에 따라 해석하여 인용할

---

511) BGH, 1976. 4. 6. − Ⅵ ZR 246/74 − "Der Fall Bittenbinder".
512) 인용에서는 두 가지 측면에서 법적인 책임 문제가 논의될 수 있다. 그 하나는 인용 내용과 관련하여 그것이 제3자에게 손해를 입힌 경우 그 피해자에 대한 인용자의 책임 여하이고(인용자의 제3 피해자에 대한 관계), 다른 하나는 타인의 말이나 진술을 인용 또는 전파하는 경우 인용자에 의해 작성된 내용이 원진술자의 주장 내용과 다른 경우에 인용자가 원진술자에 대하여 지는 책임 여하이다(인용자와 피인용자 간의 관계).
513) 미국 판례에 의하면 언론이 행한 인용이 틀리고 원고를 소스로 한 인용으로 그를 수치스럽게 하면 명예훼손이 성립된다(R. Sack, Libel, Slander, and Related Problems, p. 66 (1980)). "피고가 원고를 직접 무식한 사기꾼이라고 비난을 해야만 명예훼손죄가 성립되는 것은 아니다. 마치 원고 자신이 스스로 무식한 사기꾼처럼 보이도록 말한 것 같이 인용하면 똑같이 명예훼손이 된다."(Ben−Oliel v. Press Publishing Co., 251 N.Y. 250, 255 (1929)). 또 인용 내용이 조작된 것이면 책임을 면치 못한다.

수 있는가 하는 것이다.

이에 관해 독일 판례는 인용자는 원진술의 내용을 왜곡·재현하여 그것이 피인용자의 발언인 듯 인용문에 자기의 비판을 혼입시켜서는 안되며,[514] 원진술자가 의도하지 아니한 통상적 이해에 따라 인용하는 것은 허용되지 아니한다고 한다. 미국의 판례 역시 발언을 수정하여 한 인용이라고 해도 인용된 사람이 말한 실제 내용을 바꾸지 않는 한 반드시 명예훼손의 소송 사유가 되지는 않지만('실질적인 정확성'의 원칙), 원진술자가 언급한 내용이 모호한 경우 그 내용을 인용자가 '합리적인 이해'에 따라 해석한 바 대로 표현하는 것은 허용될 수 없다고 한다.

독일 연방헌법재판소 1980. 6. 3. BVerfGE 54, 208 [오해유발 인용]

독일 연방헌법재판소는 1980년의 판례에서 헌법상 존엄권과 인격발현권에 근거를 갖는 일반적 인격권에 기하여, 기본권 주체에 의해 의도되지 않은 바가 그에게 불리하게 귀책되지 않도록 개인을 보호하는 것도 일반적 인격권의 내용이라고 강조하면서, 자기의 표현행위가 잘못 재현되거나, 날조 또는 왜곡되어 재현되는 경우에는 피해자의 일반적 인격권이 침해된다고 판시하였다.

1974년 독일의 한 방송사는 피살된 베를린법원장의 장례식을 보도하면서, 독일 내의 정치적인 극단주의 사상(Radikalismus) 문제에 대한 지식인들의 태도를 비판하고 그들도 이러한 살인사건에 공동책임을 부담하여야 한다고 주장하면서, 하인리히 뵐(원고)이 이전에 행한 발언을 인용하여 그를 비난하였다. 이에 대해 원고(하인리히 뵐)는 명예훼손으로 인한 손해배상청구 소송을 제기하면서, 자기가 말한 것으로 제시된 표현행위가 전혀 잘못 인용되었고, 그것이 엉뚱한 사태에 잘못 연관되었기 때문에 자기의 말이 사실상 왜곡되고 날조되었다고 주장하였다. 원고의 주장에 의하면 "법치국가를 똥과 같다"고 인용한 부분에 관하여 그 원진술은 원고가 1966년 부퍼탈에서 행한 연설을 인용한 것인데, 그때 "그에게 보이는 것은 단지 쥐같은 분노에 의해 방어되고 있는 부패 권력의 잔재뿐이"라고 말한 것은 국가가 사회에 대하여 질서 및 통합기능을 상실하였다는 점을 비판한 것이었을 뿐임에도 독일의 법치국가성 자체를 경멸한 취지로 인용되었으니 잘못된 것이고, 또 "국가가 무자비한 사냥으로 테러리스트들을 추적하고 있다고 뒤집어 씌웠다"고 인용한 부분도 1972. 1. 10.자 쉬피겔지에 게재된 원고의 말을 인용한 것인데, 그것은 국가를 대상으로 한 것이 아니라 언론을 지칭한 것이었다고 주장하였다.

연방대법원은 피고의 인용이 원고의 애매한 원진술을 일반수용자가 이해하는 바에 따라 전달하였다면 그것이 원래 피인용자가 피력하려 했던 바와 다르다고 할지라도 용인될 수 있다는 입장에서 문제된 인용은 잘못된 것이 아니라고 판시하였다.

그러나 연방헌법재판소는 옳지 않은 인용은 헌법(기본법 제5조 제1항)에 의해 보호받지 못하며, 인용자는 표현된 내용을 왜곡·재현하는 방법으로 그 인용에 자신의 비판을 혼입하

---

514) 특히 인용자가 자신의 비판적 견해의 첨가에 의해 인용된 진술이 왜곡되거나 또는 생략에 의해 그릇된 인상을 전달하게 되는 경우에는 위법하다.

여서는 안 된다고 전제하고, 평균수용자의 대표적 이해에 따른 그 인용을 정당한 것으로 허용한다면, 그 한에서 피인용자는 자신의 말로써 행한 결정이 과도하게 확대되고 제3자가 추단할 수 있는 판단에 의해 대치(代置)되며, 그렇게 되는 경우 그 표현행위는 피인용자가 실제로 표현한 것과 다른 색채 또는 경향을 가미하게 되어 보다 넓은 의미영역을 갖게 되고, 그 때문에 자신의 말에 대한 권리인 일반적 인격권이 침해되게 된다고 판시하였다.

Masson v. New Yorker Magazine, 501. U.S. 496 (1991) ['메이슨 잘못 인용' 사건].

피고 잡지사의 자유기고가가 원고와 수차례 인터뷰한 후 작성 게재한 기사에 관하여 원고가 자기의 말이 잘못 인용되었다고 주장하며 제기한 소송에서, 미국 연방대법원은 잘못 인용이라고 해도 인용된 사람이 말한 실제 내용을 바꾸지 않는 한 반드시 명예훼손의 소송 사유가 되지는 않지만('실질적인 정확성'의 원칙), 화자가 언급한 내용이 모호한 경우 그 내용을 작가가 '합리적인 이해'에 따라 해석한 바대로 표시하는 것은 허용될 수 없다고 판시하였다. 즉 피인용자가 언급한 내용이 모호한 경우 그 내용을 인용자의 주관에 따라 합리적으로 해석하여 인용한 것이 실제로 화자가 뜻하였던 바와 실질적으로 다르게 되었다면 인용은 실질적 정확성을 결여하는 것이 된다. 인용 부호는 "직접적인 사건의 구술"을 의미하는 것인데, 필자의 주관에 의해 화자의 표현에 합리적인 해석(rational interpretation)을 가한다면 뉴스 소스의 말과 기자의 해석 간의 구분은 무너지게 되고, 활자화된 단어의 신뢰성을 크게 떨어뜨려 인용의 진정한 의미를 없애는 결과가 되기 때문이다.

BVerfG 2012. 10. 25. - 1 BvR 2720/11 [서적 소개란의 잘못 인용]

신문의 서적 소개란에 다음과 같은 기사가 게재되었다. 원고(여)가 쓴 책을 소개하는 난에서 피고 기자는 4번이나 결혼한 원고가 새로운 가족문화를 사회의 문제로 돌리고, 남성이 힘 있는 사회에서 여자는 일과 경력에 의해 자기를 실현하는 것이 아니라 생존을 위해 한다고 기술하더니 갑자기 수많은 악이 횡행한 히틀러의 제3제국에서도 어머니를 존중하는 등 좋은 것이 있었는데, 그것이 1968년 폐지되어 혼란이 왔다는 취지로 집필하였다고 비판하였다. 그 서적 저자(여)는 그 기사에는 자기가 한 말이 잘못 인용되었다고 하면서 제소하였다.

자신의 말에 대한 권리는 개인이 하지 않은 표현을 그에게 씌우고 자기의 사사적 영역 또는 자신에 의해 정의된 사회적 존중청구권을 침해하지 않도록 개인을 보호한다. 그 경우 기본권적 보호는 표현행위의 잘못 인용뿐 아니라 부정확한, 날조된 또는 왜곡적인 재생에도 미친다. 여기서 자기의 진술이 여러 의미로 해석될 수 있음에도 한 정해진 의미로 분명하게 표현했다는 인상을 일깨우게 하는 경우, 그리고 인용자가 자기의 해석은 여러 의미를 가진 표현행위에 관한 것임을 인식케 하지 않는 경우에도 표현행위의 재생은 부정확한 것이다. 그러므로 인용자는 자신의 설명이 여러 해석이 가능한 표현행위에 관한 것임을 해석상의 유보에 의해 그런 것으로 인식되게 할 의무가 있다.

연방대법원과 연방헌법재판소는 이 사건에서 잘못 인용이 있고 자신의 말에 대한 권리의 범위에 대한 침해가 있음을 부인하였다. 연헌재는 전체적 관계에서 문제된 문언을 보면, 그것은 기사 저자의 서적 저자에 관한 의견과 그의 견해를 반어적으로 예리하게 기록한 것이 분명하다고 보았다. 그 기사에는 '견해사안'이란 표제가 붙었고, "바로 다음에 다행히 이 서적 소개는 끝났다"는 말로 끝맺었고, 전체적으로 자만스런 톤으로 되어있었다.

서울남부지방법원 제12민사부 2006. 2. 9. 선고 2004가합7829 판결

원고는 2004. 3. 개최된 '노무현 대통령 탄핵 찬성집회'에 참석하여 대통령의 탄핵사유에 대한 발언을 하면서 "'많이 배우신 분[남상국]이 보잘 것 없는 사람 앞에서 굽실굽실하는데 그럴 필요 없습니다'라고 말한 대통령의 발언은 문제가 있습니다. 이게 언어적 살인입니다. 제가 만약 대통령 영부인의 학력이 고졸도 안 된다고 소리치면 이것 또한 언어적 살인입니다. 이래서야 되겠습니까?"라고 발언한 바 있었다.

피고 MBC는 위 집회를 보도하면서 원고가 영부인 권양숙 여사를 비하하는 발언하였다고 보도하였고, 원고는 네티즌들로부터 2500여통의 비난 전화와 500여통의 협박 문자메시지를 받게 되었다.

원고는 피고 MBC가 위 집회에서 한 자신의 발언 중 일부만 발췌, 보도해 그의 명예를 훼손했다고 주장하면서 손해배상을 구하여 왔다. 피고는 편집권을 내세워 항변하였으나, 법원은 취재 상대방 발언의 전체적인 취지가 함께 방송될 수 있게 편집할 의무가 있을 뿐, 전제가 되는 발언을 거두절미한 채 의도적으로 편집해 원고의 사회적 평가를 저해시킨 경우 책임을 면하지 못한다고 하여 피고에게 1000만원의 손해배상을 명하였다.

법원은 "언론기관이 특정 사실의 보도 및 이에 대한 논평을 하거나 방송내용을 뒷받침하기 위해서 타인의 발언 일부를 발췌하여 인용보도하는 경우 그 발언자의 진의 또는 그 발언자의 발언의도를 훼손하지 않아야 할 것이고, 최소한 그 발언자가 한 발언 중 앞뒤의 말을 생략하여 일반인들이 발언자의 발언의 의미를 정반대의 취지로 이해하거나 전혀 다른 의미로 이해할 위험성이 있도록 편집하여서는 아니된다"고 이유를 설명하였다.

우리 판례 중에는 개인이 저술한 내용을 무단 삭제·수정하여 방송한 경우 개인의 인격권 침해가 된다는 것이 있다.

서울고등법원 1994. 9. 27. 선고 92나35846 판결 [한상진 대 KBS]

피고 한국방송공사는 1989년 가을 교양 프로그램으로서 각 분야의 전문가들이 강좌 형식으로 매주 1회 진행하는 'KBS 21세기 강좌'를 신설하였다. 원고(서울대학교 사회학 교수)는 피고 공사와 방송 출연 계약을 체결하고, '중민화의 길'이란 제목으로 과거의 부르주아지와 기층민중이라는 집단과 구별되는 이른바 '중민'이라는 대안을 21세기 주체 세력으로서 제시하는 요지의 강연을 녹화하였다. 60분간 방송하기로 약정된 위 프로그램은 63분에 걸쳐 녹화되었으나, 피고 공사는 원고가 연술한 내용 중 23분에 해당하는 중요 부분의 내용을 임의로 삭제, 수정하여 40분간 방송하였다.

원고는 불법행위 또는 계약위반을 이유로 제소하면서, 피고가 연술한 내용 중 핵심적인 부분과 결론을 자의적으로 삭제 방송함으로써 전체적으로 강의의 균형과 체계성이 심각히 훼손되고 강좌의 중요한 메시지가 희석되거나 왜곡되는 결과를 가져왔으므로 원고가 저술한 이 사건 어문저작물의 동일성을 침해하였을 뿐 아니라, 원고의 중민 이론 자체가 시청자들에게 본질적으로 모호하고 왜곡된 형태로 소개된 결과 논리의 비약과 핵심 내용이 상실됨으로써 중민 이론가로서 원고의 인격상이 훼손되었다고 주장하였다.

서울고등법원은 피고 공사가 위와 같이 원고의 강의 내용을 임의로 수정, 방송함으로써 원고가 창도하여 꾸준히 연구 발표해 온 이른바 중민 이론의 이론적인 체계성과 동일성을 손상케 하였고, 나아가 원고가 자기의 이론에 대하여 갖는 신념과 확신을 훼손하여 결국 학자로서 또는 저술가로서 원고의 저작인격권을 침해하였다고 보고, 피고 공사는 그의 위와 같은 계약위반 또는 불법행위에 의해 원고가 입은 손해를 전보할 의무로서 "피고 공사가 원고의 강연내용을 부당히 삭제·수정하여 방송함으로써 원고의 저작인격권을 침해하여 법원에서 패소 판결을 받았다는 사실"을 피고 공사의 텔리비전을 통해 방송할 것을 명하는 판결을 선고하였다. 위 판결은 상고 없이 확정되었다.

(2) 광고부문

가. 광고의 심사의무 – 원칙과 예외

언론은 원칙상 그 인쇄물의 전체 내용에 대해서 책임을 지기 때문에 광고부문에 대해서도 마찬가지의 법리가 적용된다. 그러나 광고에 의해 경제적 존립의 기초를 갖게 되는 신문이나 방송 등 매체가 수많은 광고 내용에 관하여 개별적인 사례마다 제3자의 권리를 침해하게 될 것인가의 여부를 심사하여야 한다면 매체기업의 광고업무는 마비될 것이다.515)

그 때문에 광고 내용에 대한 매체의 책임은 적절한 선에서 제한되어야 한다.516) 독일의 다수학설에 의하면 제반 사정을 종합하여 광고 내용의 합법성이 ① 사실상의 사유 또는 ② 법적인 근거에서 의심되는 특별한 계기가 있는 경우에만 그와 같은 예외 사유가 있는 것으로서 매체의 책임이 추궁될 수 있다고 한다.517)

첫째, 사실상 의심할 사유가 있는 경우로는 광고 내용이 일반적으로 알려진 사실에 반하는 경우, 예컨대 며칠 전에 성공적인 판매 성과에 관해서 보도된 지방의 유명 기업이 대량 해고를 준비하고 있다는 내용의 광고가 의뢰된 경우가 있다. 부수적인 상황에 비추어 장난 또는 부정적인 의도가 있다는 의심이 있는 경우 광고 매체는 광고에 표시된 자에게 조회하는 등 광고 내용의 진실성에 관하여 심사할 의무가 있다.518)

---

515) 개별적인 경우에 광고 게재를 의뢰하면서 제출된 내용과 같이 실제로 결혼, 사망, 창업, 이전, 폐업, 임대 또는 판매가 사실상 행해졌는가 또는 의도되는가 여부를 언론사 측에서 알아낼 수는 없는 것이 통상적이다.

516) Wenzel, aaO., Rz. 10.193.

517) Wenzel, aaO., Rz. 10.193.

518) Wenzel, aaO., Rz. 10.194. 독일의 연방대법원(BGH)은 한 건설회사가 폐업 때문에 모든 건설 장비와 시설을 판매한다고 하는 날조된 내용의 광고 게재가 문제된 사안에서 광고가 피해자에 대해서 특히 통렬하고 치명적인 가해적 내용을 담고 있을 뿐 아니라 그 광고가 가해의도를 가진 제3의 경쟁자에 의해 위탁되었다는 개연성이 큰 경우에는 사실상 의심의 계기가 있는 경우로서 그에 상응하는 조사를 해야 한다고 판시한 바 있다(NJW 72, 1658f).

둘째, 법적인 의문이 생기는 계기는 광고 문안이 타인을 모욕 또는 명예훼손하는 내용이거나 사적인 생활영역이나 비밀영역에 대한 침해가 행해지는 경우와 같이 민·형사상의 규정에 저촉하는 경우이다. 정치적인 의견 수집이나 응모를 구하는 광고, 예컨대 "피해를 받았다고 생각하는 사람은 신고해 주시오"라는 것과 같이 범상치 않은 내용의 광고를 그 문안도 읽지 않고 또는 조사하지 않고 공표함에는 과실이 있다고 인정된다.519)

주의의무의 최소한도가 포기되었다고 보이는 경우라면 중과실이 인정될 수 있다.520) 법적인 문제에 관하여 의심이 있으면 법률 전문가의 자문을 받는 것도 필요하다. 특히, 영업상의 광고에서는 그러한 문제가 적지 않게 나타난다. 예를 들어, 언론매체가 보이콧을 촉구하는 등의 내용을 갖는 기업의 영업적 광고를 게재하면, 그 매체는 그로써 의식적으로 그 광고주의 경쟁을 촉진하는 것으로서 경쟁의 목적으로 행위하는 것으로 간주되기 때문에 경쟁법상의 책임이 생길 수 있는데, 실제로는 중대하고 명백한 경쟁 위반이 있는 경우에 한하여 인정된다.521)

국민의 건강이 중시되는 약품 광고에서는 더욱 엄격한 심사의무가 적용된다. 애당초부터 적법성에 관한 의문이 배제되지 않는 경우에는 신뢰할 수 있는 감정기관의 무해 증명이 제출될 것을 조건으로 광고를 게재하도록 하거나, 매체기업 자신이 그러한 감정서를 받아 놓는 것이 필요하다.522)

언론매체가 위법한 내용의 광고를 귀책사유에 기해 공표한 경우에는 피해자의 부작위청구권과 위자료를 포함한 손해배상청구권에 응할 책임이 있다. 그러나 주의의무의 요건을 이행한 경우라면 손해배상책임은 없다. 광고 문안에 대해서는 반론권이 인정되지 않는다고 하는 것이 판례와 다수설의 입장이다.

불법행위로 인한 손해배상책임이 추궁되는 경우 매체사와 광고주 또는 광고회사는 공동불법행위책임을 부담하게 된다. 이 때 피해자가 광고주를 제쳐놓고 막바로 언론 기관에 청구할 수 있는가는 다투어지는 문제이다. 곧바로 광고주에 대한 청구가 가능하다면 바로 매체기업을 상대로 제소하여 부담을 주는 것은 권리의 남용이 될 수 있다.523) 그러나 광고주가 외국 기업이어서 국내에 주소나 재산을 갖지 않는 경우 또는

---

519) Wenzel, aaO., Rz. 10.195, S. 392.
520) 서울고등법원 2015. 2. 6. 선고 2014나2000602 판결에 의하면, 광고매체에게 물건의 성능, 형상 등까지 확인하거나 인터넷상거래업체의 신뢰도를 확인할 의무를 일반적으로 부과할 수는 없으나, 사업자등록증이나 거래실적 서류를 받음으로써 인터넷 상거래 업체가 개설 연도, 거래실적 등에 관하여 거짓을 내세우는지를 확인하는 것이 가능하다고 판시하였다.
521) Wenzel, aaO., Rz. 10.195.
522) Wenzel, aaO., Rz. 10.195.

종전에 사고를 일으킨 내용의 광고임에도 다시금 같은 유형의 광고 내용이 공표되어 손해를 유발한 경우 등에는 사정이 다르다.

불법 광고에 의한 종국적 책임은 광고주에게 귀속되는 것이므로, 만약 매체사가 먼저 배상에 응하였다면 광고주에게 해당액을 상환청구할 수 있다고 보아야 한다.

나. 이른바 기사형 광고

현행 신문 등의 진흥에 관한 법률에 의하면 신문 등 정기간행물은 "독자가 기사와 광고를 혼동하지 아니하도록 명확하게 구분하여 편집하여야 한다"고 규정한다(제6조 제3항). 판례는 "광고'와 '언론 보도'는 그 내용의 공정성, 객관성 등에 대한 공공의 신뢰에 있어 확연한 차이가 있고, '광고'는 '언론 보도'의 범주에 포함되지 않는다"고 한다.[524]

이에 근거하여 대법원은 신문사 등이 "실질은 광고이지만 기사의 형식을 빌린 '기사형 광고'"를 게재하는 경우 "그것이 광고임을 명확히 표시하여야 하고, 보도기사로 오인할 수 있는 표시나 표현을 사용하여서는 아니된다"고 판시하고, 나아가 "신문사 등이 광고주로부터 전달받은 허위 또는 과장 광고에 해당하는 내용을 보도기사로 게재하거나 광고주로부터 전달받은 내용을 바탕으로 허위 내용을 보도기사로 게재함으로써 이를 광고가 아닌 보도기사로 신뢰한 독자가 그 광고주와 상거래를 하는 등으로 피해를 입었다면, 그 기사형 광고 게재행위와 독자의 손해 발생 사이에 상당인과관계가 인정되는 범위 내에서는 신문사 등도 방조에 의한 공동불법행위 책임을 부담할 수 있다"고 판시하였다.[525]

> **대법원 2021. 9. 30. 선고 2019도17102 판결**
>
> 이 판결은 2016년 개정 형법 제357조(배임수재죄) 제1항의 해석 지침을 명시하면서 홍보성 기사를 작성해달라는 청탁을 받고 금원을 수령한 언론사 기자를 동조에 의해 처벌하고 있다. 동조는 "타인의 사무를 처리하는 자가 그 임무에 관하여 부정한 청탁을 받고 재물 또는 재산상의 이익을 취득하거나 제3자로 하여금 이를 취득하게 한 때에는 5년 이하의 징역 또는 1천만원 이하의 벌금에 처한다."고 규정한다<개정 2016. 5. 29.>[526]
>
> 위 조항의 해석에 관하여 대법원은 다음과 같이 판시하였다.
>
> 배임수재죄에서 '부정한 청탁'은 반드시 업무상 배임의 내용이 되는 정도에 이를 필요는 없고, 사회상규 또는 신의성실의 원칙에 반하는 것을 내용으로 하면 충분하다. '부정한 청탁'

---

523) Wenzel, aaO., Rz. 10.197.
524) 대법원 2021. 9. 30. 선고 2019도17102 판결 [배임수재].
525) 대법원 2018. 1. 25. 선고 2015다210231 판결 [기사형 광고].
526) 개정 전 조항은 부정한 청탁을 받은 사무처리자 본인이 재물 또는 재산상의 이익을 취득한 경우에만 처벌할 수 있었으나, 개정에 의해 "제3자로 하여금 재물이나 재산상 이익을 취득하게 하는 행위"를 구성요건에 추가한 것이다.

에 해당하는지를 판단할 때에는 청탁의 내용 및 이에 관련한 대가의 액수, 형식, 보호법익인 거래의 청렴성 등을 종합적으로 고찰하여야 하고, 그 청탁이 반드시 명시적으로 이루어져야 하는 것은 아니며 묵시적으로 이루어지더라도 무방하다.

보도의 대상이 되는 자가 언론사 소속 기자에게 소위 '유료 기사' 게재를 청탁하는 행위는 사실상 '광고'를 '언론 보도'인 것처럼 가장하여 달라는 것으로서 언론 보도의 공정성 및 객관성에 대한 공공의 신뢰를 저버리는 것이므로, 배임수재죄의 부정한 청탁에 해당한다. 설령 '유료 기사'의 내용이 객관적 사실과 부합하더라도, 언론 보도를 금전적 거래의 대상으로 삼은 이상 그 자체로 부정한 청탁에 해당한다.

다. 의견광고

상품, 서비스 등 상업적 광고와 달리 의견광고는 사회적·정치적 이슈에 관한 의견이 광고의 형태로 제시되는 경우이므로 광고주의 입장에서 보면 의견표현의 중요한 수단이다.[527]

그에 관한 법적 문제로서, 첫째 매체가 광고주의 요구를 수용해야 하는가 하는 문제가 있다. 민사상 계약자유의 원칙에 의하면 사적 주체인 매체는 그의 입장에 반하는 경우 의견광고를 원하는 주체와 계약을 강제당할 수 없다. 이것은 한편에서 매체사의 경향이나 논조에 반하는 의견광고를 거부함으로써 이를 지키는 조화적 방안이 될 수 있다.

둘째, 의견광고도 신문의 지면이나 방송시간을 통하여 광고주의 의견을 전파한다는 점에서 그로 인해 야기된 제3자에 대한 손해를 배상하여야 함에는 일반적 상업광고의 경우와 같다. 따라서 매체사는 위탁된 의견광고의 내용에 제3자의 명예나 권리를 해하는 내용 여부를 심사할 의무가 있고, 광고주에 대하여 이를 배제하도록 할 일응의 권한을 갖는다고 할 수 있다. 다만, 의견광고는 그 자체가 의견표현을 본질로 한다는 점에서 매체사의 호불호에 따라 의견 내용의 수정을 요구할 수 없다는 한계가 있다.

셋째, 현행 언론중재법에 의하면 유료 광고에 대한 반론보도청구권은 허용되지 않는다(동법 제15조 제4항 제4호 참조).

6. 미디어의 보도 내용에 의해 유발된 손해

표현행위에 대한 책임의 문제는 표현행위가 직접 제3자의 보호받는 이익을 침해하는 경우뿐만 아니라, 그 표현행위를 수용한 독자나 시청자가 잘못된 표현행위를 믿

---

527) 의견광고에 관한 상세한 논의는 이승선, 의견광고의 법적 책임에 관한 고찰, http://www.pac.or.kr/webzine/23_spring/contents/sub_1_03.html 참조.

음으로써 손해를 입게 된 경우에도 제기될 수 있다. 예를 들면, 안내서는 그 내용에 잘 못이 있는 경우 이를 읽은 후 믿고 행위한 사람에게 손해를 입힐 수 있다.

미국에서는 미디어 유발 폭력의 법적 책임 여부가 논란된 바 있다.[528] 즉 미디어 가 발행한 정보가 이를 본 개인으로 하여금 무고한 피해자를 해하는 폭력행위를 행하 도록 유발했다고 생각되는 경우 그 피해자는 미디어에 대한 법적 책임(liability for me-dia-induced violence)을 추궁할 수 있는가?[529]

미국의 경우 법적 책임이 추궁된 이러한 미디어 유발 폭력 사례의 유형을 보면, ① 영화나 텔레비전에서 묘사된 특정한 폭력적 행위 또는 가해행위가 시청자에 영향 을 주어 폭력적 행위를 하게 하였다고 주장되는 경우로서 이른바 맹목적 모방자 사건 ("copy-cat" case), ② 영화, 텔레비전 프로그램 또는 비디오게임 등이 "나로 하여금 범 죄를 범하게 하였다"고 주장되는 사건("movie-made-me-do-it" crimes) 유형이 있고, ③ 범죄를 범하는 방법에 관한 상세하고 명시적인 지시를 포함하는 매뉴얼을 발간한 자의 책임이 추궁된 경우가 있다.

미국 판례의 대체적 경향[530]을 보면 위 3가지 유형의 사건 중 첫째와 둘째 유형 의 사건에서는 미디어의 책임을 부인하지만,[531] 3번째 유형의 사건에 관하여는 특수 한 경우 발행인의 책임을 인정한 사례가 있다.

미디어유발 폭력 사건에서 과실에 의한 불법행위 책임을 추궁하기 위해서는 손해 발생 방지의무와 인과관계의 문제가 쟁점으로 제기된다.

먼저, 과실에 의한 불법행위 책임을 지우기 위해서는 피고가 손해를 방지하기 위 해 합리적인 주의를 할 의무가 있고, 그럼에도 그러한 의무를 위반하여 시청자의 폭력 을 야기하는 표현을 전파하였고, 그러한 반응이 원고에 대한 예측가능한 손해를 결과 하였다는 점을 밝혀야 한다. 미디어 유발 폭력 사건의 경우 일견하여 미디어사(피고)가

---

528) 그 상세한 내용에 관해서는 박용상, 명예훼손법, 816-825 참조.

529) 미디어 유발 폭력범죄의 책임 여부를 판단함에는 연방대법원이 Brandenburg v. Ohio, 395 U.S. 444 (1969) 판결에서 제시한 수정헌법 제1조의 법리가 적용된다. 동 판결이 판시하는 언론의 자유의 헌법적 보장에 의하면 폭력의 사용이나 법 위반의 주창(advocacy of the use of force or of law violation)은 그것이 급박한 위법행위를 선동 또는 야기하는 것을 목표로 하는 것이고, 그러한 행동 을 선동·야기할 가능성이 있는 경우 이외에는 국가가 그러한 주창을 금지하거나 처벌할 수 없다 는 것이다.

530) Lillian R. BeVier, CONTROLLING COMMUNICATIONS THAT TEACH OR DEMONSTRATE VIOLENCE: "THE MOVIE MADE THEM DO IT", Journal of Law, Medicine and Ethics, Spring, 2004, 32.

531) Olivia N. v. National Broadcasting Co., Court of Appeal of California, 1981, 126 Cal. App.3d 488, cert. denied, 458 U.S. 1108 (1982): 텔레비전에서 "순진하게 태어나서"("Born Innocent")라고 하는 프로를 보고 영향받은 10대의 깡패가 9세의 소녀를 습격하여 잔인하게 병으로 강간한 사건(이 사건의 사실 관계 및 판결이유에 관한 상세한 언급은 박용상, 명예훼손법(현암사, 2008), 817면 이하 참조).

손해발생의 위험을 방지할 의무를 진다는 점과 미디어의 표현이 사실상 결과된 손해의 조건적인 원인임을 부인할 수는 없다. 그러나 미국의 판례는 미디어가 그들의 작품이 시청자들에게 범죄행위를 자극한다고 합리적으로 예상할 수 없다는 점을 이유로 손해의 발생을 방지할 미디어(피고)의 의무를 부인한다.[532]

다음 이슈는 인과관계(causation)의 문제로서 미디어의 폭력 묘사가 폭력행위의 사실상의 원인 또는 그 야기에 대한 실질적인 요인이라고 볼 수 있는가는 논란되어 왔다. 최근 사회과학적 연구의 실질적 성과에 의하면 폭력적 이미지의 시청과 시청자의 결과적 폭력행위 간의 연관관계가 있음을 시사하여 왔다. 폭력의 묘사에 반복적으로 노출되는 개인은 타인에 대한 공격적 행동 가능성이 현저히 증가된다는 실질적인 증거가 증명된 바 있다.[533] 그러나 그러한 사실이 인정된다 하더라도, 그러한 연관관계만으로 법적인 인과관계를 추론할 수 없다는 점도 확인되어 왔다.[534] 텔레비전의 폭력이 수백의 연구에서 공격적 행태에 대해 영향을 준다는 것을 보여주었다 하더라도 실제로 폭력의 원인은 여럿이고, 생리학적 및 심리학적 요소는 물론 광범위한 사회적 및 문화적 요소를 포함하며, 동료의 영향, 가족의 역할모델, 사회적·경제적 지위, 교육 수준, 그리고 무기의 이용가능성 등 여러 요인이 텔레비전에서 폭력을 본 데 대한 특수한 반응의 가능성을 현저하게 변경할 수 있기 때문이다.[535]

나아가, 제3자에 의한 인과관계의 중단 여부가 문제된다. 대부분의 미디어 유발 폭력 사건에서 실제로 가해한 자는 미디어 자신이 아닌 독립적인 제3자이다. 일반적 법리에 의하면 모든 손해를 직접 야기하는 제3자의 범행은 인과의 연쇄를 중단하며, 미국의 판례 역시 피고의 폭력 묘사와 원고의 손해 간에 필요한 인과관계가 존재하지 않는다고 결론지었다.[536]

이렇게 과실의 불법행위는 피해자들이 미디어 유발 폭력에 의해 해를 입었다고 하는 주장을 뒷받침하는 법리로서 난점을 가진다. 더욱이, 특정한 폭력행위는 예측 불가능하고, 그것은 어떤 경우든 미디어 피고가 아니라 독립적인 도덕적 주체인 제3자에 의해 범해진 것이란 점이 이를 인정함에 어려움이 되고 있다.

다만, 미국 판례는 범죄를 범하는 방법에 관한 상세하고 명시적인 지시를 포함하

---

532) BeVier, Id., p. 48.
533) J. G. Johnson, P. Cohen, E. M. Smailes, S. Kasen and J. S. Brook, "Television Viewing and Aggressive Behavior During Adolescence and Adulthood", Science 295 (2002): 2468–2471, at 2470.
534) BeVier, Id., p. 49.
535) BeVier, Id., p. 49.
536) Restatement (Second) of Torts, § 281, 302–302B (1965); Robert M. O'Neil, The First Amendment and Civil Liability (Bloomington: Indiana University Press, 2001), 137–62.

는 매뉴얼을 발간한 자에 대하여는 그 독특한 예외적 상황 때문에 교사 및 방조에 의한 미디어의 책임을 인정하고 있다.537)

---

537) Rice v. Paladin Enterprises, Inc., 128 F.3d 283 (4th Cir. 1997)['암살자' 살인 매뉴얼] (이 사건의 사실 관계 및 판결이유에 관한 상세한 언급은 박용상, 명예훼손법(현암사, 2008), 822면 이하 참조).

▗ 참고문헌

세계언론판례총람(한국언론연구원 1998)

강서영, 피의자 신상공개제도에 관한 헌법적 연구(헌법재판연구원, 2021), 6면
권영세, 현행 통신비밀보호법상의 '도청행위'의 의의 및 범위, 저스티스 제30권 제4호(1997. 12), 133면
김봉철, 살인자의 잊힐 권리 - 독일 연방헌법재판소 2019년 11월 6일 판결 -, 법률신문 2020. 5. 11.자
김선화, 정현기, 언론중재법상 정정보도의 대상이 되는 사실적 주장에 관한 검토 - '인용보도'의 경우를 중심으로 -, 사법논집 제64집(2017), 199면
김승주, 私人에 의한 위법수집증거: 비교형량론의 구체화(2013. 11. 28. 선고 2010도12244 판결 : 공2014상, 127), 대법원판례해설 제98호(2013년 하), 485면 이하.
김재윤, 피의사실공표죄 관련 법적 쟁점 고찰, 언론중재 2010년 가을호, 87면
김지현, 피의사실 언론공표 등 위헌확인, 결정해설집 13집(2015), 149
문재완, '형사사건 공개금지 등에 관한 규정'의 헌법적합성 검토, 외법논집 44권 1호(한국외국어 대학교 법학연구소, 2020. 2), 101-124면
문재완, 범죄보도와 무죄추정원칙, 언론과 법 제19권 제2호(한국언론법학회, 2020. 8), 77-113면
박수희, 불법감청에 의한 녹음테이프의 증거능력, 법조 554호(2002. 11), 213면
박아란, 팩트체크와 명예훼손: 진실 오신(誤信) 상당성 법리와 중립보도 면책특권을 중심으로, 언론정보연구 55권 4호(서울대학교 언론정보연구소, 2018), 139면
박용상, 언론과 개인법익(조선일보사, 1997)
박용상, 표현의 자유(현암사, 2002)
박용상, 명예훼손법(현암사, 2008)
박용상, 언론의 자유(박영사, 2013)
박용상, 영미 명예훼손법(한국학술정보, 2019)
박용상, 도망자 셰퍼드 사건, http://blog.naver.com/prkys500/ 140019779204
박용상, 언론의 자유와 공정한 재판, 헌법논총 제16집(헌법재판소, 2005), 5면
박용상, <포럼> '도청자료 공개 특별법'은 위헌이다, 문화일보 2005. 8. 8. 게재
박용상, 통신의 자유와 그 한계 - X파일 공개는 법치주의의 후퇴다, 서울지방변호사회 간행 웹메거진 '시민과 변호사'(http://webzine.seoulbar.or.kr/) 창간호 참조.
박용상, 언론의 자유와 공정한 재판, 헌법논총 제16집(헌법재판소, 2005), 5면 이하
박종현, 표현의 자유와 명예훼손 논의에서 '사실'과 '의견'의 구별론에 대한 검토 - 미국과 한국의 판례에 대한 검토를 중심으로 -, 언론과 법 제21권 제3호(한국언론법학회, 2022), 1면 이하.
박찬걸, 정광진, 강력범죄 피의자 신상공개제도에 대한 비판적 검토, 형사정책, 제31권 제3호(한국형사정책학회, 2019. 10), 33면.
박희봉·한동섭, 범죄보도에서 알 권리와 인격권의 조화 - 수사공보규정에 대한 비판적 분석을

중심으로 － , 언론과 법(한국언론법학회, 2020), 61면 이하.

신상현, 아동학대행위자의 식별정보 보도금지 조항의 문제점과 개정방향 － 헌법재판소 2022. 10. 27. 선고 2021헌가4 결정에 대한 검토를 겸하여 － , 미디어와 인격권 제9권 제1호 (언론중재위원회, 2023), 39－84면

심석태, 공인의 음성권에 대한 연구: '뉴스타파 판결' 분석을 중심으로, 저스티스 통권 제181호 (2020. 12), 143－168

염규호, 뉴욕타임스 판결 50주년과 언론의 자유: 제1수정헌법의 국제적인 영향, 언론중재 2014년 봄호, 56면 이하

이승선, 의견광고의 법적 책임에 관한 고찰, http://www.pac.or.kr/webzine/23spring/contents/sub_1_03.html

이원석, 알 권리와 피의사실공표죄와의 관계, 해외파견검사연구논문집 제21집 제2권(법무연수원, 2006), 122면

정미정, 우리 언론은 '노무현'을 어떻게 다루었는가, 검찰수사와 언론 보도, 무엇이 문제였나? 한국언론정보학회 토론회 자료집, 2009, 4면

정영주·박성순, "피의사실보도의 언론면책 요건과 쟁점, 언론과 법(한국언론법학회, 2020), 61면

정인경, 유명인 수사보도와 '공익' 미분화의 문제점, 헌법재판연구 제11권 제1호(2024. 6), 147－188면

조기영, 피의사실공표죄의 구성요건요소 해석 － '피의사실'과 '공표'의 의미를 중심으로 － , https://kcla.net/bbs/board.php?bo_table=0501&wr_id=53)

한상훈, 피의사실공표죄의 문제점과 개선방안 － 사전적, 절차적 예방의 모색 － , 刑事政策 제 32권 제4호(통권 제64호, 2021. 1), 247면

한상훈, 오채은, 수사기관의 피의사실 공표, 유출 방지를 위한 입법적 개선방안, 법학연구 제34권 제1호(2024), 123－159면

한위수, 통신사제공기사의 게재와 명예훼손 책임, 언론관계소송(한국사법행정학회, 2008), 188－189면

Restatement (Second) of Torts

"Can We Tape?" A Journalist's Guide to Taping Conversations, Published by The Reporters Committee for Freedom of the Press (Fall 2008), p. 2 https://www.rcfp.org/wp－content/uploads/imported/CANWETAPE.pdf

Eric Barendt, Freedom of Speech, Clarendon Press, Oxford, 1989

Lillian R. BeVier, CONTROLLING COMMUNICATIONS THAT TEACH OR DEMONSTRATE VIOLENCE: "THE MOVIE MADE THEM DO IT", Journal of Law, Medicine and Ethics, Spring, 2004, 32.

Jason Bosland, Republication of Defamation under the Doctrine of Reportage － The Evolution of Common Law Qualified Privilege in England and Wales, http://papers.ssrn.com/sol3/papers.cfm?abstract_id=1619735

THOMAS C. DANIELS, DOES THE "ONE－PARTY CONSENT" EXCEPTION EFFECTUATE THE UNDERLYING GOALS OF TITLE III? Arkon Law Riview 18:3 (1985) Comments, https://

www.uakron.edu/dotAsset/9cbf2484 − 7a70 − 405a − 8e92 − 1ca40cb258ba.pdf

Jonathan Donnellan & Justin Peacock, Truth and Consequences: First Amendment Protection for Accurate Reporting on Government Investigations, 50 N.Y.L. SCH. L. REV. 237, 248 (2005). http://www.nylslawreview.com/wp − content/uploads/sites/16/2013/11/50 − 1.Don nellan − Peacock.pdf

David A. Elder, Defamation: A Lawyer's Guide, Clark Boardman Callaghan, Deerfield, Il. (1993)

David A. Elder, Truth, Accuracy and Neutral Reportage: Beheading the Media Jabberwock's Attempts to Circumvent New York Times v. Sullivan, https://papers.ssrn.com/sol3/papers.cfm?abstract_id = 1004582

Sara Gale, Qualified privilege in defamation and the evolution of the doctrine of reportage, The Tort Law Review, 23(1), p. 15, http://openaccess.city.ac.uk/12424/3/Gale.pdf p. 15

J. G. Johnson, P. Cohen, E. M. Smailes, S. Kasen and J. S. Brook, "Television Viewing and Aggressive Behavior During Adolescence and Adulthood", Science 295 (2002): 2468 − 2471, at 2470

Peter B. Kutner, What is Truth?: True Suspects and False Defamation, Fordham Intellectual Property, Media and Entertainment Law Journal, Volume 19, Issue 1 2008 Article 1, VOLUME XIX BOOK 1. http://ir.lawnet.fordham.edu/cgi/viewcontent.cgi?article = 1472& context = iplj

Jennifer L. Del Medico, ARE TALEBEARERS REALLY AS BAD AS TALEMAKERS?: RETHINKING REPUBLISHER LIABILITY IN AN INFORMATION AGE, 31 FDMULJ(Fordham Urban Law Journal, November, 2004) 1409

Robert M. O'Neil, The First Amendment and Civil Liability (Bloomington: Indiana University Press, 2001), 137 − 62

Matthew D. Patterson, CONSTITUTIONAL LAW: THE INTERSECTION OF TITLE III AND THE FIRST AMENDMENT: A DIMINISHING RIGHT TO PRIVACY IN AN EXPANDING TECHNOLOGICAL AGE, 54 FLLR(Florida Law Review, July, 2002), p. 543.

Robert D. Sack and Sandra S. Baron, Libel, Slander, and Related Problems, 2nd Ed. Practising Law Institute (1994)

Bruce W. Sanford, Libel and Privacy, Second Edition, Prentice Hall Law & Business (1993)

Justin H. Wertman, Newsworthiness Requirement of the Privilege of Neutral Reportage is a Matter of Public Concern, 65 Fordham L. Rev. 789 (811) (1996), http://ir.lawnet.ford ham.edu/flr/vol65/iss2/12

Herwigh Engau, Straftäter und Tatverdächtige als Personen der Zeitgeschichte: Ein Beitrag zur Problematik identifizierender Mendiendarstellungen 1993

Winfried Hassemer, Der Einfluß der Medien auf das Strafverfahren aus strafrechtliche Sicht, in: Der Einfluß der Medien auf das Strafverfahren, Schriftenreihe des Instituts für Rundfunkrecht an der Universität zu Köln Band 52, C.H.Beck'sche Verlagsbuchhand −

lung, München 1990

Friedrich−Adolf Jahn, Der Einfluß der Medien auf das Strafverfahren aus gesetzgeberischer Sicht, Schriftenreihe des Instituts für Rundfunkrecht an der Universität zu Köln Bd 52, C.H.Beck'sche Verlagsbuchhandlung, München (1990), S. 11

Wolfgang Janisch, Recht auf Erinnern, sueddeutsche.de(Pressekommentar, 27.11.2019)

Kohler, Kunstwerkrecht, Stuttgart (1908)

Vera von Pentz, Ausgewählte Fragen des Medien− und Persönlichkeitsrechts im Lichte der aktuellen Rechtsprechung des VI. Zivilsenats, AfP 01−2015, S. 11−23

Eberhard Schmidt, Justiz und Publizistik, Tübingen 1968

Löffler/Ricker Handbuch des Presserechts, 2. Aufl. C.H.Beck, München (1986)

Joachim Wagner, Strafprozeßführung über Medien, 1987, S. 101

Karl Egbert Wenzel, Das Recht der Wort− und Bildberichterstattung, 4. Auflage, Verlag Dr. Otto Schmitt KG, 1994

I. 서론

1. 의의

명예훼손은 이제까지 본 바와 같이 민사적으로 제재될 뿐 아니라 형사적으로도 범죄가 될 수 있다. 실제로 보아도 연혁상 명예훼손은 먼저 형사범죄로 처벌되기 시작하였고, 그로부터 기본적 법리가 형성되어왔다. 그러나 형사적 제재는 사회질서를 유지한다는 차원에서 명예를 침해한 행위자를 처벌함에 주안점이 있는 것일 뿐, 그 자체가 피해자에게 손해를 회복하여 주거나 만족을 주는 민사 명예훼손제도와는 다른 것이다. 민사책임과 형사책임은 별개이므로 어느 한쪽이 먼저 인정되어 이행되었다 하더라도 다른 책임을 배제하는 것은 아니다.

어쨌든, 형사상 명예훼손죄의 경우에도 기본적으로는 이제까지 살펴본 민사상 명예훼손에 관한 법리가 적용된다. 그러므로 보호법익, 표현행위와 피해자 간의 개별적 연관성, 사실과 의견의 구별, 위법성조각사유 등 여러 사항이 전술한 민사상의 명예훼손에 관한 논의와 다를 바 없다. 그러므로 본절에서는 형사상의 명예훼손에 특수한 사항만을 언급한다. 다만, 형사상의 명예훼손은 죄형법정주의의 요청 때문에 형법에 각개의 구성요건이 특정되고 그에 대한 처벌 내용이 명시되어 있어, 그 각각의 구성요건에 관하여 개별적으로 설명할 필요가 있다. 형사상의 명예훼손은 고의범만 처벌되며, 그 유죄판결에는 범죄사실에 관하여 의심의 여지가 없을 정도의 입증을 요한다.

인터넷이 보편화된 현대에서 명예훼손죄는 새로운 법제도로서 의미를 더하여 가고 있으며, 정보통신망법 상의 명예훼손과 선거법상의 명예보호 제도에 관해서는 별도의 설명이 필요하다.

한편 현대 제국에서는 언론의 자유를 중시하는 입장에서 명예훼손죄를 폐지하고 민사적으로 해결하자는 논의가 중대한 논제를 이루고 있다.

2. 한국 형법상 명예보호에 관한 규율 개관

현행 형법은 제33장 '명예에 관한 죄'에서 명예보호에 관한 규정을 두고 있다. 그 규정을 보면 현행법상 명예보호에 관한 규율은 대체적으로 다음과 같이 개관할 수 있다.

① 보호되는 법익은 사람의 사회적 평가로서 외적(外的) 명예이고, 기타 프라이버시 등 인격적 법익은 포함되지 아니한다.

② 사실의 적시(摘示)가 있는가의 여부에 따라 사실의 적시에 의해 사람의 사회적 평가를 저하시킨 경우에는 명예훼손죄가 성립되고, 사실적시가 없이 단지 가치판단이나 감정의 표현만으로 개인의 사회적 평가를 저하시킨 경우에는 모욕죄(형법 제311조)가 성립된다.

> "명예훼손죄와 모욕죄의 보호법익은 다같이 사람의 가치에 대한 사회적 평가인 이른바 외부적 명예인 점에서는 차이가 없으나, 다만 명예훼손은 사람의 사회적 평가를 저하시킬 만한 구체적 사실의 적시를 하여 명예를 침해함을 요하는 것으로서 구체적 사실이 아닌 단순한 추상적 판단이나 경멸적 감정의 표현으로서 사회적 평가를 저하시키는 모욕죄와 다르다."(대법원 1987. 5. 12. 선고 87도739 판결).

③ 적시된 사실의 진실(眞實) 여부를 불문하고 명예훼손죄가 성립되나(형법 제307조 제1항), 허위(虛僞)의 사실을 적시한 경우에는 법정형이 가중된다(형법 제307조 제2항).

④ 사자(死者)의 명예를 훼손한 경우에는 허위사실을 적시한 경우에 한하여 처벌된다(형법 제308조).

⑤ 신문, 방송 등 매체에 의한 명예훼손은 비방할 목적이 있는 경우에 한하여 처벌되는데, 그 법정형은 일반 명예훼손죄(형법 제307조)에 비해 가중된다(형법 제309조).

⑥ 형사상 명예훼손죄는 고의범(故意犯)만 처벌되고 과실범은 처벌되지 아니한다.

⑦ 진실한 사실을 적시한 경우에 한하여 그것이 오로지 공공의 이익을 위한 것인 경우에만 명예훼손의 위법성(違法性)이 조각된다(형법 제310조). 다만, 허위사실을 진실로 오인한 때에는 그 오인함에 상당한 이유가 있는 때에 한하여 위법성의 조각이 인정된다(형법 제16조).

⑧ 명예훼손죄는 피해자가 처벌을 원하지 않는 경우 처벌할 수 없는 반의사불벌

죄(反意思不罰罪)이고(형법 제312조 제2항), 사자 명예훼손죄와 모욕죄는 친고죄(親告罪)로서
피해자의 고소가 없으면 처벌될 수 없다(형법 제312조 제1항).

3. 언론보도에 적용될 수 있는 형법 규정

위와 같은 현행법 체제 하에서 보면 명예훼손적인 언론보도에 적용될 수 있는 법
조는 우선 사실의 적시가 있는가의 여부에 따라 사실적시가 없이, 단지 가치판단이나
감정의 표현만으로 개인의 명예를 손상케 한 경우에는 모욕죄(형법 제311조)가 적용된다.

사실의 적시가 있는 경우에는 비방(誹謗) 목적의 유무 또는 적시된 사실의 허위
여부에 따라 다음과 같이 구분될 수 있다. 즉 비방의 목적을 가지고 진실한 사실을 적
시한 경우에는 형법 제309조 제1항이, 비방할 목적으로 허위의 사실을 적시한 경우에
는 형법 제309조 제2항이 각각 적용될 것이다. 여기서 ‘사람을 비방할 목적’이란 가해
의 의사 내지 목적을 요하는 것으로서 공공의 이익을 위한 것과는 행위자의 주관적 의
도의 방향에 있어 서로 상반되는 관계에 있다고 할 것이므로, 적시한 사실이 공공의
이익에 관한 것인 때에는 특별한 사정이 없는 한 비방의 목적은 부인된다.[1] 그런데 대
부분의 언론보도는 공익성을 추구하기 때문에 비방의 목적이라는 주관적 구성요건요
소를 충족하기는 어렵다. 따라서 언론종사자에 대해 제309조의 출판물에 의한 명예훼
손죄가 실제로 적용되어 처벌되는 경우는 매우 드물다.[2]

그렇다면 언론보도에 대하여 적용될 수 있는 조문은 단순 명예훼손죄인 형법 제
307조이고, 적시한 사실의 진위 여부에 따라 형법 제307조 제1항 또는 제2항이 적용
될 수 있을 것이다. 그러나 형법 제307조 제2항의 허위사실적시에 의한 명예훼손죄가
성립하려면 행위자가 그 사실을 허위라고 인식하였어야 하는데, 언론매체가 허위사실
임을 알면서 보도하는 것은 정상이 아닐 것이다. 따라서 언론보도에 의한 명예훼손은
보도사실의 진실성이 다소 의심스러운 경우 내지 실제로 진실한 경우에 주로 문제된
다. 이 경우에 적용될 수 있는 구성요건은 제307조 제1항의 단순 명예훼손죄이다.[3]

이들 여러 경우 중에서 형법 제310조의 위법성조각사유가 적용될 수 있는 경우는
비방의 목적도 없고 또 진실한 사실을 적시하여 명예를 훼손한 경우(형법 제307조 제1항)
또는 진실이라고 믿음에 상당한 이유가 있는 경우에 국한된다.

---

1) 대법원 2000. 2. 25. 선고 98도2188 판결 등.
2) 손동권, “언론보도로 인한 명예훼손과 형법 제310조의 적용”, 형사재판의 제문제 제5권(형사실무연구
회 2005), 173면.
3) 손동권, 전게논문, 173면.

Ⅱ. 형법 상 명예훼손죄

1. 개관

형법 제33장의 명예에 관한 죄에는 공연히 사실을 적시하여 사람의 명예를 훼손함으로써 성립하는 단순 명예훼손죄(제307조 제1항)가 기본적 구성요건으로 되어 있고, 같은 법조에 허위사실 적시 명예훼손죄(제307조 제2항)가 더 무거운 법정형으로 규정되어 있다. 위 기본적 구성요건에 비해 가중적 구성요건으로서 비방의 목적이 있을 것을 요하는 출판물 등에 의한 명예훼손(제309조)에 관한 규정이 있고, 감경적 구성요건으로서 허위사실 적시를 요건으로 하는 사자의 명예훼손(제308조)에 관한 규정이 있다. 그 밖에 사실적시를 요건으로 하지 않는 모욕죄(제311조)에 관한 규정이 별도로 규정되어 있다.

이 중에서 사자명예훼손죄(제308조)와 모욕죄(제311조)는 친고죄이고(제312조 제1항), 명예훼손죄(제307조)와 출판물에 의한 명예훼손죄(제309조)는 반의사불벌죄로 규정되어 있다(제312조 제2항).

이하에서는 모든 구성요건에 공통되는 사항에 관하여 민사상의 법리와 다른 특징을 설명하고, 다음에 특별 구성요건에 관하여 설명한다.

2. 공통적 구성요건

(1) 보호법익 - 명예의 의의

명예훼손죄의 보호법익인 명예의 의의에 관하여 내적 명예와 외적 명예 및 명예감정의 3가지로 논해지고 있음은 민사상의 명예훼손과 같다. 형법상 명예훼손죄의 경우에도 사람의 인격적 가치와 도의적·사회적 행위에 대한 사회적 평가로서 외적 명예를 보호법익의 대상으로 하고 있다는 점에 관하여는 별다른 이견이 없다. 따라서 명예에 대한 죄의 보호법익은 내적 명예나 주관적인 명예감정이 아니라 윤리적·사회적·인격적 가치에 대한 사회적 평가를 의미한다.

"명예란 각 사람이 인간의 존엄과 사회적 생활의 기초 위에서 누려야 할 인격적 가치를 말하고, 이는 인간의 품위를 유지시켜 주고 타인과의 관계를 형성해 나갈 수 있는 토대를 제공한다. 명예에 관한 죄의 보호법익으로서 명예란 사람의 인격에 관해 타인들에게서 주어지는 사회적 평가를 말하는데(대법원 1988. 9. 27. 선고 88도1008 판결 등 참조), 이러한 인격적 가치로서의 명예를 형사적으로 보호하기 위해 형법 외에도 다양한 특별법에서 이에 대한 침해를 규율하"고 있다(대법원 2020. 11. 19. 선고 2020도5813 전원합의체 판결).

다만, 우리 판례는 민법상 불법행위제도에 의한 보호가 베풀어지는 명예는 사람이 사회에서 가지는 품위·명성·신용 등을 의미한다고 보므로 형법상 명예훼손죄에서 의미하는 명예와 신용훼손죄의 신용을 포괄하는 넓은 개념으로 이해되고 있다.

모욕죄의 보호법익에 관하여 소수설은 명예훼손죄에 있어서와 달리 명예감정이라고 하나, 다수설은 외적 명예라고 해석하고 있다. 모욕죄도 공연성을 요건으로 하고 있다는 점, 명예감정이 없는 정신병자나 유아 및 법인에 대하여도 모욕죄의 성립을 인정해야 하는 점에 비추어보면 다수설이 타당하다.

(2) 주체 및 객체
가. 행위 주체

민사상의 명예훼손에 있어서는 직접 명예훼손 행위자뿐 아니라 일정한 경우에는 사용자 책임(민법 제756조)에 의해 행위자 이외에 사용자 또는 기관의 행위에 대해 법인이 손해배상책임 등을 지는 경우가 있다(민법 제35조, 상법 제210조). 그러나 행위자책임을 원칙으로 하는 형사법에서는 직접행위자만이 명예훼손의 주체가 될 수 있을 뿐이다.

다만, 예컨대 형법 제309조 제2항 소정의 출판물에 의한 명예훼손죄와 같이 행위자가 특정된 개별적인 구성요건에서는 일반적으로 출판물을 소유·경영하거나 그 제작·보도에 관여하는 사람이 행위 주체가 됨이 보통이다. 그 이외의 사람이 이 범죄의 주체가 될 수 있는가 하는 문제는 동죄가 이른바 자수범(自手犯)인가 여부와 관계되는 문제로 논란된다. 대법원 판례는 타인을 비방할 목적으로 허위사실인 기사의 자료를 신문기자에게 제공한 경우 그 제보자를 출판물에 의한 명예훼손죄로 처벌한다(후술 참조).

나. 피해자

명예의 주체는 사람이다. 따라서 모든 자연인은 명예의 주체가 될 수 있고, 자연인인 이상 유아(幼兒)나 정신병자도 명예의 주체가 된다.

1) 법인 기타 단체

자연인뿐 아니라 법인도 명예훼손죄에 의해 보호받는다. 판례는 "명예훼손죄나 모욕죄의 대상으로서의 사람은 자연인에 한정하지 않고 인격을 가진 단체도 포함한다고 해석하는 것이 타당하다"[4]고 하여 법인격 있는 법인에 한하여 명예의 주체가 될

---

4) 대법원 1959. 12. 23. 선고 58형상539 판결, 대법원 1960. 11. 26. 선고 60형상244 판결.

수 있다는 취지로 판시하고 있다. 그러나 법인격 없는 단체일지라도 독립된 사회적 기능을 담당하고 통일된 의사를 형성할 수 있는 이상 명예의 주체가 될 수 있다고 해석해야 할 것이다. 정당, 노동조합, 병원 및 종교단체 등에 대해서도 명예의 주체성을 인정해야 할 것이다. 다만, 법적으로 승인되는 사회적 기능을 과업으로 하지 않는 단순한 사교클럽이나 취미생활을 위한 동호회 등의 경우에는 명예훼손죄로 보호받는 주체라고 보기 어렵다.

2) 사자

죽은 사람은 원래 어떠한 권리이든 그 주체가 될 수 없음이 원칙이다. 그러나 인격권은 그 권리주체에 불가분적으로 결합된 권리이며, 인간은 사망하더라도 그의 인격적 가치는 소멸하는 것이 아니고, 역사적 가치로서의 인격권은 보호되어야 한다는 점에서 특수성이 있다. 독일 연방대법원은 독일 헌법상 인간의 존엄 사상에 기한 인격권의 법적인 보호는 사망으로 인하여 종료되는 것이 아니며, 그에 대한 일반적인 가치 및 존중청구권은 존속하는 것이고, 특히 사망한 사람의 인생상(Lebensbild)은 심한 침해행위로부터 보호되어야 한다고 판시한 바 있다.[5]

학설상으로는 사자의 명예주체성 여부에 관하여 논란이 있으나,[6] 우리 형법은 제308조에서 사자에 대한 명예훼손죄를 명문화함으로써 이 문제를 입법적으로 해결하고 있다.

(3) 행위태양

가. 사실적시의 요건

형법상 명예훼손죄는 사실적시를 요건으로 하며, 따라서 의견이나 감정의 표현만으로는 형사상 명예훼손죄로 처벌되지 않는다. 민사와 형사 명예훼손을 구별하는 중요한 관점이지만, 판례 중에는 민사사건에서도 이러한 형사적 관점을 벗어나지 못하고 의견표현에 의한 명예훼손의 불법행위를 부인하는 사례가 있어 주의를 요한다 함은 전술한 바와 같다.[7]

사실의 적시는 사람의 인격적 가치에 대한 사회적 평가를 저하시키기에 충분한 구체적 사실을 지적·표현하는 것을 말하며, 사실적시의 유무에 따라 명예훼손죄와 모욕죄로 나누어진다.

---

5) BGHZ 50, 136 (139).
6) 함석천, "사자 명예훼손과 사실·논평의 구별기준에 관한 소고 - 대법원 2001. 1. 19. 선고 2000다10208 판결 평석 - ", 실무연구 (Ⅱ), 법원도서관(2002), 107면 이하 참조.
7) 전술 제2장 제5절 Ⅲ 1 참조.

대법원 1989. 3. 14. 선고 88도1397 판결 [모욕적 언사]

이 판결은 모욕적인 말만 했을 뿐, 구체적인 사실적시가 없다고 생각된 사안에서 형사상 명예훼손죄가 성립하지 아니함을 확인하고 있다.

"명예훼손죄에 있어서의 사실의 적시는 사람의 사회적 평가 내지 평가를 저하시키는 구체적 사실의 적시를 요하며 단지 모욕적인 언사만을 사용하는 것은 모욕죄에 해당할 뿐 명예훼손죄에 해당하지 않는다. 따라서 "아무것도 아닌 똥꼬다리 같은 놈"이라는 구절은 모욕적인 언사에 불과할 뿐 구체적인 사실의 적시라고 할 수 없고 "잘 운영되어 가는 어촌계를 파괴하려 한다"는 구절도 구체적인 사실의 적시라고 할 수 없으므로 명예훼손죄에 있어서의 사실의 적시라고 할 수 없다."8)

대법원 2009. 4. 9. 선고 2005다65494 판결 [현대자동차 노조]

"순수하게 의견만을 표명하는 것은 타인의 명예를 훼손하는 행위가 될 여지가 없고(대법원 2001. 1. 19. 선고 2000다10208 판결 참조), 표현행위에 적시된 사실 중 허위내용이 포함되어 있다 하더라도 그 허위사실이 타인의 사회적 평가를 침해할 수 있는 내용이 아니라면 명예훼손에 해당하지 않으며(대법원 2007. 6. 15. 선고 2004도4573 판결 참조), 단순히 타인의 주관적인 명예감정을 침해하는 표현행위를 하였다거나 그 사회적 평가에 영향을 미치는 비판적인 의견을 표명하였다는 사유만으로는 명예훼손이 성립하지 않는다(대법원 1992. 10. 27. 선고 92다756 판결, 대법원 1999. 7. 13. 선고 98다43632 판결 등 참조)."

적시되는 사실이 사람의 사회적 지위 또는 가치를 침해할 만한 성질의 것이면 명예훼손행위가 된다. 그 사실은 반드시 악사·추행에 관한 것일 필요가 없으며, 비록 공지의 사실이라도 이를 적시함으로써 그 사람의 명예를 침해할 수 있는 경우에는 명예훼손죄가 성립한다. 다만, 사람의 경제적 가치를 저하시키는 것은 우리 형법에서 별도로 신용훼손죄(형법 제313조)를 규정하여 이를 처벌하고 있으므로 이에 포함되지 않는다. 이 점이 민사상의 명예훼손과 다른 점이다.

사실의 적시는 특정인의 명예가 침해될 가능성이 있을 정도로 구체적이면 족하고 그 사실의 시기, 장소, 수단 등까지 상세하게 특정할 필요는 없다. 다만, 사실의 적시라고 하기 위해서는 피해자가 특정되어야 한다. 그 특정의 정도나 방법은 민사상의 명예훼손에 있어서와 다를 바가 없다.

대법원 2007. 6. 15. 선고 2004도4573 판결 [노무현 인사파일]

명예훼손죄가 성립하기 위하여는 사실의 적시가 있어야 하고, 적시된 사실은 이로써 특정인의 사회적 가치 내지 평가가 침해될 가능성이 있을 정도로 구체성을 띠어야 하는 것이며(대법원 1994. 6. 28. 선고 93도696 판결, 대법원 2003. 6. 24. 선고 2003도1868 판결 등 참조), 비록 허위의 사실을 적시하였더라도 그 허위의 사실이 특정인의 사회적 가치 내지 평가

---

8) 대법원 1989. 3. 14. 선고 88도1397 판결, 대법원 1985. 10. 22. 선고 85도1629 판결 등 다수.

를 침해할 수 있는 내용이 아니라면 형법 제307조 소정의 명예훼손죄는 성립하지 않는다.

사실적시의 방법에는 아무런 제한이 없으므로 언어에 의하든, 문서·그림·신문·라디오 기타 출판물에 의하든 상관이 없다. 만화·영화·연극 등 형상에 의한 방법에 의해서도 명예훼손죄가 성립된다. "명예훼손죄에 있어서의 사실의 적시는 그 사실의 적시자가 스스로 체험한 것으로 적시하든, 타인으로부터 전문한 것으로 적시하든 불문한다."[9]

적시된 사실이 진실인가 허위인가는 명예훼손죄의 성립에 영향을 주지 아니하나, 후자의 경우에는 형법 제307조 제2항에 의하여 가중 처벌되게 된다.

제307조 제1항의 명예훼손죄에서 '사실'은 가치판단이나 평가를 내용으로 하는 '의견'에 대치되는 개념으로서 적시된 사실이 진실한 사실인 경우이든 허위의 사실인 경우이든 모두 동죄가 성립될 수 있다.[10] 다만, 적시된 사실이 허위의 사실이라고 하더라도 행위자에게 허위성에 대한 인식이 없는 경우에는 제307조 제2항의 명예훼손죄가 아니라 제307조 제1항의 명예훼손죄가 성립될 수 있다.[11] 형법 제307조 제2항을 적용함에 있어서 "중요한 부분이 객관적 사실과 합치되는 경우에는 세부(細部)에 있어서 진실과 약간 차이가 나거나 다소 과장된 표현이 있다 하더라도 이를 허위의 사실이라고 볼 수는 없다."[12]

공소사실이 다수의 표현행위를 포함하고 있는 경우에는 명예훼손이 되는 사실의 적시, 그리고 그 사실 중 진실인 사실과 허위인 사실의 구분 적시가 필요함은 물론이고, 그에 대한 입증은 합리적인 의심을 배제할 정도로 행해질 것을 요한다.[13]

나. 공연성 요건 및 전파가능성 이론

1) 공연성 요건

민사상의 명예훼손은 피해자 이외의 제3자에게 표현행위가 전달됨으로써 족하다. 그러나 형사상의 명예훼손죄는 '공연히' 사실 또는 허위의 사실을 적시하여 사람의 명예를 훼손함으로써 성립하며, 형법상의 모욕죄도 '공연성'을 구성요건으로 하고 있다. 공연성을 행위 태양으로 요구하는 것은 사회에 유포되어 사회적으로 유해한 명예훼손 행위만을 처벌함으로써 개인의 표현의 자유가 지나치게 제한되지 않도록 하기 위함이다.[14]

---

9) 대법원 1985. 4. 23. 선고 85도431 판결.
10) 대법원 2017. 4. 26. 선고 2016도18024 판결 [한센인 보호재단].
11) 대법원 2017. 4. 26. 선고 2016도18024 판결 [한센인 보호재단].
12) 대법원 1999. 10. 22. 선고 99도3213 판결.
13) 대법원 2000. 2. 25. 선고 99도4757 판결.
14) 대법원 2020. 11. 19. 선고 2020도5813 전원합의체 판결.

공연성의 의의에 관하여 우리의 다수설과 판례는 불특정 또는 다수인이 인식할 수 있는 상태라는 입장을 취한다. 명예훼손죄는 이른바 추상적 위험범(危險犯)이기 때문에 공연성은 불특정 또는 다수인이 구체적으로 인식할 것을 요하는 것이 아니라, 불특정 또는 다수인이 직접 인식할 수 있는 상태에 도달하면 충분하다.15)

여기서 "불특정"이란 특수한 관계로 인하여 한정된 범위에 속하는 사람만이 아니라는 의미이고, 행위시에 상대방이 구체적으로 특정되어 있지 않다는 의미가 아니다. 불특정인의 대표적인 예는 가두의 통행인이나 공개장소에 모인 군중 등이 될 것이다. 또 "다수인"이란 단순한 복수의 자라는 의미가 아니고 사회적이라고 할 수 있을 정도로 상당한 다수임을 요한다.16)

2) 전파가능성 이론

공연성을 인정함에 있어서 대법원 판례는 이른바 "전파가능성 이론"을 취한다.17) 즉 대법원은 "명예훼손죄에 있어서 공연성은 불특정 또는 다수인이 인식할 수 있는 상태라고 풀이함이 상당하므로 비록 개별적으로 한 사람에 대하여 사실을 유포하였다 하더라도 이로부터 불특정 또는 다수인에게 전파될 가능성이 있다면 공연성의 요건은 충족된다"고 판시한다.18) 이러한 입장에서 판례는 피고인이 3사람이 있는 자리에서 또는 한 사람에게 전화로 허위사실을 유포한 경우,19) 한 사람에 대한 편지발송의 경우에도 편지의 수신인이 편지의 내용을 타인에게 유포할 가능성이 있는 때20)에는 공연성을 인정한다.

이러한 법리는 정보통신망법상 정보통신망을 이용한 명예훼손이나 공직선거법상

---

15) 따라서 신문에 게재 반포되면 불특정 또는 다수인이 이를 읽을 수 있는 상태가 야기되어 공연성이 인정되지만, 갑의 자택에 가서 갑과 그의 처 을의 면전에서 사실을 적시한 경우라면 비록 전파 가능성이 없지 않다 해도 불특정 또는 다수인은 그것을 직접 알려고 해도 알 수 있는 상태가 아니므로 공연성이 없다고 보게 된다(보정판 주석형법 각칙 (Ⅱ), 한국사법행정학회(1992) 김종원 집필부분, 558면).

16) "명예훼손죄에 있어서 공연성이란 불특정 또는 다수인이 인지할 수 있는 상태에 이르면 족하다 할 것인바, 피고인이 타인의 명예를 훼손할 만한 사실을 기재한 유인물을 71명의 회원에게 우송·배포하였다면 유인물을 배포받은 자의 범위에 다소 제한이 있고 수취인이 특정되어 있다 하더라도 공연성이 있다(대법원 1976. 4. 25. 선고 75도273 판결, 대법원 1968. 12. 24. 선고 68도1569 판결)."(대법원 1981. 8. 25. 선고 81도149 판결).

17) 대법원은 1968년 처음으로 "비밀이 잘 보장되어 외부에 전파될 염려가 없는 경우가 아니면 비록 개별적으로 한 사람에 대하여 사실을 유포하였더라도 연속하여 수인에게 사실을 유포하여 그 유포한 사실이 외부에 전파될 가능성이 있는 이상 공연성이 있다.'고 판시한 후 이러한 입장을 일관되게 유지하고 있다.

18) 대법원 1983. 10. 11. 선고 83도2222 판결, 대법원 1985. 4. 23. 선고 85도431 판결, 대법원 1985. 12. 10. 선고 84도2380 판결, 대법원 1986. 9. 23. 선고 86도556 판결 등 다수.

19) 대법원 1990. 7. 24. 선고 90도1167 판결.

20) 대법원 1979. 8. 14. 선고 79도1517 판결, 대법원 1982. 3. 24. 선고 81도2491 판결.

후보자비방죄 등의 공연성 판단에도 동일하게 적용된다.[21]

3) 전파 가능성 부인 사례

먼저 판례가 전파가능성이 없다는 이유를 들어 공연성을 부정한 사례를 다음에 살펴본다.

① 피해자와 피고인의 남편만 있는 자리에서 사실을 적시한 경우(대법원 1985. 11. 26. 선고 85도2037 판결): "피고인이 자기 집에서 피해자와 서로 다투다가 피해자에게 한 욕설을 피고인의 남편 외에 들은 사람이 없다고 한다면 그 욕설을 불특정 또는 다수인이 인식할 수 있는 상태였다고 할 수는 없으므로 공연성을 인정하기 어렵다."

② 여관방에서 피고인의 딸과 피해자들의 아들 사이에 파탄된 혼인문제를 수습하기 위하여 이야기하면서 사실을 적시한 경우(대법원 1984. 4. 10. 선고 83도49 판결): "피고인이 각 피해자에게 '사이비 기자 운운' 또는 '너 이 쌍년 왔구나'라고 말한 장소가 여관방이고 그곳에는 피고인과 그의 처, 피해자들과 그들의 딸, 사위, 매형밖에 없었고 피고인이 피고인의 딸과 피해자들의 아들 간의 파탄된 혼인관계를 수습하기 위하여 만나 얘기를 하던 중 감정이 격화되어 위와 같은 발설을 한 사실이 인정된다면 위 발언은 불특정 또는 다수인이 인식할 수 있는 상태라고 할 수 없고, 그 자리에 모여 있던 사람들의 신분관계나 그들이 모인 경위로 보아 그와 같은 발설이 그들로부터 불특정 다수인에게 전파될 가능성도 있다고 보기 어려우므로 공연성이 인정되지 않는다."

③ 피고인이 자신의 처에게 사실을 적시한 경우(대법원 1984. 3. 27. 선고 84도86 판결): "피고인이 집에서 처로부터 전날 외박한 사실에 대하여 추궁당하자 이를 모면하기 위하여 처에게 피해자와 여관방에서 동침한 사실이 있다고 말한 사실만으로는 공연성이 있다고 할 수 없다."

④ 피고인이 피해자와 동업관계에 있고 친한 사이인 사람에게 피해자의 험담을 한 경우(대법원 1984. 2. 28. 선고 83도891 판결): "피고인이 다방에서 피해자와 동업관계로 친한 사이인 공소외인에 대하여 피해자의 험담을 한 경우에 있어서 다방 내의 좌석이 다른 손님의 자리와 멀리 떨어져 있고, 그 당시 공소외인은 피고인에게 왜 그런 말을 하느냐고 힐책한 사실까지 있다면 전파될 가능성이 있다고 볼 수 없다."

⑤ 피해자가 근무하고 있는 학교의 이사장 앞으로 사실을 적시하여 진정서를 제출한 경우(대법원 1983. 12. 25. 선고 83도2190 판결): "피고인이 '피해자는 전과 6범으로 교사직을 팔아가며 이웃을 해치고 고발을 일삼는 악덕교사'라는 취지의 진정서를 피해자가 근무하는 학교의 법인이사장 앞으로 제출한 사실은 위 진정서의 내용과 진정서의 수취인의 학교법인 이사장과 피해자의 관계 등에 비추어 볼 때 이사장이 그 내용을 타에 전파할 가능성이 있다고 보기 어렵다."

---

21) 대법원 1996. 7. 12. 선고 96도1007 판결, 대법원 2008. 2. 14. 선고 2007도8155 판결, 대법원 2020. 11. 19. 선고 2020도5813 전원합의체 판결 등 참조.

⑥ 피해자와 집안 간의 사람들 앞에서 사실을 적시한 경우(대법원 1982. 4. 27. 선고 82도 371 판결): "피고인이 6촌 동생인 공소외인이 입원하고 있던 입원실에서 위 공소외인과 그의 처 면전에서 피고인의 형수가 공소외인과 모 여관에서 잠을 자고 왔다고 발설하자 위 공소외 인 부처 등이 모두 피고인의 형수와 집안간인 관계로 당사자들 사이에서만 알고 타인들에게 는 알려지지 않도록 감추려하였다면 불특정 또는 다수인에게 전파될 가능성이 있다고 볼 수 없다."

다만, 대법원 판례 중에는 "기자를 통해 사실을 적시하는 경우에는 기사화되어 보도되어야 만 적시된 사실이 외부에 공표된다고 보아야 할 것이므로 기자가 취재를 한 상태에서 아직 기사화하여 보도하지 아니한 경우에는 전파가능성이 없다"고 한 것이 있으나(대법원 2000. 5. 16. 선고 99도5622 판결), 일반적으로 기자에 대한 제보는 일반인에 대한 제보보다 그 전파 가능성이 크다고 할 것이므로 위 판례는 예외적인 사례에 속한다고 보아야 한다.

4) 전파가능성 이론에 대한 비판

전파가능성 이론에 관해서는 학설상 ① 판단에 자의(恣意)가 개입될 여지가 있어 죄형법정주의의 요청에 반할 수 있고, ② 범죄의 성부가 수령인의 전파 의사 유무에 의존하게 되어 행위자에게 결과만으로 과중한 책임을 인정하여 책임주의에 반하며, ③ 친밀한 범위 내의 언급이 처벌될 수 있어 표현의 자유뿐 아니라 프라이버시의 권리 가 침해될 수 있다는 점에서 비판이 제기되어 왔다.

대법원은 위와 같은 비판에 대해 2020년 전원합의체 판결[22]에서 명예훼손죄의 전파성 이론을 지지하면서 "명예훼손죄는 추상적 위험범으로서 침해의 결과를 요구하 지 않고 침해할 위험이 발생한 것으로 족한 것이기 때문에 불특정 또는 다수인이 인식 할 수 있는 상태를 초래한 경우에 죄가 성립한다고 보는 것이 타당하다"고 하면서 다 음과 같이 설시하였다. 즉 명예훼손적 발언을 들은 상대방(수용자)이 발언자나 피해자 와 사이에 친밀한 관계가 있는 경우 또는 직무상 비밀유지의무 또는 이를 처리해야 할 공무원이나 이와 유사한 지위에 있는 경우에는 그러한 관계나 신분 때문에 비밀의 보 장이 기대되는 것이기 때문에 공연성이 부정된다. 그럼에도 이 경우 공연성을 인정하 려면 그러한 관계나 신분에도 불구하고 불특정 또는 다수인에게 전파될 수 있다고 볼 만한 특별한 사정이 존재하여야 한다는 보다 상세한 기준을 제시하고 있다.

대법원 2020. 11. 19. 선고 2020도5813 전원합의체 판결

이 사건에서는 종전 판례와 다수 학설이 취하여 온 전파가능성 이론을 유지할 것인가 여 부가 쟁점이 되었는데, 다수의견은 1968년 이래 대법원이 적용해 온 전파성이론을 유지하기 로 하면서 새로운 논거와 기준을 제시하고 있다.

---

22) 대법원 2020. 11. 19. 선고 2020도5813 전원합의체 판결 참조.

사실관계를 보면, 피고인이 피해자 갑의 집 뒷길에서 피고인의 남편 을 및 갑의 친척인 병이 듣는 가운데 갑에게 '저것이 징역 살다온 전과자다'라는 등 큰 소리로 말함으로써 공연히 사실을 적시하여 갑의 명예를 훼손하였다는 내용으로 기소되었다. 제1심과 항소심은 피고인을 명예훼손으로 처벌하였으나, 피고인은 상고하면서 피고인의 남편 을은 피해자의 전과사실을 이미 알고 있었고, 병은 피해자의 친척이므로 피고인의 발언에 전파가능성이 없어 공연성이 없다고 주장하였다.

다수의견은 먼저 전파가능성의 법리를 지지하면서 첫째, 명예훼손죄는 추상적 위험범으로서 침해의 결과를 요구하지 않고 침해할 위험이 발생한 것으로 족한 것이기 때문에 불특정 또는 다수인이 인식할 수 있는 상태를 초래한 경우에 죄가 성립한다고 보는 것이 타당하다. 둘째, 전파가능성의 법리는 점차 확산되고 있는 정보통신망 상의 명예훼손을 다루기 위해서도 유용하다. 셋째, 이 법리는 정보통신망을 이용한 명예훼손이나 공직선거법상 후보자비방죄 등의 공연성 판단에도 동일하게 적용된다고 전제하였다..

그리고 다수의견은 ① 전파가능성을 인정함에는 단순히 '가능성'이 아닌 '개연성'이 요구되며, 검사의 엄격한 증명을 요한다. ② 공연성의 존부는 사건의 제반 정황을 종합하여 객관적으로 판단해야 하고, "발언 이후 실제 전파되었는지 여부는 전파가능성 유무를 판단하는 고려요소가 될 수 있으나, 발언 후 실제 전파 여부라는 우연한 사정은 공연성 인정 여부를 판단함에 있어 소극적 사정으로만 고려되어야 한다(대법원 1981. 10. 27. 선고 81도1023 판결, 대법원 1998. 9. 8. 선고 98도1949 판결, 대법원 2000. 2. 11. 선고 99도4579 판결 등 참조)"고 판시하였다.

나아가 다수의견은 전파가능성의 법리를 적용함에 있어서 "발언자와 상대방 및 피해자와 상대방이 특수한 관계에 있는 경우, 상대방이 직무상 특수한 지위 내지 신분을 가지고 있는 경우에는 그 상대방에 대한 사실적시 행위에 관하여 공연성을 인정하기 위해서는 그러한 관계나 신분에도 불구하고 불특정 또는 다수인에게 전파될 수 있다고 볼 만한 특별한 사정이 존재하여야 한다."고 하고, "특히 발언 상대방이 발언자나 피해자의 배우자, 친척, 친구 등 사적으로 친밀한 관계에 있는 경우, 직무상 비밀유지의무 또는 이를 처리해야 할 공무원이나 이와 유사한 지위에 있는 경우에는 그러한 관계나 신분으로 인하여 비밀의 보장이 상당히 높은 정도로 기대되는 경우로서 공연성이 부정된다(대법원 1978. 4. 25. 선고 78도473 판결, 대법원 1981. 10. 27. 선고 81도1023 판결, 대법원 1984. 3. 27. 선고 84도86 판결, 대법원 2000. 2. 11. 선고 99도4579 판결, 대법원 2002. 11. 26. 선고 2002도4800 판결 등 참조)."고 설시하였다.

위와 같은 입장에서 대법원의 다수의견은 상대방 병이 피해자 갑과 친척관계에 있다는 이유만으로 전파가능성이 부정된다고 볼 수 없고, 오히려 피고인은 갑과의 싸움 과정에서 단지 갑을 모욕 내지 비방하기 위하여 공개된 장소에서 큰 소리로 말하여 다른 마을 사람들이 들을 수 있을 정도였던 것으로 불특정 또는 다수인이 인식할 수 있는 상태였다고 봄이 타당하므로, 피고인의 위 발언은 공연성이 인정된다고 결론지었다.

한편, 다수의견은 전파가능성에 관한 인식과 위험을 용인하는 내심의 의사를 설명하면서, "친밀하고 사적인 관계뿐만 아니라 공적인 관계에 있어서도 조직 등의 업무와 관련하여 사실의 확인 또는 규명 과정에서 발언하게 된 것이거나, 상대방의 가해에 대하여 대응하는 과정

에서 발언하게 된 경우 및 수사·소송 등 공적인 절차에서 그 당사자들 사이에 공방을 하던
중 발언하게 된 경우 등이라면 그 발언자의 전파가능성에 대한 인식과 위험을 용인하는 내심
의 의사를 인정하는 것은 신중하여야 한다. 그렇지 않으면 명예훼손죄가 사실의 확인 또는
규명, 가해에 대한 대응, 수사·소송 등의 정당한 행위를 막는 봉쇄 수단으로 이용될 수 있기
때문이다."라고 설시하고 있다.23)

 [대법관 김재형, 대법관 안철상, 대법관 김선수의 반대의견] 소수 반대의견의 설시는 다음
과 같다. 명예훼손죄의 구성요건으로 규정된 '공연성'은 불특정 또는 다수인이 직접 인식할
수 있는 상태를 가리키는 것이고, 특정 개인이나 소수에게 말하여 이로부터 불특정 또는 다
수인에게 전파될 가능성이 있다고 하더라도 공연성 요건을 충족한다고 볼 수 없다. 다수의견
은 범죄구성요건을 확장하여 적용함으로써 형법이 예정한 범주를 벗어나 형사처벌을 하는
것으로서 죄형법정주의와 형법해석의 원칙에 반하여 찬성할 수 없다. 전파가능성 법리를 이
유로 공연성을 인정한 대법원판결들은 변경되어야 한다.

 공연성이 있는 명예훼손 행위만을 처벌하려는 입법자의 의도는 명예훼손행위가 사회에 유
포되는 경우에만 처벌하려는 것이고, 이는 명예훼손죄의 성립 범위를 좁혀 헌법상 표현의 자
유를 가급적 넓게 보장하는 기능을 수행한다. 전파가능성이란 아직 그러한 결과가 현실로 발
생하지 않았지만 앞으로 전파될 수도 있다는 뜻이다. 그러한 결과가 발생하지 않은 상황에서
앞으로 전파될 '가능성'이라는 추측을 처벌의 근거로 삼는 것은 죄형법정주의에 명백히 반한
다. 이러한 해석은 명백히 피고인에게 불리한 것으로서 허용되어서는 안 되는 부당한 확장해
석이자 유추해석에 해당한다.

 판시를 보면, 논거에 있어서 소수의견이 더 우월한 것으로 생각된다.

 애당초 형법이 명예훼손죄의 성립에 공연성 요건을 요구한 것은 공연성 없는 사적인 명예
훼손적 진술을 처벌에서 배제하여 표현의 자유를 넓게 보호한다는 의미를 갖는다. 그런데 대
법원은 1960년대부터 공연성 요건에 전파가능성을 추가함으로써 명예 보호에는 유리하지만
표현의 자유에는 불리한 형량을 시행하고 있다. 그러나 표현의 자유와 인격권 간의 조화적인
균형을 도모하기 위해서라면 막연하고 불확실한 전파가능성 여부에 따라 처벌 여부를 결정
하는 방식을 취하는 다수의견의 어프로치보다는 발언자나 상대방이 해당 정보에 관하여 알
이익과 피해자의 명예보호 이익을 비교형량하여 정하는 방안(영미의 제한적 특권의 법리나
독일의 정당한 이익 홍호의 법리 등)이 훨씬 용이하고 합리적인 방안일 것이다. 특히 다수의
견은 발언자와 상대방 또는 상대방과 피해자 간의 친밀한 관계나 상대방의 신분 또는 지위에
따라 전파가능성을 추론하자는데, 비밀보장이 기대된다고 하여 바로 그 이행으로 이어진다는
결론이 보장되는 것은 아니기 때문에 다수의견의 논증에는 문제가 있다.

---

23) 다수의견은 그 예로서 조합장인 피고인이 전 조합장인 피해자의 측근에게 조합운영의 협조를 구하
 기 위하여 피해자의 불신임사유를 설명하는 과정에서 피해자의 명예를 훼손하는 발언을 한 경우(대
 법원 1990. 4. 27. 선고 89도1467 판결) 및 피고인이 경찰서에서 피해자와의 다툼 경위에 관한 조사
 과정에서 피해자에 대한 명예훼손 발언을 한 경우(대법원 2001. 4. 10. 선고 2000도5711 판결) 모두
 공연성을 부정하여 명예훼손의 성립을 부인하고 있으나, 이들 사례는 공연성 유무에 중점을 둔 논증
 이 아니라, 해당 발언으로 인한 표현행위자 또는 수용자(대화 상대방)의 정당한 이익이 피해자의 이
 익을 상회하는 경우 표현행위로서 위법성이 조각되는 것으로 보는 독일법 상의 정당한 이익 옹호의
 법리나 영미 보통법상의 제한한 특권의 법리에 의하는 것이 더 합리적인 것이었다고 생각된다.

대법원 2021. 4. 29. 선고 2021도1677 판결

이 판결에서 대법원은 전술한 2020도5813 전원합의체 판결에서 정립된 전파성 이론을 적용하여 특수한 관계에서 공연성을 인정하려면 불특정 또는 다수에게 전파될 수 있다고 볼만한 '특별한 사정'이 존재해야 함을 명확히 하고, 그러한 사정이 없다는 이유로 피고인을 무죄로 선고한 원심을 지지하고 있다.

이 사건의 사실관계를 보면, 피고인(OO도 수석장학사)은 그가 근무하는 교육청 소속 남녀 장학사들인 피해자와 A사이에 불미스러운 소문이 확산되는 것을 방지하기 위해 그 사실을 자신은 물론 A와도 친분이 있는 B에게 말하였는데, B가 다시 C에게 피고인으로부터 들은 소문의 내용을 전달한 사안에서 대법원은 피고인이 발언한 경위와 동기, 피고인 및 A와 B의 관계와 교육청 내 지위 등을 고려할 때, 피고인의 사실적시에 공연성이 있었다고 인정하기 어려울 뿐만 아니라, 명예훼손의 고의, 전파가능성에 대한 인식과 그 위험을 용인하는 내심의 의사가 있었다고 보기 어렵다는 이유로 무죄로 판단한 원심을 지지하였다.

5) 전파가능성과 고의

"전파가능성을 이유로 명예훼손행위의 공연성을 인정하는 경우에는 범죄구성요건의 주관적 요소로서 그에 관한 고의가 필요하므로 전파가능성에 대한 인식이 있음은 물론, 나아가 그 위험을 용인하는 내심의 의사가 있어야 하고, 그 행위자가 전파가능성을 용인하고 있었는지(미필적 고의)의 여부는 외부에 나타난 행위의 형태와 행위의 상황 등 구체적인 사정을 기초로 하여 일반인이라면 그 전파가능성을 어떻게 평가할 것인가를 고려하면서 행위자의 입장에서 그 심리상태를 추인하여야 한다."[24]

대법원 2004. 4. 9. 선고 2004도340 판결 [국회의원 제보]

이 사건은 전파가능성에 관한 고의 및 그 판단기준에 관하여 판단한 최초의 판결이다.

사실관계를 보면, 피고인(의사)은 사적인 관계에서 의료기기 제조회사와 사이에 발생한 분쟁을 해결하려고 1996. 3.경 위 회사 대표이사(피해자)를 사기혐의로 고소하였으나 검찰에서 혐의없음 처분이 내려지자, 피해자와 사이의 분쟁을 야당 국회의원들을 통하여 해결하고자 1996. 9.경 당시 국민회의 소속 서울시 정무부시장에게 허위사실들을 적시하면서 그 분쟁 경위와 검찰의 사건처리과정 등을 설명하고 국회 차원에서 위 피해 주식회사의 비리를 조사해줄 것을 부탁하며 관련 자료를 넘겨주었고, 위 부시장은 그 무렵 같은 정당 소속 국회의원에게 그 자료를 넘겨주었으며, 그 국회의원은 그와 같은 자료를 바탕으로 1996. 10. 22. 국회에서 피해 주식회사에 관하여 허위사실들을 발표함으로써 피고인이 적시한 허위사실들이 언론에 보도되었다.

법원은 위와 같은 사실관계에 기초하여, 피고인이 비록 위 서울시 부시장에 대하여 허위사실을 적시하였다고 하더라도 피고인의 행위 형태와 당시의 행위 상황 등에 비추어 보면, 피고인으로서는 동인이 피고인으로부터 전해들은 허위사실들을 야당 국회의원 등을 통하여

---

24) 대법원 2004. 4. 9. 선고 2004도340 판결.

공론화함으로써 불특정 또는 다수인에게 전파될 가능성이 있었음을 인식하면서 이를 용인하고 있었음이 인정된다는 이유로 명예훼손의 범죄사실을 유죄로 판단하였다.

이 사건에서 피고인은 원래 형법 제309조 제2항의 출판물 등에 의한 명예훼손죄로 기소되었으나, 대법원에서 제보자가 기사의 취재·작성과 직접적인 연관이 없는 자에게 허위의 사실을 알렸을 뿐인 경우에는 특별한 사유가 없는 한 그 사실이 일간신문에 게재되었다 하더라도 출판물에 의한 명예훼손이 성립하지 아니한다고 하여 파기 환송한 후(후술하는 제보자 무죄 사건 대법원 2002. 6. 28. 선고 2000도3045 판결 참조), 환송심에서 형법 제307조 제2항의 일반명예훼손으로 공소사실이 변경되고 그에 대해 위와 같이 유죄가 인정되었다.

(4) 명예훼손의 고의
가. 의의

명예훼손죄가 성립하기 위해서는 주관적 구성요건으로서 타인의 명예를 훼손할 만한 사실을 적시한다는 고의가 있어야 한다. 민사상의 명예훼손은 고의뿐 아니라 과실이 있는 경우에도 성립함에 비해 형사상 명예훼손죄의 성립에는 고의가 요구됨이 다른 점이다.

명예훼손죄의 고의는 확정적 고의뿐 아니라 미필적 고의로도 족하다. 따라서 명예훼손죄에서 고의의 내용은 ① 특정한 명예훼손적 사실의 주장 또는 전파의 의욕과 ② 그 표현이 명예 등 인격권의 침해의 결과를 가져오리라고 하는 인식(직접적인 고의) 또는 그러한 결과의 발생을 예견하면서도 인용 내지 승인함(이른바 미필적 고의)을 내용으로 한다. 그러나 명예침해로 인한 손해발생을 의욕하거나 피해자를 가해할 의사나 동기는 고의의 요건이 아니다.

명예훼손인지 여부는 객관적으로 수용자들에 의해 명예훼손적인 것으로 이해되었는지 여부에 달려 있고, 피고가 그 행위를 함에 있어 주관적으로 원고의 명예를 손상시키리라고 예측하였는지 여부는 상관없다. 따라서 피고 입장에서 그 행위가 명예를 훼손하는 것임을 몰랐다거나 명예훼손이라고 믿을만한 이유가 없었다는 등의 주장은 항변으로 성립하지 못한다.25)

행위자가 다소 흥분하였다고 하여 고의가 부정되는 것은 아니다.26)

판례가 명예훼손죄의 범의를 부정한 사례를 다음에 살펴본다.

---

25) 홍임석, 영국에서의 언론에 의한 명예훼손의 법적 문제, 재판자료 93집, 법원도서관(2001. 12), 외국사법연수론집(21), 196면.

26) "10여명이 집합한 면전에서 피해자를 지적하여 "저놈은 공산당이며 6·25사변 중에 인민공화국 중앙간부로서 사람을 많이 죽였다" 운운의 욕설로서 공연히 사실을 적시하여 동인의 명예를 훼손하였다면, 범죄 당시 다소 흥분하고 있었다고 하여도 범죄의 인식을 부정할 수 없다."(대법원 1955. 4. 22. 선고 54형상36 판결).

① 피고인이 자기 아들이 저지른 폭행에 대하여 책임소재와 범위를 명백히 하기 위하여 피해자의 어머니에게 피해자의 과거로부터의 건강 상태와 질병 여부를 확인하기 위하여 질문한 경우, "이는 우리의 경험칙상 충분히 있을 수 있는 일로서 명예훼손죄의 고의없이 한 단순한 사실의 확인에 불과할 뿐 달리 명예훼손의 고의를 가지고 위와 같은 말을 하였다고 인정할 수 없다."(대법원 1977. 4. 26. 선고 77도836 판결).

② 명예를 훼손하는 내용의 사실을 발설케 된 경위가 그 사실에 대한 확인 요구에 대답하는 과정에서 나오게 된 경우, "피고인이 위와 같이 발설하게 된 경위는 피해자가 과거에 그와 같은 말을 하고 다닌 적이 있었느냐는 공소외인들의 확인 요구에 대답하는 과정에서 나오게 된 것이라면 그 발설 내용과 동기에 비추어 그 범의를 인정키 어렵다."(대법원 1983. 8. 23. 선고 83도1017 판결).

③ 새로 목사로서 부임한 피고인이 전임 목사에 대한 교회 내의 불미스러운 소문의 진위를 확인하기 위하여 이를 교회집사들에게 물어 본 경우, "이는 경험칙상 충분히 있을 수 있는 일로서 명예훼손의 고의 없는 단순한 확인에 지나지 아니하여 사실의 적시라고 할 수 없으므로 이러한 점에서 피고인에게 명예훼손죄의 고의 또는 미필적 고의가 있을 수 없다고 할 수밖에 없다."(대법원 1985. 5. 28. 선고 85도588 판결).

④ 피고인이 불미스러운 소문의 진위를 확인하고자 하는 질문 중 타인의 명예를 훼손하는 발언을 한 사안에서 명예훼손의 고의가 부정되었다(대법원 2018. 6. 15. 선고 2018도4200 판결).

⑤ 적시의 상대방이 피고인이나 피해자들과 별다른 친분관계가 없더라도 발언의 경위와 내용에 비추어 피고인에게 전파가능성에 대한 인식과 위험을 용인하는 의사가 없었다고 보았다(대법원 2020. 1. 30. 선고 2016도21547 판결).

나. 복수의 의미를 갖는 단어

명예훼손죄에서 고의의 유무가 문제될 수 있는 경우는 명예훼손적이라고 주장된 진술에 복수의 의미를 갖는 단어가 포함된 경우이다.[27]

Rudin v. Dow Jones & Co., 557 F. Supp. 535 (S.D.N.Y. 1983)

이 사건에서는 피고 다우존스 사가 발행하는 잡지가 변호사인 원고를 "mouthpiece" for Frank Sinatra라고 칭한 것이 문제되었다. 피고는 그 용어가 단순히 "변호사"를 의미하는 속어에 불과하다고 주장한 반면, 원고는 변호사들 간에서 "mouthpiece"란 말은 "비양심적인 마피아 변호사"라는 의미를 갖는다고 주장 입증하였다. 법원은 심리 결과 그 용어가 2가지 용도로 쓰이고 있음을 알았으나, 이 사건에서는 피고가 명예훼손적 의미로 사용하였음을 원고가 입증해야 하지만, 이를 하지 못했다고 보아 원고 패소로 판결하였다. 즉 이 사건에서 원고

---

27) Marc A. Franklin and Daniel J. Bussel, The Plaintiff's Burden in Defamation: Awareness and Falsity, 25 Wm. & Mary L. Rev. 825, 832−834 (1984), https://scholarship.law.wm.edu/wmlr/vol25/iss5/6).

는 일반 평균적인 독자가 "Sinatra's Mouthpiece"라고 하는 말을 비양심적인 마피아 변호사라는 의미로 이해하였다는 점에 관해 충분히 입증하지 못하였다는 것이다.

다. 구성요건적 고의와 착오

유의할 것은 형사상의 고의는 범죄구성요건마다 그 내용이 달라진다는 점이다(이른바 구성요건적 고의). 즉 형법상의 고의는 객관적 구성요건 사실에 대한 인식 내지 인용을 필요로 하고, 그러한 고의가 결여한 경우에는 구성요건 해당성이 인정되지 않아 범죄가 성립하지 않는다. 예를 들어, 허위사실의 적시를 요건으로 하는 형법 제307조 제2항, 제308조 또는 제309조 제2항에 있어서 행위자는 적시사실이 허위임을 인식하였을 것을 요하나,[28] 형법 제307조 제1항의 경우에는 적시된 사실이 명예를 저하하는 내용임을 인식하면 족할 뿐, 그것이 진실인지 여부는 고의의 내용이 아니다.

대법원 2017. 4. 26. 선고 2016도18024 판결 [한센인 보호재단]

"형법 제307조 제1항, 제2항, 제310조의 체계와 문언 및 내용에 의하면, 제307조 제1항의 '사실'은 제2항의 '허위의 사실'과 반대되는 '진실한 사실'을 말하는 것이 아니라 가치판단이나 평가를 내용으로 하는 '의견'에 대치되는 개념이다. 따라서 제307조 제1항의 명예훼손죄는 적시된 사실이 진실한 사실인 경우이든 허위의 사실인 경우이든 모두 성립될 수 있고, 특히 적시된 사실이 허위의 사실이라고 하더라도 행위자에게 허위성에 대한 인식이 없는 경우에는 제307조 제2항의 명예훼손죄가 아니라 제307조 제1항의 명예훼손죄가 성립될 수 있다."

이렇게 형법상 명예훼손에 있어서는 구성요건에 따라 적시된 사실이 진실인가, 허위인가에 대한 인식도 고의의 내용이 되므로 그에 대한 착오는 형법 총칙 상 사실의 착오로서 착오론의 일반이론을 따르게 되고, 형법 제15조에 따라 "특별히 중한 죄가 되는 사실을 인식하지 못한 행위는 중한 죄로 벌하지 아니"하게 된다.

구체적으로 살펴보면 ① 진실한 사실을 허위의 사실로 오인하고 적시한 경우 고의는 형법 제307조 제2항의 고의이지만 결과는 동조 제1항에 해당하므로 큰 고의는 작은 고의를 포함한다는 법리에 따라 동조 제1항의 죄책을 지게 되고, ② 허위의 사실을 진실인 사실로 오인하고 이를 적시하여 명예를 훼손한 때에는 형법 제307조 제2항의 결과가 발생하였지만, 고의는 동조 제1항의 고의에 불과하므로 형법 제15조 제1항의 법리에 따라 형법 제307조 제1항의 죄책을 질 뿐이다.[29]

여기서 말하는 착오는 구성요건 해당성의 단계에서 논의되는 것으로 형법 제15조

---

28) 대법원 2001. 10. 9. 선고 2001도3594 판결, 대법원 2000. 2. 25. 선고 99도4757 판결.
29) 오광수, "명예훼손죄에 관한 몇 가지 고찰 – 형법 제310조와 민사상 손해배상책임을 중심으로 – ", 부산지방변호사회지 제9호(1990. 12), 대법원 2017. 4. 26. 선고 2016도18024 판결 [한센인 보호재단].

가 규정하는 사실의 착오의 문제이며, 위법성 판단단계에서 위법성조각사유로서 진실의 항변을 하면서 허위를 진실로 오인하였고, 그 오인에 상당한 이유가 있음을 주장하는 상당성항변의 경우와 다른 것임을 유의해야 한다.[30]

3. 허위사실적시 명예훼손죄

(1) 의의

형법 제307조 제1항은 명예훼손죄의 기본적 구성요건으로서 "공연히 사실을 적시하여 사람의 명예를 훼손한 자"를 처벌하는 규정을 두고, 그 제2항에서 "공연히 허위의 사실을 적시하여 사람의 명예를 훼손한 자"를 가중처벌하는 규정을 두고 있다.

현행법 상 허위사실의 공표를 구성요건으로 하는 범죄는 형법 상 허위사실적시 명예훼손죄(제307조 제2항) 및 출판물에 의한 허위사실적시 명예훼손죄(형법 제309조 제2항), 사자 명예훼손죄(형법 제308조)가 있고, 특별법 상으로는 정보통신망법 및 공직선거법에 허위사실 적시를 구성요건으로 하는 처벌조항들이 존재한다. 이들 각 범죄들에서 허위사실이 같은 의미를 갖는가, 그 입증에 같은 정도의 입증을 요하는가를 검토할 필요가 있다.

이와 관련하여 먼저 허위사실 유포에 관한 헌법재판소의 판례를 살펴볼 필요가 있다.

〈허위사실 유포에 의한 공익침해행위에 대한 규제〉

인터넷 상 허위 사실 유포가 명예 등 개인법익을 침해하는 경우 이를 처벌하는 해당 법률[31]이 제정되어 있고, 그에 대한 의문은 없다. 그러나 인터넷에 허위사실을 전파하여 공익을 침해하는 사례가 다수 문제되자 이를 처벌하는 근거 조항으로 전기통신기본법 조항이 동원되었다. (구)전기통신기본법 제47조 제1항은 "공익을 해할 목적으로 전기통신설비에 의해 공연히 허위의 통신을 한 자"를 형사 처벌하는 규정을 두고 있었다. 동조에 의하면 그 구성요건 상 허위임을 알고 공익을 해할 목적으로 허위를 전파한 자를 처벌하는 것이었기 때문에 검사는 공표된 사실이 허위인 점 및 피고인이 그 허위인 정을 알았음을 입증하여야 하는 것이었으나, 헌법재판소는 2010년 12월 동조를 명확성 원칙에 위배되어 위헌이라고 판단하였

---

30) 형법 제307조 제1항으로 기소된 경우 피고인은 그의 진술이 공익에 관한 것이고 진실임을 내세워 형법 제310조의 위법성조각사유를 주장할 수 있다. 이 경우 피고인이 해당 진술이 진실임을 입증할 수 없거나 허위로 판명된 경우에도 피고인은 진실이라고 믿음에 상당한 이유가 있음을 주장·입증하여 면책받을 수 있다(상술한 상당성 항변). 후자의 경우는 본문에서 본 사실의 착오가 아니라 위법성조각사유의 전제사실의 진실성에 관해 착오가 있는 것이기 때문에 그에 관한 법적 처리에 관해 복잡한 학설의 대립이 있음은 민사 명예훼손의 항목에서 전술한 바 있다(전술 제2장 제4절 Ⅲ 2 (1) 참조).
31) 정보통신망 이용촉진 및 정보보호 등에 관한 법률(약칭: 정보통신망법) 제44조 및 제70조.

다. 위 결정의 문제점에 관하여 살펴볼 필요가 있다.

헌법재판소 2010. 12. 28. 선고 2008헌바157 결정 ["미네르바"]

전기통신기본법 제47조 제1항 위헌소원

[사실관계 및 결정요지]

전기통신기본법 제47조 제1항은 "공익을 해할 목적으로 전기통신설비에 의해 공연히 허위의 통신을 한 자"를 형사 처벌하는 규정을 두고 있었다. 이 사건 심판청구인들은 위 조항 위반으로 기소되어 재판 중 위 법률조항의 위헌확인을 구하는 이 사건 헌법소원심판을 청구하였다. 그 중 1인은 2008. 6. 2. 진보신당 홈페이지 및 인터넷포털사이트 다음(Daum)의 '이명박탄핵투쟁연대카페'에 접속한 후, 경찰이 미국산 쇠고기 수입반대 집회 진압 과정에서 시위여성을 강간하였다는 등의 허위 글과 청구인이 직접 조작한 합성사진을 게시하였다.

또 이른바 '미네르바'라는 인터넷 ID를 사용한 심판청구인은 2008. 7. 30.경 인터넷 포털사이트 다음(Daum)의 경제토론방 '아고라'에 외환보유고가 고갈되어 외화 환전업무가 중단된 것처럼 허위 내용의 글을 작성, 게시하고, 2008. 12. 29. 위 토론방에 주요 7대 금융기관 및 수출입 관련 주요기업에게 달러 매수를 금지할 것을 긴급 공문 전송했다는 취지의 허위 내용의 글을 작성, 게시한 행위로 기소되었다.

헌법재판소는 2010. 12. 28. 재판관 7(위헌): 2(합헌)의 의견으로, 전기통신기본법 제47조 제1항은, '공익' 개념이 불명확하여, 수범자인 국민에 대하여 일반적으로 허용되는 '허위의 통신' 가운데 어떤 목적의 통신이 금지되는 것인지 고지하여 주지 못하고 있으므로 명확성 원칙에 위배하여 헌법에 위반된다는 결정을 선고하였다.

[비판]

위 헌법재판소의 위헌 결정으로 법이 거짓말도 보호한다는 오해가 퍼지는가 하면, 그 대체입법의 방안에 관하여 논란이 야기되었다. 이하 헌법재판소 결정의 이유와 문제점을 살핀다.

첫째, 법이 허위사실의 표현행위를 보호하는가에 관하여 살펴볼 필요가 있다.

헌법상 표현의 자유는 의견의 표현과 사실의 전달을 보호하며, 그 각각의 경우 법적인 취급은 다르다. 의견의 표현은 모욕이나 비방에 해당하지 않는 한 자유롭고 그에 대한 법적 제재는 허용되지 않음이 원칙이다. 의견의 옳고 그름은 주관적인 것이어서 어느 누구든 권위를 가지고 결정할 수 없는 것이기 때문이다. 그러나 객관적 사실의 전달은 진실에 부합하는 경우에만 의미를 가지며, 그 전달된 내용이 허위인 경우에는 법으로 보호할 가치가 없다. 진실에 부합하는 정보만이 사람의 의견형성과 판단에 도움을 줄 수 있기 때문이다. 특히, 표현행위자가 허위임을 알면서 이를 유포하거나, 이미 허위라고 판명된 사실을 전파하는 행위는 법적 보호영역 밖에 있다(독일의 확립된 판례).[32] 다만, 표현행위 당시에는 진위가 분명치 않은 경우가 있을 수 있고, 진실 여부는 사후에 또는 재판과정에서 밝혀지는 경우가 허다하므로 이러한 경우에는 예외적으로 보호받게 된다. 이러한 법리는 미국과 독일의 판례 및 학설에 의해 확립된 것이다.

---

32) 독일 연방헌법재판소 1998. 11. 10. 선고 BVerfGE 99, 185(Scientology), 박용상, 명예훼손법(현암사 2008), 31-33면 이하 참조.

　　그런데 헌법재판소는 허위사실임을 알면서 고의로 이를 유포하는 행위를 처벌하는 전기통신기본법 해당 법조를 위헌이라고 판단하였다. 그 조항은 의견의 표현을 처벌하는 것이 아니었다.

　　헌법재판소는 허위사실을 전파하는 행위도 헌법적 보호를 받는다는 놀라운 법리를 전개하였다. 거짓말을 하지 말라는 명령은 인류의 보편적 도덕률이며 법이 거짓말을 보호한다는 법리는 어느 나라에서도 찾아볼 수 없다. 그럼에도 재판관 5인은 보충의견에서 "객관적으로 명백한 허위사실의 표현임이 인정되는 때에도, … 공중도덕 사회윤리를 침해한다고 볼 수는 없으며, 행위자의 인격의 발현이나, 행복추구, 국민주권의 실현에 전혀 도움이 되지 않는 것이라 단언하기도 어렵다"고 주장하였다. 명백한 거짓말을 하는 것이 공중도덕 사회윤리를 침해하는 것도 아니며, 거짓말을 하여 인격을 형성하고 행복을 추구하거나 국정에 참여할 수도 있다는 것이다.33) 그러나 독일 연방헌법재판소는 "허위인 사실의 유포에 관하여는 통상 어떠한 정당화이유도 존재하지 않으며" "표현의 자유라는 관점에서 바르지 않은 정보는 하등 보호받을 이익이 아니"라고 하면서 "고의적인 허위사실 주장과 표현행위의 시점에서 허위성이 명백히 확정된 사실주장"은 헌법상 표현의 자유의 보호영역 밖에 놓여지는 것이라고 판시하였다.34)

　　둘째, 처벌 대상 행위로 규정된 "허위의 통신"이란 개념에 관하여 재판관 6인은 그것이 불명확하여, 죄형법정주의의 명확성 원칙에 부합하지 않는다는 입장을 취하였다. "어떠한 표현에서 의견과 사실을 구별해내는 것은 매우 어렵고, 객관적인 진실과 거짓을 구별하는 것 역시 어려"워 그렇다는 것이다.35) 어려운 일임에도 양자를 구태여 구별하는 이유는 진실에 부합할 것을 요하는 사실의 전파보다 의견의 표현을 더 두텁게 보호하기 위한 것이고,36) 구별이 어려운 경우에는 의견으로 해석해야 한다는 법리가 적용된다.37) 대법원은 1990년대 이후

---

33) 캐나다 연방대법원은 독일 나치정권에 의해 유대인 600만 명이 학살되었다는 것이 유대인들에 의해 날조된 허위정보라고 주장하였다는 이유로 캐나다 형법 제181조 "허위사실유포죄"로 기소된 사안(R. v. Jundel (1992) 2. S.C.R. 731)에서 '허위' 사실과 '공익'의 개념이 불명확하며, 허위사실은 자유로운 반론과 토론을 통해서 종종 진실로 드러날 수 있다는 이유로 위 해당 헌법조항으로 위헌으로 판단한 바 있다(이향선, "인터넷상의 표현규제에 관한 비교법적 고찰 – 사이버모욕죄 도입과 허위사실유포죄 유지의 법리적 정책성·타당성에 관하여 – ", 언론과 법 제8권 제1호(한국언론법학회, 2009), 171, 193면). 그러나 위 판결이유를 보면 법이 허위의 진술을 보호한다는 취지는 나타나 있지 않고(언론의 자유의 보호영역에 해당하는 모든 언론이 보호받을 가치가 있는 것은 아니다), 공익 개념의 불명확성이 위헌 사유로 함께 제시되고 있다. 또 위 판결의 결론은 나치의 유대인 학살을 부인하는 행위를 형벌로 처벌하는 독일과 프랑스에서 시행되고 있는 법령과도 배치된다.

34) BVerfGE 99, 185.

35) 헌법재판소는 후에 2024. 6. 27. 선고 2023헌바78 결정 [공직선거법 제250조 제2항 등 위헌소원]에서 "허위사실공표금지 조항 중 '허위의 사실'은 객관적 진실에 맞지 않는 사실을 의미하는바, 죄형법정주의의 명확성원칙에 위배되지 않는다. 또한 허위사실공표금지조항은 선거의 공정성을 보장하기 위한 것으로 금지되는 행위의 유형이 제한되고 다른 대안을 상정하기도 어려우므로, 정치적 표현의 자유를 침해한다고 볼 수도 없다."고 판시하고 있다.

36) 영미의 보통법상 공정한 논평의 원칙(fair comment rule)과 미국 연방대법원의 의견특권의 이론(opinion rule)은 원칙적으로 의견의 표현을 보호한다.

37) 의견 표현 및 사실진술의 개념과 그 구별기준에 관한 상세한 논의는 박용상, 명예훼손법, 78–108면 참조.

꾸준히 의견과 사실의 구별 방법 및 기준에 관하여 판례를 축적하여 왔다. 그 구별기준을 요약하면 의견은 당부(當否)의 문제이고, 사실은 진위(眞僞)의 문제이다. 또 모든 법적 분쟁에서 법관은 무엇이 사실인지를 가려내어 그에 법을 적용하게 되며, 이 경우 사실인지 허위인지를 가려내는 것이 어렵다고 하여 이를 포기할 수는 없는 것이다. 사이버 무정부주의를 주창하는 논자가 아니라면 이러한 유의 인식론적 불가지론(不可知論)에 의존할 수는 없다.

"허위"의 개념 자체가 불명확하다는 것은 어느 학자도 주장한 바 없다. 무엇이 거짓말인지는 삼척동자도 알 수 있다. 통상적인 지각과 상식을 가진 시민이라면 거짓말이란 자기가 본 바나 경험한 바와 달리 진술하는 것임을 알고 있다. 명예훼손법에서 확립된 법리에 의하면 허위란 사실과 부합하지 아니한 진술을 의미하며, 그것은 적법한 증거와 채증법칙에 의해 확정될 수 있는 것이다. 그럼에도 헌법재판소는 허위를 구성요건으로 하여 처벌하는 수많은 현행법 조문이 모두 불명확하여 위헌이 될 수 있다는 어이없는 추론을 하였다. 더욱이 이 사건에서 전파사실이 허위라는 점과 피고인이 허위임을 알았다는 점을 검사가 입증하지 못하면 피고인은 처벌받지 않게 되어 있었다.

셋째, "공익을 해할 목적"이 불명확하여 헌법상 명확성의 원칙에 위배된다고 하는 판시는 이해할 수 있지만, 문제는 이를 이유로 해당 조항을 전면적·소급적으로 무효화하는 단순 위헌결정을 선고한 데 있다. 헌법재판소든 법원이든 국민이 직접 뽑은 입법자가 제정한 법률을 해석함에 있어서는 가급적으로 헌법에 합치되도록 해석해야 한다. 이러한 '헌법합치적 해석의 원칙'에 따라 독일이나 우리 헌법재판소의 과거 확립된 판례는 문제된 법률에 위헌적인 부분을 제거하고 합헌적인 부분이 있으면 한정합헌이나 한정위헌 또는 헌법불합치 결정을 내려 왔다. 문제된 조항은 1961년 처음 전기통신법에 규정된 이래 수차의 개정에도 불구하고 그 존재를 유지하여 왔다. 그만큼 입법자는 수차의 개정에서 허위 통신의 위험을 인식하고 그에 대처하려 해왔던 것이다. 거짓말에 의해 공익이 침해되는 것을 방지한다는 입법 목적 자체의 정당성이 부인될 수는 없다. 그렇다면 헌법재판소는 그러한 입법 목적을 실현하는 방법이 기본권 제한의 요건을 갖추었는가를 심사하여 과잉적 규제를 시정하는데 그쳐야 하는 것이다.

그럼에도 헌법재판소는 이 사건에서 이러한 확립된 법리를 위반하여 과잉적으로 권한을 행사하였다. 수많은 사건에서 과잉금지를 금과옥조로 하여 공권력 행사를 무효라고 결정해 온 헌법재판소 자신이 비례원칙을 위반하여 헌법재판권을 남용한 것이다.

보도에 의하면 검찰은 헌법재판소 결정 후 위 조항이 적용돼 1심 재판을 받는 천안함 폭침 및 북한의 연평도 포격 관련 허위사실 유포자 등 41명에 대해 공소를 취하했다고 한다. 거기엔 "촛불시위 현장에서 경찰이 여대생의 목을 졸라 죽였다"거나, 경찰이 "시위 여성을 강간하였다"는 등의 허위 글을 게재한 사례도 포함되어 있다. 헌법재판소의 단순 위헌결정은 이들 행위를 처벌하려는 검찰과 법원의 노력을 헛된 것으로 만들었다. 더욱이 심각한 것은 위 헌법재판소 결정 이후 인터넷에서는 거짓말할 자유도 법에 의해 보호된다는 주장이 공공연하게 퍼지고 있다는 점이다.

인터넷은 모든 개인에게 거대한 청중에 도달하는 표현수단을 마련하여, 심대하고 광범위한 영향력을 미침에도 불구하고 그에 관한 공공의 책임의식은 결여되어 있는 상황이다. 사이버법 전문가들이 지적한 바와 같이 사이버언론은 과잉 극단화를 조장하거나 정보의 폭포와 같이 확산되어 심각한 집단적 오류를 야기할 수 있다. 1990년대 인터넷 도입 초기에 사이버 스페이스의 완전 자율을 주창하던 세대는 지나갔고, 적절한 법적 규제가 불가피하다는 사고가 각국의 입법과 판례에서 지배적인 경향을 이루고 있다. 사상과 의견의 경쟁 메커니즘은 진실한 정보가 제공되는 경우에만 제대로 작동될 수 있으며, 허위와 왜곡에 의해 오염된 사상의 시장에서는 시민사회의 자기교정 기능이 마비될 수밖에 없다.

[대안 - 대체입법의 필요성]

결론적으로 말하면 인터넷의 허위 표현이 사회적 해악을 야기하는 경우 이를 규제하는 합헌적인 대체입법이 필요하다. 몇 가지 제안이 나오고 있지만, 명확성 원칙을 충족시키면서 정당한 공익을 추구할 수 있는 방안으로서 필자는 "전기통신설비에 의하여 공연히 허위 사실을 유포하여 정당한 공무집행을 방해한 자"를 처벌하는 것으로 개정할 것을 제안한다. "전쟁이나 테러 등 공공의 안전에 긴박한 비상상황에 관하여 허위 사실을 고지 또는 유포한 자"는 전기통신설비를 이용하지 않는 경우에도 처벌하는 조항이 신설되어야 할 것이다.38)

거짓말에 의해 여러 공익이 침해될 수 있지만, 위 제안은 그 중에서 정당한 공무집행을 방해하는 실질적 해악을 가져오는 행위와 공공의 안전에 긴박한 비상상황이 일어난 것처럼 허위사실을 고지·유포하는 행위만을 처벌대상으로 하자는 것이다. 형법상 공무집행 방해죄에서 보호법익으로 생각되는 정당한 공무수행의 이익은 전통적·실정적 의미에서 명확한 것이며, 이미 우리 형법은 허위사실 유포에 의한 '업무방해'행위(형법 제314조, 여기에 공무는 포함되지 아니한다)와 위계(僞計)로써 공무원의 직무집행을 방해한 자를 처벌하는 조항(형법 제137조)을 두고 있다.39) 이들 조항과 비교하여 보면, 전기통신에 허위사실을 유포하여 '공무집행'을 방해하는 행위를 처벌하는 것이 입법론적 관점에서 균형에 어긋나는 것이라고 볼 수 없다. 다만, 여기서 정당한 공무집행이란 공무원뿐 아니라 법적으로 위임받은 주체가 행하는 공무도 포함되어야 하며, 위계에 의한 공무집행방해죄에서와 같이 미래의 공무집행도 포함하는 것이어야 할 것이다.

위 신설 조항에 의하면 의견 표현은 아무리 신랄한, 혐오스런 또는 엉뚱한 내용이라 하더라도 처벌되지 않으며, 허위임을 인식하지 못한 행위는 물론 표현행위 당시 진위가 가려지지 않은 사실이 후에 허위로 판명되었다 하더라도 처벌되지 않는다. 그러므로 표현행위에 대한 위축효과도 문제될 수 없다. 또 공연히 유포하는 행위만이 처벌대상이 되므로 공개되지 아니한 사적인 통신에서 허위 주장은 처벌되지 않는다.

위 신설 조항에 의해 표현행위자를 처벌하려면 검사가 유포된 사실이 허위라는 점과 행위자가 허위라는 것을 인식했다는 점을 입증해야 하고, 그러한 입증은 쉬운 일이 아니다. 이에

---

38) 미국의 연방통신위원회(FCC: Federal Communications Commission)가 1992년에 채택한 "허위방송 금지결정"에 의하면, (1) 중대한 공익의 침해(Substantial public harm)를 실제적으로 야기한 허위의 정보를, (2) 그러한 공익의 침해가 일어날 수 있는 가능성을 충분히 예견하고, (3) 또한 그 정보가 허위임을 인지하고도 방송한 행위를 처벌하도록 하였다. 이 조항에서 '공익의 침해(public harm)'란 "일반 대중의 건강과 안전, 공권력 집행기관의 업무수행, 그리고 공공의 건강과 안전을 위한 기관의 업무수행에 즉각적이고 직접적이며 실질적인 해를 끼칠 수 있는 것"으로 구체적으로 규정되고 있다(이향선, 전게 논문, 196면 참조).

39) 이 사건에서 검찰이 만약 위계에 의한 공무방해죄로 기소하였다면, 법원은 유죄로 처벌할 수도 있었다고 생각된다.

관하여는 공직선거법 제250조의 허위사실 공표죄에 관한 대법원 판례[40]와 미국 판례법상 명예훼손 소송에서 정립된 '현실적 악의의 법리'[41]가 참고될 수 있을 것이다.

(2) 객관적 구성요건

형법 제307조 제2항의 허위사실 적시에 의한 명예훼손죄가 성립하기 위하여는 ① 사람의 사회적 평가를 떨어뜨리는 사실이 적시되었다는 점, ② 그 적시된 사실이 객관적으로 진실에 부합하지 아니하여 허위이며, ③ 그 적시된 사실이 허위라는 것을 피고인들이 인식하고서 이를 적시하였다는 점이 입증되어야 하며, 그 입증책임은 모두 검사가 부담한다.[42] 다만, 판례에 의하면 적시된 허위 사실이 피해자의 사회적 평가를 저하시키는 것이 아니라면, 명예훼손죄가 성립되지 않는다고 한다.

> **대법원 2007. 6. 15. 선고 2004도4573 판결 [노무현 인사파일]**
>
> 월간중앙 기자인 피고인은 2003. 1.경 '노무현 인사파일'이란 제목의 해설기사에서 당시 문재인 민정수석비서관이 부처별 고려대상자 명단을 작성하여 노무현 대통령 당선자에게 보고함으로써 그가 장관급 고위직 인사에 인수위보다 더 큰 영향력을 행사한 것처럼 보이게 하는 취지로 기재 보도하여 동인의 명예를 훼손하였다는 혐의로 기소되었다. 그 기사에는 대통령직 인수위원회가 공식 추천한 인물과 겹치지 않는 부분도 있고, 인수위에서 공식 추천된 인물보다는 리스트에 나온 고려대상자가 더 많이 입각했다고 적시되어 있었다.
>
> 대법원은 당시 대통령이 국민추천 등의 공개적인 절차를 거쳐 장관 인사를 하겠다고 표방하고 있었고, 인사대상자에 대한 검증작업은 대통령비서실의 당연한 직무이므로, 대통령비서실 소속인 민정수석비서관이 예상 가능한 인사들을 미리 검증하여 리스트를 작성하였고, 그 리스트의 대상자가 인수위에서 공식 추천된 인물들과 겹치지 않는 부분이 있으며, 최종적으로 민정수석비서관이 작성한 리스트에서 더 많은 인선이 이루어졌다고 하여서 민정수석비서관이 인사에 부적절하게 깊이 관여한 것으로 평가할 수는 없을 것"이며, 또한 "피해자 문재인이 위와 같은 문건을 작성하거나 대통령 당선자에게 보고한 사실이 없어 위 보도의 내용이 허위라고 하더라도 그 허위의 사실이 피해자의 사회적 가치 내지 평가를 저하시키는 내용이 아닌 이상 명예훼손죄는 성립하지 않는 것"이라고 판시하였다.

가. '허위'사실의 적시 및 허위의 입증

우선 개인의 사회적 평가를 저하하는 성질의 허위사실을 적시하여야 함은 일반적인 경우와 다름이 없다. 우리 판례는 "적시된 사실이 허위의 사실인지 여부를 판단함

---

40) 대법원 2003. 2. 20. 선고 2001도6138 전원합의체 판결.
41) New York Times v. Sullivan, 376 US. 254 (1964).
42) 대법원 1988. 9. 27. 선고 88도1008 판결, 대법원 1994. 10. 28. 선고 94도2186 판결, 대법원 1999. 10. 22. 선고 99도3213 판결 [어촌계장 선거], 대법원 2000. 2. 25. 선고 99도4757 판결, 대법원 2008. 6. 12. 선고 2008도1421 판결 등.

에 있어서는 적시된 사실의 내용 전체의 취지를 살펴보아 중요한 부분이 객관적 사실과 합치되는 경우에는 그 세부(細部)에 있어서 진실과 약간 차이가 나거나 다소 과장된 표현이 있다고 하더라도 이를 허위의 사실이라고 볼 수 없다"[43]고 한다. 이것은 전술한 바와 같이 진실의 항변에서 형성된 "실질적 진실 기준"(substantial truth test)을 허위 여부의 판단에 원용하고 있는 것이다.

헌법재판소 2023. 7. 20. 선고 2022헌바299 결정

"'허위의 사실'이란 진실에 부합하지 않은 사항으로서 선거인으로 하여금 후보자에 대하여 정확한 판단을 그르치게 할 수 있을 정도로 구체성을 가진 사실을 의미하고, 단순한 가치판단이나 평가를 내용으로 하는 의견표현에 불과한 경우에는 이에 해당하지 않는다(대법원 2018. 9. 28. 선고 2018도10447 판결 참조). 공표된 사실이 핵심적인 것이든 그렇지 않은 것이든 언제나 100% 진실일 것을 요구한다면 이는 불가능한 것으로서 자유로운 표현에 대한 지나친 제한이라고 볼 수 있을 것이나, 여기서는 공표된 사실의 내용 전체의 취지를 살펴 중요한 부분이 객관적 사실과 합치되면 세부에 있어서 진실과 약간 차이가 나거나 다소 과장되더라도 이를 허위의 사실이라 볼 수 없으므로, 위와 같은 허위사실공표행위를 금지하는 것이 표현에 대한 지나친 제약이 된다고 보기 어렵다(헌법재판소 2022. 3. 31. 선고 2019헌바509 결정 참조)".

허위사실공표죄가 되기 위해서는 공표된 사실이 허위라는 점에 대한 적극적인 증명이 필요하고 그 사실이 진실이라는 증명이 없다는 것만으로는 부족하다.[44] 그리고 그 증명은 "합리적 의심의 여지가 없는" 증명을 요한다.[45]

1) 적극사실의 주장[설명] 책임

유의할 점은 허위임을 입증하는 방법이다. 허위 입증은 피고인이 주장하는 사실이 존재하지 아니한다는 점을 검사(또는 원고)가 입증해야 하는 것이기 때문에 매우 어렵다. 이에 관해 대법원은 다음에서 보는 2003년 판결에서 피고인이 그 적시한 사실의 존재를 뒷받침할 소명자료를 제시할 부담을 지우는 입장을 처음 표명한 이래, 2005년 판결[46]에서 검사의 허위 입증 방법을 더 구체화하여 제시하였다.

---

43) 대법원 2000. 2. 25. 선고 99도4757 판결, 대법원 2006. 4. 14. 선고 2004도207 판결, 대법원 2008. 6. 12. 선고 2008도1421 판결 등 참조.
44) 대법원 2005. 7. 22. 선고 2005도2627 판결 [박정희의 스위스부패자금], 대법원 2011. 12. 22. 선고 2008도11847 판결 [이명박 주가조작 의혹] (공직선거법 제250조 제2항의 허위사실공표죄의 경우).
45) "그 증명책임의 부담을 결정함에 있어 어느 사실이 적극적으로 존재한다는 것의 증명은 물론이고 어느 사실의 부존재 사실의 증명이라도 특정 기간과 장소에서의 특정 행위의 부존재 사실에 관한 것이라면 여전히 적극적 당사자인 검사가 그를 합리적 의심의 여지가 없이 증명할 의무를 부담한다."(대법원 2011. 12. 22. 선고 2008도11847 판결 [이명박 주가조작]).
46) 대법원 2005. 7. 22. 선고 2005도2627 판결 [박정희 '스위스은행 부패자금'].

대법원 2003. 2. 20. 선고 2001도6138 전원합의체 판결

이 판결에서 피고인은 공직선거법의 허위사실공표죄로 기소되었는데, 대법원은 허위 입증의 방법으로서 "의혹사실의 존재를 적극적으로 주장하는 자는 그러한 사실의 존재를 수긍할 만한 소명자료를 제시할 부담을 진다고 할 것이고, 그러한 소명자료를 제시하지 못한다면 달리 그 의혹사실의 존재를 인정할 증거가 없는 한 허위사실의 공표로서의 책임을 져야 할 것"이라고 판시하고, 이어 "제시된 소명자료 등에 의하여 그러한 의혹이 진실인 것으로 믿을만한 상당한 이유가 있는 경우에는 비록 사후에 그 의혹이 진실이 아닌 것으로 밝혀지더라도 표현의 자유 보장을 위하여 이를 벌할 수 없다."는 점을 부가 설시하고 있다.

대법원 2005. 7. 22. 선고 2005도2627 판결 [박정희 '스위스은행 부패자금']

위 2003년 판결에 이어 대법원은 허위사실공표죄에서 "의혹을 받을 일을 한 사실이 없다고 주장하는 사람에 대하여 의혹을 받을 사실이 존재한다고 적극적으로 주장하는 자는 그러한 사실의 존재를 수긍할 만한 소명자료를 제시할 부담을 진다고 할 것이며, 검사는 제시된 그 자료의 신빙성을 탄핵하는 방법으로 허위성의 입증을 할 수 있다고 할 것인데, 이 때 제시하여야 할 소명자료는 위의 법리에 비추어 단순히 소문을 제시하는 것만으로는 부족하고 적어도 허위성에 관한 검사의 입증활동이 현실적으로 가능할 정도의 구체성은 갖추어야 할 것이며, 이러한 소명자료의 제시가 없거나 제시된 소명자료의 신빙성이 탄핵된 때에는 허위사실 공표로서의 책임을 져야 한다."고 판시하였다.

이러한 법리는 허위사실적시 출판물에 의한 명예훼손죄[47]나 정보통신망법 제70조 제2항의 허위사실적시에 의한 명예훼손죄[48]에서 공표사실의 허위성에 관한 증명책임에서도 동일하게 확인되고 있으며, 대법원 2011. 12. 22. 선고 2008도11847 판결 [이명박 주가조작]에서 다시 확인되었다.

그러나 대법원의 이러한 법리에 대하여는 다음과 같은 비판이 제기되고 있다. 즉 위 판례와 같이 피고인에게 신빙성이 탄핵되지 않을 정도의 엄격한 소명책임을 부담시키고, 검사는 피고인이 제시한 소명자료의 신빙성을 탄핵하는 방법으로 허위성을 증명할 수 있게 하는 것은 형사소송법 상 검사가 부담하는 실질적인 거증책임을 표현행위자인 피고인에게 전환하게 되고, 표현의 자유를 부당하게 제한한다는 것이다.[49]

이러한 비판에 대해서는 우선 우리 대법원이 참고로 하는 독일 판례의 논거를 알아볼 필요가 있다. 독일 판례는 사실적시의 진위 여부에 관한 입증이 어려움을 고려하

---

47) 대법원 2008. 11. 13. 선고 2006도7915 판결.
48) 대법원 2010. 11. 25. 선고 2009도12132 판결.
49) 윤지영, "공직선거법 제250조 제2항 허위사실공표죄의 구성요건과 허위성의 입증", 형사판례연구 20호(2012. 6), 624면; 오윤식, "공직선거법상 허위사실공표죄 등에서 사실진술과 의견의 구별, 그리고 허위성의 증명", 사법 33호(사법발전재단 2015년 9월), 240면에 의하면 '편견 없는 일반인'이 '당해 의혹사실이 존재할 수 있다'는 '합리적 의심을 품게 하는 정도'의 자료의 제시에 의해 그 책임을 다한 것으로 보는 것이 타당하다는 입장이다.

여 "법원은 제3자에 관하여 불리한 표현을 한 자에게 그 주장을 뒷받침하는 사실을 진술하도록 하는 이른바 '확장된 주장[설명]책임'(erweiterte Darlegungslast)을 부과한다."[50] "이 설명책임은 근거 없는 주장에 있어서는 표현의 자유의 보호가 인격권 보호보다 후퇴한다고 하는 실체법상의 원칙에 대한 소송상의 대응물이다. 표현행위자가 증거되는 사실을 제시하여 자기의 표현내용을 뒷받침할 수 없는 경우 그 주장은 허위로 취급된다." 명예훼손적 표현행위를 행하고 그 적법성을 방어하는 자는 원칙적으로 그 실질적 근거를 대야 하는 입장에 있기 때문이다.[51] 따라서 피고가 이 주장책임을 이행하지 않는 한 원고가 입증책임을 부담하는 계쟁 표현행위는 허위라고 추정될 수 있다. 피고가 적절하게 답변하였다면 쉽게 피할 수 있었을 범위에서 원고가 자기의 모든 개인적 또는 영업적 영역에 관해 막연하게 자기를 정당화해야 한다면 원고에게 감당할 수 없는 부담을 주게 되어 부당할 것이다.[52]

예컨대, 특정되지 아니한 기간과 공간에서 구체화되지 아니한 사실의 부존재를 증명한다는 것은 사회통념상 불가능하다. 따라서 피해자가 절취행위를 했다고 주장하여 피소된 피고인은 최소한 그 범죄행위의 시간과 장소를 특정할 의무를 부담하며, 이를 이행하지 않는 피고인은 허위 사실 적시의 책임을 면하지 못한다. 이것은 입증책임에 선행하는 주장[설명]책임으로서 소송 관여자에게 요구되는 최소한의 성실의무이다.[53] 즉 비행행위의 시간과 장소를 특정하는 것은 입증책임 이전에 피고인이 이행할 최소한의 설명의무에 속하며, 피고인이 이를 설명한 후에도 그 시간과 장소에 그가 주장하는 사실의 존재를 뒷받침하는 증빙을 소명하지 않으면 판례에서 정한 법리가 적용되어 허위가 입증된 것으로 보는 것이다.

또 독일 연방대법원은 사실주장이 허위라는 입증책임은 일반적인 규칙에 따라 원칙적으로 원고에게 있고, 표현행위자가 그의 주장을 뒷받침하는 구체적 사실이 원고에게 알려지지 않아 허위의 증거를 대는 것이 원고에게 불가능하거나 적어도 기대될 수 없는 경우 피고에게는 물론 확장된 (제2차적) 설명의무(erweiterte (sekundäre) Darlegungslast)가 있다고 한다. 이 확장된 설명의무는, 피고인이 그 제보자를 지적하도록 의무화되는 정도까지 갈 수 없고, 그래도 그는 적어도 정보의 정확성을 뒷받침할 수 있는 여러 사정을 진술해야 한다. 그렇지 않으면 원고는 실명이 알려지지 않은 제보자의 비난에 대

---

50) BGH, Urteil vom 09.07.1974 — Ⅵ ZR 112/73 — "Arbeits—Realitäten".
51) Wenzel, aaO., S. 667.
52) Wenzel, aaO., S. 667.
53) 우리 민사소송법 제1조는 "① 법원은 소송절차가 공정하고 신속하며 경제적으로 진행되도록 노력하여야 한다. ② 당사자와 소송관계인은 신의에 따라 성실하게 소송을 수행하여야 한다"고 규정한다.

해 보호받지 못하게 될 것이기 때문이다.[54]

해당 독일 판례의 사실관계와 법적 논증을 보면 다음과 같다.

BGH 2008. 4. 22, Az.: Ⅵ ZR 83/07 - Sarkawi-Akte

2005년 독일의 정치잡지 CICERO는 테러범 al-Sarkawi에 관한 S기자의 기사를 상세하게 보도하였는데, 그것은 연방수사청(BKA)의 비밀 보고서를 근거로 한 것이었다. 그에 대해 연방수사청의 고발에 따라 동지의 편집국과 기자의 주택에 수색이 행해지게 되었는데 그것은 추정적인 제보자의 신원을 탐색하려는 것이었기 때문에 위헌이었다((BVerfGE 117, 244 - CICERO-Urteil).

피고가 발행하는 주간지 FOCUS는 위 사건과 그 배경을 다루는 기사를 발행하면서 연방수사청이 의심되는 내부적 누설 지점을 추적하기 위해 엄격한 비밀 기록을 조작하였고, 그럼으로써 Mossad, CIA, BND 등 국내외 정보기관을 무례하게 처우하였다고 보도하였다. 이에 대해 원고(연방수사청, BKA)는 아무 기록도 조작하지 않았으며 동맹 파트너도 험하게 다루지 않았다고 주장하면서 피고 기사의 정정을 구하는 소송을 제기하였다.

이 사건에서 피고 주장이 허위라는 입증책임은 원고가 부담하는 것이 원칙이었으나, 그 입증방법에 관하여 BGH는 다음과 같이 판시하였다.

"물론 본건과 같은 종류의 분쟁에서, 피고는 입증책임과 별개로 자기의 주장을 위한 증빙사실의 진술을 촉구하는 확장된 (제2차적) 설명의무(erweiterte (sekundäre) Darlegungslast)가 있다(vgl. Urteile vom 9. Juli 1974 - Ⅵ ZR 112/73; vom 14. Januar 1975 - Ⅵ ZR 135/73). 즉 표현행위자가 그의 비난을 뒷받침하는 구체적 사실이 피해자에게 알려져 있는 경우 피해자는 단지 정상적으로 입증을 이행하게 된다. 그러나 그렇지 않은 경우 표현행위자의 정리된 설명이 있다면 피해질 수 있음에도 피해자가 자신의 개인적·영업적 영역의 모든 사정을 밝혀 거의 무작정 자신을 정당화해야 한다는 것은 피해자에게 지나친 요구이다. 이에 따라 표현행위자가 그의 확장된 설명의무를 이행하지 않으면 [독일]민사소송법 제138조 제3항[55]에 따라 그의 주장이 허위라고 간주될 수 있다(vgl. Urteile vom 9. Juli 1974 - Ⅵ ZR 112/73 - [Arbeitsrealitäten]; vom 17. Februar 1987 - Ⅵ ZR 77/86 - aaO.; vom 20. November 2007 - Ⅵ ZR 144/07). 그 설명의무에 표현의 자유의 행사에 위축효과를 줄 수 있는 과도한 요구가 설정되지 않는 한 거기에는 헌법적 문제가 없다." 물론 피고는 취재원 진술 거부권에 따라 그의 취재원을 밝힐 의무가 없었지만, 그의 주장사실이 옳다는 점에 관해 충분히 설명해야 했으나, 그의 동료 중 1인이 불명의 제보자로부터 통보받았다는 진술만으로는 충분치 않았다.

이러한 법리에 따라 BGH는 피고가 충분히 설명의무를 이행하지 않았기 때문에 피고의 주

---

54) Anmerkungen LMK 2008, 265952 (Prof. Dr. Georgios Gounalakis).
55) 독일 민사소송법 제138조(사실의 설명의무; 진실의무)는 다음과 같이 규정한다. "(1) 당사자는 사실상황을 완전하고 진실에 따라 설명해야 한다. (2) 각 당사자는 상대방의 주장 사실에 관해 [자기의 생각을] 설명해야 한다. (3) 명백히 다투어지지 않은 사실은, 이를 다투려는 의도가 당사자의 여타 설명에서 나타나지 않으면, 자백한 것으로 간주된다. (4) 부지라는 설명은, 당사자 자신의 행동도 그 자신의 인지의 대상도 아닌 경우에만 허용된다."

장을 허위로 간주하고, 원고의 정정청구권을 인용하는 취지로 판시하였다.

대법원이 취하는 입장도 위 독일 판례와 같다고 볼 수 있다. 대법원은 2004. 2. 26. 선고 99도5190 판결[15대 대선 후보 사상검증]에서 검사가 입증책임을 부담하는, 특정되지 아니한 사실의 부존재를 입증하는 것은 불가능함을 전제로 피고인이 그 사실을 특정하지 못하거나 그 존재에 관해 소명하지 못한 경우 허위가 입증된 것으로 다루고 있다. 위 판결에서 대법원은 불특정한 사실을 적시하여 비난하면서 시간, 장소 및 행위태양을 밝히지 못한 피고인에 대해 해당 적시사실이 허위이고 허위임을 인식하였다고 판시하였다.

대법원 2004. 2. 26. 선고 99도5190 판결 [15대 대선 후보 사상검증]

이 사건에서 대법원은 불특정한 사실을 적시하여 비난하면서 시간, 장소 및 행위태양을 밝히지 못한 피고인에 대해 해당 적시사실이 허위이고 허위임을 인식하였다고 판시하였다. 대법원은 검사가 입증책임을 부담하는 특정되지 아니한 사실의 부존재를 입증하는 것은 불가능함을 전제로 피고인이 그 사실을 특정하지 못하거나 그 존재에 관해 소명하지 못한 경우 허위가 입증된 것으로 다루고 있다.

즉 피고인(보수적 정치평론가)은 15대 대선에 입후보한 김대중에 대해 ① "피해자 김대중 후보가 6·25 당시 공산당에게 총살당할 뻔한 것이 아니라 6·25 이후 미군이 목포를 철수하면서 사살대상자로 지목됐었"다고 주장하는 글을 게재 발행하여 허위 사실적시 명예훼손으로 기소되었다. 대법원은 피해자가 6·25 당시 경찰에 의하여 사살대상자로 지목된 사실이 없다는 진실한 사실을 검사가 입증하여야 하는데, 그 행위의 시점이나 사살 대상자로 지목한 주체가 특정되지 않아서 그렇게 지목된 사실이 없다는 점은 사회통념상 입증이 불가능한 것이고, 오히려 적시된 사실인 사살대상자로 지목되었다는 사실의 증명이 가능하고 보다 용이할 것인데, 기록상 그에 관한 증거를 찾아볼 수 없다는 이유로 허위가 입증되었다고 보는 동시에 피고인이 그 행위 당시 그 사실을 진실한 사실로 인식하였다거나 그렇게 인식함에 상당한 근거가 있었다고 볼 자료도 없다고 보아 이 부분 공소사실을 유죄로 인정하였다.

또 ② 피해자 김대중 후보가 "고정간첩과 내통하여 알게 모르게 대한민국 통치기구의 기밀을 적에게 알려 왔다"는 사실적시에 대한 기소사실에 관해 대법원은 피고인에 의해 적시된 사실이 일어난 시간적, 공간적 행위내용, 방법이 구체적으로 특정되지 아니하여 입증이 불가능한 부존재 사실에 해당하는 것이며, 기록상 피해자가 어느 고정간첩과 어떻게 내통하였다거나 어떠한 국가기밀을 누설하였다는 등으로 구체적 내용을 이루는 적극적 사실의 존재 또는 그의 중요부분이 특정되었다고 할 수 없을 뿐만 아니라 '내통'이나 '누설'이 허위임이 증명되었다고 본 원심의 인정·판단은 정당하고, 피고인이 그 행위 당시 그 사실을 진실한 사실로 인식하였다거나 그렇게 인식함에 상당한 근거가 있었다고 볼 자료는 없다고 하여 이 부분 공소사실 역시 유죄로 판단하고 있다.

독일 판례에 의하면 이 경우 피고인이 개인인 경우와 언론 미디어(기자)인 경우 다른 법리가 적용된다. 개인인 경우 그는 위 설명책임을 위해 자기의 주장에 부합하는 정규적인 언론보도를 제시하면 족하다. 다만, 그 언론보도가 명백히 믿을 수 없는 사정이 있거나 그에 대해 관련자의 이의가 있었다면 이를 근거로 제기할 수는 없을 것이고, 개인이 그의 개인적 경험영역에 관한 사실을 주장한 때에는 뒤에서 보는 언론의 경우와 같은 설명책임을 지게 된다.

한편, 피고가 언론사이고 다툼 있는 보도를 제3자측으로부터 인수한 경우 그는 상세한 내용이나 배경을 알지 못할 수 있다. 그렇다 하더라도 그의 설명의무에는 변화가 없음이 원칙이다. 그렇지 않다면 통상적으로 보아 구체적 진술이 있는 경우에 한하여 가능한 소극사실의 증명(Negativbeweise)을 하여야 하는 원고로서는 권리의 추구가 과도하게 어려워질 것이기 때문이다. 이 경우 통상 제기되는 문제로서 언론기관이 취재원을 공개할 수 없다고 생각하면, 취재원에 대한 진술거부권을 행사하게 될텐데, 그 경우 그는 적어도 정보의 옳음을 뒷받침하는 상세한 사정을 진술하여야 한다. 그것을 할 수 없다면 피고 언론기업은 제보자를 보호함으로써 귀결되는 소송상의 불이익을 감수하여야 한다.[56]

2) 허위에 관한 입증책임

위와 같이 주장의 단계에서 피고인의 주장사실이 특정되지 못하면 그에 관한 원고의 입증은 불가능하고, 바로 허위임이 입증된 것으로 보게 된다. 그러나 피고인이 설명책임을 제대로 이행하여 그의 주장사실의 시간과 공간 및 행위 태양이 특정·제시되었다면, 그에 관해 검사(원고)측이 허위라는 입증책임을 이행해야 한다.[57]

이 경우에도 입증 사항은 소극적 사실의 입증이기 때문에 그 사실의 존재를 적극적으로 주장하는 피고인이 그러한 사실의 존재를 수긍할 만한 소명자료를 제시할 부담을 지게 되며, 검사는 제시된 그 자료의 신빙성을 탄핵하는 방법으로 허위성의 입증을 할 수 있다는 법리가 적용된다.

대법원 2003. 2. 20. 선고 2001도6138 전원합의체 판결 [의혹사실의 입증]

공직선거법의 허위사실공표죄에서 허위 입증의 방법으로서 "의혹사실의 존재를 적극적으로 주장하는 자는 그러한 사실의 존재를 수긍할 만한 소명자료를 제시할 부담을 진다고 할 것이고, 그러한 소명자료를 제시하지 못한다면 달리 그 의혹사실의 존재를 인정할 증거가 없는 한 허위사실의 공표로서의 책임을 져야 할 것"이라고 판시하였다.

합동수사반에서 정치인 자제들에 대한 병역면제처분의 비리를 조사한 결과 피해자의 아들이 무혐의 처분을 받고, 그 내용이 2000. 4. 1.경 대다수의 중앙 일간지에 아버지인 피해자의

---

56) Wenzel, aaO., S. 668
57) Wenzel, aaO., S. 669.

이름과 소속 정당, 직위 등과 함께 보도되었음에도 불구하고, 피해자 아들이 고의로 체중을 불려 군대에 가지 않았다는 소문이 있다고 후보자 합동연설회에서 연설한 내용이 기소된 사안에서 대법원은 의혹 사실에 대한 제보가 있었다고 하면서도 그 제보의 구체적 내용과 근거는 물론 과연 그러한 제보가 있었는지에 대해조차 전혀 소명자료를 제시하지 못한 경우, 그리고 이미 이루어진 수사결과와 달리 그 병역면제처분에 비리의 의혹이 있다고 믿을만한 정황과 자료를 제시하지 못한 경우 둘 다 그 의혹의 제기는 상대 후보자를 당선되지 못하게 할 목적하에 이루어진 허위사실 공표에 해당한다고 판단하였다.

나. 입증불능(non liquet)의 경우

어쨌든 피고인 주장사실의 허위 입증책임은 원고가 부담하므로 입증불능(non liquet)의 위험은 원고 또는 검사의 부담으로 돌아간다. 특히, 입증되지 않은 주장은 바로 허위라고 취급할 수 있는 법리는 존재하지 않는다. 그러한 법리는 본질상 완전히 입증된 사실주장만 행해지거나 전파될 수 있다는 결과로 될 것이며, 그것은 널리 비판적 표현을 배제하게 될 것이기 때문이다.58) 그럼에도 기자가 전혀 증거가 없거나 진위 입증이 불가능한 사안에서 조작보도하는 경우에는 그 피해가 구제될 수 없다는 점에서 또 다른 문제를 가져온다.59)

(3) 주관적 구성요건
가. 허위 사실의 인식

형법 제307조 제2항의 범죄가 성립하기 위해서는 적시된 사실이 타인의 사회적 평가를 저하한다는 점과 함께 그 사실이 허위임을 피고인이 알았다는 점이 입증되어야 하며, 이 입증책임 역시 검사가 부담한다. 이에 관하여 검사는 모든 유죄판결에서 요구되는 바와 같이 "합리적인 의심을 배제할 정도"의 입증을 요한다.60) 다만, 대법원은 피고인이 허위임을 안 점에 관해서는 확정적 고의를 요하는 것은 아니며, 미필적 고의로 족하다고 하는 입장을 취한다.

> **대법원 2014. 3. 13. 선고 2013도12430 판결 [사자명예훼손]**
>
> "범죄의 고의는 확정적 고의뿐만 아니라 결과 발생에 대한 인식이 있고 그를 용인하는 의사인 이른바 미필적 고의도 포함하는 것이므로 허위사실 적시에 의한 명예훼손죄 역시 미필적 고의에 의하여도 성립하고(대법원 2004. 2. 26. 선고 99도5190 판결 등 참조), 위와 같은 법리는 형법 제308조의 사자명예훼손죄의 판단에서도 마찬가지로 적용된다."61)

---

58) Stuttgart AfP 77, 276/278; Helle NJW 64, 841). 원칙적으로 원고가 허위의 입증책임을 진다는 것은 연방헌법재판소도 확인한 바 있다(NJW 80, 2070/2071 - Eppler).
59) 전술 제2장 제4절 Ⅱ 1 (4) 라 참조.
60) 대법원 2008. 6. 12. 선고 2008도1421 판결 [축협조합장 선거].

그러나 위 다수 판례의 판지와 어긋나는 소수 반대판결이 있어 혼란이 야기되고 있다.

대법원 2000. 2. 25. 선고 99도4757 판결[계명 학원 분쟁]은 "형법 제307조 제2항을 적용하기 위하여는 … 그 각 허위의 점에 대하여 피고인들이 이를 인식하였다는 점에 대하여 <u>합리적인 의심을 배제할 정도로</u> 입증이 되어야 할 것이다."라고 판시한다.

그리고 대법원 2008. 6. 12. 선고 2008도1421 판결 [축협 조합장 선거]은 "형법 제307조 제2항을 적용하기 위하여는 적시된 사실(의견표명의 전제로서 간접적으로 적시된 사실 포함)이 허위라는 점 및 그 허위의 점에 대하여 피고인들이 이를 인식하였다는 점에 대하여 <u>합리적인 의심을 배제할 정도로</u> 입증이 되어야 한다."고 판시하였다.

그러나 이상 2건의 판시는 피고인이 적시사실이 허위임을 인식함에 미필적 고의로 족하다는 위 다수 판결의 입장과 배치되기 때문에 수정되거나, 무시되어야 할 것이다.

또 대법원은 2011. 9. 2. 선고 2010도17237 판결 ['PD수첩' 광우병 보도]에서도 피고인들이 방송보도내용이 허위임을 합리적 의심의 여지 없이 인식하고 있었음을 단정할 수 없다고 하여 무죄로 판단하였는데, 이는 피고인들의 허위 인식에 미필적 고의로 족함에도 불구하고 확정적 고의가 필요한 것으로 잘못 판단한 것이다(후술).

소수 판례는 검사가 공소사실이 유죄임을 입증하기 위해 요구되는 입증의 정도("합리적인 의심을 배제할 정도")와 피고인이 허위임을 안 정도(미필적 고의)를 구별해야 함에도 이를 혼동한 것이다. 즉 소수 판례는 피고인이 허위사실임을 인식한 점에 관해 미필적 고의만으로는 안 되고, 확정적 고의를 요한다고 본 것이다. 뒤에서 보는 바와 같이 내심의 상태는 부인하는 경우 입증이 매우 어렵다. 그에 대비하여 대법원이 표현행위자에게 진실임을 뒷받침하는 설명 내지 소명의무를 부과하고, 그 이행 여부 및 그에 대한 탄핵 여하에 따라 허위가 입증된 것으로 보는 방식을 취하는 경우 합리적 의심을 배제할 정도로 입증을 요구한다면 허위사실적시 명예훼손죄는 거의 인정되기 어려워 사문화할 우려가 있다.

그리고 "행위자가 그 사항이 허위라는 것을 인식하였는지 여부는 성질상 외부에서 이를 알거나 증명하기 어려우므로, 공표된 사실의 내용과 구체성, 소명자료의 존재 및 내용, 피고인이 밝히는 사실의 출처 및 인지 경위 등을 토대로 피고인의 학력, 경력, 사회적 지위, 공표 경위, 시점 및 그로 말미암아 예상되는 파급효과 등의 여러 객관적 사정을 종합하여 판단할 수밖에 없"다.62)

---

61) 대법원 2002. 4. 10. 2001모293 결정, 대법원 2004. 2. 26. 선고 99도5190 판결 [15대 대선 후보 사상검증], 대법원 2009. 3. 12. 선고 2009도26 판결 [의원 허위업적 공표]도 같은 취지이다.
62) 대법원 1983. 10. 25. 선고 83도1520 판결, 대법원 2001. 10. 9. 선고 2001도3594 판결 [전교조 보도자료], 대법원 2005. 7. 22. 선고 2005도2627 판결 [박정희 스위스부패자금], , 위 대법원 2009. 1. 15. 선고 2007도8564 판결 [사자명예훼손], 대법원 2014. 3. 13. 선고 2013도12430 판결 [노무현 차명계좌]

피고인이 허위임을 알았다고 자백하지 않는 한 직접증거는 찾을 수 없을 것이다. 그러므로 "범죄의 고의와 같은 주관적 요소로 되는 사실은 사물의 성질상 범의와 상당한 관련성이 있는 간접사실을 증명하는 방법"에 의할 수밖에 없고, "무엇이 상당한 관련성이 있는 간접사실에 해당할 것인가는 정상적인 경험칙에 바탕을 두고 사실의 연결상태를 합리적으로 판단하는 방법에 의하여야 한다."[63]

나. 허위에 관한 인식이 있다고 인정한 사례

1) 미필적 고의 인정 사례

대다수의 대법원 판결은 피고인이 진실 여부에 관해 일반적으로 요구되는 조사의무를 게을리한 채 막연히 사실이리라고 생각하거나 사실 여부에도 불구하고 감히 공표에 나아간 경우에 다음과 같이 미필적 고의를 인정하고 있다.

① 피고인이 공표한 사실이 진실한지를 확인하는 일이 시간적, 물리적으로 사회통념상 가능하다고 보임에도 별다른 사실조사나 확인을 위한 노력을 하지 않고 이를 공표한 경우

대법원 2004. 2. 26. 선고 99도5190 판결 [15대 대선 후보 사상검증]

"범죄의 고의는 확정적 고의 뿐만 아니라 결과 발생에 대한 인식이 있고 그를 용인하는 의사인 이른바, 미필적 고의도 포함하는 것이어서 공직선거법 제250조 제2항의 허위사실공표죄나 형법 제309조 제2항의 출판물에 의한 명예훼손죄도 미필적 고의에 의하여도 성립되는 것인 바(대법원 2002. 4. 10.자 2001모293 결정 참조), 피고인이 적시한 구체적 사실이 진실한지를 확인하는 일이 시간적, 물리적으로 사회통념상 가능하였다고 인정됨에도 그러한 확인의 노력을 하지 않은 채 비방의 목적을 가지고 그 사실의 적시에 적극적으로 나아갔다면 미필적 고의를 인정할 수 있다."

대법원 2008. 9. 11. 선고 2008도4961 판결 [부정선거 폭로 기자회견].

원심은, 피고인이 공표한 내용 중 1996년 재판 과정에서의 허위진술 교사와 관련된 부분에 대해서는 피고인이 공표한 내용이 허위사실이 아니라는 소명자료들은 그 신빙성을 인정할 수 없고, 달리 피고인이 구체적이고 객관적인 소명자료를 제시하지 못하는 점, 나머지 부분에 대하여도, 피고인이 공표한 사실이 진실한지를 확인하는 일이 시간적, 물리적으로 사회통념상 가능하다고 보임에도 별다른 사실조사나 확인을 위한 노력을 하지 않고 있다가 이를 계

등 참조.

63) 대법원 2004. 2. 26. 선고 99도5190 판결. 이 판결에서 대법원은 보도내용이 행위의 시점이나 사살 대상자로 지목한 주체가 특정되지 아니한 경우 혹은 적시된 사실이 일어난 시간적, 공간적 행위 내용, 방법이 구체적으로 특정되지 아니한 경우에 각 그 지목된 사실이 없다는 점은 사회통념상 입증이 불가능한 부존재 사실에 해당하고, 오히려 피고인이 적시한 바와 같은 적극적 사실의 특정, 증명이 가능하고 보다 용이하다는 이유에서 각 적시사실의 허위성 및 그 허위성의 인식이 입증되었다고 판단하였다.

속해서 공표하였던 것으로 보이는 점 및 그 밖에 피고인의 학력, 경력, 사회적 지위, 공표 경위나 시기, 그 횟수 및 그로 말미암아 객관적으로 예상되는 파급효과 등을 종합해 볼 때 피고인에게 그 공표 내용이 허위라는 점에 대한 인식이 있었으며, 또한 이명박을 대통령에 당선되지 못하게 할 목적이나 비방할 목적도 있었다고 판단하였다.

앞서 본 법리 및 원심이 유지한 제1심판결의 채용 증거들을 기록에 비추어 살펴보면, 원심의 위와 같은 판단은 정당한 것으로 수긍할 수 있고, 거기에 상고이유로 주장하는 바와 같은 채증법칙 위배나 법리오해의 위법이 없다.

대법원 2009. 4. 23. 선고 2009도976 판결

범죄의 고의는 확정적 고의뿐만 아니라 결과 발생에 대한 인식이 있고 그를 용인하는 의사인 이른바 미필적 고의도 포함하는 것이어서 공직선거법 제250조 제2항의 허위사실 공표죄나 형법 제309조 제2항의 출판물에 의한 명예훼손죄도 미필적 고의에 의하여도 성립되는 것인바, 피고인이 적시한 구체적 사실이 진실한지를 확인하는 일이 시간적, 물리적으로 사회통념상 가능하였다고 인정됨에도 그러한 확인의 노력을 하지 않은 채 비방의 목적을 가지고 그 사실의 적시에 적극적으로 나아갔다면 미필적 고의를 인정할 수 있다(대법원 2004. 2. 26. 선고 99도5190 판결 등 참조).

대법원 2011. 12. 22. 선고 2008도11847 판결 [이명박 주가조작]

갑 정당 소속 국회의원인 피고인이 제17대 대통령 선거와 관련하여 을 정당의 병 후보자에게 불리하도록 병 후보자에 관하여 허위의 사실을 공표하였다는 내용으로 기소된 사안에서, 피고인이 제시한 소명자료의 신빙성이 탄핵된 반면, 직접적 또는 간접적·우회적인 표현 방법으로 공표한 '병 후보자가 정과 공모하여 주가조작 및 횡령을 하였다는 사실' 등이 허위임이 증명되었고, 피고인의 병 후보자에 대한 의혹 제기가 진실인 것으로 믿을 만한 상당한 이유가 있는 근거에 기초하여 이루어진 경우에 해당되지 않는다고 본 원심판단을 수긍한 사례.

대법원 2006. 5. 25. 선고 2005도4642 판결, 서울고등법원 2005. 6. 21. 선고 2005노191 판결 [공직선거및선거부정방지법위반·무고]

일부 지역신문의 추측성 기사 또는 제보자의 제보 내용에 의존하였을 뿐 별다른 확인 과정을 거치지 아니한 경우: 피고인은 2002년 경기도의회 의원으로 출마한 자들에 관한 금품교부의혹, 특혜 납품의혹, 이권 개입 의혹 등 여러 비리 의혹을 고발하는 내용의 고발장을 작성 제출함으로써 허위 사실공표죄로 기소되었는데, 원심법원(서울고등법원 2005. 6. 21. 선고 2005노191 판결)은 "피고인은 이 사건 고발장의 위와 같은 기재사실을 일부 지역신문의 추측성 기사 또는 공소외 4의 제보 내용에 의존하여 작성하였을 뿐 별다른 확인 과정을 거치지 아니한 점, 이 사건 고발에 대한 수사기관의 조사 결과 피고인이 제시하고 있는 추측성 기사 또는 공소외 4의 제보(공소외 4의 제보 내용도 수사기관에서 번복되고 있음) 외에는 고발내용의 진실을 뒷받침하는 추가적 자료는 나오지 않고 있는 반면에 고발내용이 허위사실이라는 점을 뒷받침하는 자료는 확보되고 있는 점 등에 비추어 보면, 피고인이 이 사건 고발장에 기재하여 공표한 위 의혹들은 '허위의 사실'에 해당하고 피고인은 적어도 이러한 사실이 허위라는 점에 대한 미필적 인식이 있었다고 볼 것이"라고 판시하였다.

대법원 2011. 6. 24. 선고 2011도3824 판결 [당내 경선]

사실관계에 관한 관련 언급 없이 바로 피고인의 미필적 고의가 인정되었다.

대법원 2014. 3. 13. 선고 2013도12430 판결 [노무현 차명계좌]

피고인은 차명계좌 발언의 출처로서 제보자(전 국가안보전략연구소 이사장)를 들고 있으나, 동인은 수사 사실을 알 수 있는 지위에 있지 않았고, 피고인을 만나거나 제보한 사실을 부인하였다. 그럼에도 불구하고 피고인은 차명계좌가 막연히 있을 것으로 추측하고 공개하여 미필적 고의가 인정되었다.

대법원 2015. 5. 29. 선고 2015도1022 판결 [군수 후보자 체납실적], 부산고등법원 2015. 1. 7. 선고 (창원)2014노357 판결 [공직선거법위반]

피고인이 회계책임자로 하여금 작성케 한 후보자정보공개자료 중 체납실적란에 피고인 및 그 직계존속의 체납액 누계 및 현 체납액을 허위로 게재·제출하였다고 하여 허위사실공표죄로 기소된 사안에서 피고인은 제1심법정에서 자백하였고, 사전에 선거공보에 체납실적이 허위로 게재될 가능성을 인식하고 최소한 그것을 감수·용인하였다고 보아 미필적 고의를 인정하였다.

② 어떠한 소문을 듣고 그 진실성에 강한 의문을 품고서도 감히 공표한 경우

대법원 2002. 4. 10.자 2001모193 결정 [소문보도]

"어떠한 소문을 듣고 그 진실성에 강한 의문을 품고서도 감히 공표한 경우에는 적어도 미필적 고의가 인정될 수 있"다.

대법원 2008. 12. 11. 선고 2008도8952 판결 ['북침설' 허위 주장]

대법원은 "피고인이 한 발언의 문맥을 보면 피고인은 의혹제기 차원에서 이 사건 발언을 한 것이라기보다는 단정적으로 공소외인이 북침설을 주장하여 징역살이를 하였다는 취지로 발언한 것으로 보이고, 가사 피고인이 그러한 의혹제기 차원에서 발언한 것이라 하더라도 이는 막연한 추측에 의한 것에 불과하며, 그 의혹사실의 존재를 수긍할 만한 소명자료도 없다고 판단"한 점을 지지하면서 피고인을 유죄 취지로 판시하고 있다.

대법원 2011. 12. 22. 선고 2008도11847 판결 [이명박 주가조작] - 전술 참조

대법원 2018. 9. 28. 선고 2018도10447 판결 [공직선거법위반], 서울고등법원 2018. 6. 14. 선고 2018노172 판결

피고인들은 19대 대선을 앞두고 자유한국당 선거대책본부 구성원으로서 2017년 5월 초순 3차례에 걸쳐 기자회견하면서 허위로 더불어민주당 대선후보의 사위의 특혜 채용에 대한 감사를 무마하기 위해 압력을 행사하였다고 주장한 사실이 기소되었는데, 대법원은 위 각 기자회견 전 피고인들의 인식상황, 제보자료의 진위와 형식, 피고인들의 지위와 역할, 제보자료의 진위를 확인하기 위하여 실시한 검증활동 내역, 위 각 기자회견의 동기와 경위 등 여러 사정

에 비추어 보면, 각 관계 피고인들은 각각의 기자회견을 함에 있어서 위 각 기자회견의 내용
이 허위라는 점을 미필적으로나마 인식하였다고 봄이 상당하다고 판시하였다.

③ 실무상 허위가 아니라고 믿게 된 근거나 자료를 제시할 수 없거나 제시된 것
이 신뢰할 수 없는 경우 등

대법원 2002. 4. 10.자 2001모193 결정 [허위 소문]

피해자가 직접 고문하거나 고문을 하도록 지시하고, 간첩사건을 조작한 사실이 없음을 피
고인이 앎에도 불구하고 피해자에 대한 고문수사주장과 간첩사건조작주장에 관련된 사실을
공표한 경우

대법원 2003. 3. 20. 선고 2001도6138 전원합의체 판결 [후보자 허위 학력 등]

합동수사반에서 정치인 자제들에 대한 병역면제처분의 비리를 조사한 결과 피해자의 아들
이 무혐의 처분을 받고, 그 내용이 2000. 4. 1.경 대다수의 중앙 일간지에 아버지인 피해자의
이름과 소속 정당, 직위 등과 함께 보도되었음에도 불구하고, 피해자 아들이 고의로 체중을
불려 군대에 가지 않았다는 소문이 있다고 후보자 합동연설회에서 연설한 내용이 기소된 사
안에서 대법원은 의혹 사실에 대한 제보가 있었다고 하면서도 그 제보의 구체적 내용과 근거
는 물론 과연 그러한 제보가 있었는지에 대해 조차 전혀 소명자료을 제시하지 못한 경우, 그
리고 이미 이루어진 수사결과와 달리 그 병역면제처분에 비리의 의혹이 있다고 믿을만한 정
황과 자료를 제시하지 못한 경우 둘 다 그 의혹의 제기는 상대 후보자를 당선되지 못하게 할
목적하에 이루어진 허위사실 공표에 해당한다고 판단하였다.

대법원 2005. 7. 22. 선고 2005도2627 판결[박정희 스위스부패자금]

피고인의 소명자료의 제시가 없거나 제시된 소명자료의 신빙성이 탄핵된 때

대법원 2008. 9. 11. 선고 2008도4961 판결 [부정선거 폭로 기자회견] - 전술

대법원 2011. 12. 22. 선고 2008도11847 판결 [이명박 주가조작] - 전술

대법원 2014. 3. 13. 선고 2013도12430 판결 [노무현 차명계좌]

피고인 서울지방경찰청장은 2010. 3. 31. 기동부대 지휘요원 398인에 대하여 강연하면서
① 검찰수사 중 노무현 전대통령의 사망 바로 전날 (자살의 동기가 될 만한) 10만 원권 수표
가 입금된 거액의 차명계좌가 발견되었다는 점, 그리고 ② 노전대통령 사망에 따른 특별검사
제 도입이 거론되었으나 권양숙 여사가 위 차명계좌가 드러나는 것을 막기 위해 민주당에 이
야기해서 특검을 못하도록 했다고 발언하였다. 원심은 피고인이 이 사건 강연에서 차명계좌
와 특별검사에 관하여 한 발언이 허위라고 판단하였다.

대법원은 피고인이 재판 과정에서 차명계좌의 존재 및 특정에 관해 수시로 말을 바꿨을
뿐 아니라 피고인이 주장하는 바와 같이 10만원권 수표가 대량 입금되고, 사망 전에 비로소
발견된, 책임이 주어질 차명계좌는 존재하지 않는 것으로 판단한 원심을 지지하였다. 그리고
피고인은 차명계좌 발언의 출처로서 제보자(전 국가안보전략연구소 이사장)를 들고 있으나,

동인은 수사 사실을 알 수 있는 지위에 있지 않았고, 피고인을 만나거나 제보한 사실을 부인하였다. 그럼에도 불구하고 피고인은 차명계좌가 막연히 있을 것으로 추측하고 공개하여 미필적 고의가 인정된 것이다.

2) 허위임을 인정하면서 동시에 그에 관한 고의도 인정한 사례

다음, 주목할 것은 적시 사실이 허위인지 여부가 심각하게 다투어진 경우 허위라는 결론이 나면 동시에 그에 대한 인식이나 미필적 고의도 있는 것으로 판단하는 경우가 일반적이라는 점이다.[64]

판례가 이러한 경향을 취하는 이유는 대법원이 허위의 입증과 허위 사실의 인식에 관해 취하는 입증의 방법이 서로 중복되기 때문이다. 즉 검사가 입증 책임을 부담하는 사항으로서 피고인 적시 사실이 허위임을 입증하기 위해서뿐 아니라(이것은 피고인 적시 사실의 부존재를 입증하는 것임) 피고인이 허위임을 알았다는 입증을 위해서도(내심의 의사에 관한 입증이어서 극히 어려움) 판례는 피고인이 진실이라고 믿음에 상당한 이유가 있는 근거나 증빙을 소명·제출하도록 하고, 그에 대한 검사의 탄핵이 이유 있는지 여부를 검토하여 진위 및 그 인식 여부를 판단하는 방식을 취하고 있다.[65] 이 경우 피고인이 제출하는 근거나 증빙(간접사실)은 적시 사실이 객관적으로 진실이라고 볼 자료가 되는 동시에 피고인이 진실이라고 인식하였는가 여부를 판단하는 근거나 증빙으로도 될 것이다. 따라서 피고인이 그의 주장 사실이 진실이라고 믿은 근거로 제시한 소명이나 자료가 진실이라고 믿음에 상당한 이유가 있다면, 그것은 객관적으로 진실이라고 판단될 수 있는 동시에, 그에 관한 피고인의 심증 역시 허위가 아니라고 인식했다는 증빙이 될 수 있는 한편, 그에 대한 검사(또는 피해자)의 반박이나 탄핵에도 피고인이 성공적으로 방어하지 못한다면 허위라고 볼 이유가 더 크다고 보아야 한다는 방식으로 진위의 인식 여부를 입증하는 방안이 채용되고 있기 때문일 것이다.

이렇게 보면 적시 사실이 허위라고 입증이 되는 경우에는 특별한 사유가 없는 한 미필적으로라도 허위의 인식도 있다고 보아야 한다는 사고가 '규범적으로' 작용하는 것이라고 보아야 할 것이다. 따라서 적시 사실이 허위임을 인정하면서 피고인들이 허위임을 알지 못했다고 하여 무죄를 선고하려면 그에 관한 특별한 사유가 설시되어야

---

64) 대법원 2003. 2. 20. 선고 2001도6138 전원합의체 판결 [병역 면제 의혹](의혹 사실에 대한 제보가 있었다고 하면서도 그 제보의 구체적 내용과 근거는 물론 과연 그러한 제보가 있었는지에 대해조차 전혀 소명자료를 제시하지 못한 경우), 대법원 2005. 7. 22. 선고 2005도2627 판결 [박정희의 스위스부패자금] (피고인의 소명자료의 제시가 없거나 제시된 소명자료의 신빙성이 탄핵된 때), 대법원 2009. 4. 23. 선고 2009도976 판결, 대법원 2011. 6. 24. 선고 2011도3824 판결 [당내 경선], 대법원 2018. 9. 28. 선고 2018도10447 판결 [미필적 인식] 등.

65) 대법원 2005. 7. 22. 선고 2005도2627 판결 [박정희 스위스부패자금] 참조.

할 것이다. 그렇다면 적시 사실이 허위로 판명되었다 하더라도 피고인 측에서 그것이 진실이라고 믿음에 상당한 이유(이른바 상당성 항변)를 주장·입증하는 경우에는 허위의 인식도 없었다고 판단함이 타당할 것이다.

다. 허위사실임을 인정하면서 그에 관한 인식이 없다고 한 사례

그 밖에 적시사실이 허위임을 인정하면서도 그에 관한 인식이 없었다고 하여 무죄로 결론을 낸 사건은 소수에 그치며, 그들 사건에서는 허위가 아니라고 인식한 사정에 관해 충분한 근거와 증빙이 제시되는 등 특별한 사정이 언급되고 있다.

대법원 1994. 10. 28. 선고 94도2186 판결 [방화범 수사 호소문]

이 판결은 피고인이 허위가 아님을 알게 된 근거가 제시 입증된 경우를 다루고 있다.

피고인은 그가 이 사건 방화범으로 고소한 피해자에 대해 검찰이 무혐의 처분을 내리자, 한 방송국에 근무하는 지인을 만나 대책을 상의하게 되었는데, 동인이 잘 안다고 하는 법무부 차관을 만나고 나와서, 피해자의 사위와 이질 간인 자의 압력에 의해 사건이 왜곡되었다고 말하자, 이를 듣고 진실로 믿은 피고인이 2개의 일간지에 방화범 피해자를 조사 처벌해 달라는 취지의 호소문을 게재한 경우이다. 결국 범의가 없다고 하여 무죄 취지로 파기환송되었다.

대법원 1997. 2. 14. 선고 96도2234 판결 [한약업사 정치자금 공여]

이 사건은 피고인이 허위가 아님을 알게 된 경위에 관해 설득력 있게 제시 입증된 경우로서 허위에 관한 고의가 부정되어 무죄로 판단되었다.

한약업사 자격시험에서 불합격한 사람들이 모여 자격취득을 위해 대책위원회를 구성하고, 그 고문 갑이 각 회원들로부터 갹출한 돈으로 변호사를 선임하여 소송을 제기하였는데, 소송에서 패소하였고, 새로운 해결방안을 모색하던 갑은 대통령 김영삼의 아들을 잘 아는 을변호사를 선임하기로 하고 수임료를 지급하였는데, 대선 후에도 민원이 해결되지 않자 회원들이 그 일을 주관한 고문에게 추궁하게 되었다. 궁지에 몰린 그 갑은 피고인 등 대책위원회 회원들에게 동 금원은 대통령 아들에게 정치자금으로 사용된 것이라고 말하였고, 그 말을 듣고 이를 믿은 피고인은 그러한 내용의 진정서를 대통령비서실에 팩스로 제출하였고(위 고문 갑과 변호사 을은 피고인에게 정치자금이 아니라 변호사 수임료라고 밝혔으나, 피고인은 납득하지 아니하였다), 그 때문에 이 사건(별건)으로 기소되어 보석으로 석방되면서 언론사 기자 등 20여명에게 (변호사 보수로서가 아니라) 민원 해결을 위해 대통령 아들에게 정치자금으로 주었다고 허위 사실을 공표하게 되었다. 대법원은 사실관계가 이렇다면, 피고인은 그의 발언이 허위가 아님을 확신하고 잘못된 사실을 진술한 것이라고 보아 무죄를 선고한 원심을 지지하였다.

(4) 형법 제307조 제2항과 제1항의 관계

대법원은 "형법 제309조 제2항의 허위사실 적시 출판물에 의한 명예훼손 공소사

실 중에는 같은 법조 제1항의 사실적시 출판물에 의한 명예훼손의 공소사실이나 같은
법 제307조 제1항의 사실적시 명예훼손의 공소사실도 포함되어 있으므로 피고인에게
허위사실이라는 인식이 없었다면 법원은 공소장 변경 절차 없이도 같은 법 제309조
제1항의 사실적시 출판물에 의한 명예훼손죄로 인정할 수 있고, 또 비방의 목적이 인
정되지 아니하면 심리의 과정에 비추어 피고인의 방어권 행사에 실질적인 불이익을
초래할 염려가 없는 이상 같은 법 제307조 제1항의 명예훼손죄[66]로 인정할 수 있다."
고 한다.[67]

　　그러나 대법원은 위와 같은 경우 법원은 반드시 가벼운 구성요건으로 처벌하여야
만하는 것은 아니라고 하여, 법원의 재량에 의한 법률 적용을 허용하고 있다. 즉 대법
원에 의하면 "법원은 공소사실의 동일성이 인정되는 범위 내에서 공소가 제기된 범죄
사실에 포함된 보다 가벼운 범죄사실이 인정되는 경우에 심리의 경과에 비추어 피고
인의 방어권행사에 실질적 불이익을 초래할 염려가 없다고 인정되는 때에는 공소장이
변경되지 않았더라도 직권으로 공소장에 기재된 공소사실과 다른 범죄사실을 인정할
수 있"다.[68] 그러나 나아가 "이와 같은 경우라고 하더라도 공소가 제기된 범죄사실과
대비하여 볼 때 실제로 인정되는 범죄사실의 사안이 중대하여 공소장이 변경되지 않
았다는 이유로 이를 처벌하지 않는다면 적정절차에 의한 신속한 실체적 진실의 발견
이라는 형사소송의 목적에 비추어 현저히 정의와 형평에 반하는 것으로 인정되는 경
우가 아닌 한 법원이 직권으로 그 범죄사실을 인정하지 아니하였다고 하여 위법한 것
이라고까지 볼 수는 없다"고 설시하고 있다.[69]

4. 출판물 등에 의한 명예훼손

(1) 개론

　　형법상 명예훼손을 처벌하는 구성요건 일반에 관하여는 상술한 바 있지만, 형법
제309조는 출판물 등에 의한 명예훼손에 관하여 특별히 구성요건을 정하고 있으므로
이를 별도로 살펴볼 필요가 있다.

---

66) 형법 제307조 제1항의 명예훼손죄에서 요구되는 고의는 타인의 명예를 저하하는 사실임을 알면서
(허위 여부를 불문하고) 그 사실을 적시하는 것으로 족하며, 그 외에 가해의 의도 등 별도의 동기나
목적은 요구되지 않는다.
67) 대법원 1998. 3. 13. 선고 98도43 판결.
68) 대법원 1993. 12. 28. 선고 93도3058 판결 [공소장변경 - 폭력행위].
69) 대법원 1993. 12. 28. 선고 93도3058 판결 [공소장변경 - 폭력행위], 대법원 1997. 2. 14. 선고 96도
2234 판결 [한약업사 정치자금 공여].

형법 제309조는 "사람을 비방할 목적으로 신문·잡지 또는 라디오 기타 출판물에 의하여 제307조 제1항 및 제2항의 죄를 범한 자"는 형법 제307조의 명예훼손죄보다 가중 처벌하도록 규정하고 있다. 이와 같이 가중 처벌하는 이유는 비방의 목적이라는 주관적 요소와 신문·잡지·라디오 기타 출판물에 의하여 일반 다중에게 적시됨으로써 명예훼손의 위험성이 더욱 증가한다는 객관적 요소 때문이다. 영미법에서도 구두에 의한 명예훼손(slander)과 문서에 의한 명예훼손(libel)이 구별되고, 후자에 대하여 법적 제재가 더 무겁다.

형법상 출판물에 의한 명예훼손죄가 성립하기 위해서는 비방의 목적이라는 주관적 요건 및 출판물 등에 의한 명예훼손이라는 행위태양을 구비해야 한다. 2가지 요건 중 하나라도 구비하지 못한 경우, 예컨대 비방의 목적없이 출판물 등에 의하여 명예를 훼손한 경우 또는 비방할 목적은 있어도 출판물에 의하지 아니하고 명예를 훼손하는 때에는 형법 제309조에 해당하지 아니하고 형법 제307조의 해당 여부가 문제될 뿐이다.

(2) 행위태양 - 출판물의 개념

출판물 등에 의한 명예훼손은 신문·잡지 또는 라디오 기타 출판물을 수단으로 할 것을 요한다. 이러한 출판물은 그 자체가 높은 전파가능성 및 불특정·다수인의 인식 가능성을 내포하고 있으므로 따로 공연성이 요구되지 않는다. 따라서 출판물 등에 의하여 사실을 적시함으로써 불특정 또는 다수인이 인식할 수 있는 상태에 이르면 이 죄는 성립하게 되며, 그 내용이 반드시 불특정 또는 다수인에게 도달하였거나 불특정 또는 다수인이 이를 인식하였을 것을 요하지 아니한다.

여기서 "기타 출판물"이 구체적으로 무엇을 의미하는지가 논란된다. 대법원은 "형법이 출판물 등에 의한 명예훼손죄를 일반 명예훼손죄보다 중벌하는 취지는 사실 적시의 방법으로서의 출판물 등의 이용행위는 그 성질상 다수인이 견문할 수 있고 장기간 보존되는 등 피해자에 대한 법익침해 정도가 더 크다는데 있다"[70]고 한다. 이러한 입장에 의한다면 단순히 수기한 서면이나 메모 등으로서 그 작출 본수가 소수에 불과한 것은 이에 해당되지 않고, 적어도 인쇄한 물건으로서 그 복제본수가 상당 다수의 정도에 이를 것을 요한다고 보아야 할 것이다.

> "피해자를 비방할 목적으로 흰 모조지 위에 싸인펜으로 피해자는 정신분열증환자로서 무단가출하였으니 연락해 달라는 내용을 기재한 10여장의 광고문을 형법 제307조에서 규정하고 있는 출판물에 해당한다고 보기 어렵다."(대법원 1986. 3. 25. 선고 86도1143 판결).

---

70) 대법원 1986. 3. 25. 선고 86도1143 판결.

"피고인이 작성하여 우송 또는 교부한 이 사건 유인물은 워드프로세서로 작성되고 프린트된 A4용지 7쪽 분량의 인쇄물로서 보통 편지봉투에 넣어 우송될 수 있을 정도에 불과한 것으로서, 그 외관이나 형식 및 그 작성경위 등에 비추어 볼 때, 그것이 등록된 간행물과 동일한 정도의 높은 전파성, 신뢰성, 보존가능성 등을 가지고 사실상 유통·통용될 수 있는 출판물이라고 보기 어렵다."(대법원 2000. 2. 11. 선고 99도3048 판결).

(3) 초과주관적 구성요건 요소 – 비방할 목적

출판물에 의한 명예훼손죄(제309조)가 성립하려면 '비방할 목적'이 있어야 한다. 여기서 비방할 목적이란 고의 이외에 초과주관적 구성요건요소에 해당한다고 보는 것이 일반적이다. 따라서 명예훼손적 사실의 인식을 내용으로 하는 고의와 함께 악의적인 목적성이 없으면 '비방할 목적'의 존재가 부인된다.

대법원 판례에 의하면 '사람을 비방할 목적'이란 "가해의 의사 내지 목적을 요하는 것으로서 사람을 비방할 목적이 있는지 여부는 당해 적시 사실의 내용과 성질, 당해 사실의 공표가 이루어진 상대방의 범위, 그 표현의 방법 등 그 표현 자체에 관한 제반 사정을 감안함과 동시에 그 표현에 의하여 훼손되거나 훼손될 수 있는 명예의 침해 정도 등을 비교, 고려하여 결정하여야 한다"고 한다.[71]

대법원 2002. 8. 23. 선고 2000도329 판결 [감사원주사]

"감사원에 근무하는 감사주사가, 감사사항에 대한 감사가 종료된 후 감사반원들의 토론을 거쳐 감사지적사항으로 선정하지 않기로 하여 감사가 종결된 것임에도, 일일감사상황보고서의 일부를 변조하여 제시하면서 자신의 상사인 감사원 국장이 고위층의 압력을 받고 감사기간 중 자신이 감사를 진행중인 사항에 대한 감사활동을 중단시켰다고 기자회견을 한 경우, 그 적시사실의 허위성에 대한 인식은 물론 상사에 대한 비방의 목적도 있었다고 보아야 한다."

형법이 이러한 목적성을 구성요건화한 것은 출판물이 갖는 사실공개적 성격과 공익성을 동시에 염두에 둔 것이라고 보아야 한다. 특히, 언론매체는 공공의 알 권리를 충족시키는 공적 과업을 이행함에도 그 활동의 본질상 타인의 명예에 관련된 사실을 보도할 수밖에 없는 속성을 지니고 있다. 언론매체의 보도가 명예훼손이 되는 경우에도 법이 다시 비방의 목적이 있음을 그 범죄성립의 요건으로 삼은 것은 이러한 언론매체의 기능을 존중하여 보다 원활한 여론형성을 촉진하려는데 의미가 있다고 보아야 한다.

---

71) 대법원 1998. 10. 9. 선고 97도158 판결, 대법원 2002. 8. 23. 선고 2000도329 판결, 대법원 2002. 12. 10. 선고 2001도7095 판결, 대법원 2003. 12. 26. 선고 2003도6036 판결, 대법원 2006. 4. 14. 선고 2004도207 판결.

언론매체에 의한 보도에 비방할 목적을 쉽게 인정하는 것은 이러한 미디어의 활동을 억제하게 될 것이다. 그 때문에 헌법재판소는 "형법 제309조 소정의 '비방할 목적'은 그 폭을 좁히는 제한된 해석이 필요하다. 법관은 엄격한 증거로써 입증이 되는 경우에 한하여 행위자의 비방목적을 인정하여야 한다"고 판시하였다.[72] 이 목적의 존재에 관한 입증책임이 검사에게 있음은 물론이다.

대법원 판례도 위와 같은 기본적 사고에 의거한다. 대법원은 '사람을 비방할 목적'이란 가해의 의사 내지 목적을 요하는 것으로서 공공의 이익을 위한 것과는 행위자의 주관적 의도의 방향에 있어 서로 상반되는 관계에 있다고 할 것이므로, 적시한 사실이 공공의 이익에 관한 것인 때에는 특별한 사정이 없는 한 비방의 목적은 부인된다고 한다.[73]

대법원 2001. 10. 30. 선고 2001도1803 판결 [이단적 교리 비판]

이 사건 피고인은 월간 잡지 편집인인데, 예수 재림과 관련하여 이단적인 해석론을 주장·전파하여 온 피해자(모 교회 당의장 목사)에 대하여 그의 독단적인 교리해석을 경계케 할 목적으로 "피해자가 하나님의 맏아들로 행세하고, 예수님이 하나님의 맏아들임을 부정한다"는 취지의 기사를 위 잡지에 게재·배포하였다는 공소사실로 기소되었다.

제1심과 항소심은 피고인에 대해 형법 제309조를 적용하여 유죄를 선고하였으나, 대법원은 원심을 파기하면서 다음과 같이 판시하였다. 대법원은 피해자가 쓴 저작물은 예수님이 하나님의 맏아들인 사실을 부정하는 것으로 해석될 여지가 있었고, 오래 전부터 피해자가 스스로를 재림주로 주장하며 성경의 해석에 있어서도 전형적으로 이단적인 해석방법을 취하고 있어 기존 기독교 교단에서는 피해자를 이단으로 분류하여 온 견해들이 다수 발표되어 왔던 사정에 비추어 피고인의 이러한 행위는 피해자의 교리해석을 기성 기독교 신자 등에게 널리 알려 이를 경계케 함으로써 기존의 교리를 보호하려는 공공의 이익을 위한 행위로 볼 여지가 있으므로 피고인에게 피해자를 비방할 목적이 있었다고 단정하기에는 부족하다고 판시하였다.

비방의 목적에 관한 입증이 없으면 형법 제309조의 출판물에 의한 명예훼손은 성립되지 않는다 하더라도 형법 제307조에 의한 명예훼손은 성립될 수 있고, 또 민사상으로는 언론매체에 의한 명예훼손에 있어서도 비방의 목적이 요구되는 것은 아니므로 손해배상책임을 면치 못한다.

대법원 1998. 3. 13. 선고 98도43 판결

"형법 제309조 제2항의 허위사실 적시 출판물에 의한 명예훼손 공소사실 중에는 같은 법조 제1항의 사실적시 출판물에 의한 명예훼손의 공소사실이나 같은 법 제307조 제1항의 사실적시 명예훼손의 공소사실도 포함되어 있으므로 피고인에게 허위사실이라는 인식이 없었

---

72) 헌법재판소 1999. 6. 24. 선고 97헌마265 결정.
73) 대법원 2000. 2. 25. 선고 98도2188 판결, 대법원 2001. 10. 30. 선고 2001도1803 판결.

다면 법원은 공소장 변경 절차 없이도 같은 법 제309조 제1항의 사실적시 출판물에 의한 명예훼손죄로 인정할 수 있고, 또 비방의 목적이 인정되지 아니하면 심리의 과정에 비추어 피고인의 방어권 행사에 실질적인 불이익을 초래할 염려가 없는 이상 같은 법 제307조 제1항의 명예훼손죄로 인정할 수 있다."

출판물에 의한 명예훼손죄에서 비방할 목적이 인정된다면 행위자가 진실한 사실을 오로지 공공의 이익을 위하여 발표한 것으로 인정될 여지가 없으므로 형법 제310조는 적용되지 아니한다. 그러나 언론매체의 보도에 대하여 비방의 목적에 관한 입증이 없어 형법 제309조를 적용할 수 없는 경우에도 형법 제307조는 적용될 수 있고, 그 경우에는 역시 제310조의 위법성조각사유도 적용될 수 있다.

대법원 2003. 12. 26. 선고 2003도6036 판결 [비방목적 없는 명예훼손]

이 사건에서 피고인은 출판물에 의한 명예훼손죄로 기소되었으나, 그 표현행위가 공공의 이익을 위한 것이어서 비방의 목적이 부인되어 형법 제309조 제1항에 의해 처벌할 수는 없고, 형법 제307조 제1항에 해당하는 사례였는데, 그럼에도 법원은 피고인의 행위가 형법 제310조에 의하여 위법성이 조각된다고 판시하였다.

화천군과 청소대행 계약을 체결하고 폐기물 처리업무를 위탁받은 소외 기업이 위 계약에서 약정한 소속 근로자의 고용보장과 근로조건 보장 약정을 위반하자, 한국노총 강원지역본부 사무처장인 피고인은 위와 같은 소외기업의 위반사실을 적시하고 위 소외기업 근로자들이 설립할 새로운 법인에 청소대행업무를 행할 수 있도록 해달라는 취지의 정책건의서를 작성하여 관계 기관에 제출하고, 강원도민일보 기자에게 위 정책건의서의 내용을 전달하여 그 내용이 보도되게 하였다.

대법원은 위 피고인의 행위는 공공의 이익에 관한 것이고, 피고인의 주관적 동기도 사회적 문제를 미연에 방지하기 위하여 위와 같은 사실을 화천군민들에게 알리려는 것으로 공공의 이익을 위한 것이었다고 보고, "결국 이 사건 공소사실은 적시 사실이 허위가 아닐 뿐만 아니라, 피고인에게 피해자를 '비방할 목적'도 있었다고 보기 어려우므로, 형법 제309조 제1항 소정의 출판물에 의한 명예훼손죄에 해당하지 않는다고 할 것이고, 나아가 이 사건 공소사실이 형법 제307조 제1항의 명예훼손죄에 해당한다고 하더라도 그것은 위에서 본 바와 같이 형법 제310조에 의하여 위법성이 조각된다고 봄이 상당하다"고 판시하였다.

(4) 행위 주체 - 제보자의 정범 성립 여부

출판물에 의한 명예훼손죄는 일반적으로 출판물을 소유·경영하거나 그 제작·보도에 관여하는 사람에 의해 행해지게 됨이 보통이다. 그 이외의 사람이 이 범죄의 주체가 될 수 있는가 하는 문제는 동죄가 이른바 자수범(自手犯)인가 여부와 상관을 갖는다. 자수범이란 정범이 되기 위해서는 행위자 자신이 직접 범죄구성요건을 실현시켜야 하는 범죄유형을 말한다. 이처럼 범인 자신의 행위수행을 필요로 한다는 점에서 자수범은 간접정범이나 공동정범의 형태로 범할 수 없는 정범 성립의 한계를 설정하는 개념이 된다.

종래의 학설과 판례는 출판물에 의한 명예훼손죄는 간접정범에 의해서도 가능하다고 본다. 예를 들면, 출판물에 의한 명예훼손죄는 그 정을 모르는 기자에게 허위의 기사를 제공하여 신문에 보도케 한 경우에도 성립할 수 있다. 대법원은 여러 판결에서 "허위사실인 기사 재료를 기자에게 제공한 경우에 그것이 게재된 이상 이 기사 재료를 제공한 자는 형법 제309조 제2항 소정의 출판물에 의한 명예훼손죄의 죄책을 면할 수 없"다고 하여 간접정범에 의한 형법 제309조의 성립을 인정하고 있다.[74]

대법원 1994. 4. 12. 선고 93도3535 판결 [허위 제보 비방보도]

화가인 피고인은 화랑을 경영하는 피해자와의 사적인 법적 다툼에 관하여 소외 기자에게 사실이 아닌 사실관계를 제보하여 이를 보도되게 하였다. 원심인 서울고등법원은 피고인이 공연히 허위의 사실을 적시하여 피해자의 명예를 훼손한 것으로 인정하여, 피고인에게 출판물에 의한 명예훼손죄(형법 제309조 제2항)를 적용하였다.

대법원은 "타인을 비방할 목적으로 허위사실인 기사의 재료를 신문기자에게 제공한 경우에 이 기사를 신문지상에 게재하느냐의 여부는 오로지 당해 신문의 편집인의 권한에 속한다고 할 것이나, 이를 편집인이 신문지상에 게재한 이상 이 기사의 게재는 기사재료를 제공한 자의 행위에 기인한 것이므로, 이 기사재료를 제공한 자는 형법 제309조 제2항 소정의 출판물에 의한 명예훼손죄의 죄책을 면할 수 없는 것이다(대법원 1960. 6. 8. 선고 4292형상715 판결 참조). 따라서 원심이 적법하게 확정한 대로 피고인이 피해자를 비방할 목적으로 신문기자에게 허위사실을 설명하고 보도자료를 교부하여, 그 내용을 진실한 것으로 오신한 신문기자로 하여금 신문에 허위기사를 게재하도록 하였다면, 이는 출판물에 의한 명예훼손죄의 구성요건을 충족하므로, 피고인에 대하여 같은 죄가 성립하는 것으로 본 원심판단은 옳"다고 판시하였다.

다만, 제보자가 기사의 취재·작성과 직접적인 연관이 없는 자에게 허위사실을 알렸을 뿐인 경우에는, 특별한 사정이 없는 한 그 사실이 신문에 게재되었다 하더라도 제보자에게 출판물에 의한 명예훼손죄의 책임을 물을 수는 없다.[75]

대법원 2002. 6. 28. 선고 2000도3045 판결 [제보자 무죄 사건]

이 사건에서 대법원은 제보자가 기사의 취재·작성과 직접적인 연관이 없는 자에게 허위사실을 알렸으나 그 사실이 신문에 보도된 경우에는 특별한 사정이 없는 한 제보자에게 출판물에 의한 명예훼손죄의 책임을 물을 수 없다고 판시하고 있다.

---

74) 대법원 1958. 9. 26. 선고 4291형상323 판결, 대법원 1961. 11. 2. 선고 4292형상323 판결, 대법원 1960. 6. 8. 선고 4292형상715 판결, 대법원 1994. 4. 12. 선고 93도3535 판결, 대법원 2002. 3. 15. 선고 2001도2624 판결.
75) 대법원 2002. 6. 28. 선고 2000도3045 판결.

사안을 보면, 모 의료기기 제조업체(피해자)와 사적 분쟁을 벌이다가 위 업체의 대표이사를 사기 혐의로 고소하였으나 검찰에서 혐의없다는 결정이 내려지자, 피고인은 이 문제를 다시 정치적으로 해결하고자 1996. 9.경 당시 야당 소속으로서 서울시 정무부시장이었던 김모에게 그동안의 분쟁 경위와 검찰의 사건처리를 설명하면서 "위 업체는 기술력이 떨어지나 정부의 보호정책과 권력자의 비호 등에 의해 급성장했다. 그 업체의 급성장에는 정부고위층의 1백억원 특혜금융지원이 있었다. 피고인이 위 업체를 사기로 고소했으나 대통령 주치의가 담당 검사에게 압력을 넣어 무혐의 처리되도록 하였다"는 취지로 제보하고, 국회 차원에서 피해 업체의 비리를 조사해줄 것을 부탁하면서 관련자료를 넘겨주었으며, 김모 부시장은 같은 야당 소속 이모 의원에게 위 자료를 넘겨주었다. 1996. 10. 22. 당시 여당 대표가 국회 대표연설에서 위 업체 대표자를 '우리 시대의 영웅'이라고 치켜세웠는데, 야당의 위 이모 의원은 그에 대한 비판으로 위 김부시장을 통하여 넘겨받은 자료를 바탕으로 그 내용을 국회에서 공개적으로 주장하자, 그 내용이 한겨레신문, 조선일보, 경향신문 등에 게재되어 일반에게 배포되게 되었다.

원심(서울지방법원 합의부)은 피고인에 대하여 형법 제309조 제2항을 적용하여 허위의 사실을 적시하여 피해자 회사의 명예를 훼손하였다는 점을 인정하여 유죄로 인정하였으나, 대법원은 원심 판결을 파기, 환송하면서 다음과 같이 판시하였다.

피고인은 단지 위 피해자 업체와의 분쟁을 야당 국회의원을 통하여 정치적으로 해결하려 하였던 것으로 보이고, 달리 피고인이 위 야당 의원에게 이를 알리면서 신문에 기사화되도록 특별히 부탁하였다거나 그가 이를 언론에 공개하여 기사화할 것이 고도로 예상되는 특별한 사정이 있다고 보기 어렵다고 할 것이므로, 그 후 위 야당 국회의원이 여당 대표연설에 대한 비판으로 이를 공개하고, 그것이 신문에 보도되었다고 할지라도 피고인에게 출판물에 의한 명예훼손죄의 책임이 있다고 보기는 어렵다.

위 대법원 판결에 의해 파기 환송된 사건에서는 피고인에 대한 공소사실이 형법 제307조 제2항의 일반명예훼손으로 변경되고 그에 대해 유죄가 인정되었다(전술 대법원 2004. 4. 9. 선고 2004도340 판결 [국회의원 제보 전파사건] 참조).

5. 사자에 대한 명예훼손

(1) 의의

형법 제308조는 사자(死者)에 대한 명예훼손죄에 관하여 "공연히 허위의 사실을 적시하여 사자의 명예를 훼손한 자는 2년 이하의 징역이나 금고 또는 500만원 이하의 벌금에 처한다"고 규정하고 있다.

위 규정에 의하면 살아있는 사람에 대한 명예훼손에 있어서는 그 적시된 사실이 허위이든 진실이든 명예훼손죄가 성립하나, 사자에 대하여는 공연히 허위의 사실을 적시한 경우에만 죄가 된다. 형법이 사자에 대한 명예훼손의 구성요건을 이렇게 규정

한 취지는 역사적 인물에 대한 객관적이고도 공정한 비판을 가능하게 하기 위한 것이
며,76) 진실한 사실을 적시한 때에도 본죄가 성립한다면 역사적 인물에 대한 객관적 서
술이나 묘사도 처벌받게 되어 역사의 정확성과 진실이 은폐될 것이기 때문이다.77)

　　본죄의 보호법익에 관해 학설은 유족이 사자에 대하여 갖는 추모감정이라는 견
해, 역사적 존재로서의 사자의 인격적 가치라는 견해 등이 있으나, 판례는 '사자에 대
한 사회적·역사적 평가'를 보호법익으로 보고 있다.78)

　　사자 명예훼손죄는 허위사실의 적시를 요한다는 점에서 전술한 허위사실적시 명
예훼손죄(형법 제307조 제2항)와 구성요건을 같이 하며, 그 부분 논의는 동조에 관한 논
의를 참고할 것이다.

(2) 구성요건 - 허위사실의 적시

　　사자명예훼손죄는 허위사실이 적시된 경우에 한하여 비로소 성립한다.79) 판례에
의하면 적시된 사실의 내용 전체의 취지를 살펴볼 때 중요한 부분이 객관적 사실과 합
치되는 경우에는 세부에 있어서 진실과 약간 차이가 나거나 다소 과장된 표현이 있다
하더라도 이를 허위의 사실이라고 볼 수 없다80)고 한다.

　　사자 명예훼손죄의 적용이 가장 자주 논의되는 분야는 역사드라마이다. 역사드라
마에서 역사적 사실이나 인물을 허구로 표현한 경우 사실적시가 있다고 볼 것인가가
중요한 쟁점이 되고 있기 때문이다. 이를 판별하기 위해 고려할 기준으로서 해당 드라
마가 취한 서술방식에 따라야 한다는 입장이 있다. 그에 의하면 "역사드라마는 그 서
술방식에 따라 기록적 서술, 개연적 서술, 상상적 서술, 허구적 서술의 4가지 방식으로
나눌 수 있다고 한다.81) 중요한 관점을 제공하는 것이며, 동죄의 성립요건에 관한 법
적 논의에 큰 참고가 된다고 생각한다.82)

---

76) 신현범, "역사드라마가 허위사실을 적시하였는지 여부에 대한 판단 기준", 대법원판례해설 84호, 법
　　원도서관(2010), 641(647)면.
77) 손동권, "언론보도와 사자의 명예훼손", 언론중재 제12권 1호(42호)(1992), 9면.
78) 대법원 1983. 10. 25. 선고 83도1520 판결, 대법원 2009. 1. 15. 선고 2007도8564 판결.
79) "피고인이 공소외인의 사망사실을 알면서 공소외인은 사망한 것이 아니고 빚 때문에 도망다니며 죽
　　은 척하는 나쁜 놈이라고 공연히 허위사실을 적시한 행위를 사자의 명예훼손죄로 의율한 원심에 소
　　론과 같은 위법이 있다고 할 수 없"다고 판시한 사례(대법원 1983. 10. 25. 선고 83도1520 판결).
80) 대법원 2008. 6. 12. 선고 2008도1421 판결, 대법원 2000. 2. 25. 선고 99도4757 판결과 대법원 2006.
　　4. 14. 선고 2004도207 판결 등.
81) 주창윤, "역사드라마의 역사서술방식과 장르형성", 한국언론학보 48권 1호(2004. 2), 170면 이하.
82) 신현범, 전게논문, 650-652면 참조.

(3) 구성요건 - 고의

본죄가 성립하기 위하여는 전술한 허위사실적시 명예훼손죄의 경우와 마찬가지로 사자의 명예를 훼손함에 적합한 허위의 사실을 적시한다는 고의가 있어야 한다. 따라서 적시된 사실이 사람의 사회적 평가를 떨어뜨리는 사실이라는 점과 그 적시된 사실이 허위라는 것을 피고인이 인식하고서 이를 적시하였다는 점 모두 검사가 입증하여야 한다.[83]

허위의 입증 및 허위임을 알았다는 입증은 매우 어렵기 때문에 판례는 전술한 바와 같은 특칙을 확립하여 적용하고 있다.[84]

> **대법원 2009. 1. 15. 선고 2007도8564 판결 [사자명예훼손]**
>
> "형법 제308조의 사자(死者)의 명예훼손죄는 … 적시된 사실이 허위라는 것이 구성요건의 내용을 이루는 것이므로 행위자의 고의의 내용으로서 적시된 사실을 허위라고 인식하였어야 하는데, 이러한 주관적 인식의 유무는 그 성질상 외부에서 이를 알거나 입증하기 어려운 이상 적시된 사실의 내용, 허위가 아니라고 믿게 된 근거나 자료의 확실성, 표현 방법 등 여러 사정을 종합하여 규범적으로 판단할 수밖에 없고(대법원 1983. 10. 25. 선고 83도1520 판결, 대법원 2001. 10. 9. 선고 2001도3594 판결, 대법원 2005. 7. 22. 선고 2005도2627 판결 등 참조), 특히 적시된 사실이 역사적 사실인 경우 시간이 경과함에 따라 점차 사자의 명예보다는 역사적 사실에 대한 탐구 또는 표현의 자유가 보호되어야 하고 또 진실 여부를 확인할 수 있는 객관적 자료에도 한계가 있어 진실 여부를 확인하는 것이 용이하지 아니한 점도 고려되어야 할 것이다(대법원 1998. 2. 27. 선고 97다19038 판결 참조)."

이러한 고의가 없다면 설사 과실이 있다 하더라도 동죄로 처벌되지 않는다. 허위 언론보도에 의한 명예훼손행위는 사실의 진실성을 확인하지 않고 주의의무에 위반하여 과실로 보도하는 것이 일반적일 것이므로 오보에 의해 형법상 사자명예훼손죄가 성립하는 경우는 드물다고[85] 보아야 할 것이다.

이와 관련하여 착오의 경우를 살펴볼 필요가 있다. 예컨대, 사자로 오인하고 허위의 사실을 적시하였지만 상대방이 생존하고 있는 때에는 형법 제15조 제1항에 의하여

---

83) 대법원 2007. 9. 7. 선고 2005도5783 판결, 대법원 2008. 6. 12. 선고 2008도1421 판결, 대법원 2009. 1. 15. 선고 2007도8564 판결 등.

84) 적시한 사실이 허위라는 점에 대하여 확정적 고의를 요하고 단순한 미필적 고의로는 족하지 않다는 견해가 있으나(신현범, 전게논문, 649면), 형법 이론상 일반적으로 '고의'의 정의에는 미필적 고의가 포함되는 것이며, 그 인식 여부를 엄격하게 입증해야 한다고 하더라도 사자명예훼손에서 적시사실이 허위라는 범인의 인식에 미필적 고의를 배제할 이유는 되지 못한다고 보아야 할 것이다. 명예권보다 표현의 자유를 중시하는 미국의 예를 보더라도 공인의 공적 사항에 관한 보도에 있어서 그 허위 여부를 개의치 않고 이를 경솔하게 무시하여 공개에 나아가는 경우(이것은 우리 법제에서 중과실에 해당하는 것이고 따라서 미필적 고의의 개념보다 가벼운 것이다)에도 책임을 인정하고 있다.

85) 손동권, 전게논문, 9면.

사자명예훼손죄가 적용된다. 이에 반하여 살아있는 사람을 사자로 오인하고 진실한 사실을 적시한 경우에는 고의가 없기 때문에, 그리고 사자에 대하여 살아있는 사람으로 오인하고 진실한 사실을 적시한 경우에는 객관적 구성요건의 결여 때문에 아무런 범죄도 성립하지 않는다.[86)

(4) 처벌

사자명예훼손죄는 고소가 있어야 논할 수 있는 친고죄(형법 제312조 제1항)이므로 피해자측의 고소가 있어야 수사가 개시되고 공소제기가 유효하게 유지된다. 고소권자는 사자의 친족 또는 자손이다(형사소송법 제227조). 이러한 고소권자가 없는 때에는 검사가 이해관계인의 신청에 의하여 10일 이내에 고소권자를 지정해야 한다(동법 제228조).

(5) 사자 모욕에 대한 구제수단

사실의 적시 없이 경멸적 표현 등으로 사자를 모욕한 경우, 형법에는 사자모욕죄를 처벌하는 규정이 없고, 정보통신망법에는 모욕죄 자체가 없기 때문에 형사 처벌을 할 수는 없고, 이에 대한 구제는 민사적 방법에 의존할 수밖에 없다. 사자 모욕의 경우 민사적 구제수단으로서는 첫째, 손해배상은 위자료 청구가 주를 이루고, 둘째 가능한 명예회복 처분으로서는 사실의 적시가 없기 때문에 정정보도청구와 반론보도청구는 허용되지 않으며, 금지[부작위]청구가 엄격한 요건 하에 활용될 수 있을 것이다.[87)

6. 명예훼손죄의 처벌 및 양형

대법원 양형위원회가 2019년 7월 1일 발표 시행한 '명예훼손범죄 양형기준'에 의하면, 기존 허위사실 적시 명예훼손죄의 가중 양형범위는 징역 6개월~1년 6개월이며, 추가 가중처벌해도 최고 징역 2년 3개월까지만 선고가 가능하다. 사실적시 명예훼손의 경우에는 비범죄화에 대한 요구가 많은 점을 고려해 따로 양형기준을 설정하지 않았다고 한다.

군형법상 상관모욕죄는 기본구간을 징역 4~10개월로 정하는 한편, 징역 6개월~1년 2개월까지 가중할 수 있도록 해 일반 모욕죄에 비해 가중처벌하도록 했다.

특기할 점은 명예훼손죄와 모욕죄의 양형 가중 요소로 제시된 '비난할 만한 범행

86) 손동권, 전게논문, 9면.
87) 이성원, "사자 모욕에 대한 법적 구제수단 연구", 서울법학 제30권 제4호(2023), 129-165면.

동기'에 "피해자에 대한 보복·원한이나 혐오 또는 증오감에서 범행을 저지른 경우"가 포함된 것이다. 즉 혐오나 증오감에서 명예훼손죄와 모욕죄를 저지를 경우에는 가중된 형벌을 받게 된다.

양형위는 최근 인터넷상에서 허위사실을 유포해 명예를 훼손하거나 모욕하는 범죄가 증가하고 있는 점을 고려해 인터넷 등 정보통신망으로 허위사실을 적시해 타인의 명예를 훼손한 경우 가중 양형범위를 징역 8개월~2년 6개월로 설정했다. 범행수법이 매우 불량하거나 동종누범인 경우 등 가중사유가 2개 이상 있을 경우 양형기준상 가중형량에 추가로 50%를 더해 선고할 수 있다. 정보통신망 활용 명예훼손의 경우 징역 2년 6개월의 1.5배인 징역 3년 9개월까지 선고가 가능하다.

Ⅲ. 모욕죄

1. 개관

(1) 연혁 및 비교법적 고찰

모욕죄에 관한 법적 취급은 나라마다 현격한 차이를 보인다. 유럽 대륙에서는 이를 민·형사상 법적 제재의 대상으로 하지만, 영미법계에서는 그렇지 않다.

서구의 모욕법제는 멀리 로마법에 기원을 두고 있다. 고대 로마법의 이른바 모욕의 소권(actio injuriarum)은 처음에는 소유나 신체에 대한 침해 등 물적 권리의 보호에 국한되던 것이 후에는 타인의 권리에 간섭하는 다양한 행위가 "injuria"로 취급되었으며,[88] 그 중에는 현재 모욕에 해당하는 행위와 명예훼손에 해당하는 행위가 포함되게 되었다.[89]

오늘날 유럽 각국에서 모욕과 명예훼손은 개념적으로 구별되고 있지만, 양자간의

---

88) James Q. Whitman, THE TWO WESTERN CULTURES OF PRIVACY: DIGNITY VERSUS LIBERTY, 113 Yale Law Journal 1183 (April, 2004). http://digitalcommons.law.yale.edu/cgi/viewcontent.cgi?article= 1647&context=fss_papers.

89) Rudolph von Jhering, Rechtsschutz gegen injuriose Rechtsverletzungen, in 3 Gesammelte Aufsätze 233, 234-35 (Jena, Fischer 1886). Carl Salkowski의 '로마 사법의 역사'에 서술된 '모욕의 법'에 의하면 "좁은 의미에서 인유리아(iniuria)는 영예, 즉 타인의 전체 인격에 대한 모든 고의적인 불법적 침해를 의미한다. … 이것은 구술 또는 문서의 언어나 표시에 의한 모욕행위(이른바 언어적 및 상징적 가해)에 의해, 행동에 의해(이른바 실질적 가해), 구두 명예훼손에 의해 또는 기타 인격권을 침해하는 행위에 의해 범해질 수 있다"고 한다(Whitman, Id., p. 1206; Carl Salkowski, Institutes and History of Roman Private Law 668-69 (E.E. Whitfield ed. & trans., London, Stevens and Haynes 1886)).

한계나 구별 및 법적 취급에 관하여는 혼란이 있다. 대체적인 경향을 보면, 모욕은 가치판단에 의해, 명예훼손은 주로 사실적시에 의한 명예 침해행위라는 점에서 구별되지만, 양자가 모두 사람에 대한 사회적 평가인 외적 명예를 보호법익으로 한다는 점에는 합의가 이루어지고 있다.[90]

모욕죄와 명예훼손죄를 구별하는 대표적인 법제는 프랑스와 오스트리아이고, 독일에서는 모욕죄의 범주 안에 명예훼손죄를 따로 규정하고 있다.

가. 프랑스

1881년 프랑스의 언론의 자유에 관한 법률(현행법)은 "사람이나 단체의 명예나 존중을 침해하는 행위의 주장이나 비난은 명예훼손(diffamation)"이고, "어떠한 행위의 비난을 포함하지 않는 난폭하거나(outrageante), 경멸적 또는 욕설적 용어(termes de mépris ou invective)의 표현은 모욕(injure)"이라고 정의한다(동법 제29조).

나. 오스트리아

오스트리아 형법은 모욕죄(Beleidigung)와 사실적시 명예훼손(Üble Nachrede)을 구별하여 별개의 조문에 규정한다. 동법 제115조는 "공연히 또는 다수인 앞에서 타인을 욕설 또는 조롱하거나 신체에 가해행위를 한 자는 다른 법률에 더 무거운 형이 규정되어 있지 않는 한 3월 이내의 자유형 또는 벌금에 처한다"고 규정하고(오스트리아 형법 제115조(Beleidigung) 제1항), 동법 제111조(Üble Nachrede) 제1항은 "제3자가 인지할 수 있는 방법으로 제3자를 경멸적인 속성이나 성향으로 꾸짖거나, 불명예스런 행동 또는 공서양속에 저촉되는 행동으로서 여론에서 그를 경멸하게 하거나 지위를 떨어뜨리기에 적합한 행동을 하였다고 주장한 자는 6월 이하의 자유형 또는 벌금에 처한다"고 규정하고 있다.

다. 독일

그에 비해 독일 형법은 모욕(Beleidung)의 개념 속에 명예훼손을 함께 다룬다. 독일 형법은 'Beleidung'이란 표제가 붙은 제14장에 모욕죄(형법 제185조, Beleidung)를 기본적 구성요건으로 규정하고(가치판단이나 사실적시에 의할 수 있음), 사실적시에 의한 명예훼손죄로서 제186조(üble Nachrede) 및 제187조(Verleumdung)를 함께 규정하고 있다.[91] 독일 형법상 모욕(Beleidung)의 개념은 영어의 insult와 defamation을 함께 포괄하는 의미로 사용되고 있으며, 어느 것이나 외적 명예를 보호법익으로 하고 있다.[92]

독일 연방헌법재판소는 민주주의 사회에서 표현의 자유가 갖는 각별한 중요성을 강조하면서 인격권과의 형량에서 표현의 자유를 폭넓게 보호하는 입장을 취해 왔다. 이러한 판례의 입장은 때때

---

90) 어느 법제에서나 모욕 및 명예훼손의 보호법익은 객관적인 사회적 평가인 외적 명예이고 주관적인 명예감정을 보호법익으로 하는 법제는 없다.

91) 19세기에 들어서까지 독일에서는 사회적 지위에 따른 명예를 보호하기 위해 수많은 구성요건(1794년 프로이센 일반란트법상 150여개의 구성요건)을 가지고 있었으나, 1851년 프로이센형법 제정에 의해 추상화 단순화된 형태로 개혁되었고, 이를 기본으로 한 조문형태가 독일 제국형법을 거쳐 오늘날의 형법 제185조로 이어지게 되었다.

92) 독일에서 사실적시에 의한 모욕은 제3자에게 표현된 경우 제186조 및 187조에 해당하지만, 피해자 자신에게만 한 진술은 제185조에 해당한다.

로 의심스런 때에는 표현의 자유에 우위를 부여한다는 인상을 주는 것이었다. 어쨌든 독일 연방헌법재판소의 확립된 판례에 따르면, 표현의 자유와 개인의 명예 보호가 충돌하는 경우에는 기본적으로 개별 사례별 이익형량이 필요하다. 이에 대한 예외로서 ① '인간의 존엄에 대한 침해(Verletzung der Menschenwürde)', ② '정형적인 형태의 모욕(Formal‒beleidigung)', 그리고 ③ '비방(Schmähkritik)'의 경우에는 인격권 보호가 표현의 자유보다 우선하며, 이익형량과정을 거칠 필요가 없다고 판시하여 왔다.[93]

이렇게 명예훼손적 표현행위가 위 3가지 예외 상황에 해당하지 않아 일응 보호받는 표현행위로 생각되는 경우 그것이 공적 사안에 관한 것이면 일응 표현 자유의 추정(Vermutung für die freie Rede)을 받아 왔다. 그러나 2021. 12. 19. 연방헌법재판소는 다음에서 보는 퀴나스트 판결에서 이러한 경우 표현의 자유는 인격권에 비해 자동적으로 우위를 향유하지 못하고, 피고인의 표현의 자유와 피해자의 인격권을 실질적으로 동등한 기본권으로 보아 상호 형량해서 그 우열에 따라 처벌 여부가 결정된다는 입장을 취하였다.[94]

그 판결은 특히 인터넷 커뮤니케이션의 맥락에서 모욕죄의 처벌 한계에 관해 실무적 지침이 되는 판시와 함께 표현의 자유과 인격권을 비교형량함에 있어서 피해자의 입장을 고려하여 특히 정치인의 인격권을 더 보호하는 방향으로 다음과 같이 판시하였다.[95]

BVerfG 2021. 12. 19. 결정 ‒ 1 BvR 1073/20, Künast-Entscheidung

2015년 14세 미만 아동에 대한 성행위를 처벌하는 독일 형법(StGB) 조항(제176조 제1항)에 관해 성인과 아동 간의 폭력 없는 성관계는 처벌하지 않아야 한다는 녹색당의 정치적 주장을 에워싸고 논쟁이 진행되고 있었다. 정당 간의 토론에서 타 의원들 간의 논쟁에 끼어든 녹색당 소속 의원인 청구인(녀) 퀴나스트는 "폭력이 없을 때"라고 고함을 친 사실이 뉴스 포털에 보도되었다. 그 보도에는 "아이들과의 섹스는 폭력이 없다면 괜찮을 것 같지 않나요?"라는 제목이 달렸고, 이어 한 인터넷 블로그에는 "Künast는 폭력이 없으면 어린이와 섹스도 전혀 문제없다"고 말했다는 글이 게시되었는데, 이렇게 조작된 인용에 욕설 댓글들이 홍수를 이루게 되었다(실제로 청구인은 소아성애에 반대하는 의견을 가지고 있었으며, 그러한 그녀의 의견이 수차례 보도되기도 하였다). 그 대부분은 정치인 퀴나스트에 대한 정도가 심한 언어적 공격으로서 심한 배설물 표현과 성적인 비방이었다.

퀴나스트는 블로그 소유자를 상대로 해당 게시물의 게시금지 청구 소송을 제기하고 게시물로 인하여 자신이 겪은 고통과 정신적 피해에 대한 보상을 청구하였다.

제1심(베를린지법)은 문제된 22개항의 댓글 중 6개항만을 모욕죄로 처벌하고, 나머지 극악한 욕설을 포함하는 댓글은 실질 사안에 관한 토론의 맥락에 있는 것이기 때문에 표현의 자유로 보호된다고 판시하였다. 그에 대한 비난 여론이 들끓게 되자 항소심에서는 추가로 6개항("Stück Scheisse", "Schlampe", "Drecks Fotze", "Drecksau" 등)이 유죄로 판결되었다. 연방헌법재판소는 나머지 10개항에 관해서도 원심의 이익형량이 충분치 않다고 하여 다시 형

---

93) 이현정, "독일연방헌법재판소 판례 분석을 통해 본 정치인에 대한 모욕표현 및 표현의 자유 한계에 관한 논의", 미디어와 인격권 제9권 제3호(2023), 1‒40면 참조.
94) BVerfG, Beschl. v. 2020. 5. 19. ‒ 1 BvR 2397/19.
95) 이하 이현정, 전게 논문 참조.

량하도록 하기 위해 원심판결을 취소하고 환송하였다.

이 판결에서 독일 연방헌법재판소는 모욕행위는 인간존엄의 침해, 형태적 모욕 및 비방의 범주에 드는 경우에는 형량 없이 위헌으로 판단되는데, 위 범주에 해당하는 경우에는 신중한 판단과 이유설시를 요한다고 판시하였다. 이러한 범주에 해당하지 않는다고 하여 바로 문제된 표현행위가 허용되는 것으로 볼 수 없고, 다시 표현의 자유와 인격권 보호 간의 비교 형량 절차가 필요하다고 판시하였다. 즉 "형사처벌할 수 있는 명예훼손은 구체적인 상황에서 개인의 명예의 무게가 표현행위자의 표현의 자유보다 우세한 경우에만 존재한다."는 것이다.

위 퀴나스트 판결은 연방헌법재판소가 표현의 자유를 더 중시하던 과거의 경향에서 벗어나 인간의 존엄성과 사회적 존중의 맥락에서 인격권 보호를 더 중시하는 전환점이 되었다는 평가를 받는다. 이러한 방향 전환 때문에 모욕죄의 피해자, 특히 정치인들은 앞으로 모욕표현에 대하여 더 큰 보호를 받을 수 있게 된다.[96]

이와 함께 "자유언론의 추정"에 있어서 헌법재판소는 종전보다 피해자의 입장을 더 고려하는 입장을 취하고 있음에 주목할 필요가 있다. 연방헌법재판소는 수십년간 여론형성에 대한 기여라는 개념에 의존하여 자유언론의 추정(Vermutung zugunsten der freien Rede)의 법리를 사법적인 우선규칙으로 취급하여 왔으나, 2020. 5. 19. 판결에서는 표현의 자유와 인격권을 형량함에 있어서 양 기본권을 본질상 동등하게 취급하게 되었다. 그 결과 위 3가지 예외 사유에 해당하지 않는 명예훼손 행위도 의심이 있는 경우에는 피해자의 인격권에 우선하지 못하게 되었다.

더구나 퀴나스트 판결은 디지털화 시대에 특히 표현 자유에 관한 오해나, 그 남용으로 인해, 그리고 익명성의 보장 때문에 야기된 인터넷 커뮤니케이션의 타락 현상에 대처하려는데 의미가 있는 것으로 이해되고 있다. 소셜 네트워크의 시대에는 의심이 있는 경우 여론 형성에 기여하는 자라 하더라도 피해자의 인격권에 비해 우선하지 못하게 된 것이다.[97]

그 대신 독일 연방헌법재판소는 퀴나스트 판결을 통하여 새로운 종류의 공식을 천명하여 다른 입장을 취하였다. "형량에서 표현행위의 비중은 그것이 여론형성에 대한 기여를 목표로 할수록 표현의 자유는 높게 평가해야 하며, 이에서 벗어나 단지 개별 개인에 대한 감정적 입장의 전파인 경우일수록 가볍게 평가되어야 한다"는 것이다.[98] 정치적 언론이 표현의 자유의 중심이 되지만, 그것은 개인에 대한 공격의 면허장이 아니다. 헌법재판소는 그의 확립된 판례의 노선에 최초로 폭력적인 혐오 잠재력을 가진 소셜 미디어의 현실적 폐해를 인식하고 그에 대해 대응하는 명시적인 척도를 발전시킨 것이다. 특히 소셜 미디어에 의한 인터넷 상 정보확산에 비추어 볼 때, 공직보유자 및 정치인들의 효과적인 인격권 보호는 각개 피해자 보호의 중요성을 넘어 역시 공적인 이익이기도 하고, 이 권리의 무게는 형량에서 강화될 수 있다(Rn. 32).

라. 영미 보통법

그에 비해 영미의 보통법에서는 모욕(insult)을 형사처벌하거나 그에 대해 민사상 불법행위 책임을 지우지 않는다.[99] 프로서 교수에 의하면 "피고는 다른 악화하는 사정이 없는 한 단순한 모욕

---

96) 이현정의 전게 논문, 26면.

97) Lorenz Leitmeier, Künast, "taz" und die (neuen) Grenzen der Meinungsfreiheit, https://www.hrr-strafrecht.de/hrr/archiv/20-10/index.php?sz=6, Aufsätze und Entscheidungsanmerkungen, S. 400 (Heft 10/2020).

98) BVerfG, Beschluss vom 19. Mai 2020 - 1 BvR 2397/19, Rn. 29.

(insult), 멸시(indignity), 곤혹(annoyance) 또는 위협(threats)에 대해서 책임이 없다. 그 이유를 찾는 것은 어렵지 않다. 우리의 예절 및 법은, 의도된 모든 정신적 방해(mental disturbance)에 대해 손해배상의 방법으로 구제를 감당할 수 있는 지점에까지 진전되지 않았다. 물론 배상책임은 모든 사소한 멸시(indignity)에까지 확대될 수 없다."고 한다.100)

단순한 의견에 불과한 조롱(ridicule)이나 언어적 공격(verbal abuse)은 사실을 함축하지 않는 경우가 보통이고, 그러한 경우에는 명예훼손이 되지 않는다. 리스테이트먼트는 "일정한 양의 비천한 욕설은 성난 사람에 의해 실제로 명예훼손의 의도 없이 구사되는 일이 빈번하며, 이성적인 청자들은 그것이 그 이상 아무것도 아니라고 바르게 이해한다. 특히, 화자가 그의 성질을 못이겨 단지 모욕을 분출함이 명백한 경우에는 그렇다."고 설명한다.101)

영미의 다수 판례에 의하면 일반 시민들이 과열된 토론과 논쟁에 빠져드는 일상 대화체에서 자주 사용되는 욕설이나 폄훼적 모욕적 형용어(epithet)102)는, 그러한 형용어가 "변명의 여지 없이 부적절하고", "구역질나고 난폭한" 것이라 할지라도 그 자체만으로 법적으로 이의될 수 있는 것은 아니라고 한다.103) 그러나 그러한 진술도 행해진 정황에 따라 명예훼손적 허위사실을 함축하는 경우에는 명예훼손이 되는 경우도 있다(혼합의견에 의한 명예훼손의 법리).104)

미국에서 인정되는 고의적인 정신적 고통의 가해("intentional infliction of emotional distress")의 불법행위 및 폭거에 의한 불법행위(tort of outrage) 유형은 독일이나 프랑스에서 인정되는 모욕행위보다 훨씬 더 고통스런 행위를 의미한다.

(2) 한국 형법상 모욕죄

가. 개관

한국 형법은 유럽 대륙의 법제를 본받아 모욕죄를 명예훼손죄와 함께 처벌한다. 현행 형법은 그 제33장(명예에 관한 죄)에서 제307조 이하에 명예훼손죄를, 제311조에

---

99) 한편, 영미 보통법에서 사인간의 구두 명예훼손(slander)은 애초에 형사처벌 대상이 아니었고, 문서 명예훼손(libel)에 대해서는 형사처벌 규정이 있었으나 영국에서는 최근 철폐되었고, 미국에서는 현재 대부분의 주에서 거의 사문화되어 있으며, 명예훼손에 대한 유일한 구제수단은 민사상 손해배상 청구권이다.

100) W. PAGE KEETON ET AL., PROSSER AND KEETON ON THE LAW OF TORTS § 12, at 59 (5th ed. 1984).

101) Restatement(Second) of Torts § 566 Comment e (1977).

102) 이러한 형용어(epithet)로서는 'son of a bitch'(개새끼), 'asshole'(똥구멍), 'fucking'('씹할), 'jerk'(얼간이), 'idiot'(멍청이), 'paranoid'(편집증환자), 'bastard'(사생아), 'crook'(사기꾼), 'deadbeat'(빈털터리) 등이 예시된다(David A. Elder, Defamation: A Lawyer's Guide, Clark Boardman Callaghan, Deerfield, Il. (1993), § 1:5, p. 57 Name-calling). 이들 용어는 "이를 사용하는 개인이 상대방에 대해 강한 감정적 혐오의 느낌을 가지고 있음을 지시하는 것 외에 아무 실제적 의미를 갖지 않는다. … 그러한 매도와 공격의 언어는 그 언급 대상보다는 이를 사용한 사람의 품격을 반영하는 것이라고 생각된다."(Curtis Publishing Co. v. Birdsong (1966, CA5 La) 360 F2d 344, 348).

103) Elder, Id., § 1:5, p. 57; Id., § 8:8, p. 118.

104) "폭언의 발언이 행해진 상황은, 그것이 합리적으로 이해될 것인가 여부를 결정함에 영향을 미친다. 만일 표현행위자가 문자대로 이해되기로 의도한 것을 지시하는 상황이 드러난다면, 그는 명예훼손 책임을 진다."(Restatement (Second) of Torts § 566 comments e).

모욕죄를 따로 규정하고 있다.

나아가 우리 판례는 유럽 대륙 법제의 전통에 따라 "형법상 명예훼손죄는 사실적
시를 요하며, 모욕죄는 사실을 적시하지 아니하고 단순히 사람의 사회적 평가를 저하
시킬 만한 추상적 판단이나 경멸적 감정을 표현하는 것"이라고 하며,105) 그 보호법익
은 외적 명예라고 일관되게 판시하고 있다. 다만, 대법원은 형사상 모욕죄가 성립되는
경우에 민사적으로도 명예훼손의 불법행위가 성립되는 것은 아니라고 하는 입장을 취
하나, 이에 관하여는 논란이 있다.106)

우리 판례에 의하면 명예훼손죄는 사실적시를 요하고, 모욕죄는 사실적시 없이
명예를 훼손하는 것이므로, 양자는 택일적 경합관계에 있다고 보아야 한다. 실무를 보
면 명예훼손죄로 기소된 사건에서 명예훼손 혐의는 무죄, 모욕죄를 유죄로 인정하는
사례가 적지 않다.107)

나. 이른바 사이버모욕죄의 입법 논의

현행법을 보면 인터넷이 등장하기 전에는 오프라인 명예훼손죄로서 일반 명예훼
손죄(형법 제307조), 출판물 등에 의한 명예훼손죄(제309조)가 규정되어 있었고(이들 죄는
허위사실적시를 구성요건으로 하는 경우 법정형이 가중된다), 허위 사실적시만을 처벌하는 사자
명예훼손죄(제308조)가 규정되어 있었다. 그런데 인터넷 등장 이후 사이버상에서 행해
지는 명예훼손 등 범죄행위를 규율할 필요가 있어 정보통신망 이용촉진 및 정보보호
등에 관한 법률(약칭 정보통신망법)은 정보통신망에 의한 명예훼손죄를 신설하여 오프라
인 상의 명예훼손죄보다 가중처벌하는 조항(동법 제70조)을 두게 되었다.108)

그런데 정보통신망법에는 명예훼손죄만을 가중처벌할 뿐, 형법상 사자명예훼손죄
나 모욕죄를 가중처벌하는 조항을 두지 않았기 때문에 특히 인터넷상 정치인이나 연
예인 등 타인을 모욕하거나 비방하는 경우에도 동법상 가중처벌규정을 적용할 수 없
고, 기존 형법 제311조(모욕죄: 1년 이하 징역이나 금고, 또는 200만원 이하 벌금)로 처벌할 수

---

105) 대법원 2003. 11. 28. 선고 2003도3972 판결 등 참조.
106) 전술 제2장 제5절 Ⅲ 6 참조.
107) 피고인이 한 공소사실 기재 발언은 "피고인이 지나가는 모든 주민들에게 '저 집은 바람피고 저 집은
애인있네'라고 이집 저집 흉보고 다닌다"라는 것인데 피해자가 뒷담화를 한 대상, 상대방, 시기 및
그 내용 등이 구체적으로 특정되지 않았을 뿐만 아니라 그 내용은 피해자가 다른 사람의 뒷담화를
하고 다니는 사람이라는 취지이어서 피고인의 피해자에 대한 추상적 판단이나 평가에 불과하므로
이를 사실의 적시라고 보기 어렵다(서울남부지방법원 2017고정188 명예훼손(인정된 죄명 모욕)).
108) 일반 명예훼손의 경우 2년 이하 징역이나 500만원 이하의 벌금(허위사실적시의 경우에는 5년 이하
의 징역 또는 1천만원 이하의 벌금), 출판물에 의한 명예훼손의 경우 3년 이하 징역이나 700만원 이
하의 벌금(허위사실적시의 경우에는 7년 이하의 징역 또는 1천 500만원 이하의 벌금)으로 처벌할
수 있지만, 인터넷을 이용해 명예훼손을 하면 3년 이하 징역이나 3,000만원 이하의 벌금(허위사실
적시의 경우에는 7년 이하의 징역 또는 5천만원 이하의 벌금)을 부과할 수 있다.

밖에 없었다. 공연성과 전파가능성이 무한대나 마찬가지인 온라인 게시물의 특성이
법 조항에 전혀 반영되지 않았던 것이다.

〈사이버모욕죄 입법안 논란〉

우리의 경우 사이버공간의 익명성을 악용하여 '인터넷 마녀사냥' '온라인 재판' '사이버 폭
력'이 만연하고, 그로 인해 피해자가 자살에 이르는 등 피해 사례가 다수 발생함에 따라 그에
대한 법적 대책이 요구되어 왔다. 예를 들어, 한 유명 연예인은 인터넷 '악플'에 시달려 자살
한 사례가 있었고, 한 유명가수의 학력에 관하여 경찰조사에서 진실이 밝혀진 후에도 위조
의혹을 계속 제기하는 인터넷 카페('타진요')가 문제된 사례도 있었다.

이러한 문제에 대처하기 위해 한나라당은 2008년 11월 정보통신망법을 개정하여 '사이버
모욕죄'를 신설하는 입법안을 제안한 바 있었다. 그 요지를 보면, 첫째 형법 제311조의 모욕
죄(친고죄)와 별도로 인터넷 상에서 "공공연하게 사람을 모욕하는 정보"를 처벌하는 구성요
건을 신설하여 기존의 모욕죄보다 벌칙을 강화하고, 둘째 친고죄인 형법상 모욕죄와 달리 사
이버모욕죄는 반의사불벌죄로 하며, 셋째 정보통신서비스제공자의 조치의무를 강화하여, 피
해자의 신청이 있은 후 24시간 내에 임시 차단조치를 취하도록 하되, 임시조치사실을 정보
게재자와 피해자에게 통보하고 게시판에 공지하여야 하며, 30일 이내에 정보게재자의 이의신
청이 없으면 문제의 정보를 삭제하고, 정보게재자의 이의신청이 있으면 방송통신심의위원회
의 분쟁조정부에 신고하여 게재물의 침해성 여부를 결정하도록 한다는 것이었다.

그러나 이에 대하여는 인터넷상 표현의 자유를 저해할 우려가 있다는 비판이 제기되었다.
모욕죄를 형벌로 처벌하는 법제가 대부분의 국가에서 폐지되었고, 그 개념의 모호성 때문에
과잉 규제가 될 우려가 있다는 일반적인 비판 이외에 형법상 모욕죄로 처벌할 수 있음에도
인터넷 모욕죄를 신설할 필요가 있는가 하는 점에서 비판받았다.[109] 이러한 비판에 따라 결
국 그 입법은 실현되지 못하였다.

외국의 입법례를 보면, 오스트리아 형법은 2016년부터 인터넷에 의한 명예훼손죄를 신설·
적용하고 있다(§ 107 c StGB (Cybermobbing)).

오스트리아 형법 제107c조 제1항 "전기통신을 통하여 또는 컴퓨터 시스템을 사용하여 무
단히 사람의 생활을 침해할 방법으로 장기간에 걸쳐 ① 다수인이 인지할 수 있게 명예를 침
해하거나 ② 고도로 개인적인 영역의 사실이나 사진을 동의 없이 다수인이 인지할 수 있는
행위를 지속한 자는 1년 이하의 자유형 또는 벌금에 처한다." 제2항 "그 행위가 피해자의 자
살 또는 자살 미수를 결과한 경우에는 3년 이하의 징역에 처한다."

동조에 의해 처벌되는 중대한 명예훼손에는 모욕, 욕설, 조롱하는 행위를 포함하며, 중대
한 사생활 침해는 고도로 개인적인 생활영역(höchstpersönlichen Lebensbereich), 특히 성생
활에 관한 사실 및 사진의 공표에 의해 이루어진다.

---

109) 이향선, "인터넷상의 표현규제에 관한 비교법적 고찰 – 사이버모욕죄 도입과 허위사실유포죄 유지
의 법리적 정책성·타당성에 관하여 – ", 언론과 법 제8권 제1호(한국언론법학회 2009), 171면 이하
참조.

다. 모욕죄 폐지 논쟁 - 모욕죄와 명확성 원칙

모욕죄에 관하여는 그 구성요건으로 규정된 모욕행위의 개념이 명확성원칙에 반하여 위헌이라는 주장이 제기된 바 있었다. 독일에서도 형법상 모욕의 정의가 없기 때문에 명확성 원칙 위반 여부에 관해 논란이 있었으나, 연방헌법재판소는 장기간 법원의 통일적인 판례에 의해 충분히 구체화되었기 때문에 사람들이 모욕의 표현행위에 해당하는지 여부를 쉽게 알 수 있다는 이유로 합헌이라고 판시한 바 있다.[110] 우리 헌법재판소도 모욕죄에 관한 형법규정이 합헌이라고 판단하였다. 표현의 자유와 관련하여 양자 간의 적합한 형량을 도모하려는 노력이 요구된다.

헌법재판소 2013. 6. 27. 선고 2012헌바37 전원재판부 결정 [모욕죄 위헌소원]

이 사건은 진중권교수가 대법원 최종 유죄판결(대법원 2011. 12. 22. 선고 2010도10130 판결 ['듣보잡'])이 있은 후 모욕죄가 헌법에 위반된다고 주장하면서 제기한 헌법소원에 대해 헌법재판소가 내린 결정이다.

헌법재판소의 다수의견은 다음과 같이 형법 제311조의 모욕죄 조항은 헌법에 위반되지 않는다고 판시하였다. 모욕죄의 구성요건으로서 '모욕'이란 사실을 적시하지 아니하고 단순히 사람의 사회적 평가를 저하시킬 만한 추상적 판단이나 경멸적 감정을 표현하는 것으로서, 모욕죄의 보호법익과 그 입법목적, 취지 등을 종합할 때, 건전한 상식과 통상적인 법 감정을 가진 일반인이라면 금지되는 행위가 무엇인지를 예측하는 것이 현저히 곤란하다고 보기 어렵고, 법집행기관이 이를 자의적으로 해석할 염려도 없으므로 명확성원칙에 위배되지 아니한다.

사람의 인격을 경멸하는 표현이 공연히 이루어진다면 그 사람의 사회적 가치는 침해되고 그로 인하여 사회구성원으로서 생활하고 발전해 나갈 가능성도 침해받지 않을 수 없으므로, 모욕적 표현으로 사람의 명예를 훼손하는 행위는 분명 이를 금지시킬 필요성이 있고, 모욕죄는 피해자의 고소가 있어야 형사처벌이 가능한 점, 그 법정형의 상한이 비교적 낮은 점, 법원은 개별 사안에서 형법 제20조의 정당행위 규정을 적정하게 적용함으로써 표현의 자유와 명예보호 사이에 적절한 조화를 도모하고 있는 점 등을 고려할 때, 심판대상조항이 표현의 자유를 침해한다고 볼 수 없다.

헌법재판소는 위 결정에 이어 2020. 12. 23. 선고 2017헌바456 등 결정, 2021. 9. 30. 선고 2021헌가2 등 결정 및 2022. 5. 26. 선고 2021헌바342 결정에서 심판대상조항이 죄형법정주의의 명확성원칙 및 과잉금지원칙에 위배되지 않으므로 표현의 자유를 침해하지 않는다고 판단하였다.

---

110) BVerfGE 93, 266 (291−292): Soldaten sind Mörder.

2. 모욕죄의 구성요건

(1) 개관

형법 제311조는 "공연히 사람을 모욕한 자는 1년 이하의 징역이나 금고 또는 200만원 이하의 벌금에 처한다"고 규정한다. 법문에는 '모욕'의 정의가 없기 때문에 해석에 의해 정해질 수밖에 없다. 판례에 의하면 형법상 모욕죄의 구성요건은 사실을 적시하지 아니하고 단순히 사람의 사회적 평가를 저하시킬 만한 추상적 판단이나 경멸적 감정을 표현하는 것이고,[111] 그 보호법익은 사람의 가치에 대한 사회적 평가를 의미하는 외적 명예라고 본다.[112]

모욕죄의 보호법익은 명예훼손죄와 같이 외적 명예라고 하는 것이 판례와 다수설의 입장이다. 명예감정이라는 일부 견해[113]가 있지만, 현행법상 모욕죄는 공연성을 요하고, 명예감정이 없는 유아나 정신병자 및 법인도 모욕죄의 보호를 필요로 한다는 점에서 판례와 다수설이 타당하다.[114]

모욕죄의 행위 객체는 명예훼손죄의 경우와 다름이 없다. 따라서 국가나 지방자치단체 또는 그 기관은 모욕죄의 대상이 될 수 없다.[115]

모욕의 표현행위는 '공연히' 행해질 것을 요한다.[116] 공연성 요건은 명예훼손죄에서 논해지는 바와 같다.[117] 따라서 '전파가능성 이론'은 모욕죄에서도 동일하게 적용된

---

111) 대법원 2003. 11. 28. 선고 2003도3972 판결, 대법원 2008. 7. 10. 선고 2008도1433 판결, 대법원 2008. 12. 11. 선고 2008도8917 판결, 대법원 2015. 9. 10. 선고 2015도2229, 대법원 2017. 4. 13. 선고 2016도15264 판결, 대법원 2018. 5. 30. 선고 2016도20890 판결 ['공황장애'] 등 확립된 판례.

112) 2003. 11. 28. 선고 2003도3972판결, 대법원 2015. 9. 10. 선고 2015도2229 판결, 대법원 2015. 12. 24. 선고 2015도6622 판결, 대법원 2017. 4. 13. 선고 2016도15264 판결, 대법원 2015. 12. 24. 선고 2015도6622 판결, 대법원 2018. 5. 30. 선고 2016도20890 판결 등.

113) 유기천, 형법각론(상), 1982, 138면.

114) 독일 형법 제185조는 모욕죄의 요소로서 공연성을 요구하지 않기 때문에 독일의 통설은 규범적·사실적 명예(normativer-faktischer Ehr)를 그 보호법익으로 보고 있다(김상호, "형법상 모욕과 비방", 저스티스 통권 제103호, 57면 참조).

115) 1975년 개정 형법 제104조의2(국가모독죄)는 "대한민국 또는 헌법에 의하여 설치된 국가기관을 모욕 또는 비방하"는 행위를 처벌하였으나, 1988년 폐지되었다. 동 형법 규정이 폐지되기 전 그에 의해 처벌받은 자가 신청하여 개시된 재심사건에서 서울중앙지방법원은 국가모독죄를 규정한 구 형법 제104조의2에 대하여 위헌법률심판을 제청하였고, 헌법재판소는 동 조항이 위헌이라고 결정한 바 있다(헌법재판소 2015. 10. 21. 선고 2013헌가20 결정).

116) "명예훼손죄나 모욕죄에 있어서의 "공연성"은 불특정 또는 다수인이 인식할 수 있는 상태를 의미하므로 비록 특정의 사람에 대하여 어떤 사실을 이야기하였어도 이로부터 불특정 또는 다수인에게 전파될 가능성이 있다면 공연성의 요건을 충족하는 것이나 이와 달리 전파될 가능성이 없다면 공연성을 결여한 것으로 보아야 할 것"이다(대법원 1981. 10. 27. 선고 81도1023 판결).

117) 대법원 1984. 4. 10. 선고 83도49 판결: 피고인의 딸과 피해자들의 아들 간의 파탄된 혼인관계를 수습하기 위하여 여관방에서 양가의 친족 수명이 만나 얘기하던 중 감정이 격화되어 피고인이 피해

다. 그러나 대법원은 경멸적 표현 내용에 의해 모욕행위를 들은 상대방이 이를 전파하는 경우에는 그 경멸적 표현 자체, 즉 그 발언한 경멸적 문언을 전달하기보다 그 경멸의 취지가 전달될 뿐인 경우가 많고 그런 경우에는 모욕죄의 전파가능성을 인정함에 신중하여야 한다고 판시한다.

> **대법원 2024. 1. 4. 선고 2022도14571 판결**
>
> 피고인(구의회 의원)이 상대방(자율방범대 대장)에게 카카오톡으로 자율방범대 대원인 피해자에 관한 부정적, 비판적 의견을 전송한 사안에서, 대법원은 "발언에 담긴 취지가 아니라 그와 같은 조악한 표현 자체를 피해자에게 그대로 옮겨 전파하리라는 사정을 쉽게 예상하기 어려운 경우에는 전파가능성을 인정함에 더욱 신중을 기할 필요가 있다."고 하면서 전파가능성이 있다는 이유로 피고인을 유죄로 판단한 원심을 무죄 취지로 파기하였다.

사생활 보호를 위해 가족 등 친밀한 관계에서 명예훼손적·모욕적 고지는 처벌되지 않는다. 그러한 행위의 결과 피해자의 외적 명예가 현실적으로 침해되거나 구체적·현실적으로 침해될 위험이 발생하여야 하는 것은 아니다.[118]

모욕이 신체적 상해나 재산상의 손실을 초래하지 않는다고 하더라도 이를 가볍게 다룰 수 없다. 모욕은 인간의 감정에 부정적인 영향을 미치고, 개인의 사회적 지위와 평판을 손상시킬 수 있으며, 사람의 자존감에 심한 상처를 입힐 수 있다. 예민한 피해자는 모욕으로 인해 심리적으로 고통받고 심지어 자살에 이르는 경우도 보도되고 있다. 모욕에 대한 형사 책임은 살아있는 사람의 자아, 정체성 및 자율성과 관련된 더 깊은 감정을 보호하는 역할을 수행하는 것으로 이해할 수 있다.[119]

(2) 행위 태양

가. 모욕행위의 범주

모욕이란 사람에 대하여 경멸을 고지하는 행위이다. 경멸은 타인의 윤리적 또는 사회적 가치를 실재보다 낮추어 보임으로써, 피해자에게 동등한 법적 인간으로서의 존중을 부인하는 행위이다.[120]

독일 연방대법원은 이미 1951년 판례에서 "모욕이란 경멸(Missachtung), 무시(Nichtachtung), 경시(Geringachtung)의 통고를 통하여 타인의 명예를 침해함을 말한다"고 판시

자들에게 "사이비 기자 운운" 또는 "너 이 쌍년 왔구나"라고 말한 사안에서 공연성이 없다고 보아 무죄로 판단하고 있다.

118) 대법원 2016. 10. 13. 선고 2016도9674 판결.

119) 이현정, 독일연방헌법재판소 판례 분석을 통해 본 정치인에 대한 모욕표현 및 표현의 자유 한계에 관한 논의, 미디어와 인격권 제9권 제3호(2023), 1, 31면

120) Urs Kindhäuser: Strafrecht Besonderer Teil I: Straftaten gegen Persönlichkeitsrechte, Staat und Gesellschaft. 6. Auflage. Nomos, Baden-Baden 2014, § 25, Rn. 4.

하였다.121) 이후 판례는 "모욕이란 … 무시, 경시 또는 경멸을 표현하여 타인의 명예를 공격하는 행위이다. … 가해자가 피해자에게 부정적인 소질을 귀속시킴으로써 피해자의 도덕적, 개인적 또는 사회적 평가가 전적으로 또는 부분적으로 부인된다는 특수한 의미에서 경멸하는 표현을 필요로 한다. 환언하면 피해자가 이들 3가지 관점에서 낮은 가치를 갖거나 부적합하다는 주장이 있어야 한다."고 설명하고 있다.122) 전술한 바와 같이 독일 연방헌법재판소는 ① 인간의 존엄에 대한 무시·공격, ② 금기시되는 욕설 등 형태적 모욕 및 ③ 비방적 비판에 해당하는 경우에는 별도의 이익형량 없이 바로 모욕죄가 성립되어 처벌된다고 한다.

우리 판례에 의하면 형법상 모욕죄는 "사실을 적시하지 아니하고 단순히 사람의 사회적 평가를 저하시킬 만한 추상적 판단이나 경멸적 감정을 표현하는 것"이라고 한다.123) "어떠한 표현이나 거동이 타인의 명예에 대한 경멸의 표시인가의 여부는 그것이 표시된 상황, 표시의 상대방, 의사표시나 거동 전체의 의미관련성 등을 종합하여 객관적·합리적으로 판단되는 것이지, 상대방의 주관적인 명예감정에 의존하여 결정되는 것은 아니다."124)

모욕죄는 사실의 적시가 없다는 점에서 명예훼손죄와 구별되지만, (경멸적) 의견의 표현이란 점에서 의견 명예훼손에 관한 법리가 적용된다고 보아야 한다. 대법원도 최근 판결에서 "어떤 글이 모욕적 표현을 담고 있는 경우에도 그 글이 객관적으로 타당성이 있는 사실을 전제로 하여 그 사실관계나 이를 둘러싼 문제에 관한 자신의 판단과 피해자의 태도 등이 합당한가에 대한 의견을 밝히고, 자신의 판단과 의견이 타당함을 강조하는 과정에서 부분적으로 다소 모욕적인 표현이 사용된 것에 불과하다면 사회상규에 위배되지 않는 행위로서 형법 제20조에 의하여 위법성이 조각될 수 있다(대법원 2003. 11. 28. 선고 2003도3972 판결 등 참조)"고 판시한다.125) 그리고 "이 때 사회상규에 위배되는지 여부는 피고인과 피해자의 지위와 그 관계, 표현행위를 하게 된 동기, 경위

---

121) BGHSt 1, 288 (289); "제국재판소 이래 확립된 판례에 의하면 모욕이란 고의로 무시(Nichtachtung)나 경멸(Missachtung)을 고지함으로써 타인의 명예를 위법하게 공격하는 행위이다(RG Urt vom 1. Februar 1940 HRR 1940, 1151; RGSt 71, 159). 그 경우 명예란 인간의 자신의 인격에 대한 존중청구권이라고 이해된다. 따라서 모욕이란 한 개인이 그의 내면적 가치 이하로 취급되거나 판단되지 않을 이익에 대한 공격이다."(BGH Urt v 29.05.1951, Az: 2 St R 153/51).

122) OLG Frankfurt, 1985. 1. 28. 판결 NJW 38, 1720 (1985). Whitman, Id., p. 1302-1303에서 전재함.

123) 대법원 2003. 11. 28. 선고 2003도3972 판결, 대법원 2008. 7. 10. 선고 2008도1433 판결, 대법원 2008. 12. 11. 선고 2008도8917 판결, 대법원 2015. 9. 10. 선고 2015도2229, 대법원 2017. 4. 13. 선고 2016도15264 판결, 대법원 2018. 5. 30. 선고 2016도20890 판결 ['공황장애'] 등 확립된 판례.

124) 헌법재판소 2013. 6. 27. 선고 2012헌바37 전원재판부 결정.

125) 대법원 2024. 4. 25. 선고 2022도6987 판결 [모욕]: 동 판결은 형법 제20조에 의해 위법성이 조각되는 것으로 설시하고 있으나, 그 설시는 공정한 논평의 법리를 적용한 논증과 매우 유사한 것으로 보인다.

나 배경, 표현의 전체적인 취지와 구체적인 표현방법, 모욕적인 표현의 맥락 그리고 전체적인 내용과의 연관성 등을 종합적으로 고려하여 판단해야 한다(대법원 2022. 8. 25. 선고 2020도16897 판결 참조)"고 한다.

모욕은 사실적시 없이 가치판단을 표하는 것으로서 크게 경멸적 언사에 의하는 경우와 피해자의 신체에 대해 경멸적 거동을 보임으로써 행해질 수 있다.[126] 모욕적 표현행위는 명예훼손행위와 같이 불특정 또는 다수인이 인식할 수 있는 상태 하에서 행해질 것을 요한다.

1) 언어에 의한 모욕

첫째, 경멸적 언사에 의한 대표적인 모욕행위는 욕설[127]이나 조롱하는 행위에 의해 행해진다.[128] 욕설의 예로는 문명 인간으로서 사용하여서는 안될 동물 및 성기에서 연원하는 표기 또는 배설물을 지칭하는 언어(Fäkalsprache) 등이 예시된다.[129]

경멸적 단어(epithet)의 사용도 상황에 따라 형사 모욕죄가 될 수 있다. 예컨대, 불량배, 도둑,[130] 바보, 천치 등 치욕적인 성품을 들어 부르는 행위가 그에 해당한다.[131] 명예훼손적 사실을 적시하거나 의견을 표현하면서 이들 용어를 사용한 경우에는 명예훼손으로 인정되기 쉬울 것이다. 다만, 풍자나 만평 또는 선거운동이나 정치적 논쟁에서는 경멸적인 표현이나 거친 언어의 사용을 통한 공격적 표현도 허용될 수 있는 경우가 있다.[132]

---

126) "'모욕'은 사전적 의미로 '깔보고 욕되게 함'을 의미하고, 형법학계의 해석도 '모욕'이라 함은 사실을 적시하지 아니하고 사람에 대하여 경멸의 의사를 표시하는 것으로서 언어적 표현에 국한되지 아니하고 서면이나 거동에 의한 일체의 행위를 지칭한다고 보고 있다."(헌법재판소 2013. 6. 27. 선고 2012헌바37 전원재판부 결정).

127) 대법원 2016. 10. 13. 선고 2016도9674 판결(음식점에서 폭행 난동하던 피고인이 출동한 경찰관에게 "젊은 놈의 새끼야, 순경새끼, 개새끼야.", "씨발 개새끼야, 좆도 아닌 젊은 새끼는 꺼져 새끼야."라는 욕설을 한 것은 모욕죄에 해당한다고 한 사례), 대법원 2017. 4. 13. 선고 2016도15264 판결(택시 요금을 지급하지 않아 시비하던 중 출동한 경찰관에게 "뭐야. 개새끼야.", "뭐 하는 거야. 새끼들아.", "씨팔놈들아. 개새끼야."라고 큰소리로 욕설을 한 사례).

128) 오스트리아 형법 제115조(Beleidigung) 제1항.

129) [이슈분석] 포털, 인터넷 욕설 자율규제 강화, 전자신문 2018. 09.05. 보도 참조, https://www.etnews.com/20180905000144.

130) '도둑놈' '죽일놈'(대법원 1961. 2. 24. 선고 4293형상864 판결).

131) 대법원이 모욕죄에 해당한다고 판시한 사례를 보면, "빨갱이 계집년" "만신(무당)" "첩년"(대법원 1981. 11. 24. 선고 81도2280 판결), "야 이 개같은 잡년아, 시집을 열두번을 간 년아, 자식도 못 낳는 창녀같은 년"(대법원 1985. 10. 22. 선고 85도1629 판결), "늙은 화냥년의 간나, 너가 화냥질을 했잖아"(대법원 1987. 5. 12 선고 87도739 판결), "아무것도 아닌 똥꼬다리 같은 놈"(대법원 1989. 3. 14 선고 88도1397 판결), "저 망할년 저기 오네"(대법원 1990. 9. 25. 선고 90도873 판결), "애꾸눈, 병신"(대법원 1994. 10. 25. 선고 94도1770 판결) 등이 있다.

132) BVerfGE 69, 270.

〈독일 형법 상 형태적 모욕의 개념〉

독일 형법 제192조에 의하면, 형태적 모욕(Formalbeleidigung)이란 그 표현 형태 또는 정황에 따라 명예훼손으로 간주되는 경우를 말한다. 첫째, 형태적 모욕이 되는 표현형식은 표현행위의 맥락과 상관 없이 바로 모욕죄로 처벌될 수 있는 욕설 등 경멸하는 표현행위를 말한다. 둘째, 표현행위의 정황에 따라 모욕죄가 성립되는 경우는 예를 들어 결혼 축하연에서 신랑의 내밀영역에 속하는 과거 비행을 고지하는 경우 등이다.

독일 연방헌법재판소는 이에 관해 다음과 같이 판시한다.[133] "형태적 모욕의 경우 가벌성의 기준은 폄훼의 실질 연관성의 결여가 아니라 맥락과 무관하게 사회적으로 절대 용인되지 않거나 터부시된 개념을 사용하는 표현행위의 특수한 형식이다. 그러한 개념으로 타인을 표시하는 것은, 혹종의 실질적 관심과 무관하게 타인을 폄훼하고, 오직 경멸하는 기능만을 목표로 이를 사용하는 것이다." "그것은 열띤 논쟁의 와중에서 사용된 것이 아니라 사전 숙고에 의한 표현으로서, 일반적 견해에 의하면 — 배설물을 지칭하는 언어 등 — 그 자체만으로 경멸하는 특히 극심한 욕설의 경우이다."

강도 높은 욕설이나 수위 높은 경멸의 표현에까지 이르지 않는 경우에는 모든 관련 정황을 고려한 이익형량이 시도되게 된다. 이러한 경우에는 일관성이나 명확성을 담보할 수 없다는 점에서 비판이 제기되기도 한다.[134]

대법원 2011. 1. 27. 선고 2010도16215 판결 [모욕]

피고인이 피해자에게 "너 공무원 맞아? 이거 또라이 아냐? 너 같은 공무원은 퇴출시키겠다"고 말한 것은 원심 판시의 여러 사정 등에 비추어 볼 때 그 상대방인 피해자의 사회적 평가를 저하시킬 만한 추상적 판단이나 경멸적 감정을 나타내는 것이므로, 피고인을 유죄로 판단한 원심은 잘못이 없다는 취지로 판시함.

2) 경멸적 거동

둘째, 경멸적 거동에 의한 모욕은 "객관적 의미에서 피해자의 가치에 대한 존중의 결핍을 나타내는 신체에 대한 직접적인 공격으로서, 예를 들면, 침뱉기, 따귀 때리기, 모발 절단, 인체에 대한 방뇨 등의 행위가 포함된다. 이것은 신체의 완전성에 대한 침해(상해죄)가 아니라 피해자에게 치욕적인 존중의 결여를 선언하는 것이다."[135] 독일 형법은 신체적 가해(Tätlichkeit)에 의해 모욕한 경우를 가중처벌한다.

---

133) BVerfG, 2020. 5. 19. – 1 BvR 362/18 ["총체적으로 반사회적"].

134) 예를 들면, 송현정, 혐오 표현의 판단 기준에 관한 비교법적 연구, 사법정책연구원(2020), 189면(205면)에 의하면, "부모님이 그렇게 가르쳤냐", "인과응보, 사필귀정"과 같은 표현이 모욕죄로 인정되어 유죄로 판단한 반면, "도대체 몇 명을 바보로 만드는 거야? 지만 똑똑하네 ⋯ 참 나 ⋯", "너는 부모도 없냐"와 같은 표현에 대해서는 무죄로 판단하였다는 점에서 '경멸적 표현을 판단하는 기준'이 불명확하다는 비판이 존재한다[박경신·김가연, "모욕죄의 보호법익 및 법원의 현행 적용방식에 대한 헌법적 평가", 언론과 법 제10권 제2호(2011. 12), 456–458면].

135) SCHÖNKE–SCHRÖDER, STRAFGESETZBUCH KOMMENTAR, 18., neubearbeitete Auflage, VERLAG C. H. BECK, § 185. S. 1394.

3) 이미지

최근 영상 편집·합성기술이 발전함에 따라 합성 사진 등을 이용한 모욕 범행의 가능성이 높아지고 있고, 시각적 수단만을 사용한 모욕이라 하더라도 그 행위로 인하여 피해자가 입는 피해나 범행의 가벌성 정도는 언어적 수단을 사용한 경우와 비교하여 차이가 없다.[136) 풍자만화 내지 만평에서는 특정인 또는 인적 그룹이나 사회제도 등이 상징에 의해 공격당하는 경우가 있다.

대법원 판례 중에는 피해자의 얼굴을 개 얼굴로 가린 행위는 모욕죄로 처벌할 수 없다는 판결과 피해자의 얼굴에 두꺼비를 합성한 경우에는 모욕죄가 성립한다는 판결이 엇갈리고 있다.

대법원 2023. 2. 27. 판결

보험 관련 정보를 다루는 유튜버인 피고인은 2018년 유튜브 채널 영상에서 다른 유튜버를 비난하면서 그의 얼굴 사진에 개얼굴 그림을 합성해 동영상에 올렸다는 이유로 모욕죄로 기소됐다. 원심은 "사회 일반에서 '개'라는 용어를 다소 부정적으로 사용하는 경우가 있더라도 그런 사정만으로 피해자의 얼굴을 개 얼굴로 가린 행위가 곧바로 사회적 평가를 저하할 만한 경멸적 감정을 표현한 것이라고 단정할 수는 없다"며 무죄를 선고했다.

대법원 역시 "원심의 판단은 피고인의 영상이 피해자를 불쾌하게 할 수 있는 표현이긴 하지만 객관적으로 인격적 가치에 관한 사회적 평가를 저하할 만한 모욕적 표현에 해당한다고 단정하기 어렵다는 취지로 수긍할 수 있다"며 판결을 확정했다((서울=연합뉴스) 황재하 기자 2023-02-27 보도).

대법원 2024. 10. 31. 선고 2024도6183 판결 [얼굴에 두꺼비 합성]

피고인은 피해자의 외모를 비하하거나 피해자를 비방 또는 조롱하면서 피해자의 얼굴에 두꺼비 사진을 합성한 영상을 제시하였다는 이유로 모욕죄로 기소되었다. 대법원은 "모욕의 수단과 방법에는 제한이 없으므로 언어적 수단이 아닌 비언어적·시각적 수단만을 사용하여 표현을 하더라도 그것이 사람의 사회적 평가를 저하시킬 만한 추상적 판단이나 경멸적 감정을 전달하는 것이라면 모욕죄가 성립한다"고 판시하였다.

나. 긍정된 사례

대법원 2005. 12. 23. 선고 2005도1453 판결 ['뻔뻔이의 주구']

이 판결은 피고인의 행위가 사회상규에 반한다고 보아 모욕죄의 성립을 인정한 사례이다.

C종교단체의 목사들인 피고인들은 간통 혐의로 기소된 F목사가 소속한 G교회 장로 등(피해자)이 F목사를 위해 소송비용을 모금하는 등 구호행위를 하고 있는 것을 비난하면서, 모욕적 언사를 하였다고 기소되었다.

---

136) 대법원 2023. 2. 2. 선고 2022도4719 판결 등 참조

원심은 피고인들에 대한 모욕죄를 무죄로 판단하였으나, 대법원은 2003. 11. 28. 선고 2003 도3972 판결 ['자식 방패'](후술)을 인용하면서 피고인들의 표현이 사회상규에 반하여 모욕죄 가 성립된다고 하면서 다음과 같이 판시하였다.

결백을 주장하는 F목사를 위해 소송비용을 모금하는 피해자들의 행위는 그 자체가 범법행 위나 비윤리적인 행위라고도 볼 수 없는데, 피고인들은 10회에 걸쳐 피해자들에 대해 '뻔뻔 이의 주구(走狗) 노릇', '음란한 거짓말쟁이 뻔뻔이의 더러운 하수인', '간음 사실 은폐에 앞장 선 악한 사람들의 농간' 등 피해자들을 비하하려는 피고인들의 경멸적인 감정을 노골적으로 나타내어 거의 욕설에 가까운 표현들을 반복적으로 사용하거나 교회의 장로들인 피해자들을 가리키며 '하나님의 진실을 농락한', '불신앙에 가득한 본심', '장로님 믿음은 가짜랍니다' 등 으로 그들의 신앙을 직설적으로 심히 비하하는 표현들을 계속 사용하였다.

피고인들의 진술은, 피해자들이 F 목사의 결백 주장에 동조하고 있다는 것 등 사실에 기초 하고 있다 하더라도, 자신들의 판단과 의견의 타당함을 논리적·객관적인 근거를 들어 강조 하는 과정에서 그 글을 전개함에 있어 필요하여 부분적으로 모욕적인 표현을 사용한 것에서 크게 벗어난 것이라고 할 수 있다. 또 사회통념에 비추어 당해 글과 표현들을 전체로서 보았 을 때 주로 타인의 사회적 평가를 모욕적인 언사로서 저하시키는 것으로 봄이 상당하고, 따 라서 그 표현들은 사회상규에 위배되는 행위라고 보아야 한다.

대법원 2011. 1. 27. 선고 2010도16215 판결 ['또라이']

피고인이 피해자에게 "너 공무원 맞아? 이거 또라이 아냐? 너 같은 공무원은 퇴출시키겠다" 고 말한 것은 원심 판시의 여러 사정 등에 비추어 볼 때 그 상대방인 피해자의 사회적 평가 를 저하시킬 만한 추상적 판단이나 경멸적 감정을 나타내는 것이다.

대법원 2011. 12. 22. 선고 2010도10130 판결 ['듣보잡']

2009. 1. 시사평론가 진중권은 2009년 보수 논객 변희재에 대해 '듣보잡'("듣지도 보지도 못한 잡놈"이라는 뜻의 인터넷상 속어)이라고 칭하는 내용의 글 14개를 인터넷 포털 '다음'에 올려 동인을 모욕하고, 변씨가 매체를 창간했다 망하기를 반복하고 있고 정부와의 연결고리 를 추적해봐야 한다는 취지로 허위 사실을 드러내 비방한 혐의로 기소되었다. 제1심과 항소 심은 피고인 진중권을 모욕 및 정보통신망법 위반죄로 벌금 300만원을 선고하였고, 대법원 역시 피고인의 상고를 기각하였다.

모욕죄 기소부분에 대해 대법원은 다음과 같은 항소심 판단을 지지하였다. 즉 피고인의 표 현은 "피해자를 비하하여 사회적 평가를 저하시킬 만한 추상적 판단이나 경멸적 감정을 표현 한 것으로서 모욕적인 언사에 해당"하고, "나아가 이는 피고인이 피해자의 구체적인 행태를 논리적·객관적인 근거를 들어 비판하는 것이 아니라 피고인이 주장하는 바와 관계가 없거 나 굳이 기재할 필요가 없는 모멸적인 표현들을 계속하여 사용하면서 피해자에 대하여 인신 공격을 가한 경우에 해당하여 피고인의 행위를 사회상규에 위배되지 아니하는 것으로 볼 수 없다"는 것이다.

진중권 교수가 제기한 헌법소원에서 헌법재판소는 형법상 모욕죄 규정이 합헌이라고 판시 하였다(헌재 2013. 6. 27. 2012헌바37 - 후술).

서울북부지법 형사항소2부 2020.02.05. 선고 판결 ['뷰웅시인']

김모 자유한국당 의원이 이모 더불어민주당 대표를 비판했다는 내용의 인터넷 기사에 '뷰웅시인 지이이랄을 떨고 있구나. 쓰레기보다도 못한넘이. 혼수상태 벗어나거라' 등 댓글을 단 피고인에게 "댓글에는 피해자를 모욕하는 표현만 적시돼 있을 뿐이고, 어떠한 사실관계나 그에 대한 논리적 의견을 밝힌 부분은 전혀 찾을 수 없다"고 하면서 '30만원 벌금형'을 선고했다.[137]

대법원 2022. 12. 15. 선고 2017도19229 판결 ['국민호텔녀']

가수, 탤런트, 배우, 광고 모델 등으로 활약해 '국민 첫사랑'이라는 애칭을 얻은 유명 여성 연예인(피해자)이 2015년 출연한 영화가 흥행에 실패하였다는 기사에 피고가 "언플이 만든 거품", "그냥 국민호텔녀", "영화 폭망 퇴물", "제왑 언플 징하네" 등의 표현이 들어간 댓글을 달았다는 이유로 모욕죄로 기소되었다.

대법원은 '언플이 만든 거품', '제왑 언플 징하네', '영화 폭망 퇴물' 등의 표현은 다소 거칠기는 하지만, 피해자의 공적인 영역에 대한 비판으로 표현의 자유로 보호받으나, '그냥 국민호텔녀' 부분은 "피해자의 사생활을 들추어 피해자의 청순한 이미지와 반대되는 이미지를 암시하면서 피해자를 성적 대상화, 비하하는 표현이라고" 하면서 여성 연예인 피해자에 대한 모멸적 표현으로서 정당한 비판의 범위를 벗어나 정당행위로 보기 어렵다고 판시하였다.[138]

그 밖에 하급심 판결에서 모욕죄로 처벌된 주요 악성 게시글·댓글 사례를 보면, "불펌짱"(인터넷상에서 원저작자의 허락 없이 다른 사람의 저작물을 무단 게시하는 자를 지칭하는 표현, 서울남부지방법원 2016. 11. 2. 판결), "무뇌아"(네이버 카페에서 "뇌가 없는 사람이야, 무뇌아"라는 댓글을 올린 경우, 의정부지법 2015. 5. 22. 판결), "(전)라디언"(전라도 출신자를 비하하고 차별하려는 의도에서 사용된 악의적인 말, 서울중앙지법 2016. 4. 28. 판결), "똥파리들만 꼬이네"(대전지법 2016. 8. 26. 판결), "사기꾼아 뒤질래"(수원지법 안산지원 2016. 4. 26. 판결), "사기꾼, 매국노, 등신"(서울중앙지법 2016. 4. 19. 판결), "똥꼬충, 돼지, 게이새끼"(서울중앙지법 2015. 4. 24. 판결), "양아치, 날라리"(서울중앙지법 형사16단독 2024−05−28 판결) 등의 글이 있다.[139] 집단폭행을 당한 사실을 SNS(사회관계망서비스)에 올린 피해자에게 욕설 댓글을 단 경우도 있다(서울서부지방법원 형사3단독 2019. 2. 3. 판결, 연합뉴스 2019−02−03 보도).

법원은 "막무가내로 학교를 파국으로 몰고 간다", "추태를 부렸다", "부모님이 그렇게 가르쳤냐", "개통철학"과 같은 표현들은 모욕죄에 해당한다고 판단했다. 반면 "말도 안 되는 소리 씨부리고 있네. 들고 차버릴라", "도대체 몇 명을 바보로 만드는 거야? 지만 똑똑하네 … 참 나 …", "너는 부모도 없냐", "정상 아니니까 병원 가봐라"와 같은 표현들은 무죄로 판단했다.[140]

---

137) http://news.chosun.com/site/data/html_dir/2020/02/06/2020020600215.html.
138) 위 판결에 대한 평석으로는 이승선, "여성 연예인에 대한 '국민호텔녀' 댓글과 모욕죄 판단 : 대법원 2022. 12. 15. 선고 2017도19229 판결의 의의", KISO저널 제50호, 법제 동향, 2023. 3. 23. 참조
139) "악성 댓글 참다가 죽을 것 같아 고소" 악플과 전쟁 분투기, 한국일보 입력 2020.04.04. 채지선 기자 letmeknow@hankookilbo.com.
140) news1(서울=뉴스1) 윤진희 기자 | 2015−10−17 대한민국은 '모욕공화국'…"처벌 강화" vs "非범죄화 해야".

다. 부정되는 경우

1) 단순한 무례함

단순한 무례함(bloße Unhöflichkeiten)은 모욕이 되지 않는다. 대법원에 의하면 "상대방을 불쾌하게 할 수 있는 무례하고 저속한 표현"도 "객관적으로 인격적 가치에 대한 사회적 평가를 저하시킬 만한 것"이 아니면 모욕죄의 구성요건에 해당하지 않는다고 한다.[141)

대법원 2008. 12. 11. 선고 2008도8917 판결

임대아파트의 분양전환과 관련하여 임차인이 아파트 관리사무소의 방송시설을 이용하여 임차인대표회의의 전임회장을 비판하며 "전 회장의 개인적인 의사에 의하여 주택공사의 일방적인 견해에 놀아나고 있기 때문에"라고 한 표현이 전체 문언상 모욕죄의 '모욕'에 해당하지 않는다고 한 사례

대법원 2015. 9. 10. 선고 2015도2229 판결

아파트 입주자대표회의 감사인 피고인이 관리소장에게 그의 업무처리에 관해 언쟁을 하다가 "야, 이따위로 일할래.", "나이 처먹은 게 무슨 자랑이냐."라고 말한 사안에서, 피고인의 발언은 상대방을 불쾌하게 할 수 있는 무례하고 저속한 표현이기는 하지만 객관적으로 갑의 인격적 가치에 대한 사회적 평가를 저하시킬 만한 모욕적 언사에 해당하지 않는다고 한 사례.

대법원 2015. 12. 24. 선고 2015도6622 판결

택시 요금 시비로 신고했으나 늦게 출동한 경찰관에게 항의하는 투로 "아이 씨발!"이라고 말한 사안에서 "언어는 인간의 가장 기본적인 표현수단이고 사람마다 언어습관이 다를 수 있으므로 그 표현이 다소 무례하고 저속하다는 이유로 모두 형법상 모욕죄로 처벌할 수는 없다. 표현이 상대방의 인격적 가치에 대한 사회적 평가를 저하시킬 만한 것이 아니라면 설령 그 표현이 다소 무례하고 저속한 방법으로 표시되었다 하더라도 이를 모욕죄의 구성요건에 해당한다고 볼 수 없다. … 제반 사정에 비추어 피고인의 발언은 직접적으로 피해자를 특정하여 그의 인격적 가치에 대한 사회적 평가를 저하시킬 만한 경멸적 감정을 표현한 모욕적 언사에 해당한다고 단정하기 어렵다"고 판시하였다.

대법원 2018. 5. 30. 선고 2016도20890 판결 ['공황장애']

인터넷 카페에서 피해자의 행태를 비판하면서 댓글로 "선무당이 사람 잡는다. 자승자박… 공황장애 ㅋ"라고 게시한 사안에서 상대방을 불쾌하게 할 수 있는 무례한 표현이기는 하나, 모욕에 해당하지 않는다고 판시.

대법원 2018. 11. 29. 선고 2017도2661 판결

노사간에 분쟁 중 140여명이 모여있는 자리에서 피고인(노동조합 사무장)이 15년 연상인 회사 부사장(피해자)에게 "야 ○○아, 니 이름이 ○○이잖아, ○○아 나오니까 좋지?"라고 피해자의 이름을 부르며 반말로 조롱한 사안에서 대법원은 피고인의 발언은 다소 무례한 방법

---

141) 대법원 2015. 9. 10. 선고 2015도2229 판결.

으로 표시되었다 하더라도 상대방의 인격적 가치에 대한 사회적 평가를 저하시킬 만한 것이 아니라고 보아 모욕죄의 성립을 부인하였다.

대법원 2019. 5. 30. 선고 2019도1547 판결 ["갑질"]

"어떠한 표현이 상대방의 인격적 가치에 대한 사회적 평가를 저하시킬 만한 것이 아니라면 설령 그 표현이 다소 무례한 방법으로 표시되었다 하더라도 이를 두고 모욕죄의 구성요건에 해당한다고 볼 수 없다(대법원 2015. 9. 10. 선고 2015도2229 판결, 대법원 2018. 11. 29. 선고 2017도2661 판결 등 참조)."

대법원은 위와 같은 원칙적 입장에서 건물을 임차하여 미용실을 운영하던 피고인이 위 건물을 새로 매수한 피해자와 화장실 사용 문제로 다투던 중 "건물주의 갑질에 화난 C원장"이라고 기재한 전단지 500장을 제작하여 배포하고 미용실문에 첨부한 사례에서 여러 사정을 종합하여 보면 "피고인이 사용한 표현이 상대방을 불쾌하게 할 수 있는 다소 무례한 방법으로 표시되기는 하였지만, 객관적으로 건물주의 인격적 가치에 대한 사회적 평가를 저하시킬 만한 모욕적 언사에 해당한다고 보기는 어렵다"고 판시하였다.

나아가 대법원은 버스 노조위원장 등에 대해 "악의 축"이라고 표현한 경우(2022. 10. 27. 선고 2019도14421 판결), 노조 지부장은 "정말 야비한 사람 같다"고 표현한 경우(2022. 8. 31. 선고 2019도7370 판결), 공공기관장에 대해 "철면피"나 "양두구육", "극우 부패 세력"이라고 표현한 경우(2022. 8. 25. 선고 2020도16897 판결) 등에서 모욕죄의 성립을 부인하고 있다.

2) 거부행위 등

타인을 단순히 거부하는 것만으로는 모욕이 아니다.[142]

또 사전 도발에 대한 분노로 인해 즉각적으로 행해진 모욕은 처벌되지 않는다. 프랑스 언론법은 선행 도발에 의해 가해진 모욕은 처벌하지 않으며(프랑스 1881년 언론법 제33조), 오스트리아 형법은 타인의 행동에 대한 격분 때문에 상황에 따라 상당한 방법으로 상당한 기간 내에 그를 모욕한 경우 면책키고 있다(오스트리아 형법 제115조 (Beleidigung) 제3항).

독일 형법 제199조에 의하면 쌍방모욕의 경우 비록 정당방위의 성립요건이 존재하지 않더라도 법관은 일정한 조건 아래에서 쌍방 모욕자 혹은 일방에게 무죄를 선고할 수 있다.

3) 기타 정황에 의해 뒷받침되는 비난

서울남부지법 형사2부 2012. 2. 8. 판결 ['정치깡패']

피고인 등은 자유청년연합 회원들이 전교조 출범식에 난입해 교사를 폭행하는 등 난동을 부

---

142) Whitman, Enforcing Civility and Respect: Three Societies, 109 Yale L.J. 1279, 1303 (1999‒2000)에 의하면, 예를 들어 음식점에 "터키인 출입금지"라고 표시하여 외국인에 적대심을 표현하는 것은 그들이 열등하다는 암시가 없는 한 모욕이 되지 않는다고 한다.

렸다는 인터넷매체 기사의 댓글에서 '정치깡패', '테러행위', '조직범죄자' 등의 표현을 써가며 이들 회원을 비난한 혐의로 기소되었으나, 서울남부지법 형사2부는 사건의 기본 사실 관계를 토대로 표현의 자유를 억압해선 안 된다는 견해를 표명한 것으로 보아 무죄를 선고하였다.143)

의정부지법 민사1부 2018. 1. 17. 선고 2017나206459 판결 ["3류배우"]

영화 두사부일체에서 조연으로 출연하는 등 영화배우로 꾸준히 활동해 온 피해자 정씨는 대리운전기사를 폭행하여 벌금형을 선고받고 이 사건이 보도되었는데, 피고인은 기사 댓글 창에 "3류배우", 임씨는 "인성이 그 모양이니 유명 연예인이 못되는 거지"라며 정씨를 비판하는 댓글을 단 것이 문제된 사안에서 법원은 댓글 표현이 모욕적이고 경멸적인 인신공격에 해당하지 않는다고 판시하였다.

대법원 2018. 4. 16. 선고 2017도20326 판결 ["미친개에게 물린 셈치고"]

피고인은 운전 중 피해자 택시운전기사와 다툼을 벌여 폭행으로 벌금형을 선고받자, 피해자를 상대로 위협운전 혐의로 고소하고, 피해자는 피고인을 상대로 위자료 청구 소송을 내는 등 상호 소송전을 벌인 바 있는데, 피고인은 자신의 페이스북에 그간에 있었던 일들에 대한 억울함을 토로하는 글을 올리면서 "무식한 택시운전자 △△△(B씨의 실명)", "미친개에게 물린 셈치고" 등의 문구를 사용했다.

항소심 판시에 의하면, 피고인의 글 가운데 "미친개에게 물린 셈 치고"라는 부분은 경미한 사건이 감정문제로 쌍방의 형사사건으로 전개된 상황을 설명하면서 피고인이 당시 처한 상황 및 이에 대한 대응방법을 일상생활에서 관용적으로 사용되는 문구를 사용해 비유적으로 표현한 것에 불과하여 모욕적 언사에 해당하지 않으며, "무식한 택시운전자"라는 부분은 모욕적 언사이기는 하지만, 실제 피해자가 피고인을 상대로 위협운전을 했다고 느낄만한 정황이 있어 그러한 생각이 전혀 터무니없는 것은 아니며, 글 전체 내용에서 차지하는 비중도 크지 않고, 게시글이 친구설정을 한 사람만 볼 수 있는 A씨의 페이스북에 올린 글이라는 점 등을 볼 때 사회상규에 위배되지 않는다고 판시하였다.

대법원은 피고인에게 무죄를 선고한 항소심을 지지하였다.

대법원 2020. 12. 10. 선고 2020도7988 판결 ['싸가지 없는 새끼']

이 판결은 페이스북에서 서로를 비방하며 설전을 벌이다 상대방에게 다소 경멸적 표현이 담긴 댓글을 작성한 것은 모욕죄로 처벌할 수 없다는 취지로 판시한다.

피해자는 피고인이 타인의 아이디를 이용하여 피해자를 비방하는 댓글을 달고 있다고 오해하여 피고인을 비난하는 글을 게시하고 피고인을 고소하자, 피고인은 피해자의 부당한 행동을 중지하라고 항의하는 글을 올리면서 그 중 일부에 "남자새끼, 사람새끼, 싸가지 없는 새끼, 배은망덕한 새끼" 등의 표현을 사용한 것이 문제되었다. 대법원은 피고인을 "비방댓글의 실제작성자로 몰아간 피해자의 태도에 대한 불만이나 화나는 감정을 표출하고, 그에 대한 사과를 강력하게 요구하는 과정에서 부분적으로 사용된 것으로서 피해자를 불쾌하게 할 수 있는 무례하고 저속한 표현이기는 하지만 피해자의 인격적 가치에 대한 사회적 평가를 저하시킬 만한 경멸적 표현에 해당한다고 단정하기는 어렵다"고 판시하였다.

---

143) 연합뉴스 2012. 2. 8. 보도.

(3) 상관모욕죄

군형법 제64조 제1항은 '상관을 그 면전에서 모욕한 사람'을 2년 이하의 징역이나 금고에 처하며, 제2항은 공연(公然)한 방법으로 상관을 모욕한 사람을 3년 이하의 징역이나 금고에 처한다고 규정하고 있다.

판례에 의하면 군형법상 상관모욕죄는 상관에 대한 사회적 평가, 즉 외부적 명예 외에 군 조직의 질서 및 통수체계 유지 역시 보호법익으로 한다.[144) 상관모욕죄에서 상관이란 명령복종관계에서 명령권을 가진 사람을 의미한다. 대법원에 의하면 대통령은 군형법 상 상관모욕죄의 피해자가 될 수 있다고 한다.[145) 공연한 방법으로 모욕할 것을 요구하는 제64조 제2항과 달리 상관을 면전에서 모욕한 경우에는 공연성을 갖추지 아니하더라도 군형법 제64조 제1항의 상관모욕죄가 성립한다.[146)

나아가 군형법 제64조 제3항 및 제4항은 공연히 사실 또는 허위사실을 적시하여 상관의 명예를 훼손한 경우 가중 처벌하는 규정을 두고 있다. 대법원은 "형법 제307조 제1항의 행위에 대한 위법성조각사유를 규정한 형법 제310조는 군형법 제64조 제3항의 행위에 대해 유추적용된다"고 한다.[147)

3. 위법성조각사유

(1) 판례 – 형법 제20조(정당행위)의 원용

모욕행위는 가치판단에 의할 뿐이기 때문에 사실적시에 대한 위법성 조각사유(형법 제310조의 진실의 항변 및 상당성항변)가 적용될 여지가 없음은 물론이다.[148)

그 대신 대법원은 종종 형법 제20조(정당행위)를 적용하여 모욕죄의 위법성을 조각하는 것으로 판시하여 왔다.[149) 즉 대법원은 "어떤 글이 모욕적인 표현을 포함하는 판단 또는 의견의 표현을 담고 있을 경우에도 그 시대의 건전한 사회통념에 비추어 살펴보아 그 표현이 사회상규에 위배되지 않는 행위로 볼 수 있는 때에는 형법 제20조에

---

144) 대법원 2013. 12. 12. 선고 2013도4555 판결.
145) 대법원 2013. 12. 12. 선고 2013도4555 판결.
146) 대법원 2015. 9. 24. 선고 2015도11286 판결. 상관모욕죄는 공석상에서의 직무상 발언에 의한 모욕 뿐아니라 사석에서의 발언일지라도 그 상관의 면전에서 한 경우에는 역시 상관모욕죄가 성립된다 (대법원 1967. 9. 26. 선고 67도1019 판결).
147) 대법원 2024. 4. 16. 선고 2023도13333 판결 [상관명예훼손].
148) 대법원 1998.10.9. 선고 97도158 판결.
149) 대법원 2003. 11. 28. 선고 2003도3972 판결, 대법원 2010. 10. 28. 선고 2010도9511 판결, 대법원 2012. 2. 23. 선고 2010도6462 판결 등 다수 및 헌법재판소 2013. 6. 27. 선고 2012헌바37 전원재판부 결정 [모욕죄 위헌소원] 참조.

의하여 예외적으로 위법성이 조각되는 것으로 판단하여야 하는 경우가 있을 수 있다"고 판시하여 왔다.[150]

대법원 2003. 11. 28. 선고 2003도3972 판결 ['자식 방패']

이 판결은 대법원이 모욕죄에 관해 정당행위에 의한 위법성조각 사유를 적용한 첫 판결이다. 사실관계를 보면, 피고인은 아이를 차에 두고 불법주차를 한 주부(피해자)가 이를 견인한 업체와 시당국을 비난하면서 책임을 추궁한다는 내용의 시사 프로그램을 보고, 방송국 홈페이지의 시청자 의견란에 "그렇게 소중한 자식을 범법행위의 변명의 방패로 쓰시다니 정말 대단하십니다."는 등의 글을 게시하여 모욕죄로 기소된 사안에서 "그 전제한 객관적 사실관계는 이미 방송된 프로그램의 내용에 기초한 것이고, 이러한 의견 또는 판단 자체가 합당한 것인지 여부는 차치하고 전혀 터무니없는 것이라고까지 할 수 없"고, 피고인의 표현은 이미 방송된 프로그램에 나타난 기본적인 사실을 전제로 한 뒤, 그 사실관계나 이를 둘러싼 견인업체와 피해자의 책임 문제에 관한 자신의 판단을 표현한 것(피고인은 동시에 피해자에게 자신의 의견에 대한 반박이나 반론을 구하였다)이어서 사회상규에 위배되지 않는다고 판시하였다.

대법원 2008. 2. 28. 선고 2007도9411 판결 ["뒷구멍 기사 삭제 사건"]

언론사 사장(피해자)이 개인적인 친분관계로 인하여 편집국장 몰래 기사를 삭제한 사실에 관하여 피고인은 '피해자가 편집국장 몰래 해당 기사를 광고로 대체하도록 하여 편집 책임자를 왕따시키거나 따돌렸다'는 취지 및 '피해자가 중앙일보 출신으로 삼성 고위층과의 친분이 두터워 삼성그룹 관련 기사의 삭제를 지시하였다'는 취지의 칼럼을 게재하였다.

법원은 위 사실이 허위라고 볼 수 없고, 비방의 목적도 인정할 수 없다는 이유로 주위적 공소사실(형법 제309조 제2항)을 무죄로 판단하고, 나아가 예비적 공소사실인 모욕죄에 관해서도 다음과 같이 무죄를 선고하였다.

"이 사건 각 칼럼에 게재된 내용 중 "뒷구멍 기사 삭제 사건", "편집책임자를 왕따시키고 기사를 삭제한 E 사장의 행위는 몰상식의 표본으로 기록될 만합니다", "제대로 된 언론탄압의 전형을 오랜만에 보여준 E 사장님께 감사드려야 할 것 같습니다" 등의 표현은 언론사 편집인인 피해자에 대한 사회적 평가를 훼손할 만한 모욕적 언사라고 보이나, … 피고인은 이 사건 각 칼럼을 통하여 객관적으로 확인된 피해자의 행위에 대한 자신의 판단과 의견을 개진하고 그 타당성을 강조하는 과정에서 부분적으로 다소 모욕적인 표현들을 사용한 데 불과하다고 보이므로, 이러한 피고인의 행위는 사회상규에 위배되지 않는다고 봄이 상당하다"고 판시하였다.

대법원 2008. 7. 10. 선고 2008도1433 판결 ["한심하고 불쌍한 인간"]

골프클럽 경기보조원들의 구직편의를 위해 만들어진 인터넷 사이트 내 회원 게시판에 특정 골프클럽의 운영상 불합리성을 비난하는 글을 게시하면서 위 클럽담당자에 대하여 "한심하고 불쌍한 인간"이라는 등 경멸적 표현을 한 사안에서, 대법원은 "모욕죄에서 말하는 모욕

---

150) 대법원 2005. 12. 23. 선고 2005도1453 판결, 대법원 2011. 12. 22. 선고 2010도10130 판결 ['듣보잡'] 참조.

이란, 사실을 적시하지 아니하고 사람의 사회적 평가를 저하시킬 만한 추상적 판단이나 경멸
적 감정을 표현하는 것으로, 어떤 글이 특히 모욕적인 표현을 포함하는 판단 또는 의견의 표
현을 담고 있는 경우에도 그 시대의 건전한 사회통념에 비추어 그 표현이 사회상규에 위배되
지 않는 행위로 볼 수 있는 때에는 형법 제20조에 의하여 예외적으로 위법성이 조각된다."고
판시하였다.

대법원 2021. 3. 25. 선고 2017도17643 판결 ['기레기']

자동차 정보 관련 인터넷 신문사 소속 기자 갑이 작성한 기사가 인터넷 포털 사이트의 자
동차 뉴스 '핫이슈' 난에 게재되자, 피고인이 "이런걸 기레기라고 하죠?"라는 댓글을 게시함으
로써 공연히 갑을 모욕하였다는 내용으로 기소되었다.

대법원은 "어떤 글이 모욕적 표현을 담고 있는 경우에도 그 글이 객관적으로 타당성이 있
는 사실을 전제로 하여 그 사실관계나 이를 둘러싼 문제에 관한 자신의 판단과 피해자의 태
도 등이 합당한가 하는 데 대한 자신의 의견을 밝히고, 자신의 판단과 의견이 타당함을 강조
하는 과정에서 부분적으로 모욕적인 표현이 사용된 것에 불과하다면 사회상규에 위배되지
않는 행위로서 형법 제20조에 의하여 위법성이 조각될 수 있다"고 하면서 특정 사안에 대한
의견을 공유하는 인터넷 게시판 등의 공간에서 작성된 단문의 글에 모욕적 표현이 포함되어
있더라도, 그 글이 동조하는 다른 의견들과 연속적·전체적인 측면에서 볼 때, 그 내용이 객
관적으로 타당성이 있는 사정에 기초하여 관련 사안에 대한 자신의 판단 내지 피해자의 태도
등이 합당한가 하는 데 대한 자신의 의견을 강조하거나 압축하여 표현한 것이라고 평가할 수
있고, 그 표현도 주로 피해자의 행위에 대한 것으로서 지나치게 악의적이지 않다면, 다른 특
별한 사정이 없는 한 그 글을 작성한 행위는 사회상규에 위배되지 않는 행위로서 위법성이
조각된다고 보아야 한다고 판시하였다.

대법원 2024. 4. 25. 선고 2022도6987 판결 ['거물급 기레기']도 위와 같은 논리로 논증하고
있다.

대법원 2022. 8. 25. 선고 2020도16897 판결 ["철면피, 파렴치, 양두구육"]

"피고인이 자신의 페이스북에 갑에 대한 비판적인 글을 게시하면서 "철면피, 파렴치, 양두
구육, 극우부패세력"이라는 표현을 사용하여 갑을 모욕하였다는 내용으로 기소된 사안에서,
피고인이 사용한 위 표현이 모욕적 표현으로서 모욕죄의 구성요건에는 해당하나, 피고인은
갑이 과거 공적 활동을 할 당시 관여했던 사안과 관련하여 사익을 추구했다는 이유로 고발을
당하였다는 기사가 보도되자 이를 공유하면서 위 표현이 포함된 글을 게시하였던 점 … 등
제반 사정을 종합할 때, 피고인이 갑의 공적 활동과 관련한 자신의 의견을 담은 게시글을 작
성하면서 위 표현을 한 것은 사회상규에 위배되지 않는 행위로서 형법 제20조에 의하여 위법
성이 조각된다고 볼 여지가 크다"고 판단되었다.

대법원 2008. 8. 21. 선고 2008도2025 판결 ['야비한 언론사 자폭하라']

이 판결은 전술한 바와 같이 모욕죄에 대한 위법성 조각사유의 법리를 언급하면서, 다만
현수막에서 이를 사용한 경우에는 이 법리가 적용될 수 없다고 판시한다.

지역신문사가 지방선거를 앞두고 선거홍보물 인쇄시장에 뛰어들자 인쇄업자들인 "피고인

들이 현수막을 통해 '야비한 언론사 ○○는 자폭하라', '영세상인 다 죽이는 ○○는 각성하라' 는 등 비난하는 표현을 한데 대해 대법원은 언론사인 피해 회사의 사회적 평가를 저하시킬만 한 추상적 판단이나 경멸적 감정을 표현한 것으로 모욕에 해당한다"고 판시하였다. 재판부는 또 "어떤 글이나 발언이 모욕적 표현을 담고 있는 경우에도 그 글이나 발언이 객관적으로 타 당성이 있는 사실을 전제로 해 사실관계나 이를 둘러싼 문제에 관한 자신의 판단과 피해자가 취한 태도 등이 합당한지를 밝히는 과정에서 부분적으로 모욕적인 표현이 사용된 것에 불과 하다면 위법성이 조각될 수 있다"면서 "그러나 현수막에 짧은 글귀로 모욕적 표현을 써서 내 건 경우에는 이 법리가 적용될 수 없다"고 지적했다.[151]

(2) 비판

모욕죄의 본질은 의견표명에 의한 명예 침해라고 하는 것이 확립된 판례와 통설 이다. 그렇다면 그 위법성 조각사유에 관해서도 의견표현에 의한 명예 침해행위에 적 용될 법리가 적용되어야 할 것이다. 그럼에도 대법원은 위에서 본 바와 같이 모욕죄에 해당하는 표현행위에 대하여 형법 제20조(정당행위)에 의해 위법성이 조각된다는 입장 을 취하고 있다.

그러나 명예훼손행위는 기본권으로서 표현의 자유를 행사하는 행위이기 때문에 그 헌법상 중요한 의미를 고려하여야 한다. 그럼에도 대법원이 적용하는 형법 제20조 는 명예훼손에 국한되지 않고 형법상 모든 범죄에 적용되는 범용적 위법성 조각사유 이고, 사안에 적용할 여타의 개별적 위법성 조각사유가 없는 경우 최후에 사용되는 기 준으로서 그 적용에는 엄격한 요건이 필요하다.[152] 그런데 전술한 바와 같이 대법원이 이 기준을 적용한 대부분의 사례는 모욕적 표현에 이를 정당화할 사실적 근거가 있는 지 여부를 따지는 공정한 논평의 법리에 의해 해결될 수 있는 것이었다. 이와 같이 가 치판단이나 의견표현으로 행해지는 모욕죄에서 합당한 사실적 근거가 있는 경우 면책 시키는 공정한 논평의 법리에 의해 해결할 수 있다면, 구태여 긴급성 및 보충성 등 엄 격한 요건을 요구하는 정당행위 개념을 동원할 필요가 없다. 즉 어떠한 글이 모욕적 의미를 갖는 판단 또는 의견의 서술을 담고 있을 경우에는 의견표현에 의한 명예침해 행위에 적용되는 것으로 확립된 공정한 논평의 법리를 적용하는 것이 더 바람직하였

---

151) 법률신문 [2008-09-10] 보도.
152) "형법 제20조 소정의 '사회상규에 위배되지 아니하는 행위'라 함은 법질서 전체의 정신이나 그 배후 에 놓여 있는 사회윤리 내지 사회통념에 비추어 용인될 수 있는 행위를 말하고, 어떠한 행위가 사 회상규에 위배되지 아니하는 정당한 행위로서 위법성이 조각되는 것인지는 구체적인 사정 아래서 합목적적, 합리적으로 고찰하여 개별적으로 판단되어야 하므로, 이와 같은 정당행위를 인정하려면 첫째 그 행위의 동기나 목적의 정당성, 둘째 행위의 수단이나 방법의 상당성, 셋째 보호이익과 침해 이익과의 법익균형성, 넷째 긴급성, 다섯째 그 행위 외에 다른 수단이나 방법이 없다는 보충성 등의 요건을 갖추어야 한다."(대법원 2003. 9. 26. 선고 2003도3000 판결).

다고 생각된다.[153]

위 예시 판결에서 대법원이 형법 제20조(정당행위)를 적용하면서 적시한 논거를 보더라도 그것은 엄격한 의미에서 정당행위의 요건을 충족시키는 것이 아니라 영국 법원이나 유럽인권재판소가 취하는 공정 논평의 법리를 적용한 것과 거의 같으며, 그 결론도 유사한 것을 알 수 있다.[154]

4. 인터넷시대와 모욕죄의 의미

최근 인터넷과 정보통신 기술의 발달로 인하여 타인에 대한 모욕적 행위가 쉽게 전파될 수 있고 그러한 행위가 초래할 수 있는 피해가 과거에 비하여 극심하며, 피해 회복 또한 쉽지 않다. 모욕적 표현행위가 인터넷 등 정보통신매체를 이용하여 이루어지는 경우에는 그 전파에 따른 파급효과가 적지 않고, 그로 말미암아 개인의 명예가 침해당할 우려는 과거보다 훨씬 커지고 있기 때문이다.

이러한 기술적 특성과 함께 인터넷 상에서 보장되는 익명성 때문에 일탈과 분노의 표출이 증가하고 그만큼 사이버 커뮤니케이션은 극단화 및 황폐화의 경향 속에서 타락모드가 지배하고 있다. 이러한 현상 때문에 디지털 시대에 모욕죄에는 새로운 관점에서 새로운 의미가 부여되고, 여하한 방법으로든 그 적용과 제재를 강화하려는 움직임이 적극화되고 있다.

표현의 자유와 인격권 간의 올바른 이익형량과 그에 따른 표현의 자유의 한계 설정은 디지털 시대에 다시금 제기되는 주요 법적 과제 중 하나이다. 모욕과 명예훼손 등 이른바 커뮤니케이션 형법의 구성요건은 피해자의 존엄 및 인격권 보호에 기여할 뿐 아니라 동시에 공적인 질서기능을 수행한다. 이러한 보호 임무는 잠재력과 파급력이 점점 고조되는 인터넷 소셜미디어의 영향에 비추어 정치문화의 타락을 방지하고, 공적 담론 참가자의 참여의지를 촉진하는데 중요성을 얻는다.

인터넷 커뮤니케이션의 맥락에서 모욕죄의 성부를 판단함에는 특별한 고려를 요한다. 인터넷상에 게시된 코멘트는 종종 통렬하거나 폄훼적인 것이라 하더라도 자기 말만 고집하는 억측적인 내용이 많고 구어적인 말투를 사용한다. 그 때문에 온라인 수용자는 인터넷 언론의 현실을 주어진 것으로 받아들여 이러한 수사적(修辭的)인 경향을 갖는 플레이밍이나 난폭한 형태의 언론을 현실적 사실의 냉정한 진술이라기보다는 단순한 수사적 과장이나 주관적 억측으로 받아들이게 된다는

---

153) 이 점에서 문근영을 비판한 지만원을 비난한 사례에서 모욕죄로 처벌한 대법원 판례는 비판받아야 한다. 보수적 시사평론가 지만원씨는 2008년 11월 문근영씨가 사회복지공동모금회에 6년간 8억5천만원을 기부한 사실이 밝혀지면서 '기부 천사'라는 찬사를 받자 자신의 홈페이지에 "기부천사 만들기, 좌익 세력의 작전인가" 등의 비판적인 글을 올려 색깔론 논쟁을 불러왔다. 피고인은 자신의 인터넷 블로그에 "지만원, 지는 만원이나 냈나?" 등의 글을 올려 지씨를 모욕한 혐의로 기소되어 유죄판결을 선고받았고 대법원도 이를 지지하였다.

154) 대법원은 2023. 5. 18. 선고 2017도2760 판결 [상지대학 분규]에서 형법 제20조의 '사회상규에 위배되지 아니하는 행위'를 인정함에 요구되는 종전 판례로 확립된 5가지 요건, 즉 ① '목적·동기', ② '수단', ③ '법익균형', ④ '긴급성', ⑤ '보충성' 등은 불가분적으로 연관되어 하나의 행위를 이루는 요소들로 종합적으로 평가되어야 한다는 점을 강조하고, 그 중에서 긴급성과 보충성은 수단의 상당성을 판단할 때 고려요소의 하나로 참작하여야 하고 이를 넘어 독립적인 요건으로 요구할 것은 아니며, 그 내용 역시 다른 실효성 있는 적법한 수단이 없는 경우를 의미하고 '일체의 법률적인 적법한 수단이 존재하지 않을 것'을 의미하는 것은 아니라고 보아야 한다고 판시하였다.

점을 강조하는 견해가 있다.

그러나 인터넷 소셜 네트워크의 표현행위자는 감정적·즉각적 반응만으로 메시지를 작성하는 것이 아니라 서면에 의한 표현행위자와 같이 일반적으로 상당한 정도의 숙려와 절제가 이행되는 과정을 거쳐 게시한다. 더구나 모욕적인 진술이 다수인을 대상으로 하고, 욕설을 담고 있으며 사실에 관한 표현이 거의 포함되지 않은 경우라면 이러한 진술은 특히 심각하게 받아들여야 한다. 성난 글과 댓글이 수십 개, 심지어 수백개에 이르는 경우에는 피해자의 심리에 회복할 수 없는 깊은 상처를 남길 수 있기 때문이다. 이러한 의미에서 소셜 미디어에서의 혐오표현과 모욕표현은 사회적 분열로 이어지는 급진화 과정을 동반하기도 하고, 모욕죄를 처벌하는 것은 언어폭력이 물리적인 폭력으로 확대되는 것을 막는 데 도움을 주기도 한다는 것이다.155)

우리 대법원 역시 정보통신망을 이용한 명예훼손은 '행위 상대방' 범위와 경계가 불분명해지고, 명예훼손 내용을 소수에게만 보냈음에도 행위 자체로 불특정 또는 다수인이 인식할 수 있는 상태를 형성하는 경우가 다수 발생하게 됨을 지적한다. 특히, 정보통신망에 의한 명예훼손의 경우 행위자가 적시한 정보에 대한 통제가능성을 쉽게 상실하게 되고, 빠른 전파성으로 인하여 피해자의 명예훼손의 침해 정도와 범위가 광범위하게 되어 표현에 대한 반론과 토론을 통한 자정작용이 사실상 무의미한 경우도 적지 아니하다고 한다.156)

나아가, 소셜미디어 상의 모욕적 표현행위에 관해 독일 판례는 익명이 보호되는 인터넷에서 개인적으로 알지 못하는 인물이나, 공적 인물에 대해 실질적 비판과는 하등 관련없이, 혐오 또는 분노의 감정 등 비난받을 동기에서 근거없이 중상·폄훼하는 행위는 오직 개인적 중상을 목표로 하는 것이고 사적 원한에 의한 것이어서 비방적 비판(Schmähkritik)을 구성할 수 있다고 한다.157)

특히 독일 연방헌법재판소는 최근 퀴나스트 판결158)에서 개인적인 비방만을 목적으로 하는 발언이 오늘날 특히 인터넷상에서는 사적인 분풀이(Privatfehde)라는 범주로만 볼 수 없는 경우가 많다고 지적하였다. 오늘날 인터넷상에서 이루어지는 커뮤니케이션에서는 사적인 관계를 알 수 없는 사람에 대한 비판이 가능하므로, 인터넷상에서 이루어지는 비방은 더 이상 사적인 분풀이에 한정되지 않기 때문이다. 많은 소셜 네트워크상에서 누구나 사적인 관계가 전혀 없는 정치인, 유명인 및 기타 공인에 대하여 직접 글을 쓰고 그들의 게시물에 글을 쓰거나 댓글을 달 수 있다.159)

위 퀴나스트 판결은 디지털화 시대에 특히 표현 자유에 관한 오해나, 그 남용으로 인해, 그리고 익명성의 보장 때문에 야기된 인터넷 커뮤니케이션의 타락 현상에 대처하려는데 의미가 있는 것으로 이해되고 있다. 독일 연방헌법재판소는 그의 확립된 판례의 노선에 최초로 폭력적인 혐오 잠재력을 가진 소셜 미디어의 현실적 폐해를 인식하고 그에 대응하는 명시적인 척도를 발전시켰다. 새로운 형량기준을 통하여 점증하는 침해적 모욕표현에 대해 이전보다 더 적극적으로 대응할 수 있고, 인터넷상의 의사소통 문화의 수준을 높이는 데 기여할 수 있을 것이라는 기대가 커지고 있다. 특히 소셜 미디어에 의한 인터넷 상 정보확산에 비추어 볼 때, 공직보유자 및 정치인들의 효과

---

155) 이현정, "독일 연방헌법재판소 판례 분석을 통해 본 정치인에 대한 모욕표현 및 표현의 자유 한계에 관한 논의", 미디어와 인격권 제9권 제3호(2023), 21면 참조.
156) 대법원 2020. 11. 19. 선고 2020도5813 전원합의체 판결 등.
157) BVerfG 2020. 5. 19. 결정 – 1 BvR 362/18 ["총체적으로 반사회적"].
158) BVerfG 2021. 12. 19. 결정 – 1 BvR 1073/20, Künast–Entscheidung.
159) 이현정, 전게 논문, 24면 참조.

적인 인격권 보호는 각개 피해자 보호의 중요성을 넘어 역시 공적인 이익이기도 하고, 이 권리의 무게는 형량에서 강화될 수 있다.

5. 모욕죄의 처벌

모욕죄의 고소 건수, 특히 사이버 명예훼손·모욕 사건은 점차 증가하는 추세에 있다. 특히 헌법재판소가 '인터넷 실명제 위헌' 결정을 내린 후 이전에 비해 거의 3배가 늘었다고 한다. 최근에는 스마트폰과 SNS 이용이 일상화되면서 '온라인상 음란물 유포'나 '사이버 도박'이 주를 이루던 불법 콘텐츠 범죄가 허위사실 유포·악성 댓글 등 다양한 유형의 사이버 명예훼손·모욕 범죄 쪽으로 옮아 가고 있다.[160] 모욕죄 고소와 처벌이 늘어나는 주된 이유로 인터넷과 스마트폰이 널리 보급되고, 격한 감정이나 불쾌감 등을 드러내는 인터넷 댓글이 횡행하게 되었다는 점이 거론된다. 인터넷 댓글로 모욕적인 말을 하면 고스란히 증거가 된다.

모욕죄는 친고죄이다(형법 제312조 제1항). 모욕죄의 경우 고소하더라도 대부분 합의로 끝나거나 약식기소로 수십만원 수준의 벌금형에 그치는 경우가 많다.

Ⅳ. 신용훼손죄

1. 서론

(1) 의의

우리 형법 제313조(신용훼손죄)는 "허위의 사실을 유포하거나 기타 위계로써 사람의 신용을 훼손한 자는 5년 이하의 징역 또는 1천 500만원 이하의 벌금에 처한다"고 규정한다. 형법상 신용훼손죄에서 말하는 '신용'은 "경제적 신용, 즉 사람의 지불능력 또는 지불의사에 대한 사회적 신뢰를 말하는 것이다.[161]

전술한 바와 같이 민사상 명예 개념에는 신용을 포함한다.[162] 판례에 의하면 "민법 제764조에서 말하는 명예란 사람의 품성, 덕행, 명성, 신용 등 세상으로부터 받는

---

160) 단톡방 성희롱 발언 등 사이버 명예훼손·모욕 증가 … 해법은 엇갈려 법률신문 2016−09−27. 박수연 기자 sypark@lawtimes.co.kr 보도.
161) 대법원 1969. 1. 21. 선고 68도1660 판결 및 대법원 2006. 5. 25. 선고 2004도1313 판결 참조.
162) 전술 제2장 제2절 Ⅱ 2.

객관적인 평가를 말하는 것이고, 특히 법인의 경우 그 사회적 명성, 신용을 가리키는
데 다름없는 것이며, 명예를 훼손한다는 것은 그 사회적 평가를 침해하는 것을 말하는
것이다."163) 즉 우리 민법상 불법행위제도에 의해 보호되는 명예는 사람이 사회에서
가지는 품위, 명성, 신용 등을 의미하므로 형법상 명예훼손죄에서 의미하는 명예와 신
용훼손죄의 신용을 포괄하는 넓은 개념으로 이해되고 있다.

　　그리고 이렇게 형법상의 신용훼손죄가 성립하면 민사상으로 명예훼손의 불법행
위가 성립하게 된다. 고의가 없어 형사상의 신용훼손이 성립하지 않는 경우에도 과실
이 있으면 민사상 신용훼손으로 인한 불법행위는 성립한다.

(2) 독일 민법 상 신용훼손의 불법행위

　　우리의 실무에서 신용은 경제생활상의 사회적 평가로서 넓은 의미의 명예개념에 포함하여 취급
되고 있을 뿐이지만, 독일에서는 민법에 신용훼손에 의한 불법행위의 구성요건(독일 민법 제824
조)을 따로 정하고 있어 동조와 그에 관한 판례를 참고할 필요가 있다.

　　독일 민법 제824조 (신용훼손, Kreditgefährdung)

　　(1) 진실에 반하여(der Wahrheit zuwieder) 타인의 신용을 위태롭게 하거나 또는 그의 소
득이나 발전(Erwerb oder Fortkommen)에 대해 기타의 불이익을 야기함에 적합한 사실을 주
장 또는 유포한 자는 그것이 허위인 것을 알지 못하였으나 알았어야 할 경우에는 그 타인에
대하여 그로 인한 손해를 배상할 의무가 있다.

　　(2) 전달자 또는 그 전달의 수령인이 정당한 이익(berechtigtes Interesse)을 갖는 경우에는
전달자가 허위임을 알지 못한 전달행위에 대하여 전달자는 손해배상의 의무가 없다.

　　독일 민법 제824조 제1항은, 첫째 허위 주장에 의한 직접적인 언어적 침해에 대해 경제적인 성
가를 보호한다. 동 조항의 문언에 의하면 어떠한 방법에 의하든지 경제적인 성가를 침해하는데 적
합한 것이면 허위 사실의 주장은 모두 이 구성요건에 포괄된다.164) 처음에 판례는 그 허위가 기업
전체에 관련되어야 한다고 했으나, 연방대법원은 태도를 바꾸어 민법 제824조는 허위의 주장 또는
유포를 통해 기업의 개별적인 현상형태에 대해 오해를 갖는 것을 방지하는 것이라고 판시하였
다.165) 그리고 사실주장은 피해자와 직접적인 관련이 있어야 하며, 간접적인 침해 또는 이른바 반
사적 효과만으로는 충분치 않다.

　　둘째, 동조에 의해 보호되는 것으로 규정된 '기업의 발전'은 피해자의 신용을 넘어서는 경제적이
고 직업적인 면의 총체적인 장래적 전망을 들 수 있고, 민사상 신용훼손의 불법행위는 총체적인
면에서 경제적인 성가(聲價)를 보호한다고 해석되고 있다.166) 경제상의 성가를 보호하기 위해 규
정된 이 구성요건을 중심으로 독일의 학설과 판례는 그 해석·적용에 관한 여러 문제에 대하여 해

---

163) 대법원 1988. 6. 14. 선고 87다카1450 판결.
164) Wenzel, Das Recht der Wort− und Bildberichterstattung, Hanndbuch des Äußerungsrechts, 3.
　　Auflage, Verlag Dr. Otto Schmidt KG, Köln, 1986, Rn. 5.193f.
165) BGH NJW 66, 2011 − Teppichkehrmaschinen−Entscheidung.
166) Wenzel, aaO., Rn. 5.190.

답을 제시하고 있다.

독일 민법상 신용훼손에 관한 법리는 경제적인 영역에서 행해지는 허위주장에 대한 배상청구를 가능하게 한다는 데에 본래적인 의미를 갖는다. 그에 의하면 다투어지고 있는 표현행위가 명예를 침해하는 것인가의 여부를 떠나 적용될 수 있고, 기업의 경제적인 번영과 개인의 직업적인 성공이 허위의 주장 또는 유포에 의해 침해되는 경우 이를 일반적으로 보호한다.

하나의 주장이 경제적인 성가(聲價)와 함께 동시에 인격적인 명예를 침해하는 경우에는 양자가 경합된다. 기업권에 대한 침해와 신용훼손이 경합하는 경우에는 영업보호의 측면에서 적용되는 신용훼손이 우선적으로 적용되고, 이른바 포괄적 구성요건인 기업권 침해는 적용되지 않는다.

표현행위가 영업적인 거래에서 경쟁의 목적으로 행해진 경우에는 경쟁법상의 구성요건을 충족하게 되어, 특히 부정경쟁방지법 및 관계 조항이 적용되며, 나아가 독점규제 및 공정거래에 관한 법률도 적용되게 된다. 신용훼손 책임 역시 이러한 규정들과 경합할 수 있다. 다만, 경쟁법상의 구성요건이 보다 중한 책임을 규정하고 있기 때문에 신용훼손에 기한 책임을 부가적으로 주장할 필요가 없는 경우가 대부분이지만, 부정경쟁방지법상 인정되는 청구권이 단기 시효에 의해 소멸된 경우에는 신용훼손의 불법행위에 기한 청구권이 의미를 갖게 된다.

2. 구성요건

형법상 신용훼손죄는 허위사실의 유포 기타 위계로써 사람의 신용을 훼손할 것을 요한다.

(1) 허위사실의 유포
가. 사실의 유포

"허위사실의 유포라 함은 객관적으로 진실과 부합하지 않는 과거 또는 현재의 사실을 유포하는 것으로서 (미래의 사실도 증거에 의한 입증이 가능할 때에는 여기의 사실에 포함된다고 할 것이다.) 피고인의 단순한 의견이나 가치판단을 표시하는 것은 이에 해당하지 않는다."[167]

대법원 1983. 2. 8. 선고 82도2486 판결

피해자가 계주로서 계(楔) 불임금을 모아서 도망가더라도 책임지고 도와줄 사람이 없다는 취지의 피고인의 말은 피고인의 피해자에 대한 개인적 의견이나 평가를 진술한 것에 불과하여 이를 허위사실의 유포라고 할 수 없다.

영업적 성과에 관한 실체 없는 가치평가 또는 일반적으로 부정적인 표현에 대하여는 사실의 성격이 부정되고, 따라서 신용훼손의 구성요건을 충족하지 못한다. 예컨

---

167) 대법원 1983. 2. 8. 선고 82도2486 판결.

대, 한 기업의 수입이 협잡에 근거하고 있다든가, 한 회사가 사기회사라든가, 창고회사의 매매는 불리하다든가 하는 등의 주장이 그러한 예에 속한다.[168] 그렇다고 이들 폄훼적 주장이 무한정 허용되는가? 우선 위와 같은 주장이 반드시 신용에 대한 위해를 야기하는 것이 아니라 할지라도 그와 상관 없이 개인의 소득활동과 직업활동이 허위 주장에 의해 침해되는 경우에는 보호할 필요가 있다. 그리고 그러한 의견 표현이 정당화될 수 있는가 여부에 관해서는 공정한 논평의 법리를 준용하여 책임 유무를 결정해야 할 것이다.

나. 허위 사실

부수적인 사항을 생략하거나 중요치 않은 과장이 있다 하더라도 그에 의해 표현의 내용이 영향받지 않는 경우에는 허위가 있다고 말할 수 없다. 예컨대, 비행의 취소로 피해받은 자가 30명인데 40명이라고 주장된 경우가 그에 해당한다.[169] 그러나 과장, 누락 및 일방적인 취급은 사실을 왜곡할 수 있고, 그러한 경우에는 그 발언이 허위라고 평가될 수 있다. 독일 판례에 의하면 예컨대, 한 양조업자가 정당에 광고비를 지불한 것임에도 기부금을 냈다고 보도한 경우,[170] 세척제를 쓰다가 다친 한 어린이에 대한 보도에서 그 상해가 사용상의 잘못에 의해 야기되었음에도 단지 그 세척제를 씀으로써 다쳤다고 보도한 경우,[171] 변호사의 보수계약에 관한 비판적 보도가 누락과 왜곡에 의해 그 중요한 정황에 관하여 원고인 변호사의 활동은 거의 성과가 없었고, 그럼에도 그는 아무 어려움 없이 달성된 결과에 관하여 너무 많은 보수를 받았다고 하는 인상을 주게 하는 경우[172] 등에는 허위라고 판단된 사례가 있다. 특정 시점에서 협력자가 해고되었다고 보도하였으나 실제로는 상호 합의 하에 헤어진 것이면 허위가 된다.

다. 유포

신용훼손은 경제적인 성가에 대한 침해가 문제되는 경우에만 적용되는 것이기 때문에 그 주장 또는 유포는 제3자에 대해서 고지됨을 요한다. 피해자 자신에 대해서만 행해진 경우에는 위 요건을 충족시키지 못한다.

"전파가능성을 이유로 허위사실의 유포를 인정하는 경우에는 적어도 범죄구성요건의 주관적 요소로서 미필적 고의가 필요하므로 전파가능성에 대한 인식이 있음은 물론 나아가 그 위험을 용인하는 내심의 의사가 있어야 한다. 그리고 그 행위자가 전

---

168) Wenzel, aaO., S. 176.
169) BGH NJW 85, 1621 − Tükol.
170) BGH NJW 51, 352.
171) Hamburg OLGE 20, 255.
172) BGH NJW 69, 1913.

파가능성을 용인하고 있었는지의 여부는 외부에 나타난 행위의 형태와 행위의 상황 등 구체적인 사정을 기초로 하여 일반인이라면 그 전파가능성을 어떻게 평가할 것인가를 고려하면서 행위자의 입장에서 그 심리상태를 추인하여야 할 것이다."173)

유포도 전파와 마찬가지로 피인용자가 실제로 표현했던 바대로 전달된 것만으로 족한가, 아니면 인용된 내용(Inhalt des Zitates)도 진실해야 하는가 하는 문제가 생긴다. 원칙적으로 보자면 전달된 내용과 같이 피인용자가 실제로 진술했다고 하는 것만으로는 충분치 못하고, 인용이 허용되려면 그 인용의 내용도 옳은 것이어야 한다. 그러나 표현행위가 기초적인 사실관계에 대한 정보제공으로 파악되어야 할 경우가 아니라, 피인용자가 설명된 바와 같은 입장을 가졌다고 하는 것을 전달하려고 하는 경우에는 문제가 다르다. 위 양자 중에 어떤 경우에 해당하는가는 행위자가 추구하려고 한 의도에 의하는 것이 아니라 일반평균적인 수용자가 이해하는 바에 따르게 된다.174) 따라서 피인용자가 말한 내용 자체에 관하여 공공의 알 권리가 있는 경우에는 그 정보가 옳은 것인가 여부는 문제되지 않는다. 예컨대, 공개적으로 구치감의 미결수에게 권총을 밀반입한 것이 특정한 변호사일 수 있다고 하는 점에 관하여 장기간 논란이 있어 왔다면, 그 문제에 관하여 잘 알 수 있는 구치소장이 그렇다고 생각하는지 여부는 공공의 알 권리를 위해 보도할 수 있고, 그 보도는 실제로 누가 총을 밀반입했는가 여부와는 상관 없이 허용된다.175)

허위 여부를 판단하는 기준시점은 행위자에 의해 설명이 전파되는 때이다.176) 주장된 일이나 사태가 사후에 일어나지 않았다고 할지라도 원칙적으로 진실성 여부는 영향받지 않는다. 주장된 바대로 사건이 사후에 발생했다면 그 주장이 예측으로서 정당화될 수 있는가의 여부를 심사해야 한다. 주장의 시점에서 그 허위성 여부를 확정할 수 없다면 법원은 증거조사를 시행하여 원고에게 입증할 기회를 주어야 한다. 원고는 이러한 방법으로 사실상의 의혹 내지는 주장된 의혹을 해소할 수 있다.177)

라. 위계

'위계'라 함은 행위자의 행위목적을 달성하기 위하여 상대방에게 오인·착각 또는 부지를 일으키게 하여 이를 이용하는 것을 말한다.178)

---

173) 대법원 2004. 4. 9. 선고 2004도340 판결, 대법원 2006. 5. 25. 선고 2004도1313 판결.
174) Wenzel, aaO., S. 178.
175) Wenzel, aaO., S. 178.
176) BGH AfP 68, 55.
177) BGH GRUR 75, 89 − Brünig.
178) 대법원 2006. 12. 7. 선고 2006도3400 판결.

대법원 2006. 12. 7. 선고 2006도3400 판결

이 판결은 대법원이 피고인이 피해자에 관한 허위의 내용을 기재한 편지를 은행에 송부함으로써 은행의 오인 또는 착각 등을 일으켜 위계로써 피해자의 신용을 훼손하였다고 본 사례이다. 즉 피고인은 조흥은행 본점 앞으로 '피해자가 대출금 이자를 연체하여 위 은행의 수락지점장이 3,000만 원의 연체이자를 대납하였다'는 내용의 편지를 보냈으나 실제로는 수락지점장이 위 연체이자를 대납한 적이 없었던 경우, 대법원은 위 내용이 허위라는 점에 대하여 미필적으로나마 인식하고 있었던 피고인은 그로써 조흥은행의 오인 또는 착각 등을 일으켜 위계로써 피해자의 신용을 훼손한 경우에 해당한다고 설시하였다.

마. 입증책임

허위의 사실주장이 제기되거나 또는 전파되었다고 하는 사실의 입증책임은 원고가 부담한다.

(2) 신용의 훼손

신용의 훼손은 타인이 자기의 재산법상의 의무를 이행함에 있어서 향유하는 신뢰를 위태롭게 하는 것이다. 위태롭게 하는 것(Rufgefährdung)으로 족하기 때문에 허위의 주장이 경제적인 성가(聲價)를 현실적으로 손상할 것을 요하지 않고, 신용을 훼손할 가능성이 있으면 족하다. 그러므로 피해자는 자기의 굳윌(good will)이 사실상 침해되었음을 증명할 필요가 없다.[179] 일반적으로 부정적인 영향의 개연성이 있는 경우에는 그 적성이 있다고 보아야 한다.[180]

그러나, 예컨대 비리가 있다고 하는 기업의 주소를 잘못 표시 보도한 경우와 같이 중립적인 허위가 게재된 경우에도 고객의 내방(來訪)에 지장을 줄 수 있기 때문에 허위가 있다고 보아 청구권이 인정되어야 할 경우가 있다.[181] 일견 긍정적인 내용이라 할지라도 예컨대, 한 극장의 입장권은 항상 매진이라고 보도하는 행위는 고객이 가보았자 입장할 수 있는 가능성이 적다고 생각할 수 있으므로 그 기업의 경제적인 성가를 침해하는 것이 될 수 있다.[182]

대법원 2006. 5. 25. 선고 2004도1313 판결

건축공사의 시공사 대표이사가 비용을 줄이려는 시도에서 건축설계자에게 제품(정화조)의 변경을 요청하는 문서를 송부한 사안에서, 위 문서의 내용은 위 정화조의 신기술 인정기간이

---

179) BGH GRUR 75, 89 – Brünig.
180) Wenzel, aaO., S. 180.
181) Wenzel, aaO., S. 181.
182) Wenzel, aaO., S. 181.

지났고 그 판매가격이 비싸서 다른 제품으로 대체하여 달라는 취지이기 때문에 위 제품을 제작·판매하는 회사의 지불능력이나 지불의사에 대한 사회적 신뢰를 저해한 것이 아니라고 보아 신용훼손죄의 객체인 신용에 해당하지 않는다고 판시되었다..

대법원 2011. 5. 13. 선고 2009도5549 판결

퀵서비스 운영자인 피고인이 허위사실을 유포하여 손님들로 하여금 불친절하고 배달을 지연시킨 사업체가 경쟁관계에 있는 피해자 운영의 퀵서비스인 것처럼 인식하게 한 사안이 문제되었다. 대법원은 "이 사건 퀵서비스의 주된 계약내용이 신속하고 친절한 배달이라 하더라도, 그와 같은 사정만으로 허위의 사실을 유포하여 손님들로 하여금 불친절하고 배달을 지연시킨 사업체가 피해자 운영의 퀵서비스 업체인 것처럼 인식하게 한 피고인의 행위가 피해자의 경제적 신용, 즉 지불능력이나 지불의사에 대한 사회적 신뢰를 저해하는 행위에 해당한다고 보기는 어렵다는 이유로 이 사건 주위적 공소사실이 신용훼손죄에 해당하지 아니한다"고 판단하였다.

독일 판례에 의하면 허위의 표현이 영업활동을 침해할 수 있다고 하더라도 그 표현에 의해 이루어지는 불이익이 영업적인 관계가 아니라 영업외적인 관계에서 생기는 경우에는 신용훼손에 의해 보호되지 않는다. 예를 들어, 연방철도청의 고속철도 계획에 대하여 한 환경보호단체가 그에 반대하는 기록물을 발간한 사안에서 그 기록 속에 일부 허위가 있다 하더라도 그것이 연방철도청의 영업적인 관계를 저해한 것이 아니라 영업외적인 관계에서 제3자의 이해를 촉구하면서 철도 부설을 반대한 경우에는 신용훼손이 될 수 없다고 한 판례가 있다.[183]

우리 판례는 법인의 목적사업 수행에 영향을 미칠 정도로 법인의 사회적 명성, 신용을 훼손하여 법인의 사회적 평가가 침해된 경우에는 그 법인에 대하여 불법행위를 구성한다고 한다.[184]

(3) 고의·과실

행위자는 행위 당시 자신이 유포한 사실이 허위라는 점을 적극적으로 인식하였을 것을 요한다.[185] 신용훼손죄에 있어서의 범의는 반드시 확정적인 고의를 요하는 것은 아니고, 허위사실을 유포하거나 기타 위계를 사용한다는 점과 그 결과 다른 사람의 신용을 저하시킬 염려가 있는 상태가 발생한다는 점에 대한 미필적 인식으로도 족하다.[186]

---

183) BGH NJW 84, 1607.
184) 대법원 1996. 6. 28. 선고 96다12696 판결, 대법원 1965. 11. 30. 선고 65다1707 판결(집13-2, 민249), 대법원 1988. 6. 14. 선고 87다카1450 판결), 대법원 1996. 4. 12. 선고 93다40614, 40621 판결, 대법원 1996. 6. 28. 선고 96다12689 판결 등 참조.
185) 대법원 1994. 1. 28. 선고 93도1278 판결, 대법원 2006. 5. 25. 선고 2004도1313 판결.

주장자가 허위임을 알지 못했으나 알았어야 하는 경우에도 민사상 신용훼손에 따른 배상의무가 발생한다. 허위에 대한 고의뿐 아니라 과실의 경우에도 책임을 지는 것이다. 따라서 주장자는 사회통념상 요구되는 주의를 위반하여 과실로 알지 못한 경우에도 책임이 있다.

(4) 개별적 연관성

신용훼손행위가 피해자에게 개별적으로 관련될 것을 요함은 물론이다. 개별적 연관성(individuelle Betroffenheit)은 반드시 성명의 거명을 요하는 것은 아니며 식별가능성이 있으면 족하다. 한 회사가 비판되었다면 그 회사의 이사도 함께 관련된다고 보아야 한다. 다만, 일반적인 비판이 행해지거나 표현이 특별히 개인을 목표로 하지 않은 경우에는 개별적 연관성이 없다. 예컨대, 상이한 제도가 서로 비교되고 전자오르간이 전통적인 파이프오르간을 대체할 수 있는가 하고 의문이 제기된 경우[187]나, 평균적인 시장가격이 잘못 제시되는 경우에는 그것이 개개의 상인에게 나쁜 영향을 미쳤다 할지라도 개별적 연관성은 없는 것이다.[188]

특정한 상품이 아니라 상품 종류에 대한 일반적인 비판에 허위가 개재된 경우 시장지배적 지위를 가진 생산자에 대하여 개별적 연관성이 인정되어야 할 것인가? 허위는 보호받아야 할 이익이 될 수 없고, 허위를 중단시켜야 한다는 것은 일반적인 이익에 속하는 것이므로 비판자가 상품 종류만을 언급했음에도 그가 명백히 특정한 생산자를 지칭하려는 의도가 인정되거나 수용자들의 인상이 그 생산자와 관계되는 것이라고 보는 경우라면 개별적 연관성은 긍정되어야 한다.[189] 실제상 부작위청구권과 정정청구권의 경우 그러한 필요는 크다. 통째로 한 산업분야에 대하여 허위의 주장이 행해진 경우라 하더라도 그 소속 기업의 범위가, 예컨대 보험업계 또는 구조비행기업 등과 같이 범위가 확정될 수 있는 경우에는 사정에 따라 권한 있는 협회가 당사자적격을 가지며 금지청구권을 행사하는 것이 허용된다.[190]

명칭이 거론된 제품에 대한 비판의 경우에는 그 생산자에게 신용훼손으로 인한 구제청구권이 주어지며,[191] 서적의 경우에는 출판자에 그 청구권이 귀속된다. 생산자가 외국에 있다면 상표권을 갖는 독점 수입업자는 그 생산물의 비판에 관하여 구제청

---

186) 대법원 2006. 12. 7. 선고 2006도3400 판결.
187) BGH NJW 63, 1871.
188) BGH NJW 65, 36.
189) Wenzel, aaO., S. 183.
190) Wenzel, aaO., S. 183.
191) BGH NJW 66, 2010.

구권을 주장할 수 있다. 영화 수입업자의 그 영화 비판에 대한 적극적 당사자적격에 관하여는 판례가 엇갈리고 있다.[192]

주장이 원고에 관련된 것이 아니라고 주장하는 피고 또는 제3자에 관련된 것이면 개별적 연관성은 부인된다. 권리자에 대해 단지 간접적인 영향만을 갖는다는 것으로는 충분치 않다. A가 우승을 했음에도 불구하고 B가 우승을 했다고 하는 보도는 A가 우승을 하지 않았다는 것과 같으므로 A가 직접 언급되지 않았더라도 직접적인 연관성을 인정해야 한다.[193]

3. 위법성조각사유

민사상의 신용훼손 역시 형사상의 신용훼손에 있어서와 마찬가지로 허위사실의 유포를 요하지만, 행위자가 허위임을 모르고 행위한 경우에 어떤 범위에서 면책시킬 것인가가 문제된다. 진실로 믿고 보도한 것이 사후에 허위라고 밝혀진 경우 예외 없이 책임을 지게 된다면 알 권리에 봉사하려는 언론활동은 위축될 수 있고, 특히 경제활동에 필수적인 신용정보의 수수(授受)와 전파에 있어서 자유로운 정보유통을 저해할 우려가 있기 때문이다.

이에 관하여 독일 민법 제824조 제2항에 의하면 "전달자 또는 그 전달의 수령인이 정당한 이익(berechtigtes Interesse)을 갖는 경우에는 전달자가 허위임을 알지 못한 전달행위에 대하여 전달자는 손해배상의 의무가 없다"고 규정한다. 이 정당화사유의 해석에 있어서 독일의 학설은 표현행위자 또는 수령인에게 정당한 이익이 객관적으로 존재할 것을 요건으로 하고(일반적 정당화사유의 경우에는 정당한 이익에 관하여 오신이 있는 경우에도 적용되는데, 동조의 해석에서는 이보다 더 엄격한 요건이 요구되는 것이다), 또 위 정당화사유는 오신에 경과실이 있는 경우에 한하여 개인 간의 커뮤니케이션에 대해서만 책임을 배제하고 있다.[194] 따라서 중과실이 있는 경우나 언론매체의 경우에는 위 면책사유가 인정되지 않는다.

BGH 1966. 6. 21. 결정 - Ⅵ ZR 266/64 „Teppichkehrmaschine"
독일 연방대법원은 카페트청소기 사건에서 전파자 또는 수용자가 그 내용에 관하여 정당한 이익을 갖는 경우라면 과실이 있는 경우에도 배상의무가 없다고 판시한 바 있다.[195] 그러

---

192) Wenzel, aaO., S. 183.
193) Wenzel, aaO., S. 184.
194) Wenzel, aaO., S. 184f.
195) BGH NJW 66, 2011.

나 다른 한편 상품의 판매를 어렵게 하거나 생산자에게 해를 입힘에 적합한 주장을 공개적으로 전파하는 자는 자기 인식의 원천이 충분하게 신뢰할 수 있고 포괄적인지의 여부를 매우 조심스럽게 심사해야 한다는 것이 판례의 입장이다. 라디오와 텔레비전의 경우 그에 의해 방송된 내용은 의견형성에 대하여 광범위한 영향을 미치며 방송의 시·청취자는 그 보도에 있어서 엄격한 객관성이 보장되어 있다고 생각하기 때문에 방송의 심사의무는 더 크다. 심사가 이러한 요건을 이행하지 못했다면 과실이 있다고 인정되며, 이득을 위태롭게 하는 주장의 공개적인 전파 이전에 사안의 중요성에 상응하는 철저한 심사를 하지 않은 자는 정당한 이익의 옹호라는 사유를 주장할 수 없다.196)

이러한 특별 규정이 없는 우리의 경우에는 명예훼손의 위법성조각사유(형법 제310조)를 적용함에 있어서 진실성을 오신한 경우에 그 오신에 정당한 이유가 있는 한, 환언하면 그에 과실이 없는 한 역시 위법성이 조각된다는 판례이론을 준용하여야 할 것이라고 생각된다. 다만, 그 적용에 있어서는 일반 공중에 전파되는 언론매체에 의한 공표와 신용정보를 구하는 자에 대한 정보제공 간에 구별을 두어 후자에 대한 면책의 범위를 넓게 인정하여야 할 것이다.197)

대법원 1998. 5. 22. 선고 97다57689 판결 [이동 쌀막걸리]

한국소비자보호원(정부출연기관)은 전국 지역의 비살균막걸리 24개 제품을 수거하여 시험을 실시한 결과 15개 제품에서 인체에 해로운 사카린나트륨이 검출되고 20개 제품에 유통기간이 표기되지 않았음이 밝혀졌다는 내용을 언론에 공표하였다. 심리 결과 소비자보호원이 제품의 유통경로에 대한 조사 없이 제조자의 직접 공급지역 외에서 단지 외관만을 보고 구입한 시료를 기초로 '이동쌀막걸리'에서 유해물질이 검출되었다는 검사결과를 언론에 공표한 것이 밝혀지게 되었다.

대법원은 소비자보호원의 검사결과 공표를 '행정상 공표'로 파악하여 공권력을 행사하는 공표 주체의 광범한 사실조사능력, 그리고 공표된 사실이 진실하리라는 점에 대한 국민의 강한 기대와 신뢰 등에 비추어 볼 때 사인의 행위에 의한 경우보다 훨씬 더 엄격한 기준이 요구되므로, 그 공표사실이 의심의 여지없이 확실히 진실이라고 믿을 만한 객관적이고 타당한 확증과 근거가 있는 경우가 아니면 그러한 상당한 이유가 있다고 할 수 없다(대법원 1993. 11. 26. 선고 93다18389 판결 참조)는 전제에 서서, 소비자보호원이 제품의 유통경로에 대한 조사 없이 제조자의 직접 공급지역 외에서 단지 외관만을 보고 구입한 시료를 바탕으로 '이동쌀막걸리'에서 유해물질이 검출되었다는 검사 결과를 언론에 공표한 경우에, 공표의 기초가 된 시료가 원고의 제품이라는 점에 대한 객관적이고도 타당한 확증과 근거가 있다고 볼 수 없으므로 공표내용의 진실성을 오신한 데 상당한 이유가 없다고 판시하였다.

이것은 적시된 사실이 진실이라는 증명이 없더라도 공표 당시 진실이라고 믿을 만한 상당한 이유가 있다면 위법성이 없다고 하는 '명예훼손에 관한 상당성 항변'의 적용에 있어서 일

---

196) Wenzel, aaO., S. 187.
197) 전술 제2장 제4절 Ⅲ 3 (3) 다 참조.

반적인 사인 또는 언론매체의 경우와 처리를 달리한 것이었다. 이 판결에 대하여는 소비자보호원을 행정 주체로 보는 판결이유에 대한 비판이 제기되었다.[198]

이러한 책임의 제한은 불법행위로 인한 청구권에 있어서만 문제되는 것이다. 허위임이 입증된 표현행위에 대한 부작위청구권과 방해배제 등의 권리는 그 표현행위의 위법성이 조각되는지 여부와는 상관없이 행사될 수 있다.

V. 특별법상의 명예훼손죄

1. 정보통신망법 상 명예훼손죄

(1) 서론

현행 정보통신망 이용촉진 및 정보보호 등에 관한 법률(약칭: 정보통신망법)은 그 제44조(정보통신망에서의 권리보호)에서 "이용자는 사생활 침해 또는 명예훼손 등 타인의 권리를 침해하는 정보를 정보통신망에 유통시켜서는 아니"되며(동조 제1항), "정보통신서비스 제공자는 자신이 운영·관리하는 정보통신망에 제1항에 따른 정보가 유통되지 아니하도록 노력하여야 한다"(동조 제2항)고 규정한다.

그리고 동법 제70조(벌칙)에서는 다음과 같이 정보통신망 상의 명예훼손을 처벌하는 규정을 두고 있다.

> 제70조(벌칙) ① 사람을 비방할 목적으로 정보통신망을 통하여 공공연하게 사실을 드러내어 다른 사람의 명예를 훼손한 자는 3년 이하의 징역 또는 3천만원 이하의 벌금에 처한다.
> ② 사람을 비방할 목적으로 정보통신망을 통하여 공공연하게 거짓의 사실을 드러내어 다른 사람의 명예를 훼손한 자는 7년 이하의 징역, 10년 이하의 자격정지 또는 5천만원 이하의 벌금에 처한다.
> ③ 제1항과 제2항의 죄는 피해자가 구체적으로 밝힌 의사에 반하여 공소를 제기할 수 없다.

위 조항은 인터넷 등 정보통신망을 통한 명예훼손에 대하여 형을 가중한 특별규정을 둔 것으로서 형법 제309조의 출판물 등에 의한 명예훼손죄와 마찬가지로 그 범죄의 성립에는 비방의 목적이 있어야 하며, 피해자의 명시한 의사에 반하여 처벌할 수 없는 반의사불벌죄의 형식으로 규정되어 있다(동법 제70조 제3항).

---

198) 이은영, "이동쌀막걸리의 신용훼손사건 대법원 1998년 5월 22일 선고 97다57689 판결", 판례평석(법률신문 1998. 11. 9).

헌법재판소는 동법상 사이버명예훼손죄에 관하여 형법상 명예훼손죄 규정보다 가중된 법정형을 정하고 있는 이유에 관해 정보통신망을 통한 명예훼손은 형법 제307조 제2항(허위 사실 적시 명예훼손죄) 및 형법 제309조 제2항(출판물에 의한 허위 사실 적시 명예훼손죄)보다 행위불법 및 결과불법이 더 무겁다는 점을 들고 있다.[199]

특기할 것은 정보통신망법은 사실적시에 의한 명예훼손만을 처벌하며, 뒤에서 보는 바와 같이 인터넷 댓글이나 게시물에 넘쳐나는 모욕적 메시지를 처벌하는 규정이 따로 없다는 점이다. 전술한 바와 같이 정보통신망을 이용한 모욕행위는 가중처벌 없이 형법상 모욕죄(형법 제311조)로 처벌되고 있다. 따라서 구체적인 사실 적시만 없다면 추상적 판단이나 경멸적 표현을 가득 담은 '모욕적 악플'을 게시해도 이 조항이 적용되지 않으며 가벼운 처벌을 받게 된다.

다만, 정보통신망을 통한 명예훼손 행위라 하더라도 비방할 목적이 인정되지 아니하는 경우에는 동조가 적용될 수 없고, 형법 제307조가 적용되게 된다.[200]

가. 연혁

인터넷이 등장한 후 그에 의한 개인법익 침해 사례가 빈발하였음에도 대법원은 인터넷이 형법 제309조 소정의 '신문, 잡지 또는 라디오 기타 출판물'의 개념에 해당하지 않는다고 판시하였기[201] 때문에 종전의 출판물 등보다 훨씬 피해가 클 수 있는 인터넷 명예훼손을 동조에 의해 처벌할 수 없었다. 이에 국회는 2001년 정보통신망 이용촉진 및 정보보호 등에 관한 법률(약칭 '정보통신망법')에 별개의 규정을 신설하여 이른바 사이버명예훼손죄를 처벌하는 규정을 신설하였다.[202]

나. 입법취지 및 합헌 결정

헌법재판소는 "정보통신망에서의 명예훼손행위는 빠른 전파성과 광범위한 파급효과로 인하여 그 피해가 심각할 수 있고 사후적인 피해 회복 또한 쉽지 않으므로, 개인의 명예, 즉 인격권을 보호하기 위하여 정보통신망에 공공연하게 거짓 사실을 적시하여 피해자의 명예를 훼손한 행위를 형사처벌하는 것은 목적의 정당성과 수단의 적절성이 인정된다"고 하면서 동 법조항을 합헌으로 결정하였다.[203]

199) 헌법재판소 2021. 3. 25. 선고 2015헌바438 결정. 정보통신망 이용 허위사실적시 명예훼손 사건.
200) 양동철, "사이버폭력에 대한 입법방향 연구", 법조 600호(2006. 9), 134, 145면.
201) 대법원 1998. 10. 9. 선고 97도158 판결.
202) 정보통신망법[시행 2001. 7. 1.] [법률 제6360호, 2001. 1. 16., 전부개정]. 동법은 2007. 12. 21. 개정에서 제61조(벌칙)가 제70조(벌칙)로 이동하여 규정되었다.
203) 헌법재판소 2021. 3. 25. 선고 2015헌바438 결정. 정보통신망 이용 허위사실적시 명예훼손 사건. 헌법재판소는 "명예훼손행위는 사람의 사회적 평가를 저하시킬 만한 구체적 사실의 적시를 요구하므로 단순한 추상적 판단이나 경멸적 감정을 표현하는 모욕행위와 근본적으로 다르며, 구체적 사실의 경우에는 정보통신망의 익명성·비대면성·전파성으로 인해 그 사실의 진위 여부가 확인되기도 전

(2) 구성요건

가. 개관

이들 규정은 인터넷 상의 표현행위에 대한 형사 제재와 관련한 특별 규정이며, 명예훼손의 구성요건 및 위법성이나 그 법적 효과 등 실체적 법리에 관하여는 기존의 형법상 명예훼손의 법리가 그대로 적용된다. 인터넷상의 명예훼손을 오프라인상에서 행해지는 현실상의 명예훼손의 경우와 달리 취급할 이유가 없기 때문이다. 본죄는 사람을 비방할 목적으로 정보통신망을 통하여 공연히 사실을 적시하여 타인의 명예를 훼손함으로써 성립하는 범죄이다. 허위사실을 적시한 경우에는 형이 가중된다.[204] 본조는 비방목적이 존재해야 하는 점에서 출판물에 의한 명예훼손죄와 같고, 제310조의 규정이 적용되지 않는다.

나. '정보통신망을 통하여'

인터넷에서도 표현행위가 명예훼손이 되려면 공연성 요건을 충족하여야 함은 물론이다. 현행 정보통신망법에 의하면 "정보통신망을 통하여 '일반에게 공개를 목적으로' 제공된 정보로 인하여" 타인의 법익을 침해하게 되는 경우 책임 여부를 규율하고 있다(동법 제44조의2 제1항 참조).

인터넷에서는 메시지의 복제가 용이하고 신속하게 이루어질 수 있어 순식간에 다수인에 의해 전파될 가능성을 예상하여야 하므로 최초 표현행위자는 후의 전파자가 행한 행위에 대하여도 책임을 지게 되는 경우가 적지 않을 것이다. 인터넷상 명예훼손적 메시지는 복제의 용이성 때문에 순식간에 인터넷 이용자들에 의하여 다른 인터넷 사이트에 게시되거나(소위 '퍼온 글' 또는 '펀글') 링크에 의해 매개되기도 하며, 이메일을 통하여 개별적으로 전파되기도 한다. 특히, 다수인이 접속·열람하는 사이트의 게시판이나, 언론미디어 사이트에 게재된 기사의 댓글로 명예훼손적 정보를 올린 자는 그 정보가 타인의 퍼가기 등에 의해 쉽사리 전파된다는 점을 예상한 것으로 간주됨이 마땅할 것이다. 더욱이 뒤에서 보는 바와 같이 검색

에 무분별하게 확산됨으로써 여론을 왜곡하고 피해자의 명예를 회복불가능하게 훼손할 위험성이 큰 반면, 구체적 사실이 아닌 추상적 판단이나 경멸적 감정의 경우에는 정보통신망을 통해 전달되더라도 상대적으로 왜곡된 여론의 확대·재생산에 영향을 미치기 어렵다는 특징이 있다"며 평등원칙 위반이 아니라고 설시했다.

204) 헌법재판소는 (정보통신망 이용 거짓 사실적시 명예훼손죄 사건)에서 다음과 같이 설시한다. "심판대상조항[정보통신망법 제70조 제2항]과 형법 제307조 제2항, 제309조 제2항은 거짓 사실을 적시하여 명예를 훼손한다는 점에서 공통점이 있다. 그러나 심판대상조항은 초과주관적 구성요건인 '비방의 목적'을 요구하고 있어 형법 제307조 제2항의 명예훼손죄와 요건이 다르고, 피해의 범위와 정도가 커지는 '정보통신망'을 통해 타인의 명예를 훼손하였을 것을 요구하고 있어 형법 제307조 제2항의 명예훼손죄와 요건이 다르다. 이에 입법자는, 심판대상조항이 형법상 명예훼손죄 규정보다 행위불법·결과불법이 무거워지는 사정을 고려하여 법정형을 가중하였다고 할 것이므로, 형벌체계상 균형을 상실하였다고 보기 어렵다."(헌법재판소 2021. 3. 25. 선고 2015헌바438 결정. 보통신망 이용촉진 및 정보보호 등에 관한 법률 제70조 제2항 위헌소원).

엔진에 의해 검색결과에 쉽게 오르도록 적극적 노력을 시도한 경우에는 적극적으로 전파를 의도한 것으로 보아야 할 것이다.

그런데 인터넷 커뮤니케이션에는 기술상 여러 형태가 있고, 그 전파방법 여하에 따라 위와 같은 공연성 요건을 충족하는지 여부가 검토되어야 한다. 인터넷에서 정보는 전자우편(e-mail)에 의해, 대화방(chat room)에서 또는 전자게시판(electronic bulletin board)에 게시하거나 웹상에 일지(blog)를 유지함으로써, 최근에는 각종 사회관계망 서비스(SNS)에 의해 전파될 수 있다.205)

이메일의 경우 타인에게 공개됨이 없이 피해자 개인에게만 수신되는 이메일(e-mail)에 명예훼손적 사실이 언급된 경우에는 공개성의 요건을 충족하지 못하게 된다. 그러나 특정 개인만을 상대로 하는 것이 아니라 다수인을 동시에 수신인으로 하는 이메일 리스트 등에 의한 전파의 경우에는 공연성이 인정된다.

대화방(chat rooms)의 경우 공개성 요건이 충족되는가 여부는 대화방의 설정 목적이나 성격 여하에 따라 달라질 수 있다. 가족이나 친구 등 특정한 친밀한 관계에 속하는 사람들에게만 접근·출입이 허용되는 경우에는 공개성 요건이 충족될 수 없고, 그렇지 아니한 경우에도 프라이버시의 범위에 속하는 메시지에 관해서는 위법성이 부인될 수 있다.

전자게시판(electronic bulletin board, message board or discussion board)은 인터넷에서 온라인으로 토론할 수 있는 포럼을 제공한다. 이 인터넷 포럼은 포털 웹사이트에서 제공되는 전형적인 서비스로서, 거기서 이용자들은 주제를 가리지 않고 상호 토론할 수 있도록 유도되며, 웹마스터나 운영자에 의해 관리되는 것이 보통이다.206) 이들 게시판의 게시는 원칙적으로 공개성 요건을 충족한다고 보아야 할 것이다. 그러나 앞서 대화방의 경우에서 본 바와 같이 그 성격에 따라 달리 취급될 필요가 있는 경우가 있다. 인터넷 포럼은 그 이용에 등록을 요건으로 하는 것과 익명을 허용하는 것으로 구분된다.

접속이 공개되는 전자게시판의 글은 누구나 접근·인식이 가능하므로 그에 의해 타인의 법익을 침해하는 표현이나 행위가 이루어진 경우 일반적인 민·형사상의 규제가 적용됨은 물론이고, 전자게시판 운영자의 법적 책임은 여타 인터넷 접속사업자의 경우와 유사한 관계를 갖게 된다. 따라서 누구나 접속 열람이 가능한 사이트 게시판이

---

205) Danielle M. Conway-Jones, DEFAMATION IN THE DIGITAL AGE: LIABILITY IN CHAT ROOMS, ON ELECTRONIC BULLETIN BOARDS, AND IN THE BLOGOSPHERE, SK102 ALI-ABA(American Law Institute - American Bar Association Continuing Legal Education ALI-ABA Course of Study, April 21-22, 2005) 67.
206) Conway-Jones, Id., p. 67, 68.

나, 인터넷 언론 기사에 댓글로 명예훼손적 진술을 올린 경우에는 공개성의 요건을 충족한다.[207] 그러나 다수인이 접근할 수 있다 하더라도, 가족이나 가까운 친구들에게만 접속이 제한되어 있는 사이트에서 타인에 대한 명예훼손적 진술이 게재된 경우에는 프라이버시의 보호 범위 내에 속하므로 불법행위는 성립하지 않는다.[208]

1인 미디어로서 블로그(blog)는 사적 공간으로 출발하였으나, 링크와 관계형성에 의해 불특정 다수인에 대한 공개가 의도되는 경우에는 웹상의 공표행위가 되고, 공연성의 요건을 충족하게 된다. 우리의 경우에도 개인 블로그에서 특정 아나운서를 술집 접대부에 비유한 기자에 대하여 형법상 모욕죄로 기소된 사례가 있다.[209]

이상의 법리는 최근 성행하는 카톡, 페이스북, 트위터 등 소셜미디어의 메시지에 관해서도 유추적용될 수 있다.

다. 사실적시 – "사실을 드러내어"

'사실을 드러내어'란 사실적시와 같은 의미를 갖는다. 판례에 의하면 "정보통신망법 제70조 제2항에서 정한 '사실을 드러내어'란 가치판단이나 평가를 내용으로 하는 의견표현에 대치되는 개념으로서 시간적으로나 공간적으로 구체적인 과거 또는 현재의 사실관계에 관한 보고 또는 진술을 의미하며, 그 표현내용이 증거에 의한 증명이 가능한 것을 말한다."고 한다.[210]

> **대법원 2015. 12. 10. 선고 2015도13640 [동업자 일기장 전파]**
>
> 서울 강남에서 성형외과를 운영하던 의사 A(39)씨는 동업자인 동료의사 B씨의 컴퓨터를 사용하다 우연히 일기형식으로 작성된 문서 파일을 보게 되자 이를 간호사 등 병원 직원 3명에게 이메일로 전송했다. 그 문서에는 B씨가 이혼 위자료 등으로 수억원의 빚을 지고 자금난을 겪고 있다는 내용 등이 담겨 있었다. 대법원은 "문제의 파일에는 단순히 B씨의 지불능력 등 신용에 대한 내용만 적혀있는 것이 아니라 이혼 사실, 거액의 위자료 지급 부담 등 사적인 영역에 관한 내용이 기재돼 있어 병원 직원 전체의 관심과 이익에 관한 사항으로 보기 어렵다"며 "파일 유포 행위로 훼손될 수 있는 명예의 침해 정도에 비춰볼 때 A씨의 혐의를 유죄로 인정한 원심은 정당하다"고 밝혔다.[211]

최근 판례는 허위사실이 담긴 남의 글을 자신의 소셜미디어(SNS)에 공유한 뒤 피해자의 삭제 요청에 응하지 않은 채 계속 게시한 행위에 사이버명예훼손죄를 적용한

---

207) 대법원 2000. 5. 12. 선고 99도5734 판결 [전자게시판 명예훼손].
208) 박용상, 언론과 개인법익, 116면 참조.
209) 김태규 기자, "개인 블로그 글도 형사처벌 가능", 검찰, 여성아나운서 비하 조선일보 기자 약식기소, 한겨레(2005. 4. 14.) 보도.
210) 대법원 2009. 5. 28. 선고 2008도8812 판결, 대법원 2016. 3. 24. 선고 2015도10112 판결 참조.
211) 법률신문 2015−12−10 sayme@lawtimes.co.kr.

경우가 있다.

대법원 2020. 6. 4. 선고 2020도920 판결 [정보통신망법위반(명예훼손)]

C는 메모 어플리케이션인 에버노트를 사용하여 대학교수를 자칭하던 D(피해자)와 성관계를 가졌고 그의 나체를 촬영했다는 등 허위사실을 게시하였는데, 피고인 A와 B는 2016년 자신들의 페이스북에 위와 같이 허위사실을 적시한 C 작성 글을 공유했다. D(피해자)는 피고인 A와 B에게 "원글 내용이 허위이므로 게시물을 삭제해달라"고 항의했으나 1년 넘게 응하지 않자, 검찰은 "피고인 A, B씨가 C씨가 올린 글이 허위임을 알면서도 D씨를 비방할 목적으로 글을 게재했다"며 명예훼손 혐의로 기소했다. 1심 법원은 "피고인 A,B가 해당 글이 허위임을 인식했다는 점을 인정하기 부족하다"며 "원글 자체만으로는 글의 작성자를 알 수 없고, 가해자로 묘사된 사람의 인적 사항이 특정되지 않는다"면서 무죄를 선고했다. 하지만 2심은 "원글의 주된 내용은 전부 허위이고, 피고인들에게는 미필적으로라도 원글 내용이 허위라는 인식 또한 있었다고 인정된다"며 "피고인 A, B씨는 C씨를 알고 있었으므로 그에게 진위 여부를 확인할 수 있었음에도 아무런 확인을 하지 않은 채 그대로 게시물을 게재했고, 피해자 D씨로부터 글을 삭제해달라는 항의를 받고도 사실관계 확인을 위한 노력 없이 1년 이상 게시물 유지하다 뒤늦게 삭제했다"고 지적하면서 피고인들에게 정보통신망법 상 명예훼손죄로 각각 벌금 70만원과 30만원을 선고하였다. 대법원은 피고인의 상고를 기각하고 원심을 확정했다(2020도920).[212]

그러나 단순히 타인을 사칭해 마치 그 사람이 직접 작성한 글인 것처럼 가장해 게시글을 올리는 행위는 그 사람에 대한 사실을 드러내는 행위에 해당하지 않으므로 이 조항을 적용할 수 없다는 판례가 있다.

대법원 2016. 3. 24. 선고 2015도10112 판결

남자 친구 B와 3년 간 교제하다가 2년 전 헤어진 피고인(여)은 B씨가 새 여자친구인 A씨(피해자)를 만난다는 것을 알게 되자 둘을 갈라놓기 위해 2014년 자신의 스마트폰에 소개팅 앱을 설치한 뒤 A씨 행세를 하면서 A씨의 사진과 전화번호를 불특정 다수의 남자들에게 전달했다. 검찰은 피고인을 정보통신망법 제70조 제2항의 명예훼손죄로 기소하였는데, 법원은 죄형법정주의의 관점에서 타인 행세가 법문 상 "사실을 드러낸 것"으로 볼 수 없다는 이유로 피고인에게 무죄를 선고하였다,

대법원 2018. 5. 30. 선고 2017도607 판결은 인터넷 커뮤니티 '일베'에서 피해자를 사칭하여 저속한 게시글들을 올린 경우에 같은 취지로 무죄를 선고하였다.

그러나 위 사례들에서 피고인의 법적 책임이 전혀 없는 것은 아니다. 인터넷 상의 타인 행세는 일종의 속임수이고, 형법상 전형적인 '위계'의 태양에 속하는 것이어서 다른 요건이 충족된다면 인터넷서비스제공자에 대한 업무방해죄가 성립할 수 있고,[213] 민사상으로 보면 피해자에 대한 불법행위가 성립되어 그에게 손해배상책임을 부담하게 될 수 있다. 즉 그에 의

---

212) 법률신문 2020−07−09 boysoo@lawtimes.co.kr.
213) 박종명, "판례해설] 인터넷상 타인 행세의 법률적 책임", 법률신문 2018−07−19.

해 피해자의 사회적 평가를 침해하는 경우에는 명예훼손의 불법행위가 성립될 수도 있고, 또는 그 외에 피해자의 인격권 침해의 불법행위가 성립할 수도 있다.

라. 비방의 목적

비방의 목적이란 출판물 등에 의한 명예훼손죄에서의 비방 목적과 마찬가지로 가해의 의사 내지 목적을 의미하며,[214] 행위자의 주요한 동기 내지 목적이 공공의 이익을 위한 것이라면 부수적으로 다른 사익적 목적이나 동기가 내포되어 있더라도 비방할 목적이 있다고 보기는 어렵다.[215]

형법상 명예훼손의 경우와 마찬가지로 정보통신망법 상의 명예훼손에서도 공익사항에 관한 보도에서는 특별한 사유가 없는 한 비방의 목적이 부인된다. 즉 비방의 목적은 "공공의 이익을 위한 것과는 행위자의 주관적 의도의 방향에 있어 서로 상반되는 관계에 있다고 할 것이므로, 적시한 사실이 공공의 이익에 관한 것인 경우에는 특별한 사정이 없는 한 비방할 목적은 부인"된다고 하는 것이 판례의 일관된 입장이다.[216]

비방할 목적이 있는지 여부는 피고인이 드러낸 사실이 거짓인지 여부와 별개의 구성요건으로서, 드러낸 사실이 거짓이라고 해서 비방할 목적이 당연히 인정되는 것은 아니다. 비방의 목적도 검사의 입증을 요하며, 적시 사실의 증명과 별도로 충분한 증명을 요한다.

> **대법원 2020. 12. 10. 선고 2020도11471 판결 [비방 목적의 부인]**
>
> 정보의 불균형이 심한 블록체인 시장에 대한 투자가 과열 양상을 보여 선의의 피해자가 양산될 조짐마저 보이던 상황에서 미국 자산운용사의 최고경영자로서 블록체인 스토리지의 코인 발행 사업을 소개하고 투자금을 유치하고 있던 피해자에 관해 "3,000억 원대 사기사건을 목격했다. 피해자가 사기꾼이라는 증거를 찾았다. 피해자는 자산운용사의 최고경영자라 자신을 소개했으나 거짓이었다."라는 내용의 글을 게시한 행위에 관해 대법원은 드러낸 사실이 거짓이라고 해서 비방할 목적이 당연히 인정되는 것은 아니며, 피해자의 금융업계 이력과 신빙성에 대한 비판과 검증을 할 필요가 있었고 학회 회원들의 단체대화방에 게시한 사정 등을 종합하면 피고인이 의혹을 제기한 주된 동기는 피해자를 비방하는 데 있기보다 금융업계에서 피해자와 피해자가 진행하는 프로젝트에 대한 검증이 필요하다는 것을 강조하는 데 있다는 이유로 무죄를 선고한 원심을 지지하였다.

---

214) 비방 목적은 행위자가 자신의 행위가 공연히 사실을 적시하여 사람의 명예를 훼손할 가능성이 있음을 인식하고 인용·감수하는 정도를 넘어 피해자를 가해할 목적을 가짐을 말한다.

215) 대법원 2011. 11. 24. 선고 2010도10864 판결, 대법원 2012. 11. 29. 선고 2012도10392 판결, 대법원 2018. 11. 29. 선고 2016도14678 판결, 대법원 2020. 3. 2. 선고 2018도15868 판결 등 참조).

216) 대법원 2005. 10. 14. 선고 2005도5068 판결 등.

(3) 인터넷의 익명성 관련

인터넷에서는 익명으로 표현행위가 행해질 수 있고, 그것이 타인의 명예를 훼손하는 경우에는 실제 표현행위를 한 자가 누구인가를 찾아내야 할 필요가 있다. 그 때문에 인터넷 명예훼손법에서는 피해자가 그 표현행위자의 신원을 추적할 수 있는 방법 및 범위 여하가 중요한 문제로 논의된다.

먼저 인터넷에서도 익명의 표현행위가 헌법상 보호되어야 한다는 점에는 합의가 이루어져 있다. 즉 표현의 자유는 표현행위자의 신원을 밝히든가, 아니면 신원을 은닉하든가 헌법상 보호되어야 하는 것이 원칙이다. 그런데 그에 의해 피해를 받은 자의 구제를 위해 익명의 표현행위자의 신원을 밝히게 되면 익명의 표현의 자유를 위축시키게 된다는 점에서 논란을 야기하게 된다.

> 익명의 표현행위가 여러 유용성을 갖는 것이라고 보면 표현행위가 익명으로 행해진다는 것만을 이유로 이를 금지하거나 처벌하는 것은 표현의 자유를 침해한다는 논란을 야기하게 된다. 익명에 의한 표현행위는 그 행위자를 색출하기 어려워 그 책임 추궁에 지장이 있지만, 그러한 이유만으로 익명의 표현행위가 일체 금지될 수는 없는 노릇이다. 그러나 문제는 익명에 의한 표현행위가 실정법을 위반하여 타인의 법익을 침해하는 경우 그 법적 구제의 필요성을 부인할 수 없다는데 있다.
>
> 미국 판례에 의하면 일반적으로 자기의 정체를 밝힐 것인가의 여부를 결정하는 것은 표현행위자의 자유에 속하고, 적어도 언어에 의한 표현의 영역에서는 익명의 저자가 사상의 자유시장에 참여함으로써 가져올 수 있는 이익은 그 참여의 조건으로서 그 신원의 개시(開示)를 요구하는 공적 이익에 우선하는 것이라고 한다.[217] 이러한 취지에 따라 미국 연방대법원은 익명에 의한 표현도 헌법에 의해 보호됨을 명확히 하였다.[218] 그러나 위 판결에 의하더라도 익명으로 커뮤니케이션할 권리(right to anonymously communicate)는 보호되더라도 탐지되지 아니할 자유(right to non-detection)가 완전하게 보호되는 것은 아니고,[219] 다른 법익을 침해하는 익명의 표현행위, 특히 익명의 투서에 의한 명예훼손이나 무고 등의 경우에 그 처벌이 면제되지 않는다.

결론적으로 말하면, 익명의 표현행위가 보호된다고 하더라도 그에 의해 법익을 침해당한 피해자의 구제가 포기될 수 없고, 이를 위해 표현행위자의 신원을 추적할 필요성이 부인될 수는 없다. 이와 관련하여 제기되는 것이 인터넷 실명제 도입 여부에 관한 논란[220]과 제소시 피고의 신원을 밝히는 수단 및 방법 여하에 관한 문제[221]이다.

---

217) 미국 연방대법원 Talley v. California, 361 U.S. 60 (1960).
218) McIntyre v. Ohio Elections Commission, 115 S. Ct. 1511 (1995).
219) Development in the Law of Cyberspace, 112 Harvard L. Rev. 1574, 1607 (1999).
220) 이에 관한 상세한 논의와 헌법재판소의 결정(헌법재판소 2012. 8. 23. 선고 2010헌마47 결정(인터넷 실명제 위헌 결정))에 관하여는 박용상, 언론의 자유, 1030-1040면 참조.
221) 이에 관한 상세한 논의와 법원 판결(서울고등법원 2012. 10. 18. 선고 2011나19012 판결("회피연아"

2. 공직선거법

(1) 서론

현행 공직선거법은 선거에 관한 보도에 있어서 허위의 보도·논평을 금지하고(법 제96조), 후보자 및 그 근친자 등에 대한 비방을 금지하는 규정을 두고 있으며(법 제110 조), 그에 위반한 행위를 형사 처벌하는 조항과 함께 선거 결과에 부당한 영향을 미치는 행위를 방지하기 위해 선거관리위원회에 의한 즉시적 구제제도 및 선거반론권 제도를 규정하고 있다.

공직선거법 제96조(허위논평·보도 등 금지)
① 누구든지 선거에 관한 여론조사결과를 왜곡하여 공표 또는 보도할 수 없다.
② 방송·신문·통신·잡지, 그 밖의 간행물을 경영·관리하는 자 또는 편집·취재·집필·보도하는 자는 다음 각 호의 어느 하나에 해당하는 행위를 할 수 없다.
1. 특정 후보자를 당선되게 하거나 되지 못하게 할 목적으로 선거에 관하여 허위의 사실을 보도하거나 사실을 왜곡하여 보도 또는 논평을 하는 행위
2. 여론조사결과 등과 같은 객관적 자료를 제시하지 아니하고 선거결과를 예측하는 보도를 하는 행위

공직선거법 제110조(후보자 등의 비방금지)
① 누구든지 선거운동을 위하여 후보자(후보자가 되고자 하는 자를 포함한다. 이하 이 조에서 같다), 후보자의 배우자 또는 직계존비속이나 형제자매의 출생지·가족관계·신분·직업·경력 등·재산·행위·소속단체, 특정인 또는 특정단체로부터의 지지 여부 등에 관하여 허위의 사실을 공표할 수 없으며, 공연히 사실을 적시하여 사생활을 비방할 수 없다. 다만, 진실한 사실로서 공공의 이익에 관한 때에는 그러하지 아니하다.
② 누구든지 선거운동을 위하여 정당, 후보자, 후보자의 배우자 또는 직계존비속이나 형제자매와 관련하여 특정 지역·지역인 또는 성별을 공연히 비하·모욕하여서는 아니 된다.

주지하는 바와 같이 정치적 영역에서의 표현행위는 보통 의견의 성격을 갖게 되며, 특히 선거운동의 표현행위는 정치적인 의견의 투쟁이 고조되는 상황 속에서 행해지는 것이므로 보다 더 강한 자유의 원칙이 적용된다는 점에 유의할 필요가 있다. 우리 판례는 민주주의 제도 하에서 선거에 관한 표현의 자유의 중요성을 강조하면서도

동영상 사건))에 관하여는 박용상, 언론의 자유, 1040−1055면 참조. 대법원은 2016. 3. 10. 선고 2012다105482 판결에서 전기통신사업자가 검사 또는 수사관서의 장의 요청에 따라 구전기통신사업법 조항에서 정한 형식적·절차적 요건을 심사하여 이용자의 통신자료를 제공한 경우, 원칙적으로 이용자의 개인정보자기결정권이나 익명표현의 자유 등을 위법하게 침해한 것으로 볼 수 없다고 판시하였다.

그 과정에서 침해받기 쉬운 선거관계자의 명예를 보호하기 위해 세심한 형량 조정 기준을 제시하고 있다.

대법원 2003. 2. 20. 선고 2001도6138 전원합의체 판결

"민주주의정치제도 하에서 언론의 자유는 가장 기초적인 기본권이고 그것이 선거과정에서도 충분히 보장되어야 함은 말할 나위가 없는바, 공직선거에 있어서 후보자의 공직담당적격을 검증하는 것은 필요하고도 중요한 일이므로 그 적격검증을 위한 언론의 자유도 보장되어야 하고, 이를 위하여 후보자에게 위법이나 부도덕함을 의심케 하는 사정이 있는 경우에는 이에 대한 문제 제기가 허용되어야 하며, 공적 판단이 내려지기 전이라 하여 그에 대한 의혹의 제기가 쉽게 봉쇄되어서는 아니 되나, 한편 근거가 박약한 의혹의 제기를 광범위하게 허용할 경우 비록 나중에 그 의혹이 사실무근으로 밝혀지더라도 잠시나마 후보자의 명예가 훼손됨은 물론 임박한 선거에서 유권자들의 선택을 오도하는 중대한 결과가 야기되고 이는 오히려 공익에 현저히 반하는 결과가 되므로 후보자의 비리 등에 관한 의혹의 제기는 비록 그것이 공직적격 여부의 검증을 위한 것이라 하더라도 무제한 허용될 수는 없고 그러한 의혹이 진실인 것으로 믿을만한 상당한 이유가 있는 경우에 한하여 허용되어야" 한다.

(2) 공직선거법상 명예훼손에 관한 형사처벌 조항

가. 공통 사항

현행 공직선거법 상 후보자 등의 넓은 의미의 명예를 보호하는 규정으로는 허위사실공표죄(제250조)[222]와 후보자비방죄(제251조)[223]가 있다. 이들은 선거에 즈음하여 당락을 목적으로 하는 목적범으로 규정되고 있다. 그 중 기본적 구성요건을 규정하는 제251조는 진위 여하를 막론하고 사실을 적시하여 후보자 등을 비방하는 행위를 처벌하고, 가중적 구성요건인 제250조는 허위 사실을 적시하여 명예훼손하는 경우를 처벌하고 있다. 그리고 후자의 경우에는 당선 목적을 위한 경우와 낙선 목적을 위한 경우로 나누어 후자의 경우에는 법정형을 가중하고 있다. 이들 규정은 선거에 관하여 행해진 명예훼손적 표현행위에 대한 제재와 관련한 특별 규정이며, 명예훼손의 구성요건 및 위법성이나 그 법적 효과 등 기본적인 실체적 법리에 관하여는 명예훼손에 관한 일반적 법리가 적용된다. 판례에 의하면 형법 제307조의 명예훼손죄와 공직선거법 제251조의 후보자비방죄는 보호법익과 구성요건의 내용이 서로 다른 별개의 범죄로서 상상적 경합의 관계에 있다.[224]

---

222) 허위사실공표죄는 1994년 3월 16일 공직선거법(법률 제4739호, 이른바 통합선거법)의 제정과 함께 신설되었다. 이에 관한 상세한 논의는 박용상, 표현의 자유, 439면 이하 참조.
223) 이에 관한 상세한 논의는 박용상, 표현의 자유, 429면 이하 참조.
224) 대법원 1998. 3. 24. 선고 97도2956 판결. 그러나 허위사실공표금지 조항의 법정형이 더 무거우므로 비방금지 조항을 중복하여 적용할 실익이 없다(헌법재판소 2024. 6. 27. 선고 2023헌바78 결정).

첫째, 이들 형벌조항은 (허위의) 표현행위에 의한 여론의 왜곡을 방지함으로써 선거의 공정을 도모할 뿐 아니라, 후보자 및 그 근친자의 인격을 보호하는데 그 입법취지가 있다고 할 수 있다. 따라서 선거에 관한 진실한 보도·논평이 금지되는 것은 아니다. 이들 처벌 규정은 선거에 관한 표현행위를 대상으로 하는데, 그것은 자치를 위한 대표자를 선출한다는 점에서 민주주의의 정수(精髓)인 정치적 언론에 속하는 것이며, 그만큼 자유로운 표현과 비판을 보장하여야 한다는 점에서 신중한 해석이 요구된다. 독일 판례에 의하면 선거유세전에서 상대방의 공약과 그 정당의 정강·정책 등에 대한 거친 언어의 사용이 자신의 의견을 최대한 유효적절하게 묘사하는 데 기여하는 한 허용될 수 있다고 한다.[225]

둘째, 행위 주체는 법문상 "누구나"로 규정되어 있어 아무 제한이 없으나, 선거 당사자가 선거운동을 하면서 범한 경우가 아니라 일반 시민이 선거에 관한 의견 표현으로 행한 경우에는 관대하게 다루어야 할 것이다. 법원은 선거운동이 금지된 공무원이 특정 후보자에 대해 '악플'을 남기는 등 위법을 자행한 경우 엄벌하는 경향을 취한다.

셋째, 공직선거법은 상술한 2개의 범죄구성요건을 정하면서 사실적시에 의한 명예훼손만을 처벌할 뿐 의견표현 또는 가치평가에 대하여는 처벌에서 배제하는 입법태도를 취하고 있다.[226] 이것은 형법상 명예훼손죄가 사실적시에 의한 경우에만 처벌하는 기본입장과 궤를 같이 하는 것이지만, 인터넷에서 성행하는 치명적인 선거 악플에 사실적시가 없이 험악하고 고약한 표현이 있어도 동 조항에 의한 처벌이 불가하고, 다만 형법 제311조(모욕죄)에 의한 처벌만 가능하게 됨에 유의할 필요가 있다. 선거 입후보자는 공인에 준하는 지위를 갖는 것이기 때문에 어느 정도의 비판은 감수해야 한다지만, 선거와 관련한 악성 댓글(악플)은 피해자 개인의 명예훼손이나 모욕을 넘어 유권자의 합리적 판단을 저해하고 선거의 결과를 왜곡할 수 있기 때문에 이를 고려해야 할 것이다.

넷째, 양죄는 "후보자, 그의 배우자 또는 직계존·비속이나 형제자매에 관하여" 사실이나 허위사실을 공표할 것을 요건으로 한다. 판례에 의하면 제250조 제2항에서 "후보자에 관한 사실"에는 직접 후보자 본인에 관한 사실뿐 아니라 소속 정당이나 그 정

---

225) BVerfGE 69. 270.

226) "공직선거법 제250조 제2항의 허위사실공표죄에서 말하는 '사실의 공표' 및 같은 법 제251조 본문의 후보자비방죄에서 말하는 '사실의 적시'란 모두 가치판단이나 평가를 내용으로 하는 의견표현에 대치되는 개념으로서 시간과 공간적으로 구체적인 과거 또는 현재의 사실관계에 관한 보고 내지 진술을 의미하는 것이"다(대법원 2007. 3. 15. 선고 2006도8368 판결 [공직선거법위반]).

당의 소속 인사에 관한 허위 사실도 후보자와 직접 관련되고 후보자의 당선을 방해하는 성질을 가진 경우에는 포함된다고 하는 한편,[227] 제251조의 경우에는 그 후보자 자신에 관한 것뿐 아니라 간접사실이라도 이를 적시하는 것이 후보자의 당선을 방해할 염려가 있는 것을 포함하나, 후보자의 소속 정당이나 그 정당의 소속 인사 등에 관한 사항은 그것이 후보자의 당락과 밀접히 관련되고 있는 것만이 포함된다고 한다.[228]

대법원 2007. 3. 15. 선고 2006도8368 판결 [박근혜 피습 패러디포스터]

피고인은 2006. 5. 31. 제4회 전국동시지방선거에 즈음하여 한나라당 서울시장 오세훈 후보 등이 당선될 것을 막기 위하여 인터넷의 '패러디놀이터게시판' 등에 '테러의 배후는?? 칼풍'이라는 제목 등으로 "한나라당 박근혜 대표 피습사건이 한나라당에 의하여 조작된 정치공작"이라는 허위의 사실임이 명백한 내용의 패러디 포스터(제1게시물)를 인터넷에 게시하고, 네이버의 개인블로그 등에 '행복한 오세훈'이라는 제목으로 '근조'라는 등을 들고 자전거를 타는 오세훈 후보의 합성사진과 함께 '할일 없이 빈둥거리다 시장되기! 억세게 운좋은 행복한 오세훈', '차떼기, 공천비리, 성추행 모두 잊게 해주시는 대표님!! … 근혜 대표님 고맙습니다'라는 문구가 기재된 패러디 포스터('제2게시물')를 각 게시한 사실로 기소되었다.

원심인 서울고법은 허위사실공표죄로 기소된 제1게시물에 관해 유죄로 판단하면서, 피고인이 제2게시물을 함께 게시함으로써 공소외 오세훈 후보자와 직접 연관시킨 점을 이유로 이 사건 제1게시물이 오세훈 후보자에 관한 허위의 사실을 공표한 것이라고 하여 위 공소사실을 유죄로 인정하였다. 이어 원심은 제2게시물에 관하여는 그 내용이 가치판단이나 평가를 내용으로 하는 의견표현에 불과하므로 허위사실공표죄나 후보자비방죄가 성립되지 않는다고 하여 무죄를 선고하였다.

대법원은 우선 "공직선거법 제250조 제2항에서 말하는 후보자에 관한 사실 중에는 직접 후보자 본인에 관한 사실뿐 아니라 후보자의 소속 정당이나 그 정당의 소속 인사에 관한 사항 등과 같은 간접사실이라도 후보자와 직접적으로 관련된 사실이고 그 공표가 후보자의 당선을 방해하는 성질을 가진 것인 경우에는 후보자에 관한 사실에 해당한다고 할 것이지만, 공표된 사실이 후보자와 직접적인 관련이 없어 후보자의 선거에 관한 신용을 실추시키거나 이에 영향을 미치는 것이 아닌 경우에는 후보자에 관한 사실에 포함되지 아니한다"고 전제하였다. 이에 따라 대법원은 원심이 유죄로 본 제1게시물에 관하여 그 "내용은 비록 후보자가 소속된 한나라당 및 박근혜 대표에 관한 내용이기는 하지만, 그 내용 중에는 오세훈 후보자와 직접적으로 관련됨으로써 그의 선거에 관한 신용을 실추시키거나 이에 영향을 미칠 수 있는 내용이 포함되어 있지 아니하므로, 이를 후보자에 관한 사실을 공표한 것이라고 보기는 어렵다고 보고 제1게시물에 대한 허위사실공표죄 부분을 무죄로 보아 그 부분을 파기하고 사건을 원심으로 환송하였다(대법원에 의하면, 위 제1과 제2 게시물은 각각 독립적인 게시물로서 다른 게시물들과 혼재되어 있는 상태이고, 하나의 게시물에 다른 게시물을 링크시키는 등 사실상 하나의 게시물로 볼 만한 사정도 찾아볼 수 없으므로, 이 사건 제2게시물이 이 사건

---

227) 대법원 2007. 3. 15. 선고 2006도8368 판결 [박근혜 피습 패러디포스터].
228) 대법원 1979. 6. 26. 선고 76도282 판결 및 대법원 2007. 3. 15. 선고 2006도8368 판결 참조.

제1게시물을 오세훈 후보자와 연관시키고 있다고 볼 수도 없다고 부언하고 있다).

다섯째, 허위사실공표죄와 후보자비방죄는 양자 모두가 일정한 매체 기타 방법을 사용하여 사실을 공표함으로써 성립되고, 초과주관적 위법요소로서 "당선되거나 되게 하거나" 또는 "되지 못하게 할 목적"을 요하는 목적범임에는 다름이 없다. 다만, 후보자비방죄에서는 당락의 목적과 허위 여부를 불문하고 어떠한 사실이든 사실을 적시하여 후보자를 비방하는 행위를 처벌함에 대하여, 허위사실공표죄는 반드시 '허위' 사실을 공표함을 요한다. 대법원 판례는 허위사실 공표죄를 후보자 비방죄로 공소장을 변경하여도 공소사실의 동일성을 해하지 않는다고 하며,229) 형법 제307조의 명예훼손죄와 공직선거법 제251조의 후보자비방죄는 보호법익과 구성요건의 내용이 서로 다른 별개의 범죄로서 상상적 경합관계에 있다고 한다.230)

나. 처리와 양형에 관한 특례 규정

공직선거법상 이들 범죄의 처리와 양형에는 여러 특례가 존재한다. 우선 이들 범죄의 공소시효는 선거일 후 6개월로 정해져 있고(동법 제268조), 선거사범에 관한 재판에서 제1심은 공소가 제기된 날부터 6월 이내에, 제2심 및 제3심에서는 전심의 판결의 선고가 있는 날부터 각각 3월 이내에 선고하여야 한다(동법 제270조). 또 이들 범죄에 있어서 정당 기타 단체는 그 소속원의 행위에 대해 양벌규정의 적용을 받는다(동법 제260조).

나아가, 양형에 관하여 현행 공직선거법은 당선인이 당해 선거에서 공직선거법에 규정된 죄를 범하여 징역형 또는 100만원 이상의 벌금형을 선고받은 때에는 그 당선을 무효로 하고(동법 제264조, 당선인의 선거범죄로 인한 당선무효), 반환·보전받은 선거비용 금액을 반환해야 하며(공직선거법 제265조의2 제1항), 징역형의 선고를 받은 경우에는 형의 집행이 종료되거나 면제된 후 10년간, 형의 집행유예 선고를 받은 사람은 형이 확정된 후 10년간, 100만 원 이상의 벌금형 선고를 받은 사람은 형이 확정된 후 5년간 피선거권이 제한되는 효과가 발생한다(동법 제266조). 이 때문에 낙선한 상대 후보자측은 선거운동에 즈음하여 행해진 당선자의 언동에 대하여 명예훼손 등을 이유로 고소하는 사례가 많다.231)

이 때 양형과 관련하여 재판부로서는 관련 범죄의 법정형에 따라 선고형을 양정함에는 주의를 요한다. 즉 공직선거법 제250조 제1항의 당선 목적 허위사실공표죄는

---

229) 대법원 1969. 8. 26. 선고 69도994 판결.
230) 대법원 1998. 3. 24. 선고 97도2956 판결.
231) 헌법재판소는 선거법 위반 등으로 벌금 100만원 이상의 형을 받으면 당선이 무효가 되게 한 공직선거법 규정에 관하여 합헌이라고 결정하였다(헌법재판소 2011. 12. 29. 선고 2009헌마476 결정. 공직선거법 제250조 등 위헌확인).

'5년 이하의 징역 또는 3천만원 이하의 벌금'으로, 제2항의 낙선 목적 허위사실공표죄는 '7년 이하의 징역 또는 500만원이상 3천만원 이하의 벌금'으로 법정형이 달리 규정되어 있다는 점을 간과하여서는 안 될 것이다.[232]

또 선거범죄가 다른 범죄와 실체적 경합관계에 있을 때, 형법상 경합범 처리방식과는 달리 선거범죄에 대해서는 독자적으로 형을 정해야 한다. 즉 공직선거법 제18조 제3항은 '선거범과 다른 범죄의 경합범에 대하여는 형법 제38조의 규정에도 불구하고 이를 분리 선고하여야 한다'고 규정하고 있다. 이는 공직선거법에 규정된 선거범죄로 인하여 100만원 이상의 벌금형이 선고되면 당선무효를 규정하고 있는 공직선거법 제264조를 염두에 둔 것으로서, 선거관련범죄가 아닌 다른 범죄가 선거관련범죄의 양형에 영향을 미치는 것을 차단하여 당선무효결정의 합리성을 보장하기 위한 것이다.[233]

이상 현행법의 규정을 보면 공직선거법상 허위사실공표죄는 단순한 형사범이 아니라 선거쟁송으로서의 효과를 함께 갖는 것이라고 보아야 할 것이다. 이렇게 독립된 선거심판기관이 아닌 법원의 형사재판 결과에, 그것도 벌금 100만원 이상 선고된 경우 선출직의 당선을 무효로 하는 체제에 대하여는 여러 비판이 있다(후술).

다. 선거 보도와 명예훼손의 특칙

언론 미디어는 후보자의 능력이나 도덕성을 검증하기 위해 그의 과거 전력이나 행태에 관하여 부정적인 면을 보도하지 않을 수 없고, 그것이 관련 후보자에게 부정적인 영향을 미치게 됨은 물론이다. 이러한 보도가 일반적 명예훼손이나 프라이버시 침해에 해당하여 민형사상의 제재를 받게 된다면 언론의 검증활동은 무력화될 수 있다. 그리고 선거에서 후보자의 적정성 여부를 알기 위해 그 명예나 사생활보호는 어느 정도 희생을 감수할 수밖에 없다. 그 때문에 현행 공직선거법은 선거에 즈음하여 후보자에 관한 보도에서 일반적 명예훼손이나 사생활보호에 관한 특칙을 규정하고 있다.

현행 공직선거법에 의하면 후보자는 등록 시에 ① 재산상황(후보자, 후보자의 배우자 및 직계 존비속의 각 재산총액), ② 병역사항, ③ 최근 5년간 소득세 재산세 종합부동산세 납부 및 체납실적, ④ 전과기록(죄명과 그 형 및 확정일자), ⑤ 직업 학력 경력 등 인적 사항에 관한 증명서류 등을 제출하여야 하며(법 제49조 제4항), 관할선거구선거관리위원회는 제출받거나 회보받은 이들 서류를 선거구민이 알 수 있도록 공개하도록 되어 있다(동조 제12항, 2002.

---

232) 당선 목적 허위사실공표죄의 법정형 중 벌금형은 하한이 없고 상한만 3,000만 원으로 규정되어 있어 벌금 5만원부터 선고가 가능한 반면, 낙선목적 허위사실공표죄는 법정형의 하한이 500만 원 이상의 벌금형으로 되어 있어, 작량감경을 하여도 당선무효형에 해당하는 형(벌금 250만원)의 선고를 할 수밖에 없게 되어, 일단 낙선 목적 허위사실공표죄가 유죄로 인정되면 법률에 의하여 자동적으로 당선무효의 효과가 부과되는 것과 마찬가지의 위력을 갖게 된다.

233) 김선화, "민주주의 원리의 관점에서 본 공직선거법상 허위사실공표죄와 당선무효조항 – 대법원 2020. 7. 16. 선고 2019도13328 전원합의체판결", 저스티스 통권 제183호(2021. 4), 707면 참조.

3. 7. 개정). 그리고 선거관리위원회가 주관하여 각 후보자로부터 작성 제출받은 선거공보(법 제65조)에는 등록 시에 제출된 '후보자정보공개자료'(동조 제7항)를 게재하게 되어 있다.

이것은 유권자의 알 권리를 확대하기 위한 것이며, 이들 공개자료에 포함된 사항을 미디어가 보도하는 경우에는 설사 그 결과가 특정 후보자에게 불리하게 작용한다 하더라도 명예훼손이나 사생활 침해가 되지 아니한다. 그러나 위 공개될 자료라 하더라도 선거일 후에 관할 선거관리위원회가 이를 공개하여서는 아니 된다(법 제49조 제12항 단서).

(3) 후보자비방죄(제251조)

가. 개관

후보자비방죄는 당락을 목적으로 후보자 등에 관한 사실을 공개·폭로함으로써 비방하는 행위를 처벌한다. 그에 대한 폭로·보도 행위가 비방행위로서 위법한가 여부를 판단하는 것은 쉬운 일이 아니다. 공직 후보자는 정치인으로서 대표적인 공적 인물에 속하는 자이고, 민주주의에서 선거가 갖는 의미에 비추어 그에 대한 약점과 과오의 지적은 널리 허용되어야 하기 때문에 그에 대한 폭로·비판은 널리 허용되는 것으로 취급되는 것이 제국의 일반적 경향이다.

공직선거법 제251조(후보자비방죄) 당선되거나 되게 하거나 되지 못하게 할 목적으로 연설·방송·신문·통신·잡지·벽보·선전문서 기타의 방법으로 공연히 사실을 적시하여 후보자(候補者가 되고자 하는 者를 포함한다), 그의 배우자 또는 직계존·비속이나 형제자매를 비방한 자는 3년 이하의 징역 또는 500만원 이하의 벌금에 처한다. 다만, 진실한 사실로서 공공의 이익에 관한 때에는 처벌하지 아니한다.

후보자 비방죄의 행위주체는 후보자나 선거사무관계자로 한정되지 아니하고, 일반 유권자나 언론도 그 주체가 된다.[234)]

나. 구성요건

1) 보호법익

공직선거법 제251조(후보자비방죄)의 입법취지는 "후보자 등에 대하여 명예를 훼손하는 위법행위를 규제함으로써 후보자 등의 명예를 보호함과 아울러 선거의 공정성을 확보함에 있"다고 한다.[235)]

2) 사실적시에 의한 비방

후보자비방죄는 당선되거나 되게 하거나 되지 못하게 할 목적으로 연설, 언론매체 기타의 방법으로 공연히 사실을 적시하여 후보자 등을 비방함으로써 성립하는 범

---

234) 헌법재판소 2024. 6. 27. 선고 2023헌바78 결정(공직선거법 제250조 제2항 등 위헌소원).
235) 대법원 2007. 3. 15. 선고 2006도8368 판결 [공직선거법위반].

죄이다. 여기서 '비방'이란 정당한 이유 없이 상대방을 깎아 내리거나 헐뜯는 것을 의미하며, 후보자 등에 대한 인격적 평가, 사회적 평가를 저하하려는 의사를 실현하는 행위를 말한다.236)

여기서 사용되는 '비방'의 개념을 독일 판례에서 사용되는 비방(Schmähung) 또는 비방적 비판(Schmähkritik)의 개념과 비교할 필요가 있다. 전술한 바와 같이 독일 판례는 의견의 표현에서 ① 인간존엄에 대한 부인·공격, ② 욕설 등 형식적 모욕과 ③ 이른바 비방적 비판 등은 이익 형량을 요함이 없이 금지되는 3가지 범주의 하나로 취급하고 있다. 여기서 비방이란 사안에 관한 실체적 논쟁이 아니라 개인을 헐뜯을 목적만을 갖는 인신공격을 의미하며, 유럽인권재판소에 의하면 공정한 논평 규칙에 의해 면책될 수 없는 의견 표현으로서 이른바 터무니 없는 인신공격을 의미한다. 그러나 공직선거법 제251조의 '비방'은 사실적시를 요소로 하는 것이기 때문에 독일에서 사용되는 개념과 판이하게 다르고, 그 적용범위가 제한된다.

우리 헌법재판소는 헌법재판소 2010. 11. 25. 2010헌바53 결정에서 공직선거법 제251조(후보자비방죄)의 '비방' 개념에 관해 죄형법정주의의 명확성원칙에 위배되지 않는다고 결정한 바 있다. 또 헌법재판소 2024. 6. 27. 2023헌바78 결정은 "위 조항 중 '비방'의 의미는 '사회생활에서 존중되는 모든 것에 대하여 정당한 이유 없이 상대방을 깎아내리거나 헐뜯는 것'이라고 해석할 수 있다"고 하며, "남을 헐뜯어 말함으로써 그의 사회적 가치평가를 저하시킬 수 있는 사실이면 사생활에 관련된 사실인지 여부와 관계없이 모두 이에 해당한다"고 하면서, "별도의 독자적인 개념 정의를 필요로 하는 용어가 아니라, 일반인이 일상적으로 사용하거나 다른 법령들에서도 사용되는 일반적인 용어로서, 특별한 경우를 제외하고는 법관의 보충적 해석작용이 없더라도 일반인들도 그 대강의 법적 의미를 이해할 수 있는 표현이라고 할 것"이어서 명확성원칙에 배치되지 않는다고 판시하였다.

다만, 피고인의 발언내용이 가치판단이나 평가를 내용으로 하는 의견표현인 경우에는 후보자비방죄의 구성요건을 충족하지 못한다.

그렇다면 (위법하다고 판단될 수 있는) 의견 표현에 의해 당선 또는 낙선에 영향을 미칠 수 있는 진술을 하는 경우에는 선거법상 전혀 형사제재를 가할 수 없게 된다는 문제가 제기될 수 있다. 예를 들어, 국회의원선거 후보자가 되고자 하는 자에 관하여 그 전제가 되는 사실관계를 암시하는 내용도 제시하지 아니한 채, "○○○ 빨갱이잖아요" "친일파 후손" 등이라고 표현한 경우 또는 "○○○ 미친놈" "쓰레기만도 못한 놈"이라고 거친 욕설을 한 경우에는 단지 의견 또는 평가의 표명에 불과한 것이어서 공직선거법 제251조 소정 후보자비방죄의 구성요건에 해당하지 않는다고 하는 판례가 있다.237) 이들 사례에서 발언자는 선거법상 제재를 받지는 않지만, 형법 제311조(모욕죄)의 구성요건이 충족되는 경우에는 동죄로 처벌될 수 있을 것이다.

---

236) 대법원 1996. 11. 22. 선고 96도1741 판결, 대법원 1997. 6. 30. 선고 97도956 판결.
237) https://www.lawtimes.co.kr/Legal−News/Legal−News−View?serial=111827 법률신문 입력 : 2005−04−21 오후 5:54:33.

비방 내용에는 제한이 없고 사생활뿐 아니라 모든 영역에 걸쳐 후보자의 당락에 영향을 미칠 수 있는 사실을 적시함으로써 성립한다.[238] 후보자비방죄에서 적시되는 사실은 악사(惡事) 추행뿐만 아니라 결과에 있어서 사람의 사회적 가치평가를 저하시킬 수 있는 사실로서 후보자의 당선을 방해할 염려가 있으면 족하다.

대법원 1996. 11. 22. 선고 96도1741 판결 [시의회 입후보자 비난 연설]

공직선거 및 선거부정방지법 제251조 본문의 '사실의 적시'란 가치판단이나 평가를 내용으로 하는 의견표현에 대치하는 개념으로서 시간과 공간적으로 구체적인 과거 또는 현재의 사실관계에 관한 보고 내지 진술을 의미하는 것이며 그 표현내용이 증거에 의한 입증이 가능한 것을 말하고, 판단할 진술이 사실인가 또는 의견인가를 구별함에 있어서는 언어의 통상적 의미와 용법, 입증가능성, 문제된 말이 사용된 문맥, 그 표현이 행하여진 사회적 정황 등 전체적 정황을 고려하여 판단하여야 한다.

이 사건 사실관계를 보면, 시의회의원에 입후보한 피고인은 선거 합동연설회에서 경쟁 후보자에 관해 "선거 때만 되면 적당히 거짓말하고 밥먹듯이 입에 발린 소리를 해도 괜찮다고 하는 정말로 불쌍하기 짝이 없는 사기꾼"이라고 비난하고 "동사무실 바로 옆에 도로를 조금 내준다고 해 놓고 바로 그 뒤에는 엄청난 땅을 팔아 가지고 거기다가 아파트를 짓고 있다"라고 연설한 사실이 후보자비방죄로 기소되었는데, 심리결과 아파트 건립 사실은 피해자와 아무 관계가 없음이 밝혀진 경우이다.

대법원은 피고인의 연설 속에는 상대방에 대하여 주관적으로 평가한 의견진술의 일부가 포함되어 있기는 하지만 그 진술내용이 전체적으로 사실의 나열로 구성되어 있고 그 진실 여부의 입증이 가능하며 자신의 의견표현에 앞서 먼저 사실들을 제시함으로써 이를 통하여 피해자의 인격에 대한 평가를 저하시키려는 의도임이 문맥상 드러나므로 전체적으로 볼 때 사실의 적시라고 보아야 하며, 선거연설이 경쟁 후보자의 정치적 활동에 관한 것이라 하더라도 상대방의 정치역량을 객관적으로 언급한 것이 아니라 이를 인격적으로 비하하는 취지였다면 공직선거 및 선거부정방지법 제251조의 '비방'에 해당한다고 판시하였다.

비방하는 사실적시행위는 진실한 사실이든 허위사실이든 묻지 않는다. 다만, 행위자는 진실임을 입증하여 항변할 수 있고, 이 경우 대법원은 공익의 판단기준에 관해 형법 제310조보다 완화된 입장을 취한다(후술). 또 헌법재판소는 2024. 6. 27. 선고 2023헌바78 결정에서 공직선거법 제251조(후보자비방죄) 중 '후보자가 되고자 하는 자'를 비방한 행위를 처벌하는 부분에 관하여 6:3의 의견으로 위헌으로 판단하였다(후술).

동법 제251조의 사실적시에 의해 비방하는 행위는 사생활로 보호받는 사실로서

---

238) "공직선거법 제110조 제1항이 '누구든지 선거운동을 위하여 … 공연히 사실을 적시해 사생활을 비방할 수 없다'고 규정하여 사생활 비방만을 금지하고 있는데 반해 이 사건 비방금지 조항이 정한 비방의 대상에는 아무런 제한이 없으므로, 남을 헐뜯어 말함으로써 그의 사회적 가치평가를 저하시킬 수 있는 사실이면 그것이 사생활에 관련된 사실인지 여부와 관계없이 모두 이에 해당하게 된다."(헌법재판소 2024. 6. 27. 선고 2023헌바78 결정 참조)

후보자의 당선을 방해할 염려가 있는 사실이 주된 대상으로 될 것이다. 예를 들면, 비방행위는 공직의 수행능력이나 자질과는 무관한, 전혀 사적이거나 개인의 내밀한 영역에 속하는 사항을 폭로·공표하는 등의 방법으로 행해질 수도 있다. 이들 프라이버시에 속하는 사실은 공개하더라도 민법상 불법행위는 될 수 있지만, 형사 처벌이 불가능한 사실에 속한다.

판례에 의하면 공직 후보자의 확정판결에 의한 전과를 공개하는 행위는 공직 수행과 무관한 것이라도 비방에 해당하지 않는다고 한다.

대법원 1979. 6. 26. 선고 76도282 판결 [국회의원선거법위반]

구 국회의원선거법 제162조 제1항에서 말하는 "사실을 적시하여 후보자를 비방한다"는 의미는 후보자에 관련된 사실을 적시하여 당해 후보자를 비방함을 의미하는 것으로 사실적시 중에는 그 후보자 자신에 관한 것 뿐만 아니라 간접사실이라도 이를 적시하는 것이 후보자의 당선을 방해할 염려가 있는 것을 포함하나, 그 후보자 소속 정당의 정책 및 그 정당 소속 인사에 관한 사항은 그것이 후보자의 당락과 밀접히 관련되고 있는 것이 아닌 이상, 위 조항의 후보자 비방에 포함되지 않는다.

대법원 1996. 6. 28. 선고 96도977 판결 [입후보자 전과 공개]

"공직선거에 입후보한 후보자의 유죄 확정판결의 전과사실은 비록 그것이 종전의 공직 수행과정에서의 범죄나 비리와 직접적으로 관련된 것이 아니라고 하더라도 그의 사회적 활동에 대한 비판 내지 평가의 한 자료가 되어 그의 공직 후보자로서의 자질과 적격성을 판단하는 데 중요한 자료가 될 뿐만 아니라 또한 그것은 법원의 최종적 사법적 판단까지 받은 것이므로 공적 이익에 관한 사실이라고 보아야 할 것이다."

이 사건에서 원심은 후보자의 전과사실이 당해 후보자의 과거 공직 수행과정에서 저지른 범죄나 비리 등 공직과 직접 관련이 있는 전과에 해당하는 경우에 한정하여 적용되어야 한다고 판시하였지만, 대법원은 (1) 후보자의 다른 전과의 공개도 후보자 선택을 위한 정보를 제공할 수 있고, (2) 공직에 있던 후보자의 전과는 공개될 수 있지만 공직에 있지 아니하였던 후보자의 전과는 공개될 수 없다는 것도 불공평하고, (3) 무혐의처분이나 무죄판결을 받은 사실은 후보자의 자질판단의 자료로 기여할 수 없는 것이어서 이를 적시한 것은 공공의 이익에 관한 것으로 인정되기 어려울 것이고, 형의 집행유예나 선고유예의 경우 형법 등에 의하여 일정기간이 지나면 형의 선고의 효력이 없어지거나 전과가 말소되지만, 객관적으로 판결이 선고된 사실 자체가 없어지는 것은 아니고 그러한 판결도 유죄판결로서 후보자의 자질을 판단하는 데는 중요한 자료가 될 수 있는 것이어서 공공의 이익에 관한 것이 될 수 있고, (4) 전과사실이 허위가 아니고 진실한 경우에는 그것의 적시가 반드시 인신공격적이라고만 보기도 어렵고 이의 허용과 정책대결과는 무관한 것이라는 취지로 판시하였다.

3) 목적범

후보자비방죄는 위와 같은 사실을 적시한다는 고의 외에 초과주관적(超過主觀的) 위법요소로서 '당선되거나 되게 하거나 되지 못하게 할 목적'을 범죄성립요건으로 하는 목적범이다. 판례는 "그 목적에 대하여는 적극적 의욕이나 확정적 인식임을 요하지 아니하고 미필적 인식이 있으면 족하다고 할 것이나, 그 목적이 있었는지 여부는 피고인의 사회적 지위, 피고인과 후보자 또는 경쟁 후보자와의 인적 관계, 행위의 동기 및 경위와 수단·방법, 행위의 내용과 태양, 상대방의 성격과 범위, 행위 당시의 사회상황 등 여러 사정을 종합하여 사회통념에 비추어 합리적으로 판단하여야" 한다고 한다.[239]

4) 진실의 항변

위 구성요건에 해당하는 표현행위가 진실한 사실로서 공공의 이익에 관한 때에는 위법성이 조각된다(공직선거법 제251조 단서). 다만, 판례는 형법 제310조와 공직선거법 제251조 단서가 규정하는 각 '공익'의 판단에 관하여 달리 취급하고 있다. 즉 형법 제310조의 경우에는 공공의 이익이 적어도 주된 동기가 되어야 하고 부수적으로 사적 이익이 포함되는 경우,[240] 즉 적어도 공공의 이익이 사적 이익보다 우월한 경우에만 위법성이 조각되는 것으로 본 반면, 공직선거법 제251조 단서의 경우에는 '오로지' 공적 이익을 위한다는 문구가 없고,[241] 후보자에 관하여 충분한 정보가 제공되어야 한다는 취지를 고려하여 "진실한 사실의 적시에 관한 한 그것이 반드시 공공의 이익이 사적 이익보다 우월한 동기가 된 것이 아니더라도 양자가 동시에 존재하고 거기에 상당성이 인정된다면 위 단서 조항에 의하여 위법성이 조각된다고 보아야 할 것이다"라고 한다.[242] 다음 사례에서 대법원은 위와 같은 기준을 적용하면서 위법성 조각 여부를 판단하고 있다.

대법원 1996. 11. 22. 선고 96도1741 판결 [시의회 입후보자 비난 연설]

"피고인이 연설을 한 주관적 목적을 보면, 상대방 후보자의 인격과 능력에 관한 정보를 유권자에게 제공한다는 측면에서 공적 이익도 동기가 되었지만, 상대방 후보에 대한 비방에 의하여 상대방을 낙선시키고 자신이 당선되겠다는 사적 이익이 결정적으로 중요한 동기였고,

---

239) 대법원 1997. 4. 25. 선고 96도2910 판결.
240) 대법원 1993. 6. 22. 선고 92도3160 판결 참조.
241) 현행 공직선거법 제정 이전 구법 시대에 각종 선거법에 규정되었던 후보자비방죄에서 진실의 항변은 형법 제310조와 같이 "진실한 사실로서 오로지 공공의 이익에 관한 때"를 요건으로 정하고 있었으나, 현행 공직선거법 제251조 단서는 "오로지"라는 단어를 삭제하고 "다만, 진실한 사실로서 공공의 이익에 관한 때에는 처벌하지 아니한다"라고 규정하게 되었다. 이에 관해 대법원은 선거의 자유를 충분히 보장하고 공직 후보자에 대한 충분한 정보 제공을 위한 것이라고 그 개정의 취지를 설명하고 있다(대법원 1996. 6. 28. 선고 96도977 판결 [입후보자 전과 공개]).
242) 대법원 1996. 6. 28. 선고 96도977 판결 [입후보자 전과 공개].

그 표현수단이나 전체적 진실성(정확성)의 정도 등에 비추어 보면 공적 이익은 극히 미미하고 거의 사적 이익이 동기를 이룬 것이어서 양자 사이에 상당성을 인정할 수 없으므로, 피고인의 행위는 공직선거및선거부정방지법 제251조 단서에 해당하지 아니하여 위법성이 조각되지 아니한다."

대법원 2000. 4. 25. 선고 99도4260 판결 [경쟁 후보자 처의 체납사실]

지방자치단체장으로서 세무공무원인 후보자가 상대후보자의 처의 지방세 체납사실을 지방자치단체장 후보자 합동연설회에서 적시한 사안에서, 후보자 본인이나 생활공동체를 이루고 있는 처의 지방세 체납사실은 후보자의 사회적 활동에 대한 비판 내지 평가의 한 자료가 되어 그의 공직 후보자로서의 자질, 준법성 및 공직 적격성을 판단하는데 자료가 될 수 있는 것이어서 객관적으로 공공의 이익에 관한 사실이라고 할 것이고, … 선거관리위원회가 주최한 합동연설회장에서 위 사실을 적시한 것은 상대 후보자의 평가를 저하시켜 스스로가 당선되려는 사적 이익 못지 않게 유권자들에게 상대 후보자의 자질 등에 대한 충분한 자료를 제공함으로써 적절한 투표권을 행사하도록 하려는 공공의 이익도 상당한 동기가 되었다고 할 것이며, 적시한 위 사실의 내용 등에 비추어 볼 때 공공의 이익과 사적 이익 사이에 상당성도 있다고 할 것이어서 상대 후보자에 관하여 위와 같은 지방세 체납 사실을 적시한 것은 (세무공무원으로서 직무상 취득한 지방세 과세정보의 누설을 금지하는 세법 규정을 위반하였다 하더라도) 전체적으로 볼 때 진실한 사실로서 공공의 이익에 관한 때에 해당하므로 공직선거법 제251조 단서에 의하여 위법성이 조각된다고 할 것이다.

진실성이나 공익성에 대한 착오가 있는 경우에 위법성조각사유의 전제사실의 착오가 있는 경우로서 제한적 책임설에 따라 구성요건적 고의는 존재하나 책임고의가 탈락하게 된다.[243]

다. 일부 위헌 결정

헌법재판소는 공직선거법 제251조(후보자비방죄) 규정에 관하여 2013. 6. 27. 선고 2011헌바75 결정에서 합헌의견은 4인, 반대의견은 5인으로, 위헌의견이 다수이나 법률의 위헌선언에 필요한 정족수에 미달하여 합헌결정이 이루어진 바 있었다. 그러나 그 후 헌법재판소는 2024. 6. 27. 선고 2023헌바78 결정에서 6:3의 합의로 공직선거법 제251조(후보자비방죄) 중 '후보자가 되고자 하는 자'에 관한 부분은 헌법에 위반된다고 결정하였다. 다수의견에 의하면 후보자가 되고자 하는 자에 대한 비방행위가 진실한 사실이거나 허위사실로 증명되지 아니한 사실에 대한 것이라면, 후보자가 되고자 하는 자는 이러한 문제제기에 대해 스스로 반박을 하고, 이를 통해 유권자들이 후보자가 되고자 하는 자의 능력, 자질 및 도덕성 등 공직 적합성에 관한 정보를 얻어 선거의 공정성을 달성할 수 있어야 한다고 보았다. 그리고 이 사건 비방금지 조항에 근거한

---

243) 김상호, "형법상 모욕과 비방", 저스티스 통권 제103호, 66면 참조.

고소·고발, 수사, 형사재판 소추 위험성 등으로 인해 그 자체로 표현의 자유에 대한 위축효과가 발생할 수 있고, 특히 수사기관 및 재판기관에서 어떠한 기준에 의하여 공익성이 입증되고 판단될 것인지 불확실하다는 점이 지적되었다. 또한 이 사건 비방금지 조항이 없더라도 진실한 사실을 적시하여 후보자가 되고자 하는 자의 명예를 훼손한 경우에는 형법 제307조 제1항의 사실적시 명예훼손죄로 처벌이 가능하며, 스스로 공론의 장에 뛰어든 사람의 명예를 일반인의 명예보다 더 두텁게 보호할 필요가 없다고 판단하였다.

(4) 허위사실공표죄(제250조)

가. 법 규정

공직선거법 제250조는 "허위의 사실을 공표하여 선거인의 올바른 판단에 영향을 미치는 행위를 규제함으로써 선거의 공정을 보장함에 있"을 뿐 아니라[244] 후보자 및 그 근친자의 인격을 보호하는데 그 입법취지가 있다고 할 수 있다.

공직선거법 제250조는 당선될 목적으로 후보자 및 근친자의 일정한 사항에 관하여 유리한 허위사실을 공표하는 경우(동법 제250조 제1항)와 당선되지 못하게 할 목적으로 후보자 및 근친자에 관하여 불리한 허위사실을 공표하는 경우(동법 제250조 제2항)를 나누어 규정하고 있다. 당선 목적의 허위사실공표죄에서는 후보자 및 근친자의 "출생지·가족관계·신분·직업·경력등·재산·행위·소속단체, 특정인 또는 특정단체로부터의 지지여부 등에 관하여" 허위사실을 적시한 경우에 한정하여 처벌하고 있으나, 낙선목적 허위사실공표죄의 경우에는 그러한 대상의 범위를 한정하고 있지 않기 때문에 처벌 범위가 더 넓어진다고 볼 수 있다.[245]

허위사실의 정의 및 그 입증에 관해서는 허위사실적시 명예훼손죄(제307조 제2항)에서 논의한 바와 같다.[246] 공직선거법상 허위사실공표죄의 '허위의 사실'은 '진실에 부합하지 않는 사항'으로서 공직선거후보자에 대한 정확한 판단을 그르치게 할 수 있을 정도의 구체성을 가지는 것을 말하며,[247] "단순한 가치판단이나 평가를 내용으로

---

244) 대법원 2007. 3. 15. 선고 2006도8368 판결 [공직선거법위반].
245) 이와 관련하여 낙선 목적 허위사실공표죄는 선거 과정에서의 의혹 제기와 관련하여, 특히 언론의 자유와의 관계가 문제 되는 반면, 당선 목적 허위사실공표죄는 언론의 자유라는 기본권보다는 그러한 허위사실에 대한 고의 그중에서도 미필적 고의의 인정 여부와 관련하여 문제가 된다고 한다(이종수, "당선 목적 허위사실공표죄의 '미필적 고의'에 관한 연구", 서울대학교 법학 2020, vol. 61, no. 1, 통권 194호, 252-253면).
246) 전술 제7절 II 3 (2) 가 참조.
247) 대법원 2002. 4. 10. 선고 2001모193 결정, 대법원 2006. 5. 25. 선고 2005도4642 판결 등.

하는 의견표현에 불과한 경우"에는 허위의 사실에 해당하지 않는다.[248]

대법원 2018. 9. 28. 선고 2018도10447 판결 [공직선거법위반]

"공직선거법 제250조 제2항에 규정된 허위사실 공표죄에서, 허위의 사실은 진실에 부합하지 않은 사항으로서 선거인으로 하여금 후보자에 대하여 정확한 판단을 그르치게 할 수 있을 정도로 구체성을 가진 것이면 충분하고, 단순한 가치판단이나 평가를 내용으로 하는 의견표현에 불과한 경우에는 이에 해당하지 않는다. 그런데 어떤 진술이 사실주장인지 또는 의견표현인지를 구별하기 위해서는, 선거의 공정을 보장한다는 입법 취지를 염두에 두고, 언어의 통상적 의미와 용법, 문제 된 말이 사용된 문맥, 증명가능성, 그 표현이 행하여진 사회적 상황 등 전체적 정황을 고려하여 판단하여야 한다(대법원 2002. 11. 13. 선고 2001도6292 판결 등 참조)."

나. 허위사실적시의 대상

공직선거법 제250조 제1항에 의하면 피고인이 후보자 등 근친자 등의 "출생지·가족관계·신분·직업·경력 등·재산·행위·소속단체, 특정인 또는 특정 단체로부터의 지지 여부 등에 관하여 허위의 사실(학력을 게재하는 경우 제64조 제1항의 규정에 의한 방법으로 게재하지 아니한 경우를 포함한다)을 공표하거나 공표하게 하는 행위"를 하였음을 요한다.

위 조문 중 '경력 등'과 '행위'에 관하여는 특별한 언급을 요한다.

대법원에 의하면 "여기서 '경력 등'이라 함은 후보자 등의 '경력·학력·학위·상벌'을 말하고(공직선거법 제64조 제5항), 그중 '경력'은 후보자 등의 행동이나 사적(事績) 등과 같이 후보자 등의 실적과 능력으로 인식되어 선거인의 공정한 판단에 영향을 미치는 사항을 말한다"고 한다.[249]

제250조 제1항에서 '학력'에 관하여는 수차례 법률 개정에 의해 그 내용이 변경되었다. 즉 1995. 12. 30. 개정(법률 제5127호)에서는 교육법이 인정하는 정규학력 외의 공개강좌 기타 교육과정을 수학한 경력을 기재하는 때에는 그 교육과정명과 수학기간을 기재하여야 하고, 이를 위반하는 경우에는 허위사실을 공표하는 것으로 간주한다는 규정이 신설되었다. 1997. 1. 13. 개정(법률 제5262호)에서는 외국에서 수학한 학력을 기재하는 때에는 그 교육과정명, 수학기간, 학위를 취득한 때의 취득학위명을 기재하도록 하였고, 그 후 2000. 2. 16. 개정(법률 제6265호)은 정규학력을 게재하는 경우 "졸업 또는 수료 당시의 학교명·수학기간을 기재하지 아니하는 경우"를 처벌대상으로 추가하였다.

대법원이 '특정 학교 동문회가 갑 후보를 공개 지지한다'는 취지의 허위 성명서를 작성·배

---

248) 대법원 2002. 4. 10. 선고 2001모193 결정.
249) 대법원 2011. 3. 10. 선고 2010도16942 판결 및 대법원 2015. 5. 29. 선고 2015도1022 판결(후보자 등의 '체납실적'은 선거공보에 의해 선거구민에게 공개되는 주요 선거정보로서 납세의무 이행과정에서의 준법정신, 도덕성, 성실성 등과 같이 선거인의 공정한 판단에 영향을 미치는 사항에 대한 후보자 등의 실적으로 인식되는 것이므로, 위 '경력'에 해당한다고 판시함).

포한 행위가 공직선거법에서 정한 허위사실공표죄에 해당하지 않는다고 판시하자,[250] 국회는 2015. 12. 24. 개정(법률 제13617호)을 통하여 공표 대상 중 기존 '인격'을 제외하는 대신 '가족 관계'와 '특정인 또는 특정단체로부터의 지지여부'를 추가하였다.

여기서 후보자 등의 '행위"에 관한 허위사실적시를 처벌하는 것이 명확성 원칙에 위반되지 않는가 하는 의문[251]을 제기하는 주장이 있다. 그에 의하면 공직선거법 제250조 제1항은 허위사실 공표의 대상을 '행위' 외에도 직업·학력·경력·재산 등 다양하게 규정하는데, 여기서 행위는 직업·학력·경력·재산 등을 포괄하는 일반 개념이 아니라 이들과 병렬적으로 나열된 개별 개념 중 하나에 불과하다. 그런데 '경력'과 '재산'에 관한 허위사실 공표죄에서는 공직선거법이나 다른 관계법률에 언급된 사항이 있어 이를 함께 판단하여 그 예측가능성이 담보되지만, '행위'에 대한 허위사실 공표의 경우에는 행위 자체가 포괄적 개념이므로 현실에서 어느 범위까지가 적용 대상이 되는지를 예측하기란 쉽지 않다.[252] 이렇게 볼 때 공직선거법 제250조 제1항의 '행위'로 확보되는 법률의 명확성 정도는 '학력', '경력', '재산' 등 동 조항이 적용되는 다른 경우에 비해 현저히 낮고, 그렇게 차별할 만한 합리적 이유도 없으므로 수범자에 대한 공정한 고지라는 측면에서 명확성원칙을 위반한다는 것이다.

헌법재판소는 이에 관해 "'행위'란 일상의 모든 행위라는 국어사전의 의미와는 달리 후보자의 자질, 성품, 능력 등과 같이 유권자가 후보자를 공정하게 판단하는데 영향을 주는 행위에 한정된다"고 판시한 바 있다.[253] 그에 의하면 일반적 도덕성을 갖고 정상적 사고를 하는 자라면 거짓말을 하여서는 안될 행위를 판별하는데 어려움이 없을 것이다. 더구나 허위사실이란 구성요건이 충족되려면 중요한 부분이 사실에 합치되면 족할 뿐 상세한 내용이 모두 정확히 부합할 것을 요하지 아니하며, 그 처벌에는 행위자의 고의가 검사의 입증에 의해 증명될 것을 요한다는 점, 거짓말을 하였다는 점은 공직 수행 적격에서는 물론 그 이전에 인간으로서 기본적 도덕률을 무시한다는 점을 징표한다는 의미에서 그 금지의 제재는 선거의 공정을 위해서뿐 아니라 법치 체제의 유지를 위해 필수적이다. '행위'를 일반개념으로 보든, 여타 구체적 개념과 배타적 관계의 개념으로 보든 상관 없이 구체적 여러 징표에 의해 포섭되지 못하는 사항을 포괄적으로 '행위' 개념으로 규정한 입법자의 의도를 가볍게 보아서는 안될 것이다. 더구나 공직선거법 제250조 제1항은 허위사실적시를 요건으로 하는 범죄이며, 동서고금의 도덕률인 거짓말을 하는 행위를 규제하는 것이어서 그만큼 불법성이 크다. 최근 유행하는 SNS가 가공할 영향력을 가지고 허위 사실 유포가 횡행하는 시대에 허위사실적시 금지의 법적 요청은 절실하다. 법률의 해석은 가급적 헌법에 합치되도록 해석하여야 하며, 입법부의

---

250) 대법원 2011. 3. 10. 선고 2010도16942 판결 참조.
251) 박찬권, "체계의 단계구조에서 법률의 명확성에 대한 판단 기준 – 공직선거법 제250조 제1항 허위사실공표죄의 위헌성에 관하여", 사법, vol. 1, no. 64, 통권 64호(사법발전재단, 2023), 229(260)면 참조.
252) 같은 취지: 송기춘, 공직선거법상 허위사실공표죄에 관한 헌법합치적 해석과 적용 – 수원고등법원 2019. 9. 6. 선고, 2019노119 판결과 관련하여 – , 민주법학 73호, 민주주의법학연구회(2020), 343면; 남경국, 공직선거법 당선 목적 허위사실공표죄의 합헌적 해석 – 경기도지사 이재명 사건을 중심으로 – , 연세 공공거버넌스와 법 10권 2호, 연세대학교 법학연구원 공공거버넌스와 법센터(2019), 132면.
253) 헌법재판소 2021. 2. 25. 선고 2018헌바223 전원재판부 결정.

판단을 법관이나 헌법재판소가 무효로 함에는 신중을 기해야 한다. 이러한 여러 점을 고려한 다면 위 '행위' 규정에는 그것을 무효로 할 정도로 명확성이 결여되어 있다고 볼 수 없을 것이다.

다. 허위 사실[254]

여기서 '허위의 사실'이라 함은 진실에 부합하지 않은 사항으로서 선거인으로 하여금 후보자에 대한 정확한 판단을 그르치게 할 수 있을 정도로 구체성을 가진 것이면 충분하다.[255] 공표된 사실의 내용 전체의 취지를 살펴볼 때 중요한 부분이 객관적 사실과 합치되는 경우에는 세부에 있어서 진실과 약간 차이가 나거나 다소 과장된 표현이 있다 하더라도 이를 허위의 사실이라고 볼 수는 없다.[256]

> 대법원이 허위사실로 판단한 사례를 보면 다음과 같다.[257]
> ① '상무'나 '상무보'보다 하위직급인 '상무대우'로 근무하였음에도 피고인의 홈페이지에 (전)A상무 라고 표시한 경우(대법원 2009. 1. 15. 선고 2008도10365 판결)
> ② 학교 총동문회가 피고인(후보)을 지지하는 의사 표명을 한 사실이 없음에도 "위 동문회가 C후보를 공개지지한다"는 취지의 성명서를 작성하여 배포한 경우(대법원 2011. 3. 10. 선고 2010도16942 판결)
> ③ 지지 의사표명을 한 사실이 없음에도 "D지역 100인 및 향우회 회장과 지회장 25명이 E후보 지지를 선언하였다"는 취지의 보도자료를 배포하거나 후보자의 블로그에 글을 올린 경우(대법원 2011. 6. 9. 선고 2011도3717 판결)
> ④ 금고 이상의 형의 범죄경력을 누락한 경우(대법원 2009. 6. 11. 선고 2008도11042 판결)
> ⑤ 선고유예를 판결을 받았음에도 불구하고 토론회에서 무죄라고 이야기한 경우(대법원 2007. 10. 25. 선고 2007도3601 판결)
> ⑥ 차명계좌로 관리하던 예금을 누락하여 신고한 경우(대법원 2009. 10. 29. 선고 2009도5945 판결)
> ⑦ 차명주식을 누락한 경우(대법원 2009. 7. 9. 선고 2009도1374 판결)
> ⑧ 피고인이 고문에 가담하였음을 충분히 인정할 수 있음에도 불구하고 H의 주장에 대하여 피고인이 이를 소극적·방어적으로 부인하는 것을 넘어 적극적으로 "자신은 고문에 가담한 사실이 없고 H가 허위의 사실을 유포하고 있다"면서 자신의 홈페이지나 블로그에 글을 게재한 경우(대법원 2013. 4. 26. 선고 2013도993 판결)

허위사실공표죄는 허위가 범죄의 구성요건으로 되어 있으므로 원칙적으로 공표된 사실이 허위라는 점에 대한 검사의 적극적인 증명이 필요하고, 그 사실이 진실이라

---

254) 이하 설명에서는 전술한 제7절 Ⅱ 3 (2) (3) 참조.
255) 대법원 2003. 2. 20. 선고 2001도6138 전원합의체 판결.
256) 대법원 2011. 6. 30. 선고 2011도4691 판결.
257) 이하 사례 예시는 이종수, "당선 목적 허위사실공표죄의 '미필적 고의'에 관한 연구, 서울대학교 법학", vol. 61, no. 1, 통권 194호(2020), 263-264면을 참조한 것임.

는 증명이 없다는 것만으로는 부족하다.[258] 후자의 경우에는 사실적시에 의한 후보자 비방죄의 성립이 문제될 수 있을 뿐이다.

대법원 2015. 5. 29. 선고 2015도1022 판결 [공직선거법위반]

공직선거법 제250조 제1항 소정의 허위사실공표죄에서는 공표된 사실이 허위라는 것이 구성요건의 내용을 이루는 것이기 때문에 행위자의 고의의 내용으로서 그 사항이 허위라는 것의 인식이 필요하다 할 것이고, 이러한 주관적 인식의 유무는 그 성질상 외부에서 이를 알거나 입증하기 어려운 이상 공표 사실의 내용과 구체성, 소명자료의 존재 및 내용, 피고인이 밝히는 사실의 출처 및 인지 경위 등을 토대로 피고인의 학력, 경력, 사회적 지위, 공표 경위, 시점 및 그로 말미암아 객관적으로 예상되는 파급효과 등 제반 사정을 모두 종합하여 규범적으로 이를 판단할 수밖에 없다(대법원 2005. 7. 22. 선고 2005도2627 판결 등 참조). 그리고 위 허위사실공표죄는 미필적 고의에 의하여도 성립되는 것이고(대법원 2004. 2. 26. 선고 99도5190 판결 등 참조), 위 허위사실공표죄에서의 '당선되거나 되게 할 목적'은 허위사실의 공표로서 후보자가 당선되고자 하는 또는 당선되게 한다는 인식만 있으면 충분한 것이며, 그 결과의 발생을 적극적으로 의욕하거나 희망하는 것을 요하는 것은 아니다(대법원 2006. 5. 25. 선고 2005도4642 판결 등 참조).

소문을 전하거나 의혹을 제기한 경우에도 소문이나 의혹의 내용이 허위인 경우에는 동조의 범죄가 성립한다.

대법원 2016. 12. 27. 선고 2015도14375 판결

피고인이 상대 후보자 K가 미국 영주권을 보유한 의혹이 있다는 취지로 행한 발언이 허위사실공표죄로 기소된 사안에서 원심은 피고인이 1차공표를 통하여 공표한 사실이 '의혹이 존재한다'는 것에 국한된다는 전제에서 그 공표한 사실이 허위라고 보기 어렵다고 판단하였다. 그러나 대법원은, "공직선거법 제250조 제2항에서 정한 허위사실공표죄를 적용할 때 소문 기타 다른 사람의 말을 전달하는 형식이나 의혹을 제기하는 형식을 빌려서 '어떤 사실'을 공표한 경우에는 그러한 소문이나 의혹 등이 있었다는 것이 허위인지 여부가 아니라 그 소문이나 의혹 등의 내용인 '어떤 사실'이 허위인지 여부에 의하여 판단하여야 하는" 것이라고 하면서, K가 미국 영주권을 보유하고 있다는 사실이 허위로 판명된 이상, 설령 그와 같은 의혹이 제기되었다는 사실 자체는 진실이라고 하더라도 피고인의 행위는 허위사실의 공표에 해당한다고 보고 원심을 파기 환송하였다.

한편, 판례에 의하면 후보자의 비리 등에 관한 의혹의 제기가 문제된 경우 의혹사실의 존재를 적극적으로 주장하는 자는 그러한 사실의 존재를 수긍할 만한 소명자료를 제시할 부담을 지며, 그러한 소명자료를 제시하지 못한다면 달리 그 의혹사실의 존재를 인정할 증거가 없는 한 허위사실의 공표의 책임을 지게 된다.[259]

---

258) 대법원 2000. 4. 25. 선고 99도4260 판결.
259) 대법원 2003. 2. 20. 선고 2001도6138 전원합의체 판결.

따라서 의혹 사실에 대한 제보가 있었다고 하면서도 그 제보의 구체적 내용과 근거는 물론 과연 그러한 제보가 있었는지에 대해조차 전혀 소명자료을 제시하지 못한 경우, 그리고 이미 이루어진 수사결과와 달리 그 병역면제처분에 비리의 의혹이 있다고 믿을만한 정황과 자료를 제시하지 못한 경우 그 의혹의 제기는 상대 후보자를 당선되지 못하게 할 목적하에 이루어진 허위사실 공표에 해당한다.

대법원 2003. 2. 20. 선고 2001도6138 전원합의체 판결

이 판결에서 대법원은 의혹제기의 입증방법에 관하여 "허위사실 공표죄에 있어서, 의혹을 받을 일을 한 사실이 없다고 주장하는 사람에 대하여, 의혹을 받을 사실이 존재한다고 적극적으로 주장하는 자는, 그러한 사실의 존재를 수긍할 만한 소명자료를 제시할 부담을 지고, 검사는 제시된 그 자료의 신빙성을 탄핵하는 방법으로 허위성의 증명을 할 수 있다. 이때 제시하여야 할 소명자료는 위 법리에 비추어 단순히 소문을 제시하는 것만으로는 부족하고, 적어도 허위성에 관한 검사의 증명활동이 현실적으로 가능할 정도의 구체성은 갖추어야 하며, 이러한 소명자료의 제시가 없거나 제시된 소명자료의 신빙성이 탄핵된 때에는 허위사실 공표의 책임을 져야 한다."고 판시하였다(대법원 2005. 7. 22. 선고 2005도2627 판결, 대법원 2009. 3. 12. 선고 2008도11743 판결, 대법원 2018. 9. 28. 선고 2018도10447 판결 등 참조).

사실관계를 보면, 1988년 제5공화국 비리 조사위원회에서 거액의 간척지공사 수의계약에 관해 공사 입찰에 대한 비리 개입 및 관권 개입설을 조사한 결과 피고인은 당시 A 국회의원(피해자)이 수십억 원의 정치자금을 마련하여 그 소속 정당 국회의원들과 나누어 썼다는 제보가 있었다고 말하고서도, 그 제보의 구체적 내용과 근거는 물론 과연 그러한 제보가 있었는지에 대해조차 전혀 소명자료을 제시하지 못한 경우 그 의혹의 제기는 상대 후보자를 당선되지 못하게 할 목적하에 이루어진 허위사실 공표에 해당한다고 판단되었다.

또 대법원은 피고인이 단정적인 표현을 피하고 "… 그것이 사실이라면"이라는 가정적인 표현을 하였다 하더라도 일반 선거인에게 주는 인상이 피해자에게 어떤 비리가 있다는 의혹을 갖게 하는 경우에는 "피고인의 발언이 소문을 원용하면서 가정적인 표현을 사용하고 있"다 하더라도 허위사실공표에 해당한다고 판시하였다.

다만, 판례는 제시된 소명자료 등에 의하여 그러한 의혹이 진실인 것으로 믿을만한 상당한 이유가 있는 경우, 환언하면 이른바 상당성 항변이 인용되는 경우에는 비록 사후에 그 의혹이 진실이 아닌 것으로 밝혀지더라도 표현의 자유 보장을 위하여 이를 벌할 수 없다고 한다.[260]

공직선거법 제250조 제2항의 허위사실공표죄에서도 검사는 피고인이 허위사실에 관하여 고의였다는 점을 입증하여야 하며, 이 경우 판례는 미필적 고의로 족하다는 입장을 취한다.

---

260) 대법원 2003. 2. 20. 선고 2001도6138 전원합의체 판결.

대법원 2009. 4. 23. 선고 2009도976 판결

범죄의 고의는 확정적 고의뿐만 아니라 결과 발생에 대한 인식이 있고 그를 용인하는 의사인 이른바 미필적 고의도 포함하는 것이어서 공직선거법 제250조 제2항의 허위사실 공표죄나 형법 제309조 제2항의 출판물에 의한 명예훼손죄도 미필적 고의에 의하여도 성립되는 것인바, 피고인이 적시한 구체적 사실이 진실한지를 확인하는 일이 시간적, 물리적으로 사회통념상 가능하였다고 인정됨에도 그러한 확인의 노력을 하지 않은 채 비방의 목적을 가지고 그 사실의 적시에 적극적으로 나아갔다면 미필적 고의를 인정할 수 있다(대법원 2004. 2. 26. 선고 99도5190 판결 등 참조).

위 판시에 대해 일부 학설은 미필적 고의의 판단 기준으로서 '사실확인의무'를 피고인에게 부과하는 것은 고의범인 위 죄를 과실범처럼 다루는 것이어서 재고되어야 한다고 비판한다.261) 이에 관하여는 후술하는 바와 같이 후보자(피고인)가 직접 발언·진술하여 공표하는 경우와 보조자가 작성·제출하여 선거관리위원회가 발간·배포하는 경우를 나누어 살필 필요가 있다. 다음 판례는 후자의 경우에 적용되는 법리를 판시한 것으로 보아야 할 것이다.

대법원 2024. 9. 12. 선고 2024도4824 판결

2022년 제8회 전국동시지방선거 천안시장 예비후보였던 피고인은 자신의 선거홍보물에 자신의 치적을 드러내고자 '천안시 고용률 63.8%(전국 2위)', '실업률 2.4%(전국 최저)'라는 문구를 기재하였다. 이러한 수치는 '인구 50만 이상 대도시'를 기준으로 할 때였고, 전국 228개 자치구시군을 기준으로 하면 천안시의 직전 연도 고용률은 공동 86위, 실업률은 공동 111위에 불과하였다. 이에 피고인은 자신을 당선되게 할 목적으로 허위사실을 공표하였다고 하여 공직선거법 위반으로 기소되었다.

원심은, 피고인이 공동피고인으로부터 대도시 기준이 누락된 선거홍보물에 관한 보고를 받았지만 문제의 문구를 포함한 자신의 업적과 성과 부분을 제대로 살피지 아니하여 허위사실 공표에 대한 미필적 고의가 인정된다는 취지로 판단, 유죄로 판결하였다.

그러나 대법원은 만일 피고인이 대도시 기준이 누락되었다는 사실을 전혀 모르고 있었다면 범죄사실의 발생 가능성에 대한 인식 자체가 없으므로, 미필적 고의가 인정될 수 없다고 전제한 다음, 피고인이 대도시 기준이 누락된 사실을 전혀 파악하지 못하였다는 사실을 인정하였으면서도, 이 사건 선거홍보물을 통하여 공표하고자 하는 사실이 진실인지에 대하여 확인·조사할 의무를 소홀히 하였으므로, 미필적 고의가 인정된다는 취지로 판단한 원심은 허위사실공표죄를 사실상 과실범으로 취급한 것과 다를 바 없다고 보아, 원심판결 중 피고인에 대한 부분을 파기·환송하였다.

우선 이 사건에서는 쟁점이 되지 않았으나, 계쟁 공표사실이 허위사실인지 여부가 문제될 수 있다. 피고인이 전국 228개 자치구시군을 기준으로 하지 않고, '인구 50만 이상 대도시'를

---

261) 이종수, 당선 목적 허위사실공표죄의 '미필적 고의'에 관한 연구, 서울대학교 법학 2020, vol. 61, no. 1, 통권 194호.

기준으로 천안시의 고용률과 실업률을 공표하면서, 어느 기준으로 산정하였음을 묵비한 채 후보자에게 유리한 수치를 공표하였다면, 이것은 결국 왜곡에 의해 유권자의 판단에 영향을 미치는 허위사실을 공표한 것으로 볼 수 있다.

다음, 위 판시는 전술한 바와 같이 미필적 고의를 인정하면서 판시한 종전의 대법원 판례와 어울리지 않는 감이 있다. 이에 비추어 허위사실에 관한 후보자(피고인)의 고의가 있었는가 여부에 관하여 판단하는 경우 법원은 후술하는 바와 같이 피고인이 직접 공표한 경우와 보조자에 의해 작성 제출되어 그대로 공표된 경우를 구별할 필요가 있다. 후자의 경우 피고인은 그 공표사항이 허위인지 여부를 몰랐을 수 있고, 그렇다면 미필적 고의도 인정될 수 없을 것이다. 따라서 이 사건 대법원 판시 법리는 공표된 허위사실이 보조자에 의해 작성·제출되어 후보자가 알 수 없었던 경우에 적용되는 제한된 법리라고 보아야 할 것이다.

라. 공표

공표행위는 후보자 자신이 직접 발언·진술하는 경우와 선거운동원 등 제3자가 관여하여 이루어지는 경우를 포함한다. 전자의 경우, 예컨대 선거운동 중에 행해지는 후보자 연설(공직선거법 제71조 및 제72조)이나 연설·대담(동법 제79조) 또는 후보자 토론회(동법 제82조)[262] 등에서 후보자가 직접 진술한 내용에 허위사실이 포함된 경우 미필적 고의를 인정하기 위해 기존의 판례[263])를 그대로 적용함에는 별 문제가 없다.

그러나 선거벽보, 선거공보, 선거공약서, 신문·방송광고, 경력방송 등에 허위가 포함되어 공표되는 경우를 보면 후보자 자신은 관여하지 않고, 보조자의 도움으로 원고가 작성되어 선거관리위원회가 인쇄·배포하는 경우가 있고 이 경우에는 피고인(후보자)이 허위사실인지 인식하지 못한 경우가 있을 수 있다.[264)

대법원 2001. 10. 9. 선고 2001도3594 판결 [전교조 보도자료]

1998. 7. 12. 해운대초등학교에서 시의원 선거 합동연설회가 시행되었는데, 피고인(전교조 부산지부장)은 일부 시의원들이 동교 교무실에 들어와 여교사에게 소란을 피우고 시의원 갑(피해자)은 교감 책상에 버젓이 앉아 있다가 항의를 받았다는 등 허위사실이 기재된 유인물을 작성 배포하여 시의원 갑의 명예를 훼손하였다는 사실로 기소되었다.

원심은 교감 책상에 앉아 항의를 받은 자는 피해자가 아니라 다른 시의원이었다는 점을 들어 허위사실적시 명예훼손으로 유죄를 인정하였다. 그러나 대법원은 피고인은 전교조 사무국장과 교선부장이 작성한 성명서의 자구를 일부 수정한 뒤 언론사에 배포하도록 하였음이 인정될 뿐 피고인이 그 보도자료의 기재 내용 중 피해자가 교감 책상에 앉아 있었다는 부분

---

262) 다만, 후보자토론회에서의 진술에 관해서는 "질문과 답변, 주장과 반론에 의한 공방이 제한된 시간 내에서 즉흥적·계속적으로 이루어지게 되므로 그 표현의 명확성에 한계가 있을 수밖에 없"어 표현의 자유에 대한 제한은 신중해야 한다고 하는 판례(후술 대법원 2020. 7. 16. 선고 2019도13328 전원합의체 판결 [이재명 토론회발언])가 있다.

263) 대법원 2004. 2. 26. 선고 99도5190 판결, 대법원 2009. 4. 23. 선고 2009도976 판결 등 참조.

264) 전술 대법원 2024. 9. 12. 선고 2024도4824 판결 참조.

이 허위라고 인식하였다고 인정하기 어렵다고 하면서 형법 제307조 제2항을 적용하지 않는 한편, 시의원들이 여러 소란을 피운 사실은 진실하기 때문에 교감 책상에 앉아 있던 시의원이 누구였는가 하는 점은 … 당시 상황을 설명하기 위한 세부 묘사에 불과할 뿐 중요한 부분이라고 보기 어렵다고 하면서 피고인의 진실 항변을 인용하여 무죄 취지로 원심을 파기환송하였다.

마. 개별적 연관성

당해 표현이 (피해자가 특정 정당 소속이라고만 지적하여) 집합적 명사를 쓴 경우에도 선거인이 그 표현을 접하는 통상의 방법을 전제로 그 표현의 전체적인 취지와의 연관하에서 표현의 객관적 내용, 사용된 어휘의 통상적인 의미, 문구의 연결방법 등을 종합적으로 고려하여 그 표현이 선거인에게 주는 전체적인 인상을 기준으로 판단할 때 당해 표현이 특정인을 가리키는 것이 명백하면 당해 표현은 그 특정인에 대한 허위사실의 공표에 해당한다.[265]

바. 2020년 [이재명 토론회 진술] 판결 평석

대법원은 2020. 7. 16. 선고 2019도13328 전원합의체 판결[이재명 허위발언]에서 선거후보자 토론회에서 경쟁 후보자의 질문에 부정하는 답변을 하여 허위사실 공표죄로 기소된 사안에서 위와 같은 전통적인 허위사실 공표의 개념을 벗어나 일방적·적극적으로 반대사실을 진술한 것이 아니라는 이유로 피고인을 무죄로 판결하였다. 이것은 기존의 확립된 대법원 판례를 벗어난 것이고 그 불합리한 논증 때문에, 정치적·법리적으로 뜨거운 논쟁을 야기하였다.

대법원 2020. 7. 16. 선고 2019도13328 전원합의체 판결 [이재명 토론회 진술]

[사실관계]

원심의 인정 사실에 의하면 피고인은 2010. 6. 2. 제5회 전국동시지방선거에서 성남시장으로 당선되어 2010. 7.경부터 2014. 6.경까지 민선 5기 성남시장으로 재직하였다. 피고인은 2012. 4.경부터 8.경까지 사이에 분당구보건소장 및 그 직원들에게 여러 차례에 걸쳐 피고인의 친형 이재선에 대한 구 정신보건법 제25조의 절차 진행을 직접 지시하고, 이에 따라 위 절차 일부가 진행되었다.

위 사실에 더하여 대법원 반대의견은 다음과 같은 사실을 인정하고 있다(판시에 의하면 다수의견도 다음 사실인정에 이의가 없는 것으로 보인다). 즉 피고인은 2012. 4. 초순경 당시 분당구보건소장에게 피고인의 친형 이모에 대한 구 정신보건법 제25조에 따른 강제입원이 가능한지 검토하라고 지시하고, 강제입원이 불가능하다는 보고를 받고는 가능하다는 견해를 개진하면서 절차 진행을 지시하였고, 그 경 피고인은 위 보건소장으로 하여금 치료가 필요하

---

265) 대법원 2000. 10. 10. 선고 99도5407 판결, 대법원 2002. 5. 10. 선고 2000다50213 판결, 대법원 2003. 2. 20. 선고 2001도6138 전원합의체 판결 참조.

다는 평가문언을 받아오게 하여 치료가 필요하다는 문언을 첨가 수정하게 한 후, 2012. 6.경부터 2012. 8.경까지 여러 차례에 걸쳐 직접 또는 그 비서실장을 통하여 분당구보건소장에게 피고인의 형에 대한 구 정신보건법 제25조에 따른 강제입원 절차를 진행하라는 취지로 지시하였고, 2012. 6. 13.경부터 6. 22.경까지 브라질에 출장을 가 있는 동안에도 보건소장과 여러 차례 통화하면서 위와 같이 지시하고 그 절차 진행을 재촉하였다. 이어서 피고인은 2012. 8. 27.경 분당구보건소장과 분당구보건소 직원 2인에게 현재 피고인의 형에 대하여 구 정신보건법 제25조 제2항에 따른 절차는 완료되었으니 그 다음 절차를 진행하라는 취지로 지시하기도 하였다. 당시 피고인은 분당구보건소장과 위 2인에게 '일 처리 못하는 이유가 뭐냐. 사표 내라. 합법적인 사항을 처리하지 않는 것은 직무유기이다. 징계를 줄 것이다'는 취지로 질책하기도 하였다.

한편, 2012. 9. 경 "피고인이 그의 형을 정신병원에 강제입원시키려 했다"는 취지의 주장이 담긴 피고인의 형(이모)에 대한 인터뷰가 ○○일보에 보도된 후, 피고인이 친형을 강제로 정신병원에 입원시키려 시도했다거나 입원시켰다는 위와 같은 세간의 의혹은 2017.경까지도 계속하여 언론, SNS(소셜 네트워크 서비스) 등에 의해 퍼져 나갔다. 특히, 피고인이 성남시장 후보자로 출마한 2014. 6. 지방선거 당시에도 위와 같은 의혹이 제기된 바 있다(이상 원심 인정 사실).

이러한 상황에서 맞이한 2018년 제7회 전국동시지방선거 경기도지사 선거에서 상대 후보자 김영환(공소외 6)은 이 사건 토론회 무렵 기자회견과 성명서 등을 통해 피고인이 그의 형에 대한 정신병원 입원 절차에 관여하였다는 사실을 주장하였다(반대의견 인정 사실).

KBS 토론회 진술

2018. 5. 29. 열린 KBS 초청 경기도지사 후보자 토론회에서 피고인은 경쟁 후보자 김영환(공소외 6, 이하 경쟁후보자라고 한다)의 다음과 같은 질문에 부인하는 취지의 대답을 하였다(이하 KBS 토론회 진술이라 한다).

공소외 6: 형님을 정신병원에 입원시키려 하셨죠?
피고인: 저는 그런 일 없습니다.
공소외 6: 왜 없습니까? 그 보건소장을 통해서 하지 않았습니까?
피고인: 그런 일 없습니다.

상술한 문답에 이어 피고인은 피고인의 형에 관해 계속하여 "그거는 [피고인의 형이] 어머니를 때리고, 어머니한테 차마 표현할 수 없는 폭언도 하고, 이상한 행동을 많이 했고, 실제로 정신치료를 받은 적도 있는데 계속 심하게 하기 때문에 어머니, 저희 큰 형님, 저희 누님, 저희 형님, 제 여동생, 제 남동생, 여기서 진단을 의뢰했던 겁니다. 그런데 저는 그걸 직접 요청할 수 없는 입장이고, 제 관할하에 있기 때문에 제가 최종적으로 못 하게 했습니다."라고 추가 답변을 하였다.

MBC 토론회 진술

이어서 2018. 6. 5. 열린 MBC 초청 경기도지사 후보자 토론회에서 피고인은 "김영환 후보께서는 저보고 정신병원에 형님을 입원시키려 했다 이런 주장을 하고 싶으신 것 같은데 사실이 아닙니다. 정신병원에 입원시킨 것은 형님의 부인 그러니까 제 형수와 조카들이었고, 어머니가 보건소에다가 정신질환이 있는 것 같으니 확인을 해보자고 해서 진단을 요청한 일이 있습니다. 그 권한은 제가 가지고 있었기 때문에 제가 어머니한테 설득을 해서 이거 정치적으로 너무 시끄러우니 하지 말자 못하게 막아서 결국은 안 됐다는 말씀을 또 드립니다"라고 진술한 점이 허위사실공표로 기소되었다(이하 MBC 토론회 진술이라 한다).

[공소사실]

이 사건 공소사실의 요지는 다음과 같다

피고인은 2010년 말경 용인정신병원에 피고인의 친형 이재선을 입원시키려는 시도를 한 사실이 있고, 2012. 4.~8.경까지 수회에 걸쳐 분당구보건소장 등에게 위 이재선을 구 정신보건법 제25조 시장 등에 의한 입원 규정에 의하여 강제로 입원시키도록 지시한 사실이 있음에도 불구하고 사실대로 발언할 경우 낙선할 것을 우려하여 당선될 목적으로, 2018. 5. 29.경 KBS 경기도지사 후보자 토론회에 참석하여 다른 경쟁 후보자 김영환이 "형님을 정신병원에 입원시키려고 하셨죠?" "보건소장 통해서 입원시키려고 하셨죠?"라는 질문에 "그런 일 없다." 라고 발언하고, 2018. 6. 5.경 MBC 경기도지사 후보자 토론회에 참석하여 "우리 김영환 후보께서는 저보고 정신병원에 형님을 입원시키려 했다. 이런 주장을 하고 싶으신 것 같은데 사실이 아닙니다."라고 발언하여 피고인의 행위에 관하여 허위의 사실을 공표하였다.

검찰은 위 피고인의 각 진술에 관해 공직선거법 제250조 제1항의 허위사실공표죄로 기소하였다. 1심 법원은 피고인에게 무죄를 선고하였으나 검사가 항소하자 항소심은 위 부분 공소사실에 관한 1심 판결을 취소하고 이 부분을 모두 유죄로 판단하였다.

[원심판결 요지]

원심법원은 피고인이 그의 형의 정신병원 강제 입원 관여 여부를 묻는 질문에 즉답을 피한 채 "① 피고인의 친형을 실제로 강제입원시킨 것은 그 처와 딸이고, ② 그와 별개로 피고인의 어머니와 형제자매들이 피고인의 형에 대한 정신건강 진단 의뢰를 한 바 있으나, 피고인은 이에 관여하지 않았고, 오히려 그 절차 진행을 막았다"고 진술한 행위에 대하여, "피고인은 자신이 공소외 3[피고인의 형]에 대하여 위 절차 진행을 지시하고 이에 따라 공소외 3에 대한 위 절차 일부가 진행되기도 한 사실을 숨긴 채 [강제입원절차에 관여하지 않았다고] 이러한 발언을 함으로써 선거인의 공정한 판단을 그르치게 할 정도로 전체적으로 보아 적극적으로 반대되는 사실을 진술한 것과 마찬가지로 사실을 왜곡하는 정도에 이르렀으므로, 피고인의 이 부분 발언은 허위사실의 공표에 해당한다고 봄이 타당하다."고 하여 피고인을 유죄로 판단하였다. 위 원심판결에 피고인이 상고하기에 이르렀다.

[쟁점의 분석] - 질문과 답변의 법적 취급에 관한 법리

이 사건의 핵심적인 법적 쟁점은 KBS 및 MBC 각 토론회에서 피고인이 그의 형에 대한 정신병원 강제입원절차에 관여하였는가라는 경쟁후보자의 질문에 피고인이 "그런 일 없다"고 답변한 행위가 허위사실공표에 해당하는가 여부이다.

다수의견은 우선 "피고인의 위 발언들은 토론회의 주제나 맥락과 관련 없이 일방적으로 허위의 사실을 드러내어 알리려는 의도에서 적극적으로 반대사실을 공표한 것이라고 보기 어렵"기 때문에 허위사실을 공표한 것으로 볼 수 없다고 판시하고 있다.

이에 관하여는 질문의 법적 의의 및 그에 대한 대답의 의미와 법적 처리에 관한 법리를 살펴보아야 한다. 독일의 확립된 판례에 의하면 질문형식의 표현행위는 사실적시나 의견표

현 어느 것에도 해당하지 않는 독자적인 의미론적 범주(semantische Kategorie)를 형성하며, 그 대답은 하나의 가치판단, 아니면 사실적시로 나올 수 있다(이른바 진정한 질문, echte Fragen).266) 그리고 수사학적(修辭學的)으로 보아 특정한 사실의 존부를 묻는 질문에 대한 대답의 실질적 내용, 즉 그 대답의 의미는 질문의 내용 여하에 의존하게 됨이 당연하다. 즉 질문에 대해 이를 긍정하거나 부정하는 대답은 그 질문의 내용과 결합하여 해석되지 않을 수 없고 그럼으로써 구체적 의미가 부여된다.267)

그런데 대법원은 명예훼손의 성부와 관련하여 단지 질문에 확인 대답하는 것은 사실적시로 볼 수 없다거나, 명예훼손의 고의가 있다고 볼 수 없다는 입장을 취하고 있어,268) 이를 살펴볼 필요가 있다. 그러나 위 사례들에서 사실적시로 볼 수 없다는 입장은 표현행위 해석에 관한 일반원칙에 비추어 이를 수용하기 어렵고, 피고인에게 명예훼손의 범의가 없다고 보는 것은 명예훼손죄의 고의에 관한 기존 판례와 통설의 입장과 배치되는 것이다.

먼저, 표현행위가 명예훼손적 의미를 갖는가 여부는 전체적·맥락적 고찰에 의해 편견없는 평균적 수용자가 표현행위로부터 받는 영향에 따라 해석해야 한다. 대법원도 종전 판결에서 일관되게 "명예훼손죄에 있어서 사실의 적시는 사실을 직접적으로 표현한 경우에 한정될 것은 아니고, 간접적이고 우회적인 표현에 의하더라도 그 표현의 전취지에 비추어 그와 같은 사실의 존재를 암시하고, 또 이로써 특정인의 사회적 가치 내지 평가가 침해될 가능성이 있을 정도의 구체성이 있으면 족한 것"이라고 판시하여 왔다.269) 그렇다면 질문의 표현 내용이 명예훼손적 의미와 구체성이 갖추어진 것이라면 그것을 긍정하는 답변 역시 그와 같은 내용을 전달하는 의미를 가질 수밖에 없으며, 그 답변자에게 그러한 명예훼손적 표현을 정당화하는 사유가 있는지 여부를 검토하여 책임 여부를 정해야 할 것이다.

다음, 일반적으로 명예훼손죄의 고의는 객관적 구성요건 요소의 인식 또는 인용(미필적 고

---

266) Wenzel, Das Recht der Wort— und Bildberichterstattung, 4. Auflage, Verlag Dr. Otto Schmitt KG, 1994, Rn. 4.29. 그러나 대부분의 질문은 특정한 대상에 관해 질문자가 확인 또는 해명하려는 사실적 또는 평가적 종류의 가정을 명시적·묵시적으로 포함한다. 특히, 질문 문구가 제3자에 의한 대답을 겨냥한 것이 아니거나, 여러 대답에 개방된 것이 아니면, 그것은 진정한 질문이 아니고 수사적 질문(rhetorische Frage)이다. 이 경우 질문자는 그 질문 자체에서 가정 또는 전제된 사실적시나 가치판단을 표현하는 것으로 취급된다

267) 이에 관하여 반대의견 역시 다음과 같이 설시한다. "질문에 대한 답변의 의미는 답변만을 따로 떼어내어 해석할 수 없고 질문과 답변을 함께 조합하여 해석할 수밖에 없다. 답변이 단순 부인 내지 단순 시인하는 것이라고 하더라도 질문 내용과 함께 해석해 보면 질문 내용을 부정하거나 긍정하는 적극적이고 구체적인 답변임을 충분히 알 수 있으므로, 단순 부인 내지 단순 시인 답변을 적극적·구체적 답변과 같은 의미로 받아들이는 것이 통상적인 해석 방법이고, 대법원 판례에도 부합한다. 그런데 다수의견은 피고인의 개별 발언들에 허위라고 단정할 만한 내용이 없다는 점만을 지나치게 강조하여 피고인의 부인 답변을 적극적·구체적 답변으로 취급하지 않은 것으로 납득할 수 없다."

268) 대법원 1983. 8. 23. 선고 83도1017 판결, 대법원 2008. 10. 23. 선고 2008도6515 판결, 대법원 2010. 10. 28. 선고 2010도2877 판결 등. "명예훼손사실을 발설한 것이 사실이냐는 질문에 대답하는 과정에서 타인의 명예를 훼손하는 사실을 발설하게 된 것이라면, 그 발설내용과 동기에 비추어 명예훼손의 범의를 인정할 수 없고, 질문에 대한 단순한 확인대답이 명예훼손에서 말하는 사실적시라고도 할 수 없다(대법원 1983. 8. 23. 선고 83도1017 판결 참조)"(출처: 대법원 2008. 10. 23. 선고 2008도6515 판결 [상해·명예훼손]).

269) 대법원 1991. 5. 14. 선고 91도420 판결, 대법원 2000. 7. 28. 선고 99다6203 판결 [경향만평], 대법원 2003. 1. 24. 선고 2000다37647 판결 등.

의의 경우)을 내용으로 할 뿐, 가해의 의도 등 악의를 요하는 것은 아니다. 따라서 피고인은 객관적으로 타인의 명예를 저하함에 적합하다고 인정되는 사실이라는 점을 인식 또는 인용함으로써 족하며, 그것이 실제로 피해자의 명예를 해하였다거나 피해자를 가해하려는 목적을 가진 여부는 문제되지 않는다.[270]

[이 사건 피고인 진술의 의미]

이 사건에서 문제된 피고인의 발언은 경쟁후보자의 질문에 "그런 일이 없다"고 부인하는 내용이었다. 이에 관해 다수의견은 "피고인의 위 발언은 의혹을 제기하는 공소외 6의 질문에 대하여 이를 부인하는 취지의 답변을 한 것으로 평가할 수 있을 뿐 이를 넘어서 어떤 사실을 적극적이고 일방적으로 널리 드러내어 알리려는 의도에서 한 공표행위라고 볼 수는 없어" 허위사실 공표죄가 될 수 없다고 설시한다.

이에 관하여는 전술한 바와 같이 질문에 대해 답변하는 표현행위의 의미를 알아내어 그것이 허위사실적시의 구성요건을 충족하는지를 검토해야 할 것이다. 먼저 전술한 독일 연방대법원이 판시하는 바와 같이 하나의 질문에 대한 대답은 사실적시나 가치판단으로 나올 수 있다면, 다수의견이 지적하는 바와 같이 질문에 대한 (확인) 대답은 사실적시가 될 수 없다는 판단에는 문제가 있다.[271]

하나의 진술이 문제되는 경우에는 그 표현의 전체적인 맥락에 비추어 그 진술이 갖는 진정한 의미를 해석하여야 한다.[272][273] 표현된 말의 문언을 기초로 그 의미를 판단하여야 하는 것이 원칙이지만, 필요한 경우에는 그 표현행위가 이루어진 언어적 문맥과 그 표현행위가 행해진 주변상황(맥락)이 고려되어야 한다.[274] 대법원 역시 수차에 걸쳐 표현행위의 의미는 사

---

270) Wenzel, aaO., Rn. 6.98.

271) 이 사건에서 정신병원 입원 절차에 관여하였는지 여부는 과거에 발생한 경과의 존부를 묻는 것이어서 경과(Vorgänge) 및 상태(Zustände)에 관한 진술로서 사실적시라고 보아야 할 것이고(Seitz/Schmidt/Schöner, Der Gegendarstellungsanspruch in Presse, Film, Funk und Fernsehen, München 1998, S. 104 참조) 그에 대해 부인하는 답변 역시 사실적시에 해당한다고 보아야 할 것인데, 이 점에는 피고인과 검사 간 다툼이 없어 쟁점이 아니었다.

272) 독일 판례에 의하면 문안 자체만 보아서는 명예훼손적 의미가 나오지 않지만, 그 문안의 합리적 해석에 의할 때 같은 의미의 숨겨진 주장이 간취되는 경우에는 피해자가 발언된 바의 해석(Interpretation des Gesagten)에 의해 얻은 의미에 따라 행해진 주장을 금지하여 달라고 청구할 수 있다고 한다(BGH 1980. 7. 8. 결정 – Ⅵ ZR 159/78 „Das Medizinsyndikat Ⅲ" [숨겨진 사실 주장]; BGH, 20.05.1986 – Ⅵ ZR 242/85; BVerfG, 19.02.2004 – 1 BvR 417/98; BVerfG 2007. 12. 19. 결정 – 1 BvR 967/05; Wenzel, aaO., S. 87). 이와 같은 이치를 이 사건에서와 같이 허위사실인가 여부의 결정에 적용하면 "그런 일 없다"는 문안 자체는 그것이 사용된 문맥과 맥락에 의해 해석되는 의미, 즉 "나의 형의 강제입원 절차에 관여한 바 없다"는 의미를 갖는 사실을 진술한 것이 되고, 그에 의해 공직선거법 제250조 제1항의 구성요건을 충족하게 된다고 볼 수 있을 것이다.

273) 영미법에 의하면 진실의 항변을 하는 경우에도 피고는 그의 진술이 의미한다고 해석된 바의 요점과 통점에 관해(gist and sting rule) 입증해야 한다(이른바 실질적 진실의 법리, substantial truth test).

274) 독일의 확립된 판례에 의하면 "표현행위를 해석함에 있어서는 사용된 말의 어의와 일반적 용어법이 완결적으로 확정될 수 없음에 비추어 계쟁 표현행위가 존재하는 언어적 문맥과 그것이 행해진 부수 상황으로서 청중이 인식할 수 있었던 내용을 고려해야 한다. 즉 진술 내용의 완전한 파악을 위해서는 언제나 계쟁 표현행위가 존재하는 전체적 연관 속에서 판단되어야 하며, 그에 연관되는 맥락에서 따로 뽑아내 순수하게 고립된 관찰을 하여서는 안된다"고 한다(BGH 2016. 9. 27. 결정 – Ⅵ ZR 250/13).

용된 어휘의 의미뿐 아니라 그 말이 사용된 문맥과 함께 나아가 그것이 행해진 사회적 맥락에 의해 결정되고,[275] 그 의미의 해석은 피고인도 아니고 피해자도 아닌, 이성을 가진 편견없는 평균적 수용자를 기준으로 하며, 선거 토론회에서 발언이 문제된 이 사건에서는 선거인들의 일반적 인식과 이해가 기준이 된다고 판시하여 왔다.[276]

이러한 원칙에 의한다면, 피고인의 답변은 경쟁후보자의 질문에 아주 명확하고 적극적으로 이를 부정하는 것이었고(사용된 어휘의 뜻), 자신의 "형을 강제 입원시키려 했는가"라고 하는 경쟁 후보자의 질문에 "그런 일이 없다"고 대답한 것은 "자신의 형을 강제 입원시키려 한 일이 없다"는 의미의 말을 한 것이고(문맥), 나아가 도지사선거의 후보자 토론회에서 피고인에 관해 언론이나 SNS에 퍼진 의혹을 확인하기 위해 경쟁 후보자가 질문한 데 대한 답변으로서 행해진 진술이며(사용된 사회적 맥락), 후에 법원에 의해 확정된 사실에 의하면 피고인이 보건소장을 시켜 그의 형을 입원시키려 한 사실이 인정됨이 확인되고 있다.[277]

즉 이 사건에서 문제된 질문은 피고인이 그의 형을 강제로 정신병원에 입원시키려 했는가 하는 간단한 사실의 존부였고, 그에 대한 대답은 '그렇다' 또는 '아니다'로 간명하게 대답될 수 있으며, "그런 일이 없다"는 피고인의 답변은 "나는 나의 형의 정신병원 입원 절차에 관여한 바 없다"는 의미를 가지며, 이러한 그의 말의 의미는 앞서 모두에 설시한 바와 같이 원심 법원이나 대법원의 반대의견이 인정한 사실과 부합하지 아니함이 명백하므로 허위사실을 공표한 것으로 보지 않을 수 없다. 이러한 논증은 상식과 일상 언어생활의 관례에 부합하며, 그것이 선거 후보자토론회에서의 발언이었다 하더라도 달라질 수 없다(피고인이 경쟁 후보자의 질문의 의미를 "불법적으로" 강제입원을 시도하였는가 여부로 해석하였다는 다수의견의 판단에 관한 비판은 후술한다).

결국 다수의견은 피고인의 "그런 일이 없다"고 한 발언에 부여되어야 할 위와 같은 의미를 무시하고 아무 의미도 없는 말로 치부함으로써 우리 언어생활의 관례를 무시하고 독자적인 해석을 내리고 있다.[278] 우리의 언어 생활의 관례에 의하면 가부나 존부를 묻는 질문에 긍정

---

275) 대법원 1997. 10. 28. 선고 96다38032 판결, 대법원 1999. 2. 9. 선고 98다31356 판결, 대법원 2003. 1. 24. 선고 2000다37647 판결, 대법원 2009. 7. 23. 선고 2008다18925 판결, 대법원 2013. 11. 28. 선고 2012다79262 판결 등. 특히 대법원 2008. 5. 8. 선고 2006다45275 판결, 대법원 2009.4.9. 선고 2005다65494 판결[현대자동차 노조]은 "보도내용 중의 다른 기재 부분과 함께 전체적·객관적으로 파악하지 아니하고 취지가 불분명한 일부 내용만을 따로 떼어내어 명예훼손적인 사실의 적시라고 단정하여서는 안"된다고 판시한다.

276) 대법원 2002. 4. 10. 선고 2001모193 결정, 대법원 2006. 5. 25. 선고 2005도4642 판결 등.

277) [반대의견의 지적과 같이] 이 사건 조항에서 정한 '공표'는 반드시 허위사실을 직접적으로 표현한 경우에 한정될 것은 아니고, 간접적이고 우회적인 표현에 의하더라도 그 표현된 내용 전체의 취지에 비추어 그와 같은 허위사실의 존재를 암시하고, 이로써 후보자의 평가에 유리한 영향을 미칠 가능성이 있을 정도의 구체성이 있으면 충분하다. 따라서 다수의견이 후보자 토론회의 토론과정 중 발언은 적극적·일방적으로 허위사실을 표명한 것이어야 허위사실공표죄로 처벌할 수 있다고 주장하는 것은 위와 같은 법리에 명백히 반한다는 문제점을 지적하지 않을 수 없다. (반대의견)

278) 송기춘, "공직선거법상 허위사실공표죄에 관한 헌법합치적 해석과 적용 – 수원고등법원 2019. 9. 6. 선고, 2019노119 판결과 관련하여 – ", 민주법학 제73호(2020. 7)에 의하면, "'예' 또는 '아니오'로 답을 요구받는 상대방의 공격에 대해 상대방의 일정한 진술을 시인도 부인도 할 수 없을 경우 '어느 쪽이라고 말하기 어렵다' 또는 '시인 또는 부인 어느 하나를 택한 것'이 시청자(또는 선거인)의 공정한 판단을 그르치게 하는 사실관계의 은폐로서 거짓말을 한 것으로 평가되는 것은 무리이다.

또는 부정으로 답변한 경우 그것이 한마디에 불과한 것이라 할지라도 그것은 질문에 포함된 사실의 유무를 언급하는 의미를 가짐에는 의문이 없으며, 그것이 실제 행해진 사태와 부합하지 않으면 허위이고, 이렇게 거짓말을 한 발언자는 그에 응분한 책임을 지는 것이 수사학의 기본에 속한다고 보아야 한다.279)

그리고 이러한 상식적인 언어학적 판단은 표현행위의 해석에 관한 우리의 확립된 판례에도 부합한다. 즉 종전 대법원 판례에 의하면, 공직선거법 제250조 제1항의 허위사실공표죄에서 "허위의 사실이라 함은 진실에 부합하지 않은 사항으로서 선거인으로 하여금 후보자에 대한 정확한 판단을 그르치게 할 수 있을 정도로 구체성을 가진 것이면 충분"하며, "단순한 가치판단이나 평가를 내용으로 하는 의견표현에 불과한 경우에는 이에 해당되지 아니한다"는 입장이 확립되어 있고,280) 또 제250조 제1항의 행위태양인 '공표'라 함은 그 수단이나 방법의 여하를 불문하고 불특정 또는 다수인에게 허위사실을 알리는 것이라고 하는 입장이 일관되고 있다.281)

이에 관해 다수의견은 "후보자 등이 후보자 토론회에 참여하여 질문·답변을 하거나 주장·반론을 하는 것은, 그것이 토론회의 주제나 맥락과 관련 없이 일방적으로 허위의 사실을 드러내어 알리려는 의도에서 적극적으로 허위사실을 표명한 것이라는 등의 특별한 사정이 없는 한 이 사건 조항에 의하여 허위사실공표죄로 처벌할 수 없다"고 설시하고 있다.

이 설시로써 다수의견이 의도하는 의미는 불분명하다. 도대체 어떤 우매한 후보자가 "토론회의 주제나 맥락과 관련 없이" 일방적 적극적으로 반대사실을 이야기할 것이며, 토론회에서 질문과 답변이 "토론회의 주제나 맥락과 관련 없"어야 한다면 어떤 발언이나 진술이 허위 사실에 해당한다는 것인가?282) 결국 다수의견에 의할 때 동 조항의 구성요건은 거의 충족 실현

쉽게 '예 또는 아니오'로 답하기 어려운 사항에 대해 '그건 아닙니다' 또는 '아닙니다'라고 답하고 차후에 상세하게 설명하고자 할 경우도 그것을 허위의 사실을 공표한 것이라고 하기는 어려울 것이다"라고 주장한다. 그러나 이 사건에서 문제된 질문에 대한 피고인의 답변은 위 지적 사례에 해당하지 않는다. 위와 같은 사정이 있는 경우 대답자는 얼마든지 유보적, 조건적 대답을 할 수 있고, 시인 또는 부인 양자택일적 답변이 강요되는 것은 아니다. 그럼에도 이 사건 피고인은 2차례 질문에 유보없이 단호하게 그의 관여사실을 부인하였다.

279) 실제로 관용되는 용례를 보면 각종 시험에서 제시된 문항에 관해 ○, ×로 답하도록 요구되는 경우 그 ○, ×라는 문자를 하나만 떼어내 본다면 그 의미를 알 수 없고 그 문항과 합하여 그 의미가 이해될 수 있으며, 출입국 시 통관신고서에 총포류, 마약류, 위조지폐, 음란물 등 반입이 금지되거나 제한되는 물품의 소지 여부를 묻는 서면에 '있음', '없음'으로 표기하게 되어 있는 경우에도 그것은 질문 문항과 함께 파악하는 경우에만 그 의미를 이해할 수 있다. 이렇게 널리 언어적 관행으로서 사용되어 온 용례에 부여되는 의미의 해석은 법적 판단의 영역을 넘는 것으로서 법원이 결정할 수 있는 범위를 넘는 것이다. 만일 이 사건 대법원의 판결과 같이 위와 같은 ○, × 표시 또는 '있음', '없음'이란 표기에 아무 의미를 부여하지 않아 그러한 언어관행의 유효성을 부인한다면 결국 법원이 위와 같은 확립된 언어 관행을 모두 폐기할 수 있다는 불합리한 결과가 야기될 것이다.

280) 대법원 1998. 9. 22. 선고 98도1992 판결, 대법원 2000. 4. 25. 선고 판결, 2002. 4. 10.자 2001모193 결정, 대법원 2002. 11. 13. 선고 2001도6292 판결, 대법원 2003. 11. 28. 선고 2003도5279 판결, 대법원 2018. 9. 28. 선고 2018도10447 판결 등.

281) 대법원 1998. 9. 22. 선고 98도1992 판결, 대법원 2003. 11. 28. 선고 2003도5279 판결 등.

282) 반대의견에 의하면, "이 사건 조항에서 정한 '공표'는 반드시 허위사실을 직접적으로 표현한 경우에 한정될 것은 아니고, 간접적이고 우회적인 표현에 의하더라도 그 표현된 내용 전체의 취지에 비추어 그와 같은 허위사실의 존재를 암시하고, 이로써 후보자의 평가에 유리한 영향을 미칠 가능성이

될 수 없어 후보자 토론회에서 허위진술이나 왜곡적 사실진술을 거의 처벌할 수 없는 현저히 부당한 해석으로 귀결된다고 보지 않을 수 없다.

그리고 앞서 판단한 바와 같이 피고인은 명확하게 질문에 부인하는 답변을 하여 이미 허위사실을 공표한 후에, 논리적으로 그와 상관이 없는 그의 어머니나 형제, 또는 형(이모)의 처와 자식에 의한 강제 입원·진단 사실의 존재에 관한 피고인의 주장이나 그에 부합하는 법원의 사실인정은 이 사건 공소사실에 비추어 아무 의미를 갖지 못하는 것이었다.

"불법적" 강제입원임을 묻는 것이었는가?

다수의견은 나아가 다음과 같은 점을 들어 피고인이 허위사실을 공표한 것으로 볼 수 없다고 판시하였다.

먼저 다수의견은 피고인은 상대 후보자의 질문이 그의 형을 "불법적으로 또는 피고인의 직권을 남용하여" 강제 입원시키려고 하였는지를 묻는 것으로 이해하고, 그에 대해 답변한 것이므로 허위사실을 공표한 것으로 볼 수 없다는 논리를 펴고 있다. 그러나 이러한 다수의견의 논증은 이성을 가진 피고인의 사고와 표현을 제대로 이해하지 못한 것이다. 사건의 맥락에 비추어 경쟁 후보자의 질문의도와 피고인의 답변의 의미를 합리적으로 해석하자면 다음과 같이 이해할 수 있다.

피고인의 형 이모를 강제입원을 시키려고 한 바 없다는 피고인의 입장에서 보면 그것이 적법·위법을 논하는 것은 논리적으로 맞지 않을 뿐 아니라 그의 부인 답변에 신뢰를 잃게 하는 일이 아닐 수 없다. 즉 상대 후보자의 질문을 다수의견과 같이 해석하고 이를 부인한 것으로 이해해야 한다면, 그는 어쨌든 그의 형을 강제로 입원시키려 했음을 양해하는 것이기 때문에 이것은 강제 입원에는 일체 관여한 사실이 없다는 앞서 명시적으로 표현된 피고인의 확고한 의사에 반할 뿐 아니라 이러한 피고인측의 주장을 받아들여 판단한 다수의견의 논증은 전후 모순되고 일관성이 없다. 피고인이 강제입원에 관여하였다고 할지라도 그것은 합법이었다고 말하려는 것이라고 주장하는 것도 (진실에 반한) 가정을 전제로 하는 것이기 때문에 올바른 논증이라 할 수 없다.

오히려 밝혀진 사실관계에 의하면, 피고인이 경쟁 후보자의 질문에 위와 같이 부정하여 답변한 의도는 시간과 장소나 사유 여하를 막론하고 여론에 부정적인 반응이 예상되는 그의 형을 강제입원을 시키려고 한 적이 없다고 부인하려는데 중점이 있었고, 나아가 그러한 그의 입장은 그 강제입원 절차가 불법이었는지, 그의 직권남용에 의한 것인지 여부에 관한 차후의 의혹이나 논란을 모두 미리 피하거나 차단할 수 있었기 때문에 그에게 유리한 주장이었다.

이에 관해 다수의견은 경쟁 후보자(김영환)의 제1심 법정에서 증언 내용을 고려해야 한다고 지적한다. 경쟁 후보자 김영환은 그의 토론회 질문의 목적은 피고인이 직권을 남용하거나 불법적으로 그의 형의 강제입원을 감행하려 했는가 여부를 추궁하는데 있었다고 진술하고 있다. 피고인의 도덕적 결함을 극대화하여 보여주려는 경쟁 후보자의 입장에서 피고인이 불법하게 또는 피고인의 직권을 남용하여 그의 형을 강제 입원시키려 하였다는 것을 주장 입증하려고 한 것은 당연하다 할 것이다. 그런데, 그의 말대로 강제입원의 불법성을 추궁하려면

있을 정도의 구체성이 있으면 충분하다. 따라서 다수의견이 후보자 토론회의 토론과정 중 발언은 적극적·일방적으로 허위사실을 표명한 것이어야 허위사실공표죄로 처벌할 수 있다고 주장하는 것은 위와 같은 법리에 명백히 반한다"는 취지로 비판한다.

우선 그러한 강제 입원 시도에 관여한 사실이 전제되어야 할 것이다. 그래서 그는 우선 피고인의 관여 여부를 물었으나 피고인이 이를 2차례에 걸쳐 강력히 부인하는 한편(전술한 바와 같이 피고인이 질문에 대해 부인하는 의미의 답변을 한 이 시점에서 피고인은 공직선거법 제250조 제1항에 의한 허위사실 공표의 구성요건을 충족시켰다고 보아야 할 것이다), 공소사실과는 관련이 없는 별개의 사실, 즉 피고인의 형수나 조카에 의한 강제입원사실, 그리고 피고인의 모나 형제자매에 의한 강제 진단 사실 등(이들 사실은 실제로 행해진 바 있다)을 말하면서 피고인은 그에 관여한 바 없다고 진술하였다.

위와 같은 상황에서 다수의견은 피고인이 경쟁후보자의 질문에 부인하는 답변의 의미를 고려하지 아니한 채, 피고인이 실제로 보건소장을 시켜 강제입원 절차를 시도하였다는 원심(및 대법원 반대의견)의 인정사실을 애써 무시하는 한편, 공소사실과 무관한 사실에 관한 피고인의 주장이 사실에 부합한다는 이유를 내세워 사실 왜곡에 의한 허위사실 공표로 볼 수 없다는 취지로 논증하고 있다(사실왜곡에 의한 허위사실공표 여하의 점에 관해서는 후술함). 검사도 공소사실에 피고인이 "불법으로 또는 직권을 남용하여" 강제 입원시키려 했다는 점을 포함하지 않았고, 단지 그의 형의 강제 입원 사실에 관여하지 않았다는 진술을 허위사실공표로 기소하고 있을 뿐이다.

후보자 토론회의 특성

다수의견은 질문과 답변, 주장과 반론에 의한 공방이 제한된 시간 내에서 즉흥적·계속적으로 이루어지게 되므로 그 표현의 명확성에 한계가 있을 수밖에 없는 토론회에서 표현의 자유에 대한 제한은 신중해야 한다고 주장한다.

생각건대, 후보자 토론회에 임하는 후보자들은 그 선거운동으로서의 중요성을 고려하여 쟁점이 될 수 있는 예상 질문과 그에 대한 대답을 신중하게 고려·정리하고 토론회에 임하는 것이 상식에 속하는 것이고, 반대의견의 지적과 같이 "후보자 토론회에서 후보자들이 예상하지 못하거나 유권자들이 알지 못하는 주제가 즉흥적·돌발적으로 논의되는 경우는 극히 드문 것이 선거현실이다."[283] 또 후보자 토론회에서의 질문에 대한 답변이라 하더라도 표현의 자유를 보호하는 일반적 법리가 적용되기 때문에 토론회의 발언을 그에 더해 각별히 보호할 필요가 있을지 의문이다. 이 경우에도 중요한 부분이 객관적 사실과 합치하는 경우 세부에서 진실과 약간 차이가 나거나 다소 과장된 표현을 한 것이 있다 하더라도 그 내용 전부를 허위사실로 볼 수는 없는 법리(실질적 진실 기준)가 적용된다. 그리고 흥분 또는 긴급한 상황에서 반사적으로 행해진 모욕적 발언에 정상을 참작할 사유가 있다 하더라도[284][285] 이 사건에서

---

283) 반대의견에 의하면, "공소외 6[경쟁 후보자]의 질문도 KBS 토론회에서 즉흥적·돌발적으로 나온 것이 아니다. 피고인이 공소외 3[피고인의 형]을 정신병원에 강제입원시키려고 하였다는 사실은 2012. 6.경 공소외 3에 의해 처음 주장되었고, 2018년 제7회 전국동시지방선거 경기도지사 선거에서 상대 후보자인 공소외 6이 이 사건 토론회 무렵 기자회견과 성명서 등을 통해 피고인이 공소외 3에 대한 정신병원 입원 절차에 관여하였다는 사실을 주장하였다. 당시 경기도지사 선거에서 가장 유력한 후보자였던 피고인은 KBS 토론회를 준비하면서 공소외 6이 토론회에서 공소외 3에 대한 정신병원 입원 절차와 관련하여 질문할 것이라는 사정을 충분히 알 수 있었다. 이에 피고인은 그에 대한 답변을 미리 준비하였고, 그 준비된 대로 답변한 것이 이 부분 공소사실 기재 발언이었다. 또한 피고인은 이 사건 수사 및 재판 과정에서도 위 관여 사실을 극구 부인하였고, 피고인의 발언도 이와 같은 맥락에서 이루어진 것이다."

284) 프랑스 언론법은 선행 도발에 의해 가해진 모욕은 처벌하지 않으며(프랑스 1881년 언론법 제33조),

와 같이 진실 여부가 문제되는 사안에서 허위 사실 공표에 관용을 베풀어야 한다는 논거는 지지할 수 없다.

허위사실 적시를 수단으로 하는 선거운동을 허용할 수는 없기 때문이다. 독일 연방헌법재판소 판례는 "허위인 사실의 유포에 관하여는 통상 어떠한 정당화이유도 존재하지 않으며" "표현의 자유라는 관점에서 바르지 않은 정보는 하등 보호받을 이익이 아니"라고 하면서 "고의적인 허위사실 주장과 표현행위의 시점에서 허위성이 명백히 확정된 사실주장"은 헌법상 표현의 자유의 보호영역 밖에 놓여지는 것이라고 판시한 바 있다.[286] 이에 따르면 법원이 허위인지 여부를 검열하는 것은 민주적 의사 결정에 나쁜 영향을 미친다는 주장은 이유 없으며, 피고인의 위 부인 답변이 실질적 진실에 벗어나지 않았다고 주장하는 것은 그 법리를 옳게 이해한 것이 아니다.

온라인 상 다양한 미디어, 그리고 SNS에 의해 간편·신속한 커뮤니케이션이 가능한 디지털 시대에 거짓에 의한 메시지, 이른바 "가짜뉴스"의 통제 문제는 세계적 관심사가 되고 있다.

허위사실 공표와 사실의 왜곡 표현

다음, 다수의견은 피고인이 경쟁 후보자의 질문에 소극적으로 그 답변을 회피 또는 묵비하거나 일부 부정확하거나 다의적으로 해석될 수 있는 표현을 하였다고 보더라도 피고인이 위 관여 사실을 공개할 법적 의무가 없는 이상 이를 곧바로 적극적으로 반대사실을 공표하였다거나 전체 진술을 허위라고 평가할 수 없다고 설시하고 있다.

그러나 앞서 본 바에 의하면 공소사실의 핵심이 되는 질문에 대하여 피고인은 "경쟁 후보자의 질문에 소극적으로 그 답변을 "회피 또는 묵비"한 사실도 없고, 또는 "일부 부정확하거나 다의적으로 해석될 수 있는 표현"을 한 바도 없다. 앞서 설명한 바와 같이 피고인은 이미 경쟁 후보자의 질문을 2차례에 걸쳐 명백히 적극적으로 부인함으로써 진실에 반한 진술을 하였고 이로써 그의 허위사실공표행위는 이미 완성되었다고 보아야 할 것이다. 그리고 그 후 그와 양립할 수 있는 다른 강제입원 사실(피고인의 모 및 형제들에 의한 강제입원 사실 및 피고인의 형의 처와 조카들에 의한 강제진단)과 그에 관여한 바 없다는 피고인의 진술은 공소사실과는 아무 관련이 없는 사후적인 경과사실의 진술에 불과하여 범죄 성립에 영향을 줄 수 없다.[287]

오스트리아 형법은 타인의 행동에 대한 격분 때문에 상황에 따라 상당한 방법으로 상당한 기간 내에 그를 모욕한 경우 면책키고 있다(오스트리아 형법 제115조(Beleidigung) 제3항). 또 영미의 다수 판례에 의하면 일반 시민들이 과열된 토론과 논쟁에서 빠져드는 일상 대화체에서 자주 사용되는 욕설이나 폄훼적 모욕적 형용어(epithet)는, 그러한 형용어가 "변명의 여지 없이 부적절하고", "구역질나고 난폭한" 것이라 할지라도 그 자체만으로 법적으로 이의될 수 있는 것은 아니라고 판시한다.

285) 행위자가 다소 흥분하였다고 하여 고의가 부정되는 것은 아니다. "10여명이 집합한 면전에서 피해자를 지적하여 '저놈은 공산당이며 6·25사변 중에 인민공화국 중앙간부로서 사람을 많이 죽였다' 운운의 욕설로서 공연히 사실을 적시하여 동인의 명예를 훼손하였다면, 범죄 당시 다소 흥분하고 있었다고 하여도 범죄의 인식을 부정할 수 없다."(대법원 1955. 4. 22. 선고 54형상36 판결).

286) BVerfGE 99, 185.

287) 사실의 왜곡이 허위사실의 적시와 마찬가지의 의미를 가지며 그와 같은 처리를 해야 한다는 점을 시인해야 한다고 할지라도 이 사건에서는 피고인이 공소사실이 되는 질문에 명확히 적극적으로 부인하는 답변을 한 이상, 답변을 회피하거나 묵비한 것이 아니고, 또 그 질문에 대해 위와 같은 공소사실과 관련이 없는 별개의 사실을 언급하였다 할지라도 그것이 피고인의 전술한 명백한 부인 답

다수의견은 피고인이 그의 형을 정신병원에 강제입원시키기 위해 여러 차례 보건소장을 시켜 필요 절차를 밟고 그것이 일부 진행된 원심의 인정 사실을 무시하거나 도외시하고 있다. 이를 언급하는 순간 피고인의 허위사실 공표 사실을 부인하는 다수의견의 논리가 깨어지기 때문일 것이다. "그런 일 없다"는 피고인의 말과 달리 원심과 반대의견은 그런 일이 일어난 것을 구체적으로 인정 설시하고 있으며, 그것이 선거인의 판단에 영향을 주는 사항임은 명백하다.

허위의 인식

그렇다면 피고인은 객관적으로 허위사실을 공표하였다고 볼 수 있고, 다음 피고인이 그 발언 당시 자신의 발언이 허위임을 인식하였음이 증명되어야 할 것이다.

피고인이 보건소장을 시켜 피고인의 형을 강제 입원시키려 하였다는 점은 위에서 원심과 반대의견이 인정한 바와 같다. 그럼에도 이와 같이 자신이 스스로 시킨 일을 한 바 없다고 부인하는 행위는 객관적으로 사실에 부합하지 않을 뿐 아니라 그의 주관적 기억에도 반하여 전형적으로 거짓을 말하는 것으로 이해된다. 피고인이 사물을 변별할 능력이 없거나 의사를 결정할 능력이 없는 심신장애인(형법 제10조)이 아닌 한, 이 경우 허위에 관한 인식이 없다고 말할 수 없고, 그러한 행위는 그가 당선될 목적으로 행해졌다고 인정될 수 있기 때문에 피고인은 공직선거법 제250조 제1항의 허위사실을 공표한 것으로 인정됨에 부족함이 없다.

통상의 언어생활에서 볼 때 행위자가 자기가 행한 사실이 입증되는데, 그것을 부인한다면 그것이 전형적인 거짓말이고, 이 사건에서와 같이 피고인이 그의 형을 강제로 정신병원에 입원시키려 했다는 사실이 입증된다면 그의 도덕성에 불리한 영향을 주게 될 것이기 때문에 이를 부인하였다면, 바로 공직선거법 제250조 제1항이 금지하는 행위에 해당함이 당연한 것이다.

또 방송중계를 전제로 하는 후보자 토론회에서의 발언을 '공표'가 아니라고 보는 것은 '공표'의 의미를 이해하지 못한 것이다. (반대의견)

MBC 토론회의 진술

다수의견은 피고인이 MBC 토론회에서 한 발언이 선제적인 답변의 실질을 가진 점 등을 고려할 때 위 발언도 허위의 반대사실을 적극적·일방적으로 공표한 것이 아니므로 제250조 제1항의 구성요건을 충족하지 않는다고 판시한다.

그러나 MBC 토론회에서 피고인은 앞서 본 KBS 토론회에서 경쟁 후보자의 질문에 대해 선제적으로 답변을 하면서 전에 한 진술과 같은 취지로 진술하였음을 알 수 있다. 그렇다면 전술한 바와 같이 피고인은 2차례에 걸쳐 "그런 일이 없다"고 말함으로써 그가 "그의 형의 정신병원 강제입원절차에 관여한 바 없다"는 의미의 진술을 하여 공직선거법 제250조 제1항의 죄를 범하였다고 볼 것이다.

나아가 다수의견에 대해 반대의견은 다음과 같이 반박하고 있다. "특히 MBC 토론회에서 피고인이 한 발언은 3분의 후보자 주도권 토론시간에 이루어졌지만, 공소외 6[김영환]의 질문에 답변하는 과정이 아니라, 이전에 공소외 6이 주장하였던 '피고인이 공소외 3[피고인의 형]에 대한 정신병원 입원 절차에 관여하였다'는 사실에 대해 피고인 자신이 적극적·일방적으로 해명하는 발언이었다. 여기에는 주장과 반론, 질문과 답변을 통한 공방과 검증이 즉흥

변의 의미에 하등 영향이나 변화를 줄 수 없다.

적·계속적으로 이루어진다는 후보자 토론회의 특성이 적용될 여지가 없다. 결국 이 사건 토론회에서의 피고인 발언은 미리 준비한 자료에 의하여 일방적으로 자신이 전달하고자 하는 내용을 적극적으로 발표하는 것과 다르지 않다."

반대의견은 피고인이 보건소장에 대해 지시하는 등 강제입원 절차에 관여한 사실을 명시적으로 인정하고 있음에 반해 다수의견은 이에 관해 전혀 언급하지 않은 채 피고인의 관련성이 없는 주장을 판단하기 위해 촛점을 잃은 논증을 행하고 있다.

[총 평]

이 사건에서는 피고인이 그의 형을 정신병원에 강제 입원시키려 하였는지 여부라고 하는 단순한 사실의 존부가 그의 도덕성 여부를 가늠하는 결정적인 쟁점이었다. 이러한 상황에서 피고인의 부인하는 답변이 거짓을 말하여 선거결과에 영향을 미치는 행위로서 허위사실 공표죄로 처벌해야 할 행위임은 너무나 상식적이고 분명한 것이었다. 사안은 극히 단순하고 논란된 질문과 답변의 의미도 명백함에도 불구하고 다수의견은 피고인의 궤변적 주장에 매몰되어 법적으로 해결될 쟁점을 바로 이해하지 못하였을 뿐 아니라, 토론회에서 질문과 답변의 의미를 잘못 이해하거나 바른 논증에 의한 결론을 내지 못하였다.

이 사건에서 다수의견은 허위사실의 개념에 관해 "일방적·적극적으로 반대사실을 표명할 것"을 요구함으로써 과거 확립된 판례와 다른 입장을 취하고 있다. 다수의견의 이러한 판시가 종전 확립된 판례의 취지를 변경한 것이라고 볼 수는 없다. 왜냐하면 다수의견은 이상 기존 판례에 대한 그들의 태도에 관해 전혀 언급함이 없이 이 사건에서 적용할 법리만을 별도로 언급하고 있기 때문이다.

다수의견의 의도를 선해하여 선거 토론회라는 특수한 상황에서 질문과 답변 등 공방이 오가는 도중에 타 경쟁후보자의 질문을 달리 이해하거나, 그 질문에 대해 회피 또는 묵비하면서 달리 대답한 경우에 한하여 적용할 새로운 법리를 선명한 것으로 볼 수 있다고 하더라도 문제는 해소되지 않는다. 그렇게 보는 것은 반대의견의 비판과 같이 선거운동 방법으로서 중요한 의의와 기능을 가지고 있는 후보자 토론회의 공방과정에서 행해진 발언에 관해 허위 또는 왜곡된 사실의 유포가 허용되거나 그에 대한 금지의 척도를 낮추어 제250조 제1항의 구성요건을 새로이 규정하는 것과 같이 될 것이다. 반대의견은 이에 관해 "다수의견은 입법적 방법이 아닌 해석을 통하여 문언의 가능한 의미를 벗어나 새로운 구성요건을 창조하자는 것으로 이는 극히 신중해야 한다."고 경고하고 있다. 또 다수의견은 허위사실공표죄를 적용함에 있어서 토론회에서 범행한 자를 여타 선거운동방법에 의해 범행한 자와 차별하여 유리하게 처우하는 것으로서 평등의 원칙에도 반한다.

이렇게 본다면 이 사건 판결의 판지는 대법원 자신에 의해 후에 다수 판례의 입장과 같이 수정되어야 할 것이다. 그렇지 않은 한 이 판결의 다수의견 판지는 선례가 되는 대법원 판례로서의 효력을 갖지 못하고, 소수 판례로서의 입지를 면할 수 없을 것이다.[288]

---

288) 선판례구속(Stare Decisis)의 법리가 적용되는 영미법체계와 달리 대륙법 체계를 계수한 한국법제에서는 대법원 판례가 통일되지 못하고 모순된 판례가 공존하는 사례가 적지 않게 보인다. 예컨대, 형법 제310조(진실의 항변)를 적용하여 진실이라고 믿음에 상당한 이유가 있음을 이유로 한 이른바 "상당성 항변"의 법적 성격에 관하여 종전 다수 판례는 이를 위법성 조각사유로 보고 있음에 반해, 소수 판례는 이를 책임조각 사유로 보고 있는데, 이 경우 다수판례만이 기준적인 법으로 효력을 갖

바. 위헌 논란과 헌법재판소의 합헌 판단

전술한 바와 같이 현행 선거법이 선거범죄에 대한 형사재판 결과에 당선무효의 선거법적 효과를 결부시키고, 그 기준도 벌금 100만 원으로 설정한 현행 선거법 조문에 대하여는 여러 점에서 위헌이라는 비판이 제기되어 왔다. 그 비판의 요지를 보면, 첫째 그 조항은 "정치적 표현의 자유를 과도하게 침해하고 법적 책임에 대한 비례원칙을 침해하며 엄격한 헌법적 법익형량에 실패함으로써 법치주의 권력분립원칙 사법권 독립원칙 및 민주주의 원칙을 위배하여 위헌'이며,[289] 둘째 민주주의와 권력분립의 원리에 부합하지 않으며, 사법작용의 본질에 어긋난다는 주장이다.[290]

헌법재판소는 허위사실적시에 의해 불법적으로 당선된 자로 하여금 당선이 무효가 되도록 입법적 결단을 내린 것은 공정한 선거의 관점에서 정당화될 수 있고, 법관은 양형의 조건을 참조하여 벌금 100만원 미만의 벌금형을 선고하거나 형의 선고를 유예할 수 있음을 이유로 공직선거법 제250조 제2항을 합헌으로 판단하였다.[291]

(5) 기타 선거 공정을 위한 제도

가. 선거관리위원회의 개입 – 허위사실 이의제기

공직선거법 제110조의2는 "누구든지 후보자 또는 예비후보자의 … 등에 관하여 공표된 사실이 거짓임을 이유로 해당 선거구선거관리위원회를 거쳐 직근 상급선거관리위원회에 서면으로 이의제기를 할 수 있다"고 규정한다. 직근 상급선거관리위원회는 후보자 또는 예비후보자, 소속정당, 이의제기자, 관련 기관·단체에 대하여 필요한 자료의 제출을 요구하여 공표사실이 거짓으로 판명된 때에는 이를 즉시 공표하고 선거관리위원회 홈페이지에 공개하여야 한다.

나. 선거반론권 제도

현행 공직선거법은 형사적 처벌 이외에 선거의 특성에 따른 선거관리위원회의 즉시적 구제의 방법을 강구하고 있다.

게 되고, 소수판례는 선판례로서 효력을 갖지 못한다. 마찬가지로 이 사건 판결의 다수의견도 역시 이 쟁점에 관한 소수판례로서 차후 유사한 사안에서 선판례로서 통용되지 못하고 기존 다수판례에 의한 논증이 적용될 것이다.

289) 김종철, "공선법상 낙선목적 허위사실공표죄와 당선무효강제규정의 위헌성 – 소위 조희연 교육감 사건 제1심 판결을 중심으로 – ", 법학연구 제25권 제2호(연세대학교 법학연구원, 2015년 6월), 181–215면.
290) 김선화, "민주주의 원리의 관점에서 본 공직선거법상 허위사실공표죄와 당선무효조항 – 대법원 2020. 7. 16. 선고 2019도13328 전원합의체 판결", 저스티스 통권 제183호(2021. 4), 706면.
291) 헌법재판소 2009. 9. 24. 선고 2008헌바168 결정.

1) 입법취지

공직선거법은 방송, 신문, 인터넷신문 등 미디어에 의해 공표된 인신공격, 정책의
왜곡선전 등에 대하여 정당 및 후보자의 반론권을 규정하고 있다. 이른바 '선거반론권'
제도는 인신공격, 흑색선전 등이 난무하는 혼탁한 선거전에서 올바른 여론형성을 도모
하는 동시에 후보자의 인격을 보호하기 위하여 신문 및 방송에 대한 기존 반론권제도
에 더하여 그보다 더 신속한 또 하나의 구제절차를 마련한 것이라고 할 수 있다.

선거반론권 제도는 1997년 개정 공직선거 및 선거부정방지법(법률 제5412호)에 의
해 처음 도입되었는데(동법 제8조의 3, 방송의 선거보도에 대한 반론보도청구권 및 제8조의4, 정기
간행물의 선거보도에 대한 반론보도청구권), 2005년 개정 선거법에 의해 인터넷언론사의 보
도에 대해서도 적용되게 되었다.

2) 현행법 상의 선거반론권

현행 공직선거법에 의하면 방송 또는 정기간행물 등에 공표된 인신공격, 정책의
왜곡선전 등으로 피해를 받은 정당(중앙당에 한함) 또는 후보자(후보자가 되고자 하는 자를
포함)는 그 방송 또는 기사 게재가 있음을 안 날부터 10일 이내(보도가 있은 때로부터 30일
이내)에 서면으로 반론보도를 청구할 수 있다(법 제8조의4 제1항). 인터넷언론사의 왜곡된
선거보도로 인하여 피해를 받은 정당 또는 후보자에게도 같은 권리가 인정된다(법 제8
조의6 제4항). 이 선거반론권은 신문과 방송의 경우 선거방송심의위원회 또는 선거기사
심의위원회가 설치된 때부터 선거일까지만 인정되는 제한적인 것이다(동조 제1항).

> 공직선거법은 선거반론권의 대상이 되는 매체의 보도내용에 관하여 선거전의 폐단에 관한
> 종전의 경험에 비추어 그 대표적인 사유로서 "인신공격, 정책의 왜곡선전 등"을 들면서 반론
> 의 내용으로서는 사실적 진술에 국한하는 규정(공직선거법 제8조의4 제4항이 준용하는 언론
> 중재 및 피해구제 등에 관한 법률 제15조 제5항)을 두고 있다. 신문 및 방송에 대한 기존의
> 일반적 반론권은 보도의 사실주장에 대해서만 인정되는 것이지만, "인신공격, 정책의 왜곡선
> 전 등"에는 의견적 요소도 혼합되는 것이 일반적이므로 동 조항은 의견에 대한 반론도 허용
> 하는 것으로 해석해야 할 것이다. 선거반론권을 새로이 만든 입법 취지에 비추어 보거나, 선
> 거에서 언론매체를 통한 정책적 대결을 활성화하기 위해서라면 프랑스에서 이루어지고 있는
> 바와 같이 의견반론권을 인정하는 것이 바람직한 것이기 때문이다. 다만, 의견반론권으로서
> 의 선거반론권은 공적 성격이 강한 방송에서는 허용하되, 사기업인 활자매체의 경우에는 그
> 인정에 신중을 기해야 할 것이다.

청구를 받은 신문 또는 방송사는 청구인과 협의한 후 48시간 이내(인터넷언론사는
12시간 이내)에 반론보도를 행하거나(법 제8조의4 제2항, 법 제8조의6 제5항), 협의가 이루어지
지 않은 때에는 청구인 또는 언론사는 선거방송심의위원회 또는 선거기사심의위원회

에 지체없이 이를 회부하고, 해당 심의위원회는 48시간 이내에 심의하여 각하, 기각 또는 인용결정을 한 후 지체없이 이를 당해 정당 또는 후보자와 방송사 또는 언론사에 통지하여야 한다(동조 제3항). 그 절차에 관하여는 언론중재 및 피해구제 등에 관한 법률이 정하는 반론권에 관한 통상적인 규정이 준용된다(동조 제4항).

공직선거법은 선거반론권에 대한 심판을 관할하는 기관으로서 매체마다 다른 기관을 설립하여 그에 맡기고 있다. 즉 방송에 있어서는 방송통신심의위원회 산하기구로 설치된 '선거방송심의위원회'가, 신문에 있어서는 언론중재위원회에 설치된 '선거기사심의위원회'가, 인터넷언론에 있어서는 중앙선거관리위원회에 설치된 '인터넷선거보도심의위원회'가 각각 청구된 선거반론권의 심판을 관할하는 입법체제를 취하고 있다. 통일적인 기준과 효율적인 업무처리를 위해서는 심판기관의 일원화가 요구된다고 생각된다.

또 공직선거법은 선거반론권에 대해 심판하는 각 관할 심의위원회에 대한 심의결정에 대하여 이의가 있는 당사자의 불복절차에 관하여 하등 규정하는 바가 없다. 사법적 판단이 아닌, 이러한 위원회의 결정에 대한 불복을 위해 사법심사의 길이 배제된다면 재판청구권의 침해라는 점에서 위헌 논란도 피할 수 없게 된다.

신문, 방송사, 인터넷언론사 등이 선거방송심의위원회, 선거기사심의위원회 또는 인터넷선거보도심의위원회의 결정을 통보받고 지체없이 이를 이행하지 아니한 경우에는 2년 이하의 징역 또는 400만원 이하의 벌금에 처해진다(법 제256조 제2항 제3호). 신문과 방송에 있어서 인정되는 일반적인 반론권이 민사소송법의 강제집행절차에 의하는 것과 달리 선거반론권의 불이행에 대해서는 형사벌이 부과된다는 점에서 비판이 제기되고 있다.[292]

VI. 형사 명예훼손죄 폐지논쟁

1. 서론

형사 명예훼손죄의 존재의의 및 그 폐지 여부에 관한 논의는 오랜 역사를 갖는다. 우리의 경우 헌법재판소는 여러 차례 명예훼손죄 폐지론을 거부하는 결정을 내린 바 있다.[293] 그럼에도 불구하고 폐지론은 명예훼손의 비범죄화를 추구하는 국제적 조류와 언론 자유의 확대를 추구하는 국내 일부 학자들의 적극적 논의에 힘입어 끈질긴 움직임을 이어가고 있다. 이렇게 폐지론은 그 세력을 잃지 않아 논쟁은 그치지 않고 있어 혼란을 벗어나지 못하고 있는 상황이다.[294]

---

292) 황성기, "인터넷과 선거운동", 언론과 법 제9권 제1호(한국언론법학회 2010), 207면 이하.

293) 모욕죄에 관하여 헌법재판소 2013. 6. 27. 선고 2012헌바37 결정(모욕죄), 헌법재판소 2020. 12. 23. 선고 2017헌바456·475·487, 2018헌바114·351(병합) 결정. 형법상 명예훼손죄에 관하여 헌법재판소 2021. 2. 25. 선고 2017헌마1113, 2018헌바330(병합) 결정(형법 제307조 제1항), 헌법재판소 2021. 2. 25. 선고 2016헌바84 결정(형법 제307조 제2항 위헌소원). 정보통신망 이용 거짓 사실 적시 명예훼손죄에 관하여 헌법재판소 2021. 3. 25. 선고 2015헌바438/2018헌바475/2019헌마116(병합) 결정(정보통신망법 제70조 제2항 위헌소원), 헌법재판소 2021. 4. 29. 선고 2018헌바113 결정 등.

명예훼손죄 특히 사실적시 명예훼손죄를 폐지하자는 논의는 명예훼손법제의 전체적 구조와 기본에 관련되는 문제를 다루게 된다. 명예훼손법제는 한 나라의 역사적·문화적 전통을 반영하는 것이며, 그러한 전통은 성문법전뿐 아니라 기존 판례와 학설에 각인되어 있다. 이렇게 확립된 전통적인 법제를 개선하고 변경함에는 그러한 법리와 법조문이 생성된 경위 및 의미와 함께 그 장기간 적용과정을 살펴 결함이나 문제가 있는지 세심하게 살피고, 그 대책을 마련할 필요가 있다.

우리 형법은 제307조 제1항에서 명예훼손행위는 진위를 막론하고 일단 구성요건에 해당한다고 규정하고 있어 진실한 사실의 적시도 명예훼손죄로 처벌될 수 있다. 이에 관해 일부 학자들은 진실을 적시하는 행위는 명예훼손이 될 수 없고 이를 처벌하는 형법상의 명예훼손죄는 폐지되어야 한다고 주장한다. 폐지론을 주장하는 학자들의 주된 논거 중 실체적 사유에 관한 것은, 첫째 진실 사실적시를 처벌하는 형법 제307조 제1항은 허명을 보호하는 것이어서 정당한 입법 목적이 될 수 없다는 점, 둘째 진실한 사실을 적시하는 행위 자체에는 불법성이 없기 때문에 범죄의 당벌성이 없다는 점, 셋째 그 행위의 위법성 조각사유로서 정해진 형법 제310조는 그 적용·해석에 의해도 진실 적시 표현(언론)의 자유가 충분히 보호받을 수 없다는 점 등을 주된 내용으로 한다.[295]

표현의 자유와 인격권은 헌법의 가치 위계상 우열관계에 있는 것이 아니라 동등한 가치를 가지는 것으로 파악하는 것이 세계적으로 일반적 경향이고, 양 기본권이 충돌하는 경우 이를 조정하는 방안으로서 각국에서는 각 이익의 비교형량에 의해 우열을 가리는 사고가 지배적으로 적용된다. 그 때 이익형량에 따라 표현의 자유가 양보되어야 하는 경우, 즉 명예훼손행위에 실체적 위법성과 가벌성이 존재하는 경우에는 그 경중에 따라 적합한 법적인 제재가 허용될 수 있을 것이다. 따라서 이 문제는 법리적인 실체적 문제와 함께 그에 그치지 않고 그러한 문제 해결을 위해 어떠한 종류와 정도의 법적 제재가 적합한가 여부를 고찰하는 법정책적 문제가 함께 고찰되어야 한다.

이러한 입장에서 우리는, 첫째 현행법의 해석론과 입법론을 구별하여 논해야 하며, 둘째 구성요건과 위법성을 구별하는 법학상 행위론에 관한 이해를 요하며, 셋째 명예훼손적 진술의 진위 여하에 따라 표현의 자유와 명예권 간의 우열을 정하는 실체법상의 비교형량 기준과 함께, 넷째 이러한 실체법상의 이해가 절차법적 규율을 통해 구현되는 과정을 통합적으로 이해하여야 하며, 다섯째 이 과정에서 진위의 입증책임 분배가 결정적 의미를 갖는다는 점을 고려할 필요가 있다.

---

294) 폐지론의 논거로서 명예의 개념 자체 및 명예훼손행위의 불확정성, 사실과 의견의 구별, 진실과 허위의 구별의 어려움 등을 이유로 하는 비판에 대해서는 논외로 한다. 예컨대, 김성돈 교수에 의하면 무엇이 사람의 명예를 손상시킬 '가능성'이 있는 진실한 사실인지 알기 어렵고, 피해자의 사회적 지위와 역할에 따라 그 가능성의 정도가 다르고 객관적으로 측정 가능하지도 않기 때문에 누구에게나 동등한 수준으로 보호될 수도 없다고 주장한다(김성돈, '진실적시명예훼손죄 폐지론', 서울지방변호사회 2016. 5. 20. 주최 사실적시 명예훼손죄에 관한 심포지엄 주제 논문, 8면(https://www.seoulbar.or.kr/cop/bbs/selectBoardList.do#LINK)). 위와 같이 문제와 어려움이 있음에도 명예훼손법제를 포기할 수 없는 이유는 표현의 자유나 명예권 모두가 헌법상 중요한 가치를 갖고 존중되어야 할 기본권이고, 어느 사회에서나 양자가 충돌하는 경우 균형적인 조화적 해결은 필수적인 사회적 과제이기 때문이다. 그리고 이미 명예권의 개념 및 명예훼손행위의 정의에 관해서는 많은 판례가 집적되어 있고, 그에 의하면 명예훼손이 되는지 여부는 피해자가 속한 공동체의 일반 평균적 독자가 이해하는 바에 따르게 되어 있다.

295) 학자들의 이러한 주장은 사실적시 명예훼손죄의 위헌 여부를 다룬 헌법재판소 결정(헌법재판소 2021. 2. 25. 선고 2017헌마1113, 2018헌바330(병합)(형법 제307조 제1항에 대한 위헌소원) 결정)의 반대의견에 영향을 미쳐 그대로 반영되고 있다.

2. 비교법적 고찰

(1) 서론

형사 명예훼손죄를 폐지해야 한다는 논거로 제시되는 바에 의하면, ① 그것은 언론의 자유에 위축효과를 가진다는 점, ② 본질적으로 사적 불법행위인 명예훼손은 민사적 구제로 충분하고 그에 공적인 구제를 제공하는 것은 형법의 보충성 원리에 반한다는 점, ③ 명예훼손을 탈형사화하는 글로벌 트렌드에 반한다는 점 등이다.296) 그 중에서 가장 핵심적 논거는 이 제도가 공적 사항에 관한 보도를 위축시킬 것이라는 점이다. 이 문제에 관한 논의는 각국의 사회적 문화적 배경에 따라 다른 양상을 보이는데, 특히 민사적 구제의 효율성 여하, 공적 토론을 위축시키려는 기소에 대한 대책 여하가 관련되어 논의되어야 할 것이다.

(2) 영국

영국에서 형사 명예훼손죄는 이상과 같은 비판 때문에 2010년에 이르러 폐지되었는데, 그 경과에 관해서는 상세한 언급이 필요하다. 영국에서 명예훼손은 허위 주장을 형사범죄로 취급한 교회법에 뿌리를 가지며, 16세기에 이르러 악명 높던 성청법원(court of Star Chamber)에 의해 로마법을 수용하여 문서에 의한 언론범죄를 총칭적인 'libel'의 개념에 따라 처벌하기 시작하였다. 그 중 정치적 명예훼손(seditious libel)은 군주주권을 옹호하는 정치적 억압장치로 정부를 불신하게 하는 비판은 어느 것이나 범죄로 처벌하게 되었다. 그에 비해 사인에 대한 형사명예훼손(defamatory libel)은 정치체제와 무관하게 공동체의 평화를 위한 것이었다. 성청법원은 공공 평화를 보호하기 위해 사인에 대한 명예훼손도 형사 처벌할 필요가 있다고 인식하였다. 개인의 명예훼손은 결투와 가족의 복수에 의한 유혈을 유발할 우려가 있다고 생각되었기 때문에 사람들을 폄훼하는 경향이 있고 그들을 증오, 조롱 및 모욕하는 진술을 문서명예훼손(libel)의 범죄로 처벌하게 된 것이다.

1792년 영국 의회가 제정한 법률(Libel Act, 1792)에 의해 배심의 권한이 강화되고, 1843년 법(Libel Act 1843, 일명 Lord Campbell's Libel Act)에 의해 진실의 항변이 인정되었다. 그간 영국에서 명예훼손은 민사 불법행위의 일환으로 보통법상 풍부한 사례를 다루었으나, 형사 명예훼손은 법전에만 존재하는 사문화된 법이었고,297) 그에 의한 기소는 거의 행해지지 않고 있었다. 이에 영국 의회는 2009년 제정법률(Coroners and Justice Act 2009)로써 변란선동죄(offences of sedition) 및 선동적 명예훼손죄(offences seditious libel), 명예훼손죄(offence of defamatory libel)를 공식적으로 모두 폐지하게 되었다(동법 제73조). 이로써 고전적인 형사 언론범죄(criminal libel)는 모두 폐지되었다.

그 밖에 영연방국가의 예를 보면, 명예훼손죄는 스리랑카 및 가나 이외에 대부분의 국가에서 잔

---

296) IPI와 연대하여 유럽의 형사 명예훼손죄 폐지 캠페인을 벌이고 있는 English PEN에 의하면, 전세계적으로 형사 명예훼손법은 비판적 미디어 보도를 저지하고, 반대파를 침묵시키며, 정치적 경제적 이익을 보호하기 위해 남용되고 있다고 주장한다. 특히, 형사 기소의 위협과 범죄 전과의 리스크는 강력한 자기검열의 유인이기 때문에, 그것은 세계적으로 미디어와 표현의 자유에 대한 가장 널리 인식된 장애라고 한다. 개방 사회에 대한 그 영향은 심각한데: 기소의 두려움은 토론을 폐쇄하고 탐사보도를 저지하며, 정보의 자유를 제한하여 공공의 알 권리를 박탈한다는 것이다(https://www.englishpen.org/press/criminal-defamation-in-the-eu/).

297) 영국에서 명예훼손죄로 기소된 사례는 1977년이 마지막이었고, 그 이후에는 적용된 바 없으며, 영국법위원회(Law Commission of United Kingdom)는 1982년 그 폐지를 권고한 바 있다.

존하고 있다. 캐나다, 호주, 뉴질랜드 등에서는 거의 사문화하고 있으나, 인도 최고 법원은 2016.
5. 24. 판결(Subramanian Swamy vs Union of India)에서 식민지 시대의 형사 명예훼손법이 합헌
이라고 판시하였다. 인도 형법 제499조 및 제500조는 명예훼손을 범죄로 규정하고 2년 이하의 징
역 및 벌금에 처하도록 하고 있다.

(3) 미국

영국에서 시행되던 형사 명예훼손제도는 식민지 미국에도 수입되어 적용되어 왔으나, 영국의
군주주권체제를 벗어나 자유로운 독립국가를 세운 미국에서는 영국의 억압적 제도에서 벗어나려
는 노력이 일찍부터 시작되었다. 이미 1735년 John Peter Zenger 사건에서 Hamilton의 저명한 변
론으로 식민지에서 영국의 선동적 명예훼손죄의 적용이 거부된 바 있었고, 1804년 사건[298]에서
Alexander Hamilton의 변론 취지에 영향받아 뉴욕주는 1805년 입법으로 형사소송에서 진실의 항
변을 최초로 인정한 바 있었다.

형사 명예훼손죄 제도에 치명타를 가한 것은 수정헌법 제1조의 언론의 자유를 강조한 1964년
뉴욕타임스 판결[299]이었다. 연방대법원은 공무원에 의한 명예훼손 소송을 변란선동적 명예훼손
(seditious libel) 소송과 동일시하여 이를 국민주권에 필요한 공적 토론을 파괴하는 것으로 인식하
였다. 같은 해 Garrison v. Louisiana 판결[300]은 현실적 악의 규칙을 형사 명예훼손에도 적용하였
다. 위 판결에 의하면 명예훼손처벌법이 합헌이 되려면, 첫째 진실은 선의 여부를 막론하고 절대
적 항변이 되도록 하여야 하며, 그 허위 입증책임은 기소한 검사에게 있다는 점, 둘째 공무원과 공
적 인물에 대한 형사 명예훼손은 피고측에 현실적 악의가 있다는 점이 입증되어야 한다는 점[301]이
다.[302]

2004년 기준으로 미국에서 형사 명예훼손죄를 법전에 존치하고 있는 주는 23개주에 달하며, 그
중 14개주는 위헌 판단을 받지 않았다고 한다.[303] 또 뉴욕타임스판결 이후 40여년 간 미국 전역에
서 명예훼손죄로 기소된 사례는 40여 건에 불과하였다고 한다.[304]

---

298) People v. Croswell, 3 Johns. Cas. 337 (N.Y. Sup. Ct. 1804).
299) New York Times Co. v. Sullivan, 376 US 254 (1964).
300) 379 U.S. 64 (1964). 이 사건 판결에서 연방대법원은 형사 명예훼손은 민사 명예훼손에 의해 보호되
   는 것과 다른 이익을 보호하지 않으며, 명예훼손의 형사처벌을 정당화하는 보통법 상의 평화교란
   법리는 20세기에 적용되지 않는다고 판시하였다.
301) 연방대법원은 1974년 공인에 대한 명예훼손 기소에는 현실적 악의 규칙의 요건이 요구된다고 판시
   하였다(Gertz v. Robert Welch, Inc., 418 U.S. 323 (1974)).
302) 실제로 연방대법원은 Keeton v. Hustler Magazine, Inc., 465 US 770, 777 (1984)에서 허위임을 알면
   서 이를 공표하여 공적인 혐오, 모욕 또는 조롱을 받게하는 행위를 경범죄로 처벌하는 뉴햄프셔 주
   법을 합헌으로 판단하였다.
303) Gregory Lisby, No Place in the Law: The Ignominy of Criminal Libel in American Jurisprudence, 9
   Comm. L. & Pol'y 433, 479 (2004). 최근 미네소타주 항소법원은 2017. 10. 31. 미네소타주 형사명예
   훼손법을 위헌 무효라고 판결하였다. 그것은 진실은 선한 동기에서 정당한 목적으로 전파될 것을
   요하는 동법의 요건이 허위 진술 이외에 절대적으로 보호받는 진실한 사실의 진술도 처벌할 가능
   성이 있기 때문에 너무 광범위하여 위헌이라고 본 것이다(http://arechigo-stokka.com/blog/2017/10/
   31/minnesota-criminal-defamation-statute-declared-unconstitutional/).
304) Criminalizing Speech About Reputation: The Legacy of Criminal Libel in the U.S. After Sullivan &
   Garrison, Media Law Research Center Bulletin (Media Law Research Center, New York, N.Y.), Mar.
   2003, at 42.

이렇게 미국에서 명예훼손은 대부분 민사소송으로 해결되고 있으며, 일부 주는 명예훼손에 관한 형사처벌 규정을 두고 있지만 실제 적용되는 예는 거의 없고, 실제로 적용되는 사례에서도 허위 사실에 대해서만 명예훼손책임이 인정되고 진실한 사실은 면책된다.

(4) 유럽 제국

유럽평의회(Council of Europe)는 2001년 이후 여러 차례에 걸쳐 회원국들에게 명예훼손에 대하여는 형벌보다는 민사상 손해배상으로 대응하는 것이 바람직하고, 특히 명예훼손에 대해 징역형을 부과하는 형사법 규정은 폐지되어야 한다고 권고하였다. 이에 따라 유럽평의회 회원국들은 형사법에 규정된 명예훼손죄를 폐지하거나 대폭 축소하였고, 실제 적용에 있어서도 매우 제한적으로 운용하고 있다.305)

2015년 현재 EU 가입 28개국 중 23개 국가가 형사 명예훼손죄 및 모욕죄를 존치하고 있으며, 이를 폐지한 국가는 영국을 포함한 5개국이다.306)307) 그 밖에 유럽 14개국에서는 아직 신성모독(blasphemy)이나 종교적 모욕(religious insult)을 처벌하는 법률이 존재하며, 그 중 5개국에서는 실제 적용되고 있다.308)

한편, 유럽인권재판소는 다수 유럽 국가가 형사 명예훼손죄를 존치하고 있는 상황에서, 형사명예훼손죄가 유럽인권협약에 위반되지 않는다는 기본적 입장을 취한다.309) 그러면서도 언론의 자유에 대한 위협으로 작용할 수 있는 폐단에 대처하기 위해 신중하게 적용할 것을 요구하고, 특히 명예훼손에 징역형을 부과하는 것은 인권협약에 위반된다는 입장을 굳히고 있다.310)

(5) 독일

유럽 국가 중 명예훼손죄가 형법상 규정되어 있을 뿐 아니라 가장 활발히 적용되는 나라는 독일이다.311) 독일 형법 제14장은 모욕(Beleidigung)이라는 표제 하에 제185조에 모욕죄(Beleidigung), 제186조에 사실적시 명예훼손죄(Üble Nachrede),312) 제187조에 허위사실적시 명예훼손죄(Verleumdung), 제188조에 정치인에 대한 명예훼손죄, 제189조에는 사자 명예훼손죄를

---

305) 헌법재판소 2015헌바234 결정의 반대의견 참조.

306) 이하 Criminal Defamation Laws in Europe, https://www.rcmediafreedom.eu/Publications/Reports/Criminal-Defamation-Laws-in-Europe 참조.

307) 2015년 9월 IPI(International Press Institute)의 조사 결과에 의하면 2013년 현재 덴마크와 라트비아를 제외한 16개국에서 형사 명예훼손죄 및 모욕죄로 유죄판결이 있었다고 한다. 그 처벌된 사람 중에는 상당수가 언론인이었고, 징역형이 선고된 경우도 있었으며, Croatia에서는 2013년 한해 언론인 72명이 명예훼손죄로 처벌되었다(Id.).

308) Id.

309) 유럽인권재판소 판례에 의하면 명예훼손에 대한 형사처벌은 그 자체가 비례원칙에 위반하여 위헌이 되는 것은 아니라고 한다(Ivanova v. Bulgaria, App. No. 36207/03, ¶ 68 (Eur. Ct. H.R. Feb. 14, 2008); Lindon v. France [GC], App. Nos. 21279/02 & 36448/02, ¶ 59 (Eur. Ct. H.R. Oct. 22, 2007); Ivanciuc v. Romania (dec.), 2005-XI Eur. Ct. H.R. 251, 259).

310) ECHR, Cumpănă and Mazăre v. Romania, App. No. 33348/93 (2004); 2013. 9. 24. Belpietro v. Italy, no. 43612/10; Peruzzi v Italy - 39294/09 [2015] ECHR 629.

311) 독일에서는 2013년 한해에만 모욕, 명예훼손으로 22,000건의 유죄판결이 선고되었다고 한다(Criminal Defamation Laws in Europe, https://www.rcmediafreedom.eu/Publications/Reports/Criminal-Defamation-Laws-in-Europ).

312) 이 경우 진실의 입증책임은 표현행위자인 피고에게 있다.

규정하고 있다. 나아가 독일 형법 제193조(정당한 이익의 옹호, Wahrnehmung berechtigter Interessen)는 "권리의 실현이나 방어 또는 정당한 이익의 옹호를 위해 행해진 표현행위"에 위법성을 조각하는 규정을 두고 있다.

(6) 일본

일본에서는 형사 명예훼손죄가 일찍부터 존재하고 있으며, 널리 빈번하게 적용되고 있다.[313] 일본 형법 제230조(명예훼손죄)는 사실적시 명예훼손을 처벌하되, 공익을 위한 사실로서 진실 증명이 있는 때에는 처벌하지 않으며(동법 제230조의2), 사실을 적시하지 않는 모욕죄를 따로 처벌하고(동법 제231조), 이들 범죄는 모두 친고죄로 규정되고 있다(제321조).

3. 쟁점 - 논거와 비판

(1) 한국 법제에서 명예훼손죄 폐지론 - 논거

한국에서도 최근 형법상 명예훼손죄를 폐지하자는 의견이 강력히 대두되고 있다. 우리 형법은 명예훼손죄와 모욕죄를 규정하고 있으며, 정보통신망 이용촉진 및 정보보호 등에 관한 법률('정보통신망법')은 온라인 상의 명예훼손을 형벌로 처벌하는 규정(동법 제70조)을 두고 있다. 명예훼손죄의 운영현황에 관한 통계를 보면 명예훼손죄의 고소 및 기소 건수가 적지 않고 점차 증가하고 있는 현상을 보이고 있다. 이러한 우리의 현상은 독일이나 일본의 경우와 다르지 않다.

우리의 경우 형사 명예훼손죄의 폐지 논의는 제 외국에서 논의되는 바와는 달리 주로 진실한 사실적시 명예훼손죄를 폐지하자는데 집중되어 왔다.[314] 그 주된 논거를 보면, 공적 사안에 관한 토론을 위축시킨다는 점과 국제적 조류에 반한다는 점을 지적함에는 일리가 있다. 그러나 그 논의 중 상당 부분은 명예훼손법의 기본 개념뿐 아니라 표현의 자유와 명예보호 간의 조화된 균형을 도외시하고 있음을 볼 수 있다.

(2) 명예훼손죄의 보호법익

가. 현대 헌법에서 명예 보호의 가치

현대 헌법의 기본이 된 인간 존엄의 사상에 비추어 평가개념으로서 명예의 의미와 가치를 되새겨 볼 필요가 있다.[315] 헌법재판소는 "개인의 외적 명예는 일단 훼손되면 완전한 회복이 어렵다는

---

313) 일본에서는 2003년 한해에 명예훼손죄로 500건이 기소 체포된 바 있고 점차 증가하고 있다고 한다 (Salil K. Mehra, POST A MESSAGE AND GO TO JAIL: CRIMINALIZING INTERNET LIBEL IN JAPAN AND THE UNITED STATES, 78 U. Colo. L. Rev. 767, p. 778).

314) 그 중 대표적인 것은 2016. 5. 20. 서울지방변호사회 주최 사실적시 명예훼손죄에 관한 심포지엄에서 주제 논문으로 제출된 김성돈, '진실적시명예훼손죄 폐지론'(https://www.seoulbar.or.kr/cop/bbs/selectBoardList.do#LINK)과 윤해성·김재현, '사실적시 명예훼손죄의 비범죄화 논의와 대안에 관한 연구'(한국형사정책연구원, 2018)(http://www.dbpia.co.kr/Journal/ArticleDetail/NODE07091222) 등이다. 그에 비해 권순민, "명예훼손죄의 비범죄화에 대한 논의와 그 대안에 대한 연구 - 형법 제307조 제1항의 사실 적시 명예훼손죄를 중심으로 - "(file:///C:/Users/user/Down loads/KCI_FI0021 26201.pdf)는 진실 사실적시 형사 명예훼손죄의 여러 문제점을 지적하면서도 이를 즉각 폐지하기보다는 기존의 판례나 해석을 개선할 것을 대안으로 제시하고 있다.

315) "1606년 Edward Coke경은 선량한 이름은 생명보다 더 귀한 것이라고 주장하였다. 명예가 생사의 문제라고 하는 생각은 문자 그대로 결투에서 실연되었다. 명예는 정체성의 본질적 부분으로 간주되었고, 그 상실은 살 가치가 있는 유일한 종류의 삶의 상실을 의미할 수 있던 이유이다."(Slaughter, The Development of Common Law Defamation Privileges: From Communitarian Society to Market

특징이 있"고, "명예와 체면을 중시하는 우리 사회에서는 명예훼손적 표현행위로 피해를 입은 개인이 자살과 같은 극단적 선택을 하는 사례도 발생하는 등, 그 사회적 피해가 매우 심각한 상황"316)이라고 지적하여 명예의 보호 필요성을 강조하고 있다.

미국 연방대법원의 스튜어트 대법관에 의하면 "자신의 명예를 부당한 침해와 불법적 가해에서 보호할 개인의 권리는 모든 인간의 본질적 존엄과 가치라는 우리의 기본적 개념, 즉 품위 있는 질서정연한 자유 시스템(decent system of ordered liberty)의 기저에 있는 개념 이상을 반영하는 것이 아니다."317) 또 David Lepofsky에 의하면, 명예는 "사회적 환경에서 사람들이 상호 작용할 수 있는 기본적 토대"이며 동시에 그것은 우리 자신의 이미지(self-image)와 자존의 감각(sense of self-worth)을 촉진하는, 동일하거나 또는 기본적으로 더 중요한 목적에 기여한다고 한다.318)

나. 보호법익으로서 '외적 명예'의 의미

명예훼손법에서 보호하는 명예란 사람의 진가(眞價)가 아닌 '외적 명예', 즉 사회적 평가를 보호하는 것이며,319) 이러한 외적 명예를 명예훼손죄의 보호법익으로 보호하는 것은 어느 나라에서나 공통된 것이다.320)

그런데 폐지론은 피해자의 부정적 속성이나 행동거지를 노출하는 진실한 사실의 공개를 금지하는 것은 허명을 보호하는데 불과하여 이를 폐지하자고 주장한다. 진실한 사실의 적시로서 손상을 입는 것은 위신과 체면 또는 허명뿐이며 이를 보호하기 위해 진실한 사실 적시를 불법화하는 것은 정당한 입법목적이 될 수 없다는 것이다.321) 이러한 학자들의 주장에 영향을 받았는지 헌법재판소의 반대의견도 명예훼손죄가 보호하는 외적 명예를 가리켜 "진실이 가려진 채 형성된 '외적 명예'로서, 많은 사람들이 그 진실을 몰라서 얻게 된 허명(虛名)에 불과"하고, "진실한 사실의 적시로

Society (1992) 14 Cardozo L Rev 351).

316) 헌법재판소 2021. 2. 25. 선고 2017헌마1113 등 결정 참조.

317) Stewart J. in Rosenblatt v. Baer, 383 U.S. 75, 92 (1966).

318) David Lepofsky, "Making Sense of the Libel Chill Debate: Do Libel Laws `Chill' the Exercise of Freedom of Expression?" (1994), 4 N.J.C.L. 169, at 197.

319) "법이 보호하는 목표는 성품(character)이 아니라 명예(reputation)이다. 성품은 한 사람의 실재상(實在像)이지만, 명예는 그가 보이는 외관이다."(Von Vechten Veeder, The History and Theory of the Law of Defamation I, 4 Colum. L. Rev. 33, 33 (1904)). 포스트 교수에 의하면, 명예는 "우리가 상호 간 갖는 사회적 파악 속에 내재하며" 명예에 대한 해악은 이렇게 사회적으로 구성된 피해이며, 피고의 말에 대한 타인들의 반응에 의해 정의된다고 말하였다(Robert C. Post, The Social Foundations of Defamation Law: Reputation and the Constitution, 74 Cal. L. Rev. 691, 692 (1986), https://scholarship.law.berkeley.edu/cgi/viewcontent.cgi?article=2002&context= california lawreview).

320) 영미의 정통적 다수설에 의하면 "명예훼손은 정신적 피해에 대한 보상을 마련하는 것이 아니라 개인이 타인들의 눈에 개인적 존중을 유지함에 갖는 관계적 이익('relational interest')의 부당한 침해(wrongful disruption)를 구제하는 것"이라고 한다(Rodney A. Smolla, Let the Author Beware: The Rejuvenation of the American Law of Libel, 132 U. PA. L. REV. 1, 18 (1983); Lidsky, Lyrissa Barnett, Defamation, Reputation, and the Myth of Community, 71 Wash. L. Rev. 1, 14 (1996)). "명예는 성질상 관계적인 것이고 타인에 의해 인식된 명예이며 그에 대한 손해는 타인들의 눈에 의한 것이다."(Randall P. Bezanson, The Libel Tort Today, 45 Wash. & Lee L. Rev. 535, 547 (1988)).

321) 신평, 명예훼손법(청림출판, 2004), 313면, 박경신, 표현·통신의 자유(논형 2013), 52면 참조. 또 김성돈에 의하면 "명예는 진실한 사실에 노출되기 전의 과장된 명예일 수가 있고 이와 같은 잘못된 평판과 과장된 명예는 진실한 사실의 등장으로 손상을 입는 것이 아니라 바꿔어야 할 허명에 불과하다."고 주장한다(김성돈, 전게 논문, 11면).

손상되는 것은 잘못되거나 과장되어 있는 허명으로서 진실에 의하여 바뀌어져야 할 대상일 수 있다"고 설시한다.[322] 이렇게 그들은 결국 형법 제307조 제1항이 보호하는 법익을 허명인 명예라고 단정하면서 이를 보호하는데 불과한 진실적시 명예훼손행위는 폐지되어야 한다는 주장이지만, 그러한 논증이 과연 타당한 것인가?

다. 명예훼손죄의 기원

장구한 명예훼손법의 역사에서 이미 확인된 바와 같이 개인에 대한 사회적 평가가 그의 진정한 성품에 부합하지 않는다 하더라도 이를 보호하는 이유가 있다. 특정인에 관한 기존의 사회적 평가가 설사 허명으로 보인다 하더라도 그 자체로서 보호해야 하는 이유는 허명인지 여부를 알 수 없는 사회적 평가에 대해 피고가 (진실인지 여부를 알 수 없는) 사실적시에 의해 공격·비판하게 되면 그에 대해 피해자의 반발이나 대응을 유발할 가능성이 있고, 그로 인해 사회적 평화가 교란될 우려가 있기 때문이다.

이를 위해 명예훼손죄의 기원에 관해 살필 필요가 있다. 역사적으로 외적 명예를 보호법익으로 하는 명예훼손죄의 기원은 권력자에 대한 비판을 처벌하는 선동적 명예훼손(이른바 seditious libel)이었다. 권력자의 비위를 폭로·비판하는 것은 그 권위에 도전하고 사회질서를 교란하기 때문에 그에 대처하려는 것이었다. 후에 사인 간의 명예훼손에 명예훼손죄가 도입된 경위도 명예훼손에 대응하여 자행되어 온 결투와 피의 보복 등 자력구제의 폐해를 방지하기 위한 것이었으며, 이러한 형사적 제재는 민사적 명예훼손으로 발전되게 되었다.[323]

그리고 후술하는 바와 같이 이러한 명예훼손죄의 보호법익으로서 사회적 평가는 선한 것으로서 그 자체가 존중되어야 하는 것으로 생각되었고, 다만, 진실 적시에 의한 비판이 허용되어야 한다는 사고가 법적으로 인식되면서 진실의 항변이 인정되었는데, 그것은 폭로자가 입증책임을 부담하는 것이었다.

라. 선한 명예 개념

추상적으로 정의하면 개인의 외적 명예는 개인이 생래적으로 갖는 내적 명예에 더하여 그의 긍정적 또는 부정적 행적에 의해 가감된 평가를 내용으로 하는 것이지만, 그가 외부세계와 맺고 있는 상호관계에 따라 부단히 형성되고 재생산되는 동태적, 가변적 평가개념이어서[324] 반드시 그의 진정한 성품을 반영하는 것도 아니고, 때로는 허명을 포함할 수도 있을 것이다.

영국 보통법에 의하면 명예훼손 소송에서 원고는 공동체에서 선량한 이름, 신용 및 명예를 가졌거나 가져왔고, 이 좋은 명성은 존중받을 가치가 있는 것으로 생각되었다.[325] 따라서 "명예훼손 소

---

322) 헌법재판소 2021. 2. 25. 선고 2017헌마1113, 2018헌바330(병합) 결정에서 재판관 유남석, 이석태, 김기영, 문형배의 반대의견.

323) "보통법에서 명예훼손 소송이 일상적으로 다루어진 것은 16세기였다. 이것은 보복의 수단으로 선호된 결투를 근절하기 위한 성청법원의 노력에 적지 않게 기인한 것이다." "사인에 대한 명예훼손도 엄중하게 처벌되었는데, 그 배후에 명예훼손은 동족, 친족 또는 사회의 모든 사람들을 복수심으로 선동할 수 있었고 그 결과 분쟁과 평화 교란의 경향이 있기 때문이라는 것이었다. 그것은 제3자에게 공개될 필요가 없었고, 명예훼손의 진위나 원고가 좋은 또는 나쁜 명예를 가진 것은 문제되지 않았다. 종국적으로 통상적 명예훼손 사건에서는 진리가 항변으로 인정되었다."(Hill v. Church of Scientology of Toronto, [1995] 2 S.C.R. 1130).

324) 김성돈의 전게 논문, 8면 참조.

325) 명예훼손 소송에서 원고의 명예는 적어도 개인인 경우 선량한 것으로 추정된다(Hahnemannian Life Ins. Co. v. Beebe, 48 Ill. 87 (1868)). Joseph E. Wyse, The Complaint in Libel and Slander: A Dile

송에서 원고의 일반적 성품이나 명예는 선한 것으로 추정된다"고 하며,326) 그 결과 명예훼손적 발언의 허위는 추정된다는 일반적 규칙이 성립하였다고 한다.327) 이것은 적시사실의 진실성은 피고가 입증할 항변사항으로 취급하는 영국 보통법의 엄격책임 규칙의 한 요소로 형성되어 피고의 진실입증이 있기 전까지는 이를 허위로 추정하게 되었다.

캐나다 연방대법원은 다음과 같이 명예권은 좋은 평판에 기초해야 함을 강조하고 있다.

"좋은 명예는 개인의 내재적인 가치 및 존엄과 밀접하게 연관되어 있다." "민주주의는 언제나 개인의 기본적 중요성을 인식하고 소중히 간직해왔다. 그 중요성은 결국 사람의 좋은 평판 (good repute)에 기초해야 한다. 개인의 가치와 소중함의 감각을 고양하는 것은 좋은 평판이다. 거짓 주장은 빠르게, 그리고 완전하게 좋은 명예를 파괴할 수 있다. 명예훼손에 의해 더럽혀진 명예는 이전의 광채(lustre)를 다시 찾을 수 없다. 따라서 민주사회는 그 구성원들이 정당하게 그들의 좋은 명예를 향유할 수 있도록 보장하고 이를 보호함에 이익을 갖는다."328)

호주의 판례도 명예훼손법의 출발점은 원고가 "흠없는 명예를 가지며 향유한다고 추정된다"고 한다(Presumption of good reputation).329)

따라서 피고의 외적 명예가 허명에 불과할 수 있다는 주장은 이러한 선한 외적 명예 개념에 반하며, 뒤에서 보는 바와 같이 입증책임 분배와 관련하여 문제가 있는 주장이다.

마. 소결

명예훼손은 이렇게 개인이 사회관계에서 향유하는 외적 명예에 대한 법적인 존중청구권을 해치는 행위이다.330) 그럼에도 폐지론자들은 형법 제307조 제1항이 보호하는 법익을 허명인 명예라고 단정하면서 이를 보호하는데 불과한 진실적시 명예훼손행위는 폐지되어야 한다는 주장이지만, 그러한 논증이 타당한 것인가?

전술한 바와 같이 현대 사회에서 외적 명예는 개인의 존엄 사상을 기본으로 하는 인격 유출의 한 형태이다. 영국 보통법에서 인정되는 바와 같이 보호법익으로서 외적 명예는 선한 것으로 추정되며, 이것은 인간의 존엄 사상을 바탕으로 하는 현대 자유 민주 헌법에서 당연한 것이다. 그럼에도 불구하고 폐지론자들은 진실한 사실적시 명예훼손죄를 폐지하자는데 열중한 나머지 제307조

---

mma for Plaintiff, 33 Chi.–Kent L. Rev. 313, (316) (1955). https://scholarship.kentlaw.iit.edu/ckla wreview/vol33/iss4/3.

326) 53 C.J.S. Libel and Slander § 210, at 317 (1948), Corabi v. Curtis Publishing Co., 441 Pa. 432, 448–49, 273 A.2d 899, 907–08 (1971). 캐나다 최고재판소는 "비록 (캐나다 기본권)헌장에 구체적으로 언급되지는 않았지만, 개인의 좋은 명예는 개인의 본래의 존엄(innate dignity), 즉 모든 헌장상의 권리의 기초가 되는 개념을 표현하고 반영하는 것이다. 따라서 개인의 좋은 명예의 보호는 우리 민주사회에서 기본적으로 중요한 것이라고 결론된다."고 판시한다(Hill v. Church of Scientology of Toronto, [1995] 2 S.C.R. 1130).

327) 53 C.J.S. Libel and Slander § 217 (1948). Corabi v. Curtis Publishing Co., 441 Pa. 432, 448–49, 273 A.2d 899, 907–08 (1971).

328) Hill v. Church of Scientology of Toronto, [1995] 2 S.C.R. 1130.

329) "법의 출발점은 원고가 흠없는 명예를 보유하고 향유한다고 추정된다는 것이고, 명예훼손의 진실을 입증하거나 또는 손해의 감경을 위해 원고가 일반적으로 나쁜 명예를 갖는다는 것을 입증하여 반박하는 것은 피고의 일이다."(Milmo P and Rogers WVH (2004) Gatley on Libel and Slander, 10th Edn, Sweet & Maxwell, London, at 7).

330) 블랙 법률사전에 의하면 명예는 "한 사람에 대해 타인들이 가지는 존중"이라고 정의된다.

제1항의 보호법익을 허명으로 치부하여 그 구성요건을 폐지하자고 주장하는 논리적 우를 범하고 있다.

이미 현행법상 공익사항에 관해 진실한 사실을 적시하는 명예훼손 행위는 형법 제310조에 의해 위법성이 조각되게 되어 있다. 이와 같이 법은 오히려 진실 증명에 의해 가식을 벗기는 행위의 위법성을 부인함으로써 진정한 명예가 드러나도록 촉진한다.

그렇다면 진실적시 명예훼손죄가 허명을 보호하기 때문에 폐지하여야 한다는 주장은 명예훼손죄의 보호법익인 사회적 평가에 대한 확립된 판례와 학설의 의미를 올바로 이해하지 못한 것이다.

(3) 진실 사실적시 명예훼손의 행위반가치성

가. 명예훼손행위의 반가치성의 내용

일부 학자들은 진실한 사실을 적시함으로써 명예를 훼손할 가능성은 거의 없기 때문에 진실한 사실적시는 결과반가치성 및 행위반가치성이 없고, 따라서 이를 형법상 금지 구성요건으로 설정할 수 없다는 취지로 주장한다.[331] 학자들의 이러한 주장에 영향을 받은 것인지 헌법재판소의 반대의견 역시 "형사처벌이 정당화되기 위해서는 행위반가치와 결과반가치가 있어야 하는데, 진실한 사실을 적시하는 것은 행위반가치와 결과반가치를 인정하기 어렵다."는 취지로 설시하고 있다.[332]

그러나 "타인의 명예를 저하시키는" 진실한 사실 적시에 반가치적 요소가 없고, 따라서 불법성이 없다는 주장은 명예훼손행위의 개념 자체를 바로 이해하지 못하는 주장이다.[333] 명예훼손법이 진실한 사실적시를 처벌함으로써 범죄인과 부패자, 깡패와 악당들의 진실한 성품의 폭로를 막고 부당한 명예를 유지하게 하는 등 그들에게 보호를 제공하여 왔다고 비판받아 온 것은 사실이다. 이것은 전술한 바와 같이 일응 선한 것으로 추정되는 명예를 보호하여 사회적 평화를 지키기 위해 불가피한 것이었고, 이러한 문제를 해소하기 위해 진실의 항변이 인정되었음은 주지하는 바와 같다.[334]

---

331) 김성돈, 전게 논문, 9면은 진실적시행위는 사회생활상의 정상적인 표현형식이기 때문에 그 자체는 반가치적 요소를 포함하고 있지 않은 − 마치 칼을 구입하는 경우와 같이 − 중립적인 행위라고 생각하지만, 진실하다 하더라도 명예훼손적인 내용의 사실 적시는 피해자의 명예를 해칠 가능성을 갖는 부정적인 의미의 말을 발설하는 것이기 때문에 가치 중립적이라고 볼 수 없다. 그리고 인간의 존엄 사상을 기본으로 하는 헌법관에서 보면 그렇게 타인의 명예를 훼손하는 (진실) 사실적시 행위를 사회생활의 정상적 표현형식이라고 볼 수도 없다.

332) "공연히 사실을 적시하는 표현행위에 대한 형사처벌을 정당화하기 위해서는 행위반가치와 결과반가치가 있어야 한다. 그런데 허위가 아닌 진실한 사실을 적시하는 것이 일반적으로 법질서에 의해 부정적으로 평가되는 행위로 보기 어렵다는 점에서, 진실한 사실 적시 표현행위에 대한 행위반가치를 인정하기 어렵다. 또한 진실한 사실 적시에 대한 형사처벌을 통해 보호하려는 사람의 명예는 진실이 가려진 채 형성된 '외적 명예'로서, 많은 사람들이 그 진실을 몰라서 얻게 된 허명(虛名)에 불과하다. 진실한 사실의 적시로 손상되는 것은 잘못되거나 과장되어 있는 허명으로서 진실에 의하여 바뀌어져야 할 대상일 수 있다는 점에서, 진실한 사실 적시 표현행위에 대한 결과반가치도 인정하기 어렵다. 허명을 보호하기 위해 진실한 사실을 적시하는 표현행위를 형사처벌하는 것은 헌법적으로 정당화되기 어려운 것이다."(헌법재판소 2021. 2. 25. 선고 2017헌마1113 결정 등에서 재판관 유남석, 이석태, 김기영, 문형배의 반대의견, 판례집 33−1, 274).

333) 형법 제307조 제1항이 구성요건으로 규정한 것은 단순히 진실한 사실적시행위가 아니라 피해자의 "사회적 평가를 저하시키는, 즉 명예를 훼손하는" 진실한 사실의 적시행위이다.

334) 영국 보통법에 의하면 일찍부터 민사상의 명예훼손 소송에서 진실은 절대적 면책(免責)을 가져오는 항변(抗辯)이었다. Blackstone경은 명예훼손자는 파산 직전의 상인, 돌팔이 의사, 협잡하는 변호

먼저, 형법이 처벌하는 명예훼손행위는 진위를 막론하고 가해자의 공연한 발설로써 피해자에게 명예 저하의 '추상적 위험'을 발생시키는 것이어서 결과반가치성이 인정됨에 이론이 있을 수 없다. 그러나 표현행위의 위법성을 논함에 있어 특수한 것은 외적 명예라는 보호법익을 침해 내지 위해 하였다는 점(결과반가치)만으로는 위법성이 추정될 수 없고, 그 침해가 승인받을 수 없는 종류의 가해행위(zu mißbilligende Art der Schädigung)인 경우에만 위법성이 인정된다는 점이다.[335] 즉 인격권을 침해하는 표현행위의 위법성은 표현행위가 구성요건에 해당하는 법익 침해의 결과를 발생케 한 것뿐 아니라, 그 표현행위의 행태적(行態的) 반가치(反價値)도 요구한다. 여기서 행위반가 치의 내용으로는 주관적 요소인 고의·과실과 객관적 요소인 표현의 매체, 표현행위의 태양 등을 함께 고려하게 되지만,[336] 무엇보다 중요한 것은 법익 형량의 결과이다.

즉 이러한 종합적 판단에서 표현행위에 의해 기도된 법익이 그로 인해 침해된 법익보다 덜 중 요한 경우에는 위법성이 인정되지만, 반대로 피해법익보다 표현행위자의 이익(또는 공공의 알 권 리 등)이 중요하다고 인정되는 경우에는 이른바 침해행위를 정당화하는 사유가 있다고 생각되기 때문에 위법성은 부인되게 된다. 이와 같이 위법성조각사유의 일반 원리로 인식되는 이익형량이 이미 구성요건 해당성 판단의 단계에서 동시에 행해지는 것이 표현행위의 허용 여부 판단에서 특 수한 점이다.

어쨌든 영국 보통법 상 명예훼손법에 의하면 시초부터 ① 피해자가 범죄를 범하였다거나 ② 전 염성 질병을 앓고 있다거나, ③ 직업적 능력에 결함이 있다는 주장(이른바 "libel per se")은 그 진 위 여하를 막론하고 (설사 그것이 진실하더라도) 일단 명예훼손의 소인을 충족하는 것으로 취급되 었고, 선동적 명예훼손 사건에서는 명예훼손적 진술이 진실이면 허위의 경우보다 더 해로운 영향 을 갖는 것으로 취급되었다.

나. 미국 판례

진실적시 명예훼손죄의 행위반가치를 부인하는 생각은 진실에 절대적 면책을 강조하는 미국 판 례의 영향을 받은 것으로 보인다.[337] 미국 판례는 개인 법익과의 관계에서 보도의 이익을 위한 자 유의 법리를 확대하여 왔는데, 그에 따르면 명예훼손과 관련하여 보도된 사항의 진실이 입증되면 거의 완전한 면책을 향유하게 된다.[338] 나아가 미국 연방대법원은 보통법상 공정보도의 특권(fair report privilege)을 적용하면서 이러한 법리에 의존하여 법원 기록에서 얻은 강간 피해자의 성명

사, 이교적 성직자를 경고함에 기여하였으며, 그 지적된 사실이 진실이라면 손해란 있을 수 없고 (damnum absque injuria) 손해가 없는 곳에는 구제도 주어지지 않는다고 설파하였다(3 Blackstone, Commentaries 118−19 (1st ed, 1769, vol Ⅳ; Kerr's 4th ed. 1876)).

335) Wenzel, Das Recht der Wort− und Bildberichterstattung, 4. Auflage, Verlag Dr. Otto Schmitt KG, 1994, S. 228 ff. 일반적 인격권에 관하여는 BGHZ 45, 296/307 [Höllenfeuer]; 50, 133/143; 기업권에 관하여는 BGHZ 36, 252/256; 74, 9/14.

336) 박용상, 명예훼손법, 현암사(2008), 223면 참조.

337) 박용상, 언론의 자유, 박영사(2013), 178면 이하 참조. 미국의 판례는 진실한 정보라면 가장 고도의 국가 이익이 없이는 그에 대한 제한이 헌법상 허용되지 않는다는 완고한 입장을 고수하고 있으며, 특히, 제한 수단과 관련하여 진실한 내용의 보도를 사전에 제한하는 것은 이른바 사전억제금지의 법리에 따라 허용될 수 없는 것으로 다루어진다.

338) 후술하는 바와 같이 미국 판례에 의하면 공적 사안 또는 공인에 대한 보도나 비판이 명예훼손이 되 려면 그 기사가 원고(피해자)에 의해 허위임이 입증되어야 하는데, 그렇다면 그 기사는 원고가 허 위로 입증하기까지 사실상 진실로 추정된다는 것을 의미한다.

공개가 진실임을 이유로 그에 대한 프라이버시 침해의 불법행위 책임을 부인하였고,[339] 진실인한 청소년 범죄자의 이름 공개를 금할 수 없으며,[340] 심지어는 성폭력 피해자의 신원 보도를 금지한 州형법을 어겨 강간 피해자의 성명을 공개한 신문에 대한 손해배상 책임을 부인한 사례[341]도 있다.

그러나 미국 이외에 유럽 제국에서는 청소년 범죄자나 강간 피해자 등의 신원공개가 법률에 의해 금지되고 있을 뿐 아니라 범죄보도에 있어서 이른바 '익명보도의 원칙'이 일반화하고 있는 점을 보면, 미국 판례의 태도는 절대적 언론의 자유를 위하여 명예압살(이른바 Rufmord)을 방관하는 것이라고 비판받고 있다.

다. 진술의 진위와 이익형량 기준

사실적시 명예훼손의 위법성을 판단하는 총체적 이익형량에서 진술의 진위 여부는 그 결과에 결정적인 영향을 미치게 된다. 허위사실의 전파에는 통상 정당화 사유가 존재하지 않는다. 틀린 정보는 의견형성의 자료가 될 수 없고 보호할 가치가 없기 때문이다.[342] 따라서 허위 사실적시의 경우 표현의 자유는 인격권 뒤로 물러남이 원칙이다.

그에 비해 진실한 사실의 진술은 피해자에게 불리하더라도 통상 수인되어야 하고 '원칙적으로' 위법성이 부인된다. 다만, 진실한 사실의 진술도 타인의 명예를 훼손하는 내용이면 이익형량에 의해 예외적으로 인격보호가 표현의 자유에 우선하는 경우가 있다. 영미 보통법의 제한적 특권(conditional or qualified privilege)의 법리와 독일의 확립된 판례[343]에 의하면 명예를 훼손하는 진실한 사실의 적시는 그에 의해 추구된 이익이 그로 인해 침해되는 명예와 대비하여 큰 경우에 한하여 면책된다. 즉 진실한 사실적시가 명예훼손으로서 위법성을 갖는 여부는 그에 의해 추구하는 이익과 피해 이익을 비교형량한 결과에 따르게 된다.[344] 우리의 경우에도 다를 수 없다.

그런데 이 경우 진술의 진위 여부를 결정함에는 그 입증책임의 분배가 결정적인 요소가 되기 때문에 그에 관한 검토가 필요하다(후술).

라. 진실한 사실적시가 위법한 경우

폐지론자가 주장하는 바와 달리 각국의 법제와 판례는 진실한 사실적시라 하더라도 명예를 훼손하는 내용이면 불법성을 갖는 것으로 취급하는 것이 일반적이다. 상술한 바와 같이 영미 보통법

---

339) Cox Broadcasting Corporation v. Cohn, 420 US 469 (1975).

340) Oklahoma Publishing Co. v. Oklahoma County District Court, 430 U.S. 308(1977); Smith v. Daily Mail Publishing Co., 443 U.S. 97(1979).

341) Florida Star v. B.J.F., 491 U.S. 524(1989).

342) "허위사실의 진술에는 헌법적 가치가 존재하지 않는다. 고의적인 거짓말이나 부주의에 의한 과오 역시 공적 쟁점에 관한 구속없는, 건강한, 널리 개방된 토론에서 사회의 이익을 실질적으로 촉진하지 않는다. 그것들은 사상의 개진에 본질적 부분이 아니고, 진리를 향한 걸음에서 하찮은 사회적 가치를 가지기 때문에 그로부터 나올 어떤 이익도 사회의 질서와 도덕의 이익에 압도당하는 범주의 발언에 속한다."(Gertz v. United States, 418 U.S. at 340).

343) 독일 연방헌법재판소 1994. 3. 13. 결정 BVerfGE 90, 241 [249] [유대인박해 부정], Marian Paschke, Medienrecht, 2. Aufl., Springer-Verlag, S. 281.

344) 진실한 사실적시가 위법하여 책임이 인정된 사례로는 대법원 1967. 7. 25. 선고 67다1000 판결 [정교관계 유포]이 있고, 위법성이 조각되어 면책된 사례로는 대법원 1976. 9. 14. 선고 76다738 판결, 대법원 1990. 4. 27. 선고 89도1467 판결, 서울중앙지법 형사항소1부 2006. 10. 23. 판결 ['불륜의 덫'] 등이 있다.

에서는 문면상의 명예훼손345)에 해당하는 것이면 진실한 사실이라 하더라도 명예훼손이 되며, 다만 그것이 표현행위자나 상대방 또는 타인의 정당한 이익을 보호·추구하기 위한 것으로서 피해자의 이익과 비교형량하여 전자가 보다 큰 경우에 한하여 명예훼손적 진술의 책임을 면책시키는데 (이른바 제한적 특권의 법리), 결국 진실한 사실도 그러한 면책 요건에 해당하지 않으면 명예훼손의 책임을 면치 못한다.346)

또 독일의 확립된 판례에 의하면 명예를 훼손하는 진실한 사실의 적시는 그에 의해 추구된 이익이 그로 인해 침해되는 명예와 대비하여 큰 경우에 한하여 면책된다.347) 즉 명예훼손의 일반적 위법성 조각사유로 간주되는 독일 형법 제193조를 적용함에는 보다 우월한 정당한 이익을 옹호하기 위한 것임을 요하며, 독일 형법 제192조(Formalbeleidigung)는 진실한 사실적시라 하더라도 그 형식이나 상황에 의해 명예훼손이 성립될 수 있다고 규정하고 있다.348)

진실 적시 명예훼손죄가 폐지된다면 위와 같이 보통법상 일정한 요건이 있는 경우에 한하여 면책될 방대한 사례가 아무 구속없이 허용되어 이들 사례군에 해당하는 생활 분야에서 명예권은 유명무실하게 형해화하고 표현의 자유와 명예권의 균형적 조화의 목적은 상실될 것이다. 일정한 요건이 있는 경우에 한해 진실 적시 명예훼손을 허용하는 방안이 더 바람직한 것은 말할 나위가 없다. 우리의 경우에도 예를 들면, ① 공익과 관련이 없는 개인적인 사실,349) ② 과거의 잊혀진 사실350) 또는 ③ 사회의 일부에만 알려진 사실351) ④ 전과사실352)353) ⑤ 법적으로 공개가 금지되는

---

345) 예를 들면, 전술한 영국 보통법 상 문면상 명예훼손("libel per se")은 설사 그것이 진실하더라도 일단 명예훼손이 되며, 다만 정당화 사유가 있는 경우 피고의 주장 입증에 의해 면책될 수 있다.

346) 예를 들면 근로자의 근무기록이나, 신용조사보고는 해당자의 명예에 해로운 사실을 포함할 수 있는데, 진실이라고 하여 이를 공개하는 행위가 바로 위법성이 없는 것은 아니며, 이를 알 정당한 이익이 있는 범위 내에서만 전파가 허용될 수 있다. 미국의 판례는 종전 고용주와 새 고용주 간의 자유롭고 공개된 정보 교환은 명백한 사회적 유용성(有用性)을 가지며, 피용자의 능력을 정확히 평가하는 것을 고무함으로써 공공의 이익이 최선으로 봉사될 수 있다는 입장을 취한다(Hunt v. University of Minnesota(1991, Minn App) 465 NW2d 88, 92, 6 BNA Ier Cas 150). 또 공정 신용 보고법(Fair Credit Reporting Act, 15 USCS 1681h(e))에 의하면 소비자정보를 보도하는 기능을 행하는 신용조사기관에 대한 고용주의 정보제공은 그 소비자를 해하기 위해 악의나 고의로 제공된 허위정보가 아닌 한 특권으로 보호된다.

347) 독일 연방헌법재판소 1994. 3. 13. 결정 BVerfGE 90, 241 [유대인박해 부정], Marian Paschke, Medienrecht, 2. Aufl., Springer–Verlag, S. 281.

348) 독일 형법 제192조는 "주장 또는 유포한 사실에 관한 진실의 증명이 있는 경우라도 그 주장 또는 유포의 형식이나 주장 또는 유포가 이루어진 정황에 비추어 모욕이 인정되는 때에는 제185조에 의한 처벌을 배제하지 않는다."라고 규정하여 진실이 증명되었음에도 불구하고 모욕죄로는 처벌될 수 있다.

349) 이들 중 대부분은 프라이버시의 권리를 침해하지만, 그것이 동시에 개인의 사회적 평가를 저하시키는 경우에는 명예훼손이 성립된다. 예를 들어, 개인의 성폭력범죄 피해사실, 결혼 중 부정행위로 이혼당한 사실, 혼전에 낙태한 사실, HIV나 AIDS 감염사실, 동성애자라는 사실, 가정폭력을 행사하여 여러 번 입건된 경력 등을 공개하는 행위가 이에 속한다.

350) 이에 관한 대표적 사례로서 미국 캘리포니아주의 Melvin v. Reid, 112 Cal.App. 285 (Cal. Ct. App. 1931) 판결이 있다. 원고(여)는 예전에 매춘부로서 살인사건에 연루되어 재판을 받은 적이 있었으나 무죄석방된 후, 수치와 오욕의 생활을 청산하고 올바른 생을 이끌어 왔고 1919년 결혼하여 상류사회의 일원으로서 영예로운 지위까지 얻게 되었다. 피고는 1925년 '붉은 기모노'라는 영화를 제작하여 배포하면서, 그 영화는 원고의 과거 생활을 근거로 하였으며, 그녀의 미혼시절 이름이 그대로 사용되었고 피고는 그 영화의 스토리가 실제 인물인 원고의 과거지사를 진실로 묘사한 것이라고

사실354) 등도 진실한 것이면 이를 폭로 공개하여 명예훼손의 결과를 야기하더라도 처벌할 수 없게 된다. 이를 보면 진실적시 명예훼손행위 자체의 행위반가치성을 부인하는 주장은 받아들일 수 없다.

이렇게 명예훼손법의 장구한 역사와 발전과정을 고찰한다면 일부 학자들이 주장하는 바와 같이 진실 적시 표현행위는 누구의 명예도 해칠 수 없고, 그러한 진실적시 행위에 의해 보호되는 것은 허명에 불과하다는 주장은 형식논리에 치중한 천진난만한 생각을 표현한데 불과한 점을 알 수 있다. 오히려 진실적시 명예훼손죄를 폐지하는 방안보다는 진실적시에 의해 손상되는 명예보다 그에 의해 옹호 또는 방어되는 정당한 이익이 더 큰 경우에는 표현의 자유를 우선시켜 면책될 수 있도록 위법성조각사유를 확충·정리하는 한편, 실무에서 그 해석 적용을 활성화하는 방안이 더 바람직하다고 생각한다.

마. 주관적 불법요소

그리고 우리 현행 형법은 일정한 유형의 명예훼손에서는 구성요건에 비방 목적이라는 내심의 주관적 태도를 추가하여 주관적 불법요소를 강화하고 있다. '비방 목적'은 출판물 등에 의한 사실적시명예훼손죄(형법 제309조)나 정보통신망(인터넷)에 의한 사실적시명예훼손죄(정보통신망법 제70조)의 주관적 구성요건요소로 규정되어 있다. 언론매체의 보도가 명예훼손적인 내용을 가진 경우에도 법이 다시 비방의 목적이 있음을 그 범죄성립의 요건으로 삼은 것은 국민의 알 권리를 충족시키는 언론매체의 기능을 존중하여 보다 원활한 여론형성을 촉진하려는데 의미가 있다고 보

광고하였다. 법원은 원고의 프라이버시 침해를 이유로 손해배상을 인용하였다. 우리 법제에 의하면 이러한 사안은 명예훼손으로도 유죄로 될 수 있는 것이다.

351) 반드시 숨겨진 사실뿐 아니라 이미 사회의 일부에 잘 알려진 진실한 사실이라고 하더라도 이를 적시하여 사람의 사회적 평가를 저하시키는 것이면 명예훼손이 성립한다. "이 사건 기사내용은 이미 민사소송을 통하여 주장되어 이에 대한 판결까지 선고된 상태에 있었고, 다른 일간 신문에도 소개되어 세인의 관심의 대상이 된 것이므로, 뒤늦게 그와 같은 기사를 정리하여 다시 일간 신문에 소개하였다고 하여 이로써 새삼스럽게 피해자의 명예가 훼손되었다고 볼 수는 없다는 것이나, 명예훼손죄가 성립하기 위하여는 반드시 숨겨진 사실을 적발하는 행위만에 한하지 아니하고, 이미 사회의 일부에 잘 알려진 사실이라고 하더라도 이를 적시하여 사람의 사회적 평가를 저하시킬 만한 행위를 한 때에는 명예훼손죄를 구성하는 것으로 봄이 상당하다."(대법원 1994. 4. 12. 선고 93도3535 판결).

352) 전에 처벌받은 사실이 진실이라 하더라도 이를 아무 이유없이 공개하는 것은 명예훼손이 된다. 그 공개가 허용되는 경우는, 예를 들면 공직선거에 후보자로 등록한 경우 또는 새로운 범죄를 범한 경우 등 공개할 정당한 이익이 있을 것을 요한다. "공직선거에 입후보한 후보자의 유죄 확정판결의 전과사실은 비록 그것이 종전의 공직 수행과정에서의 범죄나 비리와 직접적으로 관련된 것이 아니라고 하더라도 그의 사회적 활동에 대한 비판 내지 평가의 한 자료가 되어 그의 공직 후보자로서의 자질과 적격성을 판단하는 데 중요한 자료가 될 뿐만 아니라 또한 그것은 법원의 최종적 사법적 판단까지 받은 것이므로 공적 이익에 관한 사실이라고 보아야 할 것이다."(대법원 1996. 6. 28. 선고 96도977 판결 [입후보자 전과 공개]).

353) 현행 공직선거법에 의하면 공직후보자의 전과기록은 공개하게 되어 있으며(공직선거법 제49조 제4항 제5호 및 제12항), 언론이 이를 보도하는 것은 명예훼손이 되지 않는다. 또 영국의 1974년 범죄자 재생법(Rehabilitation of Offender Act of 1974) 제8조에 의하면 피고가 집행종료된 유죄판결('spent conviction')에 관해 악의로 진술한 경우에는 공정보도로서 정당화되지 않는다. 동법에 의하면 비행자가 2년 6월 이하의 기간 복역을 완료하였고, 범죄 종류에 따라 3년 내지 10년이 경과하면 그는 법적으로 범죄가 없었던 것으로 취급되며 비행자는 재생되었다고 본다.

354) 예를 들면, 타인의 명예훼손적 사실이 포함된 도청된 통신비밀, 신뢰관계를 위반하여 폭로된 사실, 적법하게 비밀로 분류된 사실 등을 공개하는 행위가 그에 해당한다.

아야 한다. 언론매체에 의한 보도에 비방할 목적을 쉽게 인정하는 것은 이러한 미디어의 활동을
억제하게 될 것이다. 그 때문에 헌법재판소는 "형법 제309조 소정의 '비방할 목적'은 그 폭을 좁히
는 제한된 해석이 필요하다. 법관은 엄격한 증거로써 입증이 되는 경우에 한하여 행위자의 비방목
적을 인정하여야 한다"고 판시하였다.[355] 이 목적의 존재에 관한 입증책임이 검사에게 있음은 물
론이다.

나아가 민사 상 명예훼손의 불법행위는 과실에 의해서도 성립하지만, 형법상 명예훼손죄는 과실
범을 처벌하지 않으며, 검사의 입증에 의해 고의가 있는 경우에만 처벌하게 되어 있다.

진실적시 명예훼손 행위의 불법성을 부인하는 폐지론자들의 주장에 의하면 결국 이에 의한 민
사상 명예훼손의 불법행위의 성립도 부인하는 것이어서 더욱 문제된다.[356]

바. 사생활의 비밀 공개와 명예훼손 – 헌법재판소의 반대의견 비판

한편 진실한 사실이라 하더라도 개인의 내밀영역, 사사적 영역 또는 신뢰영역에 관한 것이고,
공공의 정당한 정보의 이익(알 권리)에 의해 정당화되지 않는 경우 또는 그것이 진실 전파의 이익
에 비해 과도한 인격적 피해를 야기할 우려가 있는 경우에는 표현의 자유로 보호받지 못한다. 보
호받는 사생활 영역의 사실 공개는 그 진실 여부를 불문하고 금지된다. 따라서 사생활 침해 사실
이 진실하다는 항변은 허용되지 않는다. 보도된 사생활 사실이 허위인 경우에는 더 가중된 책임이
추궁될 수 있다(허위에 의한 인격상 침해의 불법행위 책임).

이에 관해 헌법재판소의 반대의견[357]은 '사생활의 비밀에 해당하는 사실'의 적시만을 금지 처벌
하여 일부 위헌 결정을 하자고 한다.[358] 이 일부위헌론은 위법성 단계에서의 예측불가능성으로 인
한 위축효과 문제를 해소하기 위해 구성요건 단계에서 '사생활의 비밀에 해당하지 아니한 사실 적
시'를 제외해야 한다는 것이다. 그에 대해 법정의견의 비판에 의하면 일부위헌론에 따르더라도 처
벌되어야 할 '사생활의 비밀에 해당하는 사실'의 적시와 처벌되지 않아야 할 '사생활의 비밀에 해
당하지 아니하는 사실'의 적시 사이의 불명확성에 따르는 위축효과가 발생할 가능성은 여전히 존
재한다고 반박한다.

위 반대의견의 논증과 그에 대한 법정의견의 반박에는 모두 문제가 있다. 반대의견에 의하면 형
법 제307조 제1항에 의해 '진실한 것으로서 사생활의 비밀에 해당하는 사실'만을 처벌하게 하자는
것인데, 이를 엄밀히 분석할 필요가 있다.

먼저 소수의견에 의해 사생활의 비밀에 해당하면서 외적 명예를 침해하는 사실만을 형법 제307
조 제1항에 의해 처벌하게 되는 점에 관해서는 문제가 있을 수 없다. 이 경우에는 민사상 사생활
침해의 불법행위와 형사 상 명예훼손죄가 동시에 성립하게 되어 이른바 상상적 경합과 유사한 관
계가 형성되게 될 것이다. 피해자는 양자 중 하나를 선택적으로 행사하든가, 아니면 민·형사상 구
제책 양자를 중복적으로 행사할 수 있을 것이다.

그러나 문제는 피해자의 사생활의 비밀에 해당하지 않는 (진실한) 사실로서 그의 사회적 평가를

---

355) 헌법재판소 1999. 6. 24. 선고 97헌마265 결정.
356) 폐지론자들이 주장하는 바와 같이 진실 사실적시 명예훼손행위에 행위반가치성이 없다고 본다면
  그러한 행위는 민사상으로도 불법행위가 성립되지 않을 것이기 때문에, 형사 명예훼손죄를 폐지하
  고 대신에 민사적으로 해결하자는 그들의 말은 무의미해지게 된다.
357) 헌법재판소 2021. 2. 25. 선고 2017헌마1113 결정 등.
358) 반대의견은 "심판대상조항 중 '진실한 것으로서 사생활의 비밀에 해당하지 아니한' 사실 적시에 관
  한 부분은 헌법에 위반된다"고 판단하여야 한다고 주장한다.

저하시킬 수 있는 수많은 종류의 사실이 있을 수 있는데,[359] 이를 공표하는 경우 모두 처벌되지 않게 된다는 점이다. 그렇다면 영미에서 제한적 특권의 법리에 의해서도 면책될 수 없는 여러 진실한 사실적시가 모두 자유롭게 허용될 것이고 그만큼 명예권보호에 불리한 상황이 연출되어 혼란이 야기될 것임은 이미 상술한 바 있다.

(4) 명예훼손죄에서 진위의 입증책임 분배

가. 기본적 설정

명예훼손죄 폐지론쟁에서 간과하여서는 안될 점은 명예훼손죄의 구성요건과 위법성 및 위법성 조각사유의 관계를 고찰함에 있어서 입증책임의 분배가 갖는 의미이다.

현재의 평상적인 상태에서 가해자와 피해자 기타 제3자 간에 생성되는 명예훼손의 법적 관계를 고찰하는 경우 전제되어야 할 점은 특정인이 현재 향유하는 외적 명예가 그의 진정한 성품에 부합하는지 또는 허명인지 여부는 알 수 없고, 이를 비판하는 폭로자가 적시하는 사실의 진위도 불명이거나 다툼이 있는 것이 일반적이라고 보아야 할 것이란 점이다. 그런 경우 분쟁이 생기게 되면 법은 우선 피해자가 현재 향유하는 사회적 평가(외적 명예)가 그의 진정한 성품과 일치하는지, 아니면 허명에 불과한지를 먼저 판단하는 것이 아니라,[360] 우선 폭로자의 진술이 진실인지 허위인지를 판별하는 단계를 거치게 될 것이다(이것은 진실적시 명예훼손 행위를 구성요건에서 제외하는 경우 필수적이다). 그에 따라 허위로 판명되는 경우에는 폭로자에게 불리하게, 진실인 경우에는 폭로자에게 유리한 형량을 하게 될 것이다. (또 진실적시 명예훼손죄가 폐지되는 경우에는 폭로자는 허위인 경우에만 유죄로 되고, 진실인 경우에는 무죄로 될 것이다.) 이 경우 명예훼손적 진술의 진위를 어느 단계에서 누가 입증해야 하는가 하는 문제가 분쟁해결의 관건이 될 것이다. 이렇게 적시사실의 진위에 관한 입증책임은 표현행위의 실체적 측면이 아니지만, 명예훼손법제의 기본 형성에 결정적인 요소를 이루는 것인데, 그럼에도 불구하고 종래의 명예훼손죄 폐지론쟁에서는 이 점이 간과되어왔다.[361]

---

359) 예컨대, 전술한 근로자의 취업경력 및 근무기록이나 개인의 신용정보는 직업상의 활동이나 경력을 내용으로 하는 것이기 때문에 사생활의 비밀에 해당하지 않는 것이 많을 것인데, 이들 정보가 진실하다 하여 임의로 공개될 수 있다면, 문제가 생길 것이다. 대법원 2021. 8. 26. 선고 2021도6416 판결(명예훼손)에서는 근무 중 비위행위에 관하여 징계절차가 개시되자 곧바로 징계혐의사실과 징계회부사실을 회사 게시판에 게시한 피고인(회사 징계담당 직원)의 행위가 명예훼손죄로 기소된 사안에서 대법원은 공개된 문서에 적시된 내용이 피해자의 사생활에 관한 것이 아니고 회사의 징계절차가 개시되었다는 것이어서 공적인 측면이 있음은 부인할 수 없으나, 그렇다고 하여 징계절차에 회부된 단계부터 확정되지 아니한 징계 사유, 즉 근무성적 또는 근무태도가 불성실한 점 등을 공개하는 행위는 위법성이 조각되지 아니한다고 판시하였다.
360) 특정인이 향유하는 실재의 외적 명예는 가시적이 아니어서 그 크기와 정도를 알 수 없고 때로는 허명을 포함할 수도 있을 것이다. 그 때문에 우리는 저명한 유명인이나 악독한 범죄인 등이 아닌 한 미리 피해자의 명예가 어떠한 규모와 정도로 형성되어 있는가를 먼저 확정한 후 비판행위자의 진술로 그 중 어느 부분이 얼마나 상실되었는가를 측정하는 식으로 명예훼손이 이루어졌는지를 판단하지는 않는다. 피해자의 부정적 속성이나 행동거지를 노출하는 진실한 사실의 공개는 그 공개 이전에 그가 구가하던 사회적 평가가 그 공개로 인해 그만큼 축소되는 것이라고 보아야 할 것이고, 법은 이를 포착하여 명예훼손의 성립 여부를 결정하는 것이다.
361) 그럼에도 기존 폐지론자들의 주장 중에 입증책임의 소재 여하에 관해 고민한 것을 찾을 수 없다.

나. 입증책임 분배 체계

진위 입증 책임의 분배는 진술된 명예훼손적 사실의 진위 입증책임을 가해자 또는 피해자 중 누구에게 부담시키는 것이 합리적이고 타당한가 하는 문제이며, 명예훼손법제에서 가장 중요하고 결정적인 쟁점을 이룬다. 이에 관하여는 해당 사회의 역사적·문화적 배경을 고려하여 헌법상 대립 충돌하는 표현의 자유와 인격권 간의 가치 및 이익의 실체적 형량에 맞도록 결정해야 할 것이다. 여기에 증거법상의 절차에 관한 법적 논의로서, 특히 입증책임을 부담하지 않는 쪽에 유리하게 진위 여부가 추정된다는 점이 주목되어야 할 것이다.

이에 관해 영국 보통법 상 확립된 법리와 독일 등 대륙법의 전통적 법적 규율은 명예훼손적 사실을 주장하는 자(피고)에게 진실 입증책임을 지우며, 이러한 기준은 글로벌 스탠다드가 되고 있다. 이에 의하면 피고의 진술이 그의 입증에 의해 진실로 밝혀지기까지는 허위로 추정되는데, 이것은 원고의 명예가 선한 것으로 보는 사고에 기반하는 것이다(전술). 다만, 미국만이 유일하게 공익 사안이거나 피고가 미디어인 경우 피해자(원고)로 하여금 허위의 입증책임을 지우게 하고 있다. 미국 판례에 의하면 명예훼손 소송에서 원고가 허위임을 입증하지 않거나 할 수 없으면 피고의 진술은 사실상 진실로 추정되는 효과를 갖게 된다.

그리고 원고의 허위 입증은 구성요건 단계에서 이루어지게 되는 한편, 피고의 진실입증은 위법성 판단단계에서 위법성을 조각하는 사유로 이루어지게 된다.

우리의 법제는 명예를 훼손하는 진술이면 (진위를 막론하고) 일응 구성요건에 해당하는 것으로 보고 피고에 의해 진실의 입증이 있는 경우 위법성이 조각되는 것으로 보는 영국 보통법의 전통을 따르고 있다. 그런데 진실적시 명예훼손행위를 형법 제307조 제1항에서 배제하자는 폐지론에 의하면 검사(피해자의 입장)는 피고의 진술이 허위임을 입증하여야 하는 것이 되어, 형사 명예훼손죄의 성립에는 적시사실의 허위 입증책임이 검사에게 전환되게 되고, 결국 뉴욕타임스 판결 이후 미국 판례에서 취한 현실적 악의규칙을 적용하는 것과 같은 법적 상황이 연출되게 된다. 이렇게 피해자측을 대변하는 검사(민사소송에서는 원고)가 허위입증책임을 지게 하는 것과 피고가 항변으로서 진실입증책임을 지게 하는 것 중 어떤 것이 옳은가는 논란이 거듭되는 문제이다. 양자의 장단을 검토하여 볼 필요가 있다.

다. 영국보통법 및 대륙법 - 피고의 진실 입증책임

전술한 바와 같이 피고에게 진실 입증책임을 지우는 영국 보통법 상 명예훼손 소송에서 원고의 명예는 선량한 것으로 추정되었고, 따라서 이를 비판하는 적시사실의 진실성은 피고가 입증할 항변사항으로 취급되어 피고의 진실입증이 있기 전까지는 이를 허위로 추정하였다.

이러한 입증책임 분배를 정당화하는 논거로 제시되는 이유를 보면, 첫째 형식적으로 적극적 주장을 하는 당사자 또는 쟁점이 된 특정한 사실을 알 수단을 보유하는 당사자에게 입증책임을 부담시키는 것이 합리적이라는 점이 제시된다. 이에 관해 미국의 한 판례[362]는 "항상 그렇지는 않다 하더라도 입증의 부담을 형식적으로 적극적인 주장을 하는 당사자, 그리고/또는 쟁점이 된 특정한 사실을 알 고유한 수단을 보유한다고 추정되는 당사자에게 부담시키는 것이 바람직하다(See Wigmore, Evidence § 2486, supra). 예를 들면, 명예훼손의 맥락에서 작성된 진술이 원고를 살인자, 강도 또는 매춘부라고 비난한 것이라면 피고는 그가 언급하는 특정한 사례와 그 정보의 소스

---

362) Montgomery v. Dennison, 363 Pa. 255, n. 2, at 263, 69 A.2d 520 (1949).

를 정확히 아는 반면, 이들 사실을 알지 못하는 원고는 그것이 허위임을 보임으로써 이들 일반적 비난을 논박함에 큰 어려움을 겪게 될 것이다."라고 설명한다.363)

둘째, 증거법상의 이유로서 허위의 입증과 같이 소극적 사실의 입증은 실무상 어렵기 때문에 가해자가 진실임을 입증하게 하는 것이 더 타당하다는 논거도 거론된다.364) 대륙법은 이와 같이 소극적 사실 입증의 어려움을 인식하고 적극적 사실을 입증할 수 있는 당사자에게 입증책임을 부과하고 있다.365)

이에 관해 미국의 일부 학설과 판례는 모든 소극적 사실의 입증이 어려운 것이 아니며,366) 소극적 사실의 입증은 실무상 용이한 경우도 있고, 언론자유 이외의 분야에서는 원고에게 소극적 사실의 입증을 요구하는 경우도 적지 않다고 하며, 현대의 디스커버리 실무는 소극적 사실의 입증에 관한 이전의 우려를 많이 제거하여 왔다는 등 반론을 제기한다.367) 특히, 시간과 장소가 특정된 사실적시에 관해서는 그것이 부존재한다는 입증이 어렵지 않다고 한다.

라. 미국 판례 - 입증책임의 전환

그러나 미국의 판례는 1964년 뉴욕타임스 판결을 기점으로 공적 사안에 관한 보도에서 공인인 원고는 피고의 명예훼손적 진술이 허위임을 입증하여야 한다고 하여 입증책임을 전도하고 있다.368) 이후 명예훼손 소송에서 미국의 법제는 특이한 입지를 점하게 되고, 그 결과 미국은 세계에

---

363) 또 동 판결은 명예훼손자의 입증책임이 정당한 이유를 다음과 같이 설시하고 있다. "명예훼손 소송에서 피고는 (a) 명예훼손적 진술의 진실성 (b) 공표된 기회의 특권적 성격 (c) 명예훼손적 비판의 주제사항이 공적 관심사임의 성격을 입증할 책임을 부담한다. … 리스테이트먼트가 그에게 입증하도록 하는 3가지 항목을 입증할 책임을 피고에게 부담시키는 것은, 만일 그가 행한 진술이 진실이고, 그 기회가 특권적인 것이었다면 그 사항들에 관한 앎은 특유하게 명예훼손적 진술을 행하는 자의 보유하에 있기 때문에, 명백히 공정한 일이다."(Montgomery v. Dennison, 363 Pa. 255, n. 2, at 263, 69 A.2d 520 (1949)).

364) 리스테이트먼트는 입증도 반증도 어려운 일반적인 비난의 문제를 다음과 같이 설명하고 있다. "없음을 주장하는 당사자에게 입증책임을 부담하게 하는 것은 필연적으로 어려움을 생기게 하며, 그러한 문제는 명예훼손적 비난이 그 용어상 구체적이 아니라 성질상 일반적인 경우 더 강조된다. 예를 들어, 신문이 한 점원에 관해 기회가 있으면 고객에게 거스름돈을 주지 않는다고 비난한 경우를 상정해 보자. 피고가 구체적 기회를 지적하지 않은 경우 원고는 그가 고객에게 거스름돈을 주었다는 점을 어떻게 증명하도록 기대될 수 있는가?"(RESTATEMENT (SECOND) OF TORTS § 613 cmt. j (1977)).

365) 독일 증거법 상 입증책임 분배의 일반 법리에 의하면 특정 사실의 부존재, 즉 소극적 사실의 입증은 매우 어렵기 때문에 그 사실의 존재를 주장하는 측에서 적극적 사실을 입증해야 하는 것이 통상적이다.

366) 원고는 허위의 입증 대상인 그의 생활과 활동에 관한 사실을 앎에 가장 유리한 위치에 있다. 피고가 진실을 지시할 어떤 정보도 제공함이 없이 결정적으로 명예훼손하는 진술을 공표하는 비정상적 상황에서는 원고가 단순히 부정함으로써 충분할 것이다. 그러나 피고가 진실을 지시할 수 있는 정보를 포함시켰다면, 원고는 자신의 생활에 속하는 사실에 관하여 의심스런 상황을 극복하는 부담을 이행하도록 기대될 수 있다.(Keeton, Defamation and Freedom of the Press, 54 Tax. L. REv. 1221, 1236 (1976)).

367) Marc A. Franklin and Daniel J. Bussel, The Plaintiff's Burden in Defamation: Awareness and Falsity, 25 Wm. & Mary L. Rev. 825 (860) (1984), https://scholarship.law.wm.edu/wmlr/vol25/iss5/6.

368) 1964년 뉴욕타임스 판결은 원고가 피고의 진술이 허위임을 알았거나 무사려한 경시로 알지 못하였음을 입증해야 한다고 판결하였으나(이른바 현실적 악의 규칙, actual malice rule), 정작 피고의 진술이 허위임을 입증할 책임이 원고에 있다는 판시는 Philadelphia Newspapers v. Hepps, 475 U.S.

서 언론의 자유가 가장 잘 보장되면서 동시에 명예권이 가장 경시되는 나라로 일컬어지게 되었음은 주지하는 바와 같다.

미국 판례와 같이 원고(피해자)에게 허위 입증책임을 지우는 것이 타당하다는 견해의 가장 유력한 논거는 공적 사항에 관한 토론의 필요성 및 언론자유의 위축효과를 방지하려는데 있다. 예를 들면, Franklin 교수는 "정작 언론의 자유를 보장하는 의미에서 더 건전한 유추는 민사 피고에게 진실을 말한 것으로 추정하는 이익을 주어야 할 것이"라고 주장한다.369)

이러한 논거는 미국 연방헌법 수정 제1조의 더 기본적인 구조에 터잡는 것이다. 미국 헌법은 언론의 자유에 우월적 지위를 부여하므로 그에 비해 명예 등 인격권은 애당초 추상적 비교형량에서 열등한 지위에 놓이게 된다. 특히 종전 표현 및 언론의 자유와 명예권 등 인격권이 대립 충돌하는 경우 그 형량에 있어서 연방대법원은 헌법상 표현의 자유의 중요성에 치중하여 기본권 제한의 엄격한 요건에 관한 법리를 적용하여 왔기 때문에 언제나 형량의 추는 표현의 자유에 기울었다(이른바 '우선적 구도 설정'(preferential framing)의 문제).

마. 소결

결국 명예훼손에서 진위의 입증책임은 피고의 항변사항으로서 그가 진실 입증책임을 지게 하는 것이 글로벌 기준이면서 헌법상 및 증거법상의 이유에서 합리적이고 타당한 것이라고 보아야 할 것이다. 그렇다면, 형사 명예훼손죄와 관련하여 허위의 입증책임을 원고(검사)에게 전환하는 결과를 야기하게 되는 진실적시 명예훼손죄 폐지론에는 문제가 있을 수밖에 없다.

관점을 바꾸어 특정 개인의 생활이나 행위를 대상으로 비판하거나 부정적으로 진술하는 명예훼손적 표현행위는 우선 간섭을 받음이 없이 자유롭게 살아갈 피해자 개인의 행복추구권에 간섭하는 것이라고 볼 수 있고, 그렇다면 어떠한 사실의 존재를 전제로 이를 적시하면서 부정적으로 표현하거나 비난하는 가해자에게 그 사실의 존재를 입증하게 함이 상식적으로 보거나 헌법상의 논리에서 보아 더 타당하다고 생각된다. 모든 명예훼손 사건은 피고인의 진술로 시작되어 진행되고 그로 인해 피해자의 명예 실추 위험의 발생으로 완성된다는 점에서 보면 명예훼손은 완전히 표현행위자의 적극적 주도에 의해 이루어지는 불법(또는 범죄)행위이다. 그렇다면 논란을 일으킨 표현행위자(피고인)로 하여금 그 근거로서 적시한 사실이 진실임을 입증하게 하는 것이 공평의 상식에 부합하는 것이고, 그가 진실임을 입증할 수 없거나 실패하는 경우에는 다시 진실로 믿음에 상당한 이유를 주장 입증하는 경우 면책을 시키는 방안(이른바 상당성 항변)이 제공되고 있음을 함께 생각한다면 그러한 입장이 합리적이고 공평한 헌법합치적 해석이 될 수 있을 것이다.

(5) 폐지 후의 문제 - 미국의 경험

가. 서론

진실사실적시 명예훼손죄를 폐지하자는 주장은 미국법제의 영향을 받고 있는 것으로 보인다. 미국에서는 공익 사안이나 피고가 미디어인 경우 '허위의' 사실적시를 명예훼손의 성립요건으로

767, 771 n. 2 (1986)에 의해 확인되었다.

369) Marc A. Franklin and Daniel J. Bussel, Id. "실무상 그것은(진실입증책임을 피고에게 부담시키는 것은) 허위의 유포에 대한 심각한 억제로 작용할 뿐 아니라, 모든 세목에서 진실이란 법적 증거를 대는 어려움 또는 정보의 기밀 소스 노출을 꺼림에 비추어 주의의 지혜와 자기검열을 강조함에 의해 공적 토론과 정보의 흐름에 대한 강력한 브레이크를 구성한다."(Defamation - Thomson Reuters, https://legal.thomsonreuters.com.au 〉 chapter_25).

보기 때문에 그러한 사건에서 진실한 사실적시는 민사상으로도 애당초 명예훼손이 될 수 없고, 형사적으로 처벌할 수도 없다. 그러나 이러한 생각은 미국에만 독특한 것이어서 여러 관점에서 비판적 검토를 요한다.

이와 관련하여 폐지론자들의 주장과 같이 우리의 경우 형법 제307조 제1항에서 진실적시 명예훼손행위를 삭제한다면 어떠한 법적 상황이 전개될 것인가 살펴볼 필요가 있다. 그렇게 되면 허위사실적시에 의한 명예훼손만이 처벌되게 되고, 현행 판례에 의해 검사는 피고인의 진술이 허위이고, 피고인이 그 허위임을 알았다는 입증을 하지 않으면 안되게 된다. 그렇게 보면 결국 현재 공적 사안이나 미디어 보도에서 민사 명예훼손의 성립에 허위 사실의 적시를 요구하는 미국의 법적 상황과 거의 같아지게 된다. 결국 아무리 극심한 폄훼적 사실을 적시하였다 하더라도 피고인은 그 사실이 진실임을 입증할 필요가 없고 검사가 허위라는 증거를 제시할 때까지 그의 진술은 허위가 아니라는 사실상의 추정을 받게 될 것이다.[370]

이러한 미국의 법적 상황은 1964년 미국 연방대법원이 뉴욕 타임스판결[371]에서 명예훼손의 불법행위에 관해 헌법적 관점을 도입하여 명예훼손의 성립에는 "허위의 사실적시"를 요한다고 하고, 1974년 사실적시가 아닌 의견은 명예훼손으로 제소될 수 없다고 판시하였기 때문에(1974년 거츠판결[372]) 결과된 것이다.

그렇다면 위 법리 적용 이후 언론의 자유와 명예훼손에 관한 미국 판례의 추이를 살펴볼 필요가 있다. "현실적 악의 규칙"(actual malice rule)을 창안한 1964년 뉴욕타임스 판결은 미국 연방수정헌법 제1조를 근거로 명예훼손법을 헌법화하여 개인의 명예권에 대해 언론의 자유를 확실하게 우선시켰으며, 이에 의해 명예훼손의 보통법은 극적으로 변화하였다고 한다.[373] 채용된 해법은 보통법상 허위 및 악의의 추정을 없애고, 명예훼손적 진술에 관해 피고가 허위임을 알았거나 그 진부에 관해 무사려하였다는 입증의 부담을 원고에게 지우는 것이었다.

대부분의 미국 학자들은 뉴욕타임스 판결을 긍정적으로 보고 있지만, 일부 학자들은 보통법에서 장기간 형성되어 온 양자 간의 세심한 균형을 무너뜨리고 명예 보호를 포기하게 되었다고 격렬하게 비판한다.[374]

---

370) 형법상 명예훼손죄의 구성요건을 함께 생각할 때 진실적시 명예훼손죄의 구성요건이 폐지된다면 민사상으로도 진실적시 명예훼손의 불법행위가 성립될 수 있는가가 논란될 수 있다. 전술한 바와 같이 진실 적시 명예훼손행위의 행위반가치성을 부인하는 폐지논자들의 주장에 의하면 민사상 불법행위도 성립되지 않는다고 보아야 할 것이다. 그러나 이를 부인하여야 하기 때문에 설사 형사적 처벌 조항이 폐지된다 하더라도 그 위법성을 조각하는 사유가 없으면, 민사상 불법행위가 성립될 수 있다고 보아야 한다.

371) New York Times Co. v. Sullivan, 376 U.S. 254 (1964).

372) Gertz v. Robert Welch, Inc., 418 U.S. 323 (1974).

373) Randall P. Bezanson, THE LIBEL TORT TODAY, Washington and Lee Law Review, Volume 45 Issue 2, p. 539 http://scholarlycommons.law.wlu.edu/cgi/viewcontent.cgi? article=2343&context=wlulr.

374) 엡스타인 교수에 의하면, 그 판결은 그 분쟁에 기초되는 극적 사실에 의해 과도하게 영향받았고 시간의 시험을 견디지 못한 것으로 시사되었다고 한다. 즉 뉴욕타임스 사건은 1960년 전후 미국에서 흑백분리와 백인우월주의(segregation and white supremacy)가 사회 각계에 만연하던 시대에 민권운동(civil rights movement)에 승리를 안겨준 사건이었고, 연방대법원이 미국 사회의 쟁점에 대한 장쾌한 해법을 제시한 배경을 가지고 있지만, 그것은 공적 인물에 관한 보다 평범한 명예훼손사건에서는 시간의 시험을 견디기 어려웠다고 한다(Richard A. Epstein, Was New York Times v. Sullivan Wrong? 53 University of Chicago Law Review 782, 783 (1986)).

나. 1964년 뉴욕타임스 판결 – 입증책임의 전환

첫째, 뉴욕타임스 판결에 의한 대표적 변화는 명예훼손의 성립요건으로 "허위 사실적시"를 요구하면서 입증책임을 원고에게 전도하였다는 점이다. 종전 보통법에 의하면 피해자인 원고는 진위 여부를 막론하고 피고의 명예훼손적 진술이 있음을 주장하면 족하였으나(이 점에서 우리의 현행 법제와 같다), 미국법에서는 '허위의' 명예훼손적 진술이 명예훼손의 구성요건(소인)이 됨으로써 그 (허위) 입증책임이 원고에게 전환된 것이다.

영국 보통법의 엄격책임 규칙(strict liability rule)이 명예훼손적 진술을 일단 허위로 추정하고 명예훼손적 진술자에게 그 진실임을 입증하도록 한 것은 오랜 경험을 반영한 것이었다. 영국 보통법을 계수한 영연방국가와 기타 대륙법계 국가도 영국과 같은 입증책임 분배 원칙을 채택하고 있으며, 미국 이외의 국가에서 명예훼손 소송의 진실 입증 책임을 원고(피해자)에게 전도한 사례는 희소하다.[375] 유럽인권재판소는 허위의 추정과 피고에게 진실의 입증 책임을 부과하는 것은 유럽 인권협약에 위반되지 않는다고 판시한 바 있다.[376]

다. 명예권 경시의 경향

둘째, 가장 큰 변화는 동 판결 이후 명예권의 경시가 현저한 경향으로 나타났다는 점이다. 동 판결은 명예훼손법을 헌법화한다는 관점에서 진실 입증책임을 원고에게 전도하고 종전 보통법상의 각종 특권 이외에 새로운 헌법상의 특권[377]을 도입함으로써 언론에게는 강력한 힘을 주었으나 피해자의 명예는 무시되는 결과를 초래하였다. 동 판결은 원고(피해자)가 진술의 허위성과 함께 피고의 잘못(과실 또는 현실적 악의)을 입증하게 함으로써[378] 원고의 승소가능성을 현저하게 축소시킨 반면,[379] 미디어 피고는 거의 모든 소송에서 승소하게 되었다.[380] 이렇게 뉴욕타임스와 후속

---

375) 염규호 교수에 의하면 뉴욕타임스 판결에서 형성된 현실적 악의의 법리는 1999년 필리핀 대법원 (Borjal v. Court of Appeal, 301 SCRA 1 (1999)), 1987년 아르헨티나 대법원(Argentina Supreme Court of Justice, Fallos: 310:508 LA Ley－1987－B269 (1987))에 의해 채택되었다고 한다(염규호, 뉴욕타임스 판결 50주년과 언론의 자유: 제1수정헌법의 국제적인 영향, 언론중재, 2014년 봄호 56면 이하. http://www.pac.or.kr/kor/pages/?p＝60&magazine＝M01&cate＝MA02&nPage＝2&idx＝619&m＝ view&f＝&s＝).

376) Wall Street Journal Europe Spr v. UK (2000); McVicar v. UK (2002).

377) '현실적 악의 규칙'은 명예훼손에서 헌법적 초특권으로 인정된다. David A. Anderson에 의하면 1964년 뉴욕타임스 판결에 의해 명예훼손에 대한 헌법의 간섭이 중복으로 행해졌음에도 불구하고 명예 훼손의 불법행위법에는 실제 거의 보완이 없었다고 한다. 예를 들어 표현행위자를 보호하는 수많은 보통법상의 특권이 있음에도 그에 더해 현실적 악의 법리가 일종의 헌법적인 초특권으로 적용되었 다는 것이다(Id., at 1053).

378) 원고가 입증해야 하는 피고의 현실적 악의는 피고의 내적인 심적 상태에 관한 것이어서 입증이 쉽 지 않음에도 미국 판례는 그에 관해 명백하고 설득력있는 증거(clear and convincing evidence)를 요 구하고 있다.

379) Bezanson, Id., p. 540. 일반적 관측에 의하면 미디어 피고를 상대로 한 소송에서 원고의 승소율은 10%에 불과하다고 한다.

380) 현실적으로 보아 미국에서는 사회적·정치적으로 보나 경제적 면에서 언론의 힘이 강력하게 법에 영향을 미치고 있으며(David S. Ardia, Reputation in a Networked World: Revisiting the Social Foundations of Defamation Law, Harvard Civil Rights－Civil Liberties Law Review, Vol. 45, p. 261, 303 [2010] http://ssrn.com/abstract＝1689865), 더구나 미국에서 명예훼손법 전문가는 거의 미디어 를 대변하며, 명예훼손 원고를 위한 변호사는 많지 않다는 지적이 있다(RUSSELL L. WEAVER ET AL., THE RIGHT TO SPEAK ILL: DEFAMATION, REPUTATION, AND FREE SPEECH (2006)).

판결들은 미디어에 거의 절대적 특권을 허용하여 원고의 구제를 거의 불가능하게 함으로써 미디어 통제 형태인 명예훼손과 프라이버시 책임을 효과적으로 제거하였다고 비판받고 있다.[381]

엡스타인 교수의 관측에 의하면, 첫째 명예훼손 규칙의 모습은 사회적 결정에 참여하는 주체들에게 심각한 영향을 줄 수 있다.[382] 즉 명예훼손을 위한 현실적 구제책이 제거되거나 약화된다면, 명예에 실질적으로 투자해온 분별있는 남성과 여성들은 공적인 무대를 떠나게 하는 한편(공적 토론에 참여하는 대가가 그 명예 자본의 전부 또는 일부의 상실이라면 그들은 잃을 것이 가장 많다), 덜한 명예와 아마도 덜한 품성의 다른 사람들에게 마당을 열게 될 것이다. 그로 인한 결과는 공적 토론의 양과 질이 저하될 수 있다는 점이다. 둘째, 만일 명예훼손에 관한 구제가 불충분하다면 공적 쟁점에 관한 담론의 수준에서 진실한 진술보다 허위 진술이 더 많아질 것이다.[383] 그러면 공공은 그가 얻는 정보의 계보가 덜 확실하다고 생각할 것이므로, 이를 할인하도록 요구될 것이다. 좋은 보도를 나쁜 보도와 구별하는 명백한 방도가 없고, 아무도 그들의 허위 진술에 법적으로 책임지도록 판단될 수 없기 때문에, 언론의 영향은 감소할 것이다. 명예훼손에 대해 아무 보호도 없는 세계는 너무 많은 명예훼손, 너무 많은 부정확한 정보의 세상이고, 한마디로 너무 많은 공적 사기로 충만한 세상이다. 신뢰 있고 투명한 평판체계는 기대할 수 없고 그만큼 사회적 거래와 발전은 저해될 것이다.

라. 명예훼손법제의 프레임 전환

셋째, 동 판결은 명예훼손법의 사회적 존재의의와 기본적 틀을 벗어나게 하였다. 뉴욕타임스 판결의 현실적 악의 규칙은 보통법 상 전통적인 진실의 항변, 공정보도의 특권 기타 여러 제한적 특권의 요건과 그 적용에 중대한 변화를 초래하였다는 것이다. 보통법 상의 여러 제한적 특권은 복잡하지만, 그 공통된 특징을 보면 각개의 특권은 한정된 상황에 개별적으로 적용되는 것이어서, 한정된 상황에서 특정 진술의 사회적 가치에 관한 판단을 반영하고 있다. 그러나 뉴욕타임스 판결과 후속 판례들에 의해 범주적으로 적용되는 헌법적 특권은 보도의 한정된 상황이나 내용을 무시한 채 공표사항이 허위임을 요건으로 원고가 공인인가 사인인가 여부에 따라 적용될 특권이 현실적 악의인가 과실인가를 각각 결정하게 된다.[384] 그것은 보도 사실의 진실 여부에 집착하여 공동체 기반의 외적 명예를 보호한다는 명예훼손법의 기본적 틀을 떠나게 된 것을 의미한다.[385] 과거 수백년간 경험에 따른 기존 보통법상의 형량 기준은 적용될 수 없었고, 결국 언론과 인격권의 조화적 절충에 의한 형량은 등한시되게 되었다.

---

381) LAURENCE H. ELDREDGE, THE LAW OF DEFAMATION 7−8 (1978); Gerald G. Ashdown, Journalism Police, 89 MARQ. L. REV. 739, 750−51 (2006), https://scholarship.law.marquette.edu/cgi/viewcontent.cgi?article=1118&context=mulr; David A. Logan, Libel Law in the Trenches: Reflections on Current Data on Libel Litigation, 87 VA. L. REV. 503, 519−20 (2001).

382) 이하 Richard A. Epstein, Was New York Times v. Sullivan Wrong? 53 University of Chicago Law Review 782, 799 (1986) 참조.

383) Epstein, Id., p. 800.

384) Bezanson, Id., p. 550.

385) 명예는 타인에 의해 인식된 명예로서 성질상 관계적인 것이고 그에 대한 손해는 타인들의 눈에 의한 것인데, 허위는 공동체 기반의 이슈가 아니기 때문에 이러한 상황과 외적 인식은 원고 입증의 주된 요인이거나 피고의 가용적 항변이 되지 않게 된다(Randall P. Bezanson, THE LIBEL TORT TODAY, 548).

마. 명예훼손 소송의 장기화 및 고비용화

넷째, 동 판결은 이미 복잡하고 어려운 보통법의 명예훼손법을 더욱 복잡하고 어렵게 하였으며,[386] 이후 명예훼손 소송은 복잡성과 혼란 속에서 더 큰 시간과 비용을 요하는 제도로 변하였고, 그 사회적 효용을 잃게 되었다. 결국 남소의 폐단과 더불어 소송상 화해에 의한 해결을 어렵게 하여 소송을 장기화·고비용화하는 사회적 피해를 키우게 된다. 이 때문에 미국의 판례는 피해자 개인의 이익뿐 아니라 미디어의 언론 자유를 보호함에도 실패하였으며,[387] 명예훼손제도가 목적으로 하는 사회적 이익을 보호함에도 실패하였다는 비판이 제기된다. 심지어 David Anderson 교수는 미국의 명예훼손법은 개혁할 가치가 없고, 폐지할 것을 주장하였다.[388]

바. 진위 입증이 불가능한 경우

다섯째, 보도의 진위 여부가 입증되지 않는 경우(이른바 'non liquet')에는 피해자(원고)에게 현저히 불리한 결과가 생길 수 있다. 소송 실무상 진술이 진실 또는 허위 어느 쪽으로도 입증이 불가능한 상황("unknowably true or false")이 적지 않게 나타나는데, 예를 들어 아무 증거도 없는 사안에 관한 보도 또는 제출된 모든 증거에 의해서도 진위가 판명될 수 없는 경우가 있을 수 있고, 더욱이 피고가 취재원의 신원 공개를 거부하는 경우 이러한 상황은 쉽게 야기되기도 한다. 이 경우 입증책임의 분배가 결정적인 의미를 갖는데, 피고가 진실입증 책임을 부담하는 전통적인 보통법에서는 그것이 허위로 추정되고 따라서 원고가 승소함에 반해, 원고가 허위 입증책임을 부담하게 하는 미국 판례에서는 그것이 진실로 추정되어 원고가 패소하는 효과를 갖게 된다. 이렇게 진위 판명이 불가능한 경우 피고가 작심하고 악의적으로 이야기를 날조한다면 심각한 피해를 받은 원고에게는 아무 구제수단이 주어질 수 없다는데 심각한 문제가 생긴다.[389][390]

---

386) 야서 교수는 "판사들이 애써 보통법의 미궁에서 길을 찾는다 하더라도 그들은 단지 혼동만을 더한 잘못된 또는 부분적 통로만을 찾는 데 성공할 뿐이었다. 그런데 1964년 연방대법원은 고심한 끝에 대담하게 미국식 해법을 찾았다고 자신했으나, 그 노고의 결과는 미국에서 가장 혼란스런 시험적 통로를 찾았을 뿐이었다"고 비판한다(Ray Yasser, Defamation As a Constitutional Tort: With Actual Malice for All, Tulsa Law Review Volume 12 | Issue 4 Article 1, 601, 602 (1977). https://digitalcommons. law. utulsa.edu/cgi/viewcontent.cgi?article=1388&context=tlr).

387) 명예훼손 소송은 뉴욕타임스 판결에 의해 저지되기는커녕 그 이후 건수와 배상액 양자에서 증가하였다고 한다. 현실적 악의 규칙은 미디어의 편집과정에 관한 상세한 조사를 필요로 하기 때문에 결국 디스카버리 및 심리의 시간을 증가시키고 실제로 언론의 이익에 대한 위협을 감소시키기보다 증가시킨다. 그것은 소송비용을 극적으로 증가시키며, 제한된 자금밖에 없는 원고들에게 법적 구제를 어렵게 할 것이다(Hill v. Church of Scientology of Toronto, [1995] 2 S.C.R. 1130 참조).

388) "현 상태에서 명예훼손법은 지킬 필요가 없다. 우리는 대부분의 청구가 값비싼 소송 후에 법원에 의해 거부되는 시스템을 가지고 있다. 그것은 거대한 횡재의 망상을 주며, 피고들에게는 침입적이고 장기화된 소송의 악몽을 주고, 공공은 법이 허위보다 진실을 선호한다는 점에 확신을 주지 못한다. 만일 우리가 더 낫게 할 수 없다면 명예훼손법을 폐지하는 것이 정직과 효율의 요구이다."(David A. Anderson, Rethinking Defamation, Arizona Law Review, Vol. 48, p. 1047, [2006]). 그럼에도 그는 언론의 가치가 얼마나 크든 문명사회는 명예보호를 거부할 수 없다고 한다(David A. Anderson, Is Libel Law Worth Reforming? 140 U. PA. L. REV. 487, 497 (1991)).

389) Philadelphia Newspapers v. Hepps, 475 U.S. 767 (1986) 사건에서 Stevens 대법관의 반대의견은 진정 원고가 보통법 상의 악의 및 헌법적 악의를 입증할 수 있었으나 허위를 입증할 수 없는 경우 피고가 반대입증할 수 없는 수단 방법으로 원고를 명예훼손한다면 원고에게는 구제수단이 없다고 비판한다. 환언하면 그가 고심하여 입증될 수 없는 비난을 하는 경우 인격 살해자는 명예훼손의 헌법적 허가를 갖게 된다("character assassin has a constitutional license to defame")는 것이다(Id., at 785

이렇게 진위 입증이 불가능한 사실이 전파될 수 있다는 사실은 공적 담론에서 허위일 가능성이 큰 사실이 제약 없이 전파될 수 있으며, 그만큼 그로 인한 사회적 코스트가 발생할 수 있음을 의미하는 것이다.[391]

1985년 화이트 대법관은 Dun & Bradstreet, Inc. v. Greenmoss Builders 판결[392]의 동의의견에서 뉴욕타임스 사건에서 대법원은 공무원 및 공적 사안에 관해 완전히 알 공적 이익과 그와 경합하는 피해자의 명예를 회복할 이익 간에 선견지명 없는 형량을 내렸다고 하면서 다음과 같은 비판적 의견을 피력하였다.

"뉴욕타임스 사건에서 공무원의 제소는 그가 알았거나 무사려하게 허위라고 주장하여 배심의 판단을 받지 않으면 배척될 것이다. 그러한 입증이 없으면, 설사 도전받은 공표가 허위라고 자백되었다 하더라도 그에게 유리한 배심의 평결이나 어떤 종류의 판결도 없을 것이다. 거짓은 지속될 것이고, 공공은 계속 공적 사항에 관해 잘못된 정보를 받을 것이다. … 더구나 원고가 실패하면 배심은 일반적 평결을 회수하게 될 것이고, 그 공표가 허위였다는 판결은, 실제로 그것이 근거가 없을지라도, 나오지 않을 것이다. 공공은 도전받은 진술이 결국 진실이었다는 결론을 갖게 된다. 그들이 정확하게 통보받을 유일한 기회는, 법원의 도움이 없이, 거짓에 대항할 공무원 자신들의 능력에 의해서만 측정된다. 그것은 수정헌법 제1조의 옹호를 위해 의존할 결정적으로 허약한 갈대이다." "또 뉴욕타임스 규칙은 거짓을 바로잡지 않음으로써 공무원에게 분명히 그의 명예에 대한 손해를 구제받지 못하도록 방치하였다." "이렇게 뉴욕타임스 규칙은 2가지 해악을 묵인하는데, 첫째 공무원과 공적 사항에 관한 정보의 흐름이 오염되고 종종 허위 정보로 오염된 채 남아 있는 것, 둘째 패소한 원고의 명예와 직업적 생활이 합리적인 사실 수사 노력으로 회피될 수 있었을 허위에 의해 파괴되는 것이다. 이들은 문제되는 수정헌법 제1조의 이익과 명예의 이익의 의미에서 엄청나게 도착된 결과로 보인다."

이상 미국의 경험을 살펴보면, 표현의 자유와 명예보호, 양자의 이익을 모두 존중하면서 타협을 꾀하는 실천적 조화의 원칙에 부합할 수 있도록 다루어야 한다는 관점이 몰각되고 있음을 알 수 있다. 그 때문에 뉴욕타임스 판결은 미국 기타 지역에서 법관과 학자들에 의해 비판받았을 뿐 아니라 영국과 호주나 캐나다 법원에서도 채택되지 않았다.

우리 대법원 역시 민사 명예훼손에 있어서는 위와 같은 미국 판례의 현실적 악의 규칙을 배척하고,[393] 진실의 입증책임(立證責任)은 피해자가 공적 인물인 경우에도 가해자(표현행위자)가 부담한다는 입장을 확립하고 있다.[394] 그럼에도 형법 제307조 제1항이 폐지되고 동조 제2항만이 남

(Stevens, J., dissenting)). 그러한 입증불능이 단지 억측적이 아닌 이유로 반대의견이 제시하는 바에 의하면 "제3자에 관한 앎의 결여, 결정적인 기록의 상실, 아마도 특별한 스트레스 기간 동안 발생한 오래 전 사건에 관한 불확실한 기억, 증인의 부재 등 다수의 요인들은 존경받을 인사가 그의 과거의 행위, 그의 친족, 친구, 사업 동료에 관한 악의적 가십에 대한 반증을 불가능하게 할 것이다."(Id., at 785−86 (Stevens, J., dissenting)).

390) 전술 제2장 제4절 I 1 (4) 라 참조.

391) See L. C. Bollinger, The End of New York Times v Sullivan: Reflections on Masson v New Yorker Magazine, [1991] Sup. Ct. Rev. 1, at p. 6; J. A. Barron, "Access to the Press − A New First Amendment Right" (1966-67), 80 Harv. L. Rev. 1641, at 1657-58.

392) 472 U.S. 749 (1985).

393) 대법원 1998. 5. 8. 선고 97다34563 판결.

게 된다면 형사 명예훼손의 분야에서는 결국 상술한 바와 같이 미국에서와 같은 법적 상황이 연출 될 것이고, 그 결과 형사사법에 의한 명예권 보호가 형해화하는 동시에 언론과 인격권 간의 균형 있는 조화적 해결은 어렵게 될 것이다.

(6) 추상적 위험범으로서의 명예훼손죄

일설에 의하면 진실적시를 구성요건으로 하는 형법 제307조 제1항은 헌법상 표현의 자유와 명 예권 간의 형량에서 원칙적인 명예권 우선의 태도를 취한 것이라고 보고, 명예훼손이 타인의 명예 를 저하시킬 경향이 있는 진술의 공표로 성립된다는 법리에 의하면 형법의 개입 시기를 법익침해 전 단계로 앞당기게 된다고 주장한다.[395]

명예훼손이 타인의 명예를 저하시킬 경향이 있는 진술의 공표로 성립된다는 법리[396]는 명예훼 손제도를 갖는 어느 나라에서나 공통된 것으로 민사나 형사 명예훼손 양자에 공통적으로 적용되 는 것이다. 영미 보통법의 전통적 견해는 명예 피해를 야기할 경향이 있으면 명예훼손이 성립하고 현실적으로 침해가 발생할 필요가 없다고 보아왔다.[397] 이것은 보통법에서 직관적으로 알려진 경 험적 사실의 상식적 귀결인데, 통상 명예훼손에서는 현실적으로 손해는 생기지 않으며, 만일 그렇 다 하더라도 그것은 입증이 불가능하다고 하는 경험적 사실의 소산이었다.[398] 우리 대법원도 최근 판결에서 같은 취지로 판시하고 있다.[399]

이러한 명예훼손행위의 정의와 특징 때문에 형사 상 명예훼손죄가 범죄론상 이른바 '추상적 위 험범'[400]으로 취급되는 것은 당연하다. 그렇다 하더라도 그것은 구성요건 단계의 개념일 뿐, 그러

---

394) 대법원 1996. 10. 11. 선고 95다36329 판결, 대법원 1997. 9. 30. 선고 97다24207 판결, 대법원 1998. 5. 8. 선고 97다34563 판결 [논픽션 드라마], 대법원 2003. 9. 2. 선고 2002다63558 판결, 대법원 2004. 2. 27. 선고 2001다53387 판결 등.

395) 김성돈의 전게 논문, 7면 이하.

396) 명예훼손 여부의 심사는 원고가 실제로 해를 입었는가 여부가 아니라 그것이 명예를 저하할 경향이 있는 부류에 속하는가 여부이다(Lyrissa Barnett Lidsky, DEFAMATION, REPUTATION, AND THE MYTH OF COMMUNITY, Washington Law Review Vol. 71:1[11], 1996).

397) "명예훼손이 되려면 진술이 현실적으로 타인의 명예를 해하거나 또는 제3자가 그와 교섭하거나 거 래하는 것을 저지함을 요하지 않는다. 그 성질은 그러한 효과를 가질 일반적 경향에 의존한다." (Restatement (Second) of Torts § 559 cmt. d (1977)).

398) Randall P. Bezanson, THE LIBEL TORT TODAY, p. 544.

399) 대법원 2020. 11. 19. 선고 2020도5813 전원합의체 판결 [전파가능성]: "명예훼손죄 규정이 '명예를 훼손한'이라고 규정되어 있음에도 이를 침해범이 아니라 추상적 위험범으로 보는 것은 명예훼손이 갖는 행위반가치와 결과반가치의 특수성에 있다. 즉 명예훼손죄의 보호법익인 명예에 대한 침해가 객관적으로 확인될 수 없고 이를 증명할 수도 없기 때문이다. 따라서 불특정 또는 다수인이 적시된 사실을 실제 인식하지 못하였다고 하더라도 그러한 상태에 놓인 것만으로도 명예가 훼손된 것으로 보아야 하고 이를 불능범이나 미수로 평가할 수 없다. 공연성에 관한 위와 같은 해석은 불특정 또 는 다수인이 인식할 수 있는 가능성의 측면을 말하는 것이고, 죄형법정주의에서 허용되는 해석이 며, 그와 같은 행위에 대한 형사처벌의 필요성이 있다. 추상적 위험범으로서 명예훼손죄는 개인의 명예에 대한 사회적 평가를 진위에 관계없이 보호함을 목적으로 하고, 적시된 사실이 특정인의 사 회적 평가를 침해할 가능성이 있을 정도로 구체성을 띠어야 하나(대법원 1994. 10. 25. 선고 94도 1770 판결, 대법원 2000. 2. 25. 선고 98도2188 판결 등 참조), 위와 같이 침해할 위험이 발생한 것으 로 족하고 침해의 결과를 요구하지 않으므로, 다수의 사람에게 사실을 적시한 경우뿐만 아니라 소 수의 사람에게 발언하였다고 하더라도 그로 인해 불특정 또는 다수인이 인식할 수 있는 상태를 초 래한 경우에도 공연히 발언한 것으로 해석할 수 있다."

한 구성요건을 충족하는 행위가 바로 처벌되는 것은 아니다. 그러한 행위는 위법한 것이어야 처벌될 수 있고, 진실의 입증 등 각종 항변사유의 입증으로 그 위법성은 조각될 수 있다. 형법상의 행위론 내지 범죄론 체계에 따르면 범죄는 구성요건, 위법성, 책임 등 3단계로 구성되지만 이것들은 논리적 분석의 순서를 설명하기 위한 것이지 시간적 선후 관계로 분석될 수 있는 개념은 아니다. 결국 한 범죄의 성립과 처벌에 관한 형법 규정은 구성요건 해당성과 위법성 및 그 조각사유의 유무 등을 통일적으로 판단하여 표현행위자의 형사책임 여부가 결정되는 것이다.

따라서 진실적시 명예훼손행위를 구성요건으로 정한 조항이 진실한 사실을 적시하는 표현행위보다 명예권을 우선시하는 법적 사고의 표현이라거나,[401] 민사 명예훼손의 경우보다 형법의 개입시기를 앞당기고 있다는 주장은 범죄론의 체계적 구성을 간과한 주장이다.

명예훼손죄의 구성요건해당성을 판단함에 있어 '전파가능성 이론'을 택함으로써 불필요하게 처벌 범위를 넓히고 있다는 주장[402]은 상당한 이유가 있다고 보이나, 그것은 명예훼손죄의 운영에 관한 논의이며, 이를 폐지하자는 주장의 근거가 될 수는 없다고 보아야 할 것이다.

(7) 명예훼손의 위법성 조각사유 – 체계적 고찰과 미비점
가. 형법 제310조 – 불충분한 위법성 조각사유

전술한 바와 같이 한 표현행위가 법적 제재를 받는 여부는 구성요건에 해당할 뿐 아니라 위법성을 판단하는 단계까지 종합적으로 고려되어야 하므로 위법성 조각사유가 실질적으로 충분히 규정되어 있고 실제로도 충실하게 적용된다면 양자의 균형을 살리는 조화적 형량이 가능하고 위헌 논란은 피할 수 있다.

폐지론자들은 여러 이유를 들어 형법 제310조가 진실적시 명예훼손을 위해 충분한 위법성조각사유를 제공하지 못한다고 비판하고 있다. 그러나 언론 보도의 위법성 조각사유를 규정하는 형법 제310조가 그 운영에 다소간 문제가 있다 하더라도 그것이 진실적시 명예훼손죄를 폐지하는 근거로 될 수는 없으며, 다만 표현·언론의 자유와 인격권 보호 간의 균형적 형량을 위해 끊임없이 개선되어야 할 일일뿐이다.[403]

공익성 요건에 관해서 대법원의 일관된 입장은 이를 가급적 넓게 인정한다는 것이고,[404] 실제로

---

400) 형법의 법익 이론에 의하면 각개의 범죄는 구체적으로 보호법익의 침해가 요구되는 침해범(侵害犯)과 법익 침해의 위험만으로 처벌되는 위험범(危險犯)으로 구별되며, 위험범은 다시 실제 위험이 발생하지 않아도 추상적으로 위험이 있는 것으로 간주하여 처벌하는 추상적 위험범과 구체적 위험이 발생하는 경우에만 처벌하는 구체적 위험범이 구별된다(이에 관한 상세한 논의는 박용상, 언론의 자유, 박영사(2013), 594–597면 참조). 명예훼손죄는 전형적인 추상적 위험범으로 분류된다.
401) 이것은 "언론·출판은 타인의 명예나 권리 … 를 침해하여서는 아니된다"는 헌법 제21조 제4항을 형법에 반복하여 규정한데 불과한 것이다.
402) 조서연, "사실 적시 명예훼손죄의 문제점 및 개선방향", 국회입법조사처 이슈와 논점 제1441호(2018년 3월 29일).
403) 조서연, 전게 논문도 "사실 적시 명예훼손죄를 폐지하지 않고 구성요건을 존치하는 이상, 구성요건에서 특정 사안을 배제하는 방안보다는 위법성 조각사유의 확대부터 논의하는 것이 보다 용이한 방법으로 문제점을 보완할 수 있을 것으로 보인다."고 하여 같은 입장을 취한다.
404) 판례에 의하면 "그 목적이 오로지 공공의 이익을 위한 것일 때"라고 규정되어 있으나 "행위자의 주요한 목적이나 동기가 공공의 이익을 위한 것이라면 부수적으로 다른 사익적 목적이나 동기가 내포되어 있더라도 무방하다"고 한다(대법원 1993. 6. 22. 선고 92도3160 판결, 대법원 2000. 2. 25. 선고 98도2188 판결, 대법원 2006. 3. 23. 선고 2003다52142 판결, 대법원 2005. 10. 14. 선고 2005도5068

도 미디어가 관련된 사안에서 공익성이 부인되어 형법 제310조의 적용이 거부된 사례는 극히 소수에 불과하다. 그리고 최근 대법원[405]은 사적인 사안에 관한 진실한 사실적시가 명예훼손으로 처벌되지 않도록 형법 제310조의 공익 관련성을 보다 넓게 해석할 것을 요구하면서 공공의 이익에 관한 것에는 ① 널리 국가·사회 그 밖에 일반 다수인의 이익에 관한 것뿐만 아니라 ② 특정한 사회집단이나 그 구성원 전체의 관심과 이익에 관한 것도 포함되며, ③ 사실적시의 내용이 사회 일반의 일부 이익에만 관련된 사항이라도 다른 일반인과의 공동생활에 관계된 사항, 그리고 ④ 개인에 관한 사항이더라도 그것이 공공의 이익과 관련되어 있고 사회적인 관심을 획득한 경우에는 이를 공익 연관성이 있는 것으로 보아 형법 제310조를 적용하도록 요구하였다.[406]

그러나 간과할 수 없는 점은 비공적 사안에 관해 사적인 이익을 위해 진실한 사실을 적시하는 경우 형법 제310조는 적용될 수 없고, 이러한 경우 현행법상 진술자를 보호하는 조치가 충분히 이루어지지 않고 있다는 점은 전술한 바 있고, 이 점에서 폐지론자들의 지적은 상당한 이유가 있다고 생각된다. 그에 대한 대책이 마련될 필요가 있고 그에 관한 구체적 방안을 다음에서 살핀다.

나. 정당한 이익 보호를 위한 항변

대법원은 위와 같은 법적 흠결을 보완하기 위해 자신의 (공익이 아닌) 정당한 이익을 옹호하기 위해 피해자의 명예를 손상할 진실한 사실을 진술한 경우 단편적으로 이른바 형법 제20조의 정당행위의 이론을 원용하거나 때로는 피고인의 표현행위에 범의나 사실적시가 없다는 이유로 이를 면책시키는 입장을 취하여 왔다.[407] 그러나 경직된 정당행위의 법리를 표현행위에 적용하는 것은 표현의 자유의 요청에 충분히 부응할 수 없고, 범의나 사실적시의 부존재를 이유로 한 논증은 적합한 논증이 될 수 없기 때문에 이 문제에 대한 대책으로서는 전술한 바와 같이 영미 보통법상 제한적 특권의 법리나 독일 형법상 정당한 이익의 옹호에 의한 위법성조각의 법리를 도입하여 해결되어야 한다고 하는 것이 필자의 생각이다. 이들 법리를 보면 헌법상 중요한 의미를 갖는 기본권으로서 표현의 자유를 고려하는 독특한 이익형량 기준이 방대한 판례로써 완비되어 있고, 이러한 법리를 도입한다면 대법원이 어렵게 정당행위의 개념을 동원하거나 어색하게 범의를 부인하는 등 궁색한 이유를 들지 않고도 해결할 수 있는 방안이 마련될 수 있기 때문이다.

제한적 특권에 관한 영미 판례를 보면, 진실한 사실이더라도 표현행위자나 수용자 또는 제3자 등의 사적 이익을 위해 피해자의 명예를 손상하게 될 사실을 함부로 아무에게나 진술하여 피해자의 명예를 훼손하는 것은 허용되지 않는다.[408] 다만, 일정한 범위 내의 인물에게 자기 또는 타인의 이익을 옹호하기 위해 필요한 한도 내의 진술은 허용된다.[409] 미국에서 미디어를 피고로 하거나 공적 사안에 관한 명예훼손 소송에서는 현실적 악의 규칙이 적용되나, 사인간의 비공적 사안에 관한 명

판결, 대법원 2011. 7. 14. 선고 2010도17173 판결, 대법원 2011. 11. 24. 선고 2010도10864 판결 등).

405) 대법원 2020. 11. 19. 선고 2020도5813 전원합의체 판결.

406) 최근의 대법원 2022. 4. 28. 선고 2020도15738 판결은 과거 자신이 근무했던 스타트업 회사의 대표가 회식 자리에서 직원들에게 술을 '강권'하였다는 취지의 글을 자신의 페이스북에 게시한 사안에서 "스타트업 기업의 바람직한 사내 문화 등은 스타트업 기업에 종사하거나 종사할 사람들 전체의 관심과 이익에 관한 사항으로서 사회구성원 다수의 공통의 이익과 관련된다고 볼 수 있"다는 것을 전제로 피고인의 행위에 관해 '비방할 목적'을 인정하지 않고 있다.

407) 전술 제2장 제3절 I 3 참조.

408) 이에 비추어 보면 이들 진실한 사실 적시에 행위반가치성이 없다고 보는 폐지론자의 주장은 이유가 없음을 알 수 있다.

409) Montgomery v. Dennison, 363 Pa. 255, n. 2, at 263, 69 A.2d 520 (1949).

예훼손 소송에서는 아직도 이 제한적 특권의 법리가 적용된다.

그리고 이들 진실한 사실에는 피해자의 사생활 비밀에 해당하는 것이 있을 수도 있고, 그렇지 않은 사실도 있을 수 있다. 그 때문에 사생활의 비밀이 아닌 진실한 사실적시, 예컨대 고용정보나 신용정보 등의 무단 공개를 처벌하지 못하게 되는 헌법재판소의 반대의견에 문제가 있음은 전술한 바와 같다.

그렇다면 오히려 진실적시 명예훼손죄를 폐지하는 방안보다는 진실적시에 의해 손상되는 명예보다 그에 의해 옹호 또는 방어되는 정당한 이익이 더 큰 경우에는 표현의 자유를 우선시켜 면책될 수 있도록 위법성조각사유를 확충·정리하는 한편, 실무에서 그러한 방향으로 해석·적용을 촉구·활성화하는 방안이 더 바람직하다고 생각한다. 폐지론자들은 이러한 역사적·상식적 사실을 인식하지도 언급하지도 않아 간과하고 있는데, 그들 주장과 같이 진실적시 명예훼손을 처벌하지 않는다면 위와 같은 정당화요건 없이 명예훼손적 사실의 공개가 만연할 것이고, 그 결과는 명예권의 형해화뿐 아니라 사회적인 법적 평화를 깨뜨려 현저한 사회적 혼란을 초래하게 될 것이다.

다. 진실 적시 명예훼손죄 폐지 후 형법 제310조의 운명

진실적시 명예훼손죄가 폐지되면 형법 제310조는 체제에 맞지 않는 또는 무용인 조문으로서 역시 폐지될 수밖에 없다. 오직 허위사실적시 명예훼손죄로 기소하여야 하게 되는 검사는 구성요건 단계에서 피고의 진술이 허위이고 피고가 이를 안 사실까지 주장·입증하여야 하는데, 이러한 입증이 성공하면 진술이 진실이라고 하는 피고의 주장은 논리적으로 양립할 수 없고, 그에 의해 위법성이 조각된다는 주장은 의미를 잃게 된다. 검사의 입증이 성공하지 못하거나 미정인 경우에도 피고의 진실 주장은 구성요건 해당성이 없다는 부인주장에 불과하고, 진위 입증불명의 불이익이 검사(원고)에게 돌아가게 됨은 구성요건과 입증책임의 법리에 비추어 명확하다.

이러한 결과가 우리 명예훼손법제의 오랜 전통에 어긋나는 것이고, 법제 체계를 뒤흔들어 종국적으로 명예권을 형해화하게 한 점은 전술한 미국의 경험에서 쉽게 알 수 있다.

(8) 폐지론자들이 내세우는 사례들

가. 개관

폐지론자들은 진실한 사실적시를 처벌하는 명예훼손죄는 "성폭력 피해를 호소하는 미투(#Me Too) 운동, 노동자가 임금체불이나 직장 갑질 피해를 호소하는 행위, 소비자가 기업으로부터 입은 피해를 적시하는 행위 등 각종 사회 고발 활동[410] 및 언론 활동을 크게 위축시켜, 사회의 감시·비판 기능을 마비시키고 사회 구성원의 자성 및 경각을 통한 진보의 기회를 박탈하는 폐단을 낳고 있다"고 주장한다.

〈'배드파더스'의 사례〉

폐지론자들이 제시하는 사례 중 대표적인 것은 양육비 미지급 부모들의 신상을 공개하며 양육비 지급을 촉구하는 활동을 했던 배드파더스 사례이다.

배드파더스는 이혼 후 양육비 이행을 거부하는 부모의 신상을 공개하는 인터넷 사이트로 2018년부터 3년간 900여 건의 양육비 이행을 이끌어냈다고 한다.[411] 사이트 운영자 구본창은

---

410) 최근에는 성범죄 피의자의 신상을 올려 공유하는 '디지털 교도소'를 둘러싼 논란까지 문제되고 있다.

411) 심정, "배드파더스, 왜 명예훼손 무죄가 유죄로 바뀌었나 − 수원고등법원 2020노70 정보통신망법

양육비 이행을 강제하기 위해 부모의 얼굴, 직업, 직장, 주소를 공개하였기 때문에 정보통신망법 상 명예훼손 혐의로 기소되었다. 제1심(수원지방법원 2020. 1. 15.자 2019고합425 판결)은 양육비 이행은 자녀의 생존권을 위해 필수적이고 미이행자의 지급 확보 방안의 강구는 사회적으로 주요 관심 대상이며, 피고인은 양육비 지급을 촉구하기 위해 대가를 받지 않고 운영하였으며, 양육비 미지급 부모들에게 비하, 모욕, 악의적 표현을 사용하지 않은 점 등을 내세워 비방의 목적이 없음을 이유로 무죄를 선고하였다.

그러나 최근 항소심은 양육비 미지급문제가 자녀의 복리와 생존권이 달린 사회적으로 매우 중요한 사안이라고 해도 피고인 운영의 사적 단체가 법률상 허용된 절차를 따르지 않고 초상 등 사생활의 비밀을 과도하게 노출하는 사적 제재수단을 써서 그러한 목적을 추구하는 것은 위법성이 부인될 수 없다고 판시하였다.

대법원 2024. 1. 4. 선고 2022도699 판결 ['배드파더스']

이 사건 피고인들은 2018. 7.경 '배드파더스'라는 사이트를 운영하면서 이혼후 양육비를 지급하지 않는 부모들의 초상, 이름, 전화번호, 직장 등 신상정보를 공개하였다는 사실로 정보통신망법상 명예훼손 혐의로 기소되었다. 제1심은 무죄, 제2심은 유죄로 판결하였으며 대법원은 제2심 법원의 판결을 지지하면서 다음과 같이 판시하였다.

이 사건 사이트의 주된 목적은 양육비 미지급자 개인의 신상정보를 일반인에게 공개함으로써 인격권 및 명예를 훼손하고 그에게 수치심을 느끼게 하여 의무이행을 간접적으로 강제하려는 데 있으며, 결국 특정된 개별 양육비 채무자를 압박하여 양육비를 신속하게 지급하도록 하는 것을 주된 목적으로 하는 사적 제재 수단의 일환에 가깝다고 볼 수 있다.

이 사건 사이트를 통하여 신상정보가 공개된 데에는 피해자들이 양육비를 제때에 지급하지 않은 측면도 일부 있을 수 있으나, 피해자들은 직업, 사회적 지위·활동·영향력의 측면에서 공적 인물이라거나 자신에 대한 합리적인 비판 등을 수인해야 하는 공직자와 같다고 보기 어렵다. 또한 양육비 미지급으로 인한 사회적 문제가 공적인 관심사안에 해당하더라도, 특정인의 양육비 미지급 사실 자체가 공적 관심 사안이라고 보기는 어려우며, 특히 전파성이 강한 정보통신망을 통한 공개라는 측면에서 볼 때, 양육비 지급에 관한 법적 책임을 고려하더라도 피해의 정도가 지나치게 크다.

위 사정을 종합하면 피고인들에게 비방할 목적이 있다고 보아야 한다.

위 판시를 보면 명예훼손으로 기소된 이 사건에서 법원은 주로 그 행위태양으로서 개인정보 공개행위의 적부만을 쟁점으로 하는 관점에서 다루고 있으나, 이 사건의 사실관계를 종합하며 보면, 첫째 피고인들에 의한 개인정보(진실한 사실) 공개행위가 법익 형량에 따라 명예훼손이 성립됨을 확인한 판결이다. 둘째 원심은 비방의 목적을 긍정함에 있어서 피고인들이 추구한 것은 사적 제재를 위한 행위이므로 공익이 아니란 점이 강조되고, 셋째 피해자들은 그들의 지위에서 보아 공인도 아니지만, 그들의 정체를 밝히는 가장 중요한 실명, 초상, 주소 등 개인정보를 밝혔으니, 그들에 대한 손해는 필요 이상 크다는 점이 지적되고 있다.

(명예훼손) 판결 분석 - ", 언론중재 2022년 봄호, 62면 이하 참조.

〈미투 사건〉

최근 미투(#Me Too) 운동과 관련해 성폭력 피해자들이 가해자들에 의해 사실 적시 명예훼손으로 고소되는 사례들이 빈번해지자 양자 간에 격렬한 논란이 전개되고 있다. 성폭력 피해자가 미투 폭로에 의해 성폭력 범죄로 기소된 피고인이 성폭행 사실을 부인하면서 피해자를 상대로 명예훼손죄로 고소하게 되면 성폭력 피해자가 명예훼손죄의 피고인으로 되는 2중의 법률관계가 형성된다. 미투 형태를 취한 폭로 사건이 명예훼손으로 처벌될 수 있는가 여부에 관해서도 명예훼손의 일반적 요건이 적용되어야 함에는 의문이 없다. 이들 사건의 가해자가 유명인사나 공인인 경우에는 공익성이 인정되고 형법 제310조에 의해 해결될 수 있으며, 언론이 이를 보도함에도 지장이 없다.

문제는 더 빈번하게 발생하는 사인 가해자에 의한 성폭력 사례이다. 이러한 사안에 관해서는 공익성을 요하는 형법 제310조가 적용되기 어렵고, 실제로 익명보도의 원칙이 확립·시행되고 있는 상황에서 엄격한 요건이 충족되지 않는 경우에는 실명보도도 허용되지 않는다. 그러나 앞서 본 바와 같이 피해자가 피해구제를 위한 자신의 정당한 이익을 옹호하기 위해 피고인의 성폭력 사실을 공개하는 것은 정당화되며, 이러한 정당화 사유가 있는 경우 성폭력 행위가 허위라는 입증책임은 피고인이 부담하게 될 것이다.

또 최근 진실 적시 명예훼손죄에 관한 위헌소원 사건(헌법재판소 2021. 2. 25. 선고 2017헌마1113 결정 등)에서 논란된 사안을 보면, 반려견의 치료를 받은 심판청구인이 당시 부당한 진료를 받아 반려견이 불필요한 수술을 하고 실명 위기까지 겪게 되었다고 생각하여 반려견의 치료를 담당하였던 수의사의 실명 및 잘못된 진료행위 등을 구체적으로 적시하고자 하였으나 동조에 의해 처벌될 것을 우려하여 위헌 소원을 제기한 사례였다

이들 사례에서 논자들이 제기하는 불만을 분석해 보면, 첫째 언론 매체에 의한 보도가 아니라, 일반 사인 간의 관계에서 사실을 적시하여 명예를 훼손하는 경우가 문제되고 있으며, 둘째 주장 또는 적시 사실의 진실 여부가 불명인 상태에서 자신의 권리를 옹호하거나 방어하기 위해 피해자의 명예를 손상하는 사실을 적시하여 문제된 것이고, 셋째 선뜻 공적 관심사라고 할 수 없거나 공익성이 쉽게 인정되지 않는 사안에 관한 진술의 경우 진실 증명이 있어도 형법 제310조의 적용이 거부되는 사례가 있을 수 있고, 넷째 그 폭로·고발자의 명예훼손행위가 권리의 옹호 또는 방어에 필요한 범위와 정도를 넘었는지 여부가 공통된 쟁점으로 제기된다는 점이다.

이상의 문제는 일반적인 명예훼손 사건에 적용하는 법리와 다름이 없이 적용하여 해결되어야 한다. 다만, 사안에 따라서는 사회적 약자인 성폭력 피해자 등 표현행위자의 입장을 배려하여 형평을 이루는 노력이 필요할 것이다. 이상의 문제에 대해 다음에서 상술한다.

나. 비공적 분쟁에서 정당한 이익에 의한 위법성 조각

첫째, 비공적 분쟁에서 명예훼손으로 문제된 표현행위가 공익성을 인정받지 못하는 경우 형법 제310조가 원용될 수 없어도, 전술한 바와 같이 정당한 이익의 옹호를 위해 한 경우에는 영미의 제한적 특권의 법리나 독일의 정당한 이익 옹호의 법리에 의해 그 요건과 범위를 지키는 한 위법성이 조각될 수 있을 것이다. 즉 진실적시 명예훼손행위가 공익사항에 관한 비판을 위한 것이라면 형법 제310조가 적용될 수 있고, 공익성이 인정되지 않는 사안에서는 정당한 이익 옹호나 제한적

면책특권의 법리를 원용한 이익형량론에 의해 그 위법성이 부인되게 될 것이어서 논자들이 우려하는 문제는 해소될 것이다. 이 점에서 위법성 조각사유에 관한 영미나 독일의 법리를 도입하여 정비하는 것이 중요함을 알 수 있다.

다. 진위의 입증책임 분배

둘째, 폐지론자들이 주장하는 대부분의 사례에서 문제는 진위가 확인되지 아니한 일방적 사실주장으로 피해자의 명예가 훼손되었다는 불만에 있다. 이 경우 관건은 그 주장 사실의 진위의 입증책임을 누가 부담하게 할 것인가 하는 문제에 귀착하게 된다. 이에 관해서는 현행 법제에 의한 입증책임 분배의 상황과 폐지 후의 입증책임분배의 상황을 비교 고찰할 필요가 있을 것이고, 항목을 나누어 후술한다.

공익사항에 관한 진술이라고 볼 수 없는 사인간의 명예훼손인 경우 피고인이 정당한 이익 옹호의 항변 또는 제한적 특권의 항변을 제기하면서 그 항변의 요건을 제시하면, 그 항변을 물리치려는 검사는 피고의 적시사실이 허위라고 주장 입증하여야 하게 된다.[412] 허위임이 입증되면 명예권에 유리한 형량이 가능하기 때문이다. 따라서 영미의 제한적 특권의 법리를 적용할 경우 피고인이 일응 그 요건에 해당하는 사실을 주장 입증하면 그러한 사실이 허위라는 입증책임은 피해자 측(검사)에게 돌아가고 허위라는 입증을 하지 않으면 무죄 판결을 면치 못하게 된다.

라. 수단의 적합성

셋째, 가장 중요한 문제는 표현행위자의 권리를 옹호하거나 방어하는 명예훼손행위가 그 목적 달성을 위해 필요하고 적합한 수단에 해당하는 것인가 하는 점이다. 즉 공개로 추구된 목적과 피해받은 이익 간에 적합한 관계가 있어야 하며,[413] 타인의 명예에 대한 공격은 정당한 목적을 위해 적정한 수단을 사용할 것을 요한다.[414]

독일의 확립된 판례에 의하면 독일 형법 제193조의 정당한 이익의 옹호에 의한 위법성 심사에서는 "타인의 권리범위에 대한 폄훼적 비판을 수단으로 한 침해는, 그것이 내용, 형태 및 부수정황에 따라 법적으로 승인된 목적의 달성을 위해 객관적으로 필요했던 범위에서, 허용될 수 있다"고 한다.[415][416] 그에 따르면 정당화를 주장하는 표현행위자는 이렇게 그의 명예훼손행위가 인적, 내용적, 수단적 한계를 지켜야 한다.

---

412) 민사상으로도 피고가 조건부(제한적) 특권(conditional privilege)의 적용을 주장하면 진술의 진실성에 관한 입증책임은 자동적으로 원고에게 전환되었다(R. SACK, LIBEL, SLANDER, AND RELATED PROBLEMS (1980), at 134). 즉 일단 피고가 특권을 주장하면 원고는 그 진술이 허위임을 입증함에 의해서만 그 특권을 극복할 수 있다.

413) 목적 달성을 위해 적정한 수단이면 족할 뿐, 이용 가능한 수단 중 가장 절제적 수단("schonendste" Mittel)을 요구하는 것이 아니다(Martin Löffler, Presserecht Band I Allgemeines Presserecht, 2. Aufl. C.H. Beck München 1969 S. 322).

414) SCHÖNKE SCHRÖDER, STRAFGESETZBUCH KOMMENTAR, 18., neubearbeitete Auflage, VERLAG C. H. BECK, S. 1214.

415) vgl. BGHZ 3, 270, 281, 283 [BGH 26.10.1951 - I ZR 8/51] - Constanze I; BGHZ 8, 142, 145 [BGH 28.11.1952 - I ZR 21/52] - Schwarze Listen; BGH in GRUR 1957, 360 - Erdstrahlen; BGH 16.05.1961 - I ZR 175/58 - „Torsana".

416) "이익충돌의 모든 사례에 적용되는 이익 및 의무형량의 원칙에 따르면 권리침해적 표현행위는, 내용, 형태 및 부수상황에 따라 법적으로 승인된 목적의 달성에 객관적으로 필요한 경우에만 정당한 이익의 옹호에 의해 정당화된다."(BGHZ 3, 270, 281, 283 [BGH 26.10.1951 - I ZR 8/51]- Constanze I).

마. 사적인 권리분쟁과 공공에 호소?

여기서 사인 간의 사적인 권리 분쟁을 해결하기 위해 피해자의 명예를 훼손하는 사실을 공개하여 언론 또는 공공에 호소하는 것이 허용될 것인가 하는 문제가 제기된다. 엄밀하게 말하면 민주적 법치국가에서 사적 분쟁의 해결은 사법부의 관할로 되어 있다. 따라서 사적인 권리 분쟁은 법원 기타 적법절차에 따라 제소하여 해결하는 것이 원칙일 뿐, 언론이나 여론에 호소하여 해결하려 하는 것은 민주적 법치국가에서 정당한 해결방식이 될 수 없을 것이다.[417] 헌법재판소는 이와 관련하여 "타인으로부터 부당한 피해를 받았다고 생각하는 사람이 법률상 허용된 민·형사상 절차에 따르지 아니한 채 사적 제재수단으로 명예훼손을 악용하는 것을 규제할 필요성이 있"다고 한다.[418]

왜냐하면, 이런 분쟁에서 언제나 문제되는 것은 그 주장사실의 진위일텐데, 언론이나 여론은 사실인정과 그에 대한 법의 적용을 통해 그러한 사적 권리의 존부와 효력에 관해 판정할 능력도 기대도 없기 때문이다. 한편 언론에 접근할 수단을 갖지 못하는 경우가 대부분일 피해자의 입장에서 보면 언론을 동원하여 비난 공격해 오는 가해자에 대처할 방도가 없어 형평에 어긋날 뿐 아니라, 진위나 법적 권리의 존부가 확정되지 않은 상태에서 피해자의 명예나 신용을 저해하는 사실을 공개하여 일방적으로 비난함으로써 피해자의 피해를 증가시킨다는 점에서 보면 이를 허용할 수 없는 이유가 있다.[419] 그렇다고 하여 피고가 원고의 주장에 대응하기 위해 "오직 법원이나 특허관청에 제소하였어야 한다고만 할 수는 없다. 그것이 동시에 법질서에 의해 승인된, 위협받은 자신의 이익을 보전하기에 충분히 효과적인 수단이 된다고 보이지 않는 경우, 피고는, 원고의 입장에서 보아 외관상 특히 절제적 수단의 사용에, 제한받을 필요가 없다."[420]는 것이 독일 판례의 입장이다.

대법원의 다음 판결은 이러한 문제를 다루고 있다. 폐지론자들은 이 판결의 결론에 불만을 나타내고 있지만, 상술한 바와 같은 이유에서 그 결론은 지지되어야 할 것이다.

대법원 2004. 10. 15. 선고 2004도3912 판결

노조 수석위원장이던 피고인은 회사의 대표이사에게 압력을 가하여 단체협상에서 양보를 얻어내기 위한 방법의 하나로 위 회사의 다른 직원들과 함께 "회사 사장은 체불임금 지급하고 단체교섭에 성실히 임하라", "노동임금 갈취하는 악덕업주 사장은 각성하라"는 등의 내용이 기재된 현수막과 피켓을 들고 확성기를 사용하여 위와 같은 내용을 반복해서 불특정다수의 행인을 상대로 소리치면서 위 회사의 정문을 출발하여 부산광역시청을 경유, 부산지방경찰청 앞 인도까지 거리 행진하였다.

대법원은 피고인의 이 사건 행위의 동기 및 목적, 당해 사실의 공표가 이루어진 상대방의 범위 등에 비추어 볼 때, 피고인의 판시 행위가 공공의 이익을 위하여 사실을 적시한 것으로 볼 수는 없다는 이유로 피고인을 유죄로 한 원심을 지지하였다. 피고인의 이 사건 각 행위는 근로

---

417) 언론 매체의 관점에서 보면 이러한 사적 분쟁을 뉴스로 다루기 어려울 것인데, 왜냐하면 공익사항이 아니어서 진실입증을 하더라도 면책될 수 없을 것이기 때문이다.

418) 헌법재판소 2021. 2. 25. 선고 2017헌마1113, 2018헌바330(병합) 결정.

419) 만약 진실 여부가 불명인 사실주장을 일방적으로 언론이나 일반 공공에 호소하게 되면, 피해자의 입장에서는 법정에서 다툴 여지를 상실한 채, 언론 수용자들(공공)에게 불리한 인상을 주게 되고 명예를 손상당할 우려가 커질 것이다.

420) BGH 16.05.1961 — I ZR 175/58 — „Torsana".

조건의 개선을 위한 노사 간의 자치적 교섭을 조성하려는 행위로 볼 수 없고, 수단과 방법에 있어서 정당성도 인정될 수 없다는 것이었다.

대법원 2004. 5. 28. 선고 2004도1497 [제약회사 갑질 고발]

제약도매상(피고인)이 특정 제약회사의 불공정한 거래 행위(소위 "갑질")를 비난하는 취지의 글을 작성하여 국회의원이나 언론사, 다른 제약회사 등의 홈페이지에 게재한 행위가 형법 제310조 및 제20조에 해당하지 아니한다고 한 사례이다.

대법원은 "피고인의 위와 같은 행위가 그 수단과 방법에 있어서 상당성이 인정된다고 보기 어려우며, 이와 같은 인터넷 게재가 긴급하고 불가피한 수단이었다고도 볼 수 없어 사회상규에 위배되지 아니하는 정당행위로 볼 수 없다"고 판단한 원심을 지지하였다.

위와 같은 대법원 판결 이후 헌법재판소는 "타인으로부터 어떤 부당한 피해를 받았다고 생각하는 사람은 손해배상청구 또는 형사고소와 같은 민·형사상 절차에 따라 이를 해결하는 것이 바람직하다. 이러한 법적 절차를 거치지 아니한 채 공연히 사실을 적시하여 가해자의 명예를 훼손하려는 것은 가해자가 져야 할 책임에 부합하지 아니하는 사적 제재수단으로 악용될 수 있으므로, 심판대상조항을 통해 그러한 악용 가능성을 규제할 필요가 있다."고 판시하여 대법원 판결을 뒷받침하는 취지의 판시를 내고 있다.[421]

어쨌든 위와 같은 사례에서 폭로·공개행위는 진위 여부에 관해 다툼이 있기 마련이지만, 진실이 입증되는 경우에는 피해자의 명예권과 대비하여 이익형량에 의해 보호받을 수 있다. 즉 공익성 요건이 충족되지 않아 형법 제310조가 적용될 수 없다고 하더라도 당해 진술의 위법성 여부에 관하여는 상술한 제한적 면책특권의 법리나 독일 형법의 정당한 이익 옹호 법리가 취하는 기준을 본받아 위법성 조각 여부를 판단할 수 있을 것이다. 그리고 이 경우 명예훼손적 표현행위가 행해진 범위 및 그 효과에 비추어 과도한 명예 침해가 야기된 경우에는 위법성이 조각되지 않는다는 점에 주목해야 할 것이다.[422]

이상 폐지론자들이 불만을 가지고 제시하는 사례들을 보면 우리의 명예훼손에 관한 위법성 조각사유가 체계적으로 충분히 마련되어 있지 않기 때문임을 알 수 있고, 특히 공적 사항이 아닌 사적 분쟁에서 당사자 일방이 자기 또는 타인의 이익을 옹호하기 위해 진실한 사실을 들어 공격한 경우 충분히 위법성 조각이 이루어질 수 없다는 데 있음을 알 수 있다. 그렇다면 앞서 본 바와 같이 사인간의 사적 이익에 관한 논쟁에서 영미나 독일의 법리를 도입하든, 아니면 우리의 헌법상 법익형량론을 세련시키든 진실적시 명예훼손행위의 위법성조각사유를 확대하여 해결하는 것이 더 바람직한 것이다. 더욱이 뒤에서 보는 바와 같이 진실적시 명예훼손을 폐지함으로 인해 야기될 여러 부작용을 방지하려면 이와 같이 위법성 조각사유를 확충 정비함으로써 대처하는 것이 더 바람직하다.

법률의 개폐운동이 사회적 고발 등 표현행위를 하려는 자 한쪽의 이익만을 생각하면 그에 의해 비판받는 당사자의 명예권이 등한시되고, 결국 형평과 균형을 잃게 된다. 그러한 조치나 노력은 지속가능성을 잃거나 스스로 소멸될 수 있다.

---

421) 헌법재판소 2021. 2. 25. 선고 2017헌마1113 결정 등, 판례집 33-1, 271.
422) 대법원이 위 양 사례에서 내린 결론은 전술한 영미의 제한적 특권의 법리나 독일의 정당한 이익 옹호의 법리를 원용했을 경우와 같은 결론이라고 할 것이다.

(9) 허위 사실적시 명예훼손죄의 입증책임 문제

가. 현행 및 폐지 후의 비교

폐지론자들의 주장과 같이 진실적시 명예훼손행위를 처벌에서 배제하는 경우 허위사실적시 명예훼손행위만을 처벌하게 될 것인데, 그 경우 표현행위자와 검사(피해자측) 간의 입증책임 분배에 관해 살펴볼 필요가 있다.

우선 현행 규율에 의하면 제307조 제1항에 의해 명예훼손죄로 기소하는 경우[423] 검사는 피고인의 명예훼손적 사실적시(진위 불문)가 있음을 주장·입증하면 족하고, 면책을 주장하려는 피고인은 제310조의 위법성조각사유를 들어 ① "공익사항에 관해" ② "진실한 사실적시"였던 점을 주장·입증해야 할 것이다. 이 경우 입증책임의 소재는 민사 명예훼손의 경우와 다를 바 없다.[424]

그런데 진실 적시 명예훼손죄(형법 제307조 제1항)가 폐지되어 불가벌로 된다면 어떻게 될 것인가? 그러면 우선 검사는 언제나 허위사실 적시 명예훼손죄(제307조 제2항)로 기소하게 될 것이고, (피고인이 자백하지 않는 한) 검사는 언제나 해당 적시 사실이 허위임과 함께 피고인이 허위사실임을 인식하였다는 점도 입증하지 않으면 안될 것이다. 그리고 형사 명예훼손죄에서 이러한 입증책임 분배 상황은 미국 판례 상 현실적 악의 규칙이 적용되는 경우와 같아지게 됨을 알 수 있다.[425] 그렇다면 위에서 본 뉴욕타임스 판결 이후 현실적 악의규칙을 적용한 결과 미국 명예훼손 법제에 의해 결과된 명예권 경시의 문제가 그대로 드러날 수밖에 없다. 그러한 법적 상황이 바람직한 것이 아님은 전술한 바와 같다.

또 형법 제307조 제1항이 폐지되면 검사는 언제나 제307조 제2항의 죄로 기소할 수밖에 없고, 피고인이 자백하지 않는 한 언제나 허위 및 그 인식의 입증책임을 검사가 부담하게 되는데, 더 나아가 그 중 어느 하나가 입증되지 않으면 법원은 후술하는 바와 같이 피고인을 형법 제307조 제1항으로 의율 처단할 수 있다는 점에서 제1항은 제2항의 흠결을 보완하는 역할을 하게되어 그 존재의의는 두드러진다. 그러나 제307조 제1항이 폐지되면 피고인은 무죄방면될 수밖에 없을 것이고 뒤에서 보는 바와 같이 균형적 형량의 결과가 어긋나게 될 것이다. 예상치 못했던 형법 제307조 제2항의 흠결을 메우는 형법 제307조 제1항의 기능과 의미가 상실될 것이기 때문이다.

나. 허위의 입증방법

이 경우 어쨌든 검사가 하여야 할 허위의 입증은 이른바 소극사실의 입증, 즉 부존재 사실의 입증이고 그 입증에는 증거법상 현저한 어려움이 있다. 이렇게 진위 여부의 입증이 불가능한 경우 피해자는 피고인의 허위 진술에 의해 명예를 훼손당하였음에도 구제받을 수 없고, 그렇게 된다면, 우려하는 바와 같이 헌법적으로 보호받아야 할 명예권은 형해화하고 표현의 자유와 인격권 보호

---

423) 현행법 하에서 명예훼손죄로 고소가 제기된 경우 검사는 특별한 사유가 없는 한 어려운 입증의 부담을 피하기 위해 제307조 제2항으로 기소하는 것은 가급적 피하고, 형법 제307조 제1항의 죄로 기소하게 될 것이다.

424) 다만, 민사사건에서 원고가 정정청구나 부작위[금지]청구를 구하는 경우 원고가 허위를 입증해야 하는 것은 원고가 청구취지로 구하는 청구권의 요건 때문에 부득이한 것이다.

425) 이것은 민사상 사실적시에 의한 명예훼손의 경우 진실 여부를 불문하면서도 표현행위자에게 진실의 입증책임이 주어지는 것과 비교하면 현저히 표현행위자에게는 유리하고, 피해자에게는 불리한 법적 환경이다. 즉 검사(피해자)의 입장에서 보아 피고인의 피해자에 관한 부정적 언급이 허위임을 입증해야 한다면, 피고인의 명예훼손적 사실 진술은 언제나 진실을 말한 것으로 사실상 추정되게 됨을 의미하는데, 그러한 사고가 명예훼손자와 피해자 간의 형평에 적합한가는 의문이다.

간의 조화로운 균형을 도모한다는 명예훼손법의 기본 목표는 몰각되게 된다.

그 때문에 대법원은 이에 관한 입증에 특칙을 개발하여 "피고인이 사실의 존재를 수긍할 만한 소명자료를 제시할 부담을 지고, 소명자료의 제시가 없거나 그 자료의 신빙성이 탄핵된 때에는 허위가 입증된 것으로 보"는 입장을 취하고 있다.426) 또 나아가 피고인이 허위임을 인식하였는지 여부는 내심의 주관적 태도 여하의 문제이기 때문에 피고인이 시인하지 않는 한 이를 인정하기란 극히 어렵다. 그렇다면 검사가 제307조 제2항으로 기소하여 유죄 판결을 받아낼 가능성은 희박하다고 보인다.427)428)

이러한 경우에 대비하여 대법원은 일련의 판결에서 제307조 제2항으로 기소하였으나 허위임 또는 그에 대한 피고인의 인식에 관해 입증이 없는 경우 또는 제309조(출판물 등에 의한 명예훼손) 제2항으로 기소하였는데 비방의 목적이 인정되지 않는 경우 법원은 검사의 공소장 변경 신청 없이 형법 제307조 제1항으로 처단할 수 있게 하는 조치를 취하고 있다.429) 그러나 폐지론자들의 주장과 같이 진실적시 명예훼손죄가 폐지되어 처벌할 수 없게 된다면 위 사안에서 명백히 허위임이 드러났다 하더라도, 그리고 피고인이 응분의 주의의무를 다하여 충실히 취재하지 아니하였기 때문에 그러한 잘못이 발생한 경우(이른바 상당성 항변이 배척되는 경우)에도 피고인을 처벌하지 못하는 법적 공백이 생긴다. 피고인은 당해 적시 사실이 허위임을 알지 못했다 하더라도 그것이 (진위 여부를 불문하고) 피해자의 사회적 평가를 저하하는 사실이었음을 알았다면, 형법 제307조 제1항에 의해 처벌을 면할 수 없지만, 동 조항이 폐지됨으로써 피해자는 허위 사실에 의해 명예를 손상당했음에도 불구하고 구제받을 수 있는 방도가 없어지게 된다.

다. 소결

이상 논의를 종합하면 결국 입증책임 여하에 관한 고려 없이 진실 적시 명예훼손죄를 폐지한다면 위와 같이 명예보호의 견지에서 현저히 형평에 불합리한 상황이 전개될 것이고, 표현의 자유와 명예권 간의 균형은 무너질 것이다. 이렇게 명예훼손 행위의 처벌 여부는 범죄론의 실체적 측

---

426) 대법원 2003. 2. 20. 선고 2001도6138 전원합의체 판결 [병역 면제 의혹], 대법원 2004. 2. 26. 선고 99도5190 판결 [15대 대선 후보 사상검증], 대법원 2005. 7. 22. 선고 2005도2627 판결 [박정희 스위스은행 부패자금].

427) 이와 같이 허위가 입증되었다 하더라도 피고인이 그 허위임을 알았다는 점에 관한 검사의 입증이 실패하는 경우 형법 제307조 제1항이 폐지되기 전에는 그에 의해 처벌이 가능하였지만, 폐지된 후에는 처벌이 불가능해진다. 즉 제307조 제2항의 구성요건이 충족되지 않으면, (폐지되기 전) 동조 제1항이 적용되어 위와 같은 흠결을 보정할 수 있었으나, 폐지되면 그러한 기대도 할 수 없게 된다. 처벌을 면하게 된 표현행위자에게는 그만큼 유리하다고 생각될 수 있으나, 허위에 의해 명예를 훼손당한 피해자의 입장에서 보면 이를 수인할 의무가 없음에도 구제를 받을 수 없게 되어 형평과 균형을 잃게 될 것이다.

428) 예를 들면, 미국산 쇠고기의 우려에 관한 PD수첩 사건에서 보는 바와 같이 3년여에 걸친 소송에서 방송사 PD들이 제작 방송한 프로그램 내용이 그 중요 사항에서 모두 허위임이 밝혀졌음에도 대법원은 피고인들이 허위인 점을 알지 못했다는 이유로 무죄를 선고하였다. 그 사건에서 중요한 교훈은 제307조 제2항이 무죄로 판단되는 경우 동조 제1항에 의한 처단이 가능하였음에도 이를 적용하지 않았다는 점에 있으나, 만일 동 조항이 폐지된다면 그러한 가능성조차도 없어질 것이고, 중대한 사안에 관한 허위보도가 아무 처벌없이 행해질 수 있게 되어 중대한 법적 공백이 생길 수 있다는 점이다(박용상, "[판례 평석] 대법원 2011. 9. 2. 선고 2010도17237 판결 ['PD수첩' 광우병 보도]", 언론과법 제21권 제1호(한국언론법학회, 2022. 4), 73, 92면 참조).

429) 대법원 1993. 9. 24. 선고 93도1732 판결, 대법원 1997. 2. 14. 선고 96도2234 판결 등.

면430)과 함께 진위의 입증이라는 소송법적 측면을 고려하지 않을 수 없는데, 이렇게 (마땅히 그래야 하는데) 종합적으로 고찰함이 없이 종전 명예훼손죄의 기본적 구성요건으로 기능하여 오던 (진실한) 사실적시 행위를 처벌에서 배제한다면, 법의 공백에 의해 구제의 사각지대가 발생하게 될 것이고, 기존 판례가 그 존재를 전제로 구축해 왔던 표현의 자유와 명예권 양자 간의 균형은 무너지게 될 것이다.

이 점에서 우선 진위를 불문하고 명예를 훼손하는 진술을 제소할 수 있게 하는 형법 제307조 제1항은 우리 명예훼손법제의 토대가 되는 조항으로서 없앨 수 없는 기본적 구성요건을 의미하는 것이라고 할 수 있다. 이러한 상황을 보면 현행법제가 가해자가 적시한 사실이 진실인지 여부를 불문하고 우선 구성요건이 충족되는 것으로 본 후에 그것이 진실하거나 진실이라고 믿음에 상당한 이유가 있는 경우에는 면책되는 것으로 보는 현행 형법의 입법태도는 합리적이고 균형을 도모하는 것이어서 합헌적이라고 보아야 한다. 그 때문에 미국 이외의 대부분의 나라에서는 진술의 진실 여부를 불문하고 구성요건에 해당하는 것으로 보고 표현행위자로 하여금 진실을 입증하게 하는 체제를 취하고 있음은 주지하는 바와 같다.

(10) 기타 법정책적 고찰

진실 사실적시 명예훼손죄의 개폐에 관한 논의는 이상 실체법적 및 법리적 논의 이외에 법정책적 논의도 중요한 몫을 점한다.

헌법재판소는 "사실 적시 명예훼손죄를 비범죄화하기 위해서는 개개인이 표현의 자유의 무게를 충분히 인식하고, 그 결과에 대해 당연히 책임을 져야 한다는 분위기가 성숙되어, 형사처벌이라는 수단을 활용하지 아니하여도 개인의 명예 보호라는 가치가 희생되지 아니할 것이라는 국민적 공감대가 형성되어야 한다. 그러나 명예훼손죄로 기소되어 처벌되는 사례는 점차 증가하고, 명예훼손적 표현이 유통되는 경로도 다양해짐에 따라 그 피해가 더 커지고 있는 상황에서, 사실 적시 명예훼손죄를 형사처벌하지 아니하여야 한다는 점에 국민적 합의나 공감대가 형성되어 있다고 보기 어렵다."고 판시한다.431)

가. 명예훼손죄는 권력자의 명예를 보호하기 위해 남용된다는 비판

역사적으로 보면 명예훼손죄가 애초에 국가나 국왕 및 귀족 등 권력자의 권위와 존엄을 보호하기 위해 생긴 것이기는 하지만, 민주화가 이루어진 현대 자유국가에서 국가나 지방자치단체는 명예권을 갖지 아니하며,432) 권력자의 권위를 보호하는 명예훼손죄는 이미 폐지되었다.433) 현대 국가에서 명예훼손죄는 개인간 또는 미디어와 개인 사이에서 생기는 분쟁을 대상으로 하며,434) 특히 미디어에 대한 관계에서 개인은 약자라는 점이 간과되어서는 안된다.435) 명예훼손죄를 악용하여

---

430) 형법상 범죄론에 의할 때 하나의 행위가 범죄로 처벌되려면, ① 구성요건에 해당하고, ② 위법해야 하며, ③ 책임요건을 충족해야 한다.

431) 헌법재판소 2021. 2. 25. 2017헌마1113 등, 판례집 33−1, 266−7.

432) 대법원 2016. 12. 27. 선고 2014도15290 판결.

433) 대법원 2016. 12. 27. 선고 2014도15290 판결 등 참조. 형법상 대통령 등 비방죄 폐지.

434) 여기서도 공적인 사안에 관한 미디어의 보도는 특별한 보호를 받으며, 허위 사실의 적시도 진실이라고 믿음에 상당한 이유가 있는 경우(이른바 상당성항변)에는 보호받는다.

435) "불법행위법의 한 지류로서 명예훼손법은 사회 규범을 정의하고 집행한다. 그러나 여타 불법행위와 달리 명예훼손법은 언론의 영역에서 운영된다. 그 결과 이들 규범에 영향미치는 [언론의] 힘은 무적이다"(Ardia, David S., Reputation in a Networked World: Revisiting the Social Foundations of

비판을 봉쇄하려는 사례가 있고 이를 방지하여야 하지만, 그것은 별도로 대처되어야 할 문제이다.

나. 명예 보호의 효율적 구제수단으로서의 명예훼손죄

명예훼손죄의 운영 현황에 관한 우리나라의 통계에서 보는 바와 같이 명예훼손죄의 고소 및 기소 건수가 적지 않고 점차 증가하고 있는 현상을 보면,[436] 그만큼 형사적 구제의 필요성을 반증하는 것이다. 이러한 우리의 현상은 독일이나 일본의 경우와 다르지 않다. 현행법 상 명예훼손에 대해서는 여러 민사적 구제수단이 마련되어 있으나, 그것은 시간과 비용을 과도하게 요한다는 점에서 구제수단으로서 충분치 않다는 현실이 반영되고 있는 것이다. 이러한 점에서 진실적시행위에 대한 형법적 개입은 형법의 보충성원칙에 반한다는 폐지론자들의 주장에 대응할 수 있다.[437]

다. 인터넷 상 명예 구제의 유용성

인터넷이 보급되고 온라인 상의 명예훼손도 급증하는 현상에 비추어 형사적 명예훼손죄는 더욱 제도적 유용성이 강조되고 있다. 헌법재판소 역시 다음과 같이 정보통신망에서 명예훼손적 표현의 규제필요성을 강조하고 있다.

헌법재판소 2016. 2. 25. 선고 2015헌바234 결정

이 사건에서 헌법재판소는 "비방할 목적으로 정보통신망을 이용하여 공공연하게 사실을 드러내어 다른 사람의 명예를 훼손한 자"를 처벌하고 있는 구 '정보통신망 이용촉진 및 정보보호에 관한 법률' 제70조 제1항[438]이 합헌이라고 선언하면서 다음과 같은 요지로 판시하였다.

우리나라는 현재 인터넷 이용이 상당히 보편화됨에 따라 정보통신망을 이용한 명예훼손범죄가 급증하는 추세에 있고, 인터넷 등 정보통신망을 이용하여 사실에 기초하더라도 왜곡된 의혹을 제기하거나 편파적인 의견이나 평가를 추가로 적시함으로써 실제로는 허위의 사실을 적시하여 다른 사람의 명예를 훼손하는 경우와 다를 바 없거나 적어도 다른 사람의 사회적 평가를 심대하게 훼손하는 경우가 적지 않게 발생하고 있고, 이로 인한 사회적 피해는 심각한 상황이다.

Defamation Law (September 12, 2012). Harvard Civil Rights-Civil Liberties Law Review, Vol. 45, p. 261, 2010. Available at SSRN: http://ssrn.com/abstract=1689865).

436) 최근 10년간 검찰 통계를 보면 이들 형사사건의 고소 및 기소 건수가 급격히 증가하고 있다. 형법 상의 명예에 관한 죄로 고소된 사건은 2004년 12,678건에서 2013년 34,383건으로 약 2.7배 증가하였고, 그 중 기소건수는 2,477건에서 11,579건으로 약 4.7배 증가하였다. 사이버 명예훼손 관련 고소 사건도 1,333건에서 7,595건으로 5.7배 증가하였고, 접수 사건 중 기소건수는 382건에서 1,233건으로 3.2배 증가하였다(윤해성·김재현, "사실적시 명예훼손죄의 비범죄화 논의와 대안에 관한 연구" 한국형사정책연구원(2018), 44면 이하(http://www.dbpia.co.kr/Journal/ArticleDetail/ NODE07091222) 참조). 이들 통계를 보면 고소 사건이 급격히 증가함에 비해 그 기소 건수는 상대적으로 적어지고 있으며, 고소 사건 중 절반 이상이 불기소 처분으로 귀결되고, 기소된 사건도 대체로 벌금형으로 끝나는 구약식 기소나 불구속 기소되는 경우가 대부분이었고, 구속 기소된 사건은 지난 7년간 모두 74건으로 나타났다.

437) "민사상 손해배상 등 명예훼손 구제에 관한 다른 제도들이 형사처벌을 대체하여 인터넷 등 정보통신망에서의 악의적이고 공격적인 명예훼손행위를 방지하기에 충분한 덜 제약적인 수단이라고 보기 어렵다." "그러므로 심판대상조항은 과잉금지원칙을 위반하여 표현의 자유를 침해하지 않는다."(헌법재판소 2016. 2. 25. 선고 2015헌바234 결정).

438) 동 조항은 2014, 5. 28. 개정으로 "사람을 비방할 목적으로 정보통신망을 통하여 공공연하게 사실을 드러내어 다른 사람의 명예를 훼손한 자는 3년 이하의 징역 또는 3천만원 이하의 벌금에 처한다."로 개정되었다.

따라서 이러한 명예훼손적인 표현을 규제함으로써 인격권을 보호해야 할 필요성은 매우 크다.

심판대상조항은 이러한 명예훼손적 표현을 규제하면서도 '비방할 목적'이라는 초과주관적 구성요건을 추가로 요구하여 그 규제 범위를 최소한도로 하고 있고, 헌법재판소와 대법원은 정부 또는 국가기관의 정책결정이나 업무수행과 관련된 사항에 관하여는 표현의 자유를 최대한 보장함으로써 정보통신망에서의 명예보호가 표현의 자유에 대한 지나친 위축효과로 이어지지 않도록 하고 있다. 또한, 민사상 손해배상 등 명예훼손 구제에 관한 다른 제도들이 형사처벌을 대체하여 인터넷 등 정보통신망에서의 악의적이고 공격적인 명예훼손행위를 방지하기에 충분한 덜 제약적인 수단이라고 보기 어렵다.

그러므로 심판대상조항은 명확성원칙에 위배되지 아니하고, 과잉금지원칙을 위반하여 표현의 자유를 침해하지 않는다.

헌법재판소 2021. 2. 25. 선고 2017헌마1113 등, 판례집 33-1, 267

최근에는 명예훼손적 표현이 유통되는 경로가 단순히 언어, 문서, 도화나 출판물 등에 국한되지 않고 정보통신망을 통하여서도 광범위하게 이루어지고 있다. 정보통신망에서의 정보는 신속하고 광범위하게 반복·재생산되기 때문에 피해자가 명예훼손적 표현을 모두 찾아내어 반박하거나 일일이 그 삭제를 요구하는 것은 사실상 불가능하므로(헌법재판소 2016. 2. 25. 선고 2013헌바105 결정 등 참조), 가처분 등을 명예훼손에 대한 실효적 구제방법으로 보기 어렵다. 나아가 '언론중재 및 피해구제 등에 관한 법률' 제14조 내지 제17조의2가 정하고 있는 정정보도청구, 반론보도청구, 추후보도청구 등의 구제수단 역시 언론사 등이 아닌 일반 개인이 행한 명예훼손적 표현에 대하여는 적합한 구제수단이 될 수 없다.

이처럼 명예훼손적 표현행위에 대한 실효적인 구제방법이 마련되어 있지 않은 상황에서, 피해자로서는 그 행위의 즉각적인 중단, 출판물 등의 자발적 폐기, 정보통신망 게시물의 자발적 삭제 등을 유도하기 위한 수단으로 형법상 명예훼손죄에 의지할 수밖에 없는 것이 오늘날의 현실이다.

대법원 역시 최근 판결에서 명예훼손 행위에 대한 처벌의 필요성을 다음과 같이 역설하고 있다.

대법원 2020. 11. 19. 선고 2020도5813 전원합의체 판결

사실적시 명예훼손죄(형법 제307조 제1항)에 관한 폐지 논의도 있으나, 과학기술의 발전으로 명예를 훼손하는 방법이나 명예훼손이 이루어지는 공간도 다양해지고 새로워지면서 명예훼손죄는 이제 형법상의 범죄에 머물지 않고 인터넷을 이용한 경우 정보통신망법의 적용을 받으며, 명예훼손 행위의 목적, 수단 및 방법에 따라 특별법을 통해 그에 대한 처벌 범위와 규제가 오히려 더 확대되고 있다. 사회적으로 알려진 사실이 진실이든 진실이 아니든 보호받아야 할 부분이 존재하고, 특히 인격권의 핵심을 이루는 개인 사생활의 본질적 측면에 관한 공개는 그 자체로 개인의 기본권을 중대하게 침해할 가능성이 있다. 인터넷과 SNS의 발달로 그러한 명예에 대한 침해가 대량으로 발생하고, 건전한 인터넷 문화의 미성숙으로 사생활 폭로, 왜곡된 의혹 제기, 혐오와 증오적 표현 및 편파적 의견으로 인한 개인의 인격권이 회복이 불가능한 상태로 심각한 침해가 이루어져 자살 등과 같은 부작용이 양산되고 있다. 현재 형벌을 대체할 만한 적절하고 효과적인 수단이 활성화되어 있지 않다. 이러한 점에서 진실한 사실을 적시한 것이든 허위의 사실을 적시한 것이든 명예훼손 행위에 대한 형사처벌의 필요성은 여전히 존재한다.

4. 결론

명예훼손 소송에서 표현행위자(가해자)의 입장과 피해자(비판의 대상)의 입장이 상반 충돌하게 됨은 물론이다. 언론의 자유에 우월적 지위를 부여하는 미국의 법제와 달리 여타 세계 각국과 우리 법제에서는 양자의 이익은 모두 인간의 존엄에서 연원하는 것으로 동등하고 헌법상 우열을 가릴 수 없다는 점에서 합의가 이루어지고 있다.

진실 사실적시 명예훼손죄를 폐지하자는 논의에서 가장 중요한 포인트는 표현의 자유와 피해자의 인격권이 조화롭게 균형을 이루는 방안을 마련하는데 있다. 표현의 자유와 인격권 간의 균형있는 실천적 조화는 헌법적 목표일 뿐 아니라 명예훼손제도의 존재의의라고 할 수 있기 때문이다. 따라서 헌법 전체적 관점에서 표현의 자유의 가치 및 기능과 개인의 인간으로서의 존엄을 기초로 하는 인격권 간의 신중한 비교형량이 이루어져야 한다.

여기서 우리는 종전의 법익형량론에서 간과되어온 관점을 파악해야 한다. 종전 표현의 자유와 인격권이 대립 충돌하는 경우 그 형량에 있어서 법원은 종종 헌법상 표현의 자유의 중요성에 치중하여 그 기본권 제한에 엄격한 요건을 적용하여 왔고, 명예 등 인격권은 그것을 제한하는 반대법익으로서 부수적 의미만이 주어졌을 뿐, 표현의 자유와 대등한 형량이 행해질 수 없었다. 이러한 우선적 구도설정(preferential framing) 때문에 야기된 불형평을 개선할 필요가 있고, 피해자가 그의 인격권 침해를 수인할 수 있는가 하는 피해자의 관점이 더 진지하게 고려되어야 하는 것이다.

최근 유럽의 유력한 학설은 기본권 충돌의 상황에서는 야기되는 이러한 이른바 '우선적 구도 설정'(preferential framing)의 문제에 대처하는 방안을 강구하려 하고 있다.[439] 새로운 학설은 기본권의 수평적 효과를 인식하면서 우선적 구도설정으로 인한 폐단을 해소하기 위해 새로운 대안을 제시하고 있다.[440][441] 그 철저한 반성은 스스로가 표현행위자가 되어 보는 동시에 그 피해자의 입장이 되어 보는 것이다. 어느 누구든 양자의 입장에 처할 수 있고, 그 경우 피해자로서 수인할 수 있고 수인해야 하는 것이 정의와 형평에 맞는가를 생각하지 않으면 균형있는 형량과 공정한 법의 적용이 행해졌다고 할 수 없을 것이기 때문이다.

이러한 관점에서 폐지론을 본다면, 주로 표현의 자유를 옹호·주장하는 입장에서 특정한 유형의 사례를 근거로, 특히 공익을 위한 내부고발, 약자들의 미투 행위 등을 내세우면서 그러한 폭로·공

---

439) Eva Brems, Conflicting Human Rights: An Exploration in the Context of the Right to a Fair Trial in the European Convention for the Protection of Human Rights and Fundamental Freedoms, 27 HUM. RTS. Q. 294, 303 (2005).

440) 그에 관한 새로운 대안을 제시한 대표적 학자는 Eva Brems이다. 그는 인권이 충돌하는 경우 해결하기 위한 모델의 기준으로서 ① 외관상 충돌(fake conflicts)의 제거, ② 우선적 타협 및 ③ 권리의 우선순위를 위한 기준을 제시하였다. 이에 관한 상세한 논의는 박용상, 영미 명예훼손법, 292-295면 참조.

441) Stijn Smet는 이러한 문제를 지적하고 이러한 불균형을 시정하기 위해 양 인권의 충돌을 해결하는 구성적(constructive) 어프로치를 주장하면서, 첫째 대립관계의 올바른 확인, 둘째 어느 일방 당사자의 인권을 타자의 배제 하에 고려하는 것을 피하여 투명하고 일관성 있는 해결을 도모해야 한다고 주장한다(Stijn Smet, "Freedom of Expression and the Right to Reputation: Human Rights in Conflict." American University International Law Review 26 no. 1 (2010): 183, p. 185).

개활동에 위축효과를 야기하는 명예훼손죄를 폐지할 것을 주장하고 있다. 그러나 법은 표현행위자가 추구하는 이익보다 더 큰 피해자의 명예 침해를 야기하는 경우에 이를 제한·제재할 필요가 있고, 이를 위해 양자간의 형량에서 균형을 추구하는 것은 헌법론상 주어진 법원의 임무이다. 어느 경우든 표현행위자의 입장과 피해자의 입장을 똑같이 존중 평가하여 통일적인 기준에 의해 양자 간의 실천적 조화를 꾀해야 한다.

상술한 바와 같이 우리 법제에서 명예훼손의 위법성 조각사유의 체계는 형법상 유일한 위법성 조각사유(제310조)가 공익 사항을 다루는 언론 미디어에 주로 적용될 뿐, 사적인 사항에서 자신의 정당한 이익을 실현·옹호하기 위해 피해자의 잘못을 지적하는 표현행위자의 진실한 사실적시행위는 충분히 보호받지 못함에 문제가 있다. 대법원은 그러한 사안에서 이따금 형법 제20조의 정당행위의 법리를 원용하거나 피고인의 표현행위에 범의가 없다는 등 이유를 들어 표현행위자를 보호하려 하고 있지만, 그러한 논증에 의하여는 양자의 균형적 형량을 달성함에 한계가 있고 충분한 대책이 되지 못함을 살펴보았다. 사인간의 비공적 사안의 분쟁에서 진실 적시 명예훼손행위의 위법성을 조각하는 사유를 체계적·포괄적으로 구축하고 있는 영미 보통법의 제한적 특권의 법리나 독일의 정당한 이익 옹호 법리를 도입하여 진실적시 행위를 안정적 통일적으로 면책시켜 이 법 분야에서 표현의 자유를 확대하는 해법을 강구하여야 할 것이다.

어쨌든 그 해결 방안이 해당 진실적시 명예훼손죄를 폐지하는데 있다고 볼 수는 없다. 진실을 적시하여 명예를 훼손하는 행위가 일정한 요건과 한계를 지키지 않는 경우 제한되어야 할 뿐 아니라 이를 폐지하는 경우 그로 인해 야기될 부작용이 너무 크기 때문이다. 오히려 진실적시 명예훼손죄를 폐지하는 방안보다는 진실적시에 의해 손상되는 명예보다 그에 의해 옹호 또는 방어되는 정당한 이익이 더 큰 경우에는 표현의 자유를 우선시켜 면책될 수 있도록 위법성조각사유를 확충 정리하는 한편, 실무에서 그 해석 적용을 활성화하는 방안이 더 바람직하다고 생각한다.

필자가 제시한 제안은 새로운 입법이나 큰 변혁을 의도하기보다 비교법적 고찰에 의해 이미 경험에 의해 축적된 선진 제국의 법리를 도입하여 우리의 종전에 미비되었던 위법성조각사유를 보완 정비하자는 것이다. 그것은 우리 대법원도 원칙적으로 수용하여 오던 이익형량 원칙 기준을 새로운 관점에서 심화 내지 세련시키는 데 불과한 것이기 때문에 도입에 무리가 없고, 과격한 변화로 인한 불안정성의 우려를 피할 수 있다. 명예훼손법제는 인간의 모든 생활사에서 야기되는 표현행위와 인격권의 충돌을 파악하여 왔으며, 그것이 미묘하고 복잡할수록 그에 대한 해결의 법체계는 세련을 거듭하여 왔다. 우리의 기존 명예훼손법 체계 역시 장기간 무수한 노력으로 나름대로 양자의 균형 체계를 구축하여 왔음을 상기하여야 한다. 막연하게 명예훼손의 구성요건에 관한 단편적이고 추상적 판단으로 표현행위에 위축효과를 가져온다는 이유로 이를 폐지하여야 한다고만 말할 수 없다.

이상 살펴본 바에 의하면, 폐지론은 실체적·법리적 논의에서뿐 아니라 법정책적 견지에서도 그 논거가 빈약함을 알 수 있다. 그러나 폐지론쟁은 우리 명예훼손법 체계에 대한 전반적인 재검토를 요하게 하였고, 그에 대한 반성과 함께 개선책을 촉진하는 계기를 마련하였다. 이 논문에서 필자는 우리 명예훼손법제를 체계적·포괄적으로 검토할 기회를 가지게 되었다. 진실 사실적시 명예훼손죄의 폐지론은 우리의 현행 명예훼손법제에 관한 전반적 체계적 고찰과 반성의 기회를 제공하였으며, 그에 대한 개선 및 혁신의 논의를 촉발하였다는 점에 큰 의미를 갖는다고 보아야 할 것이다.

참고문헌

주석형법 각칙 (Ⅱ) (한국사법행정학회, 1992), 592−601면, 형법 제310조, 진실성의 오신과 적시 사실의 공익성 항목(김종원 집필 부분)

권순민, "명예훼손죄의 비범죄화에 대한 논의와 그 대안에 대한 연구 − 형법 제307조 제1항의 사실 적시 명예훼손죄를 중심으로 − ", (file:///C:/Users/user/Downloads/KCI_FI002126201. pdf)

김상호, "형법상 모욕과 비방", 저스티스 통권 제103호, 56면

김선화, "민주주의 원리의 관점에서 본 공직선거법상 허위사실공표죄와 당선무효조항 − 대법원 2020. 7. 16. 선고 2019도13328 전원합의체 판결 − ", 저스티스 통권 제183호(한국법학 원, 2021. 4), 683−725면(43page)

김성돈, "진실적시명예훼손죄 폐지론", 서울지방변호사회 2016. 5. 20. 주최 사실적시 명예훼손죄 에 관한 심포지엄 주제 논문, 8면(https://www.seoulbar.or.kr/cop/bbs/selectBoardList. do#LINK)

김종철, "공선법상 낙선목적 허위사실공표죄와 당선무효강제규정의 위헌성 − 소위 조희연 교육 감 사건 제1심 판결을 중심으로 − ", 법학연구 제25권 제2호(연세대학교 법학연구원, 2015년 6월), 181−215면

남경국, "공직선거법 당선 목적 허위사실공표죄의 합헌적 해석 − 경기도지사 이재명 사건을 중 심으로 − ", 연세 공공거버넌스와 법 10권 2호, 연세대학교 법학연구원 공공거버넌스와 법센터(2019), 132면

박경신, 표현·통신의 자유(논형 2013)

박경신·김가연, "모욕죄의 보호법익 및 법원의 현행 적용방식에 대한 헌법적 평가", 언론과 법 제10권 제2호(2011. 12.)

박용상, 표현의 자유(현암사, 2002)

박용상, 명예훼손법(현암사, 2008)

박용상, 언론의 자유(박영사, 2013)

박용상, "[판례 평석] 대법원 2011. 9. 2. 선고 2010도17237판결 ['PD수첩' 광우병 보도]", 언론과 법 제21권 제1호(한국언론법학회, 2022. 4), 73면

박종명, "[판례해설] 인터넷상 타인 행세의 법률적 책임", 법률신문 2018−07−19

박찬권, "체계의 단계구조에서 법률의 명확성에 대한 판단 기준 − 공직선거법 제250조 제1항 허 위사실공표죄의 위헌성에 관하여", 사법, vol. 1, no. 64, 통권 64호(사법발전재단, 2023), 229면

손동권, "언론보도와 사자의 명예훼손", 언론중재 (1992) 제12권 1호(42호), 9면

손동권, "언론보도로 인한 명예훼손과 형법 제310조의 적용", 형사재판의 제문제 제5권(형사실무 연구회 2005), 173면

송기춘, "공직선거법상 허위사실공표죄에 관한 헌법합치적 해석과 적용 − 수원고등법원 2019. 9. 6. 선고, 2019노119 판결과 관련하여 − ", 민주법학 73호, 민주주의법학연구회(2020),

343면

송현정, "혐오 표현의 판단 기준에 관한 비교법적 연구", 사법정책연구원(2020), 189면

신평, 명예훼손법, 청림출판(2004)

신현범, "역사드라마가 허위사실을 적시하였는지 여부에 대한 판단 기준", 대법원판례해설 84호 (법원도서관 2010), 641면

양동철, "사이버폭력에 대한 입법방향 연구", 법조 600호(2006. 9), 134면

염규호, "뉴욕타임스 판결 50주년과 언론의 자유: 제1수정헌법의 국제적인 영향", 언론중재, 2014년 봄호 56면. http://www.pac.or.kr/kor/pages/?p=60&magazine=M01&cate=MA02&nPage=2&idx=619&m=view&f=&s=

오광수, "명예훼손죄에 관한 몇 가지 고찰 - 형법 제310조와 민사상 손해배상책임을 중심으로 - ", 부산지방변호사회지 제9호(1990. 12)

오윤식, "공직선거법상 허위사실공표죄 등에서 사실진술과 의견의 구별, 그리고 허위성의 증명", 사법 33호(사법발전재단 2015년 9월), 240면유기천, 형법각론(상), 1982

윤지영, "공직선거법 제250조 제2항 허위사실공표죄의 구성요건과 허위성의 입증", 형사판례연구 20호(2012. 6), 624면

윤해성·김재현, "사실적시 명예훼손죄의 비범죄화 논의와 대안에 관한 연구", 한국형사정책연구원(2018)(http://www.dbpia.co.kr/Journal/ArticleDetail/ NODE07091222)

이성원, "사자 모욕에 대한 법적 구제수단 연구", 서울법학 제30권 제4호(2023), 129-165면.

이종수, "당선 목적 허위사실공표죄의 '미필적 고의'에 관한 연구", 서울대학교 법학 vol. 61, no. 1, 통권 194호(2020), 247-285면(39 pages)

이향선, "인터넷상의 표현규제에 관한 비교법적 고찰 - 사이버모욕죄 도입과 허위사실유포죄 유지의 법리적 정책성·타당성에 관하여 - ", 언론과 법, 제8권 제1호(한국언론법학회, 2009), 171면 이하.

이현정, "독일연방헌법재판소 판례 분석을 통해 본 정치인에 대한 모욕표현 및 표현의 자유 한계에 관한 논의", 미디어와 인격권 제9권 제3호(2023), 1-40면

조서연, "사실 적시 명예훼손죄의 문제점 및 개선방향", 국회입법조사처 이슈와 논점 제1441호 (2018년 3월 29일)

주창윤, "역사드라마의 역사서술방식과 장르형성", 한국언론학보 48권 1호(2004. 2), 170면 이하

홍임석, "영국에서의 언론에 의한 명예훼손의 법적 문제", 재판자료 93집(법원도서관, 2001. 12)

황성기, "인터넷과 선거운동", 언론과 법 제9권 제1호(한국언론법학회 2010), 207면 이하

Black's Law Dictionary, EIGHTH EDITION 2004

Restatement(Second) of Torts

Development in the Law of Cyberspace, 112 Harvard L. Rev. 1574, 1607 (1999)

English PEN, https://www.englishpen.org/press/criminal-defamation-in-the-eu/

Criminalizing Speech About Reputation: The Legacy of Criminal Libel in the U.S. After Sullivan & Garrison, Media Law Research Center Bulletin (Media Law Research Center, New York, N.Y.), Mar. 2003, at 42

Criminal Defamation Laws in Europe, https://www.rcmediafreedom.eu/ Publications/Reports/

Criminal — Defamation — Laws — in — Europe

53 C.J.S. Libel and Slander § 210, at 317 (1948)

Defamation — Thomson Reuters, https://legal.thomsonreuters.com.au, chapter_25

David A. Anderson, Rethinking Defamation, Arizona Law Review, Vol. 48, p. 1047, [2006]

David S. Ardia, Reputation in a Networked World: Revisiting the Social Foundations of Defamation Law, Harvard Civil Rights — Civil Liberties Law Review, Vol. 45, p. 261, 303 [2010] http://ssrn.com/abstract=1689865

Gerald G. Ashdown, Journalism Police, 89 MARQ. L. REV. 739 (2006), https://scholar ship.law.marquette.edu/cgi/viewcontent.cgi?article=1118&context=mulr

J. A. Barron, "Access to the Press — A New First Amendment Right" (1966-67), 80 Harv. L. Rev. 1641

Randall P. Bezanson, THE LIBEL TORT TODAY, Washington and Lee Law Review, Volume 45 Issue 2, p. 539 http://scholarlycommons.law.wlu.edu/ cgi/viewcontent.cgi? article=2343&context=wlulr

3 Blackstone, Commentaries 118 — 19 (1st ed, 1769, vol Ⅳ; Kerr's 4th ed. 1876)

L. C. Bollinger, The End of New York Times v Sullivan: Reflections on Masson v New Yorker Magazine, [1991] Sup. Ct. Rev. 1, at p. 6

Eva Brems, Conflicting Human Rights: An Exploration in the Context of the Right to a Fair Trial in the European Convention for the Protection of Human Rights and Fundamental Freedoms, 27 HUM. RTS. Q. 294, 303 (2005)

Danielle M. Conway — Jones, DEFAMATION IN THE DIGITAL AGE: LIABILITY IN CHAT ROOMS, ON ELECTRONIC BULLETIN BOARDS, AND IN THE BLOGOSPHERE, SK102 ALI — ABA(American Law Institute — American Bar Association Continuing Legal Education ALI — ABA Course of Study, April 21 — 22, 2005) 67

David A. Elder, Defamation: A Lawyer's Guide, Clark Boardman Callaghan, Deerfield, Il. (1993)

LAURENCE H. ELDREDGE, THE LAW OF DEFAMATION (1978)

Richard A. Epstein, Was New York Times v. Sullivan Wrong? 53 University of Chicago Law Review 782 (1986)

Marc A. Franklin and Daniel J. Bussel, The Plaintiff's Burden in Defamation: Awareness and Falsity, 25 Wm. & Mary L. Rev. 825, 832 — 834 (1984), https://scholarship.law.wm.edu/ wmlr/vol25/iss5/6)

W. PAGE KEETON ET AL., PROSSER AND KEETON ON THE LAW OF TORTS § 12, at 59 (5th ed. 1984)

Keeton, Defamation and Freedom of the Press, 54 Tax. L. REv. 1221 (1976))

David Lepofsky, "Making Sense of the Libel Chill Debate: Do Libel Laws 'Chill' the Exercise of Freedom of Expression?" (1994), 4 N.J.C.L. 169

Lyrissa Barnett Lidsky, Defamation, Reputation, and the Myth of Community, 71 Wash. L. Rev. 1, 14 (1996)

Gregory Lisby, No Place in the Law: The Ignominy of Criminal Libel in American Jurispru — dence, 9 Comm. L. & Pol'y 433, (2004): http://arechigo−stokka.com/blog/ 2017/10/31/ minnesota−criminal−defamation−statute−declared−unconstitutional/

David A. Logan, Libel Law in the Trenches: Reflections on Current Data on Libel Litigation, 87 VA. L. REV. 503 (2001)

Salil K. Mehra, POST A MESSAGE AND GO TO JAIL: CRIMINALIZING INTERNET LIBEL IN JAPAN AND THE UNITED STATES, 78 U. Colo. L. Rev. 767

Milmo P and Rogers WVH (2004) Gatley on Libel and Slander, 10th Edn, Sweet & Maxwell, London, at 7

Robert C. Post, The Social Foundations of Defamation Law: Reputation and the Constitution, 74 Cal. L. Rev. 691, 692 (1986), https://scholarship.law.berkeley.edu/cgi/ view − content.cgi?article=2002&context= california lawreview

R. SACK, LIBEL, SLANDER, AND RELATED PROBLEMS (1980)

Slaughter, The Development of Common Law Defamation Privileges: From Communitarian Society to Market Society (1992) 14 Cardozo L Rev 351

Stijn Smet, "Freedom of Expression and the Right to Reputation: Human Rights in Conflict." American University International Law Review 26 no. 1 (2010): 183

Rodney A. Smolla, Let the Author Beware: The Rejuvenation of the American Law of Libel, 132 U. PA. L. REV. 1, 18 (1983)

RUSSELL L. WEAVER ET AL., THE RIGHT TO SPEAK ILL: DEFAMATION, REPUTATION, AND FREE SPEECH (2006)

James Q. Whitman, Enforcing Civility and Respect: Three Societies, 109 Yale L.J. 1279 (1999−2000)

James Q. Whitman, THE TWO WESTERN CULTURES OF PRIVACY: DIGNITY VERSUS LIBERTY, 113 Yale Law Journal 1183 (April, 2004). http://digitalcommons.law.yale. edu/cgi/viewcontent.cgi?article=1647&context=fss_papers

Joseph E. Wyse, The Complaint in Libel and Slander: A Dilemma for Plaintiff, 33 Chi.−Kent L. Rev. 313, (316) (1955). https://scholarship.kentlaw.iit.edu/cklawreview/vol33/iss4/3

Ray Yasser, Defamation As a Constitutional Tort: With Actual Malice for All, Tulsa Law Review Volume 12 | Issue 4 Article 1, 601, 602 (1977). https://digitalcommons.law.utulsa.edu/ cgi/viewcontent.cgi?article=1388&context=tlr

Rudolph von Jhering, Rechtsschutz gegen injuriose Rechtsverletzungen, in 3 Gesammelte Aufsätze 233 (Jena, Fischer 1886)

Urs Kindhäuser: Strafrecht Besonderer Teil I: Straftaten gegen Persönlichkeitsrechte, Staat und Gesellschaft. 6. Auflage. Nomos, Baden−Baden 2014

Lorenz Leitmeier, Künast, "taz" und die (neuen) Grenzen der Meinungsfreiheit, https:// www. hrr−strafrecht.de/hrr/archiv/20−10/index.php?sz=6, Aufsätze und Entscheidungs anmer kungen, S. 400 (Heft 10/2020)

Martin Löffler, Presserecht Band I Allgemeines Presserecht, 2. Aufl. C.H.Beck München 1969

Marian Paschke, Medienrecht, 2. Aufl., Springer—Verlag

Carl Salkowski, Institutes and History of Roman Private Law 668−69 (E.E. Whitfield ed. & trans., London, Stevens and Haynes 1886)

SCHÖNKE SCHRÖDER, STRAFGESETZBUCH KOMMENTAR, 18., neubearbeitete Auflage, VERLAG C. H. BECK

Seitz/Schmidt/Schöner, Der Gegendarstellungsanspruch in Presse, Film, Funk und Fernsehen, München 1998

Karl Egbert Wenzel, Das Recht der Wort− und Bildberichterstattung, 4. Auflage, Verlag Dr. Otto Schmitt KG, 1994

사항색인

저자 약력

박용상

서울대학교 법과대학 졸업(1967)
서울대학교 사법대학원 수료(사법시험 제8회)
서울지방법원 판사(1972)
독일 프라이부르크대학 유학(1975/76)
서울대학교 대학원 법학박사(1980)
방송위원회 위원(1981/84/90)
사법연수원 교수(1985)
서울고등법원 부장판사(1993)
헌법재판소 사무차장 및 처장(1997-2003)
국회공직자윤리위원회 위원장(2002-2004)
언론중재위원장(2014-2017)
현 변호사

저서

언론의 자유와 공적 과업(교보문고, 1982)
방송법제론(교보문고, 1988)
언론과 개인법익(조선일보사, 1997)
세계언론판례총람(1998 대표집필)
표현의 자유(현암사, 2003)
명예훼손법(현암사, 2008)
언론의 자유(박영사, 2013)
영미 명예훼손법(한국학술정보, 2019)

신명예훼손법

초판발행	2025년 2월 5일
지은이	박용상
펴낸이	안종만
편 집	김선민
기획/마케팅	조성호
표지디자인	벤스토리
제 작	고철민·김원표
펴낸곳	(주) **박영사**
	서울특별시 금천구 가산디지털2로 53, 210호(가산동, 한라시그마밸리)
	등록 1959. 3. 11. 제300-1959-1호(倫)
전 화	02)733-6771
fax	02)736-4818
e-mail	pys@pybook.co.kr
homepage	www.pybook.co.kr
ISBN	979-11-303-4862-9 93360

정 가   52,000원